Silke Jandt

Technikadäquate Grundrechtsentwicklung

Verfassungsrechtliche Steuerung technischer Innovationen am Beispiel des Internet

kassel university press

Habilitationsschrift zur Erlangung des akademischen Grads einer habilitierten Doktorin der Rechtswissenschaften im Fachbereich Wirtschaftswissenschaften der Universität Kassel.

Bibliografische Information der Deutschen Nationalbibliothek
Die Deutsche Nationalbibliothek verzeichnet diese Publikation in der Deutschen Nationalbibliografie; detaillierte bibliografische Daten sind im Internet über http://dnb.dnb.de abrufbar.

ISBN 978-3-7376-1046-9
DOI: https://doi.org/10.17170/kobra-202204136029

https://kup.uni-kassel.de | kup@uni-kassel.de

Druck: CPI Druckdienstleistungen GmbH, Ferdinand-Jühlke-Straße 7, 99095 Erfurt
Printed in Germany

Geleitwort

Das Recht, insbesondere das Verfassungsrecht, versucht, das Verhalten und Zusammenleben von Menschen zu ordnen und zu gestalten und seinen zukünftigen Entwicklungen Ziele vorzugeben. Verhalten und Zusammenleben von Menschen werden aber auch durch technische Infrastrukturen und Instrumente beeinflusst. Menschliches Verhalten hat dann einen starken, vielleicht sogar den stärksten Einfluss auf andere Menschen, die Gesellschaft und die allgemeinen Lebensbedingungen, wenn es Technik entwickelt, verändert und anwendet. In seiner wirklichkeitsverändernden Kraft gerät technisches Handeln damit in Konkurrenz zur normativen Ordnung und Gestaltung der Gesellschaft durch das Recht. Technisches Handeln vermag nicht nur die gesellschaftlichen, wirtschaftlichen und individuellen Verhältnisse grundlegend zu verändern, sondern auch gesellschaftlich und kulturell bedingte soziale Normen und letztlich das Recht selbst. Seine innovative Kraft verändert die Verwirklichungsbedingungen aller Grundrechte und damit auch deren Gehalt, weil die Grundrechte auf die durch Technik veränderten Verhältnisse reagieren und sich ihnen anpassen müssen. Um ein Beispiel zu geben: Rundfunkfreiheit kann unter den Bedingungen von Millionen globaler Informationsangebote im Internet nicht mehr die gleiche Bedeutung haben wie unter den Bedingungen eines einzigen nationalen Fernsehsenders. Wer Technikanwendungen verändert, beeinflusst gesellschaftliches Handeln und dessen Ordnung und damit indirekt auch die Grundrechte, ihren Gehalt und ihre Funktion.

Daraus folgt: Wer menschliches Verhalten und Zusammenleben ordnen und gestalten und ihm Entwicklungsziele vorgeben will, muss in technikgeprägten Umwelten vor allen Dingen technisches Handeln gestalten. Ob und wie Grundrechte verwirklicht werden können, hängt in Umwelten wie dem Internet davon ab, welche Verwirklichungsbedingungen die technischen Anwendungen diesen bieten. Lediglich normative Erwartungen zu formulieren, erweist sich den technischen Imperativen gegenüber als hilflos. Notwendig sind vielmehr technische Anforderungen zur verfassungsverträglichen Gestaltung solcher Technikanwendungen.

Auch wenn diese Erkenntnis noch nicht breit geteilt wird und noch vielfach die Meinung besteht, rechtliche Ziele könnten durch strenge Technikneutralität gegenüber der Technik durchgesetzt werden, ist die Notwendigkeit verfassungsverträglicher Technikgestaltung bereits erkannt. Auch sind Methoden entwickelt und vielfach erprobt worden, wie grundrechtliche Vorgaben so konkretisiert werden können, dass aus ihnen technische Gestaltungsziele und technische Gestaltungsvorschläge abgeleitet werden können.

Für diese verfassungsverträgliche Technikgestaltung muss aber auch das Verfassungsrecht, müssen die Grundrechte geeignet sein. Je adäquater die Grundrechte die Risiken und Chancen adressieren, die für die Verwirklichung von Grundrechten von Technikanwendungen ausgehen, desto leichter wird eine grundrechtsförderliche Techniksteuerung gelingen. Bisher sind die Grundrechte aber vom Gesetzgeber gar nicht angepasst und von der Verfassungsrechtsprechung nur ansatzweise auf die Herausforderungen der modernen Informationstechnik hin konkretisiert worden.

Die vorliegende Untersuchung von Frau Jandt greift die notwendige verfassungsverträgliche Technikgestaltung auf und erörtert, wie eine technikadäquate Grundrechtsentwicklung möglich ist, die eine verfassungsverträgliche Techniksteuerung erleichtert. Sie bietet Antworten auf vier grundlegende Fragen: Wie kann eine Methode für technikadäquate Grundrechtsentwicklungen entwickelt werden? Wie kann der methodische Ansatz technikadäquater Grundrechtsentwicklung die Methode verfassungsverträglicher Technikgestaltung ergänzen und mit ihr verbunden sein? Lässt sich die Eignung des methodischen Ansatzes durch die praktische Umsetzung am Beispiel des Internet erproben? Schließlich beantwortet sie die vierte Frage, wie können notwendige und mögliche Grundrechtsentwicklungen einen Beitrag leisten, um internetspezifischen Herausforderungen für ein freiheitliches gesellschaftliches Zusammenleben gerecht zu werden.

Bis heute fehlt der Versuch, die Notwendigkeit, den Bedarf, die Intention und den Charakter von Text- und Bedeutungsänderungen von Grundrechten, die informationstechnischen Innovationen gerecht werden, umfassend und systematisch zu bestimmen. Erst recht hat es noch niemand unternommen, eine Methode für technikadäquate Grundrechtsentwicklungen zu erarbeiten, zu beschreiben und an einem herausfordernden Beispiel wie dem Internet zu erproben. Indem Frau Jandt die grundlegenden theoretischen, dogmatischen und politischen Fragen von zukünftigen technikadäquaten Grundrechtsentwicklungen als solchen untersucht, leistet sie einen wertvollen Beitrag, das Verhältnis zwischen Verfassungsrecht und Informationstechnik besser zu verstehen und die Entwicklung der Informationstechnik gezielter verfassungsverträglich zu beeinflussen.

Die Untersuchung von Frau Jandt ist noch immer sehr innovativ. Sie untersucht die Frage nach dem Bedarf, der Intention und der Ausgestaltung von zukünftigen informationstechnikadäquaten Grundrechtsentwicklungen erstmals umfassend und systematisch. Sie erarbeitet erstmals eine Methode, technikadäquate Grundrechtsanpassungen oder -konkretisierungen zu entwickeln, und wendet diese auf die Herausforderungen des Internet an. Schließlich ist auch eine zusammenfassende und vergleichende Untersuchung vorgeschlagener, möglicher und notwendiger Grundrechtsänderungen bezogen auf das Internet neu und verspricht neue Erkenntnisse. Die Arbeit von Frau Jandt ist aus all diesen Gründen eine große Bereicherung der Rechtswissenschaft. Auch wenn die Arbeit bereits Ende 2015 abgeschlossen wurde, enthält sie viele wissenschaftliche Erkenntnisse, die auch heute noch von großer Bedeutung sind.

Angesichts der zunehmenden Diskrepanz zwischen der Entwicklung und der Durchsetzungsfähigkeit der Grundrechte einerseits und der Determinierung menschlichen Verhaltens durch die gesellschaftliche Infrastruktur des Internet andererseits ist dem Werk zu wünschen, dass es sowohl in der Wissenschaft als auch bei den Entscheidern in Politik, Verwaltung und Wirtschaft entsprechende Beachtung findet.

Kassel, im April 2022 *Alexander Roßnagel*

Vorwort der Autorin

Die Habilitationsschrift ist während meiner Tätigkeit als wissenschaftliche Mitarbeiterin von Prof. Dr. Alexander Roßnagel am Lehrstuhl für öffentliches Recht und Geschäftsführerin der Projektgruppe verfassungsrechtliche Technikgestaltung (provet) an der Universität Kassel entstanden. Sie greift den von Prof. Roßnagel verfolgten Ansatz der verfassungsverträglichen Technikgestaltung auf und entwickelt ihn methodisch weiter. Im ersten Teil der Habilitationsschrift wird die neue Methode der technikadäquaten Grundrechtsentwicklung vorgestellt und begründet. Anschließend wird diese im zweiten Teil am Beispiel des Internet angewendet. Durch dieses Gesamtkonzept kann im Ergebnis nicht nur nachgewiesen werden, dass und wie die neue Methode technikadäquater Grundrechtsentwicklung praktiziert wird. Es werden zudem konkrete Vorschläge für internetspezifische Grundrechtsentwicklungen vorgestellt.

Am 29.6.2016 wurde mir aufgrund dieser Habilitationsschrift und der Probevorlesung „Die europäische Datenschutz-Grundverordnung – Auswirkungen auf das nationale Recht" die Habilitation für die Fachgebiete Öffentliches Recht, Technikrecht und Rechtstheorie zuerkannt. Der doch recht lange zeitliche Abstand zwischen dem Abschluss des Habilitationsverfahrens und der Veröffentlichung der Habilitationsschrift ist sehr erfreulichen privaten Entwicklungen geschuldet. Diese haben dazu geführt, dass ich hauptberuflich nicht mehr in der Wissenschaft tätig bin, aber noch als Privatdozentin Veranstaltungen an der Universität Kassel halte. Es war mir leider zeitlich nicht möglich, die Habilitationsschrift zu aktualisieren, sondern sie entspricht dem Stand zur Abgabe im November 2015. Dennoch habe ich mich dazu entschlossen, sie anderen Forscherinnen und Forschern als kleinen Beitrag zur Förderung wissenschaftlicher Erkenntnisse zugänglich zu machen. Sowohl die methodischen als auch die grundrechtlichen Überlegungen und Ergebnisse sind grundsätzlich „zeitlos", so dass sie auch mit zeitlichem Abstand noch Denkanstöße geben können.

Auf dem Weg bis zum erfolgreichen Abschluss der Promotion haben mich viele Personen begleitet, bei denen ich mich an dieser Stelle für ihre Unterstützung unterschiedlichster Art ganz herzlich bedanke. Mein besonderer Dank gilt meinem Habilitationsvater Prof. Dr. Alexander Roßnagel, der mich durch sein Zutrauen überhaupt erst auf diesen Gedanken gebracht hat sowie für die intensive und regelmäßige Betreuung. Seine unermüdlichen Anregungen und kritischen Bemerkungen haben ebenso maßgeblich zum Gelingen der Habilitation beigetragen, wie seine Ermutigungen sowie seine Fähigkeit Ruhe und Zuversicht auszustrahlen. Bei Herrn Prof. Dr. Ralf Müller-Terpitz bedanke ich mich für die Erstellung des Zweitgutachtens.

Widmen möchte ich diese Arbeit meiner großartigen Familie und insbesondere Finn und Mattis.

Göttingen, im April 2022 *Silke Jandt*

Inhaltsverzeichnis

Teil 1: Fragestellung und methodische Überlegungen

Die stärkste Kraft für individuelle und gesellschaftliche Veränderungen ist seit langem die Technik.[1] Viele technische Innovationen erleichtern das Leben des Menschen bei vielen Tätigkeiten und zur Überwindung von Problemen, indem sie spezifische Funktionalitäten häufig für konkrete Einsatzbereiche aufweisen, wie zum Beispiel die Bautechnik, Fahrzeugtechnik, Energietechnik oder Maschinentechnik. Die größte Veränderungskraft weist aber wohl die Informations- und Kommunikationstechnik auf. Diese Kombination aus Computer-, Mobilfunk- und Internettechnik hat als Querschnittstechnik das Leben des Einzelnen und der Gesellschaft in allen Lebensbereichen nahezu revolutioniert. Ihr Entwicklungsprozess hat sich in einer enorm kurzen Innovationszeit in mehreren Schüben vollzogen und er kann längst nicht als abgeschlossen angesehen werden.

Technische Entwicklungen können aber nicht sinnvoll ohne den Menschen gedacht werden.[2] Dieser ist nicht nur als Entwickler und Nutzer der Technik zu berücksichtigen, sondern es sind die Folgen der Technik auf die menschliche und soziale Umwelt mitzudenken. Denn der Veränderungsprozess betrifft nicht nur das faktische Zusammenleben, sondern auch gesellschaftlich und kulturell bedingte soziale Normen. Diese sind nicht immun gegen Wandlungen, die technisch bedingt durch die Erweiterung des Entscheidungs- und Handlungsspielraums eintreten. Eine besondere Bedeutung kommt in diesem Prozess dem Rechtssystem zu, das soziale Normen aufnimmt, um ihnen Verbindlichkeit und Stabilität zu verleihen. Recht ist zwar in gewisser Weise stabiler als andere soziale Normen, aber es unterliegt ebenfalls fortlaufend aktiven, gezielten, aber auch passiven, teilweisen unerwünschten Veränderungen. Dem Recht dürfen somit technikbedingte Veränderungen der Realität und sozialer Normen nicht gleichgültig sein, sondern es muss für sie Verantwortung übernehmen, um seine Freiheit schützende und fördernde sowie soziale Normen stabilisierende Funktion wahrzunehmen.[3]

Die Informations- und Kommunikationstechnik hat gezeigt, dass die Rechtswissenschaft vor vielfältigen Problemen steht, diese technische Entwicklung normativ zu begleiten. Sie hat nicht nur nationale, sondern globale Auswirkungen, so dass auf das Staatsgebiet begrenzte normative Lösungsansätze nicht ausreichen. Sie wirkt sich auf die Verwirklichungsbedingungen von nahezu sämtlichen grundrechtlich geschützten Freiheitsbetätigungen aus, so dass punktuelle Betrachtungen die Komplexität nicht erfassen können. Sie weist eine so hohe Dynamik auf, dass die Rechtsentwicklung ebenfalls fortlaufend weitergedacht werden muss. Die durch sie herbeigeführten faktischen Veränderungen müssen zunächst normativ bewertet werden, um über Anpassungen der sozialen Normen entscheiden zu können.

Die vorliegende Arbeit widmet sich diesen Problemstellungen. Es wird im ersten Teil ein umfassender methodischer Ansatz verfolgt. Es soll eine Methode für technikadäquate Grundrechtsentwicklungen vorgestellt werden. Diese hilft erstens dabei, technische Entwicklungen nicht immer wieder grundlegend neu bewerten zu müssen, sondern an den jeweils konkreten Veränderungen der Wirklichkeit ansetzen zu können. Daher ist es entscheidend, dass nicht nur Einzelprobleme in Bezug auf technische Innovationen rechtlich problematisiert, durchdacht und gelöst, sondern Grundsätze auf einem eher abstrakten Niveau entwickelt werden – wie das Verfassungsrecht und insbesondere die Grundrechte sie bieten. Sind diese Grundsätze gefunden, ist die Ableitung konkreter rechtlicher Vorschriften weniger aufwändig und leichter zu bewältigen. Zweitens soll der methodische Ansatz technikadäquater Grundrechtsentwicklung die Methode verfassungsverträglicher Technikgestaltung ergänzen und mit ihr verbunden sein. Die Ergebnisse technikadäquater Grundrechtsentwicklungen bilden die rechtlichen Vorgaben für diesen weiteren methodischen Ansatz. Die rechtlichen Gestaltungsvorschläge

---

1 S. nur *Roßnagel* 1993, 11; *ders.*, in: ders. 1984, 13 ff.; *Huber* 1971, 59.

2 *Tuchel* 1967, 24.

3 *Roßnagel* 1993, 11; *ders.*, in: ders. 1984, 13 ff.; *ders.*, in: ders. 1989, 11.

können so um Gestaltungsvorschläge für die Technik ergänzt werden. Im zweiten Teil wird die entwickelte Methode technikadäquater Grundrechtsentwicklung an dem Beispiel „Internet“ erprobt. Methoden verfolgen keinen Selbstzweck, sondern sie dienen der systematischen Lösung eines wiederkehrenden Problems. Die Geeignetheit eines methodischen Ansatzes kann nur durch die praktische Umsetzung nachgewiesen werden. Das Beispiel Internet wurde aufgrund seiner Aktualität, Komplexität und Dynamik gewählt. Hiermit ist die Hoffnung verbunden, dass ein Beitrag für die Beantwortung bestehender internetspezifischer Fragestellungen aus der rechtwissenschaftlichen Perspektive geleistet werden kann.

1. Recht, Technik, Wirklichkeit

Das Zusammenleben der Menschen in einer modernen Gesellschaft wird gleichermaßen von faktischen als auch von normativen Vorgaben bestimmt. Zu den faktischen Bedingungen zählen insbesondere menschliche Eigenschaften, natürliche Lebensbedingungen aber auch technische Entwicklungen, die der Mensch sich zunutze macht. Die faktischen Vorgaben sind nicht statisch, sondern unterliegen – zwar in ganz unterschiedlichen Maßen und Intervallen – Veränderungen, die überwiegend durch den Menschen verursacht werden. Sie bestimmen sowohl die absoluten Bedingungen als auch Grenzen für das gesellschaftliche Zusammenleben und beschreiben somit grundsätzlich das „Sein". Normative Vorgaben bilden den Gegenpol zu den faktischen Vorgaben. Sie werden aus juristischen, sozialen und ethischen Werten abgeleitet, die für das gesellschaftliche Zusammenleben als maßgeblich angesehen werden. Normative Vorgaben verfolgen das Ziel, die faktischen Vorgaben selbst, ihre Veränderungen und Auswirkungen auf das gesellschaftliche Zusammenleben zu beeinflussen und zu steuern. Sie beschreiben das „Sollen" im Sinne einer aufgrund normativer Wertung optimalen Realität des gesellschaftlichen Zusammenlebens. Auch normative Vorgaben unterliegen grundsätzlich Veränderungen im Laufe der Zeit.

Recht ist seit jeher das maßgebliche Instrument, um faktische Vorgaben und damit das gesellschaftliche Zusammenleben normativ zu beeinflussen – ihm kann die „faktische Kraft des Normativen" zuerkannt werden. Es übernimmt die Funktion, sowohl gesellschaftliche Ziele zu setzen und zu fördern als auch individuelle Freiheiten und Schutzgüter zu wahren. In der Verfassung als höchster Ebene der Normenhierarchie werden die Grundwerte für das gesellschaftliche Zusammenleben festgelegt. Diesen unterschiedlichen Zielsetzungen sind aber Interessenkollisionen immanent. Recht ist vor allem auf einfachgesetzlicher Ebene das Werkzeug, um einen angemessenen Interessenausgleich durch verbindliche gesetzliche Vorgaben zu erreichen. Die Geltung des Rechts als Maßgabe des Menschen für sein Handeln ist gesellschaftlich anerkannt.[4] Die Effektivität einer Rechtsordnung hängt allerdings nicht nur von ihrer Geltung, sondern gleichermaßen von ihrer Wirksamkeit ab. Diese ist nur gegeben, wenn die rechtlichen Vorgaben im menschlichen Handeln umgesetzt – gelebt – werden.[5] Nur wenn Geltung und Wirksamkeit von Recht zusammentreffen, beeinflusst es die Wirklichkeit.

Für das Auseinanderfallen von Geltung und Wirksamkeit von Recht wurde umgekehrt der Begriff der normativen Kraft des Faktischen geprägt.[6] Nicht nur das Recht hat die Kraft, das „Sein" zu verändern, sondern auch das „Sein" hat die Kraft, das Recht zu beeinflussen. Der Ursprung dieses Gedankens liegt in der Überlegung, dass durch ein bestimmtes Verhalten einer Mehrheit – das so nicht von der Rechtsordnung vorgegeben ist – eine Regel (Norm[7]) für alle geschaffen werden kann.

Während Technik faktisch auf die individuelle Lebenswirklichkeit des Einzelnen sowie die Ausgestaltung und Entwicklung der Gesellschaft wirkt, versucht das Recht normativ Einfluss zu nehmen. Das Zusammenleben in einem Kollektiv ist immer durch teils gegenläufige individuelle und teils übergeordnete kollektive Interessen geprägt. Es bedarf daher Regelungen, die aufgrund der unterschiedlichen Interessenlagen bestehende Konflikte lösen, Individualinteressen schützen, indem sie andere Personen schädigende Verhaltensweisen verbieten, und Kollektivinteressen fördern, indem sie gesellschaftsnützliche Verhaltensweise vorschreiben.

---

4 Zum juristischen Geltungsbegriff s. *Alexy* 2011, 142 f.

5 *Hesse,* in: Ehmke/Kaiser/Kewenig/Meesen 1973, 137 bezeichnet Normen als tote Buchstaben, wenn ihr Inhalt nicht in täglicher praktischer Anwendung und Befolgung in menschliches Verhalten eingeht.

6 *Jellinek* 1914, 338 ff. sowie grundsätzlich zu Geltung und Wirksamkeit von Recht *Kelsen* 1960, 10 ff.; 48 f., 215 ff.; *Koller* 1997, 41 f.

7 Umfassend zum Begriff der Norm *Kelsen,* in: Dietz/Hübner 1965, 57 ff., der für verschiedene Bereiche zwischen Logik-Normen, Moral- und Rechtsnormen unterscheidet.

Technik und Recht sind über die gesellschaftliche Wirklichkeit eng miteinander verbunden.[8] Sowohl die Technik als auch das Recht haben gemeinsam, dass sie die gesellschaftliche Wirklichkeit beeinflussen, verändern oder sogar prägen. Sie weisen aber den wesentlichen Unterschied auf, dass die Technik faktisch in die Gesellschaft eindringt. Sie eröffnet dem Menschen als Individuum, zum Beispiel hinsichtlich seiner subjektiven Leistungen, und im gesellschaftlichen Gefüge, zum Beispiel hinsichtlich der Kommunikation, neue Möglichkeiten. Das Recht formt die Gesellschaft dagegen normativ und bedarf immer einer faktischen Umsetzung. Ein weiterer Unterschied ist der Aspekt der Rückkopplung, der nur auf das Recht und nicht auf die Technik zutrifft. Hat sich die gesellschaftliche Wirklichkeit durch die Technik verändert, so hat dies keine umgekehrten Auswirkungen auf diese. Es resultiert hieraus allenfalls ein Bedarf an neuen – ergänzenden – Technikentwicklungen. Das Recht basiert dagegen immer auf sozialen Verwirklichungsbedingungen, unter denen es seine normativen Wirkungen entfalten kann. Ändern sich diese rein faktisch – zum Beispiel durch die Technik – muss das Recht darauf reagieren, um nicht zu einer inhaltslosen, weil wirklichkeitsfremden Hülle zu werden.[9] Daher kann durchaus die Behauptung aufgestellt werden, dass nicht nur das Recht die gesellschaftliche Wirklichkeit verändert, sondern sich Veränderungen der gesellschaftlichen Wirklichkeit wiederum auf das Recht auswirken.[10] Über dieses Verbindungselement der gesellschaftlichen Wirklichkeit beeinflussen sich Recht und Technik daher in einem Prozess der Wechselwirkung gegenseitig. Das daraus resultierende Spannungsverhältnis nimmt mit der zunehmenden Technisierung der menschlichen Umwelt zu.

Technische Innovationen werden regelmäßig erst dann vom Recht wahrgenommen, wenn sie sich nicht als rein technisches Handeln und technische Sachverhalte darstellen, sondern durch ihren Einsatz in der Gesellschaft zu sozialem Handeln werden und soziale Sachverhalte erzeugen.[11] Auf technische Innovationen folgen regelmäßig soziale Innovationen.[12] Technische Innovationen können dem Einzelnen Verhaltensweisen ermöglichen, die aufgrund der rechtlichen Werteordnung geschützte Positionen anderer Individuen oder der Gesellschaft beeinträchtigen oder zumindest gefährden. Das Recht muss daher in immer schnellerer Folge den veränderten tatsächlichen Rahmenbedingungen gerecht werden. Dem Anpassungsdruck kann das Recht vor der Zielsetzung der normativen Selbstregulierung der Gesellschaft unterschiedlich begegnen. Ist eine neue Technik gemessen an der bestehenden Rechtsordnung rechtswidrig, so darf sie de lege lata nicht verwendet werden. Ein rechtlicher Handlungsbedarf ist ausschließlich auf der Ebene der Durchsetzung und des Vollzugs, nicht aber der Rechtssetzung gegeben. De facto lässt sich eine eindeutige Rechtswidrigkeit einer Technik jedoch selten feststellen, da sie regelmäßig nicht abstrakt, sondern in Bezug auf die konkrete Einsatzmöglichkeit besteht. Des Weiteren sind die Einwirkungen der Technik auf das Recht häufig so erheblich, dass Zweifel an der Verwirklichung dieses Überlegenheitsanspruchs bestehen.[13]

Die Einflussnahme der technischen Entwicklungen auf rechtliche Bewertungen erfolgt oft schleichend und mittelbar. Ein sich wandelndes Verständnis bestehender Rechtsnormen ist insbesondere im Bereich des Verfassungsrechts zu beobachten, da es in hohem Maß auslegungsfähig und -bedürftig ist.[14] So wurde der verfassungsrechtliche Schutz der Freiheit der Telekommunikation zu einem Zeitpunkt in das Grundgesetz aufgenommen, als rein technisch nur die kabelgebundene Sprachtelekommunikation möglich war. Entsprechend wurden die

---

8 So auch *Huber* 1971, 1.

9 *Volkmann*, JZ 2005, 263 in Bezug auf das Verhältnis von Recht und Wirklichkeit.

10 *Hesse*, in: Benda/Maihofer/Vogel 1994, § 1 Rn. 22 ff.

11 *Huber* 1971, 61.

12 So auch bezogen auf das Internet *Hoffmann-Riem*, AöR 137 (2012), 510 f.

13 *Roßnagel/Wedde/Hammer/Pordesch* 1990a, 57 ff.; *Roßnagel*, in: Schulte 1997, 143, 148; *ders.*, in: Klumpp/Kubicek/ders. 2003, 428.

14 S. hierzu nachfolgendes Kap. 4.

einfachgesetzlichen Vorschriften im Telekommunikationsrecht zunächst an den mit dieser Technik verbundenen Gefährdungen und Risiken ausgestaltet. Rein sprachlich bestehen heute keine Zweifel, dass auch die technische Weiterentwicklung der Mobilkommunikation unter diesen Begriff der Telekommunikation zu subsumieren ist, obschon ihr gleichzeitig neue Handlungsmöglichkeiten und Gefährdungen für die rechtlichen Schutzgüter immanent sind. Infolge dessen wurden zum Beispiel die Vorschriften zu Standortdaten – insbesondere §§ 3 Nr. 19, 98 Telekommunikationsgesetz (TKG) 2009 im Telekommunikationsrecht ergänzt.[15] Einen Schritt weiter ging das Bundesverfassungsgericht bei der Entwicklung der Grundrechte der informationellen Selbstbestimmung[16] und der Gewährleistung der Integrität und Vertraulichkeit informationstechnischer Systeme.[17] Beide Grundrechte wurden in Bezug auf neue technische Risiken entwickelt, die nach Auffassung des Bundesverfassungsgerichts eines angepassten Grundrechtsschutzes bedürfen. Die Technik ändert so die faktischen Verwirklichungs-bedingungen des Rechts und kann dieses indirekt, das heißt ohne eine formelle Umgestaltung von Rechtsnormen, im Wege der Rechtsentwicklung inhaltlich verändern.[18] Es kann aber auch eine direkte Rechtsentwicklung erforderlich sein, um die Technikentwicklung zu beeinflussen.

Die Veränderungen der Verwirklichungsbedingungen für das Recht durch die Technik sind mit dem Risiko verbunden, dass sich eine Technik manifestiert, durch die die rechtliche Werteordnung unterlaufen wird.[19] Nicht das Recht gestaltet so primär die sozialen und gesellschaftlichen Verhältnisse, sondern die Technik. Eine Regulierung von Konflikten innerhalb dieser Verhältnisse findet dann nicht statt oder basiert zumindest nicht auf rechtlich geschützten oder normativ zu schützenden Interessen. Das Recht kann dann allenfalls noch repressive Maßnahmen ergreifen und es besteht die Gefahr, dass es der technischen Entwicklung hinterherläuft.

Die Komplexität des Verhältnisses von technischen Innovationen und Recht wird durch diese Überlegungen der Veränderungen der Verwirklichungsbedingungen des Rechts durch technische Innovationen und die reaktiv erforderlichen Rechtsänderungen nicht umfassend erfasst. Die eventuell aus dieser Argumentation zu ziehende Schlussfolgerung, dass Recht Technik regulativ begrenzen muss, ist nicht ausreichend. Die Gesellschaft und der Staat sind auch auf technische Innovationen angewiesen.[20] Das gesellschaftliche Zusammenleben und die Gewährleistung individueller Freiheiten basieren wesentlich auf der Grundvoraussetzung des wirtschaftlichen Wohlstands und stabiler Lebensverhältnisses. Diese können in einer modernen Gesellschaft – auch in Bezug auf die internationale Konkurrenz – dauerhaft nur durch die Entwicklung und Etablierung technischer Innovationen gewährleistet werden.[21] Ergänzend benötigt der Staat die Technik auch zu Selbstzwecken. Nur mit ihrer Hilfe kann er die Daseinsvorsorge der Bürger, die Gewährleistung ihrer Sicherheit vor unterschiedlichsten Bedrohungen und den Schutz der natürlichen Lebensbedingungen erfüllen.[22] Dieser Perspektivwechsel führt zu der Erkenntnis, dass es auch im Interesse der Gesellschaft liegt, technische Entwicklungen zu fördern. Das Verhältnis zwischen technischen Innovationen und Recht bedarf daher zu seiner umfassenden Betrachtung der Berücksichtigung der unterschiedlichen Dimensionen der zeitlichen Abfolge, der Beeinflussbarkeit, der Abhängigkeit und der hierarchischen Ordnung.

---

15 Die Gesetzesänderungen erfolgten durch die TKG-Novelle 2009, BT-Drs. 16/10731, 16.

16 *BVerfGE* 65, 1. S. ausführlich nachfolgendes Kap. 6.1.3.2.

17 *BVerfGE* 120, 274. S. ausführlich nachfolgendes Kap. 6.1.3.5.

18 *Roßnagel*, Der Staat 22 (1983), 551 ff.; *ders.* 1993, 105 ff.; *ders.*, in: Schulte 1997, 149; *Murswiek*, in: v. Westphalen 1997, 238.

19 *Roßnagel* 1993, 14 f.

20 S. *Roßnagel*, in: Marburger Jahrbuch des Umwelt- und Technikrechts 1994, 426.

21 S. *Braun-Thürmann* 2005, 16 ff.

22 *Roßnagel*, in: Marburger Jahrbuch des Umwelt- und Technikrechts 1994, 426.

In der Regel vollziehen sich technische Innovationen mehr oder weniger verborgen vor Recht und Gesetzgeber. Die Technikentwicklung ist tendenziell der Vorläufer und das Recht reagiert entsprechend in der Regel nachlaufend auf technische Innovationen. Diese Anordnung der zeitlichen Abfolge birgt gerade das Risiko in sich, dass die Normativität des Rechts für das gesellschaftliche Zusammenleben unterlaufen wird. Technik verändert die Verwirklichungsbedingungen des Rechts und beeinflusst damit auch seinen normativen Gehalt. Technikentwicklungen sind somit häufig Auslöser von Rechtsentwicklungen.

Aus dieser zeitlichen Abfolge ergeben sich auch Konsequenzen für die Beeinflussbarkeit. Grundsätzlich ist zwar von einer wechselseitigen Beeinflussbarkeit auszugehen. Neue Techniken verändern, wie dargestellt, die Verwirklichungsbedingungen des Rechts. Umgekehrt kann Recht aber technische Entwicklungen verhindern, zum Beispiel durch gesetzliche Verbote, oder beschränken, durch Erlaubnis- oder Anforderungsvorschriften, oder fördern, zum Beispiel durch die Bereitstellung einer Infrastruktur. Die zeitliche Abfolge ist insofern relevant, als die Möglichkeiten des Rechts, die Technik zu beeinflussen, als bloß nachlaufende Reaktion begrenzt sind. Eine positive Einflussmöglichkeit im Sinne einer Förderung der Technikentwicklung oder einer rechtsverträglichen Gestaltung ist retrospektiv nahezu ausgeschlossen. Entsprechend ist der Einfluss des Rechts auf die Technik überwiegend repressiv orientiert. Dies entspricht dem primären Verständnis des Rechts als Vorsorge- und Schutzrecht gegenüber Risiken, das sich in Kontrollnormen manifestiert.

Von der gegenseitigen Beeinflussbarkeit ist der Aspekt der Abhängigkeit zu unterscheiden. Eine unmittelbare Abhängigkeit des Rechts von technischen Innovationen besteht nicht. Sie äußert sich nur mittelbar unter dem weiteren Verständnis des Rechts als normative Werte, die sich immer auf bestimmte Lebensbedingungen beziehen. Verändern sich die Lebensbedingungen durch die Technik, kann dies eine Verschiebung und Veränderung der normativen Werte nach sich ziehen. Umgekehrt sind aber technische Innovationen vom Recht als Rahmenbedingung sowohl in negativer als auch in positiver Hinsicht abhängig. Ausgehend von der faktischen Kraft des Normativen[23] hat das Recht die Macht, Technik zu begrenzen und zu verbieten. Technische Innovationen benötigen häufig aber auch rechtliche Rahmenbedingungen, die insbesondere dazu dienen, Investitionssicherheit zu gewährleistet. Das Recht kann in dieser Funktion eine Bedingung für technische Innovationen sein und auch darüber hinausgehend als ihr Förderer auftreten.

Aus dem dargestellten einseitigen Abhängigkeitsverhältnis müsste sich zwangsläufig der Überlegenheitsanspruch des Rechts gegenüber technischen Innovationen ableiten. Die Hierarchie des Rechts über die Technik ist auf normativer Ebene auch unzweifelhaft zu bejahen. Das Recht ist der normative Konsens der Gesellschaft, den diese selbst vereinbart hat, um das gesellschaftliche Zusammenleben zu ordnen.[24] Technik ist ein Teil des gesellschaftlichen Zusammenlebens, die ebenfalls vom Menschen geschaffen und genutzt wird. Daher ist es auch der Anspruch des Rechts, die Technik und ihren Einsatz zu „ordnen". Auf der faktischen Ebene hat das Recht aber gegenüber der Technik den Nachteil, dass es zwar gesellschaftliche und moralische, aber keine (unmittelbaren) faktischen Zwänge erzeugt. Bereits realisierte Technik erzeugt dagegen technikimmanente Sachzwänge für die Gesellschaft durch die Folgen und Risiken ihres Einsatzes.[25]

Zusammenfassend kann das Verhältnis von technischen Innovationen und Recht durch die folgenden Thesen beschrieben werden:

- Technische Innovationen verändern die Wirklichkeit und beeinflussen die Bedingungen gesellschaftlichen Zusammenlebens.

---

23 S. auch nachfolgendes Kap. 3.

24 *Koller* 1997, 41 f. im Zusammenhang mit dem Versuch einer Definition des Rechts.

25 *Roßnagel*, in: Marburger Jahrbuch des Umwelt- und Technikrechts 1994, 426.

- Recht sichert den Konsens der Gesellschaft über die normativen Bedingungen für das gesellschaftliche Zusammenleben.
- Indem technische Innovationen die Wirklichkeit verändern, beeinflussen sie auch die Verwirklichungsbedingungen des Rechts.
- Das Recht reagiert auf technisch bedingte veränderte Verwirklichungsbedingungen durch die Weiterentwicklung der normativen Bedingungen für das gesellschaftliche Zusammenleben.
- Das Recht kann technische Innovationen verhindern und fördern.

Um die in diesen Thesen verdichteten Konflikte zwischen Recht und Technik neu auszutarieren, sollen die folgenden Fragen beantwortet werden.

- Obliegt dem Recht die Aufgabe der gezielten Steuerung von technischen Innovationen?
- Welche Möglichkeiten hat das Recht, um auf Technikentwicklungen Einfluss zu nehmen?
- In welchem Verhältnis stehen rechtverträgliche Technikgestaltung und technikadäquate Grundrechtsentwicklung zueinander?
- Wie kann eine Methode technikadäquater Grundrechtsentwicklung beschrieben werden?

2. Verantwortung des Rechts für technische Innovationen

Das Recht hat, allgemein formuliert, die Funktion, auf gesellschaftliche Prozesse einzuwirken[26] und sie zu steuern.[27] Diese werden seit der Industrialisierung sowie in Zeiten der Informations- und Wissensgesellschaft immer mehr und stärker durch technische Innovationen hervorgerufen. Hierunter sind signifikante technische Neuerungen zur Bewältigung eines bekannten oder neuen Problems zu verstehen.[28] Technische Innovationen bewirken längst nicht mehr vorrangig Veränderungen in von der Gesellschaft isolierten Bereichen der Industrie und Wirtschaft. Die technischen Innovationen der Informations- und Kommunikationstechnologien – insbesondere das Internet[29] – zielen sehr stark auf Unterstützung des Einzelnen im Arbeits- und Privatleben und gleichzeitig in der Öffentlichkeit ab.[30] Informations- und Kommunikationstechnik ist zum ständigen Begleiter im Alltag geworden – in allen Altersgruppen und gesellschaftlichen Schichten. Dadurch ist sie auch prägend für gesellschaftliche Prozesse. Der Begriff der Innovationen ist grundsätzlich positiv in dem Sinne belegt, dass Innovationen Chancen für die Gesellschaft darstellen, die auch als gesellschaftlich erwünscht angesehen werden. Dennoch darf nicht übersehen werden, dass Innovationen auch Risiken in Form von unbeabsichtigten Nebenfolgen immanent sind.[31] Aus diesem Grund kann nicht nur das Credo der Innovationsoffenheit mit dem Ziel der Eröffnung von Entwicklungsmöglichkeiten für eine fortlaufende technische Modernisierung verfolgt werden, sondern es ist auch die Übernahme von Innovationsverantwortung erforderlich. Diese sollte nicht als Gegenpol zur Innovationsoffenheit und damit als Hemmnis von Innovationen missverstanden werden. Innovationsverantwortung bedeutet die Aufgabe, (technische) Innovation so zu begleiten, dass erwünschte Ziele erreicht und unerwünschte Wirkungen vermieden werden.[32] Ein innovationssensibles oder auch innovationstaugliches Recht sollte daher bemüht sein, ein ausgewogenes Verhältnis zwischen Innovationsoffenheit und Innovationsverantwortung zu schaffen.[33]

Ausgehend von dieser Definition der Innovationsverantwortung drängt sich die Frage auf, durch welche Instanz sie übernommen werden sollte und auch kann. Zum einen setzt die Übernahme von Innovationsverantwortung das Austarieren von erwünschten und unerwünschten Folgen und Nebenfolgen voraus. Dies erfordert eine „neutrale“ und die gesamtgesellschaftlichen Interessen berücksichtigende Betrachtung technischer Innovationen. Ziel der Innovationsverantwortung sollte es sein, die Innovationsfolgen an den normativen Werten der Gesellschaft zu messen.[34] Den normativen Wertekatalog verkörpert das Recht insbesondere in seiner verfassungsrechtlichen Manifestierung. Es ist daher grundsätzlich geeignet, die Gesellschaftsverträglichkeit technischer Innovationen zu überprüfen und herzustellen. Zum anderen kann Innovationsverantwortung nur Effekte erzielen, wenn die sie übernehmende Instanz Einwirkungsmöglichkeiten auf technische Innovationen hat, indem sie Entwicklungspfade fördern oder gegebenenfalls beschneiden kann. Auch diese Funktion kann grundsätzlich durch das Recht erfüllt werden.[35] In Bezug auf technische Innovationen kann sich die rechtli-

---

26 *Petri*, DuD 2010, 27.

27 *Roßnagel* 1993, 16.

28 Zum Innovationsbegriff s. *Hoffmann-Riem*, AöR 131 (2006), 255 mit Verweis auf *Hauschildt*, in: Hoffmann-Riem/Schneider 1998, 30 ff.; *Hauschildt/Salomo* 2011, 3 ff.

29 S. hierzu *Hoffmann-Riem,* Der Staat 47 (2008), 600.

30 *De Maizière* 2012, 19.

31 *Hoffmann-Riem*, AöR 131 (2006), 266.

32 In Anlehnung an *Hoffmann-Riem*, AöR 131 (2006), 267.

33 S. die schriftliche Fassung des Vortrags mit dem Titel Innovation, Recht und öffentliche Kommunikation von *Hoffmann-Riem* 2010, 13 ff.

34 *Hoffmann-Riem*, AöR 131 (2006), 266.

35 *Hoffmann-Riem*, AöR 131 (2006), 271.

che Steuerung sowohl auf die Technikentwicklung selbst als auch auf durch technische Innovationen ausgelöste gesellschaftliche Abläufe und individuelle Verhaltensweisen beziehen.

Der Übernahme von Innovationsverantwortung durch Recht steht nicht entgegen, dass kontroverse Auffassungen dazu bestehen, ob und wie weit eine gezielte Steuerung gesellschaftlicher Prozesse möglich ist.[36] Steuerungspessimisten werfen dem Recht Steuerungsversagen im Wesentlichen mit der Begründung vor, dass dieses nur eine nachlaufende Regulierung vornimmt und aufgrund von Vollzugsdefiziten eine rein symbolisch-rituelle Wirkung entfaltet.[37] Diese Argumente sind zwar nicht völlig von der Hand zu weisen, ihnen tritt aber gerade der Ansatz rechtswissenschaftlicher Innovationsforschung entgegen. Ihr Gegenstand ist nicht das Recht oder der Wandel des Rechts, sondern sind vielmehr gesellschaftliche Innovationen.[38]

Die rechtswissenschaftliche Innovationsforschung geht zutreffend davon aus, dass technologische, ökologische, soziale und kulturelle Innovationen durch Recht gesteuert werden können. Eine Kernfrage dieser Wissenschaft ist, wie das Recht dazu beitragen kann, die Gesellschaftsverträglichkeit von Neuerungen zu sichern.[39] Dies setzt voraus, die gesellschaftlichen Folgen von Innovationen zu analysieren sowie rechtspolitische Vorschläge zu unterbreiten, durch die normative Wertungen gefördert und erhalten werden können. Insoweit befasst sich die rechtswissenschaftliche Innovationsforschung auch mit Innovationen des Rechts selbst, indem es die Forschungsfrage einschließt, ob es für die Beeinflussung außerrechtlicher Innovationen neuer Rechtsnormen oder rechtlicher Strukturen bedarf. „Innovation im Recht wird so zum Mittel der Innovation durch Recht“.[40] Rechtliche Innovationsforschung widmet sich somit gerade auch der Frage, mit welchen Steuerungsinstrumenten das Recht erfolgreich sein kann.[41] Das traditionelle rechtliche Konzept von Ge- und Verboten ist für diese Aufgabe in der Tat nur begrenzt geeignet.[42] Denn hierdurch kann nur ein Mindeststandard rechtskonformer Innovationen erreicht werden. Zudem weisen diese Maßnahmen zahlreiche Nachteile auf. Sie stehen erstens dem Gedanken der Innovationsoffenheit entgegen. Zweitens wirken sie häufig nur repressiv und damit nachlaufend erst im dritten Innovationsstadium der Diffusion, also der Marktfähigkeit einer Neuerung.[43] Dadurch können sie zwar grundsätzlich Innovationen oder einzelne Folgen hemmen oder unterbinden, entfalten aber gerade keine unmittelbare Steuerungswirkung dahingehend, gewünschte Innovationen gezielt zu fördern oder Innovationen wertorientiert zu optimieren.[44] Schließlich erfährt drittens diese Form der Regulierung bei den Innovationstreibern, die in der Regel in ihrer Entwicklungsfreiheit eingeschränkt werden, wenig Akzeptanz. Für den Ansatz rechtswissenschaftlicher Innovationsforschung wird ein Recht als sinnvoll erachtet, dessen Befolgung leicht erkennbar auch den eigenen Interessen seiner Adressaten nutzt, das kreative Phantasie freisetzt und dennoch Anreize enthält, sich im Rahmen der Gemeinwohlverträglichkeit zu halten.[45]

---

36 Zur allgemeinen Steuerungsdiskussion s. die Beiträge in *Burth/Görlitz* 2001; *Schweizer* 2003; *Willke* 1997; *Luhmann* 1995.

37 Zusammenfassend zu den Argumenten der Steuerungspessimisten s. *Hornung* 2015, 162 f. m.w.N., der dieser Kritik an der Steuerungsfähigkeit des Rechts ebenfalls entgegentritt.

38 Im Unterschied dazu wird die rechtswissenschaftliche Innovationsforschung auch in dem Sinne verstanden, dass ihr Erkenntnisziel die Innnovationen in der Rechtswissenschaft sind und als rechtstheoretische Innovationsforschung bezeichnet, s. *Pöcker*, Die Verwaltung 37 (2004), 509 insbesondere Fn. 2.

39 *Hoffmann-Riem*, AöR 131 (2006), 257.[40] *Hoffmann-Riem,* in: Schulte 1997, 13; *ders.* in: ders./Schmidt-Aßmann 1994, 13 f. ferner *ders.* in: Sauer/Lang 1999, 234 ff.; *ders.*, in: Eifert/ders. 2002, 31 f., 37 ff.

40 *Hoffmann-Riem,* in: Schulte 1997, 13; *ders.* in: ders./Schmidt-Aßmann 1994, 13 f. ferner *ders.* in: Sauer/Lang 1999, 234 ff.; *ders.*, in: Eifert/ders. 2002, 31 f., 37 ff.

41 *Hoffmann-Riem*, AöR 131 (2006), 271.

42 S. *Koller* 1997, 67 ff. sowie ausführlich nachfolgendes Kap. 3.3.3.

43 Zu den Phasen von Innovationen s. *Ahrns/Feser* 1997, 139 ff.; *Leder*, ZfB Ergänzungsheft 1/1989, 6 ff.

44 Eine mittelbare Steuerungswirkung kann allenfalls dadurch entstehen, dass die rechtliche Regulierung einer Innovation die Entwicklung alternativer Innovationen nach sich zieht.

45 *Hoffmann-Riem*, AöR 131 (2006), 272.

Um diese Ziele erreichen zu können, sind in den letzten Jahren vielfältige normative Ansätze entwickelt worden, die auf die Besonderheiten dieser zu steuernden Systeme angepasst sind, indem sie sie für rechtliche Regelungsziele instrumentalisieren. Dies setzt in einem ersten Schritt voraus, das zu steuernde System zu verstehen. In einem zweiten Schritt wird dann ein steuerungstheoretischer Ansatz verfolgt. Dieser begnügt sich nicht damit, Rechtsregeln und Rechtsinstitute dogmatisch auszuformen, sondern stimmt sie so mit den Wirksamkeitsbedingungen ab, dass das Recht seine Ordnungsaufgabe wahrnehmen kann.[46]

Um die Innovationsverantwortung des Rechts in Bezug auf technische Innovationen zu konkretisieren sowie ihren Inhalt und ihre Grenzen zu bestimmen, ist eine differenzierte Betrachtung zum einen des Innovationsgegenstands – die Technik – und zum anderen des Rechts als Steuerungsinstrument erforderlich.

2.1 Technik und Technikfolgen

Die Innovationsverantwortung des Rechts lebt unzweifelhaft immer dann auf, wenn die Gemeinwohlverträglichkeit technischer Innovationen in Frage steht. Dies trifft nicht zwangsläufig für alle technischen Entwicklungen zu, sondern erfordert, dass die Technik Wirkungen auf die Gesellschaft hat.[47] Innovationsverantwortung kann das Recht grundsätzlich aber auch in positiver Hinsicht übernehmen, indem es als Auslöser oder zumindest Förderer technischer Innovationen fungiert. Diese Funktion ist darauf ausgerichtet, Veränderungen der Wirklichkeit zu bewirken, um die Lebensbedingungen zu verbessern, insbesondere indem Technik als Chance gesehen wird, gesellschaftliche Probleme zu lösen. Die Hightech-Strategie der Bundesregierung konzentriert sich dabei auf die fünf Schwerpunkte für Technikentwicklungen in den Bereichen Gesundheit und Ernährung, Klima und Energie, Mobilität sowie Sicherheit und Kommunikation.[48] Die erste Herausforderung besteht bereits in dem Versuch, Technik, das Wesen der Technik oder auch technische Innovationen oder Entwicklungen zu definieren. Die zweite Herausforderung besteht darin, Voraussetzungen für das Aufleben der Innovationsverantwortung des Rechts für Technikentwicklungen zu bestimmen. Abstrakt erfasst ist diese Frage Gegenstand der Abschätzung von Technikfolgen.[49] Jegliche Technikfolgen sind gesellschaftsrelevant; jedoch muss nicht jegliche Gesellschaftsrelevanz von Technikentwicklungen rechtliche Einmischung erfordern. Schließlich ist es drittens für den von der rechtswissenschaftlichen Innovationsforschung verfolgten Ansatz der Techniksteuerung erforderlich, den Prozess der Technikentwicklung zu beschreiben, um Beeinflussungsmöglichkeiten und -zeitpunkte erfassen zu können.

---

46 So die Selbstcharakterisierung bei *Schmidt-Aßmann*, in: Hoffmann-Riem/ders./Schuppert 1993, 18 f.; zum Steuerungsbegriff insoweit *Schmidt-Aßmann* 2006, 18 ff., 179 ff.; *Schuppert*, in: Hoffmann-Riem/Schmidt-Aßmann 1993, 68 ff.; *Schmidt-Preuß*, VVDStRL 56 (1997), 163 ff.; *Schuppert*, in: ders. 1998, 125 ff.; *Voßkuhle*, Die Verwaltung 32 (1999), 547 ff.; *C. Möllers*, VerwArch 90 (1999), 203 ff.; Überblick auch bei *Lepsius* 1999, 1 ff.

47 *Roßnagel* 1993, 74. Davon zu unterscheiden ist die Frage der umgekehrten Einflussrichtung zwischen Technik und Gesellschaft, die die Einwirkungen der Gesellschaft auf die Entstehung und Entwicklung von Technik als Aspekt der Technikgenese untersucht, s. ausführlich hierzu *Roßnagel* 1993, 67 ff.

48 S. *Schavan*, „Zukunft durch Forschungsförderung" Gastbeitrag, FAZ vom 12.9.2012, http://www.faz.net/aktuell/wirtschaft/gastbeitrag-zukunft-durch-forschungsfoerderung-11885467.html.

49 S. zur Technikfolgenabschätzung als Gegenstand der rechtswissenschaftlichen Technikfolgenforschung *Roßnagel* 1993, 101.

2.1.1 Soziotechnische Systeme

Die Anfänge der Technik liegen wohl unbestritten rund hunderttausende von Jahren zurück, als die Menschen die ersten Werkzeuge fertigten und einsetzen.[50] Bis zur heutigen Zeit haben immer wieder technische Erfindungen die Lebensbedingungen und damit auch die Wirklichkeit der Menschen verändert. Jeder Lebensbereich ist in fortgeschrittenen Industriegesellschaften – sowohl beruflich als auch privat – von Technik durchdrungen.[51] Unsere Lebensbedingungen sind weitgehend künstlich hergestellt und damit technikgeprägt.[52] Der Mensch wohnt in Gebäuden mit zahlreichen Infrastruktureinrichtungen, wie zum Beispiel Strom für Beleuchtung und Haushaltsgeräte, Kanalisation sowie Energieleitungen für Heizung. Lebensmittel und Kleidung werden überwiegend oder zumindest ihre Rohmaterialen industriell hergestellt. Der Mensch bewegt sich mit Fahrzeugen zu Lande, zu Wasser und in der Luft fort. Er nutzt dabei eine engmaschige Verkehrsinfrastruktur, die insbesondere aus Verkehrswegen, Leitsystemen und Umschlageinrichtungen besteht. In ihr transportiert er auch vielfältige Güter. Information- und Kommunikation erfolgen mittlerweile überwiegend durch technische Medien. Die Gesundheit des Menschen und seine hohe Lebenserwartung verdankt er ebenfalls weitgehend den medizinischen – technischen – Fortschritten. Fast jede Handlung des Menschen wird durch Technik – sei es auch nur in Form von Alltagsgegenständen – unterstützt. Selbst die den Menschen umgebende Landschaft, die als Natur bezeichnet wird, ist bis auf wenige räumliche Ausnahmen vom Menschen verändert und geformt worden und daher künstlich. „Die Welt, die wir bewohnen, ist [somit] eine technische Welt.“[53]

Aus der Beschreibung, in welchen Kontexten Technik in welcher Form zutage tritt, lässt sich noch keine Definition der Technik ableiten. Sie scheint eher die These zu bestätigen, dass jeder weiß, was Technik ist, es aber dennoch schwerfällt, Technik zu definieren. Es liegt in der Rechtswissenschaft nahe, sich der Bedeutung eines Begriffes durch seine sprachliche Analyse anzunähern.[54] Der Begriff Technik stammt vom griechischen τεχνικός (technikós) und leitet sich ab von τέχνη (téchne), was übersetzt Kunst, Handwerk, Kunstfertigkeit bedeutet. Daraus lässt sich zunächst ein weiter Technikbegriff ableiten, der jede Art von kunstfertiger Verfahrensroutine in beliebigen menschlichen Handlungsfeldern umfasst.[55] Dieses Verständnis zielt vor allem auf das menschliche Können im Sinne einer Technik des Handelns ab.[56] Diese Definition ist nicht nur in der Umgangssprache anzutreffen, sondern auch in verschieden Disziplinen der Geistes- und Sozialwissenschaften. Entsprechend werden dem weiten Technikbegriff auch zum Beispiel die „Glaubenstechnik“ als Technik der Gebetsausübung, „Individualtechnik“ zum Beispiel als Technik der Leibesübungen, „Sozialtechnik“ zum Beispiel als Technik des Regierens und die „Intellektualtechnik“ zum Beispiel als Technik des Lesens oder Kopfrechens zugerechnet.[57] Die Spannbreite möglicher Definitionen lässt sich entsprechend erweitern, indem die unterschiedlichen Wissenschaftszweige berücksichtigt werden.

Neben dem weiten Technikbegriff wird der sogenannte enge Technikbegriff vor allem in den Technik- oder auch Ingenieurswissenschaften verwendet. Dieser meint allein die gegenständliche Welt der Werkzeuge, Maschinen, Apparate und Geräte und schließt (allein)

---

50 *Honoré* 1969, 18 ff. geht davon aus, dass die erste primitive Technik bearbeiteter Steine ca. eine Millionen Jahre zurückliegt sowie *Ropohl* 2009, 15, der als Zeitraum zwischen ein und zwei Millionen Jahre nennt.

51 *Tuchel* 1967, 17 ff.

52 S. hierzu ausführlich mit weiteren Beispielen *Ropohl* 2009, 15.

53 *Bense* 1949, 191.

54 S. zur grammatikalischen Auslegung als Interpretationsmethode der Rechtswissenschaft *Müller/Christensen* 2013, Rn. 351 ff.

55 *Ropohl* 2009, 29.

56 *Ropohl*, in: ders. 2001, 16 m.w.N.

57 *V. Gottl-Ottlilienfeld* 1923, 7 ff.

menschliches Handeln mit zweckmäßigen Mitteln aus.[58] Technik ist damit ausschließlich das künstlich gemachte Gebilde oder auch das Artefakt.[59] Nach einer anderen Definition bezeichnet Technik sachliche Systeme, die aus physikalischen oder chemischen Elementen bestehen.[60] Für den rechtswissenschaftlichen Kontext ist diese Definition zwar als Basis geeignet, aber insofern nicht ausreichend, als sich normativ zu bewertende Technikfolgen erst durch den Umgang des Menschen mit der Technik ergeben können.

Daher wird auf den auch als mittlerer Technikbegriff bezeichneten Begriff der Realtechnik abgestellt. Diese wird definiert als „Technik des naturbeherrschenden, an den Naturgesetzen orientierten Handelns“[61]. Etwas detaillierter umfasst die VDI-Richtlinie Technik als

- die Menge der nutzenorientierten, künstlichen, gegenständlichen Gebilde (Artefakte oder Sachsysteme),
- die Menge menschlicher Handlungen und Einrichtungen, in denen Artefakte entstehen, und
- die Menge menschlicher Handlungen, in denen Artefakte verwendet werden.[62]

Realtechnik umfasst in seinen Einzelausprägungen somit Gegenstände sowie Tätigkeiten, geschicktes und vernunftgeprägtes Vorgehen oder Handeln soweit es auf Artefakte gerichtet ist. Technisches Handeln kommt somit in den zwei typischen Formen der Herstellung von Artefakten oder ihrem Gebrauch vor.[63] Wenn im Folgenden von Technik oder technischen Innovationen gesprochen wird, bezieht sich dies immer auf Gegenstände, die vom Menschen gemacht sind und von diesen zu bestimmten Zwecken verwendet werden.[64]

Die Beschreibung der technischen „Gegenstände“ weist aber eine stetig zunehmende Komplexität auf. Technik ist immer seltener klassische Gerätetechnik, die aus einem Gegenstand besteht, der isoliert für sich betrachtet werden kann. Moderne Technik bedarf vielfach einer ebenfalls technischen Infrastruktur, sei es die Fahrzeugtechnik oder Energietechnik. Dabei kann regelmäßig zwischen einer allgemeinen, wie zum Beispiel das Stromnetz für jegliche elektronische Technik, und einer spezifischen Infrastruktur, wie zum Beispiel das Schienennetz für die Eisenbahn, unterschieden werden. Ohne diese technische Infrastruktur ist die Technik zwar unter Laborbedingungen funktionsfähig, ihre beabsichtigte Funktionalität kann aber in der gesellschaftlichen Umsetzung nicht erreicht werden. Funktionsbezogen erforderlich und daher charakteristisch für die Technik des Kommunikationszeitalters ist zudem die Vernetzung der einzelnen technischen Elemente, sei es Festnetztelefon, Computer oder Mobiltelefon. Der Begriff des Artefakts ist daher in einem weiten Sinne zu verstehen. Gegenstand der für die Techniksteuerung erforderlichen Technikbeschreibung ist nicht nur das „reine“ technische Artefakt, sondern sie ist um die weitere Ebene der Begleitbedingungen in Form der technischen Infrastruktur und der technischen Vernetzung zu ergänzen.

Für die Rechtswissenschaft ist die Technik immer erst dann von Bedeutung, wenn sie in einen sozialen Handlungskontext eingebunden ist.[65] Ohne dass die Technik von Menschen für bestimmte Zwecke und zur Erreichung bestimmter Ziele eingesetzt wird, entfaltet sie keine Wirkungen für das Recht. Dies wird besonders deutlich an den Beispielen der Techniken der Kernspaltung oder der Klonierung. Die Kernspaltung ist als technischer Prozess der Kernphysik zunächst ohne Auswirkungen für die gesellschaftliche Realität. Wird sie aber für Kern-

---

58 *Tuchel* 1967, 23 bezieht in den engen Begriff der Technik neben Gegenständen auch Verfahren ein, die als Mittel zu Erfüllung bestimmter Funktionen dienen.

59 *Ropohl* 2009, 30.

60 *Schulte*, in: Kloepfer 2000, 59.

61 *Roßnagel* 1993, 64.

62 VDI-Richtlinie 3780, 2 sowie *VDI* 1991, 11.

63 *Tuchel* 1967, 23 ff., 31; *Ropohl* 2009, 30.

64 *Ropohl* 2009, 30 sowie ähnlich für die Forschungsdisziplin der rechtswissenschaftlichen Technikfolgenforschung *Roßnagel* 1993, 64.

65 *Roßnagel* 1993, 65.

kraftwerke oder Kernwaffen eingesetzt, so lassen sich für sie sowohl positive als auch negative Folgen bei einem potentiellen Einsatz durch den Menschen prognostizieren. Gleiches gilt für den molekularbiologischen Prozess des Klonierens. Gesellschaftliche Relevanz entfaltet er erst durch seinen Einsatz in der Landwirtschaft oder in der Reproduktionsmedizin. Dazu steht nicht im Widerspruch, dass Technikentwicklung auch vollkommen „zweckfrei“ und eine Technik allein das Ergebnis der menschlichen Phantasie und Kreativität sein kann.[66] Die Motivation für Technikentwicklung kann zunächst nur das Bestreben von Wissenschaftlern sein zu zeigen, dass eine technische Idee, die ihren Ursprung in der reinen Fiktion haben kann, realisierbar ist. Den Bemühungen kann ebenso das Streben nach Anerkennung und materiellem Gewinn zugrunde liegen. Teilweise ist Technikentwicklung auch die Folge von Zufalls- oder Gelegenheitsentdeckungen, die erst recht nicht ziel- und zweckorientiert erfolgen. Schließlich erfolgt Technikentwicklung auch mit der Zielsetzung, Lösungen für bestimmte Probleme oder Optimierungen für bereits vorhandene Technik zu finden.[67]

Einfluss auf die dem Regelungsinteresse der Rechtswissenschaft unterliegende soziale Wirklichkeit entfaltet Technik somit immer erst dann, wenn Entscheidungen darüber getroffen werden, zu welchen Zwecken die Technik eingesetzt wird.[68] Betrachtungsgegenstand der Rechtswissenschaft ist daher nicht abstrakt die Realtechnik, sondern das soziotechnische System.[69] Dieses wird definiert als organisierte Menge von Menschen und Techniken, welche in einer bestimmten Weise strukturiert sind, um ein spezifisches Ergebnis zu produzieren.[70] Die Betrachtung der Technik als soziotechnisches System ergänzt die in gewisser Weise unvollständige Definition von Technik, da diese nicht sinnvoll ohne Einbeziehung des Menschen diskutiert werden kann.[71] Es setzt sich somit aus einer technischen und einer sozialen Teilkomponente zusammen. Zum Beispiel bestehen bei der drahtlosen Kommunikation die technische Teilkomponente aus den Mobiletelefonen und dem Mobilfunknetz; die soziale Komponente aus den Nutzern von Mobiltelefonen und dem Kommunikationsprozess zwischen ihnen. Die gesellschaftlichen Auswirkungen der Mobiltelefonie als soziotechnisches System können erst bewertet werden, wenn nicht allein die Funktion der Technik betrachtet wird, sondern auch ihre weiteren Umstände und Bedingungen, wie zum Beispiel der Anfall der Daten, Mobilfunknutzer und Telekommunikationsdienstleister als beteiligte Akteure und die Nutzungskontexte berücksichtigt werden. Unmittelbare soziale Auswirkung der drahtlosen Kommunikation ist der starke Nutzungszuwachs der Telefonie – hinsichtlich der zeitlichen Dauer, der Häufigkeit und auch der Anzahl der Kommunikationspartner. Eine technische Neuheit der Mobiltelefonie war aber nicht nur, dass grundsätzlich von jedem Ort – sofern die technischen Voraussetzungen vorliegen – die drahtlose Kommunikation möglich ist, sondern auch, dass die Position des Nutzers bestimmt werden kann. Dieses Wissen ist zunächst als Nebenfolge der Technik aufgetreten, wird aber längst für das Angebot standortbezogener Dienste, die Ortung von Personen in Notfällen[72] oder im Wege der sogenannten „stillen SMS“ zur Aufspürung von potentiellen Straftätern genutzt.[73] Diese Beispiele zeigen, dass Technik

---

66 *Roßnagel* 1993, 68.

67 Hier kann z.B. die Verbesserung der Speicherkapazität von Batterien und Akkumulatoren genannt werden, um den immer höheren Energiebedarf von mobilen Endgeräten erfüllen zu können. Umgekehrt wurden Leuchtioden stetig weiter entwickelt, um als energieeffizientes Leuchtmittel immer mehr im Alltag eingesetzt werden zu können.

68 *Schulte*, in: Vieweg 2000, 26 weist auf den umgekehrten Zusammenhang hin, dass je nachdem welche sozialen Systeme Technik verwenden, diese eine ganz unterschiedliche Gestalt annehmen kann.

69 S. *Roßnagel* 1993, 65 f.

70 *Roßnagel* 1993, 66 m.w.N.

71 *Tuchel* 1967, 24.

72 Zu Location Based Services s. *Jandt* 2008, 34 ff. m.w.N.

73 Zur „stillen SMS“ s. *Eisenberg/Singelnstein*, NStZ 2005, 62 ff.

sich als soziale Realität nur im Einsatz bewerten lässt und sich diese Bewertung in den verschiedenen sozialen Anwendungskontexten sehr unterscheiden kann.[74]

Je mehr der Einsatz von Technik unser Leben mitbestimmt, desto relevanter wird bei der Betrachtung des soziotechnischen Systems die Verfügbarkeit der Technik. Die Technik wirkt sich auf die Gesellschaft nicht nur durch ihre Funktionen und ihren konkreten Einsatz in verschiedenen Anwendungskontexten aus. Vielmehr kann auch ihre Nichtverfügbarkeit erhebliche individuelle und gesellschaftliche Auswirkungen haben. Verfügt ein Individuum zum Beispiel nicht über ein Mobiltelefon, kann dies die gesellschaftliche Teilhabe einschränken und zur gesellschaftlichen Ausgrenzung führen. Die soziale Wirklichkeit kann also auch gerade dadurch verändert werden, dass eine Technik – vereinzelt – nicht eingesetzt wird. Dabei ist die Ursache hierfür zunächst unerheblich. Diese wird aber bei der Suche nach Steuerungsmechanismen relevant.

Die Beschreibung soziotechnischer Systeme erfordert somit die Einbeziehung dreier unterschiedlicher Ebenen. Diese stehen hinsichtlich ihrer Bedeutung in keiner spezifischen Wertigkeit zueinander, sondern dienen der Strukturierung mit dem Ziel der Verringerung der Komplexität der Technikbeschreibung. Eine Ebene der zu beschreibenden Technik ist der isolierte technische „Gegenstand", der die unmittelbare Funktionalität der Technik bewirkt und dem Nutzer die Bedienung ermöglicht. Eine weitere Ebene ist die für die Nutzerbarkeit des technischen Gegenstands erforderliche technische Infrastruktur und Vernetzung der Technik mit gleichartigen technischen Gegenständen. Schließlich ist für die Beschreibung eines soziotechnischen Systems noch die Anwendungsebene der Technik zu erfassen.

2.1.2 Technikfolgen

Gegenstand der Innovationsverantwortung des Rechts ist es, technische Innovation so zu begleiten, dass erwünschte Ziele erreicht und unerwünschte Wirkungen vermieden werden. Die Innovationsforschung muss daher versuchen, die Frage zu beantworten, was passiert, wenn die Entscheidung für ein technisches System getroffen worden ist. Eine Betrachtung, die ausschließlich auf die Ziele und Wirkungen aufgrund der Funktionalität der Technik abzielt, würde hier zu kurz greifen, da gerade nicht die Technik isoliert, sondern das soziotechnische System die Auswirkungen auf die soziale Realität entfaltet.[75] Technikanwendungen erfüllen niemals nur ihre spezifische Funktion für eine beabsichtigte Zielsetzung, sondern sie haben immer auch Nebenwirkungen für die soziale und natürliche Umwelt. Anknüpfend an das bereits genannte Beispiel der Mobiltelefonie ist ihre Funktion, Kommunikation örtlich und zeitlich ungebunden zwischen Personen zu ermöglichen. Folgen der Mobiltelefonie ergeben sich in vielfacher Hinsicht durch ihren Einsatz in spezifischen Nutzungskontexten, durch technische Wirkungen, durch Verhaltensänderungen, durch Produktion und Entsorgung der Geräte und vieles mehr. Die Mobiltelefonie stellt zum Beispiel ein Risiko für den Straßenverkehr beim Telefonieren während des Führens eines Fahrzeugs dar,[76] die gesundheitlichen Auswirkungen der elektromagnetischen Streufelder sind nach wie vor viel diskutiert,[77] in öffentlichen Bereichen hat sie sich als Störfaktor erwiesen, so dass handyfreie Zonen entstanden sind,[78] und für die Produktion werden begrenzt vorrätige Edelmetalle benötigt, die ein Recyc-

---

74 *Roßnagel* 1993, 66.

75 Dies betont auch *Tuchel* 1967, 27 f.

76 S. *Gomoll*, „Handy weg vom Steuer", Zeit Online vom 28.11.2012, http://www.zeit.de/auto/2012-11/smartphone-autofahrer.

77 S. *Kuri*, c't 14/2000, 218 ff.

78 Z.B. hat der Münchner Verkehrsverbund bereits im Juli 2001 Busse und Bahnen zu Handy freien Zonen erklärt, *Müller*, „Telefonieren im Bus ist verboten", Berliner Zeitung vom 18.10.2015, http://www.berliner-zeitung.de/archiv/muenchener-verkehrsverbund-setzt-auf-handyfreie-zonen-telefonieren-im-bus-ist-verboten,10810590,9923628.html.

ling erforderlich machen. Diese wenigen Folgen zeigen bereits die enorme Komplexität von Technikfolgen. Sie machen auch deutlich, dass nicht allein die Folgen durch die Technik zu erfassen sind, sondern auch die Folgen, die durch den Umgang des Menschen mit der Technik eintreten.[79]

Eine Reduzierung dieser Komplexität der Technikfolgen kann durch ihre Konkretisierung und Kategorisierung erreicht werden. Zunächst können die Technikfolgen für die Gesellschaft hinsichtlich ihrer Wirkungsform unterschieden werden.[80] Technikfolgen manifestieren sich auf drei Ebenen, die ausgehend von der eigentlichen Techniknutzung durch eine sich erweiternde Perspektive gebildet werden können. Die erste Ebene umfasst die Folgen für die Akteure. Die Technik verändert ihre Handlungschancen und erweitert damit ihre Wahlmöglichkeiten, um bestehende oder sogar neue Ziele zu erreichen. Um einen planvollen Einsatz der Technik zu ermöglichen, müssen sich allerdings unter Umständen auch neue Verhaltensmuster, neue gesellschaftliche Organisationsformen und institutionelle Veränderungen entwickeln.[81] Der Akteur selbst ist in seiner Eigenschaft als soziales Wesen in vielfältige Handlungszusammenhänge und Beziehungsgefüge eingebunden. Daher sind auf der zweiten Ebene die Folgen für (soziale) Systeme zu betrachten. Eine Autonomie der Nutzer von Technik besteht nur in engen Grenzen, da sie von externen Faktoren abhängig ist. Hierzu gehören vor allem infrastrukturelle Voraussetzungen oder eine Abhängigkeit von gleichgerichteten Handlungen anderer.[82] Diese Folgen der Techniknutzung entstehen ohne eine konkrete Einflussnahme durch den einzelnen Nutzer und sind nicht auf ein einzelnes Subjekt bezogen. Daher können sie nur durch eine Folgenbetrachtung des Systems im Sinne der Verwirklichungsbedingungen für den Technikeinsatz erfasst werden. Schließlich werden durch diese Veränderungen wiederum neue Handlungschancen, aber auch Anpassungszwänge in Bezug auf den Akteur geschaffen. Technikfolgen verlaufen daher nicht nur in eine Richtung, sondern erzeugen wiederum Rückwirkungen, indem sie auf die technische Verwendbarkeit und die soziale Umwelt einwirken.

Ergänzend zu diesen drei Wirkebenen von Technikfolgen kann zusätzlich abstrakt in intendierte und nicht intendierte Technikfolgen differenziert werden.[83] Zu den intendierten Technikfolgen sind all diejenigen Folgen zu rechnen, die mit der Entwicklung und dem Einsatz der Technik in konkreten Anwendungskontexten verfolgt worden sind. Diese Folgen entsprechen dem Zweck der Technik, sofern sie so funktioniert, wie dies bei ihrem Einsatz von den jeweiligen Akteuren beabsichtigt ist.[84] Sie können entweder unmittelbar oder mittelbar sein. Ein unmittelbarer Zweck der Mobiltelefonie ist es, die drahtlose Kommunikation zu ermöglichen. Mittelbar wurde damit auch das Ziel erreicht, die Netzinfrastruktur des Festnetzes nicht flächendeckend – insbesondere in schwierigen Geländen oder abgelegenen Gebieten – kostenintensiv ausbauen zu müssen. Es kann aber darüber hinaus von Mobilfunkbetreibern das weitere mittelbare Ziel verfolgt werden, die Anbieter (ausschließlich) der Festnetztelefonie vom Markt zu verdrängen oder zumindest ihnen im wirtschaftlichen Konkurrenzkampf überlegen zu sein.

Nicht intendierte Technikfolgen sind dagegen alle über die intendierten Folgen hinausgehenden erkennbaren, aber unbeabsichtigten oder ungewollten, oder unvorhersehbaren Folgen

---

79 *Roßnagel* 1993, 78.

80 S. ausführlich zu den drei Wirkungsformen der Technikfolgen *Roßnagel* 1993, 75.

81 S. *Bechmann,* in: Lompe 1987, 39.

82 *Roßnagel* 1993, 77.

83 *Roßnagel* 1993, 80 unterscheidet zwischen intendierten, vernachlässigten, unerkannten und nicht erkennbaren Folgen. Unerkannte und nicht erkennbare Technikfolgen werden hier nicht berücksichtigt, da sie zwar in der Regel existieren, aber gerade einer Technikfolgenbewertung nicht zugänglich sind, so dass sie allenfalls als unbekannte Größe in den Bewertungsprozess einfließen können.

84 *Böhret* 1990, 27 f. differenziert zwischen Folgen als Ergebnis zielgerichteter Handlungen und Nebenfolgen als prinzipiell unbeabsichtigt.

einer Technik. Dies kann darauf beruhen, dass ein Anwendungsbereich für eine Technik nicht erkannt wurde, bestimmte Wirkungsbereiche oder -aspekte nicht in die Folgenbestimmung einbezogen wurden, eine Fehleinschätzung von Technikfolgen vorgenommen wurde oder technische Wirkmechanismen oder gesellschaftliche Verhaltensweisen nicht kausal vorhersehbar waren. Nicht intendierte Folgen können sowohl als Chancen als auch als Risiken in die Technikbewertung einfließen.

Aufgabe der Technikfolgenforschung ist es, zukünftige Techniken auf ihre Implikationen für die Gesellschaft einschätzen zu können, um daraufhin die Technik zu beurteilen und zu bewerten. Um die vielen Ungewissheiten, die mit der Technikfolgeneinschätzung und -bewertung einhergehen, einzugrenzen oder zumindest nachvollziehbar und überprüfbar zu gestalten, muss sie methodisch fundiert erfolgen.

Technikbewertung bedeutet daher das „planmäßige, systematische, organisierte Vorgehen, das

- den Stand einer Technik und ihre Entwicklungsmöglichkeiten analysiert,
- unmittelbare und mittelbare technische, wirtschaftliche, gesundheitliche, ökologische, humane, soziale und andere Folgen dieser Technik und möglicher Alternativen abschätzt,
- aufgrund definierter Ziele und Werte diese Folgen beurteilt oder auch weitere wünschenswerte Entwicklungen fordert und
- Handlungs- und Gestaltungsmöglichkeiten daraus herleitet und ausarbeitet.“[85]

Es ist in einem ersten Schritt erforderlich, die Technik und ihre Folgen so umfassend wie möglich zu beschreiben. Hierbei sind auf der Grundlage der technischen Funktionen die unterschiedlichen Anwendungskontexte, die möglichen Akteure sowie die verschiedenen Ebenen und Formen der Technikfolgen zu berücksichtigen. Die Beschreibung der Technikfolgen erfolgt abstrakt durch eine Wissensgenerierung über die Folgen der Technik. Das Ergebnis ist (zwangsläufig) zukunftsbezogen und prognostizierend, (teils) ungewiss und hypothetisch sowie (ungewollt) unvollständig und daher fortlaufend erweiterbar. In einem zweiten Schritt sind die beschriebenen Technikfolgen zu beurteilen, indem sie als Chancen und Risiken charakterisiert werden. Bei dieser Einordnung ist regelmäßig ein Perspektivwechsel erforderlich, um eine Beurteilung zu erreichen, die sowohl unterschiedliche individuelle als auch gesellschaftliche Interessen berücksichtigt. Technikfolgen können immer auch ambivalent sein, indem sie sowohl Chance als auch Risiko darstellen. Mobiltelefonie ermöglicht grundsätzlich die jederzeitige Erreichbarkeit von Personen und kann in Bezug auf die hiermit verbundenen erweiterten Möglichkeiten sozialer Kommunikation als Chance eingestuft werden. Gleichzeitig kann sie aber ein Risiko darstellen, indem „kommunikationsfreie“ Zeiten und Räume verringert oder abgeschafft werden, die unter Umständen als Erholungsphasen wertvoll sind und letztlich ein Gesundheitsrisiko für den Einzelnen darstellen. Schließlich sind in einem dritten Schritt die Technikfolgen zu bewerten. Im Unterschied zur (reinen) Beurteilung werden nun Bewertungsmaßstäbe herangezogen, die einen selektiven und priorisierenden Umgang mit den Chancen und Risiken ermöglichen. Die Komplexität der Beurteilung ist davon abhängig, welche und wie viele Bewertungsmaßstäbe zugrunde gelegt werden. Die Ursprünge der Technikfolgenbewertung lagen auf dem Bewertungsmaßstab der Funktionalität. Wie gut ist die Technik geeignet, um die intendierte Funktion zu erfüllen. Dieser Bewertungsmaßstab erfordert in der Regel eine Auseinandersetzung mit Einzelkriterien, zum Beispiel der Problemlösungsfähigkeit, Problemlösungsdauer, Bedienbarkeit, Verfügbarkeit und Störanfälligkeit. Umso stärker Technikfolgenforschung zu einem Themengebiet in ganz unterschiedlichen

[85] VDI-Richtlinie 3780: Technikbewertung – Grundlagen und Begriffe, Düsseldorf, VDI 1991, 2.

Forschungsdisziplinen geworden ist,[86] umso mehr fachspezifische Bewertungskriterien ergeben sich entsprechend für die Technik.

2.1.3 Technikgenese

Technikgenese beschäftigt sich mit Fragen der Technikentwicklung und Technikgestaltung, indem sie insbesondere Erklärungsmuster für den Entstehungsprozess von Technik anbietet.[87] Der wissenschaftliche Hintergrund der Technikgenese ist dabei nicht derjenige der Technikwissenschaften, sondern derjenigen Disziplinen, die das Ziel verfolgen, Technikentwicklung zu verstehen und zu steuern. Dies sind vor allem die Wirtschafts- und Sozialwissenschaften. Entsprechend ist auch der Betrachtungsgegenstand der Technikgenese weniger das technische Artefakt, sondern in der Wirtschaftswissenschaft die technische Innovation und in der Soziologie das soziotechnische System. In der (soziologischen) Technikgeneseforschung ist Technikentwicklung daher ein Prozess der sozialen Konstruktion durch unterschiedliche soziale Akteure.[88]

Sowohl in der wirtschaftswissenschaftlichen Analyse der Produkt- und Innovationsentwicklung als auch in der soziologischen Analyse der Technikentwicklung werden in der Regel generisch die drei Phasen der Invention, der Innovation und der Diffusion unterschieden.[89] Invention ist das Stadium der Ideenfindung und Ausarbeitung im Sinne der Erfindung einer Technik. Der Eintritt in die Innovationsphase erfolgt, wenn aus dem Pool mehrerer möglicher Inventionen eine konkrete Auswahl getroffen und dieser theoretische Entwurf einer technischen Erfindung zu einem technischen Artefakt weiterentwickelt wird. In der Wirtschaftswissenschaft ist Ergebnis der Innovationsphase ein marktfähiges Produkt, das tatsächliche wirtschaftliche Verwendung findet. Diffusion bezeichnet schließlich die Phase der gelungenen Verbreitung einer technischen Innovation.[90]

Diese Einteilung in drei Stadien der Technikentwicklung ist weitgehend anerkannt. Es finden sich aber teilweise auch hinsichtlich der konkreten Zuordnung abweichende und hinsichtlich der Stufenanzahl und -bezeichnung gänzlich andere Untergliederungen.[91] Für die rechtswissenschaftliche Technikfolgenforschung hat *Roßnagel* die Technikgenese in fünf Stadien der Kognition, Invention, Innovation, Diffusion und Anwendung beschrieben.[92] Basis waren die bereits von *Ropohl* aufgegriffenen ersten vier Phasen,[93] die für die spezifische Forschungsdisziplin um die Phase der Anwendung ergänzt wurde. Kognition bezeichnet das Stadium der Wissensentdeckung, die weder gezielt noch zweckgebunden erfolgt.[94] Die Phase der Anwendung beschreibt die Anpassung des technischen Systems an konkrete Anwendungszwecke und die Anwendung selbst.[95] Für die Integration in eine konkrete Anwendungsumgebung sei es erforderlich, dass entweder die Technik modifiziert oder bauliche und organisatorische Strukturen sowie individuelle Verhaltensweise verändert werden. Die Technik erhalte

---

86 S. hierzu insgesamt *Ropohl* 2001 mit Beiträgen der Anthropologie, Psychologie, Arbeitswissenschaft, Betriebs- und Volkswirtschaft, Soziologie, Politik- und Rechtswissenschaft sowie der Kulturwissenschaft.

87 *Rammert* 1993, 19.

88 *Irrgang*, JCSW 37 (1996), 54; *Degele*, in: Stübinger/Haniel 1999, 25.

89 Für Produktinnovationen s. *Schumpeter*, JEH 1947, 149, 152 ff.; für die Soziologie s. *Schlese* 1995, Zusammenfassung (vor S. 1); für die rechtswissenschaftliche Technikfolgenforschung, *Roßnagel* 1993, 67 ff.

90 *Brown* 1981, insbesondere 15 ff. in Bezug auf den räumlichen Aspekt der Verbreitung im Wirtschaftssystem sowie umfassend zur Phase der Diffusion *Rogers* 2003 einschließlich der Definition der Diffusion als „process in which an innovation is communicated through certain channels over time among the members of a social system“, *Rogers* 2003, 5.

91 S. hierzu ausführlich *Hornung* 2015, 152 ff.

92 *Roßnagel* 1993, 67 ff.

93 S. die Ausführungen in *Ropohl* 2009, 258 ff., die denen in der Originalausgabe von 1979 entsprechen.

94 *Roßnagel* 1993, 68.

95 *Roßnagel* 1993, 72 f.

somit erst in dieser Phase ihre endgültige Ausformung. Die Anwendungsphase sei von zunehmender Bedeutung, je höher die Multifunktionalität einer Technik ist.[96]

Eine nähere Betrachtung der dreiphasigen im Vergleich zu der fünfphasigen Technikgenese zeigt, dass diese Konzepte sich nicht gegenseitig widersprechen. Die Kognition wird in dem ersten Modell von der Invention erfasst. Die Technikgeneseforschung definiert die Invention konkret als Entdeckung neuer technologischer Prinzipien oder wissenschaftlicher Grundlagen neuer Technologien.[97] Die Ergänzung des Anwendungsstadiums ist dagegen eine nähere Ausgestaltung in Bezug auf das Untersuchungsziel der rechtswissenschaftlichen Technikfolgenforschung. Die Auseinandersetzung mit der Technikgenese erfolgt in diesem Kontext vor dem Erkenntnisinteresse, künftige Technikfolgen zu erkennen und diese Kenntnis zur rechtsverträglichen Technikauswahl und -gestaltung zu nutzen.[98] Technikgestaltung erfolgt zunächst in den Stadien der Innovation und der Diffusion durch den Entwickler und das produzierende Unternehmen. Dabei ist aber zu berücksichtigen, dass das Modell der Technikentwicklung für die Technikgeneseforschung bewusst abstrakt und vereinfacht gehalten worden ist. Sein Ziel ist es nicht, den Entwicklungsprozess vollständig und chronologisch abzubilden,[99] sondern die sozialen Akteure und ihre Einflussmöglichkeiten auf die Technikentwicklung erfassen zu können. Die Tatsache, dass es sich um einen rekursiven und iterativen Prozess handelt,[100] verändert diese Aspekte nicht und wird daher nicht abgebildet. Zumindest Modifizierungen der Technik, die durch konkrete Anwendungsumgebungen erforderlich werden, können daher erst in der Diffusionsphase festgestellt, aber anschließend in einer erneuten Innovationsphase vorgenommen werden. Technikgestaltung erfolgt darüber hinaus auch im Rahmen der Implementation und Anwendung der Technik durch die Käufer und Anwender der technischen Systeme. Diese Phase ist somit für die von *Roßnagel* fokussierte rechtsverträgliche Technikgestaltung relevant, aber nur bedingt für die technikadäquate Verfassungsentwicklung. Für diese ist der Anwendungskontext – wie bereits dargestellt – für die möglichst umfassende Technikfolgenanalyse relevant, die aber keine Zuordnung zu den Stadien der Technikgenese erfordert.

Die Idee der soziologischen Technikgenese basiert auf der Annahme, dass soziale Akteure weitreichenden Einfluss auf die Entscheidung zwischen alternativen soziotechnischen Systemen nehmen. Technikentwicklung verläuft nicht autonom und die Gesellschaft steht dem Anpassungsprozess an neue technische Innovationen nicht passiv und handlungsunfähig gegenüber.[101] Technikentwicklung erfolgt orientiert an menschlichen und gesellschaftlichen Bedürfnissen.[102] Nicht alles, was theoretisch technisch möglich ist, wird die Stadien der Inno-

---

96 *Riedel*, in: Kloepfer 2002, 22 f. verwendet in diesem Zusammenhang nicht den Begriff der Multifunktionalität, sondern differenziert zwischen zentral und dezentral wirkender Technik. Die Kernenergiegewinnung sei eine zentrale Technologie, da sie im Wesentlichen einen einzigen, klar definierbaren Nutzen oder Anwendungsbereich – den der Energiegewinnung – aufweise und technische Alternativen eindeutig benannt werden könnten. Die Gentechnologie wird dagegen als Beispiel einer dezentralen Technologie angeführt, da diese Technik grundsätzlich universell und bei allen Lebewesen eingesetzt werden könne.

97 In Anlehnung an *Schumpeter*, JEH 1947, 152.

98 *Roßnagel* 1993, 63.

99 Dies leisten bereits andere Modelle technischer Evolution, wie z.B. das Pfadmodell von *Nelson/Winter*, Research Policy Bd. 6, 1977, 36 und das Zyklenmodell nach *Tushman/Rosenkopf*, ROB 14, 1992, 311.

100 *Kowol* 1998, 68 ff. differenziert zusätzlich zwischen technikerzeugenden, -verwendenden und regulierenden Sozialsystemen; *Schulze-Fielitz*, in: Hoffmann-Riem/Schneider 1998, 293; *Stoneman*, in: ders. 1998, 3; *Monse/Weyer*, in: Sauer/Lang 1999, 98; *Ortmann*, in: Sauer/Lang 1999, 253 ff.; *Blättel-Mink/Menez* 2015, 95 f. m.w.N.; s. auch *Zaltman/Duncan/Holbeck* 1984, 70 ff.; *Grupp* 1997, 53 ff.; zu den heute als überholt angesehenen linearen Theorien insbesondere der wirtschaftswissenschaftlichen Innovationsforschung s. *Braun-Thürmann* 2005, 31 ff. m.w.N.

101 *Roßnagel* 1993, 67.

102 *Tuchel* 1967, 29 weist zutreffend darauf hin, dass das technische Denken nicht ausschließlich auf das Objekt bezogen ist, sondern das nicht-technische Faktoren, wie wirtschaftliche, wissenschaftliche, soziale, rechtliche und politische, den Weg der Technik mitbestimmen.

vation oder Diffusion erreichen. Gesellschaftliche Institutionen nehmen eine ziel-, interessen- und bedürfnisorientierte Selektion der technischen Möglichkeiten vor. Die Differenzierung in die einzelnen Stadien dient daher zum einem dem Zweck, systematisch die unterschiedlichen sozialen Akteure und ihre jeweiligen Einflussmöglichkeiten erfassen zu können. Zum anderen besteht die Hoffnung, aus diesen Erkenntnissen mögliche Gründe dafür zu finden, warum technische Innovationen scheitern oder sich durchsetzen. Sieht man das Recht im weitesten Sinne als Möglichkeit gesellschaftlicher Einflussnahme auf Technikentwicklung, so dient das Ergebnis dieser Analyse auch den potentiellen rechtlichen Steuerungsmechanismen.

Die Aussage, dass Inventionen nicht geplant oder gesteuert werden können, bezieht sich allein auf das Ergebnis der Technikerfindung.[103] Technische Erfindungen sind immer seltener ein Zufallsprodukt oder Ergebnis eines „Geistesblitzes“ oder einer spontanen Entdeckung[104] und sie können auch immer seltener einem Erfinder zugeordnet werden.[105] Die Suche und das Forschen nach einer technischen Invention erfolgt überwiegend in organsierter Form. Als Motivation für Technikerfindungen kommt insbesondere in Betracht, alte Techniken durch neue zu ersetzen, neue Bedürfnisse zu befriedigen oder neue Probleme zu lösen. Je nachdem mit welcher gesellschaftlichen Dringlichkeit und mit welcher ökonomischen Relevanz die Motivation bewertet wird, werden die teils sehr aufwendigen Bedingungen für die Ermöglichung des Suchens nach einer Erfindung durch Investitionen zur Verfügung gestellt. Kreative Aktivitäten werden also mit bestimmten Erwartungen und Zielausrichtungen initiiert sowie gezielt gefördert. Diese Form der organisierten Erfindungen ermöglicht zumindest eine mittelbare – auch gesellschaftliche – Einflussnahme auf die Zielsetzungen und die Initiierung von Technikentwicklung. Sie beschränkt sich allerdings darauf, Forschungsthemen zu benennen und mittelbar Einfluss auf die Rahmenbedingungen zu nehmen. Forschungspolitik kann insofern Anreizsysteme schaffen, um Forschung bezogen auf bestimmte gesellschaftliche Anwendungsinteressen zu unterstützen. So können Forschungsaktivitäten durch verschiedene Varianten der staatlichen Forschungsförderung insbesondere der institutionellen Forschungsförderung sowie durch themenbezogene Forschungsprogramme und Projektförderung begünstigt werden.[106]

Sofern in der Phase der Invention Grundlagenforschung und finale Anwendungsforschung nicht voneinander zu unterscheiden sind,[107] ist bereits in diesem Stadium eine vorläufige normative Bewertung der finalen Technikentwicklung möglich. Diese kann grundsätzlich auch zu dem Ergebnis führen, dass die Technikentwicklung zu einem angestrebten Ziel nicht gemeinwohlverträglich ist. Zum Beispiel könnte sich die Genforschung das „ewige Leben“ des Menschen zum Ziel setzen, indem die Technik entwickelt wird, um das menschliche „genetische Todesprogramm“ neu zu programmieren.[108] Abgesehen davon, dass dieses Forschungsziel auch aus der Perspektive andere Geisteswissenschaften, wie Philosophie oder Religion, diskussionswürdig ist, würde es die Verwirklichungsbedingungen des Rechts elementar verändern. Auf verfassungsrechtlicher Ebene würden sich zum Beispiel die Fragen

---

103 S. *Roßnagel* 1993, 69.

104 Zu entsprechenden Kreativitätsmodellen s. *Müller/Schienstock* 1978, 36 ff.; zu „Methoden der Ideenfindung“ *Völker/Sauer/Simon* 2007, 35 ff. m.w.N.

105 Die chronologische Nachverfolgung technischer Erfindungen und ihre personelle Zuordnung ist Gegenstand der Technikgeschichte.

106 S. *Wahl*, UTR 14 (1991), 12.

107 Grundlagenforschung, die immer seltener in ihrer Reinform betrieben wird, ist im linearen Innovationsmodell Basis für die anwendungsbezogene Forschung und damit für gesellschaftliche Innovationen und Fortschritt, *Trute*, in: Isensee/Kirchhof Bd. IV, 2006, § 88, Rn. 6.

108 Das „ewige Leben“ wird in der Wissenschaft grundsätzlich für denkbar gehalten, da potentiell unsterbliche Lebewesen existieren. Aus der biophilosophischen Perspektive wird dieses aber nicht für sinnvoll erachtet, *Weiß*, „Ewiges Leben wäre möglich, aber wenig sinnvoll“, Der Tagesspiegel vom 11.6.2013, http://www.tagesspiegel.de/wissen/tod-und-evolution-ewiges-leben-waere-moeglich-aber-wenig-sinnvoll/8333480.html.

stellen, ob das Recht auf Leben auch ein Recht auf Unsterblichkeit erfasst, ob das bisher nicht als herrschende Meinung anerkannte Recht auf Sterben geschützt ist[109] und ob das Sozialstaatsprinzip aufrechterhalten werden kann. Sofern keine Finalität und kein Anwendungsbezug der Forschungsaktivitäten gegeben sind, ist eine normative Bewertung zu diesem Zeitpunkt regelmäßig nicht möglich.

Die Innovation technischer Entwicklungen wird dagegen deutlich stärker und auch unmittelbar durch gesellschaftliche Selektionsprozesse beeinflusst. Technikentwicklung ist zwar nicht produktbezogen, aber produkttypenbezogen und aufgrund abstrakt bestehender technischer Standards anforderungsgebunden und dadurch begrenzt.[110] Technische Normen und Regeln der Technik beeinflussen die Innovationsentscheidung, indem sie Vorgaben insbesondere in Bezug auf Sicherheitsaspekte einer Technik, auf Aspekte der Koordination und Abstimmung einzelner technischer Bereiche und zunehmend auf Umwelteffekte enthalten.[111] Sie entfalten ihre Wirkkraft über externe und neutrale Gutachten und Stellungnahmen sowie technische Zulassungsverfahren vor, während und nach der Produktion.[112] In diesen Stadien können die rechtlichen Voraussetzungen zur Einführung eines Produkts das Scheitern einer technischen Innovation bewirken, indem eine erforderliche staatliche Zulassung nicht erteilt wird. Diese Zulassungsverfahren dienen der Verhinderung schädlicher Auswirkungen der Techniknutzung, insbesondere der Abwehr von schädlichen Umwelteinwirkungen und sonstigen Gefahren, Nachteilen und Belästigungen sowie der Vorsorge für den Schutz von Leben, Gesundheit, Eigentum und Natur.[113] Diese Innovationen werden in der Regel nicht oder nur mit wesentlichen Anpassungen an die rechtlichen Anforderungen in die Diffusion eintreten. Produkttypenbezogene Normen werden primär für technische Entwicklungen relevant, mit denen das Ziel verfolgt wird, alte Technik zu ersetzen. Es sei denn, es wird ein völlig neuer Lösungsansatz entwickelt, der keinen Zusammenhang zu der bisherigen Produktlösung aufweist. Werden neue technische Lösungen gesucht, um neue Bedürfnisse zu befriedigen oder um neue Probleme zu lösen, werden sich die bestehenden technischen Normen und Regeln nur auf einzelne Aspekte, wie zum Beispiel die Verarbeitung eines bestimmten Materials oder die Umweltverträglichkeit, beziehen. Neue spezifische Risiken, die durch das konkrete Produkt oder die ihr zugehörige Produktgruppe entstehen, werden regelmäßig nicht abgedeckt sein.

Die (erfolgreiche) Diffusion über den Markt ist im höchsten Maße von individuellen Entscheidungen der Käufer und Nutzer abhängig. Entsprechend spielen die Rahmenbedingungen, die in Form von Gesetzen, Verordnungen oder finanziellen Förderungen gesetzt werden, im Unterschied zur Inventions- und Innovationsphase zumeist eine untergeordnete Rolle.[114] Sie werden allenfalls als unspezifischer Teil von Informationen oder Umweltfaktoren interpretiert, die den Entscheidungsprozess der Adoptoren direkt oder indirekt beeinflussen. Allerdings besteht in der Diffusionsforschung auch die Grundannahme, dass je eher eine Innovation mit den bestehenden Werten, Normen sowie den Erfahrungen der Alltagspraxis übereinstimmt, umso größer Akzeptanz und Adoptionsgeschwindigkeit sind.[115] Neben der rationalen und individuellen Nutzenentscheidung kann daher auch die Normerfüllung der Technik für die Diffusion relevant sein.

---

109 S. für diese h.M. nur *Schulze-Fielitz*, in: Dreier Bd. I, 2013, Art. 2 II GG, Rn. 32; *Fink*, in: Merten/Papier Bd. IV, 2011, § 88 Rn. 48; *Augsberg*, JuS 2011, 31 f.; a.A. *Pieroth/Schlink/Kingreen/Poscher* 2014, Rn. 419 m.w.N.

110 *Roßnagel* 1993, 70 f.

111 Eine Übersicht über Produktgruppen und Technikgebiete, für die europäische Richtlinien Vorgaben normieren und die daher zur Feststellung ihrer Freihandelsfähigkeit mit der CE-Kennzeichnung zu versehen sind, findet sich bei *HVBG* 1998.

112 S. umfassend die Beiträge in *Rapp/Mai* 1989.

113 S. hierzu *Ipsen*, VVDStRL 48 (1990), 180 f.

114 *Petermann* 2000, 33.

115 *Rogers* 2003, 212 ff.; *Petermann* 2000, 26.

Die Analyse des Prozesses der Technikgenese hat gezeigt, dass Technikgestaltung nicht autonom erfolgt, sondern in den verschiedenen Phasen einem sozialen Selektionsprozess unterliegt, der unterschiedlich stark ausgeprägt ist und mit einer variierenden Anzahl von Akteuren erfolgt. Die Möglichkeit, Technikentwicklungen und ihre Folgen (methodisch) auf ihre Wünschbarkeit hin zu bewerten und sie entsprechend zu steuern, erfordert zumindest ein technisches Konzept und wird umso vollständiger, wenn ein Prototyp und konkrete Anwendungsgebiete als Grundlage der Bewertung herangezogen werden können. Gleichzeitig ist dies aber auch die Phase, in der noch Einwirkungen auf die Technikauswahl und -gestaltung möglich sind. Dagegen bildet eine erfolgreiche Diffusion technischer Entwicklungen eine sehr hohe – wenn auch nicht unüberwindbare – Hürde für normativ bedingte Korrekturmaßnahmen der Techniksteuerung.

2.2 Gestaltungsverantwortung des Rechts

Wenn dem Recht die Aufgabe zugeschrieben werden soll, eine gezielte Steuerung technischer Innovationen vorzunehmen, ist eine Auseinandersetzung mit dem Verständnis von Recht selbst erforderlich. Recht ist zunächst ein Sammelbegriff für alle Ordnungssysteme, deren Ziel es ist, das Zusammenleben in einer Gesellschaft und auf Dauer zu regeln und soziale Konflikte zu vermeiden.[116] Diese sehr allgemeine Umschreibung lässt bereits erkennen, dass Recht erstens einen bestimmten Entstehungsprozess voraussetzt und zweitens einer Form der Manifestation bedarf, um verbindlich zu sein. Die Definition zielt zwar primär auf das Recht im objektiven Sinne einer Rechtsordnung oder synonym eines Rechtssystems ab. Sie impliziert aber zugleich, dass die Rechtsmacht durch ein Rechtssubjekt – und dies kann nicht unmittelbar die Gesellschaft als solche sein – ausgeübt werden muss. Daher ist es Bestandteil des Rechts, Institutionen der Rechtssetzung, -anwendung, -durchsetzung und -entwicklung zu bestimmen. Diese Institutionen müssen gesellschaftlich legitimiert sein, so dass ihnen die Verantwortung für die Rechtsordnung übertragen wird.

Die Rechtsordnung im objektiven Sinne ist ein Teilbereich der Gesamtheit gesellschaftlicher Normen. Zu diesen gehören darüber hinaus zum Beispiel Moralvorstellungen, Glaubensvorschriften und soziale Verhaltensregeln. Sie unterscheidet sich von anderen gesellschaftlichen Normen dadurch, dass es ein System von Regeln ist, dem ein allgemeiner Geltungsanspruch innewohnt, da es von einer gesetzgebenden oder durch diese legitimierte Institution erlassen worden ist sowie nötigenfalls von Organen der Exekutive und der Judikative durchgesetzt werden kann. Aufgrund dieser legitimierenden Konstruktion kommt dem Recht ein gegenüber anderen gesellschaftlichen Normen vorrangiger Geltungsanspruch zu. Dennoch beschränkt sich die Bedeutung des Rechts nicht auf die geschriebenen Gesetze, ihren Erlass durch die Legislative, die Anwendung der Vorschriften durch die Exekutive und Judikative sowie die Vollstreckung von Urteilen. Recht ist darüber hinaus eine Wertordnung. Die grundsätzlichen gesellschaftsprägenden Werte werden durch die Verfassungsnormen manifestiert. Die tragenden Werte des sozialen Zusammenlebens sind in den einzelnen Grundrechten enthalten; das Gesamtsystem der Grundrechte wird als objektive Wertordnung anerkannt.[117] Dies führt dazu, dass das Wesen der Rechtsordnung nicht nur durch den Erlass und die Anwendung der Rechtsnormen erfasst werden kann, sondern gerade auch in der Gewährleistung und dem Erhalt von Freiheitsräumen. Dies sind alle Bereiche des gesellschaftlichen Zusammenlebens, die nicht reguliert oder – im verfassungsrechtlichen Kontext – explizit geschützt sind.

---

116 S. *Kelsen* 1960, 25 f.; 32 ff.; *Zippelius* 2012, 12 ff. insbesondere in Abgrenzung zu Regeln der Höflichkeit und Moral 16 f.

117 Grundlegend *BVerfGE* 7, 198; *Müller/Christensen* 2013, Rn. 64 ff.; *Dreier* 1993, 10 ff.

Von diesem weiten Verständnis des Rechts ausgehend erlangt die Rechtsentwicklung besondere Bedeutung. Wenn die Grundrechte das objektive Wertesystem gesellschaftlichen Zusammenlebens abbilden, muss die Rechtsordnung zum einen die Funktion übernehmen, diese Werte vor Beeinträchtigungen zu schützen und zu wahren. Zum anderen muss es gegebenenfalls eine sich wandelnde soziale Wertordnung aufnehmen und anerkennen oder sich selbst gegen diesen Wandel verteidigen. Das Recht würde die ihm gegenüber technischen Entwicklungen obliegende Innovationsverantwortung unvollständig wahrnehmen, wenn es die Entscheidung für oder gegen die technischen Innovationen nur auf das Ergebnis einer Überprüfung ihrer Rechtmäßigkeit am Maßstab des geschriebenen Rechts stützen und hierauf beschränken würde. Die Innovationsverantwortung kann nur umfassend wahrgenommen werden, wenn untersucht wird, welche technischen Innovationen vor dem Hintergrund des verfassungsrechtlichen Wertesystems gezielt zu fördern sind, um nicht nur neue Gefährdungen zu vermeiden, sondern gleichermaßen neue Entfaltungschancen zu verwirklichen.[118] Die Wahrnehmung der Innovationsverantwortung erfordert für diese Entscheidungsprozesse immer auch eine Technikfolgenbewertung anhand normativer Maßstäbe.[119]

Der institutionelle Aspekt des Rechts kann ebenfalls aus einer unterschiedlich weit gefassten Perspektive betrachtet werden. Die Verantwortung für die Rechtssetzung, Rechtsanwendung und Rechtsprechung liegt zuvorderst im Verantwortungsbereich der Verfassungsorgane. Diese sind dazu legitimiert, die Rechtsordnung zu schaffen sowie ihre Umsetzung und Einhaltung zu gewährleisten. Diesen klassischen Aufgaben ist jeweils ein gewisses Maß an Rechtsentwicklung inhärent. Soll die Rechtsordnung darüber hinaus eine gestaltende Funktion in Bezug auf technische Innovationen übernehmen, kann dies jedoch nicht allein durch eine technikbezogene Rechtsentwicklung erreicht werden. Vielmehr muss die Rechtsordnung der Maßstab der Bewertung von Technikfolgen sein. Diese Aufgabe der rechtlichen Technikfolgenforschung ist, unabhängig von der Frage, ob auch die Staatsorgane eine diesbezügliche Forschungsverpflichtung trifft,[120] nach klassischem Verständnis wissenschaftlicher Natur und damit vor allem eine Aufgabe der Gemeinschaft der Rechtswissenschaftler.

Unter einem weiteren Blickwinkel kann somit die Gemeinschaft der Rechtswissenschaftler als institutionelle Ergänzung der Verantwortlichen für das Recht angesehen werden. Rechtswissenschaft ist die wissenschaftliche Beschäftigung mit der Entstehung und der Anwendung von Rechtsquellen und Normen einschließlich der Rechtsdogmatik und der Methodenlehre. Daher unterstützt die Rechtswissenschaft die Staatsorgane von jeher in deren klassischen Aufgabenbereichen der Legislative, Exekutive und Judikative. Ein Unterschied zu der Verantwortung der Staatsorgane besteht allerdings insofern, als die Forschungsergebnisse selbst keine Verbindlichkeit erreichen.[121] Wesentlicher Bestandteil der Forschung ist darüber hinaus das Streben nach neuen Erkenntnissen. Es ist bereits seit mehr als zwanzig Jahren belegt, dass die rechtswissenschaftliche Forschung nicht nur die zukunftsorientierte Rechtsentwicklung, sondern auch die rechtswissenschaftliche Technikfolgenforschung umfasst.[122] Traditionelle Bewertungskriterien für Technik und Technikfolgen stellen die Funktionalität und die Ökonomie dar. Das Konzept der rechtswissenschaftlichen Folgenbewertung wird als Mittel ver-

---

118 *Schulte*, in: Kloepfer 2000, 64 entnimmt der Verfassung ein „verfassungsrechtliches Dreigestirn" aus staatlichen Schutzpflichten, Grundrechtspositionen der Techniknutzer und -betreiber sowie Anforderungen an die staatliche Daseinsvorsorge, das bei der einfachgesetzlichen Gestaltung von Technik als Vorgabe zu beachten sei.

119 *Roßnagel* 1993, 101 f.

120 S. hierzu ausführlich und im Ergebnis bejahend *Roßnagel* 1993, 31 ff.

121 S. auch *Schulze-Fielitz*, in: Wahl 2008, 226 f. in Bezug auf die Verfassungsänderungen im Rahmen der Verfassungsinterpretation, die auch durch die Staatspraxis und die „offene Gesellschaft der Verfassungsinterpreten" (mit Verweis auf *Häberle*, JZ 1975, 297) erfolgen könne, obwohl für ihre Rechtskraft das Bundesverfassungsgericht und die Instanzen der Verfassung letztmaßgeblich seien.

122 Entwickelt und beschrieben wurde die Forschungsdisziplin der Rechtswissenschaftlichen Technikfolgenforschung von *Roßnagel* 1993.

folgt, um auch aus der Perspektive des Rechts die sozialen Implikationen von Technikfolgen zu erfassen, zu bewerten und zu steuern.

Die Gestaltungsverantwortung des Rechts kann sich allgemein aus den folgenden, grundsätzlichen Überlegungen ergeben. Erstens kann das Recht als Schutz- und Sicherungsinstrument berufen sein, risiko- und schadensträchtige Systeme zu regulieren, um die Bevölkerung vor unmittelbaren negativen Technikfolgen zu bewahren. Diese Beschränkung der Gestaltungsverantwortung für das Recht auf invasive Technik umfasst die Aufgabe der Innovationsverantwortung aber nicht vollends. Darüber hinaus kann es zweitens als generelle Aufgabe des Rechts verstanden werden, die sozialen Bedingungen für das Zusammenleben und die individuelle Freiheitsentfaltung zu fördern. Dafür kann es notwendig sein, technische – nicht invasive – Innovationen durch begleitende rechtliche Maßnahmen zu unterstützen. Drittens kann sich die Gestaltungsverantwortung aber auch aus der Notwendigkeit eines Selbstschutzes für das Recht ergeben. Davon ausgehend, dass Technikfolgen die Wirklichkeit verändern, können sie auch das Recht selbst verändern.[123] Die Gestaltungsverantwortung des Rechts dient in diesem Sinne dem Erhalt des vorrangigen Geltungsanspruchs des Rechts. Nur so kann das Recht seine Ordnungsleistung für die Gesellschaft erfüllen.

Der Ansatz der rechtswissenschaftlichen Innovationsforschung geht grundsätzlich vom Bestehen der Innovationsverantwortung des Rechts aus und hält ihre Wahrnehmung auch für möglich. Zuvor wurde Innovationsverantwortung als Aufgabe definiert, außerrechtliche Innovationen so zu begleiten, dass erwünschte Ziele erreicht und unerwünschte Wirkungen vermieden werden.[124] Die abstrakte Begründung der Innovationsverantwortung des Rechts bildet die theoretisch-wissenschaftliche Basis rechtlicher Verantwortlichkeit. Sie besagt allerdings nichts über ihre nähere Ausgestaltung insbesondere vor dem Hintergrund der differenzierten Betrachtung des Rechtssystems und der rechtlichen Institutionen. Innovationsverantwortung umfasst zwar auch, dass das Recht Freiräume für die Entstehung technischer Innovationen bietet. In diesem Bereich entsteht aber gerade das Risiko, dass bei einer unbeobachteten Technikentwicklung das Recht seinen Gestaltungsanspruch verlieren könnte. Insofern erstarkt die Innovationsverantwortung des Rechts häufig zu einer Gestaltungsverantwortung des Rechts für die Technik. Diese erfordert, dass eine Bewertung und Gestaltung technischer Entwicklungen anhand rechtlicher Kriterien vorgenommen werden.

Die Gestaltungsverantwortung kann durch unterschiedliche Maßnahmen umgesetzt werden. Neben klassischen regulativen Maßnahmen kann ihre Wahrnehmung auch darin liegen, Anreize für die Technikentwicklung zu geben. Unbeantwortet bleibt in diesem Zusammenhang zudem die Frage, welcher Grad der Verbindlichkeit der Gestaltungsverantwortung des Rechts zukommt. Grundvoraussetzung ist, dass die Gestaltungsverantwortung aus dem Recht und seinem Funktionsauftrag dogmatisch abgeleitet werden kann.

Bezogen auf die Technik ist zu untersuchen, ob obligatorische Gestaltungsaufgaben aus der Verfassung abgeleitet werden können. Sollten sich derartige Gestaltungsaufgaben in Bezug auf die Techniksteuerung begründen lassen, dann wären rechtliche Maßnahmen grundsätzlich zwingend und nicht nur eine bloß unverbindliche Vorgabe. Zudem ist der Umfang der verbindlichen Gestaltungsaufgaben und Gestaltungsaufträge zu konkretisieren oder umgekehrt formuliert ist zu bestimmen, ob der Staat durch das Ergreifen von Steuerungsmaßnahmen seine Rechtspflichten erfüllt.

2.2.1 Gestaltungspflicht des Rechts

Soll die Gestaltungsverantwortung des Rechts dazu führen, dass im Kontext der Technikentwicklung erwünschte Ziele erreicht und unerwünschte Wirkungen vermieden werden, ist

---

[123] S. mit einem anschaulichen Beispiel *Roßnagel*, in: v. Westphalen 1997, 222.

[124] S. Kap. 2.

eine Bewertung der Technik in Bezug auf die Gesellschaftsverträglichkeit im Sinne ihres normativen Selbstverständnisses vorzunehmen. Dieses wird in der Verfassung reflektiert, die gleichzeitig ausreichend abstrakte Vorgaben enthält, um als geeigneter Maßstab für – im Entwicklungsstadium noch – abstrakte Technikentwicklungen fungieren zu können. Auf der verfassungsrechtlichen und damit höchsten Ebene der Normenhierarchie weist das Grundgesetz den Staatsorganen grundsätzlich obligatorische und fakultative Staatsaufgaben zu.[125] Erstere müssen vom Staat erfüllt werden und begründen somit Pflichtaufgaben; letztere können vom Staat erfüllt werden.

Fakultative Aufgaben können auch als Staats- oder Verfassungsaufgaben bezeichnet werden. Diese werden definiert als Aufgaben, auf die der Staat nach Maßgabe und in den Grenzen der Verfassung zugreift und zugreifen darf, weil es sich um ein im öffentlichen Interesse liegendes Anliegen eines Gemeinwesens handelt.[126] Verfassungsaufgaben umfassen als Oberbegriff neben Verfassungsaufträgen unverbindliche programmatisch-politische Tätigkeitsbereiche. Sie dienen primär der Abgrenzung der Handlungsräume der Staatsorganisation von denjenigen der Gesellschaft, die durch die Grundrechte beschrieben und gesichert werden.[127] Sie begründen die rechtliche Möglichkeit des Staates, auf einem abgegrenzten Sektor zu handeln, nicht aber die rechtliche Verpflichtung hierzu.[128] Im Unterschied zum Beispiel zu den Gesetzgebungskompetenzen ist die Aufgabenverteilung nicht starr und eindeutig. Grundrechte und Verfassungsaufgaben schließen sich nicht gegenseitig aus, sondern Grundrechte begründen, insbesondere in ihrer Schutzfunktion und in ihrer Garantie des Schutzes der Grundrechtsvoraussetzungen[129] selbst Verfassungsaufgaben oder sogar Verfassungsaufträge.

Pflichtaufgaben des Staates können erstens aus subjektiven öffentlichen Rechten und zweitens aus dem Bereich des objektiven Rechts begründet werden. Während die erste Kategorie der Pflichtaufgaben des Staates unmittelbar aus den Grundrechten ableitbar ist, bestehen bei der zweiten Kategorie, der Ableitung aus dem objektiven Verfassungsrecht, dogmatische Unsicherheiten. Diese beruhen im Grundsatz auf begrifflichen Unklarheiten und Sinnvariabilität insbesondere bei der Abgrenzung zwischen objektiv gerichteten Staatszwecken, Staatszielen und Verfassungsaufträgen.[130] Allen ist gemeinsam, dass sie an öffentliche Interessen – dem Gemeinwohlinteresse – anknüpfen und damit zu den privaten (partikular) Interessen abgrenzbar sind. Obwohl Staatszwecke und Staatsziele vielfach synonym gebraucht werden und teilweise auch zusammenfallen können, sind nur die Staatsziele der grundgesetzlichen Dogmatik zuzuordnen. Staatszwecke dienen allgemein in der Staatsphilosophie und der Staatslehre zur Rechtfertigung eines Staates, ohne dass ihnen eine konkrete staatliche Aufgabenzuweisung entnommen werden kann.[131] Im Grundgesetz festgeschriebene Staatsziele sollen das politische Handeln des Gesetzgebers steuern und sind in dieser Funktion rechtlich verbindlich. Der Staat wird zwar nicht verpflichtet, sie vollständig zu erreichen, sondern er muss sich um Annäherung bemühen. Ein Rechtsverstoß ist anzunehmen, wenn das zuständige Staatsorgan ein im Grundgesetz vorgegebenes Staatsziel missdeutet, nicht beachtet oder sich gar nicht um

---

125 *Isensee*, in: Isensee/Kirchhof Bd. IV, 2006, § 73, Rn. 29.

126 *Peters*, in: Dietz/Hübner 1965, Bd. II, 880 zu Staatsaufgaben; *Martens* 1969, 131 f.; *Butzer*, in: Isensee/Kirchhof Bd. IV, 2006, § 74, Rn. 8. Der häufig auch verwendete Begriff der Staatsaufgaben wird hier vermieden, da er in der rechtswissenschaftlichen Literatur insofern umstritten ist, als er auch von der Verfassung losgelöste Aufgaben des Staates umfassen soll, s. *Sobota*, in: Engel/Morlok 1998, 303. Zudem lassen sich einheitliche und stringente Definitionen der allgemeinen Begriffe Staatsziele, Staatszwecke und Staatsaufgaben sowie der grundgesetzbezogenen Verfassungsaufgaben und Verfassungsaufträge in der rechtswissenschaftlichen Literatur nicht finden.

127 *Isensee*, in: Isensee/Kirchhof Bd. IV, 2006, § 73, Rn. 14.

128 *Isensee*, in: Isensee/Kirchhof Bd. IV, 2006, § 73, Rn. 15.

129 S. hierzu ausführlich Kap. 4.4.

130 S. zur umfassenden Auseinandersetzung mit diesen Begriffen und ihrer Abgrenzung *Isensee*, in: Isensee/Kirchhof Bd. IV, 2006, § 73, Rn. 4 ff.

131 *Link*, VVDStRL 48 (1990), 10 ff.; *Scheuner*, in: Schnur 1974, 340 ff.

Annäherung bemüht.[132] Deckt sich eine Staatsaufgabe mit einem Staatsziel, resultiert daraus die Verpflichtung, die Staatsaufgabe tatsächlich auszufüllen, so dass sie von einer fakultativen zu einer obligatorischen Aufgabe wird. Verfassungsaufträge sind schließlich an bestimmte Akteure adressierte konkrete Handlungsaufträge. Ausgehend von den im Grundgesetz normierten Staatsstrukturprinzipien und den Staatszielbestimmungen wird der Begriff der Verfassungsaufträge als verpflichtende Aufgabenzuweisungen durch das Grundgesetz verstanden, einen bestimmten Staatsauftrag zu erfüllen.[133] Ihre Bedeutung liegt vor allem darin, dass sie den Staatsorganen vorgeben, sich mit bestimmten Themen und Sachgebieten zu befassen und dadurch bestimmte Wirklichkeitsgebiete – auch zukunftsbezogen – zum Gegenstand der Politik, aber nicht zwingend der Rechtsordnung zu machen. Im Unterschied zu den Staatszielen sind Verfassungsaufträge gegenständlich begrenzt. Allerdings ist auch bei Verfassungsaufträgen grundsätzlich von einem Wahrnehmungsspielraum auszugehen, so dass kein Anspruch auf eine bestimmte Erfüllungshandlung besteht. Erst wenn sich dieser Wahrnehmungsspielraum aufgrund besonderer Umstände auf null reduziert, entsteht eine Rechtspflicht, der auch ein Anspruch auf die Vornahme einer konkreten Erfüllungshandlung entspricht.

Die Untersuchung der rechtlichen Gestaltungspflicht soll in diesem Zusammenhang gerade nicht auf die Pflicht zum Erlass gesetzlicher Vorschriften durch den Gesetzgeber beschränkt werden,[134] sondern im Gegenteil einen Schwerpunkt in dem Vor- und Umfeld regulativer Gesetzgebung finden. Wie im Zusammenhang mit der Technikgenese dargestellt,[135] können Maßnahmen der Techniksteuerung bereits in einem sehr frühzeitigen Stadium der Technikentwicklung ergriffen werden. Entsprechend wird untersucht, ob sich aus den verfassungsrechtlich manifestierten Staatsaufgaben im Zusammenhang mit einem Staatsziel die Pflicht begründen lässt, sich thematisch mit Technikentwicklungen zu befassen und diese zum Gegenstand der Politik zu machen.[136] Der Gesetzgebungsauftrag stellt nur einen Unterfall des Verfassungsauftrags dar.[137] Neben der Gesetzgebung, die als „harte" Handlungsform bezeichnet werden kann und in der Rechtswissenschaft am meisten Beachtung erfährt, kann sich der Staat einer Vielzahl von weiteren „weichen" Handlungsformen bedienen, wie insbesondere Beobachtung, Abschätzung, Beurteilung, Steuerungsmaßnahmen, Nachkorrektur und Forschungsförderung, die grundsätzlich durch alle Staatsorgane erfolgen können.[138] Konkrete Maßnahmen staatlicher Technikpolitik sind insbesondere Aufbau und Strukturierung des Forschungsumfelds, Forschungsförderung in den Bereichen Grundlagenforschung, anwendungsorientierter Forschung und Industrieforschung, Aufbau und Strukturierung einer innovationsorientierten Infrastruktur sowie die gezielte Einflussnahme auf Technikentwicklung zum Beispiel auch durch Auftragsforschung.[139] Der passive Prozess der Beobachtung muss dabei nicht immer eine steuernde Aktivität – insbesondere keinen Erlass von Gesetzen – nach sich ziehen. Ziel aller staatlichen Maßnahmen muss es sein, einen Ausgleich der durch die Technikentwicklung betroffenen mehr- oder sogar multipolaren Verfassungs- und Grundrechtsinteressen zu erreichen. Dies kann auch bedingen, dass der Staat sich einer Regulierung enthält und die Strategie einer liberalen Technikentwicklung verfolgt.

---

132 *Isensee*, in: Isensee/Kirchhof Bd. IV, 2006, § 73, Rn. 8.
133 *Isensee*, in: Isensee/Kirchhof Bd. IV, 2006, § 73, Rn. 17.
134 S. hierzu z.B. *Schröder*, in: Schulte/ders. 2011, 237 ff.
135 S. Kap. 2.1.3.
136 S. *Fischer* 2000, 17 f.
137 *Isensee*, in: Isensee/Kirchhof Bd. IV, 2006, § 73, Rn. 17; *Scheuner*, in: Schnur 1974, 333 ff.
138 *Wahl*, UTR 14 (1991), 12 ff.
139 *Meyer-Krahmer/Kuntze*, in: Grimmer/Häusler/Kuhlmann/Simouis 1992, 95 ff.

2.2.1.1 Grundrechtlicher Begründungsansatz

Bei gesellschaftsgetragenen technischen Innovationen mit vielen unterschiedlichen privaten Akteuren, wie dem Internet, kann sich eine staatliche Steuerungsverantwortung grundsätzlich aus unterschiedlichen Verfassungsnormen ergeben. Eine staatliche Gestaltungspflicht für technische Innovationen, die in der Regel positive und negative Folgen für die Gesellschaft haben, kann aus der Gewährleistung des Grundrechtsschutzes zu begründen sein. Für eine umfassende Betrachtung werden nachfolgend unterschiedliche Konstellationen des Technikeinsatzes differenziert, die sich aus den unterschiedlichen Funktionen der Grundrechte ergeben.[140]

Eine rechtliche Gestaltungspflicht für technische Innovationen ist insbesondere anzunehmen, wenn der Staat selbst an der Innovation beteiligt ist. Art. 1 Abs. 3 GG normiert eine unmittelbare Bindung der drei staatlichen Gewalten der Legislative, Exekutive und Judikative an die nachfolgenden Grundrechte. Bereits bei der Entwicklung technischer Innovationen ist der Staat somit verpflichtet, zu gewährleisten, dass die geplante technische Innovation nicht zu verfassungswidrigen Grundrechtseingriffen führt. Allerdings ist der deutsche Staat in den seltensten Fällen selbst unmittelbar der Entwickler technischer Innovationen. Er bedient sich ihrer in der Regel als Nutzer und passt sie für seine Anwendungskontexte an. Hierdurch kann eine Grundrechtsrelevanz entstehen und ihn dazu verpflichten, die Grundrechte zu achten. Als bedeutendes – allerdings amerikanisches Beispiel – kann die Entwicklung des Advanced Research Projects Agency Network (ARPANET) durch das amerikanische Verteidigungsministerium als Basistechnik für das Internet angeführt werden. Die in Deutschland geführte Diskussion der Einordnung des Internet in die Grundrechtssystematik hätte allerdings erst ab dem Zeitpunkt geführt werden müssen, ab dem das Internet auch in Deutschland allgemein zugänglich war.[141] Sobald staatliche Stellen das Internet für eigene Zwecke, zum Beispiel das E-Government, eingesetzt haben, waren sie zur Beachtung der Grundrechte, insbesondere des Rechts auf informationelle Selbstbestimmung, der Bürger verpflichtet. Die aus Art. 1 Abs. 3 GG abgeleitete Gestaltungspflicht bezieht sich dann aber nur auf den Einsatz der Technik durch den Staat und nicht auf eine allgemeine Gestaltungspflicht der Technik beim Einsatz durch andere Akteure. Zudem lässt sich aus dieser Abwehrfunktion der Grundrechte keine positive Pflicht des Staates im Sinne einer gezielten Förderung technischer Innovationen ableiten.

Während in Bezug auf den Einsatz einer neuen Technik durch den Staat selbst, die Abwehrfunktion der Grundrechte einen Schutz der Bürger vor verfassungswidrigen Grundrechtsbeeinträchtigungen bietet, wird bei gesamtgesellschaftlichen Technikeinsätzen die Schutzfunktion der Grundrechte relevant.[142] Der Staat ist immer dann verpflichtet, unerwünschte Wirkungen technischer Innovationen zu vermeiden, wenn die grundlegende Sicherung grundrechtlich geschützter Rechtsgüter dies erfordert.[143] Diese Rechtspflicht wird aus der Schutzfunktion der Grundrechte abgeleitet. Sie stellen nach dem heutigen Verfassungsverständnis nicht nur Abwehrrechte des Bürgers gegen staatliche Eingriffe dar, sondern sind auch objektive Prinzipien der Gesamtrechtsordnung. Das Bundesverfassungsgericht leitet die staatliche Schutzpflicht zur Gewährleistung grundrechtlicher Freiheiten aus Art. 1 Abs. 1 Satz 2 GG ab, ohne auf zuvor vorhandene staatsphilosophische Theorien einzugehen.[144] Hiernach sind die Staatsorgane verpflichtet, sich schützend und fördernd vor die grundrechtlichen

140 Zu den Funktionen der Grundrechte s. ausführlich nachfolgendes Kap. 4.5.

141 Bei diesem Beispiel tritt ergänzend die Problematik hinzu, dass sich die nationale Gestaltungspflicht unmittelbar nur auf Technikentwicklungen in Deutschland beziehen kann.

142 Zur Schutzfunktion der Grundrechte s. ausführlich mit entsprechenden Nachweisen Kap. 4.5.

143 *BVerfGE* 39, 1 (41); 49, 160 (164); 49, 89 (141 f.) sowie *Callies*, in: Merten/Papier Bd. II, 2006, § 44 Rn. 3.

144 *BVerfGE* 39, 1 (41); 49, 160 (164); 49, 89 (141 f.) sowie *Dietlein* 2005, 18.

Schutzgüter zu stellen. In Bezug auf die Innovationsverantwortung lässt sich mit den grundrechtlichen Schutzpflichten des Staates vorrangig die Pflicht begründen, unerwünschte Wirkungen einer Innovation zu vermeiden. Die Wahrnehmung der grundrechtlichen Schutzpflichten erfordert somit eine Beobachtung und wertende Betrachtung technischer Innovationen,[145] um Risiken für den garantierten Grundrechtsschutz zu ermitteln und die grundrechtlich proklamierten Freiheiten auch unter den Bedingungen einer durch technische Innovationen veränderten Wirklichkeit zu gewährleisten.

Eine hohe praktische Relevanz kommt in Bezug auf technische Innovationen insbesondere Art. 2 Abs. 1 GG zu, der den Staat verpflichtet, das Leben und die körperliche Unversehrtheit eines jeden Grundrechtsträgers vor Beeinträchtigungen durch Dritte zu schützen. Eine Gefährdung tritt in der Regel nicht durch die Technik selbst, sondern durch die Folgen ihres Einsatzes auf. Schutzpflichten in Bezug auf technische Entwicklungen können sich aber grundsätzlich auch aus allen weiteren Grundrechten ergeben. Zwar gibt es bestimmte Technikbereiche, die die Prüfung einer Schutzpflicht bestimmter Grundrechte nahelegen, wie zum Beispiel die Menschenwürdegarantie gemäß Art. 1 Abs. 1 GG für die rote Biotechnologie[146] oder die Meinungs- und Informationsfreiheit gemäß Art. 5 Abs. 1 Satz 1 GG sowie die informationelle Selbstbestimmung gemäß Art. 2 Abs. 1 in Verbindung mit Art. 1 Abs. 1 GG für die Informations- und Kommunikationstechnik. Allerdings ist diese Tendenz weder zwingend noch abschließend, da die Grundrechtsrelevanz nicht losgelöst von ihren konkreten Anwendungsformen und -kontexten beurteilt werden kann.

Ziel dieser normativen Wertung kann aber nicht nur die Bewahrung der objektiven Wertordnung der Grundrechte sein, sondern sie muss auch die Folgen der Technik für das Recht berücksichtigen. Wenn durch die objektive Wertordnung beschrieben wird, wie die Wirklichkeit sein soll, so ist diese Beschreibung immer nur in Bezug auf feststehende Verwirklichungsbedingungen für Grundrechte zutreffend. Da technische Innovationen die Wirklichkeit verändern, müssen gegebenenfalls neue oder ergänzende Wertentscheidungen aus dem Schutzgedanken der Grundrechte abgeleitet werden.[147] Auch das aus den Grundrechten abgeleitete Wertesystem für die Gesellschaft muss demnach mit den Worten des Bundesverfassungsgerichts einen „dynamischen Grundrechtsschutz" im Sinne einer zeitbezogenen Grundrechtsinterpretation gewährleisten.[148]

Der Aktualisierungsgedanke ergibt sich vor allem aus der Bedingung der Lückenlosigkeit des Grundrechtsschutzes, die aus der Menschenwürdegarantie gemäß Art. 1 Abs. 3 GG abgeleitet wird.[149] Die Funktion der Lückenschließung obliegt dabei dem sogenannten Auffanggrundrecht des allgemeinen Persönlichkeitsrechts. Ihrer bedarf es insbesondere, um neuartigen Gefährdungen zu begegnen, zu denen es im Zuge des wissenschaftlich-technischen Fortschritts und gewandelter Lebensverhältnisse kommen kann.[150] Die Grundrechtsfunktion der objektiven Wertordnung geht somit von dem Ziel eines geschlossenen und in sich vollständigen Systems aus, das entsprechend auch Antworten auf Neuerungen durch eine zeitgemäße Fortentwicklung sucht.

Die Abwehr- und Schutzfunktion sowie die Funktion der Grundrechte in ihrer Gesamtheit als objektives Wertesystem zielen auf den Schutz und den Erhalt grundrechtlicher Freiheitsräume vor der Beeinträchtigung durch den Einsatz von Technik ab. Gestaltungspflichten in

---

145 Derartige Beobachtungspflichten werden dem Gesetzgeber vom Bundesverfassungsgericht regelmäßig auferlegt, um zu kontrollieren, ob sich Einschätzungen der Wirklichkeit, die einer rechtlichen Regelung zugrunde gelegt worden sind, in der Realität bestätigen, z.B. *BVerfGE* 110, 141 (168)

146 Zu diesem Beispiel s. *Trute*, in: Isensee/Kirchhof Bd. IV, 2006, § 88, Rn. 29 ff.

147 S. hierzu ausführlich Kap. 4.

148 *BVerfGE* 49, 89 (89 ff.); kritisch zur Ausgestaltung und Umsetzung des postulierten dynamischen Grundrechtsschutzes *Roßnagel,* NVwZ 1984, 137.

149 *Herdegen*, in: Maunz/Dürig 2015, Art. 1 Abs. 3 GG, Rn. 55.

150 *BVerfGE* 120, 274 (303); 54, 148 (153); 65, 1 (41); 118, 168 (183).

Bezug auf Technikentwicklung ergeben sich demnach für gefahrenträchtige und riskante Techniken in Form von Maßnahmen zur Technikbegrenzung. Viele Techniken bergen neben Risiken aber auch Chancen für die Ausübung grundrechtlicher Freiheiten. Ob aus den Grundrechten der Auftrag des Staates zur positiven Technikförderung abgeleitet werden kann, ist überaus fraglich. Dies wäre nur anzunehmen, wenn die Proklamation, dass der Staat sich nicht nur schützend, sondern auch fördernd vor die Grundrechte zu stellen hat,[151] so weitgreifend zu verstehen ist, dass grundrechtliche Freiheitsräume nicht nur zu erhalten, sondern auch zu erweitern sind. Eine solche Pflicht des Staates könnte sich allenfalls aus der Leistungsfunktion der Grundrechte ergeben.[152] Die einigen Grundrechten zuerkannte Leistungsfunktion verpflichtet den Staat zum Handeln, wenn dem Einzelnen die Begründung und Erhaltung seiner freien Existenz nicht ohne die Unterstützung des Staates möglich ist. Die Leistungsfunktion bezieht sich somit nicht auf die Freiheitsräume selbst, sondern auf die Wirklichkeitsbedingungen für ihre Wahrnehmung. Diese können – ganz allgemein – durch Technikentwicklung optimiert werden. Allerdings ist der Leistungscharakter der Grundrechte, wie sich aus der genannten Formulierung des Bundesverfassungsgerichts ergibt, auf die Herstellung und den Erhalt eines Status Quo unter den gegebenen Bedingungen gerichtet. Ein darüberhinausgehendes Optimierungsgebot kann ihm nicht entnommen werden. Dieses Ergebnis lässt sich ergänzend mit dem Grundverhältnis zwischen Staat und Individuum begründen. Oberste Prämisse des Grundgesetzes ist eine freiheitliche Gesellschafts- und Wirtschaftsordnung. Entsprechend besteht der Gewährleistungsschutz, dass sich Wissenschaft und Technik grundsätzlich autonom im Rahmen gesellschaftlicher und ökonomischer Beschränkungen entfalten können. Der Staat ist nur sekundär und begleitend zu Steuerungsaktivitäten aufgefordert, um die verfassungsrechtliche Grundordnung zu wahren und Interessenkonflikte zu regeln. Allgemein mag die Verbesserung der Lebensbedingungen zwar ein Ziel des Staates sein, dies steht aber unter dem Vorbehalt des finanziell Möglichen und ist daher nur bedingt justiziabel. Daher ist das Ziel der Verbesserung der Lebensbedingungen primär politischer Natur.

2.2.1.2 Staatsorganisationsrechtlicher Begründungsansatz

Neben diesen grundrechtlichen Begründungsansätzen könnte sich die Gestaltungsverantwortung des Rechts für technische Innovationen auch aus den verfassungsrechtlichen Grundentscheidungen in Form der Staatsstrukturprinzipien und Staatszielbestimmungen ableiten lassen. Diese bestimmen das Selbstverständnis des Staates und legen verbindlich fest, nach welchen Vorgaben die Verfassungsaufträge wahrzunehmen und die Verwirklichung des Gemeinwohls umzusetzen sind. Die Staatsstrukturprinzipien manifestieren nicht nur die elementaren Wesenszüge der (gewählten) Staatsform, sondern auch des staatlichen Gemeinwesens. Staatsziele sind allgemein all diejenigen öffentlichen Belange, die sich der Staat zu eigen und deren Umsetzung er sich zur Verfassungsaufgabe macht.[153] Zusammen mit den Grundrechten bilden diese verfassungsrechtlichen Grundentscheidungen die Identität einer Verfassung.[154] Diese muss grundsätzlich auch gegenüber dem technischen Fortschritt bewahrt werden. Staatsstrukturprinzipien und Staatszielbestimmungen unterscheiden sich von den Grundrechten durch ihren ausschließlich objektiv rechtlichen Gehalt. Dennoch enthalten auch diese Grundentscheidungen die an den Staat gerichtete rechtliche Verpflichtung, „sie nach Kräften anzustreben und sein Handeln danach auszurichten.[155]" Aus ihnen wird somit die Pflicht ab-

---

151 *BVerfGE* 33, 303 (333); 35, 79 (114); 36, 321 (331).

152 S. hierzu ausführlich Kap. 4.5.

153 S. ausführlich zur Abgrenzung und Erläuterung der Staatszwecke von den Staatszielen *Isensee*, in: Isensee/Kirchhof Bd. IV, 2006, § 73, Rn. 6 ff.

154 *Kirchhof*, in: Isensee/Kirchhof Bd. II, 2004, § 21, Rn. 3, 20; *Roßnagel*, in: v. Westphalen 1997, 223.

155 *Isensee*, in: Isensee/Kirchhof Bd. IV, 2006, § 73, Rn. 10, mit Verweis auf die Definition der Staatsziele in Art. 3 Abs. 3 SachsAnhVerf.

geleitet, einen bestimmten Verfassungsauftrag zu erfüllen. In Betracht kommen vorrangig das Demokratieprinzip, das Rechtsstaatsprinzip und das Staatsziel des Umweltschutzes.

2.2.1.2.1 Demokratieprinzip

Das in Art. 20 Abs. 1 und Abs. 2 GG manifestierte Demokratieprinzip ist die Entscheidung einer Gesellschaft für ein politisches System, in dem die Staatsmacht ausschließlich aus der Macht des Volkes abgeleitet wird. Als Organisationsprinzip dient es letztlich der Gewährleistung der in Art. 1 Abs. 1 Satz 2 GG statuierten Pflicht der staatlichen Gewalten, die unantastbare Würde des Menschen zu achten und zu fördern.[156] Das Demokratieprinzip des Grundgesetzes zeichnet sich dadurch aus, dass die Staatsgewalt vom Volk ausgeht, indem es in Wahlen und Abstimmungen Repräsentanten zur Ausübung der Staatsmacht legitimiert.[157] Der Bundestag stellt in der repräsentativen Demokratie des Grundgesetzes somit die einzige unmittelbar vom Volkssouverän abgeleitete Staatsmacht dar.[158] Daraus folgt sowohl, dass Handlungen des Bundestages die stärkste demokratische Legitimation aufweisen als auch, dass der Bundestag die größte demokratische Verantwortung trägt. Eine Kontrolle wird durch die zeitliche Begrenzung der Legislaturperioden, die Grundrechtsbindung der Staatsorgane und die Gewaltenteilung erreicht.

Der Entscheidung für die Demokratie und für die unbedingte Bindung der Staatsgewalt an die Menschenwürde liegt die Überzeugung zugrunde, dass grundsätzlich jeder Mensch selbstbestimmt leben können soll und nicht zum bloßen Objekt staatlichen Handels degradiert werden darf.[159] Diese in Bezug auf den Einzelnen zutreffende Aussage ist aber nicht auf die Gesellschaft übertragbar. Aus der Tatsache, dass jedes Individuum eben nicht isoliert, sondern in einem sozialen Gefüge lebt, ergibt sich die Unmöglichkeit der isolierten Selbstbestimmung in Bezug auf das Gemeinwohl.[160] Die Fähigkeit zur Selbstbestimmung ist somit notwendigerweise gemeinschaftsbezogen und gemeinschaftsgebunden.[161] Der normativen Wertordnung der Verfassung liegt daher ein Einvernehmen darüber zugrunde, dass sich widersprechende Individualinteressen zueinander und zu Gemeinschaftsinteressen ins Verhältnis zu setzen sind sowie ein Interessenausgleich im Sinne der praktischen Konkordanz zu verfolgen ist.[162] Bei der gewählten Staatsform der Demokratie schließt sich das Staatsvolk bewusst zusammen, um als Allgemeinheit über eigene Angelegenheiten, Gemeinschaftsfragen und Interessenkonflikte selbstbestimmt und mehrheitlich zu entscheiden.[163] Dies wird im Folgenden als Prinzip der gesellschaftsgetragenen Selbstbestimmung bezeichnet.

Technikentwickler, insbesondere in der Industrie verfolgen diese öffentlichen Interessen nicht. Ihren Entscheidungen über Technikentwicklung, -auswahl und -gestaltung liegen funktionale und ökonomische Zielsetzungen der Wahrnehmung von Marktchancen, der Stärkung der Wettbewerbsfähigkeit und der Gewinnsteigerung zugrunde. Eine Gemeinwohlorientierung im Sinne einer gesellschaftlich gewünschten Technik ist grundsätzlich keine Zielsetzung. Dies kann zur Folge haben, dass sich eine Technik manifestiert und die gesellschaftlichen Lebensbedingungen beeinflusst, die nur Partikularinteressen berücksichtigt und entgegenstehende geschützte Interessen beeinträchtigt. Einer solchen Entscheidung für eine

---

156 *Huster/Rux*, in: Epping/Hillgruber 2015, Art. 20 GG, Rn. 55.[157] Zum Demokratieprinzip in Deutschland s. *Richter* 2012, 83 ff.; *Sachs*, in: Dreier 2013, Art. 20 GG, Rn. 35 f.

157 Zum Demokratieprinzip in Deutschland s. *Richter* 2012, 83 ff.; *Sachs*, in: Dreier 2013, Art. 20 GG, Rn. 35 f.

158 Im Zusammenhang mit dem Technikrecht s. *Schröder*, in: Schulte/Schröder 2011, 240.

159 Die Objektformel geht zurück auf *Dürig*, AöR 81 (1956), 127; *ders.*, in: Maunz/Dürig 1958, Art. 1 Abs. 1, Rn. 28.

160 *Huster/Rux*, in: Epping/Hillgruber 2015, Art. 20 GG, Rn. 57.

161 *BVerfGE* 45, 187 (227).

162 *BVerfGE* 47, 327 (369); 122, 89 (107) sowie *Hesse* 1995, Rn. 72 m.w.N.

163 S. *Kirchhof*, NVwZ 1988, 98.

gesellschaftsverändernde Technik fehlt – zunächst unabhängig davon, ob ihre Chancen oder Risiken überwiegen – die demokratische Legitimation.[164] Das Primat demokratischer Politik kann nur gewahrt werden, wenn ausgeschlossen ist, dass private Unternehmen die Entwicklung der Technik und damit auch der Gesellschaft stärker bestimmen dürfen als demokratisch legitimierte Politik. Deshalb muss jede gesellschaftssteuernde Wirkung der Technik beobachtet und mit demokratisch legitimierten Entscheidungen abgeglichen werden. Demokratie kann in einer technikgeprägten Gesellschaft nur wirksam sein, wenn sie Technik steuert. Das Demokratieprinzip sichert in diesem Zusammenhang auch den Minderheitenschutz und gewährleistet einen gesellschaftlichen Konsens zu gesellschaftlichen – auch technikgeprägten – Entwicklungen. Ergebnis einer demokratischen Technikentwicklung muss eine Technik sein, die abgeleitet aus den Verfassungsnormen individuellen und gesellschaftlichen Interessen entspricht.

Der aus dem Demokratieprinzip abgeleitete Wesentlichkeitsgrundsatz verpflichtet den Gesetzgeber losgelöst vom Merkmal eines Grundrechtseingriffs in grundlegenden normativen Bereichen alle wesentlichen Entscheidungen selbst zu treffen.[165] Das Demokratieprinzip setzt daher nicht nur den Abgleich technischer Entwicklungen mit bestehenden demokratischen Entscheidungen voraus, sondern in wesentlichen Belangen ist auch zwingend eine Entscheidung durch den Gesetzgeber zu treffen. Diese Pflicht wird vor allem relevant, wenn weitreichende Auswirkungen auf die Bürger, insbesondere auf ihren Freiheitsbereich und ihren Gleichheitsbereich, und auf die allgemeinen Lebensverhältnisse durch eine Technikentwicklung oder ihre konkreten Einsatzgebiete zu erwarten sind.[166] Aus dem Wesentlichkeitsgrundsatz resultiert zugleich ein Delegationsverbot des Gesetzgebers hinsichtlich als wesentlich erachteter Grundsatzfragen.[167] Dies schließt eine gesetzliche Ermächtigungsregelung an die Exekutive und erst Recht an andere gesellschaftliche Gruppen wie die Technikentwickler aus.

In Bezug auf Technikentwicklungen wird zudem die Gefahr konstatiert, dass Technik zum „Ersatzgesetzgeber" wird.[168] Jede Norm ist nur unter Berücksichtigung von Aspekten der Wirklichkeit verständlich und kann nur unter ihren Bedingungen die beabsichtigte Wirkung entfalten. Wenn Technik die Verwirklichungsbedingungen der Regelungsziele verändert, wird diese unwillkürlich in die Normkonkretisierung aufgenommen, so dass sich der Inhalt der Norm verändert, nicht aber der Normtext selbst. Diese wirklichkeitsbedingte Änderung von Normen ist zwar unvermeidlich, darf aber nicht so weit gehen, dass sie das im Demokratieprinzip enthaltene Legitimationserfordernis unterläuft. Unabhängig von der Frage der konkreten Kompetenzzuweisung für die Normkonkretisierung des Verfassungsrechts[169] darf der Bedeutungsgehalt des Rechts nicht durch andere Instanzen oder Sachzwänge verändert werden, ohne zumindest von den Verfassungsorganen dahingehend überprüft zu werden, ob ihr Einschreiten erforderlich ist. Da nicht jede Technikentwicklung Auswirkungen auf die verfassungsrechtlichen Ziele hat, würde eine grundsätzliche Legitimationspflicht in Bezug auf die Entwicklung und gesellschaftliche Einführung von Technik die funktionale Gewaltenteilung stark überdehnen. Die Staatsorgane sind aber zur Beobachtung der technischen Entwicklungen verpflichtet, um das Risiko der „Ersatzgesetzgebung" einschätzen und gegebenenfalls gegensteuern zu können. Das Rechtsstaatsprinzip sichert in diesem Zusammenhang die Iden-

---

164 *Kloepfer*, in: Grunwald 2003, 149 f. spricht von einer Legitimationspflicht für die gemeinwohlrelevanten Aspekte von Technik.

165 *BVerfGE* 49, 98 (126) sowie *Herzog*, NJW 1999, 26.

166 *BVerfGE* 49, 98 (127), das in dieser Entscheidung die normative Grundsatzentscheidung für oder gegen die rechtliche Zulässigkeit der friedlichen Nutzung der Kernenergie im Hoheitsbereich der Bundesrepublik Deutschland als wesentlich eingestuft hat.

167 *Grzeszick*, in: Maunz/Dürig 2015, Art. 20 Abs. 3 GG, Rn. 106.

168 *Roßnagel*, in: Eifert/Hoffmann-Riem 2009, 331.

169 Die Verfassungsnormen werden grundsätzlich bei jedem Akt der Gesetzgebung, Gesetzesanwendung und der Rechtsprechung konkretisiert, da ein Umgang mit ihnen ohne Interpretation faktisch kaum möglich ist. S. hierzu ausführlich nachfolgendes Kap. 4.2.2.

tität der Verfassung[170] und des Rechts selbst. Die Technikfolgen als Bestandteil der Verfassungswirklichkeit dürfen die normativen Regelungsziele nicht außer Kraft setzen. Als konkrete staatliche Handlungspflicht kann eine verfassungsorientierte Technikfolgenabschätzung aus der funktionalen Gewaltenteilung begründet werden.

Aus dem Demokratieprinzip lässt sich somit eine allgemeine Gestaltungsverantwortung des Staates im Sinne der politischen Verantwortung begründen, Technikentwicklung als spezifische Form eines sozialen Prozesses zu steuern. Art. 20 GG können aber keine unmittelbaren Antworten auf die Fragen entnommen werden, welche Voraussetzungen für die demokratische Legitimation einer Entscheidung der Staatsorgane erfüllt sein müssen und wie sichergestellt werden kann, dass eine bestimmte Entscheidung oder sonstige Maßnahme – jenseits der gesetzgeberischen Handlungsformen – hinreichend demokratisch legitimiert ist.[171] In Bezug auf technische Entwicklungen konkretisiert, betrifft dies zum einen den Erkenntnisprozess, den die Technikbewertung voraussetzt und der den Fragen nach den Vor- und Nachteilen der Technik in Abhängigkeit von Nutzungsmöglichkeiten und Verhaltensweisen der Beteiligten gewidmet ist.[172] Zum anderen umfasst es die Gestaltungsmaßnahmen, denen die Beantwortung der Fragen vorausgeht, auf welche Technikentwicklungen oder Teilaspekte von Technik die staatlichen Entscheidungsträger Einfluss zu nehmen und mit welchen Mitteln sie diese Aufgabe wahrzunehmen haben.

Die allgemeine Gestaltungsverantwortung wird vorrangig durch politische, nicht aber durch rechtliche Prozesse realisiert. Das demokratische Prinzip gibt insbesondere nicht vor, welche Technikentwicklungen thematisch in die politische Agenda aufzunehmen sind. Diese wird aber insbesondere durch die Richtlinienkompetenz des Bundeskanzlers als Teilaspekt in das parlamentarische System umgesetzt. Art. 65 Satz 1 GG legt fest, dass der Bundeskanzler die Richtlinien der Politik vorgibt und hierfür die Verantwortung trägt. Durch diese Norm wird der Bundeskanzler zum verantwortlichen Leiter für die Regierungspolitik, dem innerhalb des Kreises der Regierung eine Vorrangstellung eingeräumt wird.[173] Die Vorschrift legt den Schluss nahe, dass der Kanzler zumindest mittelbar zur Wahrnehmung seiner Richtlinienkompetenz verfassungsrechtlich verpflichtet ist. Da er die politisch-moralische Verantwortung für die politischen Entscheidungen der Staatsorgane gerade auch gegenüber dem Volk trägt, wird ihm jede Politik zugerechnet, für die er keine entgegenstehenden Richtlinien vorgegeben hat.[174] Der Kanzler kann sich im Zweifel seiner Verantwortung nicht durch die Behauptung entziehen, dass eine politische Entscheidung ohne seine explizite oder in seinen Richtlinien vorgegebene Zustimmung erfolgt sei. Die Ausübung der Richtlinienkompetenz sollte sich noch mehr als andere politische Entscheidungen durch ein hohes Maß an Zukunftsorientierung auszeichnen, um mögliche politische Fehlentscheidungen von vornherein zu verhindern. Übt der Kanzler seine Leitungs- und Entscheidungsrechte nicht in einer Form aus, die die Zustimmung der Bevölkerung erfährt, besteht – ebenso wie bei den einzelnen Abgeordneten – nur die Möglichkeit, den Kanzler und seine Partei nicht wiederzuwählen, um für die nächste Legislaturperiode einen Kanzlerwechsel herbeizuführen. Insofern ist die Richtlinienkompetenz gegenüber dem Volk als rein politische Handlungspflicht einzuordnen und nicht als rechtliche Gestaltungspflicht.

Gleichzeitig führt die positive Zuweisung der Richtlinienkompetenz an den Kanzler zumindest mittelbar zu einer Begrenzung der Befugnisse von Bundestag und Bundesrat. Diesem

---

170 *Kirchhof*, in: Isensee/Kirchhof Bd. II, 2004, § 21, Rn. 3, 20.

171 *Huster/Rux*, in: Epping/Hillgruber 2015, Art. 20 GG, Rn. 84. In diesem Zusammenhang sind nur Entscheidungen der Regierung gemeint, die nicht in einem förmlichen Gesetzgebungsverfahren getroffen werden. Für diese Handlungsform enthält das Grundgesetz auf Bundesebene sowohl formale als auch materielle Voraussetzungen.

172 S. hierzu ausführlich Kap. 2.1 und insbesondere Kap. 2.1.3.

173 S. *Herzog*, in: Maunz/Dürig 2015, Art. 65 GG, Rn. 3.

174 *Herzog*, in: Maunz/Dürig 2015, Art. 65 GG, Rn. 48 ff.

kommt kein allumfassender Vorrang bei grundlegenden Entscheidungen[175] – wie er aus dem Wesentlichkeitsgrundsatz grundsätzlich abgeleitet werden kann –, insbesondere politischen Entscheidungen zu. Bezogen auf technische Innovationen kann im frühzeitigen Stadium der Technikgenese vom Kanzler der verbindliche Rahmen für weitere politische und rechtliche Gestaltungsansätze vorgegeben werden. Vorstellbar ist zum Beispiel, dass der Erforschung regenerativer Energien im Interesse langfristiger Lösungen für die Energieversorgung und des Umweltschutzes der Vorrang vor der Energieforschung im Bereich fossiler Rohstoffe eingeräumt wird. Eine derartige Rahmenvorgabe wäre dann vom zuständigen Minister bei seiner Ressortpolitik zu beachten und durch entsprechend Maßnahmen umzusetzen.

Grundsätzlich unabhängig von den Rahmenvorgaben des Kanzlers sind Technikentwicklungen vielfältig Gegenstand politischer Diskussion, sowohl in der Öffentlichkeit als auch, indem sich Parteien und Politiker zu technischen Fragestellungen positionieren. Beispiele hierfür sind die Atompolitik insbesondere zum Ausstieg aus der Atomtechnik, die Netzpolitik,[176] der Einsatz von Überwachungstechnik insbesondere seit dem 11. September 2001 oder Fracking zur Energiegewinnung. Indem der Wähler mit seiner Wahlentscheidung Repräsentanten zur Ausübung der Staatsgewalt legitimiert, trifft er allenfalls eine Richtungsentscheidung über mögliche Technikentwicklungen, sofern Wahlkandidaten und Parteien sich hierzu oder zu bestimmten Nutzungsformen im Wahlkampf oder Parteiprogrammen äußern.[177] Aus dem Wahlergebnis lässt sich somit – bedingt[178] – ein gesellschaftlicher Konsens ableiten, der in Bezug auf die Regierung zwangsläufig dem Mehrheitsprinzip unterworfen ist. Diesbezügliche Interessenpositionen der Bürger, die nicht von der Regierung vertreten werden, können durch die weiteren Repräsentanten im Parlament wahrgenommen werden. Die Abgeordneten der jeweiligen Oppositionsfraktionen sind grundsätzlich verantwortlich für die Gewährleistung des Minderheitenschutzes und üben damit primär die Kontrollfunktion des Parlaments als Rahmenbedingung einer Demokratie aus.[179]

Indem im Grundgesetz die Entscheidung für eine repräsentative, parlamentarische Demokratie[180] getroffen ist, sind die Möglichkeiten der unmittelbaren Einflussnahme der Bevölkerung auf Einzelentscheidungen der Regierung und des Parlaments stark eingeschränkt. Selbst wenn ein Abgeordneter als Repräsentant für eine bestimmte – zuvor auch von ihm geäußerte – politische Meinung zu abstrakten oder konkreten politischen Themen Stellung bezogen hat, ist er gemäß Art. 38 Abs. 1 Satz 2 GG als Vertreter des ganzen Volkes an Aufträge und Weisungen nicht gebunden und nur seinem Gewissen unterworfen. Trifft ein Abgeordneter während einer Legislaturperiode Entscheidungen, die nicht dem Wählerinteresse entsprechen, kann ihm oder seiner Partei lediglich bei der nächsten Wahl das Vertrauen in Gestalt des Mandats entzogen werden. Eine Gestaltungspflicht im Sinne einer Rechtspflicht zum Handeln, kann dem Demokratieprinzip aufgrund dieser verfassungsrechtlich gewährleisteten Freiräume nicht entnommen werden.

---

175 S. hierzu die Ausführungen zum Wesentlichkeitsgrundsatz in Kap. 2.2.1.2.2.

176 *Bull* 2013, 129 bezeichnet „Netzpolitik" als „Konglomerat von Wünschen und Forderungen [im Zusammenhang mit dem Internet], die nur lose miteinander verknüpft sind".

177 Z.B. bekannten sich „Die Grünen" immer schon eindeutig gegen den Einsatz der Atomtechnik zur Energiegewinnung und die „Piratenpartei" wurde als sogenannte „Ein-Thema-Partei" gegründet, die sich dem durch moderne Informations- und Kommunikationstechnologie herbeigeführten Wandel zur Informationsgesellschaft verschrieben hat.

178 Denn es ist zu berücksichtigen, dass Technikentwicklung nur eines von vielen politischen Themen ist, die letztlich die Wahlentscheidung des Wählers bestimmen.

179 *Huster/Rux*, in: Epping/Hillgruber 2015, Art. 20 GG, Rn. 99 f.

180 *Grzeszick*, in: Maunz/Dürig 2015, Art. 20 GG, Rn. 7.

2.2.1.2.2 Rechtsstaatsprinzip

Das Prinzip des Rechtsstaats bedeutet ganz allgemein, dass jegliche staatliche Herrschaft nur aufgrund und im Rahmen des Rechts ausgeübt werden darf.[181] Es dient somit der Machtbegrenzung der öffentlichen Gewalt zum Schutz der individuellen Freiheit. In Bezug auf staatliche Handlungspflichten ist der Begriff des Rechtsstaats zunächst wenig aussagekräftig. Seine eigentlichen Bedeutungsdimensionen ergeben sich durch verschiedene in ihm verbürgte Teilgehalte und Einzelgewährleistungen. Im Einzelnen werden aus dem Rechtsstaatsprinzip der Grundsatz der Gewaltenteilung, die Rechtsbindung der öffentlichen Gewalt, der Grundsatz der Rechtssicherheit, der Grundsatz rechtsstaatlicher Rationalität, der Grundsatz der Verhältnismäßigkeit und die Gewährleistung des Rechtsschutzes abgeleitet.[182]

Der Grundsatz der Gewaltenteilung ist in Art. 20 Abs. 2 Satz 2 und Abs. 3 GG normiert und erfährt eine Konkretisierung in den einzelnen Organisationsnormen und Aufgabenzuweisungen der Verfassung. Die staatlichen Funktionen der Gesetzgebung, der vollziehenden Gewalt und der Rechtsprechung werden nach diesem Grundsatz auf die drei Staatsgewalten der Legislative, der Exekutive und der Judikative verteilt. Die Gewaltenteilung dient primär der Verteilung politischer Macht und Verantwortung sowie der gegenseitigen Kontrolle zur Mäßigung der Staatsherrschaft und zum Schutz der individuellen Freiheit.[183] Sie zielt zudem darauf ab, dass staatliche Entscheidungen möglichst „richtig", das heißt von denjenigen staatlichen Organen getroffen werden, die dafür nach ihrer Organisation, Zusammensetzung, Funktion und Verfahrensweise über die besten Voraussetzungen verfügen.[184] Die dargelegte funktionale Gewaltenteilung impliziert, dass die genannten Funktionen den Staatsgewalten als originäre Staatsaufgaben zugeordnet sind. Dadurch wird gleichzeitig im Grundsatz sowohl die Kompetenz anderer Institutionen zur Wahrnehmung von legislativen, exekutiven und judikativen Aufgaben ausgeschlossen als auch die Zulässigkeit, diese Aufgaben auf Nicht-Verfassungs-organe zu delegieren.[185]

Die Rechtsbindung der öffentlichen Gewalt enthält im Wesentlichen drei Ausprägungen. Erstens sind gemäß Art. 20 Abs. 3 GG bei der Wahrnehmung der ihnen zugewiesenen Aufgaben die gesetzgebende Gewalt an die verfassungsmäßige Ordnung sowie die vollziehende Gewalt und die Rechtsprechung an Gesetz und Recht gebunden. Zweitens ergibt sich aus ihr der Grundsatz, dass das Handeln der Exekutive insbesondere bei Eingriffen in Freiheit und Eigentum der Bürger einer parlamentsgesetzlichen Grundlage bedarf.[186] Drittens wird hieraus – teilweise in Verbindung mit dem Demokratieprinzip – der Grundsatz des Vorbehalts des Gesetzes abgeleitet, der nicht ausdrücklich in der Verfassung erwähnt wird.[187] Der Grundsatz der Rechtsbindung der öffentlichen Gewalt impliziert allgemein den Grundsatz, dass dem Staat bestimmte Aufgaben von Verfassungs wegen zugewiesen sind und die Staatsorgane sie wahrzunehmen haben. Die ersten beiden Ausprägungen regeln aber explizit nur formale Rahmenbedingungen für die Aufgabenwahrnehmung. Deshalb lässt sich aus ihnen keine inhaltliche Aussage ableiten, ob Technik und Technikgenese Gegenstand der Staatsaufgaben sind.

Ein solcher Aussagegehalt kann dagegen dem Grundsatz des Gesetzesvorhalts entnommen werden. Dieser besagt, dass das Handeln der Exekutive insbesondere bei Eingriffen in Frei-

---

181 *Huster/Rux*, in: Epping/Hillgruber 2015, Art. 20 GG, Rn. 138.

182 S. zu den Einzelgehalten des Grundgesetzes, die dem Rechtsstaatsprinzip zugeordnet werden *Sachs,* in: ders. 2013, Art. 20 GG, Rn. 77; *Huster/Rux*, in: Epping/Hillgruber 2015, Art. 20 GG, Rn. 155 ff.

183 *BVerfGE* 9, 268 (279 f.); 67, 100 (130).

184 *BVerfGE* 68, 1 (86); 95, 1 (15); 98, 218 (251 f.).

185 Ausnahmen vom Grundsatz der Gewaltenteilung sind möglich, bedürfen aber der gesetzlichen Legitimation. Eine Ausnahme von der staatseigenen Kompetenzverteilung ermöglicht z.B. Art. 80 Abs. 1 GG, indem durch Verordnungsermächtigungen die Gesetzgebungskompetenz auf die Exekutive übertragen wird.

186 *Huster/Rux*, in: Epping/Hillgruber 2015, Art. 20 GG, Rn. 172.

187 *BVerfGE* 40, 237 (248).

heit und Eigentum der Bürger einer parlamentsgesetzlichen Grundlage – und sei es der Ermächtigung zum Erlass einer Rechtsverordnung – bedarf. Aus dem Rechtsstaatsprinzip wird der Gesetzesvorbehalt mit der Transparenz und Vorhersehbarkeit staatlichen Handelns zum Schutz der Grundrechte begründet. Das Verständnis des Rechtsstaatsprinzips hat sich aber durch einen ergänzenden demokratischen Begründungsansatz gewandelt und erweitert.[188] Aus der demokratischen Komponente des Gesetzesvorbehalts leitet das Bundesverfassungsgericht ab, dass sich das Parlament als einziges unmittelbar demokratisch legitimiertes Staatsorgan nicht seiner Aufgabe entziehen darf, die grundlegenden Entscheidungen für das Gemeinwesen zu treffen.[189] Positiv formuliert ist der Gesetzgeber losgelöst vom Eingriffsmerkmal verpflichtet, in grundlegenden normativen Bereichen – insbesondere im Bereich der Grundrechtsausübung – alle wesentlichen Entscheidungen selbst zu treffen.[190] Dieser Wesentlichkeitsgrundsatz entfaltet seine unmittelbare Wirkung nur für den Gesetzgeber als Adressaten und nur für die Handlungsform des Gesetzes.[191] Gegenstand des Gesetzesvorbehalts sind alle für das Gemeinwesen wesentlichen Fragen. Diese – sehr offene – Formulierung soll einen Totalvorbehalt gesetzgeberischen Handelns ausschließen. Darüber hinaus soll zur Feststellung der Wesentlichkeit einer Thematik auf den jeweiligen Sachbereich und seine Bedeutung für die Realisierung grundrechtlich geschützter Freiheit abgestellt werden.[192] Inhaltlich lässt sich aus dem Gesetzesvorbehalt damit keine über den grundrechtlichen Begründungsansatz hinausgehende Verpflichtung des Parlaments ableiten. Wenn aber das Parlament verpflichtet ist, wesentliche Fragen durch ein Gesetz zu regeln, so muss es mittelbar auch verpflichtet sein, für das Gemeinwohl und für die Grundrechte relevante Entwicklungen und Veränderungen der Wirklichkeit zu beobachten und zu thematisieren, um überhaupt eine fundierte Entscheidung über einen Gesetzgebungsbedarf treffen zu können.

Ein weiteres wesentliches Element des Rechtsstaatsprinzips ist der Grundsatz der Rechtssicherheit. Dem Gesetzgeber ist die grundlegende Aufgabe zugewiesen, eine verlässliche Rechtsordnung zu schaffen. Staatliche Hoheitsakte müssen ein Mindestmaß an Klarheit, Bestimmtheit und Beständigkeit aufweisen, damit sie einen Vertrauensschutz des Bürgers gewährleisten.[193] Der Grundsatz der Rechtssicherheit enthält somit Vorgaben für die Ausgestaltung gesetzgeberischen Handelns, um die staatliche Gewalt zu begrenzen. Er betrifft damit nur das „Wie“ staatlicher Machtausübung, ihm können jedoch keine inhaltlichen Aspekte des „Ob“ einer staatlichen Aktivität entnommen werden. In Bezug auf Technikentwicklungen wird der Grundsatz der Rechtssicherheit immer dann relevant, wenn der Staat regulierend eingreift, sei es positiv in Form von finanziellen Förderungen, wie zum Beispiel durch Subventionierungen bestimmter Technikbereiche, sei es negativ durch Kontrollmaßnahmen, wie zum Beispiel in Form von Verträglichkeitsprüfungen und Genehmigungen. Da sich Technikentwicklung und damit Technikregulierung für den Gesetzgeber durch ein hohes Maß an Ungewissheit hinsichtlich der Technikfolgen auszeichnet, wird teilweise eine problemorientierte Weiterentwicklung von Gesetzestypen insbesondere in Form des (vorläufigen) Erprobungsgesetzes befürwortet.[194] Diese weisen logischerweise eine geringere Rechtssicherheit auf als „herkömmliche“ Gesetze.

---

188 *Jesch* 1968, 205 f; *Rupp* 1991, 104 ff.; *ders.*, JZ 1977, 226 f; *Ossenbühl* 1968, 208 ff.; *ders.*, Deutscher Juristentag 50, 1974, B 123, B 143 ff.; *Stern* Bd. I, 1984, 770 ff.; *Kisker*, NJW 1977, 1313 ff.; *Listl*, DVBl 1978, 12 ff.; in Bezug auf Schulpflicht und Recht auf Bildung *Rux/Niehues* 2013, Rn. 129 ff.

189 *BVerfGE* 47, 46 (78 ff.).

190 *BVerfGE* 34, 165 (192 f.); 49, 89 (126); 41, 251 (260); 45, 400 (417 f.); 47, 46 (78 ff.); 48, 210 (221).

191 S. Kap. 2.2.1.2.1 sowie *Roßnagel*, ZRP 1992, 55; *ders.*, in: Kubicek 1993, 176.

192 *Huster/Rux*, in: Epping/Hillgruber 2015, Art. 20 GG, Rn. 176.

193 *BVerfGE* 24, 75 (98); 101, 239 (262); 109, 133 (180).

194 S. hierzu ausführliche *Wahl*, UTR 14 (1991), 20 f.; *Roßnagel*, UTR 27 (1994), 447 ff.

Das Postulat rechtsstaatlicher Rationalität beinhaltet vor allem die Beachtung und Verwertung aller für staatliche Entscheidungen relevanten Faktoren und Interessen.[195] Es wirkt sich vor allem auf die Gesetzgebung und administrative Verfahren aus, die dazu dienen, den wissenschaftlich-technischen Fortschritt zu bewältigen.[196] In diesem Bereich erfordert der Grundsatz der rechtsstaatlichen Rationalität, die vorhandenen wissenschaftlichen Kenntnisse insbesondere über die Risiken technischer Entwicklungen zu ermitteln. Nur wenn eine diesbezüglich ausreichende Wissensbasis vorliegt, können rationale staatliche Entscheidungen getroffen werden. Der Gestaltungsauftrag bezieht sich insoweit auf die Einrichtung einer Wissensinfrastruktur, zum Beispiel durch Ressortforschungseinrichtungen, um die erforderliche Wissensgenerierung zu gewährleisten.[197]

Der Grundsatz der Verhältnismäßigkeit besitzt die Funktion, im Widerstreit zwischen individuellen Rechten und kollektiven Interessen sicherzustellen, dass grundrechtsbeschränkende gesetzgeberische Maßnahmen selbst beschränkt sind.[198] Ebenso wie der Aspekt der Rechtssicherheit betrifft die Verhältnismäßigkeit somit nicht die Frage, ob ein staatliches Handeln erforderlich ist, sondern die Verfassungsmäßigkeit der Gesetzgebung. In Bezug auf die Schutzpflichten und leistungsrechtliche Dimension der Grundrechte wird das Untermaßverbot – eine Art des umgekehrten Verhältnismäßigkeitsgebots – aus dem Rechtsstaatsprinzip abgeleitet.[199] Dieses markiert eine Grenze, ab deren Unterschreitung der Staat in Schutzpflichtenkonstellationen zum Handeln verpflichtet ist. Die Schutzpflicht selbst muss aber zunächst aus einem Grundrecht begründet werden. Insofern führt das Untermaßverbot zu keiner über die Schutzpflichten der Grundrechte hinausgehende inhaltsbezogene Schutzpflicht, sondern stellt allgemein die Grenzziehung für einen Anspruch auf Schutzmaßnahmen dar.

Des Weiteren wird durch das Rechtsschutzprinzip gewährleistet, dass jedem Bürger die Möglichkeit der Inanspruchnahme gerichtlicher Kontrolle des Handelns der öffentlichen Gewalt zusteht.[200] Ein Gestaltungsauftrag kann dem Rechtsschutzprinzip nur in Bezug auf die Einrichtung des Gerichtswesens sowie flankierend die Gewährleistung der Unabhängigkeit der Richter und das Recht auf ein faires Verfahren[201] entnommen werden. Insofern kann dieser Aspekt des Rechtsstaatsprinzips allenfalls in Bezug auf spezifische technische Entwicklungen Auswirkungen entfalten. Dies wäre zum Beispiel denkbar in Bezug auf eine Technik, durch deren Einsatz Rechtsschutz ein rein automatisiertes Gerichtsverfahren und programmierte Entscheidungsprozesse eingeführt werden würden. Die Technikentwicklung wäre hierfür zwar notwendige, aber nicht ausreichende Bedingung, sondern es müsste primär eine Neuregelung des Justizwesens erfolgen.

2.2.1.2.3 Schutz der natürlichen Lebensgrundlagen

Der Umweltschutz ist 1994 als relativ moderne Staatszielbestimmung mit der Einführung des Art. 20a GG in das Grundgesetz aufgenommen worden.[202] Obwohl dieser Verfassungsänderung eine langjährige, intensive, wissenschaftliche und politische Diskussion vorausgegan-

---

195 *Trute*, in: Isensee/Kirchhof Bd. IV, 2006, § 88, Rn. 35.

196 *Schulze-Fielitz* 1988, 154 ff.

197 *Trute*, in: Isensee/Kirchhof Bd. IV, 2006, § 88, Rn. 35.

198 *BVerfGE* 61, 126 (134); 69, 1 (41); 111, 54 (82).

199 *Canaris*, AcP 184 (1984), 228; *BVerfGE* 88, 203 (254 f.) mit Verweis für den Begriff des Untermaßverbots auf *Isensee*, in: Isensee/Kirchhof Bd. V, 1992, § 111, Rn. 165 f. aktuell *Isensee*, in: Isensee/Kirchhof Bd. IX, 2011, § 191, Rn. 301 ff.

200 *Huster/Rux*, in: Epping/Hillgruber 2015, Art. 20 GG, Rn. 198.

201 S. hierzu *BVerfGE* 110, 339 (342).

202 Zum Charakter der Staatszielbestimmung des Art. 20a GG *Murswiek*, in: Sachs 2014, Art. 20a GG, Rn. 17 ff. Der Tierschutz wurde erst 2002 in Art. 20a GG ergänzt.

gen ist,[203] war die doppelte Relevanz der Umwelt für den Menschen immer unbestreitbar. Dieser benötigt und nutzt einerseits die Umwelt, insbesondere in Form ökologischer Ressourcen, und gefährdet durch diese Verhaltensweisen die Umwelt. Andererseits ist die Umwelt im Sinne der natürlichen Lebensgrundlagen zumindest im Kern eine Grundvoraussetzung für das menschliche Leben an sich. Die Notwendigkeit eines gesellschaftlichen Interessenausgleichs zwischen der Umweltnutzung einerseits und dem Umweltschutz andererseits ist somit offensichtlich.[204] Entsprechend wird der Umweltschutz seit zwei Generationen zu den Kernaufgaben des Staates gerechnet und eine staatliche Pflicht zum Umweltschutz auf dem – sehr niedrigen Niveau – eines ökologischen Existenzminiums für die Bewohner des Staatsgebietes aus Art. 2 Abs. 2 Satz 1 GG abgeleitet.[205] Eine insbesondere zeitlich und räumlich darüber hinausgehende Verpflichtung der Staatsorgane zur Gewährleistung des Umweltschutzes konnte ohne eine explizite verfassungsrechtliche Normierung des Schutzes der natürlichen Lebensgrundlagen nicht begründet werden. Dafür war es erforderlich, den Umweltschutz als allgemein gesellschaftliche Gegenwarts- und Zukunftsaufgabe zu definieren, die zudem im Interesse künftiger Generationen und eines globalen Umweltschutzes von den Staatsorganen wahrgenommen wird.

Art. 20a GG trägt die Überschrift Umwelt- und Tierschutz; der Schutzgegenstand wird aber durch den Begriff der natürlichen Lebensgrundlagen beschrieben. Den Materialien des Gesetzgebungsverfahrens kann jedoch entnommen werden, dass der verfassungsändernde Gesetzgeber die beiden Begriffe synonym verwendet hat,[206] so dass von einem grundsätzlich weiten Schutzumfang der natürlichen Umwelt auszugehen ist.[207] Dies sind alle natürlichen – also nicht vom Menschen geschaffenen[208] – Grundlagen allen menschlichen, tierischen und pflanzlichen Lebens in ihrem Wirkungsgefüge.[209] Dieses weite Verständnis ist trotz einer anthropozentrischen und viel diskutierten Tendenz der Zielsetzung des Umweltschutzes anerkannt.[210] Der Begriff der Umwelt umfasst die Gesamtheit der Ökosysteme, also ebenso die Biosphäre in Gestalt von Luft, Wasser, Boden, Klima[211] und die Atmosphäre[212] sowie lebende Organismen und ihre organischen Naturgegebenheiten.[213] Konkrete Ausprägungen des

---

[203] Zur Diskussion um die verfassungsrechtliche Verankerung des Umweltschutzes bis zur Verfassungsnovelle 1994, die überdies ein Beispiel für die wissenschaftliche Unterstützung von Verfassungsentwicklungen ist, vgl. nur: Bericht der *Sachverständigenkommission „Staatszielbestimmungen/Gesetzgebungsaufträge"*, 1983, Rn. 130 ff.; *Rehbinder*, ZRP 1970, 251 ff.; *Rupp*, JZ 1971, 401 ff.; *ders.*, DVBl 1985, 990 ff.; *Weber*, DVBl 1971, 806 ff.; *Klein*, in: Schneider/Götz 1974, 643 ff.; *ders.*, DVBl 1991, 729 ff.; *Dellmann*, DÖV 1975, 588 ff.; *Lücke*, DÖV 1976, 289 ff.; *Kloepfer* 1978; *ders.*, DVBl 1979, 639 ff.; *ders.*, DVBl 1988, 305 ff.; *Rauschning*, DÖV 1979, 798; *ders.*, DÖV 1986, 489 ff.; *Benda*, UPR 1982, 241 ff.; *Wienholtz*, AöR 109 (1984), 532 ff.; *v. Mutius*, WuV 1987, 51 ff.; *Michel*, NuR 1988, 272 ff.; *Murswiek*, ZRP 1988, 14 ff.; *Stern*, NWVBl. 1988, 1 ff.; *Stober*, JZ 1988, 426 ff.; *Scholz*, ET 1993, 342 ff.; Überblicke über die rechtspolitische Diskussion ferner bei *Michel* 1986; *Müller-Bromley* 1990; *Robert* 1993; *Tsai* 1996, 60 ff.

[204] *Huster/Rux*, in: Epping/Hillgruber 2015, Art. 20a GG, Rn. 7.

[205] *Huster/Rux*, in: Epping/Hillgruber 2015, Art. 20a GG, Rn. 8.

[206] Gesetzentwurf der Fraktionen der CDU/CSU, SPD und FDP, BT-Drs. 12/6633, 6.

[207] S. auch *Scholz*, in: Maunz/Dürig 2015, Art. 20a GG, Rn. 36.

[208] Zu den natürlichen Lebensgrundlagen gehört aber auch die durch Menschen veränderte Natur, solange ihr eine ökologische Funktion zukommt, wie z.B. Biotopen, s. *Gärditz*, in: v. Landmann/Rohmer Bd. 1, 2014, Art. 20a GG, Rn. 11.

[209] *BVerfGE* 128, 1 (65).

[210] Zur Anthropozentrik dieser Staatszielbestimmung s. z.B. *Ott* 1994, 138 ff.; *v. der Pfordten* 1996, 284 ff.; *Kloepfer*, in: ders. 1995, 1 ff.; vgl. auch die Beiträge in: Birnbacher (Hrsg.) 2001 insbesondere *Fraser-Darling* und *Rock*, in: Birnbacher 2001, 9 ff. bzw. 72 ff. Zu naturwissenschaftlichen und naturphilosophischen Bezügen *Habel*, NuR 1995, 165 ff.

[211] *BVerfGE* 118, 79 (110).

[212] *Schulze-Fielitz*, in: Dreier Bd. II, 2007, Art. 20a GG, Rn. 32.

[213] *Scholz*, in: Maunz/Dürig 2015, Art. 20a GG, Rn. 5; *Huster/Rux*, in: Epping/Hillgruber 2015, Art. 20a GG, Rn. 12; *Klopfer*, in: Kahl/Waldhoff/Walter Bd. 6, 2005, Art. 20a GG; Rn. 63; *Peters*, NVwZ 1995, 55.

Schutzumfangs von Art. 20a GG sind zum Beispiel die Erhaltung der biologischen Vielfalt und die Sicherung eines artgerechten Lebens bedrohter Tier- und Pflanzenarten,[214] der Landschaftsschutz[215] sowie der Ressourcen schonende Umgang mit Rohstoffvorkommen und Bodenschätzen.[216] Ein besonderer zeitlicher Schutzumfang ergibt sich aus der Formulierung des Art. 20a GG „in Verantwortung für die künftigen Generationen". Dieses Staatsziel ist daher explizit nicht nur auf die Gegenwart ausgerichtet, sondern es sind auch Maßnahmen zu ergreifen, um die Umwelt nachhaltig und zukunftsbezogen zu schützen und zu erhalten. Aufgrund dieser Langzeitperspektive wird den Staatsorganen über eine allgemeine Verantwortung für den Umweltschutz hinaus eine inhaltliche Zukunftsverantwortung auferlegt.[217]

Träger der Verantwortung für die Gewährleistung des Umweltschutzes ist der Staat als solcher und damit jeglicher Träger staatlicher Gewalt. Die Formulierung, durch die die Verantwortung der Gesetzgebung auf die verfassungsmäßige Ordnung und diejenige der vollziehenden Gewalt und der Rechtsprechung auf die Maßgabe von Gesetz und Recht konkretisiert wird, spiegelt lediglich die verfassungsrechtliche funktionale Gewaltengliederung wider. Aufgrund der verfassungsrechtlichen Normierung des Umweltschutzes als Staatziel – und nicht als „Grundrecht auf Umweltschutz" – können aus diesem keine subjektiv-rechtlichen Ansprüche abgeleitet werden. Der Staat ist aber objektiv-rechtlich verpflichtet, Maßnahmen zu ergreifen, um die natürlichen Lebensgrundlagen zu bewahren und zu verbessern. Als der Schutz der Umwelt 1994 zur Staatszielbestimmung erklärt wurde, war sie bereits gefährdet und geschädigt. Zudem ist die Umwelt kein statisches Gebilde, sondern ein dynamisches und hochkomplexes System. Aus diesen beiden Tatsachen wird abgeleitet, dass der Erhalt des Schutzniveaus von 1994 nicht ausreichend ist.[218] Die Staatsorgane sind daher verpflichtet, Verbesserungsmaßnahmen zu ergreifen, um das Niveau der Umwelt im Rahmen der faktischen Möglichkeiten wieder anzuheben. Der in Art. 20a GG formulierte Schutzauftrag umfasst daher sowohl die (überwiegend repressive) Gefahrenabwehr als auch die (präventive) Risikovorsorge.[219]

Technik entfaltet in vielfacher Weise Auswirkungen auf die Umwelt. Technikproduktion verbraucht natürliche Ressourcen, der Aufbau technischer Infrastruktur erfordert Eingriffe in die Landschaft, Techniknutzung führt zu umweltschädlichen Emissionen und Immissionen und schließlich ist die Umwelt auch ein Bereich zur Entsorgung von Technik als Abfallstoffe und Abfallenergie. Umweltverträgliche Technikgestaltung ist daher bereits seit dem Zeitalter der Industrialisierung und lange vor der verfassungsrechtlichen Zielbestimmung ein gesellschaftliches Bestreben, um umweltschädigende Auswirkungen der Technik zu reduzieren. Wenn Technik in der Regel derartig vielfältige und teils auch massive Auswirkungen auf die Umwelt hat sowie der Staat verfassungsrechtlich zu ihrem Erhalt und ihrer Verbesserung verpflichtet ist, obliegt ihm aus Art. 20a GG mittelbar eine Verantwortung für die Technikentwicklung. Diese umfasst zum einen die Gewährleistung der Umweltverträglichkeit und Nachhaltigkeit der Technik im Sinne der Vermeidung umweltschädigender Auswirkungen über den gesamten Lebenszyklus technischer Artefakte. Zum anderen kann aus dem Optimierungsgebot des Staatsziels Umweltschutz auch eine Pflicht zur Förderung von Technikentwicklungen abgeleitet werden, durch deren Einsatz Entlastungseffekte für die Umwelt erreicht werden können.

Der Umfang dieser objektiv-rechtlichen Pflicht kann für den Umweltschutz spezifisch konkretisiert werden. Grundsätzlich obliegt dem Staat und insbesondere der Gesetzgebung in

---

214 *BVerfGE* 128, 1 (37).

215 *BVerwGE* 104, 68 (76).

216 *Epiney*, in: v. Mangoldt/Klein/Starck Bd. 2, 2010, Art. 20a GG, Rn. 18; *Murswiek*, in: Sachs 2014, Art. 20 a GG, Rn. 30a; *Schulze-Fielitz*, in: Dreier Bd. II, 2007, Art. 20a GG, Rn. 32.

217 *Calliess* 2001, 121 ff.

218 *Huster/Rux*, in: Epping/Hillgruber 2015, Art. 20a GG, Rn. 21 f.

219 *BVerfG*, NVwZ 2011, 94.

Bezug auf die Erreichung von Staatszielbestimmungen ein weiter Entscheidungs- und Gestaltungsspielraum. Dieser wird im Kontext des Umweltschutzes noch verstärkt, da eine Maßnahmen- und Folgenbewertung komplexer natürlicher Systeme nur bedingt auf einer naturwissenschaftlich gesicherten Wissensbasis, insbesondere in Bezug auf die Zukunft, gestützt werden kann. Hieraus wird aber nicht der Schluss gezogen, dass das Erkenntnisverfahren über mögliche schädigende Auswirkungen auf die Umwelt außerhalb der Verantwortlichkeit der Staatsorgane liegt. Der Gesetzgebung wird im Gegenteil eine Erkenntnisfunktion derart zugewiesen, dass sich die Entscheidungsträger die für eine umweltbezogene Bewertung erforderlichen Tatsachenkenntnisse durch externe adäquate wissenschaftliche Methoden erschließen müssen.[220] Gerade bei der Aufgabe des Umweltschutzes wird somit der Wissenschaft – wenn auch nicht der Rechtswissenschaft – ein eigener Verantwortungsbereich und eine Unterstützungsfunktion bei der Wahrnehmung der Staatsaufgaben zugewiesen. Eigenleistung der Gesetzgebung ist dann die normativ-politische Bewertung der naturwissenschaftlichen Erkenntnisse insbesondere der Risiken.[221] Dies gilt umso mehr, als wissenschaftliche Erkenntnisse in der Regel nicht eindeutig und zudem hoch umstritten sind. Die Erkenntnisfunktion des Gesetzgebers und seine verfassungsrechtlich begründbare Wahrnehmungspflicht erstrecken sich jedoch nicht auf das in Art. 20a GG enthaltene Gebot der Verbesserung der natürlichen Lebensgrundlagen. Diesbezüglich ist von einem umfassenden politischen Entscheidungsspielraum der Staatsorgane auszugehen.

Neben diese Erkenntnisfunktion der Gesetzgebung erlangt anschließend die Ausgleichsfunktion Bedeutung. Denn die Schlussfolgerungen über das Ob und Wie gesetzgeberischer Maßnahmen aufgrund der festgestellten Risiken gründen auf einer Konfliktentscheidung herbeigeführt durch einen politischen und rechtlichen Interessenausgleich.[222] Sowohl der Verzicht auf eine Regulierung technischer Entwicklung als auch die rechtliche Zulassung einer Technik, die zu mehr als nur geringfügigen Eingriffen in die natürlichen Lebensbedingungen führt, bedürfen einer qualifizierten Begründung. Aus dieser muss sich ergeben, dass die zuständigen Staatsorgane die zu erwartenden Auswirkungen auf die natürlichen Lebensgrundlagen ermittelt und ins Verhältnis zu den durch die Technik angestrebten Vorteilen gesetzt haben.[223]

Aus der Staatszielbestimmung des Umweltschutzes gemäß Art. 20a GG lässt sich demnach die Pflicht des Staates ableiten, Technikentwicklungen nach dem Kriterium der Umweltverträglichkeit zu bewerten und zur Vermeidung von Umweltschäden regulative Maßnahmen zu ergreifen. Dies setzt jeweils ausreichende wissenschaftliche Erkenntnisse über Auswirkungen der Technik auf die Umwelt voraus, die ebenfalls in den Verantwortungsbereich der Staatsorgane fallen.

2.2.1.3 Zusammenfassung

Technische Innovationen sind grundsätzlich thematischer Gegenstand von obligatorischen Verfassungsaufträgen und verbindlichen Staatszielen. Den Staatsorganen obliegt aufgrund der Zukunftsbezogenheit technischer Innovationen in frühen Stadien der Technikgenese primär eine politische Verantwortung, die im Laufe der Technikentwicklung zu einer rechtlichen Verantwortung im Sinne eines Verfassungsauftrags erstarken kann.[224] Die Technik und ihre

---

220 *Gärditz*, in: v. Landmann/Rohmer Bd. I, 2014, Art. 20a GG, Rn. 36.

221 Umfassend zum Risiko im Recht und der Risikobewältigung durch Recht *Appel*, in: ders./Hermes/Schönberger 2011, 463, 469; *Breuer*, NuR 1994, 160; *Ossenbühl*, DÖV 1982, 834 ff.

222 *Gärditz*, in: v. Landmann/Rohmer Bd. I, 2014, Art. 20a GG, Rn. 36.

223 *Schulze-Fielitz*, in: Dreier Bd. II, 2007, Art. 20a GG, Rn. 73 sowie *Groß*, ZUR 2009, 367 im Zusammenhang einer Berücksichtigungspflicht des Umweltschutzes beim Erlass von Gesetzen.

224 Das Bundesverfassungsgericht betont die politische Verantwortung des Gesetzgebers und der Regierung für notwendigerweise mit Ungewissheit belastete Situationen, *BVerfGE* 49, 89 (131).

Auswirkungen dürfen nicht allein von den Entscheidungen einzelner Technikentwickler, Marktentscheider und Trendsetter bestimmt werden. Insbesondere wenn technische Innovationen potentiell geeignet sind, weitreichende Einflüsse auf die Gewährleistung der Grundrechtsgarantien auszuüben, besteht eine rechtliche Gestaltungspflicht. Die verfassungsrechtlich garantierte demokratische Grundordnung als eines der höchsten Werteprinzipien der deutschen Verfassung bedingt, dass Entscheidungen über die Technikentwicklung im demokratischen Konsens getroffen werden müssen. Aus dem Demokratieprinzip und zumindest aus einzelnen Aspekten des Rechtsstaatsprinzips lässt sich ebenfalls ableiten, dass die Entscheidung über Technikauswahl, Technikgestaltung und Techniknutzung unter Berücksichtigung der Verfassungswirklichkeit dem Prinzip der gesellschaftsgetragenen Selbstbestimmung folgen muss.[225]

Demnach kann die Gestaltungsverantwortung des Rechts in mehrere Stufen differenziert werden. Die Gestaltungsverantwortung zeichnet sich dadurch aus, dass sie insgesamt Handlungsmöglichkeiten in Bezug auf die Technikentwicklung eröffnet. In einem positiven Sinne berechtigt die Gestaltungsverantwortung die Staatsorgane, die Technikentwicklung zum Gegenstand der politischen Agenda zu machen und gestaltend einzugreifen – sowohl zur Förderung als auch zur Verhinderung bestimmter Technikentwicklungen. Daher kann diese Stufe der Gestaltungsverantwortung des Rechts auch durch politische Maßnahmen erfüllt werden. Besteht eine verfassungsrechtlich begründbare Gestaltungspflicht, müssen die Staatsorgane tätig werden und gezielt auf die Technikentwicklung Einfluss nehmen, um diesen Verfassungsauftrag zu erfüllen. Allerdings kann im Rahmen dieser verfassungsrechtlichen Gestaltungspflicht ergänzend differenziert werden, ob die Pflicht einen einklagbaren Anspruch des einzelnen Bürgers gegen den Staat begründet oder ob ihre Wahrnehmung zwar für den Staat verbindlich, aber nicht einklagbar ist. Schließlich begründet die Gestaltungsverantwortung des Rechts eine Verantwortung der Rechtswissenschaft.

2.2.2 Konkretisierung der Gestaltungspflicht

Wird anerkannt, dass dem Staat verfassungsrechtliche Pflichten zur Begleitung technischer Innovationen obliegen, bedarf es der Konkretisierung hinsichtlich der Wahrnehmungsschwelle. Es stellt sich die Frage, in welchem Stadium der Technikgenese die verfassungsrechtlichen Handlungspflichten zum Tragen kommen und von den Staatsorganen durch ein der Kontrolle zugängliches Tätigkeitwerden erfüllt werden müssen. Darunter ist weniger ein zeitliches Moment zu verstehen, als vielmehr Vorgaben für die Pflichtenwahrnehmung in einer notwendigerweise mit Ungewissheit belasteten Situation gemeint sind. Diese stellt sich typischerweise im Kontext technischer Entwicklungen und ihrer normativen Bewertung ein. Die Einschätzung gesellschaftlich relevanter technischer Innovationen und ihrer Folgen kann zwangsläufig nur auf einer unsicheren Wissensbasis erfolgen.[226] Sie betrifft zukünftige Entwicklungen sowohl hinsichtlich der konkreten Ausgestaltung und Anwendung der Technik als auch erst recht hinsichtlich ihrer individuellen und gesellschaftlichen Folgen. Hierzu muss das Recht das Neue normativ bewerten, bevor es überhaupt Wirklichkeit geworden ist.[227]

Die verfassungsrechtliche Ableitung rechtlicher Gestaltungspflichten hat gezeigt, dass diese primär aus den grundrechtlichen Abwehr- und Schutzfunktionen in Bezug auf potentielle Risiken technischer Innovationen für die Grundrechtsverwirklichung und die Gewährleistung praktischer Konkordanz bei Grundrechtskonflikten begründbar sind. Ergänzend ergeben sie

---

225 S. Kap. 2.2.1.2.1.

226 S. hierzu Kap. 2.1.2.

227 In Anlehnung an *Lang/Sauer* 1997, 23; *Roßnagel,* in: Sauer/Lang 1999, 193 ff.; *ders.,* in: Bechmann/Petermann 1994, 194 ff.; zur Ungewissheitsproblematik s.a. die Nachweise bei *Hoffmann-Riem/Fritzsche*, in: Eifert/Hoffmann-Riem 2009, 27 ff.; *Appel* 2011, 350 f. in Bezug auf ein Nachhaltigkeitskonzept.

sich aus der Gewährleistung der gesellschaftsgetragenen Selbstbestimmung sowie dem Schutz der verfassungsrechtlichen Identität selbst.[228] Eine rechtliche Gestaltungspflicht zu begründen, um die Chancen einer Technik für die Grundrechtsverwirklichung und für einzelne Staatsziele, zum Beispiel den Umweltschutz, zu realisieren, gelingt allenfalls im Ausnahmefall. Denn Gestaltungsmaßnahmen der Politik stellen häufig gleichzeitig eine Beschränkung der Freiheiten der Technikentwickler oder zumindest ihrer ungleichen Unterstützung dar. Für die aus den verschiedenen Verfassungsnormen abgeleiteten Gestaltungspflichten kann daher keine einheitliche Wahrnehmungsschwelle beschrieben werden. Ein Tätigwerden der Staatsorgane ist bei risikoorientierten Pflichten eher geboten als bei chancenorientierten Pflichten. Es ist allerdings zu berücksichtigen, dass eine isolierte Betrachtung von Chancen und Risiken technischer Innovationen für die Gesellschaft in der Regel ungeeignet sein wird, um die Komplexität der Auswirkungen auf die Realität erfassen zu können. Die Aufspaltung in eine Chancen- und Risikenanalyse ist für die systematische und methodische Bewertung ein erster erforderlicher Zwischenschritt, der einer Gesamtbetrachtung vorausgeht. Diese ist auch davon abhängig, wie die Technik gestaltet und genutzt wird.

In Bezug auf die grundrechtlichen Schutzpflichten – die bei Unterschreiten eines Untermaßes einen einklagbaren Anspruch begründen – können weitere Indizien für die Konkretisierung der Wahrnehmungsschwelle aus den vom Bundesverfassungsgericht für den Gesetzgeber entwickelten Argumenten entnommen werden.[229] Grundsätzlich bejaht werden verfassungsrechtliche Schutzpflichten, wenn die Gefahr von Grundrechtsverletzungen droht.[230] Ab diesen Zeitpunkt sind Gesetzgeber und Regierung verpflichtet, rechtliche Regelungen zu treffen und sie so auszugestalten, dass die Gefahr zumindest eingedämmt wird.[231] Entscheidendes Merkmal für die pflichtbegründende Überschreitung der Wahrnehmungsschwelle ist demnach die Feststellung der Gefahr der Grundrechtsverletzung. Mit dem Gefahrbegriff wird versucht, die Situation der Ungewissheit etwas konkreter zu beschreiben. Im Grundgesetz findet er sich ausdrücklich in Art. 91 GG, der den inneren Notstand im Sinne der Gefahr für den Bestand des Bundes regelt. Die drohende Gefahr bezeichnet in diesem Kontext eine Sachlage, die bei ungehindertem Ablauf des weiteren Geschehens zu einer Verletzung des Bestandes oder der freiheitlichen demokratischen Grundordnung des Bundes oder eines Landes führen kann.[232] Bezogen auf Grundrechte droht eine Gefahr entsprechend, wenn die ungehinderte Weiterentwicklung eines Geschehensablaufs zu einer Verletzung von Grundrechten führen wird. Der Feststellung einer Handlungspflicht ist somit eine auf Wahrscheinlichkeitserwägungen beruhende Prognose inhärent und sie setzt zudem eine Abwägung mit dem konkreten Schadenspotential voraus.

Bezogen auf technische Innovationen tritt das bereits dargestellte Problem hinzu, dass grundrechtsrelevante Folgen und damit die Gefahr üblicherweise erst in einem sehr späten Stadium der Technikgenese festgestellt werden. Das Bundesverfassungsgericht begründet für derartige notwendigerweise durch Ungewissheit gekennzeichnete Situationen daher vorgelagerte Handlungspflichten aufgrund der politischen Verantwortung.[233] „In einer Situation, in der vernünftige Zweifel möglich sind, ob Gefahren für die Grundrechte eintreten oder nicht eintreten werden, sind die staatlichen Organe, mithin auch der Gesetzgeber, aus ihrer verfas-

---

228 S. Kap. 2.2.1.2.1.

229 Insbesondere *BVerfGE* 49, 89.

230 *Kirchhof*, NVwZ 1988, 97 sieht die Kontrolle der Technik dann als Staatsaufgabe an, wenn das technische Risiko erheblich ist und die Allgemeinheit berührt, ohne diese „Allgemeininteressen“ allerdings näher zu konkretisieren.

231 *BVerfGE* 49, 89 (142).

232 *Hennekamp*, in: v. Münch/Kunig Bd. 2, 2012, Art. 91 GG, Rn. 10; *Volkmann*, in: v. Mangoldt/Klein/Starck Bd. 3, 2010, Art. 91 Abs. 1 GG, Rn. 19 f.; *Windhorst*, in: Sachs 2014, Art. 91 GG, Rn. 9.

233 *BVerfGE* 49, 89 (130).

sungsrechtlichen Pflicht, dem gemeinen Wohl zu dienen, insbesondere wegen der aus Art. 1 Abs. 1 Satz 2 GG folgenden objektiv-rechtlichen Verpflichtung aller staatlichen Gewalt, die Würde des Menschen zu schützen, gehalten, alle Anstrengungen zu unternehmen, um mögliche Gefahren frühzeitig zu erkennen und ihnen mit den erforderlichen, verfassungsmäßigen Mitteln zu begegnen."[234] Die verfassungsrechtlich gebotene staatliche Tätigkeit im Bereich technischer Innovationen ist somit ausdrücklich nicht auf die Gefahrenabwehr beschränkt. Sie wird explizit auf Maßnahmen ausgeweitet, die der Feststellung einer Gefahr vorausgehen. Diese erfordert sowohl die Prognose der faktischen Risiken einer Technik als auch deren normative Bewertung. Der Gesetzgeber kann sich hinsichtlich seiner rechtlichen Gestaltungspflicht demnach nicht mit der Begründung in die Untätigkeit zurückziehen, dass Gefahren für die Grundrechte nicht bekannt seien. Das Bundesverfassungsgericht betont seit langer Zeit die Verpflichtung des Gesetzgebers in Bereichen der Ungewissheit zur Beobachtung, Evaluation und Nachsteuerung.[235]

Die Handlungspflichten des Staates können somit grob in Aufklärungsmaßnahmen zur Risikoprognose, die Risikobewertung und Gestaltungsmaßnahmen zur Risikobegrenzung eingeordnet werden.[236] Auf allen Ebenen ergibt sich wiederum eine Abstufung hinsichtlich konkret zu treffenden Anstrengungen.

Auf der ersten Stufe der Risikoprognose können drei Maßnahmen unterschieden werden, die ausgehend von einer gewissen Passivität einen zunehmenden Aktivitätsgrad aufweisen. Auf der ersten Stufe steht die Beobachtung technischer Innovationen, die zunächst frei von staatlicher Einflussnahme entwickelt und erforscht werden. Eine Technik ohne Risiken im Sinne ihrer absoluten Sicherheit ist nicht denkbar. Unter einem Risiko ist die Möglichkeit des Eintritts eines Schadens zu verstehen. Die Möglichkeit bemisst sich nach der Wahrscheinlichkeit, während der Schaden durch sein potentielles Ausmaß nach Art und Höhe bestimmt wird.[237] Allerdings ist der Gesetzgeber nicht verpflichtet, jedes Risiko zu unterbinden. Risiken sind nach rechtlichen Maßstäben dahingehend zu bewerten, ob sie zulässig sein sollen oder nicht.[238] Führt diese Risikobewertung bei einer Abschätzung anhand „praktischer Vernunft" zu dem Ergebnis,[239] dass die technische Innovation eine gefahrengeneigte Grundrechtsrelevanz aufweisen könnte, besteht zweitens die Verpflichtung, eine sachverständige Wissensbasis über die technische Innovation zu erlangen. Diese kann zum Beispiel durch Zuhilfenahme sachverständigen Rats durch Einholung von Expertenmeinungen zur Funktionsweise und zu potentiellen Anwendungsmöglichkeiten der Technik erfolgen. Bekräftigt sich hierdurch die grundrechtsbezogene Gefahrgeneigtheit sind drittens weitere konkrete Aufklärungsmaßnahmen erforderlich, die ergänzend zu der technikbezogenen Wissensbasis eine erste Technikfolgenabschätzung ermöglichen.[240] In diesem prognostischen Ansatz sind die zu erwartenden sozialen und gesellschaftlichen Folgen des Techniksystems hinsichtlich ihrer Wirkungstiefe,

---

234 *BVerfGE* 49, 89 (131).

235 *BVerfGE* 49, 89 (130 ff.); 56, 54, (78 f.); 88, 203 (309); allgemein *Ladeur/Gostomzyk*, Die Verwaltung 36 (2003), 160 ff., die die Gewährleistungsverantwortung des Staates im Zusammenhang mit dem Gesetzesvorbehalt erörtern; *Ossenbühl* 2000, 28 f.; *Wahl*, UTR 14 (1991), 25 ff.

236 *Roßnagel*, ZRP 1992, 56 leitet aus der zuvor zitierten Kalkar-Entscheidung des Bundesverfassungsgerichts (*BVerfGE* 49, 89) drei Pflichten ab: Beobachtungspflicht, Bewertungspflicht und Handlungspflicht, die sich auch in der hier vorgenommenen Pflichtenaufteilung wiederfinden.

237 *Roßnagel*, UPR 1986, 46.

238 *Roßnagel*, UPR 1986, 46.

239 *BVerfGE* 49, 89 (142). Mit der Formulierung der Abwägung anhand praktischer Vernunft bringt das Bundesverfassungsgericht zum Ausdruck, dass aufgrund der Grenzen des menschlichen Erkenntnisvermögens Grundrechtsgefährdungen nicht mit absoluter Sicherheit ausgeschlossen werden können müssen. Dies entspricht im Wesentlichen dem Ansatz, mögliches Ergebnis einer Risikobewertung kann auch die Feststellung eines Restrisikos sein – mit der Folge, dass dieses zu dulden ist.

240 S. *Roßnagel* 1993, 101.

Wirkungsbreite und ihrem Wirkungszeitraum zu ermitteln, die wiederum zu einer negativen Veränderung der Verwirklichungsbedingungen für die Grundrechte führen könnten.

Ergeben sich als Ergebnis der Technikfolgenabschätzung riskante Technikfolgen, so sind diese nach den Maßstäben des Rechts zu bewerten. Diese umfassende Technikfolgenbewertung verbindet die Ebene der Risikoprognose mit derjenigen der Risikobegrenzung, da ihr Ergebnis bereits die Basis für die Auswahl konkreter Gestaltungsmaßnahmen bildet. Die Technikfolgen sind am Maßstab der Grundrechte dahingehend zu bewerten, ob sie ein Risiko entweder unmittelbar für ihre Schutzintention oder mittelbar für ihre Verwirklichungsbedingungen bergen. Bei der Bewertung sind die von der Verfassung vorgegebenen Kriterien zugrunde zu legen. Hierzu gehören insbesondere die Wertigkeit des Grundrechts, das sich durch seinen Rang innerhalb der Grundrechtsordnung bestimmt und die potentielle Intensität der Beeinträchtigung, die von der Art, der Nähe und dem Ausmaß möglicher Schäden abhängt.[241] Des Weiteren sind Erwägungen der praktischen Konkordanz sowie zur Gewährleistung eines lückenlosen Grundrechtsschutzes[242] einzubeziehen. Entscheidend für die staatliche Pflicht, Steuerungsmaßnahmen zu ergreifen, ist darüber hinaus, ob und in welchem Umfang durch vorhandene Regelungen bereits eine Risikoeindämmung erreicht wird.[243]

Der gesamte Vorgang der Risikobewertung muss logisch nachvollziehbar und umfassend, aber auch praktikabel sein. Den Staatsorganen wird hierdurch zugebilligt, dass sie nicht jede Ungewissheit ausräumen und korrekt in die Bewertung einbeziehen können. Eine Neubewertung, insbesondere aufgrund der weiteren technischen Entwicklung, ist in vielen Fällen zwar geboten, aber sie führt nicht zu einer fehlerhaften Erstbewertung. Das Risiko unentrinnbarer Ungewissheiten gerade durch technische Innovationen stuft das Bundesverfassungsgericht als sozialadäquate Lasten ein, die von allen Bürgern zu tragen sind.[244] Sie sind sozusagen der Preis der verfassungsrechtlichen Entscheidung für die grundsätzlich den freien Kräften der Gesellschaft unterliegende Technikentwicklung.

Fällt das Ergebnis der Risikoprognose positiv im Sinne der Gefahr für ein Grundrecht aus, besteht grundsätzlich eine Pflicht der staatlichen Organe, Maßnahmen zur Gefahrenabwehr zu ergreifen. Je höher die Art und Schwere der technikbedingten Gefahren für die Grundrechte im Rahmen der Technikfolgenbewertung eingeschätzt wurden, desto geringere Anforderungen werden an die Verwirklichungswahrscheinlichkeit gestellt, um die konkrete Schutzpflicht der Staatsorgane auszulösen.[245] Bei hohen Gefahren für hochrangige verfassungsrechtlich geschützte Rechtsgüter reicht bereits eine entfernte Wahrscheinlichkeit ihres Eintritts aus. Vielfach ist es aber in der Situation der Ungewissheit gerade nicht möglich, ein technisches Risiko als Gefahr einzustufen. Denn hierfür muss die Kausalität der Technik für den befürchteten Schaden eines konkreten Rechtsguts festgestellt werden können. Anderenfalls wäre die aus der Gefahrenfeststellung resultierende Pflicht, Gefahrenabwehrmaßnahmen zu ergreifen, nicht realisierbar. Ursache und Wirkung einer Technik können vorlaufend aber häufig nicht mit dieser erforderlichen Gewissheit prognostiziert werden, sondern es besteht zunächst nur die Besorgnis, dass die Technik negative Auswirkungen auf grundrechtliche Schutzgüter haben könnten. Unter diesen Umständen kann es ausreichend sein, politische Steuerungsmaßnahmen vorzunehmen, um grundrechtsgefährdende Technikentwicklungen zu unterbinden. Darüber hinaus kann aber auch eine Regulierung der Technikentwicklung erforderlich sein, um die rechtliche Gestaltungspflicht zu erfüllen. Schließlich kann ein weiteres Ergebnis der Risikobewertung ein Restrisiko sein. In diesen Fällen wird die Abwägungsentscheidung getroffen, dass das technische Risiko von der Allgemeinheit zu dulden ist. Technik weist regelmäßig nicht ein Risiko, sondern vielfältige Risiken auf. Entsprechend wird sich das Ergebnis

241 *BVerfGE* 49, 89 (142).
242 *Herdegen*, in: Maunz/Dürig 2015, Art. 1 Abs. 3 GG, Rn. 55.
243 *BVerfGE* 49, 89 (141).
244 *BVerfGE* 49, 89 (142).
245 *BVerfGE* 49, 89 (141) sowie statt vieler *Roßnagel,* UPR 1986, 48 m.w.N.

einer Risikobewertung häufig kumulativ aus Gefahren, Besorgnispotential und Restrisiko zusammensetzen.

Die Entscheidung über die zu treffenden Steuerungsmaßnahmen zur Risikobegrenzung hat sich, wie bereits angedeutet, zunächst an dem Ergebnis der Risikobewertung zu orientieren. Birgt eine Technik Gefahren für Grundrechte, müssen Maßnahmen zur Gefahrenabwehr ergriffen werden. Führt die normative Bewertung von technischen Risiken zu einem Besorgnispotential, ist diesem durch Vorsorgemaßnahmen entgegenzuwirken. Bei einem Restrisiko sind keine konkreten Maßnahmen zu ergreifen, sondern die faktische Risikoentwicklung ist zu beobachten und mit der Risikoprognose abzugleichen. Sollte sich hier ein abweichendes Bild ergeben, ist die Risikobewertung unter Berücksichtigung der neuen Erkenntnisse zu wiederholen. Für die Frage, ob durch die konkret getroffenen Risikobegrenzungsmaßnahmen die grundrechtlichen Pflichten erfüllt werden, bildet das verfassungsrechtliche Untermaß den Bewertungsmaßstab. Demnach hat der Staat Maßnahmen normativer und tatsächlicher Art zu ergreifen, die einen Schutz gewährleisten, der unter Berücksichtigung entgegenstehender Rechtsgüter wirksam und angemessen zu sein scheint.[246]

Eine zusätzliche Herausforderung stellen die staatlichen Handlungspflichten dar, die der Gewährleistung der aus dem Demokratieprinzip abzuleitenden gesellschaftlichen Selbstbestimmung sowie dem Schutz der verfassungsrechtlichen Identität selbst dienen. Die in diesem Kontext erforderliche Risikoprognose zeichnet sich durch eine gesteigerte Form der Ungewissheit aus. Neben die Ungewissheit über die technische Innovation und ihre Risiken für verfassungsrechtliche Schutzgüter tritt die Ungewissheit über die Auswirkungen der Technik auf die gesellschaftliche Wirklichkeit und damit auf das Recht selbst – insbesondere die verfassungsrechtlichen Ziele. Um diese Risiken zu erfassen, ist die Technikfolgenabschätzung und -bewertung auf der Grundlage des bestehenden Verfassungsverständnisses zwar eine notwendige, aber keine hinreichende Bedingung. Es ist darüber hinaus zu prognostizieren, wie sich das Verständnis der Rechtsnorm durch den Einsatz der Technik in Zukunft verändern könnte. Das Recht muss aufgrund seines unabdingbaren Wirklichkeitsbezugs in seiner Bedeutung und in seinen Auswirkungen ebenso weitergedacht und -entwickelt werden wie die Technik.

2.2.3 Gestaltungsziel der Rechtsverträglichkeit

Die Ableitung und Feststellung der rechtlichen Gestaltungspflicht beruhen auf verfassungsrechtlichen Vorgaben. Diese dienen als Maßstab für die vorzunehmende Gefahrenprognose und für die zu ergreifenden Steuerungsmaßnahmen. Unter Gestaltung der Technik wird jede Art der gezielten Veränderung technischer Systeme verstanden.[247] Unter rechtlicher Technikgestaltung wird die Gestaltung unter Bezugnahme auf das Recht verstanden. Es handelt sich um einen normativen Gestaltungsansatz. Die Verfassungsnormen verfolgen wie jede Rechtsnorm das Ziel, bestimmte Zustände, Handlungen oder Ereignis herbeizuführen, um die Wirklichkeit zu beeinflussen.[248] Sie bilden somit den normativen Rahmen für die Begründung, Ausübung und Erfüllung der Gestaltungspflicht.

Rechtliche Technikgestaltung kann mit einem unterschiedlich weitgehenden Anspruch erfolgen. In einem engen Sinne zielt rechtliche Gestaltung auf die Einhaltung rechtlicher Vorgaben ab. Es geht darum, zu verhindern, dass technische Innovationen gegen Recht verstoßen (Rechtmäßigkeit oder Vermeidung von Rechtswidrigkeit).[249] Zu diesem Zweck sind rechtli-

[246] *BVerfGE* 88, 203 (254); *BVerfG*, NVwZ 2000, 309 (310).

[247] Eine einheitliche Verwendung dieses Begriffs gibt es nicht. Die hier verwendete Definition orientiert sich an dem der angewandten Informatik, s. *Steinmüller* 1993, 106 f.; 563 ff. und der rechtswissenschaftlichen Technikfolgenforschung, s. *Roßnagel* 1993, 267 f.

[248] *Roßnagel* 1993, 192.

[249] S. hierzu *Steinmüller* 1993, 595 f.

che Vorgaben, dahingehend auszuwerten, welche konkreten Anforderungen an Technik sie enthalten oder welche aus ihnen unmittelbar abzuleiten sind. Beispiele für Untersuchungen zur Rechtmäßigkeit sind solche, bei denen gefragt wird, ob eine bestimmte Technik „verbraucherschutzkonform“ oder eine bestimmte Anwendung „vereinbar mit den Datenschutzgesetzen“ ist oder was zu tun ist, um dies zu erreichen. Für die rechtliche Gestaltungspflicht ist allein die mit der Rechtmäßigkeit verfolgte digitale Logik maßgeblich, dass eine rechtliche Zielvorgabe entweder erreicht wird oder nicht. Handelt es sich bei der Zielvorgabe um eine Vorschrift des Grundgesetzes, kann auch von Verfassungsmäßigkeit oder Verfassungswidrigkeit gesprochen werden. Die Gestaltungspflicht umfasst lediglich diesen engen Gestaltungsansatz. Die Rechtswidrigkeit ist als Negativkriterium gerade auf die Abwehr konkreter Gefahren und den Schutz konkreter Rechtsgüter begrenzt, so dass sie der Maßstab für die aus den grundrechtlichen Schutzpflichten abgeleitete Gestaltungspflicht ist. Denn die an den Staat gerichteten Gestaltungspflichten müssen in einem ausreichenden Maße bestimmt sein. Zwar enthalten Verfassungsnormen in der Regel keine konkreten Anforderungen an technische Innovationen, aber ihre Ableitung daraus muss stringent möglich sein, damit absehbar ist, dass Gerichte die Erfüllung der Gestaltungspflicht überprüfen können. Die Bewertung von technischen Innovationen beschränkt sich somit in diesem Kontext auf die „digitale“ Entscheidung „rechtswidrig“ oder „rechtmäßig“, eine qualitative Bewertung nach besseren oder schlechteren Lösungen ist gerade nicht von der Gestaltungspflicht umfasst. Die Staatsorgane sind gerade nicht verpflichtet, eine rechtliche Optimierung unter Berücksichtigung zukünftiger Chancen und Risiken der neuen Technik selbst und ihres konkreten Einsatzes in spezifischen Anwendungsbereichen vorzunehmen.

Gegenüber der verfassungsrechtlich begründeten und auch begrenzten Gestaltungspflicht der Staatsorgane für technische Innovationen liegt der Gestaltungsverantwortung des Rechts, wie bereits dargelegt,[250] ein weiteres Verständnis zugrunde. Dies drückt sich insbesondere in dem erweiterten Bewertungs- und Handlungsspielraum rechtlicher Gestaltungsmaßnahmen aus. Die reine Bewertung einer Technik als rechtswidrig bleibt auf der Ebene des Sollens stehen, indem nur die Feststellung getroffen wird, wie die Technik nicht sein darf. Die Gestaltungsverantwortung umfasst aber gerade auch die positive Komponente, technische Innovationen so zu beeinflussen, dass rechtlich erwünschte Ziele gefördert und erreicht werden. Entsprechend ist ein weitergehender Ansatz zu verfolgen, der auf der Rechtsverträglichkeit als Maßstab der Bewertung und Gestaltung basiert.[251] Rechtsverträglichkeit betrachtet die durch die Technikanwendung beeinflussten sozialen Bedingungen, unter denen Menschen ihre Rechte wahrnehmen (Verwirklichungs- oder Gewährleistungsbedingungen der Rechte). Sie zielt darauf, die technischen Innovationen dahingehend zu bewerten, ob ihre Auswirkungen auf das Zusammenleben der Menschen möglichst weitgehend mit den Rechtszielen übereinstimmen.[252] Hierbei wird nicht nur eine an Risiken oder Gefahren orientierte, sondern gerade auch eine chancenorientierte Bewertungsperspektive einbezogen. Im Sinn des Fernmeldegeheimnisses[253] ist beispielsweise eine Kommunikationstechnik, die Kommunikation automatisch verschlüsselt, rechtsverträglicher als eine, die dies nicht leistet – ohne dass die zweite deshalb rechtswidrig wäre. Für die Rechtsverträglichkeit interessieren nicht rechtliche Detailvorschriften, die ohnedies häufig geändert werden. Vielmehr geht es um grundlegende, dauerhaft gültige Rechtsnormen auf den oberen Ebenen der Rechtshierarchie. Solche Normen enthalten insbesondere das Grundgesetz und damit der Ansatz der Verfassungsver-

---

250 S. hierzu Kap. 2.2.

251 S. hierzu näher *Roßnagel* 1993, 192 ff.

252 Den Begriff der Verfassungsverträglichkeit von Technik hat *Roßnagel* in zahlreichen Veröffentlichungen entwickelt und geprägt, s. *Roßnagel,* Scheidewege 1982, 47 ff.; *ders.*, RuP 1983, 208 ff.; *ders.* 1984, 14; *ders.* 1993, 192 ff.; *Roßnagel*, in: Bechmann/Petermann 1994, 185 jeweils m.w.N.

253 Das Fernmeldegeheimnis schützt die Vertraulichkeit der Kommunikation insbesondere der kommunizierten Inhalte, s. nachfolgendes Kap. 6.1.2.

träglichkeit.[254] Das Grundgesetz bildet einen Rahmen für die weitere Rechtsentwicklung und somit indirekt auch für die Entwicklung der Gesellschaft.

Die Verfassungsverträglichkeit umfasst zudem die Bewertung, ob technikinduzierte Änderungen des Rechts mit den ursprünglichen Zielen des Grundgesetzes vereinbar sind.[255] Der Bewertungsmaßstab der Rechtsverträglichkeit impliziert somit gerade zukünftige Veränderungen des Rechts durch die Technikentwicklung. In dieser auf das Recht selbst fokussierten Zukunftsprognose liegt der wesentliche Unterschied zur Rechtmäßigkeit und Rechtwidrigkeit. Bei diesen Bewertungsmaßstäben wird ein zukünftiger technischer Sachverhalt nach dem aktuellen Recht normativ bewertet. Bei der Rechtsverträglichkeit wird nicht nur ein zukünftiger technischer Sachverhalt anhand des normativen Maßstabs des aktuellen Rechts bewertet, sondern ergänzend werden die technikinduzierten Rechtsänderungen prognostiziert und einbezogen. Diese werden damit gerade zum Gegenstand der Prüfung der Rechtsverträglichkeit.

Der Ansatz „Rechtsverträglichkeit" ermöglicht insgesamt eine umfassendere Berücksichtigung der normativen Vorgaben bei technischen Innovationen, indem er das Recht als Fundus für viele sinnvolle und konsentierte soziale Anforderungen nutzt. Die Orientierung an Rechtszielen ermöglicht zudem qualitative Bewertungen technischer Innovationen und Optimierungen. Die Rechtsverträglichkeit ist kein absoluter Maßstab, der auf eine eindeutige Einschätzung als rechtsverträglich oder rechtsunverträglich abzielt. Ergebnis der Bewertung ist ein Mehr oder Weniger an Rechtsverträglichkeit. Technische Innovationen sind umso rechtsverträglicher, je stärker sie künftig die Entfaltung und Verwirklichung von Rechtszielen ermöglichen. Je mehr sie diese begrenzen und einengen, desto weniger rechtsverträglich sind sie.

Auf verfassungsrechtlicher Ebene sind die jeweils spezifischen Ausprägungen von Freiheit, Sicherheit, Gerechtigkeit und Machtbegrenzung der Maßstab der Bewertung der Rechtsverträglichkeit. Obwohl es sich hierbei um die werthaften Grundsatzentscheidungen des Grundgesetzes handelt, können auch sie durch die Faktizität der Technik beeinflusst werden.

2.3 Wirkmechanismen des Rechts auf Technik

Die Gestaltungsverantwortung des Rechts für technische Innovationen dient zwei Zielsetzungen: Erstens der normativen Bewertung und entsprechenden Beeinflussung der technischen Entwicklung sowie zweitens dem Erhalt des vorrangigen Geltungsanspruchs des Rechts gegenüber der Technik durch die Steuerung technikinduzierter Rechtsänderungen. Allein durch die Zuweisung der Gestaltungsverantwortung ist noch keine Aussage über die Wahrnehmung dieser Verantwortung getroffen worden. Verantwortung setzt immer Erkenntnis- und Handlungsfähigkeit sowie Wirkungsmacht voraus.[256] Daher ist es für beide Zielsetzungen erforderlich, dass das Recht Mechanismen aufweist, durch die es die Technik faktisch beeinflussen kann.

Hierbei sind zwei unterschiedliche Ebenen zu unterscheiden. Es kann erstens das Ziel des Rechts sein, Einfluss auf den Einsatz der Technik – generell oder in bestimmten Anwendungsbereichen – zu nehmen. Zweitens kann das Ziel verfolgt werden, die Ausgestaltung einer Technik bereits im Entwicklungsprozess zu beeinflussen. Auf beiden Ebenen kann das Recht sowohl positiv als Technikförderer[257] als auch negativ als Hemmnis für eine Technik Wirkungen entfalten. Gerade in einer ausgewogenen sowie an den Chancen und Risiken der Technik orientierten Entscheidung, wie und in welchem Umfang das Recht die Technikentwicklung und den Technikeinsatz beeinflussen soll, liegt die Steuerungsfunktion des Rechts.

---

254 Zur Verfassungsverträglichkeit von Informations- und Kommunikationssystemen s. *Roßnagel/Wedde/Hammer/Pordesch* 1990a; *Roßnagel,* RuP 1987, 45 ff.; *Roßnagel,* Wechselwirkung 44 (1990), 40 ff.

255 *Roßnagel,* in: v. Westphalen 1997, 267.

256 S. *Roßnagel,* ZRP 1992, 56 m.w.N.

257 Die kann durch innovationsoffene oder fördernde Regulierungsmechanismen realisiert werden, *Hoffmann-Riem,* AöR 131 (2006), 255 ff.; *ders.,* Der Staat 47 (2008), 477 ff.

Diese bedingt, dass sich Recht in die Technikentwicklung einmischt und nicht nur nachlaufend und korrigierend normativ unerwünschte Technik, Anwendungsgebiete von Technik oder einzelne Funktionen von Technik verbietet. Zu untersuchen ist allerdings, welche Rahmen, Konzepte und Instrumente die Rechtswissenschaft anbietet, um technische Entwicklungen so zu beeinflussen und Techniksysteme so zu gestalten, dass die Ziele des Rechts nicht verletzt, sondern ihre Verwirklichungsbedingungen verbessert werden.[258] Der Erhalt des Geltungsanspruchs des Rechts erfordert ergänzend, wissenschaftlich-methodische Ansätze, um technikinduzierte Rechtsänderungen frühzeitig zu erkennen und über rechtliche Mechanismen zu verfügen, um ein derartiges Unterlaufen des Rechts zu verhindern. Dies erfordert, normative Entscheidungen zu treffen, durch die die Fragen beantwortet werden, welche Technik die Gesellschaft will und welche Einflüsse der Technik auf Handlungen, Verhaltensweisen und Beziehungen der Menschen gemeinverträglich sind. Liegt eine normative Bewertung technischer Entwicklungen vor, können diese Ergebnisse in die Bereiche der Rechtsetzung und Rechtsanwendung einfließen.

Diese Zielsetzungen sollen vornehmlich durch das Technikrecht und die Forschungsdisziplin der rechtswissenschaftlichen Technikfolgenforschung erreicht werden. Diese beinhaltet grundsätzlich auch den Aspekt der Geltungserhaltung des Rechts, allerdings ohne bisher die methodischen Grundlagen einer dynamischen Weiterentwicklung des Rechts als Reaktion auf technische Neuerungen detailliert untersucht zu haben.

2.3.1 Technikrecht

Historisch hat die Verantwortung des Staates für technologischen Fortschritt bereits eine abwechslungsreiche Entwicklung durchlaufen.[259] Durch die Einführung der Gewerbefreiheit zu Beginn des neunzehnten Jahrhunderts in Preußen trat zunächst eine Trennung des Staates von der technologischen Entwicklung ein und begründete den Gedanken der Freiheit zur technischen Innovation. Die Verantwortung des Rechts beschränkte sich in dieser frühen Phase auf die Folgen technischer Entwicklungen im Sinne der Gewährleistung technischer Sicherheit. Als rechtliche Instrumente wurden vor dieser Zielsetzung das präventive Verbot mit Erlaubnisvorbehalt bei der Einführung neuer technischer Systeme und die Techniküberwachung ausgebildet. Wenngleich die Aspekte der Liberalisierung technischer Innovationen einerseits und des technischen Sicherheitsrechts andererseits die Grundlagen rechtlicher Verantwortung charakterisieren, war die Ermöglichung technischer Entwicklung immer schon ein Teil des staatlichen Aufgabenspektrums.[260] Diese wird gerade am Ende des neunzehnten Jahrhunderts zum einen durch eine aktive Politik der Intervention mit dem Ziel verfolgt, die Grundlagen wirtschaftlicher Entwicklung und nationaler Sicherheit zu fördern. Zum anderen übernimmt der Staat selbst die Entwicklung und Einführung technischer Systeme. Dies allerdings nicht primär zur Gewährleistung technischer Sicherheit oder gesellschaftlicher Einbettung der Technik, sondern um eine für gesellschaftliche Belange bedeutsame Technik unter staatlicher Obhut nach Maßgabe seiner Vorstellungen zu gestalten und durchzusetzen. Prägnante Beispiele aus dieser Zeit sind die Eisenbahntechnik und die Kommunikationstechnik.[261]

Das Technikrecht als Instrument der rechtlichen Beeinflussung der Technik hat sich über einen längeren Zeitraum ausgebildet.[262] In diesem Kontext ist nicht die korrekte zeitliche Einordnung der Entstehung und Entwicklung des Rechtsgebiets des Technikrechts als wissenschaftlicher Teilbereich der Rechtswissenschaften von vorrangigem Interesse. Entscheidend ist vielmehr die Entwicklung der Regelungsziele und der Regelungsinstrumente, die das

---

258 *Roßnagel* 1993, 26.

259 Zur historischen Entwicklung s. *Kloepfer* 2002, 56 ff.

260 *Trute*, in: Isensee/Kirchhof Bd. IV, 2006, § 88, Rn. 19.

261 *Kloepfer* 2002, 74 ff. und 108 ff.

262 S. ausführlich hierzu *Vec*, in: Schulte/Schröder 2011, 3 ff. m.w.N.

Technikrecht durchlaufen hat und die nunmehr für eine technikinduzierte Weiterentwicklung des Rechts zur Verfügung stehen. Diese kann erst ab dem Zeitpunkt nachgezeichnet werden, ab dem das Technikrecht gewisse Konturen eines Rechtgebiets aufgewiesen hat und nicht nur einzelne technikbezogene Rechtsnormen existierten. Losgelöst von dem Anspruch, das Technikrecht als ein Rechtsgebiet zu erfassen, wird es als Gesamtheit der auf technische Gegebenheiten bezogenen Rechtsnormen verstanden.[263] In der historischen Entwicklung können – wie bereits angesprochen – grundsätzlich die Funktionen der Technikbegrenzung und der Technikermöglichung differenziert werden. Diese Einteilung ist allerdings nicht dahingehend zu verstehen, dass die eine Zielsetzung des Technikrechts durch die jeweils andere ersetzt, sondern einhergehend mit Verschiebungen der jeweiligen Gewichtung ergänzt wurde.[264] Insgesamt hat sich das Spektrum des Technikrechts nicht nur in seiner Zielsetzung, sondern entsprechend in seinem Instrumentarium stetig erweitert. Technikrecht ist nach heutigem Verständnis zuvörderst auf komplexe technische Systeme gerichtet.[265] Diese zeichnen sich dadurch aus, dass sie neu sind, sich dynamisch entwickeln, aufgrund eines erheblichen Schadenspotentials riskant und folgenreich sind, weil sie die natürliche und soziale Umwelt verändern und überraschende, nicht vorgesehene Zustände einnehmen können.[266]

2.3.1.1 Technikbegrenzung

Ursprünglich wurde das Technikrecht überwiegend als Technikbegrenzungsrecht sowohl hinsichtlich der Technik selbst als auch seiner Nebenfolgen verstanden und ausgestaltet.[267] Die rechtliche Bewältigung technischer Entwicklungen beschränkte sich auf eine „Einhegung der technischen Realisation im Sinne des Rechtsgüterschutzes.[268]“ Es wurden vorrangig die unmittelbaren Folgen der Technik vor dem Hintergrund der „Gefahrenabwehr“ für Individual- und Allgemeininteressen, wie zum Beispiel die Volksgesundheit oder den Erhalt der natürlichen Lebensbedingungen, berücksichtigt.[269] Begrenzendes Technikrecht versucht, die unmittelbaren sozialen Kosten der Technik einzugrenzen, ohne die Technik selbst zu verbieten.[270] Entsprechend wurde ein Sicherheitsrecht[271] mit regulativen Vorschriften erlassen, durch die der Einsatz von Technik insbesondere durch Verbote und Gebote begrenzt wurde, die von Erlaubnisvorschriften und technischen Sicherheitsbestimmungen flankiert werden. Technikbegrenzungsrecht zielt somit primär auf die Abwehr von Gefahren und die Vorsorge zur Gewährleistung der Sicherheit der – eingesetzten – Technik ab.[272] Entsprechend liegt ihm ein normatives Konzept der Risikobewertung der Techniksicherheit zugrunde. Die von der Technik ausgehenden Risiken, deren Feststellung eine naturwissenschaftliche Aufgabe ist, werden technikrechtlich als Gefahr oder als Restrisiko eingeordnet und mit unterschiedlichen Rechtspflichten an den Staat verbunden. Die staatliche Schutzpflicht besteht, wie bereits dargelegt,[273] bei einer Gefahr für ein verfassungsrechtliches Schutzgut, das heißt bei hinreichender

---

263 S. *Vec*, in: Schulte/Schröder 2011, 4; *Kloepfer* 2002, 18.
264 Zu den unterschiedlichen Funktionen des Technikrechts, s. *Schulte*, in: Kloepfer 2000, 65.
265 S. zum Begriff des technischen Systems bereits Kap. 2.1.1.
266 *Trute*, in: Isensee/Kirchhof Bd. IV, 2006, § 88, Rn. 12 mit Verweis auf *Schulze-Fielitz*, in: Schulte/Schröder 2011, 455.
267 *Murswiek*, VVDStRL 48 (1990), 209 f.
268 *Murswiek*, VVDStRL 48 (1990), 209.
269 S. z.B. *Kirchhof*, NVwZ 1988, 97 ff.; *Breuer*, NVwZ 1988, 104.
270 *Roßnagel*, ZRP 1992, 60 sowie ausführlich zum eingrenzenden Recht *Winter*, DVBl 1986, 586, 589 ff., der dieses zum freisetzenden (586 ff.) und gestaltenden Recht (594 ff.) abgrenzt.
271 S. zum Sicherheitsrecht *Degenhart*, NJW 1989, 2437; *Vieweg*, JuS 93, 895; zum nukleartechnischen Sicherheitsrecht *Bender*, NJW 1979, 1425 ff.; zum Anlagensicherheitsrecht *Ladeur*, UPR 1993, 121 ff.; zum Produktsicherheitsrecht *Weiß* 2008, 252 ff. und zur IT-Sicherheit *Schmidl*, NJW 2010, 477 ff.
272 *Roßnagel*, UPR 1986, 6.
273 S. Kap. 2.2.1.1.

Wahrscheinlichkeit eines Schadenseintritts.[274] Bei einer derartigen Sachlage ist der Staat zu konkreten Abwehrmaßnahmen verpflichtet, die dazu führen müssen, dass sich die Gefahr nicht realisiert und der Technikeinsatz zumutbar ist.

Das klassische Instrumentarium des Technikbegrenzungsrechts umfasst im Interesse der Gefahrenabwehr und der Risikovorsorge Kontroll- und Verbotsvorschriften, in Verbindung mit Genehmigungsvorschriften, die den Einsatz der Technik von technischen Sicherheitsmaßnahmen abhängig machen. Die Regelungen können sich entsprechend auf eine Technik oder auch konkrete Anwendungskontexte beziehen. In der Regel legen die Rechtsvorschriften allerdings keine konkreten Sicherheitsanforderungen fest, sondern folgen einem diesbezüglich technikneutralen Regelungsansatz.[275] Gesetze und Verordnungen des Technikbegrenzungsrechts enthalten Vorschriften für Erlaubnis- und Überwachungsverfahren und normieren weitgefasste und abstrakte Sicherheitsziele.

Der als Genehmigungsvoraussetzung zu fordernde Sicherheitsstandard wird mit generalklauselartigen Formulierungen beschrieben. Weitgehend standardisiert werden am häufigsten die unbestimmten Rechtsbegriffe „allgemein anerkannte Regeln der Technik", „Stand der Technik" oder „Stand von Wissenschaft und Technik" zur Umschreibung der rechtlichen Anforderungen verwendet.[276] Diese drei Formulierungen beinhalten eine Steigerung der Anforderungen dahingehend, dass der normative Pflichtenmaßstab zunehmend den technischen Fort-schritt berücksichtigt.[277] Während die allgemein anerkannten Regeln der Technik auf die Sicherheitsmaßnahmen abstellen, die wissenschaftlich anerkannt sind und sich in der technischen Praxis bewährt und durchgesetzt haben,[278] bezieht sich der Stand der Technik auf die marktfähigen Techniken, die aktuell einen hohen Sicherheitsstandard aufweisen, selbst wenn sich ihr Einsatz in der Praxis (noch) nicht durchgesetzt hat. Die Einhaltung vom Stand der Wissenschaft und Technik verlangt darüber hinaus, dass nicht nur das aktuell technisch-praktisch realisierbare, sondern zudem auch die jeweils neuesten Erkenntnisse der Wissenschaft einzubeziehen sind.[279] Allen drei Technikstandards ist gemeinsam, dass Erkenntnisse der Technikentwickler und -produzenten sowie der technischen Forschung den rechtlichen Maßstab des Erlaubten oder Gebotenen bestimmen.[280] Damit verzichtet das Recht auf eine eigene normative Bewertung von Technik und übt keine Steuerungsfunktion auf sie aus.[281] Außerdem werden diese drei theoretischen Stufen in der gesetzgeberischen Wirklichkeit nicht immer konsequent umgesetzt.[282]

Für das Risiko, dass die Maßnahmen der Gefahrenabwehr nicht ausreichend sein könnten, erlangt ergänzend das technikbezogene Haftungsrecht Bedeutung. Diesem kommt sowohl die Funktion zu, menschliches Verhalten zu steuern, als auch einen – finanziellen – Ausgleich für eine verwirklichte Gefahr zu gewährleisten. Technikbezogene Haftungstatbestände knüpfen entweder an eine technische Anlage selbst oder an menschliches Verhalten in Bezug auf eine Technik an und führen zu einer Schadensersatzpflicht, wenn die normative Erwartung hin-

---

274 *Roßnagel*, UPR 1986, 48; *Schlacke*, in: Tamm/Tonner 2012, § 5 Rn. 16.

275 Dies hebt *De Maizière* 2012, 22 als positive Anforderung des Rechts hervor.

276 Ausführlich zur Abgrenzung der Standards „allgemein anerkannte Regeln der Technik" und „Stand der Technik" *Seibel*, NJW 2013, 3000.

277 Die herrschende Drei-Stufen-Theorie wurde begründet von *Breuer*, AöR 101 (1976), 46 (67 f.) und vom *BVerfGE* 49, 89 (135 f.) aufgenommen.

278 S. die Definition in § 3 Abs. 6 BImSchG sowie *Seibel*, NJW 2013, 3001 m.w.N.; *Feldhaus* 2014, § 3 BImSchG, Rn. 8.

279 *Schulte*, in: Giesberts/Reinhardt 2015, § 3 BImSchG, Rn. 95.

280 *Breuer*, AöR 101 (1976), 51, 66; *Roßnagel*, UPR 1986, 48 f. m.w.N.

281 *Roßnagel* 1993, 250 f.

282 *Roßnagel*, UPR 1986, 48 f.; *Roßnagel*, in Kubicek 1993, 172. Allerdings liegt die diese Aussage unterstützende Gesetzesanalyse bereits knapp zwanzig Jahre zurück und die damals angeführte Vorschrift des § 24 GewO als Beleg, dass sowohl Getränkeschankgeräte als auch Atomanlagen das höchste Sicherheitsniveau erfüllen müssen, wurde aufgehoben.

sichtlich des Betriebs technischer Einrichtungen nicht erfüllt wird.[283] Haftungsrecht hat keine unmittelbaren Auswirkungen auf die Gefahr, sondern appelliert nur mittelbar an die verantwortlichen Technikbetreiber, Bemühungen zu unternehmen, um einen Haftungsfall zu verhindern. Es dient damit der Verhaltenssteuerung, nicht aber der Steuerung der Technikentwicklung. Haftungsrecht verhindert weder Technik noch reduziert es von ihr ausgehende Gefahren, sondern es übernimmt eine Ausgleichsfunktion in Bezug auf die der Gesellschaft zugemuteten Risiken. Zudem führt das Haftungsrecht nur bedingt zu einer Zahlungspflicht des Verursachers, da das Haftungsrisiko gerade in technischen Bereichen in vielen Fällen durch Versicherungen deutlich reduziert werden kann.

2.3.1.2 Technikermöglichung

Technikbegrenzung beschreibt die Zielrichtung des Technikrechts – und nicht nur des modernen Technikrechts – unvollständig. Sie beschreibt die Möglichkeiten der Techniksteuerung nur einseitig als Technikverhinderung. In Deutschland gab und gibt es aber immer auch den Ansatz, Technik zu fördern. Jeder gesetzliche Erlaubnisvorbehalt für eine bestimmte Technik beinhaltet auch die Funktion der Technikermöglichung.[284] Für diejenigen Technikentwickler, die eine Erlaubnis erhalten, bietet diese die Gewähr, dass ihnen die erlangte Rechtsposition einen prinzipiellen Schutz gegen Einwände Dritter gewährt.[285] Die Erlaubnis bewahrt dem Technikentwickler einen tatsächlichen und rechtlichen Status quo. Dieser Schutz durch das Recht ist häufig gerade eine Voraussetzung für die Investition, die Entfaltung und auch für die Weiterentwicklung der Technik.[286] Denn sie bietet quasi als rechtliche Infrastruktur und die dadurch gewährleistete Rechtssicherheit einen Investitionsschutz, ohne den das ökonomische Risiko einiger technischen Entwicklungsprojekte zu hoch wäre.[287]

Die Bedeutung des Technikrechts für die Technikermöglichung beschränkt sich aber nicht auf diesen Nebeneffekt der Vorschriften zur Technikbegrenzung. Recht kann darüber hinaus die organisatorischen und rechtlichen Rahmenbedingungen für Technikentwicklung schaffen. Besteht ein rechtlicher Rahmen für eine Technikentwicklung, so bestätigt dieser, dass ein gesellschaftlicher Konsens und eine positive Grundhaltung gegenüber einer Technikentwicklung bestehen. Dies kam zum Beispiel in § 1 Nr. 1 AtG a.F. zum Ausdruck, der als Zweck des Atomgesetzes die Förderung der Atomenergie festschrieb.[288] Ebenfalls einen rechtlichen Ordnungsrahmen mit dem Ziel der Technikermöglichung bieten das Signaturgesetz und die Signaturverordnung. Durch die ergänzende Regulierung von Rechtsfolgen beim Einsatz qualifizierter Signaturen, hat der Gesetzgeber dieser Technik einen deutlichen Akzeptanzvorteil gegenüber alternativen Techniken gewährt, die das Ziel der Authentizitäts- und Integritätssicherung von Erklärungen im elektronischen Rechtsverkehr verfolgen.

Daneben zielt Technikrecht häufig auf die für die Technikentwicklung erforderliche – auch staatliche – Einrichtung von Infrastrukturen oder den Regelungsrahmen für diese ab. Dies haben vor allem die großen Infrastrukturmaßnahmen des 19. Jahrhunderts gezeigt, beginnend

---

283 *Salje*, in: Schulte/Schröder 2011, 123.

284 Ausführlich zum Technikermöglichungsrecht *Franzius*, Die Verwaltung 2001, 487 ff.

285 *Kloepfer*, in: Grunwald 2003, 144; *ders.*, in: Schulte/Schröder 2011, 156.

286 *Kloepfer*, in: Grunwald 2003, 144; *Franzius*, Die Verwaltung 2001, 488.

287 So *Kloepfer*, in: ders. 2000, 5; zur Stimulations- und Innovationsfunktion von Recht die Beiträge in *Hoffmann-Riem/Schneider* 1998, speziell zum Telekommunikationsrecht *Hoffmann-Riem/Eifert*, in: Hoffmann-Riem 2000, 11 ff.

288 Mittlerweile hat sich die politische Einstellung geändert und Zweck des Gesetzes ist nunmehr vorrangig gemäß § 1 Nr. 1 AtG, die Nutzung der Kernenergie zur gewerblichen Erzeugung von Elektrizität geordnet zu beenden und bis zum Zeitpunkt der Beendigung den geordneten Betrieb sicherzustellen. In Ländern, in denen die Infrastrukturen nicht vom Staat geschaffen oder zumindest deren Ausgestaltung nicht staatlich unterstützt worden sind, folgten auch keine Bestrebungen der fortlaufenden Technikentwicklung, z.B. bei der Eisenbahn.

mit der Regulierung von Flüssen, dem Kanalbau, dem Straßenbau, dem Bau von Eisenbahntrassen, Elektrizitäts- und Telefonleitungen.[289] Diese Infrastrukturen sind teilweise selbst eine Technik und wurden in staatlicher Regie entwickelt und ausgebaut. Zum einen, um eine umfassende staatliche Kontrolle über ihr Gefahrenpotential zu gewährleisten; zum anderen, um sie frühzeitig und flächendeckend der Allgemeinheit zugänglich zu machen.[290] Außerdem sind diese Infrastrukturen jeweils eine Voraussetzung für den Einsatz einer bestimmten Technik, die zwar von einzelnen Unternehmen entwickelt, deren räumlich umfassende Nutzbarkeit aber nicht ohne staatliche Unterstützung – in unterschiedlichster Form – realisiert werden kann. Fehlen die Grundbedingungen für eine Markteinführung einer Technik, wird ihr Entwicklungsprozess in der Regel vor der Marktreife abgebrochen.[291]

Rechtliche Maßnahmen zur Technikförderung sind unzweifelhaft geeignet, Technikentwicklungen gezielt zu unterstützen. Zweckfestsetzung und entsprechende Regulierung, wie sie zum Beispiel im Atomgesetz alter Fassung vorgenommen worden sind, haben dazu geführt, dass der Schwerpunkt der Entwicklung von Energietechnik viele Jahre lang im Bereich der Atomenergie und nicht im Bereich regenerativer Energietechnik lag. Die Ermöglichung und Unterstützung einer Technik oder Technikentwicklung führt somit zwangsläufig zu einer indirekten Technikauswahl, indem alternative Techniken oder Entwicklungsmaßnahmen nicht in gleichem Maße unterstützt werden. Dies könnte bereits als Maßnahme rechtlicher Techniksteuerung angesehen werden. Allerdings bezieht sie sich nur auf das Ob der Technikentwicklung und übt keinen darüberhinausgehenden Einfluss auf die Ausgestaltung der Technik selbst aus.

2.3.1.3 Techniksteuerung

Mit der Erkenntnis der Ambivalenz des Technikrechts, das sowohl die Funktion der Technikbegrenzung als auch der Technikermöglichung übernimmt, wird der Aspekt der Techniksteuerung durch Recht noch nicht ausreichend erfasst. Techniksteuerung ist in mehrfacher Hinsicht umfassender zu verstehen.[292]

Wie dargelegt, zielt Technikbegrenzungsrecht auf Gefahrenabwehr und Risikovorsorge für schützenswerte Rechtsgüter, die als Folge des Technikeinsatzes beeinträchtigt werden können. Technikermöglichungsrecht dient allgemein der Unterstützung von Technikentwicklungen, die primär aufgrund ihrer Funktionalität als gesellschaftlich wünschenswert bewertet werden. Techniksteuerung berücksichtigt darüber hinaus technische Sachzwänge, die durch den Technikeinsatz entstehen können und zielt auf die Vermeidung eines durch Technik erzeugten Anpassungsdrucks auf das Recht ab. Dies ist erforderlich, um den Geltungsanspruch des Rechts gegenüber der Faktizität der Technik zu erhalten. Techniksteuerung kann auch dazu dienen, Technikentwicklung für rechtliche Zielsetzungen zu instrumentalisieren. Der Fokus der Techniksteuerung liegt dann nicht nur auf dem Rechtsgüterschutz im Sinne der Bewahrung des Status quo, sondern auch auf der Verbesserung der Verwirklichungsbedingungen von erhaltens- oder förderungswerten Rechtszielen und insbesondere verfassungsrechtlich garantierten Freiheitsgewährleistungen. Ebenso wie bestimmte Grundbedingungen für die Freiheitswahrnehmung gegeben sein müssen,[293] kann sie durch den Einsatz bestimmter Techniken erleichtert und verbessert werden. Die Technik erfüllt dann nicht nur eine Funktion in Bezug auf ein zu lösendes Problem, sondern es wird mit ihr der Zweck verfolgt, die Ausübung rechtlich geschützter Freiheitsgewährleistungen zu unterstützen.

---

289 *Fischer*, in: Kloepfer 2000, 14.

290 S. zur Telegrafie als Beispiel *Franzius*, Die Verwaltung 2001, 497.

291 S. ausführlich zur Marktermöglichung, Marktschaffung und Markterweiterung für Technik durch Recht *Kloepfer*, in: Grunwald 2003, 145 ff.

292 Allgemein zum Ansatz der rechtlichen Techniksteuerung, *Schulte*, in: Kloepfer 2000, 62 ff.

293 S. hierzu ausführlich das nachfolgende Kap. 4.4 zum Grundrechtsvoraussetzungsschutz.

Recht der Technikbegrenzung und Technikermöglichung stellt in aller Regel eine Reaktion auf technische Entwicklungen dar. Ideen und Tendenzen technischer Entwicklungen sowie Notwendigkeiten und Bedürfnisse für technische Lösungen bleiben aber weitgehend unbeeinflusst von rechtlichen Vorgaben. Techniksteuerung ist dagegen umfassender, weil sie nicht nur reaktiv, sondern auch proaktiv ist. Dies ist bereits eine Voraussetzung, wenn die zu entwickelnde Technik dem Ziel der Förderung von Rechtszielen dienen soll. Darüber hinaus wird vorhandene Technik rechtlich nach dem Grundsatz der Verhältnismäßigkeit bewertet, so dass ihre Risiken und Folgewirkungen häufig nur hingenommen werden, weil ein Verbot unverhältnismäßig wäre.[294] Maßstab der Verhältnismäßigkeit ist aber gerade auch die Frage der Erforderlichkeit, also ob ein milderes Mittel zur Erreichung der gleichen Ziele verfügbar ist. Im Bereich der Technik erfordert ein Verbot daher insbesondere, dass funktionsäquivalente Alternativtechniken zur Verfügung stehen. Bei einer rein reaktiven rechtlichen Bewertung einer Technik dürfen nur vorhandene Alternativen berücksichtigt werden. Proaktive Techniksteuerung ist vor diesem Hintergrund darauf ausgerichtet, nach – in Bezug auf rechtliche Bewertungskriterien – milderen technischen Alternativen zu suchen. Dies umfasst auch den Ansatz, problematische Techniken durch rechtliche Steuerungsmaßnahmen der Technikentwicklung zu ersetzen oder zu modifizieren.[295] Techniksteuerung ist damit nicht nur proaktiv, sondern auch konstruktiv. Das Ergebnis einer rechtlich bewertenden Verhältnismäßigkeitsprüfung ändert sich zwar erst, wenn diese alternative Technik existiert und bezogen auf rechtliche Risiken und Gefahren tatsächlich ein milderes Mittel darstellt. Durch die Techniksteuerung wird aber ein wesentlicher Beitrag geleistet, dass die Entwicklung von Alternativtechnik unabhängig von wirtschaftlichen Interessen verfolgt wird oder nicht nur ein Zufallsprodukt der Forschung ist.

Rechtliche Techniksteuerung wirkt bereits im Entwicklungsprozess auf Nutzung und Wirkung und nicht nur auf Risiken und Folgen einer Technik ein. Diese umfassende rechtliche Betrachtung ist umso bedeutender, umso weniger das herkömmliche Technikrecht geeignet ist, auf die Technik einzuwirken. Restriktive rechtliche Maßnahmen sowohl der Technikbegrenzung als auch der Technikermöglichung sind vorrangig möglich, in Bezug auf abgrenzbare und definierbare technische Anlagen, Produkte und Anwendungen einer Technik.[296] Immer häufiger entstehen nicht oder nur schwer abgrenzbare Technikentwicklungen, wie zum Beispiel Computer und Internet. Diese „Basistechniken“ weisen eine sehr hohe Multifunktionalität auf, so dass sie in vielen unterschiedlichen Techniksystemen und Anwendungskontexten zum Einsatz kommen. Eine Beeinflussung durch herkömmliches Technikrecht steht vor dem Hindernis, dass die Technik als solche nur bedingt ein geeigneter Regulierungsgegenstand ist. Sowohl die rechtliche Risikoprognose- und -bewertung als auch die Chancen- und Nutzenbewertung können nur an einzelne konkrete Aspekte der Technik oder an Anwendungen und ihre jeweiligen Nutzungskontexte anknüpfen.

Techniksteuerung ist somit nicht nur rechtliche, sondern vor allem auch rechtspolitische Steuerung der Technikentwicklung. Ihr Gegenstand ist über die einzelne technische Entwicklung hinaus, der technische Wandel und seine gesamtgesellschaftlichen Auswirkungen. Mit der rechtspolitischen Steuerung dieses technischen Wandels wird gleichzeitig die Entscheidung über das angestrebte Gesellschaftsmodel getroffen.[297] So verstanden übernimmt das Recht die Funktion einer normativen Steuerungswissenschaft, die dazu beiträgt, normativ erwünschte Technik und Technikfolgen zu fördern und normativ unerwünschte Technik und Technikfolgen zu vermeiden.[298] Technikentwicklung wird anhand von außer-technischen und normativen Kriterien bewertet und gesteuert. Eine rein technikimmanente Betrachtungsweise

294 *Roßnagel* 1993, 249.
295 *Roßnagel* 1993, 248.
296 *Roßnagel* 1993, 246.
297 *Roßnagel* 1993, 244 m.w.N.
298 *Hoffmann-Riem*, AöR 131 (2006), 264.

beantwortet vorrangig die Frage, welche Technik benötigen wir unter funktionalen Gesichtspunkten? Die anschließende Ausgestaltung der Technik folgt zwar auch den gleichen technikimmanenten Kriterien. Eine normative Betrachtungsweise beantwortet dagegen vorrangig die Fragen, welche Zukunft wollen wir und wie soll Technik unser (gesellschaftliches) Leben verändern? Normative Techniksteuerung kann dabei selbstverständlich nicht die Grenzen des technisch Möglichen unberücksichtigt lassen. Sie geht aber darüber hinaus, indem sie auch formuliert, was sozial wünschenswert ist und diese Aspekte in die Entscheidungen zur Steuerung der Technikentwicklung einbindet. Ergänzend zu den bisher beschriebenen Aufgaben des Technikrechts – der Technikbegrenzung und Technikermöglichung – dient die rechtliche Techniksteuerung den Zielen, durch die Technikverbreitung Anpassungszwänge für das Recht zu verhindern und die Verwirklichungsbedingungen für Rechtsziele zu verbessern.[299] Diese Funktionszuweisung für einen bisher weniger berücksichtigten Bereich des Technikrechts entspricht den Anforderungen für die Wahrnehmbarkeit der Verantwortung des Rechts für technische Innovationen.[300]

Damit rechtliche Techniksteuerung all diese Funktionen erfüllen kann, muss sie gezielt auf zwei Aspekte der Technikentwicklung Einfluss nehmen: die Technikauswahl und die Technikgestaltung. Erfolgt die Technikauswahl ohne Berücksichtigung normativer Bewertungskriterien, wäre der rechtliche Gestaltungsspielraum von vornherein stark eingegrenzt. Viele funktionsäquivalente Techniken würden insbesondere aus ökonomischen Gründen nicht oder nicht bis zur Marktreife entwickelt werden. Der rechtliche Ansatz, sozialverträgliche Technikalternativen zu fördern, könnte dann nicht mehr realisiert werden. Technische Alternativen, die Wahlmöglichkeiten eröffnen, sind zum einen eine notwendige Voraussetzung, um eine demokratische Steuerung der Technik durch das Recht zu gewährleisten.[301] Zum anderen sind sie erforderlich, um diejenige Technik zu fördern, die die Verwirklichungsbedingungen für Rechtsziele am besten schützt oder am optimalsten fördert.[302] Des Weiteren ist die konkrete Technikgestaltung Ziel rechtlicher Techniksteuerung. Diese ist umso bedeutender, wenn keine technischen Alternativen in Betracht kommen. In diesem Fall führt der Ansatz der rechtsverträglichen Technikgestaltung dazu, dass die rechtlichen Risiken auf ein sozialverträgliches Maß reduziert werden. Sie kann aber auch eingesetzt werden, um die auf überwiegend funktionalen und ökonomischen Kriterien basierende Technikgestaltung allgemein um soziale und normative Gestaltungsaspekte anzureichern.[303] Durch die Technikgestaltung wird Grundrechtsschutz gewährleistet und können die Verwirklichungsbedingungen für die Grundrechtswahrnehmung verbessert werden. Dies muss nicht zwangsläufig zu unmittelbaren Gestaltungsanforderungen an die Technik im Sinne von funktionalen und technikimmanenten Anforderungen führen. Ein Fahrzeug, das durch den Einbau eines Katalysators geringere Abgasemissionen aufweist und somit umweltschonend ist, bietet die gleiche Funktionalität in Bezug auf die Fortbewegung, wie ein solches, das über keinen Katalysator verfügt. Technikgestaltung ist somit ein Werkzeug für einen in Technik implementierbaren Interessenausgleich, indem mehr- oder sogar multipolare Verfassungs- und Grundrechtsinteressen Berücksichtigung finden können.

Sofern Techniksteuerung das Ziel verfolgt, die Rechtsverträglichkeit technischer Systeme herzustellen, decken sich die zur Verfügung stehenden rechtsdogmatischen Instrumente und Mechanismen weitestgehend mit denjenigen des Technikbegrenzungs- und Technikermöglichungsrechts.[304] Ultima Ratio der Techniksteuerung ist ebenso wie bei der Technikbegren-

---

299 *Roßnagel* 1993, 241.
300 S. Kap. 2.2.
301 *Roßnagel* 1993, 256.
302 S. hierzu *Roßnagel,* in: ders. 1984, 20 f.; *ders.*, UPR 1986, 55; *ders.*, in: ders. 1989, 179 f.
303 S. *Roßnagel/Jandt/Geihs,* in: David et al. 2014, 175 ff.
304 *Roßnagel* 1993, 241.

zung das Technikverbot.[305] Das „klassische“ Technikrecht regelt vor allem die Verwendung von Technik sowie kompetenz- und verfahrensrechtliche Fragen ihrer Zulassung. In einzelnen Bereichen finden sich aber über abstrakte Formulierungen hinausgehende Anforderungen an die Technik, wie zum Beispiel in der Anlage zu § 9 BDSG für datenverarbeitende Systeme. Wird mit präventiver Techniksteuerung das Ziel verfolgt, technische Sachzwänge für das Recht zu vermeiden, bedarf es für die Technikauswahl und Technikgestaltung zusätzlicher Instrumente und Methoden. Einen wesentlichen wissenschaftlichen Beitrag leistet hier die als eigenständige Forschungsdisziplin beschriebene „Rechtswissenschaftliche Technikfolgenforschung“.[306] Das „klassische“ Technikrecht versucht vornehmlich, die Technik durch Regelungen im einfachen Recht zu beeinflussen. Verfassungsrechtliche Bezüge ergeben sich fast ausschließlich aufgrund der Abwehrintention für grundgesetzlich geschützte Güter. Es werden aber aus dem Verfassungsrecht keine darüberhinausgehenden Bewertungs- oder Gestaltungskriterien an die Technik zur Gewährleistung der Verfassungsverträglichkeit abgeleitet. Die rechtswissenschaftliche Technikfolgenforschung ist dagegen nicht auf den Erlass von technikregelnden Vorschriften konzentriert. Rechtliche Aspekte sollen die Technik unmittelbar beeinflussen, indem die Technik aufgrund rechtlicher Bewertungskriterien ausgewählt und durch rechtliche Anforderungen gestaltet wird. Der rechtliche Anteil dieser Forschungsdisziplin stammt vornehmlich nicht aus dem einfachen Recht, sondern aus dem Verfassungsrecht. Dieses zeichnet sich durch beständige und die angestrebte Wirklichkeit normativ beschreibende Vorschriften aus, die zudem in einem hohen Maß sprachlich offen und konkretisierungsfähig sind.

Abgesehen von den konkreten-methodischen Ansätzen unterscheidet sich die rechtswissenschaftliche Technikfolgenforschung im Wesentlichen von dem „klassischen“ Technikrecht, indem es nicht Recht ändert, um neue Technik in die Regelungsstruktur einzubinden, sondern Technik verändern will, damit sie der normativ angestrebten Wirklichkeit entspricht. Das Recht wird in den Entwicklungsprozess von Technik einbezogen und wirkt so unmittelbar auf die Wirklichkeit ein.

2.3.2 Rechtswissenschaftliche Technikfolgenforschung

Die Forschungsdisziplin der rechtswissenschaftlichen Technikfolgenforschung ist seit vielen Jahren anerkannt und in ihren Umrissen beschrieben.[307] Ihr gegenüber den Forschungsdisziplinen der Technikfolgenabschätzung und -bewertung sowie der Rechtswissenschaft eigenständiges Erkenntnisinteresse zielt über die Verhinderung der Gefährdung und die Förderung der geschützten Rechtsgüter hinaus auf die rechtsverträgliche Steuerung der Entwicklung von Techniksystemen (Techniksteuerung)[308] und auf die technikinduzierte Veränderungen des Rechts selbst. Sie untersucht die langfristigen Folgen der Technik für rechtliche Ziele – insbesondere die Veränderungen von Rechtszielen durch die technisch bedingte Veränderung ihrer Verwirklichungsbedingungen – und analysiert die Möglichkeiten, durch rechtliche Methoden und Instrumente Technikentwicklung verfassungskonform zu gestalten. Ein Wesensmerkmal ist dabei die interdisziplinäre Herangehensweise. Sie ist sowohl bedingt durch den Technikfolgen und Rechtsnormen umfassenden Forschungsgegenstand also auch durch die in dieser Forschungsdisziplin zusammengeführten Wissenschaftsdisziplinen.

Die Forschungsaufgabe ist durch die drei Schritte der Technikfolgenabschätzung, der Technikfolgenbewertung und der Techniksteuerung konkretisiert.

---

305 *Boehme-Neßler*, ZG 2009, 76.
306 S. zum folgenden *Roßnagel* 1993.
307 *Roßnagel* 1993.
308 *Roßnagel* 1993, 99.

Die Technikfolgenabschätzung liefert das notwendige Wissen für die Techniksteuerung. Sie dient damit keinem theoretischen Selbstzweck, sondern adressiert das für die effektive Technikregulierung anerkannte Problem des Wissensdefizits in Situationen der Ungewissheit.[309] Ziel der rechtswissenschaftlichen Technikfolgenabschätzung ist die Prognose, wie die künftigen Techniksysteme und ihre Anwendungen innerhalb sozialer und politischer Prozesse die Verwirklichungsbedingungen für Rechtsziele verändern werden.[310] Dafür ist es unschädlich, dass bezogen auf die Prognoseergebnisse sowohl methodisch bedingte Unsicherheiten bestehen als auch hinsichtlich der öffentlichen Zustimmung. Soweit die prognostizierten Technikfolgen für die Rechtsziele möglich sind, sollten sie verfassungspolitische und -rechtliche Konsequenzen nach sich ziehen, um sie auch bei einer nur geringen Eintrittswahrscheinlichkeit zu fördern oder auszuschließen.[311]

Um zu entscheiden, in welche Richtung die Beeinflussung der Technikentwicklung gehen und welchem Zweck sie dienen soll, müssen die Ergebnisse der rechtswissenschaftlichen Technikfolgenabschätzung bewertet werden. Insofern ist der zweite Schritt der Technikfolgenbewertung eng mit dem ersten Schritt der Technikfolgenabschätzung verbunden, da ihre Bewertungskriterien bereits von der Auswahl der zu untersuchenden Folgen sowie dem Umfang, der zeitlichen Reichweite und dem Tiefgang der prognostizierten Folgen abhängt. Technikfolgenbewertung nimmt die ermittelten künftigen Auswirkungen technischer Möglichkeiten für die Rechtsziele auf und analysiert, inwieweit sie die Ziele der Sozialverträglichkeit verletzten oder erfüllen. Sie bietet ein Lösungskonzept erstens für das Problem, dass Technikentwicklungen in der Realität meist anhand funktionaler und ökonomischer, nicht aber normativer Kriterien bewertet werden. Zweitens hebt sie den rechtlichen Maßstab herkömmlicher rechtlicher Bewertung von Techniksystemen an, indem sie nicht nur zwischen den Kategorien rechtmäßig und rechtswidrig differenziert und dadurch auf einen Mindeststandard rechtlicher Anforderungen abstellt, sondern sich an der Rechtsverträglichkeit orientiert.[312] Als Bewertungsmaßstab dienen die in der Verfassung niedergelegten gesellschaftlichen Grundwerte, aus denen die Bewertungskriterien abgeleitet werden. Hierfür ist es erforderlich, auf die normative Definition des Sollens der Verfassungsnormen einzugehen, zu deren Bestimmung ihre Werte und Wertentscheidungen getroffen worden sind, und eine technikbezogene und folgenorientierte Rechtskonkretisierung vorzunehmen.[313] Die Folgenbewertung selbst erfolgt in zwei aufeinanderfolgenden Schritten.[314] Zuerst werden die aktuellen Verwirklichungsbedingungen von Rechtszielen mit den zukünftigen verglichen und bewertet, wie sehr diese technikinduzierte Modifizierung der Wirklichkeit den heutigen Rechtszielen entspricht oder sie verletzt. Gegenstand des zweiten Schrittes ist die Bewertung rechtlicher Entwicklungen, soweit sie im Rahmen der Technikfolgenabschätzung als Ergebnis des Wandels der Technik festgestellt werden konnten.[315] Der Vergleich heutiger Rechtsziele mit künftigen Rechtszielen zeigt auf, welche normativen Entwicklungen – bezogen auf das „klassische“ Technikrecht – technikbezogene Entscheidungen nach sich ziehen können. Dies schließt die Prüfung ein, ob durch rein rechtliche Maßnahmen die prognostizierten Technikfolgen vermieden oder die angestrebten Effekte für die Verwirklichung von Rechtszielen erreicht werden können.[316] Zu beachten ist allerdings, dass Rechtsänderungen – sei es zur Sicherung, Verstärkung oder An-

---

309 S. Kap. 2.2.2.

310 *Roßnagel* 1993, 101.

311 S. *Podlech,* in: Hoffmann/Tietze/Podlech 1975, 28.

312 S. Kap. 2.2.3.

313 *Roßnagel* 1993, 201 ff.

314 *Roßnagel* 1993, 206 ff.

315 Der Anpassungsdruck, der durch Technikentwicklungen und deren Veränderungen der Wirklichkeit auf das Recht erzeugt werden kann, wird hier nicht als rechtliche Entwicklung eingeordnet. Umfasst werden ausschließlich vom Recht selbst ausgehende und gezielte Veränderungen der Rechtsordnung als Reaktion auf die veränderte Wirklichkeit.

316 *Roßnagel* 1993, 228 ff.

passung von Rechtszielen – immer nur einen sprachlichen und keinen faktischen Schutz bieten.[317]

Schließlich ist der dritte Baustein der rechtswissenschaftlichen Technikfolgenforschung die Techniksteuerung mit den bereits angesprochenen Elementen der Technikauswahl und der Technikgestaltung.[318] Ausgehend von der Prämisse, dass verschiedene Technikalternativen zur Verfügung stehen, stellt die Auswahl eine Steuerungsmaßnahme dar. Diese wird wiederum anhand gesellschaftlicher und rechtlicher Kriterien vorgenommen. Es ist jeweils die Alternative auszuwählen, die die Verwirklichungsbedingungen von Rechtszielen am besten schützt oder am weitestgehenden verbessert.[319] Da sich nicht alle Steuerungsziele durch Auswahlmaßnahmen erreichen lassen, wird die Techniksteuerung durch die Technikgestaltung flankiert.[320] Diese ermöglicht eine „Feinsteuerung" der Technikentwicklung, da sie nicht die bloße Entscheidung für oder gegen eine Technik trifft, sondern eine positive Entscheidung für eine Technik durch rechtliche Gestaltungsbedingungen ergänzt und unter den Vorbehalt einer konkreten Ausgestaltung stellt. Voraussetzung für jegliche Technikgestaltung ist die Gestaltungsfähigkeit und die Gestaltungsbedürftigkeit des technischen Systems.

Technikfolgenabschätzung, Technikfolgenbewertung und Techniksteuerung sind methodisch unterschiedlich weit erschlossen. Die Technikfolgenabschätzung weist einen sehr hohen Grad der Interdisziplinarität auf und bedient sich überwiegend verschiedener Methoden aus unterschiedlichen Fachdisziplinen als Hilfsmittel, insbesondere Szenariotechnik, Fallstudien und weitere Bausteine sozialwissenschaftlicher Methoden, wie Expertenbefragungen und Nutzerbeteiligungen. Die Technikfolgenbewertung verwendet dagegen viele Ansätze rechtswissenschaftlicher Methoden, zum Beispiel hinsichtlich der erforderlichen Bewertung des rechtlichen Risikos, der Konkretisierung von Rechtszielen und der Interessenabwägung. Für die Techniksteuerung ist schließlich eine neue rechtswissenschaftliche Methode entwickelt und untersucht worden. Durch die Methode zur Konkretisierung rechtlicher Anforderungen (KORA) kann die konsequente Umsetzung einer rechtsverträglichen Technikgestaltung gewährleistet werden.[321]

Die Wechselwirkungen zwischen Recht und Technik führen außerdem zu dem Risiko, dass das Recht ein Hemmnis für technische Innovationen darstellen kann, wenn staatliche Regelungen einer bestimmten Technikentwicklung entgegenstehen oder die Innovationsschwelle zu hoch ansetzen. Die Allianz von Recht und Technik[322] erfordert daher als Kehrseite der rechtsverträglichen Technikgestaltung eine technikadäquate Rechtsfortbildung.

Rechtsverträgliche Technikgestaltung und technikadäquate Rechtsfortbildung stellen keine alternativen Handlungsformen dar, sondern sie ergänzen sich gegenseitig. Das Prinzip der verfassungsverträglichen und erst recht der rechtsverträglichen Technikgestaltung unterstellt, dass durch die Verfassung und die einfachgesetzlichen Normen bereits alle Risiken der Technik normativ abgedeckt werden. Der Fokus der rechtsverträglichen Technikgestaltung liegt darauf, die normativen Vorgaben zu konkreten technischen Gestaltungsvorschlägen zu konkretisieren und in die Technik zu implementieren. Dieses Vorgehen setzt denknotwendig das Bestehen normativer Lösungen für technische Risiken voraus.

Es ist aber wahrscheinlich, dass durch eine neue Technik Risiken ausgelöst werden, für die zunächst normative Vorgaben zu entwickeln sind. Für diese technikadäquate Rechtsentwicklung umfasst die rechtswissenschaftliche Technikfolgenforschung bisher keine spezifische methodische Vorgehensweise.[323] Sie ist zunächst unabhängig von dem weiteren Ansatz der

---

317 *Roßnagel* 1993, 240.

318 *Roßnagel* 1993, 241 ff.

319 *Roßnagel,* in: ders. 1984, 21; *ders.*, UPR 1986, 55; *ders.*, in: ders. 1989, 179 f.

320 *Roßnagel* 1993, 267 ff.

321 *Roßnagel* 1993, 241 ff.; 247 ff., 267 ff.

322 *Roßnagel,* in: ders. 2001, 23 ff.; *ders.*, in: Klumpp/Kubicek/Roßnagel 2003, 431 f.

323 Zur allgemeinen rechtswissenschaftlichen Gesetzgebungslehre s. nachfolgendes Kap. 10.

Technikgestaltung erforderlich, um die dem Recht durch die Verfassung auferlegte Gestaltungsverantwortung zu erfüllen. Ergänzend können die Ergebnisse der technikadäquaten Rechtsentwicklung die Basis für die weitere verfassungskonforme Technikgestaltung bilden. Grundsätzlich können Rechtsentwicklungen auf verfassungsrechtlicher sowie auf einfachgesetzlicher Ebene erforderlich sein.

Die von *Roßnagel* entwickelte Methode zur Konkretisierung rechtlicher Vorgaben (KORA)[324] greift dieses Problem bisher nur ansatzweise auf der ersten Stufe der Konkretisierung der verfassungsrechtlichen Vorgaben zu rechtlichen Anforderungen auf. Die rechtlichen Anforderungen werden gewonnen, indem die rechtlichen Vorgaben bezogen auf die vom Techniksystem betroffenen sozialen Funktionen rechtlich interpretiert werden. Zu untersuchen ist, welche soziale Funktion das Techniksystem erfüllen soll oder welche von ihm betroffen ist. Bei der Interpretation werden übliche rechtswissenschaftliche Auslegungsmethoden verwendet. Teilweise liegt bereits eine Konkretisierung durch Rechtsprechung vor, wie beim Urteil des Bundesverfassungsgerichts zur Volkszählung 1983, in dem ein informationelles Selbstbestimmungsrecht begründet wurde.

Eine diesen Grundüberlegungen folgende rechtsverträgliche Technikgestaltung geht von der Prämisse aus, dass das Recht – insbesondere die Verfassung – ausreichende, abstrakte rechtliche Vorgaben enthält, um eine den gesellschaftlichen Werten entsprechende Technikgestaltung vorzunehmen. Durch die Konkretisierung kann aber nicht das Problem gelöst werden, dass sich in der Verfassung keine rechtlichen Vorgaben in Bezug auf die vom Techniksystem betroffenen sozialen Funktionen finden lassen. Damit ist gemeint, dass die Technik soziale Verhaltensweisen ermöglicht, für die bisher keine Entscheidung hinsichtlich ihrer normativen Bewertung getroffen worden ist. Diese kann sowohl die Feststellung der verfassungsrechtlichen Schutzwürdigkeit der Handlung selbst als auch ihrer Einschätzung als Freiheitsbeeinträchtigung. Es mag teilweise möglich sein, in Analogie zur Rechtsprechung eine rechtsergänzende Konkretisierung vorzunehmen, etwa wenn durch die Übertragung der Argumentationsweise im Volkszählungsurteil auf die Telekommunikation ein „Recht auf kommunikative Selbstbestimmung" begründet wird. Umso innovativer und neuartiger eine Technikentwicklung ist, umso höher ist die Wahrscheinlichkeit, dass noch keine Vorstellung über ihr optimiertes „Sein" besteht und aus den verfassungsrechtlichen Vorgaben abgeleitet werden kann. In dieser Situation erfordert die rechtsverträgliche Technikgestaltung auf der rechtlichen Ebene vorab eine technikadäquate Verfassungsentwicklung.

Ergänzungsbedürftig sind die bisherigen Erkenntnisse der rechtswissenschaftlichen Technikfolgenforschung in zweifacher Hinsicht.

Erstens fehlt bisher eine rechtsdogmatische Ableitung und methodische Konkretisierung im Hinblick auf die Umsetzung der einzelnen Schritte von KORA als Methode zur Technikgestaltung. Begrifflich ist dieses Problem als Transformationsarbeit erfasst, allerdings mit dem Hinweis, dass es als eine Zukunftsaufgabe der Rechtswissenschaft anzusehen ist, Wege zu finden, rechtliche Begriffe in technische Begriffe zu transformieren.[325] Das Grundgerüst für die methodische Ableitung technischer Gestaltungsaspekte aus rechtlichen Vorgaben bildet die Methode KORA. Offen sind aber die folgenden Fragen: Welche methodischen Ansätze führen zur Überwindung der einzelnen Stufen? Wie können aus normativen Vorgaben verfassungsrechtliche Anforderungen abgeleitet werden? Wie können aus rechtlichen Anforderungen Kriterien abgeleitet werden? Aufgrund des zwischen der zweiten und der dritten Stufe erforderlichen Sprachwechsels von der Rechtssprache in die Techniksprache, besteht das weitere Problem, wie aus den rechtlichen Kriterien, technische Gestaltungsziele abgeleitet werden können.

---

[324] S. hierzu ausführlich nachfolgendes Kap. 3.2.

[325] *Roßnagel* 1993, 254 f.

Zweitens fehlt eine spezifische Methode, um eine technikadäquate Rechtsentwicklung systematisch vornehmen zu können. Neue Technikentwicklungen führen zu neuen Risiken für die Verwirklichung der verfassungsrechtlich vorgegebenen und auch garantierten Werteordnung und sie können die auf verfassungsrechtlicher Ebene festgelegten Rechtsziele (negativ) beeinflussen. Dieser Wirkzusammenhang wird bei der Technikfolgenabschätzung berücksichtigt. Bisherige Konsequenz ist im Anschluss an die Technikfolgenbewertung die Techniksteuerung als Hebel der zukünftigen Gewährleistung rechtlicher Ziele. Es entsteht eine verfassungsverträgliche Technik. Ebenso wie durch neue Technikentwicklungen auf einfachgesetzlicher Ebene Lücken entstehen können,[326] können auch auf verfassungsrechtlicher Ebene Lücken in Bezug auf eine durch Technik veränderte Wirklichkeit entstehen. Umgekehrt und ergänzend muss daher die Werteordnung der Verfassung selbst immer wieder in Bezug auf die Technikentwicklung überprüft werden. Sind die verfassungsrechtlichen Vorgaben geeignet und ausreichend, um den technischen Risiken zu begegnen? Müssen neue Wertentscheidungen getroffen und verfassungsrechtlich manifestiert werden, zum Beispiel durch eine Konkretisierung der Grundrechte? Wie kann eine technikadäquate Verfassungskonkretisierung (-entwicklung) gewährleistet werden?

Eine rechtliche Steuerung technischer Innovationen erfordert sich ergänzende methodische Lösungen auf zwei Ebenen. Die Gestaltung der Technik wird fokussiert durch die rechtsverträgliche Technikgestaltung mit der Methode zur Konkretisierung rechtlicher Anforderungen (KORA). Die Anpassung und Ergänzung verfassungsrechtlicher Vorgaben für neue Techniken im Sinne einer technikadäquaten Verfassungsentwicklung ist bisher nicht umfassend erforscht und methodisch erfasst. Umso weniger „die" Technik als Gegenstand oder Anlage entwickelt wird, ist sie selbst hinsichtlich ihrer Anwendungsbereiche und Wirkungskreise abgrenzbar und beschreibbar. Werden vornehmlich modulare Technikkomponenten und Infrastrukturtechnik mit tendenziell alle Lebensbereiche umfassenden Auswirkungen entwickelt, umso bedeutsamer wird die technikadäquate Verfassungsentwicklung. Ohne sie kann weder das Recht auf Dauer seinen Geltungsanspruch behaupten, noch enthält es überhaupt normative Vorgaben für rechtlich erforderliche Maßnahmen der Techniksteuerung oder für die rechtsverträgliche Technikgestaltung. Daher ist die methodische Abdeckung einer technikadäquaten Verfassungsentwicklung essentiell für die Wahrnehmung der Gestaltungsverantwortung.

326 Z.B. wurde aufgrund des Aufkommens der Mobiltelefonie erst 2009 die Definition der Standortdaten gemäß § 3 Nr. 19 und § 98 TKG a.F. 2009 in das Telekommunikationsgesetz als Reaktion auf die Möglichkeit der Erfassung und Weitergabe von Standortdaten zum Zweck der Ortung von Mobilfunkgeräten bei Diensten mit Zusatznutzen aufgenommen, um dem hierdurch entstandenen Risiko der Erstellung von Bewegungsprofilen entgegenzuwirken, BT-Drs. 16/10731, 16.

3. Rechtsverträgliche Technikgestaltung

Um Technik als besonderen Ausschnitt der Faktizität durch normative Vorgaben beeinflussen zu können, ist aus mehreren Gründen eine methodische Vorgehensweise erforderlich. Die Rechtswissenschaft wird grundsätzlich insbesondere aufgrund der konstruktiven Freiheit in der Begriffsbildung, der Auslegungsspielräume und der Möglichkeit, dass mehrere gleich richtige Lösungen bestehen, nicht als exakte Wissenschaft verstanden.[327] Wenn schon die Ergebnisse einer Wissenschaft nicht nach den Kriterien richtig oder falsch bewertet werden können, ist es umso wichtiger, die Nachvollziehbarkeit der Ergebnisfindung durch ein methodisches Vorgehen abzusichern. Anderenfalls werden sich nicht nur im Diskurs mit den Technikern Akzeptanz- und Durchsetzungsprobleme ergeben, sondern es kann auch die gesellschaftliche Akzeptanz fehlen. Die Methode soll hier als „Machtfaktor"[328] wirken, um normativen Vorgaben mit dem Mittel der Überzeugung zur Durchsetzung zu verhelfen. Ein methodisches Vorgehen bei der rechtsverträglichen Technikgestaltung ist zudem erforderlich, um den Prozess der interdisziplinären Zusammenarbeit von Juristen und Technikern sinnvoll und zielführend zu gestalten.

Die rechtswissenschaftliche Methode normativer Entscheidung hat sich grundsätzlich bewährt, um die Diskrepanzen zwischen Sein und Sollen zu überwinden. Eine alternative Methode zur rechtsverträglichen Technikgestaltung muss die genannten Ursachen für die normative Kraft der Technik adressieren und im Ergebnis beseitigen. Es ist ein Ansatz zu verfolgen, bei dem das Recht frühzeitig die durch die technologische Entwicklung zu erwartenden veränderten Rahmenbedingungen bewertet und gegebenenfalls neue Regelungen normiert. Dadurch wachsen umgekehrt die Einflussmöglichkeiten des Rechts auf die Technikentwicklung.[329] Sozialschädliche Technik oder unerwünschte Technikfolgen können frühzeitig verboten und sozialfreundliche entsprechend gefördert werden. Außerdem kann auf die Einsatzmöglichkeiten und die Ausgestaltung einer Technik so Einfluss genommen werden, dass eine ursprünglich als rechtswidrig zu beurteilende Technik zumindest für einzelne Einsatzmöglichkeiten rechtmäßig wird. Das Recht soll daher der technologischen Entwicklung vorangehen und technische Innovationen ermöglichen und fördern.[330] Das Recht übernimmt dann nicht nur die Funktion, die gesellschaftliche Werteordnung festzuschreiben und zu schützen sowie Konflikte zu lösen. Es kann zusätzlich zur Zukunftsfähigkeit neuer Techniken beitragen, indem es verlässliche Rahmenbedingungen für die zukünftige Techniknutzung vorgibt und Risiken des Technikeinsatzes mindert.[331] Dieses Konzept der rechtsverträglichen Technikgestaltung versucht die Möglichkeiten, die die Technik selbst bietet, zu beeinflussen, um die Verwirklichungsbedingungen für die rechtlichen Ziele zu verbessern.[332]

Die rechtliche Beeinflussung der Technik hat

- zu einem deutlich früheren Zeitpunkt zu erfolgen,[333]
- abstrakte rechtliche Vorgaben sind ausreichend technisch zu konkretisieren,[334]
- die Konkretisierung erfordert eine methodische Zusammenarbeit von Juristen und Technikern,[335]

---

327 *Tschentscher* 2003, 30 f.

328 *Grimm* 1987, 347 bis 372.

329 Ausführlich auch zu der historischen Entwicklung der Techniksteuerung durch Recht *Gitter* 2007, 30 ff. m.w.N.

330 *Roßnagel*, in: Ropohl 2001, 198.

331 *Fuhrmann* 2001, 111 f.

332 *Roßnagel*, in: ders. 1989, 177 f.; *ders.*, in: Schulte 1997, 155.

333 *Roßnagel*, UTR 27 (1994), 434, 439 f.

334 Sie sind in die Sprache der Technik zu transformieren, *Roßnagel* 1993, 254; *ders.*, UTR 27 (1994), 432.

335 *Roßnagel*, UTR 27 (1994), 432 f. m.w.N. zu ersten praktischen Versuchen.

- bei der technischen Umsetzung sind nicht Minimal-, sondern Optimallösungen anzustreben[336] und
- rechtliche Vorgaben sind unmittelbar in die Technikgestaltung zu integrieren.

3.1 Methode normativer Entscheidung

Die juristische Methodik der Rechtsanwendung verfolgt das Ziel, Rechtssätze auf tatsächliche – oder auch vorgestellte – Vorgänge zu projizieren.[337] Die Tätigkeit des Juristen setzt dabei nicht erst bei der Auswahl der Rechtsvorschriften an, sondern er muss zunächst den Vorgang oder das konkrete Geschehen zu einem Sachverhalt verdichten. Strukturell basiert die Rechtsanwendung auf den Grundelementen Norm (Recht) und Wirklichkeit (Sachverhalt). Die Begriffe Recht und Wirklichkeit beschreiben die beiden Gegenpole des Sollens und Seins. Die Norm beschreibt kontrafaktisch stabilisierte Erwartungen der Gesellschaft an die Wirklichkeit, die wiederum die Realität – was faktisch ist – wiedergibt. Diese beiden Elemente sind noch nicht typisch rechtswissenschaftlich, sondern sie sind allgemein Gegenstand normativer Wissenschaften. Das juristische Element des Sachverhalts ist erforderlich, um die Zielsetzung des Rechts, die Wirklichkeit normativ zu bewerten und zu beeinflussen, methodisch erreichen zu können. Er verbindet die Elemente des Normativen und des Wirklichen und bezieht sie in einem strukturierten Ablauf aufeinander. Der Sachverhalt beschreibt die normativ relevanten Aspekte der Wirklichkeit und bildet zugleich den normativ zu bewertenden als auch den normativ durch Rechtsfolgenentscheidungen zu beeinflussenden Wirklichkeitsausschnitt. Welche konkreten Entscheidungen erforderlich sind, damit Norm und Sachverhalt sich entsprechen, wird bei der Rechtsanwendung durch das Ergebnis der umfassenden sprachlichen Interpretation und Konkretisierung der Rechtsnorm bestimmt. Dies wird durch die Methode normativer Entscheidung in einer strukturierten Vorgehensweise beschrieben.

Normative Entscheidungen werden in der angewandten Rechtswissenschaft abstrakt-generell durch den Gesetzgeber und konkret-individuell für den Einzelfall durch die Verwaltung oder die Gerichte getroffen. Der Gesetzgeber gibt in Rechtsnormen bestimmte Wertungen vor, die auf Regelungsabsichten, Gerechtigkeits- oder Zweckmäßigkeitserwägungen zurückzuführen sind.[338] Er entscheidet somit darüber, welche normativen Vorgaben in der Gesellschaft Geltung erlangen.

Die Gesetze dienen dem Rechtsanwender als Urteilsmaßstäbe für die Bewertung von Lebenssachverhalten.[339] Er überprüft im Einzelfall, ob und mit welcher Rechtsfolge eine Norm auf eine Lebensbeschreibung anzuwenden ist. Die Anwendung einer Rechtsnorm kann regelmäßig nicht als reine Feststellung getroffen werden, sondern erfordert, die in der Norm beschlossene Wertung in Bezug auf die zu beurteilende Lebensbeschreibung sinngemäß zum Tragen zu bringen. Der Weg dahin erfolgt methodisch über die Subsumtion, die das Kernstück juristischer Methodik darstellt.

3.1.1 Methodische Grundlagen

Die Wertungen des Gesetzgebers müssen immer mit den Vorgaben des Grundgesetzes als höchste normative Quelle harmonieren. Das Grundgesetz ist sowohl Grundlage als auch Grenze der gesetzgeberischen Tätigkeit. Insbesondere die Grundrechte legen Werte für das gesellschaftliche Zusammenleben fest. Sie dienen zwar vornehmlich dazu, dem einzelnen

---

336 *Roßnagel* 1993, 256 ff.

337 S. nur *Larenz* 1991, 278.

338 *Larenz* 1991, 214.

339 *Larenz* 1991, 214.

Bürger Rechte gegenüber dem Staat einzuräumen. Gleichzeitig werden sie aber auch als objektive Wertordnung anerkannt, die das gesamte soziale Zusammenleben prägen.

Gesetzliche Vorschriften wurden ursprünglich grundsätzlich als Konditional- oder als Finalprogramm konzipiert. Mit einem rechtlichen Konditionalprogramm wird dem Rechtsanwender einer Norm ein Verhaltensbefehl erteilt, wenn eine bestimmte Voraussetzung eintritt. Die Vorschrift selbst besteht daher aus zwei Teilen, die in einem Wenn-Dann-Verhältnis zueinanderstehen: Wenn der Tatbestand (erster Teil) erfüllt ist, dann tritt die Rechtsfolge (zweiter Teil) ein. Das rechtliche Finalprogramm verpflichtet dagegen den Rechtsanwender zur Erreichung eines bestimmten Ziels oder Zwecks, es bleibt aber ihm überlassen, mit welchen Mitteln er dies erreicht.[340] Mittlerweile wird vornehmlich zwischen Rechtsregeln und Rechtsprinzipien unterschieden.[341] Rechtsregeln enthalten definitive Gebote und sind dabei Normen, die stets erfüllt oder nicht erfüllt werden können. Rechtsprinzipien stellen dagegen Optimierungsgebote im Sinne eines abgeschwächten Gebots dar. Prinzipien fordern, dass etwas bezogen auf die rechtlichen und tatsächlichen Möglichkeiten in einem relativ hohen Maß realisiert werden soll.[342] Jede Norm gibt dem Rechtsanwender ein Zweck-Mittel-Schema durch die Festlegung der Zielsetzung und eines Maßnahmenkatalogs vor, während die Auswahl der konkreten Maßnahmen vorbehaltlich der Verhältnismäßigkeit zu treffen ist. Rechtsregeln beschreiben auf der Tatbestandsebene auf einem hohen Abstraktionsgrad eine Situation des sozialen Zusammenlebens. Die Beschreibung besteht in der Regel aus mehreren einzelnen Tatbestandsmerkmalen, die teils alternativ, teils kumulativ erfüllt sein müssen. Diese Tatbestandsbeschreibung ist der Versuch, der Vielgestaltigkeit von Lebenssachverhalten Herr zu werden. Nach den Grundsätzen juristischer Logik werden gleichartige Lebenssachverhalte auf einem so hohem Abstraktionsniveau beschrieben, dass nur noch die identischen Aspekte erfasst werden. Auf der Rechtsfolgenebene übt der Gesetzgeber seine Steuerungsfunktion aus, indem er für den formulierten Tatbestand eine bestimmte Rechtsfolge vorsieht. Diese ist vom Adressaten der Norm, der sich auch aus dem Tatbestand oder dem Gesetz ergibt, zu erfüllen. Rechtsfolgen können (im Wesentlichen) positiv als Rechte, negativ als Pflichten oder neutral als Feststellung eines Rechtszustands formuliert sein. Rechtsprinzipien unterscheiden sich von den Rechtsregeln durch ihre Anwendung, die durch Abwägung gekennzeichnet ist.

3.1.2 Subsumtion

Die Subsumtion ist das Kernstück der methodischen Vorgehensweise, um die vom Gesetzgeber in Vorschriften vorgenommenen rechtlichen Wertungen, wie das soziale Zusammenleben erfolgen sollte, auf die sich tatsächlich ereignenden Lebenssachverhalte zu übertragen. Ihr Ergebnis ist die Feststellung, welche Rechtsfolge, für einen realen Lebenssachverhalt eintreten soll. Auf der Ebene des Sollens sind die Vorgaben grundsätzlich durch die Gesetzestexte festgelegt.[343] Spiegelbildlich ist auf der Ebene des Seins die Lebensbeschreibung durch die Realität vorgegeben.[344] Von dieser Ausgangssituation nähert sich die Methode rechtlicher Entscheidungsfindung in vier Schritten,[345] aber auch reflexiv an. Sie erfolgt grundsätzlich von außen nach innen, indem jeweils ausgehend von den äußeren Stufen auf der Ebene des Seins und des Sollens die Zwischenstufen der Konkretisierung beziehungsweise Auswahl entwi-

---

340 Allgemein zum Final- und Konditionalprogramm *Hoppe,* DVBl 1974, 643 f.

341 *Alexy* 1985, 71 ff.

342 *Alexy* 1985, 77 f.

343 S. *Koller* 1997, 65 f., der daher Normen als präskriptive Sätze bezeichnet und das Sein deskriptiven Sätzen zuordnet. Zum Normbegriff s. auch *Alexy* 1985, 40 ff.

344 Bei dieser methodischen Darstellung wird unterstellt, dass die Lebensbeschreibung der Realität entspricht und somit wahr ist. Die ebenfalls wesentliche Aufgabe der Rechtsprechung – die Wahrheitsfindung im Gerichtsverfahren – ist vorgelagert.

345 S. Abbildung 1.

ckelt werden, die sich aufeinander zu bewegen.[346] Die Reflexivität im Sinne eines Hin- und Herwanderns des Blickes von der einen zur anderen Ebene ist notwendig, da eine Annährung nur unter Berücksichtigung der konkreten Festlegungen auf der Ebene des Seins und des Sollens möglich ist.

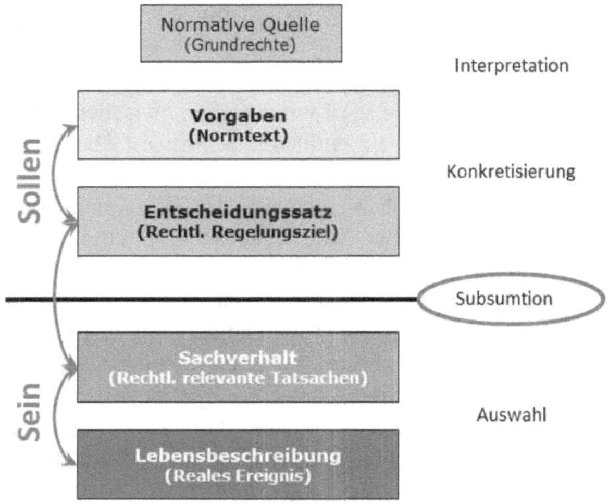

Abbildung 1: Methode normativer Entscheidung

Der erste Schritt erfolgt auf der Ebene des Seins, indem die Lebensbeschreibung auf den Sachverhalt zu reduzieren ist. Anlass einer normativen Entscheidung ist ein reales Ereignis, das zu einem Konflikt zwischen zwei Personen geführt hat. Dieses wird in einem Sprechakt von einer Person dargestellt und häufig durch die Vorlage von Unterlagen ergänzt, die einen Vorgang dokumentieren. Diese Lebensbeschreibung enthält grundsätzlich keinerlei rechtliche Elemente oder Wertungen. Selbst wenn ein rechtlicher Fachbegriff, wie zum Beispiel Kaufvertrag, Mahnung, Beleidigung oder Genehmigung durch den Laien verwendet wird, muss der Jurist sich die tatsächlichen Umstände erklären lassen, die der Begriffswahl zugrunde lagen.[347] Die Lebensbeschreibung beschränkt sich regelmäßig nicht auf rechtlich relevante Informationen, sondern umfasst zum Beispiel auch Vorgeschichte, Begleitumstände, Emotionen, mittelbar beteiligte Personen oder ergänzende Situationsbeschreibungen.[348] Der Jurist muss daher in einem ersten Schritt aus der Lebensbeschreibung die für die rechtliche Bewertung relevanten Informationen – den Sachverhalt – heraus kristallisieren.[349] Die Lebensbeschreibung ist zwangsläufig individuell und konkret; Rechtsvorschriften sind aber abstrakt und generell. Um eine erste Annäherung zu erreichen, wählt der Jurist in Kenntnis der normativen Quellen die Tatsachen einer Lebensbeschreibung aus, die grundsätzlich als Konkretisierung einzelner Tatbestandsmerkmale in Betracht kommen.[350] Im weiteren Verlauf der Rechts-

346 Die Alternative wäre eine rein intuitive und nicht objektiv nachvollziehbare Würdigung eines vermutlich nur vage erfassten Sachverhalts, s. *Bydlinski* 2012, 19.

347 Berichtet eine Person, sie habe von einer anderen Person ein Fahrrad für 5 € am Tag geliehen, so widerspricht die vom Laien getroffene rechtliche Wertung den tatsächlichen Angaben. Diesen Fehler muss der Jurist korrigieren, indem er die Feststellung trifft, dass die Überlassung des Fahrrads gegen ein Entgelt rechtlich keine Leihe, sondern eine Miete ist.

348 S. *Tschentscher* 2003, 73.

349 *Bydlinski* 2012, 18 f.

350 *Larenz* 1991, 279.

anwendung kann es vereinzelt auch erforderlich sein, die Auswahl der Tatsachen während des Subsumtionsvorgangs zu korrigieren oder zu ergänzen.

Auf der Ebene des Sollens sind im zweiten Schritt die als relevant für die Beurteilung des Sachverhalts erkannten normativen Quellen in Bezug auf diesen so zu interpretieren, dass die maßgeblichen rechtlichen Vorgaben bestimmt werden können.[351] Insbesondere die Grundrechte sind im Wortlaut so knapp und abstrakt formuliert, dass sie nur vor dem Hintergrund ihrer sozialen Funktion verstanden und ihr abstraktes rechtliches Regelungsziel abgeleitet werden kann.[352]

Im dritten Schritt sind auf der Ebene des Sollens die rechtlichen Vorgaben zu einem Entscheidungssatz zu verdichten. Dies wird erreicht, indem die Rechtsnorm in Bezug auf den Sachverhalt konkretisiert wird.[353] Die Beschreibung des Sollens nimmt immer mehr Elemente der durch den Lebenssachverhalt vorgegebenen Beschreibung des Seins auf, um die Annäherung zu erreichen. Diese Konkretisierung ist teilweise bereits durch einfachgesetzliche Vorschriften oder durch die Rechtsprechung – zwar in der Regel nicht bezogen auf den identischen, aber auf einen ähnlichen Sachverhalt – vorgenommen worden, so dass die Argumentation übertragen werden kann.[354]

Im vierten wesentlichen Schritt muss die Grenze zwischen Sein und Sollen überbrückt werden. Methodisch erfolgt dies durch die Subsumtion. In der Rechtswissenschaft wird Subsumtion als Unterordnung des Sachverhaltes unter die Voraussetzungen der Norm verstanden. Es muss die Feststellung getroffen werden können, dass sämtliche Tatbestandsmerkmale der Norm in dem Sachverhalt anzutreffen sind. Die Subsumtion stellt ein der Logik folgendes Verfahren dar,[355] das in ihrer kürzesten Form dreigliedrig ist. Es besteht aus einem Obersatz, dem abstrakt formulierten Tatbestandsmerkmal der Norm, einem Untersatz, dem konkreten Lebenssachverhalt und einem Schlusssatz, der Feststellung, ob die Sachverhaltsangabe das Tatbestandsmerkmal ausfüllt. Wie viel Aufwand diese Feststellung erfordert, hängt im Wesentlichen von der Begriffswahl und gegebenenfalls konkretisierenden Begriffsdefinition des Gesetzgebers ab. Ist das Tatbestandsmerkmal als wertfreier Tatsachenbegriff formuliert, kann die Feststellung allein auf allgemeinen Regeln sprachlicher Begriffszuordnung, der Logik und dem Allgemeinwissen beruhen.[356] Häufig ist die unmittelbare Schlussfolgerung von der Sachverhaltsangabe zum Tatbestandsmerkmal aufgrund von begrifflichen Unschärfen oder der Beschreibung menschlichen Verhaltens nicht möglich, sondern es sind wertende Zwischen- oder Hilfsfeststellungen erforderlich.[357] Diese beruhen vielfach auf der sozialen Erfah-

---

351 Dieser Schritt ist nicht bei jeder rechtlichen Überprüfung von Sachverhalten, sondern nur dann erforderlich, wenn die einfachgesetzlichen Vorschriften ausfüllungsbedürftig sind und daher mit Hilfe der Grundrechte interpretiert werden müssen.

352 Z.B. erklärt Art. 10 Abs. 1 GG das Fernmeldegeheimnis für unantastbar. Um aus diesem sparsamen Wortlaut des Grundrechts ein Regelungsziel abzuleiten, muss seine soziale Funktion bekannt sein. In der Gesellschaft soll eine vertrauliche Kommunikation möglich sein. Bei der Fernkommunikation ist der Technikeinsatz mit dem Risiko verbunden, dass mindestens der Technikbetreiber sowohl die Inhalte als auch die Umstände der Kommunikation wahrnehmen kann. Das Grundrecht verfolgt daher das gesellschaftliche Ziel, die Vertraulichkeit technisch vermittelter Kommunikation zu gewährleisten.

353 S. ausführlich zum Vorgang der Konkretisierung *Müller/Christensen* 2013, Rn. 275 ff.

354 Aus dem Regelungsziel der Gewährleistung der Vertraulichkeit technisch vermittelter Kommunikation kann z.B. die in § 100 Abs. 1 TKG getroffene Regelung zur Aufschaltung des Telekommunikationsanbieters in eine bestehende Telekommunikationsverbindung abgeleitet werden, die nur unter sehr eingeschränkten Bedingungen erlaubt ist. S. auch *Hammer/Pordesch/Roßnagel* 1993, 103 f., 155 f.

355 *Larenz* 1991, 215; *Bydlinski* 2012, 27 f.

356 Davon ist z.B. auszugehen, wenn die Norm das Tatbestandsmerkmal „Pflanzen“ vorsieht und der Sachverhalt von einem „Baum“ handelt. Pflanzen weisen bestimmte charakteristische Merkmale auf, die alle auch von einem Baum erfüllt werden. Insofern ergibt sich der zwingend logische Schluss, dass ein Baum eine Pflanze ist. Auf der sprachlichen Ebene ist es somit erforderlich, die korrekte Zuordnung als Ober- und Unterbegriffe vorzunehmen.

357 *Larenz* 1991, 215.

rung und wertenden Einschätzung des Juristen. Sie zeichnen sich (teilweise) durch eine geringere „Exaktheit“ aus. Sind Tatbestandsmerkmale nicht begrifflich ausgeformt, sind sie zu definieren. Dies geschieht durch die die Subsumtion ergänzenden Methoden der Interpretation (Auslegung) der Norm unter Berücksichtigung der getroffenen Wertung[358] und subsumtionstechnisch durch eine begriffliche Konkretisierung des Tatbestandsmerkmals.

Normen enthalten in der Regel nicht nur ein Tatbestandsmerkmal, das zu subsumieren ist, sondern die Rechtsfolge tritt nur ein, wenn kumulativ mehrere Tatbestandsmerkmale durch den Sachverhalt erfüllt werden. Der Rechtsanwender muss die Subsumtion daher für jedes Tatbestandsmerkmal einzeln durchführen. Zudem stehen die Normen nicht isoliert nebeneinander, sondern bilden in ihrer Gesamtheit die juristische Werteordnung. Sie sind grundsätzlich aufeinander abgestimmt und ergänzen sich gegenseitig durch direkte oder indirekte Verweise. Daraus folgt, dass die methodische Überprüfung eines Sachverhalts prinzipiell beliebig komplex und verschachtelt sein kann. Die Subsumtionsmethode und die mit ihr verbundene verständliche Darstellung, dienen sowohl der gedanklichen Klarheit des Juristen selbst als auch der Nachvollziehbarkeit und Überprüfbarkeit seiner Entscheidung für Dritte.[359] Ergebnis der Subsumtion ist die Feststellung, dass ein realer Sachverhalt von einer gesetzlichen Vorschrift erfasst und somit reguliert wird. Die Subsumtion ist somit die notwendige und systematische Brücke vom Sein zum Sollen.

Den Abschluss der Methode rechtlicher Entscheidungsfindung bildet die Konkretisierung des von der Vorschrift vorgegebenen Wenn-Dann-Verhältnisses. Vorschriften geben nicht immer eine konkrete Rechtsfolge vor, sondern häufig beschreiben sie eine Spannbreite möglicher Rechtsfolgen. Hierdurch wird dem Umstand Rechnung getragen, dass der Tatbestand immer nur gleichartige, aber nicht identische Sachverhalte beschreibt. Daher sind die Rechtsfolgen so zu definieren, dass gleichartige, aber nicht identische Entscheidungen mit dem Ziel der Beeinflussung des Lebenssachverhalts getroffen werden können. Der Jurist muss innerhalb der gesetzlichen Vorgaben eine einzelfallbezogene Konkretisierung der Rechtsfolge vornehmen. Im Ergebnis wird festgelegt, wie die Realität zu verändern ist, damit diese bestmöglich dem Sollen entspricht. Hier wird das Recht allerdings durch die Realität begrenzt. Insbesondere in Bezug auf gesetzliche Verbote, die nicht eingehalten worden sind, bleibt nur die Möglichkeit der Feststellung der Rechtswidrigkeit und der Sanktionierung. Der Optimalzustand des Sollens kann nicht mehr hergestellt werden, sondern es kann nur ein Ausgleich für die Abweichung erreicht werden. Die Festsetzung der Rechtsfolge – bei der richterlichen Tätigkeit erfolgt dies im Urteilsspruch – ist somit notwendig, um die Brücke zurück vom Sollen zum Sein zu schlagen, und sie ist der Mechanismus, der die Wirksamkeit des Rechts gewährleistet.

3.2 Methode zur Konkretisierung rechtlicher Anforderungen

Mit dem Ziel der rechtsverträglichen Technikgestaltung wurde von der Projektgruppe verfassungsverträgliche Gestaltung (provet) die Methode zur Konkretisierung rechtlichen Anforderungen (KORA) entwickelt. Sie beschreibt eine Vorgehensweise, um nachvollziehbar rechtliche Anforderungen in der Gestaltung von Informationstechnik zu berücksichtigen.[360] KORA verfolgt das Ziel, die Divergenz zwischen sehr allgemeinen und unspezifischen *rechtlichen* Vorgaben und konkreten *technischen* Gestaltungshinweisen zu überbrücken. Sie erreicht dies in einem vierstufigen Begründungs- und Übersetzungsprozess. In einer ersten Stufe werden aus verfassungs- und einfachrechtlichen Vorgaben bezogen auf die spezifischen

358 Durch die Interpretation wird eine Norm erst so aufbereitet, dass eine Subsumtion möglich ist, *Schnapp*, Jura 2011, 428.

359 Die Nachvollziehbarkeit und Überprüfbarkeit einer Entscheidung sind insbesondere in Bezug auf die Arbeit des Richters und seine Urteilsfindung relevant.

360 Die folgende schrittweise Beschreibung der Methode orientiert sich an *Pordesch* 2003, 257 ff.

Chancen und Risiken der betreffenden Technik grundlegende rechtliche *Anforderungen* abgeleitet. Aus diesen Anforderungen können im zweiten Schritt Maßstäbe zur Bewertung und Gestaltung der zu betrachtenden technischen Systeme gewonnen werden, indem danach gefragt wird, welche *Kriterien* diese Techniksysteme erfüllen müssen, um die im ersten Schritt definierten Anforderungen zu erfüllen. Während Anforderungen und Kriterien in der Sprache des *Rechts* beschrieben werden, erfolgen die Schritte drei und vier in der Sprache der *Technik*. Im dritten Schritt werden zusammen mit Informatikern diese rechtlichen Anforderungen und Kriterien zu *Gestaltungszielen* konkretisiert, indem von der Technik her nach den Elementarfunktionen gefragt wird, die die Leistungsmerkmale des Techniksystems erfüllen müssen, um Kriterien gerecht zu sein. Schließlich werden in einem letzten Schritt exemplarische, technische und organisatorische *Gestaltungsvorschläge* abgeleitet, die diese technischen Ziele erfüllen.

Die Methode KORA ist schon in zahlreichen interdisziplinären Forschungsprojekten gemeinsam von Rechtswissenschaftlern und Informatikern erfolgreich zur Entwicklung rechtsverträglicher Technik oder technischer Anwendungen angewendet worden.[361] Bisher nicht umfassend dargelegt wurde allerdings die theoretisch-wissenschaftliche Ableitung der Methode KORA von der Methode normativer Entscheidung.

3.2.1 Theoretische Ableitung

KORA wurde auf Basis der Methode normativer Entscheidung entwickelt, weil beide Methoden letztlich das gleiche Ziel verfolgen. Die Methode der Subsumtion ist erforderlich, um einen Lebenssachverhalt gezielt entsprechend der normativen Vorgaben beeinflussen zu können. Das Sollen als Optimierung des gesellschaftlichen Zusammenlebens soll in das Sein – das reale gesellschaftliche Zusammenleben – nachlaufend und korrigierend übertragen werden. KORA geht von den gleichen normativen Vorgaben auf der Ebene des Sollens aus – den in der Verfassung und insbesondere den Grundrechten enthaltenen gesellschaftlichen Werten. Ihr Anwendungsgegenstand betrifft jedoch keine realen Lebenssachverhalte, sondern Technik und Technikanwendungen. Da rechtliche Technikgestaltung am effektivsten ist, wenn sie vorlaufend erfolgt, handelt es sich im optimalen Fall um zukünftige, noch leicht zu beeinflussende Technikentwicklungen. Es ist das Ziel von KORA, diese so zu entwickeln, dass bei ihrem zukünftigen Einsatz von vornherein keine Diskrepanz zwischen Sein und Sollen auftritt, sondern die Rechtsverträglichkeit als Optimalzustand erfüllt ist.

---

361 Die Methode KORA wurde für die rechtliche Gestaltung betrieblicher ISDN-Telefonanlagen entwickelt, *Hammer/Pordesch/Roßnagel* 1993. Sie wurde z.B. seitdem mit Erfolg angewendet bei der Gestaltung von Datendiensten im ISDN *Andelfinger/Pordesch/Roßnagel* 1991; Sprachspeicherdiensten *Pordesch*, DuD 1994, 614 ff.; dem Einsatz elektronischer Signaturverfahren in formularorientierten Vorgangssystemen *Pordesch/Roßnagel*, DuD 1994, 82 ff.; Verzeichnisdiensten und Personal Digital Assistants in der Telekooperation *Hammer/Pordesch/Roßnagel/Schneider* 1994; von Hypermedia-Systemen bei der Genehmigung von neuen Anlagen nach dem Bundesimmissionsschutz-Gesetz *Roßnagel/Schroeder* 1999; *Idecke-Lux* 2000, 223 ff.; für die Lösung des Präsentationsproblems elektronischer Dokumente in der Beweisführung *Pordesch* 2003 sowie der Gestaltung von Systemen zum Interneteinkauf *Scholz* 2003; von Anwendungen des M-Commerce *Ranke* 2004; von Systemen zum mobilen Bezahlen *Stadler* 2006; von personalisierten Anwendungen in Assistenzsystemen *Schwenke* 2006; von Workflowsystemen in der öffentlichen Verwaltung *Laue* 2010; von Internetwahlen *Richter* 2012; des Cloud Computing *Bedner* 2013 und von autonom agierenden Systemen *Schulz* 2015.

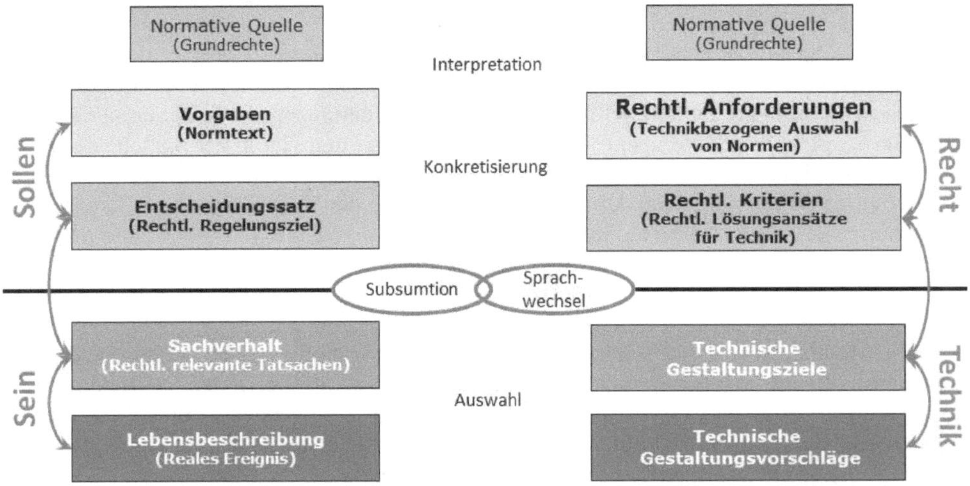

Abbildung 2: Gegenüberstellung der Methoden zur normativen Entscheidung und zur Konkretisierung rechtlicher Anforderungen

3.2.2 Schließung der Beschreibungslücke

Wer versucht, Technik rechtsverträglich zu gestalten, stößt schnell auf das Problem, dass Rechtsnormen selten konkrete Vorgaben für technische Systeme enthalten. Dies gilt vor allem für grundlegende Rechtsnormen wie die Grundrechte im Grundgesetz, die sehr allgemein und generalklauselartig formuliert sind. Das allgemeine Persönlichkeitsrecht in Art. 2 Abs. 1 GG, nach dem jeder das Recht auf freie Entfaltung der Persönlichkeit hat, lässt sprachlich zum Beispiel keinen Bezug zur Verarbeitung von Daten in einem EDV-System erkennen. Grundlegende Rechtsnormen regeln allgemein das Zusammenleben der Menschen, kaum den Gebrauch bestimmter Techniksysteme. Gleichwohl ist es insbesondere bei richterlichen Entscheidungen unumgänglich und auch üblich, solche Bezüge herzustellen. So schützt das Recht auf freie Entfaltung der Persönlichkeit nach Art. 2 Abs. 1 GG in der Ausprägung als Recht am gesprochenen Wort nach Entscheidungen des Bundesverfassungsgerichts beim Telefonieren auch „die Befugnis ..., selbst zu bestimmen, ob seine Worte einzig dem Gesprächspartner, einem bestimmten Kreis oder der Öffentlichkeit zugänglich sein sollen“[362] und „ob und von wem seine auf einem Tonträger aufgenommenen Worte wieder abgespielt werden dürfen“[363]. Wie Richter müssen also auch Informationstechnik-Gestalter rechtliche Anforderungen in technische Anforderungen umsetzen. Dies allerdings im Voraus, nicht erst beim Auftreten eines juristischen Streitfalls, generalisierbar, nicht zur Lösung eines Einzelproblems, und optimierend, also nicht (nur) als Bewertung „rechtswidrig“ oder „rechtmäßig“. Dazu ist eine systematische Überwindung der Beschreibungslücke zwischen abstrakten Rechtsnormen einerseits und konkreten technischen Gestaltungsmöglichkeiten andererseits nötig.

KORA schließt diese Beschreibungslücke durch den schrittweisen Übergang abstrakter rechtlicher Anforderungen zu konkreten technischen Anforderungen über drei Zwischenebenen. Dabei werden Anforderungen zunehmend konkret technisch und abnehmend abstrakt rechtlich beschrieben sowie dabei auf die Technik bezogen konkretisiert und ausformuliert.

---

362 *BVerfGE* 54, 148 (154).
363 *BVerfGE* 34, 238 (245).

3.2.3 Methodische Gemeinsamkeiten und Unterschiede

Bei der Ableitung von KORA aus der Methode normativer Entscheidung waren folgende, grundsätzliche Aspekte zu beachten. Diese stellen teils Unterschiede zwischen den beiden Methoden dar, teils dienen sie der Einordnung der jeweils vorgegebenen Parameter. Sie dienen aber vor allem der Begründung methodischer Abweichungen.

Die Tätigkeit des Rechtsanwenders – insbesondere des Richters – ist repressiv (nachlaufend), da er erst beim Auftreten eines juristischen Streitfalls einbezogen wird. Richter können den Rechtstexten die rechtlichen Anforderungen (meist) unmittelbar entnehmen. Diese sind als Tatbestandsvoraussetzungen formuliert. Auch die zu beurteilende Lebensbeschreibung steht als Realität – abgesehen von der im Beweisverfahren durchzuführenden Wahrheitsfindung – fest. Der Rahmen normativer Entscheidungen ist bei der Rechtsanwendung somit vorgegeben. Aus ihm ergibt sich zudem die Verbindung der vier Ebenen von innen nach außen. Der Richter ist an das Gesetz gebunden, so dass er grundsätzlich diesen Rahmen berücksichtigten muss. Er kann innerhalb des ihm vorgegebenen Bewertungsspielraums nur zwischen „rechtmäßig" und „rechtswidrig", das heißt den Vorschriften entsprechend oder nicht entsprechend entscheiden. Eine Rechtsfortbildung durch Richter ist nur unter sehr engen Voraussetzungen zulässig, zum Beispiel um den Schluss einer Gesetzeslücke durch eine analoge Anwendung bestehender Gesetze zu erreichen. In Abhängigkeit vom Ergebnis der Subsumtion auf Tatbestandsebene tritt die vom Gesetz vorgegebene Rechtsfolge ein. Durch die Wenn-Dann-Konstruktion der Normen ist somit auch die grundsätzliche rechtliche Wertung durch den Gesetzgeber festgelegt.

Rechtswissenschaftliche Technikgestaltung mit der Methode KORA dient der präventiven Einflussnahme auf die Technik und zielt auf eine interdisziplinäre Technikentwicklung ab. Sie ist daher im Unterschied zur Methode normativer Entscheidung nicht allein durch einen Juristen durchzuführen, sondern dieser bedarf der Unterstützung durch Techniker. Daher stellen die interdisziplinär erarbeiteten Ergebnisse der Technikgestaltung bereits einen Konsens dar, der auf beiden Seiten eine deutlich höhere Akzeptanz erfährt als eine Bewertung aus der rein rechtlichen Perspektive. Die rechtwissenschaftliche Technikgestaltung beschränkt sich zudem nicht auf eine rechtliche Bewertung der Technik innerhalb der Kategorien rechtmäßig und rechtswidrig. Sie verfolgt den weitergehenden Ansatz der Rechtsverträglichkeit, das heißt es wird überprüft, ob die Technik den aus den sozialen Regelungszielen zu gewinnenden technischen Anforderungen, derentwegen die rechtlichen Normen existieren, angepasst werden kann.[364] Derartige Optimierungsgebote können im unterschiedlichen Maße erfüllt werden, gerade weil sie gebieten, dass etwas in einem möglichst hohen Maß realisiert wird und zwar relativ in Bezug auf das rechtlich und tatsächlich Mögliche. Ein Optimierungsgebot macht eine Vorgabe, für die gewichtige Argumente bestehen. Von der Einhaltung der Vorgabe kann aber bei einzelfallbezogenen Gegenargumenten abgewichen werden. Bei der Überprüfung der Rechtsverträglichkeit ist daher ein deutlich größerer Entscheidungsspielraum als bei der Rechtsanwendung gegeben. Der Rahmen der Technikgestaltung ist auch nicht durch eine feststehende Realität eingegrenzt. Die zu untersuchenden technischen Systeme sind aufgrund des präventiven Ansatzes noch gestaltbar. Das Ziel der rechtsverträglichen Technikgestaltung ist daher nicht wie bei der Subsumtion die Übereinstimmungsfeststellung von Sein und Sollen, sondern die Formulierung von technischen Gestaltungszielen und -vorschlägen, die erst noch gefunden werden müssen. Daher kann der Weg zwischen den vier KORA-Ebenen nicht von außen nach innen erfolgen, sondern muss primär von oben nach unten verlaufen.

Die funktionale Beschreibung der Technik stellt nur eine unvollständige Lebensbeschreibung dar, die für eine normative Bewertung nicht ausreichend ist. Daher ist sie durch eine

364 S. ausführlich Kap. 2.2.3.

Analyse ihrer Chancen und Risiken zu ergänzen, um die einschlägigen rechtlichen Vorgaben bestimmen zu können. Funktionen der Technik können zudem in unterschiedlichen Anwendungsbereichen völlig unterschiedliche Konsequenzen für das gesellschaftliche Zusammenleben entwickeln. Die Standortanzeige von Mobiltelefonen kann zum Beispiel im Privatleben für einen Dienst zum Auffinden von befreundeten Personen, im Arbeitsleben zur Kontrolle der Aufenthaltsorte seiner Mitarbeiter durch den Arbeitgeber, durch die Polizei zum Aufspüren von Straftätern oder durch Rettungskräfte zum Auffinden von Verschütteten eingesetzt werden. Aus der rein technischen Perspektive ist in all diesen Fällen ausschließlich die Funktionalität maßgeblich. Technische Gestaltungsunterschiede können sich allenfalls aus den situationsabhängigen Umfeldbedingungen ergeben. Eine rechtsverträgliche Gestaltung muss dagegen das Ergebnis der widerstreitenden Interessen umsetzen, die sich aus unterschiedlichen Fallgestaltungen ergeben. Zum Beispiel ist bei der Überwachung der Mitarbeiter eine Abwägung zwischen dem Kontrollinteresse des Arbeitgebers versus das Persönlichkeitsrecht des Arbeitsnehmer erforderlich; beim Auffinden von Verschütteten ist dagegen davon ausgehend, dass das Recht auf Leben am höchsten wiegt und daher kein nennenswerter Interessenwiderspruch gegeben. Daher sind ergänzend in Szenarien potentielle Einsatzbereiche einer Technik zu beschreiben, die auch in die Analyse der Chancen und Risiken einfließen müssen.

Die rechtsverträgliche Technikgestaltung erfolgt gegenüber der Rechtsanwendung auf einer deutlich abstrakteren Ebene. Die zu überbrückende „Lücke“ entsteht begrifflich nicht nur durch die Unterscheidung zwischen abstrakten und konkreten Anforderungen. Bei KORA erfolgt die Überbrückung der Beschreibungslücke auch durch den Wechsel von nichtfunktionalen (rechtlichen) zu funktionalen (technischen) Merkmalen und damit von der Sprache des Rechts in die Sprache der Technik. Daher ist juristisches Fachwissen zwar eine Voraussetzung, ebenso ist aber ergänzend technischer Sachverstand erforderlich. Beiden methodischen Ansätzen ist allerdings gemeinsam, dass die Beschreibungslücke zwischen Sein und Sollen durch einen unterschiedlichen Konkretisierungsgrad auf den verschiedenen Stufen geschlossen wird. Schließlich muss bei der Technikgestaltung die „Rechtsfolge“ als gestaltendes oder steuerndes Element erst ermittelt werden.

3.2.4 Methodische Vorgehensweise

Im Folgenden werden für die einzelnen Anforderungsebenen von KORA jeweils dargestellt

- die Art der Anforderungen und der technischen oder sozialen Elemente, an die sich die Anforderungen richten, sowie
- die Schritte und die Regeln beim schrittweisen Übergang zwischen den Ebenen.

3.2.4.1 Rechtliche Anforderungen

Die rechtliche Gestaltung der Informationstechnik setzt an den vorfindlichen grundlegenden rechtlichen Vorgaben an – soweit es keine speziellen gesetzlichen Regelungen gibt, an den Vorgaben des Grundgesetzes (verfassungsrechtliche Vorgaben). Diese Vorgaben sind meist generalklauselartig formuliert, sie regeln das Zusammenleben der Menschen, nicht die Technik.

Um die relevanten Vorgaben zu identifizieren, sind Vorarbeiten erforderlich, die nicht unmittelbarer Bestandteil von KORA, aber Voraussetzung der Anwendbarkeit dieser Methode sind. KORA kann nur in Bezug auf einen hinreichend konkreten Gestaltungsgegenstand zur Anwendung kommen. Daher muss eine funktionale Beschreibung der Technik und ihrer Anwendung vorliegen. Die konkreten Einsatzmöglichkeiten einer Technik können anhand von

Szenarien dargestellt werden.[365] Die Szenarienbeschreibung ist ein methodisches Hilfsmittel, um die Technik in eine (fiktive und zukünftige) Lebensbeschreibung einzubetten.[366] Daher müssen die Szenarien mögliche soziale Chancen und Risiken des Technikeinsatzes abbilden, die schon bekannt sind oder noch untersucht werden müssen. Die funktionale Technikbeschreibung und die Szenarien übernehmen somit die gleiche Funktion wie die reale Lebensbeschreibung bei der Methode zur normativen Entscheidung. Sie bilden den rechtlichen Bewertungs- und Gestaltungsgegenstand.

Um das Ziel der Verfassungskonformität der Technik zu erreichen, müssen nur die rechtlich relevanten technischen Merkmale untersucht und gestaltet werden. Diese sind im Rahmen der Vorarbeiten aus der funktionalen Beschreibung der Technik und den Szenarien herauszuarbeiten; ebenso wie vom Rechtsanwender aus der realen Lebensbeschreibung durch Auswahl der rechtlich relevanten Tatsachen der Sachverhalt zu ermitteln ist. Diese Auswahlentscheidung setzt eine Kenntnis und auch bereits eine Vorauswahl der relevanten rechtlichen Vorgaben voraus und ist somit vom Juristen vorzunehmen.

Im ersten Schritt von KORA werden aus den (grund-)rechtlichen Vorgaben (grund-)rechtliche Anforderungen gebildet, die als Ausgangspunkt der Bewertung und Gestaltung des betrachteten technischen Systems dienen. Gegenstand grundrechtlicher Anforderungen sind nicht Merkmale der Technik, sondern *soziale* Funktionen, die durch die Technik erbracht oder verändert werden können. Soziale Funktion der Telekommunikationstechnik ist die raumübergreifende und zeitgleiche Kommunikation zwischen Menschen, nicht der technische Aufbau von Telefonverbindungen. Die soziale Funktion des Internet ist die internationale und multipolare Vernetzung von Menschen zum Austausch von multimedialen Inhalten, nicht der IP-adressenbasierte Transport digitaler Daten. Die Anforderungen beschreiben erwünschte oder auch unerwünschte Zustände und Eigenschaften dieser Funktionen. Durch die Wahl geeigneter Begriffe wie „unbefangene Kommunikation“ oder „neutrale Informationsübermittlung“ soll dies möglichst klar zum Ausdruck kommen. Grundrechtliche Anforderungen sind nicht identisch mit Grundrechten, sondern deren Konkretisierung bezogen auf die sozialen Funktionen, die durch das Techniksystem erbracht oder verändert werden.

Die rechtlichen Anforderungen werden gewonnen, indem die rechtlichen Vorgaben bezogen auf die vom Techniksystem betroffenen sozialen Funktionen rechtlich interpretiert werden. Zu überlegen ist also zunächst, welche soziale Funktion von ihm betroffen ist und verändert wird sowie welche soziale Funktion das Techniksystem erfüllen soll. Beides ergibt sich aus dem Anwendungskontext des Techniksystems und seinem Anwendungsziel, die jeweils im Szenario beschrieben worden sind. Bei der Interpretation werden übliche rechtliche Auslegungsmethoden verwendet. Teilweise liegt bereits eine Konkretisierung durch Rechtsprechung vor, wie beim Urteil des Bundesverfassungsgerichts zur Volkszählung 1983, in dem ein informationelles Selbstbestimmungsrecht begründet wurde.[367] Alternativ lässt sich in Analogie zur Rechtsprechung eine rechtsergänzende Konkretisierung vornehmen, etwa wenn durch die Übertragung der Argumentationsweise im Volkszählungsurteil auf die Telekommunikation ein „Recht auf kommunikative Selbstbestimmung“ begründet wird.[368]

---

365 Zur Szenarienkonstruktion für die rechtswissenschaftliche Technikfolgenforschung s. *Roßnagel* 1993, 164 ff.; *Gausemeier/Fink/Schlake*, in: v. Westphalen 1997, 203 ff.

366 Die Methode der Szenariotechnik wird insgesamt für das wissenschaftliche Problemfeld der Zukunftsforschung eingesetzt, das keine selbständige wissenschaftliche Disziplin ist, sondern von verschiedenen geisteswissenschaftlichen und naturwissenschaftlichen Disziplinen betrieben wird, wie z.B. Politik-, Wirtschaft und Sozialwissenschaften, Psychologie und Informatik, um mit Herausforderungen von Veränderungen und zukünftigen Entwicklungen systematisch umzugehen – sie zu analysieren und zusammenhängend darzustellen, *Mietzner* 2009, 25 ff.

367 S. nachfolgendes Kap. 6.1.3.2.

368 S. *Roßnagel*, in: Kubicek 1991, 86.

3.2.4.2 Rechtliche Kriterien

Um beurteilen zu können, ob und inwieweit ein informationstechnisches System diese Anforderungen erfüllt, bedarf es geeigneter Maßstäbe. Als Bewertungsmaßstab für diese Frage werden im zweiten Konkretisierungsschritt von KORA *Kriterien* gebildet.

Kriterien enthalten sowohl Bezüge zur Technik als auch zu sozialen und rechtlichen Aspekten – es handelt sich um soziotechnische oder rechtlich-technische Kriterien. Sie beschreiben Problemlösungen für die Anforderungen, jedoch noch ohne Bezug auf einen bestimmten technischen, organisatorischen oder gar rechtlichen Lösungsansatz – alle technischen und auch nicht-technischen Lösungsmöglichkeiten sind auf dieser Ebene prinzipiell noch denkbar. Je nach Techniksystem und Anwendung können sehr allgemeine Eigenschaften und Bestandteile unterschieden werden, für die Lösungen zu suchen sind. Es kann zum Beispiel zwischen *daten*bezogenen, *funktions*bezogenen und *anwendungs*bezogenen Aspekten unterschieden werden.

Im Konkretisierungsprozess haben die Kriterien eine Doppelfunktion. Zum einen dienen sie der rechtlichen Bewertung verschiedener Lösungen (Bewertungskriterien). In dieser Funktion entsprechen sie dem Entscheidungssatz der Methode normativer Entscheidung. Zum anderen geben sie Hinweise, wie gut geeignete Lösungen aussehen müssen.

Um rechtliche Kriterien zu gewinnen, ist zu fragen, wie die Erfüllung der rechtlichen Anforderungen der darüber liegenden Ebene bezogen auf die Techniksysteme in verschiedenen konkreten Anwendungsbereichen qualitativ bewertet und erreicht werden kann. Rechtliche Kriterien können erstens aus den Gründen gewonnen werden, die Richter zur Urteilsfindung in Rechtsfällen angewendet haben, in denen die rechtlichen Vorgaben eine Rolle spielten. Ein anderer Zugang sind zweitens einfachgesetzliche Regelungen, zum Beispiel das hessische Datenschutzgesetz und die dort implizit enthaltenen Maßstäbe. Kriterien sind nicht die einzige Möglichkeit der Modellierung auf dieser Ebene. Existieren die Systeme noch nicht oder geht es um die Erfüllung von Minimalanforderungen statt um Optimierungen, so kann drittens auch gefragt werden, durch welche Anforderungen an das soziotechnische System die rechtlichen Anforderungen zu erfüllen sind. Allen drei Ansätzen ist gemeinsam, dass wie bei der Methode normativer Entscheidung eine Konkretisierung der Merkmale der ersten Stufe auf der zweiten Stufe erfolgt. Im Unterschied dazu, wird aber kein eindeutiger und zwingender Entscheidungssatz formuliert, sondern es können auch mehrere Kriterien für unterschiedliche Aspekte der gleichen Anforderung entwickelt werden. Auf dieser Stufe soll die Methode KORA noch einen möglichst breiten Gestaltungsspielraum eröffnen.

Kriterien sind schon so konkret, dass sie auf Merkmale der Technik angewendet werden könnten. Soweit in einer Untersuchung nur bestimmte technische Merkmale bewertet und exemplarische Gestaltungsvorschläge gefunden werden sollen, kann dies wie oben beschrieben ausreichen. Probleme ergeben sich aber, wenn ein komplexes System zu gestalten ist, das viele ähnliche Merkmale oder viele Wechselwirkungen zwischen Merkmalen aufweist. Dazu ist die technische Konkretisierung weiter schrittweise zu systematisieren. Zunächst ist die Zuordnung zu einem spezifizierten technischen Anwendungsfeld, wie zum Beispiel die Maschinen- und Anlagentechnik, Medizintechnik, Verkehrstechnik, Informations- und Kommunikationstechnik, Energietechnik vorzunehmen. Hierdurch werden bereits Vorentscheidungen sowohl hinsichtlich der technischen Funktionalität als auch der potentiellen Einsatzbereiche getroffen. Des Weiteren kann ein komplexes technisches System in einzelne technische Komponenten zerlegt und deren jeweiligen Eigenschaften, Schnittstellen, Bedienelemente und so weiter beschrieben werden. Bei Informations- und Kommunikationstechnik kann zum Beispiel zwischen den technischen Komponenten der Dateneingabe und -erfassung, Informationsverarbeitung, Datenspeicher sowie Datenübermittlung unterschieden werden, die jeweils zum Beispiel analog oder digital, zentral oder dezentral, audio-, video-, textbasiert oder multimedial, über mechanische Eingabeelemente, Spracherkennung oder Sensorerfassung erfolgen kann. Alternativ können komplexe technische Systeme auch in funktionsbezogene Komponenten unterteilt und diese konkretisierend beschrieben werden. Informations- und Kommunikationstechnik kann zum Beispiel die Funktion der Lernfähigkeit oder Anpassungsfähigkeit aufweisen, die zum Beispiel durch Komponenten der Kontexterkennung und -vorhersage erreicht werden können.

3.2.4.3 Technische Gestaltungsziele

Der Zwischenschritt, der die Systematisierung der Gestaltung ermöglicht, ist die Formulierung „technischer Gestaltungsziele". Diese können auf grundlegende Systemfunktionen, die Architektur oder auch Daten bezogen werden.

Der Gegenstand dieser KORA-Ebene ist bereits informationstechnisch. Allerdings handelt es sich um Abstraktionen konkreter Technikmerkmale, zum Beispiel Grundfunktionen oder ab-strakte Datenstrukturen. Gestaltungsziele sind technische Anforderungen an diesen Gegenstand. Im Sinn der Optimierungsaufgabe Rechtsverträglichkeit handelt es sich selten um „Muss-Anforderungen", sondern meist um anzustrebende „Soll-Anforderungen" – daher der Begriff Gestaltungs*ziel*. Die Gestaltungsziele sollen eine systematische rechtliche Bewertung und Gestaltung von Merkmalen konkreter Techniksysteme ermöglichen. Zu gestaltende Elemente und Gestaltungsziele sind daher unter rechtlichen Gesichtspunkten zu bilden. Bei den Elementen, an die sich die Ziele richten, handelt sich um Aspekte des technischen Systems. Für die Überbrückung sind nur die bereits erarbeiteten rechtlich relevanten Teile der Technik und nicht die technische Gesamtfunktionalität relevant.

Die technischen Gestaltungsziele werden in Anlehnung an die Subsumtion aus den rechtlichen Kriterien entwickelt. Die rechtlichen Kriterien für die Technikgestaltung entsprechen in ihrer Abstraktheit gesetzlichen Regelungen. Ein rechtliches Kriterium bildet wie ein Tatbestandsmerkmal quasi den Obersatz, während ein konkretes Technikmerkmal aus der funktionalen Beschreibung der Technik den Untersatz darstellt. Sie enthalten vergleichbar der Verknüpfung zwischen Tatbestand und Rechtsfolge einer Vorschrift, technische, organisatorische oder rechtliche Lösungsansätze zur Realisierung der Anforderungen in Bezug auf die Technik. Die Festlegung des technischen Gestaltungsziels für das Technikmerkmal besteht aber nicht wie bei der Subsumtion in der Feststellung der Übereinstimmung, sondern es ist darüber hinaus zu überlegen, wie das Technikmerkmal verändert werden müsste, um dem rechtlichen Kriterium bestmöglich zu entsprechen. Hierfür sind die Kriterien so in die Sprache der Technik zu übertragen, dass Technikentwickler sie in Bezug auf das Technikmerkmal umsetzen können. Sofern das Techniksystem bereits existiert oder konzipiert ist, ist die Begriffsbildung auf dieser Ebene durch Abstraktion vorhandener Technikmerkmale möglich. Bei den Elementen, an die sich die Ziele richten, handelt sich um Aspekte des technischen Systems, die auf verschiedene Art und Weise Verwendung finden und auch unterschiedlich technisch realisiert werden können. Zu achten ist außerdem auf die Unabhängigkeit von der konkreten Implementierung und Anwendung, also auf die Übertragbarkeit zwischen verschiedenen technischen Plattformen.

An dieser Stelle von KORA wirkt sich der grundsätzliche Unterschied zur Methode normativer Entscheidung aus – der Optimierungsansatz der Technikgestaltung. Der methodische Schritt von der zweiten auf die dritte Stufe ist in KORA nicht rein reflexiv. Da die Technik noch gestaltbar ist – im Unterschied zum Sachverhalt – können für das Technikmerkmal technische Gestaltungsziele vorgegeben werden, die es bisher gerade nicht erfüllt.

3.2.4.4 Technische Gestaltungsvorschläge

Auf der Basis der technischen Gestaltungsziele können nun im letzten KORA-Schritt und auf der untersten Ebene technische Merkmale bewertet und technische Gestaltungsvorschläge entwickelt werden. Um Merkmale existierender Systeme zu bewerten, ist zu überprüfen, welche abstrakten Elemente (zum Beispiel Grundfunktionen) der darüber liegenden Ebene einem Merkmal entsprechen und ob jedes technische Gestaltungsziel eingehalten wird. Dabei lässt sich leicht erkennen, durch welche Gestaltungsmaßnahmen die Gestaltungsziele besser erreicht werden könnten (Gestaltungsvorschlag). Existiert ein System noch nicht, ist es auf dieser Ebene erforderlich, Festlegungen zur technischen Basis und gegebenenfalls zur Anwendungsumgebung zu treffen und wünschenswerte Merkmale zu definieren.

Technische Gestaltungsvorschläge sind eine Sammlung konkreter Maßnahmen, die aus rechtlicher Sicht realisiert werden sollen – teils mit Alternativvorschlägen. Die Vorschläge alleine ergeben noch keinen zusammenhängenden Systementwurf. Sie können als Teil eines Lastenheftes aufgefasst werden, wie es in der Planungsphase der Systementwicklung erstellt wird. Weitere Anforderungen aus der System- und Anforderungsanalyse sind zu untersuchen, um dieses zu komplettieren und danach einen Systementwurf aufstellen zu können.

Methodisch wird dieser Schritt durch eine weitere technische Konkretisierung der Gestaltungsziele erreicht. Sie ist das Spiegelbild der Konkretisierung auf rechtlicher Ebene von den Anforderungen zu den Kriterien. Es kann hier allerdings nicht mehr auf juristische Arbeitsmethoden zurückgegriffen werden, sondern Informatiker müssen anhand ihrer Methoden eine Konkretisierung vornehmen. Ebenso wie sie in einem Lastenheft formulierte technische Anforderungen in konkrete technische Funktionen und Elemente überführen müssen.

3.3 Methodische Konkretisierung

Die Anwendung von KORA in zahlreichen interdisziplinären Forschungsprojekten hat nachweisbar zu rechtsverträglichen Technikentwicklungen geführt, aber auch einige methodische Lücken und Verbesserungspotential aufgezeigt. Es wird daher zunächst auf theoretischer Ebene versucht, diese durch eine Weiterentwicklung der Methode zu schließen.

3.3.1 Methodische Einbindung bestehender Gesetze

KORA setzt grundsätzlich bei den verfassungsrechtlichen Vorgaben an, da diese die gesellschaftlichen Ziele auf dem höchsten Abstraktionsgrad erfassen sowie zeitlich die höchste Beständigkeit und Gültigkeit aufweisen. Regelungen auf einfachgesetzlicher Ebene werden dagegen deutlich häufiger geändert, so dass an diesen Maßstäben orientierte Technikgestaltung nicht unbedingt eine dauerhafte Rechtskonformität und Rechtsverträglichkeit gewährleistet. Zudem werden sie, auch wenn sie grundsätzlich technikneutral formuliert sind, in Bezug auf eine bestehende Technik und den durch sie hervorgerufenen Regulierungsbedarf entwickelt. Daher mag zwar eine gesetzliche Regelung dem Wortlaut nach auf eine neue Technik anwendbar sein, ihre gesellschaftlichen Chancen und Risiken können jedoch stark von der ursprünglich adressierten Technik abweichen. Zum Beispiel sind die Vorschriften der Straßenverkehrszulassungsverordnung grundsätzlich auf alle Fahrzeuge anwendbar. Die technische Möglichkeit autonomer Fahrzeuge und die daraus ableitbaren Risiken, zum Beispiel des plötzlichen Ausfalls der Steuerungstechnik, bestehen bisher nicht und werden bei der Prüfung der Voraussetzungen einer Betriebserlaubnis nicht berücksichtigt.[369] Ein weiteres Beispiel sind Applikationen für Smartphones, die grundsätzlich dem Anwendungsbereich des Telemediengesetzes zugeordnet werden können. Allerdings weisen sie das spezifische Risiko eines umfassenden Datenzugriffs auf die auf dem Smartphone gespeicherten Daten des Inha-

---

[369] Zur Funktionsweise autonomer Fahrzeuge s. *Randelhoff*, „Wie funktionieren autonome Fahrzeuge?“, Zukunft Mobilität vom 27.10.2012, http://www.zukunft-mobilitaet.net/11299/konzepte/wie-funktionieren-autonome-fahrzeuge/. In Deutschland ist die Zulassung autonomer Fahrzeuge insbesondere aufgrund des Wiener Übereinkommens über den Straßenverkehr vom 11.8.1968 (StVÜb) ausgeschlossen, s. *Lutz/Tang/Lienkamp*, NZV 2013, 58 m.w.N.

bers auf, dass in diesem Ausmaß bei anderen Endgeräten bisher nicht aufgetreten ist. Dennoch darf die Ableitung der Anforderungen und Kriterien aus dem Verfassungsrecht nicht dazu führen, dass bereits von Gesetzgeber getroffene Konkretisierungen der Technikgestaltung unterlaufen werden. Insofern müssen bestehende gesetzliche Vorschriften Regelungen, die Maßnahmen zur Technikgestaltung vorschreiben, methodisch in KORA eingebunden werden.

In der Beschreibung der methodischen Vorgehensweise sind die (einfachgesetzlichen) Vorschriften bei der Bildung von Kriterien zu berücksichtigen.[370] Hierfür ist allerdings die beschriebene methodische Vorgehensweise nicht ausreichend. Vielmehr muss der Jurist parallel die folgenden Arbeitsschritte durchführen. Der erste Schritt ist eine Überprüfung der Rechtmäßigkeit anhand der konkreten einfachgesetzlichen Vorschriften. Prüfungsgegenstand sind die Szenarien, die sowohl die Funktionen der Technik als auch ihre Chancen und Risiken abbilden. Dieser Arbeitsschritt erfolgt nach der Methode normativer Entscheidung mit dem Unterschied, dass kein realer, sondern ein fiktiver Sachverhalt auf seine Rechtmäßigkeit überprüft wird. Im Ergebnis ist festzustellen, dass bestimmte einfachgesetzliche Regelungen von der Technik zu berücksichtigen sind. Zum Beispiel hat jede datenverarbeitende Informations- und Kommunikationstechnik gemäß § 3a BDSG grundsätzlich so wenig wie möglich personenbezogene Daten zu erheben. Eine Abstufung der Verbindlichkeit von einfachgesetzlichen Vorschriften ergibt sich aus deren Formulierung als Muss-, Soll- oder Kann-Vorschriften.[371] Die Bewertung einer Technik als rechtmäßig setzt zwingend die Einhaltung der Muss-Vorschriften und in der Regel der Soll-Vorschriften voraus – sofern nicht eine Ausnahme von dem Grundsatz begründet werden kann.

Ein weiterer Unterschied zur rein normativen Überprüfung besteht in dem sich anschließenden zweiten Arbeitsschritt. In diesem muss der Jurist das gefundene Ergebnis auf seine Sinnhaftigkeit in Bezug auf die attestierten sozialen Chancen und Risiken und die entwickelten rechtlichen Anforderungen überprüfen. Das Kriterium der datenschutzrechtlichen Transparenz von Datenverarbeitungsvorgängen wird zum Beispiel regelmäßig durch gesetzlich normierte Informationspflichten umgesetzt. Solange sich der Umgang mit personenbezogenen Daten auf einzelne konkrete Datenverarbeitungssysteme beschränkte, war dies eine zielführende rechtliche Vorgabe, die auch technisch abgebildet werden konnte. Wenn personenbezogene Daten verarbeitende Informations- und Kommunikationstechnik den Einzelnen in allen Lebenslagen unterstützt und begleitet, führt die Fülle an Informationen, die gesetzlich vorgesehen sind, eher zur Intransparenz der Datenverarbeitungsvorgänge.[372] Dieses Ergebnis muss bei der Bildung technischer Gestaltungsziele auf der dritten KORA-Ebene einfließen. Es ist eine technische Alternativlösung zu entwickeln, durch die das gleiche Ziel erreicht wird, das die nicht zielführende gesetzliche Regelung bezweckt.

Schließlich dient das Ergebnis der Überprüfung der Rechtsmäßigkeit zur Kontrolle der Vollständigkeit der Anforderungserhebung. Jede einfachgesetzliche Regelung muss auf eine rechtliche Anforderung zurückgeführt werden können. Ist eine Zuordnung nicht möglich, sind die Anforderungen entsprechend zu vervollständigen.

---

370 S. Kap. 3.2.4.2.

371 *Hammer/Pordesch/Roßnagel* 1993, 86 weisen bei der Beschreibung der Methode KORA darauf hin, dass ermittelte Bewertungs- und Gestaltungskriterien nicht widerspruchsfrei sind und nach dem Grundsatz der praktischen Konkordanz in einen vernünftigen Ausgleich in der Form zu bringen sind, dass soweit möglich allen Interessen entsprochen und ein Interesse nur soweit eingeschränkt wird, wie dies unbedingt erforderlich ist. Zur Stufenbildung im Sinne von Muss-, Soll- und Kann-Anforderungen bei der Methode KORA s. *Roßnagel/Jandt/Geihs*, in: David et al. 2014, 182.

372 *Roßnagel/Jandt/Müller/Gutscher/Heesen* 2006, 138; *Roßnagel* 2007, 133 ff.

3.3.2 Kategorisierung rechtlicher Anforderungen und Kriterien

Die Erfahrungen mit der Anwendung der Methode KORA insbesondere auf Informations- und Kommunikationssysteme haben gezeigt, dass für unterschiedliche technische Systeme und Anwendungen häufig gleiche Anforderungen und Kriterien abgeleitet werden. Der Prozess der rechtsverträglichen Technikgestaltung kann daher wesentlich vereinfacht werden, wenn wiederkehrende Muster auf diesen beiden Ebenen identifiziert werden könnten. Es ist ein methodischer Ansatz erforderlich, durch den die Wiederverwendbarkeit und Allgemeingültigkeit von Anforderungen und Kriterien erreicht wird.

Ein Vergleich der in der Vergangenheit mit KORA erarbeiteten rechtlichen Anforderungen zeigt, dass die jeweils gefundenen Anforderungen in insgesamt drei Kategorien eingeordnet werden können: konstante, variable und singuläre Anforderungen. Bei der Nutzung von Informations- und Kommunikationssystemen werden stets auch personenbezogene Daten verarbeitet, so dass die informationelle Selbstbestimmung immer als normative Vorgabe greift und rechtliche Anforderungen und Kriterien nach sich zieht. Alle aus der informationellen Selbstbestimmung ableitbaren rechtlichen Anforderungen können daher als konstante Anforderungen bezeichnet werden. Daneben ergeben sich bei Informations- und Kommunikationssystemen normative Vorgaben, die nur aufgrund eines besonderen Nutzungskontextes zu berücksichtigen sind. Ohne die Berücksichtigung der sozialen Funktion[373] kann die rechtsverträgliche Technikgestaltung gar nicht und ohne die Einbettung in einen Nutzungskontext[374] nur unvollständig durchgeführt werden. Wird ein System zum Beispiel von einer Behörde eingesetzt, muss immer der verfassungsrechtliche Grundsatz der Rechtsbindung der Hoheitsträger berücksichtigt werden. Hieraus ergeben sich bestimmte rechtliche Anforderungen, wie zum Beispiel die Nachvollziehbarkeit behördlicher Entscheidungen. Diese jeweils aufgrund des spezifischen Nutzungskontextes zu beachtenden rechtlichen Anforderungen können unter der Bezeichnung variable Anforderungen zusammengefasst werden. Wird der Nutzungskontext der Technik verändert, variieren auch die auf diesen zurückzuführenden Anforderungen. Schließlich gibt es häufig noch weitergehende Anforderungen, die sich entweder aufgrund besonderer Eigenschaften der Technik, wie zum Beispiel die beim Mobilfunk erforderliche Ortung des Nutzers, oder besonderer Eigenschaften des Nutzers ergeben, wie zum Beispiel die Barrierefreiheit bei Anwendungen für sehbehinderte Menschen. Diese Kategorie der Anforderungen, für die keine allgemeinen Regeln aufgestellt werden können, werden unter dem Oberbegriff singuläre Anforderungen zusammengefasst werden.

Die Ergebnisse einer konkreten Technikgestaltung mit KORA können zukünftig in diese Kategorisierung eingeordnet und systematisch gesammelt werden. Langfristiges Ziel dieser Zusammenführung ist es, die Wiederverwendbarkeit von rechtlichen Anforderungen und Kriterien zu gewährleisten, ohne einen reinen Automatismus entstehen zu lassen, der den spezifischen Technikentwicklungen nicht gerecht wird. Es ist allerdings zu berücksichtigen, dass gegebenenfalls ergänzend unterschiedliche Kategorisierungen für verschiedene Technikbereiche oder technische Komponenten zu entwickeln sind. Die beispielhaft dargestellte Kategorisierung wurde aus der Anwendung von KORA zur Gestaltung von Informations- und Kommunikationstechnik abgeleitet. Alternative Technikbereiche, bei denen im Schwerpunkt andere rechtliche Vorgaben zu berücksichtigen sind, könnten zum Beispiel die Fahrzeugtechnik, Energietechnik, Umwelttechnik oder Medizintechnik sein.

---

373 Hierzu wird die Chancen- und Risikenanalyse durchgeführt, s. Kap. 3.2.4.1.

374 Dieser wird durch die Szenarien erfasst, s. Kap. 3.2.4.1.

3.3.3 Ableitungsregeln und -mechanismen für die Kriterienentwicklung

Der Schritt der Konkretisierung rechtlicher Anforderungen zu rechtlichen Kriterien ist bisher sehr abstrakt beschrieben. Die Kriterienentwicklung ist auf der rechtlichen Ebene neben der Überwindung der Beschreibungslücke zwischen Recht und Technik der aufwendigste Schritt. Es konnte die Erfahrung gemacht werden, dass bestimmte Anforderungen in der Regel zu bestimmten Kriterien führen. Eine Systematisierung von Anforderungen und Kriterien, durch die Ableitungsregeln erkannt werden können, ist bisher allerdings nicht erfolgt. Es sind Kausalitäten zu erarbeiten, durch welche Arten von Rechtsnormen die unterschiedlichen Funktionen der Grundrechte in der Regel erreicht werden.

Eine verfassungsverträgliche Technikgestaltung basiert primär darauf, dass die Abwehrfunktionen und die Schutzfunktionen von Grundrechten durch Technikgestaltung – und nicht durch gesetzliche Regelungen – umgesetzt werden. Im Kontext der Technikgestaltung kann die Differenzierung dieser beiden Grundrechtsfunktionen allerdings unberücksichtigt bleiben, da sie sich lediglich an unterschiedliche Verursacher der Beeinträchtigung von Freiheitsgrundrechten richten: Abwehrfunktionen gegen den Staat und Schutzfunktionen gegen die Grundrechtsbeeinträchtigung von Grundrechtsträgern durch private Dritte, so dass den Staat eine Pflicht zur Regulierung triff. Für die Technikgestaltung ist diese Differenzierung nicht relevant.

Entscheidend ist, dass der Gesetzgeber ein rechtliches Schutzprogramm entwickeln muss, um durch die Technik, eine bestimmte Funktion oder ihre konkrete Anwendung zu befürchtende Grundrechtsbeeinträchtigungen zu verhindern. Durch das rechtliche Schutzprogramm wird eine grundsätzliche Entscheidung über ein vom Gesetzgeber angestrebtes Regel-Ausnahme-Verhältnis getroffen, ohne eine Festlegung auf konkrete Vorschriften zu beinhalten. Maßstab der Festlegung des Regel-Ausnahme-Verhältnisses ist der Umfang der zu erwartenden Grundrechtsbeeinträchtigung und die Reichweite der Abwehr- und Schutzfunktion der jeweiligen – auch widerstreitenden – Grundrechte. Zum Schutz der informationellen Selbstbestimmung hat der Gesetzgeber zum Beispiel das Schutzprogramm festgelegt, jeglichen Umgang mit personenbezogenen Daten durch EDV-Technik zu verbieten und ihn nur zu erlauben, wenn mehrere Voraussetzungen erfüllt sind. Es muss erstens eine Erlaubnis durch Gesetz oder die individuelle Einwilligung vorliegen und zweitens müssen weitere technische Voraussetzungen (Datensicherheit), organisatorische Voraussetzungen (zum Beispiel Informations- und Löschungspflichten) sowie verfahrensmäßige Voraussetzungen (Grundsatz der Direkterhebung beim Betroffenen) erfüllt sein. Ein Schutzprogramm, das von einem grundsätzlichen Verbot ausgeht, wird dagegen in der Regel nicht verfolgt, wenn die grundrechtsbeschränkende Wirkung der Technik durch Regulierungsvorgaben ausreichend minimiert werden kann. Zum Beispiel werden die von einem Fahrzeug ausgehenden Risiken durch die gesetzliche Pflicht regelmäßiger technischer Sicherheitsüberprüfungen reduziert. Ein weiterer Ansatz wäre zum Beispiel, dass der Einsatz einer bestimmten Technik oder das Angebot der Nutzung allein in staatlicher Hand liegt.

In der juristischen Dogmatik werden neben diesen übergeordneten Programmsätzen verschiedene Arten von Rechtsnormen unterschieden, die als taugliche Regelungsinstrumente die jeweiligen Grundrechtsfunktionen rechtlich gewährleisten.[375] Der Gesetzgeber muss immer eine Entscheidung treffen, welche Art von Rechtsnormen zur Erfüllung der Grundrechtsfunktion am besten geeignet ist. Aus dieser Typisierung von Rechtsnormen kann eine Typisierung grundsätzlicher technischer Gestaltungsansätze abgeleitet werden.

---

[375] Normen werden definiert als gedankliche Artefakte, die durch sprachliche Äußerung hervorgebracht – den Gesetzestext – werden und damit der Sinn der Sätze, s. *Koller* 1997, 65. *Alexy* 1985, 42 ff. differenziert zwischen Norm und Normsatz, wobei letzterer nicht mit dem Gesetzestext identisch ist.

Die Abwehr- und Schutzfunktionen von Grundrechten können der juristischen Logik folgend grundsätzlich durch die folgenden Regelungsansätze erreicht werden:[376]

- Verbot: Anweisung zur Unterlassung einer Handlung.

Verbote beschränken die Freiheit und Autonomie einer Person bei einer Entscheidung oder Handlung. Wirken Verbote zwischen Privatpersonen, gewährleisten sie spiegelbildlich die Freiheit und Autonomie der Person, die von der Entscheidung oder Handlung betroffen wird. Bezogen auf die verfassungsverträgliche Technikgestaltung werden Verbote immer dann relevant, wenn durch den Technikeinsatz Gefahren entstehen, die offensichtlich gegen normative Wertungen – das „Sollen“ – verstoßen und abzuwehren sind.

- Gebot: Anweisung zur Vornahme einer Handlung.

Gebote beschränken gleichermaßen die Freiheit einer Person. Bezogen auf die verfassungsverträgliche Technikgestaltung werden Gebote immer dann relevant, wenn der Technikeinsatz nicht grundsätzlich gegen normative Wertungen verstößt, also nicht grundsätzlich verboten ist. Für einen rechtsverträglichen Technikeinsatz müssen jedoch bestimmte Bedingungen erfüllt werden, um einen verfassungsrechtlichen Interessenausgleich herzustellen. Ohne die Erfüllung dieser Bedingungen wäre der Technikeinsatz ebenfalls zu untersagen. Adressat der Gebote ist die Privatperson, von der das Risiko für die Freiheitsgewährleistungen Dritter ausgeht.

- Erlaubnis oder Befreiung: Aufhebung eines Verbots

Eine durch Verbot vorgenommene Freiheitsbeschränkung zugunsten der Freiheitsgewährleistung eines Dritten ist in bestimmten Fällen aufzuheben. Es ist zu unterscheiden zwischen einem präventiven Verbot und einem repressiven Verbot. Die erste Form wird ausgesprochen, wenn durch das Verbot bezweckt wird, die Einhaltung materiell-rechtlicher Vorschriften vor der Erteilung einer Erlaubnis zu prüfen. Bezogen auf die verfassungsverträgliche Technikgestaltung übernehmen Erlaubnisse insbesondere die Funktion, die Einhaltung bestimmter Gebote zu überprüfen. Eine grundsätzlich zu verbietende Technik, wird erlaubt, wenn bestimmte Bedingungen (Gebote) erfüllt sind. Bei einem repressiven Verbot dient die Befreiungsmöglichkeit lediglich der Einzelfallgerechtigkeit, um eine besondere Härte des Verbots im Einzelfall durch eine Befreiung zu beseitigen. In der Regel wird eine Befreiung ebenso wie die Erlaubnis an bestimmte Bedingungen geknüpft sein.

- Freistellung

Eine Freistellung ist die rechtliche Feststellung, dass eine Handlung nicht verboten ist und kein Gebot zur Vornahme einer bestimmten Handlung besteht. Aus der reinen Festlegung eines Rechtszustands, ergibt sich unmittelbar keine Veränderung von Verhaltensweisen, sondern sie werden im Gegenteil gerade freigestellt. Daher kann aus ihnen kein Ansatz für die Technikgestaltung abgeleitet werden.

- Selbstschutzinstrumente

Bisher nicht in der juristischen Dogmatik zu den Arten von Rechtsnormen aufgenommen sind Selbstschutzinstrumente. Darunter sind Mittel zu verstehen, die dem Einzelnen zur Verfügung gestellt werden, um seine Rechtsgüter selbst vor Beeinträchtigungen durch Dritte schützen zu können. Selbstschutzinstrumente bieten die Möglichkeit, den jenseits von Ver- und Geboten bestehenden Handlungsspielraum von Personen zu beeinflussen. Ursprünglich wurden Selbstschutzinstrumente rein technisch verstanden, wie zum Beispiel die Verschlüsselung. Das Recht hat eine unterstützende Funktion übernommen, indem es die Nutzung der technischen Selbstschutzinstrumente erlaubt oder ihr Angebot oder die für diese erforderliche

---

376 S. ausführlich zu Gebot, Verbot und Erlaubnis jeweils mit Beispielen *Koller* 1997, 65 ff.; *Tschentscher* 2003, 23 ff.

Infrastruktur regelt.[377] Ergänzend zu den technischen Selbstschutzinstrumenten können auch rechtliche Vorschriften dem Ziel des Selbstschutzes dienen. Hierzu können zum Beispiel auch gesetzliche Ansprüche zählen, die die Grundrechtsträger bei der Ausübung und Durchsetzung ihrer Freiheitsgewährleistungen unterstützen, oder bezogen auf Technik die Förderung des datenschutzrechtlichen Ansatzes Privacy by Design. Im Unterschied zu Geboten und Verboten steht bei Selbstschutzinstrumenten der Gedanke der Selbstbestimmtheit im Vordergrund, indem jeder selbst entscheiden kann, ob und in welchem Umfang er die Selbstschutzinstrumente einsetzt oder nicht.

Verbote, Gebote, Erlaubnisse und Selbstschutzinstrumente haben im Gegensatz zu Freistellungen unmittelbare Auswirkungen auf das Verhalten und können grundsätzlich auch durch technische Maßnahmen realisiert werden.

Wäre ein Regelungsziel durch ein gesetzliches Verbot zu erreichen, so kann dies bei der Technikgestaltung grundsätzlich in zwei unterschiedlichen Ausprägungen umgesetzt werden. Erstens, indem eine technische Funktion faktisch nicht möglich ist – negativer Gestaltungsansatz.

Beispiel: Regelungsziel ist eine absolute Geschwindigkeitsbegrenzung im Straßenverkehr auf 150 km/h. Die Vorschrift müsste die Aussage treffen, dass es verboten ist, schneller als 150 km/h zu fahren. Technisch könnte dieses Verbot umgesetzt werden, indem Fahrzeuge, die in Deutschland für den Straßenverkehr zugelassen sind, auf eine entsprechende Höchstgeschwindigkeit gedrosselt sind.

Zweitens, indem ein rechtliches Risiko durch ergänzende technische Maßnahmen nicht realisierbar ist – positiver Gestaltungsansatz (Verbot zur Gefahrenabwehr).

Beispiel: Regelungsziel ist die Vertraulichkeit der E-Mail-Kommunikation. Rechtlich könnte ein sanktioniertes Verbot des Abfangens von E-Mails oder des Ausspähens von Datenübertragungen über das Internet normiert werden. Technisch könnte dieses Verbot umgesetzt werden, indem nicht der Datenübertragungsvorgang technisch anders umgesetzt wird, sondern indem ergänzende technische Sicherungsmittel eingesetzt werden, um dieses rechtliche Risiko zu minimieren, wie zum Beispiel die Übertragungsverschlüsselung.

Wäre ein Regelungsziel durch ein Gebot zu erreichen, so kann dies bei der Technikgestaltung durch einen positiven Gestaltungsansatz umgesetzt werden. Dies ergibt sich unmittelbar aus der Natur eines Gebots als Anweisung zu einer bestimmten Handlung. Im Kontext der Technikgestaltung bedeutet dies, dass die Technik in einer vorgegebenen Weise zu gestalten ist, insbesondere bestimmte Funktionen aufweist.

Beispiel: Regelungsziel ist die selbstbestimmte Entscheidung des Nutzers, ob er seine Telefonnummer bei einem Anruf an den Anrufenden übermitteln möchte. Seit der Einführung der Telefonie über Integrated Services Digital Network (ISDN) kann die Rufnummer im Display des Angerufenen automatisch angezeigt werden. Rechtlich wird dieses Regelungsziel durch § 102 Abs. 1 Satz 1 TKG gewährleistet, der den Telekommunikationsanbieter verpflichtet, die Funktion der Rufnummernunterdrückung kostenlos zur Verfügung zu stellen. Technisch wird dies durch eine entsprechende Einstellungsmöglichkeit an den Endgeräten umgesetzt.

Ein wichtiges Instrument, um einen rechtlichen Interessenausgleich zu erreichen, ohne allen Grundrechtsadressaten eine Einheitslösung überzustülpen, sind auf den Technikeinsatz bezogene Selbstschutzinstrumente. Durch diese werden dem Nutzer einer Technik die Mittel an die Hand gegeben, um sich gegen unerwünschte technische Auswirkungen zu schützen. Er kann aber gleichzeitig die Schutzmaßnahmen entsprechend der Höhe seines individuellen Schutzbedürfnisses selbst bestimmen. Ein Beispiel für derartige Technikgestaltung sind abgestufte Datenschutzeinstellungen, die bei Social Networks die eingestellten Daten für unter-

---

[377] Zu den technischen Selbstschutzinstrumenten können neben der Verschlüsselung elektronische Signaturen gezählt werden. Das Sicherheitsniveau von qualifizierten elektronischen Signaturen wird umfassend durch das Signaturrecht geregelt und gewährleistet.

schiedliche Nutzerkreise sichtbar machen. Selbstschutzinstrumente kommen immer in Betracht, wenn rechtliche Anforderungen auf Entscheidungsfreiheit, Selbstbestimmung und Handlungsalternativen des Nutzers der Technik abzielen.

Diese Grundanforderungen können jeweils in einem unterschiedlichen Maß technisch umgesetzt werden. Der höchste Grad der Beeinflussbarkeit von technischen Funktionen durch ihre Nutzer wird erreicht, wenn sie aktiviert werden müssen. Ein demgegenüber geringerer Grad wird durch die Konfigurierbarkeit einer technischen Funktion erreicht. Diese ist automatisch aktiv, aber bei Bedarf kann der Nutzer sie abschalten oder anderweitig verändern. Das geringste Maß an Selbstbestimmtheit wird dadurch erreicht, dass der Nutzer zumindest Kenntnis von einer technischen Funktion hat, indem er sie kontrollieren oder nachvollziehen kann. Dann bleibt ihm allerdings nur die Handlungsoption, auf den Technikeinsatz zu verzichten. Je nachdem in welchem Maß die Anforderungen Entscheidungsfreiheit, Selbstbestimmung und Handlungsalternativen realisiert werden sollen, müssen die technischen Funktionen aktivierbar, konfigurierbar oder kontrollierbar sein.

Neben verbindlichen gesetzlichen Vorgaben werden Selbstverpflichtungen als Steuerungsinstrument eingesetzt.[378] Sie werden allgemein als normantizipierende Selbstbeschränkungsabkommen verstanden, die eine gesetzliche Regelung entbehrlich machen sollen,[379] indem sie auf dem Konzept kooperativen Verhaltens zwischen Staat, Wirtschaft und Gesellschaft aufbauen.[380] Selbstverpflichtungen werden definiert als rechtlich unverbindliche Zusagen von Unternehmen oder Unternehmensverbänden gegenüber dem Staat, die die Erreichung bestimmter politischer Ziele durch konkrete Maßnahmen zum Gegenstand haben.[381] Gegenüber gesetzlichen Vorgaben ermöglichen sie mehr Autonomie, Flexibilität und höhere Akzeptanz der potentiellen Regelungsadressaten. Inhaltlich können durch Selbstverpflichtungen grundsätzlich alle der genannten Regelungsansätze realisiert werden.

3.3.4 Konfliktlösungsmechanismen

Auf allen KORA-Ebenen treten immer wieder Widersprüche zwischen Anforderungen, Kriterien, Gestaltungszielen und Gestaltungsvorschlägen auf. Dies beruht nicht auf einem systematischen Fehler der Methode, sondern ergibt sich aus der Systematik des Rechts. Durch die Grundrechte werden vornehmlich individuelle Interessen gewährleistet und es bestehen keine abschließenden Grundrechtshierarchien und -konkurrenzen. Interessenkonflikte werden vielfach – soweit erforderlich – durch den Erlass von gesetzlichen Regelungen aufgelöst. Da die rechtlichen Anforderungen überwiegend aus grundrechtlichen Vorgaben, die sowohl unterschiedliche Individual- als auch gesellschaftliche Interessen schützen, abgeleitet werden, können sich auf dieser und auf den weiteren Ebenen Widersprüche ergeben. Es sind daher ergänzende methodische Vorgaben zur systematischen Auflösung dieser Widersprüche zu entwickeln. Es ist zu untersuchen, ob allgemeingültige Hierarchien von Anforderungen, Kriterien und Gestaltungszielen aufgestellt werden können.

Anforderungen, die das Recht aufstellt, können eindeutig als sogenannte Muss-, Soll- oder Kann-Anforderungen qualifiziert werden. Muss-Anforderungen stellen dabei die Untergrenze

---

378 Bezogen auf den Rundfunk bezeichnet das Bundesverfassungsgericht Selbstverpflichtungen „als mit der Rundfunkfreiheit grundsätzlich zu vereinbarendes Mittel der kooperativen Konkretisierung des Funktionsauftrags“, *BVerfGE* 119, 181 (233). Neben dem Rundfunkrecht erfolgt eine Steuerung durch Selbstverpflichtungen vor allem im Umweltrecht, *Helberg* 1999, Hochschulrecht, *Kracht* 2006, 138 ff., 170 ff. und Arbeitsrecht, *Hümmerich*, NJW 2006, 2294 ff.

379 *Eifert*, in: Hoffmann-Riem/Schmidt-Aßmann/Voßkuhle Bd. I, 2012, § 19 Rn. 74; *Goerlich/Meier*, ZUM 2007, 890.

380 Das Bundesverfassungsgericht erkennt das Kooperationsprinzip z.B. in Bezug auf die Verpackungsteuer und Abfallabgabe als ein Rechtsprinzip an, *BVerfGE* 98, 83 (98 f.).

381 In Anlehnung an die Definition von *Knebel/Wicke/Michael* 1999, 10 ff.

der Umsetzungsverpflichtung rechtlicher Anforderungen dar. Erfüllt ein technisches System Muss-Anforderungen nicht, ist dieses nicht rechtsgemäß[382] und darf nicht eingesetzt werden. Soll-Anforderungen führen dagegen nicht zwangsläufig zur Rechtswidrigkeit des Systems. Sie können aber in bestimmten Nutzungskontexten zu Muss-Anforderungen erstarken. Daher sollten sie allenfalls hinter anderen zwingend zu beachtenden Anforderungen zurücktreten. Kann-Anforderungen erfüllen schließlich die Aufgabe, ein System nicht nur rechtmäßig, sondern darüber hinaus rechtsverträglich zu gestalten. Durch ihre Umsetzung soll das System so ausgestaltet werden, dass die rechtlichen Gestaltungsvorgaben bestmöglich umgesetzt werden.

In der KORA-Terminologie kann die Qualifizierung als rechtlich zwingend („muss"), als rechtlich geboten („soll") sowie als rechtsverträglich („kann") tendenziell auf der Ebene der rechtlichen Anforderungen getroffen werden. Es ist aber auch denkbar, dass aus einer Anforderung abgeleitete Kriterien unterschiedlich zu qualifizieren sind. Eine eindeutige Qualifizierung ist spätestens auf der Ebene der technischen Gestaltungsziele zu erreichen. Diese sind zwar schon in der Sprache der Technik, aber gleichzeitig unter rechtlichen Gesichtspunkten zu erfassen. Diese rechtliche Perspektive erlaubt dann auch die rechtliche Qualifizierung.

Durch die Qualifizierung in die Kategorien „muss", „soll" und „kann" können bereits zahlreiche Konflikte aufgelöst werden. Die so hergestellten Hierarchien auf den verschiedenen KORA-Ebenen treffen bei Widersprüchen die Entscheidung für die Anforderung, das Kriterium oder das Gestaltungsziel auf der höchsten Hierarchieebene.[383] Nicht aufgelöst werden allerdings Konflikte auf der gleichen Hierarchieebene. Zur Problemlösung kann auf die juristische Methode zur Lösung von Normenkollisionen – das Prinzip der praktischen Konkordanz – zurückgegriffen werden.[384] Ein rechtlicher Interessenausgleich wird vielfach durch die klare Hierarchie von Normen erreicht, so dass bestimmte Vorschriften zwingend vorrangig vor anderen zu berücksichtigen sind. Im Einzelfall können sich aber auch nach der Normenhierarchie gleichrangige Interessen gegenüberstehen. Diese Fälle löst insbesondere die Rechtsprechung durch eine Abwägung zwischen den Interessen, die das Ziel der Optimierung beider Interessen zu einem angemessenen Ausgleich verfolgt. Dies setzt voraus, dass beide rechtlich geschützten Interessen verwirklicht werden können, ihnen aber gleichzeitig gegenseitig Grenzen gesetzt werden, um dies zu gewährleisten. Jedes Interesse muss soweit zurücktreten, wie es die Abwägung mit dem anderen Interesse gebietet.

Bezogen auf KORA kann der Grundsatz der praktischen Konkordanz bei der Auswahl alternativer Gestaltungsvorschläge für ein Gestaltungsziel berücksichtigt werden. Sofern Gestaltungsziele zueinander im Widerspruch stehen, sind in einem ersten Schritt für beide Gestaltungsziele möglichst viele Varianten technischer Gestaltungsvorschläge zu entwickeln. Anschließend ist (mindestens) ein Paar aus den Gestaltungsvorschlägen zur Umsetzung der Gestaltungsziele auszuwählen, dessen Umsetzung keine Konflikte auslöst. In der Regel wird dies nicht der Gestaltungsvorschlag sein, der eine optimale, sondern nur eine ausreichende Umsetzung des Gestaltungsziels erreicht.

---

382 S. auch *Hammer/Pordesch/Roßnagel* 1993, 122.

383 *Tschentscher* 2003, 122.

384 *Hesse* 1995, Rn. 72 und 318; *BVerfGE* 41, 29 (51); 41, 65 (79) sowie *Müller/Christensen* 2013, Rn. 392 m.w.N.

4. Technikadäquate Grundrechtsentwicklung

Das Recht kann seine Gestaltungsverantwortung gegenüber technischen Innovationen nur wahrnehmen, wenn grundsätzliche normative Entscheidungen darüber getroffen werden, wie die neue Technik die Wirklichkeit verändern darf und soll. Diese können auf die Verteidigung der verfassungsrechtlichen Wertordnung ausgerichtet sein, um ihren Status Quo zu erhalten, oder auf ihre Weiterentwicklung, um insbesondere neue normative Bewertungsmaßstäbe zu setzen. Bevor die Zielsetzung verfolgt werden kann, die objektive Wertordnung zu erhalten, sind zwei Vorfragen Bestandteil der rechtlichen Bewertung. Es ist zu untersuchen, welche rechtlichen Schutzgüter gewährleistet werden sollen und damit vor technikbedingten Beeinträchtigungen zu schützen sind sowie für welche Rechte die Wahrnehmung durch Technik gefördert werden soll. Darüber hinaus verändert die Technik die Wirklichkeit so weitgehend, dass eine Weiterentwicklung der verfassungsrechtlichen Wertordnung erforderlich sein kann.[385] Entstehen durch Technikentwicklungen faktisch neue Möglichkeiten im Sinne einer neuen Realität für den Menschen und die Gesellschaft, ist zu entscheiden, ob oder mit welchen Grenzen diese realisiert werden sollen. Nicht jede technische Möglichkeit ist gesellschaftlich gewünscht oder wünschenswert. Um eine technikadäquate Grundrechtsentwicklung methodisch abbilden zu können, ist es notwendig, die grundsätzlichen Mechanismen von Verfassungsentwicklungen zu erfassen.

Die technikadäquate Bewertung von Grundrechten und ihre Weiterentwicklung dient außerdem dem weiteren rechtswissenschaftlichen Steuerungsansatz für technische Innnovationen – der rechtsverträglichen Technikgestaltung nach der Methode KORA. Diese setzt grundsätzlich voraus, dass die Verfassung normative Vorgaben für die Technikgestaltung enthält. Ohne diese ist bereits die Chancen- und Risikenanalyse nicht möglich, da deren Bewertungskriterium für die positive oder negative Einschätzung die Sozial- und damit Rechtsverträglichkeit ist. Zudem erfordert die Ableitung rechtlicher Anforderungen für die Technikgestaltung eine umfassende Konkretisierung und Interpretation von Grundrechten,[386] ohne dabei aber systematisch Grundrechtsentwicklungen vorzunehmen.

Sollen technikadäquate Gesetzgebung und rechtsadäquate Technikgestaltung eine rechtliche Steuerungsfunktion ausüben, ist ein methodisches Vorgehen zwingend. Denn nur so kann sichergestellt werden, dass die wesentlichen Steuerungsziele des Rechts effektiv umgesetzt werden. Das Recht soll zur Stärkung rechtlicher Interessen führen. Hierfür ist es erforderlich, dass die Ziele der Steuerung aus der rechtlichen Wertordnung, die letztlich aus der Verfassung abzuleiten ist, definiert werden. Das Recht soll zur Erhöhung der Rechtssicherheit und Klarheit betragen. Dies erfordert die Konkretisierung des verfassungsrechtlichen Normprogramms in einfachgesetzlichen Vorschriften, die auf die Technikgestaltung Einfluss nehmen und gleichzeitig einen verlässlichen Rechtsrahmen für die Entwickler und Anwender der Technik bieten. Das Recht soll Akzeptanz erfahren. Dies setzt insbesondere voraus, dass es an veränderte Realitätsbedingungen angepasst wird, Ansätze der Selbstverpflichtung und des Selbstschutzes integriert und Durchsetzungsdefizite vermeidet.

---

385 Dies betont auch *Roßnagel,* in: Bechmann/Lompe 1994, 200 ff. im Zusammenhang mit dem methodischen Ansatz der verfassungsverträglichen Technikgestaltung, ohne allerdings eine methodische Vorgehensweise für eine folgenadäquate Rechtskonkretisierung oder -fortentwicklung vorzustellen.

386 S. Kap. 3.2.4.1.

4.1 Verfassungsentwicklungen

Nicht zuletzt zu seinem 60. Geburtstag hat das Grundgesetz neben Kritik auch viel Lob und Anerkennung erfahren.[387] Bereits sein sechzigjähriges Bestehen spricht in Zeiten des stetigen Wandels, der dem einfachen Recht auch vielfach vorgeworfen wird, für seine hohe Qualität. Maßgebliche Faktoren für die lange Lebensdauer sind vor allem eine ausgeglichene Balance zwischen Stabilität[388] und Flexibilität.[389] Nur durch seine Stabilität kann das Grundgesetz das verfassungsrechtliche Ziel erreichen, seine prägenden Grundwerte und Grundstrukturen im Spannungsfeld der Kräfte der Politik, der Veränderungen im gesellschaftlichen Leben sowie in den geistigen und moralischen Strömungen zu erhalten.[390] Umgekehrt ist seine Flexibilität im Sinne einer Fortentwicklung und eines Verfassungswandels unabdingbare Voraussetzung, um nicht „mangels Anwendbarkeit auf aktuelle gesellschaftliche Fragestellungen zur abstrakten Proklamation ohne Realitätsbezug zu erstarren“[391]. In den letzten 60 Jahren hat das Grundgesetz zwar zahlreiche und auch tiefgreifende Verfassungsänderungen erfahren, bemerkenswert ist aber, dass diese im Wesentlichen die staatsorganisationsrechtlichen Vorschriften des Grundgesetzes betrafen.[392] Verfassungsänderungen dieses Teils des Grundgesetzes werden primär durch politische Vorstellungen und Richtungsänderungen motiviert und nicht durch Veränderungen des gesellschaftlichen Lebens. Im Verhältnis dazu sind die Grundrechte, die grundrechtsgleichen Rechte und andere mit Grundrechten im Zusammenhang stehenden Vorschriften sehr wenig verändert worden.[393] Neben den Grundprinzipien der Verfassung, von denen seit 1949 nicht ein einziges aufgegeben werden musste, weisen somit die Grundrechte und allen voran die Menschenwürde höchste Beständigkeit auf.[394] Dies lässt die Schlussfolgerung zu, dass die Konstruktion des Grundgesetzes, bezogen auf die Veränderungen der Verfassungsrealität, grundsätzlich gut geeignet ist, das Gleichgewicht zwischen Flexibilität und Stabilität zu erhalten. Außerdem wäre es dem Bundesverfassungsgericht anderenfalls nicht immer wieder gelungen, einen effektiven Grundrechtsschutz in Bezug auf neue gesellschaftliche Probleme zu gewährleisten.

---

387 S. z.B. *Sachs*, NJW 2009, 1441 ff.; *Künast*, NJW 2009, 1723 ff.; *Sodan*, NVwZ 2009, 545 ff. Alternativ wird der Begriff der Rigidität verwendet, z.B. *Bryde* 1982, 42, 45 ff.; *Schuppert*, AöR 120 (1995), 32.

388 Alternativ, aber mit gleicher Bedeutung, werden die Begriffspaare Kontinuität und Offenheit, z.B. *Benda*, in: Schneider/Steinberg 1990, 3 f., oder Kontinuität und Wandel, z.B. *Sodan*, NVwZ 2009, 545 verwendet.

389 S. z.B. *Hesse* 1995, Rn. 36 ff., der zwischen Starrheit und Beweglichkeit unterscheidet; *Hornung* 2015, 76 ff.; *Roßnagel* 1981, 5; *Kulwicki* 2011, 37, die auch von Elastizität sprechen; *Schuppert*, AöR 120 (1995), 32 ff., der als Alternative zum Begriff der Flexibilität auch den der Dynamik verwendet; *Steinberg*, JZ 1980, 385, der die Dynamik betont sowie umgekehrt *Hillgruber*, VVDStRL 67 (2008), 14 ff. mit Betonung auf der Stabilität.

390 *Scheuner*, in: Hennis/Kielmannsegg/Matz 1979, 115.

391 So *Kulwicki* 2011, 37 mit Verweis auf *Hesse*, JZ 1995, 265. *Hoffmann-Riem*, DVBl 1999, 667 spricht davon, dass dem Grundgesetz als Provisorium die Offenheit für den Wandel quasi in die Wiege gelegt worden sei.

392 Ein strukturierter Überblick über die Verfassungsänderungen der letzten 60 Jahre findet sich z.B. bei *Sachs*, NJW 2009, 1442 ff.

393 Von den bis Ende 2014 vorgenommenen Grundgesetzänderungen durch 60 Änderungsgesetze betrafen lediglich sechs die Grundrechte. S. z.B. *Bryde* 1982, 117 ff. zum damaligen Zustand, der sich bis heute fortgesetzt hat; *Kenntner*, DÖV 1997, 452 f.; *Hufen*, NJW 1999, 1507 ff.; *Klein*, in: Merten/Papier Bd. I, 2004, § 6 Rn. 8 ff.; *Hofmann*, in: Isensee/Kirchhof Bd. I, 2003, § 9, Rn. 66; *Bauer*, in: Isensee/Kirchhof, Bd. I, 2003, § 14, Rn. 55 ff. S. ausführlich zu den Grundrechtsänderungen von 1949 bis zur Wiedervereinigung *Hornung* 2015, 28 ff.

394 Dies liegt auch in Art. 79 Abs. 3 GG begründet, der eine Änderung dieses Grundgesetzes, durch welche die Gliederung des Bundes in Länder, die grundsätzliche Mitwirkung der Länder bei der Gesetzgebung oder die in den Artikeln 1 und 20 niedergelegten Grundsätze berührt werden, ausschließt. Grundlegend zum Verhältnis von Zeit und Verfassung *Häberle*, in: Dreier/Schwegmann 1976, 293.

An der Notwendigkeit einer Verfassungsentwicklung bei gleichzeitiger Gewährleistung einer gewissen Verfassungsbeständigkeit besteht somit kein Zweifel. Bezogen auf den gesellschaftlichen Wandel ist eine Verfassungsentwicklung vor allem im Hinblick auf die Grundrechte erforderlich. Die Balance zwischen Stabilität und Flexibilität würde aber unweigerlich verloren gehen, wenn jedwede gesellschaftliche Veränderung unmittelbar zu einer wie auch immer ausgestalteten unreflektierten Adaption der Grundrechte führen würde.[395] Dies gilt umso mehr, als den Grundrechten in Bezug auf moderne Techniken nicht nur eine schützende, sondern vor allem auch eine steuernde Funktion im Sinne einer verfassungskonformen Technikgestaltung zukommen sollte.[396]

Es herrscht keine einheitliche rechtswissenschaftliche Terminologie zu den verschiedenen Arten möglicher Verfassungsentwicklungen. Dies beruht teils auf der Verwendung unterschiedlicher Begriffe, teils auf einem unterschiedlichen Verständnis der „richtigen" verfassungsrechtlichen Auslegung in Verbindung mit den verschiedenen Grundrechtstheorien[397] sowie der verfassungsrechtlichen Kompetenzverteilung.[398] Auf diese verfassungsrechtlichen Detailprobleme soll jedoch an dieser Stelle nicht näher eingegangen werden.[399] Dieser Thematik ganz allgemein zugeordnet werden – ohne einen Anspruch auf Vollständigkeit zu erheben – grundsätzlich die Begriffe der Verfassungsgebung, Verfassungsreform, Verfassungsänderung,[400] Verfassungswandel,[401] Verfassungsinterpretation,[402] Verfassungskonkretisierung[403] sowie das Verfassungsgewohnheitsrecht.[404] Die Form der Verfassungsgebung im Sinne der Festlegung der Identität der Verfassung ist ausschließlich der verfassungsgebenden Gewalt vorbehalten und zudem grundsätzlich keine Form verfassungsrechtlicher Modernisierung aufgrund (einzelner) technischer Innovationen.[405] Eine Verfassungsreform im Sinne einer „großen" Verfassungsänderung[406] unterscheidet sich rechtsdogmatisch nicht von sonstigen Textänderungen der Verfassung; ihre begriffliche Abgrenzung hat eine rein politische Funktion, durch die die Bedeutung der Verfassungsänderung hervorgehoben werden soll.[407] Für ein Verfassungsgewohnheitsrecht besteht ungeachtet der Frage, ob es überhaupt als Steuerungs-

---

395 S. auch *Kulwicki* 2011, 37

396 S. hierzu Kap. 4.6.2.

397 S. *Herdegen*, in: Maunz/Dürig 2015, Art. 1 Abs. 3 GG, Rn. 66.

398 S. *Wahl*, in: ders. 2008, 45.

399 Zur Verfassungsauslegung s. nachfolgendes Kap. 4.2.2. Die Kompetenzfrage ist in diesem Kontext nicht relevant, da der zu entwickelnde methodische Ansatz primär für die Forschung bestimmt ist, deren Ergebnisse sowohl an die Rechtsprechung als auch den Gesetzgeber orientiert sind und von beiden aufgegriffen werden können.

400 *Frowein*, DÖV 1971, 793 ff.; *Seyfarth* 1998.

401 Den Begriff des „Verfassungswandels" prägte *Laband* 1895, 1 ff. durch die Veröffentlichung des zuvor gehaltenen Vortrags mit dem Titel „Die Wandlungen der deutschen Reichsverfassung". S. auch *Roßnagel* 1981, 19 ff.; *ders.*, Der Staat 1983, 552 ff. Synonym zum Begriff des Verfassungswandels werden mittlerweile die Begriffe Verfassungsentwicklung und teilweise der Verfassungskonkretisierung verwendet.

402 Dieses Thema ist Mittelpunkt der Kontroverse zwischen *Häberle*, ZfP 21 (1974), 111 und *Böckenförde*, in: Badura/Scholz 1993, 3 ff. Ferner *Stern* Bd. I, 1984, 161 ff. sowie *Walther*, AöR 125 (2000), 521 ff.

403 *Würtenberger*, in: Kirchhof/Paper/Schäffer 2007, 82; *Wolff* 2000, 162 ff.; *Müller/Christensen* 2013, Rn. 274 ff. jeweils m.w.N.

404 *Wahl*, in: ders. 2008, 31 f.; *Wolff* 2000, 79 ff.

405 *Wahl*, in: ders. 2008, 34 f. Die Verfassungsgebung ist für Deutschland mit dem Erlass des Grundgesetzes am 23. Mai 1949 erfolgt und in dieser Form durch den sogenannten Einigungsvertrag von 31. August 1990, BGBl. 1990 II, 885, 1055 bestätigt worden.

406 *Wahl*, in: ders. 2008, 39 ff.

407 Als Verfassungsreformen des Grundgesetzes wurden bisher die Wehrverfassungsreform durch das 7. Gesetz zur Ergänzung des Grundgesetzes vom 19. März 1956, BGBl. I, 111, die Notstandsverfassungsreform durch das 17. Gesetz zur Ergänzung des Grundgesetzes vom 24. Juni 1968, BGBl. I, 709 sowie die Föderalismusreform I durch das 52. Gesetz zur Änderung des Grundgesetzes vom 28. August 2006, BGBl. I, 2034 und die Föderalismusreform II durch das 57. Gesetz zur Ergänzung des Grundgesetzes vom 29.7.2009, BGBl. I, 2248 vorgenommen.

instrument in Betracht kommt, kein Bedürfnis.[408] Allgemein ist Gewohnheitsrecht eine Rechtsquelle, deren Geltungsgrund außerhalb des geschriebenen Rechts in einer von Rechtsüberzeugung getragenen Übung zu finden ist. Ungeschriebenes Verfassungsrecht wird aber bereits umfassend durch die notwendige und flexible Anpassung und Entwicklung der Verfassung auf die Lebenswirklichkeit erfasst. Insofern verbleiben begrifflich die Verfassungsänderung, der Verfassungswandel, die Verfassungsinterpretation und Verfassungskonkretisierung als Formen der Verfassungsentwicklung, die im Kontext der Grundrechtsentwicklungen zu definieren und voneinander abzugrenzen sind.[409]

4.2 Grundrechtsentwicklungen

Der Katalog der Grundrechte ist der erste von insgesamt elf Teilen des Grundgesetzes. Daher gelten die Ausführungen zu den Formen der Verfassungsentwicklung grundsätzlich übergeordnet für Grundrechtsentwicklungen. Für diese relevant sind aber allein die Grundrechtsänderung, der Grundrechtswandel, die Grundrechtsinterpretation und die Grundrechtskonkretisierung. Diese begriffliche Aufzählung ermöglicht noch keine Aussage darüber, wie diese unterschiedlichen Varianten voneinander abzugrenzen sind und wie sie sich zueinander verhalten. Dieser Problematik soll zunächst nachgegangen werden. Zu Grundrechtsentwicklungen im Einzelnen existiert eine entsprechend umfangreiche Rechtsprechung. Diese wird anschließend analysiert, um aus der Vorgehensweise der Gerichte methodische Schritte abzuleiten.

4.2.1 Textänderungen und Bedeutungsänderungen

Verfassungsfragen sind immer Fragen eines vielschichtigen demokratischen Kommunikations- und Aushandlungsprozesses.[410] Dies betrifft allerdings primär die inhaltlichen Aspekte von Grundrechtsentwicklungen. In methodischer Hinsicht lassen sich aus der Verfassung grundsätzlich nur zwei Modi für Grundrechtsentwicklungen ableiten. Indem Art. 79 Abs. 1 Satz 2 GG Anforderungen an die Verfassungsänderung stellt, bildet er das einzige von der Verfassung vorgegebene Differenzierungskriterium für verschiedene Formen von Grundrechtsentwicklungen. Dies sind die Textänderung und die Bedeutungsänderung von Verfassungsnormen.[411]

Gemäß Art. 79 Abs. 1 Satz 2 GG setzt eine Verfassungsänderung die Änderung des Verfassungstextes voraus und diese darf nur unter Einhaltung der von der Verfassung selbst aufgestellten Vorschriften erfolgen.[412] Aufgrund der formellen Vorgaben des Grundgesetzes für Grundrechtsänderungen sind diese ebenso wie die Verfassungsreform ausschließlich dem Gesetzgeber vorbehalten. Dennoch ist diese Möglichkeit der Grundrechtsentwicklung für die

---

408 *Badura*, in: Isensee/Kirchhof Bd. XII, 2014, § 270, Rn. 10 spricht vom „ungeschriebenen“ Verfassungsrecht; *Tomuschat* 1972; *Bryde* 1982, 433 f.; *Herdegen*, in: Maunz/Dürig 2015, Art. 79 GG, Rn. 30.

409 *Walter*, AöR 125 (2000), 519 unterscheidet zunächst nur zwischen den beiden Alternativen formelle Verfassungsänderung und informeller Verfassungswandel.

410 *Künast*, NJW 2009, 1727.

411 So auch *Roßnagel*, Der Staat 22 (1983), 551 ff.; *Stern* Bd. I, 1984, 160 ff.; *Voßkuhle*, Der Staat 43 (2004), 451 f.; *Hesse* 1995, Rn. 39 und *ders.*, in: Benda/Maihofer/Vogel 1994, § 1 Rn. 22 ff., der in diesem Beitrag allerdings Verfassungswandel de facto mit veränderter Auslegung gleichsetzt sowie zuvor schon *Hesse*, in: Ehmke/Kaiser/Kewenig/Meesen 1973, 126 ff. A.A. in Bezug auf die Begrifflichkeit *Hornung* 2015, 84, der als Ergebnis einer ausführlichen Diskussion der unterschiedlichen Verständnisse des Begriffs des Verfassungswandels seine Verwendung ablehnt und unter dem Oberbegriff der Verfassungsentwicklung zwischen der Verfassungsänderung mit Textänderung und der Bedeutungsänderung differenziert.

412 *Bryde* 1982, 20; *Herdegen*, in: Maunz/Dürig 2015, Art. 79 GG, Rn. 13 sowie umfassend zur Rechtsform der formalen Verfassungsänderung *Menzel*, in: Klein 1953, 153 ff.

Methodenentwicklung zu berücksichtigen, da die rechtswissenschaftliche Forschung wichtige Impulse auch für Grundrechtsänderungen geben kann. Außerdem setzt die Verfassung selbst der Grundrechtsentwicklung unterhalb der Grundrechtsänderung Grenzen, die nicht überschritten werden dürfen. Je nachdem inwieweit eine technische Innovation verfassungsrechtliche Anpassungen erfordert, kann es daher sein, dass die Verfassungsänderung die einzige verfassungskonforme Option darstellt. Die drei weiteren Varianten des Wandels, der Interpretation und der Konkretisierung von Grundrechten vollziehen sich als Bedeutungsänderung der Grundrechte ohne Textänderung.[413]

Über dieses von Art. 79 GG vorgegebene Unterscheidungskriterium hinaus, wird teilweise versucht, Kriterien zu entwickeln, durch die die Auswahl des Mittels zur Grundrechtentwicklung vorgegeben wird. Vor dieser Zielsetzung wird der Grundrechtswandel definiert als Sinnänderung oder Bedeutungswandel ohne Textänderung, die einiges Gewicht aufweisen muss.[414] Mit diesem Begriff soll das Phänomen einer gewandelten Deutung von Begriffen und damit einer Bedeutungsänderung einzelner Verfassungsnormen oder Normgefüge – wie zum Beispiel dem Grundrechtskatalog – umschrieben werden, die auf wissenschaftlich-kognitive, technische, wirtschaftliche und soziale Veränderungen zurückzuführen sind.[415] Häufig zitierte Beispiele sind das erweiterte Verständnis des Begriffs Rundfunk in Art. 5 Abs. 1 Satz 2 GG vom herkömmlichen (Satelliten- oder Kabel-)Fernsehen auf auch neue mediale Dienste[416] oder das Verständnis der Grundrechte als objektiv-rechtliche Wertordnung als ebenfalls nicht textlich erfasste Erweiterung der Grundrechtsdimensionen.[417] Unklar bleibt allerdings, ob es nicht Bedeutungsänderungen geben kann, die eine Grundrechtsänderung erfordern.

Nachdem die Erscheinung des Verfassungswandels in der Verfassungslehre bereits lange anerkannt war, wurde erst unter dem Grundgesetz das Problem seiner Grenze in Abgrenzung zur Verfassungsänderung gemäß Art. 79 GG diskutiert.[418] Bisher scheint eine methodisch-funktionale Abgrenzung nicht gelungen zu sein, auch wenn versucht wird, topische Abgrenzungskriterien zu finden, die aber eher den Charakter von Vermutungsregeln aufweisen. So sollen zum Beispiel die gezielte Einführung neuer Sachgebiete in die Verfassung oder intensive Änderungen trotz strikter Verfassungsnormen im Zweifel eine Textänderung gemäß Art. 79 GG erfordern.[419] Ein weiteres Abgrenzungsmerkmal ist die Einzelfallentscheidung für ein erstmals oder neu auftretendes Problem, die als Grundrechtswandel eingeordnet wird, selbst wenn sie sich auf lange Sicht als grundlegender Grundrechtswandel erweisen sollte.[420] Schließlich führt die Analyse der Verfassungspraxis zu der Erkenntnis, dass zukunftsorien-

---

413 S. zur Normkonkretisierung ohne Textänderung *BVerfGE* 73, 118 (154); 74, 297 (350); 120, 274 (303 ff.); *Roßnagel* 1981, 27 ff., 79 ff.; *ders.*, KJ 1990, 274 m.w.N.

414 Hierzu *Jellinek* 1906, 3; *Smend* 1928, 137 f.; *BVerfGE* 2, 380 (401); *Hesse*, in: Ehmke/Kaiser/Kewenig/Meesen/Rüfner 1973, 123; 138; *Bryde* 1982, 20 ff., 283 ff.; *Roßnagel* 1981, 19 ff.; *ders.*, Der Staat 22 (1983), 552 f.; *Stern* Bd. I, 1984, 163 ff.; *Badura*, in: Isensee/Kirchhof Bd. XII, 2014, § 270, Rn. 15; *Kenntner*, DÖV 1997, 456 f.; *Kirchhof*, in: Isensee/Kirchhof Bd. II, 2004, § 21, Rn. 63; *Voßkuhle*, Der Staat 43 (2004), 451 ff.; *ders.*, in: Wahl 2008, 203; *Schulze-Fielitz*, in: Wahl 2008, 219 f. der den Verfassungswandel als Interpretationswandel bezeichnet; *Kellermann* 2011, 22; *Dreier*, in: ders. Bd. II, 2007, Art. 79 I GG, Rn. 38 ff.

415 *Herdegen*, in: Maunz/Dürig 2015, Art. 79 GG, Rn. 32.

416 *BVerfGE* 12, 205 (225); 74, 297 (350 ff.); *Schulze-Fielitz*, in: Wahl 2008, 223.

417 *Schulze-Fielitz*, in: Wahl 2008, 227 f.; *Herdegen*, in: Maunz/Dürig 2015, Art. 1 Abs. 3 GG, Rn. 19 m.w.N. Umfassend zur objektiv-rechtlichen Funktion der Grundrechte *Schwabe* 1997, 286 ff. *Hornung* 2015, 183 bezeichnet das Verständnis der Grundrechte als objektiv-rechtliche Wertordnung als die bedeutendste Basisinnovation im Bereich der Auslegungs- und Anwendungsmethoden der Grundrechte.

418 S. *Lerche*, in: Spanner 1971, 292; *Hesse*, in: Ehmke/Kaiser/Kewenig/Meesen 1973, 122 ff.; *Schulze-Fielitz*, in: Wahl 2008, 228 ff.

419 *Lerche*, in: Spanner 1971, 292 ff.

420 Entsprechend *Jellinek* 1906, 3, der zwischen absichtslosem Verfassungswandel und gezielter Verfassungsdurchbrechung differenziert, sowie *Wolff* 2000, 29 ff.

tierte Neuregelungen eher als förmliche Grundrechtsänderung umgesetzt werden, während die punktuelle vergangenheitsorientierte Bestätigung bisheriger Praxis als Grundrechtswandel durch Grundrechtsinterpretation erfolgt.[421] Gerade dieser letzte Unterscheidungsansatz bestätigt, dass eine Abgrenzung weniger auf methodisch-funktionale Kriterien zurückgeführt werden kann, sondern in der Praxis vielmehr politische Motive die Wahl des Mittels begründen. Sollen die Ziele der Klarstellung einer umstrittenen Rechtlage, der Stärkung der Legitimation einer Rechtänderung oder der Manifestierung eines übergreifenden politischen Kompromisses erreicht werden, wird die Verfassungsänderung gewählt.

In einer sehr engen Beziehung zum Grundrechtswandel stehen Grundrechtsinterpretation[422] und Grundrechtskonkretisierung. Teilweise werden diese beiden Bezeichnungen synonym verwendet. Grundrechtsinterpretation bedeutet, den Sinngehalt einer Grundrechtsnorm nach vorgegebenen Kriterien und Maßstäben zu ermitteln, zu verstehen und zu deuten. Grundrechtsinterpretation beinhaltet nicht zwangsläufig eine Grundrechtsentwicklung, sondern dies ist abhängig von dem unterschiedlichen Grundverständnis der Methode der Grundrechtsinterpretation und dem damit unmittelbar im Zusammenhang stehenden unterschiedlichen Grundverständnis über die Verfassung selbst.[423] Die Grundrechtsinterpretation wird in der Literatur häufig im Unterschied zum Grundrechtswandel als juristische Methode der Rechtsanwendung und nicht als Aspekt der Rechtsquellenlehre angesehen.[424] Grundrechtskonkretisierung wird teilweise unter dem engen Fokus verstanden, dass das Bundesverfassungsgericht eine vorgenommene Konkretisierung durch eine andere ersetzt.[425] Eine weitergehende Betrachtung sieht in der Grundrechtskonkretisierung die Einbeziehung der Wirklichkeit – des Sachbereichs – in das Normverständnis.[426]

Verfassungsinterpretation und Verfassungskonkretisierung werden jeweils mit dem Verfassungswandel zu einem Begriffspaar zusammengefasst und gegeneinander abgegrenzt.[427] Dogmatisch sind daher sowohl der Grundrechtswandel als auch Grundrechtsinterpretation und Grundrechtskonkretisierung Bedeutungsänderungen der Verfassung, die ohne Textänderungen erfolgen. Als solche sind sie klar von der Verfassungsänderung zu differenzieren, da die Vorgaben von Art. 79 Abs. 1 Satz 2 GG gerade nicht eingehalten werden müssen. Während die hohen Anforderungen an eine Verfassungsänderung Garant für die Stabilität der Verfassung sind, ist die Möglichkeit der Verfassungsentwicklung ohne Textänderung das Pendant für ihre Flexibilität.[428]

4.2.2 Grundrechtswandel

Die Möglichkeit der Grundrechtsentwicklung ohne eine Veränderung des Verfassungstextes wird regelmäßig unter dem Stichwort des Grundrechts- oder auch Verfassungswandels diskutiert.[429] Weder über den konkreten Inhalt dieses Begriffes noch über seine normative Bedeutung herrscht allerdings Klarheit. Dies beruht einerseits darauf, dass – wie schon ange-

421 *Roßnagel*, Der Staat 22 (1983), 573.

422 Teilweise werden die Begriffe auf synonym verwendet, da jeder Verfassungswandel eine Verfassungsinterpretation sei *Schulze-Fielitz*, in: Wahl 2008, 220.

423 *Wahl*, in: ders. 2008, 43 ff. S. zur Grundrechtstheorie und Grundrechtsauslegung ausführlich *Böckenförde*, NJW 1974, 1529 ff.

424 *Herdegen*, in: Maunz/Dürig 2015, Art. 79 GG, Rn. 32; *Badura*, in: Isensee/Kirchhof Bd. XII, 2014, § 270, Rn. 13, 15; *Bryde* 1982, 254 ff.; *Dreier*, in: ders. Bd. II, 2007, Art. 79 I GG, Rn. 40; *Hain*, in: v. Mangoldt/Klein/Starck Bd. 2, 2010, Art. 79 GG, Rn. 13; *Kirchhof*, in: Isensee/Kirchhof Bd. II, 2004, § 21 Rn. 63.

425 *Würtenberger*, in: Kirchhof/Paper/Schäffer 2007, 82.

426 *Müller* 1994, 234 ff.

427 S. *Hornung* 2015, 83 f.

428 S. auch *Hornung* 2015, 76 ff.

429 S. nur *Wolff* 2000, 98 ff. m.w.N.

deutet – unter dieser Überschrift die sehr unterschiedlichen Themen der Kompetenzverteilung zwischen verfassungsänderndem Gesetzgeber und Bundesverfassungsgericht,[430] Interpretationsfragen,[431] die Zulässigkeit von Verfassungsgewohnheitsrecht,[432] und ungeschriebenem Verfassungsrecht,[433] die durch den Verfassungstext gesetzten Grenzen,[434] die Änderung der Rechtsprechung des Bundesverfassungsgerichts[435] sowie die politische Funktion von Verfassungsänderungen im Vergleich zu Bedeutungsanpassungen[436] erörtert werden.[437] Andererseits weist der Begriff des Verfassungswandels eine bis auf die Staatsrechtslehre im Kaiserreich[438] zurückgehende Historie auf.[439] Von dem zuvor festgelegten Verständnis ausgehend, dass der Grundrechtswandel jegliche Bedeutungsänderungen ohne Textänderungen umfasst, kann die rechtswissenschaftliche Diskussion deutlich reduziert werden.[440] Es verbleibt die Problematik, ob die Bedeutungsänderung weitere dogmatische Unterteilungen aufweist, wie diese zu bezeichnen sind und gegeneinander abgegrenzt werden können. In diesem Kontext werden regelmäßig die Begriffe der Grundrechtsinterpretation und der Grundrechtskonkretisierung verwendet.[441]

4.2.2.1 Grundrechtsinterpretation

Die Rechtsanwendung von Grundrechten ohne ihre Interpretation ist faktisch kaum möglich.[442] Im Vergleich zu einfachgesetzlichen Vorschriften, die zur Anwendbarkeit auf konkrete Lebenssachverhalte ebenfalls regelmäßig interpretiert werden müssen, ist der reine Wortlaut der Norm noch viel knapper gehalten. Der sachliche Schutzbereich eines Grundrechts wird in der Regel durch ein einziges Wort beschrieben, wie zum Beispiel Leben, Wissenschaft, Glaube, Meinung oder Ehe.[443] Die mit den Grundrechten adressierten Schutzziele werden darüber hinaus noch abstrakter durch die wenigen Begriffe Unantastbarkeit, Unverletzlichkeit, Unversehrtheit, Freiheit, Gleichheit und Gleichberechtigung sowie schlicht durch ein „Recht" beschrieben.[444] Der Text der Grundrechte – nicht jeglicher Verfassungsnormen[445] – kann daher als knapp, besonders abstrakt, elastisch, relativ unbestimmt und weit bezeichnet

---

430 *Jestaedt*, in: Depenheuer/Heintzen/Jestaedt/Axer 2002, 192 ff.

431 S. einerseits *Häberle*, ZfP 21 (1974), 114 ff.; andererseits *Böckenförde*, in: Badura/Scholz 1993, 3 ff.; ferner *Stern* Bd. I, 1984, 161 ff.; *Höfling* 1987, 186 ff. mit Blick auf die Berücksichtigung des Selbstverständnisses der Grundrechtsträger; *Walter*, AöR 125 (2000), 517, 521 ff.

432 *Tomuschat* 1972, 145 ff.; *Blankenagel* 1987, 129 ff.; s. zum Verfassungsgewohnheitsrecht auch *Wolff* 2000, 427 ff.

433 *Wolff* 2000, 18 ff., 79 ff.; *Badura*, in: Isensee/Kirchhof Bd. XII, 2014, § 270 Rn. 8 ff.

434 *Hesse*, in: Ehmke/Kaiser/Kewenig/Meesen 1973, 123 ff.

435 *Frowein*, DÖV 1971, 793 ff.; *Seyfarth* 1998, 18 f.

436 *Roßnagel* 1981, passim; *ders.*, Der Staat 22 (1983), 551 ff.

437 S. zusammenfassend *Voßkuhle*, Der Staat 43 (2004), 450 f. (auch zur Literatur); zur Entwicklung schon *Krüger*, in: Hesse/Reicke/Scheuner 1962, 151 ff.; *Fiedler* 1972, 22 ff.; s. auch *Wahl* 2008, 43 ff.

438 *Laband* 1895, 3.

439 S. zu der gesamten rechtswissenschaftlichen Historie des Begriffes ausführlich *Hornung* 2015, 81 ff.

440 Keine weitere Auseinandersetzung erfolgt daher mit dem Ansatz von *Badura*, in: Isensee/Kirchhof Bd. XII, 2014, § 270 Rn. 13 f., der den Begriff des Verfassungswandels nicht als Oberbegriff für Interpretation und sonstige nichttextliche Änderungen, sondern nur für die letztere Gruppe gebraucht. In Abgrenzung zur Verfassungsauslegung soll Verfassungswandel das Phänomen sein, dass „eine von sozialen oder politischen Veränderungen abhängige Praxis Verfassungsbestimmungen – und damit die Rechtslage – inhaltlich ändert, ohne dass der Text des Verfassungsgesetzes ausdrücklich abgeändert wird."

441 *S. Hufen*, NJW 1999, 1509; *Hornung* 2015, 82 f.

442 S. hierzu ausführlich *Hillgruber*, in: Depenheuer/Grabenwarter 2010, 506, Rn. 1 ff.

443 S. hierzu *Huber*, in: Saladin/Wildhaber 1972, 195 f.

444 Es werden die Substantive stellvertretend für andere Formulierungen gleichen Inhalts, wie z.B. „sind frei" und „sind gleich", verwendet.

445 Als konkret sind dagegen die meisten Verfassungsvorschriften zur Staatsorganisation zu bezeichnen, wie z.B. die Art. 62 ff. GG, so auch *Huber*, in: Saladin/Wildhaber 1972, 194.

werden.[446] Allgemein wird auch von einem fragmentarischen Charakter der Grundrechtsbestimmungen gesprochen.[447] Grundrechtsinterpretation ist somit ein Werkzeug, um die Grundrechte, die sich aus ihrem reinen Wortlaut heraus nicht von selbst verstehen, erst verständlich zu machen.[448] Sie ist sowohl für die Beschreibung des persönlichen und sachlichen Schutzbereichs als auch der Schutzziele erforderlich. Die Zielsetzung eines Grundrechts erschließt sich ebenso wie diejenige jeder anderen Norm erst durch den Vermittlungsakt der Interpretation. Durch die Interpretation wird die Divergenz zwischen dem in der Norm gewählten Ausdruck und dem Auszudrückendem beseitigt, der auf der Unvollkommenheit und Mehrdeutigkeit des Ausdrucks beruht.[449] Dabei darf allerdings nicht außer Acht gelassen werden, dass die Grundrechtsinterpretation nur eine dienende Funktion aufweist und sich nicht über die Normativität und Verbindlichkeit der Verfassungsnorm hinwegsetzen darf.[450]

Die Methoden der Verfassungs- und damit auch der Grundrechtsinterpretation sind vielfältig und Gegenstand umfangreicher wissenschaftlicher Diskussionen.[451] Im Unterschied zu den verschiedenen Ansätzen der einfachen Gesetzesinterpretation verschärft sich das Problem der Auslegung auf Verfassungsebene durch ein unterschiedliches Verständnis der Verfassung selbst, das unter dem Stichwort der Verfassungs- und Grundrechtstheorie diskutiert wird.[452] Gegenstand der Grundrechtstheorie sind im Wesentlichen die Aspekte des Geltungsanspruchs der Verfassung, der Spannung zwischen der (geschriebenen) Verfassung und der Verfassungswirklichkeit sowie schließlich der Aufgabe und Funktion der Verfassungsgerichtsbarkeit und die damit verbundene Gewährleistung der Gewaltenteilung. Während sich über diese einzelnen Aspekte und ihr Rangverhältnis vortrefflich streiten lässt, wird in der Rechtswissenschaft zumindest einheitlich davor gewarnt, dass die Annahme, eine Rechtsnorm lasse stets nur eine „richtige“ Auslegung zu, eine Fiktion sei.[453] Daher werden im Folgenden die unterschiedlichen Ansätze der Grundrechtsinterpretation kurz dargestellt, ohne jedoch eine abschließende Entscheidung über die „richtige“ Methode zu treffen.

In einem frühen Stadium der Diskussion um die „richtige“ Methode der Verfassungsauslegung ließen sich im Wesentlichen vier Ansätze unterscheiden.[454] Nach der klassisch-hermeneutischen Methode ist die Verfassung nach den gleichen Methoden auszulegen, wie sie auch für die Interpretation von einfachen Gesetzen herangezogen werden.[455] Dieser Auslegungskanon ist auf die grammatische, die logische, die historische und die systematische Interpretation beschränkt.[456] Dieser methodische Ansatz basiert auf der Prämisse der Gleichsetzung von Verfassung und Gesetz. Diese Gleichartigkeit als Voraussetzung der Gleichsetzung wird jedoch gerade im Rahmen der Grundrechtstheorie teilweise bestritten.[457] Nach der topisch-problemorientierten Methode soll die Interpretation anhand der Grundentscheidungen und Prinzipien der Verfassung, der von ihr geschützten Rechtsgüter und aufgestellten Normen

446 *Hinderling* 1971, Ziffer 288 ff.; *Ehmke,* VVDStRL 20 (1963), 62; *Smend* 1928, 78 f.

447 *Böckenförde*, NJW 1974, 1529.

448 *Hillgruber*, in: Depenheuer/Grabenwarter 2010, Rn. 1.

449 *Schneider*, VVDStRL 20 (1963), 5.

450 *Hillgruber*, in: Depenheuer/Grabenwarter 2010, Rn. 10.

451 Eine umfassende Darstellung findet sich bei *Böckenförde*, NJW 1976, 2089 ff.; s. auch *Schneider*, VVDStRL 20 (1963), 1 ff.; *Ehmke*, VVDStRL 20 (1963), 53 ff.

452 S. *Böckenförde,* NJW 1974, 1529 sowie aus neuerer Zeit *Hillgruber*, in: Depenheuer/Grabenwarter 2010, Rn. 5 ff.

453 *Kelsen* 1960, 353.

454 S. hier ausführlich *Böckenförde*, NJW 1976, 2089 ff.

455 *Forsthoff* 1976, 130 ff.

456 S. *v. Savigny* 1840, Bd. 1, 212 ff.

457 S. ausführlich zu den Gegenargumenten *Böckenförde*, NJW 1976, 2090 f., wobei das Gegenargument, dass Gesetze überwiegend konditional und Grundrechte final seien, nicht mehr uneingeschränkt zutreffend ist. Ergänzend *Hillgruber*, in: Depenheuer/Grabenwarter 2010, Rn. 8 ff.

oder normativen Prinzipien erfolgen.[458] Die wirklichkeitswissenschaftlich orientierte Methode verfolgt den Ansatz, dass Sinn und Wirklichkeit der Verfassung Grundlage und Maßstab für die Verfassungsinterpretation bilden und nicht Wortlaut und dogmatische Begrifflichkeit.[459] Nach der hermeneutisch-konkretisierenden Methode ist Verfassungsinterpretation nur dann erforderlich, wenn der Norminhalt oder der normative Wille nicht bereits in der Verfassungsnorm festgelegt ist oder nur durch Interpretation zu ermitteln sei.[460] Interpretation ist demnach nur dort notwendig, wo die Verfassung gerade keine eindeutigen Maßstäbe enthält. Dadurch erhält diese Methode den Charakter rechtsschöpferischer Ausfüllung.[461] Diese Methode zeigt den engen Zusammenhang zwischen der Verfassungsinterpretation und -konkretisierung insofern auf, als sie die Grenze gerade verwischt. Bezeichnet als Interpretationsmethode, entspricht sie nach dem heutigen Ansatz der Differenzierung zwischen Grundrechtsinterpretation und -konkretisierung der Art und Sache nach eher einer Konkretisierung.

In modernen verfassungstheoretischen Abhandlungen zur Verfassungsinterpretation werden diese unterschiedlichen Ansätze nicht mehr mit dem Ziel der Fokussierung auf eine Methode diskutiert.[462] Übergeordnet wird vereinzelt noch die verfassungsrechtliche Streitfrage angesprochen, ob im Rahmen der Auslegung ein objektiver Ansatz im Sinne des „im Gesetz objektivierten Willens des Gesetzgebers“[463] oder ein subjektiver Ansatz im Sinne des „historischen Willens des Gesetzgebers“[464] verfolgt werden sollte.[465] Diese Auseinandersetzung kann allerdings in der Praxis ebenfalls als überholt angesehen werden, da das Bundesverfassungsgericht als autoritative Instanz der Verfassungsauslegung keinen der beiden Ansätze ausschließt, sondern sich je nach Bedarf beider bedient. Diese Streitigkeit wird aber häufig – auch wenn sie sich damit eigentlich von ihrem Kern entfernt – auf die Frage der Wandlungsfähigkeit der Verfassung erweitert.[466] Diese wäre auch bei der subjektiven Theorie zu erreichen, wenn der „historische“ Verfassungsgeber durch den „gegenwärtigen“ Gesetzgeber ersetzt werden würde.[467] Ohne eine ausdrückliche Festlegung für die subjektive oder die objektive Theorie wird mit gleicher Zielsetzung eine sogenannte dynamische Verfassungsinterpretation vertreten.[468] Da der aktuelle Verfassungsinhalt je nach zugrunde liegendem Fall gegebenenfalls neu ermittelt werden müsse, würde Verfassungsinterpretation immer auch Verfassungswandel bedeuten. Unabhängig davon, ob der subjektiven oder der objektiven Theorie gefolgt wird – diese Aussage wird ohnehin regelmäßig nicht vorangestellt –, wird einheitlich – auch durch das Bundesverfassungsgericht – der Auslegungskanon verfolgt, so wie er schon von der klassisch-hermeneutischen Methode vorgeschlagen wurde.[469]

---

458 Diese Methode wurde – ohne dass dies ausdrücklich ausgesprochen wird – vornehmlich von der Verfassungsrechtsprechung verwendet, z.B. *BVerfGE* 36, 1 (20 ff.); 39, 334 (346 ff.); 40, 296 (319 ff.).

459 *Smend* 1928, 78 ff. sowie ausführlich *Böckenförde*, NJW 1976, 2094.

460 *Hesse* 1995, Rn. 49 ff.[461] *Böckenförde*, NJW 1976, 2095.

461 *Böckenförde*, NJW 1976, 2095.

462 S. z.B. *Kellermann* 2011, 27 ff., der als Interpretationsmethoden die grammatische, systematische, teleologische und historische Auslegung nennt und sie durch Prinzipien der Verfassungsauslegung ergänzt sowie *Hillgruber*, in: Depenheuer/Grabenwarter 2010, Rn. 39 ff.

463 So das Bundesverfassungsgericht *BVerfGE* 1, 299 (312); 36, 342 (367), dass als maßgebend für die Auslegung der Norm den in der Vorschrift zum Ausdruck kommenden objektivierten Willen des Gesetzgebers erachtet, so wie er sich aus dem Wortlaut und dem Sinnzusammenhang ergibt.

464 Gemeint sind die an der Verfassungsgebung tatsächlich beteiligten Organe und ihre Mitglieder, *BVerfGE* 1, 299 (312). Für die subjektive Auslegung z.B. *Hillgruber*, in: Depenheuer/Grabenwarter 2010, Rn. 39 ff.

465 *BVerfGE* 11, 126 (129 f.) sowie *Krüger*, in: Dreier/Schwegmann 1976, 142 ff.; *Wittinger*, UBWV 2011, 441.

466 So auch *Kellermann* 2011, 27; *Wahl*, in: ders. 2008, 45.

467 So *Krüger*, in: Dreier/Schwegmann 1976, 145 ff.

468 *Wittinger*, UBWV 2011, 445 f.

469 *BVerfGE* 11, 126 (129); *Kellermann* 2011, 27, aber auch *Hillgruber*, in: Depenheuer/Grabenwarter 2010, Rn. 39 ff.

Die immer weiter zunehmende Bedeutung des Europarechts und des Völkerrechts hat zudem dazu geführt, dass die Verfassungsinterpretation über den nationalen Horizont hinausgehen muss. Verfassungsinterpretation umfasst daher auch sowohl die europarechtskonforme als auch die völkerrechtsfreundliche Interpretation von Verfassungsnormen.[470] Diese Auslegungsansätze ergänzen – aber ersetzen nicht – die interpretierenden Methoden durch den Aspekt der Internationalität.[471] Seitdem die Charta der Grundrechte der Europäischen Union (Grundrechtecharta – GRC)[472] über Art. 6 Abs. 1 EUV zum integralen Bestandteil des europäischen Primärrechts erstarkt ist, ist die Europarechtskonformität der Auslegung der deutschen Grundrechte zwingend zu berücksichtigen. Daher ist sie dogmatisch eher als Interpretationsprinzip einzustufen. Die völkerrechtsfreundliche Interpretation verfolgt dagegen den Ansatz der Rechtsvergleichung und nicht der Rechtsvereinheitlichung.[473] Die Interpretation von Grundrechten erfolgt somit durch eine zusammenschauende Bewertung der unterschiedlichen Interpretationsansätze. Eine wie auch immer geartete Hierarchie der Auslegungsmethoden wird grundsätzlich abgelehnt.[474]

Den Besonderheiten der Verfassung gegenüber einfachen Gesetzen wird durch ergänzende Interpretationsprinzipien Rechnung getragen. Ohne den Anspruch einer abschließenden Aufzählung sind hierzu das Prinzip der Einheit der Verfassung, das Prinzip der praktischen Konkordanz, das Prinzip der funktionellen Richtigkeit, das Prinzip der integrierenden Wirkung sowie das Prinzip der normativen Kraft der Verfassung zu zählen.[475] Das Prinzip der Einheit der Verfassung erfordert, Widersprüche zwischen Verfassungsnormen zu vermeiden.[476] Die praktische Konkordanz besagt, dass kollidierende verfassungsrechtliche Schutzgüter, insbesondere Grundrechte, in einen schonenden Ausgleich zueinander zu bringen sind.[477] Das Prinzip der funktionalen Richtigkeit verbietet, dass die Art und Weise oder das Ergebnis der Interpretation der Verfassungsnormen zu einer Verschiebung der Funktionen der Verfassungsorgane führt.[478] Anders formuliert müssen Kompetenzen und Funktionen der Verfassungsorgane aufeinander abgestimmt sein. Dies gilt insbesondere für das Verhältnis zwischen der Legislative und der Judikative. Das Prinzip der integrierenden Wirkung ist der Maßstab der Relevanz der erarbeiteten Aspekte, indem der Interpretation der Vorzug zu geben ist, durch die die politische Einheit hergestellt oder erhalten werden kann.[479] Schließlich folgt aus dem Prinzip der normativen Kraft der Verfassung, dass demjenigen Interpretationsergebnis der Vorzug zu geben ist, das unter den jeweiligen Voraussetzungen den Normen der Verfassung zur optimalen Wirkungskraft verhilft.[480] Diese Interpretationsprinzipien und ergänzend

---

470 *Hillgruber*, in: Depenheuer/Grabenwarter 2010, Rn. 45 ff.

471 Diese Erweiterung verfassungsrechtlicher Interpretation ist äußert umstritten. Das *BVerfGE* 111, 307 weist ausdrücklich darauf hin, dass dem Grundgesetz deutlich die klassische Vorstellung zugrunde liegt, dass es sich bei dem Verhältnis des Völkerrechts zum nationalen Recht um ein Verhältnis zweier unterschiedlicher Rechtskreise handelt und dass die Natur dieses Verhältnisses aus der Sicht des nationalen Rechts nur durch das nationale Recht selbst bestimmt werden kann.

472 Charta der Grundrechte der Europäischen Union, 2000/C 364/01, ABl. EG 2000, C 364, 1, http://www.europarl.europa.eu/charter/pdf/text_de.pdf.

473 *Hesse* 1995, Rn. 71.

474 S. *Kellermann* 2001, 27 f.; *Mahrenholz*, in: Schneider/Steinberg 1990, 60 bezogen auf die Vorgehensweise des Bundesverfassungsgerichts *Kranenpohl,* APuZ 2011, 25 ff. S. insgesamt zur Kritik des Methodenverständnisses *Wolff* 2000, 161 f.

475 *Hesse* 1995, Rn. 70 ff.; *Maurer* 2010, § 1 Rn. 61 ff. *Ehmke,* VVDStRL 20 (1963), 72 ff. differenziert zudem zwischen materiellen-rechtlichen Interpretationsprinzipien – Einheit der Verfassung, Grundrechtseffektivität, Bundestreue – und den funktionell-rechtlichen Interpretationsprinzipien in Bezug auf die Stellung des Bundesverfassungsgerichts.

476 *BVerfGE* 99, 1 (11 f.).

477 *BVerfGE* 47, 327 (369); 122, 89 (107) sowie *Hesse* 1995, Rn. 72 m.w.N.

478 *Hesse* 1995, Rn. 73 sowie *Ehmke*, VVDStRL 20 (1963), 74 ff.

479 *Hesse* 1995, Rn. 74.

480 *Hesse* 1995, Rn. 75.

die Europarechtskonformität bilden ein Korrektiv für die zuvor durchgeführte Interpretation der Grundrechtsnorm. Sie stellen Entscheidungshilfen für die Bewertung und Gewichtung der aufgrund der einzelnen Interpretationsmethoden möglicherweise entstehenden unterschiedlichen Interpretationsergebnisse dar.[481]

4.2.2.2 Grundrechtskonkretisierung

Die Grenzen zwischen Grundrechtsinterpretation und Grundrechtskonkretisierung werden nicht klar und eindeutig gezogen. Definiert wird die Grundrechtskonkretisierung als Vorgehen zur (Neu-)Bestimmung des Schutzbereichs und Schutzumfangs eines bestehenden Grundrechts aufgrund veränderter realer Bedingungen[482] oder anders formuliert der Inhalt einer Verfassungsnorm wird unter Heranziehung der Verhältnisse der „Wirklichkeit" ermittelt, die diese Norm zu ordnen bestimmt ist.[483] Somit bedeutet Grundrechtskonkretisierung Verfassungsentfaltung, Ausschöpfung und im gewissen Maße Rechtsfortbildung im Laufe der Zeit und im Wandel der Gesellschaft.[484] Diese konkretisierende Ergänzung des Rechts wird auch als Interpretation im weiteren Sinne bezeichnet werden, die über die subsumierende Anwendung der Norm hinausgeht.[485] Es wird davon ausgegangen, dass sich die Grundrechtskonkretisierung von der reinen Auslegung des Verfassungstextes und dem „wirklichkeitsbezogenen" Willen des Gesetzgebers entfernt. Gleichzeitig wird durch sie aber nicht der Text der Verfassungsnorm geändert. Der Änderung unterworfen ist die Wirklichkeit für die Dauer der Geltung einer Verfassung – die bei einigen Grundrechten schon über sechzig Jahre beträgt. Diesen Wandel der Verfassungswirklichkeit zu erfassen, gelingt durch die Grundrechtskonkretisierung, die sich durch die Berücksichtigung der Aspekte der Wirklichkeit im Laufe der Zeit ändern kann, obwohl der Normtext identisch bleibt.[486]

Obwohl ein einheitliches Verständnis über Definition und Funktion der Grundrechtskonkretisierung besteht, wird ihr Verhältnis zur Grundrechtsinterpretation unterschiedlich eingeordnet. Teilweise wird die Grundrechtskonkretisierung als Aspekt der Grundrechtsinterpretation gesehen.[487] Nach anderer Differenzierung stellt die Normkonkretisierung den Oberbegriff dar, dem die Interpretation im (engen) Sinne einer Normtextauslegung und die Normbereichsanalyse, in deren Rahmen die soziale Wirklichkeit einfließt, untergeordnet ist.[488] Ebenfalls als zweistufige Vorgehensweise, aber mit anderen begrifflichen Zuordnungen werden Interpretation und Konkretisierung als zwei Teilelemente des Vorgangs der Verfassungsrechtsgewinnung definiert: zunächst bedürfe die Verfassungsnorm der interpretativen Sinnentfaltung sowie anschließend individualisierender und konkretisierender Anwendung im Sinne einer schöpferischer Rechtsfortbildung.[489] Unabhängig von den verschiedenen Ansätzen dogmatischer Einordnung besteht Einigkeit darüber, dass der Zeitaspekt für das Verständnis der Grundrechte relevant ist, um ihre grundrechtssichernde Geltungsfortbildung zu

---

481 So auch *Häberle*, in: Dreier/Schwegmann 1976, 302 m.w.N.

482 S. *Wolff* 2000, 162 ff.; *Müller/Christensen* 2013, Rn. 274 ff. jeweils m.w.N.

483 *Hesse* 1995, Rn. 46 sowie *Heußner*, ArbuR 1985, 311, der allerdings die Bezeichnungen Interpretation und Konkretisierung synonym verwendet.

484 *Huber*, in: ders. 1971, 131 f.; *ders.*, in: Saladin/Wildhaber 1972, 192.

485 *Müller* 1994, 82; *Wolff* 2000, 401.

486 *Hesse* 1995, Rn. 46; *Huber*, in: Saladin/Wildhaber 1972, 195.

487 *Huber*, in: Saladin/Wildhaber 1972, 197; *Schneider*, VVDStRL 20 (1963), 1; *Häberle*, in: Dreier/Schwegmann 1976, 309 ff., 316 f. legt dar, dass der Zeitaspekt immer schon im Sinne der Berücksichtigung der Wirklichkeit der Norm in den Auslegungsmethoden in mehr oder weniger starker Ausprägung enthalten war.

488 *Müller*, in: Dreier/Schwegmann 1976, 249, 253 ff., 257.

489 *Hesse* 1995, Rn. 66; *Hillgruber*, in: Depenheuer/Grabenwarter 2010, Rn. 27, 33.

gewährleisten.[490] Darüber hinaus können grundsätzlich die beiden Elemente der interpretatorischen Ermittlung der Bedeutung einer Norm bezogen auf den Text der Grundrechtsnorm und der interpretatorischen Bedeutungsänderung einer Norm bezogen auf die Verfassungswirklichkeit differenziert werden.

Entsprechend dieser dogmatischen Problematik wird die Grundrechtskonkretisierung zwar nicht einheitlich, aber zumindest überwiegend als Form der Rechtsanwendung und nicht der Rechtsfortbildung bezeichnet. Hierfür sprechen sowohl die Zu- und Unterordnung der Grundrechtskonkretisierung zur Grundrechtsinterpretation als auch die Bezeichnung als Verfahren zur Verfassungsrechtsgewinnung. Aufgabe der Grundrechtskonkretisierung ist es, die veränderte Wirklichkeit in das Grundrechtsverständnis einzubeziehen, nicht aber den Normtext anzupassen.

Die Grundrechtskonkretisierung muss ebenso wie die Grundrechtsinterpretation in einem methodischen Verfahren erfolgen, um einen willkürlichen Wandel der Grundrechte im Belieben des Interpreten zu unterbinden.[491] Sie erfordert die problembezogene Herausarbeitung der Aspekte des Normbereichs. Dies sind die Verhältnisse der Wirklichkeit, die die Norm zu ordnen bestimmt ist. Die verfassungsrechtlich differenzierte Normierung, zum Beispiel der Presse- und der Rundfunkfreiheit, lässt sich nur aufgrund der jeweils charakteristischen technischen Merkmale und Möglichkeiten verstehen. Presse und Rundfunk gemeinsam ist, dass es sich um Massenmedien handelt, die eine starke Meinungsmacht ausüben und deren Produktion und weiträumige Verbreitung nicht unerhebliche Kosten verursacht. Der wesentliche Unterschied ergab sich ursprünglich durch die begrenzten technischen Kapazitäten des Rundfunks, der eine andere Sicherung und Ausgestaltung der Rundfunkfreiheit gegenüber der Pressefreiheit erforderte.[492] Unter Berücksichtigung der technischen Entwicklung hat sich die Verfassungswirklichkeit in Bezug auf die Rundfunkfreiheit maßgeblich verändert, da diese technische Beschränkung faktisch nicht mehr besteht. Die Konkretisierung der Rundfunkfreiheit muss demnach heute zu einem anderen Ergebnis führen, als im Zeitpunkt der Verfassungsgebung. Über den Normtext hinaus ist bei der Grundrechtskonkretisierung durch die Berücksichtigung der ursprünglichen Verfassungswirklichkeit die normative Wertung des Gesetzgebers zu ergründen und auf eine veränderte Verfassungswirklichkeit zu übertragen.

Die übergeordnete Ausgestaltung der Funktionen der Grundrechte ist als Grundrechtskonkretisierung einzustufen. Diese wird zwar auch als „Auslegung“ der Grundrechte bezeichnet,[493] sie knüpft aber nicht unmittelbar an den Wortlaut der Grundrechte an und begründet sich im Wesentlichen in einem von der ursprünglichen Abwehrfunktion der Grundrechte abweichenden Grundrechtsverständnis auf der Wirklichkeitsebene.

Der Grundrechtskonkretisierung zuzurechnen sind außerdem die beiden besonderen Ausprägungen des allgemeinen Persönlichkeitsrecht gemäß Art. 2 Abs. 1 in Verbindung mit Art. 1 Abs. 1 GG das Recht am eigenen Wort und das Recht am eigenen Bild.[494] Die Gewährleistung der individuellen Selbstdarstellung in diesen spezifischen Formen wurde ebenfalls aufgrund veränderter technischer Wirklichkeitsbedingungen erforderlich. Erst die immer weiter entwickelten Möglichkeiten von Bild- und Tonaufnahmen, die nunmehr jedermann zur Verfügung stehen, haben den Konflikt um eine Veröffentlichung heimlicher Tonbandaufnahmen hervorrufen können. Die Intention des allgemeinen Persönlichkeitsrechts ist es, allgemein die individuelle Selbstdarstellung zu schützen. Dass dieses durch die Veröffentlichung heimlich aufgenommener gesprochener Worte oder auch heimlich erstellter Fotografien von Personen beeinträchtigt werden kann, hat sich erst aufgrund der technischen Möglichkeiten

490 *Häberle*, VVDStRL 30 (1972), 43, 69; *ders.*, ZfP 21 (1974), 114 ff.; *Grimm*, AöR 97 (1972), 504 ff.; *Hesse*, in: Ehmke/Kaiser/Kewenig/Meesen 1973, 139; *Fiedler* 1972, 9 ff.

491 *Hesse* 1995, Rn. 66.

492 S. zu diesem Beispiel *Hesse* 1995, Rn. 45.

493 *Hornung* 2015, 183.

494 S. hierzu ausführlich nachfolgendes Kap. 6.1.3.1.1.

ergeben. Das Bundesverfassungsgericht hat diesen veränderten Wirklichkeitsbedingungen durch die vorgenommene Konkretisierung des Grundrechts auf die freie Entfaltung seiner Persönlichkeit zu einem Recht am gesprochenen Wort und zu einem Recht am eigenen Bild Rechnung getragen.[495] Der Schutzbereich wird somit in Bezug auf Probleme und Risiken, die der veränderten Wirklichkeit entnommen wurden, näher bestimmt. Es handelt sich hierbei aber nicht um eigenständige Grundrechte, sondern um unselbständige Ausprägungen, die die Schutzgehalte des allgemeinen Persönlichkeitsrechts punktuell verstärken.[496]

Im Wege der Grundrechtskonkretisierung können darüber hinaus gezielt Verfassungslücken geschlossen werden. Dies setzt ein Verständnis des Grundrechtskatalogs als fragmentarisch voraus, da anderenfalls kein Raum für Lückenschließungen allgemein und insbesondere durch die Entwicklung neuer Grundrechte gegeben wäre. Bezogen auf den reinen Normtext ist diese Aussage als zutreffend zu werten. Der Rechtsprechung des Bundesverfassungsgerichts könnte allerdings ein abweichendes Verständnis zu entnehmen sein. Aus den beiden grundlegenden Entscheidungen zur allgemeinen Handlungsfreiheit gemäß Art. 2 Abs. 1 GG und zum allgemeinen Persönlichkeitsrecht gemäß Art. 2 Abs. 1 in Verbindung mit Art. 1 Abs. 1 GG ist abzuleiten,[497] dass das Grundgesetz einen umfassenden – und damit lückenlosen – Freiheitsschutz gewährleistet. Soweit kein durch die spezifischen Grundrechte besonders geschützter Lebensbereich betroffen ist, kann sich der Einzelne bei Eingriffen der öffentlichen Gewalt in seine Freiheitsgarantie auf Art. 2 Abs. 1 GG berufen.[498] Dieser gewähre ein selbständiges Grundrecht der allgemeinen Handlungsfreiheit.[499] Vergleichbar wird bezogen auf das allgemeine Persönlichkeitsrecht argumentiert. Dieses ergänzt als „unbenanntes Freiheitsrecht" die speziellen – „benannten" – Freiheitsrechte und ist immer als Prüfungsmaßstab in Betracht zu ziehen, wenn für deren Verletzung keine Anhaltspunkte bestehen.[500] Die Rechtsprechung des Bundesverfassungsgerichts bestätigt somit einerseits das Bedürfnis für eine Lückenschließung des Grundrechtsschutzes. Andererseits scheint es durch die Begründung dieser beiden zusätzlichen Grundrechte eine vollständige Lückenschließung vorgenommen zu haben, so dass kein Raum mehr für lückenschließende Grundrechtskonkretisierungen und insbesondere für weitere „neue" Grundrechte besteht.[501] Dieser scheinbare Widerspruch löst sich allerdings bei einer anderen Deutung der zweiten Aussage des Bundesverfassungsgerichts auf. Die lückenschließende Funktion der allgemeinen Handlungsfreiheit und des allgemeinen Persönlichkeitsrechts ist als Ziel und Rechtfertigungsgrund für lückenschließende Grundrechtskonkretisierungen zu verstehen. Aus ihr lässt sich somit die Befugnis des Bundesverfassungsgerichts entnehmen, Grundrechtskonkretisierungen vorzunehmen, um bisher nicht durch die die spezifischen Grundrechte erfasste Wirklichkeitselemente explizit in den Grundrechtsschutz aufzunehmen. Das Bundesverfassungsgericht beschreibt dagegen nicht den Zustand des Grundrechtskatalogs als lückenlos.

Ausgehend von der verfassungsrechtlich gebotenen Zielbeschreibung eines lückenlosen grundrechtlichen Schutzsystems hat das Bundesverfassungsgericht selbst „neue" Grundrechtsausprägungen entwickelt. Dieses Vorgehen ist auch dogmatisch konsequent, weil der durch Auffanggrundrechte zu gewährleistende lückenlose Grundrechtsschutz nicht im Widerspruch dazu steht, dass ergänzend spezifische Grundrechte selbständig anerkannt sind.[502] Anders formuliert können konkrete Normen immer auf allgemeinere Normen zurückgeführt

495 *BVerfGE* 34, 238 (246 ff.).

496 *Dreier*, in: ders. Bd. I, 2013, Art. 2 I GG, Rn. 33 ff.; *Starck*, in: v. Mangoldt/Klein/Starck Bd. 1, 2010, Art. 2 GG, Rn. 17; *Schmitt/Glaeser*, in: Isensee/Kirchhof Bd. VII, 2009, § 129 Rn. 25.

497 *BVerfGE* 6, 32 (36 ff.) und *BVerfGE* 54, 148 (154).

498 *BVerfGE* 6, 32 (37).

499 *BVerfGE* 6, 32 (36).

500 *BVerfGE* 54, 148 (154).

501 *Hornung* 2015, 382.

502 Ähnlich *Hornung* 2015, 387 f.

werden, ohne dass die konkreten Normen ihre Berechtigung und Notwendigkeit dadurch verlieren.[503] Entsprechend schließt auch der Tatbestand der Auffanggrundrechte definitionsgemäß immer die Tatbestände der jeweiligen spezifischen Grundrechte ein.[504] Die Lückenlosigkeit oder positiv formuliert die Geschlossenheit des Systems des Grundrechtsschutzes besteht nur in dem eingeschränkten Verständnis, als im Zweifel das allgemeine Freiheits- und Gleichheitsrecht alle Fallkonstellationen mit umfasst. Es ist aber insofern offen, als die Existenz dieser allgemeinen Rechte die Möglichkeit neuer definitiver Grundrechte, insbesondere unbenannter Freiheitsrechte, nicht verhindert. Die Lückenhaftigkeit bezieht sich nicht auf das Grundrechtssystem als Ganzes, sondern im spezifischen Grundrechtsschutz – den punktuellen Gewährleistungen – wird eine konzeptionelle Lücke aufgrund eines besonderen Verlangens nach Sicherheit oder einer drängenden Gefährdung erkannt.[505]

In dieser Funktion beschränkt sich Grundrechtskonkretisierung nicht mehr auf eine reine Rechtsanwendung, sondern bewegt sich im Bereich der Rechtsfortbildung. Auslöser dieser Form der Grundrechtskonkretisierung sind ebenso veränderte Wirklichkeitsbedingungen, die Grundrechtsentwicklung geht aber deutlich weiter. Zuerst muss die Feststellung getroffen werden, dass das bestehende Normprogramm keine adäquaten Lösungskonzepte für die neuen Risiken bietet, sie also gerade nicht durch das bisherige Verständnis der Grundrechte abgedeckt werden. Gleichzeitig muss dem Schutz vor diesen Risiken eine eigenständige Bedeutung im Rahmen verfassungsrechtlicher Freiheitsgewährleistungen zukommen.

Für diese Grundrechtskonkretisierung können einige formale Kriterien benannt werden. Der Rechtsfortbildung vorausgehen muss immer die positive Feststellung, dass sich die veränderten Wirklichkeitsbedingungen nicht durch die bestehende Interpretation und Konkretisierung der Grundrechte und deren Normprogramm lösen lassen. Der „Grundrechtsentwickler“ muss somit in einem ersten Schritt die Lückenhaftigkeit des spezifischen Grundrechtsschutzes feststellen. Es ist zwar auf Schutzbereichsebene eine sinnvolle Grundrechtskonkretisierung grundsätzlich möglich, aber in ihrer Konsequenz kann durch die Anwendung des bisher angenommenen Normprogramms keine verfassungskonforme Lösung erreicht werden. Gleichzeitig muss die Grundrechtsentwicklung derart an den Kanon der geschriebenen Grundrechtsnormen anknüpfen, dass aus ihnen die Bedeutung der grundrechtlich zu erfassenden Wirklichkeit als *verfassungsrechtliche* Freiheitsgewährleistung abgeleitet wird.

Spezifizierende Grundrechtskonkretisierungen können insbesondere bei allen Freiheitsgrundrechten vorgenommen werden. Teilweise scheitert die auf die neuen Risiken bezogene Grundrechtskonkretisierung aber an den durch den Normtext oder die Prinzipien der Verfassungsinterpretation vorgegebenen Grenzen. Daher erfolgen sie vermehrt im Rahmen des sehr offenen Anwendungsbereichs des allgemeinen Persönlichkeitsrechts gemäß Art. 2 Abs. 1 in Verbindung mit Art. 1 Abs. 1 GG. Das allgemeine Persönlichkeitsrecht übernimmt gerade die Funktion, einen lückenschließenden Grundrechtsschutz vor Gefährdungen zu gewährleisten, zu denen es durch den technologischen Fortschritt und gewandelte Lebensverhältnisse kommen kann.[506] Die gleiche Funktion übernimmt die allgemeine Handlungsfreiheit gemäß Art. 2 Abs. 1 GG,[507] die ebenfalls als Basis für Grundrechtskonkretisierungen herangezogen wird.[508]

---

503 *Alexy* 1985, 337 f.

504 *Alexy* 1985, 340.

505 In Anlehnung an *Bryde* 1982, 263 f. und *Roßnagel* 1984, 222 kann auch von der sprachlichen bzw. textlichen im Unterschied zur normativen Offenheit gesprochen werden, die im Wege von Konkretisierungen zu schließen ist.

506 *BVerfGE* 54, 148 (153); 65, 1 (4); 120, 274 (303).

507 *BVerfGE* 6, 32 (37); 65, 297 (303).

508 Als Beispiele sind die wirtschaftliche Betätigungsfreiheit, *BVerfGE* 8, 274 (328); 10, 89 (99); 12, 341 (347); 60, 329 (339); 65, 196 (210); 70, 115 (123); 73, 261 (270), die Privatautonomie, *BVerfGE* 89, 214 (231 f.) und die Ausreisefreiheit, *BVerfGE* 6, 32 (41 f.); 72, 200 (245) zu nennen.

Formal stellen sich lückenschließende Grundkonkretisierungen häufig als ein „Recht auf" dar. Systematisch uneinheitlich und dogmatisch nicht klar voneinander zu trennen, wird die lückenschließende Grundrechtskonkretisierung auch als ein „neues Grundrecht auf" bezeichnet. Kennzeichnend für ein neues Grundrecht sind darüber hinaus die Definition eines eigenen Schutzbereichs, auch wenn dieser Überschneidungen mit den Schutzbereichen bereits bestehender Grundrechte aufweist, ein Mindestmaß an materieller Verdichtung durch den Normtext ergänzende Definitionen eines abgrenzbaren persönlichen und sachlichen Schutzbereich sowie spezifischer Eingriffsvoraussetzungen.[509] Die Schranken des Grundrechts werden regelmäßig den Grundrechten entnommen, aus dem die Grundrechtsentwicklung hervorgegangen ist. Eine Ausnahme bildet hier das allgemeine Persönlichkeitsrecht. Da es einerseits aus der schrankenlos gewährleisteten Garantie der Menschenwürde und anderseits aus dem der Schrankentrias unterliegenden Recht auf freie Entfaltung der Persönlichkeit abgeleitet wurde, hat das Bundesverfassungsgericht für dieses neue Grundrecht eigenständige Schranken entwickelt.[510] Es stellte fest, dass staatliche Maßnahmen hingenommen werden müssen, die im überwiegenden Interesse der Allgemeinheit unter strikter Wahrung des Verhältnismäßigkeitsgebots getroffen werden, soweit sie nicht den unantastbaren Bereich privater Lebensgestaltung beeinträchtigen. Dogmatisch wird das allgemeine Persönlichkeitsrecht somit durch einen qualifizierten Gesetzesvorbehalt beschränkt.

Diese relativ klare, definitorische Differenzierung spezifischer Ausformungen der lückenschließenden Grundrechtskonkretisierung besteht allerdings nur in der Theorie. Insbesondere in der Praxis des Bundesverfassungsgerichts und auch in der Literatur, die sich mit dessen Urteilen auseinandersetzt, erfolgt in der Regel keine eindeutige Zuordnung. Zum Beispiel kann das „Recht auf informationelle Selbstbestimmung" nach den genannten formalen Kriterien als eigenständiges (neues) Grundrecht und somit als durch das Bundesverfassungsgericht vorgenommene Grundrechtsentwicklung bezeichnet werden.[511] Das Bundesverfassungsgericht hat es allerdings bei seiner erstmaligen Erwähnung im Volkszählungsurteil nicht explizit als „Grundrecht auf informationelle Selbstbestimmung", sondern als „Recht auf informationelle Selbstbestimmung" – aber mit dem Zusatz „dieses Grundrecht" – bezeichnet. Erst deutlich später betitelt das Bundesverfassungsgericht selbst dieses Recht als „Grundrecht auf Datenschutz".[512] In der Literatur wird das Recht auf informationelle Selbstbestimmung mittlerweile als Grundrecht aufgefasst.[513]

Umgekehrt hat das Bundesverfassungsgericht in seiner Entscheidung zur Online-Durchsuchung im Jahr 2008 ausdrücklich das Grundrecht auf Gewährleistung der Vertraulichkeit und Integrität informationstechnischer Systeme entwickelt.[514] Allein die Bezeichnung als „Grundrecht" kann aber allenfalls als Indiz für ein neues Grundrecht gewertet werden. Entscheidend ist vielmehr, ob die weiteren Merkmale eines „neuen Grundrechts" erfüllt sind.

---

509 *Herrmann* 2010, 109 mit Verweis auf *BVerfGE* 115, 166 (187) und in Bezug auf unbenannte Freiheitsrechte *Lorenz*, in: Geis/ders. 2001, 213 ff. *Heise*, RuP 2009, 95 spricht von tatbestandlich abgrenzbaren Handlungen.

510 *BVerfGE* 32, 373 (379).

511 *BVerfGE* 1, 65.

512 Ausdrücklich erwähnt wurde ein „Grundrecht auf Datenschutz" im Volkszählungsurteil nicht, sondern erst in einer späteren Entscheidung des *BVerfGE* 84, 239 (279).

513 Die ersten Stellungnahmen in der Literatur nach der Entscheidung des Bundesverfassungsgerichts lehnten dies überwiegend ab, s. *Simitis*, NJW 1984, 399, der die informationelle Selbstbestimmung als Neuinterpretation des allgemeinen Persönlichkeitsrechts wertet; *Krause*, JuS 1984, 268, der dem Bundesverfassungsgericht die Kompetenz für die „Erfindung" neuer Grundrechte abspricht. Für die Einordnung als Grundrecht z.B. *Vogelgesang* 1987; *Polenz*, in: Kilian/Heussen 2013, Teil 13, Rn. 8; *Gersdorf*, in: Gersdorf/Paal 2015, Art. 2 GG, Rn. 16 ff. *Schlink*, Der Staat 25 (1986), 233 weist darauf hin, dass der Unterschied zwischen der Erfindung neuer Grundrechte, der Entdeckung neuer Grundrechtsbedeutungen und der neuen Beleuchtung alter Grundrechtsentwicklungen praktisch und theoretisch vernachlässigt werden könne.

514 *BVerfGE* 120, 274 sowie ausführlich im nachfolgenden Kap. 6.1.3.5.

Methodisch hat es hierbei erstens eine Grundrechtslücke, durch die Überprüfung bestehender Grundrechte in Bezug auf neuartige Gefährdungen durch den wissenschaftlich-technischen Fortschritt und gewandelte Lebensverhältnisse festgestellt. Zweitens wurde eine konstituierende Bedeutung des Schutzes vor diesen Gefährdungen für die Persönlichkeit begründet. Zur Ausgestaltung des Grundrechts wurde dann drittens der Schutzbereich des neuen Grundrechts bestimmt.[515] Im vierten Schritt sind die Grundrechtsfunktionen konkretisiert und schließlich fünftens Schranken für das Grundrecht benannt worden. Auch wenn die Literatur insbesondere die Erwägung des Bundesverfassungsgerichts zur Grundrechtslücke und damit den Bedarf für ein neues Grundrecht in Zweifel zieht,[516] hat das Bundesverfassungsgericht bei dieser Vorgehensweise nach formalen Kriterien ein neues Grundrecht entwickelt. Die ausdrückliche Einstufung als Grundrecht ist nicht mit besonderen Rechtsfolgen verbunden.[517] Die Bezeichnungen als „Recht auf“ oder als „Grundrecht“ haben darüber hinaus keine dogmatischen Konsequenzen, so dass eine Aufspaltung in unterschiedliche Formen der Grundrechtskonkretisierung keinen zusätzlichen Erkenntniswert bringt. Letztlich stellen alle Formen der Grundrechtskonkretisierung eine Bedeutungsänderung der Verfassung ohne Textänderung dar und unterscheiden sich nur in einem Mehr oder Weniger der Grundrechtskonkretisierung.

4.2.3 Grundrechtsänderung

Die zweite Form der Grundrechtsentwicklung stellt die Grundrechtsänderung dar. Es wird ein neues Grundrecht in einer neuen Form formuliert und somit der Verfassungstext verändert. Verfassungskonform kann eine Grundrechtsänderung nur unter Einhaltung der Vorgaben von Art. 79 GG vorgenommen werden. Dies setzt zunächst die gemäß Art. 79 Abs. 1 Satz 1 GG vorgegebene Form der Grundrechtsänderung voraus. Diese kann sowohl erfolgen, indem der Wortlaut eins bestehenden Grundrechts derart neu formuliert wird, dass durch dessen Ergänzung oder Aufhebung nach Art oder Umfang ein neues Grundrecht entsteht.[518] Alternativ kann auch ohne Änderung eines bestehenden Grundrechts ein neues Grundrecht in den Kanon der Grundrechte aufgenommen werden, indem ein bestehendes Grundrecht ergänzt oder ein neuer Artikel hinzugefügt wird. Die erste Form der Grundrechtsänderung ist in der Geschichte des Grundgesetzes bisher nicht vorgekommen. Alle Verfassungsänderungen, die in der Vergangenheit die Grundrechte betrafen, haben nicht zu einer Änderung des Bestands des Grundrechts im Sinne der Beschreibung des sachlichen und persönlichen Schutzbereichs geführt.[519] Änderungen der Formulierungen der Grundrechte betrafen bisher vor allem die Formulierung und Konkretisierung der Schranken der Grundrechte.[520] Das Grundrecht auf Asyl, das ursprünglich in Art. 16 Abs. 2 Satz 2 GG a.F. normiert war, wurde aus dieser Vorschrift herausgenommen und in Art. 16a GG neu geregelt.[521] Es ist somit nicht weggefallen, aber das bisher nur durch verfassungsimmanente Schranken begrenzte Grundrecht wurde stark eingeschränkt. Nach dem neuen Art. 16a GG ist die Berufung auf das Asylrecht bei einer Einreise aus sicheren Drittstaaten grundsätzlich ausgeschlossen, der Vollzug aufenthaltsbeendender Maßnahmen wurde erleichtert und es wurden Verträge der EU-Mitgliedstaaten über Zuständigkeiten in Asylverfahren und die gegenseitige Anerkennung von Asylentscheidungen zuge-

---

515 *BVerfGE* 120, 274 (312).

516 *Eifert*, NVwZ 2008, 521 f.; *Hoeren*, MMR 2008, 365, *Lepsius*, in: Roggan 2008, 28 ff. sowie kritisch hierzu *Bäcker*, in: Rensen/Brink 2009, 120 ff.

517 *Böckenförde*, JZ 2008, 927; *Heise*, RuP 2009, 95; *Manssen*, in: Uerpmann-Wittzack 2009, 67.

518 Dies wäre z.B. denkbar, wenn der Wortlaut von Art. 6 Abs. 1 GG dahingehend geändert werden würde, dass nicht die „Ehe und Familie“, sondern die eheähnliche Gemeinschaft durch das Grundrecht geschützt wird, wodurch allerdings neue Definitionsprobleme des Schutzbereichs zu erwarten wären.

519 S. zu den Verfassungsänderungen bis einschließlich zur 7. Legislaturperiode *Bryde* 1982, 117 ff.

520 S. *Menzenbach/Netterscheidt/Beckebanze/Kuhn* 2009: Änderungen von Art. 9, 10, 11 und 12 GG, 31 f.; von Art. 3 GG, 102; Art. 13 GG, 114 f. und Art. 16 GG, 117 sowie ausführlich *Hornung* 2015, 28 ff.

521 Gesetz zur Änderung des Grundgesetzes (Art. 16 und 18) vom 28.6.1993, BGBl. I, 1002.

lassen.[522] Neu aufgenommen in die Art. 1 bis 19 GG wurde zudem Art. 12a GG, durch den die allgemeine Wehrpflicht eingeführt worden ist. Obwohl die Vorschrift in das Kapitel des Grundgesetzes mit der Überschrift „Die Grundrechte" eingefügt worden ist, handelt es sich hierbei nicht um ein Grundrecht, sondern um eine an die Bevölkerung adressierte Grundpflicht.[523]

Zweite Voraussetzung einer verfassungskonformen Grundrechtsänderung ist die Einhaltung der verfassungsändernden Mehrheiten. Gemäß Art. 79 Abs. 2 GG bedarf das verfassungsändernde Gesetz der Zustimmung von zwei Dritteln der Mitglieder des Bundestages und zwei Dritteln der Stimmen des Bundesrates. Schließlich normiert Art. 79 Abs. 3 GG die sogenannte „Ewigkeitsklausel" als materielle Schranke für Verfassungsänderungen. Unzulässig sind solche Verfassungsänderungen, durch die die Gliederung des Bundes in Länder, die grundsätzliche Mitwirkung der Länder bei der Gesetzgebung oder die in den Artikeln 1 und 20 GG niedergelegten Grundsätze berührt werden.

Dieser Rückblick auf die Grundrechtsänderungen der letzten sechzig Jahre zeigt deutlich, dass diese Form der Rechtsfortbildung in der Praxis eine eher untergeordnete Bedeutung aufweist. Bisher wurden die Herausforderungen der Realität im Wesentlichen durch die Gerichte mit den Mitteln der Grundrechtskonkretisierung und der Grundrechtsinterpretation bewältigt.

4.3 Grenzen des Grundrechtswandels

Die ausdifferenzierten Möglichkeiten für Grundrechtsentwicklungen gewährleisten die Flexibilität und Stabilität der Verfassung gleichermaßen. Flexibilität wird erreicht, indem bei der Anwendung der Grundrechte im weiteren Sinne durch ihre Interpretation und Konkretisierung weitreichende Möglichkeiten bestehen, um sie auf eine veränderte Wirklichkeit anzupassen und anzuwenden. Stabilität wird erreicht, indem Grundrechtsänderungen durch den Grundsatz der Gewaltenteilung in Art. 20 Abs. 2 Satz 2 GG sowie die Anforderungen an Verfassungsänderungen gemäß Art. 79 Abs. 1 Satz 2 GG reguliert wird. Um einen angemessenen Ausgleich zwischen Flexibilität und Stabilität auch rechtsdogmatisch zu gewährleisten, sind die Grenzen zwischen dem Grundrechtswandel und der Grundrechtsänderung näher zu bestimmen.[524] In der Rechtspraxis ist entscheidend, dass der Rechtsanwender – insbesondere das Bundesverfassungsgericht – seinen Kompetenzbereich nicht überschreitet und von ihm vorgenommene Grundrechtsinterpretationen und -konkretisierungen nicht die alleinige Gesetzgebungskompetenz der Legislative unterlaufen. Der Gesetzgeber der Verfassung hat hingegen ein Wahlrecht, ob er den Schritt zur Grundrechtsänderung unternimmt, um eine Anpassung der Grundrechte an die veränderte Verfassungsrealität vorzunehmen oder ob er diesbezügliche Grundrechtsentwicklungen dem Rechtsanwender überlässt. In der rechtswissenschaftlichen Forschung ist eine klare Grenzziehung zwischen dem Grundrechtswandel und der Grundrechtsänderung nur insoweit erforderlich, als konkrete Vorschläge für Grundrechtsveränderungen an den richtigen Adressaten gerichtet werden müssen. Es ist ein üblicher Vorgang, dass durch die Diskussion in der rechtswissenschaftlichen Forschung Grundrechtsentwicklungen in jeglicher Form vorbereitet werden. Auf diese Vorüberlegungen greifen sowohl die Gerichte als auch der Gesetzgeber zurück.

Um das Ziel technikadäquater Grundrechtsentwicklungen zu erreichen, kann für die Auswahl einer konkreten Veränderungsform nicht allein auf die juristische Zulässigkeit der einen

---

522 S. hierzu ausführlich *Maaßen*, in: Epping/Hillgruber 2015, Art. 16a GG, Rn. 1 ff.; *Pagekopf/Will*, in: Sachs 2014, Art. 16a GG, Rn. 2 ff. insbesondere Rn. 5.

523 Ausführlich zu dieser Grundgesetzänderung durch die Wehrnovellen *Roßnagel* 1981, 28 ff.; *Scholz*, in: Epping/Hillgruber 2015, Art. 12a GG, Rn. 1.

524 *Roßnagel* 1981, 19 ff.; *Roßnagel*, Der Staat 22 (1983), 551 differenziert zwischen den Formen des Verfassungswandels, der nach der hier verwendeten Dogmatik die Grundrechtskonkretisierung und die Grundrechtsinterpretation umfasst, und der Verfassungsänderung.

oder anderen Variante abgestellt werden.[525] In diesem Kontext ist vorrangig die Zielsetzung der Steuerung der Technikentwicklung durch Recht zu berücksichtigen. Diese orientiert sich nicht an den funktionalen und strukturellen Abgrenzungsversuchen zwischen dem Grundrechtswandel und der Grundrechtsänderung.[526] Entscheidend sind vielmehr die unterschiedlichen zeitlichen und politischen Dimensionen, die charakteristisch für die verschiedenen Veränderungsformen sind.

Grundrechtswandel vollzieht sich in einem kontinuierlichen Prozess der Neuinterpretation. Dieser wird durch die wissenschaftliche Diskussion eingeleitet und findet ihre Manifestierung in der Rechtsprechung des Bundesverfassungsgerichts. Insbesondere durch die Grundrechtskonkretisierung wird erst über einen längeren Zeitraum hinweg eine Veränderung der Grundrechte bewirkt.[527] Ähnlich wie sich die Wirklichkeit über längere Zeiträume eher schleichend verändert und anpasst, wandeln sich auch die Grundrechte und dies nachlaufend zur Wirklichkeit. Es wird das Recht der Wirklichkeit angepasst, so dass es dann allenfalls auf die Wirklichkeit zurückwirken kann.[528] Diese Anpassungen erfolgen in der Regel anlassbezogen sowie nicht systematisch und risikoorientiert. Grundrechtsänderungen mögen zwar ebenfalls bis zu ihrer Umsetzung einem längeren zeitlichen Prozess unterliegen, allein schon um das Verfahren für Verfassungsänderungen zu durchlaufen, allerdings ist ihre Wirkung durch den Erlass des Grundrechts zeitlich fixiert. Durch die Grundrechtsänderung besteht somit – zumindest theoretisch – die Möglichkeit, abrupt neue Sachgehalte in die Verfassung einzuführen.[529]

Neben dem Zeitaspekt erfolgt die Wahl für eine Form der Grundrechtsentwicklung regelmäßig aufgrund verfassungspolitischer Interessen.[530] Vom Gesetzgeber wird bewusst das Mittel der Grundrechtsänderung gewählt, um seine verfassungspolitischen Interessen gegenüber dem Bundesverfassungsgericht durchzusetzen.[531] Durch eine Textänderung ist es zum Beispiel möglich, Grundrechtsinterpretationen und Grundrechtskonkretisierungen gezielt zu beschränken. Dies kann auch als Absicherungsfunktion der Legislative gegenüber der Judikative verstanden werden. Da die Verfassung Maßstab des Handels aller Verfassungsorgane und gleichzeitig die normative Wertordnung für die Gesellschaft ist, kommt einer Textänderung eine sehr starke Leitungs- und Koordinationsfunktion zu. Eine auf diesem Weg erfolgte Grundrechtsveränderung wird durch die textliche Fixierung dem Streit der Meinungen weitgehend entzogen. Gleichzeitig erhalten Grundrechtsänderungen eine erhöhte Legitimations-

---

525 *Roßnagel*, Der Staat 22 (1983), 571. Die Frage der Zulässigkeit ist letztlich eine Frage der Kompetenzen zwischen Gesetzgeber und Rechtsprechung, deren Grenze durch das Postulat des Verfassungstextes markiert wird, *Roßnagel*, Der Staat 22 (1983), 555.

526 S. hierzu *Roßnagel*, Der Staat 22 (1983), 556 f.

527 *Roßnagel*, Der Staat 22 (1983), 557.

528 Als Beispiele für die Auswirkungen auf die Wirklichkeit können die Verfahren zur Vorratsdatenspeicherung und zur Online-Durchsuchung vor dem Bundesverfassungsgericht dienen. Im ersten Fall führte die Erklärung der Nichtigkeit der §§ 113a und 113b TKG a.F. zunächst faktisch dazu, dass Telekommunikationsdienstleister in Deutschland Telekommunikationsverbindungsdaten nicht mehr für sechs Monate speichern. Am 14.10.2015 hat der Bundestag das Gesetz zur Einführung einer Speicherpflicht und einer Höchstspeicherfrist für Verkehrsdaten, BT-Drs. 18/5088, verabschiedet. Im zweiten Fall führt die Berücksichtigung des neuen Grundrechts auf Gewährleistung der Vertraulichkeit und Integrität informationstechnischer Systeme nicht nur zu rechtlichen Änderungen, sondern auch faktisch wurde eine neue Software als sogenannter Staatstrojaner entwickelt, die den verfassungsrechtlichen Anforderungen entspricht, s. *Beuth*, „Der neue Staatstrojaner des BKA ist fertig“, Zeit Online vom 15.8.2014, http://www.zeit.de/digital/datenschutz/2014-08/staatstrojaner-bka-onlinedurchsuchung-fertig.

529 *Roßnagel*, Der Staat 22 (1983), 557 m.w.N.

530 S. zum Folgenden ausführlich *Roßnagel*, Der Staat 22 (1983), 571 ff.

531 Z.B. ist davon auszugehen, dass vor allem die damalige Bundesregierung mit der Neuregelung des Grundrechts auf Asyl in Art. 16a GG das Ziel verfolgte, die nach seiner Einschätzung zu weite Auslegung des Asylrechts durch Bundesverfassungs- und Bundesverwaltungsgericht zu korrigieren, so auch *Maaßen*, in: Epping/Hillgruber 2015, Art. 16a GG, Rn. 1 ff.

funktion, weil sie in einem formalisierten Verfahren durch eine bewusste politische Entscheidung einer demokratisch legitimierten Zweidrittelmehrheit im Bundestag und einer Zweidrittelmehrheit der Länder im Bundesrat zustande kommen.[532] Somit stellen sie ein Verfahren des Interessenausgleichs dar. Dies ist positiv hervorzuheben, da hierdurch eine Integration der politischen Entscheidungsträger erfolgt. Als Nachteil könnte gegebenenfalls bewertet werden, dass Grundrechtsänderungen Gefahr laufen, einen sehr starken Kompromisscharakter aufzuweisen und dadurch in der Effektivität der Steuerung von Technikentwicklungen begrenzt sein könnten. Im Unterschied dazu ist die Aufgabe des Bundesverfassungsgerichts bei grundrechtsrelevanten Entscheidungen nicht das Bemühen um politischen Ausgleich, sondern um einen gesamtgesellschaftlichen Ausgleich, bei dem Individual- und Allgemeininteressen gleichermaßen zu berücksichtigen sind.

4.4 Grundrechtsvoraussetzungsschutz

Die Veränderungen der Wirklichkeit und die Steuerung der Technikentwicklung erfordern nicht unbedingt eine Anpassung des Rechts auf verfassungsrechtlicher Ebene. Teilweise führen die Veränderungen der Wirklichkeit nicht zu einer unmittelbaren Bedrohung des Grundrechts selbst, sondern nur zu seiner mittelbaren Bedrohung durch die Beeinträchtigung der Grundrechtsvoraussetzungen. Daher ist eine risikoorientierte Unterscheidung von Grundrechtsinhalten und Grundrechtsvoraussetzungen erforderlich. Definiert werden die Grundrechtsvoraussetzungen als Gesamtheit „der Tatsachen und der Rechtswirklichkeit, denen die Grundrechte ihre Gestaltungskraft verdanken, ohne die sie nicht Wirkungen entfalten oder individuell nicht wahrgenommen werden könnten“[533]. Grundrechtvoraussetzungen sind aber selbst kein Bestandteil der Grundrechtsnorm.[534]Das Grundrecht der Pressefreiheit setzt zum Beispiel tatbestandlich voraus, dass der Grundrechtsträger ein Presseschaffender ist oder das Grundrecht auf das Fernmeldegeheimnis setzt voraus, dass der Grundrechtsträger faktisch über die Möglichkeit der Fernkommunikation verfügt.[535] Sofern einzelnen Grundrechten eine Leistungsfunktion zugesprochen wird, wird die Trennung zwischen dem Grundrecht selbst und den Grundrechtsvoraussetzungen häufig verwischt. Der Unterschied besteht allerdings darin, dass die Leistungsfunktion entsprechend der Gesamtausrichtung der Grundrechte einen subjektiv-rechtlichen Gehalt aufweist. Der Grundrechtsvoraussetzungsschutz verfolgt dagegen objektiv-rechtliche Ziele und begründet keine oder nur im Einzelfall eine subjektiv-rechtliche Verbürgung des Staates für eine bestimmte Leistung.[536] Daraus ist aber nicht zu schließen, dass jegliche Grundrechtsvoraussetzung von der Leistungsfunktion des Grundrechts umfasst wird. Entscheidend ist gerade die Frage, ob und welche Grundrechtsvoraussetzungen als Grundrechtsbestandteile selbst an der grundrechtlichen Schutzfolge teilhaben oder (nur) außerhalb des Grundrechtsschutzes eine Voraussetzung für die Wahrnehmung des Grundrechts bilden.[537]

Eine einheitliche rechtsdogmatische „Lehre zu den Grundrechtsvoraussetzungen“ existiert nicht.[538] Es werden im Wesentlichen zwei unterschiedliche – sich aber nicht widersprechende

---

532 *Roßnagel*, Der Staat 22 (1983), 575.

533 *Kirchhof*, in: Merten/Papier Bd. I, 2004, § 21 Rn. 7.

534 *Isensee*, in: ders./Kirchhof Bd. IX, 2011, § 190, Rn. 56; *Kirchhof*, in: Merten/Papier Bd. I, 2004, § 21 Rn. 10.

535 Für weitere Beispiel der Wirkungs- und Wahrnehmungsvoraussetzungen von Grundrechten s. *Kirchhof*, in: Merten/Papier Bd. I, 2004, § 21 Rn. 1.

536 S. *Kloepfer* 1970, 16 f. sowie *Isensee*, in: ders./Kirchhof Bd. IX, 2011, § 190, Rn. 91, der von einer – allgemeinen – Schutz und Förderpflicht spricht.

537 *Kloepfer* 1970, 17.

538 Teilweise werden die Grundrechtsvoraussetzungen sogar – entgegen ihrer Definition und der ursprünglichen Begründung ihrer rechtswissenschaftlichen Kreierung – als Bestandteil der staatlichen Schutzpflicht in einem „sehr weiten Sinne“ verstanden, *Sajuntz* 2007, 55.

– Ansätze für eine Typisierung von Grundrechtsvoraussetzungen verfolgt. Der erste Ansatz wählt klassifiziert aus einer abstrakten und übergeordneten Perspektive der Rechtswirklichkeit allgemeine Grundrechtsvoraussetzungen. Der zweite Ansatz formuliert aus einer konkreten Perspektive des (Freiheits-)Grundrechts unterschiedliche Formen spezifischer Grundrechtsvoraussetzungen.

Der erste Ansatz differenziert die Grundrechtsvoraussetzungen in Entstehens-, Geltungs-, Erkenntnis-, Wirkungs- und Wahrnehmungsvoraussetzungen.[539] Die ersten drei dieser Bedingungen sind nicht nur Voraussetzungen für Grundrechte, sondern für jegliches Verfassungsrecht. Sie sind die Bedingungen dafür, dass überhaupt Grundrechte existieren, und können daher eher als staatsorganisatorische Voraussetzungen bezeichnet werden. Grundrechte seien überhaupt nur existent, solange Staat, Religion, Kultur, Sprache und Geschichte als ihre Entstehensbedingungen gegeben sind. Geltungsbedingungen für die Grundrechte sind die Autorität des Verfassungsstaats, die Verbindlichkeit der Verfassung gegenüber allen Staatsorganen und die Autorität des Bundesverfassungsgerichts.[540] Erkenntnisvoraussetzung in Bezug auf den tatsächlichen und normativen Gehalt eines Grundrechts ist schließlich der Verfassungstext und seine Interpretation. Vom Bestand der Grundrechte ausgehend sind darüber hinaus Voraussetzungen zu erfüllen, damit die Grundrechte vom Bürger wahrgenommen werden; es sind Wirkungsbedingungen und Wahrnehmungsbedingungen erforderlich. Wirkungsvoraussetzungen sind alle objektiven tatsächlichen und rechtlichen Umstände, ohne die ein Grundrecht seine Wirkung nicht entfalten könnte.[541] Wahrnehmungsbedingungen bezeichnen demgegenüber die subjektiven Bedingungen in der Person des Grundrechtsträgers, die ihm individuell die Wahrnehmung des Grundrechts ermöglichen. Die besondere Bedeutung der Wirkungs- und Wahrnehmungsbedingungen ist, ob und inwieweit ein Handlungsauftrag an den Staat besteht, Gewähr für diese Grundrechtsvoraussetzungen zu bieten.[542]

Der zweite Ansatz differenziert unterschiedliche Formen des Grundrechtsvoraussetzungsschutzes bezogen auf die Freiheitsgrundrechte.[543] Er kann daher auch als eine alternative Differenzierung zu den Wirkungs- und Wahrnehmungsbedingungen bezeichnet werden. Unmittelbar an den Schutzbereich des Freiheitsgrundrechts knüpfen der sachverhaltserschaffende, sachverhaltsermöglichende und sachverhaltsfördernde Grundrechtsvoraussetzungsschutz.[544] Ein sachverhaltserschaffender Grundrechtsvoraussetzungsschutz wäre ein Recht auf Verschaffung des grundrechtlichen Sachverhalts, zum Beispiel auf Eigentum, um die Eigentumsfreiheit realisieren zu können. Diese Form ist in Bezug auf die objektviven Möglichkeiten des Staates beschränkt. Der sachverhaltsermöglichende Grundrechtsvoraussetzungsschutz gibt demgegenüber keinen direkten Anspruch auf die Freiheitsgewährleistung, sondern nur auf die wirtschaftlichen Voraussetzungen zur Realisierung, wie zum Beispiel auf kostenlose Impfungen, um die körperliche Unversehrtheit zu gewährleisten. Sachverhaltsfördernder Grundrechtsvoraussetzungsschutz meint schließlich die rein finanzielle Förderung zur Herstellung grundrechtlicher Sachverhalte, wie zum Beispiel die Auszahlung von Wohngeld. Weniger eine Bedeutung für den Schutzbereich von Freiheitsgrundrechten, sondern für den Schutz vor Eingriffen in diesen, weist der entstehenssichernde Grundrechtsvoraussetzungsschutz auf.[545]

---

539 *Kirchhof*, in: Merten/Papier Bd. I, 2004, § 21 Rn. 7.

540 *Kirchhof*, in: Merten/Papier Bd. I, 2004, § 21 Rn. 7, 9.

541 *Kirchhof*, in: Merten/Papier Bd. I, 2004, § 21 Rn. 8.

542 *Kirchhof*, in: Merten/Papier Bd. I, 2004, § 21 Rn. 13.

543 Die folgende Differenzierung beruht auf *Kloepfer* 1970, 17 ff.

544 *Klopfer* 1970, 19 benennt auch noch die Kategorie des sachverhaltssichernden Grundrechtsvoraussetzungsschutzes, der auf den Schutz vor Gefährdungen durch Dritte abzielt. Dieser Aspekt wird aufgrund der Rechtsprechung des Bundesverfassungsgerichts – erste Entscheidungen hierzu stammen aus dem Jahr 1975, *BVerfGE* 39, 1 – nunmehr grundsätzlich als grundrechtliche Schutzpflicht des Staates und somit als eigenständige Grundrechtsfunktion aufgefasst, aber teilweise weiterhin als Grundrechtsvoraussetzungsschutz bezeichnet, *BVerfGE* 125, 39 (79 f.).

545 Dieser ist nicht identisch mit den im ersten Ansatz dargestellten Entstehensvoraussetzungen.

Durch ihn soll gewährleistet werden, dass der Bürger die grundrechtliche Schutzposition überhaupt erreichen kann und sie nicht durch staatliche Maßnahmen erschwert oder verhindert werden, zum Beispiel durch ein gesetzliches Eigentumserwerbsverbot.

Die Formen des sachverhaltsbezogenen Grundrechtsvoraussetzungsschutzes zielen darauf ab, den Grundrechtsschutz dahingehend zu ergänzen, dass durch sie die Bedingungen zur Möglichkeit der Ausübung der Freiheiten geschaffen werden.[546] Denn jede grundrechtliche Freiheitsausübung hängt von gewissen rechtlichen und tatsächlichen Faktoren ab, die verfügbar sein müssen.[547] Die unterschiedlichen Formen des sachverhaltsbezogenen Grundrechtsvoraussetzungsschutzes bilden dabei ein nach dem Grad der staatlichen Schutzintensität abgestuftes System. Beim sachverhaltserschaffenden Grundrechtsvoraussetzungsschutz übernimmt der Staat eine unmittelbare Verantwortung und Leistungspflicht in Bezug auf die Gewährleistung freiheitsrelevanter Voraussetzungen. Beim sachverhaltsermöglichenden Grundrechtsvoraussetzungsschutz überträgt der Staat die Verantwortung teilweise auf die Gesellschaft. Die Umsetzung der realen Bedingungen wird durch rechtliche – insbesondere infrastrukturelle – und wirtschaftliche Maßnahmen unterstützt. Beim sachverhaltsfördernden Grundrechtsvoraussetzungsschutz übernimmt der Staat nur noch eine mittelbare Verantwortung, indem er einen Anspruch auf unterstützende Mittel für eine eigenverantwortliche Herstellung der realen Bedingungen gewährt. Alle drei Formen dieses Grundrechtsvoraussetzungsschutzes werden rechtsdogmatisch durch entsprechende Vorschriften auf einfachgesetzlicher – und eben nicht verfassungsrechtlicher – Ebene umgesetzt. Davon ausgehend, dass eine grundsätzliche Rechtspflicht des Staates zur Gewährleistung eines Grundrechtsvoraussetzungsschutzes besteht,[548] kann der Gesetzgeber innerhalb dieser Stufen die Form der Umsetzung von Grundrechtsvoraussetzungen frei wählen. Entsprechend kann er den Schutz der Grundrechtsvoraussetzungen in unterschiedlich hohem Maße umsetzen und damit auf die Grundrechtseffektivität Einfluss nehmen.[549]

Neben theoretischen Ansätzen finden sich in der Literatur und Rechtsprechung konkrete Beispiele für das Erfordernis eines Grundrechtsvoraussetzungsschutzes. Bezogen auf die in Art. 5 Abs. 1 Satz 1 GG gewährleistete Informationsfreiheit proklamiert, dass es Aufgabe des Gesetzgebers sei, den Grundrechtsvoraussetzungsschutz durch Strukturen zu schaffen, die das Vorhandensein eines bestimmten Mindeststandards von Informationen, ihrer Qualität, Vollständigkeit und Verlässlichkeit gewährleisten.[550] Allgemein bezogen auf die Kommunikationsgrundrechte wird Informations- und Kommunikationsnetzen wie dem Internet als „Grundrechtsverwirklichungsnetze“ eine herausragende Bedeutung attestiert.[551] Des Weiteren wird in Bezug auf die Glaubensfreiheit gemäß Art. 4 Abs. 1 GG die Gewährleistung von Tagen der Arbeitsruhe zur seelischen Erhebung als Grundrechtsvoraussetzungsschutz angesehen.[552]

Die Umsetzung des Grundrechtsvoraussetzungsschutzes erfolgt durch Ausgestaltung der Grundrechte in Form einer grundrechtsverwirklichenden Gesetzgebung auf einfachgesetzlicher Ebene. Verändern sich die Bedingungen der Wirklichkeit für die Grundrechtsausübung, ist demnach differenziert zu betrachten, ob sich diese als unmittelbare Risiken der Grund-

---

546 *Gellermann* 2000, 247.

547 *Thiel* 2011, 252.

548 S. hierzu *Gellermann* 2000, 247 ff., der die Vorenthaltung von Grundrechtsvoraussetzungen durch den Staat als Verletzung grundrechtlicher Aufträge, nicht aber als einen die Abwehrfunktion der Grundrechte aktivierenden Eingriff bezeichnet. Im Ergebnis bejaht er grundsätzlich eine Pflicht des Staates zur Gewährleistung der Grundrechtsvoraussetzungen aufgrund des objektiv-rechtlichen Gewährleistungsgehalts der Grundrechte. S. auch *Kröger*, MMR 2002, 20; *Trute*, VVDStRL 57 (1998), 254 f.

549 *Kloepfer* 1970, 29 bezeichnet die Grundrechtseffektivität umgekehrt zum Teil als nichts anderes als die Garantie der Grundrechtsvoraussetzungen – ausübungssichernde Grundrechtseffektivität.

550 *Kröger*, MMR 2002, 20.

551 Zitat *Kloepfer* auf der wissenschaftlichen Fachtagung „Netzneutralität in der Informationsgesellschaft“ am 15.12.2010 in Berlin, s. den Bericht von *Deye*, MMR-Aktuell 2011, 314468.

552 *BVerfGE* 125, 39 (78 f.).

rechtsausübung oder als mittelbare Risiken der Grundrechtsvoraussetzungen auswirken. Im zweiten Fall sind technikadäquate Anpassungen des Rechts nicht auf verfassungsrechtlicher, sondern auf einfachgesetzlicher Ebene vorzunehmen. Justiziabel ist aufgrund des Gestaltungsspielraums des Gesetzgebers nur die Frage, ob ein Grundrechtsvoraussetzungsschutz zu gewährleisten ist. Es kann aus den Grundrechten aber kein Anspruch auf eine konkrete Form des Grundrechtsvoraussetzungsschutzes abgeleitet werden.[553]

4.5 Grundrechtstheorien und Grundrechtsfunktionen

Eine besondere Form der Verfassungsentwicklung, die einen wesentlichen Einfluss auf die Grundrechte bewirkt, ist die Anerkennung von weiteren Grundrechtsfunktionen. Diese unterlagen in der Vergangenheit einem umfassenden Wandel, indem sie vor allem durch das Bundesverfassungsgericht geprägt worden sind. Im Unterschied zu Grundrechtsentwicklungen wirkt die Weiterentwicklung der Grundrechtsfunktionen nicht primär grundrechtsspezifisch, sondern grundrechtsübergreifend. Mit dem auf einzelne Grundrechte orientierten Grundrechtswandel haben sie gemeinsam, dass sie eine Grundrechtsentwicklung ohne Textänderung darstellen.

Die Herleitung und Entwicklung konkreter Grundrechtsfunktionen basieren auf schutzbereichsübergreifenden Vorstellungen über die auf den anerkannten Dimensionen der Grundrechte fußende Struktur von Grundrechten (Grundrechtstheorien)[554] und eng damit verbunden zu welchem Zweck sie verbürgt sind (Grundrechtsfunktionen).[555] Es ist allerdings zwischen den allgemeinen Theorien und Funktionen von Grundrechten[556] und denjenigen, die sich auf die Grundrechte des Grundgesetzes beziehen, zu unterscheiden. Diese Differenzierung ist insbesondere vor der hier verfolgten Zielsetzung relevant, dass der Versuch unternommen wird, aus derartigen Überlegungen Vorgaben für eine Methode technikadäquater Grundrechtsentwicklung abzuleiten. Die Verfassungskonformität eines solchen Ansatzes ist nur gegeben, wenn er nicht aus abstrakten Vorstellungen vom Wesen der Grundrechte, die von außen an das Grundgesetz herangetragen werden, sondern aus den vom Bundesverfassungsgericht zugrunde gelegten Grundrechtsfunktionen entwickelt wird.

Das Verständnis der grundrechtlichen Dimensionen und der Grundrechtsfunktionen unterlag vor allem in den Jahrzehnten der Geltung des Grundgesetzes einem starken Wandel.[557] *Böckenförde* hat 1974 eine Systematisierung der Grundrechtstheorien vorgelegt.[558] Er unterscheidet zwischen liberaler (bürgerlich-rechtsstaatliche), institutioneller, wertorientierter, demokratisch-funktionaler und sozialstaatlicher Grundrechtstheorie und ordnet ihnen unterschiedliche Grundrechtsfunktionen und Grundrechtsdimensionen zu. Weder die Arbeiten von *Böckenförde* noch weitere darauf aufbauende Ansätze, wie zum Beispiel die Überlegungen

---

553 Dies kann aus der Nähe des Grundrechtsvoraussetzungsschutzes zur Schutzfunktion der Grundrechte abgeleitet werden. Wenn schon für diese als Maßstab der Bewertung der Maßnahmen des Gesetzgebers nur das Untermaßverbot gilt, so muss dies erst recht für den Grundrechtsvoraussetzungsschutz angenommen werden.

554 Unter Grundrechtstheorie wird hier die systematisch orientierte Auffassung über den allgemeinen Charakter, die normative Zielsetzung und die inhaltliche Reichweite der Grundrechte verstanden, s. *Böckenförde*, NJW 1974, 1529.

555 *Lindner* 2005, 9.

556 S. insbesondere die sogenannte Jellineksche Statuslehre mit den vier Ausprägungen Status negativus, positivus, acticus und passivus *Jellinek* 1920, 418 ff. sowie ausführlich die Abhandlungen von *Alexy* 1985, 229 ff. m.w.N.

557 S. für die ersten Jahrzehnte *Rupp*, AöR 101 (1976), 165 ff.; für die weitere Entwicklung z.B. die Überblicke bei *Jarass*, AöR 120 (1995), 347 ff.; *ders.*, Merten/Papier Bd. II, 2006, § 38 und die darauffolgenden Kapitel von *Sachs*, *Rüfner*, *Starck*, *Merten*, *Kloepfer*, *Callies*, *Schmidt-Aßmann* und *Di Fabio*; zum unterschiedlichen Verhältnis der einzelnen Theorien zur Zeit s. *Häberle*, ZfP 21 (1974), 111, 113.

558 *Böckenförde*, NJW 1974, 1529 ff.; dazu *Stern*, in: Isensee/Kirchhof Bd. IX, 2011, § 185 Rn. 29 ff. m.w.N.

von *Alexy* zum Verständnis der Grundrechte als Prinzipien im Sinne von Optimierungsgeboten,[559] haben dazu geführt, dass sich eine anerkannte oder im Konfliktfall entscheidende Grundrechtstheorie herausgebildet hat. Das Bundesverfassungsgericht hat sich nie einer Grundrechtstheorie ausdrücklich angeschlossen, sondern die Funktionen von Grundrechten begründenden Entscheidungen weisen Elemente verschiedener Grundrechtstheorien auf.[560] Insofern sind allein die vom Bundesverfassungsgericht anerkannten Grundrechtsfunktionen maßgeblich.

Ursprünglich war der Geltungsbereich der Grundrechte subjektiv-rechtlich geprägt, indem sie dem Bürger individuelle Rechtspositionen von Verfassungsrang mit unmittelbarer Bindungswirkung für die staatliche Gewalt verleihen.[561] Der Einzelne kann damit aus seinen Grundrechten den Anspruch ableiten, vom Staat ein Tun oder Unterlassen zu verlangen, der notfalls mit der Verfassungsbeschwerde gerichtlich durchsetzbar ist. Die Annahme einer rein subjektiv-rechtlichen Dimension der Grundrechte beruhte auf zwei Prämissen, die noch zum Ende des 19. Jahrhunderts vorherrschten. Zum einen auf der Annahme, dass die Ausübung der Grundrechte keiner staatlicher Mitwirkung und Förderung bedarf, und zum anderen, dass allein die umfassende Freiheitsgewährung und die Sicherung einer staatsfreien Sphäre ein freiheitliches und gerechtes Gesellschaftsgefüge entstehen lässt. Beide Prämissen sind aber bereits seit der Weimarer Zeit mit dem Verständnis eines modernen Staates nicht mehr vereinbar und zudem weit von der Realität entfernt.

Den Grundrechten des Grundgesetzes[562] hat das Bundesverfassungsgericht ausdrücklich die objektiv-rechtliche Dimension zuerkannt, indem es sie als objektive Normen einer Wertordnung bezeichnete.[563] Die von den Grundrechten geschützten Rechtspositionen bilden ein Wertsystem und eine Wertordnung der Gemeinschaft, deren Schutz in der Verantwortung des Staates liegt. Im Unterschied zur subjektiv-rechtlichen Dimension begründet die Anerkennung der objektiv-rechtlichen Dimension grundsätzlich keinen Anspruch des einzelnen Bürgers gegenüber dem Staat auf ein bestimmtes Tun oder Unterlassen. Dennoch ist der Staat aufgrund der ihm obliegenden Gewährleistungsaufgabe dafür verantwortlich, dass dem Einzelnen die Ausübung und subjektive Entfaltung seiner Grundrechte real möglich ist.[564]

Ergänzend zu der Funktion des Grundrechtskatalogs als objektive Wertordnung weisen die Grundrechte drei weitere allgemeine Funktionen auf. Dies sind im Einzelnen die Abwehr-, Leistungs- und Schutzfunktion.

Traditionell übernehmen Grundrechte die Funktion des Abwehrrechts des Bürgers gegen den Staat, wenn dieser unmittelbar oder mittelbar in Grundrechte eingreift.[565] Sie gewährleisten plakativ formuliert die Freiheit vom Staat, indem sie für den Bürger Freiheitsräume schaffen, die dem Einfluss des Staates entzogen sind.[566] Freiheitsrechte sollen immer im Kern Handlungs- und Betätigungsmöglichkeiten des Einzelnen garantieren und gegen unberechtig-

---

559 *Alexy* 1985, 71 ff.; mit der Unterscheidung zwischen optimierungsbedürftigen und abwägungsfähigen Prinzipien einerseits, einzuhaltenden Regeln andererseits.

560 S. umfassend *Hornung* 2015, 46 ff.

561 Der Gedanke, dass Grundrechte (auch) objektive Prinzipien der Verfassungsordnung enthalten, war allerdings z.B. schon in den Beratungen der Paulskirchenversammlung präsent, s. *Hesse*, in: Benda/Maihofer/Vogel 1995, § 5 Rn. 17; zu den notwendigen Differenzierungen auch *Grimm*, recht 1988, 41, 43 f.

562 Einige Grundrechte weisen bereits im Normtext ausdrücklich einen objektiven Gehalt auf, indem sie Instituts- oder institutionelle Garantien aussprechen, wie z.B. Art. 6 Abs. 1 GG die Ehe und Familie oder Art. 7 Abs. 2 Satz 1 GG den Religionsunterricht. Im Lüth-Urteil hat das Bundesverfassungsgericht daher nicht grundsätzlich die objektive Dimension der Grundrechte begründet, sondern diese auf grundsätzlich alle Grundrechte ausgeweitet.

563 *BVerfGE* 7, 198 (205).

564 *Hesse*, EuGRZ 1978, 427 ff., 433; *Hoffmann-Riem* 2002, 99.

565 *BVerfGE* 21, 362 (372) m.w.N.

566 Freiheit in diesem Sinne bedeutet Abwesenheit vom staatlichen Zwang, s. *Isensee,* in: ders./Kirchhof Bd. V, 2007, § 191, Rn. 2.

te Eingriffe sichern.[567] Sie können als Handlungsrechte einen unmittelbaren aktiven Handlungsbezug aufweisen, wie zum Beispiel Meinungen zu äußern oder einen Beruf eigener Wahl zu ergreifen. Sie können objektbezogen Freiheitsräume eröffnen und schützen, wie zum Beispiel Art. 10 GG nicht-öffentliche Kommunikationsvorgänge mittels Kommunikationsträger oder -techniken oder Art. 13 GG die Wohnung als räumliche Lebenssphäre. Schließlich können sie eigenständige, einen bestimmten Status sichernde Schutzgüter gewährleisten, die die essentielle Voraussetzung für die Ausübung der sonstigen Freiheitsgrundrechte bilden, wie zum Beispiel Art. 2 Abs. 2 Satz 1 GG das Leben und die körperliche Unversehrtheit.

Durch die Rechtsprechung des Bundesverfassungsgerichts ist die Geltungskraft der Grundrechte nach und nach erweitert worden. Zunächst wurde sie 1972 um die Funktion der Leistungsrechte ergänzt.[568] Das Bundesverfassungsgericht sieht in dieser Funktion der Grundrechte eine gegenüber dem ursprünglichen Postulat grundrechtlicher Freiheitssicherung vor dem Staat komplementäre Forderung nach grundrechtlicher Verbürgung der Teilhabe an staatlichen Leistungen. Diese trete immer stärker hervor, je mehr sich der moderne Staat der sozialen Sicherung und kulturellen Förderung der Bürger zuwende. „Teilhaberechte" könnten in gewissen Umfang bereits aus der Garantenstellung des sozialen Rechtsstaats für die Umsetzung des grundrechtlichen Wertsystems in die Verfassungswirklichkeit hergeleitet werden.[569] Die Leistungsfunktion dient zum einen den Freiheitsgewährleistungen, indem sie den Staat als Leistungsrecht zum Handeln verpflichtet, wenn der einzelne seine Freiheit nicht ohne den Staat verwirklichen kann, sondern für die Begründung und Erhaltung seiner freien Existenz auf staatliche Vorkehrungen angewiesen ist.[570] Zum anderen dient sie der Teilhabe am Staat selbst, indem die Mitwirkungsrechte den einzelnen durch staatsbürgerliche Rechte befähigen, sich im und für den Staat zu betätigen.[571] Sie gewährleisten mithin die Freiheit durch den Staat, indem die Stellung des Einzelnen im Staat konkretisieren.

In der Entscheidung zur Strafbarkeit des Schwangerschaftsabbruchs wurde 1974 durch das Bundesverfassungsgericht die Schutzfunktion der Grundrechte anerkannt.[572] Aus dieser leitet sich die Schutzpflicht des Staates ab, sich schützend und fördernd vor die Grundrechte zu stellen.[573] Die klassischen Grundrechtsfunktionen wirken sich auf das Verhältnis zwischen Bürger und Staat aus. Dagegen ergibt sich die Notwendigkeit der Schutzfunktion der Grundrechte aus der Betrachtung der dreiseitigen Konstellation. Der Grundrechtskonflikt besteht hier zwischen zwei Grundrechtsträgern mit gegenläufigen Interessen und Grundrechtspositionen die beide dem Staat gegenüberstehen und dessen Unterstützung bei der Grundrechtsgewährleistung erwarten. Grundrechte begründen durch die Schutzfunktionen einen Anspruch des Bürgers auf staatliche Vorkehrungen zum Schutz von Grundrechten gegenüber privaten Dritten. Der Staat befindet sich in der Regel in dem Dilemma, dass der Schutz der Freiheit des einen unter Umständen die Freiheit des anderen einschränkt. Ein Ausgleich der divergierenden Schutzpflichten wird erreicht, indem das Übermaßverbot den Eingriff begrenzt und das Untermaßverbot den Mindestschutz des anderen garantiert.[574]

---

567 *Dreier*, in: ders. Bd. I, 2013, Vorb. Rn. 75.

568 *BVerfGE* 33, 303 (330 ff.) sowie *Alexy* 1985, 397 ff.

569 Diese Pflicht des Gesetzgebers zur Verwirklichung des Sozialstaats wird vom Bundesverfassungsgericht schon in einer deutlich früheren Entscheidung festgestellt, *BVerfGE* 1, 97 (105).

570 *BVerfGE* 125, 175 (223); *Rüfner*, in: Merten/Papier Bd. II, 2006, § 40, Rn. 2 ff., 42 ff.; *Dreier*, in: ders. Bd. I, 2013, Vorb. Rn. 89; *Sachs*, in: ders. 2014, Vor Art. 1 GG, Rn. 46 ff. Es hat sich die Formulierung eingeprägt, dass Grundrechte in dieser Funktion Freiheit durch den Staat gewährleisten. Die Grundrechte können insoweit Anspruchs-, Forderungs-, Leistungs-, Teilhabe- und Verfahrensrechte sein.

571 *BVerfGE* 52, 63 (86); *Sachs*, in: ders. 2014, Vor Art. 1 GG, Rn. 50 f. sowie insgesamt zu Teilhaberechten *Starck*, in: Merten/Papier Bd. II, 2006, § 41.

572 Erstmals *BVerfGE* 39, 1 (41 ff.); 46, 160 (164); 49, 24 (53 ff.); 88, 203 (251); 115, 320 (346); 125, 260 (367 f.).

573 *BVerfGE* 39, 1 (42).

574 *Canaris*, AcP 184 (1984), 228; *BVerfGE* 88, 203 (254).

All diesen Grundrechtsfunktionen ist gemeinsam, dass sie auf das Verhältnis zwischen Staat und Bürger fokussiert sind, indem sie eine Bindungswirkung für den Staat entfalten. Nach der Verabschiedung des Grundgesetzes entzündete sich der Streit über weitere Schutz- und Anspruchsinhalte der Grundrechte an der Frage, inwiefern Grundrechte direkt oder indirekt auch zwischen Privatrechtssubjekten wirksam sind. Das Bundesverfassungsgericht hat auf diese Diskussion dahingehend reagiert, dass es eine unmittelbare Drittwirkung der Grundrechte ablehnt, eine mittelbare Wirkung auch auf die Privatrechtsordnung hingegen bejaht.[575] Begründet hat es dieses Ergebnis mit der Feststellung, dass der Grundrechtsabschnitt des Grundgesetzes die Funktion einer objektiven Wertordnung übernehme und gerade keine wertneutrale Ordnung sei. Also solche müsse die verfassungsrechtliche Grundentscheidung für alle Bereiche des Rechts gelten und beeinflusse selbstverständlich auch das bürgerliche Recht.

Neben den aufgeführten allgemeinen Funktionen der Grundrechte sind weitere Funktionen anerkannt, die allerdings jeweils nur spezifische Grundrechte betreffen und daher nicht den Charakter einer Querschnittsfunktion aufweisen. Dies sind die Einrichtungsgarantie – oder institutionelle Garantie – und die Diskriminierungsfunktion. Bei den objektive Einrichtungsgarantien kann es sich sowohl um privatrechtliche Institutsgarantien, wie zum Beispiel das Eigentum[576] und die Ehe und Familie gemäß Art. 6 Abs. 1 GG,[577] als auch um öffentlich-rechtliche institutionelle Garantien handeln, wie zum Beispiel das ein grundrechtsgleiches Recht begründende Berufsbeamtentum gemäß Art. 33 Abs. 5 GG[578] und der Religionsunterricht an öffentlichen Schulen gemäß Art. 7 Abs. 3 Satz 1 GG.[579] Die Diskriminierungsfunktion – im Sinne eines Diskriminierungsverbots – ist im Gegensatz zu den bereits genannten Funktionen nicht den Freiheitsgrundrechten, sondern ausschließlich den Gleichheitsgrundrechten zuzuordnen. Gleichheitsrechte weisen gegenüber den Freiheitsrechten eine andere Normstruktur auf und sie erfüllen „primär" eine andere Funktion.[580] Sie dienen nicht dem individuellen Schutz eines – freien – menschlichen Verhaltens, dass ohne Beeinträchtigung des Staates erfolgen soll, sondern setzen ein Verhalten des Staates bezogen auf mehrere Grundrechtsträger voraus. Dieses Verhalten wird am Maßstab der Gleichheit bewertet, ohne dass eine Entscheidung, in welche Richtung eine ungerechte Gleich- oder Ungleichbehandlung aufzulösen ist, durch das Gleichheitsrecht vorgegeben ist.[581]

Fast allen Grundrechtsbestimmungen wohnen die allgemeinen Funktionen inne. Insbesondere die allgemeine Abwehr- und Schutzfunktion ist jedem Grundrecht immanent,[582] der konkrete Umfang der Leistungsfunktion ist regelmäßig grundrechtsspezifisch festzustellen. Diese verschiedenen Funktionen der Grundrechtsbestimmungen lassen sich aber sehr selten dem unmittelbaren Wortlaut entnehmen, sondern müssen durch Auslegung ermittelt werden. Das Verständnis und die Auslegung der Grundrechte werden zudem immer von realen Zuständen und Entwicklungen beeinflusst, so dass sich mit dem Verständnis der Grundrechte auch die Funktionen verändern können.

Diese allgemeinen Funktionen von Grundrechten lassen sich am Beispiel der Telekommunikationstechnik veranschaulichen. Das Fernmeldegeheimnis schützt als Grundrecht die Vertraulichkeit der Kommunikation, die durch die technisch vermittelte Fernkommunikation besonderen Risiken ausgesetzt ist. Dies setzt sowohl eine Abwehrfunktion vor der

575 *BVerfGE* 7, 19 (205).
576 Zum Eigentum *Alexy* 1985, 442 ff.
577 *BVerfGE* 6, 55 (72).
578 *BVerfGE* 117, 330 (344).
579 *BVerfGE* 6, 309 (355).
580 S. *Jarass*, in: Merten/Papier Bd. II, 2006, § 38 Rn. 41 ff.; *Dreier*, in: ders. Bd. I, 2013, Vorb. Rn. 91 ff.
581 *Gallwas* 1995, Rn. 140 ff. und s. zur Beschreibung des Gleichheitsrechts auch *Hornung* 2015, 48.
582 Grundsätzlich zur Unterscheidung von Grundrechtsbestimmung und Grundrecht s. *Merten*, in: ders./Papier Bd. II, 2006, § 35 Rn. 57 ff. m.w.N.

Kenntnisnahme der Kommunikation durch den Staat als auch eine Schutzpflicht des Staates zur Gewährleistung der Vertraulichkeit der Kommunikation insbesondere gegenüber dem Telekommunikationsdienstleister voraus.[583] Als Bestandteil der objektiven Wertordnung wirkt sich das Fernmeldegeheimnis dahingehend aus, dass es auch Schutz vor dem Zugriff privater Dritter auf die Kommunikationsinhalte gewährt,[584] wie zum Beispiel des Arbeitgebers bei Telefonaten des Arbeitnehmers. Die informationelle Selbstbestimmung schützt als Grundrecht das Recht, selbst über die Preisgabe und Verwendung personenbezogener Daten zu bestimmen, da moderne – personenbezogene Daten verarbeitende – Informationstechnik zu neuen Risiken für die Selbstbestimmtheit der Bürger geführt hat. Auch hier ist die Abwehrfunktion gegen mit Zwang durchsetzbare Datenerhebungen durch den Staat ebenso maßgeblich wie die Schutzpflicht des Staates, Datenverarbeitungen durch andere Stellen zu reglementieren. Aufgrund der Funktion als objektive Wertordnung entfaltet die informationelle Selbstbestimmung die mittelbare Drittwirkung zum Beispiel bei Dateneingaben auf Online-Bewertungsportalen.[585] Die Vernetzung informationstechnischer Systeme führt zu spezifischen Risiken sowohl für die Vertraulichkeit von Kommunikation als auch für die Integrität gespeicherter Daten, die durch das „IT-Grundrecht" geschützt werden sollen. Anlass für das dieses Grundrecht konstituierende Urteil des Bundesverfassungsgerichts war die Notwendigkeit einer Abwehrfunktion gegen den Staat, um die als Instrument für Verfassungsschutzbehörden normierte Online-Durchsuchung zu unterbinden oder zumindest zu beschränken. Ob aus dem Grundrecht darüber hinaus auch eine Schutzpflicht des Staates erwächst, einzelne Personen vor den Übergriffen durch Dritte zu bewahren, ist dem Urteil nicht zu entnehmen, da diese Frage nicht Gegenstand der Verfassungsbeschwerde war.[586]

Aus den Funktionen der Grundrechte lassen sich unterschiedliche Schwerpunkte für die Grundrechtsentwicklungen ableiten. Grundrechtsgewährleistungen müssen in ihrer Abwehrfunktion risikoadäquat, in ihrer Leistungsfunktion chancenadäquat, in ihrer Schutzfunktion konfliktadäquat und in ihrer Funktion der objektiven Wertordnung gesellschaftsadäquat entwickelt werden.

4.6 Aufbau der Grundrechte

Technikadäquate Grundrechtsentwicklung setzt nicht nur Kenntnisse über die verfassungsrechtlichen Möglichkeiten und Grenzen der Grundrechtsentwicklungen voraus, sondern auch über ihren strukturellen Aufbau. Ohne dieses Vorwissen ist es nicht möglich, Grundrechte zu entwickeln, die sich in die Grundrechtsdogmatik einbeziehen lassen. Die Grundstruktur von Grundrechten besteht aus dem grundrechtlichen Schutzbereich sowie Schranken und Schrankenvorbehalten.[587] Beispielsweise beschreibt Art. 10 Abs. 1 GG den Schutzbereich durch die Begriffe Brief-, Post- und Fernmeldegeheimnis, während Abs. 2 die Schranke enthält, dass Beschränkungen nur auf Grund eines Gesetzes angeordnet werden dürfen. Für diese beiden grundlegenden Bestandteile von Grundrechtsbestimmungen lassen sich weitere grundlegende Beschreibungen finden, die bei der Grundrechtsentwicklung zu beachten sind.

4.6.1 Schutzbereich der Grundrechte

Die genauere Betrachtung des Schutzbereichs von Grundrechten muss dabei den Ausgangspunkt bilden. Unabhängig von der Frage der wechselseitigen Verschränkung von

583 Die Möglichkeit der Inanspruchnahme von Telekommunikation ergibt sich aus der Universaldienstverpflichtung gem. Art. 87f Abs. 1 GG, s. ausführlich Kap. 6.2.6.
584 *BVerfGE* 106, 28 (36).
585 *BGHZ* 202, 242 (250 f.).
586 S. hierzu ausführlich Kap. 6.1.3.5.1.
587 *Merten*, in: ders./Papier Bd. III, 2009, § 56, Rn. 13.

Schutzbereich und Schranken[588] ist zunächst zu untersuchen, wie der Schutzbereich von Grundrechten abstrakt zu erfassen ist. Der Schutzbereich der Grundrechte besteht zunächst aus einem persönlichen und einem sachlichen Anwendungsfeld.[589] Durch den persönlichen Schutzbereich wird der Grundrechtsträger näher klassifiziert. Das Grundgesetz unterscheidet in seinem Grundrechtskatalog zwischen den Menschen- und den Bürgerrechten.[590] Während die Menschenrechte jedermann zustehen, ist die Geltung der Deutschengrundrechte gemäß Art. 116 Abs. 1 GG an die deutsche Staatsbürgerschaft geknüpft. Ausländern wird in Bezug auf die spezifischen Freiheits- oder Gleichheitsgewährleistungen, die dem Wortlaut nach den Deutschen vorbehalten sind, ein adäquater Grundrechtsschutz über die allgemeinen Freiheits- beziehungsweise das allgemeine Gleichheitsgrundrecht gewährt.[591] Einige Grundrechte enthalten noch weitere zusätzliche Spezifizierungen der Grundrechtsträger, die aus der Beschreibung des Normbereichs abgeleitet werden. Grundrechtsberechtigte der Pressefreiheit gemäß Art. 5 Abs. 1 Satz 2 GG sind Personen, die die von dem Grundrecht geschützten Handlung vornehmen.[592] Der persönliche Schutzbereich der Wissenschaftsfreiheit gemäß Art. 5 Abs. 3 GG umfasst neben Hochschullehrern, wissenschaftlichen Mitarbeiter[593] und Studenten[594] auch jeden, der außeruniversitär wissenschaftlich tätig ist oder werden möchte.[595]

In der Grundrechtsdogmatik beschreibt der sachliche Schutzbereich den thematischen Einzugsbereich der jeweiligen Grundrechtsbestimmung[596] oder bezogen auf die Freiheitsgrundrechte das Anwendungsfeld.[597] Genauer formuliert bildet er einen Lebensbereich ab, der von der Verfassung als sicherungswert anzusehen ist.[598] Über dieses Grundverständnis hinaus werden zahlreiche unterschiedliche Begriffe verwendet, die sachlich dem Schutzbereich gleichgestellt oder zugeordnet werden. Hierzu zählen insbesondere das Grundrechtsgut, grundrechtliches Schutzgut, Schutzobjekt und grundrechtlicher Schutzgegenstand.[599] Ergänzt werden die Begriffe des grundrechtlichen Schutzbereichs oder des Grundrechtstatbestands zudem um zahlreiche weitere Formulierungen mit teils abweichender Bedeutung. Eine Auswahl hiervon bilden die Formulierungen Schutzgehalt, Schutzumfang, Schutzgegenstand, Grundrechtsgewährleistung, Gewährleistungsgehalt, Grundrechtsbereich, Garantiebereich, Normbereich, Freiheitsnorm, Freiheitsraum, Freiheitsgewährleistung, Reichweite, Wirkungsbereich.[600] Teilweise wird der Schutzbereich zudem in die zwei Komponenten „Sach- und Lebensbereich" sowie Gewährleistungsinhalt aufgespalten.[601] Die erste Komponente soll den thematischen „Gegenstand" des Grundrechts umfassen. Dies können schützenswerte Güter, wie zum Beispiel Leben, Gesundheit, Eigentum und Wohnung, oder Verhaltensweisen sein, wie die Glaubensausübung, Gewissenshandlungen oder Forschung.[602] Die zweite Komponente beschreibt den Gewährleistungsinhalt im Sinne der Zielsetzung oder auch Garantie des Grundrechts. Die Gewährleistungsinhalte weisen in der textlichen Fassung der Grundrechte allerdings noch weniger Konturen auf als der Sach- und Lebensbereich. Die Zielsetzungen

---

588 S. zu dieser Problematik, die sich auch in den Lehren vom engen und weiten Schutzbereich ausdrückt, ausführlich *Merten*, in: ders./Papier Bd. III, 2009, § 56, Rn. 19 ff.

589 *Jarass*, AöR 120 (1995), 359.

590 *BVerfGE* 50, 290 (337); *Durner*, in: Maunz/Dürig 2015, Art. 11 GG, Rn. 54.

591 *BVerfGE* 78, 179 (196 f.) mit Verweis auf *Isensee*, VVDStRL (32) 1974, 80.

592 *BVerfGE* 95, 28 (34).

593 *BVerfGE* 35, 79.

594 *BVerfGE* 55, 37 (67).

595 *Starck*, in: v. Mangoldt/Klein/Starck Bd. 1, 2010, Art. 5 Abs. 3 GG, Rn. 405.

596 *Merten*, in: ders./Papier Bd. III, 2009, § 56, Rn. 23; *Dreier*, in: ders. Bd. I, 2013, Vorb., Rn. 119.

597 *Hillgruber*, in: Isensee/Kirchhof Bd. IX, 2011, § 200, Rn. 1.

598 *Isensee*, in: ders./Kirchhof Bd. IX, 2011, § 191, Rn. 63; *Alexy* 1985, 273 ff.

599 S. die Auflistung bei *Merten*, in: ders./Papier Bd. III, 2009, § 56, Rn. 23 jeweils m.w.N.

600 Zur Begriffsvielfalt s. *Merten*, in: ders./Papier Bd. III, 2009, § 56, Rn. 24 jeweils m.w.N.

601 *Isensee*, in: ders./Kirchhof Bd. IX, 2011, § 191, Rn. 63.

602 *Jarass*, AöR 120 (1995), 360.

drücken sich in den Wörtern „Unverletzlichkeit", „Unversehrtheit", „Ungestörtheit", „Recht auf Schutz", „Gewährleistung" und „Freiheit" aus und können letztlich alle auf das Freiheitsverständnis des Grundgesetzes zurückgeführt werden.[603] Unabhängig von der Frage, ob dieser differenzierenden Betrachtungsweise grundrechtsdogmatisch zuzustimmen ist,[604] kann sie für den methodischen Ansatz der Grundrechtsentwicklung fruchtbar gemacht werden.[605]

Im Fokus der abstrakten Annäherung an den Schutzbereich von Grundrechten stehen regelmäßig die Freiheitsgrundrechte. Die konzeptionelle Beschreibung findet aber auch für die Leistungsgrundrechte Anwendung.[606] Gleichheitsgrundrechte können insofern ebenfalls durch einen sachlichen Schutzbereich in Form von Fähigkeiten oder Eigenschaften des Grundrechtsträgers beschrieben wird, wie zum Beispiel das Geschlecht, die Religionszugehörigkeit oder die Abstammung.[607] Der wesentliche Unterschied im Vergleich zu den Freiheitsgrundrechten ergibt sich durch den Gewährleistungsgehalt. Dieser wird durch das Bundesverfassungsgericht für die Gleichheitsgrundrechte beschrieben. Der Gesetzgeber ist dadurch verpflichtet, wesentlich Gleiches nicht willkürlich ungleich oder wesentlich Ungleiches willkürlich gleich zu behandeln.[608]

Für eine systematische Grundrechtsentwicklung ist es von Vorteil, wenn der Schutzbereich von Grundrechten durch die Benennung einzelner Elemente abstrakt beschrieben ist. Deren systematische Umsetzung kann eine vollständige Beschreibung des zu entwickelnden Grundrechts gewährleisten. Für einen effektiven Grundrechtsschutz wird es nicht ausreichend sein, wenn ein gegenüber anderen Freiheitsgewährleistungen abgrenzbarer Lebensbereich – noch dazu in der Grundrechtsformulierungen üblichen Kürze – beschrieben wird, ohne gleichzeitig den Gewährleistungsgehalt zu konkretisieren. Das vom Bundesverfassungsgericht entwickelte Grundrecht auf Gewährleistung der Vertraulichkeit und Integrität informationstechnischer Systeme zeigt dies beispielhaft. Der Schutzbereich des Grundrechts spiegelt sich in seiner Bezeichnung wider. Diese besteht bereits aus den beiden Komponenten des Sachbereichs – das informationstechnische System – und des Gewährleistungsgehalts – die Gewährleistung der Vertraulichkeit und Integrität des Sachbereichs. Der Schutzbereich kann in diesem Fall nicht sinnvoll allein durch den Sachbereich beschrieben werden. Es soll in Bezug auf informationstechnische Systeme gerade nicht jegliche denkbare Freiheitsgewährleistung, wie zum Beispiel eine Zugangsfreiheit zu dieser Technik, umfasst sein. Ohne die explizite Ergänzung des Gewährleistungsgehalts der Vertraulichkeit und Integrität durch das Bundesverfassungsgericht wäre eine Anwendung des Grundrechts der „Freiheit informationstechnischer Systeme" nur sinnvoll möglich, wenn eine Konkretisierung des Freiheitsaspekts bei der Rechtsanwendung vorgenommen wird. Sachbereich und Gewährleistungsgehalt sind zwei sich ergänzende Elemente des grundrechtlichen Schutzbereichs, um diesen zu erfassen. Die Ergänzung der Gewährleistungsinhalte bezogen auf den Sachbereich dient somit der Umgrenzung und der Profilbildung des Grundrechts.[609]

---

603 S. auch *Isensee*, in: ders./Kirchhof Bd. IX, 2011, § 191, Rn. 62.

604 Als Argument gegen die Aufspaltung des Schutzbereichs aus der Perspektive der Grundrechtsdogmatik wird die damit verbundene Ablösung des Dualismus von Schutzbereich und Schranke vorgetragen, der durch einen dreigliedrigen Aufbau in Sach- und Lebensbereichs, Gewährleistungsinhalt und Eingriff ersetzt würde, *Isensee*, in: ders./Kirchhof Bd. IX, 2011, § 191, Rn. 65. Dem ist entgegenzuhalten, dass auch nach heutiger Grundrechtsdogmatik der Schutzbereich in den persönlichen und den sachlichen Bereich differenziert wird, ohne dass dadurch die Dichotomie von Schutzbereich und Eingriff obsolet wird, s. *Jarass*, AöR 120 (1995), 359.

605 Zu den Gegenargumenten für die Aufspaltung s. *Isensee*, in: ders./Kirchhof Bd. IX, 2011, § 191, Rn. 65 f. Zur Argumentation für die differenzierte Betrachtung des Schutzbereichs *Böckenförde*, Der Staat 42 (2003), 190 ff.; *Hoffmann-Riem*, Der Staat 43 (2004), 203 ff.

606 *Jarass*, AöR 120 (1995), 359 f.

607 *Jarass*, AöR 120 (1995), 361.

608 *BVerfGE* 4, 144 (155).

609 *Böckenförde*, Der Staat 42 (2003), 190 ff.

Des Weiteren sind in der Textfassung einiger Grundrechte sogenannte verfassungsunmittelbare Grenzen formuliert. Diese beschreiben von vornherein Grenzen der Reichweite der Schutzbereiche.[610] Als Beispiele für verfassungsunmittelbare Schranken können genannt werden, zum einen Art. 9 Abs. 2 GG, wonach Vereine, deren Zwecke den Strafgesetzen zuwiderlaufen, verboten sind, oder zum anderen Art. 8 Abs. 1 GG, nach dem Grundrechtsschutz nur Versammlungen erfahren, die friedlich und ohne Waffen ablaufen. Bei diesen Formulierungen handelt es sich um Schutzbereichsbegrenzungen, die bereits im Grundgesetz angelegt sind und somit den Schutzbereich des Grundrechts konkretisieren – allerdings in negativer Form. Der Schutzbereich umfasst daher nicht die Freiheitsgewährleistung ohne diese Einschränkungen, sondern diese definieren ihn unmittelbar. Trotz alledem können sie abstrakt als spezifischer Bestandteil des Schutzbereichs angesehen werden. Im Unterschied zu den beiden bereits genannten Komponenten des Schutzbereichs – dem Sachbereich und den Gewährleistungsgehalt – sind Schutzbereichsbegrenzungen kein obligatorisches, sondern ein fakultatives Element grundrechtlicher Schutzbereiche.

Für die weitere Methode der Grundrechtsentwicklung wird der Schutzbereich von Grundrechten daher als aus zwei Komponenten bestehend betrachtet. Der Sachbereich wird im Folgenden als Schutzgut und der Gewährleitungsgehalt als Schutzziel bezeichnet. Als Kurzformel ergibt sich damit, dass sich der Schutzbereich aus Schutzgut und Schutzziel zusammensetzt. Im Einzelfall wird der Schutzbereich durch Anforderungen an den Grundrechtsträger oder durch eine spezifische Schutzbereichsbegrenzung ergänzt

4.6.2 Schranken der Grundrechte

Das Grundgesetz kennt verschiedene Formen geschriebener Schranken und darüber hinaus hat die Rechtsprechung des Bundesverfassungsgerichts sogenannte ungeschriebene Grundrechtsschranken entwickelt. Diese verschiedenen Formen bilden ein abgestuftes Schrankensystem der Grundrechte des Grundgesetzes, die unterschiedlich weitreichende Beschränkungen der verschiedenen Grundrechte ermöglichen.[611] Insgesamt lässt sich das Schrankensystem durch drei Stufen typisieren. Im Einzelnen sind dies der einfache Gesetzesvorbehalt, der qualifizierte Gesetzesvorbehalt und schließlich die vorbehaltlos gewährleisteten Grundrechte. Abgesehen von dieser Unterscheidung bestimmter Schrankentypen, kennt das Grundgesetz keine für alle Grundrechte einheitliche und verbindliche Schrankensystematik.[612]

Bei den geschriebenen Schranken sind der einfache oder der qualifizierte Gesetzesvorbehalt den Grundrechten am häufigsten als Schrankenvorbehalt beigefügt. Beiden Gesetzesvorbehalten ist gemeinsam, dass sie eine Begrenzung des Grundrechts nur durch oder aufgrund eines Gesetzes zulassen.[613] Gesetzesvorbehalte erfüllen sowohl eine demokratische als auch eine rechtsstaatliche Funktion. Der Gesetzgeber soll als im Wege der repräsentativen Demokratie legitimiertes Organ die im verfassungsrechtlichen Kontext wesentliche Entscheidung über die Einschränkung von Grundrechten treffen.[614] Das einschränkende Gesetz ist dann als der „allgemeine Wille“ der Bürger anzusehen. Das Rechtsstaatsprinzip kommt im Gesetzesvorbehalt zur Geltung, indem es Art und Ausmaß zulässiger Grundrechtsbeschränkungen abstrakt-generell festlegt, um damit zugleich einem Übermaß an staatlichen Freiheitsbeschrän-

610 *Schnapp*, JuS 1978, 793.

611 *Hillgruber*, in: Isensee/Kirchhof Bd. IX, 2011, § 201, Rn. 11.

612 *Pecher* 2002, 22 ff. m.w.N. spricht von einem „Schrankenwirrwarr“; *Scholz*, in: Maunz/Dürig 2015, Art. 12 GG, Rn. 304.

613 Der einfache Gesetzesvorbehalt ist an der Formulierung „durch oder aufgrund eines Gesetzes“, s. z.B. Art. 8 Abs. 2, 11 Abs. 2, 12 Abs. 1 Satz 2 GG oder geringfügig abweichenden Formulierungen, z.B. Art. 2 Abs. 2 Satz. 3 GG „auf Grund eines Gesetzes“, erkennbar.

614 *Hermes*, in: Merten/Papier Bd. III, 2009, § 63, Rn. 11; *Hillgruber*, in: Isensee/Kirchhof Bd. IX, 2011, § 201, Rn. 27.

kungen entgegenzuwirken.[615] Der Unterschied zwischen einfachem und qualifiziertem Gesetzesvorbehalt besteht darin, dass ein formelles oder materielles Gesetz die einzige Voraussetzung des einfachen Gesetzesvorbehalts ist.[616] Ein qualifizierter Gesetzesvorbehalt stellt hingegen noch weitere inhaltliche Anforderungen an das schrankenziehende Gesetz.[617]

Einige Grundrechte enthalten keine geschriebenen Begrenzungsmöglichkeiten und sind dadurch normtextlich vorbehaltlos gewährleistet.[618] Das Bundesverfassungsgericht lehnt eine Übertragung der Schranken anderer Grundrechte auf die vorbehaltlos gewährleisteten aus systematischen Gründen ab.[619] Dennoch sind diese Grundrechte nach anerkannter Auffassung des Bundesverfassungsgerichts nicht schrankenlos, sondern ihre Begrenzung ist die logische Folge eines geordneten menschlichen Zusammenlebens.[620] Im Unterschied zu den mit einem Gesetzesvorbehalt versehenen Grundrechten können vorbehaltlos normierte Grundrechte ihre Schranken nur in anderen Verfassungsbestimmungen finden. Das Bundesverfassungsgericht beschreibt dies mit der Formel, dass „nur kollidierende Grundrechte Dritter und andere mit Verfassungsrang ausgestattete Rechtswerte [...] mit Rücksicht auf die Einheit der Verfassung und die von ihr geschützte gesamte Rechtsordnung ausnahmsweise imstande [sind], auch uneinschränkbare Grundrechte in einzelnen Beziehungen zu begrenzen“[621]. Um einen den Wertvorstellungen des Grundgesetzes entsprechenden Ausgleich der widerstreitenden, verfassungsrechtlich geschützten Interessen zu finden, muss auch das einschränkende Grundrecht wiederum im Lichte des zu beschränkenden Grundrechts ausgelegt werden.[622] Für den erforderlichen Ausgleich zwischen den konfligierenden Grundrechten ist zur Gewährleistung der Rechtsstaatlichkeit und der Demokratie wiederum der demokratisch legitimierte Gesetzgeber zuständig.[623] Der Gesetzesvorbehalt muss erst recht für schrankenlos gewährleistet Grundrechte gelten, wenn er bereits für die Einschränkung nicht schrankenlos gewährter Grundrechte vorgesehen ist.[624]

4.7 Technikadäquate und techniksteuernde Grundrechtsentwicklung

Enthält das bestehende Normprogramm keine adäquaten Lösungskonzepte für technische Innovationen, können diese Lücken sowohl durch einen Grundrechtswandel als auch durch

---

615 *Hermes*, in: Merten/Papier Bd. III, 2009, § 63, Rn. 11; *Hillgruber*, in: Isensee/Kirchhof Bd. IX, 2011, § 201, Rn. 27.

616 Zum formellen Gesetz *BVerfGE* 1, 167 (176) sowie ausdrücklich festgestellt in *BVerwGE* 138, 89 (97). Zum materiellen Gesetz *Funke/Papp* JuS 2010, 397 f.

617 Z.B. Art. 11 Abs. 2 GG, der eine gesetzliche Beschränkung nur für die Fälle vorsieht, in denen eine ausreichende Lebensgrundlage nicht vorhanden ist und der Allgemeinheit daraus besondere Lasten entstehen würden oder in denen es zur Abwehr einer drohenden Gefahr für den Bestand oder die freiheitliche demokratische Grundordnung des Bundes oder eines Landes, zur Bekämpfung von Seuchengefahr, Naturkatastrophen oder besonders schweren Unglücksfällen, zum Schutze der Jugend vor Verwahrlosung oder um strafbaren Handlungen vorzubeugen, erforderlich ist.

618 Dies gilt etwa für die in Art. 5 Abs. 3 Satz 1 GG geschützte Kunst- und Wissenschaftsfreiheit oder die in Art. 9 Abs. 3 GG gewährleistete Koalitionsfreiheit

619 In Bezug auf die Übertragung der Schranken von Art. 5 Abs. 2 GG und Art. 2 Abs. 1 GG auf die Kunstfreiheit gemäß Art. 5 Abs. 3 GG *BVerfGE* 30, 173 (191 ff.); 47, 327 (368); 67, 213 (224, 228) sowie auf die Religionsfreiheit gemäß Art. 4 Abs. 1 und 2 GG *BVerfGE* 32, 98 (107); 52, 223 (246 f.). Insbesondere die Übertragung der Schrankentrias oder die sogenannte Schrankenleihe wird in der Literatur nur noch vereinzelt vertreten. S. zur Problematik *Starck*, in: v. Mangoldt/Klein/Starck Bd. 1, 2010, Art. 4 Rn. 84 ff. m.w.N.; *Papier*, in: Merten/Papier Bd. III, 2009, § 64 Rn. 13 ff.

620 *BVerfGE* 77, 240 (252) sowie ausführlich zu den unterschiedlichen Auffassungen in der Literatur *Hillgruber*, in: Isensee/Kirchhof Bd. IX, 2011, § 201, Rn. 13 ff.

621 S. die ständige Rechtsprechung des Bundesverfassungsgerichts *BVerfGE* 28, 243 (261); 81, 278 (292 ff.); 83, 130 (139); 84, 212 (228); 93, 1 (21).

622 Vergleiche grundlegend *BVerfGE* 30, 173 (191 ff.).

623 *Papier*, in: Merten/ders. Bd. III, 2009, § 64, Rn. 21 f.; *Dreier*, in: ders. Bd. I, 2013, Vorb. Rn. 141.

624 *Alexy* 1985, 262 f.; *Jarass*, AöR 120 (1995), 372.

eine Grundrechtsänderung geschlossen werden. Formell ist die Grundrechtsänderung dem Verfassungsgesetzgeber vorbehalten, während der Grundrechtswandel insbesondere Aufgabe des Bundesverfassungsgerichts ist. Dieses hat auch die technische Entwicklung der Elektronischen Datenverarbeitung und die technischen Möglichkeiten der Durchsuchung vernetzter Rechner durch den sogenannten Bundestrojaner durch das Recht auf informationelle Selbstbestimmung und das Recht auf Vertraulichkeit und Integrität informationstechnischer Systeme grundrechtlich aufgenommen. Völlig ungewiss und unbeeinflussbar ist aber in der Regel der Zeitpunkt, zu dem das Gericht die Gelegenheit für eine solche Grundrechtsentwicklung erhält. Die Zulässigkeitsvoraussetzungen für verfassungsgerichtliche Klagen sind gerade darauf ausgerichtet, den Gewaltenteilungsgrundsatz zu stärken,[625] so dass das Gericht grundsätzlich zu einem Gesetzgebungsvorhaben keine Stellung beziehen kann. Durch eine Grundrechtsänderung besteht – zumindest theoretisch – die Möglichkeit, frühzeitig und abrupt normative Vorgaben für neue Sachverhalte in die Verfassung einzuführen.[626] Sie sollte vor allem gewählt werden, um eine gezielte Steuerung von absehbaren Technikentwicklungen zu erreichen, die grundsätzlich verhindert werden sollen. Sowohl die Grundrechtsänderung als auch der Grundrechtswandel bedürfen aber eines längeren zeitlichen Prozesses und erfolgen regelmäßig nicht als Vorsorgemaßnahmen für potentielle Technikentwicklungen.

Um präventiv auf technische Innovationen einwirken zu können, müssen Überlegungen für Grundrechtsentwicklungen in einem deutlich früheren Stadium der technischen Entwicklung einsetzen. Diese Funktion kann nur durch die rechtswissenschaftliche Forschung wahrgenommen werden, die nicht den formellen Zwängen der Gesetzgebung und der Rechtsprechung unterliegen. Zwar entfalten wissenschaftliche Vorschläge für Grundrechtsänderung und Grundrechtswandel keine Rechtsverbindlichkeit. Um als rechtliche Vorgaben für die Konkretisierung rechtlicher Anforderungen an die Technikgestaltung fungieren zu können, ist dies aber auch nicht zwingend erforderlich. Rechtsverbindlichkeit ist für die Bewertung einer Technik als rechtmäßig oder rechtswidrig eine zwingende Voraussetzung, nicht aber für das Gestaltungsziel der Rechtsverträglichkeit. Zudem kann den rechtswissenschaftlichen Erkenntnissen von Gesetzgebung, Rechtsprechung und Verwaltung durch die Aufnahme in das Normprogramm die Rechtsverbindlichkeit auch nachträglich – in Bezug auf die Technikentwicklung – verliehen werden.

Bevor der Versuch unternommen wird, die methodischen Schritte für eine techniksteuernde Grundrechtsentwicklung aufzuzeigen, ist eine Auseinandersetzung mit der Kritik erforderlich, dass Grundrechte grundsätzlich ungeeignet sein könnten, diese Aufgabe zu erfüllen. Wie bereits dargelegt,[627] ist die begriffliche Umschreibung eines Grundrechts nur eine sehr abstrakte Zielbeschreibung. Diese kann für sich keine Steuerungsfunktion entfalten, sondern bedarf ebenso wie es bei der verfassungsverträglichen Technikgestaltung erforderlich ist, der Konkretisierung, um eine steuernde Wirkung zu erreichen. Dies gilt aber im Grundsatz für jegliche Rechtsanwendung und insbesondere für die rechtliche Prüfung von Grundrechten. Es kann nie unmittelbar dem Wortlaut eines Grundrechts entnommen werden, dass ein Gesetz dieses verletzt und somit verfassungswidrig ist. Der Schwerpunkt technikadäquater Verfassungsentwicklung liegt daher auch weniger in der Formulierung von Grundrechten, als vielmehr auf der Festlegung der normativen Vorgaben, die in Grundrechten manifestiert sind. Bezogen auf die in Art. 5 Abs. 1 Satz 2 GG gewährleistete Pressefreiheit und die Freiheit der Berichterstattung durch Rundfunk und Film wäre die normative Wertung zum Beispiel, dass die als Grundvoraussetzung einer freiheitlich demokratischen Grundordnung öffentliche Meinungsbildung durch die Medienfreiheiten zu gewährleisten ist. Daraus leiten sich für die Be-

---

625 *BVerfG*, NJW 1983, 2931 (2932).

626 *Forsthoff*, in: Veröffentlichungen des Instituts für Staatslehre und Politik 1953, 327; *Häberle*, ZfP 21 (1974), 133; s auch *Jellinek* 1906, 8.

627 S. Kap. 4.2.2.1 und Kap. 4.2.2.2.

schreibung des „Sollens“ zahlreiche Aspekte ab. Die Grundrechtsadressaten sollen jedem Bürger umfassende, vollständige und vom Staat unbeeinflusste Informationen über alle sozialen und politischen Belange geben. Die Formulierung des Grundrechts ist dann der Versuch, die Voraussetzungen, die erforderlich sind, um diesen Zustand des Sollens zu erreichen, in eine Regel zu fassen. Welche Vorgaben muss das Recht festlegen, um die Realität so zu beeinflussen, dass sich das Sein zum Sollen wandelt?

Die verfassungsverträgliche Technikgestaltung steht vor dem Problem, dass die rechtliche Regelungsform tief in die Bereiche des Technischen eindringen muss, um die Technik nach den Zielen des Rechts zu verändern.[628] Da das Recht naturgemäß abstrakt ist, wird dieses Übersetzungsproblem durch die Methode zur Konkretisierung verfassungsrechtlicher Anforderungen gelöst.[629] Die technikadäquate Verfassungsentwicklung steht dagegen vor der Herausforderung, dass sie eine Entscheidung über die normativen Vorgaben für technische Entwicklungen erfordert, deren Wirkungen, Folgen und Nebenfolgen nur begrenzt absehbar sind. Dies setzt ein tiefgehendes Verständnis für die Technik, Phantasie hinsichtlich ihrer Einsatzformen, Anwendungsbereiche sowie Auswirkungen und schließlich eine Wertentscheidung bezüglich der Chancen und Risiken der Technik voraus. Die dargestellten theoretischen Ansätze für Grundrechtsentwicklungen stellen vornehmlich auf die dogmatische Differenzierung ab, ob sie mit oder ohne Änderung des Verfassungstextes erfolgen.[630] Unberücksichtigt bleibt bei ihnen aber die methodische Vorgehensweise der Rechtsentwicklung. Über die Erörterung der Anforderungen von Art. 79 GG hinaus erfolgt keine Beschreibung mit welcher systematischen Vorgehensweise die Inhalte von Grundrechtsentwicklungen entsprechend dem Grundrechtsaufbau erarbeitet werden können. Nimmt das Bundesverfassungsgericht in einer Entscheidung einen Grundrechtswandel vor, indem es insbesondere ein „neues“ Grundrecht kreiert, ist zwar zu unterstellen, dass die Richter dabei eine gewisse Methodik und Systematik beachten, eine abstrakte Beschreibung dieser Vorgehensweise fehlt allerdings bisher. Die Analyse der verschiedenen Urteile, mit denen neue Grundrechtsausprägungen geschaffen worden sind, zeigen, dass die Formulierung eines neuen Grundrechts in der Regel der letzte, wenn auch öffentlichkeitswirksamste und nachhaltigste Schritt von Grundrechtsentwicklungen ist. Ihr gehen umfassende Vorarbeiten und Überlegungen voraus. Für die Aufgabe der technikadäquaten Verfassungsentwicklung besteht die Besonderheit, dass ihre Zielsetzung nicht nur eine Grundrechtsentwicklung ist, sondern diese zudem technikadäquat und techniksteuernd sein soll. Im Unterschied zur einfachgesetzlichen Ebene, auf der das Technikrecht ein eigenständiges Rechtsgebiet darstellt, existiert kein wie auch immer geartetes Technikverfassungsrecht. Dennoch ist es aufgrund der Zielsetzung einer techniksteuernden Grundrechtsentwicklung erforderlich, dass der Zusammenhang zwischen Technik und Verfassungsrecht grundsätzliche Berücksichtigung findet.

4.8 Methode technikadäquater Grundrechtsentwicklung

Die umfassende Beschreibung einer wissenschaftlichen Methode beinhaltet regelmäßig ihre Einsatzbereiche, ihre Zielsetzungen und ihre Arbeitsschritte. Die ersten beiden Aspekte wurden bereits ausgearbeitet, indem die Notwendigkeit einer Methode zur technikadäquaten Grundrechtsentwicklung hergeleitet sowie ergänzend ihre Bedeutung für die rechtsverträgliche Technikgestaltung und insbesondere die Methode der Konkretisierung rechtlicher Anforderungen dargelegt wurde.

Rechtsentwicklungen können generell nicht sinnvoll ohne Bezug zu einem realen oder fiktiven Sachverhalt vorgenommen werden. Bei der technikadäquaten Grundrechtsentwicklung

---

628 *Roßnagel* 1993, 255.

629 S. Kap. 3.2.

630 S. Kap. 4.2.

setzt diese eine prüfbare Beschreibung der Technik, ihrer potentiellen Anwendungsbereiche, ihrer Wirkungen, Folgen und Nebenfolgen voraus.[631] Um die Technik als komplexes, soziotechnisches System möglichst vollständig zu erfassen, sind erstens die unterschiedlichen technischen Ebenen zu differenzieren. Hierzu sind insbesondere Infrastrukturen, Funktionalitäten, Datenverarbeitungsvorgänge, Prozessschritte, Einstellungsoptionen und Bedienmöglichkeiten zu beschreiben. Zweitens ist die gesellschaftliche Ebene der Technik einzubeziehen, zu der konkrete Anwendungsbereiche, Einsatzmöglichkeiten und die an der Bereitstellung und Nutzung der Technik beteiligten Akteure zählen. Ergänzend kann es sinnvoll sein, ökonomische Besonderheiten der Technik zu berücksichtigen, da sich diese auf die Beziehungen der Akteure untereinander und die konkrete Marktsituation auswirken. Allen diesen drei Ebenen ist gemeinsam, dass sie die Expertise anderer Fachdisziplinen erfordern.

Es sind hinreichend konkrete hypothetische Sachverhaltsbeschreibungen vorzunehmen, in die das verfügbare Wissen über die Technik sowie die durch sie und ihren Einsatz vorstellbaren Veränderungen der Wirklichkeit einfließen müssen. Dies kann – ebenso wie auf der ersten Stufe von KORA[632] – anhand von Szenarien erfolgen, so dass insoweit methodische Parallelen vorhanden sind. Die Szenarien nehmen eine soziale Einbettung der technischen Innovationen vor und sind der konkrete Bewertungsgegenstand der – bestehenden – normativen Vorgaben in der Verfassung. Es ist erforderlich, jeweils die konkreten Akteure des szenarischen Technikeinsatzes zu erfassen. Im Unterschied zur Rechtsanwendung geht es nicht nur darum, eine Norm um die Aspekte der Wirklichkeit anzureichern, sondern diese sind durch einen kreativen Akt zu finden. Diese Überlegungen bilden sowohl den Anlass als auch die notwendigen Vorarbeiten für die Methode technikadäquater Grundrechtsentwicklung. Auf der Grundlage dieser Vorarbeiten basiert die schrittweise Vorgehensweise, die im Folgenden dargestellt und begründet wird.

4.8.1 Normative Wertungslücke

Die erste Voraussetzung jeglicher Rechtsentwicklung ist die Feststellung, dass ein Aspekt der Wirklichkeit nicht oder nicht angemessen von der Rechtsordnung erfasst wird. Bei der Verfassungsentwicklung kann dies abstrakt als Feststellung einer fehlenden spezifischen normativen Vorgabe im Sinne einer objektiven Wertentscheidung der Verfassung bezeichnet werden.[633] Diese Voraussetzung ist unabhängig davon, in welcher konkreten Form eine Grundrechtsentwicklung erforderlich werden könnte.[634] Auf einfachgesetzlicher Ebene findet sich dieser Prüfungsschritt vergleichbar bei der Rechtsfigur der Analogie, die in der Rechtsanwendung eingesetzt wird, um Regelungslücken zu schließen.[635] Eine Analogie ist grundsätzlich nur zulässig, wenn für einen bestimmten Sachverhalt keine Rechtsnorm existiert.[636] Eine lückenschließende Analogie setzt immer voraus, dass bestehende Gesetze umfassend mit negativem Ergebnis bezüglich der Anwendbarkeit geprüft worden sind.

Bezogen auf die beschriebene technische Innovation und die durch ihren Einsatz möglich werdenden Sachverhalte ist die Feststellung erforderlich, dass die Verfassung keine (ausreichenden) normativen Vorgaben enthält. Die normative Überprüfung der technischen Innovation ist im Vergleich zur einfachgesetzlichen Ebene jedoch sehr viel komplexer. Dies beruht

---

631 Für das im zweiten Teil der Arbeit vorgestellte technisch geprägte Beispiel „Internet" wurde diese – abstrakte – Beschreibung der Technik in Kap. 5 als Beschreibung des soziotechnischen Systems vorgenommen.

632 S. Kap. 3.2.4.1

633 In diesem Kontext wird die verfassungsrechtliche Wertungslücke, wie bereits ausgeführt, im Sinne einer fehlenden spezifischen Erfassung durch die Grundrechte verstanden.

634 S. Kap. 4.2.

635 Umfassend zu Rechtslücken *Klug*, in: Dietz/Hübner Bd. I, 1965, 71 ff.

636 Ausführlich zur Gesetzesanalogie *Koller* 1997, 230 ff.

zum einen auf der textlichen Schlichtheit der Grundrechte und damit ihrer hohen Auslegungsbedürftigkeit. Zum anderen adressieren die meisten Grundrechte zwar einen grundsätzlich abgrenzbaren Lebens- oder Handlungsbereich,[637] allerdings weisen sie dabei vielfältige Überschneidungen auf und sind häufig parallel anwendbar.

Die Beschreibung der normativen Wertungslücke erfordert neben der inhaltlichen Konkretisierung die Bestimmung des Wertungsmaßstabs. Es ist eine Grenze der Rechtssicherheit zu benennen, bis zu der eine Wertungslücke anzunehmen ist. In den Ausführungen zur Gestaltungsverantwortung des Rechts für die Technik wird explizit darauf hingewiesen, dass rechtliche Technikgestaltung nicht allein als Aufgabe der staatlichen Gewalten der Legislative, Exekutive und Judikative verstanden werden kann. Sie ist vielmehr auch als Aufgabe der Politik und wissenschaftlichen Forschung – insbesondere der rechtswissenschaftlichen Technikfolgenforschung und der ergänzenden rechtsverträglichen Technikgestaltung – zu verstehen, damit die erforderliche präventive Steuerungswirkung auf die Technikentwicklung erreicht werden kann.[638] Sofern es für die Durchsetzung der Steuerungsmaßnahmen gesetzlicher Vorschriften bedarf, sind diese als klassisches Technikrecht[639] vornehmlich in Form von einfachen Gesetzen zu erlassen.[640] Anlass für die Entwicklung der Methode technikadäquate Verfassungsentwicklung in dieser Arbeit ist die Unterstützung proaktiver techniksteuernder Grundrechtsentwicklungen und ihre Ergänzungsfunktion zur Methode der rechtsverträglichen Technikgestaltung.[641] In Bezug auf diese Zielsetzungen ist es erforderlich rein wissenschaftliche Ansätze für Grundrechtsentwicklungen in die Untersuchung einzubeziehen. Allerdings haben diese keine „Rechtssetzungskraft“.

Werden Entwicklungsansätze aus der Wissenschaft einbezogen, muss nicht zwangsläufig eine einheitliche wissenschaftliche Meinung bestehen, sondern es können sehr unterschiedliche Grundrechtsentwicklungen für erforderlich gehalten werden.[642] Insofern ist davon auszugehen, dass die wissenschaftlichen Überlegungen selten abgeschlossen und vollständig sein werden. Daher sollte immer eine kritische Auseinandersetzung mit ihnen erfolgen und zusätzlich nach Alternativen geforscht werden. Zudem sind wissenschaftliche Erkenntnisse kein (geltendes) Recht und gewährleisten somit keine umfassende Rechtssicherheit.[643] Es kann die Möglichkeit nicht ausgeschlossen werden, dass sich die Politik explizit ablehnend zu einem wissenschaftlichen Entwicklungsvorschlag äußert oder insbesondere Gesetzgebung und Rechtsprechung vom wissenschaftlichen Meinungsbild abweichende Grundrechtsentwicklungen vornehmen, so dass diese letztlich Rechtsverbindlichkeit erlangen. Um diesem Risiko vorzubeugen und die Suche nach normativen Wertungen technischer Entwicklungen nicht vorzeitig zu beenden, sind die Anforderungen an das Bestehen einer rechtlichen Wertungslücke eher gering anzusetzen. Können die technikdeterminierten Szenarien durch eine Subsumtion unter die Grundrechte vollständig sowie chancen- und risikenadäquat erfasst werden, ist keine normative Wertungslücke anzunehmen. Erst die Notwendigkeit einer technikbezogenen Interpretation oder Konkretisierung des Grundrechts ist als normative Wertungslücke zu werten, weil nach dem in dieser Arbeit zugrunde gelegtem Verständnis die technikadäquate Grundrechtsentwicklung sowohl den Grundrechtswandel als auch die Grundrechtsänderung

637 Ausnahmen stellen hier neben dem Auffanggrundrecht der allgemeinen Handlungsfreiheit die Gleichheitsgrundrechte bis auf Art. 33 Abs. 2 GG dar.

638 S. Kap. 2.2.

639 S. Kap. 2.3.1.

640 S. Kap. 2.3.1.3.

641 S. Kap. 4.6.2.

642 S. beispielhaft die in Kap. 9.1 vorgestellten Ansätze in der wissenschaftlichen Literatur für „neue“ internetspezifische Grundrechte.

643 Wie in Kap. 4.6.2 dargelegt, können nachträglich rechtswissenschaftliche Meinungsverschiedenheiten aufgelöst und wissenschaftlichen Erkenntnissen Rechtsverbindlichkeit verliehen werden, indem sie insbesondere von Gesetzgebung und Rechtsprechung in das Normprogramm aufgenommen werden.

umfasst.[644] Die Grenze zwischen „reiner" Subsumtion sowie Grundrechtsinterpretation und Grundrechtskonkretisierung verläuft nicht immer eindeutig. Im Zweifel ist von einer normativen Wertungslücke auszugehen. Keine normative Wertungslücke ist zudem anzunehmen, wenn eine Grundrechtsentwicklung durch den Gesetzgeber[645] oder das Bundesverfassungsgericht vorgenommen oder ein Vorschlag aus der Wissenschaft durch diese bestätigt worden ist.

(1) Isolierte Grundrechtsprüfung

In einem ersten Schritt ist zu analysieren, ob die bekannten und bewährten Schutzgüter und Schutzziele eines Grundrechts bezogen auf die neue Technik und ihre Szenarien chancenrisikoadäquat sind. Die Eröffnung des persönlichen und sachlichen Schutzbereichs ist zunächst Voraussetzung, um eine Grundrechtsrelevanz anzunehmen und ein bestehendes Grundrecht als Bewertungsmaßstab heranzuziehen. In die anerkannten Interpretationen und Konkretisierungen des Grundrechts sind die durch die Technik veränderten Wirklichkeitsaspekte zu subsumieren. Dabei sind die faktischen Elemente, die bisher für das Verständnis und die Reichweite der grundrechtlichen Schutzgüter und Schutzziele maßgeblich waren, herauszuarbeiten und daraufhin zu überprüfen, ob und wie sie durch das soziotechnische System verändert werden. Es kann auf diesem Weg erkannt werden, ob die auf den ursprünglichen Wirklichkeitsannahmen beruhenden Interpretationen und Konkretisierungen noch mit der veränderten Wirklichkeit übereinstimmen. Zum anderen kann zwar eine Sachnähe der Technik zu den Schutzgütern oder auch ein Bedarf für bestimmte Schutzziele festgestellt werden, ohne dass bisher explizit die Feststellung getroffen wurde, dass die Technik von dem Grundrechtsschutz erfasst wird. Ergänzend ist zu prüfen, ob die getroffenen normativen Vorgaben noch von der gesellschaftlichen Akzeptanz getragen werden oder aufgrund veränderter Wertvorstellungen Änderungen der Schutzziele und gegebenenfalls der grundrechtlichen Wertordnung erforderlich sind.[646]

Es ist zum Beispiel fraglich, wie Internetdienste den Schutzgütern Presse, Rundfunk und Film der Medienfreiheit einzuordnen sind und ob es eines medienspezifischen Grundrechtsschutzes für Internetdienste bedarf. Eine technikbezogene Grundrechtskonkretisierung ist zum Beispiel – relativ beiläufig – bei der Einbeziehung des Internet in den Schutzbereich des Fernmeldegeheimnisses erfolgt.[647] Der Eindruck, dass sich die Wertvorstellungen verändert haben, könnte zum Beispiel in Bezug auf Definition und Reichweite des allgemeinen Persönlichkeitsrechts in seiner Ausprägung der Selbstbewahrung in Anbetracht des teilweise zu beobachtenden Offenbarungsverhaltens auf Social Networks entstehen.[648]

(2) Einbeziehung der Funktionen der Grundrechte

Die schematische Grundrechtsprüfung ermöglicht nur die Feststellung einer normative Wert-entscheidung auf der Ebene der Schutzbereiche der Grundrechte. Darüber hinaus können die technikbedingten Veränderungen die Funktionen des Grundrechts tangieren, die in einem zweiten Schritt herauszuarbeiten sind. Aufgrund ihrer grundsätzlichen Querschnittswirkung sind sie gesondert zu untersuchen. Da technische Innovationen kaum noch auf eine Initiierung durch den Staat zurückgehen und technische Neuerungen nur vereinzelt in staatlicher Verantwortung betrieben werden, wird die Abwehrfunktion der Grundrechte seltener, die Schutzfunktion aber umso häufiger bedeutsam. Methodisch handelt es sich hierbei um Konkretisierungen von Grundrechten sowohl in Bezug auf den Schutzbereich als auch in Bezug auf die Grundrechtsfunktionen.

(3) Grundrechtsbezogene Feststellung technikbedingter Veränderungen der Wirklichkeit

---

644 S. Kap. 4.6.2.

645 Dies ist der eher selten anzunehmende Fall der in Kap. 4.2.3 dargestellten Grundrechtsänderung.

646 S. *Grimm*, Seoul Law Journal 42 (2001), 185.

647 *BVerfGE* 125, 360 (204).

648 S. z.B. die Ergebnisse der Studie zur Digitalen Privatsphäre von Heranwachsenden *Schenk/Niemann/Reimann/Roßnagel* 2012, 142 ff., 198 ff. sowie zum allgemeinen Persönlichkeitsrecht nachfolgendes Kap. 6.1.3.

Die Herausforderung des dritten Schrittes ist es, gerade die wenigen Teilaspekte der durch die Technik veränderten Bedingungen der Wirklichkeit aufzuspüren, die bisher keiner normativen Wertung unterliegen.[649] Dies kann erreicht werden, indem nicht nur aus der Perspektive des Schutzbereichs der einzelnen Grundrechte die Technik, sondern auch umgekehrt aus der Perspektive der Technik analysiert wird, wie die jeweiligen Freiheitsgewährleistungen jeweils durch sie beeinflusst werden.

Dabei sind die neuen Chancen und Risiken für individuelle und gesellschaftliche Interessen zu bestimmen, die sich aus der durch die technische Innovation verursachten veränderten Wirklichkeit ergeben. Technik ist häufig eine Wahrnehmungsvoraussetzung im Sinne eines Instruments für Freiheitsverwirklichungen. Als solche entfaltet sie Chancen für die Grundrechtsausübung, die jeweils grundrechtsbezogen herauszuarbeiten sind. Gleichzeitig kann Technik Risiken für Grundrechte auslösen, die zu bestimmen sind. Maßgeblich für diese Chancen- und Risikenanalyse der Technik sind die faktischen Elemente des soziotechnischen Systems bezogen auf die Grundrechte.

Die Einordnung als Chancen und Risiken erfolgt anhand des Maßstabs individueller und gesellschaftlicher Interessen. Sie weist eine hohe Komplexität und Ambivalenz auf, so dass regelmäßig keine Vollständigkeit erreicht werden kann. Eine faktische Veränderung kann für individuelle Interessen förderlich sein, aber gleichzeitig gesellschaftliche Interessen beeinträchtigen oder umgekehrt. Zudem kann der Regelungsbedarf grundsätzlich gleichermaßen mit individuellen und mit sozialen Interessen begründet werden. Entscheidend ist, dass der Regelungsanlass im technisch bedingten „sozialen Wandel“[650] begründet liegt. Die Grundrechte dienen zwar ursprünglich dem Schutz von Individualinteressen, aber ihre objektivrechtliche – gesellschaftliche – Dimension ist vom Bundesverfassungsgericht gleichermaßen anerkannt.[651] Eine allgemeingültige Hierarchie zwischen diesen Dimensionen im Sinne eines absoluten Vorrangs der einen vor der anderen gibt es nicht.

Dies kann an dem einfachen Beispiel der für die Mobilfunkkommunikation erforderlichen Standortdaten verdeutlicht werden, die es ermöglichen, den Nutzer eines mobilen Endgeräts im Stand-by-Modus jederzeit zur orten. Diese technische Funktion kann zu ganz unterschiedlichen Zwecken verwendet werden. Für den Nutzer kann die Ortungsmöglichkeit zum Beispiel in einem Notfall dazu führen, dass er von einem Notarzt schneller gefunden wird. Dies ist als Chance für sein Grundrecht auf Leben und körperliche Unversehrtheit zu werten. Die Standortdaten können vom Arbeitgeber genutzt werden, um Vertriebsmitarbeiter im Außendienst zu kontrollieren. Dies stellt bezogen auf die Kenntnis über seinen Aufenthaltsort ein vorher nicht da gewesenes Risiko für das allgemeine Persönlichkeitsrecht dar. Durch die Ortung von Straftätern kann wiederum das gesellschaftliche Strafverfolgungsinteresse in vielen Fällen deutlich effektiver realisiert werden als ohne diese technische Möglichkeit. Die Informationen können schließlich für ortsbezogene, ad-hoc-Werbung verwendet werden und dadurch das wirtschaftliche Wachstum und den gesellschaftlichen Wohlstand positiv beeinflussen.

(4) Zusammenführung der Ergebnisse der isolierten Grundrechtsprüfungen

Im vierten Schritt ist eine Gesamtschau aller geprüften Grundrechte vorzunehmen.[652] Wirklichkeitsbeschreibungen führen regelmäßig dazu, dass nicht nur ein einziges, sondern

---

649 Die Unterschritte eins und zwei der Stufe „Normative Wertungslücke“ finden sich für das im zweiten Teil der Arbeit vorgestellte Beispiel des soziotechnischen Systems Internet bei der jeweiligen Darstellung der einzelnen Grundrechte in den Einzelkapiteln 6.1.1 bis 6.1.6, in denen jeweils der Schutzbereich und die Funktionen des Grundrechts dargestellt werden, der Schritt drei wird in den jeweiligen Unterkapiteln Bedeutung für das Internet“ im Sinne Veränderungen der Wirklichkeit ausgeführt.

650 *Grimm*, Seoul Law Journal 42 (2001), 194.

651 S. Kap. 4.5.

652 Dieser Unterschritt vier der Stufe „Normative Wertungslücke“ finden sich für das im zweiten Teil der Arbeit vorgestellte Beispiel des soziotechnischen Systems Internet in Kap. 6.2.

mehrere Grundrechte aufgrund der Technikbeschreibung sowie denkbarer Szenarien grundsätzlich relevant sein können. Je komplexer die Technik in ihren Funktionen ist und je mehr unterschiedliche Kontexte für ihre Nutzung vorstellbar sind, desto mehr Grundrechte sind zu untersuchen. Wertungslücken, die sich als Ergebnis der Prüfung eines Grundrechts ergeben, können gegebenenfalls durch ein anderes Grundrecht geschlossen werden. Da die verfassungsrechtlichen Vorgaben sehr offen formuliert und in einem hohen Maße konkretisierungsfähig und -bedürftig sind, existieren auf dieser Rechtsebene keine absolut „rechtsfreien Räume“. Es werden sich regelmäßig normative Vorgaben für die verfassungskonforme Technikgestaltung finden lassen. Gerade vor dem Hintergrund, dass die meisten neuen technischen Entwicklungen datenverarbeitende Komponenten enthalten und damit potentiell ein Umgang mit personenbezogenen Daten erfolgt, werden zum Beispiel immer normative Vorgaben aus dem Recht auf informationelle Selbstbestimmung zu berücksichtigen sein. Dies schließt jedoch nicht aus, dass sich durch technische Innovationen neue Risiken für die informationelle Selbstbestimmung ergeben. Insbesondere die allgemeine Handlungsfreiheit gemäß Art. 2 Abs. 1 GG und das aus Art. 2 Abs. 1 in Verbindung mit Art. 1 Abs. 1 GG abgeleitete allgemeine Persönlichkeitsrecht übernehmen die Funktion der „lückenschließenden Gewährleistung“,[653] so dass grundsätzlich jeder neue Sachverhalt grundrechtlich erfassbar ist. Allerdings ist diese Funktion als Handlungsauftrag zu verstehen, so dass auch bei diesen beiden Auffanggrundrechten Grundrechtsentwicklungen vorzunehmen sind, indem spezifische Schutzausprägungen herausgearbeitet werden.

Ergebnis der ersten Stufe der Methode technikadäquater Grundrechtsentwicklung ist die Feststellung, dass die vom Techniksystem betroffenen sozialen Funktionen verfassungsrechtlich nicht risikoadäquat, nicht sozialverträglich oder gar nicht bewertet werden und somit normative Wertungslücken bestehen.

4.8.2 Normativer Regelungsbedarf

Die Feststellung normativer Wertungslücken für technische Innovationen lässt nicht bereits den Schluss zu, dass eine Verfassungsentwicklung erforderlich ist. Die Verfassung kann nur dann ihren Überlegenheitsanspruch und ihre Funktion als objektive Wertordnung wahren, wenn der Grundrechtsschutz gegenüber der Vielzahl sonstiger Rechte eine gesteigerte Bedeutung und fundamentale Wertigkeit aufweist.[654] Anderenfalls besteht die Gefahr der „Banalisierung der Grundrechte“[655] und die damit verbundene Ausuferung des Verfassungsrechtsschutzes. Ziel der Grundrechte ist es, die Integrität, Selbstbestimmung und Kommunikation des Einzelnen in ihren grundlegenden Bezügen zu schützen und zwar bei denjenigen Freiheitsbetätigungen und in den Lebens- und Handlungsbereichen, die eines gesteigerten Schutzes bedürfen.[656] Ein gesteigerter Schutzbedarf kann insbesondere angenommen werden, wenn das potentielle „neue Schutzgut“ eine den Schutzgütern der übrigen Grundrechte vergleichbare Relevanz aufweist. Des Weiteren können technikspezifische Risiken die Ursache sein, dass neue Schutzziele zu definieren sind. Es ist weder jedes erdenkliche Verhalten unter den Grundrechtsschutz zu stellen, noch gebietet die generelle Schutzfunktion der Grundrechte

---

653 S. Kap. 4.2.2.2.

654 Gegen einen lückenlosen Grundrechtsschutz durch die allgemeine Handlungsfreiheit gemäß Art. 2 Abs. 1 GG hat sich ausdrücklich Verfassungsrichter *Grimm* in einer abweichenden Meinung zum Beschluss des Ersten Senats des Bundesverfassungsgerichts vom 6. Juni 1989 – 1 BvR 921/85 – (Reiten im Walde) ausgesprochen, *BVerfGE* 80, 137 (163).

655 Abweichende Meinung *Grimms*, *BVerfGE* 80, 137 (167). S. auch *Heise*, RuP 2009, 95, der ein gegenüber der allgemeinen Handlungsfreiheit erhöhtes verfassungsrechtliches Schutzniveau als erforderliches Merkmal für ein Grundrecht einstuft.

656 Abweichende Meinung *Grimms*, *BVerfGE* 80, 137 (163).

jedes „Lebens-“ oder auch technische Risiko vom Bürger fernzuhalten.[657] In diese Betrachtung einzubeziehen sind insbesondere soziale und ethische Wertvorstellungen. Gerade auf Verfassungsebene kann daher eine regulative Zurückhaltung geboten sein, um den Wert der Verfassung nicht zu schmälern. Nicht jedes technische Novum bedarf einer verfassungsrechtlichen Regelung, sondern häufig reichen ergänzende Vorschriften auf einfachgesetzlicher Ebene aus. Eine Verfassungsentwicklung kommt immer dann in Betracht, wenn auch die Wahrnehmungsschwelle der staatlichen Gestaltungspflicht für technische Innovationen überschritten ist.[658] Denn die Feststellung, dass eine Technikentwicklung im Widerspruch zur objektiven Wertordnung der Grundrechte steht, setzt zunächst eine normative Bewertung voraus. Zudem bestünde anderenfalls das Risiko, dass sich das Recht der technischen Entwicklung beugen würde.[659]

Zur Feststellung eines normativen Regelungsbedarfs ist zu untersuchen, ob hinsichtlich konkreter Risiken oder auch Chancen einer technischen Innovation normative Vorgaben in die Verfassung aufzunehmen sind. Zu diesem Schluss ist das Bundesverfassungsgericht zum Beispiel im Volkszählungsurteil[660] und in der Entscheidung zur Online-Durchsuchung gelangt.[661] Einer Regelung im Sinne einer lückenschließenden Gewährleistung bedarf es nach den Feststellungen des Bundesverfassungsgerichts insbesondere, um neuartigen Gefährdungen zu begegnen, zu denen es im Zuge des wissenschaftlich-technischen Fortschritts und gewandelter Lebensverhältnisse kommen kann.[662] Daraus folgt, dass eine technikbezogene Risikenbewertung durchzuführen ist. Auch hier besteht eine Vergleichbarkeit mit der methodischen Vorgehensweise bei KORA, bei der die Chancen- und Risikenanalyse auf der Grundlage der funktionalen Technikbeschreibung und der Szenarien auf der ersten Stufe der Anforderungs-erhebung vorgenommen wird.[663] Bei der Entwicklung des Grundrechts auf Gewährleistung der Vertraulichkeit und Integrität informationstechnischer Systeme werden ergänzend die Chancen der Technik berücksichtigt. Das Bundesverfassungsgericht sieht in der zunehmenden Verbreitung vernetzter informationstechnischer Systeme für den Einzelnen neue Möglichkeiten der Persönlichkeitsentfaltung,[664] denen durch die Aufnahme in den Grundrechtsschutz Rechnung zu tragen ist, um sie zu gewährleisten. Auf der Ebene rechtspolitischer und wissenschaftlicher Verfassungsentwicklungen sind der Bewertungsmaßstab entsprechend neben den Risiken die Chancen einzubeziehen, die eine Technik für Lebens- oder Handlungsbereiche mit möglicher Grundrechtsrelevanz bietet. Für diese kann ein normativer Regelungsbedarf begründet werden, wenn es scheint, sie als positive Freiheitsgewährleistung in den Schutz der Grundrechte einzubeziehen.

Die Regelungsbedürftigkeit kann auf vier unterschiedliche Begründungen zurückzuführen sein. Sie kann sich sowohl aus der Notwendigkeit der Interpretation oder Konkretisierung des Schutzbereichs eines Grundrechts bestehend aus Schutzgut und Schutzziel (1), der Grundrechtsfunktion (2), dem Erfordernis einer spezifischen Schrankensystematik (3) oder schließlich auch dem übergreifenden Ziel einer vollständigen objektiven Wertordnung im Sinne einer dem grundgesetzlichen Leitbild entsprechenden Gesellschaftsordnung (4) ergeben. Mit dem Grundrecht der Gewährleistung der Integrität und Vertraulichkeit hat das Bundesverfassungsgericht zum Beispiel einen Schutzbereich für ein neues Grundrecht definiert.[665] Zwar ist

---

657 S. die Abstufung möglicher Ergebnisse rechtlichen Risikobewertung in Gefahr, Gefahrbesorgnis und Restrisiko in Kap. 2.2.2.

658 S. Kap. 2.2.2.

659 *BVerfGE* 35, 202 (227).

660 *BVerfGE* 65, 1.

661 *BVerfGE* 120, 274.

662 *BVerfGE* 54, 148 (153); 65, 1 (41); 118, 168 (183); 120, 274 (302).

663 S. Kap. 3.2.4.1.

664 *BVerfGE* 120, 274 (305).

665 *Hirsch*, NJOZ 2008, 1910 betont dagegen, dass das Gericht kein neues Grundrecht im eigentlichen Sinn formuliere, sondern ohne Bruch bei den Grundsätzen seiner bisherigen Rspr. bliebe, indem es aus den

es hierfür vielfach in die Kritik geraten, da die Definition eines gegenüber der informationellen Selbstbestimmung eigenständigen Schutzbereichs nicht für notwendig erachtet wurde,[666] das Bundesverfassungsgericht bewertete dies aber offensichtlich anders. Eine besondere Grundrechtsfunktion konstatierte das Bundesverfassungsgericht für die Rundfunkfreiheit gemäß Art. 5 Abs. 1 Satz 2 GG, indem sie ihren Charakter als dienende Freiheit für die Meinungsfreiheit und ihre besondere Bedeutung für die eine freiheitliche Demokratie konstituierende Meinungsvielfalt proklamierte.[667] Beim Recht auf informationelle Selbstbestimmung lag wiederum ein Schwerpunkt nicht nur in der Schutzbereichsdefinition, sondern auch in der Ausarbeitung einer eigenständigen und neuartigen Schrankensystematik.[668] Ein explizites Beispiel für einen verfassungsrechtlichen Regelungsbedarf aus Anlass der Vervollständigung der durch die Grundrechte gebildeten objektiven Wertordnung lässt sich nicht finden. In den zahlreichen Fällen, in denen das Bundesverfassungsgericht mit der objektiven Wertordnung argumentierte,[669] lagen die Auswirkungen auf einfachgesetzlicher Ebene. Auf Verfassungsebene ist nur die Grundsatzentscheidung des Bundesverfassungsgerichts anzusiedeln, dass die Grundrechte als objektive Wertordnung fungieren.[670] Diesen Beispielen ist gemeinsam, dass sie kein klares Muster hinsichtlich der jeweiligen Vorgehensweise erkennen lassen.

(1) Bewertung der technikbedingten Chancen und Risiken

Im ersten Schritt sind die festgestellten Chancen und Risiken dahingehend zu bewerten, ob die technisch bedingten Veränderungen der Wirklichkeit so gravierend sind, dass sie in das Schutzkonzept der Verfassung und insbesondere in die objektive Wertordnung der Grundrechte aufgenommen werden müssen. Als Vergleichsmaßstab dienen vor allem die bestehenden Grundrechte und ihre Funktionen in ihren durch die Entscheidungen des Bundesverfassungsgerichts entwickelten Ausprägungen. Die festgestellten technikspezifischen Chancen und Risiken sind auf die anerkannten Schutzgüter und Schutzziele zu beziehen sowie mit den bisherigen wirklichkeitsbezogenen Chancen und Risiken zu vergleichen. Kann eine konvergente Risikoneigung prognostiziert werden, ist grundsätzlich von einem Regelungsbedarf auszugehen. Die Vertraulichkeit der Fernkommunikation wird von Art. 13 Abs. 1 GG geschützt, um dem bei technisch vermittelter Kommunikation bestehendem Risiko der grundsätzlich möglichen Kenntnisnahme durch Dritte entgegenzutreten. Ein vergleichbares Risiko hat das Bundesverfassungsgericht für informationstechnische Systeme angenommen, weil vor allem die Vernetzung des Systems Dritten eine technische Zugriffsmöglichkeit gibt, die genutzt werden kann, um das System auszuspähen.[671] Dem gegenüber ist ein Regelungsbedarf für eine „Chance" deutlich schwieriger zu begründen und wird entsprechend seltener als Ergebnis auftreten. Im Rahmen der Begründung des Grundrechtsschutzes für informationstechnische Systeme hat das Bundesverfassungsgericht diese zumindest implizit als Chance bewertet, indem ihre Nutzung als für die Lebensführung vieler Bürger von zentraler Bedeutung eingestuft wurde.[672]

Grundrechten der Menschenwürde und auf freie Entfaltung der Persönlichkeit die Folgerungen ziehe, die sich aus der modernen Datenverarbeitung und Kommunikationstechnologie ergeben. Es bestimme Inhalt und Grenzen des Persönlichkeitsrechts, die aus den Veränderungen der Wirklichkeit folgen, die in der Welt der Tatsachen eingetreten sind. Zustimmend *Hömig,* JURA 2009, 207, der von einer Teilkonkretisierung des allgemeinen Persönlichkeitsrechts spricht.

666 S. *Eifert*, NVwZ 2008, 521 f.; *Hornung*, CR 2008, 301 f.; *Volkmann*, DVBl 2008, 591.

667 *BVerfGE* 57, 259 (319, 322 f.).

668 S. *Hornung* 2015, 269.

669 S. *Hornung* 2015, 247, Fn. 192.

670 *BVerfGE* 7, 198 (205). *Hornung* 2015, 241 ff. bezeichnet das Lüth-Urteil entsprechend als Basisinnovation und die die Dimension der objektiven Wertordnung aufnehmenden Entscheidungen des Bundesverfassungsgerichts als Folgeinnovation.

671 *BVerfGE* 120, 274 (306).

672 *BVerfGE* 120, 274 (303).

(2) Bedingungen des Grundrechtsvoraussetzungsschutzes

Kann durch diesen Vergleich kein eindeutiger, grundrechtlicher Regelungsbedarf festgestellt werden, ist im zweiten Schritt eine Überprüfung der technikbedingten Veränderungen in Bezug auf den Grundrechtsvoraussetzungsschutz vorzunehmen. Durch diesen werden mittelbare Bedrohungen der Grundrechte erfasst.[673] Dem Grundrechtsvoraussetzungsschutz sind alle Elemente der Wirklichkeit zuzuordnen, die aufgrund der normativen Bewertung kein Bestandteil des Grundrechtschutzes sein sollen, aber für die Geltungskraft bestimmter Grundrechte unabdingbar sind. Ergebnis der Qualifizierung eines Risikos als Auslöser des Grundrechtsvoraussetzungsschutzes ist kein verfassungsrechtlicher, sondern ein einfachgesetzlicher Regelungsbedarf. Ein umfassender Grundrechtsschutz kann aber letztlich nur unter Berücksichtigung des Grundrechtsvoraussetzungsschutzes erreicht werden.

Eine eindeutige Grenze oder eindeutige Kriterien werden sich darüber hinaus für die systematische Zuordnung zum Grundrechtsschutz oder Grundrechtsvoraussetzungsschutz kaum finden lassen. Es ist aber zu berücksichtigen, dass die Grundrechtsdogmatik und das verfassungsrechtliche Gleichgewicht im Wesentlichen auf dem Grundsatz beruhen, umfassenden Grundrechtsschutz bei gleichzeitiger Möglichkeit verfassungskonformer Einschränkungen der Grundrechte im Interesse überwiegender Allgemeininteressen zu gewährleisten. Entsprechend definieren das Bundesverfassungsgericht und auch die Rechtswissenschaft regelmäßig einen weiten – wenn auch nicht grenzenlosen – Schutzbereich von Grundrechten und lassen relativ weitreichende Einschränkungen als Ergebnis der Abwägung zwischen widerstreitenden grundrechtlich geschützten Interessen und Allgemeininteressen zu. Eine Begrenzung der Grundrechtsschranken erfolgt durch die Wesensgehaltsgarantie, den Grundsatz der Verhältnismäßigkeit und den Grundsatz der praktischen Konkordanz von Grundrechten.

Im Ergebnis kann ein Regelungsbedarf nur angenommen werden, wenn die Veränderungen der Wirklichkeit durch Technik als verfassungsrechtlich so signifikant eingestuft werden können, dass ein ganzer Lebens- oder Handlungsbereich eines neuartigen grundrechtlichen Schutzkonzepts in Bezug auf mindestens eine der dargestellten vier Ebenen bedarf.[674]

4.8.3 Normative Regelungsintention

Der Erkenntnis, dass technikbedingte Veränderungen der Wirklichkeit eine Regelungsbedürftigkeit auslösen, muss zwangsläufig die Ermittlung der normativen Regelungsintention folgen. Es sind normative Entscheidungen dahingehend zu treffen, welche Lebens- oder Handlungsbereiche umfasst und welche normativen Zielsetzungen erreicht werden sollen, um die Veränderungen der Wirklichkeit so zu beeinflussen, dass sie sozialverträglich sind. Nach der Normtheorie von *Müller*[675] entspricht der erste Entscheidungskomplex der Bestimmung des Normbereichs als Sachbestandteil der Norm, die den Ausschnitt der Realität beschreibt, in dem sie einen bestimmten Zweck erfüllen soll. Bei der Rechtsanwendung ist der Normbereich das Ergebnis der Vermittlung des Normprogramms mit dem empirisch ermittelten Sachelementen, der auch als Sachbestandteil der Rechtsnorm bezeichnet wird.[676] Normbereiche der Grundrechte setzen sich aus sachlichen und persönlichen Elementen zusammen. Sachliche Elemente der Normbereiche sind zum Beispiel Glaube, Gewissen und Bekenntnis, Kunst und Wissenschaft, Ehe und Familie, Vereinswesen und Eigentumsordnung, die diese allerdings

---

673 S. Kap. 4.4.

674 S. z.B. die Ausführungen von *Roßnagel*, KJ 1990, 271 ff. zur Begründung der Grundrechtsrelevanz der spezifischer Technik der Kommunikationsvermittlung und Informationsverarbeitung als Voraussetzung für die Entwicklung des Rechts auf kommunikative Selbstbestimmung.

675 S. *Müller* 1994, 230 ff. Ausführlich zu der Normtheorie im nachfolgenden Kap. 4.8.4, da dort eine eingehende Auseinandersetzung mit der Struktur von Rechtsnormen und ihrer von *Müller* vorgenommenen Differenzierung in Normbereich und Normprogramm erfolgt.

676 *Müller* 1994, 232.

nur stichwortartig und ungenau beschreiben.[677] Die persönlichen Elemente orientieren sich an den sachlichen Elementen und übergeordnet wird zwischen jedermann und „Deutschen“ differenziert. Bei der Rechtsentwicklung muss das Normprogramm als Sprachbestandteil der Norm erst in einem weiteren methodischen Schritt bestimmt werden. Der Normbereich ist aus den empirisch bestimmten Sachelementen der Wirklichkeit abzuleiten, für die eine normative Wertungslücke festgestellt worden ist. In Anlehnung an die Formulierung für die Rechtsanwendung ist bei der Rechtsentwicklung der Normbereich das Ergebnis der Vermittlung der normativen Wertungslücke mit den empirisch zu bestimmenden Sachelementen der Wirklichkeit. Der zweite Entscheidungskomplex, die Bestimmung des Normziels, ist die Beschreibung der Idealvorstellung des Normbereichs. Es ist eine normative Bewertung des Normbereichs vorzunehmen und anschließend zu entscheiden, mit welcher Veränderungsintention der Ausschnitt der Wirklichkeit normativ beeinflusst werden sollte.

Die besondere Herausforderung bei der Bestimmung der Regelungsintention ist es, eine normative Entscheidung zu treffen, wie die Wirklichkeit unter Einbeziehung der neuen technischen Möglichkeiten sein sollte. Aus der Zusammenschau der funktionalen Beschreibung der Technik, ihrer sozialen Einbettung in Szenarien sowie der Chancen- und Risikenanalyse ergibt sich das Bild einer hypothetischen Zukunft wie sie sich ohne rechtliche Einflussnahme und Steuerung entwickeln könnte. Auf der Ebene der Regelungsintention ist dieses Bild nun dahingehend zu verändern, wie es nach normativen Bewertungsmaßstäben sein sollte. Insbesondere in Bezug auf die Risiken ist eine Entscheidung zu treffen, ob ihre Realisierung sozialverträglich ist oder nicht.[678] Sie kann nur auf einer umfassenden Abwägung der prognostizierten Vor- und Nachteile der Technik und der durch sie bedingten Veränderungen der Wirklichkeit beruhen. Bei der Rechtsanwendung wird ausgehend von der Rechtsvorschrift mittels der Normbereichsanalyse das vom Gesetz in den Blick genommene Wirklichkeitsmodell analysiert[679] und zum Beispiel bei technikbedingten Veränderungen im Vergleich zum Erlasszeitpunkt konkretisiert. Bei der Rechtsentwicklung ist umgekehrt ausgehend von der hypothetisch und normativ gewünschten Wirklichkeit der Normbereich zu bestimmen.

Es ist das Ziel zu erreichen, die im ersten Schritt der technikadäquaten Grundrechtsentwicklung festgestellte normative Wertungslücke zu schließen. Dabei ist die Schwierigkeit zu überwinden, normative Bewertungsmaßstäbe für bisher nicht da gewesene Phänomene zu finden. Um eine konsistente objektive Wertordnung zu erreichen, erfolgt eine Orientierung an bekannten normativen Wertungen der Verfassung, selbst wenn sie nicht unmittelbar anwendbar sind. Einen Wegweiser für die Kriterien der Verfassungsverträglichkeit bieten die zentralen Prinzipien der Freiheit, Demokratie, Gerechtigkeit und sozialer Sicherheit des Grundgesetzes.[680] Aus ihnen ergeben sich als Bewertungskriterien die Entscheidungs- und Handlungsfreiheit, die demokratische Teilhabe, die Machtbegrenzung, das Prinzip der Gleichbehandlung, die Existenzsicherheit sowie die innere und äußere Sicherheit. Ergänzend können Staatszielbestimmungen Bewertungskriterien entnommen werden, wie zum Beispiel dem Schutz der natürlichen Lebensgrundlagen das Kriterium der Umweltverträglichkeit. Diese Aufzählung ist nicht als abschließend anzusehen, sondern es können sich aus der Verfassung grundsätzlich noch weitere Bewertungskriterien ergeben.

Ausgehend von dem übergeordneten Normziel der Grundrechte, den Schutz von Integrität, Selbstbestimmung und Kommunikation des Einzelnen in ihren grundlegenden Bezügen sowie Lebens- oder Handlungsbereichen zu gewährleisten, ist eine Zuordnung zu treffen, wie der konkrete Lebens- oder Handlungsbereich in Abgrenzung zu Schutzgehalten bestehender Grundrechte beschrieben werden kann und welches dieser allgemeinen Normziele zu adres-

677 *Müller* 1994, 202.
678 S. zur Risikobewertung Kap. 2.2.2.
679 *Müller/Christensen* 2013, Rn. 67e.
680 *Roßnagel* 1993, 191, 194.

sieren ist. Zwischen Normbereich und Normziel einerseits sowie Schutzgut, Schutzadressat und Schutzziel andererseits besteht ein sehr enger Zusammenhang, weil letztere jeweils der Versuch sind, Normbereich und Normziele in einer prägnanten Bezeichnung zusammenzufassen. Insofern können bekannte Schutzbereiche und Schutzziele als Basis für die Beschreibung von Normbereich und Normziel dienen. Allerdings können einem Schutzziel variierende Normbereiche zugeordnet sein, da sie sich jeweils auf ein konkretes Schutzgut beziehen. Insofern sind die einem Schutzziel zuzuordnenden Normziele nicht identisch, verfolgen aber die gleiche Grundintention. Es können ergänzend neue Schutzziele für bestehende Schutzgüter bestimmt werden.

(1) Ableitung von Normbereichen

Bei der technikadäquaten Grundrechtsentwicklung ist der Ausgangspunkt des ersten Schritts der Bestimmung von Normbereichen immer die konkrete Technik und ihre soziale Einbettung. Werden technikbedingte Veränderungen der Wirklichkeit als Risiko eingestuft, ist zur Beschreibung des Normbereichs ein freiheitsgewährleistendes Pendant zu ermitteln, das als Garant der Risikoabwehr dient. Gegebenenfalls kann der Normbereich durch Überlegungen zur Bestimmung des Normadressaten zu ergänzen sein. Wird der Einsatz einer Technik selbst als in die Freiheitsgewährleistungen einzubeziehende Chance angesehen, kann diese unmittelbar den Normbereich darstellen.

Zum Beispiel waren es beim Recht auf informationelle Selbstbestimmung die Bedingungen der automatischen elektronische Datenverarbeitung (durch die Behörden),[681] bei der kommunikativen Selbstbestimmung die neuen Funktionen der ISDN-Netze[682] und beim Recht auf Gewährleistung der Vertraulichkeit und Integrität informationstechnischer Systeme die vernetzten informationstechnischen Systeme.[683] Diese beschreiben jeweils den Normbereich. Wie das letzte Beispiel zeigt, kann im Einzelfall die technische Entwicklung – das informationstechnische System – aufgrund ihrer Nutzungsmöglichkeiten als Risikoauslöser selbst Schutzgut des zu entwickelnden Grundrechtsschutzes sein, wenn ihm aufgrund der Chancenanalyse gleichzeitig eine wesentliche Bedeutung für eine schützenswerte Freiheitsentfaltung des Einzelnen zuerkannt wird.[684] Bei den beiden anderen Beispielen ist allerdings die Technik nicht selbst unmittelbarer Schutzgegenstand. In diesen Fällen wird der Grundrechtsgehalt durch den von der Technik betroffenen „Gefährdungsauslöser" bestimmt.[685]

(2) Ableitung von Normzielen

Nach der Bestimmung des Normbereichs sind die Normziele festzulegen. Diese sind die übergeordneten normativen Werte, die grundsätzlich die Verfassung prägen – die Freiheit und die Gleichheit der Grundrechtsträger.[686] Darüber hinaus können konkretisierte Normziele in Anlehnung an die bekannten Schutzziele von Grundrechten bestimmt werden. Als allgemeine Schutzziele werden vom Bundesverfassungsgericht die „Integrität, Autonomie und Kommunikation des Einzelnen in ihren grundlegenden Bezügen",[687] da sie auf eine Vielzahl von Grundrechten zutreffen. Die Integrität meint die Ganzheit und Unversehrtheit, die auf unterschiedliche Schutzgüter bezogen wird, zum Beispiel auf die Persönlichkeit, auf den Körper, das Eigentum oder auch das vernetzte informationstechnische System. Die Autonomie umfasst die Selbständigkeit, Selbstbestimmung, Unabhängigkeit, Selbstverwaltung oder Ent-

681 *BVerfGE* 65, 1 (41).

682 *Roßnagel*, KJ 1990, 267 f.

683 *BVerfGE* 120, 274 (303).

684 *BVerfGE* 120, 274 (303 f.).

685 Beim Recht auf informationelle Selbstbestimmung sind dies die Informationen über den Einzelnen als Person und bei der kommunikativen Selbstbestimmung das Wissen über das Kommunikationsverhalten des Einzelnen.

686 Die Verfassung hat demgegenüber noch weitere Normziele, wie z.B. Demokratie, Rechtsstaatlichkeit oder auch Sicherheit.

687 *BVerfGE* 80, 137 (164).

scheidungsfreiheit. Sie ist ebenfalls auf unterschiedliche Schutzziele beziehbar ist, zum Beispiel die Preisgabe persönlicher Informationen oder die Kommunikation als solche. Des Weiteren umfasst das grundrechtliche Schutzziel der Autonomie regelmäßig sowohl die autonome Auswahl bezogen auf alternative Handlungsformen als auch die autonome Ausgestaltung geschützter Lebens- oder Handlungsbereiche. Das Schutzziel der Kommunikation nimmt bei der Einordnung von Schutzgut und Schutzziel eine Sonderstellung ein. Die Kommunikation ist sowohl Schutzgut, zum Beispiel bei Art. 10 GG als Schutz der Vertraulichkeit der Fernkommunikation, als auch Schutzziel, da fast allen Grundrechten der Aspekt der zwischenmenschlichen Kommunikation inhärent ist und der Einzelne die Freiheitsgewährleistung im vollen Umfang nur in der Gemeinschaft realisieren kann. Das Schutzziel Kommunikation meint die Gewährleistung des sozialen Austauschs unabhängig von einem bestimmten Medium. Weitere Schutzziele sind erstens die Gleichstellung – zwischen Mann und Frau – und zweitens die Gleichbehandlung mit den Ausprägungen der Chancengleichheit und der sozialen Gerechtigkeit sowie drittens die Vertraulichkeit als Schutz vor Kenntnisnahme, Veröffentlichung und Geheimnisverrat.

Einem identifizierten Normbereich können grundsätzlich mehrere Normziele zuzuordnen sein. Ein anschauliches Beispiel bietet hier das sogenannte Computergrundrecht, in dessen Bezeichnung bereits die beiden Schutzziele Vertraulichkeit und Integrität ausdrücklich aufgenommen worden sind. Außerdem können Normbereiche durch neue Normziele zu ergänzen sein. Denn es besteht kein Grund für die Annahme, dass der im Vorabsatz vorgestellte Katalog von sechs Schutzzielen mit den jeweils genannten Unterzielen abschließend ist, sondern dieser kann ebenfalls aufgrund der Veränderungen der Wirklichkeit weiterzuentwickeln sein. Das Risiko eines durch wirtschaftliche Interessen strukturierten Mehr-Klassen-Internet könnte durch das Schutzziel der Neutralität bezogen auf die technische Datenübermittlung adressiert werden.[688] Dies setzt voraus, dass dieses Schutzziel nicht bereits umfassend durch das Schutzziel der Gleichbehandlung erfasst wird und demgegenüber einen qualitativen Unterschied aufweist.

Die Feststellung der Regelungsintention entspricht im Ergebnis weitgehend der dritten Stufe der Methode normativer Entscheidung, den rechtlichen Regelungszielen.[689] Ein wesentlicher Unterschied besteht allerdings darin, dass die rechtlichen Regelungsziele durch den Gesetzgeber festgesetzt werden und bei der Rechtsanwendung grundsätzlich bekannt sind. Bei der technikadäquaten Grundrechtsentwicklung muss die normative Regelungsintention muss von den Juristen erst ermittelt werden. Dies erfordert vor allem normative und rechtspolitische Entscheidungen. Die methodische Vorgehensweise entspricht in diesem Aspekt daher eher derjenigen bei der Methode KORA, allerdings in umgekehrter Richtung vom Sein zum Sollen.

Durch die Bestimmung der normativen Regelungsintention soll die Brücke vom hypothetischen Sein zum Sollen – zwischen hypothetischer Wirklichkeit und normativen Zielvorstellungen – geschlagen werden.[690] Bei einer optimalen Umsetzung der Bestimmung von Normbereich und Normziel müsste sich in einer Matrix jedem identifizierten Risiko ein Normziel zur Risikominimierung zuordnen lassen. Eine derartig schematische Darstellung würde zudem ermöglichen, nicht durch die bekannten und bewährten Schutzziele der Grundrechtssystematik abgedeckte Risiken zu erkennen. Ziel dieser methodischen Überlegungen ist, abstrakt Normbereiche und zugeordnete Normziele festzulegen, die in den Grundrechtskatalog integriert werden sollten.

---

688 Eine einheitliche Definition des Begriffs der Netzneutralität besteht bisher nicht, s. nur *Frevert*, MMR 2012, 510, der darauf hinweist, dass nicht eindeutig zwischen der inhaltlichen und der technischen Neutralität differenziert wird.

689 S. Abbildung 2.

690 *Hesse*, in: Ehmke/Kaiser/Kewenig/Meesen 1973, 137 spricht vom Dualismus von gesellschaftlichen Sein und gesellschaftlichen Sollen.

4.8.4 Technikadäquate Grundrechtsausgestaltung

Die vierte und letzte Stufe technikadäquater Grundrechtsentwicklung ist schließlich der konkreten Ausgestaltung des Grundrechts gewidmet. Es werden zwei Entwicklungspfade mit dem Ziel verfolgt, vorhandene wissenschaftliche Erkenntnisse und die eigenen methodisch erarbeiteten Ergebnisse zusammenzuführen. Obwohl die wissenschaftlichen Ansätze, Diskussionen und Argumente technikbezogener Grundrechtsprüfungen jeweils bei den bisherigen methodischen Schritten eingeflossen sind, werden zunächst die in der Wissenschaft vorgeschlagenen Ansätze für konkrete technikadäquate Grundrechtsentwicklungen dargestellt und bewertet. Anschließend wird die eigene Grundrechtsausgestaltung unter Berücksichtigung dieser Erkenntnisse vorgenommen.

Die Methode KORA wurde entwickelt, um abstrakte rechtliche Vorgaben für die verfassungskonforme Technikgestaltung nutzbar zu machen, indem sie über rechtliche Anforderungen und Kriterien zu technischen Gestaltungszielen und Gestaltungsvorschlägen konkretisiert werden.[691] Insbesondere wenn als rechtliche Vorgaben auf Grundrechtsnormen abgestellt wird, sind bereits auf der rein rechtlichen Sprachebene Interpretation und Konkretisierung zwingend notwendig, damit die normativen Vorgaben auf die Technik übertragen werden können.[692] Durch diese Vorgehensweise werden aus den Grundrechten die grundrechtlichen Anforderungen abgeleitet, die sich auf die sozialen Funktionen beziehen, die durch das Techniksystem verändert werden. Dem Grundrecht in seiner knappen sprachlichen Fassung im Grundgesetz können unmittelbar keine Gestaltungsvorgaben für die Technik entnommen werden. Die rechtlichen Anforderungen und Kriterien ermöglichen dann die Rückschlüsse auf die Technikgestaltung.

Bei der technikadäquaten Grundrechtsentwicklung erfolgt der grundrechtliche Konkretisierungsprozess in umgekehrter Reihenfolge. Sie geht von den technischen Chancen und Risiken sowie den Szenarien aus und erfasst bei der normativen Regelungsintention die Normativität durch die Beschreibung der gewünschten Wirklichkeit als Normbereich und Normziel. Hier wird die Brücke zwischen der zu gestaltenden Wirklichkeit und den normativen Zielen geschlagen. Diese entsprechen dem Ergebnis von Interpretation und Konkretisierung von Grundrechtsnormen.

Das Merkmal der Technikadäquanz kann ebenso wenig allein durch die sprachliche Fassung eines neuen Grundrechts erreicht werden, wie der Normtext Gestaltungswirkung auf Technik und ihre soziale Einbettung entfalten kann. Dies wird einerseits durch die Bestimmung des technikbezogenen Normbereichs und der Normziele erreicht. Andererseits erfordert die technikadäquate Grundrechtsentwicklung, den Schutzbereich, die Funktionen und die Schranken des Grundrechts sowie insgesamt seine Bedeutung für die objektive Wertordnung umfassend zu beschreiben. Diese Ausgestaltung des Grundrechts, die bei der Rechtsanwendung überwiegend durch die Rechtsprechung vorgenommen und stetig in Bezug auf neue Sachverhalte weiterentwickelt wird, ist bereits in der Rechtsentwicklung vorzunehmen. Nur so kann es gelingen, dass die rechtspolitisch getroffenen Entscheidungen über die rechtlichen Regelungsziele für den technikgeprägten Normbereich auch bei der nachfolgenden Rechtsanwendung umgesetzt werden. Allein die Formulierung des Normtextes eines neuen Grundrechts – entweder als Ergänzung des Wortlauts des Grundgesetzes[693] oder als von der Rechtsprechung entwickelte Bezeichnung eines neuen Grundrechts[694] – bietet keine Gewähr für die Umsetzung der Steuerungsintention in Bezug auf die Technikgestaltung. Für die Steuerungsfunktion, die die Grundrechte auf die technikbedingten sozialen Entwicklungen ausüben soll,

---

691 S. ausführlich Kap. 3.2.

692 S. Kap. 3.2.4.1.

693 Dies wäre dogmatisch eine Grundrechtsänderung, s. Kap. 4.2.3.

694 Dies wäre dogmatisch eine Grundrechtskonkretisierung, s. Kap. 4.2.2.2.

sind Interpretation und Konkretisierung der Norm ebenso maßgeblich wie die als Instrument des Interessenausgleichs festzulegenden Grundrechtsschranken.

(1) Bewertung wissenschaftlicher Ansätze für neue Grundrechte

Während die Überprüfung des geltenden Verfassungsrechts Voraussetzung für die Vornahme von Grundrechtsentwicklungen ist, werden wissenschaftliche Ideen, die regelmäßig vorhanden sein werden, in diesen ersten Schritt der technikadäquaten Grundrechtsentwicklung eingebunden. Es werden alle in der wissenschaftlichen Literatur auffindbaren konkreten Vorschläge für technikbezogene Grundrechtsentwicklungen dargestellt und bewertet. Die als positiv bewerteten Vorschläge werden in die weitere methodische Grundrechtsausgestaltung aufgenommen.

(2) Bestimmung der Form der Grundrechtsentwicklung

Grundrechtsentwicklungen müssen rechtsdogmatisch in das Gesamtkonzept des Grundrechtskatalogs eingepasst werden. Dafür ist es in einem ersten Schritt erforderlich, eine begründete Auswahl über die zu wählende Form der Grundrechtsentwicklung zu treffen. Die Grundrechtsentwicklung kann als eigenständiges und spezifisches Grundrecht durch eine Grundrechtsänderung, eine Grundrechtskonkretisierung insbesondere als Ausprägung des allgemeinen Persönlichkeitsrechts oder als Grundrechtsinterpretation vorgenommen werden. Entsprechend dieses hierarchischen Systems ist zunächst zu entscheiden, ob ein Grundrechtswandel oder eine Grundrechtsänderung vorzunehmen ist. Sollte die Wahl auf den Grundrechtswandel fallen, ist ergänzend zwischen Grundrechtskonkretisierung und Grundrechtinterpretation auszuwählen. Grundrechtsinterpretationen ermöglichen eine Grundrechtsentwicklung allein auf der Schutzbereichsebene und erfordern eine Unterordnung an den konkreten Normtext. Sie setzen jeweils voraus, dass in Bezug auf ein erweitertes Schutzgut alle Schutzziele des zu interpretierenden Grundrechts normativ gewollt sind. Sofern es sich um eine Erweiterung um ein Schutzziel handelt, muss beabsichtigt sein, dass dieses für alle vorhandenen Schutzgüter Geltung erlangen soll. Für beide Erweiterungsmöglichkeiten gelten die bestehenden Grundrechtsschranken. Soll durch die Grundrechtsentwicklung ein in Bezug auf Schutzgut, Schutzadressat und Schutzziel neuer Schutzbereich definiert werden, wird in der Regel eine Grundrechtskonkretisierung oder eine Grundrechtsänderung vorzunehmen sein.

(3) Technikadäquate Grundrechtsausgestaltung

Bezogen auf die Normtheorie von *Müller* werden im zweiten Schritt der risikoadäquaten Grundrechtsausgestaltung der Normtext und das Normprogramm des neuen Grundrechts erarbeitet und beschrieben. Das Normprogramm ist der Sprachbestandteil der Rechtsnorm – in Abgrenzung zum Normtext – im Sinne des Ergebnisses der Auslegung und Interpretation der primär sprachlichen Konkretisierungselemente. Rechtsdogmatisch wird das Normprogramm der Grundrechte durch die grundsätzlichen Elemente des Schutzbereichs, der Grundrechtsfunktionen und der Grundrechtsschranken bestimmt, die jeweils auf die den Normbereich bestimmenden Elemente der Wirklichkeit zu beziehen sind.

(4) Kursorische Folgenabschätzung der Grundrechtsentwicklungen

Schließlich ist in einem dritten Schritt zu überprüfen, welche möglichen Auswirkungen die konkrete Grundrechtsentwicklung auf den gesamten Grundrechtskatalog und die daraus abgeleitete objektive Wertordnung hat. Auf der Schutzbereichsebene kann es zum Beispiel zu Überschneidungen der Schutzbereiche kommen, die gegebenenfalls gegeneinander abzugrenzen sind. Werden neue Schutzziele definiert, könnten diese eventuell auf andere Grundrechte übertragbar sein. Erfolgt eine Fortentwicklung der Grundrechtsfunktionen, wirkt diese grundsätzlich auf alle Grundrechte. Daher ist zumindest eine kursorische Folgenabschätzung dieser Grundrechtserweiterung auf bestehende Grundrechte erforderlich.

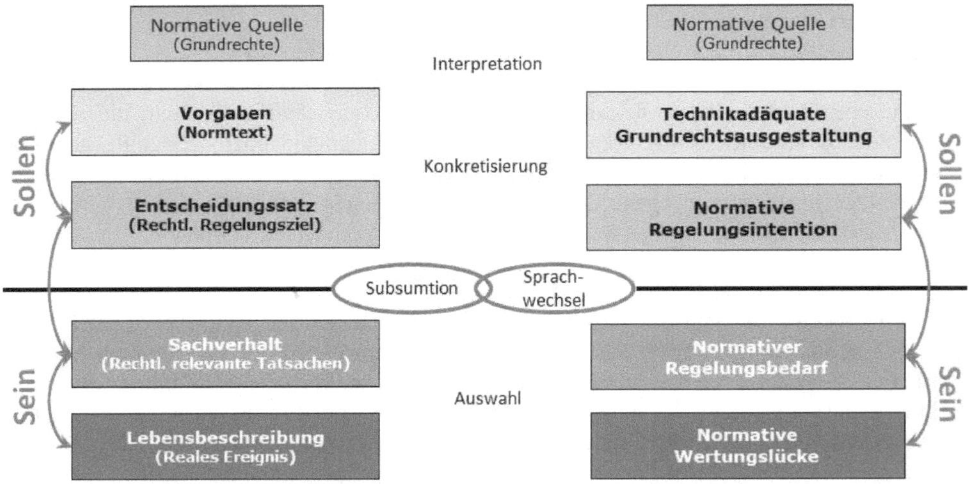

Abbildung 3: Gegenüberstellung der Methoden zur normativen Entscheidung und zur technikadäquaten Grundrechtsentwicklung

4.9 Nationales Verfassungsrecht

Die grundrechtstheoretischen Überlegungen zur Methode technikadäquater Grundrechtsentwicklungen und auch ihre Umsetzung beruhen auf dem Grundgesetz. Europarecht insbesondere die europäische Grundrechtecharta und Völkerrecht werden vielfach berücksichtigt,[695] bilden aber nicht die Ausgangslage dieses rechtswissenschaftlichen Ansatzes. Diese Fokussierung auf das nationale Verfassungsrecht erfolgte aus mehreren Gründen.

Es wird das Ziel verfolgt, das deutsche Verfassungsrecht methodisch und bezogen auf die Grundrechte inhaltlich weiterzuentwickeln. Hierbei wird zwar die Technik mit grundsätzlich internationalen Auswirkungen als Bezugsobjekt gewählt, allerdings sollen die normativen Wertungen dennoch national erfolgen. Techniksteuerung durch Recht erfordert, dass der Adressat des Gestaltungsauftrags konkret benannt werden kann. Diese Möglichkeit bietet vor allem das Grundgesetz. Das europäische Recht bindet zwar ebenfalls den deutschen Staat, allerdings grundsätzlich nur gegenüber der Europäischen Union und nicht gegenüber der nationalen Gesellschaft. Es wäre zwar grundsätzlich denkbar, die europäische Grundrechtecharta weiterzuentwickeln, allerdings ist nicht davon auszugehen, dass für alle europäischen Mitgliedstaaten identische normative Wertungen getroffen werden können. Diese hängen vielfach von spezifischen nationalen Lebensbedingungen, historisch entwickelten gesellschaftlichen Konventionen und Freiheitsvorstellungen ab und sind damit national geprägt. Darüber hinaus wäre es nicht sinnvoll, auf mehrere Grundrechtskataloge parallel abzustellen, da dies sowohl zu zahlreichen Doppelungen führen würde als auch mit dem Risiko verbunden ist, dass neben den einzelnen Grundrechtsprüfungen der Blick auf eine einheitliche Gesamtsystematik verloren ginge.

Die methodischen Vorüberlegungen zu den Möglichkeiten technikadäquater Grundrechtsentwicklungen werden ebenso wie die Methode selbst im Wesentlichen aus der Rechtsprechung des Bundesverfassungsgerichts und den von ihm in der Vergangenheit vorgenommenen Grundrechtsentwicklungen herausgearbeitet. In der über sechzigjährigen Rechtsprechungshistorie des Bundesverfassungsgerichts ist erstens eine systematische Grundrechtsdogmatik, zum Beispiel hinsichtlich der Funktionen der Grundrechte, ausgebildet worden. Der europäische Gerichtshof setzt dagegen diese auf nationaler Ebene anerkannten Grundrechtfunktionen für die Grundrechte der Grundrechtecharta als bestehend voraus, ohne sie in seinen Entscheidungen argumentativ näher zu begründen. Zweitens sind zahlreiche Entscheidungen ergangen, in denen einzelne Grundrechte konkretisiert und ergänzender Grundrechte entwickelt worden sind. Der Europäische Gerichtshof hat – soweit ersichtlich – seit der Rechtskraft der Grundrechtecharta im Jahr 2009 noch keine vergleichbaren Grundrechtsentwicklungen vorgenommen. Die den nationalen Grundrechten eigene Dynamik weisen die europäischen Grundrechte bisher nicht auf. Des Weiteren kommt der Entscheidung des Bundesverfassungsgerichts zum lückenlosen Grundrechtsschutz über die allgemeine Handlungsfreiheit und das allgemeine Persönlichkeitsrecht eine wesentliche Bedeutung für das Konzept der Grundrechtsentwicklungen zu.[696] Sogenannte Auffanggrundrechte, die diese lückenschließende Funktion übernehmen könnten, gibt es bislang im Europarecht nicht. Die Rechtsprechung des Bundesverfassungsgerichts ist gegenüber derjenigen des Europäischen Gerichtshofs gerade im Kontext der Grundrechte sehr viel ausgefeilter und somit für die theoretischen Überlegungen einer Methode zur technikadäquaten Grundrechtsentwicklung sehr viel ergiebiger.

---

695 So z.B. bei der Grundrechtsinterpretation in Kap. 4.2.2.1, den Grundrechtsfunktionen in Kap. 6.2.7 und bei konkreten Grundrechtsentwicklungen in Kap. 9.2.4.3.

696 S. insbesondere Kap. 4.2.2.2.

Sollte sich die Entwicklung fortsetzen, dass immer mehr grundlegende gesellschaftliche Bereiche durch das europarechtliche Sekundärrecht normiert werden und immer häufiger die Entscheidungskompetenz des Europäischen Gerichtshofs begründet wird, kann die Anwendung der Methode technikadäquater Grundrechtsentwicklung grundsätzlich auf die europäische Grundrechtecharta übertragen werden.

4.10 Interdisziplinarität

Die Rechtswissenschaft weist seit jeher eine starke interdisziplinäre Ausrichtung auf. Dies folgt unmittelbar aus der Zielsetzung ihres Forschungsgegenstands – dem Recht – durch das die Wirklichkeit normativ beeinflusst und gestaltet werden soll. Recht muss immer mit der Wirklichkeit verbunden werden, indem es in die soziale Realität eingebettet wird, um normative Erwartungen erfüllen zu können. Rechtspolitik, Rechtssetzung, Rechtsprechung und Rechtsdurchsetzung können nicht durch eine isolierte Betrachtung von Rechtsvorschriften erfolgen, sondern sie bedürfen zwangsläufig der Bezugnahme auf die Wirklichkeit unter Berücksichtigung moralisch aufgeladener Erwartungen, technischer Möglichkeiten, sozialer Entwicklungen und finanzieller Machbarkeit. Die umfassende Bandbreite der Interdisziplinarität der Rechtswissenschaft ergibt sich zudem aus der Tatsache, dass kaum ein Lebensbereich existiert, der nicht durch Rechtsvorschriften reguliert wird. Alle politischen und damit gesellschaftsrelevanten Themen sind potentiell auch Themen der Rechtswissenschaft. Dies zeigen die umfassenden Kataloge der Verteilung der Gesetzgebungskompetenzen in den Art. 72 Abs. 3, 73 Abs. 1 und 74 Abs. 1 GG deutlich.

Bereits die klassischen Forschungsgegenstände und Tätigkeitsbereiche von Juristen weisen starke interdisziplinäre Verflechtungen auf. Rechtspolitische Entscheidungen zur Förderung des Umweltschutzes können nicht erfolgen, ohne dass diesbezügliche umweltwissenschaftliche Erkenntnisse einbezogen werden. Die Rechtssetzung erfordert, gerade wenn sie zur Risikominimierung zum Schutz der Bevölkerung erfolgt, ein Grundverständnis für den – meist technischen – Regelungsgegenstand. Ein wichtiger Schritt der Subsumtion als Methode der Rechtsanwendung[697] ist die Definition der in den Vorschriften verwendeten Begriffe. Diese stellen häufig keine originär juristische Fachsprache dar, sondern greifen Fachbegriffe der Regelungsbereiche auf und müssen entsprechend aus dieser Fachdisziplin heraus konkretisiert werden. Ein weiterer wichtiger interdisziplinärer Aspekt bei der Rechtsanwendung gerade auch im Rahmen der Rechtsprechung ist die Erforschung des wirklichen Geschehensablaufs, um die für die Rechtsanwendung erforderliche Folgenanalyse und die Bildung von Kausalitätsketten vornehmen zu können. Ob die Darstellung der Prozessparteien überhaupt Realität sein kann und bestimmte Erfolge auf behaupteten Aktionen beruhen können, beurteilt der Richter aufgrund seiner eigenen Lebenserfahrung, anerkannter Denk-, Naturgesetze und Erfahrungssätze sowie durch die ergänzende Hinzuziehung der Sach- und Fachkunde von Sachverständigen.[698] Selbst den gutachterlichen Einschätzungen von Sachverständigen darf der Richter aber nicht blind vertrauen, sondern er hat sie mit einer gewissen Distanz kritisch und sorgfältig zu würdigen.[699] Zusammenhänge zu anderen Fachdisziplinen bestehen somit auch bei der Rechtsanwendung zwangsläufig und regelmäßig.

Wird dem Recht die Funktion beigemessen, ein Steuerungsinstrument für alle Bereiche des menschlichen Lebens zu sein, dann muss es auch den jeweiligen Berührungspunkten mit anderen Fachdisziplinen, die es zu seinem Gegenstandsbereich macht, Rechnung tragen. Das Recht und der Rechtswissenschaftler müssen immer beide Perspektiven berücksichtigen, um die in allen gesellschaftlichen Bereichen vorherrschende Erwartungshaltung gegenüber der

---

697 S. Kap. 3.1.2.

698 *Foerste*, in: Musielak 2013, § 286 ZPO, Rn. 10a, 11.

699 *Foerste*, in: Musielak 2013, § 286 ZPO, Rn. 11

rechtlichen Steuerung gerecht zu werden. Die Außenperspektive der anderen Wissenschaftler ist erforderlich, um den Normbereich in Bezug auf die Wirklichkeitsaspekte zu erfassen. Die Binnenperspektive der Rechtswissenschaft selbst ermöglicht die sachverhaltsbezogene Interpretation und Konkretisierung des Normprogramms. Interdisziplinarität ist damit eine Grundbedingung und ein Grundprinzip der Rechtswissenschaft.

Das Recht geht entsprechend einer realistischen Einschätzung der Leistungsfähigkeit der Juristen davon aus, dass sie die von ihnen geforderte Interdisziplinarität nicht allein leisten können. Dies zeigt bereits die prozessuale Möglichkeit, Sachverständige für rechtserhebliche Belange anderer Fachdisziplinen hinzuzuziehen. Auch rechtspolitische Entscheidungen werden in entsprechend interdisziplinär besetzten Fachgremien vorbereitet. Aufgrund der immer weiter voranschreitenden Technisierung der Gesellschaft wurde dem Parlament die Verpflichtung zur Technikfolgenforschung als eigenständige Aufgabe zugewiesen.[700] Ursprung und zentrales Anliegen der systematischen Technikfolgenabschätzung war von Anfang an die wissenschaftliche Beratung und Unterstützung staatlicher Entscheidungsprozesse insbesondere im Bereich der Forschungs- und Technologiepolitik.[701] Nach einer langen Vorgeschichte ist 1989 das Büro für Technikfolgen-Abschätzung beim Deutschen Bundestag (TAB) als selbständige wissenschaftliche Einrichtung gegründet worden.[702] Im TAB sind Wissenschaftler aus verschiedenen Disziplinen tätig und ihnen kommt die Aufgabe zu, den Deutschen Bundestag und seine Ausschüsse in Fragen des wissenschaftlich-technischen Wandels zu beraten. Das TAB verfolgt vier Hauptziele:[703] Erstens die Potentiale neuer wissenschaftlich-technischer Entwicklungen und die damit verbundenen gesellschaftlichen, wirtschaftlichen und ökologischen Chancen zu analysieren. Zweitens die rechtlichen, wirtschaftlichen und gesellschaftlichen Rahmenbedingungen der Realisierung und Umsetzung wissenschaftlich-technischer Entwicklungen zu untersuchen. Drittens die potentiellen Auswirkungen der zukünftigen Nutzung neuer wissenschaftlich-technischer Entwicklungen vorausschauend und umfassend zu erfassen sowie Möglichkeiten für eine strategische Nutzung der Chancen des Technikeinsatzes und die Vermeidung oder Abmilderung seiner Risiken aufzuzeigen. Viertens schließlich auf dieser Grundlage alternative Handlungs- und Gestaltungsoptionen für politische Entscheidungsträger zu entwickeln.

Ebenso ist in der Wissenschaft ein deutlicher Zuwachs interdisziplinärer Forschungstätigkeiten und -projekte mit Beteiligung von Rechtswissenschaftler zu verzeichnen. Dies wird durch die Bundesministerien, die Forschungsförderung betreiben, gezielt unterstützt. Unter anderem indem für verschiedene technisch ausgerichtete Forschungsförderprogramme, wie zum Beispiel E-Energy[704] oder Trusted Cloud,[705] ergänzend eine rechtswissenschaftliche Begleitforschung in Auftrag gegeben wird. Die Forschungsdisziplin der rechtswissenschaftlichen Technikfolgenforschung, der die Technikgestaltung durch die Konkretisierung rechtliche Anforderungen als wesentlicher Bestandteil zuzurechnen ist, arbeitet an der Schnittstelle zwischen der Wissenschaft der Technikfolgenabschätzung und -bewertung und der Rechtswissenschaft.[706] Sie ist damit eine echte interdisziplinäre Wissenschaft, die ohne den Beitrag der jeweils anderen Disziplin nicht existent wäre. Hintergrund des Bestrebens der Techniker rechtskonforme Technik zu entwickeln, ist vielfach der gerade bei der Forschungsförderung durch die Ministerien im Fokus stehende Aspekt der nicht nur wissenschaftlichen, sondern auch wirtschaftlichen und damit praktischen Verwertbarkeit der Forschungsergebnisse. Dieses Kriterium können die technischen Disziplinen nicht allein durch Grundlagenforschung

700 *Roßnagel* 1993, 38 f.
701 *Paschen*, in: Böhret/Jann 1998, 603.
702 S. ausführlich zum Prozess der Institutionalisierung der TAB *Paschen*, in: Böhret/Jann 1998, 605 ff.
703 *Paschen*, in: Böhret/Jann 1998, 608.
704 S. http://www.e-energy.de/de/1078.php.
705 S. http://trusted-cloud.de/de/1294.php.
706 *Roßnagel* 1993, 287.

erfüllen, die primär auf das Erkenntnisinteresse abzielt,[707] sondern sie müssen verstärkt angewandte Forschung zur gezielten und zweckorientierten Lösung eines praxisbezogenen Problems betreiben. Das Interesse der Rechtswissenschaftler an der Technikentwicklung auf Forschungsebene unmittelbar beteiligt zu sein, begründet sich im Wesentlichen aus den gegenseitigen Abhängigkeiten zwischen Technik, Recht und Gesellschaft und wurde bereits ausführlich dargelegt.[708]

Die Methode technikadäquater Grundrechtsentwicklung knüpft, wie dargelegt, an die rechtswissenschaftliche Methode normativer Entscheidung und weist Bezüge zur Methode zur Konkretisierung rechtlicher Anforderungen (KORA) auf. Sowohl der methodische Ansatz als auch die Zielsetzung der Grundrechtsentwicklung sind somit rechtswissenschaftlicher Natur und als solche interdisziplinär ausgerichtet. Allerdings erfordert ihre Anwendung ein besonders hohes Maß an Interdisziplinarität. Sie soll ihre Steuerungswirkung bezogen auf die Technik und die technikbedingten Veränderungen der Wirklichkeit entfalten, so dass ihr Betrachtungsgegenstand anderen Disziplinen zuzuordnen ist. Bereits die als Vorarbeiten der Durchführung der vier methodischen Schritte erforderliche Beschreibung der Technik ist ohne vertieften technischen Sachverstand nicht zu leisten. Optimal wäre es, wenn der Untersuchungsgegenstand nicht allein durch Rechtswissenschaftler, sondern gemeinsam mit den technischen Disziplinen erarbeitet wird. Dabei müssen die technischen Ausführungen so detailliert und tiefgehend sein, dass sie eine komplexe Erfassung der Technik als soziotechnisches System ermöglichen. Hierzu können insbesondere Funktionalitäten, Datenverarbeitungsvorgänge, Prozessschritte, Einstellungsoptionen, Bedienmöglichkeiten sowie Anwendungsbereiche, Einsatzmöglichkeiten und beteiligte Akteure zählen. Insbesondere die Analyse der Chancen und Risiken einer Technik als auch die Abschätzung der individuellen und gesellschaftlichen Folgen ihrer Einbettung erfordert die Expertise anderer Fachdisziplinen. Bei der Methode technikadäquater Grundrechtsentwicklungen sind vor allem die Risiken für die Technik und durch die Technik zu bestimmen. Sofern Technikentwicklungen in den Grundrechtsschutz aufzunehmen sind, wie dies zum Beispiel für die Fernkommunikationstechnik und für informationstechnische Systeme erfolgt ist, müssen sich die zu bestimmenden Schutzziele an den Angriffs- und Manipulationsrisiken dieser Technik orientieren. Zudem ist eine normative Wertungslücke anzunehmen, wenn eine technische Innovation zu neuen Risiken für Grundrechtsgewährleistungen führt. In diesem Kontext fließen die Erkenntnisse der Technikfolgenforschung ein. Die technischen Aspekte kommen wiederum bei der Ermittlung von Normbereichen und Normzielen auf der dritten Stufe der Methode technikadäquater Grundrechtsentwicklung als Wirklichkeitselemente zum Tragen.

Werden die Ergebnisse der Methode technikadäquater Grundrechtsentwicklungen für die rechtsverträgliche Technikgestaltung mit der Methode KORA aufgegriffen, erfordert dies wiederum ein sehr hohes Maß an Interdisziplinarität. Normative Technikgestaltung erfordert vor allem den Transformationsprozess von der rechtlichen auf die technische Sprachebene, um technische Gestaltungsziele zu formulieren. Diese müssen bereits das technische Fachvokabular aufnehmen sowie in technische Zusammenhänge, Systematiken und Funktionalitäten integriert werden. Den daraus abzuleitenden technischen Gestaltungsvorschlägen ist ihre normative Herkunft nicht mehr zu entnehmen. Die Methoden der technikadäquaten Rechtsentwicklung und der rechtsverträglichen Technikgestaltung erfordern somit beide ein besonders hohes Maß an interdisziplinärer Zusammenarbeit.

---

707 Der technische Erkenntnisgewinn zielt häufig – einfach formuliert – darauf ab, zu zeigen, dass etwas technisch möglich ist.

708 S. insbesondere Kap. 1.

Teil 2: Technikadäquate Grundrechtsentwicklung am Beispiel des Internet

Die im ersten Teil vorgestellte Methode für eine technikadäquate Grundrechtsentwicklung soll im zweiten Teil an einem Beispiel angewandt und veranschaulicht werden. Das Internet wurde ausgewählt, da es eine erhebliche Entwicklungsdynamik und Änderungsgeschwindigkeit aufweist, eine nahezu alle Lebensbereiche erfassende soziale Breitenwirkung erzielt und diese technische Fortentwicklung mit erheblichen Anpassungszwängen für das Recht verbunden ist.[709]

Das Internet wird als die Mega-Innovation der letzten Jahrzehnte bezeichnet.[710] Die Auswirkungen des Internet sind in allen gesellschaftlichen Bereichen und im sozialen Zusammenleben spürbar. Es ist mit ihm ein eigentümlicher sozialer Raum – der Cyberspace – neu entstanden.[711] Sprachlich äußert sich der Siegeszug des Internet durch die Ergänzung der herkömmlichen Begriffe in Verwaltung, Justiz, Wirtschaft und allgemein dem gesellschaftlichen Zusammenleben um das Präfix „Electronic-" oder abgekürzt „E-",[712] wie zum Beispiel E-Government, E-Commerce, E-Health und E-Learning, um den neuartigen Einsatz über digitale Informations- und Kommunikationsmedien hervorzuheben. Das Internet bestätigt rein faktisch die These, dass Technik geeignet ist, wesentliche Auswirkungen auf das gesellschaftliche Zusammenleben zu entfalten. Es kann wohl zum gegenwärtigen Zeitpunkt als eine der zentralen technischen Innovationen des 21. Jahrhunderts bezeichnet werden.[713] Für das Recht relevant ist das Internet vor allem, weil es herkömmliche soziale Räume derart verändert, dass bestehende normative Entscheidungen in Frage gestellt und überdacht werden sollten.

Mittlerweile kommt der bewusste Verzicht auf Smartphone, Notebook, Tablet, die das Eingangstor zum Internet bilden, einem Selbstversuch gleich, der zum einen vielen sehr schwerfallen wird, wenn nicht gar als unmöglich erscheint. Zum anderen verdeutlicht er die mittlerweile eingetretene Abhängigkeit nicht nur des Einzelnen, sondern der Gesellschaft insgesamt von dieser technischen Entwicklung. Das Internet in all seinen Facetten hat sich mehr oder weniger unmerklich, aber beständig ausgebildet. Angefangen bei E-Mails und einigen wenigen Homepages im Web, die mehr und mehr genutzt wurden, ersetzt das Internet mit seinen Kommunikationsformen, Informationsangeboten und neuartigen Dienstleistungen in vielen Bereichen gesellschaftliche Bedürfnisse unter Verdrängung zuvor gängiger Lösungsstrategien. E-Mail, Webformulare, Chats, Weblogs, Foren, Instant Messenger und IP-Telefonie ergänzen und ersetzen zumindest teilweise schon die klassische Kommunikation per Brief, Fax und Festnetztelefon. Landesgrenzen haben keine Bedeutung, so dass der Kommunikationsraum nicht mehr regional begrenzt, sondern weltumspannend ist. Jeder kann potentiell mit jedem, der über einen Anschluss an das Internet verfügt, in Kontakt treten. Immer seltener werden Telefonbuch, Lexikon und Wörterbücher zur Hand genommen, sondern stattdessen spezifische Seiten im Web aufgerufen. Das Weltgeschehen und regionale Informationen werden von Behörden und Unternehmen über das Internet verbreitet und von Interessenten auf dem gleichen Weg konsumiert. Nachrichten, öffentliche Aushänge und Mitteilun-

---

709 S. ausführlich zu den technikbedingten Anpassungszwängen des Rechts *Boehme-Neßler* 2008, 57 ff. Mit der Internettechnologie entwickelte sich seit Anfang der neunziger Jahre der E-Commerce zunächst mit Online-Shops. Die auftauchende Rechtsfrage des wirksamen Vertragsschlusses im E-Commerce konnte von der Rechtsprechung mit den Vorschriften des BGB umfassend gelöst werden. Keine ausreichenden Lösungen bestanden aber z.B. für den Verbraucher- und Datenschutz beim E-Commerce, so dass mit den §§ 312d und 312e BGB sowie ergänzend den §§ 13 ff. TMG entsprechende Regelungen erst geschaffen werden mussten. Das „Domainrecht" ist eine Neuentwicklung für das Web.

710 *Disselkamp* 2012, 27, 39; *Münker* 2009, 12 ff. sowie aus rechtlicher Perspektive *Eifert*, in: Eifert/Hoffmann-Riem 2011, 256.

711 *Eifert*, in: Hoffmann-Riem/Eifert 2011, 256.

712 Beziehungsweise für das mobile Internet über die Ergänzung „Mobile" oder abgekürzt „M-".

713 S. nur *Dyson* 2002, 94 der das Internet zusammen mit der Gentechnik und der Sonnenenergie(-Technik) als die wichtigsten technischen Entwicklungen im 21. Jahrhundert bezeichnet.

gen sind zwar nach wie vor über die klassischen Medien Presse und Rundfunk verfügbar, allerdings mit starker Konkurrenz im Web, so dass die Entwicklung in diesem Bereich in den nächsten zehn bis zwanzig Jahren kaum absehbar ist. Der Konsum von Informationen über das Internet ist schnell, spart Platz in Bücherregalen, ist kostengünstig sowie zudem immer aktuell und ohne Entsorgung von Altpapier möglich. Der berufliche und private Alltag hat sich durch moderne Informations- und Kommunikationstechnik sowie das Internet sehr verändert, sei es, durch die sehr hohe Verfügbarkeit an Informationen, die gestiegene Anzahl an Kommunikationskontakten und -vorgängen, die leichte Realisierung des Homeoffices, die Möglichkeit, zahlreiche Angelegenheiten von einem beliebigen Ort aus zu erledigen, so dass Behördengänge, das Einkaufen beliebiger Waren in Geschäften oder der Besuch von universitären Veranstaltungen nicht mehr notwendig sind. Diese Auflistung ließe sich beliebig weiterführen.

Mit diesen faktischen Veränderungen ist zwangsläufig ein gesellschaftlicher Wandel verbunden.[714] Mit welchen Personen, zu welcher Zeit, über welches Medium und auch in welchem Kommunikationsstil kommuniziert wird, hat sich verändert. Nicht jederzeit und von jedem Ort erreichbar zu sein, ist nicht mehr die Regel, sondern eher die Ausnahme. Es besteht vielfach die Erwartung, dass nahezu jegliche Information umsonst im Internet verfügbar ist und dass Angelegenheiten mittels des Internet erledigt werden können. Diese Informations- und Kommunikationstechnik hat sich zu einer Universalinfrastruktur entwickelt, die in vielen Bereichen nicht mehr hinweggedacht werden kann.

Trügerisch wäre es, das Internet grundrechtlich erfassen zu wollen, indem auf die internetbedingten Realitätsveränderungen schlicht durch eine entsprechende Ausweitung des Grundrechtsschutzes reagiert wird. Vergleichbar der rein sprachlichen Ergänzungen um das Präfix „Electronic-" wäre es zwar denkbar, allgemein von einem Grundrecht der „Online-Handlungsfreiheit" oder spezifisch von einem Grundrecht auf „Online-Vereinigungen", „Online-Meinungsfreiheit" oder „Online-Demonstrationen" auszugehen.[715] Diese rein pragmatische Vorgehensweise wird jedoch weder der Steuerungsfunktion des Rechts noch der Bedeutung der Grundrechte als Individualrechtsschutz und als objektiv-rechtliche Wertordnung gerecht. Grundrechtsschutz wird nicht durch die begriffliche Einbettung des Grundrechts erreicht, sondern erfordert eine risikoadäquate Grundrechtsausgestaltung und die wertorientierte Festlegung von Grundrechtsgarantien.

Der Zeitpunkt für eine grundrechtliche Einbindung des Internet ist noch nicht verstrichen. Die aktuelle Diskussion, die auf der politischen und rechtlichen Ebene geführt wird, weist bereits wertvolle Ansätze auf.[716] Es wird anhand vielfältiger Beispiele die Grundrechtsrelevanz des Internet aufgezeigt.[717] Teilweise werden auch Grundrechte formuliert oder einzelne Grundrechtsgewährleistungen verfassungsdogmatisch abgeleitet.[718] Kaum berücksichtigt wird bei diesen rein rechtswissenschaftlich geprägten Ansätzen der Aspekt der rechtlichen Techniksteuerung und der technikadäquaten Verfassungsentwicklung. Darüber hinaus wird teilweise sogar davon ausgegangen, dass der Grundrechtsschutz sich der gesellschaftlichen Realität anpassen müsse.[719]

---

714 Allgemein zu technischem Fortschritt und gesellschaftlichen Wandel s. *Fiedler* 1972, 54 ff.

715 Diese Grundrechtsausprägungen werden scheinbar von *Luch/Schulz*, VM 2011, 108 zumindest in Erwägung gezogen.

716 *Holznagel/Schumacher*, ZRP 2011, 74 ff.; *Holznagel*, MMR 2011, 1 f.; *Holznagel/Schumacher*, in: Kloepfer 2011, 47 ff.; *Luch/Schulz*, VM 2011, 104 ff.

717 Z.B. die Einordnung des Internet in den Grundrechtsschutz der Medien gemäß Art. 5 Abs. 1 Satz 2 GG, *Bronsema* 2008; *Ory*, AfP 2010, 20; *Holznagel*, MMR 2011, 1 oder die Auswirkungen des Internet auf das Grundrecht der informationellen Selbstbestimmung, *Roßnagel*, Parl Beilage 2006, Nr. 5-6, 9; *Hornung*, MMR 2004, 3.

718 S. ausführlich nachfolgendes Kap. 9.1.

719 *Luch/Schulz* VM 2011, 107.

Die Herrschaft im Sinne der Entscheidungs- und Gestaltungsfreiheit über das Internet hat somit enorme Bedeutung. Sie ist potentiell global, umfasst den öffentlichen und privaten Raum sowie jeden Lebensbereich. Es sind kaum noch gesellschaftliche Vorgänge, öffentliche Maßnahmen, betriebliche Abläufe oder private Handlungen denkbar, die nicht in irgendeiner Form durch das Internet, Internetdienste oder Webanwendungen unterstützt werden können und auch werden. Internetbasierte Informations- und Kommunikationstechnik kann in vielen Bereichen als eine – wenn auch nicht die einzige – Lebensader bezeichnet werden. Hieraus resultiert immer das Risiko, dass der Herrschende, diese auch „abschalten“ oder in seinem Interesse steuern und damit das politische, gesellschaftliche, behördliche, unternehmerische und private Leben erheblich negativ beeinflussen kann.[720]

Von ebensolcher Bedeutung ist die Herrschaft über die Daten, die bei der Internetnutzung entstehen. Diese beinhalten einen kaum ermessbaren Umfang an Informationen, aus denen Wissen generiert werden kann, zum Beispiel über Verhaltens- und Denkweisen des Einzelnen, Strategien und Betriebsinterna von Unternehmen, Vorgehensweisen und Entscheidungsabläufen in Behörden sowie politische Themen und Aktivitäten von Regierungen. Daten und Informationen sind grundsätzlich neutrale Ressourcen. Die normative Bedeutung ergibt sich, wenn sie in einem bestimmten Kontext und Beziehungen zwischen Personen, Unternehmen, Behörden oder Staaten bestehen. Allein die Tatsache, dass dieses Wissen vorhanden ist und zu konkreten Zwecken eingesetzt werden kann, ist geeignet, Verhaltensweisen zu verändern. Die Aussage, Wissen ist Macht, wurde schon lange vor dem Zeitalter der Informationsgesellschaft getroffen.[721] Mit den Daten des Internet ist ein um ein Vielfaches gestiegenes Machtpotential vorhanden. Da dies nicht in nationaler Hand liegt, ist ein Gegenpol erforderlich, um diese Entwicklung normativ beeinflussen zu können.

Zutreffend ist, dass das Grundgesetz immer den Rahmen für die weitere Rechtsentwicklung bilden muss. Dieser Rahmen muss aber gegebenenfalls selbst im Hinblick auf die technischen Entwicklungen und den aus dem Technikeinsatz resultierenden Folgen für die soziale Wirklichkeit, korrigiert werden. Nicht das Recht ist an die gesellschaftliche Realität anzupassen, sondern das Recht sollte darauf einwirken, wie sich die gesellschaftliche Realität entwickelt. Dies bedeutet nicht, dass die grundrechtliche Werteordnung starr und unbeeinflusst von der gesellschaftlichen Realität sein sollte, sondern es ist ein „lebendiges Verfassungsverständnis“[722] zugrunde zu legen. Sie sollte aber auch ein wehrhaftes Korrektiv für gesellschaftliche Veränderungen sein, um – insbesondere bewährte und zeitlose – gesellschaftliche Werte zu erhalten und auch unter den veränderten Realitätsbedingungen neue Werte zu manifestieren. Vor diesem Hintergrund wird das Internet als technischer Untersuchungsgegenstand der methodischen Grundrechtsentwicklung unterzogen.

---

720 S. z.B. „Pakistan schaltet Internet und Mobilfunknetz nach Anschlägen ab“, heise online vom 25.10.2015, http://www.heise.de/newsticker/meldung/Pakistan-schaltet-Internet-und-Mobilfunknetz-nach-Anschlaegen-ab-2854732.html.

721 Diese deutsche Formulierung geht zurück auf die Aussage von Francis Bacon „knowledge itself is a power“, *Bacon,* in: Montagu 1881, 71.

722 *Mecklenburg*, ZUM 1997, 532.

5. Soziotechnisches System „Internet“

Die normative Methode technikadäquater Grundrechtsentwicklung kann nicht gegenstandslos und abstrakt erfolgen, sondern sie erfordert einen konkreten technischen Untersuchungsgegenstand. Die in Blick zu nehmende technische Innovation – in diesem Anwendungsbeispiel das soziotechnischen System Internet – ist daher so vollständig wie möglich funktional zu erfassen und zu beschreiben. Auf diesen Vorarbeiten bauen anschließend die vier methodischen Stufen der technikadäquaten Grundrechtsentwicklung auf.

Hinter der Bezeichnung Internet verbergen sich unterschiedliche Begriffe und ein unterschiedliches Verständnis. Auf die Frage, wie das Internet definiert oder was darunter zu verstehen ist, wird es viele unterschiedliche Antworten geben, je nachdem ob sie von einem Laien, versierten Internetnutzer oder einem Informatiker stammen und auch davon abhängig, in welchem Kontext die Bezeichnung verwendet wird. Formulierungen wie „ins Internet gehen“, „im Internet surfen“, „per Internet“ oder auch schlicht „das Internet“ weisen deutlich auf die Mehrdeutigkeit des Begriffes hin. Im allgemeinen Sprachgebrauch ist keine Formulierung falsch oder missverständlich. Sie ergänzen sich und beschreiben zusammengenommen eben nicht eine konkrete Technik oder einen technischen Gegenstand, sondern ein soziotechnisches System, welches das „Internet“ darstellt.

Dieses lässt sich durch eine Dreiteilung differenziert beschreiben, die in Anlehnung an die technische Perspektive erfolgt.[723] Die erste Ebene ist das physikalische Netz oder auch die technische Infrastruktur, insbesondere bestehend aus Festnetz, Funk, GPRS, UMTS und Wireless Area Network (WLAN). Durch diese und auf Basis eines einheitlichen Netzwerkprotokolls sind zahlreiche Rechner miteinander verbunden. Diese technische Infrastruktur wird nachfolgend als Internet bezeichnet.[724] Hierauf baut die digitale, transportierende IP-Schicht auf, durch die unterschiedliche Internetdienste, wie das World Wide Web (im Folgenden Web)[725] und E-Mail-Dienste, ermöglicht werden. Die Internetdienste bilden im folgenden Kontext zusammengenommen die zweite Ebene.[726] Schließlich soll als dritte Ebene das Web als Ausschnitt des „Internet“ – oder genauer gesagt dieser spezifische Internetdienst – aufgrund seiner gesellschaftlichen Bedeutung vertiefend hinsichtlich seiner konkreter Webdienste betrachtet werden, wie Suchmaschinen, Social Networks, Onlineshops, Wikis, Videoplattformen und vieles mehr. Im Folgenden wird diesbezüglich die Bezeichnung Webdienst, Web-Service oder Webanwendung verwendet. Entsprechend der unterschiedlichen Ebenen des soziotechnischen Systems Internet sind zu dessen Realisierung zahlreiche Akteure, neben den Internetkonsumenten Internetdienstleister und sogenannte Internet-Mediäre erforderlich, die funktionsbezogen differenziert werden. Schließlich werden ökonomische Besonderheiten aufgeführt, da diese häufig für normative Entscheidungen insbesondere über die Auflösung von Interessenkollisionen relevant sein können. Diese Unterscheidung ist für die grundrechtsbezogene Betrachtung und die Bestimmung von Grundrechtsinhaber und Grundrechtsverpflichteter notwendig.

723 S. *Ceulic*, in: Kloepfer 2011, 20.

724 Eine begriffliche Ungenauigkeit wird im Folgenden teilweise bei der Verwendung umgangssprachlich üblicher Wortverknüpfungen mit Internet, wie z.B. Internetadressen oder Internetnutzer nicht zu vermeiden sein.

725 Die korrekte Abkürzung für das World Wide Web ist WWW. Für eine bessere Lesbarkeit wird dennoch die Kurzform Web verwendet.

726 *Ceulic*, in: Kloepfer 2011, 20 unterscheidet die drei Ebenen physikalisches Netz, IP-Schicht sowie Dienste und Applikation.

5.1 Internet als technische Infrastruktur

Technisch beschrieben ist das Internet ein dezentral organisiertes, globales Rechnernetzwerk, das aus beliebig vielen miteinander verbundenen und eindeutig adressierten lokalen und nationalen Netzen besteht und auf einem einheitlichen und offenen Netzwerkprotokoll basiert.[727] Das Internet kann als das Straßennetz der Informationsgesellschaft bezeichnet werden.[728] Genau genommen, handelt es sich beim Internet nicht um ein physikalisches Netz, sondern eine Ansammlung verschiedener Netze, die bestimmte gängige Protokolle nutzen und bestimmte allgemeine Dienste zur Verfügung stellen. Es werden verschiedene Arten von Computernetzen nach ihrer räumlichen Ausdehnung unterschieden, von der kleinsten Einheit Location Area Networks (LAN)[729] über Metropolitan Area Network (MAN)[730] bis zu Wide Area Network (WAN).[731]

Um die einzelnen Rechner miteinander zu verbinden und die Datenübertragungen umzusetzen, ist eine technische Netzinfrastruktur erforderlich. Diese besteht aus kabelbasierten und kabellosen Techniken, die grundsätzlich unterschieden werden können. Zu der ersten Gruppe gehören ein für das Internet ausgebautes Glasfaserkabelnetz, das herkömmliche Telefonnetz mit Kupferkabeln und das Kabelfernsehnetz aus Glasfaser- und Koaxialkabeln. Zu den nicht kabelbasierten Internet-Techniken gehören Mobilfunk- und Satellitennetze. Im Anschluss an die analogen Mobilfunknetze der ersten Generation, die keine praktische Relevanz mehr aufweisen, folgte Global System for Mobile Communications (GSM) als zweite, Universal Mobile Telecommunications System (UMTS) als dritte und schließlich Long Term Evolution (LTE) als vierte Generation der Mobilfunkstandards.

In seinem bisherigen Erscheinungsbild weist das Internet vier prägende Charakteristika auf, die allerdings nicht alle technisch zwingend sind. Dies sind im Einzelnen die Dezentralität, Globalität, Zugangsoffenheit und Neutralität.[732]

Die beiden Charakteristika der Dezentralität und der Globalität finden sich bereits in der technischen Definition des Internet wieder. Dezentralität bedeutet in diesem Zusammenhang, dass die technische Infrastruktur nicht über eine oder mehrere zentrale Einheiten verfügt, über die letztlich alle Rechner miteinander verbunden wären. Es existieren somit keine zentralen technischen Knotenpunkte, die als „Zugangstore“ für den Anschluss an das Rechnernetzwerk fungieren, und der Bestand des Internet hängt nicht von einer einzigen funktionierenden Zentrale ab.[733] Entsprechend kann das Netzwerk auch nicht durch einen zentralen Angriff in seiner grundsätzlichen Funktionsfähigkeit beeinträchtigt werden, so dass es eine geringe Verletzbarkeit und damit hohe Zuverlässigkeit aufweist.[734] Globalität bedeutet, dass die technische Infrastruktur weltumspannend ist. Geografische oder natürliche Grenzen können die Ausbreitung der Netzwerkarchitektur nicht beeinträchtigten.

Das Charakteristikum der Zugangsoffenheit meint, dass grundsätzlich jede Person die Möglichkeit hat, den eigenen Rechner an das Internet anzuschließen und so zum Bestandteil

---

727 S. *BVerfGE* 120, 274 (276); *Federrath/Pfitzmann,* in: Moritz/Dreier 2005, Teil A Rn. 1; *Polenz*, in: Kilian/Heussen 2013, Teil 13, Rn. 29 sowie zur Geschichte des Internet *Strömer* 2006, 3 ff. Der Gesetzgeber beschreibt das Internet sehr abstrakt und funktionsbezogen als „elektronisches Informations- und Kommunikationssystem“, BT-Drs. 14/6468, 5.

728 *Roßnagel*, KJ 1990, 268 hat diese Bezeichnung zuvor für die Telekommunikationstechnik gewählt.

729 LAN ist ein meist privates, unternehmens- oder behördeninternes Netz innerhalb eines Gebäudes oder Geländes, *Federrath/Pfitzmann,* in: Moritz/Dreier 2005, Teil A Rn. 12.

730 MAN verbindet z.B. Computersysteme verschiedener Gebäude oder einer Stadt miteinander.

731 WAN umfasst Computersysteme z.B. innerhalb eines Landes oder eines Kontinents. S. *Tanenbaum/Wetherall* 2012, 39 ff.; *Sieber*, in: Hoeren/Sieber/Holznagel 2014, Teil 1, Rn. 15.

732 Ursprünglich entwickelt wurde das Internet mit dem Ziel der Hochverfügbarkeit eines Kommunikationsweges, *Federrath/Pfitzmann,* in: Moritz/Dreier 2005, Teil A Rn. 10.

733 Nach *Mecklenburg*, ZUM 1997, 528 ist das Gegenstück der Netz- oder Sterntypologie die Baumtypologie der klassischen Medien.

734 S. hierzu ausführlich die Geschichte zur Entwicklung des Internet *Tanenbaum/Wetherall* 2012, 80 ff.

des Rechnernetzwerks zu werden. Die Notwendigkeit, die Dienste eines Zugangsanbieters – oder auf Englisch Access Provider – in Anspruch nehmen zu müssen, steht der Zugangsoffenheit nicht entgegen. Es bestehen technisch grundsätzlich keine begrenzten Anschlusskapazitäten, die eine Regulierung des Zugangs zum Internet erfordern würden, und der Anschluss ist unabhängig von den verwendeten Betriebssystemen und Netzwerktechniken möglich. Das Rechnernetzwerk kann beliebig ausgeweitet werden und die Anzahl der angeschlossenen Einzelrechner ist faktisch unendlich. Der Zugang zum Internet ist daher insbesondere weder staatlichen Einrichtungen, Unternehmen oder bestimmten Organisationen vorbehalten, noch existieren weitere Zugangsbeschränkungen, wie zum Beispiel Nationalität oder eine allgemeingültige Altersgrenze der Anschlussinhaber.

In Bezug auf den Vorgang der Datenübertragung zwischen zwei Rechnern wird die Internetarchitektur als Client-Server-Infrastruktur beschrieben.[735] Diese Beschreibung differenziert funktionsbezogen zwischen dem Server als Dienst oder Daten zur Verfügung stellendes System und dem Client als das den Dienst oder Daten anfordernde System.[736] Die Besonderheit im Internet ist, dass jedes Computersystem sowohl als Server als auch als Client fungieren kann.

Jeder an das Internet angeschlossene Rechner muss eine individuelle Kennung aufweisen, um für den Prozess der Datenübertragung zwischen zwei Rechnern über die technische Infrastruktur eindeutig angesprochen werden zu können. Diese eindeutige Kennung ist im Internet-Netzwerk die Internet Protocol (IP-)Adresse.[737] IP-Adressen sind nummerisch und bestehen nach der derzeit (noch) hauptsächlich verwendeten IPv4-Spezifikation aus 32 Bits – vier jeweils durch einen Punkt voneinander abgetrennten Zahlenblöcken – mit jeweils einer maximal dreistelligen Zahl (8 Bit) im Wert zwischen null und 255 (Bytes). Langfristig soll die IPv4-Spezifikation durch die seit 1998 existierende IPv6-Spezifikation abgelöst werden, die insgesamt 128 Bits umfasst und in acht Zahlenblöcken von je vier Ziffern (16 Bit) dargestellt wird. Die IPv6-Spezifikation bietet damit eine deutlich größere Anzahl möglicher Adressen bietet, die bei IPv4 zu erschöpfen drohen.[738]

Um zu gewährleisten, dass jede IP-Adresse tatsächlich eindeutig einem Rechner zugewiesen ist, muss es Regeln und Verantwortliche für die Zuweisung der IP-Adressen geben. Die Koordination der Vergabe von IP-Adressen übernimmt die amerikanische Internet Corporation for Assigned Names and Numbers (ICANN). Eine geregelte Vergabe selbst erfolgt durch eine der ältesten Institutionen des Internet, die Internet Assigned Numbers Authority (IANA), eine Abteilung der ICANN. Die IANA verteilte in den Anfangsjahren des Internet IPv4-Adressen in großen Adressblöcken direkt an Organisationen, Firmen oder Universitäten, die dann die weitere Verteilung selbständig übernahmen. Seit Februar 2005 sind fünf regionale Vergabestellen, die Regional Internet Registries (RIR), eingerichtet, denen nunmehr Adressblöcke – typischerweise /8 in CIDR-Notation – zugewiesen werden. Die Vergabe an die Endnutzer erfolgt nach deren eigenen Regelungen für die Zuweisung von Adressen an Provider oder Organisationen, die wiederum ihre IP-Adressen selbst verwalten. Für Europa ist die Réseaux IP Européens (RIPE) zuständig. Die Vergabe der IP-Adresse ist damit über eine hierarchische Baumstruktur organisiert und stellt eine Ausnahme der Dezentralität des Internet da.

Einen engen Zusammenhang zur IP-Adresse weist das Domain Name System (DNS) auf. Jeder numerischen IP-Adresse ist ein Domain-Name eindeutig zugeordnet. Während für den

---

735 *Federrath/Pfitzmann*, in: Moritz/Dreier 2005, Teil A Rn. 8.

736 *Sieber*, in: Hoeren/Sieber/Holznagel 2014, Teil 1, Rn. 20; *Wißner/Jäger*, in: Kilian/Heussen 2013, Teil 300: Technisches Lexikon zu den Begriffen „client“ und „server“; *Erlhofer* 2014, 183 f.

737 S. *Federrath/Pfitzmann*, in: Moritz/Dreier 2005, Teil A Rn. 7; *Erlhofer* 2014, 186. Die IP-Adresse kann mit einer Anschrift oder einer Telefonnummer verglichen werden, die ebenfalls mittelbar einer oder mehreren Personen zugeordnet werden können. Z.B. lautet die IP-Adresse der Domain des Bundesverfassungsgerichts 77.87.229.25.

738 S. zur IPv6-Spezifikation *Federrath/Pfitzmann*, in: Moritz/Dreier 2005, Teil A Rn. 34 ff.

technischen Zugriff auf einen Server ausschließlich die IP-Adresse erforderlich ist, ist der zusätzliche Domain-Name ein Zugeständnis an die Merkfähigkeit der Menschen, die sich eher einen begrifflichen Domain-Namen als nummerische Adressen merken können, und damit an die Nutzerfreundlichkeit. Domains sind Teilbereiche des hierarchischen DNS. Vergleichbar der Situation der IP-Adressen erfolgt die Zuteilung von Domains über ein Vergabeverfahren, da diese ebenfalls im Internet weltweit einmalig und eindeutig sein müssen. Im Unterschied zum Vergabeverfahren für IP-Adressen werden Domains jedoch nicht zugewiesen, sondern sie sind unter Berücksichtigung vorgegebener Regeln frei wählbar. Die Vorgaben erfassen zunächst den Aufbau von Domains, der hierarchisch[739] ist und sich in festgelegter Reihenfolge aus Top-Level-Domain (TLD),[740] Second-Level-Domain (SLD)[741] sowie Verzeichnis- und Dateinamen zusammensetzt. Die weiteren Regeln für die Domain-Gestaltung sind von der konkreten TLD abhängig, da sie jeweils von der Vergabestelle der TLD – dem Networks Information Center (NIC)[742] – festgelegt werden. Die Verwaltung der Länderkennung für Deutschland – .de – obliegt dem Deutschen Network Information Center eG – oder kurz DENIC. Diese hat insbesondere Regelungen für die Verwendung von Buchstaben, Umlauten und Zeichen im Domain-Namen festgelegt.[743] Des Weiteren erfolgt die Vergabe der Domain nach dem Grundsatz „first come, first served", so dass unter Voraussetzung der Einhaltung der weiteren Domainrichtlinien für den Antragsteller die gewünschte Domain registriert wird, sofern sie noch verfügbar ist.[744]

Während Dezentralität, Globalität und Zugangsoffenheit Eigenschaften des Netzwerks sind, bezieht sich die Neutralität auf die Datenübertragung durch dieses Kommunikationsnetz. Im Kern wird die wertneutrale, technische Funktionsweise der Datenübertragung im Internet durch den Begriff der Netzneutralität zusammengefasst.[745] Der zu übermittelnde Datensatz wird in einzelne Datenpakete zerlegt, die nach dem Store-and-Forward-Prinzip transportiert werden. Dies bedeutet, dass die Datenpakete nicht unmittelbar an den Zielrechner geschickt, sondern über verschiedene Zwischenrechner, auf dem sie jeweils bis zur nächsten Weiterleitung zwischengespeichert wird.[746] Dieses Prinzip hat den Vorteil, dass Blockierungen auf Teilstrecken umgegangen werden können und eine Optimierung der Netzwerkauslastung erreicht wird. Es entscheidet über den Weg, den die einzelnen Datenpakete durch das Internet zum Empfängerserver nehmen. Ergänzt wird das Store-and-Forward-Prinzip durch das Best-Effort-Prinzip. Danach werden alle Datenpakete gleichberechtigt übertragen, so wie es aufgrund der technischen Bedingungen am schnellsten möglich ist. Die Übermittlung der Datenpakete erfolgt immer über den schnellsten Weg, der nicht gleichzeitig der Kürzeste sein muss. Kommt es an einer Stelle im Netzwerk aus welchen Gründen auch immer zu einer Übermitt-

739 *Federrath/Pfitzmann,* in: Moritz/Dreier 2005, Teil A Rn. 27.

740 TLD sind entweder geografisch und verweisen auf die Zuordnung der Webseite zu einem bestimmten Land, z.B. de, fr, uk, oder generisch und sind einer bestimmten Gruppe zugeordnet, z.B. com, org, net, gov.

741 Bei der Domain http://www.bundesverfassungsgericht.de ist der zweite Teil – Bundesverfassungsgericht – die SLD.

742 Diese wird auch Domain Name Registry genannt. Sie verwaltet eine oder mehrere Top-Level-Domains im DNS, betreibt hierfür den Nameserver den Whois-Server mit Kontaktdaten der Domaininhaber.

743 S. die von der DENIC veröffentlichte IDN-Zeichenliste, http://www.denic.de/domains/internationalized-domain-names/idn-liste.html.

744 S. die Domainrichtlinien der DENIC unter http://www.denic.de/domains/allgemeine-informationen /domainrichtlinien.html#c5529.

745 S. z.B. *Bullinger,* Wissenschaftliche Dienste des Bundestages 2010, 4. An dieser Stelle ist die rein technische Netzneutralität gemeint, so dass hier auf Ausführungen zur politischen und rechtlichen Diskussion der Netzneutralität verzichtet wird. S. zum technisch-traditionellen Begriff sowie zu weiteren Begriffsverständnissen *Jäkel* 2013, 5 ff. m.w.N. Die politischen und rechtlichen Aspekte werden in Kap. 7.2.1.1.1 diskutiert.

746 *Federrath/Pfitzmann,* in: Moritz/Dreier 2005, Teil A Rn. 39.

lungsstörung, werden die Datenpakete automatisch über andere Knotenpunkte weitergeleitet.[747]

Technisch wird die Netzneutralität durch den Aufbau des Datenpakets und die Regeln für deren Übertragung gewährleistet. Ein Datenpaket setzt sich aus mehreren Bestandteilen zusammen, die verschiedenen Schichten (sogenannte Layer) zugeordnet sind. Das sogenannte DoD-Schichtenmodell definiert vier Schichten und wird auch als TCP/IP-Referenzmodell bezeichnet.[748] Es ist ein theoretisches Denkmodel, das die systematische Darstellung des komplizierten Prozesses der Datenübertragung ermöglicht, indem auf den einzelnen Schichten die verschiedenen definierten Aufgaben dargestellt werden. Eine Konkretisierung dieser Aufgaben in Bezug auf ihre Realisierung erfordert darüber hinaus die Definition von Regeln und Konventionen, wie diese Aufgaben auf der jeweiligen Schicht zu erfüllen sind und die Kommunikation zwischen den Schichten zu erfolgen hat. Diese Regeln sind in den sogenannten Protokollen festgelegt.[749]

Die erste oder auch unterste Schicht ist die Netzzugangsschicht,[750] die die Netzwerktopologie, das Übertragungsmedium und das Zugriffsprotokoll definiert. Es folgt die zweite Internet- oder Netzwerkschicht (Internet Layer oder Network Layer), deren Hauptaufgabe es ist, die Datenpakete mittels Übertragungsprotokoll und Router durch das Netzwerk zu leiten, indem entweder vordefinierte Verbindungen verwendet oder günstige Transportpunkte berechnet werden (sogenanntes Routing).[751] Die dritte Transportschicht (Transport Layer) dient als Kontrollprotokoll (TCP-Protokoll) des Datenflusses zwischen der Anwendung und der Internetschicht, um eine sichere und fehlerfreie Verbindung und Datenübertragung zwischen den Endsystemen des Internet zu gewährleisten. Auf dieser Schicht werden zum Beispiel der Verbindungsaufbau, die Zustellung und die Segmentierung des Datensatzes in Datenpakete realisiert.[752] In der vierten, obersten Anwendungsschicht (Application Layer) sind die eigentlichen Applikationen und Protokolle angesiedelt, die über das Internet miteinander kommunizieren.

Hauptbestandteil eines Datenpakets sind die sogenannten Nutzungsdaten, die die eigentlichen Inhalte darstellen, die über das Internet übermittelt werden sollen, wie zum Beispiel eine E-Mail oder Webseite. Diese Daten werden durch die Kopfdaten ergänzt, die auch als Header bezeichnet werden. Jede Schicht fügt den Inhaltsdaten einen Header hinzu, der ergänzende funktionsspezifische – es wird auch die Bezeichnung protokollspezifisch verwendet – Informationen enthält, so dass das Datenpaket von der vierten (beziehungsweise im OSI-Schichtenmodell siebten) bis zur ersten Schicht wächst. Jede Schicht erfüllt eine spezifische Aufgabe bei der Datenkommunikation, aber nicht alle Header-Informationen der verschiedenen Schichten werden für den technischen Vorgang der Datenübertragung benötigt.[753] Die Nutzungsdaten sind der Anwendungsschicht zugeordnet und werden durch den Application Header ergänzt. Die für die Datenübertragung benötigten Informationen befinden sich auf der

747 *Kröger/Kuner* 2001, 2 f.; *Sieber*, JZ 1996, 430.

748 RFC 760 – DoD standard Internet Protocol, http://www.faqs.org/rfcs/rfc760.html. Zum Transmission Control Procotol (TCP) s. *Federrath/Pfitzmann,* in: Moritz/Dreier 2005, Teil A Rn. 19 f. Die Abkürzung DoD als Bezeichnung des Schichtenmodells bedeutet Department-of-Defence und beruht darauf, dass das Internet vom amerikanischen Verteidigungsministerium entwickelt worden ist. Neben diesem vierschichtigen Modell wird häufig auf das OSI-Schichtenmodell verwiesen, dass später von der International Organization for Standardization (ISO) entwickelt wurde. Insgesamt sind vier Schichten im DoD-Schichtenmodell definiert, die sich mit dem siebenschichten OSI-Schichtenmodell (Open Systems Interconnection Reference Model) vergleichen lassen. Das DoD-Schichtenmodell stellt eine vereinfachte Variante des OSI-Schichtenmodells dar, die in diesem Kontext als ausreichend erachtet wird.

749 *Sieber*, in: Hoeren/Sieber/Holznagel 2014, Teil 1, Rn. 40.

750 Diese wird in dem DoD-Schichtenmodell auf Englisch als Network-Access-Layer bezeichnet und im OSI-Schichtenmodell in zwei Schichten differenziert als Physical Layer (Bitübertragungsschicht) und Link Layer (Sicherungsschicht).

751 *Erlhofer* 2014, 185 f.

752 Diese Funktionen überschneiden sich teilweise mit der Schicht drei.

753 Die einzelnen Schichten werden teilweise unterschiedlich bezeichnet.

Internetschicht und dort im IP-Header, insbesondere Informationen über Quell-IP-Adresse, Ziel-IP-Adresse, Status und Fragmentierung. Für den technischen Vorgang der Datenübertragung müssen die Router nur wissen, von welcher IP-Adresse die Daten kommen und an welche IP-Adresse die Daten gesendet werden sollen. Entsprechend reicht es aus, dass nur die Daten im IP-Header gelesen und ausgewertet werden, es ist aber gerade nicht erforderlich, Nutzungs- und Headerdaten der Anwendungsschicht zur Kenntnis zu nehmen.[754] Die Router benötigen für die Steuerung der Datenübertragung im Internet grundsätzlich keine anwendungsbezogenen Informationen.

Auf Basis der Informationen im IP-Header überträgt der Router die Datenpakete nach dem Best Effort-Prinzip. Dieses bezieht sich im Einzelnen auf die Netzwerkkapazität und das Routing der Datenpakete nach dem Prinzip Ende-zu-Ende.[755] Von diesen beiden technischen Aspekten hängen Qualität und Geschwindigkeit der Datenübertragung ab. Router bilden die Knoten- und Vermittlungseinheiten zwischen den Verbindungen. Sie organisieren den Datentransport, indem sie für die eintreffenden Datenpakete den besten Weg zum Ziel und damit die passende Schnittstelle bestimmen, über welche die Daten weiterzuleiten sind. Kommt es an einer Stelle im Netzwerk aus welchen Gründen auch immer zu einer Übermittlungsstörung, werden die Datenpakete automatisch über andere Knotenpunkte weitergeleitet.[756] Die vorhandene Netzwerkkapazität wird dabei unter den Anfragen auf Datenübermittlungen gleichberechtigt aufgeteilt. Übersteigt das zu übermittelnde Datenaufkommen die Netzwerkkapazität, werden die Datenpakete zunächst in einem Zwischenspeicher abgelegt, aus dem sie nach dem Prinzip „First In – First Out“ weitergeleitet werden.[757] Überzählige Datenpakete, die nicht zwischengespeichert werden können, werden vom Router mit einer Fehlermeldung zurückgewiesen und der Übermittlungsvorgang muss wiederholt werden.[758] Die zeitliche Reihenfolge der Übermittlung der Datenpakete bestimmt sich demnach ausschließlich nach ihrem Eingang beim Router, auch wenn es zu Kapazitätsengpässen kommt.

Gewährleisten die technischen Bedingungen keine optimale Datenübermittlung, können unterschiedliche Störungen auftreten. Möglich ist erstens eine Verzögerung der Übermittlung des gesamten Datensatzes (Delay). Zweitens kann sich die Varianz der Laufzeit der einzelnen Datenpakete (Jitter) unterscheiden, so dass nicht alle Datenpakete eines Datensatzes gleichzeitig und rechtzeitig eintreffen. Drittens können Datenpakete verloren gehen. Die Qualität der Datenübermittlung wird daher anhand der technischen Parameter Latenzzeit, Jitter, Paketverlustrate und ergänzend dem Datendurchsatz, das heißt die pro Zeiteinheit im Mittel übertragene Datenmenge, bewertet. Der Datendurchsatz hängt im Wesentlichen von der Qualität der Internetverbindung ab und ist das maßgebliche, übergeordnete Kriterium dafür, wie häufig die genannten Übertragungsstörungen auftreten. Aus den technischen Regeln der Datenübermittlung ergibt sich, dass die Netzbetreiber grundsätzlich jedes Datenpaket übermitteln und in das Routing nicht lenkend eingreifen, zum Beispiel indem die zeitliche Reihenfolge der Weiterleitung der Datenpakete verändert wird.

Faktisch sind die für die Internetnutzung erforderlichen Übertragungskapazitäten aus verschiedenen Gründen stetig angestiegen, so dass zunehmend Übertragungsstörungen auftreten. Tatsächlich hat sich das Datenvolumen, das über das Internet transportiert wird, in seinem Umfang enorm erhöht insbesondere aufgrund neuer – teils multimedialer – Anwendungen wie

---

754 S. *Hochstätter,* „Lauschangriff DPI: So hören die Provider ihre Kunden ab“, ZDNet vom 24.3.2009, http://www.zdnet.de/41001975/lauschangriff-dpi-so-hoeren-die-provider-ihre-kunden-ab/2/.

755 Das Ende-zu-Ende-Prinzip besagt, dass die Datenübermittlung zwischen den Endpunkten – also die Bestimmung des Übermittlungsweges durch das Netz – ausschließlich darauf ausgerichtet ist, die Datenpakete so schnell wie möglich zu übermitteln.

756 *Kröger/Kuner* 2001, 2 f.; *Sieber,* JZ 1996, 430.

757 *Bullinger,* Wissenschaftliche Dienste des Bundestages 2010, 4; *Gersdorf,* AfP 2011, 211 m.w.N.

758 *Wimmer,* ZUM 2013, 642; *Brüggemann,* CR 2013, 566; *Schlauri* 2010, 29 jeweils m.w.N.

Streaming, Internet-TV und Voice-over-IP[759] sowie der durch Smartphones und Tablets möglichen mobilen Internetnutzung. Als weitere Ursache wird das Geschäftsmodell der Internetflatrates angeführt. Die Abrechnung erfolgt nicht gemäß der Nutzungsintensität, sondern ist mit einem festen Geldbetrag gedeckelt, so dass sie einen Anreiz für eine exzessive Nutzung des Internet bietet.[760] Da der Netzwerkausbau nicht im gleichen Ausmaß wie die Netznutzung vorangeschritten ist, kommt es vermehrt zu Netzwerkengpässen. Datenübermittlungen werden dann zurückgewiesen oder zeitlich verzögert, so dass die Negativwerte insbesondere für Delay und Jitter steigen. Welche Daten hiervon betroffen sind, richtet sich nach dem Prinzip „First In – First Out" und ist damit letztlich dem Zufall überlassen. Bei den meisten herkömmlichen oder auch nicht-qualitätssensiblen Internetdiensten, wie zum Beispiel E-Mail und Web-Browsing, sind diese Qualitätsmängel für die Nutzung irrelevant, da es sich um asynchrone und nicht zeitkritische Dienste handelt. Die Vollständigkeit der Datenübermittlung ist dennoch gewährleistet und die Verzögerung ist so gering, dass sie vom Internetnutzer nicht wahrgenommen wird. In diesem Zusammenhang wirkt sich die zweite faktische Veränderung aus, dass immer mehr Echtzeit-Internetdienste angeboten und genutzt werden. Diese reagieren gegenüber herkömmlichen Internetanwendungen deutlich sensibler auf Qualitätsschwankungen der Datenübermittlung. Bei den sogenannten qualitätssensiblen Internetdiensten, zum Beispiel Informations- und Unterhaltungsanwendungen Internet-TV,[761] Voice-over-IP und Online-Spiele, aber auch für telemedizinische Anwendungen, führen insbesondere hohe Werte für Delay und Jitter sowie für die Paketverluste zu gravierenden Nutzungseinbußen der Anwendung,[762] die sehr wohl vom Internetnutzer als Beeinträchtigung empfunden werden.

Auf diese Veränderungen der Nutzung des Internet kann faktisch grundsätzlich mit zwei unterschiedlichen Maßnahmen reagiert werden, um dennoch eine hohe Qualität der Datenübertragung und damit letztlich die Funktionsfähigkeit des Internet zu erreichen. Die erste Alternative ist der Breitbandausbau des Netzwerks zu einem Hochleistungsnetz, um Kapazitäts-engpässe von vornherein zu vermeiden.[763] Dieser Weg wurde bisher gewählt, indem zur Behebung kurzfristiger Überlastungen des Netzes von Seiten der Netzbetreiber eine Überkapazität bereitgestellt wurde, sogenanntes Overprovisioning.[764] Eine Überlastung des Netzes wurde dadurch von vornherein ausgeschlossen.

Die zweite Alternative ist der Einsatz von Netzwerktechniken zur Steuerung des Datentransports insbesondere bei einer Netzwerküberlastung durch Überschreitung der Übertragungskapazitäten.[765] Datenpakete qualitätssensibler Internetanwendungen können gegenüber anderen Datenpaketen in Abweichung vom Best Effort-Prinzip priorisiert übermittelt werden. Unabhängig von der Frage, welche Prioritätsreihenfolge verfolgt wird, ist es erforderlich, die

---

759 Im Jahr 2012 betrug das Datenaufkommen im stationären Internet mehr als 26,7 Exabyte (1 Exabyte = 1 Mrd. Gigabyte) pro Monat, was einem täglichen Datenaufkommen von annähernd einem Exabyte entspricht. Bis 2016 wird prognostiziert, dass sich der globale IP-Verkehr auf 91,3 Exabytes pro Monat erhöhen wird, s. die Studie von *Cisco*, „Cisco Visual Networking Index: Forecast and Methodology", 2013–2018, http://www.cisco.com/c/en/us/solutions/collateral/service-provider/ip-ngn-ip-next-generation-network/white_paper_c11-481360.html.

760 Es existieren nur grundsätzliche Tarifdifferenzierungen hinsichtlich der jeweils maximal gewährleisteten Up- und Downloadgeschwindigkeiten, die sich auf die Qualität der Datenübertragung über das Internet auswirken, s. z.B. http://www.dsl-tarife.de/dsl-geschwindigkeit.htm.

761 Internet-TV bezeichnet hier die Möglichkeit, Fernsehen oder Videos über das offene Internet zu konsumieren. Im Unterschied dazu wird IP-TV über geschlossene Netze mit definierter Qualität gegen Bezahlung angeboten. Im Folgenden wird primär das Internet-TV als über das offene Internet verfügbare Dienstleistung betrachtet.

762 *Gersdorf*, AfP 2011, 211.

763 S. z.B. *Schlauri* 2010, 32 f.

764 *Kruse* 2011, 12 ff.; *Dewenter* 2007, 25.

765 Vom Netzwerkmanagement zu unterscheiden sind die von der Netzneutralität abweichenden Maßnahmen zur Gewährleistung der Netzwerksicherheit.

Datenpakete in Bezug auf die definierten steuerungsrelevanten Kriterien zu klassifizieren, zum Beispiel sie einzelnen, konkreten Anwendungen zuzuordnen.

In IP-Netzen können Datenpakete durch verschiedene technische Lösungen differenziert werden,[766] von denen einige erst in den letzten Jahren entwickelt worden sind. Unterschiede ergeben sich im Wesentlichen dadurch, ob die analysierten und als Differenzierungskriterium eingesetzten Daten Bestandteil des Headers des Transportlayers sind oder hierfür Inhaltsdaten verwendet werden. Technisch realisierbar ist nicht nur die Analyse des IP-Headers, sondern insbesondere auch die der Daten auf der Anwendungsschicht – also eine alle Schichten umfassende „Paket Inspection". Soll die Internet-Protokollstruktur erhalten bleiben, ist es neben der Auswertung der Informationen, die eine Differenzierung zulassen, erforderlich, dem IP-Header Informationen zuzufügen, die eine Priorisierung oder Blockierung der Daten für die Router kennzeichnen. Beide Maßnahmen sind durch neue technische Verfahren möglich geworden.[767] Die Verfahren zur Paket Inspection sind stetig weiterentwickelt worden. Sowohl IPv4- als auch IPv6-basierte Datenpakete haben im IP-Header ein Feld mit der Bezeichnung „Type of Service" beziehungsweise „Traffic Class", dessen Informationen für Qualitätsdifferenzierungen ausgewertet werden. Alternativ wird durch „Shallow Packet Inspection" (SPI), auch als „Stateful Packet Inspection" insbesondere der TCP-Header auf der Transportschicht ausgewertet, so dass die von Empfänger und Sender genutzten Ports ermittelt werden können. Dies ermöglicht zum Beispiel die Datenübertragung zu bestimmten Ports generell zu verlangsamen oder zu blockieren.[768] Die Analyse der weiteren Header- und insbesondere der Nutzungsdaten der Anwendungsschicht ist durch das technische Verfahren der Deep Packet Inspection (DPI) realisierbar geworden.[769] Das Datenpaket wird hier nicht nur oberflächlich, sondern bis zur „tiefsten" Anwendungsschicht analysiert. Grundsätzlich kann somit eine Kategorisierung von Datenpaketen sowohl aufgrund von Informationen aller Header der verschiedenen Schichten erfolgen als auch aufgrund von Informationen im sogenannten Payload, den Inhaltsdaten.[770]

Die vom Best Effort-Prinzip abweichenden Regeln zur Priorisierung bestimmter Datenpakete können zudem seit der Umstellung des IP-Protokolls der Internetschicht von IPv4 auf IPv6[771] unmittelbar technisch implementiert werden.[772] Ursprünglich diente die Umstellung dem Zweck, die Anzahl möglicher IP-Adressen durch die Verlängerung der IP deutlich zu erhöhen. Es erfolgte aber auch eine grundsätzliche Umstrukturierung des IPv4-Headers zum IPv6-Header.[773] Der IPv6-Header enthält ein Datenfeld „Priority", das dazu vorgesehen ist, dem Datenpaket eine von sechzehn Prioritäten zuzuordnen.[774] Je höher die Priorität ist, desto vorrangiger wird das Datenpaket bei Netzwerkengpässen im Vergleich zu Datenpaketen mit niedrigeren Prioritäten übertragen. Die Prioritäten eins bis sieben sind „klassischen" Anwendungen ohne Echtzeit-Anforderungen zugewiesen, wie News, E-Mail, Dateitransfer und Da-

---

766 Ausdrücklich auf diese Differenzierung hinweisend *Berger-Köhler/Kind*, N&R Beilage 4/2010, 2.

767 S. Mitteilung der Kommission vom 19.4.2011, Offenes Internet und Netzneutralität in Europa, KOM (2011) 222, 8; *Sietmann*, c't 8/2011, 158 ff.; *EFI* 2011, 62 ff.

768 Da Internetdienste und -anwendungen, wie z.B. E-Mail, Webserver oder FTP vordefinierte üblicherweise Standardports nutzen (unverschlüsselter E-Mail-Versand üblicherweise Port 25, Webserver den Port 80 und FTP die Ports 20 und 21), lässt die Kenntnis der Ports bereits Rückschlüsse auf die Art der übermittelten Inhalte der Nutzungsdaten zu. Grundsätzlich können somit z.B. die bekannten voreingestellten Ports von Filesharing-Diensten gesperrt werden. S. *Bedner* 2009, 10; aktuelle Nachrichten der ZD, Digitale Gesellschaft: Warnung vor weltweiter Zunahme von Deep Packet Inspection, ZD-Aktuell 2012, 03265.

769 S. ausführlich *Bedner* 2009, 1 ff.

770 *Federrath/Pfitzmann*, in: Moritz/Dreier 2005, Teil A Rn. 4 f.

771 Zu den grundlegenden Unterschieden s. *Freund/Schnabel*, MMR 2011, 495 f.

772 *Greve*, VR 2013, 110.

773 S. „Neuerungen des Headers im neuen Internet-Protokoll IPv6", http://www2.hs-fulda.de/~klingebiel/nbs-kolloquium/ipng2/.

774 S. RFC 1883 – Internet Protocol, Version 6 (IPv6) Specification, Abschnitt 7.

tenbankzugriff und den Prioritäten acht bis sechzehn dagegen Anwendungen mit Echtzeit-Anforderungen, zum Beispiel Video oder Internet-TV. Network-Provider verfügen somit über die technischen Mittel, die neutrale Datenübertragung im Internet einzuschränken. Derartige Netzwerktechniken wurden im Einzelfall auch praktisch bereits eingesetzt und teilweise scharf kritisiert.[775]

Deep Packet Inspection wurde ursprünglich entwickelt, um die Netzwerksicherheit zu gewährleisten.[776] Die tiefgreifende Echtzeitanalyse der Datenpakete und die ebenfalls in Echtzeit bestehende Einwirkungsmöglichkeit auf die Datenübertragung, ermöglichen es Providern, die Verbreitung von Schadsoftware zu verhindern. Auch moderne Firewalls nutzen mittlerweile die Technik der Deep Packet Inspection, damit sich Internetnutzer zum Beispiel vor einem unbemerkten Download von Schadsoftware wie Viren und Trojanern schützen können. Derartige Steuerungsmaßnahmen werden von den Infrastrukturprovidern schon regelmäßig vorgenommen, ohne dass sie eine Grundsatzdiskussion über die Netzneutralität ausgelöst haben.

Abgeleitet aus der grundsätzlichen Funktionsweise der Datenübertragung im Internet bedeutet Netzneutralität, dass alle Datenpakete unabhängig von ihrer Herkunft, ihrem Inhalt oder davon, in welchem Anwendungszusammenhang sie generiert worden sind, unverändert und gleichberechtigt übertragen werden.[777] Sie schließt aus, dass Übermittlungsgeschwindigkeit und -qualität vom Sender oder Empfänger der Daten, vom Inhalt der Daten oder ihrem Anwendungskontext abhängig gemacht werden.[778] Gegenteil der Netzneutralität ist die Steuerung der Datenübertragung anhand von inhaltlichen oder technischen Kriterien durch die Priorisierung und damit einhergehend die Blockierung einzelner Datenpakete zugunsten von anderen.

Die Charakteristika der Dezentralität, Globalität und Zugangsoffenheit führen dazu, dass das Internet insgesamt technisch heterarchisch aufgebaut ist. Die technische Infrastruktur bedarf weder zentraler Einheiten oder zentraler Zugangsschnittstellen noch folgt – bisher – die Datenübermittlung hierarchischen Regeln.

5.2 Internet- und Webdienste

Um das Internet als einen Lebenssachverhalt zu erfassen, der einer rechtlichen Bewertung unterzogen werden kann, reicht die Betrachtung des Internet als technisches Artefakt nicht aus. Technikentwicklung dient keinem Selbstzweck, sondern ist immer mit mehr oder weniger bestimmten Nutzungsabsichten verbunden.[779] Sie soll den Menschen dabei unterstützen, bestimmte Zwecke entsprechend seinen Interessen und Bedürfnissen zu erreichen.[780] Somit erklärt nicht die Internettechnik die gesellschaftliche Bedeutung des Internet, sondern die Möglichkeiten, die mit dem Einsatz dieser Technik verbunden sind. Die gesellschaftlichen Auswirkungen einer Technik können nicht isoliert, sondern müssen im Zusammenhang mit dem jeweiligen Nutzungskontext analysiert werden. Die Internettechnik wirkt als Determinante und Resultante sozialen Handelns und der sozialen Wirklichkeit. Daher darf sie nicht

---

775 Z.B. übermitteln einige Mobilfunkdienstleister über die Internetflatrate keine Voice-over-IP-Dienste, sondern für diese müssen Zusatztarife bezahlt werden, s. *Barczok*, „T-Mobile will Skypes iPhone-App blockieren", heise online vom 30.3.2009, http://www.heise.de/mobil/meldung/T-Mobile-will-Skypes-iPhone-App-blockieren-210347.html sowie *Dewenter* 2007, 18.

776 *Bedner* 2009, 2.

777 *Bullinger*, Wissenschaftliche Dienste des Bundestages 2010, 4.

778 Ausführlich zu unterschiedlichen Begriffsdefinitionen *Jäkel* 2013, 5 ff.

779 Mit der gleichen Zielsetzung beschrieben *Roßnagel/Wedde/Hammer/Pordesch* 1990b, 37 ff. bereichsspezifische Anwendungsmöglichkeiten für den Einsatz von Informations- und Kommunikationstechnik.

780 *Roßnagel* 1993, 65.

nur als ein technisches Phänomen, sondern muss als ein soziotechnisches System begriffen werden.[781]

5.2.1 Internetdienste

Die technische Infrastruktur des Internet wird erst durch die zahlreichen Internetdienste zum Leben erweckt. Sie stellen das Internet in einen – wenn auch noch sehr abstrakten – Anwendungskontext und ermöglichen dem Menschen die Nutznießung der reinen Internettechnik. Auf dieser hohen Abstraktionsebene kann die soziotechnische Funktion des Internet als Medium zur Kommunikation zwischen Menschen beschrieben werden. Es handelt sich wie bei den Ursprüngen der Telekommunikation über Festnetztelefonie um eine Form technisch vermittelter Kommunikation.

Einer der bekanntesten und wohl auch bedeutendsten Internetdienste ist das World Wide Web,[782] das eine Übertragung von multimedialen Webseiten auf der Grundlage des Hypertext Transfer Protocol (HTTP) ermöglicht.[783] Diese Webseiten können grundsätzlich von jeder Person, die technischen Zugang zum Internet hat, zur Verfügung gestellt und grundsätzlich von jedem Nutzer des Internet – sei es über einen eigenen oder fremden Internetzugang – abgerufen werden. Zur Nutzung des Webdienstes ist ein Webbrowser[784] erforderlich.

Ein weiterer sehr wichtiger Internetdienst ist die E-Mail als elektronisches Gegenstück zum Brief.[785] Der Transport von E-Mails basiert im Internet auf dem Simple Mail Transfer Protocol (SMTP), das ebenfalls nach dem Store-and-Forward-Prinzip arbeitet. Mittels einer E-Mail kann über das Internet eine Nachricht von einem Absender an einen oder mehrere festgelegte Empfänger übermittelt werden. Die Mailadresse, die für den Informationsaustausch benötigt wird, ist weder an eine bestimmte Örtlichkeit noch an einen bestimmten Rechner gebunden. Über die von den E-Mail-Providern angebotenen Webseiten können die einer E-Mail-Adresse zugeordneten Nachrichten von überall und mit beliebigen Endgeräten, insbesondere Desktops, Notebooks und Smartphones, die an das Internet angeschlossen sind, gelesen werden. Weitere Beispiele für Internetdienste sind Chat, Dateiübertragung, Internettelefonie und Internetrundfunk.

Charakteristisch für das Internet sind noch weitere, ergänzende Dienstleistungen, die für die Realisierung der Internetnutzung erforderlich und in diese eingebunden sind. Der DNS-Service wandelt den als Internetadresse bezeichneten Domain-Namen in die generische IP-Adresse um, die für den technischen Zugriff auf einen Server notwendig sind.[786] Im Web besteht die Internetadresse oder genauer gesagt der Uniform Resource Locator (URL) aus der Domain gegebenenfalls ergänzt um weitere Verzeichnisse und Dateibezeichnungen.[787] Die URL dient der Vereinheitlichung der Bezeichnung der Dokumente im Internet. Bei der E-Mail-Kommunikation ist jede individuelle E-Mail-Adresse einer Domain zugeordnet. Auf einer dem Aufruf der Webseite über die URL oder der Übermittlung der E-Mail an den Empfänger vorgelagerten abstrakten Ebene „entscheidet“ der DNS-Service, ob der durch den Do-

---

781 S. ausführlich zum Begriff des soziotechnischen Systems *Roßnagel* 1993, 65 ff.

782 Die Bezeichnung Internet wird sehr häufig nicht in Bezug auf die technische Infrastruktur, sondern als Synonym für das Web verwendet, wie z.B. bei der umgangssprachlichen Formulierung, „im Internet suchen“. In der Entscheidung des *LG Mannheim*, CR 1996, 353 (354) wird das Web korrekt als Teilbereich des Internet beschrieben.

783 S. *Federrath/Pfitzmann,* in: Moritz/Dreier 2005, Teil A Rn. 42 ff.

784 Vereinzelt wird im Folgenden auch die Kurzbezeichnung Browser verwendet.

785 S. *Federrath/Pfitzmann,* in: Moritz/Dreier 2005, Teil A Rn. 38 ff.

786 *Federrath/Pfitzmann,* in: Moritz/Dreier 2005, Teil A Rn. 25 ff. Allgemein zum DNS s. Kap. 5.1.

787 *Federrath/Pfitzmann,* in: Moritz/Dreier 2005, Teil A Rn. 43. Auf der Domain der Universität Kassel (uni-kassel.de) findet sich z.B. die Unterseite des Wissenschaftlichen Zentrums für Informationstechnikgestaltung durch die Ergänzung um die Verzeichnisse eecs, iteg und startseite, s. http://www.uni-kassel.de/eecs/iteg/startseite.html.

main-Namen bezeichnete Server der Webseite oder des E-Mail-Providers tatsächlich dem Nutzer angezeigt oder Daten an ihn übermittelt werden. Fehler oder gezielte Veränderungen bei der Zuordnung einer Domain zu der korrekten IP-Adresse hätten zur Folge, dass der Zugriff auf bestimmte Server über den Domain-Namen nicht realisiert wird. Alternativ können Internetnutzer eine Webseite im Web aufrufen, indem sie direkt die IP-Adresse in die Adresszeile des Webbrowsers eingeben. Dann erfolgt der Aufruf der Webseite unmittelbar und ohne den technischen Zwischenschritt über den DNS-Server.

Die Beispiele verdeutlichen, dass das Internet ein – oder sogar das erste –[788] Universalmedium ist. Einige Internetdienste sind das Spiegelbild bereits existierender Informations-, Kommunikations- und Mediendienste, die über eine neue Technik transportiert werden. Hierzu gehören zum Beispiel Internettelefonie, Internetrundfunk und Internetfernsehen. Die neue technische Umsetzung führt regelmäßig zu ergänzenden Möglichkeiten, die bisher bestehende Zwänge auflösen. Das klassische Fernsehen ist ein Massenmedium, das zentral konzipierte und produzierte audiovisuelle Sendungen unidirektional und synchron an ein disperses Massenpublikum vermittelt.[789] Internetfernsehen weist die identischen Eigenschaften auf, soweit es das Livestreaming („TV over Internet") erfasst. Daneben ermöglicht das Internet-TV aber auch die zur Verfügung gestellten Programme und Sendungen frei verfügbar im Netz zugänglich anzubieten, so dass sie zu jeder Zeit und überall von Jedermann heruntergeladen werden können. Das Merkmal der Synchronität des Fernsehens ist daher beim Internetfernsehen nicht zwingend. Der E-Mail-Dienst erfüllt grundsätzlich die gleiche Funktion wie der herkömmliche Brief, indem er dazu dient, zwischen zwei – oder auch mehr – Individuen Nachrichten zu übermitteln. Telefax, Fernschreiber und Teletex stellen insofern Zwischenstufen der technischen Entwicklung dar, als mit ihnen Textmitteilungen als elektronische Signale oder über erste digitale Übertragungsverfahren übermittelt werden konnten. Die E-Mail ermöglicht es demgegenüber, multimediale Inhalte innerhalb von Sekunden unabhängig vom geografischen Standort des Senders und des Empfängers der Nachricht zu übermitteln.

Während der Begriff Internet das technische System beschreibt, sind die Kategorien der Internetdienste auf die grundlegenden soziotechnischen Aspekte des Internet zurückzuführen. Die Internetdienste bilden die Brücke zwischen der technischen Infrastruktur und ihrer Nutzung durch den Menschen. Sie decken im Wesentlichen jeweils eine oder mehrere von vier Funktionen ab, die einen gemeinsamen Nenner bilden. Dies sind im Einzelnen der Austausch von Informationen, die Kommunikation, die Interaktion sowie der Aufbau und die Pflege sozialer Beziehungen.

5.2.2 Webdienste

Eine weitere Konkretisierung des Internet als soziotechnisches System kann durch eine nähere Betrachtung der Inhaltsebene, insbesondere der Webdienste erreicht werden, indem erstens eine generelle Beschreibung des Webdienstes vorgenommen wird und zweitens beispielhaft einzelne, konkrete Webdienste funktional und entsprechend ihrer Zweckbestimmung qualifiziert werden.

Das Web ist in seiner Gesamtheit eine Sammlung unzähliger Dokumente, die als Webseiten auf Webservern abgelegt sind und auf die über das Internet zugegriffen werden kann.[790] Das Aufrufen von Webseiten erfolgt als Datenübertragung auf Basis des Hypertext Transfer Protocols.[791] Dieses Anwendungsprotokoll ermöglicht eine unidirektionale Verlinkung von

---

788 *Vesting*, Funkkorrespondenz 37 (2008), 8.

789 Die fünf Grundfaktoren der Massenkommunikation, die diese Definition beinhaltet, wurden geprägt von *Maletzke* 1963, 32 ff.

790 *Sieber*, in: Hoeren/Sieber/Holznagel 2014, Teil 1, Rn. 80.

791 Das Protokoll „Hypertext Transfer Protocol Secure" (HTTPS) ist eine Erweiterung von HTTP, die einen verschlüsselten Datenverkehr zwischen einem Nutzer und einem Webserver ermöglicht.

Webseiten. Jeder kann sein Dokument mit einem Hyperlink mit einem anderen Dokument verbinden, ohne dass der Inhaber der anderen Seite mitwirken muss.[792] Durch die Verlinkung entsteht eine inhaltliche Vernetzung der verfügbaren Einzeldokumente, die sie zu einer durch Hypertext organisierten Datensammlung werden lässt. Mit Hilfe von Hyperlinks, die auf Webseiten als grafisch hervorgehobene Felder oder Wörter erscheinen und vom Cursor angezeigt werden,[793] ist die Navigation durch das Web möglich, indem der Hyperlink durch einen Doppelklick aktiviert und im Webbrowser der Inhalt der verlinkten Webseite angezeigt wird.

Beispiele für konkrete Webdienste sind Onlinebanking, Social Networks, Online-Gaming, Online-Verkaufsdienste, Online-Tauschbörsen. Diese Auflistung ließe sich beliebig fortsetzen und wäre dennoch unvollständig, da die immer neuen Webanwendungen gerade das Phänomen Internet ausmachen. In Bezug auf die verfassungsrechtliche Bewertung des soziotechnischen Systems Internet ist diese weitere Konkretisierung auf der Inhaltsebene ohnehin nicht zielführend. Eine technikadäquate Verfassungsentwicklung kann, wie bereits dargelegt,[794] nur auf einem hohen Abstraktionsgrad erfolgen. Die Regulierung von Webanwendungen mag zwar zusätzlich notwendig sein, sie erfolgt jedoch regelmäßig auf einfachgesetzlicher Ebene. So wurde zum Beispiel § 312g BGB eingefügt, um dem Unternehmer gegenüber dem Verbraucher besondere Pflichten im elektronischen Geschäftsverkehr aufzuerlegen. Das Telemediengesetz dient insgesamt der Regulierung elektronischer Informations- und Kommunikationsdienste.

Eine Sonderstellung nehmen bei den Webdiensten lediglich der Webbrowser und die Suchdienste (oder umgangssprachlich Suchmaschinen) ein, da beide Webanwendungen eine Grundvoraussetzung für die Webnutzung sind. Sie können auch als Universaldienste des Web bezeichnet werden.

Der Webbrowser ist eine Software für den Aufruf und die Darstellung von Webseiten und stellt die Benutzeroberfläche für Webanwendungen dar. Im Web stehen verschiedene Webbrowser zum kostenlosen Download zur Verfügung. Sie besitzen regelmäßig eine definierte Startseite, die beim Programmstart angezeigt wird. Wesentliche Bestandteile sind neben einer großen Ansichtsfläche für die Darstellung der Webseiten eine Adressleiste, in die der Domain-Name oder die URL der aufzurufenden Webseite eingegeben wird, und ein Eingabefenster für Suchbegriffe, die direkt eine Suchmaschine ansprechen. Daneben verfügen Webbrowser über zahlreiche weitere Schaltflächen und Funktionen, die das Navigieren im Web erleichtern sollen, wie zum Beispiel die Darstellung eines Verlaufsprotokolls (Chronik), ein Verzeichnis mit Lesezeichen, die Verwendung von Cookies und Proxy-Servern sowie Sicherheitskontrollen mit Warnhinweisen auf Malware- und Phishing-Angriffe.

Der zweite Universaldienst im Web sind die Suchmaschinen. Ohne die Dienstleistungen von Suchmaschinen wäre eine effektive Nutzung des aus ca. 4,8 Milliarden indexierten Homepages[795] bestehende Web kaum möglich oder doch zumindest sehr viel aufwändiger.[796] Das Internet im Sinne der technischen Vernetzung von Servern bietet zwar die infrastrukturel-

---

792 Hyperlinks sind programmtechnische Verbindungen einer Website mit weiteren Websites, Dokumenten oder sonstigen Dateien im Internet, die auf einer Website als grafisch hervorgehobene Felder oder Wörter erscheinen, *Boemke*, in: Hoeren/Sieber/Holznagel 2014, Teil 11, Rn. 67.

793 Bei der Nutzung eines Webbrowser wechselt der als Pfeil dargestellt Cursor zu einer Hand, wenn er auf einen Hyperlink steht, und die Textzeile wird unterstrichen.

794 S. Kap. 4.

795 Diese Zahl bezieht sich auf Oktober 2015, s. http://www.worldwidewebsize.com/.

796 S. z.B. *BGHZ* 185, 291 (309); *BGH*, NJW 2003, 3410; *LG Frankfurt a. M.*, NJW-RR 2002, 545; *Degenhart*, K&R 2001, 332; *Sosnitza*, CR 2001, 703; *Nolte*, ZUM 2003, 544; *Rath*, AfP 2005, 324; *Art. 29-Datenschutzgruppe*, WP 148, 4 f. Es sind hier ausschließlich die Websuchmaschinen gemeint, die automatisch, Algorithmus basiert oder Crawler basiert arbeiten. Zur Abgrenzung der Suchmaschine vom Oberbegriff der Suchdienste s. *Sieber*, in: Hoeren/Sieber/Holznagel 2014, Teil 1, Rn. 98 f. sowie zur Abgrenzung von Webkatalogen und Social Bookmarking-Diensten, deren Dokumentenverzeichnis manuell erstellt und gepflegt wird, *Elixmann* 2012, 40 f.

le Voraussetzung für die Bereitstellung, den Zugriff und den Austausch von Daten weltweit. Allerdings kann die Fülle der im Web verfügbaren Informationen inhaltlich nur durch den Einsatz von Suchmaschinen erschlossen werden. Ihre Funktion ist es, basierend auf der Stichwortsuche der Internetnutzer, Inhalte im Internet aufzufinden, nachzuweisen und in einer strukturierten Reihenfolge anzuzeigen. Diese Dienstleistung versetzt die Internetnutzer erst in die Lage, sich im Web zu orientieren und die für sie interessanten Informationen, Meinungen und Äußerungen zu finden.[797]

Rechtlich werden Suchmaschinen in der europäischen Richtlinie über den elektronischen Geschäftsverkehr[798] als Instrumente zur Lokalisierung von Informationen bezeichnet.[799] Technisch werden Suchmaschinen definiert als Computersystem, das verteilte Inhalte aus dem Web mittels Crawling erfasst und über eine Benutzerschnittstelle durchsuchbar macht, wobei die Ergebnisse in einer nach systemseitig angenommener Relevanz geordneten Darstellung aufgeführt werden.[800] Aus dieser Definition ergeben sich im Wesentlichen drei erforderliche Komponenten, um die Suchanfragen von Nutzern beantworten zu können: Web-Crawler, Suchindex und Abfragemodul.[801] Ein Web-Crawler ist ein Computerprogramm, das das Web analysiert, indem es anhand der Verfolgung von Verlinkungen nach Inhalten sucht und die textuellen Bestandteile von Webseiten anschließend herunterlädt. Der Web-Crawler besucht alle Webseiten periodisch erneut – „recrawled" – und stellt durch einen Abgleich der aktuellen mit den heruntergeladenen Daten Aktualisierungen fest.[802] Auf diesem Weg werden große Teile im Web verfügbarer Webseiten erschlossen. Nicht erfasst werden allerdings Webseiten, die durch ein Anmeldeverfahren, ein Login oder das Ausfüllen von Webformularen, einem geschlossenen Benutzerkreis vorbehalten sind und Webseiten auf die nicht von anderen Homepages verlinkt wird.[803] Die vom Web-Crawler heruntergeladenen Webseiten werden nach einer Bearbeitung durch den Indexer[804] in einem internen Speicher, dem URL-Repository, als Suchindex mit Metadaten abgelegt, wie zum Beispiel einer Identifikationsnummer, Länge des Dokuments, Erstellungsdatum der Webseite, Dokumententyp sowie Host-Name und URL.[805] Diese Prozesse sind Voraussetzung der dritten Komponente, des Abfragemoduls, und diesem zeitlich vorgelagert. Dieses bearbeitet die konkreten Suchanfragen der Nutzer, indem es einen Abgleich des Suchbegriffes mit dem Suchindex vornimmt und aus diesem zunächst alle Treffer ermittelt. Anschließend erfolgt eine Relevanzberechnung, das

---

797 *OLG Hamburg*, MMR 2011, 687.

798 Richtlinie des Europäischen Parlaments und des Rates vom 8.6.2002 über bestimmte rechtliche Aspekte der Dienste der Informationsgesellschaft, insbesondere des elektronischen Geschäftsverkehrs, im Binnenmarkt („Richtlinie über den elektronischen Geschäftsverkehr", 2000/31/EG), ABl. EG 2000, L178, 2 vom 17.1.2000.

799 Art. 21 Abs. 2 in Verbindung mit dem Erwägungsgrund 18 ECRL.

800 *Lewandowski* 2015, 29.

801 Zur Komponenteneinteilung und insgesamt zur Funktionsweise von Suchmaschinen s. *Alby/Karzauninkat* 2007, 21; *Erlhofer* 2014, 31 ff.; 205 ff.; *Sieber*, in: Hoeren/Sieber/Holznagel 2014, Teil 1, Rn. 99 ff.; *Lewandowski* 2015, 31 ff., wobei letzterer von den vier Komponenten Crawler, Local Store, Indexer und Searcher ausgeht.

802 *Alby/Karzauninkat* 2007, 25 f., die darauf hinweisen, dass die Crawl-Häufigkeit dynamisch anpasst und vom Crawler entschieden wird.

803 *Lewandowiski* 2015, 33. Nicht verlinkte Webseiten können bei einigen Anbietern direkt bei den Betreibern von Suchmaschinen gemeldet werden, um in den Suchindex aufgenommen zu werden, z.B. bei Google: http://www.google.de/addurl; Bing: http://www.bing.com/toolbox/submit-site-url oder Yahoo: http://de.search.yahoo.com/info/submit. Umgekehrt kann der Webseitenbetreiber eine Indexierung der Webseite durch Suchmaschinen ausschließen, indem er einen entsprechenden Meta-Tag im HTML-Header oder eine „robts.txt-Datei" im Stammverzeichnis der Domain einträgt.

804 Durch die Bearbeitung des Indexer und Parser werden strukturierte Datensätze erstellt, indem z.B. die Dokumente in ein einheitliches Dateiformat konvertiert und die Struktur des Dokuments aufgeschlüsselt und auf Sprache, Worthäufigkeit, Wortstellung und Schlüsselwörter analysiert wird, s. ausführlich *Erlhofer* 2014, 224 ff.

805 *Erlhofer* 2014, 2471.

sogenannte Ranking, um zu ermitteln, welche Treffer in welcher Reihenfolge in der Suchergebnisliste angezeigt werden. Weder die konkreten Relevanzkriterien noch die konkreten Algorithmen, die eine Gewichtung der Kriterien vornehmen, sind für die im Internet verfügbaren Suchmaschinen vollständig bekannt.[806] Mittlerweile haben sich aber einige Gruppen von Rankingfaktoren herausgebildet, die in der Regel unterschieden und verwendet werden. Es findet sich zum Beispiel die Differenzierung in die Gruppen Textstatistik,[807] Popularität, Aktualität, Lokalität und Personalisierung.[808]

Darüber hinaus ist wenig darüber bekannt, welche konkreten Rankingfaktoren in den einzelnen Gruppen berücksichtigt und wie sie jeweils gewichtet werden. Eine Ausnahme bildet hier der von Google Inc. entwickelte PageRank-Algorithmus, der für den Erfolg dieser Suchmaschine verantwortlich sein soll. Der PageRank stellt einen Wert einer Webseite dar, der aufgrund seiner Verlinkungsstruktur bemessen wird. Die Grundthese lautet, je mehr Hyperlinks auf eine Webseite mit dem Suchwort verweisen, umso höher ist die Bedeutung dieser Seite und die Wahrscheinlichkeit, dass sie die Informationen beinhaltet, die der Nutzer sucht.[809] Suchergebnislisten, die primär auf dem PageRank basierten, sollten somit aus der Perspektive der Internetnutzer oder genauer der Ersteller von Homepages die Bedeutung einer Webseite widerspiegeln. Ergänzend zu dieser Grundannahme können und werden auch beliebig viele weitere Annahmen zur Bestimmung der Bedeutung einer Webseite für die Suchanfrage einbezogen, um die Effizienz der Suchergebnisliste für den Nutzer weiter zu erhöhen. Je mehr Informationen über die Nutzung des Web durch alle Nutzer und über den die Suchanfrage stellenden Nutzer in die Berechnung der Suchergebnisliste einbezogen werden können, desto größer ist die Wahrscheinlichkeit einer für den Nutzer hohen Qualität der Suchergebnisliste. Entsprechend komplex sind die Suchalgorithmen mittlerweile. Zur Optimierung der Suchergebnisliste wird der Suchalgorithmus stetig weiterentwickelt und optimiert.

Bei der Suchmaschine erfolgen alle Arbeitsschritte algorithmenbasiert und automatisiert, so dass es sich um ein technisches Verfahren handelt, dass nach vorab definierten Prozessen abläuft. Allerdings werden die Regeln der Software von den Betreibern der Suchmaschinen vorgegeben. Die bei Suchmaschinen eingesetzten Algorithmen entscheiden demnach darüber, welche Inhalte des Web durch den Nutzer wahrgenommen werden und somit erreichbar sind und welche nicht. Das Ranking kann grundsätzlich als Versuch angesehen werden, bezogen auf das vom Nutzer eingegebene Suchwort, eine Annahme über die für ihr relevanten Webseiten zu treffen und diese maschinell berechenbar abzubilden. Die genannten Gruppen von Rankingfaktoren weisen dabei eine Auswahl von anfrageabhängigen und anfrageunabhängigen sowie nutzerabhängigen und nutzerabhängigen Faktoren auf. Insofern kann es kein „richtiges“ Ranking oder eine „richtige“ Suchergebnisliste geben.[810] Über die reine Funktionsbeschreibung hinaus, besteht Unsicherheit über die konkreten Details der Dienstleistungen der Suchmaschinen, die als Geheimnis gehütet werden. Suchmaschinen stellen daher trotz ihrer vermeintlich einfachen Dienstleistung eine Art Black Box dar.[811]

---

806 Google gibt an, dass mehr als 200 Faktoren für das Ranking verwendet werden, „Google – Alles über die Suche“, s. http://www.google.com/insidesearch/howsearchworks/algorithms.html?hl=de; Microsoft nennt sogar 1.000 Faktoren, die in das Ranking der Suchmaschine Bing eingehen, „New Signals in Search: The Bing Social Layer“, http://blogs.bing.com/search/2010/10/13/new-signals-in-search-the-bing-social-layer/.

807 Den Kriterien der Textstatistik ist die Semantik zuzuordnen, der eine wesentliche Bedeutung bei den Suchmaschinen zukommt, *Winkler*, in: Becker/Paetau 1997, 194 f.; *Dopichaj*, in: Lewandowski 2009, 113.

808 *Lewandowski* 2015, 91 ff.; *Griesbaum/Bekavac/Rittberger*, in: Lewandowski 2009, 33 ff. unterscheiden die vier Gruppen On-Page-Faktoren, On-Site-Faktoren, Link-Faktoren und nutzerabhängige Faktoren. S. zu dieser Einteilung auch *Elixmann* 2015 43 ff.

809 *Milstein/Lippold*, NVwZ 2013, 183.

810 Dies betont auch *Lewandowski* 2015, 89.

811 *Winkler,* in: Becker/Paetau 1997, 185.

Selbst wenn die Detailbetrachtung der Webanwendungen nicht umfassend vorgenommen werden kann, lässt sich aus ihr aber dennoch die Erkenntnis belegen, dass das Internet und seine Anwendungsbereiche grundsätzlich alle gesellschaftlichen Bereiche erfasst: Das Berufs- und das Privatleben, junge und alte Menschen,[812] Arme und Reiche, Bewohner ländlicher Gebiete und von Städten. Die Nutzung der Webdienste[813] ist zudem so ausgestaltet, dass sie grundsätzlich jedem ohne spezifische Technik- oder Computerkenntnisse möglich ist, so dass auch der Bildungsstand überwiegend keine Hürde für die Nutznießung des Web darstellt. Webdienste haben das Potential, in jegliche Lebensbereiche einzuwirken und dadurch die jeweiligen Realitätsbedingungen zu verändern.

5.3 Akteure des Internet

Das Internet ist ein soziotechnisches System, das sich nicht nur aus technischen Komponenten und Diensten zusammensetzt, sondern auch eine Vielzahl von Beteiligten unabhängig vom eigentlichen Endnutzer aufweist. Diese werden funktionsbezogen im Wesentlichen als Network-, Access-, Host-, Cache- und Content-Provider unterschieden. Übergeordnet wird die Bezeichnung Internet Service Provider oder auf Deutsch verkürzt Internetprovider verwendet, der alle Anbieter von technischen Leistungen, Diensten und Inhalten im Internet beziehungsweise Web umfasst. Sie werden grob in Unterstützungsdienste auf der technischen Infrastrukturebene und spezifische Unterstützungsdienste für einzelne Internetanwendungen eingeteilt. Je nach konkreter Umsetzung der jeweiligen Dienstleistung können sich allerdings Einordnungsprobleme und letztlich auch Verschiebungen ergeben.[814] Network- und Access-Provider sind der technischen Netzwerkebene zuzuordnen. Host- und Cache-Provider bieten Internetdienste an und Content-Provider betreiben Webdienste. Eine Zwischenfunktion nehmen insbesondere E-Mail-Provider sowie die Betreiber der DNS-Server, Anbieter von Webbrowsern und von Suchmaschinen ein. Diese werden auch als Internet-Mediäre bezeichnet. Dies sind Personen oder Unternehmen, die die Übermittlung von Informationen über das Internet sowie die Bereitstellung von und den Zugang zu Informationen über Internet- und Webdienste ermöglichen.[815]

Network-Provider betreiben die Telekommunikationsinfrastruktur und übernehmen die Übermittlung fremder Informationen in diesem Kommunikationsnetz.[816] Sie bieten die rein technische Übermittlungsdienstleistung zur Übertragung der Daten im Internet an. Network-Provider sind regelmäßig die Eigentümer des durch die Übertragungsleitungen zusammengefügten Telekommunikationsnetzes. Davon werden die Access-Provider unterschieden,[817] die

---

812 Allerdings werden die Auswirkungen des Internet für Digital Natives sehr viel weitreichender sein als für Digital Immigrants.

813 Die Einrichtung des Nutzungszugangs zum Internet erfordert dagegen schon ein gewisses Grundverständnis der Technik. Für die Nutzung des Internet ist aber zum einen kein eigener Internetzugang erforderlich, sondern sie kann auch z.B. am Arbeitsplatz, in Internet-Cafés oder über Internet-Terminals erfolgen. Zum anderen wird die Einrichtung des privaten Internetzugangs auch als Dienstleistung angeboten.

814 Die Einordnung und Bezeichnung der Providerarten ist nicht einheitlich. Rechtlich wird insbesondere unter Berücksichtigung der §§ 7 ff. TMG zwischen Network-, Access-, Cache-, Host-Provider und Content-Provider unterschieden. Ein alle Providerarten zusammenfassender Oberbegriff ist der Internet Service-Provider (ISP).

815 *Strömer* 2006, 274 verwendet diese Definition der Internet-Mediäre im Zusammenhang mit der haftungsrechtlichen Bewertung und bezieht auch die Access-Provider sowie im Einzelnen Linklisten-Betreiber; Telemedien-, Auktionsanbieter, Forenbetreiber, Domain-Inhaber, Administration-Contact, Zone-Contact, Registrar und Rufnummern-Vermietern, so dass der Zuordnungsbereich deutlich weiter gezogen wird.

816 *Sieber/Höfinger*, in: Hoeren/Sieber/Holznagel 2014, Teil 18.1, Rn. 33; *Jandt*, in: Roßnagel 2013, § 7 TMG, Rn. 27, Fn. 70.

817 Teilweise werden Network-Provider und Access-Provider gleichgesetzt, mit der Begründung, dass eine rechtliche Gleichstellung erfolge und Network-Provider ebenfalls dem Zugang zum Internet vermitteln würden, nur nicht gegenüber Endkunden, s. *Elixmann* 2012, 33.

nicht selbst Inhaber der technischen Infrastruktur sind, aber den Zugang zur Nutzung vermitteln.[818] Sie betreiben Vermittlungsknoten, den Point of Presence, und stellen über ihn Zugangsknoten für das Internet zur Verfügung. Über diese kann der Endnutzer mittels eines Routers seine internetfähigen Endgeräte an das Internet anbinden kann. Der Access-Provider weist dem Endnutzer der Zugangsdienstleistung eine IP-Adresse zu. Des Weiteren werden zum Beispiel der Betrieb eines DNS-Servers,[819] das Zurverfügungstellen eines Dial-In-Servers oder eines Internet Connection Service-Gateways mittels eines Wählmodemzugangs,[820] das Bereithalten von Standleitungen über DSL- oder Kabelmodemzugänge oder Funknetzwerkzugänge über WLAN[821] den Aufgaben des Access-Providers zugerechnet.

Die im Web für die Internetnutzer verfügbaren Inhalte, in Form von über die Webseiten aufrufbare Dienstleistungen und Informationen, werden von Content-Providern zur Verfügung gestellt.[822] Sie sind als deren Urheber anzusehen, die auch die Veröffentlichung im Web übernehmen.[823] Bei dem Content kann es sich um jegliches gewerbliche, öffentliche oder private Angebot im Internet handeln, sei es ein Webshop, Social Network, Wiki, Wetterdienste oder „Bürgerbüro“. Funktional davon unterschieden wird die Frage, von wem der Server, auf dem diese Internetinhalte gespeichert sind, betrieben wird. Insbesondere kleine und teilweise auch mittelständische Unternehmen sowie Privatpersonen verfügen nicht über einen eigenen Server mit ausreichender Speicherkapazität, sondern sie nehmen die Dienstleistung von Host-Providern in Anspruch. Diese vermieten Speicherplatz auf Servern an Dritte, damit diese dort Informationen ablegen können und diese zum Abruf durch Dritte bereitgehalten werden.[824] Für die funktionale Eigenschaft des Host-Providers ist es weder erforderlich, dass dieser Eigentümer oder Besitzers des Servers ist,[825] noch muss er ihn selbst administrativ betreiben. Es kommt allein auf die Verfügungsmöglichkeit über den Speicherplatz und die Kontrollmöglichkeit über die gespeicherten Informationen an,[826] so dass der Standort des Speichermediums im In- oder im Ausland liegen kann.[827] Unerheblich ist weiterhin, ob der Dienst gewerblich oder ohne Gewinnerzielungsabsicht, entgeltlich oder unentgeltlich erbracht wird.[828]

Wird von einem Internetnutzer eine Webseite über den Browser aufgerufen, erfolgt nicht unbedingt eine Übermittlung der Daten unmittelbar vom Ursprungsserver, auf dem die Webseite gehostet wird. Häufig wird von einem sogenannten Proxy-Cache-Server die Webseite abgerufen, ohne dass der Internetnutzer dies bemerkt.[829] Ein Cache ist ein Hintergrundspeicher, in dem aus technischen Gründen eine Kopie der Ursprungsinformationen vorgehalten wird, um diese nicht immer auf dem langsameren Weg aus dem Arbeitsspeicher aufrufen zu müssen.[830] Internetnutzer können die Informationen in dem Proxy-Cache aber nicht direkt

---

818 *Jäger*, jurisPR-ITR 2007, Anm. 4 Kap. 3; *Hoeren*, NJW 2007, 802; *Sieber/Höfinger*, in: Hoeren/Sieber/Holznagel 2014, Teil 18.1, Rn. 33. Bekannte Access-Provider in Deutschland sind z.B. Deutsche Telekom, 1&1, Alice, Freenet oder Vodafone.

819 *Sieber/Höfinger*, in: Hoeren/Sieber/Holznagel 2014, Teil 18.1, Rn. 65.

820 *Wischmann*, MMR 2000, 461.

821 *Sieber/Höfinger*, in: Hoeren/Sieber/Holznagel 2014, Teil 18.1, Rn. 64.

822 *Jandt*, in: Roßnagel 2013, § 8 TMG, Rn. 12 f.; *Elixmann* 2012, 33.

823 Im Kontext der in den §§ 7 ff. TMG geregelten Provider-Haftung sind Content-Provider die Anbieter eigener Informationen.

824 *Jandt*, in: Roßnagel 2013, § 10 TMG, Rn. 7

825 *Pankoke* 2000, 51 f.; *Dustmann* 2001, 159; *Pelz*, in: Bräutigam/Leupold 2003, B I. Rn. 100; *Hoffmann*, in: Spindler/Schuster 2015, § 10 TMG, Rn. 14; a.A. *Pichler*, MMR 1998, 80.

826 S. auch *Sieber/Höfinger*, in: Hoeren/Sieber/Holznagel 2014, Teil 18.1, Rn. 80.

827 S. BT-Drs. 13/7385, 51.

828 *Jandt*, in: Roßnagel 2013, § 10 TMG, Rn. 7.

829 Ausführlich zu der technischen Funktionsweise sowie den Vor- und Nachteilen des Proxy-Cache-Servers *Schwiderski-Grosche*, DuD 1999, 586 ff.

830 *Hoffmann*, in: Spindler/Schuster 2015, § 9 TMG, Rn. 8. Einen Cache oder auch Zwischenspeicher hat jeder internetfähige Rechner. Bei dem Aufruf einer Internet-Adresse überprüft der Browser des Benutzers

aufrufen, sondern nur über den Speicherort der Originaldatei.[831] Die Betreiber von Proxy-Cache-Servern, sogenannte Cache-Provider, speichern insbesondere bereits aufgerufene Webseiten für ihre Nutzer zwischen, damit diese bei einer wiederholten Eingabe der URL schneller auf die Webseite Zugriff nehmen können.[832] Die Speicherung der Kopie auf dem Proxy-Cache-Server erfolgt aufgrund der Programmierung des Cache-Systems automatisiert immer dann, wenn von einem Nutzer des Diensteanbieters erstmalig Informationen abgerufen werden, unabhängig von ihrem Inhalt.[833]

Mit der funktionalen Differenzierung in die unterschiedlichen Provider-Arten geht keine institutionelle Einordnung einher. Ein Internetprovider kann eine oder mehrere der genannten Funktionen mit seinem Dienstleistungsangebot abdecken. In Deutschland sind die Network-Provider häufig auch Access-Provider und diese betreiben wiederum oft einen Proxy-Cache-Server. Die funktionale Abgrenzung entspricht der Unterteilung in die unterschiedlichen Geschäftsbereiche von Internetprovidern.

Die größte Gruppe der Akteure im Internet bilden die Internetnutzer. Dies ist jede Person, jedes Unternehmen, jede Behörde oder sonstigen Institution, die das Internet nutzt. Viele Internetnutzer fungieren gleichzeitig als Content-Provider. Internetnutzer können vornehmlich nach diesen bereits genannten Kriterien der Rechtsperson oder der Funktion differenziert werden. Über das funktionale Kriterium hinaus, ist keine internetspezifische Kategorisierung möglich.

5.4 Ökonomische Besonderheiten und Geschäftsmodelle

Das soziotechnische System Internet weist ökonomische Besonderheiten auf und es haben sich spezifische Geschäftsmodelle entwickelt. Diese wirken sich auch in der normativen Bewertung des soziotechnischen Systems Internet aus, da sich über die wirtschaftlichen Zusammenhänge zwischen den beteiligten Akteuren für diese Folgen und Nebenfolgen von Steuerungsmaßnahmen ergeben können.

Auf der Infrastrukturebene kann der Telekommunikationsmarkt als einer der dynamischsten Sektoren der Weltwirtschaft bezeichnet werden. Aus seiner Eigenschaft als Netzwirtschaft resultieren spezifische Netzeffekte, von denen er besonders stark durch positive Skalen-, Verbund und Dichtevorteile geprägt ist.[834] Skalenvorteile bezeichnen den Umstand, dass mit steigender Produktionsmenge die Durchschnittskosten pro Produktionseinheit sinken.[835] Sie beschreiben damit grundsätzlich die Vorteile der Massenproduktion. Bezogen auf das Telekommunikationsnetz bedeutet dies, dass seine Ertragskraft umso größer ist, umso mehr Anschlussnehmer vorhanden sind. Insofern tritt der Skaleneffekt verstärkt bei Unternehmen mit hohen Kundenzahlen auf. Verbundvorteile liegen vor, wenn die Produktion mehrerer Güter durch ein Unternehmen kostengünstiger ist als die Produktion der einzelnen Güter durch verschiedene Unternehmen.[836] Bei einer zunehmenden Produktvielfalt können durch diesen Verbundeffekt Kostenvorteile realisiert werden. Wichtige Verbundvorteile im Telekommunikationssektor werden zum Beispiel durch kombinierte Produkte wie Triple- oder Quadruple-Play erreicht, das bedeutet die Bündelung von Festnetz, Kabelfernsehen und breitbandfähigen Internetzugang kombiniert mit Mobilfunktelefonie in einem Dienstleistungspaket. Diese Ten-

---

zunächst in seinem Cache des Benutzers, ob die angeforderte Seite dort vorhanden ist. Die folgenden Ausführungen beziehen sich ausschließlich auf den Proxy-Cache.

831 *Jandt*, in: Roßnagel 2013, § 9 TMG, Rn. 7.

832 S. *LG München I*, MMR 2007, 454; *Koch*, K&R 2002, 122; *Hoffmann*, MMR 2002, 287; *Sieber*, in: Hoeren/Sieber/Holznagel 2014, Teil 1, Rn. 27.

833 *Hoffmann*, in: Spindler/Schuster 2015, § 9 TMG, Rn. 13.

834 S. *Kühling/Schall/Biendl* 2014, Rn. 85.

835 *Knieps* 2007, 5.

836 *Knieps* 2007, 29.

denz hat in der Praxis stark zugenommen. Einen erheblichen Einfluss auf den Telekommunikationsmarkt hat schließlich der Dichtevorteil. Dieser erfasst die Situation fallender Stückkosten aufgrund einer relativen Ballung von Nachfragern in einem geografischen Raum.[837] Die Versorgung mit Telekommunikationsanschlüssen erfordert die Bereitstellung der Netzinfrastruktur bis zum Anschlussnehmer, so dass die Durchschnittskosten hierfür in einer dicht besiedelten Region deutlich geringer sind als in einer dünn besiedelten Gegend.

Ursprünglich wurde der Telekommunikationssektor in Deutschland als staatliches Monopol betrieben. Ausgelöst und geprägt durch unionsrechtliche Bestimmungen erfolgte in mehreren Schritten eine Liberalisierung des Telekommunikationsmarkts bis hin zur Aufhebung des Exklusivrechts des ehemaligen Staatsunternehmens für die Sprachtelefonie. Zwar hat der Abbau der Monopolisierung zum Wettbewerb auf dem Telekommunikationsmarkt geführt. Durch die Privatisierung des ehemaligen Staatsmonopolisten in ein Telekommunikationsunternehmen wirken sich bei diesem die genannten Netzeffekte sehr deutlich aus und führten letztlich zu einem natürlichen Monopol im Bereich der Netzinfrastruktur.[838] Dieses ist dadurch gekennzeichnet, dass ein Anbieter die gesamte Nachfrage kostengünstiger befriedigen kann als eine Mehrzahl von Anbietern,[839] so dass es wirtschaftlich nicht sinnvoll ist, diese Infrastruktur zu duplizieren.

Dieses natürliche Monopol ist unter anderem Ursache für den im europäischen Vergleich mehr als zögerlichen Ausbau des deutschen Glasfasernetzes als Kommunikationsleitungen für das Breitband-Internet. Von wem auch immer die Kosten für die Verlegung des Glasfasernetzes übernommen werden, wird er als Eigentümer des Netzes der alleinige Wettbewerber um die Internetkunden sein. In Deutschland gibt es nur einige wenige Netzwerkbetreiber, die überhaupt finanziell in der Lage sind, die erforderlichen Investitionskosten aufzubringen. Seit der Privatisierung des Fernkommunikationswesens sind am deutschen Markt zwar auch zahlreiche kleine Infrastruktur-Provider am Markt, allerdings können diese selbst gemeinsam die Kosten nicht aufbringen. Nimmt einer der großen privaten Netzwerkbetreiber den Ausbau vor, würde es keinen oder nur noch einen sehr eingeschränkten Markt der Infrastruktur-Anbieter geben. Es läge dann ein Zugangsmonopol für die Internetkonnektivität eines privatwirtschaftlichen Unternehmens vor. Diese Monopolisierung könnte – und müsste gegebenenfalls – Regulierungsmaßnahmen des Staates nach sich ziehen, für die bisher allerdings kaum klare Zielsetzungen bestehen. Zudem wäre für Network-Provider ein flächendeckender Breitbandausbau wirtschaftlich nicht sinnvoll und würde demnach nicht vollzogen werden. Die Kosten für die Breitbandversorgung ländlicher Gebiete liegen aufgrund der geringen Anschlussnehmerzahl deutlich über deren möglichen Ertragszahlen.

Eine ökonomische Besonderheit des soziotechnischen Systems Internet sind die arbeitsteiligen Dienstleistungs- und Wertschöpfungsketten. Die von Network- und Access-Providern angebotene Infrastrukturdienstleistung ist einerseits grundsätzlich unabhängig, von den übertragenen Inhalten, also den genutzten Internet- und Webdiensten der Content-Provider. Andererseits besteht faktisch ein wechselseitiges Abhängigkeitsverhältnis zwischen diesen Providerarten.[840] Ohne die Bereitstellung der Netzinfrastruktur und die Zugangsvermittlung durch Network- und Access-Provider könnte der Content-Provider keine Dienste im Internet zur Verfügung stellen und umgekehrt wären Netzinfrastruktur und Zugangsdienste nicht erforderlich, wenn es keine Internet- und Webdienste gäbe. Die Qualität der Übertragungsdienstleistung ist demnach nicht nur für die Internetnutzer maßgeblich, sondern auch für die Content-Provider, insbesondere für die Anbieter qualitätssensibler Dienste. Die Infrastruktur-Provider können somit grundsätzlich Einfluss auf die Qualität der Internet- und Webdienste ausüben,

---

837 S. *Fritsch* 2014, 162.

838 Zum natürlichen Monopol s. *Gersdorf*, in: Spindler/Schuster 2015, § 9 TKG, Rn. 25 ff.

839 *Knieps* 2007, 23.

840 *Brüggemann*, CR 2013, 567.

sie haben allerdings nur bedingt ein Interesse daran, kostenintensive Optimierungsmaßnahmen vorzunehmen. Infrastruktur-Provider sind Wirtschaftsunternehmen, die eine Gewinnmaximierung anstreben, so dass sie in Optimierungsmaßnahmen für die Datenübertragung nur bei einer entsprechenden Wirtschaftlichkeit investieren werden.

Die Wirtschaftlichkeitsprognosen stehen wiederum in Abhängigkeit zu den internetspezifischen Wertschöpfungsketten. Access-Provider finanzieren sich bisher überwiegend durch das Geschäftsmodell eines entgeltlichen Internetzugangs.[841] In der Regel zahlt der Internetnutzer – sowohl Privatpersonen als auch Unternehmen, die als Content-Provider im Internet aktiv sind – einen monatlichen Pauschaltarif für den Internetzugang unabhängig von Nutzungsintensität und übertragenen Datenvolumen. Wie hoch die Bereitschaft der Kunden ist, für eine höhere Bandbreite und damit Übertragungsqualität mehr zu bezahlen, als dies bei den bisher üblichen Flatrate-Geschäftsmodellen der Fall ist, ist unsicher. Die Netzwerkprovider scheuen die Investitionen und die Anpassung der Zahlungsmodelle, da sie die Rentabilität nicht einschätzen können.[842] Network-Provider und Content-Provider stehen dagegen in keiner wirtschaftlichen Beziehung zueinander. Weder die Content-Provider noch die Internetnutzer zahlen zusätzlich für das Angebot oder die Nutzung hochvolumiger Dienste, obwohl sie hierdurch für alle Internetnutzer den negativen Effekt der Netzüberlastung verursachen. Zwischen Access-Providern und Network-Providern bestehen dabei regelmäßig Peering- oder Transit-Vereinbarungen über den gegenseitigen Datentransport in den jeweiligen Netzen, wobei nicht notwendig Transportentgelte anfallen (Bill-and-Keep-Peering).[843] Grundsätzlich sind Geschäftsmodelle denkbar, die entweder den Internetnutzer – Verbraucher – oder den Content-Provider als Einnahmequelle adressieren.[844] Ergänzend oder alternativ zur entgeltlichen Dienstleistung des Internetzugangs könnten für bestimmte, insbesondere qualitätssensible Internetdienste, wie zum Beispiel Internet-TV, Zusatztarife verlangt werden. Im Gegenzug würde ihnen für den qualitätssensiblen Dienst die erforderliche Servicequalität garantiert. Dieses Geschäftsmodell wird als Quality of Service (QoS) bezeichnet.[845] Die Infrastruktur-Provider könnten auch insbesondere von Content-Providern qualitätssensibler Dienste Entgelte verlangen, damit sie die für den Dienst erforderlichen Datenströme an den Kunden weiterleiten. Neben diesen Grundmodellen sind zahlreiche weitere Varianten und Kombinationen denkbar.[846] Jede dieser Varianten kann ökonomisch sinnvoll gestaltet werden.

Insbesondere auf der Ebene der Webdienste ist eine weitere ökonomische Besonderheit zu verorten. Die Zutrittsschranken auf den Markt der Internet-Anwendungen sind bisher sehr gering, da lediglich ein Internetzugang erforderlich ist. Zahlreiche Ideen von Webanwendungen sind zunächst auf einfachem Niveau entwickelt und in der Regel kostenlos online gestellt worden. Hierauf wird auch die durch das Internet geprägte „Umsonst-Kultur" zurückgeführt.[847] Die Nutzer entscheiden darüber, ob sich die Anwendungen zu einer Einnahmequelle etablieren oder nicht. Als Konsequenz folgt die finanzielle Wertschöpfung von Webanwendungen sehr häufig nicht aus der Kostenpflichtigkeit des Angebots selbst, sondern über Werbeeinnahmen.[848] Je höher die Nutzungsrate einer Webanwendung ist, desto mehr steigt ihre Attraktivität als Werbeplattform. Die niedrigen Marktzutrittsvoraussetzungen werden daher

---

841 *Wimmer*, ZUM 2013, 643.

842 S. zu den letzten Änderungen der Regulierung für den Breitbandausbau, *Beine*, MMR 2013, 430.

843 Zu den verschiedenen Abrechnungsmodellen s. *Schlauri* 2010, 31 mit Fn. 27.

844 S. hierzu *Martini*, VerwArch 2011, 318 f.; *Gersdorf*, AfP 2011, 210 f.

845 S. *Bortnikov* 2013, 16.

846 *Berger-Köhler/Kind*, N&R Beilage 4/2010, 5 f. zeigen unterschiedliche Modelle zur Preissetzung auf.

847 Im Zusammenhang mit dem Internet wird dieser Begriff z.B. von *Hoenike/Szodruch*, MMR 2006, 519 verwendet.

848 Als Beispiel kann die Erfolgsgeschichte des Internet-Giganten „Google" angeführt werden, dessen Geschäftstätigkeit in einer Garage begann und sich zu einem börsendotierten Unternehmen entwickelt hat, s. „Google-Erfolg: „Geld verdient, wer Leistung bringt", Spiegel Online bereits vom 20.10.2006 http://www.spiegel.de/wirtschaft/google-erfolg-geld-verdient-wer-leistung-bringt-a-443781.html.

als Garant für die Dynamik und den sehr hohen Innovationsgrad des Web angesehen. Sollten Geschäftsmodelle etabliert werden, bei denen insbesondere Content-Anbietern hochvolumiger Webdienste über den entgeltlichen Internetzugang hinaus für die Dienstleistung der Datenübertragung zahlen müssten, würde sich die Marktzutrittsschranke deutlich erhöhen.

6. Internetspezifische normative Wertungslücken

An diese Vorarbeiten schließt sich die Anwendung der Methode technikadäquater Grundrechtsentwicklung an.[849] Auf der ersten Stufe ist die Feststellung internetspezifischer normativer Wertungslücken zu treffen. Diese erfordert die umfassende Überprüfung, dass die bestehende Grundrechtsordnung für die durch das Internet veränderte Wirklichkeit keinen oder keinen hinreichenden Schutz gewährt.[850]

Im ersten Teil der ersten Stufe sind die technische Innovation Internet und die mit ihr einhergehenden Veränderungen der Wirklichkeit in die Grundrechtssystematik einzuordnen. Es ist zu analysieren, welche Aspekte des soziotechnischen Systems Internet durch die bekannten und bewährten Schutzgüter und Schutzziele der Grundrechte erfasst werden und ob diese Einordnung bezogen auf die Technik risikoadäquat ist.[851] Im zweiten Teil werden diese erarbeiteten Ergebnisse komprimiert, um die konkreten internetspezifischen normativen Wertungslücken als Ergebnisse der ersten Stufe der Methode technikadäquater Grundrechtsentwicklungen zu erfassen. Für diese qualitative Bewertung als normative Wertungslücke werden die durch das soziotechnische System Internet festgestellten Wirklichkeits- und Wahrnehmungsbedingungen mit den sozialen Funktionen und normativen Wertungen der grundrechtlichen Schutzgüter und Schutzziele abgeglichen und so Wertungslücken herausgearbeitet.

Normative Wertungslücken können nur aufgefunden werden, wenn das Internet in seinem Gesamtverständnis als soziotechnisches System als Basis der rechtswissenschaftlichen Bewertung zugrunde gelegt wird. Für den Erkenntnisprozess ist es unabdingbar, die technischen Probleme unabhängig von den Grundrechten und ihren anerkannten Freiheitsgewährleistungen zu betrachten. Die nachfolgende Darstellung erfolgt dennoch grundrechtsbezogen, um eine weiterführende Ordnung für die normative Bewertung zu gewinnen und um Wiederholungen zu vermeiden. Das Internet in seinem Gesamtverständnis als soziotechnisches System ist keinesfalls ein (verfassungs-)rechtsfreier Raum.[852] Es kann nicht durch ein einziges Grundrecht verfassungsrechtlich beurteilt werden, sondern es ist eine sehr ausdifferenzierte Analyse der unterschiedlichen technischen Ebenen und sozialen Funktionen des Internet sowie eine entsprechende konkrete Zuordnung zu verschiedenen Grundrechten erforderlich.

6.1 Normative Vorgaben für das Internet

Es sind die bestehenden Grundrechte daraufhin zu überprüfen, ob und in welchem Umfang von ihnen bestimmte Aspekte der durch das soziotechnische System Internet veränderten Wirklichkeit grundrechtlich erfasst sind. Zunächst werden im ersten Schritt die relevanten Grundrechte jeweils nach ihrem bisherigen Verständnis unter Berücksichtigung der in der Vergangenheit vom Bundesverfassungsgericht vorgenommenen Konkretisierungen und Interpretationen dargestellt. Neben dem Schutzbereich sind im zweiten Schritt die konkreten Funktionen und ihre bisherigen Bedeutungszusammenhänge einzubeziehen. Die anschließende grundrechtsbezogene Beschreibung der Bedeutung des Internet im dritten Schritt zeigt anhand der faktischen Veränderungen der Wirklichkeit durch das soziotechnische System die Grundrechtsrelevanz auf. Dabei werden die Veränderungen bereits danach kategorisiert, welchen

---

849 S. die abstrakte Darstellung dieser Stufe in Kap. 4.8.1.

850 *BVerfGE* 120, 274 (303, 306 ff.).

851 Dieser Ansatz wird auch von *Mecklenburg*, ZUM 1997, 525 verfolgt.

852 Die wissenschaftliche Diskussion, ob das Internet ein rechtsfreier Raum sei, wurde ca. ab Mitte der Neunziger Jahre geführt, s. *Wenning*, JurPC 1995, 3321; *Drewes*, DRiZ 1997, 400; *Taeger*, KJ 2000, 506. Das Gegenextrem wird umgangssprachlich und medienwirksam durch die Position „Finger weg vom Internet" beschrieben, *De Maizière* 2012, 19.

Normaspekt sie betreffen. Zu unterscheiden sind entsprechend der Grundrechtsdogmatik der Schutzbereich bestehend aus dem Schutzgut (oder Schutzgegenstand) und den Schutzzielen (die auch die Aspekte der Grundrechtsausübung beinhalten), die Grundrechtsfunktionen sowie Risiken, die im Bereich der Schrankensystematik anzusiedeln sind und schließlich die Vollständigkeit der objektiven Wertordnung. Rein faktisch ist es denkbar, dass das Internet auf jegliche Grundrechtsgewährleistungen Auswirkungen haben könnte. Dies gilt umso mehr, als Kommunikation – unabhängig davon, ob sie technisch vermittelt erfolgt oder unmittelbar – denknotwendiger Bestandteil jedes Grundrechts ist. Grundrechtsspezifisch ist lediglich der jeweilige Code der Kommunikation. Die durch Art. 5 Abs. 3 GG gewährleistete Wissenschaftsfreiheit umfasst zum Beispiel die wissenschaftliche Kommunikation, das bedeutet den Informationsaustausch zwischen den Wissenschaftlern, während die in Art. 2 Abs. 1 GG garantierte wirtschaftliche Handlungsfreiheit die für den Handel erforderlichen Informationsaustausche der Wirtschaftsakteure einschließt. Die Darstellung umfasst allerdings nicht alle Grundrechte, sondern es wurden diejenigen ausgewählt, zu denen über die Internettechnik oder die abstrakten Funktionen der Internetdienste ein unmittelbarer Bezug hergestellt oder ein konkretes Risiko benannt werden kann. Vergleichbar der Anwendung der Methode normativer Entscheidungen werden in Kenntnis der normativen Quellen aus der Beschreibung des soziotechnischen Systems die Tatsachen ausgewählt, die grundsätzlich für die normative Bewertung relevant werden können.[853]

6.1.1 Kommunikationsfreiheiten des Art. 5 Abs. 1 GG

Art. 5 Abs. 1 GG enthält ein System unterschiedlicher Grundrechtsgewährleistungen, die zusammengefasst der Freiheit der zwischenmenschlichen Kommunikation dienen.[854] Entsprechend wird diese Vorschrift auch als der Kanon der Kommunikationsfreiheiten bezeichnet. Während Satz 1 systematisch übergeordnet die individuelle Meinungsäußerungs- und Informationsfreiheit garantiert, gewährleistet Satz 2 den medienbezogenen Schutz der Massenkommunikation durch die Pressefreiheit und die Freiheit der Berichterstattung durch Rundfunk und Film. Die konkrete Einordnung des Internet, der Internetdienste und den mit ihnen verbundenen Funktionen erfolgt durch eine differenzierte Betrachtung der einzelnen Kommunikationsfreiheiten.

6.1.1.1 Meinungs- und Informationsfreiheit gemäß Art. 5 Abs. 1 Satz 1 GG

Die in Art. 5 Abs. 1 Satz 1 GG enthaltenen Grundrechtsgewährleistungen der Meinungs- und der Informationsfreiheit bilden zusammen das Grundrecht der individuellen Kommunikationsfreiheit. Sie ergänzen sich spiegelbildlich, indem sie zwischen dem Kommunikator oder Absender und dem Rezipienten oder Empfänger von Informationen differenzieren. Das Grundrecht der Meinungsäußerungsfreiheit bezieht sich auf den Kommunikator, indem es jedermann das Recht garantiert, sich in Wort, Schrift und Bild frei zu äußern. Es gewährleistet insbesondere das Recht auf freie Rede.[855] Jeder soll frei mitteilen können, was er denkt, ohne dass er hierfür nachprüfbare Gründe anführen muss. Vor allem als Reaktion auf die Erfahrungen mit staatlichen Informationssperren durch das nationalsozialistische Regime garantiert die Informationsfreiheit das Recht des Einzelnen sich zu informieren.[856] Das Bundesverfassungsgericht sieht die Informationsfreiheit als Voraussetzung der freien Meinungsbildung und so-

---

853 S. Kap. 3.1.2.

854 *BVerfGE* 27, 71 (79 f.).

855 *Schemmer*, in: Epping/Hillgruber 2015, Art. 5 GG, Rn. 1.

856 *BVerfGE* 27, 71 (80); *Schemmer*, in: Epping/Hillgruber 2015, Art. 5 GG, Rn. 23.; *Schulze-Fielitz*, in: Dreier Bd. I, 2013, Art. 5 I, II GG, Rn. 6.

mit der Meinungsfreiheit an.[857] Die beiden Grundrechte stehen daher nicht nur aufgrund der Formulierung in einem engen sachlichen Zusammenhang, sondern aufgrund einer inneren Abhängigkeit voneinander. Gleichzeitig steht die Informationsfreiheit aber als eigenständiges und gleichwertiges Grundrecht neben der Meinungs- und Pressefreiheit.[858] Der Grundrechtssystematik entsprechend sind zum einen die Schutzgüter der Meinungs- und der Informationsfreiheit sowie zum anderen die jeweils geschützten Verhaltensweisen näher zu spezifizieren. Des Weiteren ist von beiden Grundrechtsgewährleistungen neben der individualrechtlichen Funktion auch die kollektiv-rechtliche Funktion darzustellen.

6.1.1.1.1 Schutzbereich und Funktionen

Auf der inhaltlich qualitativen Ebene umfasst die Meinungsfreiheit begrifflich nur Meinungen und keine Äußerungen über Tatsachen. Zu dem Begriff der Meinungen zählen Ansichten, Auffassungen, Einschätzungen, Stellungnahmen, Werturteile und auch Übersetzungen.[859] Charakteristisch für eine Meinung ist das Element der Stellungnahme, des Dafürhaltens oder Meinens im Rahmen einer geistigen Auseinandersetzung oder sonstigen sozialen Kommunikation.[860] Es kommt weder auf die Themen und Zwecke der Meinungsäußerung an,[861] noch auf ihre Einschätzung als wertlos oder abwegig.[862] Gleichermaßen irrelevant sind Art und Qualität der Meinungen im Sinne von rational oder emotional, sachlich, unsachlich oder polemisch, gefährlich oder harmlos, selbst beleidigend oder abwertend, links- oder rechtsextremistisch.[863]

Abzugrenzen sind Meinungen zu reinen Tatsachenbehauptungen, da strittig ist, ob diese in den Schutzbereich der Meinungsfreiheit fallen.[864] Das Bundesverfassungsgericht hat das enge Verständnis des Schutzbereichs aber in ständiger Rechtsprechung deutlich erweitert, indem es die strenge Abgrenzung zwischen Meinungen und Tatsachen als objektiv unmöglich bewertet.[865] Bereits die Auswahl der Tatsachen, aber auch ihre Präsentation und die Umstände ihrer Äußerung und Verbreitung enthalten Werturteile. Entsprechend gehen das Bundesverfassungsgericht und die mittlerweile herrschende Lehre[866] davon aus, dass die Meinungsäußerungsfreiheit neben Meinungen alle Tatsachen umfasst, die meinungsbezogen sind und damit zur Meinungsbildung beitragen.[867] Nur wenn jeglicher Meinungsbezug fehlt, dies wird zum

857 *BVerfGE* 20, 162 (174).

858 *BVerfGE* 27, 71 (81).

859 *BVerfGE* 33, 1 (14 f.); 93, 266 (289).

860 *BVerfGE* 7, 198 (219; 30, 336 (352); 61, 1 (9); 71, 162 (179).

861 *Schulze-Fielitz*, in: Dreier Bd. I, 2013, Art. 5 I, II GG, Rn. 62; *Wendt*, in: v. Münch/Kunig Bd. 1, 2012, Art. 5 GG, Rn. 8; *Hoffmann-Riem*, in: Denninger/Hoffmann-Riem/Schneider/Stein Bd. 1, 2001, Art. 5 Abs. 1, 2 GG, Rn. 29.

862 *BVerfGE* 30, 336 (347); 33, 1 (14 f.); 42, 163 (171); 85, 1 (14 f.); 93, 266 (289).

863 S. insgesamt und jeweils mit dem Nachweis der Entscheidungen des Bundesverfassungsgericht *Schulze-Fielitz,* in: Dreier Bd. I, 2013, Art. 5 I, II GG, Rn. 62.

864 Zu diesem Streit s. *Odendahl*, in: Schmidt-Bleibtreu/Hofmann/Henneke 2014, Art. 5 GG, Rn. 3.

865 *BVerfGE* 12, 205 (260); 31, 314 (326); 85, 1 (15) im Zusammenhang mit dem Verständnis des Merkmals Berichterstattung. Die Mitwirkung an der öffentlichen Meinungsbildung beschränke sich nicht auf Nachrichtensendungen, politische Kommentare, Sendereihen über politische Probleme der Gegenwart, Vergangenheit oder Zukunft, sondern umfasse auch Hörspiele und musikalischen Darbietungen. Kritisch zur These einer erkenntnistheoretischen Nichtunterscheidbarkeit, *Rühl,* AfP 2000, 17 ff. sowie in Bezug auf das Strafrecht *Hilgendorf* 1998, 74 f.; 80 ff.

866 *BVerfGE* 94, 1 (7). Zur historischen Entwicklung dieses Meinungsstreit s. *Herzog*, in: Maunz/Dürig 2013, Art. 5 Abs. 1, 2 GG, Rn. 50 ff.

867 *BVerfGE* 61, 1 (8); 54, 208 (219) weitergehend *Schulze-Fielitz,* in: Dreier Bd. I, 2013, Art 5 I, II GG, Rn. 65.

Beispiel bei rein statistischen Erhebungen angenommen,[868] oder wenn die Tatsache unwahr ist, entfällt der Schutz der Meinungsäußerungsfreiheit.[869]

Die Meinungsfreiheit schützt sowohl die Äußerung als auch die Verbreitung von Meinungen, mithin jede Form ihrer Artikulierung und Transportierung.[870] In Bezug auf beide Verhaltensweisen darf der Grundrechtsausübende die Kommunikationsmittel und Umstände wählen, von denen er sich den größten Verbreitungskreis und den höchsten Wirkungsgrad verspricht.[871] Die Grundrechtsgewährleistung verschafft ihm allerdings keinen Anspruch auf Zutritt zu Orten, die ihm sonst verschlossen sind.[872] Die Meinungsäußerungsfreiheit umfasst nicht nur die Möglichkeit, die Meinung äußern zu können, sondern sie muss auch potentielle Empfänger erreichen können. Ein staatlicher Akt der Empfangsverhinderung beeinträchtigt daher neben dem Grundrecht des Empfängers auf Informationsfreiheit, das Grundrecht des Absenders auf freie Meinungsäußerung.[873] Unerheblich für den Schutz der Ausübung der Meinungsfreiheit ist die mediale Form der Äußerung und Verbreitung. Die Aufzählung durch Wort, Schrift und Bild umfasst auch alle multimedialen Äußerungsformen und ist nicht abschließend.

Die Informationsfreiheit schützt als ergänzendes Element des Kommunikationsprozesses den Empfänger der Kommunikation durch das Recht, sich selbst aus allgemein zugänglichen Quellen ungehindert informieren zu können. Das Grundrecht ist der Meinungsfreiheit insbesondere im Hinblick auf das Schutzgut gleichwertig. Ebenso wie zugunsten des Meinungsäußernden die freie Auswahl von Art und Umständen der Verbreitung geschützt ist, darf der Informierende auf alle allgemein zugänglichen Quellen zurückgreifen. Der Schutzbereich der Informationsfreiheit wird im Wesentlichen durch dieses Kriterium bestimmt. Die entscheidende Funktion der Allgemeinzugänglichkeit ist dabei weniger die positive Festlegung des Schutzbereichs, sondern sie soll vielmehr eine einschränkende Wirkung entfalten, da schon der Begriff der Informationsquelle kaum Konturen aufweist. Informationen sind uneingeschränkt alle Tatsachen, Meinungen und Werturteile. Als Informationsquelle kommt sowohl jeglicher nur denkbare Träger von Informationen als auch der Informationsgegenstand selbst in Betracht, quasi als Unterrichtung an der Quelle,[874] wie zum Beispiel die Teilnahme am öffentlichen Empfang der Fußballnationalmannschaft in Berlin. Allgemein zugänglich ist eine Informationsquelle, wenn sie „technisch geeignet und bestimmt ist, der Allgemeinheit, das heißt einem individuell nicht bestimmbaren Personenkreis, Informationen zu verschaffen"[875]. Indem auf die technische und damit tatsächliche Eignung abgestellt wird, wird dem Staat die Möglichkeit genommen, über die allgemeine Zugänglichkeit durch gesetzliche Regelungen zu bestimmen.[876] Nach dieser Definition sind insbesondere die Massenkommunikationsmedien der Presse, des Rundfunks, Fernsehens und des Films öffentlich zugänglich, unabhängig davon, ob sie aus dem In- oder Ausland kommen.[877]

Die Informationsfreiheit schützt positiv sowohl die passive Entgegennahme von Informationen als auch das aktive Handeln bei der Beschaffung von Informationen und Informations-

---

868 *BVerfGE* 65, 1 (41).

869 *BVerfGE* 99, 185 (197).

870 *BVerfGE* 7, 198 (210); 97, 391 (398); *Bethge*, in: Sachs 2014, Art. 5 GG, Rn. 44; *Grabenwarter*, in: Maunz/Dürig 2015, Art. 5 GG, Rn. 87.

871 *BVerfGE* 93, 266 (289).

872 *BVerfGE* 128, 226 (250) bezogen auf die Versammlungsfreiheit.

873 *BVerfG*, NJW 2005, 1341; *BVerfGE* 27, 71 (81).

874 S. *BVerfGE* 103, 44 (60); *Wendt*, in: v. Münch/Kunig Bd. 1, 2012, Art. 5 GG, Rn. 22; *Schemmer*, in: Epping/Hillgruber 2015, Art. 5 GG, Rn. 25.

875 *BVerfGE* 27, 71 (83); 90, 27 (32).

876 *BVerfGE* 27, 71 (84); *Bethge*, in: Sachs 2014, Art. 5 GG, Rn. 56; *Jarass*, in: Jarass/Pieroth 2014, Art. 5 GG, Rn. 23; *Wendt*, in: v. Münch/Kunig Bd. 1, 2012, Aart. 5 GG, Rn. 23.

877 *BVerfGE* 90, 27 (32).

medien.[878] Konkrete Beispiel sind die Auswahl einer bestimmten Bezugsquelle oder die Einrichtung einer Parabolantenne, um ausländische Fernsehsender zu empfangen.[879] Nicht dem Grundrechtsschutz von Art. 5 Abs. 1 Satz 1 GG zuzuordnen, ist allerdings der anschließende Umgang mit den – auch personenbezogenen – Daten. Die durch die Informationsfreiheit geschützte Beschaffung von Informationen rechtfertigt somit nicht den in der Regel damit verbundenen Umgang mit personenbezogenen Daten.[880]

Aus der in Art. 5 Abs. 1 Satz 1 GG gewählten Reihenfolge der Meinungsfreiheit vor der Informationsfreiheit sind keine weiteren Rückschlüsse auf ihr Verhältnis zueinander zu ziehen. Insbesondere dient die Informationsfreiheit nicht nur der Meinungsfreiheit, indem sie dem Meinungsäußernden ein Publikum garantieren will. Die Möglichkeit der Erreichbarkeit potentieller Empfänger wird, wie ausgeführt, bereits von der Meinungsfreiheit selbst erfasst. Die Informationsfreiheit ist eine Voraussetzung der freien Meinungsbildung in dem Sinne, dass eine reflektierte – nicht eine richtige oder falsche – Meinung nur auf der Grundlage von Informationen erfolgen kann. Die Meinungsbildung ist wiederum die Grundvoraussetzung der Meinungsäußerung.

Das Grundgesetz schützt sowohl die Meinungs- als auch die Informationsfreiheit im Interesse der Persönlichkeitsentfaltung des Einzelnen. Es ist jedem Menschen ein individuelles Bedürfnis, seine Ansichten und Einsichten anderen Menschen mitzuteilen und sich über das Leben im Allgemeinen austauschen zu können. Gleichzeitig ist jedem Menschen ein mehr oder weniger ausgeprägtes Bedürfnis zur Befriedigung seines natürlichen Wissensdurstes eigen. Neben diesen individualrechtlichen Komponenten weisen sowohl die Meinungs- als auch die Informationsfreiheit eine stark ausgeprägte kollektiv-rechtliche Komponenten auf. Die Kommunikationsfreiheiten werden neben ihrer subjektiv-rechtlichen Dimension als schlechthin konstituierend für einen Staat angesehen, der auf einer freiheitlichen, demokratischen, rechts- und sozialstaatlichen Ordnung und Entwicklung unter Anerkennung von Grundrechten beruht.[881] Der Prozess der demokratischen Willensbildung ist die Grundvoraussetzungen für eine repräsentative Demokratie. Nur wenn es den Bürgern möglich ist, sich über politische Themen sowie über die staatlichen Beratungs- und Entscheidungsprozesse zu informieren und auszutauschen, kann eine öffentliche Meinung gebildet werden. Ausdruck und Wirkkraft wird dieser öffentlichen Meinung vor allem durch den Legitimationsakt der Parlamentswahlen verliehen.[882]

Die Meinungs- und Informationsfreiheit übernimmt die Funktion eines klassischen Abwehrrechts.[883] Die Meinungsfreiheit schützt jede Person davor, dass sie vom Staat an der Äußerung ihrer Meinung gehindert wird oder der Staat den seine Meinung äußernden Einzelnen von seinem Auditorium abschneidet.[884] Das Grundrecht gibt gegenüber dem Staat aber kein Leistungsrecht in der Hinsicht, dass der Staat gewährleisten muss, dass der Einzelne von jedermann gehört werden kann. Dieser ist gerade nicht verpflichtet, ein Auditorium als Empfänger der Meinungsäußerung zu schaffen.[885] Sowohl bei der Alternative des Äußerns als auch bei derjenigen des Verbreitens gewährt Art. 5 Abs. 1 Satz 1 GG keinen Leistungsanspruch darauf, dass der Staat dem einzelnen diejenigen Mittel zur Verfügung stellt, die ihm zur Verbreitung seiner Meinung notwendig erscheinen oder unter Umständen sogar wirklich notwendig sind.

---

878 *BVerfGE* 27, 71 (82).

879 *BVerfGE* 90, 27 (36 f.).

880 S. *Roßnagel/Pfitzmann/Garstka* 2001, 48 f.

881 *BVerfGE* 5, 85 (205); 7, 198 (208).

882 S. *Holznagel,* NordÖR 2011, 205.

883 *BVerfGE* 7, 198 (204 f.); *Grabenwarter,* in: Maunz/Dürig 2015, Art. 5 GG, Rn. 100.

884 *Grabenwarter,* in: Maunz/Dürig 2015, Art. 5 GG, Rn. 101 f.

885 S. die abweichende Meinung der Richterin *Haas* zu *BVerfGE* 104, 92 (117); *Bethge,* in: Sachs 2014, Art. 5 GG, Rn. 26 a m.w.N.

Die Informationsfreiheit sichert jedem das Recht, sich gegen Maßnahmen des Staates zu wehren, die den Zugang zu öffentlich zugänglichen Informationen verhindern. Dies ist nicht erst bei einer endgültigen Vorenthaltung einer Information erfüllt, sondern bereits durch Verzögerungen, wie sie zum Beispiel durch eine vorgeschaltete Informationskontrolle entstehen kann.[886] Er verpflichtet den Staat aber keinesfalls dazu, allgemein zugängliche Informationsquellen erst zu schaffen[887] oder in staatlicher Hand verfügbare Informationen öffentlich zu präsentieren.[888] Art. 5 Abs. 1 Satz 1 GG gewährleistet insbesondere kein Recht auf Zugang zu den Massenkommunikationsmitteln – weder für den Zweck der Meinungsverbreitung noch für den des Informationszugangs. Die ständige geistige Auseinandersetzung, der Kampf der Meinungen, der ihr Lebenselement ist,[889] setzen nicht nur die Zurückhaltung der öffentlichen Gewalt voraus, sondern können auch im Verhältnis zwischen Privaten durch soziale oder wirtschaftliche Abhängigkeiten unterdrückt werden. Aus der Meinungsfreiheit resultiert daher auch eine Schutzfunktion des Staates. Der Gesetzgeber muss dem Einzelnen Verteidigungsmöglichkeiten gegen gesellschaftlichen Meinungsdruck bieten und die Gerichte müssen bei der Anwendung und Auslegung entsprechender Gesetze die Auswirkungen auf die Meinungsfreiheit angemessen berücksichtigen.[890] Ein umfassender Schutz der individuellen und öffentlichen Meinungsbildung, die Kommunikationsprozesse erfordert, setzt ergänzend eine Schutzpflicht des Staates für die Informationsfreiheit voraus.[891] Als Ausprägung dieser Schutzpflicht darf der Staat insbesondere technische Entwicklungen, die neue Informations- und Kommunikationsformen ermöglichen, nicht zwangsweise blockieren.[892]

6.1.1.1.2 Bedeutung für das Internet

Das Internet und insbesondere die Internetdienste sind ein technisches Medium, dass im höchsten Maße der Verwirklichung der Meinungs- und der Informationsfreiheit dienlich ist. Nie zuvor war es jedem Individuum mit einem so geringen Aufwand technisch möglich, Meinungsäußerungen an eine potentiell unbegrenzte Anzahl von Personen – abgesehen von sprachlichen Barrieren – überall auf der Welt zu verbreiten. Dafür ist es nicht einmal erforderlich, eine eigene Webanwendung zu generieren, wie zum Beispiel eine private Homepage. Ein Internetzugang ist ausreichend, um die vielfältigen Webanwendungen, mit denen der Geschäftszweck der Meinungs- und Informationsverbreitung verfolgt wird, nutzen zu können. Beispielhaft seien hier nur Weblogs, Chatrooms, Newsrooms, Foren, Twitter oder auch insgesamt Social Networks genannt. Obwohl ein Großteil der Meinungsäußerungen auch im Internet schriftlich erfolgt, bietet es zusätzlich faktisch die Möglichkeit der multimedialen Meinungsäußerung. Ton und Bild können die Ausdrucksintensität der Meinungsäußerung und damit ihre Effektivität sehr stark erhöhen. Wird das Medium Internet zur Meinungsäußerung genutzt, kann nicht nur die Quantität des zu erreichenden Auditoriums extrem gesteigert werden, sondern auch die Qualität der Meinungsäußerung im Sinne seiner Ausdrucksvielfalt.

Zudem ist durch das Internet der Zugang zu Informationen erheblich erleichtert worden. Voraussetzung ist wiederum lediglich ein Internetzugang und das Wissen um die Existenz

---

886 *BVerfGE* 27, 88 (98).

887 *BVerfGE* 103, 44 (59 f.); *Schemmer*, in: Epping/Hillgruber 2015, Art. 5 GG, Rn. 32.

888 *VGH München*, NJW 1992, 930.

889 *BVerfGE* 5, 85 (205).

890 *BVerfGE* 7, 198 (206); *Schmidt*, in: Dieterich/Hanau/Schaub/Müller-Glöge/Preis 2013, Art. 5 GG, Rn. 18; *Preis/Stoffels*, RdA 1996, 210 ff.

891 *BVerfGE* 57, 295 (319); 90, 27 (32 f.). Das bekannteste Beispiel für eine Beeinträchtigung der Informationsfreiheit durch einen Privaten ist das Verbot der Anbringung einer Parabolantenne durch einen ausländischen Mieter, die ihm durch den Vermieter untersagt wurde.

892 *Tettinger*, JZ 1990, 849.

von Suchmaschinen oder – für eine direkte Informationssuche – insbesondere von Wikis.[893] Das Medium Internet ermöglicht die Informationsbeschaffung potentiell zu jeder Zeit, von jedem Ort und von weltweiten Informationsquellen. Suchmaschinen sind allerdings als notwendiges Werkzeug anzusehen, um die Informationsfreiheit im Web zu verwirklichen.[894] Auch die klassischen Massenmedien Print, Hörfunk und Fernsehen betreiben Homepages auf denen sie ihre redaktionellen Inhalte – teilweise zwar in abgewandelter Form – zum Abruf zur Verfügung stellen.[895] Der Gang in Bibliotheken wird durch die Digitalisierung von Büchern und die Verbreitung elektronischer Zeitschriften vielfach überflüssig. Staatliche Stellen der Exekutive, Judikative und Legislative und politische Parteien[896] betreiben Homepages zur Informationsverbreitung und für offizielle öffentliche Bekanntmachungen.[897] Es existiert kaum noch ein Lebensbereich über den im Internet keine Informationen erlangt werden können.

Für die Bestimmung des Schutzbereichs des Grundrechts der Meinungsfreiheit ergeben sich in Bezug auf das Internet keine neuen Modalitäten, da es keine Folgen für die Qualifikation einer Äußerung als Meinung oder Tatsache sowie auf die Wahrheit oder Unwahrheit hat. Das Internet, Internetdienste und Webanwendungen haben aber faktische Auswirkungen auf die Grundrechtsausübung. Dem Äußernden wird insbesondere zur Verbreitung seiner Meinung auch die Freiheit gewährleistet, diejenigen Kommunikationsmittel und Umstände zu wählen, von denen er sich den größten Verbreitungsumkreis und den höchsten Wirkungsgrad verspricht.[898] Dies dürfte aktuell das Internet sein, durch das die Wirkungsmacht des Einzelnen erheblich vergrößert wird.[899] Die Meinungsfreiheit gewährleistet somit in seiner Abwehrfunktion das Recht eines jeden, sich gegen Maßnahmen des Staates zu wehren, die ihm die Verbreitung von Meinungen im Internet unmöglich machen würden. Verhinderungsaktivitäten des Staates könnten an unterschiedlichen Phasen der Meinungsverbreitung im Internet ansetzen. Es wäre – unabhängig von der tatsächlichen Realisierungsmöglichkeit – denkbar, dass Informationen mit von staatlichen Stellen nicht gebilligten Inhalten vor dem Upload ins Internet abgefangen werden, der Zugang zu diesen Seiten unter Mithilfe der Provider, zum Beispiel durch Blockierung des DNS-Servers, unterbunden oder sogar der Zugriff auf den gesamten Server verhindert wird.[900] Da der Schutz der Meinungsfreiheit auch die freie Auswahl der Rezipienten umfasst, wäre zum Beispiel auch der Zwang zur Hinterlegung kryptografischer Schlüssel beim Staat, damit dieser verschlüsselte Nachrichten entschlüsseln kann, als Maßnahmen denkbar[901] oder das grundsätzliche Verbot, Informationen verschlüsselt zu übermitteln. All diese Handlungen sind abstrakt geeignet, einen Eingriff in die Meinungsfreiheit darzustellen.

Aufgrund der Schutzfunktion der Meinungsfreiheit ist der Staat ebenfalls verpflichtet, zu verhindern, dass die gleichen Maßnahmen durch Private vorgenommen werden. Eine Beeinträchtigung der Meinungsfreiheit kann im soziotechnischen System Internet sowohl auf der rein technischen als auch der inhaltlichen Ebene erfolgen. Die Verbreitung von Meinungen

---

893 *Mertes*, in: Schwartmann 2011, 10 ordnet den „unbegrenzten und mühelosen Zugang zu Wissen und Informationen" dem Oberbegriff der gesellschaftlichen Dimension des Internet zu.

894 *Juraschko*, in: Lewandowski 2013, 59 f.

895 S. hierzu auch Kap. 6.1.1.2.1.

896 Neben der Homepage betreibt die Piratenpartei, die sich als Bürgerrechtspartei der Informationsgesellschaft bezeichnet, ein Forum und ein Wiki für den Informationsaustausch, s. https://www.piratenpartei.de/partei/.

897 Z.B. den kostenlosen Bürgerzugang zur Online-Version des Bundesgesetzblattes, http://www.bgbl.de/xaver/bgbl/start.xav?startbk=Bundesanzeiger_BGBl#__bgbl__%2F%2F*[%40attr_id%3D%27I_2015_42_inhaltsverz%27]__1446196445980.

898 S. Kap. 6.1.1.1.1

899 *Roßnagel*, in: Hill 2014, 82 ff.; *Grote*, KritV 1999, 36 f.

900 So auch *Holznagel*, AfP 2011, 533.

901 *Hoffmann-Riem* 2002, 97, Fn. 134.

kann auf der technischen Ebene durch den Einsatz von Maßnahmen des Netzwerkmanagements blockiert oder verzögert werden. Infrastruktur-Provider können DNS-Modifikationen vornehmen. Aus der Vergangenheit ist das Beispiel bekannt, dass bei einer falschen Domaineingabe oder bei der Eingabe einer nicht existierenden Domain nicht die vom DNS-Server korrekt mitgeteilte Fehlermeldung an die Internetnutzer weitergegeben, sondern stattdessen auf eine andere IP-Adresse – in der Regel auf eine mit Werbung versehene Such-Seite – umgeleitet wurde.[902] Davon zu unterscheiden ist das DNS basierte Blacklisting. Dies stellt eine zusätzliche, vom DNS-Service grundsätzlich unabhängige Dienstleistung dar, von zahlreichen Anbietern vorgenommen wird. Auf den sogenannten Blacklists sind IP-Adressen eingetragen, für die insbesondere die Vermutung besteht, dass über sie eine hohe Anzahl von SPAM-E-Mails versendet wird.

Eine Zwischenfunktion nehmen die Suchmaschinen in diesem Zusammenhang ein, die zwar nicht den technischen, aber den faktischen Zugang zu Informationen und Meinungsäußerungen gewährleisten, indem sie im Internet veröffentlichte Inhalte auffindbar machen.[903] Eine Beeinträchtigung der Meinungsfreiheit könnte insbesondere vorliegen, wenn Suchmaschinen bestimmte durch die Meinungsfreiheit geschützte Inhalte oder generell Inhalte bestimmter Content-Provider nicht in die Ergebnisliste aufnehmen. Nicht der Meinungsäußernde bestimmt dann den Empfängerkreis seiner Meinungskundgabe durch die Wahl des Mediums Internet, sondern die Suchmaschinenbetreiber. Die Dienstleistung von Suchmaschinen stellt nicht nur ein Risiko für die Gewährleistung der Meinungsfreiheit Dritter dar. Ein Bedeutungszusammenhang mit der Meinungsfreiheit ist auch insofern gegeben, als Diensteanbieter selbst Grundrechtsträger der Meinungsfreiheit sein könnten, wenn die Suchergebnislisten eine Meinungsäußerung darstellten. Dieser positive Grundrechtsschutz von Suchmaschinenbetreibern ist in Literatur und Rechtsprechung im Vergleich zu der negativen Grundrechtsgefährdung Dritter relativ wenig diskutiert.[904]

Der Schutzbereich der Informationsfreiheit wird durch das soziotechnische System Internet faktisch stark erweitert. Es weist, wie bereits dargelegt,[905] mehr als alle anderen Massenkommunikationsmittel die technischen Eigenschaften auf, einem unbestimmten Personenkreis Informationen zu liefern.[906] Das Web und seine Diensteangebote stellen grundsätzlich allgemein zugängliche Quellen dar, aus denen eine kaum überschaubare Vielzahl von Informationen gewonnen werden kann.

Ebenso wie bei der Meinungsfreiheit sind bezogen auf das soziotechnische System Internet unterschiedliche informationsbeschränkende Aktivitäten des Staates vorstellbar. Eine Gruppe von Maßnahmen führt dazu, dass dem Einzelnen der Zugriff auf Informationen endgültig vorenthalten wird.[907] Der Staat kann dem einzelnen den technischen Zugang zum Internet zum Beispiel durch Internetsperren verwehren,[908] den Download einzelner Webseiten blockieren,[909] den Zugriff auf Server verhindern oder auch unterbinden, dass bestimmte Informationen über Suchmaschinen auffindbar sind. Gerade aufgrund der gegenüber anderen Massen-

---

902 S. *Hochstätter*, „Kabel Deutschland beendet DNS-Fälschungen“, ZDnet vom 6.7.2010, http://www.zdnet.de/41534451/kabel-deutschland-beendet-dns-faelschungen/.

903 S. ausführlich *Dörr/Natt*, ZUM 2014, 830 f.

904 Die ausführliche Darstellung und Entscheidung des Meinungsstreit und erfolgt im Rahmen der normativen Bewertung als internetspezifische Wertungslücke im nachfolgenden Kap. 6.2.1.

905 S. Kap. 5.

906 *Jarass*, in: Jarass./Pieroth 2014, Art. 5 GG, Rn. 48; *Hoffmann-Riem*, in: Denninger/Hoffmann-Riem/Schneider/Stein Bd. 1, 2001, Art. 5 Abs. 1, 2 GG, Rn. 98.

907 S. *Holznagel/Schumacher*, in: Kloepfer 2011, 54.

908 Internetsperren, z.B. nach dem Three-Strikes-Modell, sind eine immer wiederkehrende Forderung der Politiker s. *Biermann/Caspari*, „CDU-Politiker will Filesharern das Netz wegnehmen“, Zeit Online vom 26.9.2011, http://www.zeit.de/digital/internet/2011-09/kauder-three-strikes-netzsperre.

909 So vorgesehen durch das am 23.2.2010 in Kraft getretene Zugangserschwerungsgesetz, BT-Drs. 16/12850, das durch Gesetz vom 22.12.2011, BR-Drs. 788/11, wieder aufgehoben worden ist.

medien deutlich höheren Aktualität der Internetinformationen könnte ein Eingriff in die Informationsfreiheit auch bei einer zeitlichen Verzögerung des Informationsabrufs anzunehmen sein. Nach dem Wortlaut von Art. 5 Abs. 1 Satz 1 GG wird die ungehinderte Unterrichtung garantiert. In Bezug auf Tageszeitungen hat das Bundesverfassungsgericht ausdrücklich festgestellt, dass ein Eingriff in die Informationsfreiheit bereits durch die auf einer Kontrolle beruhende Verzögerung der Auslieferung erfolgt.[910] Zur Begründung wird ausgeführt, dass der Zeitpunkt einer Nachricht und der Vergleich mit anderen zur gleichen Zeit erscheinenden Publikationen von wesentlicher Bedeutung für die Informationsfreiheit ist. Anderenfalls ist eine sinnvolle Verarbeitung aller verfügbaren Informationen oft nicht mehr möglich. Das Internet bietet insbesondere über Mobilzugänge technisch die Möglichkeit, Informationen ad hoc zu verbreiten und abzurufen. Webanwendungen, wie zum Beispiel Twitter, haben sich diesen Vorteil zunutze gemacht und dienen vielfach der Übermittlung von Liveberichterstattungen. Im Internet können daher nicht erst Verzögerungen von einem Tag, sondern bereits von wenigen Stunden die Informationsfreiheit schwächen. Der Staat kann eine gezielte Verzögerung des Informationszugangs zum Beispiel durch Aufhalten der Versendung von Datenpaketen, eine Beeinflussung der Anzeigenreihenfolge von Suchergebnissen oder das zeitweise blockieren eines Servers zum Beispiel durch Denial-of-Service-Attacken bewirken. Diese und vermutlich noch weitere Maßnahmen sind abstrakt geeignet, die Informationsfreiheit des Einzelnen zu beeinträchtigen.

Keine Eingriffsqualität weist nach herkömmlichem Verständnis allerdings eine Maßnahme des Staates auf, durch die lediglich einzelne Informationsdienste priorisiert werden, ohne dass gleichzeitig die Übermittlung anderer Informationen verzögert wird oder diese gar nicht zugänglich sind. [911] Dies gilt allerdings nur, solange in paketvermittelnden Netzen, wie dem Internet, die Datenpakete nach dem Best Effort-Standard übertragen werden. Eine Änderung dieser Regelungen, die die technischen Übermittlungsvorgänge steuern, könnte somit eine abweichende rechtliche Beurteilung nach sich ziehen. Es liegt keine Beeinträchtigung der Informationsfreiheit vor, wenn der Staat es unterlässt, staatliche Informationen über das Internet zur Verfügung zu stellen. Eine Pflicht E-Government-Anwendungen, wie zum Beispiel Urteilsdatenbanken, Bundesanzeiger oder Behördenportale zur Informationsvermittlung anzubieten, kann daher nicht aus Art. 5 Abs. 1 Satz 1 GG abgeleitet werden.[912]

Ebenso wie bei der Meinungsfreiheit können sich auch aus der Schutzfunktion der Informationsfreiheit Besonderheiten für das Internet ergeben. Der Staat hat gegebenenfalls Maßnahmen Privater zu verhindern, die die Informationsfreiheit des Einzelnen verfassungswidrig beschränken. Internetdienste und Webanwendungen bieten einen nie zuvor dagewesenen Umfang an Informationen an. Entsprechend bedeutend für den Informationszugang und damit die Ausübung der Informationsfreiheit sind die Werkzeuge zum Auffinden von Informationen im Internet – die Suchmaschinen – geworden.[913] Selbst wenn Interseiten in der Suchergebnisliste angezeigt werden, hängt die Wahrnehmung der Homepage und der auf ihr präsentierten Informationen durch den Nutzer regelmäßig davon ab, wo – genauer gesagt – an welcher Stelle sie durch Suchmaschinen in deren Ergebnislisten aufgezeigt werden.[914] Je höher ein Suchergebnis in der Liste platziert wird, desto wahrscheinlicher ist es, dass die Webseite geöffnet und zur Kenntnis genommen wird.[915] Zudem erfolgt die Ergebniszusammenstellung von

---

910 *BVerfGE* 27, 88 (98 f.).

911 *Holznagel/Schumacher*, in: Kloepfer 2011, 54.

912 Eine Rechtspflicht für E-Government-Angebote besteht nicht, s. auch *v. Lewinski*, RW 2011, 81. Sie könnte sich allenfalls für einzelne Bereiche aus dem Gleichbehandlungsgrundsatz ergeben, sofern die staatlichen Internetveröffentlichungen im Gegensatz zu anderen Massenmedien einen barrierefreien Informationszugang ermöglichen.

913 *Elixmann* 2012, 95 ff.; *Juraschko*, in: Lewandowski 2013, 59.

914 *Kühling/Gauß*, ZUM 2007, 883.

915 *Rath* 2005, 74 f. bezeichnet dieses Nutzungsverhalten als Primacy Effekt.

Suchmaschinen häufig nutzerspezifisch, zum Beispiel indem das über die IP-Adresse abgeleitete Wissen über den Aufenthalt des Internetnutzers berücksichtigt und die Ergebnisse entsprechend abgestimmt werden.[916] Die Anzahl der Webangebote, die ein Internetnutzer regelmäßig durch die direkte Eingabe der URL und damit unbeeinflusst von der Dienstleistung von Suchmaschinen aufsucht, ist deutlich geringer als diejenige, die er über den Weg der Suchmaschine öffnet.[917] Die Schutzpflicht des Staates könnte demnach dazu führen, dass den Suchmaschinenbetreibern gewisse Grenzen für die Erzeugung und Anzeige der Suchergebnisse auferlegt werden.

Inwieweit Art. 5 Abs. 1 Satz 1 GG die negative Informationsfreiheit gewährleistet, wird nicht einhellig beantwortet.[918] In Betracht kommt allenfalls ein Schutz vor unentrinnbar aufgedrängten staatlichen Informationen.[919] Für das Internet wird die negative Informationsfreiheit bisher vornehmlich im Kontext des Internetdienstes E-Mail diskutiert.[920] Es ist aber theoretisch vorstellbar, dass der Staat seinen Bürgern über E-Mails – vergleichbar mit Spam-Mails –Informationen zukommen lässt und auch über andere Webanwendungen, wie zum Beispiel Social Networks, oder technische Maßnahmen, wie zum Beispiel Pop-Up-Fenster oder Umleitungen auf staatliche Homepages. Von einem Aufdrängen der Informationen wird erst dann auszugehen sein, wenn objektiv kein Interesse des Bürgers an der Informationsübermittlung besteht und sich diese nicht an Einzelne richtet. Dies wäre zum Beispiel bei Unwetterwarnungen, Mitteilungen über Evakuierungsmaßnahmen wegen Bränden oder Bombenentschärfungen nicht anzunehmen. Durch das Kriterium der Unentrinnbarkeit wird diese ohnehin umstrittene Grundrechtsgewährleistung noch weiter eingeschränkt. Solange es technische Maßnahmen, wie zum Beispiel Spam-Filter und Pop-Up-Blocker gibt, durch die die aufgedrängten Informationen mit einem zumutbaren technischen Aufwand unterdrückt werden können, ist diese Voraussetzung zu verneinen. Wird durch diese Maßnahmen allerdings gleichzeitig der Zugriff auf gewünschte Informationen deutlich erschwert, verzögert oder verhindert und die Informationsauswahl beeinträchtigt, ist dies als Eingriff in die positive Informationsfreiheit zu werten.

Meinungen und Informationen, die über das soziotechnische System Internet verbreitet werden, lassen sich unproblematisch in die Schutzbereiche der Meinungs- und Informationsfreiheit einordnen. Sie führen allerdings zu erheblichen Realitätsveränderungen, die sowohl die Grundrechtswahrnehmung positiv beeinflussen als auch verschiedene technische Maßnahmen ermöglichen, die die Grundrechte beeinträchtigen können.

---

916 Zu weiteren individuellen Ranking-Kriterien s. Kap. 5.2.2.

917 S. *Stark/Magin/Jürgens*, in: Stark/Dörr/Aufenanger 2014, 46 ff. sowie die Kurzergebnisse der Studie „Die Googleisierung der Informationssuche“, *Stark/Dörr/Aufenanger* 2014, 3, http://www.ifp.uni-mainz.de/Bilder_allgemein/Suchmaschinen_Management_Summary.pdf. Beispielhaft bestätigt eine 2014 durchgeführte Umfrage der Media Group One Digital GmbH, dass von 56,24 % der Internetnutzer ihre Seite über eine Suchmaschine aufgerufen wird und nur von 29,12 % über eine direkte Eingabe der URL, „Studien – Vom Suchen und Finden“, vom 25.4.20014, http://mediagroupone.de/research/studien/detail/vom-suchen-und-finden-196/.

918 Ablehnend *AG Kiel*, MMR 2000, 53; bejahend *Fikentscher/Möllers*, NJW 1998, 1340.

919 *Degenhart,* in: Kahl/Waldhoff/Walter Bd. 2, 2006, Art. 5 Abs. 1 und 2 GG, Rn. 311; *Fikentscher/Möllers*, NJW 1998, 1340 m.w.N. Nach a.A. soll allein das allgemeine Persönlichkeitsrecht einschlägig sein, vgl. *Hoffmann-Riem*, in: Denninger/Hoffmann-Riem/Schneider/Stein 2001, Art. 5 Abs. 1, 2 GG, Rn. 109 sowie *Kimminich,* Der Staat 3 (1964), 83, in Bezug auf akustisch verbreitete Informationen, die das aus dem Persönlichkeitsrecht abgeleitete – allgemeine – Recht auf Stille beeinträchtigen; *Hellermann* 1993, 183 ff. im Zusammenhang mit hoheitlichen Meinungskundgaben, Einflussnahmen oder sogar Indoktrination.

920 *Fikentscher/Möllers*, NJW 1998, 1342 f.

6.1.1.2 Medienfreiheiten gemäß Art. 5 Abs. 1 Satz 2 GG

Erfolgt die Kommunikation durch Massenkommunikationsmittel, gewährleistet Art. 5 Abs. 1 Satz 2 GG einen die Meinungs- und Informationsfreiheit ergänzenden medienbezogenen Grundrechtsschutz. Die Medienfreiheiten werden differenziert in die Pressefreiheit und die Freiheit der Berichterstattung durch Rundfunk und Film. Die die Medienfreiheiten verbindende Eigenschaft – die Kommunikation mittels Massenmedien – liegt vor, wenn ein der Allgemeinheit zugängliches Kommunikationsmittel gewählt wird und sich die Kommunikation an eine unbestimmte Anzahl von Personen richtet.[921] Der Schutzumfang reicht bei allen drei Varianten von der Beschaffung der Informationen, über die Herstellung bis zur Verbreitung über die Kommunikationsmedien.[922] Bezogen auf die Inhalte der Kommunikation sind die Medienfreiheiten ebenso wie die Meinungs- und Informationsfreiheit wertneutral.[923] Die Inhalte, die über Presse, Rundfunk und Film verbreitet werden, müssen kein qualitatives Mindestniveau erfüllen, damit der Schutzbereich von Art. 5 Abs. 1 Satz 2 GG eröffnet ist.

6.1.1.2.1 Schutzbereich und Funktionen

Die verschiedenen Varianten der Medienfreiheit ergeben sich durch eine Auflistung unterschiedlicher Trägermedien für die Kommunikationsinhalte. Der Begriff der Presse umfasst alle zur Verbreitung geeigneten und bestimmten, einmalig oder periodisch erscheinenden Druckerzeugnisse, wie Bücher, Zeitungen oder Zeitschriften.[924] Es erfolgt ausdrücklich keine Einbeziehung inhaltlicher Kriterien,[925] sondern es wird dem formalen Pressebegriff gefolgt, der auf die Herstellungs- und Vervielfältigungsmethoden abstellt.[926] Grundlegend ist eine weite und entwicklungsoffene Begriffsbestimmung.[927] Teilweise wird die Grenze der Begriffsauslegung darin gesehen, dass ein verkörpertes Papierwerk gegeben sein muss.[928] Andere Stimmen verlangen nur das Vorliegen eines körperlichen Trägermediums.[929] Nach dem weiten Begriffsverständnis können auch Informationsträger wie Schallplatten, Videokassetten, CD-ROMs, Disketten, USB-Sticks oder vergleichbare Speichermedien vom Pressebegriff umfasst sein, sofern sie der Informationsverbreitung eines Druckwerks dienen.[930] Der subjektive Schutzbereich der Pressefreiheit umfasst alle im Pressewesen tätigen Personen und Unternehmen.[931] Hierzu gehören insbesondere Journalisten, Redakteure, Verleger, Herausgeber und auch die Mitarbeiter in der Produktion und Verwaltung eines Presseunternehmens. Nicht auf die Pressefreiheit berufen können sich die Adressaten der Pressemedien.

---

921 *Schulze-Fielitz*, in: Dreier Bd. I, 2013, Art. 5 I, II GG, Rn. 78 ff., 99; *Clemens*, in: Umbach/Clemens Bd. I, 2002, Art. 5 GG, Rn. 98a; *Holznagel*, in: Spindler/Schuster 2015, § 2 RStV, Rn. 19.

922 *BVerfGE* 20, 162 (176); 91, 125 (134); *Eifert/Hoffmann-Riem*, in: Schulte/Schröder 2011, 681.

923 *BVerfGE* 25, 296 (307); 34, 269 (283); 66, 116 (134).

924 *BVerfGE* 66, 116 (134); *Schemmer*, in: Epping/Hillgruber 2015, Art. 5 GG, Rn. 43. Ausführlich zu den einzelnen umstrittenen Aspekten der Schutzbereichsdefinition *Herzog*, in: Maunz/Dürig 2013, Art. 5 Abs. 1, 2 GG, Rn. 125 ff.

925 Für eine in den sechziger Jahren vertretene inhaltliche Einschränkung der Presse z.B. *BGH*, NJW 63, 665 (667). Ähnlich in der Tendenz z.B. auch *Schüle*, in: Schüle/Huber 1961, 23. Dagegen u.a. *Scheuner*, VVDStRL 22 (1965), 68 f.; *Herzog*, in: Maunz/Dürig 2013, Art. 5 Abs. 1, 2 GG, Rn. 128; sowie *Starck*, in: v. Mangoldt/Klein/Starck Bd. 1, 2010, Art. 5 GG, Rn. 60 unter ausdrücklichem Hinweis auf die Ungeeignetheit der in der 2. Auflage des Kommentars von *Klein*, in: Mangoldt/Klein I, 245 aufgestellten inhaltlichen Kriterien zur Begrenzung des Pressebegriffs.

926 So auch *Jarass* 1978, 195 f. m.w.N.

927 *BVerfGE* 66, 116 (134); *Bethge*, in: Sachs 2014, Art. 5 GG, Rn. 68.

928 *V. Lewinski*, RW 2011, 85; *Herzog*, in: Maunz/Dürig 2013, Art. 5 Abs. 1, 2 GG, Rn. 132.

929 *Degenhart*, in: Kahl/Waldhoff/Walter Bd. 2, 2006, Art. 5 Abs. 1 und 2 GG, Rn. 370; *Bullinger*, Isensee/Kirchhof Bd. VII, 2009, § 163, Rn. 2, 5 wohl auch *Jarass*, in: Jarass/Pieroth 2014, Art. 5 GG, Rn. 48, 111.

930 *Clemens*, in: Umbach/Clemens Bd. I, 2002, Art. 5 GG, Rn. 69b.

931 *BVerfGE* 20, 162 (175).

Der Rundfunkfreiheit sind entgegen dem umgangssprachlichen Verständnis der Hörrundfunk und das Fernsehen zugeordnet.[932] Rundfunk ist jede an eine unbestimmte Anzahl von Personen gerichtete Übermittlung von Gedankeninhalten durch physikalische, insbesondere elektromagnetische Wellen.[933] Es spielt keine Rolle, ob die Übermittlung drahtlos oder über Leitungen erfolgt, so dass sowohl der Kabelhörfunk und das Kabelfernsehen als auch Satelliten-übertragungen von Hörfunk und Fernsehen umfasst sind. Die Unterscheidung zwischen Rundfunk und Fernsehen basiert allein auf den unterschiedlichen Darstellungsformen der Informationen, die technisch bedingt sind. Beim Hörrundfunk erfolgt die Informationsübermittlung ausschließlich auf akustischem Weg und beim Fernsehen ergänzend auf visuellem Weg.[934] Art. 5 Abs. 1 Satz 2, 2. Halbsatz GG weist eine vom 1. Halbsatz abweichende Formulierung auf. Im Unterschied zur Pressefreiheit wird nicht ausdrücklich die Rundfunk- und Filmfreiheit gewährleistet, sondern die Berichterstattung durch diese beiden Medien. Trotz dieses Wortlauts werden Rundfunk und Film nicht nur in Bezug auf die Berichterstattung im Sinne einer dokumentarischen Darstellung geschützt,[935] sondern jede Vermittlung von Informationen und Meinungen ist umfasst.[936] Zu einer Einschränkung des Schutzbereichs auf bestimmte Teile des Programmes und gegenüber demjenigen der Pressefreiheit soll diese Formulierung nicht führen.[937] Es sind aber nur die redaktionellen Tätigkeiten[938] und nicht die rein fernmeldetechnische Umsetzung umfasst.[939] Individualrechtlich schützt die Rundfunkfreiheit insbesondere die Freiheit der Programmgestaltung[940] und der Aussagebestimmung.[941] Innerhalb dieser Grenzen ist der subjektive Schutzbereich entsprechend derjenigen der Pressefreiheit auf die Seite des Kommunikators von Rundfunk und Fernsehen ausgerichtet. Das Grundrecht steht allen natürlichen und juristischen Personen zu, die Rundfunkprogramme veranstalten oder veranstalten wollen und sich um die erforderliche Rundfunklizenz bewerben unabhängig von einer öffentlich-rechtlichen oder privatrechtlichen Rechtsform sowie der kommerziellen oder gemeinnützigen Betätigung.[942] Die Rundfunkteilnehmer, das heißt die Empfänger des Rundfunks, sind keine Träger der Rundfunkfreiheit.[943]

Angelehnt an die Definition des Rundfunks gewährleistet die Filmfreiheit die Übermittlung von Gedankeninhalten durch Bilderreihen, die zur Projektion bestimmt sind.[944] In der Praxis weist die Filmfreiheit gegenüber den anderen Medienfreiheiten die geringste Bedeutung auf, wie sich an der bisher sehr geringen Anzahl diesbezüglicher bundesverfassungsgerichtlicher Entscheidungen ersehen lässt.[945] Es können sich all diejenigen Personen auf die Filmfreiheit berufen, die die von ihr geschützten Tätigkeiten von der Herstellung bis zur Verbreitung des Films ausüben. Einen Grundrechtsschutz für die Zuschauer der Filmvorführungen gewährt die Filmfreiheit nicht.

---

932 *BVerfGE* 12, 205 (226); 31, 314 (315).

933 *Herzog*, in: Maunz/Dürig 2013, Art. 5 Abs. 1, 2 GG, Rn. 194 f.; *Hoffmann-Riem*, in: Denninger/Hoffmann-Riem/Schneider/Stein Bd. 1, 2001, Art. 5 Abs. 1, 2 GG, Rn. 145.

934 *BVerfGE* 12, 205 (226, 260); vgl. seither auch *BVerfGE* 57, 295 (318 ff.).

935 *BVerfGE* 35, 202 (222).

936 *BVerfGE* 57, 295 (319).

937 *Hain* 1993, 34; *Schmidt*, in: Erfurter Kommentar 2015, Art. 5 GG, Rn. 91; a.A. bezüglich eines Unterschieds zur Pressefreiheit mit Verweis auf die Materialien zur Entstehung des Grundgesetzes *Herrmann* 1975, 53 ff.

938 *Bruns*, RdA 2008, 137; *Jarass*, AfP 1998, 135.

939 *BVerfGE* 12, 205 (263).

940 *BVerfGE* 59, 231 (258); 87, 181 (201); 90, 60 (87); 114, 371 (389); *Hoffmann-Riem* 2002, Art. 5 Abs. 1, 2 GG, Rn. 219; *Degenhart*, in: Kahl/Waldhoff/Walter Bd. 2, 2006, Art. 5 Abs. 1 und 2 GG, Rn. 670 f., 733.

941 *Herrmann* 1975, 48.

942 *BVerfGE* 59, 231 (258); 90, 60 (87); 95, 220 (234); 97, 298 (311 f.).

943 *BVerfG*, NJW 1990, 311; *Degenhart*, BayVBl. 1986, 581; *Müßig* 2006, 129 f., diese werden aber durch die Informationsfreiheit gemäß Art. 5 Abs. 1 Satz 1 GG geschützt.

944 *Herzog*, in: Maunz/Dürig 2013, Art. 5 Abs. 1, 2 GG, Rn. 198.

945 *BVerfGE* 87, 209; 33, 52 (65 ff.).

Ursprünglich konnten die Medienfreiheiten relativ klar gegeneinander abgegrenzt werden. Die Pressefreiheit bezieht sich nur auf Druckerzeugnisse. Es ist daher immer eine Verkörperung der zu übermittelnden in Schrift und Bild gedruckten Informationen erforderlich. Die Verkörperung als Voraussetzung des Grundrechtsschutzes entfällt gänzlich bei der Rundfunkfreiheit, die sich durch den Einsatz der Übertragungstechnik auszeichnet. Bei der Filmfreiheit liegt eine Verkörperung der auditiven und visuellen Informationen in Form der Bild- und Tonträgern vor.[946] Die grundgesetzliche Gewährleistung der Rundfunkfreiheit basierte zunächst wesentlich auf der technischen Sondersituation der Knappheit der Frequenzen, die für die Übermittlung von Hörfunk oder Fernsehen zwingend erforderlich sind, und den im Vergleich zu Druckwerken hohen finanziellen Aufwand für die Produktion von Sendungen.[947] Die Knappheit der Frequenzen besteht allerdings seit der Einführung von Kabel-, Satelliten- und Digitalrundfunk nicht mehr.[948] Die Abgrenzung zur Filmfreiheit liegt neben der Verkörperung der Filme darin begründet, dass Hörfunk- und Fernsehsendung einerseits programmgebunden ausgestrahlt, andererseits ortsunabhängig empfangen werden können, wohingegen Filme grundsätzlich zur Vorführung an einer der Öffentlichkeit zugänglichen Örtlichkeit projiziert werden.[949]

Ebenso wie die Meinungs- und Informationsfreiheit weisen die Presse-, Rundfunk- und Filmfreiheit sowohl eine individual-rechtliche Komponente zum Schutz der freien Persönlichkeitsentfaltung des Einzelnen als auch eine kollektiv-rechtliche Komponente auf. Der Individualrechtsschutz dient dem Interesse der Presse-, Rundfunk- und Filmschaffenden, sich dieser Medien zur Verbreitung von Informationen zu bedienen. Die kollektiv-rechtliche Bedeutung der Presse wird durch die plakative Bezeichnung als „vierte Gewalt“ im Staat verdeutlicht.[950] Sie wirkt quasi als Sprachrohr zwischen Staat und Bürger. Einerseits kontrolliert sie für den Bürger die Staatsgewalt und informiert diesen ausführlich, weitgehend objektiv – oder doch zumindest aufgrund der Medienvielfalt geeignet, einen objektivierbaren Gesamteindruck vermittelt zu bekommen – und auch staatskritisch über die staatlichen Tätigkeiten. Sie leistet als Garant eines pluralistischen Meinungsmarkts einen wesentlichen Beitrag für die öffentliche Meinungsbildung. Anderseits wird durch die Presse auch die Vielfalt der bestehenden Meinungen der Bürger gebündelt und wiedergegeben. Schließlich bildet, vertritt und veröffentlicht die Presse auch selbst Meinungen. Hierdurch ermöglicht sie den staatlichen Organen, die öffentliche Meinung zu erfassen, um diese gegebenenfalls bei politischen Entscheidungen zu berücksichtigen.

Die Medienfreiheiten übernehmen mehrere Grundrechtsfunktionen. Zunächst stellen sie ein klassisches Abwehrrecht der Presse-, Rundfunk- und Filmschaffenden gegenüber dem Staat dar.[951] Die Abwehrfunktion weist insbesondere in Bezug auf die Pressefreiheit eine fundamentale Bedeutung auf. Sie gewährleistet, dass jegliche die geschützten Pressetätigkeiten

---

946 *Schemmer*, in: Epping/Hillgruber 2015, Art. 5 GG, Rn. 90.

947 Umfassend zu dieser „Sondersituation“ sowie deren Entwicklung *Hain* 1993, 46.

948 *Degenhart*, BayVBl. 1986, 578; *Roßnagel/Strothmann* 2004, 21. Die Frequenzregulierung ist weiterhin notwendig, um für die ständig gewachsene Nachfrage nach funkgestützten Anwendungen sowohl die jeweils geeigneten Frequenzen zur Verfügung zu stellen als auch die für die Funktionsfähigkeit erforderliche Frequenzverteilung vorzunehmen, die gleichzeitig der Sicherstellung eines chancengleichen Wettbewerbs und für die Förderung nachhaltig wettbewerbsorientierter Märkte die zur Störungsvermeidung erforderliche Frequenzverteilung dient.

949 Falls die erstellten Filme an einen unbestimmten Personenkreis gerichtet sind, es sich also um ein Massenmedium handelt, kann auf die Vorführung in der Öffentlichkeit verzichtet werden, *Jarass*, in: Jarass/Pieroth 2014, Art. 5 GG, Rn 61; *Hoffmann-Riem*, in: Stein/Denninger/Hoffmann-Riem Bd. 1, 2001, Art. 5 Abs. 1, 2 GG, Rn 145; a.A. *Starck*, in: v. Mangoldt/Klein/Starck, Bd. 1, 2010, Art. 5 GG, Rn. 167 f.

950 S. *Marcic*, JBl 1955, 194; *Löffler* 1969, Kap. 1, Rn. 57 ff.; *Schüle*, in: Schüle/Huber 1961, 24 f. bezeichnet diese Formulierung als „extreme Meinung“, die nur als Metapher gemeint sein könne, da Presse und Journalisten keine staatlichen Aufgaben wahrnehmen und nicht im öffentlichen Dienst stehen würden.

951 *Herzog*, in: Maunz/Dürig 2013, Art. 5 Abs. 1, 2 GG, Rn. 62.

hindernden oder unterbindenden Eingriffe des Staates unterbleiben.[952] Eine Leistungsfunktion kommt der Pressefreiheit dagegen nicht zu. Art. 5 Abs. 1 Satz 2 GG begründet weder die Verpflichtung öffentlicher Organe, die Presse über staatliche Vorgänge zu informieren noch einen einklagbaren Anspruch der Presse gegen die öffentlichen Organe auf Information.[953] Der Staat ist auch nicht gehalten, die Presse zum Beispiel durch Subventionen finanziell zu unterstützen[954] und somit den Bestand einzelner Presseunternehmen zu gewährleisten. Allerdings weist die Pressefreiheit neben der Funktion des Abwehrrechts im klassischen Sinne, den Charakter einer objektiven Grundsatznorm für das Pressewesen auf.[955] Diese entfaltet insbesondere in Bezug auf eine (freiwillige) staatliche Presseförderung seine Bedeutung. Sofern der Staat die Presse subventioniert, muss er sich jeglicher Einflussnahme auf Inhalt und Gestaltung einzelner Presseerzeugnisse enthalten und es dürfen keine Verzerrungen des publizistischen Wettbewerbs verursacht werden.[956] Insofern begründet Art. 5 Abs. 1 Satz 2 GG auch gegen den Staat einen Anspruch auf Gleichbehandlung im publizistischen Wettbewerb.[957]

Die Abwehrfunktion der Rundfunkfreiheit schützt bereits die Bewerber um eine Rundfunklizenz. Ihnen steht aufgrund von Art. 5 Abs. 1 Satz 2 GG ein Anspruch auf Zulassung zu Rundfunk und Fernsehen zu. Dieser gegen den Staat gerichtete Anspruch ist aus zwei Gründen notwendig, die in der historisch gewachsenen tatsächlichen und rechtlichen Organisations- und Lebensform des Rundfunks begründet liegen. Zum einen war die Möglichkeit des Zugangs zum Rundfunk aufgrund der Knappheit verfügbarer Übertragungsfrequenzen und der Notwendigkeit einer eindeutigen Frequenzzuordnung aufgrund der physikalischen Eigenschaften der Wellenausbreitung begrenzt. Das Problem der Frequenzknappheit ist durch die technische Entwicklung stark gemindert worden, so dass das in Deutschland ursprünglich vorhandene rein öffentlich-rechtliche Rundfunkangebot durch den Privatrundfunk ergänzt werden konnte. Die nun vorhandene dualistische Rundfunkordnung[958] erübrigt aber dennoch nicht die für eine effiziente und störungsfreie Nutzung der Frequenzen erforderliche Frequenzregulierung. Diese Aufgabe liegt in Deutschland in staatlicher Hand, so dass sich aus Art. 5 Abs. 1 Satz 2 GG ein grundsätzlicher Anspruch auf Zuweisung einer Frequenz gegen den Staat ergibt, die durch die Regulierungsbehörde wahrgenommen wird.[959]

Aufgrund der Bedeutung, die dem Rundfunk für die öffentliche Meinungsbildung als Grundvoraussetzung einer freiheitlich demokratischen Grundordnung als dienendes Grundrecht zukommt, weist die Rundfunkfreiheit eine ausgeprägte Schutzfunktion auf.[960] Das Bundesverfassungsgericht sieht den Staat als verpflichtet an, eine positive Ordnung des Rundfunks zu gewährleisten.[961] Durch diese ist sicherzustellen, dass die Vielfalt der Meinungen in umfassender Weise im Rundfunk zum Ausdruck kommen kann. In Zeiten des monopolistischen öffentlich-rechtlichen Rundfunks folgte hieraus die Pflicht der öffentlichen-rechtlichen Rundfunkanstalten zum Binnenpluralismus; das bedeutet, sie haben jeweils für die Vielfalt

---

952 *Herzog*, in: Maunz/Dürig 2013, Art. 5 Abs. 1, 2 GG, Rn. 136 ff.

953 So schon *Ridder*, in: Naumann/Nipperdey/Scheuner 1968, 276; ferner u.a. *Starck*, in: v. Mangoldt/Klein/Starck Bd. 1, 2010, Art. 5 GG, Rn. 77 ff.; *Scheuner*, VVDStRL 22 (1965), 78. Das Bundesverfassungsgericht spricht allerdings von Auskunftspflichten öffentlicher Behörden, ohne dies weiter zu konkretisieren und scheint daher eine neue Grundtendenz einzuschlagen, *BVerfGE* 20, 162 (176).

954 *BVerfGE* 20, 162 (175); 80, 124 (133).

955 *BVerfGE* 20, 162 (177 f.).

956 *BVerfGE* 80, 124 (133).

957 *BVerfGE* 80, 124 (133 f.). S. ausführlich Kap. 6.1.1.3.

958 Das duale Rundfunksystem besteht aus öffentlich-rechtlichen Rundfunkanstalten, die binnenpluralistisch organisiert und gebührenfinanziert sind, und privat-rechtlichen Rundfunkanstalten, die außenpluralistisch organisiert und werbefinanziert sind.

959 Gemäß § 55 Abs. 2 TKG erfolgt die Frequenzzuteilung in Deutschland durch die Bundesnetzagentur.

960 *Schmidt*, in: Erfurter Kommentar 2015, Art. 5 GG, Rn. 97.

961 *BVerfGE* 57, 295 (320); 74, 297 (323 f.); 83, 238, (296); 87, 181 (197).

und Ausgewogenheit ihres Programms zu sorgen.[962] Seitdem der Staat eine duale Rundfunkordnung eingeführt hat, erfolgte durch das Bundesverfassungsgericht die Klarstellung, dass die gleichgewichtige Vielfalt in der Berichterstattung im Ergebnis durch das Gesamtangebot aller Veranstalter – der Öffentlich-rechtlichen und der Privaten – erfüllt wird.[963] Der Pluralismus als Prinzip der Rundfunkordnung kann somit grundsätzlich durch einen Außen- oder einen Binnenpluralismus gewährleistet sein. Binnenpluralismus erfordert, dass das Gesamtprogramm eines jeden Veranstalters ausgewogen sein muss. Die Vielfalt der Meinungsrichtungen spiegelt sich in der Zusammensetzung der Kontrollräte innerhalb eines Rundfunkveranstalters wider. Im Unterschied dazu wird beim außenpluralistischen Modell die Meinungsvielfalt durch eine ausgewogene Vielfalt aller Sender gewährleistet.[964] Die Landesmedienanstalten haben durch geeignete Auswahl der Veranstalter dafür Sorge zu tragen, dass das Gesamtangebot der inländischen Programme der bestehenden Meinungsvielfalt entspricht. Die einzelnen Sender müssen allerdings auch in diesem Fall ein Mindestmaß an Sachlichkeit und gegenseitiger Achtung gewährleisten.

Schließlich drückt sich die „Leistungsfunktion“[965] der Rundfunkfreiheit in der verfassungsrechtlich geforderten Grundversorgung der Bevölkerung aus.[966] Die Grundversorgung muss inhaltlich gewährleisten, dass der klassische Rundfunkauftrag erfüllt wird. Dieser umfasst neben der Meinungs- und politischen Willensbildung auch die Unterhaltung, laufende Berichterstattung und insgesamt die kulturelle Verantwortung.[967] Technisch umfasst die Grundversorgung, dass die Ausstrahlung der Programme für alle empfangbar erfolgen muss.[968] Im dualen Rundfunksystem, für das sich der Gesetzgeber entschieden hat, obliegt die Erfüllung der Grundversorgung den öffentlich-rechtlichen Rundfunkanstalten.[969] Daher muss der Staat die technischen, organisatorischen, personellen und finanziellen Vorbedingungen zu ihrer Erfüllung sicherstellen.[970] Wichtigste Säule ist hierbei die Finanzierung der öffentlich-rechtlichen Rundfunkanstalten durch gesetzlich vorgeschriebene Rundfunkgebühren, den sogenannten Finanzgewährleistungsanspruch.[971] Denn die alleinige finanzielle Abhängigkeit von Einschaltquoten und Werbeeinnahmen, wie sie bei den privaten Rundfunkbetreibern vorherrscht, führt zu programm- und vielfaltsverengenden Zwängen, die der Gewährleistung der Grundversorgung entgegenstehen.[972] Der verfassungsrechtliche Anspruch der öffentlich-rechtlichen Rundfunkanstalten beschränkt sich allerdings darauf, dass die Finanzierung ihrer Tätigkeit überhaupt gesichert ist.[973] Ob dies durch Rundfunkgebühren oder durch eine alternative Finanzierungsform und in welcher konkreten Höhe dies geschieht, obliegt dem Gesetzgeber, solange die Finanzierung im funktionsnotwendigen Umfang erfolgt.[974]

---

962 *BVerfGE* 12, 205 (261 f.).

963 *BVerfGE* 83, 238 (297).

964 *BVerfGE* 57, 295 (320); *Ricker,* NJW 1981, 1926 ff.; *Schmidt,* NJW 1986, 1796.

965 Die Leistungsfunktion unterscheidet sich bei der Rundfunkfreiheit von der klassischen Konstruktion. Der Staat ist verpflichtet, Leistungen für den Bürger bereitzustellen, die eine Grundrechtsausübung erst ermöglichen. Diese Aufgabe übernehmen bei der gewählten dualen Rundfunkordnung die öffentlich-rechtlichen Rundfunkanstalten. Der Staat finanziert sie aber nicht unmittelbar, so wie es z.B. bei Universitäten der Fall ist, sondern normiert nur einen gesetzlichen Anspruch gegen die Bürger auf Zahlung von Rundfunkgebühren. Die „Leistung“ an den Grundrechtsinhaber folgt daher nicht durch den Staat, sondern durch die Konsumenten des Rundfunks.

966 *BVerfGE* 87, 181 (198).

967 *BVerfGE* 73, 118 (158); 74, 297 (324).

968 *BVerfGE* 74, 297 (325 f.).

969 *BVerfGE* 73, 118 (156 ff.) sowie *Roßnagel/Strothmann* 2004, 22.

970 *BVerfGE* 73, 118 (158); 83, 238 (298).

971 *BVerfGE* 90, 60 (90).

972 *BVerfGE* 83, 238 (311).

973 *BVerfGE* 74, 297 (342).

974 *BVerfGE* 87, 181 (197).

6.1.1.2.2 Bedeutung für das Internet

Die Verwirklichungsbedingungen insbesondere für Presse und Rundfunk haben sich durch das Internet und die Internetdienste stark verändert. Technisch bietet das Internet grundsätzlich die Möglichkeit, mit wenig Aufwand und Kosten Informationen einer unbeschränkten Anzahl von Personen zugänglich zu machen. Diese Infrastruktur können sich Presseunternehmen sowie Rundfunk- und Fernsehanstalten, aber auch die Filmindustrie zunutze machen.

Über die eigenen Homepages verbreiten öffentlich-rechtliche Rundfunkanstalten und private Rundfunkunternehmen nicht nur Informationen, zum Beispiel zum Programmablauf, sondern sie stellen auch die ausgestrahlten Programme selbst zum Abruf zur Verfügung. Die Rundfunkbetreiber bieten im Internet sowohl Mediatheken mit in der Vergangenheit ausgestrahlten Sendungen zum zeitversetzten Download (On-Demand – sogenanntes Web-Casting) als auch die zeitgleiche Sendeübertragung als Livestream an. Das Internet ist vor allem ein weiterer technischer Übertragungsweg, um die Programme an ein disperses Publikum zu verbreiten.[975] Das internetbasierte Angebot von Hörfunksendungen stellt dabei deutlich geringere Anforderungen an die Übertragungskapazitäten des Internet als die Übertragung von Fernsehprogrammen. Web-TV und IP-TV unterscheiden sich (noch) deutlich hinsichtlich der Stabilität der Übertragung von der Übermittlung mittels Satelliten-, Kabeltechnik oder Terrestrik.[976] Der Zuschauer benötigt einen tauglichen Internetzugang,[977] der die notwendige Bandbreite und Ausfallsicherheit aufweist.

Presseunternehmen können ebenfalls mehrfachen Nutzen aus dem Internet ziehen. Auch sie stellen in bereits erschienenen Druckwerken veröffentlichte Beiträge im Internet ganz oder teilweise zur Verfügung. Sie können so zwar nicht die Auflagenstärke unmittelbar erhöhen, aber dennoch einen höheren Verbreitungs- und Bekanntheitsgrad erzielen und dadurch in größerem Maße auf die Meinungsbildung Einfluss nehmen. Parallel nutzen Presseunternehmen den Vorteil der sehr hohen Verbreitungsgeschwindigkeit von Informationen über das Internet für ihre Zwecke und können das der Presse immanente Charakteristikum der Aktualität erheblich steigern. Aufgrund der Produktionsdauer der Presse war bisher das tägliche Erscheinen der Tageszeitungen das zeitlich kürzeste Intervall, das realisierbar war. Pressemeldungen für das Internet müssen zwar auch noch geschrieben werden, aber der Druckprozess entfällt, so dass sie mittlerweile über Newsticker stündlich oder sogar in Minutenabständen verbreitet werden können. Hierdurch verändert sich vor allem das Konkurrenzverhältnis der Presse zum Rundfunk und Fernsehen in Bezug auf die Verbreitung von Nachrichten. Rundfunk und Fernsehen konnten immer schon viel zeitnäher oder sogar live von aktuellen Ereignissen berichten. Bestimmte Informationsbereiche, wie zum Beispiel Liveberichterstattungen von Wahlen und Sportereignissen, Verkehrsmeldungen, Unwetter- oder Verbraucherwarnungen, fielen damit überwiegend dem Rundfunk zu. Mittels der Übertragungstechnik Internet ist es nun den Presseunternehmen ebenfalls möglich, derartige Informationsbereiche abzudecken.

Die Auswirkungen des Internet auf das Grundrecht der Presse- und Rundfunkfreiheit gehen jedoch deutlich weiter, als nur ein zusätzlicher Übertragungsweg und Kommunikationskanal für schon außerhalb des Internet bestehende Presse- und Rundfunkangebote zu sein. Aufgrund der (ursprünglich bestehenden) technischen und auch finanziellen Zugangsbarrieren herrschte an Informationsangeboten, die auf die breite Masse ausgerichtet waren, in der Vergangenheit eher Mangel als Überfluss. Darauf begründet sich insbesondere die Existenz und

---

975 S. z.B. *Ory*, AfP 2010, 22.

976 Web-TV und IPTV sind IP-basiert. Beim Web-TV erfolgt die Übertragung von Fernsehinhalten über ein offenes, bei IPTV über ein geschlossenes Netzwerk. Von beiden ist das Hybrid-TV zu unterscheiden, bei dem die Konvergenz auf der Hardwareebene erfolgt, indem ein Fernsehgerät um einen integrierten Onlineanschluss und Chipsätze ergänzt wird. S. hierzu *Boos* 2012, 9 f.

977 Es wird mindestens eine 16.000 DSL- oder VDSL-Leitung benötigt; beides ist aktuell in Deutschland noch nicht flächendeckend verfügbar.

verfassungsrechtliche Gewährleistung des öffentlich-rechtlichen Rundfunks. Mit dem Massenkommunikationsmittel Internet, das eine von jedem nutzbare Technik darstellt und zudem keinen hohen Produktionskosten unterliegt, haben sich neue Multimediaangebote und -unternehmen entwickelt, die die Informationsangebote ausschließlich über das Internet zur Verfügung stellen.[978] Gleichzeitig hat sich die Anzahl der Kommunikatoren deutlich erhöht.[979]

Auf das Grundrecht der Filmfreiheit haben das Internet und seine Dienste sehr geringe Auswirkungen. Die Herstellung von Filmen wird durch das Internet kaum beeinflusst.[980] Die Filmindustrie kann das Internet zwar einsetzen, um die Verbreitung des Films zu fördern, zum Beispiel durch Werbung, die Abrufbarkeit von Filmtrailern, die Online-Buchung von Kinokarten oder den Online-Verkauf der Datenträger oder zum elektronischen Download. Die Verwirklichung des Kerns der Filmfreiheit, das Vorführen des Films, wird aber nicht durch das Internet beeinflusst. Dies liegt darin begründet, dass der Schutzbereich der Filmfreiheit nur eröffnet ist, wenn ein Bildträger dazu bestimmt ist, für eine an einem bestimmten Ort befindliche Öffentlichkeit abgespielt zu werden.[981] Mittels der Übertragungstechnik Internet können zwar verbundene Bewegtbilder und Töne der Öffentlichkeit zur Kenntnis gebracht werden. Allerdings liegt ihr technischer Vorteil gerade darin, dass dies für eine verstreute Öffentlichkeit realisierbar ist, die sich gerade nicht an einem einheitlichen geografischen Ort befindet. Entsprechend wird die Verbreitung eines Films an ein disperses Publikum der Rundfunkfreiheit und nicht der Filmfreiheit zugeordnet.[982]

Welche Wirkungen entfalten die Grundrechtsfunktionen von Art. 5 Abs. 1 Satz 2 GG in Bezug auf Massenmedien im Internet – oder Internetmassenmedien? Diese Frage kann nur beantwortet werden, wenn vorab festgestellt werden kann, dass das Internet, Internetdienste und Webanwendungen überhaupt dem Schutzbereich der Medienfreiheiten zugeordnet werden können. Hierfür ist eine differenzierte Einordnung in das Gesamtkonzept der Kommunikationsgrundrechte erforderlich. Wie bereits festgestellt, sind die Medienfreiheiten gegenüber der Meinungs- und Informationsfreiheit spezifische Grundrechte, die durch das Kriterium der Massen- oder Individualkommunikation voneinander abgegrenzt werden. Ergänzend ist eine konkrete Einordnung des Internet, der Internetdienste und Webanwendungen zu den verschiedenen durch Art. 5 Abs. 1 Satz 2 GG gewährleisteten Medienfreiheiten erforderlich.

6.1.1.2.2.1 Internetspezifische Abgrenzung der Kommunikationsfreiheiten

Art. 5 Abs. 1 GG gewährleistet die Kommunikationsfreiheit zwischen den Menschen. Die Abgrenzung zwischen Art. 5 Abs. 1 Satz 1 und Art. 5 Abs. 1 Satz 2 GG erfolgt ausschließlich über das Merkmal der Individual- oder Massenkommunikation. Es ist bereits vielfach versucht worden, die „Internetkommunikation" den Begriffsgegensätzen Individual- oder Massenkommunikation zuzuordnen[983] bis hin zu Neukreationen der „individuellen Massenkommunikation" oder der „massenhaften Individualkommunikation".[984]

---

978 *Münker* 2009, 17 f. bezeichnet insbesondere das Web 2.0 als auch inhaltlich multidirektional und Read-Write-Kultur.

979 *Neuhoff*, ZUM 2012, 371.

980 Es gibt erste Versuche, die Internetgemeinschaft in die Filmproduktion einzubeziehen, *Lehtiniemi*, „Riesenvorhaben Iron Sky auf der Zielgeraden", Nachrichten Botschaft von Finnland in Berlin vom 20.5.2011, http://www.finnland.de/Public/default.aspx?contentid=221164&nodeid=37052&culture=de-DE.

981 *Schulze-Fielitz*, in: Dreier Bd. I, 2013, Art. 5 I, II GG, Rn. 111 m.w.N.

982 *Jarass*, in: Jarass/Pieroth 2014, Art. 5 GG, Rn. 61; *Hoffmann-Riem*, in: Denninger/Hoffmann-Riem/Schneider/Stein 2001, Art. 5 Abs. 1, 2 GG, Rn. 145; *Erdemir* 2000, 18 ff.

983 S. nur die ersten Beiträge hierzu *Mecklenburg*, ZUM 1997, 527 f.; *Michel*, ZUM 1998, 350 ff.

984 S. v. *Arnauld* 2006, 192; ähnlich *Heming* 1997, 223 ff., der diese Formulierungen nicht verwendet, aber ihren Inhalt abstrakt beschreibt und *Hasse/Wehner*, in: Becker 1997, 61 f. *Kall* 2011, 27 verwirft beide

Art. 5 Abs. 1 Satz 2 GG beinhaltet grundsätzlich einen umfassenden Schutz der Massenkommunikation. Darunter wird in der Rechtswissenschaft jede Form der Kommunikation verstanden, bei der geistige, optische und akustische Gehalte durch distanzüberwindende Mittel an eine Vielzahl von Personen gerichtet verbreitet werden.[985] Diese Definition enthält drei Eigenschaften, die allen Massenmedien gemeinsam sind. Die Verbreitung geistiger, optischer und akustischer Gehalte stellt keine inhaltlich-qualitative Anforderung dar, sondern bildet den Gegensatz zur Verbreitung körperlicher Gegenstände. Während Rundfunk- und Fernsehprogramme per se keine Verkörperung aufweisen, manifestiert sich der Wert von Presse- und Filmprodukten in seinem Inhalt und nicht in dem Papier oder der DVD, die als Trägermedium der Informationen verwendet werden. Gleichwohl dient das Merkmal der Verkörperung als Abgrenzungskriterium zwischen Presse- und Filmfreiheit zur Rundfunkfreiheit.[986] Inhalte, die über das Internet verbreitet werden, sind nicht verkörpert, so dass das erste Definitionsmerkmal der Massenmedien erfüllt ist. Zweitens sind distanzüberwindende Mittel einzusetzen. Die Datenübertragung über das technische Medium Internet kann gleichermaßen der Überbrückung der zeitlichen und räumlichen – sogar weltumspannend – Distanz der Kommunikationspartner dienen. Es gibt zahlreiche Webangebote, die sich gerade die sehr kurze Übermittlungsdauer zunutze machen, die nahezu eine Echtzeit-Kommunikation zulässt.[987] Das Internet ermöglicht drittens, Inhalte an eine verstreute, inhomogene und unstrukturierte Gruppe von Rezipienten zu vermitteln. Allerdings verfolgen nicht alle Internetdienste das Ziel einer öffentlichen Kommunikation.[988] Beispielsweise E-Mail und Internettelefonie dienen der individuellen Kommunikation einer begrenzten Anzahl von Kommunikationspartnern,[989] die über die Adressierung der Informationen oder die Verbindungsherstellung gezielt in die Kommunikation einbezogen werden müssen. Die Angebote des Web sind dagegen grundsätzlich jedem zugänglich. Einordnungsprobleme ergeben sich zum Beispiel für Intranets oder Webangebote, für die eine Zugangsberechtigung erforderlich ist, zum Beispiel durch eine Anmeldung oder sofern bei Social Network-Plattformen Informationen nur bestimmten Plattformnutzer zugänglich sind. Nicht alle Internetdienste sind demnach als Massenkommunikation zu qualifizieren, aber grundsätzlich das Internet als Massenkommunikationsmittel und der Internetdienst Web. Über das Internet erfolgende Individualkommunikation ist ausschließlich durch die Meinungs- und Informationsfreiheit gemäß Art. 5 Abs. 1 Satz 1 GG geschützt.[990]

In den Kommunikationswissenschaften wird die Massenkommunikation als jede Form der Kommunikation definiert, die Aussagen öffentlich durch technische Verbreitungsmittel indirekt und einseitig an ein disperses Publikum vermittelt.[991] Diese Definition enthält fünf Eigenschaften, die allen Massenmedien gemeinsam sind. Vier dieser Eigenschaften werden durch den Internetdienst Web erfüllt. Aussagen, die über diesen verbreitet werden, erfolgen erstens ohne begrenzte und personell definierte Empfänger, werden zweitens über das technische Medium Internet, drittens zur Überbrückung der räumlichen, zeitlichen oder räumlich

Formulierungen für das „Internet als hybrides Plattformmedium als unpassend sowie ausführlich *Koreng* 2010, 60 ff.

985 Zur Massenkommunikation s. *Degenhart,* in: Kahl/Waldhoff/Walter Bd. 2, 2006, Art. 5 Abs. 1 und 2, Rn. 20; *Hoffmann-Riem*, in: Denninger/Hoffmann-Riem/Schneider/Stein Bd. 1, 2001, Art. 5 Abs. 1, 2 GG, Rn. 123, 135 f., 145.

986 S. hierzu ausführlich Kap. 6.1.1.2.2.2.

987 Eines der bekanntesten Beispiele ist der Twitter-Dienst.

988 *Kall* 2011, 72.

989 *Schemmer*, in: Epping/Hillgruber 2015, Art. 5 I GG, Rn. 68; *Herzog*, in: Maunz/Dürig 2013, Art. 5 Abs., 1, 2 GG, Rn. 194 f.; *Bethge*, in: Sachs 2014, Art. 5 GG, Rn. 90b sowie *Holznagel*, AfP 2011, 534, der das Internet als Hybrid-Medium bezeichnet.

990 *Papier* 2010, 7.

991 *Maletzke* 1963, 32 sowie zur ausführlichen Herleitung der Definition 13 ff.; *ders.* 1998, 45 f. S. auch *Holznagel/Schumacher*, MIND 2011, 15.

und zeitlichen Distanz zwischen den Kommunikationspartnern übertragen und viertens an eine verstreute, inhomogene und unstrukturierte Gruppe von Rezipienten vermittelt. Lediglich die fünfte Eigenschaft, die Einseitigkeit, die einen Wechsel zwischen dem Aussagenden und dem Empfänger ausschließt, ist bei Internetdiensten – spätestens seit der Verbreitung von Web 2.0 – faktisch nicht gegeben.

Fraglich ist allerdings, ob dieses kommunikationswissenschaftliche Definitionsmerkmal der Massenkommunikation für den Grundrechtsschutz relevant ist. Sowohl die Printmedien als auch Rundfunk sind faktisch einseitige, asymmetrische Medien und keine Dialogmedien. Interaktives Fernsehen in dem Sinne, dass es die Einseitigkeit der Kommunikation aufhebt, kann technisch (bisher) nur über einen zusätzlichen Rückkanal, wie zum Beispiel Telefon, SMS oder Webseiten realisiert werden. Eine unmittelbare zweiseitige Kommunikation lässt weder der Rundfunk noch die Presse zu. Es besteht dennoch Einigkeit darüber, dass die Möglichkeit der Many-to-Many-Kommunikation im Internet der Subsumtion unter den verfassungsrechtlichen Begriff Massenkommunikationsmedien, die bisher One-to-Many erfolgte, dem nicht entgegensteht.[992] Die einseitige Informationsverbreitung durch Rundfunk und Presse wird durch das Internet lediglich um die Option ergänzt, auf dem gleichen technischen Übertragungsweg eine Reaktion des Publikums zu erhalten. Dieser Mehrwert kann nicht zu einer grundsätzlichen Einschränkung des durch Art. 5 Abs. 1 Satz 2 GG gewährleisteten Schutzes der Massenkommunikation führen. Entscheidend ist allein, dass bei einer Übertragung von Informationen über das Internet die Allgemeinheit, also ein nicht individualisierbarer Empfängerkreis, angesprochen wird. Der subjektive Schutzbereich der Medienfreiheiten des Art. 5 Abs. 1 Satz 2 GG umfasst ausschließlich die Hersteller der Pressemitteilungen und Rundfunksendungen – also der Kommunikatoren. Die Empfänger der Informationen werden gerade nicht geschützt, so dass die Möglichkeit der Anschlusskommunikation den Schutzumfang des Art. 5 Abs. 1 Satz 2 GG nicht zu begrenzen vermag. Werden über Internetdienste Kommunikationsinhalte an die Allgemeinheit gerichtet, ist diese Tätigkeit grundsätzlich dem Schutz der Massenkommunikationsgrundrechte zuzuordnen.

Es liegt allerdings auf der Hand, dass nicht alle im Web für die Masse zugänglichen Inhalte, den gegenüber der Meinungsäußerungsfreiheit besonderen verfassungsrechtlichen Schutz durch Art. 5 Abs. 1 Satz 2 GG unterliegen soll. Zum Beispiel ist nicht ersichtlich, warum ein Online-Shop in den Schutzbereich der Medienfreiheit einbezogen werden sollte. Zudem ist mehr als fraglich, ob sich der besondere Schutz ausschließlich für herkömmliche Medienangebote- und -veranstalter allein aufgrund eines durch die technische Entwicklung historisch gewordenen Verständnisses der Grundrechte begründen lässt. Es ist daher zu untersuchen, ob das Internet als technische Infrastruktur und alle Multimediaangebote des Web dem Schutzumfang von Art. 5 Abs. 1 Satz 2 GG zuzuordnen sind. Die Norm gewährleistet allgemein den Schutz der Medienfreiheiten. Der Begriff der Medienfreiheit ist aber verfassungsrechtlich nicht definiert, sondern er dient lediglich als Oberbegriff der durch Art. 5 Abs. 1 Satz 2 GG gewährleisteten Grundrechte der Presse-, Rundfunk- und Filmfreiheit.[993] Insofern finden sich in der juristischen Literatur keine dogmatischen Ausführungen zu diesem Begriff, die über denjenigen der Massenkommunikation hinausgehen.

In Bezug auf das Internet ist zunächst festzustellen, dass dieses selbst kein Massenmedium, sondern ein Verbreitungsweg für elektronische Daten und somit für ganz unterschiedliche Inhalte ist.[994] Das Internet dient der Kommunikation, indem es Kommunikationsinhalte transportiert – grundsätzlich von einer IP-Adresse zu einer oder mehreren anderen IP-Adressen. Es soll allerdings das Ziel verfolgt werden, das gesamte soziotechnische System „Internet" grundrechtlich zu erfassen. Entsprechend ist auch die Frage zu beantworten, ob und in wel-

---

992 S. *Holznagel/Schumacher*, MIND 2011, 15 f.

993 *Ossenbühl*, ZUM 1999, 505.

994 *Stern* Bd. IV/1, 2006, 1673; *Möllers*, AfP 2008, 247.

chem Umfang der Internetdienst Web als dem Schutzumfang von Art. 5 Abs. 1 Satz 2 GG unterliegendes Massenmedium eingestuft werden kann. Erforderlich ist somit eine Abgrenzung der Massenmedien von sonstigen Webdienstleistungen.

Trotz der Differenzierung in Art. 5 Abs. 1 Satz 2 GG weisen zumindest die Medienfreiheiten Presse und Rundfunk eine Gemeinsamkeit auf, die für eine einheitliche Abgrenzung herangezogen werden kann.[995] Dies ist die Bedeutung aller Medien für die Demokratie[996] oder anders formuliert die Relevanz der Medien für die individuelle und öffentliche Meinungsbildung.[997] Der freie Kommunikationsprozess zwischen den Bürgern ist Voraussetzung für die Möglichkeit einer informierten Meinungsbildung als Basis demokratischer Entscheidungen. Für die Kommunikation zwischen Bürgern und den gewählten Vertretern in Bundestag und Bundesregierung sind die Medien das Verbindungs- und Kontrollorgan.[998] Sie sind daher schlechthin konstituierend für die Demokratie und einen freiheitlichen Verfassungsstaat.[999] Für die Abgrenzung zwischen Massenmedien und sonstigen Inhaltsangeboten im Internet kann dieses weitere Kriterium der Relevanz für die individuelle und öffentliche Meinungsbildung allerdings nur sehr eingeschränkt fruchtbar gemacht werden. Diesbezüglich macht es keinen Unterschied, ob sich der Bürger zum Beispiel über das Wahlsystem in Deutschland aus einem gedruckten Lexikon oder einer Online-Enzyklopädie,[1000] über die tagespolitische Diskussion im Bundestag aus Radio- und Fernsehsendungen oder über Weblogs und Twitter-Nachrichten verschiedener Bundestagsabgeordneter oder über neue Gesetze in der Papier- oder der Onlineausgabe des Bundesgesetzblattes informiert. Gleiches gilt für nicht politische, sondern gesellschaftliche oder unterhaltende Informationen, die aufgrund des inhaltsneutralen Schutzes der Mediengrundrechte ebenfalls von Art. 5 Abs. 1 Satz 2 GG umfasst werden. Es lässt sich aus diesem Relevanzkriterium lediglich das Charakteristikum für Massenmedien ableiten, dass sie der Verbreitung von Informationen dienen. Demnach ist nicht das Web in seiner Gesamtheit den Massenmedien zuzuordnen, sondern es ist eine Einzelbetrachtung der Webdienste erforderlich, die als Online-Informationsdienste bezeichnet werden können.

Medienwissenschaftliche Studien zeigen zwar, dass die klassischen Medien Presse und Rundfunk bei der informierenden Mediennutzung noch höhere Nutzungsquoten als Internetdienste aufweisen. Allerdings betrug deren Anteil 2011 bereits 26 % und es konnte im Vergleich zu 2009 eine Steigung von 7 % ermittelt werden.[1001] Für eine Prognose dieser weiteren Entwicklung ist vor allem auch die Feststellung entscheidend, dass bei Personen der Altersgruppe von 14 bis 29 Jahren die informierende Mediennutzung bereits zu 40 % durch Internetdienste abgedeckt wird. Zudem werden nicht nur Informationen der Onlineangebote klassischer Medienunternehmen konsumiert. Vielmehr weisen auch Suchmaschinen, Social Media und Wikis einen hohen Nutzungsanteil auf. Diese statistischen Erhebungen lassen zwar nicht den Schluss zu, dass die klassischen Medien in absehbarer Zeit keine Bedeutung mehr für die individuelle und öffentliche Meinungsbildung haben werden. Sie belegen aber eindeutig, dass Informationsangebote im Internet bereits jetzt ebenfalls eine hohe und tendenziell steigende Meinungsrelevanz aufweisen.

---

995 Die Filmfreiheit hat in der Praxis und entsprechend in Wissenschaft und Rechtsprechung eine sehr geringer Bedeutung.

996 *V. Coelln*, OstEuR 2011, Beilage zu Heft 1, 11.

997 *BVerfGE* 95, 220 (236); *Hoffmann-Riem*, in: Denninger/Hoffmann-Riem/Schneider/Stein Bd. 1, 2001, Art. 5 Abs. 1, 2 Rn. 147 ff.

998 *BVerfGE* 20, 162 (175).

999 *BVerfGE* 5, 85 (134 f., 205); 7, 198 (208); 10, 118 (120); 20, 56 (97); 77, 65 (74); *Jarass*, in: Jarass/Pieroth 2014, Art. 5 GG, Rn. 31, 44; *Bethge*, in: Sachs 2014, Art. 5 GG, Rn. 92.

1000 Nur bewusst unwahre Tatsachen werden nicht durch Art. 5 Abs. 1 GG geschützt, so dass z.B. fehlerhafte Beiträge in Online-Enzyklopädien, die nur der Korrektur der Leser unterliegen, nicht automatisch dem Grundrechtsschutz entgegenstehen.

1001 Studie von tnsinfratest im Auftrag der BLM von März 2010, http://www.blm.de/apps/documentbase/data/pdf1/Medienkonzentration.pdf.

In der Literatur werden ergänzend noch weitere Abgrenzungskriterien diskutiert. Allerdings beziehen sich diese auf eine Abgrenzung entweder der Presse- oder der Rundfunkfreiheit zu den Inhaltsangeboten im Internet. Insbesondere in Bezug auf die Pressefreiheit wird vielfach bezweifelt, ob es überhaupt durch die Pressefreiheit geschützte Webangebote geben kann. Die Abgrenzung zwischen den Inhaltsangeboten im Internet, die dem Schutz der Pressefreiheit unterliegen und solchen, auf die dies nicht zutrifft, setzt demnach die Existenz einer in den Schutzbereich des Art. 5 Abs. 1 Satz 2 GG fallenden elektronischen Presse voraus. Daraus folgt, dass die Diskussion um die weiteren Abgrenzungskriterien nicht losgelöst von einer internetspezifischen Abgrenzung der Presse- von der Rundfunkfreiheit geführt werden kann.

Letztlich ist festzustellen, dass die Zuordnung der Individualkommunikation zu Art. 5 Abs. 1 Satz 1 GG und der Massenkommunikation zu Art. 5 Abs. 1 Satz 2 GG nicht dazu dient, die Massenkommunikation aus dem Schutzbereich der Meinungs- und Informationsfreiheit herauszunehmen, sondern dieser Kommunikationsform zusätzlich dem besonderen und stärkeren Grundrechtsschutz des Art. 5 Abs. 1 Satz 2 GG zuzuordnen. Insofern entfällt ausschließlich die Tauglichkeit dieses Kriteriums für die eindeutige Zuordnung von Massenkommunikation zu den Medienfreiheiten.

6.1.1.2.2.2 Internetspezifische Abgrenzung von Presse- und Rundfunkfreiheit

Die sehr angeregte Diskussion in Literatur und Rechtsprechung über die internetspezifische Abgrenzung der Presse- von der Rundfunkfreiheit wird primär in Bezug auf Informationsangebote klassischer Medienanbieter im Internet geführt. Da Art. 5 Abs. 1 Satz 2 GG explizit zwischen der Presse- und Rundfunkfreiheit differenziert und die verfassungsrechtliche Ein-ordnung einfachgesetzliche Folgen hat, wird versucht, die Kommunikationsinhalte, die über das Internet verbreitet werden, einer dieser konkreten Erscheinungsformen der Medien zuzuordnen. Eine übergeordnete Medienfreiheit existiert nach herkömmlichem Verfassungsverständnis gerade nicht.[1002]

Auslöser der sehr kontroversen Diskussion um die verfassungsrechtliche Einordnung von Online-Informationsdiensten ist letztlich die Konvergenzentwicklung. Die Konvergenz der Telekommunikationstechnik führt dazu, dass digitalisierbare Kommunikationsinhalte unabhängig von spezifischen technischen Übertragungsformen verbreitet werden können.[1003] Dies hat die Konvergenz der Medien, das heißt die Annäherung der klassischen Einzelmedien zueinander, wie zum Beispiel Druck, Hörfunk und Fernsehen zur Folge. Auch wenn die Diskussion auf der verfassungsrechtlichen Ebene ansetzt, ob Online-Informationsdienste den verfassungsrechtlichen Schutz der Rundfunk- oder der Pressefreiheit genießen sollen, liegt hier nicht der Schwerpunkt der juristischen Brisanz. Die Einordnung auf der verfassungsrechtlichen Ebene führt nicht zu wesentlichen Unterschieden. Die Presse- und Rundfunkfreiheit unterliegen den identischen Schranken gemäß Art. 5 Abs. 2 GG.[1004] Entscheidend sind vielmehr die Konsequenzen auf der einfachgesetzlichen Ebene. Je nachdem welchem Grundrecht die Online-Informationsdienste zugeordnet werden, wird automatisch die Geltung eines bestimmten Ordnungs- und Regulierungsrahmens erzwungen, der dann wiederum Auswirkungen auf die verfassungsrechtliche Kontrollintensität gesetzgeberischer Entscheidungen hat.[1005]

Der Presse- und die Rundfunkregulierung weisen gravierende Unterschiede insbesondere hinsichtlich der Finanzierung und der Ordnungsprinzipien auf. Für die Presse gilt uneingeschränkt das Gebot der Privatwirtschaftlichkeit, so dass sie nicht durch staatliche Gelder fi-

---

1002 S. auch *Ory*, AfP 2011, 20.

1003 Ausführlich zur Konvergenzentwicklung in Deutschland *Roßnagel/Kleist/Scheuer* 2007, 85 ff.

1004 *Schulze-Fielitz*, in: Dreier Bd. I, 2013, Art. 5 I, II GG, Rn. 88.

1005 *Papier/Schröder*, Funkkorrespondenz 32 (2010), 9 f.; *Degenhart*, in: Kahl/Waldhoff/Walter Bd. 2, 2006, Art. 5 Abs. 1 und 2, Rn. 375 f., 700; *Koreng* 2010, 41.

nanziert wird. Dagegen folgt aus der dualen Rundfunkordnung in Deutschland eine Mischfinanzierung des Rundfunks. Öffentlich-rechtliche Rundfunkanstalten sind gebührenfinanziert,[1006] während für private Rundfunkanstalten ebenfalls das Gebot der Privatwirtschaftlichkeit gilt. Das höchste Ordnungsprinzip der Presse ist ihre Staatsfreiheit. Aus ihr folgen die Zulassungsfreiheit, die Gewährleistung der Medienvielfalt durch den marktwirtschaftlichen Konkurrenzkampf, die sehr eingeschränkte gesetzliche Regulierung in den Landespressegesetzen und deren Ergänzung durch die Selbstregulierung im Pressekodex sowie die Selbstkontrolle durch den Presserat. Die Ordnungsprinzipien des Rundfunks basieren dagegen auf den technischen Gegebenheiten begrenzter Frequenzen und Kapazitäten sowie der staatlichen Verpflichtung, die Grundversorgung der Bevölkerung und die Programmvielfalt zu gewährleisten. Daraus leiten sich die weiteren Ordnungsprinzipien der Zulassungspflicht von Rundfunkveranstaltern, einer positive Rundfunkregulierung durch Rundfunkstaatsvertrag, Jugendmedienschutz-Staatsvertrag und Landesmediengesetze oder Medienstaatsverträge der Länder sowie die Vorgaben für die Selbstkontrolle des öffentlich-rechtlichen Rundfunks und die staatliche Kontrolle des privaten Rundfunks durch die Landesmedienanstalten ab.[1007]

Die Abgrenzungsdiskussion wird wesentlich dadurch erschwert, dass weder der verfassungsrechtliche Presse- noch der verfassungsrechtliche Rundfunkbegriff mit ihrem jeweiligen einfachgesetzlichen Pendant übereinstimmen. Auf verfassungsrechtlicher Ebene wird bei beiden Grundrechtsgewährleistungen einer weiten Begriffsdefinition gefolgt, die auf einfachgesetzlicher Ebene eingeschränkt wird. Die Abgrenzung der Medien zueinander erfolgte bisher anhand der Merkmale Präsentationsmittel, Verkörperung, Übertragungstechnik und Adressatenkreis.[1008] Das Internet unterstützt technisch die Verbreitung der bekannten Präsentationsmittel Text, Ton, Bild und Film – einzeln und kombiniert – so dass dieses Zuordnungskriterium in Bezug auf das Internet unbrauchbar ist. Körperliche Gegenstände, wie sie die durch die Pressefreiheit geschützten Druckerzeugnisse darstellen, können nicht über das Internet übertragen werden. Insofern behält dieses Kriterium für die Abgrenzung insbesondere zwischen der Presse- und Rundfunkfreiheit seine Funktionalität. Es wird auch vielfach als ausreichend für eine eindeutige und einheitliche Zuordnung von Informationsdiensten im Web zum Schutzbereich der Rundfunkfreiheit angesehen.[1009] Allerdings wird diese Einordnung ausschließlich anhand des Kriteriums der Verkörperung vielfach als nicht zeitgemäß und dem Grundrechtsschutz nicht ausreichend berücksichtigend kritisiert.[1010]

Nach einer anderen Ansicht wird daher in Anlehnung an die vom Bundesverfassungsgericht ausdrücklich für den Rundfunk festgestellte Technikoffenheit ein technikneutraler und entwicklungsoffener Pressebegriff vertreten, der letztlich dazu führt, sich von den Merkmalen der Herstellungs- und Verbreitungsform zu lösen. Es wird im Wesentlichen argumentiert, dass es einen einheitlichen Grundrechtsschutz geben müsse, wenn ein Presseerzeugnis in gedruckter Form verkörpert vorliegen und gleichzeitig als digitale Daten oder auch „Presse-Surrogat“[1011] online verbreitet würde.[1012] Nur wenige Vertreter des erweiterten technikneutralen Pressebegriffs ordnen allerdings auch massenkommunikative Inhalte, die ausschließlich über das Internet verbreitet werden, der Pressefreiheit zu und erkennen damit eine durch

1006 *BVerfGE* 83, 238 (310) sogenannte Finanzierungsgarantie durch den Staat.

1007 S. zu einfachgesetzlichen Konsequenzen der allgemeinen Zuordnung von Internetangeboten als Gegenstand der Medienfreiheit *Rumyantsev,* ZUM 2008, 34 f.

1008 S. Kap. 6.1.1.2.1. *Rumyantsev*, ZUM 2008, 35 unterscheidet die Abgrenzungskriterien technischer Übertragungsweg; (2) Darstellungsform; (3) Inhalt/Funktionalität; (4) Adressatenkreis.

1009 *Rath-Glawitz,* in: Jacobs/Loschelder 2008, 180 f.; *Degenhart*, in: Kahl/Waldhoff/Walter Bd. 2, 2006, Art. 5 Abs. 1 und 2 GG, Rn. 375 ff.

1010 S. *Möllers*, AfP 2008, 243 ff.; *Gersdorf*, AfP 2010, 423 f.; *Fiedler*, AfP 2011, 16; *Degenhart*, CR 2011, 235; *Mann/Smid*, in: Spindler/Schuster 2015, 7. Teil, Rn. 6.

1011 Diesen Begriff verwendet *Degenhart*, CR 2011, 235.

1012 *Rath-Glawitz,* in: Jacobs/Loschelder 2008, 181.

Art. 5 Abs. 1 Satz 2 GG zu schützende rein elektronische Presse[1013] an.[1014] Die Mehrheit grenzt den gegenüber dem herkömmlichen Pressebegriff erweiterten technikneutralen Pressebegriff im zweiten Schritt durch das Erfordernis des parallelen Druckwerks wieder ein. Sie definieren die elektronische Presse als im Internet abrufbare Artikel oder Seiten einer Zeitung, deren optisches Erscheinungsbild am Bildschirm der Aufmachung der gedruckten Zeitung oder Zeitschrift entspricht.[1015] Es wird argumentiert, dass die Vielgestaltigkeit der informierenden Webdienste nicht mit der herkömmlichen gedruckten Presse vergleichbar sei.[1016] Die Unterschiede der Webdienste in Funktion, Informationsgehalt und Zweck erforderten eine rechtliche Beurteilung jedes einzelnen Dienstes.[1017]

Zutreffend ist, dass über Internetportale von Presseverlagen in der Regel audiovisuelle Inhalte bestehend aus Text und Standbildern vergleichbar Artikeln aus gedruckten Medien verbreitet werden. Nach dem vertretenen weiten Begriff der elektronischen Presse werden ihr nicht nur Berichterstattungen in Text und Bild, die als Printausgabe und parallel online veröffentlicht sind, sondern auch ausschließlich im Web veröffentlichte Text- und Bildinformationen zugeordnet.[1018] Um weiterhin eine Abgrenzung zum Rundfunk zu ermöglichen, werden aber Bewegtbilder und Toninformationen nicht dem Begriff untergeordnet.[1019] Abgesehen von dieser Abgrenzungsproblematik spricht nichts Grundsätzliches gegen den Schutz durch die Pressefreiheit, wenn die Presseartikel multimedial aufbereitet sind, indem sie zum Beispiel durch Ton oder Bewegtbilder ergänzt werden. Ein Widerspruch wird allerding bei einer Einbindung von User Generated Content auf den Presseportalen gesehen.[1020] Leserreaktionen in Form von schriftlichen Äußerungen, Bildern oder sogar Videos im eingebundenen Weblog oder über Kommentarfunktionen könnten in ihrer Vielzahl von Gestaltungsformen nicht unter dem Pressebegriff vereint werden. Dieses Argument ist zwar faktisch zutreffend, es entspricht allerdings nicht der vom Bundesverfassungsgericht vorgenommenen grundrechtlichen Einordnung von Leserbriefen. Nur die Veröffentlichung des Leserbriefs durch das Presseorgan wird dem Schutz der Pressefreiheit zugeordnet.[1021] Für den Verfasser ist der Leserbrief an die Presse eine besondere Form der Meinungsäußerung gemäß Art. 5 Abs. 1 Satz 1 GG, der sich jedermann bedienen kann, um seine Meinung einer breiten Öffentlichkeit zur Kenntnis zu bringen.[1022]

Mit dem Argument, eine Abgrenzung zwischen Presse- und Rundfunkfreiheit bei massenkommunikativen Online-Informationsangeboten weiterhin zu ermöglichen, ist es nachvollziehbar, lediglich Beiträge aus Text und Standbildern in den Schutzbereich der Pressefreiheit einzubeziehen, multimediale Berichterstattungen dagegen dem Schutz der Rundfunkfreiheit zuzuordnen. Mittels dieses Abgrenzungskriteriums kann aber nicht abschließend beantwortet werden, ob auch Online-Informationsdienste, deren Beiträge nicht parallel als Printmedium veröffentlicht werden, als rein elektronische Presse in den Schutzbereich der Pressefreiheit einzuordnen sind. Daher ist eine weitergehende Spezifikation der Pressefreiheit erforderlich.

Eine spezifische Übertragungstechnik wird lediglich beim Rundfunk in Form von elektronischen Schwingungen eingesetzt. Das Internet ist eine andere, aber zumindest in Bezug auf digitale Rundfunkübertragung mittels Terrestrik, Kabel oder Satellit nahezu identische Übertragungstechnik. Es basiert teilweise auf Funktechnik, zum Beispiel WLAN oder Mobilkom-

---

1013 Ausführlich zum unterschiedlichen Begriffsverständnis der elektronische Presse *Bronsema* 2008, 3 ff.

1014 *Fiedler*, AfP 2011, 15 ff.; *Mann/Smid*, in: Spindler/Schuster 2015, 7. Teil, Rn. 6. Dies zieht auch *Degenhart*, CR 2011. 235 in Erwägung.

1015 *Löffler* 2006, Einl. Rn. 4; *Lerch*, CR 1997, 267.

1016 *Ory*, AfP 2010, 22; *Neuberger*, AfP 2009, 538.

1017 *Bronsema* 2008, 52.

1018 *Brand* 2002, 241 f m.w.N.

1019 *Bronsema* 2008, 5.

1020 *Kall* 2011, 23.

1021 *BVerfGE* 95, 28 (35 f.)

1022 *BVerfGE* 28, 55 (64).

munikation, im Übrigen erfolgt die Übertragung von Kommunikationsinhalten leitungsgebunden über Telekommunikationsnetze. Es besteht allerdings weitgehend Einigkeit, dass der verfassungsrechtliche Rundfunkbegriff technikneutral und entwicklungsoffen ist.[1023] Daher ist die Rundfunkfreiheit gemäß Art. 5 Abs. 1 Satz 2 GG nicht auf einen bestimmten Entwicklungsstand der Übertragungstechnik festgeschrieben, sondern auch gegenüber neuen technischen Verbreitungsformen offen. Auf Basis dieses Begriffsverständnisses hat das Bundesverfassungsgericht bereits 1987 „rundfunkähnliche Kommunikationsdienste", wie zum Beispiel Videotext[1024] und „neue Dienste mittels neuer Techniken"[1025] dem Schutz der Rundfunkfreiheit unterworfen. Eine Begrenzung der Rundfunkfreiheit auf Hörfunk und Fernsehen steht somit im offenen Widerspruch zur Verfassungsrechtsprechung.[1026]

Entsprechend ordnet auch die herrschende Meinung in der juristischen Literatur gestützt auf das Abgrenzungskriterium der technischen Verbreitungsform Online-Informationsdienste der Rundfunkfreiheit zu.[1027] Es wird argumentiert, dass eine Abweichung von diesem Kriterium dazu führen würde, dass die notwendige Grenze zwischen diesen beiden Grundrechten aufgeweicht werden würde.[1028] Das Bundesverfassungsgericht hat bisher lediglich festgestellt, dass das Internet zumindest eine Möglichkeit der Rundfunkübertragung darstellt, ohne Online-Informationsdienste pauschal und ausdrücklich dem verfassungsrechtlichen Rundfunkbegriff zuzuordnen.[1029] Daneben finden sich zahlreiche differenzierende Auffassungen und Insellösungen für spezifische Fallgestaltungen. Werden Hörfunk- oder Fernsehprogramme unverändert über das Internet verbreitet, sei dies der Rundfunkfreiheit zuzuordnen. Die bloße Erweiterung der technischen Übertragungsmöglichkeiten, ausgelöst durch die Konvergenz der Endgeräte, ändere nichts an der Rundfunkeigenschaft.[1030]

Die Einordnung von Online-Informationsdiensten aus der Perspektive der traditionellen Mediendifferenzierung anhand der Verbreitungsform, die sowohl in Bezug auf die Presse- als auch die Rundfunkfreiheit vertreten wird, bietet den Vorteil der Aufrechterhaltung der Abgrenzbarkeit der Grundrechte im Online-Bereich zueinander. Allerdings ist diese Abgrenzung, wie bereits angesprochen, nicht bezogen auf den Grundrechtsschutz relevant, sondern für die Anwendung der medienspezifischen einfachen Gesetze. Ziel von Art. 5 Abs. 1 Satz 2 GG ist es zunächst, einen lückenlosen Grundrechtsschutz der Medien zu erreichen und dafür hat sich der Gesetzgeber der gewählten Aufzählung bedient. Es wird zudem eingewendet, dass die generelle Einordnung von Online-Informationsdiensten in den Schutzbereich der Rundfunkfreiheit, diese zu einer Art „Supergrundrecht" erweitere.[1031] Sie führe zudem zu einer unangemessenen Benachteiligung der traditionellen Rundfunkanbieter. Im analogen Zeitalter nahmen die Rundfunk-Kommunikatoren eine Gatekeeper-Funktion wahr, da sie faktisch eine

---

1023 *BVerfGE* 83, 238 (299, 302); ähnlich bereits die 5. Rundfunkentscheidung, *BVerfGE* 74, 297 (350 f.), in dem das BVerfG die Funktion des Rundfunks auf „neue Techniken" erstreckte. S. auch *Starck*, in: v. Mangoldt/Klein/Starck Bd. 1, 2010, Art. 5 GG, Rn. 103; *Möllers*, AfP 2008, 247.

1024 *BVerfGE* 74, 297 (350 f.).

1025 *BVerfGE* 74, 297 (351 f.).

1026 *Hain* 2009, 32 f.; *ders.*, K&R 2012, 101.

1027 *Papier/Schröder*, Funkkorrespondenz 32 (2010), 9 f.; *Stern* Bd. IV/1, 2006, 1673; *Ory*, AfP 2010, 20 ff.; *ders.*, AfP 2011, 19 ff.; *Holznagel/Schumacher*, MIND 2011, 15 f.; *Jarass*, in: ders./Pieroth 2014, Art. 5 GG, Rn. 24a; 36a; *Held*, in: Hahn/Vesting 2008, Anhang § 11 Abs. 1 S. 2 RStV, Rn. 15 ff.; *Hoffmann-Riem*, in: Denninger/Hoffmann-Riem/Schneider/Stein Bd. 1, 2001, Art. 5 Abs. 1, 2 GG, Rn. 130, 135; *Clemens*, in: Umbach/Clemens Bd. I, 2002, Art. 5 GG, Rn. 69b, 98a; *Starck*, in: v. Mangoldt/Klein/Starck Bd. 1, 2010, Art. 5 Abs. 1, 2 GG, Rn. 100; *Schulze-Fielitz*, in: Dreier Bd. I, 2013, Art. 5 I, II GG, Rn. 93; *Bethge*, in: Sachs 2014, Art. 5 Abs. 1, 2 GG, Rn. 90b ff.; *Degenhart*, in: Kahl/Waldhoff/Walter Bd. 2, 2006, Art. 5 Abs. 1 und 2 GG, Rn. 376 f., 698; *ders.*, CR 2011, 234 f ordnet nur die Online-Dienste dem Rundfunk zu, die Rundfunkprogramme unverändert übertragen.

1028 *Degenhart*, in: Kahl/Waldhoff/Walter Bd. 2, 2006, Art. 5 Abs. 1 und 2 GG, Rn. 375 ff.

1029 *BVerfGE* 121, 30 (50); ergänzend *Koreng* 2010, 58.

1030 *Degenhart*, CR 2011, 234.

1031 *Gersdorf*, AfP 2010, 421; *Holznagel/Schumacher*, ZRP 2011, 77.

ausgeprägte Meinungsmacht übernommen haben. Aufgrund der Vielzahl von Online-Informationsdiensten, die durch die niedrigen technischen Einstiegsbedingungen entstehen können, büßen diese Gatekeeper Meinungsmacht ein.[1032] Ob die im analogen Medienzeitalter herrschende Verteilung der Meinungsmacht, die im Wesentlichen auf den technischen Beschränkungen beruhte, einem grundrechtlichen Gewährleistungsschutz unterliegt, ist jedoch mehr als fraglich. Das Verhältnis zwischen Presseunternehmen und Rundfunkanbietern unterlag in der Vergangenheit keiner staatlichen Regulierung. Die Meinungsmacht des Rundfunks wird vom Bundesverfassungsgericht nur als Leistungsfunktion der Rundfunkfreiheit in Form eines Zulassungsanspruchs und einer positiven Rundfunkordnung, nicht aber einer positiven Medienordnung anerkannt. Dem entspricht auch die grundsätzliche Aussage des Bundesverfassungsgerichts, dass sich der Gehalt der Rundfunkfreiheit „bei tatsächlichen Veränderungen in dem von Art. 5 Abs. 1 Satz 2 GG geschützten Sozialbereich wandeln“ kann.[1033]

Umgekehrt wird argumentiert, dass die öffentlich-rechtlichen Rundfunkanstalten durch die Einordnung ihrer Online-Informationsangebote als Rundfunk gegenüber den klassischen Presseunternehmen unangemessen bevorteilt werden. Die Digitalisierung von Informationen und das Internet als Verbreitungsweg haben die Realität der gesamten Medienwirtschaft massiv verändert. Um die Umsatzeinbußen im analogen Kerngeschäft auszugleichen, mussten und müssen immer noch adäquate Geschäftsmodelle für digitale Inhalte im Internet gefunden werden. Presseunternehmen und private Rundfunkanstalten tragen die mit diesem Wandel verbundenen wirtschaftlichen Risiken allein. Der Aufgabenbereich der öffentlich-rechtlichen Rundfunkanstalten ist durch den 12. Rundfunkänderungsstaatsvertrag, der zum 1. Juni 2009 in Kraft trat, um einen originären Online-Auftrag erweitert worden,[1034] so dass diese grundsätzlich die ihnen staatlich zugesicherten Rundfunkgebühren für die Umsetzung von Online-Angeboten einsetzen können.[1035] Die Rundfunkregulierung beeinflusst so die Marktchancen der einzelnen Anbieter von Online-Informationsangeboten im Internet. Die rechtliche Vorstellung Presse und Rundfunk seien strikt voneinander zu trennende Bereiche, die jeweils einer eigenständigen Regulierung unterliegen, entspricht nicht mehr der Wirklichkeit. Im Internet treffen sich Presse und Rundfunk unter gleichen Umfeldbedingungen und konkurrieren miteinander im Wettbewerb.

Um eine dem Gedanken der Medienfreiheiten widersprechende Ausweitung des Grundrechtsschutzes durch die pauschale Einbeziehung von Online-Informationsdiensten in den Schutzbereich von Art. 5 Abs. 1 Satz 2 GG zu verhindern, werden sowohl für den verfassungsrechtlichen Presse- als auch für den verfassungsrechtlichen Rundfunkbegriff weitere – einschränkende – Kriterien diskutiert.

Für den verfassungsrechtlichen Pressebegriff wird als ergänzendes Kriterium die journalistisch-redaktionelle Gestaltung herangezogen. Demnach würde die Einbeziehung in den Schutz der Pressefreiheit voraussetzen, dass die Text- und Bildinformationen in einer Redaktion ausgewählt, bearbeitet und gestaltet wurden.[1036] Die Landespressegesetze folgern aus diesem Kriterium die folgenden kennzeichnenden Merkmale:[1037] Die Informationsangebote

---

1032 *Hain*, K&R 2012, 101.

1033 *BVerfGE* 83, 238 (302).

1034 *Neuhoff*, ZUM 2012, 372 m.w.N.

1035 Sehr deutlich wird diese Problematik im von mehreren Zeitungsverlagen gegen die ARD geführten Rechtsstreit um die Tagesschau-App, *LG Köln*, AfP 2012, 481 (nachfolgend *OLG Köln*, MMR 2014, 199). Die Verlage machen geltend, dass die gebührenfinanzierte Tagesschau-App eine rechtswidrige Konkurrenz auf dem Internetmarkt darstelle und zu Wettbewerbsverzerrungen führe. Das Gericht forderte die Parteien mehrfach zu einer Einigung auf, da es keine medienpolitische Entscheidung treffen könne, die aber in einem solchen Fall erforderlich sei, *Hauser*, „Klage der Verlage: „Tagesschau“-App bleibt strittig“, FAZ vom 19.7.2012, http://faz-community.faz.net/blogs/medienwirtschaft/archive/2012/07/19/klage-der-verlage-tagesschau-app-bleibt-strittig.aspx.

1036 *Bronsema* 2008, 5.

1037 *Held*, in: Hahn/Vesting 2012, § 54 RStV, Rn. 49 ff.

müssen eine gewisse Selektivität, Strukturierung und ein hohes Maß an Aktualität aufweisen sowie an Tatsachen ausgerichtet sein – sogenannte Faktizität –, es muss eine Auswahl nach der von ihnen angenommenen, gesellschaftlichen Relevanz vorgenommen worden sein und der Anbieter muss das Ziel verfolgen, zur öffentlichen Kommunikation beizutragen. Die Arbeitsweise muss einen hohen Grad an Professionalisierung und einen gewissen Grad an organisierter Verfestigung im Sinne einer gewissen Kontinuität gewährleisten. Selbst wenn nicht alle, sondern nur einzelne dieser Merkmale auf den verfassungsrechtlichen Pressebegriff übertragen würden, entstünde immer ein „wertbezogener Pressebegriff",[1038] der im Widerspruch zum vom Bundesverfassungsgericht proklamierten formalen Pressebegriff steht.[1039] Daher mag diese einschränkende Konkretisierung zwar auf einfachgesetzlicher Ebene zur Bestimmung des Anwendungsbereichs des Presserechts sinnvoll sein, im Verfassungsrecht führt sie aber zu einer verfassungswidrigen Begrenzung des Schutzbereichs der Pressefreiheit.[1040] Eine wertende Betrachtung und Einschränkung der Pressefreiheit ist nur im Rahmen der Schrankenbestimmung gemäß Art. 5 Abs. 2 GG in Abwägung mit anderen Grundrechten zulässig.

Zudem wäre das Kriterium der journalistisch-redaktionellen Gestaltung kaum geeignet, eine eindeutige Zuordnung von Online-Informationsdiensten als grundrechtlich geschützte Presse vorzunehmen. Es müsste letztlich die Feststellung getroffen werden können, dass es im Internet zum „professionellen"[1041] Journalismus funktionale Äquivalente gibt.[1042] Das Kriterium der journalistisch-redaktionellen Gestaltung und seine Konkretisierungen dienen keinem Selbstzweck, sondern stellen den Versuch der Objektivierung und letztlich Prüfbarkeit der Funktion der Presse für die öffentliche und private Meinungsbildung dar. Erfüllt eine Veröffentlichung diese Anforderungen, wird ihr die Meinungsrelevanz unterstellt, da diese nur schwer, zum Beispiel durch empirische Untersuchungen, objektiv prüfbar ist. Auch diese Abgrenzung wird letztlich an der Vielgestaltigkeit der Online-Informationsdienste und deren Anbieter scheitern. Grundsätzlich kann auch der „Bürger- oder Laienjournalismus" als Druckwerk oder im Internet verbreitet Meinungsrelevanz aufweisen. Dann wäre die Folge, dass diesem die gleichen Rechte und Pflichten auferlegt würden, wie den klassischen Journalisten. Hier wirkt sich aber gerade der Unterschied zwischen dem verfassungsrechtlichen und dem einfachgesetzlichen Pressebegriff aus. Während der Schutz der Pressefreiheit weit gefasst wird, werden bewusst nur der professionellen Presse einfachgesetzlich umfassende Pflichten auferlegt. Dies ist gerade die konsequente Umsetzung der weiten Schutzfunktion des Art. 5 Abs. 1 Satz 2 GG. Würde sich die Regulierung der Pressegesetze auch auf den „Laienjournalismus" beziehen, wäre dieser aufgrund der gesetzlichen Pflichten faktisch nicht realisierbar. Obwohl die Presse einer weniger weitgehenden Regulierung unterliegt als der Rundfunk, würde dies zu stark übersteigerten Anforderungen führen.

Der verfassungsrechtliche Rundfunkbegriff wird zunächst in Anknüpfung an den in der einfachgesetzlichen Begriffsbestimmung gemäß § 2 Abs. 1 Satz 1 und 2 RStV verwendeten Begriff der Darbietung konkretisiert.[1043] Sie setzt nach allgemeiner Meinung ein planhaft gestaltetes und ablaufendes Gesamtprogramm voraus.[1044] Eine beliebige Aneinanderreihung von Einzelinhalten reicht nicht aus, sondern insbesondere die Programmgestaltung von Vollprogrammen hat sich dem Rundfunkauftrag entsprechend an den inhaltlichen Kategorien Information, Bildung, Beratung und Unterhaltung zu orientieren. Teilweise wird hieraus geschlossen, dass eine Linearität und Zeitgleichheit des Empfangs des Programms gegeben sein

1038 S. ausführlich *Rumyantsev,* ZUM 2008, 37.

1039 *BVerfGE* 101, 361 (389).

1040 So im Ergebnis auch *Rumyantsev,* ZUM 2008, 37.

1041 Die Pressefreiheit schützt z.B. auch Druckwerke von Bürgerinitiativen in Form von Flugblättern, die wohl eher von journalistischen Laien erstellt werden.

1042 *Neuberger,* in: Neuberger/Nuernbergk/Rischke 2009, 68 ff.

1043 S. *Roßnagel/Kleist/Scheuer* 2007, 105 f.

1044 *Degenhart* 2001, 57.

muss.[1045] Weder Auswahl und Reihenfolge der Sendungen noch der Zeitpunkt ihrer Ausstrahlung soll individuell bestimmt werden, sondern der Empfänger soll nur eine Ja- oder Nein-Entscheidung treffen können.[1046] Dies soll auf die sogenannten Verteil- und Zugriffsdienste, nicht aber die Abrufdienste des Web zutreffen.[1047] Das Bundesverfassungsgericht hat jedenfalls bisher nicht ausdrücklich die Linearität und Zeitgleichheit als Voraussetzung des verfassungsrechtlichen Rundfunkbegriffs genannt, sondern fordert nur eine „planmäßige und strukturierte Abfolge von Sendungen oder Beiträgen".[1048] Die – teilweise vorgenommene – einfachgesetzliche Differenzierung zwischen Rundfunk und rundfunkähnlichen Diensten anhand des Kriteriums des gleichzeitigen beziehungsweise aufgrund der individuellen Abrufbarkeit nicht gleichzeitigen Empfangs der Sendungen, sei unbedeutsam.[1049] Die Anforderung der Linearität würde dazu führen, dass – die meisten – Online-Informationsdienste eindeutig nicht dem Schutz der Rundfunkfreiheit unterliegen.[1050] Es wird betont, dass Rezipienten von Abrufdiensten zwar eine Rezeptionsoption hinsichtlich des Zeitpunkts, aber nicht in Bezug auf den Inhalt und damit die Programmgestaltung zukommt.[1051] Dann wäre zum Beispiel ein Teleshopping-Programm durch die Rundfunkfreiheit geschützt, nicht aber Online-Nachrichten, die nicht Teil eines planhaft gestalteten und ablaufenden Programms sind.[1052] Es wird deutlich, dass nicht die planhafte Programmgestaltung maßgeblich für die Meinungsrelevanz ist, sondern der Inhalt des Programms. Zudem würden, je nachdem, welcher Auffassung parallel zum Schutzbereich der Pressefreiheit gefolgt wird, Online-Nachrichten eines ausschließlich im Internet agierenden Presseunternehmens nur als Individualkommunikation gemäß Art. 5 Abs. 1 Satz 1 GG, nicht als Massenkommunikation gemäß Art. 5 Abs. 1 Satz 2 GG geschützt.

Ein weiterer Einschränkungsversuch der Rundfunkfreiheit stützt sich auf Ausführungen des Bundesverfassungsgerichts. Dieses betont ausdrücklich die dem Rundfunk zukommende rundfunkspezifische Meinungsmacht, die aus seiner Aktualität, Breitenwirkung und Suggestivkraft resultiert.[1053] Dies würde bedeuten, dass nur Online-Informationsdienste dem verfassungsrechtlichen Rundfunkbegriff zuzuordnen sind, die zusätzlich diese drei Anforderungen erfüllen. Das Kriterium der Aktualität kann von Online-Informationsdiensten grundsätzlich mindestens genauso effektiv umgesetzt werden wie von klassischen Rundfunksendungen, selbst wenn es sich um spontane Liveberichterstattungen aus aktuellem Anlass handelt. Insgesamt hat sich die Geschwindigkeit der Nachrichtenverbreitung erhöht und die Frequenz der Aktualisierung von Webnachrichten wird deutlich höher eingeschätzt als derjenige von Radio, Fernsehen und Presse.[1054] In Bezug auf die Breitenwirkung wird teilweise argumentiert, dass nicht allein auf die Quantität möglicher Empfänger abzustellen sei, sondern auch auf die

---

1045 *Degenhart*, BayVBl 1986, 579; *ders.*, ZUM 1998, 340 ff.; *Bullinger/Mestmäcker* 1997, 52 ff.

1046 Damit ist gemeint, dass das Empfangsgerät angeschaltet oder ausgeschaltet wird, *BVerfGE* 74, 27 (352); *Degenhart*, in: Kahl/Waldhoff/Walter Bd. 2, 2006, Art. 5 Abs. 1 und 2 GG, Rn. 698, 799.

1047 Zu dieser begrifflichen Differenzierung *Gersdorf* 1995, 137.

1048 *BVerfGE* 97, 298 (309).

1049 *BVerfGE* 74, 297 (351); ähnlich *BVerfGE* 83, 238 (302) sowie *Jarass*, AfP 2009, 135 f.

1050 Von den Webdiensten werden nur Livestreaming, Web-Casting und Near-Video-on-Demand als linear eingestuft und damit auf einfachgesetzlicher Ebene dem Rundfunk zugeordnet, BT-Drs. 16/3078, 13; vgl. auch Erwägungsgrund Nr. 27 der Richtlinie 2010/13/EU des Europäischen Parlaments und des Rates vom 10.3.2010 zur Koordinierung bestimmter Rechts- und Verwaltungsvorschriften der Mitgliedstaaten über die Bereitstellung audiovisueller Mediendienste („Richtlinie über audiovisuelle Mediendienste"), ABl. EG 2010, L 95/1 vom 15.4.2010.

1051 *Gersdorf* 1995, 138 ff. mit weiteren Argumenten und Nachweisen gegen die Annahme, die Selektions- und Auswahlbefugnisse des Rezipienten hätten Einfluss auf die Bestimmung des verfassungsrechtlichen Rundfunkbegriffs.

1052 So überzeugend *Papier/Schröder*, Funkkorrespondenz 32 (2010), 5 f.

1053 *BVerfGE* 90, 60 (87); *Roßnagel/Kleist/Scheuer* 2007, 106 f. sowie in der Literatur im Zusammenhang mit der Missbrauchsanfälligkeit des Rundfunks *Hain* 1993, 49 ff.

1054 *Lilienthal/Weichert/Reineck/Sehl/Worm* 2014, 13.

Gleichzeitigkeit des Empfangszeitpunkts[1055] und die Selektions- und Auswahlbefugnisse des Rezipienten im Kommunikationsprozess.[1056] Diese beiden Merkmale wurden aber bereits als mögliche einschränkende Kriterien abgelehnt. Zudem kann Online-Informationsdiensten eine den klassischen Rundfunkprogrammen vergleichbare Breitenwirkung nicht grundsätzlich abgesprochen werden. Suggestivkraft bezeichnet die Fähigkeit eines Mediums, das Denken, Fühlen, Wollen oder Handeln einer Person unterschwellig zu beeinflussen. Dem Fernsehen wird eine besondere Suggestivkraft zugesprochen, da es durch kombinierte Bild-, Ton- und Textinformationen auf die Menschen Einfluss nehmen und zudem ein getreues Abbild der Realität liefern kann. Dem Hörfunk wird daher eine deutlich geringere Suggestivwirkung zugesprochen. Daraus folgert das Bundesverfassungsgericht doch mitnichten, dass der Hörfunk aus dem Schutzbereich der Rundfunkfreiheit herausfällt, sondern lediglich geringere Anforderungen an eine positive Ordnung des Rundfunkwesens bezüglich des Hörfunks als des Fernsehens zu stellen sind. Entsprechend ist es nicht korrekt unter Verweis auf das Bundesverfassungsgericht Aktualität, Breitenwirkung und Suggestivkraft als konstitutive Voraussetzungen des verfassungsrechtlichen Rundfunkbegriffs einzuordnen.[1057]

Das Bundesverfassungsgericht verfolgt eine andere Argumentation. Dem klassischen Rundfunk kommt im Vergleich zu anderen Medien eine besondere Bedeutung für die individuelle und öffentliche Meinungsbildung zu, weil er die Eigenschaften Aktualität, Breitenwirkung und Suggestivkraft aufweist. Daher verlangt das Grundrecht eine positive Ordnung, die sicherstellt, dass die Vielfalt der Themen und Meinungen auf- und wiedergegeben werden, die in der Gesellschaft eine Rolle spielen.[1058] Aus dieser Argumentation lässt sich für Online-Informationsdienste lediglich die Schlussfolgerung ableiten, dass für diejenigen Dienste, denen ebenfalls eine besondere Bedeutung für die individuelle und öffentliche Meinungsbildung zukommt, ebenfalls eine einfachgesetzliche positive Ordnung erforderlich sein könnte, um Meinungsvielfalt zu gewährleisten. Die Beurteilung der Kriterien Aktualität, Breitenwirkung und Suggestivkraft setzt zudem ebenso wie das pressebezogene Kriterium der journalistisch-redaktionellen Gestaltung eine qualitativ-inhaltliche Bewertung des Rundfunkprogramms voraus. Dies steht im Widerspruch zu den ausdrücklichen Aussagen des Bundesverfassungsgerichts zur Informationsfunktion des Fernsehens. Danach erhält die Meinungsbildung „ebenso von anderen als politischen Gegenständen des öffentlichen Interesses Nahrung, ohne dass objektive Kriterien für Relevanz und Irrelevanz vorgegeben werden können“[1059].

Ein weiterer Versuch das Einordnungsproblem für massenkommunikative Online-Informationsdienste zu lösen, ist die Annahme, dass Art. 5 Abs. 1 Satz 2 GG über die Presse-, Rundfunk- und Filmfreiheit hinaus eine allgemeine Medienfreiheit[1060] oder als begriffliche Alternativen allgemeine Massenkommunikationsfreiheit[1061] oder Internetfreiheit[1062] gewährleistet. Dogmatisch begründet wird diese Auffassung unabhängig von der Benennung über die Deutung des Wortlauts von Art. 5 Abs. 1 Satz 2 GG als beispielhafte und nicht abschließende

1055 *Degenhart*, ZUM 1998, 341; *Bullinger/Mestmäcker* 1997, 57 f.; für die Unbeachtlichkeit diesen Kriteriums für den verfassungsrechtlichen Rundfunkbegriff *Gersdorf* 1995, 134 ff.; *Hoffmann-Riem* 1996, 58 f.; *Dörr*, in: Dittmann/Fechner/Sander 1997, 125.

1056 Besonders deutlich in diese Richtung *Degenhart*, ZUM 1998, 341; a.A. *Gersdorf* 1995, 137 ff. mit dem Hinweis, dass auch bei Abrufdiensten die Programmgestaltung allein dem Medienanbieter obliegt sowie *Hoffmann-Riem* 1996, 56 ff., der die Dispositionsfreiheit des Rezipenten im Rezeptionsakt als verfassungsrechtlich unerheblich ansieht.

1057 So auch ausdrücklich *Papier/Schröder*, Funkkorrespondenz 32 (2010), 6.

1058 *BVerfGE* 90, 60 (87 f.).

1059 *BVerfGE* 97, 228, 257.

1060 *Koreng* 2010, 96 ff.; zustimmend wohl auch *v. Lewinski*, RW 2011, 92, der auch die Bezeichnung „Internetfreiheit“ verwendet.

1061 *Hoffmann-Riem*, in: ders. 2010, 676 ff.

1062 *Mecklenburg*, ZUM 1997, 525 ff.

Aufzählung von Presse, Rundfunk und Film als möglicher Medien.[1063] Alternativ wird zur Begründung allgemein auf die Entwicklungsoffenheit der Medienfreiheiten verwiesen.[1064] Diese Auffassung hat den Vorteil, dass Online-Informationsdienste in den besonderen Schutz der Massenkommunikationsmedien einbezogen werden könnten, ohne dass eine strikte Zuordnung zu Presse oder Rundfunk erforderlich wäre. Dadurch würde sich auch das Folgeproblem der – teils unpassenden – Anwendung der für diese beiden Medientypen bestehenden unterschiedlichen Regelungsregime auflösen. Es wäre es ohne weiteres möglich, für Online-Informationsdienste zum Beispiel im Telemediengesetz ergänzende Vorschriften zur Medienregulierung zu erlassen. Unbeantwortet bleibt allerdings die Frage, ob ausnahmslos alle Online-Informationsdienste in den Schutzbereich dieser allgemeinen Medienfreiheit einbezogen werden sollen.

Sowohl in Bezug auf den verfassungsrechtlichen Presse- als auch den verfassungsrechtlichen Rundfunkbegriff bestehen somit keine (zulässigen) eingrenzenden Kriterien, die eine differenzierte Einordnung der Online-Informationsdienste in die Systematik der Mediengrundrechte ermöglichen. Daher kann die Frage der verfassungsrechtlichen Einordnung von Online-Informationsdiensten nicht abschließend rechtsdogmatisch geklärt werden, sondern bedarf einer regulatorischen und letztlich auch medienpolitischen Entscheidung. Selbst wenn man dem Verständnis von Art. 5 Abs. 1 Satz 2 GG als eine über den Wortlaut hinausgehend allgemeine Medienfreiheit folgen würde, wäre keine umfassende Antwort gegeben. Die Abgrenzungsproblematik würde sich zwar etwas vereinfachen, da sie losgelöst vom herkömmlichen Verständnis von Presse und Rundfunk erfolgen könnte. Nichtsdestotrotz wären Kriterien erforderlich, die die Qualifizierung von Online-Informationsdiensten entweder als Schutzobjekt der Medien- oder der Meinungs- und Informationsfreiheit ermöglichen würden. Allein das Merkmal der Massenkommunikation führt hier, wie dargelegt, zu keinen überzeugenden Ergebnissen.

Mit der Konvergenzentwicklung und der Entwicklung neuartiger Webdienste ist jede herkömmliche starre Klassifizierung der medialen Informationsverbreitung brüchig geworden, weil diese technische Entwicklung die Normwirklichkeit überholt hat.

6.1.1.2.2.3 Internetspezifische Funktionen der Presse- und Rundfunkfreiheit

Welche Bedeutung die Funktionen der Grundrechte des Art. 5 Abs. 1 Satz 2 GG für die Internetdienste der Massenkommunikation entfalten, kann daher zunächst nur insoweit beantwortet werden, als die Presse- und Rundfunkfreiheit diesbezügliche Parallelen aufweisen.

Den Grundrechten ist gemeinsam, dass sie beide der Gewährleistung demokratischer Öffentlichkeit und somit der demokratischen Meinungsbildung dienen.[1065] Vor diesem Hintergrund kommt der Abwehrfunktion der Grundrechte eine besondere Bedeutung zu, indem sie eine inhaltliche Einflussnahme des Staates auf die Informationsverbreitung durch Presseunternehmen oder Rundfunkveranstalter gleichermaßen verhindert. Bezogen auf das Internet würde demnach eine präventive staatliche Kontrolle von Informationen, die über das Web im Wege der Massenkommunikation verbreitet werden sollen, einen Grundrechtseingriff darstellen.[1066] Aus der Bedeutung der Grundrechte für die freiheitlich demokratische Grundordnung wird zudem die Schutzfunktion abgeleitet, dass der Staat – wenn auch bezogen auf die Presse- und Rundfunkfreiheit in unterschiedlichem Maße – für die Pluralität der Meinungen Sorge zu tragen hat. Rein faktisch ist die Meinungsvielfalt massenkommunikativer Angebote im Web gegeben. Sie könnte aber zum Beispiel in Gefahr geraten, wenn Suchmaschinenbetreiber eine

---

1063 *Hoffmann-Riem*, in: ders. 2010, 678.
1064 *Neuhoff*, ZUM 2012, 376.
1065 *Holznagel*, NordÖR 2011, 210.
1066 Gleiches ergibt sich aus der Schutzfunktion der Meinungsfreiheit, s. Kap. 6.1.1.1.2.

den Rundfunkveranstaltern vergleichbare Gatekeeper-Funktion durch die Möglichkeit der gezielten Steuerung der Auffindbarkeit von Informationen einnehmen oder einnehmen würden. Aus der Schutzfunktion des Art. 5 Abs. 1 Satz 2 GG ließe sich dann gegebenenfalls eine Pflicht des Staates ableiten, regulierend einzugreifen.

6.1.1.3 Kommunikative Chancengleichheit

Die kommunikative Chancengleichheit ist in ihrem Ursprung ein rundfunkspezifischer Grundrechtsschutz. Sie wird teilweise aber auch als verfassungsrechtliches Grundprinzip aller Kommunikationsfreiheiten nach Art. 5 Abs. 1 GG verstanden. Sie zielt auf die prinzipielle Offenheit des Kommunikationsprozesses und auf die hierdurch zu gewährleistende Pluralität der Meinungen.[1067] Damit ist sie auf die grundsätzliche Möglichkeit eines jeden ausgerichtet, die Rolle als Kommunikationsteilnehmer zu übernehmen.

Die kommunikative Chancengleichheit verfolgt das Ziel der freien individuellen und gesellschaftlichen Meinungsbildung. Sie ist gewährleistet, wenn sich die Kommunikationsteilnehmer grundsätzlich gleichberechtigt gegenüberstehen.[1068] In Bezug auf die Meinungs- und Informationsfreiheit wird die Chancengleichheit bereits durch die tatsächlichen Bedingungen gewährleistet, die jedem die reale Chance eröffnen, aktiv und passiv am Kommunikationsprozess zu partizipieren. Die Kommunikation über Medien erfordert dagegen faktisch den Zugang zu der technischen Infrastruktur. Die Chancen der Kommunikationsteilhabe bestimmen sich daher durch die technischen und ökonomischen Bedingungen insbesondere des Rundfunks. Für die Rundfunkfreiheit weist die kommunikative Chancengleichheit daher eine große Bedeutung auf. Aus ihr wird abgeleitet, dass eine gleiche Chance auf den Zugang zum Kommunikationsmittel Rundfunk für die Bewerber gewährleistet sein muss.[1069] Hieraus resultiert ein staatlicher Gewährleistungsauftrag durch eine Kommunikationsordnung diese Chancengleichheit in dem grundsätzlich privaten Kommunikationsprozess herzustellen. Ob und welche staatlichen Maßnahmen zur Gewährleistung der kommunikativen Chancengleichheit erforderlich sind, hängt von den realen Verhältnissen des jeweiligen Kommunikations-mediums ab und wird durch diese bestimmt.[1070] Den Gesetzgeber trifft eine Pflicht, die realen Bedingungen der Kommunikation zu beobachten und gegebenenfalls für die Voraussetzungen zu sorgen, die eine reale Wahrnehmung der Freiheit ermöglichen.[1071] Es ist zur Erfüllung des Gewährleistungsauftrags nicht ausreichend, einen bestehenden kommunikativen Status zu verfestigen.

Auf Seiten der Rezipienten wurde die kommunikative Chancengleichheit im Rundfunk zum Beispiel bei der Einführung des Pay-TV diskutiert.[1072] Mit der Einführung entgeltfinanzierter Fernsehsender als Ergänzung zu den Gebühren finanzierten und werbefinanzierten öffentlich-rechtlichen beziehungsweise privaten Anbietern, wird das Risiko begründet, dass Qualität und Vielfalt im Fernsehen nur noch für ein zahlungskräftiges Publikum zur Verfügung stehen. Aus der kommunikativen Chancengleichheit wird kein Verbot des Pay-TVs abgeleitet, aber eine Pflicht des Gesetzgebers Kompensationen für derartige Zugangsprivilegierungen zu schaffen.[1073]

Das Internet ist ebenso wie der Rundfunk eine technische Infrastruktur, die eine Kommunikationsteilhabe sowohl an der Massen- als auch der Individualkommunikation ermöglicht. In seiner Bedeutung steht das Internet den anderen Massenmedien nicht mehr nach und wird

---

1067 *Schulz* 1998, 168 ff.; *Hoffmann-Riem*, in: ders. 2010, 668 f.

1068 *Schulz* 1998, 178.

1069 *BVerfGE* 57, 295 (329); 83, 238 (319).

1070 *Schulz* 1998, 178.

1071 *Hoffmann-Riem,* in: Benda/Maihofer/Vogel 1995, Kap. 2, § 7 Rn. 13.

1072 S. *Knothe/Nowosadtko*, ZRP 2001, 33 ff.

1073 *Ladeur*, AfP 1998, 146 f; *ders.*, RuF 1998, 5 ff.

sich vermutlich mit zum bedeutendsten Kommunikationsmedium entfalten. Bisher wurde die kommunikative Chancengleichheit im Web durch die technischen und ökonomischen Bedingungen des grundsätzlich freien Zugangs zum Internet gewährleistet. Solange kein Risiko der Chancenungleichheit bei der Partizipation am Internet besteht, wurde auch dieses Schutzziel nicht aktiviert. Die Entgeltpflichtigkeit und Tarifmodelle mit unterschiedlichen Geschwindigkeiten des Internetzugangs stehen der kommunikativen Chancengleichheit nicht grundsätzlich entgegen. Aus dem Gewährleistungsauftrag des Gesetzgebers ist aber die Pflicht abzuleiten, die Preisentwicklungen zu beobachten. Es dürfen sich keine Tarifmodelle etablieren, die aufgrund hoher Kosten für den Zugang zum Internet dazu führen, dass dieses nicht mehr von der Mehrzahl der Bevölkerung genutzt werden kann.

Die kommunikative Chancengleichheit könnte zudem in Bezug auf die technische Umsetzung der Datenübertragung im Internet Bedeutung erlangen. Die effektive Teilhabe am Kommunikationsgeschehen wird zunehmend von einem zeitlichen Element geprägt. Entscheidend für die Meinungsbildung ist nicht nur, dass eine Meinung geäußert und den Rezipienten zugänglich gemacht werden kann, sondern auch zu welchem Zeitpunkt dies erfolgt. Umso später eine Meinung in die Diskussion eingebracht werden kann, umso schwieriger ist es regelmäßig, den Meinungsbildungsprozess noch maßgeblich zu beeinflussen. Bei einer Aufgabe insbesondere des Best Effort-Standards zugunsten der Einführung von Quality of Services ändern sich allerdings die technischen und ökonomischen Bedingungen.[1074] Je nachdem, welche konkreten Geschäftsmodelle zukünftig für die Datenübertragung im Internet gewählt werden, könnte die kommunikative Chancengleichheit der Content-Anbieter oder auch der Internetnutzer gefährdet sein. Ein Verstoß gegen die kommunikative Chancengleichheit im Internet ist zum Beispiel anzunehmen, wenn ein Infrastruktur-Provider einen Quality of Service nur für seine eigene, qualitätssensible Dienstleistung nutzt, aber konkurrierenden Content-Providern nicht ebenfalls den Zugang ermöglicht. Die kommunikative Chancengleichheit wird daher auch im Zusammenhang mit dem Internet und der Diskussion um die Netzneutralität als verfassungsrechtliche Rahmenbedingung thematisiert.[1075]

6.1.1.4 Zensurverbot gemäß Art. 5 Abs. 1 Satz 3 GG

Die Kommunikationsfreiheiten finden gemäß Art. 5 Abs. 2 GG ihre Schranken in den Vorschriften der allgemeinen Gesetze, den gesetzlichen Bestimmungen zum Schutze der Jugend und in dem Recht der persönlichen Ehre. Wie alle weiteren Grundrechte mit Ausnahme der durch Art. 1 Abs. 1 GG vorbehaltlos geschützten Menschenwürde, können diese Grundrechte durch Gesetze eingeschränkt werden.[1076] Art. 5 Abs. 1 Satz 3 GG entfaltet seine Bedeutung in Bezug auf die einschränkenden Gesetze, indem er mit dem Zensurverbot eine benannte Schranken-Schranke normiert.[1077] Eine Zensur von Meinungsäußerungen oder Medien „findet nicht statt“ – so der Wortlaut der Verfassungsnorm.[1078] Hierunter sind grundsätzlich alle Maßnahmen zu verstehen, die die Herstellung oder Verbreitung von Geisteswerken einschränken, insbesondere indem sie sie von einer behördlichen Vorprüfung oder Genehmigung des Inhalts abhängig machen.[1079] Für die Informationsfreiheit gilt das

---

1074 *Holznagel,* AfP 2011, 535.

1075 S. *Martini* 2011; *Gersdorf,* AfP 2011, 213; *Holznagel,* AfP 2011, 535; *Bortnikov* 2013, 47 ff.

1076 Obwohl dem Wortlaut nach das Recht – und nicht Gesetze zum Schutz – der persönlichen Ehre als Schranke ausreichend sein soll, besteht Einigkeit, dass es sich auch bei dieser Schranke um einen Gesetzesvorbehalt handelt, s. *Schemmer,* in: Epping/Hillgruber 2015, Art. 5 GG, Rn. 112 m.w.N.

1077 *BVerfGE* 33, 52 (71 ff.); *Hoffmann-Riem* 2002, Art. 5 Abs. 1, 2 GG, Rn. 89; *Bethge,* in: Sachs 2014, Art. 5 GG, Rn. 129.

1078 Umfassend zum verfassungsrechtlichen Zensurverbot schon *Löffler,* NJW 1969, 2225 ff.

1079 *Wendt,* in: v. Münch/Kunig Bd. 2, 2012, Art. 5 GG, Rn. 62. *Löffler,* NJW 1969, 2225; *Hopf,* ZUM 2000, 742 sprechen zudem von einer „planmäßigen Überwachung“.

Zensurverbot nach herrschender Meinung nicht.[1080] Diese Auffassung überzeugt, da sich die Informationsfreiheit nur auf öffentlich zugängliche Quellen bezieht, die somit eine vorherige Veröffentlichung voraussetzen. Staatliche Maßnahmen, die vor diesem Zeitpunkt liegen, können somit die Informationsfreiheit nicht tangieren.[1081]

Nach wohl noch herrschender, wenn auch nicht unbestrittener Meinung in Literatur und Rechtsprechung umfasst das Zensurverbot trotz der offenen Formulierung nur die Vorzensur – nicht aber die Nachzensur – von durch Art. 5 Abs. 1 GG geschützten Geisteswerken.[1082] Die Meinungs- und Medienfreiheit beschränkende Gesetze dürfen nicht zu einer staatlichen Kontrolle führen, wie sie zum Beispiel bei einer behördlichen Vorprüfung und Genehmigung eines Inhalts anzunehmen wäre. Gesetze, die auf ein Verbot mit und erst recht ohne Erlaubnisvorhalt abzielen, sind verfassungswidrig. Wäre aber auch die Nachzensur durch Art. 5 Abs. 1 Satz 3 GG untersagt, würden die in Art. 5 Abs. 2 GG ausdrücklich vorgesehenen Schranken der Kommunikationsfreiheiten gegenstandslos.[1083] Gegen dieses Hauptargument der herrschenden Lehre für die Begrenzung des Art. 5 Abs. 1 Satz 3 GG auf die Vorzensur wird eingewendet, dass auch bei der Annahme des Verbots der Vor- und Nachzensur ein Anwendungsbereich für die Schranken des Art. 5 Abs. 2 GG verbleibe, da nicht jeder Eingriff in den Kommunikationsprozess eine Zensur darstelle.[1084] Eine Zensur sei unabhängig von dem Zeitpunkt, zu dem sie stattfände nur gegeben, wenn eine anlassunabhängige, planmäßige und systematische Inhaltskontrolle durch den Staat stattfände.[1085] Eine anlassbezogene Beschlagnahme von Presseerzeugnissen sei zum Beispiel keine Zensur und somit nicht von vornherein ein Verstoß gegen Art. 5 Abs. 1 Satz 3 GG, so dass hier Art. 5 Abs. 2 GG zur Anwendung käme. Diese Auffassung verkennt allerdings, dass sich Art. 5 Abs. 1 Satz 3 GG gerade nicht auf die konkrete Einzelmaßnahme bezieht – die immer anlassbezogen erfolgen wird –, sondern als Schranken-Schranke auf die Gesetze, die als Rechtsgrundlage für derartige Einzelmaßnahmen erforderlich sind.[1086] Gesetze verfolgen nie einen konkreten im Sinne von einzelfallbezogenen Anlass, da sie definitionsgemäß abstrakt-generell sind. Sie dienen somit immer der abstrakten Verhinderung möglicher Rechtsgutsverletzungen. Da das Zensurverbot eine absolute Eingriffs- und Ausgestaltungs-Schranken-Schranke ist, die keine Ausnahme zulässt,[1087] ist ein enges Verständnis erforderlich. Andernfalls könnte zum Beispiel das Verbot der Verbreitung verfassungswidriger Propagandamittel gemäß § 86 StGB als verbotene Zensur eingeordnet werden. Die Beschränkung des Zensurverbots auf die Vorzen-

---

1080 *BVerfGE* 27, 88 ff. (102); *Schemmer*, in: Epping/Hillgruber 2015, Art. 5 GG, Rn. 114; *Herzog*, in: Maunz/Dürig 2013, Art. 5 Abs. 1, 2 GG, Rn. 297. A.A. *Wienstroth*, BLJ 2009, 99 u.a. mit Verweis auf *Bethge*, in: Sachs 2014, Art. 5 GG, Rn. 129, der allerdings nur die allgemeine Aussage trifft, dass Art. 5 Abs. 1 Satz 3 GG sich auf Art. 5 Abs. 1 bezieht, ohne die Informationsfreiheit explizit zu nennen. Ebenso *Schulze-Fielitz*, in: Dreier Bd. I, 2013, Art. 5 I, II GG, Rn. 170. *Spindler/Volkmann*, MMR 2003, 355 regen zumindest an, sich in Anbetracht der neuen Kommunikationsmöglichkeiten mit einer Erweiterung des Zensurverbots auf die Nachzensur auseinanderzusetzen.

1081 Das Zensurverbot könnte daher nur dann auf die Informationsfreiheit bezogen werden, wenn auch die Nachzensur gemeint ist.

1082 *BVerfGE* 33, 52 (71 ff.); 87, 209 (230); *Wendt*, in: v. Münch/Kunig Bd. 1, 2012, Art. 5 GG, Rn. 62; *Herzog*, in: Maunz/Dürig 2013, Art. 5 Abs. 1, 2 GG, Rn. 298. A.A. in Bezug auf die Risiken einer Internetregulierung *Wienstroth*, BLJ 2009, 100 f.

1083 *BVerfGE* 33, 52 (71).

1084 S. bereits *Löffler*, NJW 1969, 2227; *Wienstroth*, BLJ 2009, 100 wohl auch *Schulz*, in: Hahn/Vesting 2012, § 59 RStV, Rn. 16, der allerdings auch die Alternative anspricht, Art. 5 Abs. 1 Satz 3 GG nicht auf die Nachzensur zu erweitern, sondern bei Internetveröffentlichungen den Zeitpunkt der Veröffentlichung neu zu definieren.

1085 S. die Definition der Zensur von *Hoffmann-Riem* 2002, Art. 5 Abs. 1, 2 GG, Rn. 92.

1086 *Wienstroth*, BLJ 2009, 101 setzt sich in diesem Beitrag zu seiner eigenen Argumentation in Widerspruch, da er Sperrverfügungen im Internet als nicht als unzulässige Zensur, da sie aus Anlass einer konkreten Rechtsgutsgefährdung ergingen.

1087 *Hoffmann-Riem*, in: Stein/Denninger/ders. Bd. 1, 2001, Art 5 Abs. 1, 2 GG, Rn. 89.

sur bedeutet zudem nicht, dass jede Nachzensur rechtmäßig ist, sondern sie ist es nur, soweit sie sich im Rahmen der allgemeinen Schranken der Meinungs- und Medienfreiheit gemäß Art. 5 Abs. 2 GG hält.[1088] Das Zensurverbot richtet sich ausschließlich an die staatliche Gewalt und entfaltet keine Drittwirkung gegenüber Privatpersonen.[1089] Eine nachträgliche staatliche Kontrolle und Sanktionierung verbreiteter Geisteswerke im Rahmen der Schrankenbestimmung von Art. 5 Abs. 2 GG ist zulässig.

Zwischen dem Zensurverbot und dem Internet wird vor allem bei sogenannten Internetsperren ein Zusammenhang hergestellt. Hierunter sind sowohl gesetzlich angeordnete Maßnahmen zu verstehen, die den Zugang zu bestimmten Webseiten unterbinden (Internetinhaltssperre) als auch solche, durch die einzelnen Personen der technische Zugang zum Internet gesperrt wird (Internetzugangssperre). Die erste Alternative sah das im Jahr 2010 in Kraft getretene Gesetz zur Erschwerung des Zugangs zu kinderpornographischen Inhalten in Kommunikationsnetzen (Zugangserschwerungsgesetz – ZugErschwG) vor. Durch dieses Gesetz sollten Access-Provider mit mehr als 10.000 Kunden gesetzlich verpflichtet werden, den Zugriff auf die in einer Sperrliste indizierten Webseiten mindestens auf der DNS-Ebene zu sperren und auf eine Homepage vom deutschen Bundeskriminalamt (BKA) mit einem „Stopp-Schild“ umzuleiten. Aufgrund erheblicher verfassungsrechtlicher Bedenken wurde das Gesetz aber nie faktisch umgesetzt und schließlich – ohne je vollzogen worden zu sein – im Dezember 2011 wieder aufgehoben.[1090]

Dennoch ist fraglich, ob derartige Maßnahmen, wie sie in Deutschland vorgesehen waren und die in den Medien regelmäßig als Internetzensur bezeichnet wurden, tatsächlich einen Verstoß gegen das Zensurverbot darstellen würden.[1091] Das Zugangserschwerungsgesetz verpflichtete das Bundeskriminalamt gemäß § 1 Abs.1 ZugErschwG eine Sperrliste zu führen. Auf dieser Liste sollten Domain-Namen, IP-Adressen und URL von Webseiten, die Kinderpornografie gemäß § 184b StGB enthalten oder verlinken, indiziert werden. Die Aufnahme in die Sperrliste sollte gemäß § 1 Abs. 2 ZugErschwG erfolgen, wenn deren Löschung nicht oder nicht in angemessener Zeit erwirkt werden kann. Zugangsprovider mit mehr als 10.000 Kunden sollten gesetzlich dazu verpflichtet werden, den Zugriff auf die in der Sperrliste indizierten Schriften gemäß § 2 Abs. 1 und 2 ZugErschwG mindestens auf der DNS-Ebene zu sperren, gemäß § 4 ZugErschwG auf ein vom Bundeskriminalamt gestaltetes „Stopp-Schild“ umzuleiten und ihm gemäß § 6 ZugErschwG eine anonymisierte Zugriffsstatistik zu übermitteln. Die Content- und Host-Provider der inkriminierten Webseiten sollten über die Indizierung benachrichtigt werden.

Diese Maßnahmen des Zugangserschwerungsgesetzes erfüllten die Voraussetzungen einer Zensur gemäß Art. 5 Abs. 1 Satz 3 GG nicht. Zwar steht es einem staatlichen Handeln nicht entgegen, dass die Sperrung der Seiten und die Verhinderung der Verbreitung der Information durch Provider und damit nicht durch staatliche Institutionen umgesetzt werden. Allerdings liegt weder ein verfahrensmäßiges Handeln – wie es vom formellen Zensurbegriff gefordert wird –[1092] noch ein Eingriff vor der Veröffentlichung des Geisteswerks vor.[1093] Das Zugangserschwerungsgesetz legte eine verfahrensmäßige Vorgehensweise erst ab dem Zeitpunkt des Auffindens von Kinderpornografie auf Webseiten fest. Die Verfahrensmäßigkeit

---

[1088] *BVerfGE* 33, 52 (72); *Wendt*, in: v. Münch/Kunig Bd. 1, 2012, Art. 5 GG, Rn. 62.

[1089] *Wendt*, in: v. Münch/Kunig Bd. 1, 2012, Art. 5 GG, Rn. 64. A.A. *Löffler*, NJW 1969, 2227; *Koreng*, in: Goerlich 2010, 13 f., der von einer prinzipiellen Drittwirkung im Sinne eines weiteren Abwägungstopos in privatrechtlichen Streitigkeiten ausgeht.

[1090] Zur Kritik zum Zugangserschwerungsgesetz in der Literatur s. *Heliosch* 2012; *Kahl,* SächsVBl 2010, 180.

[1091] An dieser Stelle soll explizit nicht die Frage beantwortet werden, ob das Zugangserschwerungsgesetz im Übrigen verfassungswidrig war.

[1092] Zur Differenzierung zwischen formellen und materiellen Zensurbegriff s. ausführlich *Koreng*, in: Goerlich 2010, 9 f.

[1093] So im Ergebnis auch *Holznagel*, AfP 2011, 533; *Koreng* 2010, 212 ff.

muss sich im Kontext der Meinungs- und Medienfreiheiten auf das gezielte Kontrollieren und Auffinden von Informationen beziehen und nicht nur auf deren anschließender Verbreitungsverhinderung.[1094] Das Zugangserschwerungsgesetz hat die Polizei aber gerade nicht dazu verpflichtet, regelmäßig und planvoll das Internet nach derartigen Inhalten zu durchsuchen, sondern die Kenntnis über kinderpornografische Inhalte kann auf unterschiedlichen Umständen beruhen, zum Beispiel aufgrund einer gezielten Internetrecherche als Ermittlungsmaßnahme, als Zufallsfund bei einer sporadischen „Streife“ im Internet oder einer Anzeige durch Internetnutzer.

Gegen die Annahme einer Zensur im Sinne des Art. 5 Abs. 1 Satz 3 GG könnte zudem sprechen, dass die vorgesehene Sperrung des Zugriffs auf die Internetinhalte auf der DNS-Ebene erst erfolgen kann, wenn die Informationen im Internet abrufbar sind. Im Zusammenhang mit der Diskussion um die Vor- und Nachzensur wird teilweise für die Verbreitung von Geisteswerken über das Internet davon ausgegangen, dass eine Veröffentlichung erst anzunehmen ist, wenn die Inhalte den Rezipienten erreicht haben.[1095] Hierdurch wird der Zeitraum des Vorzensurverbots verlängert, ohne zwangsläufig die Nachzensur einzubeziehen.

Der erste historische Wechsel von der ursprünglich durch Staat und Kirche ausgeübten Nach- zu einer Vorzensur, wurde mit der Erfindung des Buchdrucks um 1450 begründet, da hierdurch Informationen um ein Vielfaches schneller verbreitet werden konnten.[1096] Um die Verbreitung von Geisteswerken effektiv verhindern zu können, wurde es erforderlich, die Druckwerke vor ihrer Verbreitung einer Inhaltskontrolle zu unterziehen, da eine Kontrolle der gestreuten Werke ungleich aufwändiger gewesen wäre. Die aktuellen Bestrebungen, das Zensurverbot entweder durch eine neue Definition des Anwendungsbereichs der Vorzensur oder die Einbeziehung der Nachzensur zu erweitern, werden ebenso mit Blick auf technische Neuerungen begründet. Während bei der Verbreitung herkömmlicher Medien die Zeitpunkte der Äußerung und Rezeption nahezu zusammenfallen würden, sei davon bei einer Verbreitung über das Internet nicht mehr auszugehen.[1097] Im Internet sei es möglich, den Abruf von Informationen unmittelbar nach dem Einstellen ins Internet zu verhindern. Die Wahrnehmung durch die Öffentlichkeit würde nicht nur eine Verbreitungshandlung des Meinungsäußernden, sondern zusätzlich eine Wahrnehmung des Rezipienten voraussetzen. Maßgeblich sei, dass das Zensurverbot die „Lähmung des Geisteslebens“[1098] verhindern müsse. Diese könne aber gerade auch eintreten, wenn die Meinungsäußerungen nicht wahrgenommen werden.

Nach der grundsätzlichen Systematik der Meinungsäußerungsfreiheit und ihrer Abgrenzung zum Schutzbereich der Informationsfreiheit kann für die Konkretisierung des Zensurverbots nur die faktische Möglichkeit der Wahrnehmung des Geisteswerks durch die Rezipienten, nicht aber die tatsächliche Wahrnehmung maßgeblich sein. Auch bei der Verbreitung von Druckwerken wurde für die Veröffentlichung spätestens auf den Zeitpunkt abgestellt, zu dem die Geisteswerke in einem Geschäft zu erwerben waren und nicht auf den Moment, in dem sie von Rezipienten gesehen oder gekauft wurden.[1099] Überdies ist es zwar einerseits zutreffend, dass Internetsperren ohne nennenswerte zeitliche Verzögerung technisch realisiert werden können, anderseits benötigt es einen genauso geringen Zeitraum, die Geisteswerke –

1094 *Holznagel*, AfP 2011, 533 vertritt die Auffassung, dass die Untersagung der Verbreitung nicht in einem förmlichen Verwaltungsverfahren erfolge, sondern aufgrund einer entsprechenden Programmierung der Netzwerkmanagementtechniken durch den Provider und daher keine Zensur anzunehmen sei. Dies überzeugt insoweit nicht, als vor der Sperrung Löschungsmaßnahmen, z.B. in Form einer Untersagungsverfügung, erfolglos ergriffen werden mussten. Die Sperrung erfolgte nur als ultima ratio vergleichbar einem Verwaltungszwang.

1095 *Holznagel*, AfP 2011, 533; *Koreng*: in: Goerlich 2010, 7 f.

1096 *Breitbach/Rühl*, NJW 1988, 9 f.

1097 *Koreng*, in: Goerlich 2010, 8; *Wienstroth*, BLJ 2009, 101.

1098 *BVerfGE* 33, 52 (72).

1099 *Koreng*, in: Goerlich 2010, 7.

bewusst oder unbewusst – zu kopieren und auf weiteren Servern im Internet zum Abruf bereit zu halten. Sobald dies erfolgt ist, können Internetsperren die Verbreitung des Geisteswerks nicht mehr bewirken.[1100] Im Ergebnis hätten die Maßnahmen des Zugangserschwerungsgesetz keine Zensur gemäß Art. 5 Abs. 1 Satz 3 GG dargestellt.[1101]

Nicht im Zugangserschwerungsgesetz vorgesehen war dagegen die zweite Alternative, die häufig als Internetsperre bezeichnet wird, die Internetzugangssperre für einzelne Nutzer. Derartige Maßnahmen werden in Anlehnung an das französische *Hadopi*-Gesetz[1102] auch in Deutschland unter dem Begriff Three-Strike(-Out)-Verfahren diskutiert.[1103] In Frankreich kann Internetnutzern nach zwei urheberrechtlichen Verstößen im Internet zur Bestrafung der dritten Tat der Zugang zum Internet gesperrt werden.[1104] In Deutschland bestehen gegen die Internetzugangssperre als Sanktion gegen Urheberrechtsverstöße im Internet erhebliche verfassungsrechtliche Bedenken in Bezug auf den Schutz der Meinungsfreiheit, des Fernmeldegeheimnisses und der Berufsfreiheit.[1105] Die Sperrung des Internetzugangs könnte ein Verstoß gegen das Zensurverbot darstellen, soweit hierdurch die Verbreitung von Geisteswerken – nicht aber ihr Abruf – über das Internet verhindert wird. Die staatliche Zensur setzt jedoch immer eine inhaltliche Prüfung des Geisteswerks und das Verbot der Veröffentlichung als ihrem Ergebnis voraus.[1106] Internetzugangssperren könnten daher allenfalls als Umsetzungswerkzeug zensorische Wirkung entfalten, wenn hierdurch im Einzelfall die Durchsetzung des Verbots der Verbreitung inhaltlich nicht gebilligter Geisteswerke erzwungen wird. Die eigentliche Zensur wäre aber die vorausgehende inhaltliche Bewertung des Geisteswerks und das ausgesprochene Verbot der Veröffentlichung.

Nur vereinzelt mit dem Zensurverbot in Zusammenhang gebracht wird die Providerhaftung im Internet.[1107] Dabei geht es allgemein formuliert um die Reichweite der Verantwortlichkeit von Providern für über das Internet und insbesondere im Web verbreitete Inhalte. Gesetzliche Haftungsvorschriften für die verschiedenen Providertätigkeiten finden sich in den §§ 7 ff. TMG. Diese sehen neben der Klarstellung der Haftung der Content-Provider für eigene Inhalte in den §§ 8 bis 10 TMG abgestufte Haftungsprivilegierungen zur Verantwortlichkeit von Access-, Cache- und Host-Provider in Bezug auf fremde Inhalte vor. Die maßgebliche Regelung in Bezug auf das Zensurverbot findet sich in § 7 Abs. 2 Satz 1 TMG. Hiernach obliegt Anbietern von Telemediendiensten keine allgemeine Überwachungs- oder Kontrollpflicht dahingehend, ob die betreffenden Inhalte rechtswidrig sind. Diese Vorschrift entspricht der Intention des Zensurverbots, dass weder der Staat selbst noch durch ihn angeordnet, die Datenübermittlungen oder die Inhalte im Web einer generellen Vorabkontrolle unterziehen darf oder muss. Die Rechtsprechung hat allerdings über die Konstruktion der so-

---

[1100] Die einfache Umgehungsmöglichkeit der DNS-Sperren war einer der Hauptkritikpunkte gegen das Zugangserschwerungsgesetz, *Schnabel*, JZ 2009, 1000.

[1101] S. auch *Schnabel*, JZ 2009, 999.

[1102] „Haute Autorité pour la diffusion des oeuvres et la protection des droits sur l'Interne". S. *Pany*, „Französisches Parlament beschließt Gesetz zur Internetsperre bei Urheberrechtsverstößen", heise online vom 12.5.2009, http://www.heise.de/newsticker/meldung/Franzoesisches-Parlament-beschliesst-Gesetz-zur-Internetsperre-bei-Urheberrechtsverstoessen-218583.html.

[1103] S. *Kleinz*, „Internetsperren gegen Urheberrechtsverletzer auch für Deutschland? [Update]", heise online vom 25.6.2009, http://www.heise.de/ct/meldung/Internetsperren-gegen-Urheberrechtsverletzer-auch-fuer-Deutschland-Update-186143.html.

[1104] S. *Paal/Hennemann*, MMR 2012, 289; *Hoffmann*, FoR 2010, 5.

[1105] *Hennemann* 2011, 252 ff.; *Frey/Rudolph/Oster*, MMR-Beilage 3/2012, 8 ff. *V. Lewinski*, RW 2011, 89 f. ordnet die Internetzugangssperre für den Fall, dass sie Voraussetzung für die Sicherheit der Meinungsfreiheit wäre, als Verstoß gegen die formelle Voraussetzung für eine Grundrechtsverwirkung gemäß Art. 18 S. 1 GG an, da diese Feststellung dem Bundesverfassungsgericht gemäß Art. 18 S. 2 GG vorbehalten ist.

[1106] *Hoffmann-Riem* 2002, Art. 5 Abs. 1, 2 GG, Rn. 92.

[1107] Z.B. *Eberle*, in: Prinz/Peters 1996, 158; *Ladeur*, ZUM 2004, 8; *Jandt*, in: Roßnagel 2013, § 7 TMG, Rn. 15.

genannten – insbesondere mittelbaren Störerhaftung – den Providern Haftungs- und Kontrollpflichten auferlegt,[1108] die die Beachtung des Zensurverbots durchaus in Frage stellen. Der Bundesgerichtshof hat in seinem Grundsatzurteil zur Störerhaftung entschieden, dass der Host-Provider aufgrund eines markenrechtsverletzenden Nutzungsangebots nicht nur zur Beseitigung des Angebots verpflichtet ist, sondern auch „Vorsorge zu treffen hat, dass es möglichst nicht zu weiteren derartigen Markenverletzungen kommt“[1109]. Zuvor wird aber die Feststellung getroffen, dass es dem Provider nicht zuzumuten sei, jedes Angebot vor Veröffentlichung im Internet auf eine mögliche Rechtsverletzung hin zu untersuchen. Diese Aussagen stehen nur dann nicht im Widerspruch zueinander, wenn die Vorsorgepflicht sich nur auf den konkreten Nutzer bezieht, dessen Markenrechtsverstoß durch das Angebot auf der Internet-Plattform rechtskräftig festgestellt worden ist. Auch wenn die einfachgesetzlichen Vorschriften und die Rechtsprechung das Zensurverbot stützen, zeigt sich bei der Providerhaftung das Risiko einer mittelbaren Zensur. Dies nicht indem der Staat Daten, die über das Internet übermittelt werden, hinsichtlich ihres Inhalts kontrolliert, aber indem er die Haftung der Provider für fremde Inhalte so weit gestaltet, dass diese faktisch nur durch eine generelle Vorabkontrolle das Haftungsrisiko effektiv begrenzen und angemessen reduzieren können.

Die Entscheidungen des Bundesverfassungsgerichts zur Zensur gemäß Art. 5 Abs. 1 Satz 3 GG betrafen – soweit ersichtlich – jeweils Sachverhalte, bei denen die Kontrollmaßnahmen durch staatliche Stellen vorgenommen wurden.[1110] Darüber hinaus wird auf behördliche Vorprüfungen und staatliche Verfahren abgestellt, so dass hieraus keine Aussage darüber abgeleitet werden kann, ob eine verfassungswidrige Zensur auch durch private Stellen – wie die Provider – vorgenommen werden kann. In der Literatur finden sich zumindest Überlegungen zu dem dogmatischen Hintergrund, ob das Zensurverbot eine Drittwirkung entfaltet.[1111] Dagegen spricht zunächst, dass das Zensurverbot als Schranken-Schranke und nicht als Grundrecht einzuordnen ist. Es wird argumentiert, dass das Zensurverbot dennoch Prinzipiencharakter aufweise und daher eine objektive Ausstrahlungswirkung entfalte. Letztlich wird ihm dennoch der absolute Charakter, den es gegenüber dem Staat hat, abgesprochen und als Abwägungstopos bei Grundrechtskollisionen eingestuft. Im Ergebnis kann weder aus den Entscheidungen des Bundesverfassungsgerichts noch aus diesen Überlegungen zur – systemfremden – Drittwirkung des Zensurverbots das beschriebene Risiko der mittelbaren Zensur als Verstoß gegen Art. 5 Abs. 1 Satz 3 GG qualifiziert werden.

Unabhängig vom Ergebnis der rechtlichen Bewertung von Internetsperren und Providerhaftung als Zensur zeigen die Ausführungen deutlich, dass das Internet und die Internetdienste (nicht nur) dem Staat neue Möglichkeiten bieten, die Verbreitung von Äußerungen mit dem Ziel einer Diskurslenkung in der Bevölkerung zu unterbinden. Mittels moderner Netzwerkmanagementtechniken werden in vielen Staaten sowohl Internetinhalts- als auch Internetzugangssperren praktiziert.[1112] In Myanmar wurden zum Beispiel von der Regierung während der Demonstrationen im Jahr 2007, mit denen die Bevölkerung gegen die seit 1962 herrschende Militärdiktatur protestierte, alle Internetverbindungen zeitweilig abgeschaltet, um zu unterbinden, dass Nachrichten, Bilder und Filme der Proteste ins Ausland gelangten.[1113] Auf die inhaltliche Prüfung der über das Internet übermittelten Informationen im Ein-

1108 Für einen Überblick zur Störerhaftung s. nur *Jandt*, in: Roßnagel 2013, § 7 TMG, Rn. 49 ff. m.w.N.

1109 *BGHZ* 158, 236 (251).

1110 S. *BVerfGE* 33, 62 (71 ff.); 47, 198 (236 ff.); 87, 209 (230 ff.).

1111 *Koreng*, in: Goerlich 2010, 13 f.

1112 S. hierzu den – jährlich erscheinenden – umfassenden Bericht von Reporter ohne Grenzen, in dem elf Staaten als Feinde des Internet bezeichnet werden, „Grenzenloses Internet – Zum Welttag gegen Internetzensur am 12. März 2015“ vom 12.3.2015, https://www.reporter-ohne-grenzen.de/fileadmin/Redaktion/Presse/Downloads/Feinde_des_Internets/Grenzenloses_Internet_-_Reporter_ohne_Grenzen.pdf, 2.

1113 Weitere Beispiele für staatliche Eingriffe in das Internet sind die bewusste Verlangsamung der Internetübermittlung durch das iranische Regime 2009 sowie die regionale Abschaltung in Xinjiang in China

zelfall wurde verzichtet. Es wurden stattdessen alle Internetnutzer des Landes unter Generalverdacht gestellt und jegliche Verbreitung von Informationen verhindert. Die Eingriffsintensität dieser Maßnahme ist ungleich höher als ein Verbot der Veröffentlichung von unkontrollierten Informationen mit Erlaubnisvorbehalt, das in Deutschland gegen das Zensurverbot verstößt. Denn in Myanmar bestand zumindest für einen bestimmten Zeitraum im Endeffekt ein absolutes, faktisches Verbot der Meinungs- und Informationsverbreitung. Eine weitere staatliche Maßnahme, die zu einer Lähmung des Geisteslebens führen könnte, wäre zum Beispiel die gezielte Beeinflussung von Suchmaschinen. Diese könnten Suchfilter aufweisen, die bestimmte gesperrte Begriffe enthalten, wodurch die Ergebnislisten entsprechend unvollständig erstellt werden würden. Informationen zu einem Gesetzesvorhaben könnten so zum Beispiel nahezu vollständig der Kenntnis durch die Öffentlichkeit entzogen werden.

Schließlich könnte das Zensurverbot für die Internetkommunikation eine gesteigerte Bedeutung erlangen, wenn der Staat Netzwerkmanagementtechniken einsetzen würde, um die Informationsübermittlung in Abhängigkeit von den Inhalten zu steuern.[1114] Das Internet bietet aufgrund seiner technischen Ausgestaltung die Chance, multimediale Informationen ad hoc als Many-to-Many-Kommunikation an eine unbegrenzte Anzahl von Personen ohne örtliche Begrenzung zu übermitteln. Die zeitliche Verzögerung der Informationsübermittlung stellt zwar streng genommen kein Verbot der Veröffentlichung dar, es könnte sich aber faktisch so auswirken. Insbesondere da das Bundesverfassungsgericht die rundfunkspezifische Meinungsmacht und damit die besondere Schutzbedürftigkeit des Rundfunks unter anderem mit dessen Aktualität begründet.[1115]

6.1.2 Schutz des Fernmeldegeheimnisses gemäß Art. 10 GG

Das Grundgesetz schützt durch Art. 10 Abs. 1 GG die Vertraulichkeit der Kommunikation, sofern die Beteiligten für die Übermittlung – herkömmlich zur Überwindung einer räumlichen Distanz[1116] – auf die Unterstützung durch andere angewiesen sind.[1117] Der private, vor der Öffentlichkeit und insbesondere vor dem Staat verborgene Austausch von Informationen bildet einen wesentlichen Bestandteil des Schutzes der Privatsphäre und der Würde des Menschen.[1118] Im Unterschied zu Art. 5 Abs. 1 Satz 2 GG schützen die Grundrechte des Art. 10 Abs. 1 GG die individuelle Kommunikation und nicht die Massenkommunikation.[1119] Die Informationen müssen gerade an einen oder mehrere individualisierbare Empfänger erfolgen, die der Absender ausgewählt hat.[1120] Durch die Grundrechtstrias des Art. 10 Abs. 1 GG soll ein vollständiger Schutz des durch Kommunikationsmittel ermöglichten Informationsaustauschs gewährleistet werden, der sich an historischen Formen der vermittelten Kommunika-

2009 bis 2010 und nationale Abschaltungen in Ägypten und Libyen 2011. S. *Kettemann*, ZaöRV 2012, 472.

1114 Zur technischen Umsetzung z.B. durch Deep Paket Inspection s. *Bedner* 2009, 1 ff.; *ders.*, CR 2010, 339 ff. sowie Kap. 7.2.1.1.

1115 S. Kap. 6.1.1.2.2.2.

1116 Der Aspekt der räumlichen Distanz hat im Zeitalter von Mobilkommunikation und Internet wesentlich an Bedeutung verloren. Insbesondere mittels SMS und MMS Instant Messages tauschen häufig auch Personen Informationen aus, wenn keine wesentliche Distanz zwischen ihnen liegt, die die technische Übermittlung zwingend erfordern würden.

1117 *Baldus*, in: Epping/Hillgruber 2015, Art. 10 GG, Rn. 1; *Guckelberger,* in: Schmidt-Bleibtreu/Hofmann/Henneke 2014, Art. 10 GG, Rn. 22; *Hermes*, in: Dreier Bd. I, 2013, Art. 10 GG, Rn. 36, der vom Telekommunikationsgeheimnis spricht.

1118 *BVerfGE* 115, 166 (182).

1119 *Durner*, in: Maunz/Dürig 2015, Art. 10 GG, Rn. 51; *Guckelberger,* in: Schmidt-Bleibtreu/Hofmann/Henneke 2014, Art. 10 GG, Rn. 5; *Jarass*, in: Jarass/Pieroth 2014, Art. 10 GG, Rn. 6; *Hermes*, in: Dreier Bd. I, 2013, Art. 10 GG, Rn. 15.

1120 *BVerfGE* 115, 166 (182); *Bizer*, in: Stein/Denninger/Hoffmann-Riem Bd. 1, 2001, Art. 10 GG, Rn. 39.

tion orientiert.[1121] Die in Art. 10 Abs. 1 GG zusammengefassten Grundrechte des Brief-, Post- und Fernmeldegeheimnisses ergänzen sich gegenseitig und sind medienbezogen gegeneinander abzugrenzen. Sie beinhalten keine Differenzierung anhand der Kommunikationsinhalte zum Beispiel als privat, geschäftlich oder politisch.[1122] Brief- und Postgeheimnis dienen dem Schutz der verkörperten Übermittlung von Informationen, während das Fernmeldegeheimnis den Schutz nicht verkörperter Informationsübermittlung garantiert. Aufgrund des Erfordernisses der Verkörperung der Informationen muss dies auch in Bezug auf die Übermittlung von E-Mails, SMS, MMS, Instant Messages über das Internet gelten, obwohl sie immer mehr die Funktion des Substituts klassischer Briefpost übernehmen. Entsprechend werden elektronische Textmitteilungen vielfach als „elektronische Post" bezeichnet. Da die Grundrechte des Post- und Briefgeheimnisses somit keine Relevanz für das Internet haben, beschränken sich die folgenden Ausführungen auf das Fernmeldegeheimnis.

6.1.2.1 Schutzbereich und Funktionen

Das Fernmeldegeheimnis, das in der modernen Terminologie häufig auch als Telekommunikationsgeheimnis bezeichnet wird, schützt die Übermittlung von unkörperlichen Informationen an individuelle Empfänger mithilfe von Fernkommunikationsmitteln.[1123] Schutzgut des Fernmeldegeheimnisses ist die Vertraulichkeit individueller Kommunikation, soweit sie fernmeldetechnisch übertragen wird.[1124] Historisch und terminologisch umfasst das Fernmeldegeheimnis das Telegraphen- und Fernsprechgeheimnis.[1125] Es ist aber wie die Mediengrundrechte entwicklungsoffen und weder auf eine bestimmte Übermittlungstechnik oder -art, wie zum Beispiel Telefon, Telegramm, Funkverkehr, Teletext, Telefax, Bildschirmtext,[1126] E-Mail[1127] und Instant Messaging sowie analoge oder digitale Übermittlung, noch auf eine bestimmte Ausdrucksform, wie zum Beispiel Sprache, Bilder, Töne oder Zeichen, beschränkt.[1128] Aus der technischen Perspektive werden nur Telekommunikationen ausgeschlossen, die an die Allgemeinheit oder an einen unbestimmten Personenkreis gerichtet sind.[1129]

Während die Massenkommunikation das Bedürfnis des Einzelnen schützt, sich öffentlich und mit der Öffentlichkeit auszutauschen, dient das Fernmeldegeheimnis dem Bedürfnis des Individuums, mit einzelnen Personen zu kommunizieren.[1130] Geschützt wird der private Kommunikationsaustausch mit dem Ziel, dass der Kommunikator selbst darüber bestimmen kann, an welchen Personenkreis er seine Mitteilungen richtet und diese vor fremder illegitimer Kommunikationsteilhabe geschützt sind.[1131] Das Grundrecht soll ihm ermöglichen, seine persönliche kommunikative Privatsphäre nach eigenem Ermessen bestimmen und ausdifferenzieren zu können.[1132] Hierfür erfasst es zunächst die Vertraulichkeit der ausgetauschten Informationen und schirmt damit den Kommunikationsinhalt gegen unbefugte Kenntniserlan-

---

1121 *Durner*, in: Maunz/Dürig 2015, Art. 10 GG, Rn. 45; *Guckelberger,* in: Schmidt-Bleibtreu/Hofmann /Henneke 2014, Art. 10 GG, Rn. 21; *Jarass,* in: Jarass/Pieroth 2014, Art. 10 GG, Rn. 5.

1122 *Durner*, in: Maunz/Dürig 2015, Art. 10 GG, Rn. 41.

1123 *BVerfGE* 67, 157 (172); 106, 28 (35 f.); 100, 313 (358); 115, 166 (182); 120, 274 (306 f.).

1124 *Roßnagel*, KJ 1990, 273.

1125 S. Art. 117 WRV sowie *Durner*, in: Maunz/Dürig 2015, Art. 10 GG, Rn. 81.

1126 *Durner*, in: Maunz/Dürig 2015, Art. 10 GG, Rn. 81.

1127 Zur E-Mail s. *BVerfGE* 113, 348 (383).

1128 *BVerfGE* 115, 166 (182 f.); 106, 28 (36).

1129 *Hermes,* in: Dreier Bd. I, 2013, Art. 10 GG, Rn. 28; *Pagenkopf,* in: Sachs 2014, Art. 10 GG, Rn. 14a.

1130 *Durner*, in: Maunz/Dürig 2015, Art. 10 GG, Rn. 41.

1131 *Pagenkopf,* in: Sachs 2014, Art. 10 GG, Rn. 14.

1132 *Gusy*, in: v. Mangoldt/Klein/Starck Bd. 1, 2010, Art. 10 GG, Rn. 20 ff. *Durner*, in: Maunz/Dürig 2015, Art. 10 GG, Rn. 42 verwendet in diesem Zusammenhang den Begriff der „kommunikativen Selbstbestimmung".

gung durch Dritte ab.[1133] Der Schutz besteht unabhängig vom Inhalt oder der Funktion der Kommunikation, so dass es unerheblich ist, ob diese privaten, geschäftlichen oder politischen Charakter hat.[1134] Die Kommunikationsinhalte dürfen durch den Staat weder abgehört, zur Kenntnis genommen, aufgezeichnet oder gespeichert werden. Darüber hinaus werden die näheren Umstände des Kommunikationsvorgangs geschützt, da diese regelmäßig Rückschlüsse auf den Inhalt der Kommunikation zulassen. Dazu zählt, ob, wann, wie lange und wie oft zwischen Personen oder Endeinrichtungen Telekommunikationsverkehr stattgefunden hat oder dieser versucht wurde.[1135] Nur wenn der Einzelne sicher sein kann, dass nicht nur der Inhalt, sondern auch die Umstände der Kommunikation vor dem Staat verborgen bleiben, wird er die Fernmeldetechnik für einen freien Informations- und Meinungsaustausch nutzen. Schließlich wird der gesamte Informations- und Datenverarbeitungsprozess, der sich an (zulässige) Kenntnisnahmen anschließt sowie ein anschließender Gebrauch von diesen Daten, vom Schutzbereich umfasst.[1136]

In zeitlicher Hinsicht ist der Schutz des Fernmeldegeheimnisses grundsätzlich auf die Dauer der Verbindung oder abstrakter formuliert auf den gesamten kommunikativen Übertragungsvorgang begrenzt.[1137] Denn die spezifischen Gefahren der technisch vermittelten Kommunikation verwirklichen sich grundsätzlich nicht mehr, wenn die Information in den Herrschaftsbereich des Empfängers gelangt ist. Bei reiner Sprachkommunikation in Echtzeit, die flüchtig ist, endet der Schutz hinsichtlich der Kommunikationsinhalte unzweifelhaft im Zeitpunkt der Verbindungsbeendigung. Entstanden während des Kommunikationsvorgangs Daten über die näheren Umstände der Kommunikation, wirkt der Grundrechtsschutz bei der klassischen Telefonie noch bis zum Zeitpunkt der endgültigen Löschung dieser Daten beim Kommunikationsvermittler nach.[1138]

Das Fernmeldegeheimnis übernimmt die Funktion eines klassischen Abwehrrechts.[1139] Es schützt jeden davor, dass die Inhalte und die näheren Umstände seiner individuellen und technisch vermittelten Kommunikation dem Staat zur Kenntnis gelangen. Der Grundrechtsschutz ist unabhängig davon, ob die Vertraulichkeit während der Kommunikation durch ein unmittelbares Abhören oder die unmittelbare Kenntnisnahme erfolgt oder die Kenntnisnahme erst nach dem Abschluss der Übermittlung liegt, indem als elektronische Daten übermittelte Informationen kopiert und gespeichert worden sind. Die Abwehrfunktion wirkt über die reine Kenntnisnahme hinaus, indem auch jegliche Auswertung oder Verwendung der Inhalte der Kommunikation und der Daten über die Kommunikationsumstände das Fernmeldegeheimnis beeinträchtigen.

Durch die zweite Postreform im Jahr 1994 ist die Deutsche Bundespost Telekom privatisiert worden. Dadurch hat der Staat sein Fernmeldemonopol aufgegeben.[1140] Dem Grundrechtsschutz kann seither nicht mehr allein durch die bloße Abwehr unrechtmäßiger staatlicher Eingriffe in das Fernmeldegeheimnis genügt werden, sondern das Grundrecht weist darüber hinaus eine Schutzfunktion auf.[1141] Da die Kommunikationsübermittlung nun in den Händen privater Unternehmen liegt, muss der Staat ergänzend Schutzmaßnahmen treffen, die

---

1133 *BVerfGE* 115, 166 (183).

1134 *Pagenkopf*, in: Sachs 2014, Art. 10 GG, Rn. 14.

1135 Für diese ständige Rechtsprechung des *BVerfGE* 115, 166 (183).

1136 *BVerfGE* 93, 181 (188); 100, 313, (359); *Hermes*, in: Dreier Bd. I, 2013, Art. 10 GG, Rn. 16.

1137 *BVerfGE* 115, 166, (184); *Gusy*, in: v. Mangoldt/Klein/Starck Bd. 1, 2010, Art. 10 Rn. 24.

1138 *Hermes*, in: Dreier Bd. I, 2013, § 10 GG, Rn. 42; *Badura*, in: Kahl/Waldhoff/Walter Bd. 3, 2014, Art. 10 GG, Rn. 29; *Kudlich*, JuS 1998, 213 sowie kritisch *Bär*, MMR 2000, 177.

1139 *Pagenkopf*, in: Sachs 2014, Art. 10 GG, Rn. 16.

1140 1998 wurde zudem durch entsprechende Änderungen des Telekommunikationsgesetzes der Telekommunikationsmarkt liberalisiert und das bis dahin zugunsten der Deutschen Telekom AG bestehende Monopol des Fernmeldewesens aufgehoben.

1141 *BVerfGE* 106, 28 (36 f.) sowie *Groß*, JZ 1999, 332 f.

verhindern, dass sich private Dritte Zugriff auf die Kommunikation verschaffen.[1142] Die Schutzfunktion muss ihre Wirkung vor allem gegenüber den privaten Unternehmen des Fernmeldewesens entfalten, da diese durch die unmittelbare Beteiligung an der Kommunikation faktisch jederzeit auf die Kommunikationsinhalte zugreifen können. Nur durch die Anerkennung dieses Schutzauftrags des Staates kann das Fernmeldegeheimnis auch in einer durch private Kommunikationsdienstleistungen bestimmten Welt sein Vertraulichkeitsversprechen einlösen.[1143]

6.1.2.2 Bedeutung für das Internet

Die Bedeutung des Fernmeldegeheimnisses für das Internet und seine Dienste kann kaum überschätzt werden.[1144] Das Internet stellt eine weitere technische Form der Übermittlung von Inhalten dar, die sowohl Massen- als auch Individualkommunikation ermöglicht. Auf der technischen Ebene der Übermittlung der Datenpakete kann allerdings keine Unterscheidung zwischen Individual- und Massenkommunikation getroffen werden. Der Zugang zum Internet erfolgt immer über eine eindeutig einem Rechner zugewiesene IP-Adresse.[1145] Die Datenpakete werden zwischen zwei Servern übermittelt und Empfänger und Absender werden jeweils durch IP-Adressen eindeutig bestimmt. Wie viele Personen Zugriff auf die eingehenden Daten haben, ist von der Internettechnik unabhängig. Provider, die den Zugang zum Internet vermitteln, können die von ihren Kunden über das Internet übermittelten Informationen immer eindeutig zuordnen, so dass zumindest der Absender individualisierbar ist. Daher muss das Fernmeldegeheimnis unabhängig von einem personell individualisierbaren Empfänger gegenüber jedem Access-Provider seinen Grundrechtsschutz entfalten.[1146]

Eine Differenzierung von Individual- und Massenkommunikation kann erst auf der Ebene der Internetdienste erfolgen. Wie bereits dargelegt,[1147] dienen einige Internetdienste der individuellen und andere der Massenkommunikation. E-Mail und Internettelefonie sind eindeutig der Individualkommunikation zuzuordnen.[1148] Es wird jeweils der Empfänger der E-Mail oder des Anrufs nicht nur durch die IP-Adresse, sondern zusätzlich durch eine E-Mail-Adresse beziehungsweise je nach der verwendeten Endgerättechnik eine Session Initiation Protocol (SIP)-Adresse oder eine (normale) Telefonnummer individualisiert.[1149] E-Mails sollen nur von der Person abgerufen werden können, der die Adresse zugeordnet ist und das Telefonat

---

1142 *BVerfGE* 106, 28 (36 f.); *BVerfG*, NJW 2007, 3055 (3056); *Badura*, in: Kahl/Waldhoff/Walter Bd. 3, 2014, Art. 10 GG, Rn. 36, 38 ff. und 50 ff.; *Hadamek* 2002, 88 ff. und 145 f.; *Stern*, in: Badura/v. Danwitz/Herdegen/Sedemund/ders. 2004, § 39 PostG, Rn. 6 ff.; kritisch jedoch *Pagenkopf*, in: Sachs 2014, Art. 10 GG, Rn. 21 f.

1143 *Groß*, in: Friauf/Höfling Bd. 1, 2014, Art. 10 GG, Rn. 14; *Welp* 1974, 17 ff.

1144 Es wird von einem „überstürzenden technischen Fortschritt" und von einer „dramatischen Technikentwicklung" gesprochen, *Pagenkopf*, in: Sachs 2014, Art. 10 GG, Rn. 6 bzw. *Gusy*, in: v. Mangoldt/Klein/Starck Bd. 1, 2010, Art. 10 GG, Rn. 37.

1145 S. Kap. 5.1.

1146 *Frey/Rudolph/Oster*, MMR-Beilage 3/2012, 5; *Gusy*, in: v. Mangoldt/Klein/Starck Bd. 1, 2010, Art. 10 GG, Rn. 44; *Hermes*, in: Dreier Bd. I, 2013, Art. 10 GG, Rn. 40; s. auch *Ziebarth*, DuD 2009, 28; *Hensel*, DuD 2009, 527.

1147 S. Kap. 6.1.1.2.2.1.

1148 Bezogen auf E-Mail s. *BVerfGE* 124, 43 (54); 120, 274 (341), bezogen auf Voice-over-IP s. *AG Bayreuth*, MMR 2010, 266 mit Anmerkung *Bär*. Davon zu unterscheiden ist die Frage, wann bei der E-Mail-Kommunikation der Übertragungsvorgang abgeschlossen ist – also der die Dauer des Schutzes des Fernmeldegeheimnisses, *BVerfGE* 115, 166 (183 ff.); 120, 274 (307 f.).

1149 Vergleichbar der Umwandlung von Domain-Namen in IP-Adressen können Telefonnummern mittels Telephone Number Mapping (ENUM) im Internet nachgeschlagen werden. Bei ENUM wird die Rufnummer umgekehrt und mit Punkten zwischen den einzelnen Ziffern versehen, als Subdomain der Top Level Domain „arpa" mit der Second Level Domain „e164" vorangestellt. Aus +49 12345 6789 wird also z.B. 9.8.7.6.5.4.3.2.1.9.4.e164.arpa.

kann nur von der Person angenommen werden, die Zugriff auf das entsprechende Endgerät hat. Insofern ergibt sich bei der elektronischen Post kein wesentlicher Unterschied im Vergleich zur papiergebundenen Briefkommunikation und bei Voice-over-IP (VoIP) im Vergleich zur herkömmlichen Telefonie. Gegenüber dem Angebot von E-Mail- oder Voice-over-IP-Diensten entfaltet daher der Auftrag des Staates zur Gewährleistung der Vertraulichkeit von Individualkommunikation seine Wirksamkeit.[1150]

Webdienste sind dagegen nicht (grundsätzlich) als Individualkommunikation einzuordnen. Nach ihrer Grundkonzeption bestimmt der Kommunikator, wenn er Informationen über das Internet zur Verfügung stellt, keine individualisierten, zugangsberechtigten Empfänger. Der Abruf der Informationen ist technisch jedem möglich, der über den Webbrowser und die korrekte IP-Adresse oder den Domain-Namen die Homepage ansteuern kann. Bei dieser rechtlichen Einordnung bleiben mögliche Maßnahmen unberücksichtigt, die einen uneingeschränkten Zugriff auf über Webdienste zur Verfügung gestellte Inhalte unterbinden, wie zum Beispiel ein Anmeldeerfordernis bei Web-Mail oder die Sperrung von Internetinhalten für Suchmaschinen. Denn die Einordnung als Massenkommunikation erfolgt objektiv und sie setzt keinen voraussetzungslosen Zugang zu Informationen durch eine unbegrenzte Personenzahl voraus, sondern es ist allein die abstrakte Eignung maßgeblich. Der freie technische Informationszugang bei der klassischen Massenkommunikationsform Fernsehen wird zum Beispiel beim Pay-TV durch eine Verschlüsselung begrenzt. Derartige Einschränkungen werden zur Umsetzung eines Geschäftsmodells vorgenommen, sie sind aber nicht der Funktionsfähigkeit der Technik geschuldet. Der Webdienst und über diesen zur Verfügung gestellte Webanwendungen fallen demnach nicht in den Schutzbereich des Fernmeldegeheimnisses. Dies gilt auch für die Webportale von E-Mail- und Voice-over-IP-Diensten. Sie können, müssen aber nicht, für den Übermittlungsvorgang genutzt werden und dienen grundsätzlich nur dessen Vorbereitung.

Die Verwirklichungsbedingungen individueller Kommunikation haben sich insbesondere durch E-Mail, Internettelefonie, Instant Messaging-Dienste und mobile Applikationen zur Nachrichtenübermittlung[1151] maßgeblich verändert.[1152] E-Mail, Instant-Messages und seit der zunehmenden Verbreitung von Smartphones die Smartphone-Message ersetzen vielfach die Briefkommunikation, da die Mitteilung ihre Empfänger deutlich schneller erreicht, auch multimediale Inhalte verschickt werden können, eine Nachricht ohne großen Aufwand an eine Vielzahl von Empfänger gerichtet werden kann und zudem in der Regel kostenlos ist. Aufgrund des geringeren Aufwands hat sich bei den meisten Personen der Kreis der Kommunikationspartner stark vergrößert sowie die Anzahl und Häufigkeit der Kommunikationsvorgänge deutlich erhöht. Da die Kommunikation über E-Mail, Instant-Messages und Smartphone-Messages auch vielfach die persönliche (Face-to-Face)-Kommunikation ersetzt, ist die Bedeutung der Vertraulichkeit technisch vermittelter Kommunikation entsprechend quantitativ gestiegen. Einen qualitativen Bedeutungszuwachs erlangt das Fernmeldegeheimnis zudem für die Kommunikation über E-Mail, Instant-Messages und Smartphone-Messages im Vergleich zur Sprachtelekommunikation. Während das gesprochene Wort bei einem Telefonat grundsätzlich flüchtig ist und nach Abschluss desselben nur dann zur Verfügung steht, wenn es während des Gesprächs aufgenommen worden ist, sind die Kommunikationsinhalte elektronischer Nachrichten immer als digitale Daten perpetuiert. Aufgrund der qualitätsverlustlosen

---

1150 Generell zur Schutzfunktion von Art. 10 GG *BVerfGE* 106, 28 (37). Teilweise wird eine umfassende Schutzfunktion in Bezug auf die „hyperdynamische“ Entwicklung im Telekommunikationssektor bei gleichzeitiger Privatisierung als problematisch angesehen *Pagenkopf*, in: Sachs 2014, Art. 10 GG, Rn. 22; *Gusy*, in: v. Mangoldt/Klein/Starck Bd. 1, 2010, Art. 10 GG, Rn. 61; *Hermes*, in: Dreier Bd. I, 2013, Art. 10 GG, Rn. 37.

1151 Da es sich hierbei um eine spezifische Form des Instant Messaging handelt, wird im Folgenden die Kurzform Smartphone-Messaging verwendet.

1152 So auch *Hermes*, in: Dreier Bd. I, 2013, Art. 10 GG, Rn. 21.

Reproduzierbarkeit elektronischer Daten können diese in den Herrschaftsbereich des Empfängers gelangen und gleichzeitig beim Kommunikationsvermittler verbleiben.

Welche Wirkungen entfalten nun die verschiedenen Funktionen des Fernmeldegeheimnisses gemäß Art. 10 Abs. 1 Satz 1 GG bezogen auf das Internet? Für die Bestimmung des Schutzbereichs wurde bereits festgestellt, dass die Individualkommunikation über das Internet diesem zugerechnet wird. Dies entspricht der regelmäßig vom Bundesverfassungsgericht proklamierten Technikoffenheit des Fernmeldegeheimnisses.

Des Weiteren könnte eine zeitliche Ausweitung des Schutzbereichs erforderlich sein, im Hinblick auf die Frage, wann bei der E-Mail-Kommunikation der Übermittlungsvorgang abgeschlossen ist. Werden Informationen als elektronische Daten mittels Fernkommunikationstechnik übermittelt, gilt der Schutz der Vertraulichkeit ebenfalls für den Zeitraum des Übertragungsvorgangs. Während bei der Sprachkommunikation nach der Verbindungsbeendigung ein Vertraulichkeitsbruch faktisch nicht mehr möglich ist, sind die Informationen bei einer Übermittlung als elektronische Daten perpetuiert und existieren somit über den Zeitpunkt des Abschlusses der Übermittlung hinaus. Diese Situation ist vergleichbar mit derjenigen bei der Übermittlung von Briefen. Gegenüber der Übermittlung von Informationen auf Papier weisen als elektronische Daten gespeicherte Informationen das zusätzliche Risiko der originalgetreuen, einfachen und kostenlosen Möglichkeit der Vervielfältigung auf. In diesem Zusammenhang kann der Vertraulichkeitsschutz erstens nur erreicht werden, wenn keine Aufzeichnung oder Speicherung der zu übermittelnden Informationen über die technische Erforderlichkeit hinaus erfolgt. Zweitens ist der Schutzbereich des Fernmeldegeheimnisses in zeitlicher Hinsicht zu erweitern. Für E-Mails hat das Bundesverfassungsgericht ausdrücklich festgestellt, dass Nachrichten, die auf dem nicht im Herrschaftsbereich des Nutzers liegenden Mailserver des Providers liegen, durch das Fernmeldegeheimnis geschützt sind.[1153] In zeitlicher Hinsicht endet der Schutz, wenn die E-Mails endgültig in den räumlich-persönlichen Herrschaftsbereich des Nachrichtenempfängers übergehen – also nach dem Abruf der E-Mails auf eigene Endgeräte.[1154] Sobald der Nachrichtenempfänger selbst Schutzmaßnahmen, wie zum Beispiel die Löschung der E-Mails, Passwortschutz und Verschlüsselung, ergreifen kann, um Dritte von ihrer Kenntnisnahme auszuschließen, bestehen die spezifischen Gefahren räumlich distanzierter Kommunikation nicht mehr.[1155] Dies ist vom Staat aufgrund der Schutzfunktion des Grundrechts insbesondere gegenüber E-Mail-Providern, Anbietern von Instant Messenger und Voice-over-IP-Diensten sowie von mobilen Nachrichtenapplikationen zu gewährleisten.

Technisch kann die Vertraulichkeit der individuellen Internetkommunikation während des Übertragungsvorgangs durch eine Leitungsverschlüsselung (Punkt-zu-Punkt-Verschlüsselung) gewährleistet werden, zum Beispiel durch Transport Layer Security (TLS) – Secure Sockets Layer (SSL) ist die Vorgängerversion. Ein gesetzliches Verbot des Einsatzes dieser Verschlüsselungstechniken würde zum Beispiel aufgrund der Abwehrfunktion des Fernmeldegeheimnisses einen Eingriff in das Grundrecht darstellen. Gleiches gilt für Regelungen, die dem Staat den Zugriff auf die bei den verschiedenen Anbietern gespeicherten elektronischen Nachrichten erlauben, wie es beispielsweise durch die Vorratsdatenspeicherung ermöglicht werden soll.[1156]

1153 *BVerfGE* 124, 43 (58).

1154 *BVerfGE* 115, 166 (183 ff.) u.a. mit Verweis auf *Hermes*, in: Dreier Bd. 1, 2013, Art. 10 GG, Rn. 42; *Gusy*, in: v. Mangoldt/Klein/Starck Bd. 1, 2010, Art. 10 GG, Rn. 24; *Bizer*, in: Denninger/Hoffmann-Riem/Schneider/Stein 2001, Art. 10 GG, Rn. 67; *Lührs*, wistra 1995, 20 sowie zustimmend *Klein*, NJW 2009, 2996.

1155 *BVerfGE* 115, 166 (185 f.)

1156 Umfassend zum ersten Umsetzungsversuch der Vorratsdatenspeicherung *BVerfGE* 125, 260; *EuGH*, MMR 2014, 412; *Roßnagel*, MMR 2010, 1238; *Roßnagel*, MMR 2014, 372; *Moser-Knierim* 2014, insb. 147 ff.; *Roßnagel/Moser-Knierim/Schweda* 2013.

Der durch das Fernmeldegeheimnis gewährte Schutz der Vertraulichkeit der Umstände der Kommunikation erfährt durch das stationäre und mobile Internet einen erheblichen Bedeutungszuwachs. Bei der Telefonie umfasste dieser Grundrechtsschutz die Verbindungsdaten der Telekommunikation. Dessen faktische Bedeutung hat sich zwar bereits durch die Mobilkommunikation und die dadurch erheblich angestiegene Anzahl geführter Telefonate sowie der zusätzlichen Kenntnis wechselnder Standorte erhöht. Umfang, Dauer und Häufigkeit der Online-Kommunikation hat demgegenüber aber noch einmal extrem zugenommen. In vielen Tätigkeitsbereichen besteht bereits die Erwartung, dass Kommunikationspartner „always online“ sind. Aber auch in der Freizeit und angefangen schon bei den Jugendlichen nimmt diese Kultur der jederzeitigen Kommunikation stetig und rasant zu.[1157] Wächst die Anzahl elektronischer Kommunikation, werden immer mehr Kommunikationsverbindungsdaten generiert. Entsprechend wächst ihr Risikopotential, um Rückschlüsse auf die Inhalte der Kommunikation zu geben und damit den Vertraulichkeitsschutz der Kommunikationsinhalte erheblich zu gefährden.[1158]

6.1.3 Allgemeines Persönlichkeitsrecht gemäß Art. 2 Abs. 1 i.V.m. Art. 1 Abs. 1 GG

Art. 2 Abs. 1 GG sichert jedem das Recht auf freie Entfaltung seiner Persönlichkeit zu. Dieses Grundrecht wird vom Bundesverfassungsgericht seit jeher sehr weit im Sinne der Gewährleistung einer allgemeinen Handlungsfreiheit ausgelegt und schützt somit das aktive Handeln.[1159] Deutlich mehr Konturen weist das mittlerweile dogmatisch den Status eines Grundrechts im Grundrecht[1160] aufweisende allgemeine Persönlichkeitsrecht auf, das aus Art. 2 Abs. 1 GG in Verbindung mit der durch Art. 1 Abs. 1 GG gewährleisteten Menschenwürde abgeleitet wird. Dieses Grundrecht dient dem Schutz der Persönlichkeit des Menschen vor Eingriffen in seinen Lebens- und Freiheitsbereich und zielt auf den Schutz des Geltungsbereichs des Menschen in der sozialen Welt ab. Es ist im Grundgesetz als solches nicht ausdrücklich normiert – obwohl der Wortlaut von Art. 2 Abs. 1 GG dies nahelegen würde.[1161] Der Bundesgerichtshof bestätigte erstmals ausdrücklich das allgemeine Persönlichkeitsrecht als ein verfassungsmäßig gewährleistetes Grundrecht.[1162] Nach und nach wurde es durch die Rechtsprechung des Bundesverfassungsgerichts weiterentwickelt. Der grundrechtliche Schutz des allgemeinen Persönlichkeitsrechts zielt auf Elemente, die nicht Gegenstand spezieller Freiheitsgarantien sind, aber diesen in ihrer konstituierenden Bedeutung für die Persönlichkeit des Menschen nicht nachstehen.[1163] Es ist in den Ausformungen der Selbstbestimmung, der Selbstbewahrung und der Selbstdarstellung anerkannt.[1164] Zum Recht der Selbstbestimmung

---

1157 S. als Beispiel den in kürzester Zeit erreichten Zuwachs der Nutzerzahlen und der übermittelten Nachrichten über den WhatsApp-Dienst, *Groll*, „So ist die Nutzerzahl von WhatsApp explodiert“, Zeit Online vom 20.2.2014, http://www.zeit.de/wirtschaft/unternehmen/2014-02/infografik-whatspp-nutzer-mitteilungen-taeglich.

1158 Die Anzahl von Kommunikationsverbindungsdaten wird mit Ubiquitous Computing noch weiter zunehmen, wenn zahlreiche Gegenstände miteiandern kommunizieren, s. *Roßnagel* 2007, *Schulz/Roßnagel/David*, ZD 2012, 510; *Roßnagel*, DuD 2015, 353 für kommunizierende Fahrerassistenzsysteme; *Roßnagel/Jandt* 2010 für Smart Grid und Smart Meter.

1159 *BVerfGE* 80, 137 (152 ff.).

1160 *Di Fabio*, in: Maunz/Dürig 2015, Art. 2 GG, Rn. 127.

1161 S. auch *Di Fabio*, in: Maunz/Dürig 2015, Art. 2 GG, Rn. 128.

1162 *BGHZ* 13, 334 (338) mit Verweis auf vorhergehende Ausarbeitungen in der Literatur *Enneccerus/Nipperdey* 1960, § 78 I 2; *Enneccerus/Lehmann* 1954, § 233, 907 f.; *Coing*, SJZ 1947, 642 sowie grundlegend zu den verschiedenen Ausprägungen des allgemeinen Persönlichkeitsrechts *Hubmann* 1967, 175 ff. S. auch *BGHZ* 15, 249 (257) in Bezug auf das Persönlichkeitsrecht des Verstorbenen mit Verweis auf *Hubmann* 1953, 245 ff.

1163 *BVerfGE* 95, 220 (241); 99, 185 (192 f.); 101, 361 (380).

1164 *Schwartmann*, RDV 2012, 2; *Roßnagel/Schnabel*, NJW 2008, 3534.

gehören zum Beispiel das Recht auf schuldenfreien Eintritt in die Volljährigkeit,[1165] das Recht auf Kenntnis der eigenen Abstammung[1166] und das Recht des Straftäters auf Respektierung seiner Identität durch Resozialisierung.[1167] Das Recht der Selbstbewahrung verbürgt das Recht des Einzelnen, sich zurückzuziehen und für sich allein zu bleiben, und umfasst insbesondere den Schutz von Krankenakten,[1168] Befunde über die seelische Verfassung und den Charakter des Einzelnen[1169] sowie eines vertraulichen Tagebuchs.[1170] Das Recht der Selbstdarstellung soll dem Einzelnen ermöglichen, weit möglichst über die Wahrnehmung seiner Person in der Öffentlichkeit selbst zu entscheiden.[1171] Hierzu zählen der verfassungsrechtliche Schutz des Rechts am eigenen Bild,[1172] das Recht am eigenen Wort[1173] sowie auch das Recht der informationellen[1174] und der kommunikativen Selbstbestimmung.

Das Bundesverfassungsgericht sieht die besondere Bedeutung dieses Grundrechts in seiner Effektivität für einen dynamisch anzupassenden Grundrechtsschutz, der gerade dort relevant wird, wo die menschliche Persönlichkeit auf Grund gesellschaftlicher oder technischer Entwicklung tatsächlich oder mutmaßlich neuen Gefährdungen ausgesetzt wird.[1175] Entsprechend wird der Schutzbereich des allgemeinen Persönlichkeitsrechts von der Rechtsprechung nicht abschließend definiert, sondern gerade seine Entwicklungsoffenheit hervorgehoben.[1176] Schutzgut des allgemeinen Persönlichkeitsrechts ist die Persönlichkeit des Menschen im Sinne einer autonomen Bestimmung der Lebensgestaltung, und zwar in der geerbten und gewachsenen Identität der Person und ihrer hieraus abzuleitenden Individualität.[1177] Der sachliche Schutzbereich soll der Abwehr von Beeinträchtigungen der engeren persönlichen Lebenssphäre, der Selbstbestimmung und der Grundbedingungen der Persönlichkeitsentfaltung dienen. Praktische Bedeutung erlangt das allgemeine Persönlichkeitsrecht daher primär durch fallgruppenspezifische Konkretisierungen.[1178] Das Bundesverfassungsgericht spricht auch von „Schutzgütern des allgemeinen Persönlichkeitsrechts".[1179] Letztlich entfaltet es seinen Schutz nur für ein Bündel einzelner Persönlichkeitsausprägungen. Ungeachtet von Überschneidungen werden mehrheitlich drei Schutzfelder anerkannt: Schutz der engeren persönlichen Lebenssphäre, Schutz der sozialen Identität[1180] und schließlich Schutz der Ehre.[1181] Für das soziotechnische System Internet sind nicht alle, aber zumindest einige Ausprägungen des allgemeinen Persönlichkeitsrechts von unmittelbarer Relevanz. Im Folgenden werden neben der individuellen Selbstdarstellung, die informationelle Selbstbestimmung isoliert und in Verbin-

---

1165 *BVerfGE* 72, 155 (170 ff.) sowie *Degenhart*, JuS 1992, 367.

1166 *BVerfGE* 79, 256 (268 f.); 90, 263 (270 f.); 96, 56 (63) sowie *Degenhart*, JuS 1992, 367; *Koppernock* 1997, 47 ff.

1167 *BVerfGE* 35, 202 (235 f.); 64, 261 (276 f.) sowie *Degenhart*, JuS 1992, 367; *Jarass*, NJW 1989, 859.

1168 *BVerfGE* 32, 373 (379).

1169 *BVerfGE* 89, 69 (82 f.).

1170 *BVerfGE* 80, 367 (373 ff.).

1171 S. *Murswiek*, in: Sachs 2014, Art. 2 GG, Rn. 71.

1172 *BVerfGE* 35, 202 (220); 101, 361 (380).

1173 *BVerfGE* 54, 148 (155).

1174 *BVerfGE* 65, 1; *Murswiek*, in: Sachs 2014, Art. 2 GG, Rn. 72 f.

1175 *BVerfGE* 54, 148 (153); 65, 1 (41).

1176 *BVerfGE* 54, 148 (153 f.); 72, 155 (170); 79, 256 (268).

1177 *Badura* 2012, C Rn. 34.

1178 Vgl. *Jarass*, NJW 1989, 858 ff.; *Degenhart*, JuS 1992, 363 ff.; *Ehmann*, JuS 1997, 197 ff.; *Koppernock* 1997, 38 ff.; *Murswiek*, in: Sachs 2014, Art. 2 GG, Rn. 68 ff.

1179 *BVerfGE* 54, 148 (154).

1180 *Di Fabio*, in: Maunz/Dürig 2015, Art. 2 GG, Rn. 148 bezeichnet dies als Selbstdarstellung in der Öffentlichkeit, unterscheidet aber auch insgesamt die vier Schutzfelder Schutz der engeren persönlichen Lebenssphäre als Privat- und Intimsphäre, dem Schutz der Selbstdarstellung in der Öffentlichkeit unter Einschluss des Schutzes der persönlichen Ehre, dem sonstigen Autonomieschutz und schließlich dem Schutz der Grundbedingungen der Persönlichkeitsentfaltung und -entwicklung.

1181 S. *Schmidt*, in: Erfurter Kommentar 2015, Art. 2 GG, Rn. 38.

dung mit der Menschenwürde, die kommunikative Selbstbestimmung sowie die Gewährleistung der Vertraulichkeit und Integrität informationstechnischer Systeme dargestellt.[1182]

6.1.3.1 Individuelle Selbstdarstellung

Ein wesentliches Schutzgut des allgemeinen Persönlichkeitsrechts ist das Recht auf Selbstdarstellung in der Öffentlichkeit. Diese Ausprägung dient dem Schutz der selbstbestimmten Darstellung des persönlichen Lebens- und Charakterbildes in der Gesellschaft.[1183] Der einzelne „soll selbst darüber befinden dürfen, wie er sich gegenüber Dritten oder in der Öffentlichkeit darstellen will, was seinen sozialen Geltungsanspruch ausmacht und ob oder inwieweit Dritte über seine Persönlichkeit verfügen können, indem sie diese zum Gegenstand öffentlicher Erörterung machen"[1184]. Das Grundrecht schützt vor verfälschenden oder entstellenden Darstellungen, die von nicht ganz unerheblicher Bedeutung für die Persönlichkeitsentfaltung der betroffenen Person sind.[1185]

6.1.3.1.1 Schutzbereich und Funktionen

Schutzgut der individuellen Selbstdarstellung ist allgemein das Persönlichkeitsbild in der Öffentlichkeit. Dieses darf ohne Autorisierung des Betroffenen weder geschaffen noch verfälscht werden.[1186] Die Selbstdarstellung ist ein Vorgang, durch den das Individuum beeinflusst, welche Bilder sich andere von ihm machen. Dieser kann durch jegliche Form des „Sich-Mitteilens", also durch jede vorstellbare Kommunikationsform erfolgen.[1187] Konkretisiert wurde das Grundrecht in diesem Zusammenhang vor allem als Recht am eigenen Wort[1188] und als Recht am eigenen Bild.[1189] Die Aufzeichnung und Veröffentlichung des in einem bestimmten Zusammenhang gesprochenen Worts ist ebenso wie die Anfertigung und Verwendung von Fotografien besonders geeignet, eine Person in der Öffentlichkeit darzustellen. Beide Rechte gewährleisten daher dem Dargestellten Einfluss- und Entscheidungsmöglichkeiten soweit es um die Aufzeichnung seiner Person durch andere und die Weitergabe der Worte oder Bilder geht.[1190] Es besteht aber kein Anspruch des Einzelnen, in der Öffentlichkeit nur so dargestellt zu werden, wie er sich sieht oder von anderen gesehen werden möchte.[1191]

Das Grundrecht der individuellen Selbstdarstellung weist deutliche Überschneidungsbereiche mit weiteren Grundrechtsausprägungen des allgemeinen Persönlichkeitsrechts auf. Der freien Entscheidung über die Selbstdarstellung gehen regelmäßig Fragen der Selbstbewahrung und der Selbstbestimmung voraus. Die nicht autorisierte Aufnahme des Worts oder das Fotografieren der Person aus dem Bereich der Privatsphäre stellt bereits regelmäßig eine Beeinträchtigung der Vertraulichkeit im privaten Raum dar, die durch den Aspekt der Selbstbewahrung abgesichert wird. Die Erhebung personenbezogener Daten – dies können auch das digitalisierte gesprochene Wort oder eine digitale Bilddatei sein – wird bereits durch das Grundrecht auf informationelle Selbstbestimmung geschützt. Sowohl der Schutz durch die Selbstbewahrung als auch durch die Selbstbestimmung setzten somit zu einem deutlich frühe-

---

1182 Umfassend zur Entwicklung des allgemeine Persönlichkeitsrechts s. auch *Hornung* 2015, 258 ff.
1183 *Kube*, in: Isensee/Kirchhof Bd. VII, 2009, § 148, Rn. 43; *Di Fabio*, in: Maunz/Dürig 2015, Art. 2 GG, Rn. 166.
1184 *BVerfGE* 63, 131 (142).
1185 *BVerfGE* 99, 185 (194); 101, 361 (380).
1186 *Kube*, in: Isensee/Kirchhof Bd. VII, 2009, § 148, Rn. 44; *Koppernock* 1997, 41 f.
1187 *Britz* 2007, 38.
1188 *BVerfGE* 34, 238 (246); 106, 28 (44 ff.); 119, 309 ((324).
1189 *BVerfGE* 34, 238 (246); 35, 202 (224); 87, 334 (340; 97, 228 (268).
1190 *Kube*, in: Isensee/Kirchhof Bd. VII, 2009, § 148, Rn. 44.
1191 *BVerfGE* 99, 185 (194); 101, 361 (380).

ren Zeitpunkt an.[1192] Der Anwendungsbereich der individuellen Selbstdarstellung ist demgegenüber nachlaufend und liegt im Schwerpunkt auf der Darstellung einer Person in der Öffentlichkeit, die insbesondere durch die Verbreitung von personenbezogenen Daten, Bild- oder Tonaufzeichnungen erfolgen kann.

Eine Vertiefung erfährt der Schutz der individuellen Selbstdarstellung durch den Schutz der persönlichen Ehre.[1193] Wird eine Person nicht nur unautorisiert, sondern zudem derart falsch dargestellt, dass seine persönliche Ehre angegriffen wird, ist seine soziale Anerkennung oder anders formuliert sein sozialer Achtungsanspruch betroffen. Dies kann insbesondere der Fall sein, wenn Bilder manipuliert, Äußerungen untergeschoben[1194] oder in falschen Zusammenhängen wiedergegeben werden, Interviews frei erfunden[1195] oder Menschen Eigenschaften zugeschrieben werden, die er nicht aufweist.[1196]

Wie alle Grundrechte weist das allgemeine Persönlichkeitsrecht in den besonderen Ausprägungen der individuellen Selbstdarstellung eine Abwehrfunktion auf.[1197] Jeder Grundrechtsträger kann sich dagegen wehren, dass seine Person vom Staat in der Öffentlichkeit verfälscht dargestellt wird. Dies ist zum Beispiel gegeben, wenn eine Organisation im Verfassungsschutzbericht als verfassungsfeindlich und extremistisch eingestuft[1198] oder eine Person von der Polizei durch die Veröffentlichung von Fotos zur Fahndung ausgeschrieben wird.[1199] Eine weitaus größere Bedeutung kommt der allgemein anerkannten Schutzfunktion des allgemeinen Persönlichkeitsrechts[1200] insbesondere im Bereich des Ehrenschutzes zu.[1201] Denn es ergeben sich sehr häufig Kollisionen zwischen dem allgemeinen Persönlichkeitsrecht und grundrechtlichen Berechtigungen privater Dritter abgeleitet aus der Presse-, Meinungs- und Kunstfreiheit.[1202] Das Recht auf individuelle Selbstdarstellung ist insbesondere bei einer Veröffentlichung von Tatsachen und Werturteilen über eine Person oder von Bildern von ihr betroffen.[1203] Auf der Ebene der Normgebung ist der Gesetzgeber der Erfüllung der Schutzpflicht vor allem durch den Erlass von Strafvorschriften zum Schutz der persönlichen Ehre, den presserechtlichen Gegendarstellungsanspruch sowie den zivilrechtlichen Unterlassungs- und Schadensersatzanspruch bei einer Beeinträchtigung der Selbstdarstellung nachgekommen.[1204] In Bezug auf die Veröffentlichung von Bildern der eigenen Person wird die Schutzfunktion durch das in § 22 Satz 1 KunstUrhG normierte Erfordernis der Einwilligung des Abgebildeten für die Veröffentlichung ergänzt.

1192 *Kube*, Isensee/Kirchhof Bd. VII, 2009, § 148, Rn. 67 und für die Vertraulichkeit und Integrität informationstechnischer Systeme Rn. 70.

1193 S. auch *Koppernock* 1997, 42.

1194 *BVerfGE* 54, 208 (217 f.); 82, 236 (269).

1195 *BVerfGE* 34, 269 (282 ff.).

1196 *BVerfGE* 99, 185 (193 f.) betraf die Mitgliedschaft in einer Sekte.

1197 *Di Fabio*, in: Maunz/Dürig 2015, Art. 2 GG, Rn. 132 ff.; *Murswiek*, in: Sachs 2014, Art. 2 GG, Rn. 59.

1198 *VwGH Baden-Württemberg*, Urteil vom 24.11.2006, AZ 1 S 2321/05, zitiert nach juris, Rn. 25 und bezüglich der Veröffentlichung personenbezogener Daten im Verfassungsschutzbericht *OVG Lüneburg*, NJW 1992, 192 ff.

1199 Weitere Beispiele aus der Rechtsprechung s. *BVerwGE* 80, 76 ff. – öffentliche Warnungen; *OVG Schleswig*, NJW 1993, 807 f. – öffentliche Kritik an einem Arzt durch Landesminister; *VG Berlin*, NJW 1993, 2548 ff. – personenbezogene Unterlagen aus Stasi-Unterlagen.

1200 S. ausführlich zu den Schutzpflichten des Gesetzgebers und zur Drittwirkung des allgemeinen Persönlichkeitsrechts *Starck*, in: v. Mangoldt/Klein/Starck Bd. 1, 2010, Art. 2 GG, Rn. 162 ff.; zur dogmatischen Begründung bereits *Herzog*, JR 1969, 443 ff.

1201 *Lang*, in: Epping/Hillgruber 2015, Art. 2 GG, Rn. 53; *Jarass*, NJW 1989, 860.

1202 S. insbesondere die sog. „Caroline-Entscheidungen" des Bundesverfassungsgerichts, *BVerfG*, NJW 2012, 756; *BVerfGE* 101, 361; *BVerfGE* 120, 180.

1203 Bezüglich Werturteilen und Tatsachen s. *BVerfGE* 99, 185 (196 f.), m.w.N.; *BVerfG*, Beschlüsse vom 31.3., 4.4., 5.4. und 13.4.2000, NJW 2000, 2189-2195; bezüglich Bildern s. *BVerfGE* 101, 361 (382 ff.); *BVerfG*, Beschlüsse vom 31.3., 5.4. und 13. 4. 2000, NJW 2000, 2191, 2192 f. und 2194.

1204 S. *Di Fabio*, in: Maunz/Dürig 2015, Art. 2 GG, Rn. 135.

6.1.3.1.2 Bedeutung für das Internet

Das Internet hat keine unmittelbare Bedeutung für das Grundrecht auf individuelle Selbstdarstellung. Umso mehr verändern aber die zahlreichen Internetdienste des Web 2.0 die Verwirklichungsbedingungen für dieses Grundrecht und seine besonderen Ausprägungen des Rechts am eigenen Bild und Wort. Die Angebote des Web 2.0 eröffnen gegenüber der Selbstdarstellung in der physischen Welt wesentliche neue Möglichkeiten.[1205] Hierzu zählen insbesondere Film- und Bildsammlungen, Weblogs, Foren, Wikis, Podcasts und Networking-Plattformen. Soziale Netzwerke sind für Millionen eher junger Menschen zu neuen und optimalen Plattformen und Foren für die Selbstdarstellung geworden.[1206] Diese Webdienste ermöglichen es, sowohl eigene Darbietungen zu präsentieren, zum Beispiel über Videoportale, als auch Aspekte seiner Persönlichkeit durch die Teilnahme an Weblogs und Meinungsforen preiszugeben.[1207] Das für die Selbstdarstellung erforderliche Publikum findet sich im Internet ohne Probleme, da die Nutzung von Social Networks in der Regel kostenlos ist. Die Virtualität und grundsätzliche Anonymität des Internet erlauben es, in ganz unterschiedlichen Kontexten unterschiedliche Identitäten anzunehmen und damit die Selbstdarstellung viel facettenreicher zu gestalten, als dies in der physischen Welt möglich ist.[1208]

Gleichzeitig ist das Risiko einer Verletzung der individuellen Selbstdarstellung und der Ehre durch diese technische Entwicklung massiv gestiegen.[1209] Zur freien Persönlichkeitsentfaltung des Menschen gehört auch die Möglichkeit, sich im Laufe seines Lebens zu verändern und somit ein Recht auf eine wandlungsfähige, individuelle Selbstdarstellung. Unterstützt wurde dieses Schutzziel bisher sehr stark faktisch durch die menschliche Eigenschaft zu vergessen.[1210] Zwar ist die Gedächtnisleistung des Einzelnen sehr unterschiedlich und es gibt keine feststehenden Kriterien, nach welchem Zeitraum, in welchem Umfang und ob überhaupt eine konkrete Persönlichkeitsdarstellung von der Öffentlichkeit nicht mehr erinnert wird. Allerdings bestand eine große Wahrscheinlichkeit, dass mit einem gewissen Zeitabstand ein konkretes Persönlichkeitsbild bis zur Unkenntlichkeit verblasst. Selbst wenn sich jemand dunkel an einen früheren Auftritt in der Öffentlichkeit erinnern würde, hätte es zumindest umfangreicher und arbeitsintensiver Recherchen bedurft, zum Beispiel in Zeitungsarchiven, um diese Vermutung zu bestätigen. Das Internet führt zwar einerseits zu einer deutlichen Erweiterung der Möglichkeiten der Selbstdarstellung, anderseits schränkt sie diese aufgrund des bisher ungelösten Problems, dass das Internet nichts vergisst, wieder ein.[1211] Es werden in Zukunft voraussichtlich über jede Person Informationen im Internet verfügbar und auffindbar sein, so dass das Risiko besteht, dass es potentiell keine wissensneutralen, physischen Begegnungen zwischen Unbekannten mehr geben wird. Eine wandlungsfähige Selbstdarstellung ist nicht mehr gewährleistet oder zumindest beeinträchtigt, wenn im Internet Informationen über eine Person dauerhaft, für jeden beliebig abrufbar, losgelöst vom ursprünglichen Kontext und unabhängig davon, ob sie vom Betroffenen selbst oder von Dritten eingestellt worden sind, verfügbar sind.[1212]

Ein weiteres Risiko für die individuelle Selbstdarstellung stellt die öffentliche Darstellung der eigenen Person durch einen Dritten dar. In der Realität erfolgt nicht nur eine Selbstdarstel-

---

1205 *Mertes*, in: Schwartmann 2011, 10 ordnet die „Lust an der Selbstdarstellung" der individuellen Dimension des Internet zu.

1206 *Jandt/Roßnagel*, in: Schenk/Niemann/Reinmann/Roßnagel 2012, 315 ff.

1207 Zur Abwägung zwischen dem allgemeinen Persönlichkeitsrecht und der Meinungsfreiheit bei Bewertungen auf einer Bewertungsplattform im Internet s. *BGHZ* 181, 328, die Entscheidung aufgreifend *Gounalakis/Klein*, NJW 2012, 568 sowie kritisch *Glaser*, NVwZ 2012, 1435.

1208 *Jandt/Roßnagel*, in: Schenk/Niemann/Reinmann/Roßnagel 2012, 313 f.

1209 S. zum Ehrschutz *Glaser*, NVwZ 2012, 1432 ff.

1210 Umfassend zum Vergessen im digitalen Zeitalter *Mayer-Schönberger* 2010.

1211 S. *Jandt/Kieselmann/Wacker*, DuD 2013, 235 ff.

1212 *Jandt/Kieselmann/Wacker*, DuD 2013, 237.

lung, sondern auch eine Fremddarstellung. Gerade über Social Networks verbreiten Dritte Persönlichkeitsdarstellungen über andere, entweder isoliert oder im Zusammenhang mit ihrer eigenen Person. Es wird nicht immer nur verantwortungsvoll mit diesen Möglichkeiten umgegangen.[1213] Soziale Netzwerke werden zunehmend genutzt, um andere Personen an den Pranger zu stellen oder persönliche „Rachefeldzüge" durchzuführen.[1214] Durch die Anonymität des Internet und die fehlende persönliche Präsenz entsteht eine Distanz, die solche Handlungsweisen fördert. Immer mehr Menschen finden sich gegen ihren Willen mit ihrem Foto, ihrem Namen, ihrer Adresse, ihrem Lebensweg und ihren Vorlieben auf Websites wieder, weil sie anderen missliebig aufgefallen sind.[1215] Zudem fordern die immer mehr Bereiche abdeckenden Bewertungsportale, zum Beispiel für Ärzte, Lehrer oder Hochschuldozenten, die Internetnutzer explizit dazu auf, ihre Meinung über ihre Mitmenschen öffentlich kundzutun. Gefördert wird dieses Verhalten durch die parallele technische Entwicklung moderner Informations- und Kommunikationstechnik. Mittlerweile verfügt nahezu jedes Mobiltelefon – über das auch fast jeder verfügt – über hochauflösende Kameras und Tonaufnahmefunktionen. Dadurch ist es möglich, bei fast jeder Gelegenheit Bild- und Tonaufnahmen herzustellen. Diese können und werden über die mit einem mobilen Internetzugang ausgestatteten Endgeräte unmittelbar über einen Webdienst verbreitet und so der Öffentlichkeit zugänglich gemacht. Nicht selten werden daher Informationen über Mitmenschen aufgrund eines spontanen Impulses veröffentlich, häufig vermutlich, ohne sich mögliche Konsequenzen bewusst zu machen. Außerdem erhöht sich mit der Digitalisierung jeglicher Informationen das Risiko von verfälschten Dokumenten. Es bedarf mittlerweile weder einer besonderen technischen Ausstattung noch besonderer technischer Kenntnisse, um Fotomontagen oder Audiozusammenschnitte herzustellen oder Videosequenzen nachträglich mit einer anderen Tonspur zu verknüpfen. Hierdurch wird die eine Ehrverletzung darstellende falsche Darstellung einer Person deutlich vereinfacht.

Schließlich geht von den Suchmaschinen im Internet eine spezifische und neue Gefahr für die individuelle Selbstdarstellung aus.[1216] Der für diese Freiheitsgewährleistung häufig entscheidende „erste Eindruck" von einer Person entsteht nicht mehr unbedingt durch die physische Begegnung und damit weitgehend unvoreingenommen. Es ist nicht unüblich, über einen noch unbekannten Menschen vor der ersten Kontaktaufnahme Informationen im Internet zu suchen – ihn zu „googeln". Dies muss nicht erfolgen, um sich vor negativen Überraschungen zu schützen, sondern kann auch dem besonderen Interesse an einer Person geschuldet und Ausdruck ihrer Wertschätzung sein. Der Umfang der Informationen kann zwar sehr stark variieren – es muss zum Beispiel nicht unbedingt eine Fotografie gefunden werden und oft kann entweder nur das private oder nur das berufliche Leben abgedeckt sein. Es wird aber zukünftig immer weniger wahrscheinlich sein, dass gar keine Informationen über eine Person verfügbar sind.

Suchmaschinen weisen dabei mehrere Funktionen auf, die Einfluss auf die Suchergebnisse haben. Ein bei der Suchanfrage zurzeit überwiegend eingesetzter Mechanismus ist die „automatische Vervollständigung"[1217] der Suchanfrage.[1218] Bereits bei der Eingabe des Suchbegriffes werden ständig angepasste Suchanfragen angezeigt, die dem eigenen, aktuellen Suchbe-

---

1213 *Jandt/Roßnagel*, in: Schenk/Niemann/Reinmann/Roßnagel 2012, 318 ff.

1214 Hierzu ist auch das Phänomen des Shitstorms zu zählen, das heißt die „unvorhergesehene, anhaltende, über soziale Netzwerke und Weblogs transportierte Welle der Entrüstung über das Verhalten öffentlicher Personen oder Institutionen, die sich schnell verselbstständigt und vom sachlichen Kern entfernt und häufig auch in die traditionellen Medien hinüber schwappt", Anglizismus des Jahres 2011, s. http://www.anglizismusdesjahres.de.

1215 *Jandt/Roßnagel*, in: Schenk/Niemann/Reinmann/Roßnagel 2012, 318.

1216 *LG Köln*, K&R 2009, 820; *Elixmann* 2012, 66 f.

1217 Sie wird auch als Autovervollständigung oder Autocomplete-Funktion bezeichnet.

1218 S. die diesbezüglichen Informationen auf der Homepage von Google Inc., http://support.google.com/websearch/bin/answer.py?hl= de&answer=106230.

griff ähneln. Diese stammen aus den Suchaktivitäten aller Webnutzer.[1219] Der praktische Vorteil ist, dass sich der Suchende gegebenenfalls mühsame und zeitraubende Tipparbeit und die Korrektur von Tippfehlern spart. Ein Nachteil, der vermutlich häufig gar nicht wahrgenommen wird, ist, dass der Suchende schon bei der Auswahl des Suchbegriffs oder der Suchbegriffe beeinflusst wird. Die Suchanfrage zu einer Person kann dadurch in eine völlig andere Richtung gelenkt werden. Erscheint zum Beispiel bei der Eingabe eines Namens die Ergänzung „Prostitution", wird die Neugier des Suchers, über den Zusammenhang zwischen der gesuchten Person und diesem Begriff vermutlich häufig zu groß sein, um nicht von der ursprünglich neutralen Suchanfrage abzuweichen.[1220] Die Internetaktivitäten des Einzelnen werden so durch das Verhalten der Menge – Crowd Behaviour[1221] – zumindest mitbestimmt. Würde die Autovervollständigung tatsächlich allein auf dem Verhalten der Menge basieren, könnte dies vielleicht noch als Ausdruck pluralistischer Meinungsbildung gewertet werden. Dies ist jedoch nur die halbe Wahrheit. Welche Faktoren im Einzelnen in die „objektiven" Algorithmen zur Erzeugung der Suchresultate einbezogen werden, ist nicht transparent und kann jederzeit von dem Suchmaschinenbetreiber verändert und beeinflusst oder die Autovervollständigung für bestimmte Suchbegriffe komplett deaktiviert werden. Es ist zum Beispiel sehr unwahrscheinlich, dass bei der Eingabe des Suchwortes „Google" in der Google-Suchmaschine die Begriffe „Datenschutz" oder gar „Datenkrake" zur Vervollständigung der Suchanfrage angeboten werden.[1222]

Weitere Auswirkungen auf die Suchergebnisse haben die von den Suchmaschinen eingesetzten Mechanismen zur Auswahl und Priorisierung von Informationen zu einer Person. Die Programmierung der Web-Crawler entscheidet darüber, welche Webseiten des Web überhaupt in die Suche einbezogen werden. Es ist ohne weiteres möglich, dass Bereiche des Internet von vornherein aus der Suche ausgeschlossen sind, zum Beispiel Webseiten mit einer bestimmten Domain, Webseiten mit bestimmten Begriffen oder Webseiten deren letzter Aufruf zeitlich zu lange zurückliegt. Schließlich erfolgt eine Bewertung der Suchtreffer, die die Darstellungsreihenfolge in der Suchergebnisliste bestimmt. Hierdurch legen die Suchmaschinen fest, welche Informationen über eine Person in der Ergebnisliste in welcher Reihenfolge erscheinen.[1223] Es ist nicht gewährleistet, dass diese Ergebnisliste ausschließlich, vollständig und neutral alle im Internet über eine Person verfügbaren Informationen aufzeigt. Die Suchmaschinen haben die Entscheidungsmacht, welche Informationen über eine Person auffindbar sind, in die Ergebnisliste aufgenommen und in welcher Reihenfolge sie angezeigt werden. Eine Suchneutralität besteht bei Suchmaschinen nicht.[1224]

Zukünftig werden die Suchoptionen erweitert und dadurch nicht mehr nur Informationen zu einer Person aufgefunden, sondern auch miteinander verknüpft. Während bisher fast ausschließlich Suchmaschinen für die Begriffssuche – die zwar auch die Anzeige von Bildern zu einem Suchbegriff ermöglicht – im Internet angeboten werden, sind Bildersuchmaschinen auch bereits technisch realisiert und werden vereinzelt angeboten.[1225] Solange sich die Bilder-

1219 Bei Google werden nicht nur die Suchaktivitäten in der eigenen Suchmaschine einbezogen, sondern auch der Aufruf weiterer indexierter Webseiten.

1220 So erfolgt bei Bettina Wulff, s. *Pauckner*, „Google ist ... nicht neutral", Süddeutsche Zeitung vom 10.9.2012, http://www.sueddeutsche.de/digital/umstrittene-autocomplete-funktion-google-ist-nicht-neutral-1.1463525.

1221 In Anlehnung an die Bezeichnung der Geschäftsmodelle des Crowdfunding und des Crowdsourcing.

1222 Bei der Eingabe des Suchwortes Google in diese Suchmaschine werden als Ergänzung die Begriffe „maps", „mail", „earth" und „bilder" vorgeschlagen.

1223 S. *Biermann*, „Google ist weder demokratisch noch neutral", Zeit Online vom 10.9.2012, http://www.zeit.de/digital/internet/2012-09/google-wulff-neutralitaet.

1224 Zur Definition s. ausführlich https://unbubble.eu/info/de-DE/search-neutrality.

1225 S. z.B. die vergleichende Bildersuche von Google Images, http://images.google.com/. S. auch zur Einführung der Gesichtserkennung auf Fotos einschließlich der Benachrichtigung bei Facebook, *Braun*, „Facesuche auf Abbildungen von Landschaften, Kunstwerken oder Gebäuden bezieht, entfaltet sie keine Relevanz für die individuelle Selbstdarstellung. Ist auf dem zu suchenden Bild allerdings eine Person abgebildet und wird bei der Bildsuche im Internet auch die Funktion der Gesichtserkennung eingesetzt,[1226] können zahlreiche Fotografien der Person, die ihr bisher gegebenenfalls nicht eindeutig zugeordnet werden konnten, aufgefunden werden. Hierdurch kann das Abbild einer Persönlichkeit als Ergebnis einer Internetrecherche erheblich erweitert und detailliert werden. Die weit verbreitete Praxis, nicht nur Fotografien von sich selbst, sondern auch von anderen Personen ohne deren Einwilligung oder sogar ohne deren Wissen,[1227] ins Internet einzustellen, gewinnt durch gesichtserkennende Bildersuchmaschinen eine ganz neue Brisanz. Zudem ist es bereits technisch möglich, eine Person auf offener Straße mit dem Smartphone zu fotografieren und kurze Zeit später über die Bildersuchmaschine zu erfahren, um wen es sich handelt.[1228]

Die im Internet grundsätzlich bestehende Chance, in unterschiedlichen Kontexten verschiedene Identitäten anzunehmen, kann durch Suchmaschinen gemindert werden. Die Ergebnisliste zu einer Suchanfrage führt gerade im Internet – gezielt – verstreute Informationen zusammen und ermöglicht es so gegebenenfalls, unterschiedliche Identitäten einer Person zuzuordnen und ihr Rollenkonzept aufzudecken. Der kontextuelle Zusammenhang verbreiteter Informationen und Bilder, durch die die Selbstdarstellung erfolgt, wird aufgelöst. Erst die Suchmaschinen ermöglichen es ihren Nutzern, ein mehr oder weniger detailliertes Profil einer gesuchten Person zu erstellen, indem sie ihm mit der Ergebnisliste zu einem Personennamen einen strukturierten Überblick über die zu dieser Person im Internet verfügbaren Informationen bietet.[1229]

Ein weiteres Phänomen, das zu internetspezifischen Risiken für die individuelle Selbstdarstellung führen kann, ist Big Data.[1230] Mit diesem Begriff wird abstrakt die Möglichkeit beschrieben, riesige Mengen an Daten in unterschiedlichen Formaten in hoher Geschwindigkeit nutzen zu können.[1231] Dabei sind die „großen" Datenbestände mit Volumina in Größenordnungen von Terabyte, Petabytes und Exabytes schon länger vorhanden. Ursächlich für die Begriffsprägung sind die neuen Methoden sowie Hard- und Softwaretechniken, die es ermöglichen, Big Data zu erfassen, zu verteilen, zu speichern, zu durchsuchen, zu analysieren und zu visualisieren.[1232] Durch den Einsatz von Big Data-Analysewerkzeugen können aus bisher nicht aufeinander bezogenen Daten neue Ergebnisse und Erkenntnisse gewonnen werden. Es können auch die Daten der Selbstdarstellung aus unterschiedlichen Kontexten und Zeiträumen zusammengefasst und analysiert werden. Durch Big Data wird es daher sowohl möglich, die als Schutzziel der individuellen Selbstdarstellung anerkannte Annahme unterschiedlicher Identitäten in verschiedenen Kontexten als auch die zeitlich orientierte, wandlungsfähige Selbstdarstellung zu beeinträchtigten.

---

book erkennt Gesichter", heise online vom 7.6.2011, http://www.heise.de/newsticker/meldung/Facebook-erkennt-Gesichter-1256586.html.

1226 Z.B. die Funktion „Find my face" von Google, *Reißmann/Stöcker*, „Find my Face: Google startet Gesichtserkennung", Spiegel Online vom 8.12.2012, http://www.spiegel.de/netzwelt/web/find-my-face-google-startet-gesichtserkennung-a-802557.html.

1227 Dies geschieht, obwohl nach aktueller Rechtslage gemäß § 22 KunstUrhG Bildnisse grundsätzlich nur mit Einwilligung des Abgebildeten verbreitet oder öffentlich zur Schau gestellt werden dürfen.

1228 Dies bestätigt *Peter Fleischer*, oberster Beauftragte für den Datenschutz bei Google Inc., selbst wenn er ergänzend hinzufügt, dies „sei zu gruselig, als dass wir es jemals umsetzen würden", *Reißmann/Stöcker*, „Find my Face: Google startet Gesichtserkennung", Spiegel Online vom 8.12.2012, http://www.spiegel.de/netzwelt/web/find-my-face-google-startet-gesichtserkennung-a-802557.html.

1229 *EuGH*, NJW 2014, 2259, Rn. 37.

1230 Zu den datenschutzrechtlichen Herausforderungen von Big Data s. *Roßnagel*, ZD 2013, 562 ff.

1231 Zur Begriffsdefinition von Big Data s. *Horvath* 2013; den drei „v" des Big Data: „volume", „variance" und „velocity", *Simo*, in: Richter 2015, 14.

1232 *Horvath* 2013.

6.1.3.2 Informationelle Selbstbestimmung

Eine der wohl bedeutendsten Ausprägungen des allgemeinen Persönlichkeitsrechts ist das Recht auf informationelle Selbstbestimmung. Der Inhalt und die Reichweite dieses Grundrechts werden nach wie vor durch das Volkszählungsurteil des Bundesverfassungsgerichts vom 15. Dezember 1983 bestimmt.[1233] Es ist als Reaktion auf die besonderen Risiken der automatisierten Datenverarbeitung vor dem Hintergrund der gesellschaftlichen Diskussion um die Volkszählung zu verstehen. Das Datenschutzrecht trat in eine neue Phase ein, indem erstmals in Deutschland höchstrichterlich festgestellt wurde, dass dem Datenschutz Verfassungsrang zukommt.[1234] In dieser Entscheidung leitet das Gericht aus dem allgemeinen Persönlichkeitsrecht „die aus dem Gedanken der Selbstbestimmung stammende Befugnis des Einzelnen ab, grundsätzlich selbst über die Preisgabe und Verwendung seiner persönlichen Daten zu bestimmen". Das Bundesverfassungsgericht hat sich des zulässigen Mittels bedient, das allgemeine Persönlichkeitsrecht so weiter zu entwickeln, dass es den tatsächlichen Veränderungen durch moderne Informationstechnik Rechnung trägt.

6.1.3.2.1 Schutzbereich und Funktionen

Die informationelle Selbstbestimmung schützt vor den Risiken der automatischen Verarbeitung digitaler Daten. Um den Schutzbereich dieses Grundrechts als Ausprägung des allgemeinen Persönlichkeitsrechts zu konkretisieren, werden nur Daten einbezogen, die einen Bezug zu einer konkreten Person aufweisen und somit personenbezogen sind. Das Recht schützt vor dem Feststellen, Verwenden, Speichern, Weitergeben und Veröffentlichen dieser Daten. Der Betroffene soll grundsätzlich selbst entscheiden können, wann und innerhalb welcher Grenzen er persönliche Lebenssachverhalte offenbart und wie er gegenüber Dritten auftritt.[1235] Die informationelle Selbstbestimmung umfasst daher die Ausprägungen der Selbstbestimmung und der Selbstdarstellung jeweils in Form der Selbstverleugnung und Selbstoffenbarung. Dogmatisch bedeutsam an der Entscheidung des Bundesverfassungsgerichts ist die Abkehr von der bis dahin vorherrschenden „Sphärentheorie",[1236] die je nach Betroffenheit der Intim-, Privat- oder Sozialsphäre von einer unterschiedlichen Schutzbedürftigkeit und Eingriffsresistenz ausging. Im Volkszählungsurteil machte das Bundesverfassungsgericht den Schutz der Daten nicht mehr von der Sphäre abhängig, aus der sie stammen. Es erkannte, dass es aufgrund der durch die modernen Informations- und Kommunikationstechniken möglichen Verarbeitung und Verknüpfung der Informationen unter den „Bedingungen der automatisierten Datenverarbeitung kein belangloses Datum mehr" gibt.[1237] Jede Datenverarbeitung gegen den Willen der betroffenen Person ist daher ein Eingriff in das Recht auf informationelle Selbstbestimmung.

Der informationellen Selbstbestimmung kommt vorrangig die klassische Abwehrfunktion zu, indem es vor staatlichem Handeln schützt. Grundrechtsverpflichtete sind gemäß Art. 1 Abs. 3 GG ausschließlich die Gesetzgebung, die vollziehende Gewalt und die Rechtspre-

---

1233 *BVerfGE* 65, 1 (42 ff.); s. zur Wiederholung der Kernpassagen in der ständigen Rspr. *BVerfGE* 78, 77 (84); 84, 92 (194 ff.); zum Volkszählungsurteil *Simitis*, NJW 1984, 398 ff.; *Krause*, JuS 1984, 268; *Steinmüller*, DuD 1984, 91 ff.; *Schlink*, Der Staat 25 (1986), 233 ff.; *Busch*, DVBl 1984, 385; *Mückenberger*, KJ 1984, 1; *Hufen*, JZ 1984, 1072; *Vogelgesang* 1987, 51 ff.; *Heußner*, ArbuR 1985, 311 ff.

1234 *Konferenz der Datenschutzbeauftragten*, DÖV 1984, 504; *Simitis*, in: ders. 2014, Einl. Rn. 30. Ausdrücklich erwähnt wurde ein „Grundrecht auf Datenschutz" im Volkszählungsurteil nicht, sondern erst in einer späteren Entscheidung spricht das Bundesverfassungsgericht vom „grundrechtlichen Datenschutz", *BVerfGE* 84, 239 (278).

1235 *Starck*, in: v. Mangoldt/Klein/Starck Bd. 1, 2010, Art. 2 Abs. 1 GG, Rn. 114, 117.

1236 *Simitis*, NJW 1984, 402; *Kunig*, in: v. Münch/Kunig Bd. 1, 2012, Art. 2 GG, Rn. 41; *Scholz* 2003, 132 f. m.w.N.; *Trute*, in: Roßnagel 2003, Kap. 2.5, Rn. 10 f.

1237 *BVerfGE* 65, 1 (45).

chung. Dem Staat werden somit klare Grenzen gesetzt, dass er nicht beliebig und willkürlich persönliche Informationen von den Bürgern einfordern darf, sondern diese grundsätzlich berechtigt sind, eine Auskunft abzulehnen. Das Bundesverfassungsgericht fordert – wie bei allen anderen Grundrechten – für einen Grundrechtseingriff in die informationelle Selbstbestimmung eine gesetzliche Erlaubnis.[1238] Darüber hinaus kommt der informationellen Selbstbestimmung auch eine Schutzfunktion zu. Beeinträchtigungen des Grundrechts erfolgen spätestens seit der Privatisierung des Post- und Telekommunikationswesens sowie der Etablierung unternehmerischer Kundendatenbanken, zum Beispiel für Kundenbindungsprogramme, Kreditscoring und personalisierte Werbung, nicht mehr primär durch den Staat. Zahlreiche private Stellen haben den wirtschaftlichen Wert von personenbezogenen Datensammlungen längst erkannt. Der Ausspruch „Wissen ist Macht" gilt mehr denn je. In Bezug auf private Stellen ist damit allerdings vorrangig die Wirtschaftsmacht gemeint. Verfassungsrechtliche Aufgabe des Staates ist es, diesen Beeinträchtigungen der informationellen Selbstbestimmung durch private Stellen vorzubeugen und dem einzelnen Bürger rechtliche Instrumente zur Verteidigung seines Grundrechts zur Verfügung zu stellen.

Neben dieser auf den Einzelnen bezogenen Schutzrichtung ist die informationelle Selbstbestimmung nach der Überzeugung des Bundesverfassungsgerichts zugleich Grundlage eines freien und demokratischen Rechtstaats. Die Furcht vor einer umfassenden Datenverarbeitung kann eine Abschreckung vor der Ausübung anderer Grundrechte zur Folge haben: „Wer damit rechnet, dass etwa die Teilnahme an einer Versammlung oder einer Bürgerinitiative behördlich registriert wird und dass ihm dadurch Risiken entstehen können, wird möglicherweise auf eine Ausübung seiner entsprechenden Grundrechte (Art. 8, 9 GG) verzichten."[1239] Dies führt zu einer Beeinträchtigung nicht nur der individuellen Entfaltungschancen des Einzelnen, sondern auch des Gemeinwohls, da die Selbstbestimmung eine elementare Funktionsbedingung eines auf Handlungs- und Mitwirkungsfähigkeit seiner Bürger begründeten freiheitlichen demokratischen Gemeinwesens ist.[1240] Schutzzweck ist die Sicherung der allgemeinen Handlungsfreiheit, des Willensbildungsprozesses und der Meinungsfreiheit, aber auch die Gewährleistung der Grundlagen für einen freiheitlich demokratischen Rechtsstaat. Die informationelle Selbstbestimmung soll verhindern, dass die Verhaltensweisen des Einzelnen jederzeit registriert werden sowie durch Speicherung und Verarbeitung als Information dauerhaft zur Verfügung stehen. Diese Verbindung mit dem kommunikativen und somit gesellschaftlichen Aspekt verleiht dem Recht auf informationelle Selbstbestimmung ein besonderes Gewicht, das sich insbesondere in Abwägungsprozessen auswirkt.[1241]

6.1.3.2.2 Bedeutung für das Internet

Das Internet und die Internetdienste haben zu einem so enormen Bedeutungszuwachs der informationellen Selbstbestimmung geführt, wie es sich die Richter des Bundesverfassungsgerichts, die 1983 am Volkszählungsurteil mitgewirkt haben, vermutlich selbst in ihren futuristischen Visionen nicht vorgestellt hatten. Im Kontext des soziotechnischen Systems Internet entfaltet das Grundrecht auf informationelle Selbstbestimmung sowohl auf der technischen Infrastrukturebene als auch auf der inhaltlichen Ebene der Internet- und Webdienste seine Wirkung.

Bereits die Nutzung des Internet – unabhängig davon, welcher konkrete Internetdienst in Anspruch genommen wird – erzeugt zahlreiche Daten. Jeder Rechner wird über eine indivi-

---

1238 § 4 Abs. 1 BDSG sieht als allgemeine, einfachgesetzliche Vorschrift für einen zulässigen Umgang mit personenbezogenen Daten die Varianten der Erlaubnis durch dieses Gesetz oder eine andere Rechtsvorschrift oder die Einwilligung des Betroffenen vor.

1239 *BVerfGE* 65, 1 (43); vgl. dazu *Trute*, in: Roßnagel 2003, Kap. 2.5, Rn. 9.

1240 *BVerfGE* 65, 1 (43).

1241 *Hornung* 2005, 139 f.

duelle IP-Adresse in das Netz integriert. Dieses Datum ist somit zumindest faktisch immer einem Endgerät eindeutig zuzuordnen. Ob darüber hinaus eine Zuordnung zu einer konkreten Person als Voraussetzung für eine Beeinträchtigung des Persönlichkeitsschutzes möglich ist, hängt von verschiedenen Faktoren ab, ist aber grundsätzlich nicht ausgeschlossen.[1242] Die IP-Adresse kann zudem örtlich zugeordnet werden.[1243] Dies ist der Tatsache geschuldet, dass jede IP-Adresse aufgrund der Internationalität des Internet weltweit nur einmal vergeben werden darf.[1244] Über Logdateien wird in der Regel auch die Dauer der Internetnutzung erfasst, also der Kommunikation mit einer anderen IP-Adresse. Sobald die IP-Adresse einer Person eindeutig zugeordnet werden kann, stehen aufgrund der Internetnutzung grundsätzlich noch weitere Daten über sie zur Verfügung. Technisch erforderlich ist die eindeutige Zuordnung der IP-Adressen zu einer Person nicht. Allerdings wird immer wieder auf politischer Ebene diskutiert, ob Anonymität in Internet gesetzlich unterbunden werden soll. Regelmäßig wird hierfür das Argument angeführt, dass Rechtsverletzungen insbesondere im Internet erheblich reduziert werden könnten.[1245]

Gleichzeitig fallen bei der Inanspruchnahme von Internet- und Webdiensten sehr viele Daten an. Auch hierbei kann nicht pauschal davon ausgegangen werden, dass der Schutzbereich der informationellen Selbstbestimmung betroffen ist, da das Vorhandensein eines Personenbezugs wiederum von zahlreichen Faktoren abhängig ist.[1246] Faktisch werden sehr viele personenbezogene Daten bei der Nutzung von Webdiensten kommuniziert, wie zum Beispiel bei allen Diensten, die kostenpflichtig sind oder die auf einen Vertragsabschluss abzielen. Des Weiteren haben sich im Web mittlerweile zahlreiche Dienste etabliert, die der Pflege sozialer Kontakte dienen. Ihre Inanspruchnahme ist zwar theoretisch ohne die Angabe personenbezogener Daten möglich, widerspricht aber regelmäßig der Zielsetzung, bestehende Kontakte aus der physischen Welt – als Gegensatz zur virtuellen Welt – zu finden und zu pflegen. Zudem widerspricht die anonyme Inanspruchnahme dieser und zahlreicher anderer Internetdienst dem Geschäftsmodell der Anbieter. Kennzeichnend für die Dienste im Internet ist häufig, dass sie umsonst verfügbar sind.[1247] Der Internetnutzer hat die Erwartungshaltung, dass Suchmaschi-

---

[1242] S. die umfangreiche rechtliche Diskussion zu der Frage, ob IP-Adressen ein personenbezogenes Datum darstellen, s. nur die neueren Aufsätze *Meyerdierks*, MMR 2009, 8; *Karg*, MMR-Aktuell 2011, 315811; *Krüger/Maucher*, MMR 2011, 433; *Abel*, DSB 2011, Nr. 4, 14; *Eckhardt*, CR 2011, 339. Im Oktober 2014 legte der Bundesgerichtshof die Frage, ob IP-Adressen personenbezogene Daten sind, dem Europäischen Gerichtshof vor, s. Beschluss vom 28.10.2014, AZ VI ZR 135/13.

[1243] S. z.B. den Dienst Utrace, http://www.utrace.de, der es jedem Internetnutzer ermöglicht, herausfinden, welcher Stadt eine IP-Adresse zugeordnet ist.

[1244] Zum Vergabeverfahren der IP-Adressen s. Kap. 5.1.

[1245] Als typische Rechtsverletzungen im Internet werden regelmäßig Beleidigungen, Verstöße gegen das Urheberrecht, Betrug und Verletzungen von Datenschutzvorschriften genannt. Die politische Debatte hat sich in Deutschland (zuletzt) im Jahr 2011 im Zusammenhang mit den Anschlägen in Oslo (Norwegen) entzündet, die der damalige Innenminister Hans Peter Friedrich zum Anlass nahm, das Ende der Anonymität im Internet zu fordern, „Nach Norwegen-Attentaten: Innenminister Friedrich fordert Ende der Anonymität im Netz“, Spiegel Online vom 7.8.2011, „http://www.spiegel.de/politik/deutschland/nach-norwegen-attentaten-innenminister-friedrich-fordert-ende-der-anonymitaet-im-netz-a-778803.html. S. auch Abteilung für IT- und Kommunikationsrecht des 69. Deutschen Juristentages in München, Beschluss Nr. 6, 24, http://www.djt.de/fileadmin/downloads/69/120921_djt_69_beschluesse_web_rz.pdf.

[1246] Ein Verbot der Anonymität im Internet müsste auf unterschiedlichen Ebenen ansetzen. Zum einen müsste vergleichbar der Regelung in § 111 TKG eine Pflicht der Internetprovider normiert werden, die Inhaber des Internetanschlusses eindeutig und zuverlässig zu identifizieren. Ergänzend müssten softwaretechnische Zusatztools, die ein anonymes Surfen im Internet ermöglichen, untersagt werden. Zum anderen müssten die Anbieter von (anmeldepflichtigen) Internetdiensten die Angabe des bürgerlichen Namens für die Anmeldung zum Dienst – nicht zwingend die Nutzung – fordern und kontrollieren. § 13 Abs. 6 TMG fordert aber im Widerspruch hierzu ausdrücklich, dass Anbieter von Telemediendienten die anonyme oder pseudonyme Nutzung von Telemediendiensten ermöglichen müssen, sofern dies technisch möglich und zumutbar ist.

[1247] *Roßnagel*, in: Hill 2014, 80 f.

nen, E-Mail-Plattformen, Lexika, Filme, Bilder, Musik, Nachrichten, Zeitschriften, Social Networks, Foren und Weblogs und viele andere Informationen und Dienstleistungen keine Bezahlung erfordern. Diese Umsonst-Kultur im Internet muss allerdings ein Trugschluss sein. Das Angebot der Dienstleistungen setzt Hardware und Software, Ideen und Energie, Kapital und Arbeit voraus – die jeweils Geld kosten. Gleichzeitig erwirtschaften (reine) Internet und Webdienstleister Milliardengewinne.[1248] Richtig ist, dass die Nutzer von Internet- und Webdienstleistungen diese nur selten mit Geld bezahlen müssen; die Gegenleistung besteht in der Preisgabe personenbezogener Daten. Aufgrund der Auswertung der Daten kann individualisierte Werbung angeboten werden, für die andere Unternehmen bezahlen.[1249] Die Währung im Internet sind somit personenbezogene Daten. Um die Gegenleistung der Nutzer in die Höhe zu treiben, werden viele Webdienste so konzipiert, dass sie einen möglichst hohen Anreiz für die Preisgabe personenbezogener Daten bieten, indem sie zum Beispiel Nutzerprofile erfordern. Je mehr Eingabefelder die Plattform dafür bereithält, umso mehr Eintragungen nehmen die Nutzer häufig vor, um die „unansehnlichen“ Lücken zu füllen. Die gleiche Funktion erfüllen zum Beispiel die von Social Networks verwendeten Features Timeline, Pinnwand und Fotoalbum. Außerdem sind die meisten Eingabevorgaben auf ständige Aktualisierung angelegt, die die Nutzer zu regelmäßigen Datenergänzungen animieren.

Bereits auf der technischen Ebene der Internet- und Webdienste werden Daten ausgetauscht, die einen Personenbezug aufweisen können. Cookies dienen zum Beispiel dazu, Nutzer eines Webdienstes, die diesen wiederholt aufrufen, „wiedererkennen“ zu können. So können zum Beispiel persönliche Einstellungen automatisch vorgenommen, der Nutzer direkt angesprochen oder auch ein Anmeldeerfordernis deaktiviert werden. Der E-Mail-Dienst erfordert aufgrund der individuellen Kommunikation funktional den Einsatz von E-Mail-Adressen. Diese müssen zwar keinen Personenbezug aufweisen, häufig werden sie aber aus dem Namen oder zumindest Bestandteilen oder Abkürzungen des Namens gebildet. Abgesehen davon werden die in der E-Mail übermittelten Textnachrichten in der Regel Informationen von und über Personen enthalten. Smartphone-Massaging-Dienste identifizieren Sender und Empfänger der Nachrichten über die Mobilfunknummer, die aufgrund der gesetzlichen Regelung in § 111 Abs. 1 TKG immer einer Person eindeutig zugeordnet werden kann.[1250]

Die informationelle Selbstbestimmung schützt die Persönlichkeit, indem jeder frei entscheiden soll, welche Informationen über einen selbst an andere Stellen und die Öffentlichkeit gelangen. Mit der technischen Infrastruktur und insbesondere der Unterstützung des Internetdienstes Web verfügt potentiell jeder Einzelne über die Voraussetzungen, um auch Informationen über bestimmte Personen an die nahezu unbegrenzte Anzahl der Internetnutzer und somit die Öffentlichkeit preiszugeben. Für die Betroffenheit der informationellen Selbstbestimmung ist es grundsätzlich unerheblich, ob die Informationen positiv oder negativ, richtig oder falsch, wahr oder unwahr sind. Entscheidend ist nur, dass die Preisgabe der Daten ohne Kenntnis und ohne Zustimmung der betroffenen Person erfolgt ist. Aufgrund der Multimedialität der Datenübertragung im Internet können insbesondere auch Fotografien und Videos im Web veröffentlicht werden. Die im Zusammenhang mit der Rundfunkfreiheit proklamierte hohe Suggestivkraft von Bildern kann zu erstens gegenüber reinen Textinformationen zu einer deutlich stärkeren Beeinträchtigung der informationellen Selbstbestimmung führen. Zweitens bieten Bilderkennungsprogramme, die stetig optimiert werden, die Möglichkeit, bestimmte Personen durch einen Abgleich mit anderen Fotografien zu erkennen. Sollte nur eine

---

[1248] Google Inc. gab den Jahresgewinn 2012 mit insgesamt 2,2 Milliarden Euro an, *Wilkens*, „Google steigert-Gewinn um 7 Prozent“, heise online vom 23.1.2013, http://www.heise.de/newsticker/meldung/Google-steigert-Gewinn-um-7-Prozent-1789611.html.

[1249] Z.B. erzielt Google Inc. 97 % seines Umsatzes durch gezielte, personenbezogene Werbung.

[1250] Unerheblich für den Personenbezug ist, dass eine Zuordnung z.B. der Kommunikationsverbindungen zum Inhaber der Rufnummer – Teilnehmer gemäß § 3 Nr. 20 TKG –, nicht aber zum eventuell nicht personenidentischen Nutzer des Mobiltelefons gemäß § 3 Nr. 14 TKG erfolgt.

im Web abrufbare Fotografie einer Person im Zusammenhang mit ihrem Namen veröffentlicht sein, kann mit hoher Wahrscheinlichkeit zukünftig zu jeder Fotografie, die im Web von ihr eingestellt ist, ein Personenbezug hergestellt werden.[1251]

Insgesamt steigt in Bezug auf alle im Web veröffentlichten Informationen das Risiko, dass auch zu Daten, die nicht unmittelbar personenbeziehbar sind, langfristig ein Personenbezug hergestellt werden kann. Denn umso mehr Einzelinformationen über eine Person verfügbar sind, umso größer ist das Risiko der Identifikation der Person. Über nahezu jede Person werden zukünftig Informationen im Web verfügbar sein, sei es in Schulchroniken, auf privaten Webseiten, Firmen- oder Vereinshomepages und sozialen Netzwerken, in öffentlichen Verzeichnissen oder Presseberichten. Diese Informationen können grundsätzlich jeden Lebensbereich der Person betreffen, das Privat- gleichermaßen wie das Berufsleben. Diese Daten sind weltweit recherchierbar und dauerhaft – da faktisch keine Möglichkeit zur Löschung der Daten besteht – verfügbar. Suchmaschinen und Auswertungstools können zudem zahlreiche Einzelinformationen zusammenführen, so dass grundsätzlich auch das Risiko einer Profilbildung über Personen enorm ansteigt.[1252]

In Bezug auf das soziotechnische System hat sich zudem der Bedeutungsrang der verschiedenen Funktionen der informationellen Selbstbestimmung stark verschoben. Das Bundesverfassungsgericht betonte im Volkszählungsurteil die Gefahr der zwangsweisen Informationserfassung des Staates über seine Bürger. Vor diesem Hintergrund wurde die informationelle Selbstbestimmung primär geschaffen, um in ihrer Abwehrfunktion den Bürger gegenüber einem übermäßigen Informationsinteresse des Staates zu schützen. Die technische Infrastruktur des Internet und die Dienstleistung der Zugangsvermittlung zum Internet werden durch private Unternehmen betrieben und angeboten – nicht mehr von staatlichen Stellen. Auf dem Geschäftsfeld der Webdienste sind zwar auch staatliche Stellen vor allem im Bereich des E-Government vertreten, es wird aber überwiegend von privaten Unternehmen beherrscht. Auch die Datenverarbeitung durch privatwirtschaftliche Unternehmen kann das Recht auf informationelle Selbstbestimmung verletzten. Einen Grundrechtsschutz gegenüber privatwirtschaftlichen „Datenkraken" erfährt der Einzelne mangels einer unmittelbaren Drittwirkung der Grundrechte aufgrund der Schutzfunktion der informationellen Selbstbestimmung. Dem Gesetzgeber obliegt deswegen die Verpflichtung, einen Ausgleich der privatrechtlichen Beziehungen aller Beteiligten zur Gewährleistung der informationellen Selbstbestimmung durch die einfachgesetzliche Ausgestaltung der Privatrechtsordnung zu gewährleisten.

6.1.3.3 Informationelle Selbstbestimmung und Menschenwürde

Der informationellen Selbstbestimmung wird regelmäßig ergänzend der Schutz des Einzelnen vor dem Risiko der Erstellung umfassender Persönlichkeitsprofile zugeordnet.[1253] Das Bundesverfassungsgericht hat dieses Verbot vor mehr als dreißig Jahren in Bezug auf staatliche Maßnahmen begründet.[1254] Persönlichkeitsprofile werden aber schon seit vielen Jahren umfangreich von privaten Stellen gebildet.[1255] Einfachgesetzlich wird die Erstellung von Persönlichkeitsprofilen durch Datenschutzvorschriften, wie zum Beispiel § 13 Abs. 4 Nr. 6 und § 15 Abs. 3 TMG, reglementiert. Abgeleitet hat das Bundesverfassungsgericht das Verbot der Erstellung umfassender Profile der Persönlichkeit, insbesondere von „Totalabbildern"[1256], allerdings nicht aus der informationellen Selbstbestimmung, sondern aus der in Art. 1 Abs. 1

1251 Allgemein zum Foto- und Videoabgleich im Internet, s. *Klar,* MMR 2012, 788 f.

1252 *EuGH,* NJW 2014, 2259, Rn. 37; *Elixmann* 2012, 67 ff.

1253 *Di Fabio*, Maunz/Dürig 2015, Art. 2 GG, Rn. 173.

1254 *BVerfGE* 27, 1 (6 f.); 65, 1 (52 f.) sowie umfassend zur Profilbildung *Jandt/Laue,* K&R 2006, 319.

1255 S. *Roßnagel/Pfitzmann/Garstka* 2001, 24; *Di Fabio*, in: Maunz/Dürig 2015, Art. 2 GG, Rn. 173.

1256 *BVerfGE* 65, 1 (53).

GG geschützten Menschenwürde.[1257] Mit dieser ist die vollständige oder teilweise Registrierung und Katalogisierung der Persönlichkeit, die auch durch Teilabbilder erreicht werden kann, unvereinbar.[1258] Das Erhebungsprogramm des Volkszählungsgesetzes von 1983 führte nach Auffassung des Bundesverfassungsgerichts nicht zu einer Verletzung der Menschenwürde, da es sich nur um Teilabbilder handelt, die nur einzelne Lebensbereiche abdecken würden.[1259] Als per se unzulässig selbst in der Anonymität statistischer Erhebungen wurden nur „Totalabbilder" angesehen.[1260]

Fraglich ist, ob diese Einschätzung des Bundesverfassungsgerichts unter den Bedingungen des modernen Internet noch aufrechterhalten werden kann. Gegen die Annahme, dass sich heute und insbesondere in naher Zukunft mit vorhandenen Datensätzen nur Teilabbilder erstellen lassen, sprechen im Wesentlichen zwei Argumente. 1983 deckten die staatlichen Volkszählungen, Wohnungszählungen, Berufszählungen und Arbeitsstättenzählungen tatsächlich nur einzelne Lebensbereiche ab. Da sich aber die Anwendungsbereiche und Nutzungskontexte des Internet potentiell über alle privaten und gesellschaftlichen Lebensbereiche erstrecken[1261] und dabei entsprechend umfangreiche Datensammlungen entstehen, wird es zumindest bei Personen mit ausgeprägten Internetaktivitäten leicht möglich sein – und umso mehr, wenn es sich um Digital Natives handelt –, ein Teilabbild der Persönlichkeit zu erstellen, das deutlich mehr als die von der Volkszählung betroffenen Lebensbereiche umfasst. Auch das weitere Argument des Bundesverfassungsgerichts, die „Unmöglichkeit" der unbeschränkten Verknüpfung staatlich gespeicherter Daten,[1262] trifft heute nicht mehr zu. Dies war bereits zum damaligen Zeitpunkt nicht vollends überzeugend. Die „Unmöglichkeit" wurde damit begründet, dass derartigen Datenverbindungen bereits § 11 BStatG entgegenstünde. Daraus geht hervor, dass kein faktisches, sondern lediglich ein rechtliches Hindernis geltend gemacht wurde. Einfachgesetzliche Vorschriften zum Schutz von Grundrechten sind aber nicht geeignet, einen Eingriff in ein Grundrecht auszuschließen. Sie dienen im Gegenteil dazu, staatliches Handeln auf einfachgesetzlicher Ebene als rechtswidrig zu qualifizieren und die Überprüfbarkeit durch die Verwaltungsgerichtsbarkeit zu ermöglichen. Persönlichkeitsprofile werden nicht mehr vornehmlich durch die Verknüpfung gespeicherter personenbezogener Daten erstellt, sondern durch die Analyse und Auswertung verteilt gespeicherter Datensätze. Bisher nicht bekannte Informationen über eine Person, dies können zum Beispiel die Hautfarbe, das Wahlverhalten oder die Ernährungsgewohnheiten sein, werden mit Hilfe von Algorithmen errechnet und das Ergebnis trifft teilweise schon mit einer hohen Wahrscheinlichkeit zu.[1263] Die durch die Nutzung des Internet sowie von Internetdiensten und Webanwendungen anfallenden Datensammlungen sind zwar nicht der alleinige, aber ein wesentlicher Faktor für die deutlich erhöhte Wahrscheinlichkeit, dass es schon möglich ist, auf dieser Datenbasis mehr als ein Teilabbild von Personen zu erstellen.

Die Entscheidung des Bundesverfassungsgerichts zur zulässigen Profilbildung stützte sich auf Tatsachen und Gegebenheiten, die zum damaligen Zeitpunkt zutreffend waren, aber, wie

---

[1257] Das Verbot der Bildung von Persönlichkeitsprofilen dem Aspekt der Freiheit der individuellen Selbstdarstellung und dem Schutz der Menschenwürde im Sinne eines staatlichen Verbots der gänzlichen oder teilweisen Registrierung und Katalogisierung von Persönlichkeiten zuzuordnen, *BVerfGE* 65, 1 (51 f.). Zum umstrittenen Grundrechtscharakter der Menschenwürde und zur schwierigen Begriffsdefinition s. ausführlich *Herdegen*, in: Maunz/Dürig 2015, Art. 1 Abs. 1 GG, Rn. 29 ff. und Rn. 33 ff. jeweils m.w.N.

[1258] *BVerfGE* 27, 1 (5); 65, 1 (52 f.).

[1259] *BVerfGE* 65, 1 (52).

[1260] *BVerfGE* 65, 1 (53).

[1261] S. Kap. 5.

[1262] *BVerfGE* 65, 1 (52).

[1263] Laut einer Studie kann das Geschlecht von Facebook-Nutzern auf Basis aller „Gefällt mir"-Klicks mit 88 % und die Hautfarbe mit 95 % Wahrscheinlichkeit errechnet werden, *Kosinski/Stillwell/Graepel*, PNAS 2013 110 (15) 5802. Für die rechtliche Bewertung ist es unerheblich, ob das Persönlichkeitsprofil in allen Belangen zutreffend ist.

aufgezeigt, nicht mehr der Realität entsprechen. Haben sich die faktischen Risiken zur Erstellung verfassungswidriger Persönlichkeitsprofile erhöht, ist zwingend eine Auseinandersetzung mit der vom Bundesverfassungsgericht vorgenommenen rechtlichen Differenzierung zwischen Teil- und Totalabbild notwendig. Abgesehen von diesen Begriffen hat das Bundesverfassungsgericht keine nähere Konkretisierung vorgenommen, wann die Schwelle einer verfassungsgemäßen zu einer verfassungswidrigen Profilbildung überschritten wird.[1264] Teilabbilder werden dadurch definiert, dass sie nur einzelne Lebensbereiche einer Person abbilden, nicht aber seine Persönlichkeit. Im Umkehrschluss wäre ein „Totalabbild" nur anzunehmen, wenn das Abbild alle Lebensbereiche umfasst und daher die Persönlichkeit vollständig erfasst wird. Selbst wenn es gelingen sollte, alle Lebensbereiche des Lebens lückenlos zu beschreiben, weist die menschliche Persönlichkeit so viele Facetten auf, dass es faktisch nie ein vollständiges Abbild einer Person geben kann. Insofern dürfte das Erfordernis eines „Totalabbilds" für die Verletzung der Menschenwürde nie erreicht werden können. Die Unterscheidung zwischen Teil- und „Totalabbild" sollte daher außer Acht gelassen werden.

Es sind dagegen weitere Kriterien für Teilabbilder zu finden, die gegen die Menschenwürde verstoßen. Im Mikrozensusbeschluss verwendet das Bundesverfassungsgericht den Begriff des „Totalabbilds" nicht. Eine Verletzung der Menschenwürde nimmt es an, wenn der Mensch zwangsweise in seiner ganzen Persönlichkeit registriert und katalogisiert wird und dabei Bereiche des menschlichen Eigenlebens erfasst werden, die von Natur aus Geheimnischarakter haben.[1265] Ein Verstoß gegen die Menschenwürde wird in dieser Entscheidung nicht primär am Umfang des Persönlichkeitsprofils bemessen, sondern es wird auf die betroffenen Lebensbereiche abgestellt. Verfassungsrechtlich können demnach Persönlichkeitsprofile zulässig sein, die den Menschen in der Außenwelt charakterisieren, nicht aber solche, die seinen „Innenraum" einbeziehen. Den Außenraum betreffen Informationen über den Einzelnen hinsichtlich seines Verhaltens, Umgangs und seiner Kommunikation mit anderen und in der Gesellschaft. Dem geschützten Innenraum sind alle Informationen zuzuordnen, die der Einzelne für sich behalten will und als seine Geheimnisse ansieht, unabhängig davon, ob sie ihm bewusst sind oder nicht. Hierzu sind auch Gedanken, Wünsche, Meinungen und Einstellungen zu zählen, die er zumindest noch nicht an Dritte kommuniziert hat. Im späteren Volkszählungsurteil argumentiert das Bundesverfassungsgericht, dass von der Volkszählung zu wenige Lebensbereiche umfasst werden und daher noch kein verfassungswidriges Teilabbild anzunehmen sei.[1266] Insofern wird der Umfang der betroffenen Lebensbereiche zum entscheidenden Kriterium, ohne dass eine konkrete Grenze zu Verfassungswidrigkeit definiert wird.

Grundsätzlich wäre es wünschenswert, wenn sich neben diesen beiden Differenzierungskriterien Außen- und Innenwelt und Anzahl der betroffenen Lebensbereiche noch weitere Abgrenzungskriterien für die abstrakte Beschreibung eines die Menschenwürde verletzenden Persönlichkeitsprofils finden ließen. Allerdings ist bei diesem Versuch auch Vorsicht walten zu lassen. Sofern eine Verletzung der Menschenwürde bei einer einzelfallbezogenen Prüfung bejaht wird, ist diese Maßnahme aufgrund der Unantastbarkeit und damit der Uneinschränkbarkeit der Menschenwürde verfassungswidrig.

Die Risikoeinschätzung hinsichtlich einer Verletzung der Menschenwürde durch die Erstellung von umfassenden Persönlichkeitsprofilen im Internetzeitalter ist aufgrund der veränderten Bedingungen der Wirklichkeit neu vorzunehmen. Sofern der Staat sich die genannten technischen Möglichkeiten zunutze macht und es ihm zum Beispiel im Rahmen geheimdienstlicher Tätigkeiten gelingt, ein verfassungsrechtlich unzulässiges Persönlichkeitsprofil einer Person zu erstellen, spricht viel für die Annahme der Verletzung von Art. 1 Abs. 1 GG.

1264 S. ausführlich *Jandt/Laue*, K&R 2006, 319.

1265 *BVerfGE* 27, 1 (6 f.).

1266 *BVerfGE* 65, 1 (53).

6.1.3.4 Kommunikative Selbstbestimmung

Für einen ergänzenden Schutz der Persönlichkeitsrechte vor den Gefährdungen der Telekommunikationstechnik wurde in der Literatur die kommunikative Selbstbestimmung als weitere Ausprägung entwickelt.[1267] Durch die individuelle Selbstdarstellung werden – unabhängig von der Inanspruchnahme von Informations- und Kommunikationstechnik – die Entscheidung zu kommunizieren und die Kommunikationsinhalte geschützt. Die Besonderheit, dass die Umstände der Kommunikation, sofern sie technisch vermittelt ist, nicht mehr uneingeschränkt der Selbstbestimmung des Einzelnen unterliegen, wird aber weder von dieser Ausprägung des Persönlichkeitsschutzes noch vom Schutz des Fernmeldegeheimnisses erfasst.[1268] Die Telekommunikationstechnik beeinflusst die Bedingungen für die Auswahl der Kommunikationspartner, den Kommunikationsort, die Kommunikationsart und das Kommunikationsmedium.[1269] Mit dem Ziel die Kommunikationskompetenz sowie der Entscheidungs- und Handlungskompetenz bezogen auf die Risiken der Telematik grundrechtlich zu schützen, wurde die kommunikative Selbstbestimmung in der Wissenschaft entwickelt.

6.1.3.4.1 Schutzbereich und Funktionen

Schutzgut der kommunikativen Selbstbestimmung ist die Freiheit jeder Person, selbst darüber zu bestimmen, mit wem sie wann und wo über welchen Inhalt und mittels welchen Mediums kommunizieren möchte.[1270] Nur unter diesen Bedingungen kann Kommunikationskompetenz gewährleistet werden, die die Aspekte der Unbefangenheit, der Entscheidungsfreiheit und damit der Selbstbestimmtheit der Kommunikation umfasst. Die Unbefangenheit der Kommunikation ist nach Auffassung des Bundesverfassungsgerichts nicht gegeben, wenn ein jeder in dem Bewusstsein lebt, „dass jedes seiner Worte, eine vielleicht unbedachte oder unbeherrschte Äußerung, eine bloß vorläufige Stellungnahme im Rahmen eines sich entfaltenden Gesprächs oder einer nur aus einer besonderen Situation heraus verständlichen Formulierung bei anderer Gelegenheit und in anderem Zusammenhang hervorgeholt werden könnte, um mit ihrem Inhalt, Ausdruck oder Klang gegen ihn zu zeugen“[1271]. Der Schutz der unbefangenen Kommunikation ist nicht auf nicht-öffentliche Gespräche beschränkt, sondern umfasst auch die Kommunikation außerhalb der Privatsphäre.[1272] Die kommunikative Entscheidungsfreiheit ist nur gewährleistet, wenn der Kommunizierende Kenntnis darüber hat, wen er unter welchen Umständen mit welchen Kommunikationsinhalten erreicht. Dieses Wissen ist die Grundvor-aussetzung für die Selbstbestimmtheit seiner Kommunikationsaktivitäten.

Die kommunikative Selbstbestimmung weist eine große Nähe zum Fernmeldegeheimnis und zur informationellen Selbstbestimmung auf. Von diesen beiden Grundrechten ist die kommunikative Selbstbestimmung abzugrenzen. Soweit die individuelle Kommunikation fernmeldetechnisch übertragen wird, gewährleistet das Fernmeldegeheimnis die Vertraulich-

---

1267 Grundlegend zum Recht auf kommunikative Selbstbestimmung *Roßnagel*, KJ 1990, 267 ff.; *ders.*, in: Hoffmann-Riem/Schmidt-Aßmann 2000, 312 ff.; *ders.*, in: Roßnagel/Haux/Herzog 1998, 189 ff.; *Hammer/Pordesch/Roßnagel* 1993, 58 f.; s. auch *Trute*, in: Roßnagel 2003, Kap. 2.5, Rn. 1; *Bizer*, DuD 2004, 6; *Hammer/Pordesch/Roßnagel/Schneider* 1994, GMD-Studien Nr. 235, 102; *Idecke-Lux* 2000, 228 f.

1268 Durch das Fernmeldegeheimnis wird die Vertraulichkeit der Kommunikation geschützt, s. Kap. 6.1.2.1.

1269 *Roßnagel*, KJ 1990, 281. *Idecke-Lux* 2000, 228 f. trennt den Teilaspekt des Kommunikationsmediums ab und begründet ein gesondertes Recht auf mediale Selbstbestimmung.

1270 *Roßnagel*, KJ 1990, 283 m.w.N.

1271 *BVerfGE* 34, 238 (247),

1272 Die ISDN-Technik führt z.B. durch die technischen Merkmale des Freisprechens und des Lautsprechens ohne Signalisierung zur Einschränkung der unbefangenen Kommunikation, da die Aktivierung dieser Merkmale vom Kommunikationspartner nicht sicher erkannt werden können, *Roßnagel*, KJ 1990, 279.

keit der Kommunikation.[1273] In Bezug auf die ISDN-Technik wurde erstmals festgestellt, dass dieser Schutz nicht in Bezug auf alle Risiken umfassend ist.[1274] ISDN war nicht nur eine neue Technik der Fernkommunikation, sondern sie weist unterstützend zahlreiche neue technische Funktionen auf, wie zum Beispiel Rufumleitung, -weiterleitung, -heranholung und -übernahme, Konferenzschaltungen, Rundrufen, Freisprechen, Lauthören und Rufnummernübermittlung und -anzeige.[1275] Viele dieser Funktionen führen dazu, dass die Kommunikationsvorgänge nicht mehr transparent sind und sich die Entscheidungsspielräume der Kommunikationspartner gegenseitig beeinträchtigen können.[1276] Das Fernmeldegeheimnis schützt in diesem Kontext lediglich vor der Kenntnisnahme des durch Kommunikationssysteme unterstützten Austausches von Informationen und damit einen spezifischen Ausschnitt der Persönlichkeit. Diesbezüglich ist es gegenüber der aus dem allgemeinen Persönlichkeitsrecht abgeleiteten kommunikativen Selbstbestimmung spezieller. Darüber hinaus kann ein Schutz nur durch eine risikoadäquate Weiterentwicklung des allgemeinen Persönlichkeitsrechts erreicht werden. Soweit die Funktionen von ISDN den Umgang mit personenbezogenen Daten bedingen, gewährleistet die informationelle Selbstbestimmung Grundrechtsschutz gerade auch vor den Risiken der Telematik. Dies gilt zum Beispiel für die Funktionen der Rufnummernweiterleitung und der Datenerfassung für den Einzelverbindungsnachweis zu Abrechnungszwecken.[1277]

Der vorrangige Schutz der informationellen Selbstbestimmung endet, wenn nicht der Schutz von personenbezogenen Daten als Kommunikationsinhalt und die Verfügungsbefugnis des Einzelnen über diese Informationen betroffen ist.[1278] Von der kommunikativen Selbstbestimmung werden daher ergänzend alle Aspekte der Umstände technisch vermittelter Kommunikation erfasst, die nicht bereits durch das Fernmeldegeheimnis oder die informationelle Selbstbestimmung geschützt sind. Dies könnte zukünftig insbesondere bei einer kontextbasierten, automatisierten Kommunikation der Fall sein, wenn zum Beispiel das Mailprogramm rein automatisch eine Abwesenheitsmitteilung versendet, falls im Kalender ein Urlaubseintrag vorliegt oder E-Mails über eine bestimmte Zeitdauer nicht abgerufen worden sind. Die kommunikative Selbstbestimmung gewährleistet den Schutz der Kommunikation als aktuellen Prozess der Identitätsbildung und Selbstdarstellung.

Bei modernen Informations- und Kommunikationsmitteln kommt zudem der Darstellung der Kommunikation – also der Kommunikationsart – eine wachsende Bedeutung zu, da sie grundsätzlich alle Kombinationsformen – Sprache, Text, Bild, Bewegtbilder und Ton einzeln oder in Kombination – unterstützen und teilweise auch umwandeln können.

Wie den übrigen Ausprägungen des allgemeinen Persönlichkeitsrechts kommt der kommunikativen Selbstbestimmung die grundrechtliche Abwehr- und Schutzfunktion zu. Für die Entwicklung des Rechts auf kommunikative Selbstbestimmung war jedoch nicht eine staatliche Einflussnahme auf die Kommunikationssituation des Bürgers ursächlich, sondern es waren die Risiken der ISDN-Technik, durch deren Zusatzfunktionen die Verwirklichungsbedingungen der Fernkommunikation maßgeblich verändert worden sind.[1279] Die Abwehrfunktion kommt aber zum Tragen, wenn die Selbstbestimmung der Kommunikationssituation des Bürgers durch den Staat beeinträchtigt wird. Hierzu gehören abstrakt alle Maßnahmen des Staates, die die selbstbestimmte Auswahl von Kommunikationspartnern, Kommunikationsort und

[1273] Grundlegend zu dieser Abgrenzung *Roßnagel*, KJ 1990, 273 f.

[1274] *Roßnagel*, KJ 1990, 274.

[1275] Zu weiteren Dienstmerkmalen von ISDN s. *Roßnagel*, KJ 1990, 270.

[1276] *Roßnagel*, KJ 1990, 274.

[1277] *Roßnagel*, KJ 1990, 275 f.

[1278] *Roßnagel*, KJ 1990, 276 f.

[1279] Aus diesem Grund wurde das Recht der kommunikativen Selbstbestimmung auch von Wissenschaftlern entwickelt und hat bisher in der Rechtsprechung des Bundesverfassungsgerichts noch keine Beachtung gefunden.

Kommunikationsart sowie des Kommunikationsmediums durch den Bürger beeinträchtigen oder sogar verhindern, unabhängig davon, ob der Staat selbst Kommunikationspartner ist oder als Dritter Kommunikation zwischen Privaten beeinflusst. Dies ist zum Beispiel anzunehmen, wenn der Staat die Nutzung von Mobiltelefonen in bestimmten räumlichen Bereichen, bestimmten Personengruppen oder in bestimmten Situationen verbietet, da dadurch die Auswahl möglicher Kommunikationsmittel beschränkt wird. Gemäß § 23 Abs. 1a StVO ist beispielsweise die Nutzung eines Mobil- oder Autotelefons nicht erlaubt, wenn hierfür das Mobiltelefon oder der Hörer des Autotelefons aufgenommen oder gehalten werden muss. Der Schutzfunktion der kommunikativen Selbstbestimmung kommt eine sehr hohe Bedeutung zu, da Kommunikation notwendigerweise einen Gegenpart erfordert, dem allerdings ebenso die kommunikative Selbstbestimmung als Grundrecht zusteht.[1280] Zum Beispiel beeinträchtigt eine Rufumleitung die selbstbestimmte und gezielte Entscheidung des Anrufenden über die Wahl eines Kommunikationspartners, indem die Kommunikationsverbindung automatisch zu einer anderen als der gewählten Rufnummer – und damit häufig auch einer anderen Person – aufgebaut wird. Gleichzeitig stellt die Rufumleitung für den Rufnummerninhaber eine technische Möglichkeit dar, sich einer Kommunikation zu entziehen, so dass ihm keine Kommunikation aufgezwungen werden kann. Ein Interessenausgleich wird unter anderem durch § 103 TKG erreicht. Hiernach ist der Telekommunikationsanbieter verpflichtet, seinen Teilnehmern die Möglichkeit einzuräumen, eine von einem Dritten veranlasste automatische Weiterschaltung auf sein Endgerät auf einfache Weise und unentgeltlich abzustellen.

Ob die kommunikative Selbstbestimmung über diese Funktionen hinaus, vergleichbar der informationellen Selbstbestimmung, als maßgebliche Grundlage eines freien und demokratischen Rechtstaats anzusehen ist, ist bisher nicht erörtert worden. In Anlehnung an die diesbezüglichen Ausführungen des Bundesverfassungsgerichts könnte dies in Bezug auf die Registrierung des Kommunikationsverhaltens des Bürgers anzunehmen sein, die ihn gegebenenfalls von der Ausübung weiterer, die Demokratie tragender Grundrechte, wie der Meinungs- oder Versammlungsfreiheit, abhalten würde.[1281] Dieses Risiko besteht zum Beispiel, wenn Kommunikationsprofile erstellt, gespeichert und ausgewertet werden. Allerdings wäre dann vorrangig der Schutzbereich der informationellen Selbstbestimmung betroffen. Sollte der Staat allerdings im Extremfall beispielsweise bestimmte Kommunikationsmedien verbieten, um Meinungsäußerungen oder einen freien Informationszugang zu beschränken, könnte der kommunikativen Selbstbestimmung ebenfalls eine gesellschaftliche Bedeutung für den freiheitlich-demokratischen Rechtsstaat zukommen, sofern nicht spezifische Grundrechte vorrangig zu berücksichtigen sind.

6.1.3.4.2 Bedeutung für das Internet

Das Bundesverfassungsgericht hat bisher in keiner seiner Entscheidungen das Grundrecht auf kommunikative Selbstbestimmung aufgegriffen. Insofern lassen sich aus der Rechtsprechung keine Erkenntnisse für das Internet ableiten. Zahlreiche Facetten des soziotechnischen Systems Internet werden bereits durch andere Grundrechtsgewährleistungen abgedeckt. Die mit dem soziotechnischen System Internet verbundene neue Vielfalt der kommunikativen Möglichkeiten wirken sich erheblich auf die Verwirklichungsbedingungen für diesen Grundrechtsschutz aus.

Die gesellschaftliche Wirkung der Kommunikation kann gerade dadurch verstärkt werden, dass Kommunikationsinhalte nicht nur Einzelpersonen, sondern eine sehr große Anzahl von

---

[1280] Dem Grundrecht der kommunikativen Selbstbestimmung kommt z.B. auch im Verhältnis zwischen Arbeitgeber und Arbeitnehmer eine Bedeutung zu, wenn dieser im Arbeitsverhältnis zur Nutzung bestimmter Kommunikationsmedien angehalten ist, s. hierzu *Steidle* 2005, 99 ff. Bisher scheint die Schutzpflicht aus der kommunikativen Selbstbestimmung aber nicht zu einem Regulierungsbedarf geführt zu haben.

[1281] S. hierzu Kap. 6.1.3.2.1.

Personen erreichen. Zwar bieten Privatsphäreeinstellungen, wie sie zum Beispiel bei sozialen Netzwerken implementiert sind, grundsätzlich die Möglichkeit, Internetinhalte nur bestimmten ausgewählten Personen – den sogenannten Freunden – zugänglich zu machen. Diese Differenzierungsmöglichkeiten sind aber nicht in allen Webdiensten integriert. Angebotene Einstellungen können zudem vom Webdienstleister grundsätzlich verändert oder aufgehoben werden. Derartige Maßnahmen erfolgen häufig im Zuge eines Software-Updates, ohne dass der Nutzer im Einzelnen darauf einwirken kann oder hiervon Kenntnis nehmen muss. Außerdem bieten diese Einstellungen nicht immer einen Schutz davor, dass die Kommunikationsinhalte durch Suchmaschinen aufgefunden und somit auch außerhalb des Diensteangebots öffentlich gemacht werden. Dadurch würde dem Nutzer die kommunikative Selbstbestimmung in Bezug auf die Kommunikationspartner genommen werden.

Zudem ist das Internet das einzige Massenmedium, das jeder Person die einfache und kostengünstige Kommunikationsverbreitung ermöglicht. Ein Ausschluss von der Internetnutzung würde daher eine erhebliche Beeinträchtigung der selbstbestimmten Auswahl der Kommunikationsmedien darstellen.[1282] Schließlich ermöglicht das Internet die Übermittlung aller medialen Darstellungsformen, insbesondere auch von Bild-, Ton- und Videodateien, die über andere Medien nur sehr eingeschränkt möglich sind. Die kommunikative Selbstbestimmung sollte explizit den Schutz der Individual- und der Massenkommunikation erfassen. Dies ist die Voraussetzung, um das Grundrecht der kommunikativen Selbstbestimmung in Bezug auf die Internettechnik risikoadäquat weiterzuentwickeln.

Bezogen auf den Kommunikationsort bietet das Internet, das auch über Funktechnik erreichbar ist, eine deutlich größere Flexibilität als jede kabelgebundene Kommunikationstechnik. Zudem ist es technisch erheblich aufwändiger, einer Person den Zugang zu einem funkbasierten Kommunikationsmedium abzuschneiden. Wie bereits angesprochen,[1283] wurde die Sperrung des Zugangs zum Internet – und damit zu einem sehr bedeutenden Kommunikationsmedium – in der Vergangenheit schon häufig diskutiert und wird international im Einzelfall bereits umgesetzt. Eine Internetzugangssperre wird zwar bereits in Bezug auf andere Grundrechte als grundrechtstangierende Maßnahme eingestuft,[1284] in diesem Zusammenhang kommt aber ergänzend der Schutz der kommunikativen Selbstbestimmung zum Tragen. Die ebenfalls diskutierte Sperrung von Webseiten führt dazu, dass Kommunikationsinhalte von anvisierten Kommunikationsempfängern nicht abgerufen werden können, so dass wiederum die Auswahl der Kommunikationspartner gezielt beeinflusst wird.

Des Weiteren erlangt die kommunikative Selbstbestimmung auf der Ebene der Internetdienste Bedeutung. E-Mail-Dienste weisen vergleichbar der ISDN-Telematik zahlreiche Zusatzfunktionen auf. Hierzu gehören zum Beispiel der gleichzeitige Kopienversand an für den Empfänger der E-Mail sichtbare (Carbon Copy – cc) oder nicht sichtbare Empfänger (Blind Carbon Copy – bcc), automatische Abwesenheitsbenachrichtigung, automatische Weiterleitung, Anfrage einer Empfangsbestätigung, Rückruf von E-Mails, Spamfilter und Greylisting, automatisierte Löschung und Priorisierung sowie Account bezogene Lese- und Schreibberechtigungen. Internettelefonie ermöglicht nicht nur die Echtzeit-Sprachkommunikation, sondern vervollständig sie zur Videotelefonie und unterstützt auch Ad-hoc-Textmitteilungen. Viele Personen nutzen zudem in unterschiedlichen Kontexten unterschiedliche E-Mail-Adressen, insbesondere eine private und eine berufliche, eine personenbezogene und eine pseudonyme. Auch dieses Verhalten ist Ausdruck der kommunikativen Selbstbestimmung. Im Juli 2012 wies Facebook jedem Mitglied – ohne dessen Zustimmung – eine E-Mail-Adresse mit der Domain @facebook.com zu und ersetzte diese automatisch in allen Profilen und sons-

---

1282 Sofern die Verbreitung von Meinungen über das Internet erfolgt, ist Art. 5 Abs. 1 Satz 1 GG vorrangig, s. Kap. 6.1.1.1.2.

1283 S. Kap. 6.1.1.4.

1284 S. Fn. 1105.

tigen Speicherzusammenhängen auf Facebook.[1285] Infolgedessen kommunizierten viele Facebook-Nutzer zunächst unbemerkt über eine andere E-Mail-Adresse, als sie beabsichtigten. Smartphone-Messanger zeigen als Zusatzfunktionen den aktuellen Status der Kommunikationspartner als „zuletzt online…", „online" oder „schreibt" und der Mitteilung als gesendet, empfangen und gelesen an. Wenn alle diese Funktionen automatisiert erfolgen und vom Nutzer nicht individuell konfigurierbar sind, könnte eine Beeinträchtigung der kommunikativen Selbstbestimmung vorliegen.

Viele Internetdienste stellen zudem selbst neue Formen insbesondere der Massenkommunikation dar. Echtzeit-Massenkommunikation wird zum Beispiel durch Twitter und Smartphone-Messanger umgesetzt. Weblogs dienen in der Regel einzelnen Kommunikatoren dazu, beliebig viele Empfänger zu erreichen. Bei Foren liegt der Schwerpunkt auf einer unbegrenzten Anzahl von Individuen, die sowohl Kommunikator als auch Rezipienten sind. Social Networks vereinen schließlich alle genannten Kommunikationsformen miteinander. Sie dienen dem Ziel, in der physischen Welt bestehende Beziehungen abzubilden und bieten in der Regel die Möglichkeit, unterschiedliche „soziale" Räume der Kommunikation zu definieren.

Twitter-Nutzer können zum Beispiel „Tweets" einzelner Autoren abonnieren und dadurch zu ihren „Follower" werden. Bei Twitter treffen primär die Rezipienten die Auswahl, mit welchen „Twitterern" sie kommunizieren möchten. Hierdurch könnte die kommunikative Selbstbestimmung der Autoren betroffen sein. Eine interessenausgleichende Gestaltung wird durch die ergänzende Funktion „Follower blockieren" erreicht. Weblogs weisen sehr ähnliche Funktionen auf. Foren werden häufig in moderierter Form angeboten. Moderatoren zeichnen sich durch besondere Rechte aus, die ihnen ermöglichen, Diskussionen und damit die Kommunikation zu steuern. Sie können sowohl über die Teilnahme einzelner Nutzer entscheiden als auch Beiträge nicht zur Veröffentlichung freigeben, ändern oder löschen sowie sie einem anderen Thread zuordnen, also den thematischen Zusammenhang ändern. Die Moderatoren nehmen somit Einfluss auf die Kommunikation, der die kommunikative Selbstbestimmung betreffen kann. Die Zusatzfunktionen bekannter Social Networks können kaum umfassend dargestellt werden. Die Kommunikationskompetenz des Einzelnen ist bei der Teilnahme an Social Networks bereits dadurch gefordert, dass der Anbieter des Dienstes faktisch zu jedem Zeitpunkt Einfluss auf die Umstände der Kommunikation hat und auch die Inhalte zur Kenntnis nehmen kann. Daher ist insbesondere die Unbefangenheit der Kommunikation über Social Networks gefährdet.

Alle diese Dienste erweitern die Verwirklichungsbedingungen für die Wahrnehmung der kommunikativen Selbstbestimmung durch ihre Vielfalt an Möglichkeiten. Die Selbstbestimmung wächst in dem Maße, indem die Wahlmöglichkeiten der Grundrechtsträger in Bezug auf Kommunikationspartner, Kommunikationsort, Kommunikationsart und Kommunikationsmedium technisch bedingt zunehmen. Daher ist das soziotechnische System Internet eigentlich eine ideale Voraussetzung zur Gewährleistung der kommunikativen Selbstbestimmung. Die konkrete Ausgestaltung insbesondere der Internet- und Webdienste ist allerdings sehr unterschiedlich und sie werden stetig um neue Zusatzfunktionen weiterentwickelt. Aus diesen ergeben sich die zahlreichen Risiken für einen effektiven Grundrechtsschutz.

6.1.3.5 Vertraulichkeit und Integrität informationstechnischer Systeme

Die jüngste vom Bundesverfassungsgericht konkretisierte Schutzausprägung des allgemeinen Persönlichkeitsrechts ist die Gewährleistung der Vertraulichkeit und Integrität informati-

---

[1285] S. *Zlotos*, „Facebook-App überschreibt E-Mail-Adressen in Smartphone-Adressbüchern", heise online vom 2.7.2012, http://www.heise.de/newsticker/meldung/Facebook-App-ueberschreibt-E-Mail-Adressen-in-Smartphone-Adressbuechern-1630171.html.

onstechnischer Systeme.[1286] Anlass für diese Entscheidung war § 5 Abs. 2 Nr. 11 NWVerfSchG, der mit Gesetz vom 20. Dezember 2006 eingeführt wurde und die sogenannten „Online-Durchsuchungen" regelte.[1287] Die Ermächtigungsgrundlage erlaubte der Verfassungsschutzbehörde, in das IT-System eines Bürgers einzudringen, indem die Behörde etwa Sicherheitslücken des Zielsystems ausnutzt oder den Bürger zur Installation eines Spähprogramms verleitet. Die Infiltration des Zielsystems ermöglicht es, dessen Nutzung zu überwachen, die Speichermedien durchzusehen oder gar das Zielsystem fernzusteuern.[1288] Im Ergebnis erklärte das Bundesverfassungsgericht die Vorschrift für verfassungswidrig, da sie mit Art. 2 Abs. 1 in Verbindung mit Art. 1 Abs. 1, Art. 10 Abs. 1 und Art. 19 Abs. 1 Satz 2 GG unvereinbar war.[1289] In diesem Zusammenhang traf es die Feststellung, dass das allgemeine Persönlichkeitsrecht das Grundrecht auf Gewährleistung der Vertraulichkeit und Integrität informationstechnischer Systeme umfasst.[1290]

6.1.3.5.1 Schutzbereich und Funktionen

Das Recht auf Gewährleistung der Vertraulichkeit und Integrität informationstechnischer Systeme – sogenanntes IT- oder Computergrundrecht – wurde vom Bundesverfassungsgericht mit dem Ziel einer lückenschließenden Gewährleistung entwickelt, „um neuartigen Gefährdungen zu begegnen, zu denen es im Zuge des wissenschaftlich-technischen Fortschritts und gewandelter Lebensverhältnisse kommen kann"[1291]. Das IT-Grundrecht umfasst die Elemente der Persönlichkeit, die weder Gegenstand der besonderen Freiheitsgarantien des Grundgesetzes noch anderer bereits konkretisierter Ausprägungen des Persönlichkeitsschutzes sind. Seine Herleitung und Konkretisierung erfolgten daher in Abgrenzung und Auseinandersetzung mit anderen Grundrechten.[1292]

Schwierigkeiten bereitet bereits die Definition des informationstechnischen Systems als Schutzobjekt.[1293] Das Bundesverfassungsgericht definiert informationstechnische Systeme nicht positiv. In Anlehnung an die Überlegungen des Bundesministeriums des Inneren zur Ermächtigung hoheitlicher Online-Durchsuchungen wird von einem weiten Begriffsverständnis ausgegangen.[1294] Umfasst ist demnach jedes System, das elektronisch Daten verarbeitet.[1295] Ausdrücklich als informationstechnische Systeme bezeichnet werden in der Entscheidung Personal Computer (PC), Laptops, Personal Digital Assistent (PDA), Mobiltelefone und Speichermedien.[1296] Diese Beispiele umfassen jeweils nur ein für den Grundrechtsträger „greifbares" Endgerät. Das Bundesverfassungsgericht führt jedoch aus, dass das Internet aus

---

1286 *BVerfGE* 120, 274 sowie *Kutscha*, NJW 2008, 1043; *Drallé* 2010, 13 bezeichnet das Grundrecht als „unselbständige Ausprägung des allgemeinen Persönlichkeitsrechts".

1287 Ausführlich zur Vorgeschichte zum Erlass der genannten Vorschrift und zu der Entscheidung des Bundesverfassungsgerichts s. *Skistims* 2015, 94 ff.

1288 S. zur Diskussion der Onlinedurchsuchung vor der Entscheidung des Bundesverfassungsgerichts *Hornung*, DuD 2007, 575; *Rux*, JZ 2007, 285; *Huber*, NVwZ 2007, 880; *Neumann*, DRiZ 2007, 226; *Kudlich*, HFR 2007, Beitrag 19, 1; *Kemper*, ZRP 2007, 105; *Roßnagel*, DRiZ 2007, 229; *Jahn/Kudlich*, JR 2007, 57; *Gercke*, CR 2007, 245; *Kutscha*, NJW 2007, 1169; *Schaar/Landwehr*, K&R 2007, 202; *Warntjen*, Jura 2007, 581; mit Fokus auf die Technik: *Fox*, DuD 2007, 827; *Pohl*, DuD 2007, 684; *Buermeyer*, HRRS 2007, 392; zur Neuregelung der Online-Durchsuchung im BKA-Gesetz s. *Baum/Schantz*, ZRP 2008, 137.

1289 *BVerfGE* 120, 274 (275).

1290 *BVerfGE* 120, 274 (275, 301).

1291 *BVerfGE* 120, 274, (303) sowie *BVerfGE* 54, 148 (153); 65, 1 (41); 118, 168 (183).

1292 *Böckenförde*, JZ 2008, 927.

1293 Auch wenn der Schutzbereich des Grundrechts gegenständlich über das informationstechnische Systeme definiert wird, dient es dem übergeordneten Ziel der Freiheitsgewährleistung des Grundrechtsträgers, s. auch *Hornung*, CR 2008, 302.

1294 S. *Hornung*, CR 2008, 302; *Holznagel/Schumacher*, MMR 2009, 4.

1295 *Hornung*, CR 2008, 302.

1296 *BVerfGE* 120, 274 (296, 310).

informationstechnischen Systemen besteht und zudem selbst als informationstechnisches System angesehen werden kann.[1297] Demnach muss sich ein informationstechnisches System auch aus verschiedenen technischen Hardwarekomponenten zusammensetzen können und es setzt als solches keinen räumlichen Zusammenhang voraus.[1298]

Mehrfach wird in der Entscheidung die Formulierung des komplexen informationstechnischen Systems verwendet.[1299] Der Zusatz der Komplexität wird in der Literatur ebenfalls zur weiteren Konkretisierung des Schutzguts des Grundrechts herangezogen.[1300] Teilweise beschränkt sich die Auseinandersetzung mit diesem Merkmal darauf, dass Beispiele für komplexe Systeme, wie Personal Computer und Smartphones genannt werden.[1301] Darüber hinaus wird ein komplexes System dahingehend gedeutet, dass es entweder selbst eine Datenfülle aufweisen muss, die einen tiefen Einblick in die persönlichen Lebensverhältnisse Einzelner zulässt, oder in einer Weise mit anderen Datenpools vernetzt ist, dass über eine Infiltration des einen ein Einblick in der beschriebenen Intensität ermöglicht wird.[1302] Dieses Verständnis entspricht spiegelbildlich der ebenfalls im Urteil genannten negativen Anforderung, dass das informationstechnische System nach seiner technischen Konstruktion nicht lediglich Daten mit punktuellem Bezug zu einem bestimmten Lebensbereich des Betroffenen enthält. Sofern die Komplexität lediglich auf die Datenfülle und die dadurch mögliche Einblickstiefe abstellt, ist in ihr keine zusätzliche Anforderung zu erblicken.

Den weiteren gerichtlichen Ausführungen – allerdings nicht explizit zum Schutzbereich, sondern überwiegend im Kontext der besonderen Eingriffstiefe – lassen sich konkretisierende Anforderungen an das System entnehmen.[1303] Zunächst muss das System personenbezogene Daten verarbeiten können.[1304] Ob hierbei abstrakt der Umfang der möglichen Datenverarbeitung des Systems maßgeblich ist, lässt sich nicht eindeutig beantworten. Dies ließe sich allenfalls daraus schließen, dass die Kenntnisnahme dieser Daten durch Dritte „weitreichende Rückschlüsse auf die Persönlichkeit des Nutzers bis hin zu einer Profilbildung ermöglichen“[1305]. Allerdings verweist das Bundesverfassungsgericht diesbezüglich ausdrücklich auf das Volkszählungsurteil, in dem zwar die gleiche Gefährdungsprognose vorgenommen worden ist, allerdings gerade mit dem ausdrücklichen Hinweis, dass es kein belangloses Datum gäbe und daher jedes einzelne Datum entscheidend sei.[1306] Eine ausdrückliche Einschränkung des Schutzbereichs in dieser Hinsicht folgt aus der Anforderung, dass ein derartiges System nach seiner technischen Konstruktion nicht lediglich Daten mit punktuellem Bezug zu einem bestimmten Lebensbereich des Betroffenen enthält, wie zum Beispiel nicht vernetzte, elektronische Steuerungsanlagen zur Haustechnik.[1307] Das Risiko der Beeinträchtigung des Persönlichkeitsrechts setzt somit voraus, dass die Informationen potentiell über mehrere Lebensbereiche des Betroffenen Auskunft geben können. Entsprechend wird das informationstechnische System auch als ein solches definiert, das personenbezogene Daten des Nutzers in

---

1297 *BVerfGE* 120, 274 (276).

1298 *Bäcker*, in: Rensen/Brink 2009, 126.

1299 S. z.B. *BVerfGE* 120, 274 (305).

1300 Z.B. *Bäcker*, in: Uerpmann-Wittzack 2009, 11; *Luch*, MMR 2011, 76.

1301 *Bäcker*, in: Uerpmann-Wittzack 2009, 11.

1302 *Luch*, MMR 2011, 76.

1303 *Hoffmann* 2012, 76 ff. betont ebenfalls, dass das Bundesverfassungsgericht lediglich Beispiele und Anforderungen an das informationstechnische System benennt, ohne es selbst zu definieren.

1304 *BVerfGE* 120, 274 (312).

1305 *BVerfGE* 120, 274 (304).

1306 *BVerfGE* 65, 1 (42, 45).

1307 *BVerfGE* 120, 274 (313). *Hoffmann* 2012, 80 ff. kritisiert diese Anforderung, da auch ein solches System für den Betroffenen hochsensibel sein könne und kein Grund ersichtlich sei, dieses nicht vor einer Infiltration zu schützen. Das Kriterium weise Abgrenzungsprobleme zum Recht auf informationelle Selbstbestimmung auf und führe zu einer Schutzlücke.

einem „signifikanten“ Umfang enthalten kann.[1308] Nur dann weist es die für das Schutzziel des allgemeinen Persönlichkeitsrechts relevante Persönlichkeitsrelevanz auf.[1309] Außerdem geht das Bundesverfassungsgericht davon aus, dass der Einzelne zu seiner Persönlichkeitsentfaltung auf die Nutzung informationstechnischer Systeme angewiesen ist, weil sie mittlerweile in allen Lebensbereichen eingesetzt werden.[1310] Das Bundesverfassungsgericht hat den Schutzbereich des Grundrechts nicht auf die dem informationstechnischen System durch den Betroffenen „anvertrauten“ Daten beschränkt.[1311] Die Gefährdung des allgemeinen Persönlichkeitsrechts resultiert nach den Ausführungen des Bundesverfassungsgerichts gerade nicht allein aus der Tatsache, dass der Nutzer dem System Daten anvertraut, sondern beruht darauf, dass er dem System persönliche Daten schon allein durch dessen Nutzung zwangsläufig liefert.[1312] Erst die Gesamtheit der anvertrauten und der durch die Nutzung anfallenden Daten ist geeignet, ein umfassendes Abbild der Persönlichkeit des Systemnutzers zu liefern.

Der Betroffene muss das informationstechnische System als eigenes nutzen, so dass er den Umständen nach davon ausgehen darf, dass er allein oder zusammen mit anderen zur Nutzung berechtigten Personen über das informationstechnische System selbstbestimmt verfügt.[1313] Dieser Formulierung ist zu entnehmen, dass das Bundesverfassungsgericht auf die selbstbestimmte Verfügbarkeit des informationstechnischen Systems abstellt.[1314] Alternativ wird in der Besprechung der Entscheidung anscheinend davon ausgegangen, dass die selbstbestimmte Verfügbarkeit über die in dem informationstechnischen System gespeicherten Informationen maßgeblich ist.[1315] Insbesondere in Abgrenzung zum Recht auf informationelle Selbstbestimmung – die in diesem Kapitel noch ausgeführt wird – muss entscheidend sein, ob und inwieweit der Einzelne den Zugriff auf das informationstechnische System begrenzen kann. Soweit die Nutzung des eigenen informationstechnischen Systems über informationstechnische Systeme stattfindet, die sich in der Verfügungsgewalt anderer befinden, erstrecke sich der Schutz des Nutzers auch hierauf.[1316] Somit ist nicht Verfügbarkeit im Sinne einer tatsächlichen Zugriffsmöglichkeit auf die Hardware als Gegenstand, sondern einer rechtlichen Zuordnung Voraussetzung und dies nicht in Bezug auf die in dem System gespeicherten Daten, sondern auf das System selbst. Bezogen auf IT-Technik kann hierfür als Indiz zum Beispiel die Berechtigung zur Systemadministration angesehen werden.[1317]

Schließlich lässt sich aus der formulierten Gefährdungssituation der technischen Zugriffmöglichkeit auf das System ableiten, dass eine Vernetzung gegeben sein muss.[1318] Nur dann kann das breite Spektrum der Nutzungsmöglichkeiten, insbesondere von Internetdiensten, mittels des informationstechnischen Systems realisiert werden und es werden in einem relevanten Umfang selbsttätig zahlreiche weitere Daten erzeugt, die in Bezug auf das Verhalten des Nutzers und seine Eigenschaften ausgewertet werden können. Dies bedeutet allerdings nicht, dass der Zugriff auf das System und damit der Eingriff in den Schutzbereich über den

---

1308 *Wegener/Muth*, Jura 2010, 849.

1309 S. *Hoffmann-Riem*, JZ 2008, 1012 f. sowie *Hornung*, CR 2008, 302, der die Kapazität zur Erhebung personenbezogener Daten betont; *Bäcker*, in: Rensen/Brink 2009, 127 leitet aus diesem Aspekt des Bundesverfassungsgerichts das Erfordernis einer hinreichenden Komplexität des informationstechnischen Systems ab, die von den einzelnen Systemkomponenten sowie von ihrer Vernetzung abhängig sei.

1310 *BVerfGE*, 120, 274 (311 f.).

1311 Diese Auffassung vertreten *Holznagel/Schumacher*, MMR 2009, 4.

1312 *BVerfGE* 120, 274 (312).

1313 *BVerfGE* 120, 274 (314).

1314 So auch *Bäcker*, in: Rensen/Brink 2009, 128, denn anderenfalls können nicht sachenrechtliche und vertragliche Nutzungs- und Ausschlussrechte für die Zurechnung als eigenes System herangezogen werden.

1315 Anscheinend auf den Daten- und nicht auf den Systemschutz abstellend *Wegener/Muth*, Jura 2010, 850.

1316 *BVerfGE* 120, 274 (314). S. auch *Hornung*, CR 2008, 303; *Bäcker*, in: Hensen/Brink 2009, 128.

1317 *Skistims* 2015, 107 lehnt mit der Begründung der fremden Systemadministration die Einbeziehung von extern betriebenen Servern in den Schutzbereich des IT-Grundrechts ab.

1318 *BVerfGE* 120, 274 (305); s. auch *Hornung*, CR 2008, 302.

Internetzugang erfolgen müssen oder das System im Zeitpunkt des Zugriffs selbst überhaupt vernetzt sein muss. Die Integrität und Vertraulichkeit des informationstechnischen Systems kann zum Beispiel auch durch den Einsatz von USB-Sticks, auf denen Trojaner oder Keylogger gespeichert sind, beeinträchtigt werden, die unmittelbar an das System angeschlossen werden. Über den USB-Stick kann ein Trojaner auf dem System installiert und bei einer Vernetzung ein Onlinezugriff realisiert werden. Mittels Keylogger können Sicherheitsmechanismen zum Vertraulichkeitsschutz von Daten, wie insbesondere Benutzernamen und Passwörter sowie Verschlüsselungsalgorithmen, ausgespäht und nach dem Entfernen des Keyloggers für einem umfangreichen Datenzugriff genutzt werden. Eine Grundrechtsbeeinträchtigung ist in diesem Fällen nicht erst anzunehmen, wenn das informationstechnische System vernetzt ist.

Schutzziele des IT-Grundrechts sind die Vertraulichkeit und Integrität informationstechnischer Systeme. Die Gewährleistung der Vertraulichkeit hat das Bundesverfassungsgericht aus der Möglichkeit der technischen Infiltration eines informationstechnischen Systems mittels eines Staatstrojaners abgeleitet, die zu dem Risiko des Ausspähens und Überwachens dieses Systems führt. Diese Gefährdung erfasse „beispielsweise das Verhalten bei der Bedienung eines Personal Computers für eigene Zwecke, die Abrufhäufigkeit bestimmter Dienste, insbesondere auch der Inhalt angelegter Dateien oder – soweit das infiltrierte informationstechnische System auch Geräte im Haushalt steuert – das Verhalten in der eigenen Wohnung“[1319]. Unter Vertraulichkeit ist in Anlehnung an Art. 10 Abs. 1 GG[1320] und die Definition in der Informatik[1321] der Ausschluss der unberechtigten Kenntnisnahme durch einen Dritten zu verstehen.[1322] Die Notwendigkeit der Gewährleistung der Integrität wurde aus der Installation der Software – dem Staatstrojaner – auf dem informationstechnischen System abgeleitet, die es ermöglicht, so auf das System zuzugreifen, „dass dessen Leistungen, Funktionen und Speicherinhalte durch Dritte genutzt werden können“[1323]. Die Integrität umfasst das Interesse des Nutzers des IT-Systems, dass dieses in seinem vollständigen Funktionsumfang nicht von Dritten beeinträchtigt oder manipuliert wird. Eine Verletzung der Vertraulichkeit oder Integrität eines informationstechnischen Systems setzt immer voraus, dass die technische Hürde für eine Ausspähung, Überwachung oder Manipulation des Systems genommen wurde.[1324]

Eine sehr große Nähe und damit ein Abgrenzungsbedarf des IT-Grundrechts bestehen insbesondere zum Fernmeldegeheimnis und zur informationellen Selbstbestimmung. Soweit informationstechnische Systeme als Kommunikationsmedien eingesetzt werden, wird diese technisch vermittelte Kommunikation während des laufenden Kommunikationsvorgangs vorrangig durch das Fernmeldegeheimnis geschützt.[1325] In die Systematik des allgemeinen Persönlichkeitsrechts ist das IT-Grundrecht als spezifische Ausformung sowohl der Selbstbewahrung als auch der Selbstbestimmung einzuordnen. Kern der Selbstbewahrung ist die Vertraulichkeit privater Räume. Dabei kann es sich um zur menschlichen Nutzung verwendete, umschlossene Teile eines Gebäudes im Sinne eines architektonischen Raums handeln, deren Vertraulichkeit zum Beispiel durch heimliche Mithörvorrichtungen, Videoaufnahmen oder den Einsatz technischer Mittel zur Ermittlung des Aufenthaltsorts beeinträchtigt wird. Es werden aber auch Objekte erfasst, die persönlichkeitsrelevante Informationen oder Gegenstände vor

---

1319 *BVerfGE* 120, 274, (308 f.).

1320 S. Kap. 6.1.2.1.

1321 S. *Holznagel/Schumacher*, MMR 2009, 3: „Unter Vertraulichkeit versteht man, dass eine Information nur für Befugte zugänglich ist“.

1322 *Hornung*, CR 2008, 303 bejaht einen Eingriff in den Vertraulichkeitsschutz bei jeder Erhebung von Daten aus dem System unabhängig davon, ob sie einen Personenbezug aufweisen. *Holznagel/Schumacher*, MMR 2009, 4 lehnen die Eröffnung des Schutzbereichs ab, wenn eine Verknüpfung der gespeicherten Daten mit personenbezogenen Daten nicht zu erwarten ist.

1323 *BVerfGE* 120, 274 (313).

1324 *BVerfGE* 120, 274 (313).

1325 Zur Abgrenzung s. *BVerfGE* 120, 274 (305 ff.); *Wegener/Muth*, Jura 2010, 850 sowie zustimmend *Hornung*, CR 2008, 300 f.

der Öffentlichkeit verbergen.[1326] Das Bundesverfassungsgericht hat informationstechnische Systeme quasi als Behältnis für personenbezogene Informationen als neuen virtuellen Raum definiert.[1327] Zudem sei, wie bereits angesprochen, der Einzelne zu seiner Persönlichkeitsentfaltung auf die Nutzung informationstechnischer Systeme angewiesen.[1328] Ob es in Bezug auf den Schutz der Vertraulichkeit der personenbezogenen Informationen der Ausformung eines eigenständigen IT-Grundrechts ergänzend zum Gewährleistungsgehalt der informationellen Selbstbestimmung bedurfte, ist dennoch zweifelhaft.[1329] Ein Argument für ein darüber hinausgehendes Schutzbedürfnis, dass von Bundesverfassungsgericht nicht vorgebracht wird, könnte die Tatsache sein, dass auf dem informationstechnischen System nicht nur zahlreiche personenbezogene Daten seines Nutzers, sondern auch von Dritten Personen gespeichert sein können, die ebenfalls betroffen wären.[1330] Zutreffend ist, dass mit der Infiltration eines informationstechnischen Systems und der Streubreite potentiell betroffener Daten ein höheres Risikopotential verbunden ist, als bezogen auf einzelne Datenerhebungen. Dritte sind aber uneingeschränkt über das Recht auf informationelle Selbstbestimmung grundrechtlich abgesichert. Die darüber hinausgehende Konstruktion eines quasi „drittbezogenen“ Grundrechtsschutzes über das allgemeine Persönlichkeitsrecht ist dem Grundgesetz bisher fremd. Der Integritätsschutz zielt auf die Gewährleistung der Selbstbestimmung über Einsatz und Nutzungsumfang „eigener“ informationstechnischer Systeme ab. Dieser systembezogene Integritätsschutz geht über den Schutzumfang der informationellen Selbstbestimmung hinaus.[1331] Die datenschutzspezifische Unveränderbarkeit bezieht sich nur auf (personenbezogene) Daten, nicht aber auch auf die Unverfälschtheit von Funktionen, Leistungen und nicht personenbezogenen Datenspeicherungen informationstechnischer Systeme.[1332] Dieser Aspekt stellt das Bedürfnis nach Vertrauensschutz in den Vordergrund.[1333] Dieses systembezogene Vertrauen ist erforderlich, um das Dilemma der technischen Komplexität von IT-Systemen aufzulösen.[1334]

Das IT-Grundrecht wurde in Bezug auf den Entscheidungsgegenstand des Bundesverfassungsgerichtsurteils als klassisches Abwehrrecht des Bürgers gegen eine heimliche Infiltration informationstechnischer Systeme durch den Staat entwickelt. In diesem Kontext hat das Bundesverfassungsgericht die hohen Anforderungen für eine verfassungsrechtlich zulässige Online-Durchsuchung festgelegt, durch die in das IT-Grundrecht eingegriffen wird. Darüber hinaus weist auch diese Ausprägung des allgemeinen Persönlichkeitsrechts eine Schutzfunktion auf.[1335] Dies ist von umso größerer Bedeutung als – vergleichbar der Situation des Fernmeldeverkehrs[1336] – übergeordnet das Vertrauen in die Funktionsfähigkeit informationstechnischer Systeme geschützt werden soll, die einerseits für eine selbstbestimmte Persönlichkeitsentfaltung notwendig, andererseits aber aufgrund ihrer technischen Komplexität nicht

---

1326 Z.B. das Tagebuch, die Patientenakte oder die „Schatztruhe“, die gesammelte private Gegenstände enthält.

1327 S. auch *Murswiek*, in: Sachs 2014, Art. 2 GG, Rn. 73c, der in Abgrenzung zum durch Art. 13 Abs. 1 GG geschützten real-räumlichen, von einem virtuell-informationstechnischen Bereich spricht.

1328 *BVerfGE*, 120, 274 (311 f.).

1329 Kritisch auch *Eifert*, NVwZ 2008, 521 f.; *Hornung*, CR 2008, 301 f.; *Kutscha*, NJW 2008, 1043; *Volkmann*, DVBl 2008, 591, der von einer Entwertung des Rechts auf informationelle Selbstbestimmung spricht; ebenso *Britz*, DÖV 2008, 413 das Bundesverfassungsgericht habe das Recht auf informationelle Selbstbestimmung zum „unbedeutenden kleinen Schwesterchen" des neuen Grundrechts klein geredet.

1330 *Hoffmann-Riem*, JZ 2008, 1016, 1018; zustimmend *Herrmann* 2010, 59.

1331 *Hoffmann* 2012, 74 f. bezeichnet diesen Grundrechtsschutz als vorgelagert zum Schutz durch die informationelle Selbstbestimmung.

1332 Anscheinend wird der Integritätsschutz von *Holznagel/Schumacher*, MMR 2009, 3 eher eng definiert.

1333 S. auch *Hoffmann-Riem*, JZ 2008, 1018.

1334 Zur Vertrauensproblematik und zum Systemvertrauen s. ausführlich *Jandt* 2008, 41 ff., 50 ff.

1335 Zur originären Begründung der Schutzfunktion des IT-Grundrechts s. ausführlich *Heckmann*, in: Rüßmann 2009, 132 ff. sowie *Roßnagel/Schnabel*, NJW 2008, 3535.

1336 S. Kap. 6.1.2.1.

mehr von Einzelnen beherrschbar sind. Träger und Garant der Funktionsfähigkeit dieser Systeme und allgemein der informationstechnischen Infrastruktur ist aber nicht oder allenfalls sehr begrenzt der Staat.[1337] In erster Linie werden die technischen Funktionen sowohl der Systeme als auch insbesondere ihrer Sicherheitsarchitektur zum Vertraulichkeits- und Integritätsschutz von privaten Unternehmen bestimmt.[1338] Entsprechend hoch ist das Risiko, dass bereits die Hard- und Software nicht oder nicht ausschließlich so funktioniert, wie der Nutzer es erwarten darf. Es wird zusätzlich durch die Entwicklung der letzten Jahre verstärkt, dass einige wenige „Internetgiganten"[1339] den Markt prägen und dadurch über eine enorme globale (Informations-)Macht verfügen. Das Bundesverfassungsgericht hat die Schutzfunktion des Grundrechts unmittelbar in seine Benennung aufgenommen, indem es ausdrücklich die „Gewährleistung“ der Vertraulichkeit und Integrität – durch den Staat – als Schutzumfang statuiert.[1340]

Das Bundesverfassungsgericht hat keine Aussage dazu getroffen, ob aus dieser „Gewährleistung“ auch eine Leistungsfunktion dieses Grundrechts abzuleiten ist.[1341] Eine Begriffsparallelität besteht zur vom Bundesverfassungsgericht statuierten staatlichen Pflicht zur „Gewährleistung“ des menschenwürdigen Existenzminimums, die sich aus der Leistungsfunktion der Menschenwürde begründet.[1342] Dabei ist jedoch grundsätzlich zu berücksichtigen, dass den Grundrechten nur in Ausnahmefällen die einen subjektiven Anspruch begründende Leistungsfunktion zuerkannt wird. In der Regel sind die faktischen Bedingungen für die Ausübung von Freiheitsbetätigungen dem Grundrechtsvoraussetzungsschutz zuzuordnen, die als an den Staat gerichtete objektiv-rechtliche Ziele einzuordnen sind.[1343] Käme dem Grundrecht auf Gewährleistung der Vertraulichkeit und Integrität informationstechnischer Systeme eine Leistungsfunktion zu, so hätte dies vielfältige Auswirkungen. Aus ihr könnten gegebenenfalls subjektive Ansprüche des Bürgers auf eine internetspezifische Sicherungsinfrastruktur, spezifische Sicherungsmittel für informationstechnische Systeme sowie Warn- und Untersuchungspflichten abgeleitet werden, die über diejenigen aus den §§ 7 und 7a BSIG weit hinausgehen müssten. Allein in der möglichen Vielfalt der Ansprüche besteht ein wesentlicher Unterschied zur Gewährleistung des Existenzminimums, die auf eine Geldleistungspflicht reduziert werden kann. Zudem ist davon auszugehen, dass die Annahme einer Leistungsfunktion dieses Grundrechts die Grenzen einer verhältnismäßigen und realisierbaren staatlichen Leistungspflicht überschreiten würde. Derartige Sicherheitsinstrumente zur Gewährleistung der Vertraulichkeit und Integrität informationstechnischer Systeme sind aber über den Grundrechtsvoraussetzungsschutz einzubeziehen. Diese Gewährleistungspflicht muss die Gerichte im Rahmen der Anwendung und Auslegung von bestehenden Vorschriften und der Gesetzgeber durch die Ausgestaltung von neuen Vorschriften ausfüllen.[1344]

6.1.3.5.2 Bedeutung für das Internet

§ 5 Abs. 2 Nr. 11 NWVerfSchG, der in der Entscheidung zur Online-Durchsuchung für verfassungswidrig erklärt wurde, enthielt eine ausdrückliche Ermächtigungsgrundlage zum

---

1337 S. *Hoffmann-Riem*, JZ 2008, 1010.

1338 *Hoffmann-Riem*, JZ 2008, 1013; *Luch*, MMR 2011, 77.

1339 In der jüngeren Vergangenheit sind hierzu vor allem Google Inc., Facebook Inc., Amazon.com Inc., Apple Inc. und Microsoft Corporation zu zählen.

1340 *Worms*, RuP 2009, 142 f.

1341 In der rechtswissenschaftlichen Literatur scheint dieses Problem, soweit ersichtlich, nicht diskutiert zu werden.

1342 S. Kap. 6.1.5.1.

1343 S. zu dieser Differenzierung Kap. 4.4.

1344 Von dieser objektiv-rechtlichen Funktion des IT-Grundrechts geht auch *Hoffmann-Riem*, AöR 134 (2009), 533 aus. Zu konkreten Auswirkungen des IT-Grundrechts im Zivilrecht s. *Roßnagel/Schnabel*, NJW 2008, 3535.

heimlichen Zugriff auf informationstechnische Systeme mittels technischer Infiltration. Diese Maßnahme wurde zuvor in Politik und Rechtswissenschaft unter dem Schlagwort Online-Durchsuchung oder Online-Überwachung diskutiert. Allein vor dem Hintergrund dieses Anlasses für das IT-Grundrecht ist davon auszugehen, dass es für das soziotechnische System Internet eine große Relevanz aufweist. Deutlich schwieriger ist es, insbesondere in Abgrenzung zu anderen vorrangigen Grundrechtsgewährleistungen, die konkreten Bedeutungszusammenhänge herauszukristallisieren.

Die Auseinandersetzung mit der Entscheidung des Bundesverfassungsgerichts hat ergeben, dass es sich bei dem Schutzobjekt des IT-Grundrechts um ein vernetztes informationstechnisches System handeln muss.[1345] Die den grundrechtlichen Schutzbedarf begründenden Gefährdungen von informationstechnischen Systemen entstünden gerade dadurch, dass sie insbesondere an das Internet angeschlossen sind.[1346] Zudem definiert das Bundesverfassungsgericht das Internet als einen elektronischen Verbund von Rechnernetzwerken.[1347] Hiermit nimmt es auf das Internet als technische Infrastruktur Bezug. Damit bestehe das Internet aus informationstechnischen Systemen und könne zudem auch selbst als informationstechnisches System angesehen werden.[1348] Ob das Internet als solches ein Schutzobjekt des IT-Grundrechts sein kann, ist allerdings fraglich. Ergänzend müsste es die Anforderung erfüllen, dass das Internet als eigenes genutzt werden kann.[1349] Dies erfordert eine Trennung des Internet in unterschiedliche Nutzungsbereiche, die einer oder mehreren Personen zur selbstbestimmten Verfügung zugeordnet werden können. Dies kann für geschlossene Intranets, nicht aber für das öffentliche Internet angenommen werden. Die Vertraulichkeit der Übermittlung von Daten über das Internet wird bereits durch Art. 10 Abs. 1 GG umfassend geschützt, so dass bezüglich der Datenkommunikation die vom Bundesverfassungsgericht vorausgesetzte Schutzlücke nicht existiert. Folgerichtig hat es festgestellt, dass die Ermächtigung zur heimlichen Beobachtung und Aufklärung des Internet das Telekommunikationsgeheimnis des Art. 10 Abs. 1 GG verletze.[1350]

Das Internet selbst ist daher nicht als Schutzobjekt des IT-Grundrechts anzusehen, wohl aber der einzelne an das Internet angeschlossene Rechner. Insbesondere die Integrität eines Internetrechners wird in vielfältiger Weise beeinflusst. Zahlreiche auf einem Rechner installierte Programme suchen im Internet nach Programm-Updates und installieren diese anschließend. Dies kann unter Umständen weitreichende Folgen für die im System gespeicherten Daten haben. Dies verdeutlicht zum Beispiel, die bereits angesprochene,[1351] im Juli 2012 durch Facebook angebotene Applikation. Als Folge ihrer Installation auf dem Smartphone wurden in dem Adressbuch automatisch – viele Nutzer bemerkten diese Veränderung auch zunächst nicht – alle E-Mail-Adressen der gespeicherten Kontakte, die auch bei Facebook waren, durch die zuvor vergebene Facebook-E-Mail-Adresse überschrieben.[1352] Nicht immer treffen diese Funktionsänderungen der Programme auf die Zustimmung des Nutzers. Dienste des Web generieren und speichern Nutzungsdaten auf dem Rechner, wie zum Beispiel Cookies, die ebenfalls zu einer veränderten Funktionsweise des eigenen Systems führen können. Gegen einige

---

1345 S. hierzu Kap. 6.1.3.5.1.

1346 *BVerfGE* 120, 274 (304). In Bezug auf den heimlichen Zugriff auf informationstechnische Systeme stützte das Bundesverfassungsgericht die Nichtigkeit der Norm auf eine Verletzung des IT-Grundrechts und führte aus, dass daher eine Prüfung weiterer Grundrechte nicht erforderlich sei, *BVerfGE* 120, 274 (339 f.).

1347 *BVerfGE* 120, 274 (276).

1348 *BVerfGE* 120, 274 (276).

1349 S. auch *Wegener/Muth*, Jura 2010, 849.

1350 *BVerfGE* 120, 274 (340).

1351 S. Kap. 6.1.3.4.2.

1352 Die ursprünglichen Daten wurden zwar nicht gelöscht, aber nicht mehr angezeigt. S. *Zlotos*, „Facebook-App überschreibt E-Mail-Adressen in Smartphone-Adressbüchern“, heise online vom 2.7.2012, http://www.heise.de/newsticker/meldung/Facebook-App-ueberschreibt-E-Mail-Adressen-in-Smartphone-Adressbuechern-1630171.html.

dieser Integritätsänderungen kann der Nutzer des informationstechnischen Systems vorbeugende Sicherungsmaßnahmen ergreifen, allerdings hat dies häufig Funktionseinbußen zur Folge. Viele dieser Maßnahmen werden zudem für den Nutzer von Vorteil sein, häufig wird er aber keine Veränderung wahrnehmen.

In der Literatur werden im Zusammenhang der Erörterung des IT-Grundrechts mit dem Internet virtuelle Speicherräume,[1353] virtuelle Festplatten[1354] sowie netzbasierte Anwendungsprogramme und Backup-Dienste als informationstechnische Systeme qualifiziert.[1355] Dies sind verschiedene Internetdienste, die der Nutzer regelmäßig in Anspruch nimmt, um Aufgaben auf verschiedene Systeme zu verteilen sowie insgesamt die Rechenleistung und damit den Funktionsumfang seines Systems zu erhöhen.

Die Dienstleistungen, die über das Internet angeboten werden, bestehen insbesondere in der Bereitstellung von Rechenleistung, Softwareprogrammen und Speicherkapazitäten und umfassen damit alle Angebotsformen des Cloud Computing. Elektronische Datenverarbeitung erfolgt längst nicht mehr lokalisierbar auf einem Rechner, auf dem sowohl die Anwendungssoftware installiert ist sowie die Daten verarbeitet und gespeichert werden. Das Endgerät des Nutzers wird zukünftig voraussichtlich nur noch als Zugangs-, Visualisierungs- und Bedienelement fungieren, mit dessen Hilfe er sich die Rechenkapazität und Anwendungssoftware aus dem „Internet" über eine Standardsoftware, wie den Webbrowser, nutzbar macht.[1356] Eine Folge der Inanspruchnahme dieser internetbasierten Dienstleistungen ist insbesondere, dass die Daten einer Person zwar noch über sein informationstechnischen System eingegeben, aber nicht mehr mit der von ihm ausgewählten Soft- und Hardware gespeichert und verarbeitet werden, sondern dass sich diese Daten auf verschiedene, ebenfalls vernetzte informationstechnische Systeme dezentral verteilen. Auf diese Systeme und die auf ihnen gespeicherten Daten haben die Nutzer keinen unmittelbaren und selbstbestimmten Zugriff, sondern er wird ihnen über ein Userinterface durch den Diensteanbieter gewährt. Diesem kann, muss aber nicht die Hardware des informationstechnischen Systems zur alleinigen selbstbestimmten Verfügung stehen.

Innerhalb dieser informationstechnischen Systeme können grundsätzlich virtuelle Nutzungsbereiche definiert und einem Nutzer zur selbstbestimmten Verfügung bereitgestellt werden, wie zum Beispiel beim Cloud Computing. In der Regel werden diese Internetanwendungen über zusätzliche „gesicherte Eingangstore" zu den virtuellen Nutzungsbereichen verfügen, die dem jeweiligen Nutzer zur selbstbestimmten Verfügung zugewiesen sind. Der Zugriff wird durch unterschiedliche Authentifizierungsverfahren, wie zum Beispiel eine Anmeldung mit Benutzername und Passwort, technisch abgesichert. Das enorme Interesse nicht nur von Cyberkriminellen an Authentifizierungsdaten für ganz unterschiedliche Webdienste spiegelt sich in den zunehmenden Meldungen über massenhafte Diebstähle von Zugangsdaten für E-Mail-Konten wider, wie sie zum Beispiel im Januar[1357] und April 2014[1358] bekannt ge-

---

1353 *Wegener/Muth*, Jura 2010, 850.

1354 *Herrmann* 2010, 118 spricht von einer „Online-Festplatte", die explizit – durch die Entscheidung des Bundesverfassungsgerichtes – als eigengenutztes informationstechnisches System umfasst sei. Unter virtuellen Festplatten und Speichern werden in der Informatik keine Speichermedien (Hardware) verstanden, sondern es handelt es sich um Software zur Datenspeicherverwaltung. Da das informationstechnische System aber selbst Daten speichern können muss, kann dies nur ein virtueller Speicher in Verbindung mit dem physischen Speicher sein. Die Speicherung von Daten setzt deren virtuelle Darstellung ebenso wie die physische Speicherung voraus.

1355 *Holznagel/Schumacher*, in: Kloepfer 2011, 51; *Bäcker*, in: Rensen/Brink 2009, 128.

1356 S. z.B. *Bäcker*, in: Rensen/Brink 2009, 129.

1357 Das BSI warnte vor millionenfachem Identitätsdiebstahl und bietet einen kostenlosen Sicherheitstest für E-Mail-Konten an, *BSI*, „Millionenfacher Identitätsdiebstahl: BSI bietet Sicherheitstest für E-Mail-Adressen", Pressemitteilung vom 21.1.2014, s. https://www.bsi.bund.de/DE/Presse/Pressemitteilungen/Presse2014/Mailtest_21012014.html.

worden sind. Die Motivation für derartige Zugriffe kann allerdings ganz unterschiedlich sein. Authentifizierungsdaten für E-Mail-Konten werden häufig dafür genutzt, über den E-Mail-Account Spam-Mails zu versenden. Sie stellen darüber hinaus oft den Schlüssel zu anderen anmeldepflichtigen Online-Diensten und die damit verbundenen betrügerischen Möglichkeiten für Bestellungen von Waren und Dienstleistungen dar, weil viele Nutzer dazu neigen, identische oder zumindest ähnliche Benutzernamen und Passwörter zu anderen Accounts zu verwenden. Schließlich kann sich der Authentifizierungsdaten mit dem Ziel des Identitätsdiebstahls bemächtigt werden. Der Zugriff auf die Hardwareeinheit muss daher nicht unbedingt den Zugriff auf die virtuellen Nutzungsbereiche ermöglichen. Umgekehrt besteht das Risiko, dass ein Zugriff auf die virtuellen Nutzungsbereiche ohne einen Zugriff auf die Hardwareeinheit realisiert werden kann.

Das Grundrecht auf Gewährleistung der Vertraulichkeit und Integrität informationstechnischer Systeme ist nicht primär für das soziotechnische System Internet entwickelt worden, es wird aber voraussichtlich von großer Relevanz sein.

6.1.4 Allgemeine Handlungsfreiheit

Die allgemeine Handlungsfreiheit schützt jedes menschliche Verhalten, ohne Rücksicht darauf, ob es unter sozialethischen Gesichtspunkten wertvoll ist oder ob es sich lediglich als Ausdruck personaler Willkür darstellt.[1359] Anders ausgedrückt ist alles erlaubt – und geschützt –, was nicht ausdrücklich verboten ist und nicht grundsätzlich alles verboten, was nicht besonders erlaubt – oder geschützt – ist.[1360] Aufgrund dieses weiten Schutzbereichs ist die dogmatische Einordnung des Grundrechts als nachrangig in Bezug auf spezifische Grundrechtsgewährleistungen und seine daraus resultierende Funktion als Auffanggrundrecht umso wichtiger.[1361] Die allgemeine Handlungsfreiheit kommt demnach nur zum Tragen, wenn die spezifischen Grundrechte keinen ausreichenden Grundrechtsschutz gewährleisten und somit Schutzlücken bestehen. Abgesehen von den spezifischen Fallgruppen als Ergebnis höchstrichterlicher Rechtsprechung,[1362] lässt sich die allgemeine Handlungsfreiheit nicht über die allgemeine Schutzbereichsfestlegung konkretisieren.

Vor dem Hintergrund der lückenfüllenden Funktion stellt die allgemeine Handlungsfreiheit primär ein Abwehrgrundrecht gegen staatliche Eingriffe dar.[1363] Eine darüber hinausgehende Schutzfunktion wurde bisher von den obersten Gerichten zwar nicht ausdrücklich abgelehnt, aber umgekehrt auch nicht allgemein bejaht. Soweit ersichtlich, lag den durch das Bundesverfassungsgericht im Kontext der allgemeinen Handlungsfreiheit entschiedenen Fallgruppen, immer eine staatliche Eingriffsmaßnahme zugrunde und keine Verletzungshandlung durch private Dritte.

Aufgrund des sehr weiten Schutzbereichs der allgemeinen Handlungsfreiheit kann diesem Grundrecht offensichtlich eine Bedeutung in Bezug auf das soziotechnische System Internet zukommen. Wenn grundsätzlich jegliche Handlung geschützt ist, dann auch jegliche Handlung im Internet, sei es ganz allgemein das „Surfen" bei unterschiedlichsten Webangeboten, „Googeln" oder das Versenden von E-Mails. Ob diese Feststellung die Konsequenz rechtfer-

---

1358 Spiegel Online berichtete am 7.4.2014 mit Verweis auf die Staatsanwaltschaft Verden (Aller) über 18 Millionen gestohlene E-Mail-Adressen inklusive Passwörter *Kremp*, „Millionenfacher Datendiebstahl: So prüfen Sie, ob Ihr Passwort gehackt wurde", http://www.spiegel.de/netzwelt/web/datenklau-email-gehackt-bsi-will-dass-provider-warnen-a-962955.html.

1359 *BVerfGE* 80, 137 (152); 90, 145 (170).

1360 *Hufen* 2014, § 14 Rn. 5.

1361 *Lang*, in Epping/Hillgruber 2015, Art. 2 GG, Rn. 9, 15.

1362 S. die nicht abschließende Auflistung bei *Lang*, in: Epping/Hillgruber 2015, Art. 2 GG, Rn. 6 oder *Murswiek*, in: Sachs 2014, Art. 2 GG, Rn. 54.

1363 *Lang*, in Epping/Hillgruber 2015, Art. 2 GG, Rn. 22.

tigt, von einem Grundrecht der „Online-Handlungsfreiheit“ zu sprechen,[1364] ist jedoch überaus fraglich. Verfassungsrechtliche Bedeutung kann diese Form der Handlungsfreiheit nur erlangen, wenn eine konkrete internetspezifische Handlungsweise gerade keinen ausreichenden Schutz durch die speziellen Freiheitsverbürgungen erfährt.[1365] Der Behauptung, es gäbe ein Grundrecht der „Online-Handlungsfreiheit“ muss demnach verfassungsdogmatisch die Untersuchung vorausgehen, ob die Handlungsspielräume, die das Internet dem einzelnen eröffnet, nicht zunächst durch eine Konkretisierung der Schutzbereiche spezifischer Freiheitsgrundrechte zugeordnet werden kann. Erst wenn dieses Vorgehen scheitert, ist das Auffanggrundrecht der allgemeinen Handlungsfreiheit heranzuziehen und gegebenenfalls eine neue spezifische Fallgruppe für diese internetspezifische Handlung zu entwickeln. Gerade dieser Lückenschluss in Bezug auf konkrete Eingriffsmaßnahmen widerspricht dem Ansatz neben der allgemeinen Handlungsfreiheit eine allgemeine „Online-Handlungsfreiheit“ zu manifestieren. Für diese ist kein Mehrwert als sinnvolle Ergänzung zum Schutzbereich der allgemeinen Handlungsfreiheit erkennbar; im Gegenteil würde sie ein neues Abgrenzungsproblem schaffen.

6.1.5 Menschenwürdige Existenzbedingungen gemäß Art. 1 Abs. 1 i.V.m. Art. 20 Abs. 1 GG

Das Grundrechtrecht auf Gewährleistung menschenwürdiger Existenzbedingungen findet sich nicht ausdrücklich im Grundgesetz, sondern wurde vom Bundesverfassungsgericht entwickelt.[1366] Es leitet sich vergleichbar dem allgemeinen Persönlichkeitsrecht aus der Menschenwürde gemäß Art. 1 Abs. 1 GG ab, aber im Unterschied zu ihr nicht in Verbindung mit einem weiteren Grundrecht, sondern mit dem in Art. 20 Abs. 1 GG normierten Sozialstaatsprinzip.[1367] Dieses ist kein Grundrecht, sondern eine Staatszielbestimmung.[1368] Als solche gewährt es grundsätzlich keine subjektiven Ansprüche des Bürgers gegen den Staat.[1369] Erst in der Verknüpfung mit Art. 1 Abs. 1 GG kann ihm Grundrechtscharakter zukommen.

6.1.5.1 Schutzbereich und Funktionen

Das Grundrecht der Gewährung einer menschenwürdigen Existenzgrundlage ist Ausdruck der Verantwortung des Staates, als Solidargemeinschaft die Fürsorge für Hilfsbedürftige zu übernehmen. Gegenstand dieser Pflicht ist es, die „Mindestvoraussetzungen für ein menschenwürdiges Dasein sicherzustellen“[1370]. Das Grundrecht basiert auf dem Gedanken, dass ein menschenwürdiges Dasein nur möglich ist, wenn der Mensch über die hierfür notwendigen (materiellen) Mittel verfügt. Der Umfang dieses Grundrechts weist keine festen Konturen auf, sondern ist von den staatlichen Stellen immer wieder „realitätsgerecht“ zu konkretisieren und zu aktualisieren.[1371] Das Bundesverfassungsgericht macht dem Gesetzgeber diesbezüg-

1364 So *Luch*, VM 2011, 108, die auch die alternativen Bezeichnungen E-Handlungsfreiheit oder digitale Handlungsfreiheit verwendet. S. zur „Online-Handlungsfreiheit“ ausführlich Kap. 9.1.8.

1365 Dies ebenfalls anerkennend *Luch*, VM 2011, 108.

1366 Die ausdrückliche Bezeichnung als Grundrecht findet sich erstmals in der sogenannten Hartz IV-Entscheidung, *BVerfGE* 125, 175 (222) unter Verweis auf *BVerfGE* 40, 121 (133); 45, 187 (228); 82, 60 (85); 113, 88 (108 f.); 123, 267 (362 f.).

1367 *Sommermann*, in: v. Mangoldt/Klein/Starck Bd. 2, 2010, Art. 20 GG, Rn. 120, 130. A.A. *Schulz*, DuD 2010, 698, der das Grundrecht ausdrücklich entgegen der Ansicht des Bundesverfassungsgerichts allein aus Art. 1 Abs. 1 GG ableitet.

1368 *Ruster/Hux*, in: Epping/Hillgruber 2015, Art. 20 GG, Rn. 196; *Sommermann*, in: v. Mangoldt/Klein/Starck Bd. 2, 2010, Art. 20 GG, Rn. 103 m.w.N.

1369 *Sommermann*, in: v. Mangoldt/Klein/Starck Bd. 2, 2010, Art. 20 GG, Rn. 103.

1370 *BVerfGE* 40, 121 (144); 110, 412 (445 f.); *BVerfG*, NJW 2009, 2275.

1371 *BVerfGE* 125, 175 (222).

lich gerade keine normativen Vorgaben. Es trifft weder Aussagen zur konkreten Bemessung des Existenzminimums, noch zu seiner gesellschaftlichen Dimension, die gegebenenfalls ein wie auch immer ausgestaltetes Umverteilungsgebot mit dem Ziel sozialer Gerechtigkeit nach sich ziehen könnte.[1372] Der Tatsache, dass das Grundrecht auch aus dem Sozialstaatsprinzip abgeleitet wird, das keine subjektiven Rechte begründet, wird dadurch Rechnung getragen, dass dem Gesetzgeber ein weiter Gestaltungsspielraum hinsichtlich der genaueren Bestimmung des Existenzminimums eingeräumt wird.[1373]

Während der Schutzbereich des Grundrechts vom Bundesverfassungsgericht nur sehr abstrakt beschrieben wird, enthalten diese Entscheidungen umso detaillierte Ausführungen zu seinen Funktionen. Aus der Ableitung des „reinen" Grundrechts der Menschenwürde ergibt sich die Abwehrfunktion der Gewährleistung des menschenwürdigen Existenzminimums. Der Staat darf dem Einzelnen nicht die Mittel nehmen, die er für sein persönliches menschenwürdiges Dasein benötigt.[1374] Aufgrund der Schutzfunktion des Grundrechts ist der Staat auch verpflichtet, zu verhindern, dass einer Person durch andere Personen, die für das Existenzminimum erforderlichen Mittel entzogen werden. Dieser Grundrechtsauftrag wird zum Beispiel durch die gesetzliche Festlegung von Pfändungsgrenzen erfüllt.[1375]

Eine existentielle Bedeutung misst das Bundesverfassungsgericht der Leistungsfunktion des Grundrechts zu, die aus der Schutzfunktion der Menschenwürde resultiert und in der Bezeichnung des Grundrechts auf „Gewährleistung" des menschenwürdigen Existenzminimums zum Ausdruck kommt. Der Staat ist demnach dazu verpflichtet, dafür Sorge zu tragen, dass Hilfsbedürftigen die materiellen Voraussetzungen für ein menschenwürdiges Dasein zur Verfügung stehen.[1376] Als hilfsbedürftig ist jede Person anzusehen, die die hierfür erforderlichen Mittel nicht aus eigener Erwerbstätigkeit, eigenem Vermögen oder durch Zuwendungen Dritter beschaffen kann. Diese objektive Verpflichtung des Staates begründet einen Leistungsanspruch des Grundrechtsträgers auf materielle staatliche Unterstützung.[1377] Begrenzt wird dieser Leistungsanspruch durch das Sozialstaatsprinzip, das gerade keine individuellen Ansprüche gewährleistet. Der Leistungsanspruch umfasst nur diejenigen Mittel, die zur Aufrechterhaltung eines menschenwürdigen Daseins unbedingt erforderlich sind. Das Existenzminimum erfordert – unbestritten – die Mittel für die physische Existenz des Menschen, also Nahrung, Kleidung, Hausrat, Unterkunft, Heizung, Hygiene und Gesundheit.[1378] Darüber hinaus erstreckt sich der Gewährleistungsanspruch auf Mittel für die soziale Existenz des Menschen, die er zur „Sicherung der Möglichkeit zur Pflege zwischenmenschlicher Beziehungen und zu einem Mindestmaß an Teilhabe am gesellschaftlichen, kulturellen und politischen Leben" benötigt, da der Mensch als Person notwendig in sozialen Bezügen existiere.[1379] Erfüllen kann der Staat diese Leistungspflicht nur, indem der Gesetzgeber den Hilfsbedürftigen einen gesetzlichen Anspruch gewährt.[1380] Es ist nicht ausreichend, den Bürger auf freiwillige Leistungen des Staates zu verweisen, selbst wenn hierdurch faktisch die menschenwürdige Existenz erreicht wird.

1372 *Schnath*, NZS 2010, 298.

1373 *BVerfGE* 35, 202 (236); 45, 376 (387); 100, 271 (284).

1374 *Schnath*, NZS 2010, 298. Die Abwehrfunktion schützt z.B. eine unterhaltspflichtige Person vor der gesetzlichen Festlegung von Unterhaltsbeiträgen, die dazu führen würden, dass ihr das eigene Existenzminimum nicht belassen wird.

1375 *BSGE* 57, 59 (63 ff.); *BVerwGE* 82, 364 (367 f.).

1376 *BVerfGE* 125, 175 (221).

1377 *BVerfGE* 125, 175 (222).

1378 *BVerfGE* 125, 175 (222) mit Verweis auf *BVerfGE* 120, 125 (155 f.).

1379 *BVerfGE* 125, 175 (222) mit Verweis auf *BVerfGE* 80, 367 (374); 109, 279 (319); auch *BVerwGE* 87, 212 (214) sowie *Gröschner*, in: Dreier Bd. II, 2007, Art. 20 GG (Sozialstaat), Rn. 55.

1380 *BVerfGE* 125, 175 (222).

6.1.5.2 Bedeutung für das Internet

Das Grundrecht auf Gewährleistung des menschenwürdigen Existenzminimums kann für das Internet insbesondere aufgrund seiner Leistungsfunktion bedeutsam sein. Es ist anerkannt, dass das „Internet" Bestandteil der sozialen Existenz des Menschen, also mithin Voraussetzung für seine Teilhabe am gesellschaftlichen, politischen und kulturellen Leben ist.[1381] Hierfür spricht bereits, dass der Gesetzgeber die Kosten für die spezifischen Kommunikationsdienstleistungen Internet- und Online-Dienste bei der Berechnung der Sozialhilfe und daran angelehnt des Sozialgelds und des Arbeitslosengelds II berücksichtigt.[1382] Allerdings ist auch hier eine differenzierte Betrachtung erforderlich. Das Grundrecht auf Gewährleistung eines menschenwürdigen Existenzminimums umfasst keinen isolierten Anspruch auf die Mittel für die Anschaffung der für den Internetzugang von zu Hause erforderlichen Hard- und Software.[1383] Es steht dem Einzelnen aber frei, das ihm zur Verfügung gestellte und gegebenenfalls angesparte Budget in den Kauf eines Computers zu investieren oder andere Güter, wie zum Beispiel Bücher, davon anzuschaffen. Die Kosten für den Zugang zum Internet werden von der Position „Nachrichtenübermittlung" umfasst, zu der auch der Festnetzanschluss gehört und die (aktuell) mit einem Gesamtbetrag von 31,96 Euro beziffert ist.[1384] Die Logik des Statistikmodells schließt es aus, dass ein isolierter grundrechtlicher Leistungsanspruch auf die Mittel für den Internetzugang besteht. Nach dem Statistikmodell werden die Regelbedarfe auf der Grundlage von empirisch ermittelten Verbrauchsausgaben und den Entscheidungen des Gesetzgebers über deren Relevanz für die Gewährleistung eines menschenwürdigen Existenzminimums für die einzelnen zu betrachtenden Haushaltskonstellationen ermittelt. In der Realität fallen nicht exakt die für die einzelnen regelbedarfsrelevanten Verbrauchsausgaben berücksichtigten Beträge an, sondern die tatsächlichen Verbrauchsausgaben weichen hiervon im Einzelfall ab.[1385] Zudem kann und muss der Einzelne mit dem ihm zur Verfügung gestellten Betrag haushalten und ihn nach seinen eigenen Prioritäten einsetzen. Er kann von diesen Geldern zum Beispiel auch einen Festnetz- und einen Mobiltelefonanschluss finanzieren – in die Berechnung einbezogen wird nur der Festnetzanschluss – und die Mehrausgaben durch Einsparungen bei anderen Positionen kompensieren.[1386] Bei einem wirtschaftlichen Verhalten ist es ohne weiteres möglich, für den festgelegten Betrag einen kombinierten Tarif mit einer Flatrate für Telefon und Internetdienste zu erhalten.

Gegen die Annahme, dass ein verfassungsrechtlicher Anspruch auf die Gewährleistung der erforderlichen Mittel für einen individuellen Internetzugang von zu Hause besteht, spricht zudem, dass der Staat seine Leistungsfunktion nicht durch Geldleistungen zur selbständigen Beschaffung der materiellen Voraussetzungen für die soziale Existenz erfüllen muss. Es obliegt dem Gesetzgeber, den Leistungsanspruch durch Tatbestand und Rechtsfolge zu konkretisieren. Er muss den veränderten Lebensbedingungen in der technisierten Informationsgesellschaft grundsätzlich Rechnung tragen, kann das Existenzminimum aber wahlweise durch Geld-, Sach- oder Dienstleistungen sichern. Alternativ zur Zurverfügungstellung der Mittel für einen privaten Internetanschluss kann der Staat zum Beispiel auch öffentliche Internetterminals oder öffentliche WLANs unterhalten, die jeder Bürger kostenlos oder zu angemesse-

---

[1381] *Schulz*, DuD 2010, 700; *v. Lewinski*, RW 2011, 74 f. wohl auch *Luch/Schulz*, VM 2011, 108, die dies allerdings unter dem Begriff einer anscheinend aus Art. 2 Abs. 1 GG abgeleiteten Online-Handlungsfreiheit erörtern und zu einer (verwaltungsrechtlichen) E-Daseinsvorsorge konkretisieren.

[1382] S. BT-Drs. 17/3404, 60, 140 sowie die Begründung 51 f.

[1383] Zur Hardwareausstattung werden sowohl ein Personalcomputer oder Notebook als auch ein Router oder Modem gerechnet. Die Software, insbesondere ein Internetbrowser, ist kostenlos verfügbar.

[1384] BT-Drs. 17/3404, 140, Code 08. Bei der Berechnung des Gesamtbetrags werden Kommunikationsdienstleistungen – Internet- und Online-Dienste – sowie Kommunikationsdienstleistungen – Telefon, Fax, Telegramm – getrennt berücksichtigt.

[1385] BT-Drs. 17/3404, 51.

[1386] BT-Drs. 17/3404, 60.

nen Preisen nutzen kann. Zudem obliegt ihm hinsichtlich des Umfangs der Bestimmung des sozialen Existenzminimums ein deutlich größerer Gestaltungsspielraum als beim physischen Existenzminimum.[1387]

6.1.6 Weitere internetrelevante Grundrechte

Das soziotechnische System Internet weist eine hohe Komplexität und einen sehr hohen Innovationsgrad auf. Zudem betrifft es mittlerweile alle individuellen und gesellschaftlichen Bereiche. Für jegliche grundrechtliche Freiheitsausübung ist es vorstellbar, dass sich ein Internetbezug herstellen lässt und der Schutzbereich weiterer spezifischer Grundrechte eröffnet ist.[1388] Zum Beispiel werden Betreiber und Nutzer einer Homepage, auf der Online-Predigten abrufbar sind, durch die Religionsfreiheit gemäß Art. 4 Abs. 1 GG, wissenschaftliche Online-Veröffentlichungen durch die Wissenschaftsfreiheit gemäß Art. 5 Abs. 3 GG, die Bekanntgabe einer Demonstration im Web wird durch die Versammlungsfreiheit gemäß Art. 8 Abs. 1 GG,[1389] Provider und insbesondere Content-Provider, die eine Webdienstleistung anbieten, werden durch die Berufsfreiheit gemäß Art. 12 Abs. 1 GG geschützt.[1390] Dagegen wird ein konkreter Zusammenhang des Internet zum Grundrecht auf Leben und körperliche Unversehrtheit abgelehnt. [1391] Gegenstand der Forschung sind telemedizinische Online-Anwendungen, wie das Telemonitoring, das eine Fernüberwachung und -betreuung von Patienten ermöglicht. Eine mangelnde Leistungsfähigkeit der technischen Infrastruktur oder das Hacken und Manipulieren dieser Anwendungen kann zu erheblichen gesundheitlichen Beeinträchtigungen bei den Patienten führen. Vergleichbar hohe Risiken können sich zukünftig bei Manipulationen der technischen Infrastruktur vernetzter Fahrzeuge[1392] oder der Industrie 4.0 ergeben.[1393]

All die genannten Grundrechtsbezüge ergeben sich vornehmlich durch die Nutzung spezifischer Webanwendungen. Dies ist der Bereich des soziotechnischen Systems Internet, der sich am schnellsten, am vielfältigsten und breitenwirksamsten entwickelt. Mit der durchgeführten grundrechtsspezifische Chancen- und Risikenanalyse wurde primär der Zweck verfolgt, die übergeordneten Auswirkungen des soziotechnischen Systems Internet auf die Realitäts- und Verwirklichungsbedingungen der Grundrechte aufzuzeigen. Darüber hinausgehend kann keine vollständige Erfassung aller denkbaren Internetsachverhalte, ihrer grundrechtlichen Einordnung und Bewertung geleistet werden. Die grundrechtsspezifische Chancen- und Risikenanalyse muss daher stetig in Bezug auf Neuerungen der technischen Infrastruktur, neue Internetdienste und Webanwendungen überarbeitet und erweitert werden. Gerade die Entwicklung innovativer Anwendungen ist kontinuierlich zu beobachten und in Bezug auf die Erforderlichkeit der technikadäquaten Grundrechtsentwicklung zu überprüfen.

1387 *BVerfGE* 125, 175 (123 f.).

1388 Dies wird auch übergreifend als digitale Dimension der Grundrechte bezeichnet, *v. Lewinski* RW 2011, 70 (84); *Schliesky/Hoffmann/Luch/Schulz/Borchers* 2014, 89 ff.

1389 Nach einer wohl nur vereinzelt vertretenen Auffassung, sollen auch „digitale Zusammenkünfte auf virtuellen Plattformen" durch die Versammlungsfreiheit geschützt sein, sofern die Teilnehmer gleichzeitig – synchron – auf der Plattform handeln, *Möhlen,* MMR 2013, 221 ff. Nach anderer Ansicht setzt eine Versammlung die gleichzeitige körperliche Anwesenheit mehrerer Personen an einem Ort voraus, *Depenheuer*, in: Maunz/Dürig 2015, Art. 8 GG, Rn. 45.

1390 S. auch *Schliesky/Hoffmann/Luch/Schulz/Borchers* 2014, 92 ff.

1391 *Schliesky/Hoffmann/Luch/Schulz/Borchers* 2014, 54 f.

1392 *Roßnagel,* ZD 2015, 353 f.

1393 Für einen Überblick der einfachgesetzlichen Herausforderungen von Industrie 4.0 s. *Bräutigam/Klindt,* NJW 2015, 1137.

6.1.7 Internet als Voraussetzung der Grundrechtsausübung

Die Beschreibung von internetspezifischen normativen Wertungslücken aus der Perspektive der jeweiligen Grundrechte ist durch eine isolierte Betrachtung des Phänomens Internet zu ergänzen. Diese verfolgt das Ziel, die übergeordnete Bedeutung des soziotechnischen Systems Internet für die Grundrechtsverwirklichung zu erfassen. Die festgestellte Relevanz für so zahlreiche und unterschiedliche Grundrechte erlaubt die Schlussfolgerung, dass dem soziotechnischen System Internet eine Querschnittsbedeutung in Bezug auf den Grundrechtskatalog zukommt. Es wurde bereits festgestellt, dass sich nahezu jede grundrechtlich geschützte Freiheitsausübung auch mittels des Internet realisieren lässt.[1394] Im Folgenden wird untersucht, wie das soziotechnische System Internet über seine jeweilige Bedeutung für einzelne Grundrechte hinaus grundrechtsdogmatisch eingeordnet werden kann.

6.1.7.1 „Grundrecht auf Internet"

Es stellt sich die Frage, ob sich aus dem Grundgesetz eine staatliche Pflicht ableiten lässt, die für das Internet erforderliche Telekommunikationsinfrastruktur und den individuellen Zugang des einzelnen Bürgers zu dieser zu gewährleisten. Das Grundgesetz enthält keine ausdrücklichen Bestimmungen, aus denen ein „Recht" oder sogar „Grundrecht auf Internet" abgeleitet werden könnte. In der Presse finden sich teilweise Stimmen, die ein solches „Grundrecht auf Internet" oder genauer gesagt auf den Zugang zum Internet aus einer Entscheidung des Bundesgerichtshofs ableiten.[1395] Gegenstand dieser Entscheidung war ein vom Kläger gegen ein Telekommunikationsunternehmen geltend gemachter Schadensersatzanspruch, weil er seinen Internetzugang für längere Zeit nicht nutzen konnte.[1396] In dieser Entscheidung führt das Gericht aus, dass sich das Internet zu einem die Lebensgestaltung eines Großteils der Bevölkerung entscheidend mitprägenden Medium entwickelt habe,[1397] dessen Ausfall sich signifikant im Alltag bemerkbar mache.[1398] Ein Zusammenhang allgemein zu den Grundrechten oder im Besonderen zu einer grundrechtlichen Gewährleistungspflicht des Staates auf die Verfügbarkeit der Telekommunikationsinfrastruktur kann dieser Anerkennung eines zivilrechtlichen Anspruchs und der wirtschaftlichen Bedeutung des Internet nicht entnommen werden.

6.1.7.2 Universaldienstverpflichtung gemäß Art. 87f Abs. 1 GG

Im Kontext der verfassungsrechtlichen Einordnung des Internet und der Diskussion um ein „Recht auf Internet" wird in der wissenschaftlichen Literatur regelmäßig Art. 87f GG erörtert.[1399] Einleitend ist zu betonen, dass Art. 87f Abs. 1 GG kein Grundrecht oder grundrechtsgleiches Recht darstellt.[1400] Die Verfassungsnorm enthält aber an den Staat gerichtete Vorgaben für das Telekommunikationswesen in Deutschland, die aufgrund seiner Bedeutung im Bereich der Daseinsvorsorge eine Voraussetzung für die Privatisierung des ursprünglichen staatlichen Monopols waren.

1394 S. Kap. 6.1.6.

1395 S. *Wünsch*, „BGH: Internet ist ein Grundrecht", Deutsche Welle vom 15.2.2013, http://www.dw.com/de/bgh-internet-ist-ein-grundrecht/a-16549914.

1396 *BGHZ* 196, 101.

1397 *BGHZ* 196, 101 (109), Rn. 17.

1398 *BGHZ* 196, 101 (104), Rn. 9.

1399 S. *Mecklenburg*, ZUM 1997, 532 ff.; *Röger*, ZRP 1997, 204 ff.; *v. Lewinski*, RW 2011, 72.

1400 Die Aufzählung der mit der Verfassungsbeschwerde angreifbaren Verletzungen von Grundrechten und grundrechtsgleichen Rechten in Art. 93 Abs. 1 Nr. 4a GG ist abschließend, s. *Morgenthaler*, in: Epping/Hillgruber 2015, Art. 93 GG, Rn. 52.

6.1.7.2.1 Gewährleistungsumfang und Funktion

Art. 87f Abs. 1 GG verpflichtet den Bund, im Bereich des Postwesens und der Telekommunikation flächendeckend angemessene und ausreichende Dienstleistungen zu gewährleisten. Das Postwesen umfasst vergleichbar dem in Art. 10 Abs. 1 GG als Grundrecht normierten Postgeheimnis die verkörperte Weitergabe von Nachrichten und Kleingütern.[1401] Zu den Postdienstleistungen gehören die Beförderung von Briefen und Paketen.[1402] Da das Internet ausschließlich zum Transport nicht gegenständlicher Daten geeignet ist, hat diese Alternative der Vorschrift in diesem Kontext keine Bedeutung. Der Begriff der Telekommunikation entspricht inhaltlich seinem terminologischen Vorgänger – dem Fernmeldewesen – der in Art. 10 Abs. 1 GG weiter verwendet wird.[1403] Telekommunikationsdienstleistungen sind insbesondere das Bereitstellen von Übertragungsleitungen und Netzanschlüssen.[1404] Obwohl die Formulierung auf die Gewährleistung von Telekommunikationsdienstleistungen beschränkt ist, besteht weitgehend Einigkeit darüber, dass nicht nur das Angebot von Dienstleistungen in Bezug auf vorhandene Telekommunikationsnetze, sondern auch die ausreichende Gewährleistung der Netzinfrastruktur selbst umfasst ist.[1405] Das Vorhandensein oder – soweit für ein ausreichendes Dienstleistungsniveau erforderlich – der Aufbau und Ausbau der Netzinfrastruktur wird entsprechend als Infrastrukturgarantie bezeichnet. Aufgrund dieser über den Gesetzeswortlaut hinausgehenden Differenzierung und Konkretisierung wird Art. 87f GG uneinheitlich als Gewährleistungsverantwortung, Infrastrukturgarantie, Infrastruktursicherungsauftrag und schließlich noch Grundversorgungsauftrag bezeichnet.[1406]

Der Gewährleistungsumfang wird durch die Attribute flächendeckend, angemessen und ausreichend näher konkretisiert. Das Kriterium flächendeckend bestimmt die räumliche „Grenze“ innerhalb des für den Geltungsbereich des Grundgesetzes ohnehin weitesten Regelungsbereichs dem Bundesgebiet der Bundesrepublik Deutschland.[1407] Seine Funktion ist daher nicht eine Begrenzung, sondern die Klarstellung, dass im gesamten Bundesgebiet (möglichst) gleichwertige Lebensverhältnisse durch den Staat geschaffen werden sollen.[1408] Die Telekommunikationsdienstleistungen sind angemessen, wenn sie den kommunikativen Bedürfnissen der Bevölkerung in ihrer qualitativen Beschaffenheit genügen.[1409] Das Merkmal ausreichend bezieht sich ergänzend auf die Quantität des Angebots, das heißt, es ist eine den Bedürfnissen genügende Menge an Dienstleistungen zu gewährleisten.[1410] Die Bewertung ist aus einer objektiven Sichtweise der Nutzer der Telekommunikationsdienstleistungen – so-

---

1401 *Gersdorf*, in: v. Münch/Kunig Bd. 2, 2012, Art. 87f GG, Rn. 8.

1402 *Umbach*, in: Umbach/Clemens Bd. II, 2002, Art. 87f GG, Rn. 17 sowie ausführlich Art. 73 Abs. 1 Nr. 7 GG, Rn. 31 f.

1403 S. Kap. 6.1.2.1.

1404 *Remmert*, in: Epping/Hillgruber 2015, Art. 87f GG, Rn. 2.

1405 *Freund* 2002, 307, 309 ff.; *Kühling* 2004, 588 ff.; *Kugelmann*, VerwArch 95 (2004), 521; *Cornils*, AöR 131 (2006), 387 ff.; *Butzer*, in: Isensee/Kirchhof Bd. IV, 2006, § 74, Rn. 27; sowie ausführlich *Uerpmann-Wittzack*, in: v. Münch/Kunig Bd. 2, 2012, Art. 87f GG, Rn. 6; *Möstl*, in: Maunz/Dürig 2015, Art. 87f GG, Rn. 33. *Lepsius*, in: Fehling/Ruffert 2010, § 4 Rn. 95 sieht die Bewahrung und den Ausbau der Infrastruktur nur als Rechtsreflex mit umfasst.

1406 *Möstl*, in: Maunz/Dürig 2015, Art. 87f GG, Rn. 2. Die Terminologie ist im Einzelnen uneinheitlich: *Hoffmann-Riem*, DVBl 1999, 125 ff. spricht von Gewährleistungsverantwortung, *Badura*, in: Kahl/Waldhoff/Walter Bd. 12, 1997, Art. 87f GG, Rn. 26 ff. bezeichnet es als Staatsaufgabe der Infrastrukturgarantie; die Gesetzesbegründung BT-Drs. 12/8108, 6 und *Uerpmann-Wittzack*, in: v. Münch/Kunig Bd. 2, 2012, Rn. 6; *Eifert* 1998, 180 sprechen von Infrastruktursicherungsauftrag und *Jarass*, MMR 2009, 224 f. wählt die Bezeichnung Grundversorgungsauftrag. S. auch *BVerfGE* 108, 370 (392 ff.).

1407 *Cannivé* 2001, 65 f. A.A. *Eifert* 1998, 181 ff., 187, der eine nutzergruppenspezifische, d.h. von geographischen Kriterien gelöste Auslegung vertritt.

1408 *Möstl*, in: Maunz/Dürig 2015, Art. 87f GG, Rn. 71.

1409 BT-Drs. 12/8108, 6.

1410 BT-Drs. 12/8108, 6.

wohl Privatpersonen als auch Unternehmen –, und nicht primär der Telekommunikationsdienstleister vorzunehmen.[1411] Zudem wird den Attributen angemessen und ausreichend einhellig eine übergeordnete ökonomische Bedeutung zugesprochen, indem sie ein ausgewogenes Verhältnis von Leistung und Gegenleistung verlangen. Die sozialstaatlich als unverzichtbar qualifizierten Dienstleistungen müssen den Bürgern zu einem erschwinglichen Preis zur Verfügung stehen.[1412] Anderenfalls wäre der Grundversorgungsauftrag des Staates als nicht erfüllt anzusehen.

Adressat der Verpflichtung aus Art. 87f Abs. 1 GG ist ausdrücklich der Bund. Art. 87f Abs. 2 GG enthält die Ergänzung, dass die Dienstleistungen im Sinne des Absatzes 1 als privatwirtschaftliche Tätigkeiten durch die aus dem Sondervermögen Deutsche Bundespost hervorgegangenen Unternehmen und durch andere private Anbieter erbracht werden.[1413] Der Staat ist nicht beauftragt, die Dienstleistungen durch eigene, staatlich organisierte Einrichtungen selbst anzubieten. Ihm obliegt eine Regulierungspflicht, durch die gewährleistet wird, dass der garantierte Versorgungsstandard faktisch erreicht wird.

Wie bereits einleitend angesprochen, ist Art. 87f GG kein Grundrecht oder grundrechtsgleiches Recht. Daher kommen der Vorschrift auch nicht die grundrechtsspezifischen Funktionen zu. Verfassungsrechtlich wird der Gewährleistungsauftrag des Art. 87f Abs. 1 GG als Staatszielbestimmung eingeordnet.[1414] Darunter sind „Verfassungsnormen mit rechtlich bindender Wirkung, die der Staatstätigkeit die fortdauernde Beachtung oder Erfüllung bestimmter Aufgaben – sachlich umschriebener Ziele – vorschreiben",[1415] zu verstehen. Ihre Funktion ist es, dem Staat objektiv-rechtliche Pflichten aufzuerlegen, die als Direktive für das staatliche Handeln der Legislative, Exekutive und Judikative maßgeblich sind. Staatszielbestimmungen vermitteln aber keine subjektiven und einklagbaren Rechte des einzelnen Bürgers gegenüber dem Staat.[1416] Diesem wird Gestaltungsfreiheit gewährt, mit welchen Mitteln er das verbindlich vorgegebene Staatsziel zu erreichen sucht.[1417] Er kann auch subjektive Ansprüche Einzelner auf bestimmte Maßnahmen oder öffentliche Leistungen begründen,[1418] diese haben dann aber keinen Verfassungsrang. Eine Verletzung von Staatszielbestimmungen kommt im Allgemeinen nur in Betracht, wenn der Staat überhaupt keine Anstrengungen unternimmt, das Staatsziel zu verfolgen.[1419] Umgekehrt berechtigt Art. 87f Abs. 1 GG den Staat, die zur Pflichterfüllung erforderlichen und zumutbaren Einschränkungen von Grundrechten oder des in Art. 87f Abs. 2 GG für das Post- und Fernmeldewesen vorgesehene Privatwirtschaftlichkeits- und Wettbewerbsprinzips vorzunehmen.[1420]

Art. 87f Abs. 1 GG konkretisiert im Unterschied zu anderen Staatszielbestimmungen die staatliche Pflicht dahingehend, dass flächendeckend angemessene und ausreichende Dienstleistungen zu gewährleisten sind. In der Literatur wird dieses Gebot eines Mindestniveaus häufig unter dem Stichwort des „Untermaßverbots" diskutiert.[1421] Dieser Umweg über die

---

1411 BT-Drs. 12/7269, 5; *Windthorst*, in: Sachs 2014, Art. 87f GG, Rn. 12.

1412 Vgl. die diesbezüglich nicht klar beantwortete Prüfbitte des Bundesrates in BT-Drs. 12/7269, 8.

1413 *Grote*, KritV 1999, 54 f. bezeichnet Art. 87f GG als „Privatisierungsfolgenrecht", durch das dem Staat die Letztverantwortung für die telekommunikative Grundversorgung der Bevölkerung zugewiesen wird.

1414 BT-Drs. 12/7269, 5; *Badura*, in: Kahl/Waldhoff/Walter Bd. 12, 1997, Art. 87f GG, Rn. 26 f.; *Gersdorf*, in: v. Mangoldt/Klein/Starck Bd. 3, 2010, Art. 87f GG, Rn. 30; *Ruge*, in: Schmidt-Bleibtreu/Hofmann/Brockmeyer 2014, Art. 87f GG, Rn. 3; *Windthorst*, in: Sachs 2014, Art. 87f GG, Rn. 14; *Stern*, DVBl 1997, 313 ff.; *Windthorst* 2000, 339 ff.; *Freund* 2002, 39 ff.; *Cannivé* 2001, 54 betont, dass auch Staatszielbestimmungen eine erfolgsbezogene Garantie beinhalten können.

1415 *Sachverständigenkommission*, in: BMI/BMJ 1983, 21.

1416 *Sachverständigenkommission*, in: BMI/BMJ 1983, 21; *Windthorst* 2000, 309 ff.

1417 *Möstl*, in: Maunz/Dürig 2015, Art. 87f GG, Rn. 63.

1418 *Sachverständigenkommission*, in: BMI/BMJ 1983, 21.

1419 *Sachverständigenkommission*, in: BMI/BMJ 1983, 21.

1420 *Uerpmann-Wittzack*, in: v. Münch/Kunig Bd. 2, 2012, Art. 87f GG, Rn. 7.

1421 *Möstl*, in: Maunz/Dürig 2015, Art. 87f GG, Rn. 64.

Anleihe eines für die grundrechtlichen Schutzpflichten anerkannten Prinzips[1422] ist in Bezug auf Art. 87f Abs. 1 GG jedoch dogmatisch nicht erforderlich, da sich der Mindeststandard unmittelbar aus der Formulierung ergibt. Entscheidend ist, dass aus dieser Formulierung auch die Pflicht einer Zielerreichung abzuleiten ist.[1423] Solange der Staat Anstrengungen unternimmt, durch die das Mindestniveau nicht erreicht wird, hat er seine Gewährleistungspflicht nicht erfüllt. Art. 87f Abs. 1 GG begründet im Unterschied zu anderen Staatszielbestimmungen ausdrücklich eine Erfolgspflicht und legt dem Staat zusätzlich eine Ergebnisverantwortung auf.[1424] Darüber hinaus enthält die Vorschrift aber kein Optimierungsgebot in dem Sinne, dass der Staat zu einer möglichst weitgehenden Gewährleistung von Infrastrukturdienstleistungen verpflichtet ist.[1425] Im Rahmen des ihm zustehenden Gestaltungsspielraums darf der Staat selbst entscheiden, ob er eine über das Mindestniveau hinausgehende Telekommunikationsinfrastruktur flächendeckend ermöglichen will.[1426]

6.1.7.2.2 Bedeutung für das Internet

Die ersten wissenschaftlichen Beiträge, die Art. 87f GG nach seiner Aufnahme in das Grundgesetz im August 1994 in Bezug auf seine Bedeutung für das ebenfalls noch recht junge Internet[1427] analysierten, erschienen 1997. Es wurde einhellig festgestellt, dass die Versorgung der Bevölkerung mit den Möglichkeiten des Internet Teil des Gewährleistungsauftrags des Staates ist.[1428] Uneinigkeit besteht nach wie vor darüber, wie der Gewährleistungsumfang in Bezug auf die Infrastruktur des Internet zu bestimmen ist.[1429]

Eine besondere Bedeutung kommt der geforderten Angemessenheit der Versorgung zu. Die Qualität der Internetnutzung wird vorrangig nach der Datenübertragungsrate beurteilt.[1430] Dies ist die digitale Datenmenge, die innerhalb einer Zeiteinheit über einen Übertragungskanal übertragen wird. Sie wird in der Maßeinheit bits per second (bit/s oder kurz bps) gemessen.[1431] Datenübertragungsraten für das Internet werden in der Regel in der Einheit megabit per second (Mbit/s oder mbps) angegeben, die besagt, wie viele Millionen Bits pro Sekunde übertragen werden. Welche Übertragungsraten für das Internet angemessen sind, wird in der rechtswissenschaftlichen Literatur ausgiebig diskutiert.[1432] Der von Art. 87f GG geforderte Mindeststandard ist wohl dann als unterschritten anzusehen, wenn auf dem Markt keine „preisgünstigen" Tarife mit Übertragungsgeschwindigkeiten der (aktuell) zu gewährleistenden Untergrenze – 2 MBit/s – mehr angeboten werden würden.

Allerdings liegt der Schwerpunkt der Diskussion nicht in der Konkretisierung des Gewährleistungsumfangs von Art. 87f Abs. 1 GG, sondern in der Erweiterung der Universaldienstleistungen gemäß § 78 TKG zur Anpassung an die Vorgaben der geänderten europäischen

1422 S. den sechsten Leitsatz des Urteils des *BVerfGE* 88, 203 (203, 256 f.).
1423 S. ausführlich *Möstl*, in: Maunz/Dürig 2015, Art. 87f GG, Rn. 64.
1424 *Eifert* 1998, 192 ff., 210; *Sommer* 2000, 87 ff.; *Cannivé* 2001, 51 ff.; *Gersdorf*, in: v. Mangoldt/Klein/Starck Bd. 3, 2010, Art. 87f GG, Rn. 32 f.
1425 *Schumacher*, MMR 2011, 712; *Möstl*, in: Maunz/Dürig 2015, Art. 87f GG, Rn. 65.
1426 *Möstl*, in: Maunz/Dürig 2015, Art. 87f GG, Rn. 66.
1427 Es wird geschätzt, dass im Jahr 1993 das Internet lediglich 1 % der Informationsflüsse der weltweiten Telekommunikationsnetze ausmachte, während es im Jahr 2000 bereits die Mehrheit des technologischen Informationsaustausches beherrschte (51 %), *Hilbert/Lopez*, Science 332 (2011), 62.
1428 *Röger*, ZRP 1997, 206; *Mecklenburg*, ZUM 1997, 532.
1429 Art. 87f GG entfaltet nur Wirkung in Bezug auf das Internet in seiner technischen Ausgestaltung, nicht aber auf Internetdienste oder Webanwendungen.
1430 Diese kann grundsätzlich noch in die Up- und die Downloadrate differenziert werden, wovon für die verfassungsrechtliche Betrachtung allerdings abgesehen wird.
1431 Üblich ist auch die Angabe in Byte per second, wobei ein Byte das Achtfache eines Bits ist.
1432 *Schumacher*, MMR 2011, 711; *Gerpott*, CR 2011, 568; *Kühling/Biendl*, DÖV 2012, 409.

Universaldienstrichtlinie.[1433] In diesem Zusammenhang wird ausgeführt, dass der nach bisherigem Verständnis einfachgesetzlich geforderte und als funktionaler Internetzugang bezeichnete Schmalbandanschluss mit tendenziell 128 Kbit/s den Gewährleistungsauftrag nicht mehr in vollem Umfang erfüllt.[1434] Bei der Angemessenheit finden die Internetdienste und Webanwendungen mittelbar Berücksichtigung, da zumindest übliche und weit verbreitete Nutzungsangebote, wie zum Beispiel Videoportale oder Nachrichtensendungen via IP-TV, über die verfügbare Infrastruktur genutzt werden können müssen.[1435] Hieraus wird mehr oder weniger einheitlich eine verfassungsrechtliche Verpflichtung zur Grundversorgung mit Internetzugangsdiensten mit 2 MBit/s abgeleitet.[1436] In Bezug auf die rasante technische Entwicklung des Internet, der Internetdienste und Webanwendungen ist allerdings ausdrücklich darauf hinzuweisen, dass diese Untergrenze keinesfalls statisch festzulegen ist, sondern eine sich den verändernden Bedingungen angepasste starke Dynamik und Entwicklungsoffenheit aufweisen muss.[1437] In Kontext der Datenübertragungsraten für angemessene Telekommunikationsdienstleistungen entfaltet zudem das Best Effort-Prinzip[1438] mittelbar seine Relevanz. Dies ist die für das Internet bisher geltende pauschale Qualitätszusicherung, dass alle eingehenden Übermittlungsanfragen gleichermaßen schnellstmöglich und im Rahmen der zur Verfügung stehenden Ressourcen bedient werden. Es werden keine Techniken des Netzwerkmanagements eingesetzt, durch die gezielt die Übermittlung bestimmter Datenpakete vollständig blockiert, zeitlich verzögert oder zeitlich priorisiert erfolgt.

Aus der Querschnittsanforderung, dass die Qualität der Versorgung flächendeckend sein muss, wird teilweise der plakativ formulierte verfassungsrechtliche Anspruch auf „Breitband für alle“ abgeleitet.[1439] Art. 87f Abs. 1 GG soll demnach den Staat verpflichten, dafür Sorge zu tragen, dass alle Bürger des Bundesgebiets über einen Breitbandzugang zum Internet verfügen können. International kann zwar kein eindeutiger Schwellenwert benannt werden, bei welcher Datenübertragungsrate eine Breitband-Internetverbindung beginnt, das Statistische Bundesamt definiert den Internetanschluss aber unter Verweis auf die Internationale Fernmeldeunion (ITU) als breitbandig, wenn die Datenübertragungsrate über 256 KBit/s (entspricht ca. 0,256 MBit/s und somit der Primärmultiplexrate im ISDN) liegt.[1440] Nach Angaben des vom Bundesministerium für Wirtschaft und Technologie herausgegebenen Breitbandatlasses sind Ende 2014 leitungsgebundene Anschlüsse mit mindestens 1 MBit/s für mehr als 96,7 % und mit mindestens 2 MBit/s für mehr als 95,6 % der Bevölkerung verfügbar.[1441] Für rund

---

1433 Die Stammfassung der Richtlinie 2002/22/EG des Europäischen Parlaments und des Rates vom 7. März 2002 über den Universaldienst und Nutzerrechte bei elektronischen Kommunikationsnetzen und -diensten (Universaldienstrichtlinie) wurde durch die Richtlinie 2009/136/EG des Europäischen Parlaments und des Rates vom 25. November 2009 zur Änderung der Richtlinie 2002/22/EG über den Universaldienst und Nutzerrechte bei elektronischen Kommunikationsnetzen und -diensten, der Richtlinie 2002/58/EG über die Verarbeitung personenbezogener Daten und den Schutz der Privatsphäre in der elektronischen Kommunikation und der Verordnung (EG) Nr. 2006/2004 über die Zusammenarbeit im Verbraucherschutz ersetzt.

1434 *Kühling/Beindl*, DÖV 2012, 414.

1435 *Kühling/Beindl*, DÖV 2012, 414.

1436 *Kühling/Beindl*, DÖV 2012, 414; wohl auch *Schumacher*, MMR 2011, 711.

1437 *Cannivé* 2001, 65; *Windthorst* 2000, 277 ff.

1438 S. Kap. 5.1.

1439 S. zu der politischen Forderung *Krempl*, „Große Koalition plant keine Verpflichtung zu „Breitband für alle“, heise online vom 14.11.2013, http://www.heise.de/newsticker/meldung/Grosse-Koalition-plant-keine-Verpflichtung-zu-Breitband-fuer-alle-2045408.html.

1440 S. die Erläuterung des BMWi zum Indikator für den Breitband-Internetanschluss, https://www.destatis.de/DE/ZahlenFakten/LaenderRegionen/Internationales/Thema/ErlaeuterungenGlossar/BreitbandInternetan-schluesse.html.

1441 S. *TÜV Rheinland*, Bericht zum Breitbandatlas Ende 2014, Teil 1: Ergebnisse, im Auftrag des Bundesministeriums für Verkehr und digitale Infrastruktur (BMVI), 6, http://www.zukunft-breitband.de/SharedDocs/DE/Anlage/Digitales/bericht-zum-breitbandatlas-ende-2014-ergebnisse.pdf?__blob=publicationFile.

600.000 Haushalte – insbesondere in ländlichen Gebieten – stehe breitbandiges Internet somit noch nicht zur Verfügung. Es wird allerdings auch die gegenteilige Behauptung aufgestellt, dass in Deutschland zumindest über Satelliten Breitbandanschlüsse flächendeckend verfügbar seien, durch die grundsätzlich auch die Mindestübertragungsrate von 2 MBit/s erreicht werden kann.[1442]

Unabhängig von der Beantwortung der Frage, ob aktuell faktisch der Grundversorgungsauftrag von Art. 87f Abs. 1 GG in Bezug auf das Internet erfüllt wird, besteht eine perspektivische Bedeutung der Norm in dem darüber hinausgehenden Optimierungsrecht des Staates.[1443] Will der Staat seinen Grundversorgungsauftrag nicht nur in Form eines nachlaufenden flächendeckenden Lückenschlusses erfüllen, müsste er frühzeitig Maßnahmen ergreifen, um den Infrastrukturausbau der Internetübertragungstechnik zu fördern.

Die Qualität des Internetzugangs wird zwar an der Datenübertragungsrate gemessen, allerdings ist diese von vielfältigen Faktoren abhängig. Breitband-Internet kann durch kabelbasierte und kabellose Techniken realisiert werden.[1444] Die höchsten Übertragungsraten können derzeit mit Glasfaserkabeln realisiert werden. Qualitätsbestimmend für die Internetnutzung ist immer die sogenannte letzte Meile der Übertragungstechnik, das heißt der letzte Abschnitt der Leitung, der zum Hausanschluss oder zum Teilnehmerhaushalt führt. Die Anbindung der Endkunden ist gleichzeitig der wirtschaftlich unattraktivste Teil beim Ausbau von Netzinfrastrukturen. Entsprechend führt eine Kombination der Übertragungstechnologien zu differenzierten Angeboten mit unterschiedlichen Datenübertragungskapazitäten. Einen vollständigen Glasfaseranschluss an das Internet erfüllt nur ein sogenannter Fibre to the home (FTTH)-Anschluss, bei dem die gesamte Datenübertragung einschließlich der letzten Meile über Glasfaserkabel erfolgt.[1445] Theoretisch sind bei FTTH Datenübertragungsraten von bis zu 1.000 MBit/s möglich. Eine Hybridtechnik stellt Very High Speed Digital Subscriber Line (VDSL) dar, bei dem auch Glasfasernetze eingesetzt werden, allerdings die letzte Meile über die Kupferleitungen des Telefonfestnetzes erfolgt. VDSL wird daher auch als Fibre to the building oder basement (FTTB) bezeichnet, da das Glasfasernetz nur bis zum Hausanschluss reicht. Bei VDSL können Datenübertragungsraten von maximal 200 MBit/s erreicht werden. Aktuell sind Angebote von 50 bis 100 MBit/s üblich. Im Unterschied dazu kann über Digital Subscriber Line (DSL), bei dem Glasfaserkabel maximal bis zum Hauptverteiler, aber nicht über den Kabelverzweiger hinaus zum Einsatz kommen – Fibre to the curb oder node (FTTC oder FTTN – Bordstein oder Knoten) – maximal eine Datenübertragungsrate von 16 MBit/s erreicht werden. Schließlich können über Kabelinternet theoretisch Downloadraten von mehr als 1.000 MBit/s (entspricht einen GBit/s) umgesetzt werden. Die Angebote der Kabelnetzbetreiber beschränken sich aber im Jahr 2015 auf 100 MBit/s.

Mobilfunk-Internet, das auch als Long Term Evolution (LTE) bezeichnet wird, ermöglicht Datenübertragungsraten von 50 bis 100 MBit/s. Allerdings sind die Angebote so ausgestaltet, dass regelmäßig eine monatliche Volumenbegrenzung festgelegt ist, die bei Überschreitung eine Drosselung der Geschwindigkeit der Datenübertragung nach sich zieht. Außerdem können bei LTE, wie bei jeder Funktechnik, Störeinflüsse nicht vermieden werden. Schließlich ist das Satelliten-Internet, wie bereits erwähnt, auch geeignet, die kritische Grenze des Breitband-Internet zur Verfügung zu stellen.

Neben der Technik wird die faktische Datenübertragungsrate maßgeblich davon beeinflusst, welche Datenmengen gleichzeitig über das Internet übertragen werden. Vergleichbar der bei der Stromversorgung maßgeblichen Lastspitzen gibt es auch bei der Internetnutzung

---

1442 S. *Kühling/Beindl*, DÖV 2012, 411 sowie die Angebote von Filiago auf http://www.filiago.org und SkyDSL auf http://de.skydsl.eu.

1443 *Möstl*, in: Maunz/Dürig 2015, Art. 87f GG, Rn. 72.

1444 S. Kap. 5.1.

1445 Bis Ende 2011 sollten 160.000 Haushalte in Deutschland einen FTTH-Anschluss ermöglicht bekommen haben.

Zeiten, in denen parallel große Datenmengen übertragen werden, so dass sich die Datenübertragungsrate verringert und das „Internet langsam" wird. Die von Internetprovidern angegeben Datenübertragungsraten sind immer nur Höchstwerte, die bei idealen Umfeldbedingungen erreicht werden können.

Diese Ausführungen verdeutlichen, dass flächendeckendes Internet mit hoher oder sogar sehr hoher Qualität und Quantität keine Frage der technischen Möglichkeit, sondern primär des teilweise sehr kostenintensiven Ausbaus der Netzinfrastruktur ist. Dieser wird umso mehr zu einer politischen und letztlich auch verfassungsrechtlichen Frage. Die Diskussion um Breitbandvorgaben von 16 MBit/s bis 2012 und 50 MBit/s bis 2016[1446] ist nicht technisch unrealistisch. Allerdings legt Art. 87f Abs. 2 Satz 1 GG dem Staat auch Regulierungsgrenzen in diesem Bereich auf. Die Vorschrift legt fest, dass für Dienstleistungen im Bereich der Telekommunikation das Privatwirtschaftlichkeits- und Wettbewerbsprinzip gilt.[1447] Mit der Privatisierung des Post- und Telekommunikationswesens wurde auch im Grundgesetz festgehalten, dass die bis dahin geltenden Prinzipien der Leistungsverwaltung und des Verwaltungsmonopols nicht mehr gelten.[1448] Die privaten Unternehmen stehen im Wettbewerb zueinander und verfolgen daher als primäres Ziel die Gewinnmaximierung. Der Gewährleistungs-auftrag des Staates einerseits und das Privatwirtschaftlichkeits- und Wettbewerbsprinzip anderseits schließen sich nicht aus, sondern sind miteinander in Einklang zu bringen. Ein Widerspruch entsteht nicht, wenn die aus Art. 87f Abs. 1 GG resultierende Regulierungsbefugnis nur auflebt, wenn aufgrund von Marktversagen Lücken in der Grundversorgung aufgetreten sind.[1449] Dies ist nicht unwahrscheinlich, da der Wettbewerb sich in der Regel auf die lukrativen Bereiche beschränkt. Insbesondere der kabelgebundene Infrastrukturausbau von ländlichen Gebieten ist aufgrund der zu überbrückenden Entfernungen kostenintensiv sowie gleichzeitig durch geringe Kundenzahlen geprägt und damit insgesamt wirtschaftlich nicht lukrativ. Eine über diesen Lückenschließungsmechanismus hinausgehende proaktive staatliche Förderung des Netzausbaus kann und muss unter Berücksichtigung der Gebote der Privatwirtschaftlichkeit und des Wettbewerbs erfolgen.

6.2 Konkrete internetspezifische normative Wertungslücken

Die internetspezifische Grundrechtsanalyse bestätigt zunächst, dass aufgrund des bereits bestehenden Grundrechtsschutzes auch internetspezifische Sachverhalte, Chancen und Risiken grundrechtlich erfasst werden. Methodisch bilden sie die ersten drei Schritte auf der ersten Stufe für die Feststellung normativer Wertungslücken für technikadäquate Grundrechtsentwicklungen ab. Das Internet in seinem Gesamtverständnis als soziotechnisches System ist keinesfalls ein (verfassungs-)rechtsfreier Raum.[1450] Des Weiteren kann es im Ergebnis nicht durch ein einziges Grundrecht verfassungsrechtlich beurteilt werden, sondern es ist eine sehr ausdifferenzierte Analyse der unterschiedlichen technischen Ebenen und sozialen Funktionen des Internet sowie eine entsprechende konkrete Zuordnung zu verschiedenen Grundrechten

---

1446 S. *Schumacher*, MMR 2011, 711 unter Verweis auf ein Positionspapier der CDU/CSU-Bundestagsfraktion, http://www.geteilt.de/docs/Positionspapier_CDUCSU_Breitbandausbau.pdf und insgesamt zur politischen Diskussion *Kühling/Biendl*, DÖV 2012, 409 f.

1447 *Badura*, in: Kahl/Waldhoff/Walter Bd. 12, 1997, Art. 87f GG, Rn. 1, 23 ff.; *Gersdorf*, in: v. Mangoldt/Klein/Starck Bd. 3, 2010, Art. 87f Abs. 2, Rn. 49.

1448 Art. 87f GG ist im Zusammenhang mit der Privatisierung der Deutschen Bundespost durch die Postreform II in das Grundgesetz eingefügt worden. Zum historischen Hintergrund der Postreform II s. *Badura*, in: Kahl/Waldhoff/Walter Bd. 12, 1997, Art. 87f GG, Rn. 6 ff.

1449 *Schumacher*, MMR 2011, 712 f.

1450 Die wissenschaftliche Diskussion, ob das Internet ein rechtsfreier Raum sei, wurde ca. ab Mitte der neunziger Jahre geführt, s. *Wenning*, JurPC 1995, 3321; *Drewes*, DRiZ 1997, 400; *Taeger*, KJ 2000, 506. Das Gegenextrem wird salopp durch die Position „Finger weg vom Internet" beschrieben, *De Maizière* 2012, 19.

erforderlich. Die jeweilige grundrechtsbezogene Beschreibung der Bedeutung des Internet zeigt anhand der faktischen Veränderungen der Wirklichkeit durch das soziotechnische System die Grundrechtsrelevanz auf. Dabei werden die Veränderungen bereits danach kategorisiert, welchen Normaspekt sie betreffen. Zu unterscheiden sind entsprechend der Grundrechtsdogmatik der Schutzbereich bestehend aus dem Schutzgut (oder Schutzgegenstand) und den Schutzzielen (die auch die Aspekte der Grundrechtsausübung beinhalten), den Grundrechtsfunktionen sowie Risiken, die im Bereich der Schrankensystematik anzusiedeln sind und schließlich die Vollständigkeit der objektiven Wertordnung. Im Folgenden werden diese bereits erarbeiteten Zwischenergebnisse komprimiert, um mit dem vierten Schritt der ersten Stufe der Methode technikadäquater Grundrechtsentwicklungen konkrete internetspezifische normative Wertungslücken als Ergebnis zu erfassen.[1451]

6.2.1 Kommunikationsfreiheiten

Das Schutzgut der Meinungsfreiheit wird durch das Internet nicht tangiert.[1452] Das Schutzgut der Informationsfreiheit sind öffentlich zugängliche Informationen. Das Internet als technische Infrastruktur erweitert faktisch die Möglichkeiten, Informationen für eine Vielzahl von Personen zu veröffentlichen. Es besteht in Bezug auf Internetdienste und Webanwendungen ein rechtlicher Klärungsbedarf, da bisher unbeantwortet ist, ob per se alle über das Internet verbreiteten Informationen öffentlich zugänglich und damit dem Schutzgegenstand der Informationsfreiheit zuzurechnen sind. Umgekehrt formuliert ist zu fragen, welche Kriterien müssen Internetdienste und Webanwendungen erfüllen, damit die zur Verfügung gestellten Informationen nicht dem Schutzbereich der Informationsfreiheit zuzuordnen sind.

Schutzziel der Meinungsfreiheit ist die Autonomie, bezogen auf die zu differenzierenden Handlungen der Grundrechtsausübung, Meinungsäußerung und Meinungsverbreitung. Die autonome Meinungsäußerung wird nicht durch die internetspezifischen Veränderungen betroffen. Auf den weiteren Aspekt der autonomen Meinungsverbreitung haben demgegenüber die neuen Möglichkeiten des Internet erhebliche Auswirkungen. Dem Grundrechtsträger steht mit Internet, Internetdiensten und Webanwendungen ein grundsätzlich neues Verbreitungsmedium für seine Meinungen zur Verfügung. Dieses ist zudem nicht nur eine qualitativ gleichwertige Alternative zu bestehenden Verbreitungsmöglichkeiten, sondern es bietet zahlreiche zusätzliche Vorteile. Das Internet ermöglicht jedem Grundrechtsträger die Meinungsverbreitung multimedial, kostengünstig, global, orts- und zeitungebunden, an einen potentiell unbegrenzten Empfängerkreis und es ist nur ein geringes Technikverständnis für die Nutzbarkeit erforderlich. Aufgrund der gleichen Kriterien hat das Internet erhebliche Auswirkungen auf die Schutzziele des freien Informationszugangs und der Informationsbeschaffung als selbstbestimmte Auswahl der Bezugsquelle.

Meinungsverbreitung sowie Informationszugang und -beschaffung sind durch das soziotechnische System Internet in hohem Maße von technischer Unterstützung und der Inanspruchnahme verschiedener Internetprovider abhängig. Hier sind neben Network-, Access- und Cache-Providern der DNS-Service zu nennen. Diese Entwicklung kann mit der technischen Innovation der Fernkommunikation verglichen werden. Die Telefonie hat zum einen die Verwirklichungsbedingungen für die menschliche Kommunikation erheblich erweitert, indem sie die Sprachkommunikation über räumliche Entfernungen und in Echtzeit ermöglicht. Gleichzeitig ist diese technisch vermittelte Kommunikation mit neuen Risiken behaftet, die schließlich zum Grundrechtsschutz der Fernkommunikation mit dem besonderen Schutzziel der Vertraulichkeit führte, das auch die Vertraulichkeit der Internetkommunikation gewährleistet. Die Fernkommunikation ist eine Form der Individualkommunikation. Dennoch

[1451] Entsprechend der methodischen Ausführungen in Kap. 4.8.1.

[1452] S. Kap. 6.1.1.1.2.

wurde der Vertraulichkeitsschutz nicht nur auf die Schutzgüter Meinungen und Informationen beschränkt, sondern wird für jegliche Kommunikationsinhalte gewährleistet. Je nach Inhalt der Fernkommunikation kann diese abgesehen von Art. 5 Abs. 1 GG auch dem Schutzbereich weiterer Grundrechte, wie zum Beispiel der Pressefreiheit, der Berufsfreiheit, der Religionsfreiheit oder auch dem Schutz von Ehe und Familie zuzuordnen sein, weil die Fernkommunikation in nahezu allen Lebensbereichen als Kommunikationsmittel eingesetzt wird. Entsprechend würde jegliche Inhaltsüberprüfung als Erfordernis einer Differenzierung für den Vertraulichkeitsschutz faktisch bereits einen Vertraulichkeitsbruch darstellen. Insofern ist der absolute Vertraulichkeitsschutz der technisch vermittelten Kommunikation die einzige Möglichkeit, einen umfassenden Grundrechtsschutz zu gewährleisten.

Vergleiche lassen sich ebenfalls zu den Medienfreiheiten des Art. 5 Abs. 1 Satz 2 GG ziehen. Diese Form der Massenkommunikation basiert ebenfalls auf „technischen" Vermittlungsmedien. Insbesondere der Rundfunk steht aufgrund der sehr hohen Zugangshürden nicht ohne weiteres jedem Individuum zur Verfügung. Während bei der Individualkommunikation grundsätzlich zwischen einem Machtgleichgewicht von Kommunikator und Rezipient auszugehen ist, ist diesem Verhältnis bei der Massenkommunikation ein Machtungleichgewicht immanent.[1453] Aus dieser Überlegung abgeleitet und vor dem Hintergrund der besonderen Bedeutung der Rundfunkfreiheit für die individuelle und öffentliche Meinungsbildung, wurde für sie das zusätzliche Schutzziel der kommunikativen Chancengleichheit entwickelt.[1454] Diese zielt darauf ab, dass jeder Rundfunkveranstalter eine reale Chance hat, aktiv und passiv am Kommunikationsprozess zu partizipieren und sich auf dem Marktplatz der Meinungen zu positionieren.[1455] Der Gewährleistungsumfang bezieht sich im Wesentlichen auf den chancengleichen Zugang, der in der Regel durch Privilegierungen insbesondere wirtschaftlich schwacher Anbieter einfachgesetzlich realisiert wird.

Mit dem Internet steht ein Massenmedium zur Verfügung, das von jedem Individuum aufgrund seiner technischen Charakteristika der Zugangsoffenheit und der entsprechenden Geschäftsmodelle für den Netzzugang ohne hohe Eintrittshürden genutzt werden kann. Grundsätzlich ist das Internet daher als Garant kommunikativer Chancengleichheit zu werten. Die Grundsituation und die Machtverteilung im Internet unterscheiden sich zudem von derjenigen im Rundfunk. Das Kommunikationsverhältnis im Rundfunk ist bipolar. Die Kommunikatoren verfügen selbst über die technische Infrastruktur, die allerdings keinen Rückkanal für die Rezipienten bietet. Sie haben daher grundsätzlich die Möglichkeit, andere Kommunikatoren vom Zugang zu der technischen Infrastruktur auszuschließen oder zumindest die Zugangshürden durch die Ausgestaltung der Kostenpflicht zu bestimmen. Im Internet agieren die Infrastruktur-Provider dagegen nicht unbedingt selbst als Kommunikatoren, sondern sie sind Vermittler der Kommunikation zwischen den Internetnutzern, die als Kommunikatoren und auch Rezipienten im Internet partizipieren. In Deutschland sind allerdings nur einige wenige Netzwerk-Provider auf dem Markt präsent und diese bieten regelmäßig auch selbst Internetdienstleistungen und Webanwendungen an. Entsprechend wird befürchtet, dass diese zumindest beim Angebot von Quality of Service ihre eigenen Dienste privilegieren und Konkurrenten von dieser Möglichkeit ausschließen. Eine technisch erforderliche Unterstützungsfunktion stellt ebenfalls der DNS-Service dar. Dieser kann mittelbar auf die Meinungsverbreitung und den komplementären Informationszugang einwirken, indem von den Listen über die eindeutige Zuordnung von IP-Adresse und Domain-Name abweichende DNS-Modifikationen vorgenommen werden.[1456]

1453 *Schulz* 1998, 179.

1454 S. hierzu grundlegend *Hoffmann-Riem*, in: Schwartländer/Riedel 1990, 27 ff.

1455 *Schulz* 1998, 178; *Degenhart*, AfP-Sonderheft 2007, 24.

1456 S. Kap. 6.1.1.1.2.

Neben den technischen Unterstützungshandlungen insbesondere durch Network-, Access-, Cacheprovider und DNS-Service nehmen Suchmaschinen im Web eine wichtige Funktion in Bezug auf die Meinungs- und Informationsfreiheit wahr. Zu dieser Dienstleistung existiert keine gleichwertige Parallele in der physischen Welt. Ohne Suchmaschinen wären die genannten Chancen durch das soziotechnische System Internet für die Meinungs- und Informationsfreiheit kaum realisierbar. Der Grundrechtsträger der Meinungsfreiheit kann zwar einen ersten Schritt zur Meinungsverbreitung im Internet vornehmen, indem er seine Meinung auf einer Homepage einstellt. Webseiten, die nicht von Suchmaschinen erfasst sind oder nicht von diesen in den Suchergebnislisten angezeigt werden, sind aber faktisch nicht existent.[1457] Insofern haben Suchmaschinen einen sehr großen Einfluss sowohl auf die Meinungsverbreitung als auch die Informationssuche.

Suchmaschinen wird eine Gatekeeper-Funktion für das Internet zugeschrieben, da sie wesentlich darüber (mit-)entscheiden, welche Informationen zugänglich sind und zur Kenntnis genommen werden.[1458] Aus der Gatekeeper-Funktion, die vergleichbar im analogen Zeitalter Rundfunk- und Pressemedien bezogen auf Verbreitung und Vielfalt von Meinungen und Informationen zugeschrieben worden ist, lässt sich unmittelbar die These ableiten, Suchmaschinen käme eine den klassischen Medien vergleichbare Meinungsmacht zu.[1459] In Rechtsprechung und wissenschaftlicher Literatur finden sich einzelne Entscheidungen beziehungsweise Beiträge, die Betreiber von Suchmaschinen als Grundrechtsträger der Presse- oder Medienfreiheit gemäß Art. 5 Abs. Satz 2 GG ansehen.[1460] In der Rechtsprechung wird recht pauschal begründet, dass sie durch den Einsatz ihrer Suchmaschine den Meinungs- und Informationsaustausch der im Internet stehenden Äußerungen Dritter gewährleisten würden. Die aus der Einordnung zur Pressefreiheit folgende Problematik, ob das einfachgesetzliche Presserecht für Suchmaschinenbetreiber gilt, wird kaum gesehen.[1461] Es scheint bereits zweifelhaft, ob Suchmaschinen als Medium der Massenkommunikation einzustufen sind. Zwar stehen Online-Suchdienste grundsätzlich jedermann zur Nutzung zur Verfügung, aber die eigentliche Dienstleistung in Form der Beantwortung einer Suchanfrage durch die Anzeige der Ergebnisseite wird zunehmend personalisiert und individuell erbracht. Die Funktionsweise der Suchmaschinen mag zwar zu Beginn derart standardisiert gewesen sein, dass die zeitgleiche Eingabe desselben Suchwortes durch unterschiedliche Nutzer zu identischen Suchergebnislisten geführt hat.[1462] Mittlerweile werden in die Erstellung der Suchergebnisliste immer mehr indi-

---

1457 *Rath* 2005, 24 sowie Kap. 6.1.1.1.2.

1458 *Kühling/Gauß*, ZUM 2007, 883; *Rath*, WRP 2005, 826 ff.; *ders.*, AfP 2005, 324; *Schulz/Held/Laudien* 2005, 23 f.

1459 *Machill/Welp* 2003, 18; *Schulz/Held*, in: Machill/Beiler 2007, 71; *Kink/Hess*, in. Machill/Beiler 2007, 298.

1460 *OLG Hamburg*, MMR 2011, 685 sowie *LG Mönchengladbach*, DuD 2013, 812; *Schulz*, CR 2008, 472 f.; *Holznagel*, AfP 2011, 535; *Milstein*, CR 2013, 725 sowie *Schulze-Fielitz*, in: Dreier Bd. 1, 2013, Art. 5 I, II GG, Rn. 86; *Jarass*, in: Jarass/Pieroth 2014, Art. 5 GG, Rn. 111, die die Suchmaschinen allgemein der Medienfreiheit zuordnen. *Schulz/Held*, in: Machill/Beiler 2007, 76 f. ordnen Suchmaschinen ausdrücklich dem Schutzbereich der Rundfunkfreiheit zu. Ablehnend der Bundesgerichtshof, der bei der Interessenabwägung auf Seiten des Betreibers der Suchmaschine nur auf die Meinungs- und wirtschaftliche Handlungsfreiheit abstellt, *BGHZ* 197, 213 (221 ff.) ebenso *Schulz/Held/Laudien* 2005, 25 ff.; *Kühling/Gauß*, ZUM 2007, 886.

1461 Eine Ausnahme bildet hier *Milstein*, CR 2013, 727, jedoch mit dem unbefriedigenden Ergebnis, dass grundsätzlich eine Regulierung erforderlich sei, aber bei einer Einordnung als Presse, die Vorschriften zur Rundfunkregulierung nicht anwendbar seien und eine Presseregulierung gerade nicht bestünde. Die Konsequenz der Festlegung des einfachgesetzlichen Regelungsrahmens wird bei der Einordnung von Online-Informationsdiensten in den Schutzbereich der Presse- oder der Rundfunkfreiheit diskutiert, s. hierzu ausführlich Kap. 6.1.1.2.2.

1462 Dieser Entwicklungspfad wurde 2005 bereits von *Schulz/Held/Laudien* 2005, 26 aufgezeigt, die sich zum damaligen Zeitpunkt noch für eine Einordnung der Suchmaschinen zur Rundfunkfreiheit ausgesprochen, aber gleichzeitig betont haben, dass die Frage der Einordnung als an die Allgemeinheit gerichtetes Medividuelle Kriterien in Form von aktuell ermittelten Nutzerdaten, wie zum Beispiel Webbrowser, Standort, Cookies und andere Suchanfragen einer Suchsession, einbezogen,[1463] so dass bei zeitgleicher Suchanfrage mehrerer Nutzer auch unterschiedliche Suchergebnislisten ausgeworfen werden. Das die Medienfreiheit charakterisierende Merkmal der One-to-Many-Kommunikation ist aufgrund der Individualisierung und Personalisierung der Suchdienstleistung allenfalls in Bezug auf das Webangebot der Suchmaschine als erfüllt anzusehen, nicht aber hinsichtlich der inhaltlichen Umsetzung bei der individuellen Inanspruchnahme der Dienstleistung.[1464]

Darüber hinaus ist umstritten, ob Betreiber von Suchmaschinen unabhängig von der Frage, ob sie ein inländisches oder ausländisches Unternehmen sind, selbst Grundrechtsträger der Meinungsfreiheit sind.[1465] Das Bundesverfassungsgericht hat hierzu bisher keine Aussage getroffen.[1466] Die Frage des Grundrechtsschutzes der Suchergebnisliste wird in der Rechtsprechung vornehmlich im Kontext der Haftung von Suchmaschinenbetreibern für den Verweis auf rechtswidrige Internetinhalte thematisiert. Eine vertiefte Auseinandersetzung mit dem Schutzbereich der Meinungsfreiheit erfolgt allerdings meist nicht, sondern es wird mehr oder weniger ohne Begründung angenommen, dass bei der Interessenabwägung auf Seiten des Suchmaschinenbetreibers die Meinungsfreiheit gemäß Art. 5 Abs. 1 Satz 1 GG zu berücksichtigen sei.[1467]

Dieser Auffassung zustimmende Stimmen finden sich auch in der Literatur.[1468] In den ausführlichen Begründungen wird darauf abgestellt, dass die Suchergebnisliste keine Tatsachenbehauptung darstellt, weil sie nicht als richtig oder falsch qualifizierbar ist. Zwar enthält sie grundsätzlich die Behauptung, dass die gelisteten Hyperlinks in Bezug auf die Suchanfrage die höchste Relevanz aufweisen. Allerdings beruht die Auswahl und Reihenfolge der Ergebnisliste auf individuellen und subjektiven, vom Betreiber der Suchmaschine vorab festgelegten und gewichteten Kriterien für die Bemessung der Relevanz.[1469] Die gleiche Suchanfrage bei einem Suchmaschinenbetreiber kann zum Beispiel aufgrund des Kriteriums des Aufenthaltsorts, der von einigen Suchmaschinen automatisch anhand der IP-Adresse bei der Suche berücksichtigt wird, bei wechselnden Standorten unterschiedlich ausfallen. Die gleiche Suchanfrage bei einer anderen Suchmaschine kann zu einer vollkommen anderen Suchergebnisliste führen. Die beiden unterschiedlichen Suchergebnislisten sind jeweils bezogen auf Ihre Bewertungskriterien richtig. Die Relevanz einer Webadresse wird von Suchmaschinen nicht abstrakt durch empirische Erfahrungssätze oder naturwissenschaftlich-psychologische Gesetze bestimmt,[1470] sondern durch eine suchmaschinenspezifische Festlegung und Gewichtung von Kriterien. Aus der Ablehnung einer Tatsachenbehauptung folgt die Einordnung als Meinungsäußerung. Zur positiven Begründung wird ergänzend darauf verwiesen, dass der Suchalgorithmus selbst die wertende Stellungnahme enthielte, mittels der ausgewählten Faktoren und unter Berücksichtigung verschiedener Ranking-Methoden ermittelten Qualität der Web-

---

um mit zunehmender Personalisierung neu zu stellen und zu beantworten sein wird. S. auch *Schulz,* CR 2008, 474.

1463 S. *Röhle* 2010, 134 ff.

1464 A.A. wohl *Milstein*, CR 2013, 725, der davon ausgeht, dass „diese Informationen an einen individuell nicht bestimmbaren Personenkreis übermittelt" werden.

1465 S. Kap. 6.1.1.1.2.

1466 S. auch *Milstein/Lippold*, NVwZ 2013, 182.

1467 *BGHZ* 197, 213 (221). Ältere Entscheidungen von niedrigeren gerichtlichen Instanzen sahen die Suchergebnisse dagegen als Tatsachen an und lehnten den Schutz der Meinungsfreiheit für diese mit der Begründung ab, dass sie aufgrund ihrer algorithmisch-automatisierten Erstellung objektive Aussagen ohne wertende Elemente seien, s. *OLG Stuttgart*, CR 2009, 187 und damit eine Tatsache seien, so ausdrücklich *OLG Hamburg*, MMR 2010, 492; *OLG München*, MMR 2012, 110 f.; *OLG Köln*, MMR 2012, 842 f.

1468 *Milstein*, CR 2013, 723; *Milstein/Lippold*, NVwZ 2013, 183 ff.

1469 S. auch *Weichert,* in: Roggan/Busch 2013, 152.

1470 *Milstein/Lippold*, NVwZ 2013, 185.

seite sei deren Relevanz messbar.[1471] Dieses Argument ist allerdings zumindest missverständlich, da der Suchalgorithmus selbst überwiegend unbekannt und wohl kaum Gegenstand der Meinungsäußerung ist.

In Rechtsprechung und Literatur wird ebenso die Gegenmeinung vertreten, dass Suchergebnislisten nicht den Schutz der Meinungsfreiheit genießen.[1472] Bereits die Bezeichnung als Suchmaschine weise darauf hin, dass es sich um ein rein automatisiertes und algorithmenbasiertes Verfahren handele, das kein eigenes Werturteil des Suchmaschinenbetreibers beinhalte. Es sei auch gerade der Wille des Suchmaschinenbetreibers, der Suche objektive Kriterien zugrunde zu legen und keine wertenden Elemente einzubeziehen.[1473] Für einen verständigen Nutzer einer Internetsuchmaschine sei es offenkundig, dass es gerade nicht ihr Sinn und Zweck ist, eigene Äußerungen aufzustellen, sondern dass eine Internetsuchmaschine nur fremde Informationen zu dem jeweiligen vom Nutzer der Suchmaschine eingegebenen Suchbegriff auffindet und diese nachweist. Zudem wird die Erstreckung des Schutzbereichs auf die Verbreitung fremder Meinung ebenfalls für Suchmaschinenbetreiber abgelehnt.[1474] Dies ist nur in den Fällen als sachgerecht anzusehen, wenn der Verbreiter der fremden Meinung hierdurch Zustimmung, Ablehnung oder eine sonstige diesbezügliche geistige Haltung zum Ausdruck bringt.[1475] Die Betreiber von Suchmaschinen stünden den in den Suchergebnislisten angezeigten fremden Meinungen völlig neutral gegenüber, da keine redaktionelle Bearbeitung erfolge.[1476] Selbst die Auswahl der mit den jeweiligen Hyperlinks angezeigten Textauszüge, sogenannte Snippets, erfolge ausschließlich algorithmenbasiert durch automatische Programm-abläufe.[1477]

Die ablehnende Argumentation basiert im Wesentlichen auf Annahmen in Bezug auf die Erstellung von Suchergebnislisten, die zwar zu Beginn der Suchmaschinen noch faktisch zutreffend gewesen sein mögen oder zumindest teilweise aus Nutzerperspektive wünschenswert wären. Mittlerweile weisen die Suchalgorithmen eine so hohe Komplexität auf, dass allenfalls ein unvollständiges Wissen über die Auswahlkriterien und die Funktionsweise von Suchmaschinen besteht.[1478] Zudem sind sie teilweise als selbstlernende Auswertungsprogramme programmiert, die die digital errechneten Ergebnisse durch eine Richtigkeitsprüfung kontrollieren und daraus eigenständig „Verbesserungen“ des verwendeten Algorithmus vornehmen.[1479]

Die unterschiedlichen Bewertungen, ob Suchergebnislisten als Meinungsäußerung im Sinne von Art. 5 Abs. 1 Satz 1 GG einzuordnen sind, beziehen sich nicht auf den gleichen Betrachtungsgegenstand. Die erste Ansicht sieht in der Suchergebnisliste selbst eine wertende Aussage über die Relevanz der angezeigten Hyperlinks auf Webseiten in Bezug auf die Suchanfrage des Nutzers. Vereinfacht gesagt ist der Suchmaschinenbetreiber der Meinung, dass die Suchergebnisliste dem Suchinteresse des Nutzers entspricht. Die Argumente der zweiten

---

1471 *Milstein/Lippold*, NVwZ 2013, 185.

1472 *OLG Hamburg*, MMR 2007, 315; *OLG Hamburg*, MMR 2011, 686; *OLG München*, MMR 2012, 109; *Sieber/Nolde* 2008, 66 f.; *Elixmann* 2012, 79 ff.; *Weichert*, in: Roggan/Busch 2013, 157 ff.

1473 *Sieber/Nolde* 2008, 66 f.; *Elixmann* 2012, 80 f.

1474 *Elixmann* 2012, 80 f.

1475 *BVerfG*, NJW-RR 2010, 470.

1476 *Elixmann* 2012, 80 f.

1477 *Elixmann* 2012, 81 verweist zudem darauf, dass die Suchmaschine Google bei der Eingabe des Suchbegriffs „jew“ auf der amerikanischen Suchseite auf der ersten Trefferseite einen Hyperlink zu der antisemitischen Seite „Jew Watch Projects“ trotz Protesten anzeige und ein Erklärungsbanner („We are disturb about these search results as well.“) am oberen Rand der Suchergebnisliste erscheine. Abgesehen davon, dass dieser Erklärungsbanner anscheinend nicht mehr angezeigt wird, wäre es gerade eine wertende Stellungnahme zu der Suchergebnisliste.

1478 *Weichert*, in: Roggan/Busch 2013, 153. Einen Überblick über mögliche Gewichtungsmodelle insbesondere auch des PageRank-Verfahrens bietet *Erlhofer* 2014, 297 ff. Die Suchmaschinenbetreiber kombinieren diese Gewichtungsmodelle und kommen so zu unterschiedlichen Relevanzbewertungen von Webseiten in Bezug auf die Suchanfrage.

1479 *Weichert*, in: Roggan/Busch 2013, 157.

Auffassung deuten darauf hin, dass sie im Schwerpunkt nicht die Suchergebnisliste selbst in Bezug auf die Meinungsfreiheit prüfen – diese enthalte kein eigenes Werturteil –, sondern die Inhalte der Webseiten, auf die die Hyperlinks der Suchergebnisliste verweisen. Diese werden den Suchmaschinenbetreibern als Meinung zugerechnet. Dieser Ansicht ist in Bezug auf die zweite Aussage zuzustimmen. Der Suchmaschinenbetreiber trifft mit der Reihenfolge der Anzeige der Hyperlinks keine – von der Suchanfrage losgelöste – bewertende Aussage über die Inhalte der fremden Webseiten. Damit ist aber nicht die vorrangige Frage beantwortet, ob die Relevanzaussage eine Meinungsäußerung darstellt.

Digitale Auswertungsprogramme stellen das Verhältnis von Meinungen und Tatsachen, von objektiver Datenauswertung und subjektiven Diskursbeitrag rechtlich vor völlig neue Herausforderungen. Die Festlegung der Auswahlkriterien, der Gewichtungen und die Programmierung des Auswertungsprogramms sind ein subjektiver und individueller Akt. Die Anwendung des Analyseprogramms und die von ihm produzierten Ergebnisse könnten in dessen Fortsetzung als subjektive Bewertung eingestuft werden. Hierzu könnte eine auf größtmögliche Objektivität als Zielsetzung des Programms und die rein algorithmen- und logikbasierte Ergebnisgenerierung im Widerspruch stehen. Hat die Ausführung des Auswertungsprogramms begonnen, werden grundsätzlich keine individuellen ethischen oder sozialen Aspekte mehr aufgenommen, die das Ergebnis beeinflussen könnten. In diesem Sinne weist die Suchergebnisliste im Einzelfall keine Wertung mit dem subjektiven Charakter von Meinungen auf.[1480] Gegenüber reinen Messprogrammen weisen Auswertungsprogramme jedoch einen entscheidenden Unterschied auf. Sie erfassen eben nicht nur objektive Werte, sondern setzen sie in Beziehung zueinander, bewerten, gewichten sie und ziehen aus ihnen Schlussfolgerungen. Ohne die für die Programmierung erforderlichen subjektiven Einschätzungen des Menschen ist eine derartige Auswertung nicht denkbar. Zutreffend ist demnach, dass Computer und Programme nicht für ihre Ergebnisse verantwortlich gemacht werden können,[1481] aber deshalb müssen gerade die Menschen hinter den Computern und Programmen verantwortlich sein. Es sind auch Auswertungsprogramme denkbar, die zu Diskriminierungen und Beleidigungen führen, für die ohne die Zuordnung zum Menschen keiner verantwortlich wäre. Wenn es aber eine Verantwortlichkeit für Suchergebnisse geben soll, dann ist ihre Einbeziehung in den Schutz der Meinungsfreiheit konsequent.

In Betracht kommt grundsätzlich der Grundrechtsschutz der Suchmaschinenbetreiber über die Berufsfreiheit gemäß Art. 12 Abs. 1 Satz 1 GG.[1482] Sofern die Erbringung von Suchdienstleistungen unter staatliche Vorgaben gestellt werden würde, wie zum Beispiel Zulassungs- oder Anzeigepflicht, Anforderungen an den Suchalgorithmus oder die Transparenz der Suchkriterien sowie Anzeigebeschränkungen für die Suchergebnisliste, wären diese als die Berufsfreiheit einschränkende Berufsausübungsregelungen zu qualifizieren.[1483] Diese erste Stufe ist betroffen, wenn Bestimmungen festlegen, in welcher Art und Weise die Berufsangehörigen ihre Berufstätigkeit im Einzelnen zu gestalten haben. Beschränkungen der Berufsausübung werden als zulässig erachtet, um Nachteile und Gefahren für die Allgemeinheit abzuwehren. Der Grundrechtsschutz beschränkt sich insoweit auf die Abwehr übermäßig belastender und nicht zumutbarer gesetzlicher Auflagen. Die Berufsfreiheit bietet somit einen Schutz für die Individualinteressen der Suchmaschinenbetreiber. Interessen der Allgemeinheit aufgrund der besonderen Bedeutung dieser Dienstleistung würden regelmäßig als Anlass und Begründung für die gesetzliche Reglementierung in die Verhältnismäßigkeitsprüfung einfließen. Die grundrechtliche Erfassung der Dienstleistung der Suchmaschine würde sich in der Berufsfreiheit der Suchmaschinenbetreiber und in der Meinungs- und Informationsfreiheit der

1480 *Weichert,* in: Roggan/Busch 2013, 158.

1481 *Weichert,* in: Roggan/Busch 2013, 158.

1482 S. allgemein für Content-Provider Kap. 6.1.6 sowie dies ohne nähere Ausführungen bejahend *Blankenagel/Spoerr* 2013, 32.

1483 S. die Grundsätze der Stufentheorie *BVerfGE* 7, 377 (405 ff.).

Suchmaschinennutzer erschöpfen. Der Gatekeeper-Funktion und die mit den klassischen Medien vergleichbare Meinungsmacht werden bei dieser grundrechtlichen Einordnung nicht berücksichtigt.

Im Zusammenhang mit der Tätigkeit von Suchmaschinen hat der Bundesgerichtshof zudem angenommen, dass die Tätigkeit von Suchmaschinenbetreibern durch die gemäß Art. 2 Abs. 1 GG gewährleistete wirtschaftliche Handlungsfreiheit Grundrechtsschutz erfährt.[1484] Dieses Grundrecht kann allerdings bereits unter den Bedingungen der Schrankentrias von Art. 2 Abs. 1 GG begrenzt werden. Hinsichtlich der Interessenabwägung gilt das gleiche Argument wie bei der Berufsfreiheit und das Schutzniveau kann dieser gegenüber als noch geringer eingestuft werden.

Diesen Chancen, die das Internet jedem Bürger für die Grundrechtsausübung bietet, stehen zahlreiche Risiken der Beeinträchtigung gegenüber. Solange der rein technische Übermittlungsvorgang im Internet nach dem Best Effort-Prinzip erfolgt, werden alle Datenpakete gleich übermittelt, ohne dass ihr Inhalt – Meinungen und Informationen – dabei berücksichtigt werden. Eine Abkehr von diesem Übermittlungsstandard entsprechend der aktuellen Überlegungen hätte einen inhaltsbezogenen Transport zur Folge. Es ist zudem Anbietern von Internetanwendungen möglich, wie insbesondere dem DNS-Service, den Zugang zu Inhalten im Internet – also auch auf Meinungen und Informationen – durch unterschiedliche Maßnahmen zu verhindern, zu erschweren, zu begrenzen oder zeitlich zu verzögern.[1485] Alle diese Maßnahmen sind geeignet, als Nebenfolge die Verbreitung anderer Meinungen und Informationen zu fördern. Darüber hinaus kann die Verbreitung von Inhalten über das Internet gezielt gesteuert werden, indem den Internetnutzern Inhalte aufgedrängt werden, zum Beispiel durch individualisierte und gefilterte Ergebnisse von Suchmaschinen, automatische Umleitungen auf andere Webseiten, Pop-Ups und Spam-E-Mails. Eine besondere Bedeutung kommt hier dem zeitlichen Aspekt der Verfügbarkeit von Meinungen und Informationen zu, der in der Vergangenheit im Kontext der Grundrechtsgewährleistung eher eine untergeordnete Bedeutung gespielt hat. Internetvermittelte Meinungen und Informationen sind mit dem Risiko belastet, dass die Autonomie des Einzelnen durch die genannten Maßnahmen faktisch unterlaufen werden kann.

Es ist nicht zu bestreiten, dass Internet-Suchmaschinen ein nicht verzichtbares Werkzeug für die Realisierung der Chancen für die Meinungs- und Informationsfreiheit im Web sind. Allerdings gehen auch wesentliche Risiken von ihnen für die gleichen Grundrechte aus. Insofern entfalten sie gegenüber anderen Online-Informationsdiensten eine spezifische Grundrechtsrelevanz, die bisher nicht eindeutig und vollständig erfasst worden ist. Sofern Internet-Suchmaschinen eine Presse- und Rundfunk vergleichbare Meinungsmacht zukommt, wäre es konsequent, wenn durch die Abwehrfunktion des Grundrechtsschutzes auch im Interesse der Bürger verfassungsrechtlich die Staatsfreiheit von Suchmaschinen gewährleistet wäre. Zwar droht zurzeit faktisch nicht das Risiko, dass der Staat die suchmaschinenspezifische Meinungsmacht an sich ziehen könnte. Ein umfassender Grundrechtsschutz muss aber immer auch potentielle Risiken umfassen.

Eine internetspezifische Wertungslücke ist insofern anzunehmen, als es für internettechnisch vermittelte Meinungen und Informationen eines neuen Schutzziels bedarf. Durch dieses ist das spezifische Risiko zu adressieren, dass Internetdienstleistungen existieren, auf die die Internetnutzer angewiesen sind, um Zugang zu Meinungen und Informationen zu erhalten, die über das Web verbreitet werden. Diese Internetdienstleistungen haben faktisch die Möglichkeit, den Meinungs- und Informationsmarkt zu beeinflussen.

1484 *BGHZ* 197, 213 (221). Die Berufsfreiheit gemäß Art. 12 Abs. 1 GG wird in der Entscheidung nicht angesprochen, obwohl der Schutzbereich für kommerzielle Suchmaschinenanbieter eröffnet ist. Dies ohne nähere Ausführungen bejahend, *Blankenagel/Spoerr* 2013, 32.

1485 S. zu den konkreten Einzelmaßnahmen Kap. 6.1.1.1.2.

Eine weitere internetspezifische Wertungslücke besteht dahingehend, ob die Betreiber von Internet-Suchmaschinen eines spezifischen Grundrechtsschutzes vergleichbar demjenigen der Mediengrundrechte bedürfen. Aufgrund der in Literatur und Rechtsprechung bestehenden sehr unterschiedlichen verfassungsrechtlichen Einordnung ist eine normative Entscheidung zu treffen, ob Betreiber von Suchmaschinen Grundrechtsträger der Meinungs- und Informationsfreiheit sind, oder darüber hinaus sogar einen besonderen medienspezifischen Grundrechtsschutz erhalten sollten, der über die Schutzgewährleistung der Berufsfreiheit hinausgeht.

Den Meinungs- und Informationsfreiheiten werden grundsätzlich alle Grundrechtsfunktionen zugewiesen. Aufgrund der Tatsache, dass sowohl die Entwicklung als auch die konkrete Ausgestaltung des gesamten soziotechnischen Systems Internet im Wesentlichen von privaten Unternehmen gesteuert wird und einige wenige „Internetgiganten" eine geradezu marktbeherrschende Stellung einnehmen, könnte eine Verschiebung der Bedeutung der Grundrechtsfunktionen angenommen werden. Mittlerweile sind die Internetgiganten durch die gesteigerte Wahrnehmung ihres Machtpotentials als potentielles Risiko für die Grundrechtsgewährleistung zusätzlich in den Fokus gerückt. Insbesondere die Anbieter von Suchmaschinen nehmen diesbezüglich eine Schlüsselrolle ein, da sie faktisch die weitgehendsten Möglichkeiten haben, den Meinungs- und Informationsfluss inhaltlich zu steuern. Telekommunikationsdienstleister können auf der technischen Ebene der Datenübermittlung Maßnahmen ergreifen, die ebenfalls faktisch zu einer Beeinflussung der Verbreitung von Meinungen und Informationen führen.

Das Bundesverfassungsgericht hat in der Vergangenheit die übergeordnete Bedeutung der Meinungs- und Informationsfreiheit für den Prozess der demokratischen Willensbildung als Grundvoraussetzung für eine repräsentative Demokratie deutlich hervorgehoben,[1486] und damit die Abwehrfunktion der Grundrechte gegenüber staatlichen Einflussnahmen betont. In der wissenschaftlichen Diskussion der letzten Jahre konnte dagegen der Eindruck entstehen, dass die Schutzfunktion dieser Grundrechte aufgrund der Marktmacht der Internetgiganten und den daraus resultierenden Schutzpflichten des Staates fast schon einen Bedeutungsvorrang erreicht hat. Spätestens seit Bekanntwerden der Überwachungsmaßnahmen der National Security Agency (NSA) sollte aber offensichtlich geworden sein, dass das Risiko staatlicher Beeinträchtigungen der Meinungs- und Informationsfreiheit – ebenso wie das Risiko staatlicher Kontrolle der Kommunikation – keinesfalls gesunken ist. Andere Staaten ergreifen regelmäßig insbesondere vor Wahlen oder in politischen und internationalen Krisen die Maßnahme, den Informationsfluss über das Internet gezielt zu begrenzen, um dadurch der Bevölkerung Informationen vorzuenthalten.[1487] In Deutschland trägt das schutzintensive Verfassungsrecht und der generelle Edukationseffekt verfassungsgerichtlicher Entscheidungen[1488] dazu bei, dass derartige Maßnahmen vom Staat nicht versucht werden. Sofern die Meinungs- und Informationsfreiheit dahingehend weiterzuentwickeln ist, dass ein neues Schutzziel in Bezug auf die faktischen Möglichkeiten gezielter Steuerung internettechnisch vermittelter Meinungen und Informationen begründet wird, würde die grundrechtliche Schutzfunktion den Staat auch zur Gewährleistung dieses Schutzziels verpflichten.

Der Internetdienst Web und die Online-Informationsdienste sind jeweils eine moderne Form der Massenkommunikation. Dennoch ist es bisher nicht gelungen, sie den Schutzgütern der Medienfreiheit zuzuordnen, obwohl ihnen eine Presse und Rundfunk vergleichbare Meinungsrelevanz zugesprochen wird. Jegliche diesbezüglichen Versuche führen dazu, dass die bisher relativ klaren Definitionen der Schutzgüter der Mediengrundrechte und ihre Abgrenzung zueinander Wertungswidersprüche aufweisen. Für Online-Informationsdienste besteht in

---

1486 *BVerfGE* 5, 85 (205); 7, 198 (208).

1487 S. verhinderte z.B. die Türkei vor den Kommunalwahlen 2014 zum wiederholten Male den Zugriff auf die Internetdienste Twitter und Youtube, *Holland*, „Türkei blockt nun auch YouTube", heise online vom 27.3.2014, s. http://www.heise.de/newsticker/meldung/Tuerkei-blockt-nun-auch-YouTube-2156366.html.

1488 *BVerfGE* 33, 247 (259); 79, 365 (367); 81, 278 (290); 85, 109 (113); 98, 218 (243).

Bezug auf die Frage, ob sie einheitlich einem Schutzgut, differenziert mehreren Schutzgütern der herkömmlichen Medienfreiheiten zuzuordnen sind oder eine „neue Medienfreiheit" erforderlich ist, eine rechtliche Wertungslücke. Offen ist auch, ob weitere einschränkende Kriterien erforderlich sind, um einer Ausweitung der Medienfreiheit entgegenzuwirken. Entscheidend für die verfassungsrechtliche Gesamtkonstruktion von Art. 5 GG ist, dass die Mediengrundrechte gerade einen spezifischen Schutz gegenüber der allgemeinen Meinungs- und Informationsfreiheit gewährleisten. Dieses Grundprinzip sollte unangetastet bleiben. Deutlich weniger Aufmerksamkeit wurde zudem in der wissenschaftlichen Diskussion der sich anschließenden Überlegung beigemessen, welche Schutzziele für Online-Informationsdienste verfolgt werden sollten.

6.2.2 Fernmeldegeheimnis

Das Fernmeldegeheimnis schützt die Vertraulichkeit technisch vermittelter Individualkommunikation. Schutzgegenstand sind sowohl die Inhalte als auch die Umstände der Kommunikation. Durch das stationäre und mobile Internet sowie entsprechende Kommunikations- und Nachrichtendienste haben sich erhebliche faktische Veränderungen hinsichtlich der Möglichkeiten technisch vermittelter Individualkommunikation ergeben. Verfassungsrechtlich wurde der technikneutrale Schutzgegenstand des Art. 10 Abs. 1 GG in der Vergangenheit schon mehrfach erweitert, zum Beispiel in Bezug auf die Mobil- und die E-Mail-Kommunikation. Die bestehende Definition des Schutzgegenstands unter Betonung der Technikneutralität lässt die Einbeziehung weiterer Formen der Fernkommunikation für den technischen Übertragungsvorgang im Wege der Subsumtion zu,[1489] wie zum Beispiel Smartphone-Messages.[1490]

Ein Unterschied könnte sich in Bezug auf das Objekt der Übertragung ergeben. Der Schutzgegenstand von Art. 10 Abs. 1 GG ist für elektronische Nachrichten im Vergleich zu den nicht perpetuierten Kommunikationsinhalten – nicht aufgenommener oder digital gespeicherter – Sprachtelekommunikation ebenfalls konkretisiert worden. Das Bundesverfassungsgericht hat ausdrücklich festgestellt, dass gespeicherte elektronische Nachrichten solange dem Vertraulichkeitsschutz von Art. 10 Abs. 1 GG unterliegen, wie sie beim Provider gespeichert sind und dies unabhängig von der Möglichkeit der Kenntnisnahme durch den Kommunikationsempfänger.[1491] Zur Begründung wird ausgeführt, dass die spezifische Gefährdungslage und der Zweck der Freiheitsverbürgung von Art. 10 Abs. 1 GG auch dann fortbestünde, wenn die E-Mails nach Kenntnisnahme beim Provider als Zwischenspeicherung oder Endspeicherung im Sinne der E-Mail-Archivierung gespeichert bleiben.[1492] Bezogen auf alternative Formen elektronischer Nachrichten wurde die Feststellung der spezifischen Gefährdungslage – soweit ersichtlich – noch nicht getroffen. Da das Bundesverfassungsgericht über die Perpetuierung der Nachrichten hinaus, die Grundrechtskonkretisierung nicht auf weitere technische Besonderheiten der E-Mail-Kommunikation im Vergleich zur Sprachkommunikation stützt und diese vergleichbaren technischen Prinzipen folgt,[1493] fehlt es lediglich an dieser expliziten Feststellung. Diese ist jedoch nicht als weitere Grundrechtskonkretisierung zu qualifizieren, sondern lediglich als Ergebnis der Subsumtion. Eine das mobile Internet betreffende internet-

---

1489 *BVerfGE* 106, 28 (36); 115, 166 (182 f.) und bezogen auf Kommunikationsdienste des Internet *BVerfGE* 120, 274 (307).

1490 *Schneider*, in: Taeger 2013, 89 ff.; *Heun*, CR 2008, 81; *Redeker*, in: Hoeren/Sieber/Holznagel 2014, Teil 12, Rn. 430 f., 471; für die Einordnung von WhatsApp als Telekommunikationsdienst *Ewald*, in: Baumgartner/Ewald 2013, Rn. 149.

1491 *BVerfGE* 124, 43 (53 ff.). A.A. wohl *Redeker*, in: Hoeren/Sieber/Holznagel 2014, Teil 12, Rn. 218 f.

1492 *BVerfGE* 124, 43 (56).

1493 S. *Schneider*, in: Taeger 2013, 91.

spezifische Wertungslücke ist daher nicht anzunehmen. Darüber hinaus wird der Schutzumfang des Fernmeldegeheimnisses durch das soziotechnische System Internet nicht tangiert.

Vergleichbar den Ausführungen zu den Kommunikationsfreiheiten[1494] kommt der Schutzfunktion des Fernmeldegeheimnisses für das Internet eine sehr große Bedeutung zu. Nicht nur aufgrund der Privatisierung des Fernmeldewesens, sondern vor allem aufgrund der Globalisierung des gesamten soziotechnischen Systems Internet. Gesetzliche Regelungen – selbst auf der Ebene des Verfassungsrechts – sind kaum geeignet, gegenüber ausländischen Dienstleistern einen effektiven Grundrechtsschutz zu gewährleisten. Selbst wenn sie über die europäischen Grundrechte oder in Bezug auf einfachgesetzliche Regelungen Adressaten der Normen sein sollten, ist die Durchsetzbarkeit des Rechts mit erheblichen Unsicherheiten belastet. Diese Problematik kann jedoch nicht durch das Verfassungsrecht aufgelöst werden, sondern es stellt vielmehr eine Herausforderung auf der rechtlichen Ebene an internationale Regelungsbemühungen[1495] und auf der technischen Ebene an die verfassungskonforme Technikgestaltung dar.[1496] Eine rechtliche Wertungslücke besteht insofern nicht.

6.2.3 Allgemeines Persönlichkeitsrecht

Der Facettenreichtum des allgemeinen Persönlichkeitsrechts, seine spezifischen Ausprägungen und seine besondere Funktion als Auffanggrundrecht begründen seine grundsätzliche Bedeutung sowohl für das soziotechnische System Internet als auch insgesamt für Grundrechtsentwicklungen.[1497] Letzteres wird bereits durch die technikbezogenen Entwicklungen der informationellen Selbstbestimmung sowie des Rechts auf Vertraulichkeit und Integrität informationstechnischer Systeme belegt. Umgekehrt beruht die besondere Schwierigkeit der Feststellung internetspezifischer Wertungslücken des allgemeinen Persönlichkeitsrechts auf dessen Offenheit und Vielschichtigkeit. Es ist nicht nur eine konkrete Zuordnung zu den Schutzausprägungen der Selbstbestimmung, der Selbstbewahrung und der Selbstdarstellung zu treffen, sondern darüber hinaus ist eine Begründung der Schutzbedürftigkeit erforderlich. Gerade im Bereich der Grundrechtsentwicklungen im Rahmen des allgemeinen Persönlichkeitsrechts droht die Gefahr der Banalisierung der Grundrechte.[1498]

6.2.3.1 Individuelle Selbstdarstellung

Schutzgut und Schutzziele der individuellen Selbstdarstellung werden durch das soziotechnische System des Internet nicht unmittelbar beeinflusst, sondern es bewirkt im Wesentlichen faktische Veränderungen der Verwirklichungsbedingungen für das Grundrecht.[1499] Der Mensch ist zwar von jeher bemüht, Informationen derart zu erfassen und zu konservieren, dass sie langfristig erhalten bleiben, allerdings ist es technisch noch nie so weitgehend gelungen, wie im Zeitalter der Digitalisierung und der Informationsverbreitung über das Internet. Bisher war die Vergesslichkeit des Menschen in Verbindung mit örtlich und zeitlich begrenzt verfügbaren Informationen grundsätzliche und faktische Garanten für die Wandelbarkeit und Veränderung der individuellen Selbstdarstellung. Angesprochene Schutzziele der individuellen Selbstdarstellung sind die Autonomie und die Integrität.[1500] Die Autonomie bezieht sich

1494 S. Kap. 6.2.1.

1495 S. auch *Geis*, NJW 1997, 288 ff., der im Ergebnis als Lösung für die Übermittlung personenbezogener Daten in unsichere Drittstaaten datenschutzrechtliche Vereinbarungen von Berufsverbänden und anderen Vereinigungen vorschlägt, die mit den Mitgliedsländern und der Kommission abgestimmt sind.

1496 S. hierzu ausführlich Kap. 3.

1497 Zur Bedeutung des allgemeinen Persönlichkeitsrechts für Grundrechtsinnovationen s. *Hornung* 2015, 199 ff.

1498 S. Kap. 4.8.2.

1499 S. ausführlich Kap. 6.1.3.1.2

1500 Zum konkreten Verständnis dieser Schutzziele s. Kap. 4.8.3.

auf die Offenbarungsmaßnahmen des Grundrechtsträgers, während die Integrität seine individuelle Selbstdarstellung in der Öffentlichkeit vor Maßnahmen Dritter schützt. Im Grundsatz mag das Schutzziel der Autonomie die Wandelbarkeit einer einmal veröffentlichten, individuellen Selbstdarstellung umfassen. Es war allerdings in der Vergangenheit nicht (zwingend) erforderlich, diese verfassungsrechtlich festzustellen oder hervorzuheben, da sie aufgrund der menschlichen Eigenschaft des Vergessens keinen oder nur sehr begrenzten Risiken ausgesetzt war. Dies hat sich durch das Internet verändert. Wenn aber die Integrität verstanden als Unversehrt, Unverletzlichkeit, Makellosigkeit und Originalität als selbstständiges Schutzziel von Grundrechten anerkannt ist, ist es geboten, ihren Gegensatz der Wandelbarkeit oder Veränderbarkeit ebenfalls verfassungsrechtlich zu bewerten. Insofern ist eine rechtliche Wertungslücke anzunehmen.

Eng mit der Gedächtnisfunktion des Internet verknüpft ist der Webdienst der Suchmaschinen. Für die Realisierbarkeit der benannten Risiken für die individuelle Selbstdarstellung ist die Speicherung von Daten nicht ausreichend, sondern sie müssen auch für Dritte auffindbar sein. Diese Herausforderung ist im Zeitraum von der Entstehung des Internet bis zu über das Internet zugänglichen „Big Data-Datensammlungen“ zunehmend gewachsen. Ohne die Unterstützung von Suchmaschinen wären zwar unzählige Informationen theoretisch im Internet verfügbar, aber praktisch nicht auffindbar. Dies käme im Ergebnis einem Vergessen gleich. Insofern liefern Suchmaschinen einen wesentlichen Beitrag für die enorme Erinnerungsfunktion des Internet. Von ihnen gehen zudem zusätzliche spezifische Risiken für die individuelle Selbstdarstellung aus.[1501] Die Selektion, Zusammenführung und Priorisierung von Informationen über eine Person führt immer zu einer Beeinflussung der individuellen Selbstdarstellung, da nur eine Auswahl von Informationen verfügbar gemacht und in bestimmter Weise präsentiert wird.

Beide Risiken werden umfassend durch das Schutzziel der Autonomie erfasst. Daraus abzuleitende rechtliche Vorgaben an die Betreiber von Suchmaschinen, zum Beispiel die Pflicht, die Suchwortergänzungsfunktion zu unterlassen oder zu begrenzen, sind auf einfachgesetzlicher Ebene und durch die Rechtsprechung zu entwickeln.[1502] Darüber hinaus können zur Gewährleistung der genannten Schutzziele technische Gestaltungsvorschläge für Suchmaschinen abgeleitet werden. Das Gleiche gilt für alle weiteren festgestellten Risiken, wie zum Beispiel die Darstellung der eigenen Person im Internet durch einen Dritten. Dieses Problem wird insbesondere durch Datenschutzvorschriften adressiert, da jeder Umgang mit personenbezogenen Daten grundsätzlich erlaubnispflichtig ist. Zudem entwickelte die Rechtsprechung die Grundsätze der Providerhaftung als mittelbare Störerhaftung, um Betroffenen einen zusätzlichen, effektiven Löschungs- und Unterlassungsanspruch gegen rechtswidrig im Internet veröffentlichte Informationen über die eigene Person zu gewähren.[1503] Der Europäische Gerichtshof hat mit dem expliziten Hinweis, dass sich die datenschutzrechtliche Relevanz der Tätigkeit der Suchmaschine grundlegend von derjenigen der Herausgeber von Webseiten unterscheidet,[1504] den Umfang der Verantwortlichkeit von Suchmaschinenbetreibern gegenüber demjenigen der nationalen Rechtsprechung deutlich erhöht.[1505] Er bejaht unter bestimmten Voraussetzungen einen gesetzlichen Anspruch gegen den Betreiber einer Suchmaschine, alle erforderlichen Maßnahmen zu ergreifen, um bei einer Suche mit dem Namen einer bestimmten Person alle Hyperlinks aus der Ergebnisliste auf bestimmte Webseiten, auf denen Informationen über diese Person durch einen Dritten veröffentlicht worden sind, zu entfernen und

1501 S. Kap. 6.1.3.1.2.

1502 Z.B. als gesetzlicher Unterlassungsanspruch gemäß §§ 823 Abs. 1, 1004 BGB i.V.m. Art. 1, 2 GG, s. *BGHZ* 197, 213 (217).

1503 S. *Jandt*, in: Roßnagel 2013, § 7 TMG, Rn. 49 ff.

1504 *EuGH*, NJW 2014, 2259, Rn. 35.

1505 *Jandt*, MMR-Aktuell 2014, 358242.

den Zugang zu ihnen in Zukunft zu verhindern.[1506] Während ein solcher Beseitigungs- und Unterlassungsanspruch in Deutschland nur in Bezug auf rechtswidrige Inhalte im Internet in Betracht kam, stellt der Europäische Gerichtshof gerade nicht auf die Rechtswidrigkeit des Inhalts der Webseite ab, auf die verlinkt wird.[1507] Er geht von einer (eigenen) Rechtsverletzung der Grundrechte auf Achtung des Privatlebens und Schutz personenbezogener Daten durch den Suchmaschinenbetreiber aus, wenn seine Datenverarbeitung unzulässig ist.[1508]

Die individuelle Selbstdarstellung entfaltet gleichermaßen Abwehr- und Schutzfunktionen. Diese beschriebenen einfachgesetzlichen und internetspezifischen Anpassungen dienen bereits der Umsetzung der Schutzfunktion des allgemeinen Persönlichkeitsrechts. Durch das Internet werden darüber hinaus weder verfassungsrechtlich noch faktisch wesentliche Veränderungen bewirkt. Es ist allerdings ein erheblicher Bedeutungszuwachs der Schutzfunktion aufgrund der zusätzlichen Risiken durch die privatwirtschaftlichen „Internetgiganten" und insgesamt die Nutzung des Web 2.0 durch Privatpersonen zu verzeichnen. Der Gesetzgeber ist daher aufgefordert, diese Entwicklungen verstärkt zu beobachten und erforderlichenfalls weitere regulierende Vorschriften auf einfachgesetzlicher Ebene zu erlassen.

6.2.3.2 Informationelle Selbstbestimmung

Schutzgut des Grundrechts auf informationelle Selbstbestimmung ist die Selbstbestimmung über alle Daten, die einen Bezug zu einer konkreten Person aufweisen. Durch das soziotechnische System Internet ist eine Wirklichkeit entstanden, in der Daten in nicht überschaubarem Maß generiert werden, nahezu jeden Lebensbereich betreffen und allgegenwärtig sind. Die informationelle Selbstbestimmung erfährt somit einen enormen Bedeutungszuwachs, nicht indem der Schutzbereich erweitert wird, sondern indem die Veränderungen der Realität zu einem sehr hohen Aufkommen personenbezogener Daten geführt haben, die für unterschiedlichste Zwecke genutzt werden können. Personenbezogene Daten sind der Preis, der für zahlreiche kostenlose oder kostengünstige Internetanwendungen gezahlt wird und sie übernehmen somit die Funktion der Währung im Internet.[1509]

Ein mit dem soziotechnischen System Internet eng verbundenes, spezifisches Risiko für die informationelle Selbstbestimmung ist die Gefahr der Zusammenführung und Zuordnung nicht personenbezogener Daten zu einer Person.[1510] Daten, die zunächst ohne einen Personenbezug im Internet veröffentlicht werden, können mit Hilfe moderner Auswertungstools und insbesondere Big Data-Technologien zusammengeführt und einer Person zugeordnet werden. Insofern ist die Überlegung berechtigt, ob der Schutzgegenstand der informationellen Selbstbestimmung einer Erweiterung bedarf. Auf einfachgesetzlicher Ebene wird dieses Problem in mehrfacher Hinsicht adressiert. Bereits die Definition personenbezogener Daten gemäß § 3 Abs. 1 BDSG umfasst alle Einzelangaben, die einer bestimmten oder einer bestimmbaren Person zuzuordnen sind. Durch die Relativität des Personenbezugs kann dieser zudem in Bezug auf jede Daten verarbeitende Stelle und die sich im zeitlichen Verlauf verändernden Umstände unterschiedlich und immer wieder neu bewertet werden.[1511] Im Datenschutzrecht existieren Vorsorgeregelungen für anonyme und pseudonyme Daten, die keinen oder nur bedingt

---

1506 *EuGH*, NJW 2014, 2264, Rn. 97.
1507 *Jandt*, MMR-Aktuell 2014, 358242.
1508 S. Kap. 6.1.3.1.2.
1509 Zum zutreffenden Hinweis, dass personenbezogene Daten gegenüber Geld einen qualitativen Mehrheit als Währung haben, da sie nicht nur einen konstanten monetären Wert aufweisen, sondern die Kenntnis eines Persönlichkeitsaspekts dessen Wert in unterschiedlichen Kontexten deutlich variieren kann, s. *Bioe*, „Ein Knopf zur Selbstauskunft bei Facebook, Twitter und Co", Süddeutsche Zeitung vom 12.3.2013 http://www.sueddeutsche.de/digital/persoenliche-daten-im-internet-ein-knopf-zur-selbstauskunft-bei-facebook-twitter-und-co-1.1622692-2.
1510 S. Kap. 6.1.3.2.2.
1511 S. *Jandt* 2008, 99 f. m.w.N.

einen Personenbezug aufweisen, um einen umfassenden Datenschutz zu gewährleisten.[1512] Diesen drei Ansätzen ist gemeinsam, dass sie eine Wahrscheinlichkeitsprognose in die Bewertung des Personenbezugs einbeziehen. Diese einfachgesetzlichen Regelungen dienen dennoch ausschließlich dazu, die informationelle Selbstbestimmung im Sinne einer besonderen Ausprägung des allgemeinen Persönlichkeitsrechts abzusichern, die eine Personengebundenheit voraussetzt. Werden durch die Kombination von Internet und Big Data-Technologien die Risiken der Deanonymisierung verstärkt,[1513] müssen auch hierfür Lösungsansätze auf einfachgesetzlicher Ebene und durch Maßnahmen der Technikgestaltung gefunden werden. Das Schutzgut der informationellen Selbstbestimmung auf Daten zu erweitern, die keinen, sondern allenfalls einen potentiellen Bezug zu einer Person aufweisen, würde zu einer „Aufweichung“ und zu einer hohen Unbestimmtheit des Schutzguts führen. Eine Erweiterung des Schutzguts auf Daten mit einem potentiellen Personenbezug würde eine Konkretisierung und Abgrenzung zwischen einem noch und einem nicht mehr verfassungskonformen Risiko des potentiellen Personenbezugs erfordern. Diese Grenzziehung ist jedoch auf der verfassungsrechtlichen, abstrakten Ebene kaum möglich oder sinnvoll. Überdies würde ein derartig erweitertes Schutzgut der informationellen Selbstbestimmung seinen unmittelbaren Bezug zu dem übergeordneten Ziel des Persönlichkeitsschutzes verlieren. Klarstellend soll aber bereits an dieser Stelle darauf hingewiesen werden, dass das Risiko der Deanonymisierung zwar nicht zu einer normativen Wertungslücke in Bezug auf das Schutzgut führt, aber gegebenenfalls in Bezug auf die weiteren Normaspekte der informationellen Selbstbestimmung.

Der Gewährleistung der informationellen Selbstbestimmung liegt der Gedanke zugrunde, dass es dem Einzelnen grundsätzlich möglich sein muss zu überschauen, welche ihn betreffenden Informationen in bestimmten Bereichen seiner sozialen Umwelt bekannt sind.[1514] Um dies zu erreichen, wurde der Schutz des Einzelnen gegen unbegrenzte Erhebung, Speicherung, Verwendung und Weitergabe seiner persönlichen Daten statuiert. Das hierdurch zum Ausdruck kommende Schutzziel der Autonomie kann grundsätzlich nur gewährleistet werden, wenn der Grundrechtsträger überhaupt weiß, welche persönlichen Daten über ihn existieren und er Einfluss darauf nehmen kann, wem sie zur Kenntnis gelangen. Dem Volkszählungsurteil lag primär die Vorstellung zugrunde, die persönlichen Daten werden beim Grundrechtsträger abgefragt, so dass ihr Ursprung in seinem alleinigen Herrschaftsbereich liegt. Durch das Internet werden jedoch zahlreiche technische Daten mit Personenbezug nutzungsbedingt und automatisiert generiert, ohne dass sich der Betroffene dessen überhaupt bewusst sein muss. Diese Datenspuren im Internet geben umfassende Aufschlüsse über das Nutzerverhalten.[1515] Selbst wenn er hiervon Kenntnis hat, bezieht sich die Entscheidungsfreiheit nicht unmittelbar auf die Preisgabe – in Form der Generierung – dieser persönlichen Daten, sondern allenfalls auf die grundsätzliche Nutzung des Internet. Diese faktischen Veränderungen dürfen das Schutzziel der Autonomie nicht in Frage stellen. Sie führen auch nicht zu einer verfassungsrechtlichen Wertungslücke, sondern sie müssen im Gegenteil als neue Herausforderungen für seine Gewährleistung verstanden werden. Ein Handlungsbedarf ist in Bezug auf ergänzende Schutzvorschriften im einfachen Recht und auf die verfassungskonforme Technikgestaltung zu sehen.

Die Preisgabe von persönlichen Daten im Web mag zwar grundsätzlich auf der freien Entscheidung des Grundrechtsträgers beruhen,[1516] allerdings wird häufig das Wissen über die weitreichenden Konsequenzen dieser Entscheidung fehlen. Ohne den Einsatz von Siche-

1512 S. *Jandt* 2008, 102 f. m.w.N.
1513 S. *Roßnagel*, ZD 2013, 565 f.
1514 *BVerfGE* 65, 1 (42).
1515 *Köhntopp/Köhntopp*, CR 2000, 248 ff.; *Hornung*, MMR 2004, 3, 5 ff.; *Biemann* 2013, 56.
1516 Von der freien Entscheidung ist nur unter der Prämisse auszugehen, dass der Grundrechtsträger die Informationen selbst veröffentlicht oder der Veröffentlichung durch einen Dritten zugestimmt hat und somit kein rechtswidriger Umgang mit seinen Daten erfolgt ist.

rungsmitteln sind Informationen im Web für jeden uneingeschränkt zugänglich. Durch das Aufrufen der Homepage werden die Daten teils automatisch in Cache-Speichern, teils gezielt durch den Download der Daten beliebig vervielfältigt.[1517] Selbst wenn die Daten auf der Ursprungshomepage gelöscht werden, können qualitativ identische digitale Kopien von ihnen beliebig oft vorhanden und weiterhin über das Web zugänglich sein oder erneut zugänglich gemacht werden. Daraus folgt, dass der Grundrechtsträger gegebenenfalls nach einmaliger Entscheidung über die Preisgabe und Verwendung seiner persönlichen Daten, seine Entscheidungsfreiheit zwar nicht rechtlich, aber faktisch für die Zukunft verliert. Das grundrechtliche Schutzziel der Entscheidungsfreiheit gewährleistet grundsätzlich auch die zeitliche Begrenzung einer Erlaubniserteilung oder die Widerrufbarkeit einer einmal getroffenen Entscheidung.[1518] Da sich durch das Internet die Verwirklichungsbedingungen in Bezug auf die Konsequenzen der Grundrechtsrechtsausübung faktisch verändert haben, wird auch diesbezüglich das Schutzziel der Autonomie vor neue Herausforderungen gestellt, ohne dass eine verfassungsrechtliche Wertungslücke festzustellen ist.

Das Recht auf informationelle Selbstbestimmung wurde im Volkszählungsurteil zum Schutz vor staatlichen Maßnahmen entwickelt. Der Umgang mit personenbezogenen Daten erfolgt allerdings schon seit langem nicht mehr primär durch den Staat, sondern gleichermaßen durch Internetdienstleister und Privatpersonen, so dass die Schutzfunktion des Grundrechts, ebenso wie bei der individuellen Selbstdarstellung, von sehr hoher Bedeutung ist. Wie bereits dargelegt, stellt die Gefahr des potentiellen Personenbezugs ein internetspezifisches Risiko für die informationelle Selbstbestimmung dar. Eine Verletzung der informationellen Selbstbestimmung durch die Betroffenheit des Schutzguts der personenbezogenen Daten tritt aber erst ein, wenn sich das Risiko der vom Betroffenen ungewollten Zuordnung zunächst nicht personenbezogener Daten zu seiner Person verwirklicht hat.

Verfassungsdogmatisch hat dieses Risiko keine grundrechtsspezifische Wertungslücke zur Folge, sondern es könnte grundrechtsübergreifend eine Wertungslücke hinsichtlich des Umfangs staatlicher Schutzpflichten bestehen. Entscheidend ist, ob die grundrechtliche Schutzfunktion den Staat nur verpflichtet, Maßnahmen zur konkreten Gefahrenabwehr vorzunehmen oder ob er auch Maßnahmen zur Risikovorsorge zu ergreifen hat.[1519]

6.2.3.3 Informationelle Selbstbestimmung und Menschenwürde

Grundsätzlich ist in Bezug auf die Verfassungsmäßigkeit von Persönlichkeitsprofilen, die von privaten Stellen generiert werden, der gleiche Bewertungsmaßstab wie bei einer staatlichen Profilbildung anzulegen. Bereits aus dem Wortlaut von Art. 1 Abs. 1 Satz 1 GG, wonach alle staatliche Gewalt verpflichtet ist, die Menschenwürde zu achten und zu schützen, folgt die Schutzfunktion des Grundrechts. Aus der Verletzung der Menschenwürde durch Private ergeben sich keine subjektiven, materiell-rechtlichen Ansprüche gegenüber dem Staat. Der Gesetzgeber muss jedoch dem verfassungsrechtlichen Schutzauftrag bei der Ausformung des einfachen Rechts Rechnung tragen, durch das er konkretisiert wird.[1520]

Das beschriebene erhöhte Risiko der Erstellung von umfassenden Persönlichkeitsprofilen führt demnach nicht zu einer verfassungsrechtlichen Wertungslücke, sondern erfordert eine an objektiven Bedingungen orientierte Neubewertung. Insbesondere aus der Schutzpflicht des

---

1517 *Jandt/Kieselmann/Wacker*, DuD 2012, 236.

1518 Datenschutzrechtlich wird dies durch verschiedene Mechanismen gewährleistet, wie insbesondere durch die bei gesetzlichen Erlaubnisvorschriften zu berücksichtigenden Datenschutzprinzipien der Zweckbindung und der Erforderlichkeit und der daraus resultierenden Löschungspflichten sowie der zwingenden Widerrufsmöglichkeit der Einwilligung, s. *Simitis*, in: ders. 2014, § 4a BDSG, Rn. 94 ff.

1519 S. hierzu nachfolgendes Kap. 6.2.7.

1520 *BVerfGE* 63, 131(142 f.); 73, 118 (201); 99, 185 (194 f.); 101, 361 (386).

Staates folgt die Notwendigkeit, Maßnahmen der Risikominimierung im einfachen Recht zu ergreifen.

Mit dem Verbot von „Totalabbildern“ hat das Bundesverfassungsgericht keinen positiven Grundrechtsschutz formuliert, sondern ausgehend aus der negativen Perspektive eine Grundrechtsverletzung bezeichnet.[1521] Allerding weisen die geschilderten Risiken eine neue Dimension der Persönlichkeitsgefährdungen auf. Unabhängig von dem Problem, ob ein die Menschenwürde verletzendes Persönlichkeitsprofil vorliegt, ist zu fragen, ob ein Schutz des Einzelnen vor prognostizierten Abbildern seiner Persönlichkeit, die ein verzerrtes oder falsches Bild der Realität sind, erforderlich sein könnte. Bei der bisherigen verfassungsrechtlichen Diskussion über Persönlichkeitsprofile wurde zum einen davon ausgegangen, dass diese durch das Zusammenführen von Persönlichkeits- und Lebensdaten entstehen, die insbesondere durch statistische Erhebungen und Befragungen generiert werden. Zum anderen war die Frage nicht von Relevanz, ob diese Daten und das auf ihnen basierende Persönlichkeitsprofil der Realität entsprechen. Das Risiko falscher Persönlichkeitsbilder kann sich erstens durch von vornherein unrichtige Informationen, die über die Person zur Verfügung gestellt worden sind – mit oder ohne dessen Wissen und Erlaubnis – verwirklichen. Das Web bietet hierfür einen Informationspool, dessen Inhalt, Zeitraum, Quellenreichtum und Recherchierbarkeit keinen Vergleich mehr zu den Ergebnissen statistischer Befragungen darstellt. Zweitens werden, wie beschrieben,[1522] die über eine Person verfügbaren Informationen ausgewertet und Prognosen über bisher unbekannte Facetten der Person abgleitet. Persönlichkeitsprofile basieren nicht mehr vorwiegend aus Originärinformationen, sondern diese werden zunehmend durch Wahrscheinlichkeitsaussagen ergänzt. Diese Vorgehensweise ist geprägt durch Korrelationen sowie Kategorisierungen und Pauschalisierungen von Persönlichkeitsaussagen.[1523] Hierauf begründet sich eine hohe Wahrscheinlichkeit, dass die Individualität des Einzelnen zunehmend verdrängt und durch eine Objektivierung ersetzt wird. Nicht allein die Tatsache, dass umfassende Persönlichkeitsprofile existieren können, sondern ergänzend ihre potentiellen und vielfältigen Verwendungsmöglichkeiten begründen ergänzend das Risiko der Objektivierung des Einzelnen. Persönlichkeitsprofile sind die Grundlage des „Scorings“, das längst nicht mehr nur im Rahmen der Kreditwürdigkeitsprüfung eingesetzt wird.[1524] Wenn die Betrachtung und Bewertung des Einzelnen auf Scorewerte reduziert wird, ist nicht per se auszuschließen, dass er hierdurch zu einem bloßen Objekt degradiert wird.[1525]

Der Gesetzgeber muss insbesondere darüber befinden, ob ein Schutz des Einzelnen vor prognostizierten Abbildern seiner Persönlichkeit, die ein verzerrtes oder falsches Bild der Realität sind, erforderlich ist und wie dieser Schutz effektiv gewährleistet werden kann. Da dieses Risiko nicht vom Grundrechtsschutz erfasst wird, ist eine verfassungsrechtliche Wertungslücke anzunehmen.

6.2.3.4 Kommunikative Selbstbestimmung

Das Grundrecht der kommunikativen Selbstbestimmung hat bisher ein Schattendasein in der Wissenschaft geführt. Die systematische Untersuchung seiner Bedeutung für das soziotechnische System Internet hat aber gezeigt, dass es in diesem Kontext eine hohe praktische

---

1521 Dieses Vorgehen trägt den Schwierigkeiten einer positiven Definition der Menschenwürde Rechnung und entspricht der von der h.M. vertretenen „Objektformel“, s. *Herdegen*, in: Maunz/Dürig 2015, Art. 1 Abs. 1 GG, Rn. 36.

1522 S. Kap. 6.1.3.3.

1523 S. in Bezug auf Wahrscheinlichkeitsprognosen auf der Grundlage von Big Data, *Jandt*, K&R 2015, Beihefter zu Heft 6, 12, 15 f.

1524 S. die weiteren Beispiele bei *Jandt*, K&R 2015, Beihefter zu Heft 6, 14.

1525 S. *BVerfGE* 45, 187 (228).

Bedeutung aufweist. Sie ist aufgrund der durch das Internet verursachten Vielfalt kommunikativer Möglichkeiten deutlich gestiegen.

Zunächst ist zu prüfen, ob Kommunikation mittels Internettechnik nach bisherigem Verständnis ohne Einschränkung dem Schutzbereich der kommunikativen Selbstbestimmung zuzuordnen ist. Die Beschreibung des Grundrechts der kommunikativen Selbstbestimmung enthält keine explizite Aussage darüber, ob jegliche Kommunikation geschützt oder eine Beschränkung auf Individual- oder Massenkommunikation vorzunehmen ist. Die ursprüngliche Ableitung der kommunikativen Selbstbestimmung legt nahe, dass nur die Individualkommunikation umfasst ist. Denn die ISDN-Technik ermöglicht selbst bei der Konferenzfunktion immer nur eine Punkt-zu-Punkt-Verbindung zwischen den einzelnen Kommunikationsanschlüssen und weist keine dem Internet vergleichbare Netzinfrastruktur auf. Wie bereits festgestellt, ist die Internettechnik nicht auf Individual- oder Massenkommunikation begrenzt, sondern kann beide Kommunikationsformen unterstützen.[1526] Aus der Definition des Schutzbereichs der kommunikativen Selbstbestimmung lässt sich dagegen keine Beschränkung auf die Individualkommunikation ableiten. Die selbstbestimmte Auswahl von Kommunikationspartnern, Kommunikationsort und Kommunikationsart sowie des Kommunikationsmediums kann grundsätzlich sowohl auf die Individual- als auch die Massenkommunikation bezogen werden. Jedoch muss nicht jeder einzelne Schutzaspekt in Bezug auf diese Differenzierung eine Bedeutung erlangen. Dieses Verständnis entspricht auch der grundrechtlichen Systematik, da diese Differenzierung nur in Kontext von Art. 5 Abs. 1 GG, nicht aber bei anderen kommunikationsschützenden Grundrechten wie insbesondere Art. 10 Abs. 1 GG vorgenommen wird. In Bezug auf die Technik des Internet ist im Vergleich zu den anderen Grundrechten für die Feststellung der normativen Wertungslücke zunächst ein umgekehrter Bedeutungszusammenhang klarzustellen. Das Internet verändert nicht nur die Verwirklichungsbedingungen des Grundrechts, sondern es ist eine normative Klarstellung erforderlich, dass dem Schutzbereich der kommunikativen Selbstbestimmung sowohl Individual- als auch Massenkommunikation zuzurechnen ist.

Während Schutzziel des Fernmeldegeheimnisses die Vertraulichkeit privater Kommunikation ist, wird in Abgrenzung hierzu als Schutzziel der kommunikativen Selbstbestimmung die Selbstbestimmtheit der Kommunikation genannt.[1527] Insbesondere mobiles Internet, Internet-, und Webanwendungen und Smartphone-Applikationen haben die Vielfalt an Kommunikationsmöglichkeiten erheblich erweitert. Einen entsprechenden Bedeutungszuwachs hat dieses Schutzziel erfahren, so dass die Gewährleistung der Autonomie – ebenso wie bei der informationellen Selbstbestimmung – vor erheblichen neuen Herausforderungen steht.

Die kommunikative Selbstbestimmung weist sowohl eine Abwehr- als auch eine Schutzfunktion auf. Die Bedeutung der Schutzfunktion ist von sehr hoher praktischer Relevanz, da kommunikationsbeeinflussende Internet- und Webdienstleistungen fast ausschließlich von privaten Unternehmen angeboten werden. Die kommunikative Selbstbestimmung hat aufgrund ihres wissenschaftlichen Ursprungs allerdings bisher keinen unmittelbaren Niederschlag im einfachen Recht gefunden. Aufgrund der zahlreichen Verletzungsmöglichkeiten im Internet ist davon auszugehen, dass ein hoher Regulierungsbedarf besteht. Solange das Grundrecht der kommunikativen Selbstbestimmung nicht von der Rechtsprechung des Bundesverfassungsgerichts oder der Gesetzgebung anerkannt wird, ist von einer normativen Wertungslücke im Verfassungsrecht in Bezug auf alle Normaspekte der kommunikativen Selbstbestimmung auszugehen.

1526 S. ausführlich Kap. 6.1.1.2.2.1.

1527 S. Kap. 6.1.3.4.1

6.2.3.5 Vertraulichkeit und Integrität informationstechnischer Systeme

Das Grundrecht der Vertraulichkeit und Integrität informationstechnischer Systeme ist eine Grundrechtskonkretisierung des Bundesverfassungsgerichts,[1528] die mit einem konkreten Bezug zum soziotechnischen System Internet vorgenommen worden ist. Schutzobjekt des Grundrechts sind vernetzte informationstechnische Systeme – also nicht das Internet selbst, sondern an das Internet angeschlossene Rechnereinheiten.[1529] Das Bundesverfassungsgericht hat in seiner Entscheidung im Jahr 2008 zumindest teilweise auf die durch das soziotechnische System Internet veränderten Bedingungen der Wirklichkeit reagiert und einen ergänzenden Grundrechtsschutz kreiert. Das von ihm definierte Schutzobjekt des Grundrechts suggeriert, dass ihm die Vorstellung einer an das Internet angeschlossenen Hardwareeinheit zugrunde lag, über die der Grundrechtsträger selbstbestimmt verfügen kann. Der Zugriffsschutz auf diese Hardwareeinheit wurde als ausreichend angesehen, um die dort gespeicherten personenbezogenen Daten und damit die Persönlichkeit zu schützen. Die Hardwareeinheit, sei es Notebook, Tablet oder Smartphone, verliert aufgrund neuer technischer Entwicklungen im Zusammenhang mit dem Internet, wie zum Beispiel dem Cloud Computing, immer mehr die Funktion eines informationstechnischen Verarbeitungs- und Speichersystems, sondern fungiert zunehmend als Zugangs-, Visualisierungs- und Bedienelement.[1530] Die personenbezogenen Daten selbst werden bei der Nutzung ganz unterschiedlicher Internetanwendungen angegeben und generiert sowie auf zahlreichen Servern gespeichert.[1531] Sollte sich diese Entwicklungstendenz verstetigen, ist es fraglich, ob das mit dem Grundrecht auf Gewährleistung der Vertraulichkeit und Integrität informationstechnischer Systeme verfolgte übergeordnete Ziel des Persönlichkeitsschutzes noch effektiv erreicht werden kann.

Im Zusammenhang mit der Anforderung, dass nur das eigene informationstechnisches System dem Schutzgut des IT-Grundrechts ist, hat das Bundesverfassungsgericht ausgeführt, dass es ausreichend sei, wenn die Systemnutzung über informationstechnische Systeme erfolgt, die sich in der Verfügungsgewalt anderer befinden.[1532] Nicht ausdrücklich in der Entscheidung angesprochen wird die umgekehrte Konstellation, dass von einem eigenen informationstechnischen System auf einen über das Internet erreichbaren Datenspeicher in der Verfügungsgewalt Dritter zugegriffen wird, wie zum Beispiel beim Cloud Computing, und sich die Daten dort befinden. In der Literatur findet sich der Ansatz, den Zugriff einer staatlichen Stelle auf einen Datenspeicher im Netz, wie virtuelle PCs oder Netzwerkfestplatten, ohne eine Infiltration, sondern über den Dienstleister, bei dem sich die Datenspeicher befinden, als Eingriff in das IT-Grundrecht zu werten.[1533] Für das Cloud Computing wird die Einbeziehung in den Schutzbereich des IT-Grundrechts damit begründet, dass sich die Nutzung der Cloud-Dienste nicht von derjenigen des eigenen Systems unterscheide.[1534] Selbst wenn dieser Schutzintention grundsätzlich zuzustimmen ist, kann nicht nachvollzogen werden, mit welcher Begründung der Schutzbereich des Grundrechts eröffnet sein soll. Da das Bundesverfassungsgericht auf das eigene informationstechnische System und gerade nicht auf die Verfügungsbefugnis über die Daten abstellt, dürfte diese Konstellation nach dem bisherigen Verständnis nicht umfasst sein.

1528 S. Kap. 4.2.2.2.

1529 S. die Ausführungen in Kap. 6.1.3.5.2.

1530 *Hoffmann* 2012, 102 f. versucht den Schutz von externen Daten- und Dokumentensafes über das Endgerät des Nutzers, mit dem er auf diesen Bereich zugreift, zu erreichen, da sie mit „externen Speichermedien wie CDs, DVDs oder USB-Sticks“ vergleichbar seien. Externe Daten- und Dokumentensafes scheinen nach seiner Auffassung nicht isoliert den Schutzbereich des Grundrechts zu eröffnen.

1531 S. Kap. 6.1.3.2.2.

1532 S. Kap. 6.1.3.5.1.

1533 *Bäcker*, in: Rensen/Brink 2009, 128.

1534 *Skistims* 2015, 107.

Das Risiko, durch den Systemzugriff weitreichende Rückschlüsse auf die Persönlichkeit des Nutzers zu erhalten, besteht in gleichem Maße fort, wenn das informationstechnische System ein „gesichertes Eingangstor" zu den virtuellen Nutzungsbereichen darstellt.[1535] Der Zugriff auf die Hardwareeinheit muss aber nicht unbedingt den Zugriff auf die virtuellen Nutzungsbereiche ermöglichen. Umgekehrt besteht das Risiko, dass ein Zugriff auf die virtuellen Nutzungsbereiche ohne einen Zugriff auf die Hardwareeinheit realisiert werden kann. Dieser Verschiebung von einem zentralen informationstechnischen System zu dezentralen informationstechnischen Nutzungsbereichen kann grundsätzlich durch eine Modifizierung des Schutzguts Rechnung getragen werden, so dass insofern eine normative Wertungslücke besteht.

Das Bundesverfassungsgericht hat die Schutzziele des IT-Grundrechts unmittelbar in seine Bezeichnung aufgenommen – Vertraulichkeit und Integrität – und explizit in Bezug auf die internetspezifischen Risiken bestimmt. Bezugsobjekt dieser Schutzziele ist das informationstechnische System. Sofern in Bezug auf das Schutzgut des Grundrechts eine normative Wertungslücke konstatiert wurde, ist bei der eigentlichen Grundrechtsentwicklung zu untersuchen, ob ein angepasstes Schutzgut identischer Schutzziele bedarf oder – ergänzend oder alternativ – andere Schutzziele erforderlich sind. Infolge der in Bezug auf das Schutzgut festgestellten Wertungslücke, kann es zu einem weiteren Entwicklungsbedarf kommen, der sich jedoch erst bei der eigentlichen Grundrechtskonkretisierung zeigen wird.

6.2.4 Allgemeine Handlungsfreiheit

Der allgemeinen Handlungsfreiheit als Auffanggrundrecht kommt nach der Grundrechtsdogmatik generell eine lückenfüllende Funktion für Freiheitsgewährleistungen zu. Wie bereits festgestellt wurde,[1536] können daher für dieses Grundrecht isoliert keine normativen Wertungslücken festgestellt werden. Die Entwicklung einer neuen Fallgruppe ist erst dann angezeigt, wenn die Konkretisierung spezifischer Freiheitsgrundrechte gescheitert ist.

6.2.5 Menschenwürdige Existenzbedingungen

Das Schutzgut der menschenwürdigen Existenzbedingungen weist verfassungsrechtlich bewusst keine festen Konturen auf. Aus dem Grundrecht leitet sich die Pflicht des Gesetzgebers ab, das Existenzminimum im einfachen Recht näher zu bestimmen. Kommt es dieser Pflicht nicht in einem ausreichenden Umfang nach, ist das einfache Recht aufgrund seiner defizitären Gestaltung verfassungswidrig.[1537] Die Frage, ob Zugang zum und Nutzung des soziotechnischen Systems Internet Bestand der sozialen Existenz des Menschen ist – so wie es von der Literatur einheitlich bejaht wird –[1538] ist damit durch Politik und Gesetzgebung auf einfachgesetzlicher Ebene zu beantworten. Indem die hierfür erforderlichen Kosten bei der Berechnung des Existenzminimums in der Position „Nachrichtenübermittlung" berücksichtigt worden sind, ist eine entsprechende Einbeziehung in den Grundrechtsschutz erfolgt. Bei der Berechnung des Gesamtbetrags bilden die Kosten für Internet- und Online-Dienste einen Summanden. Ob es hierbei durch den Gesetzgeber nur die Infrastrukturkosten für das stationäre oder auch das mobile Internet einbezogen worden sind, ist nicht erkennbar. Dies könnte allerdings in Bezug auf die rasant zugenommene Verbreitung von Smartphones und Tablets sowie der damit einhergehenden wachsenden Bedeutung des mobilen Internet verfassungsrechtlich relevant sein. Zwar kann die Nutzung des mobilen Internet durch die Dienstleistung öffentlicher WLANs jedem Bürger eingeräumt werden. Allerdings ermöglicht ihm dies nicht die gleiche Mobilität wie ein Internetzugang mittels mobiler Netzwerke, wie zum Beispiel

1535 S. Kap. 6.1.3.5.2.
1536 S. Kap. 6.1.4.
1537 *BVerfGE* 125, 175 (223).
1538 S. bereits Fn. 1381.

GSM, UMTS, oder LTE. Insofern könnte es geboten sein, das Existenzminimum realitätsgerecht neu zu berechnen. Ob die Kosten auch zukünftig ausschließlich der Kategorie „Nachrichtenübermittlung“ zugeordnet werden oder nicht ebenso in anderen Kategorien, wie zum Beispiel „Freizeit, Unterhaltung und Kultur“, einfließen sollten, obliegt dem Gesetzgeber. Ein isolierter grundrechtlicher Leistungsanspruch auf die Mittel für die Anschaffung eines Smartphones oder Tablets sowie die Kosten für die mobile Datenübertragung ist nicht verfassungsrechtlich zu begründen. Insofern besteht keine verfassungsrechtliche Wertungslücke, sondern allenfalls eine Neuberechnungspflicht auf einfachgesetzlicher Ebene. Zum gegenwärtigen Zeitpunkt ist nicht von einer defizitären verfassungswidrigen Gestaltung auszugehen, wenn der Gesetzgeber das mobile Internet nicht explizit als unabdingbaren Bestandteil sozialer Existenz des Menschen einordnen wird.

6.2.6 Universaldienstverpflichtung

Die aus Art. 87f GG resultierende Infrastrukturverantwortung des Staates ist kein Grundrecht, sondern eine Staatszielbestimmung.[1539] Aus ihr lässt sich nur die Pflicht des Gesetzgebers ableiten, Maßnahmen zur Erreichung dieses Ziel zu ergreifen, ohne dass diese erfolgreich sein müssen. Der Gewährleistungsumfang dieser Infrastrukturverantwortung wird durch die Attribute flächendeckend, angemessen und ausreichend konkretisiert. In Bezug auf die Gewährleistung angemessener und ausreichender Dienstleistungen könnte die Diskussion um die Aufhebung des Best Effort-Prinzips eine relevante Änderung darstellen. Auf dieses Prinzip stützt sich im Wesentlichen die von Art. 87f GG geforderte Angemessenheit. Zwar sind die durch die Netzinfrastruktur technisch möglichen Datenübertragungsraten das vorrangige Kriterium für die Bewertung der Angemessenheit, allerdings bisher unter der Voraussetzung, dass diese Datenübertragungsraten prinzipiell für alle Datenübermittlungen realisiert werden und für alle Internetnutzer erreichbar sind. Erfolgt keine neutrale Datenübermittlung, sondern wird zum Beispiel bestimmten Datenpaketen gegenüber anderen eine Übermittlungspriorität eingeräumt, ist diese Änderung grundsätzlich in die Bewertung der Angemessenheit einzubeziehen.

Die Angemessenheit bereitgestellter Infrastrukturdienstleistungen ist nicht bereits dann abzulehnen, wenn für vertraglich vereinbarte hohe Datenübertragungsgeschwindigkeiten ein höherer Preis gezahlt werden muss. Die Gewährleistungspflicht des Staates zielt nicht darauf ab, dass diese Infrastrukturdienstleistungen den Bürgern kostenlos zur Verfügung stehen. Dem würde bereits das vom Staat ebenfalls verpflichtend zu berücksichtigende Gebot der Privatwirtschaftlichkeit widersprechen. Es wird aber sehr wohl gefordert, dass ein ausgewogenes Verhältnis zwischen Leistung- und Gegenleistung sichergestellt ist.[1540] Insofern ist dem Staat die Verpflichtung auferlegt, die weitere Entwicklung der Geschäfts- und Tarifmodelle zu beobachten und kritisch zu prüfen. Sollten von den privaten Internetprovidern zukünftig auch hinsichtlich der Quantität keine ausreichenden internetspezifischen Infrastrukturdienstleistungen mehr angeboten werden, müsste der Staat entsprechend regulierend eingreifen. Ob die Datenübermittlung bei dieser Dienstleistungsklasse nach dem Best Effort-Prinzip erfolgt oder nicht, ist für die Erfüllung des Gewährleistungsauftrags nicht maßgeblich. Entscheidend ist zum einen, dass bei einer Geschwindigkeitsdrosselung im Rahmen des günstigsten Tarifangebots die Übertragungsgeschwindigkeit für jegliche Diensteangebote faktisch nicht unter den (jeweils der technischen Entwicklung anzupassenden) verfassungsrechtlich geforderten Mindeststandard fällt. Zum anderen dürfen bei diesem Basistarif einzelne Internetanwendungen, wie zum Beispiel Voice-over-IP-Telefonie, nicht grundsätzlich von der Übertragungs-

1539 S. Kap. 6.1.7.2.1.
1540 S. Kap. 6.1.7.2.1.

dienstleistung ausgeschlossen oder aufgrund der niedrigen Datenübertragungsrate nicht (sinnvoll) nutzbar sein.[1541]

Aus dem in Art. 87f GG normierten internetspezifischen Grundversorgungsauftrag des Staates lässt sich somit kein generelles Verbot des Einsatzes von Netzwerkmanagementtechniken durch die Internetprovider ableiten.[1542] Eine verfassungsrechtliche Wertungslücke kann zudem für die Pflicht zur Gewährleistung einer flächendeckenden, angemessenen und ausreichenden technischen Netzinfrastruktur für das Internet nicht festgestellt werden.

6.2.7 Grundrechtsfunktionen

Der durch die Rechtsprechung des Bundesverfassungsgerichts geprägte Kanon der Grundrechtsfunktionen ist seit Jahrzehnten gefestigt.[1543] Die Globalität des soziotechnischen Systems Internet führt dazu, dass Grundrechtsbeeinträchtigungen zunehmend ausländische Verursacher haben. Spätestens seit Bekanntwerden der anlass- und grenzenlosen Überwachungspraktiken der amerikanischen NSA und des britischen Government Communications Headquarters (GCHQ) sind diese Gefahren offensichtlich. Allerdings bedrohen auch die – überwiegend in den Vereinigten Staaten von Amerika (USA) angesiedelten – Internetgiganten den Grundrechtsschutz in Deutschland massiv. Dieser wird somit erheblich – und nicht nur im Zusammenhang mit dem Internet – durch Maßnahmen sowohl ausländischer Staaten als öffentlich-rechtlicher Personen als auch durch ausländische Unternehmen als juristische Personen des Privatrechts tangiert.

Die Regelungswirkung des deutschen Grundgesetzes und somit auch der Funktionen der Grundrechte sind territorial begrenzt. Dies folgt aus der auf das Staatsgebiet beschränkten Gesetzgebungshoheit und der daraus abgeleiteten nationalen Rechtswirkung deutscher Gesetze territorial begrenzt.[1544] Die Abwehrfunktion der Grundrechte besteht nur gegenüber dem deutschen Staat,[1545] nicht aber gegenüber Maßnahmen der Staatsorgane anderer Nationen.[1546] Diese sind nicht unmittelbar an die deutschen Grundrechte gebunden.[1547] Sie ist begrenzt auf das zweidimensionale Verhältnis zwischen Bürger und Staat. Sie entfaltet auch Wirkung, wenn der deutsche Staat außerhalb des deutschen Staatsgebiets handelt oder die Auswirkungen im Ausland eintreten.[1548] Die Schutzfunktion der Grundrechte zielt auf die Pflicht des Staates ab, Grundrechtsbeeinträchtigungen durch Dritte vorzubeugen. Sie erweitert die Geltung der Grundrechte auf das Dreiecksverhältnis Staat-Störer-Opfer.[1549] Der Staat wird verpflichtet, Grundrechtsträger als Opfer zu verteidigen, ohne dass der Störer ohne weiteres aus der Verfassung bestimmt werden kann. Grundidee der grundrechtlichen Schutzfunktion ist, in Abgrenzung zur Abwehrfunktion alle Grundrechtsgüter vor Eingriffen zu schützen, die nicht

---

1541 Dieser Aspekt der Netzneutralität findet sich im Telekommunikationsrecht, in den §§ 19 und 21 TKG, sowie in § 51b RStV und wird auch als Must-Carry-Prinzip bezeichnet, *Holznagel,* K&R 2010, 95.

1542 Das Schutzziel der Inhaltsneutralität der Datenübertragung ist aber letztlich aus den Grundrechten abgeleitet, s. nachfolgendes Kap. 7.2.1

1543 S. Kap. 4.5.

1544 So auch *Krings* 2003, 195, der diese Tatsache als Grundproblem der grundrechtlichen Schutzpflichten im Kontext auslandsbezogener Sachverhalte bezeichnet.

1545 Ausdrücklich in Bezug auf die Abgrenzung der Abwehr- von der Schutzfunktion *Krings* 2003, 188, 191 ff.; s. im Zusammenhang mit Überwachungsmaßnahmen staatlicher Geheimdienste *Schmahl,* JZ 2014, 221.

1546 Unberücksichtigt bleibt hier die Konstellation der Zurechnung von Grundrechtseingriffen durch ausländische Behörden, wenn und soweit diese vom deutschen Boden mit Billigung und Duldung deutscher Behörden erfolgen, wie dies im Zusammenhang mit den Ausspähungen durch die NSA diskutiert wird, s. *Papier* 2014, 7.

1547 *Szczekalla* 2002, 96; *Badura,* in: Merten/Papier BD. II, 2006, § 47 Rn. 9, 22.

1548 *BVerfGE* 6, 290 (296 ff.); *Schliesky/Hoffmann/Luch/Schulz/Borchers* 2014, 67 f.

1549 *Dietlein* 2005, 44; *Krings* 2003, 190 f.; *Isensee* 1983, 34 f. Dieses Dreiecksverhältnis wird im Folgenden auch als Bürger-Staat-Bürger bezeichnet.

vom deutschen Staat ausgehen.[1550] Insofern ist nur der deutsche Staat explizit als die Schutzfunktion auslösender Störer ausgeschlossen, da diese Konstellation abschließend durch die Abwehrfunktion abgedeckt wird. Ausländische Staaten sind in Deutschland an die einfachen Gesetze gebunden, die der deutsche Staat zur Erfüllung seiner Schutzpflichten erlassen hat.

Das Bundesverfassungsgericht hat anerkannt, dass der Bundesrepublik Deutschland unter bestimmten Voraussetzungen eine Schutzpflicht mit Verfassungsrang zugunsten ihrer Bürger gegenüber ausländischen Staaten zukommt.[1551] In den genannten Entscheidungen des Bundesverfassungsgerichts wird auf eine verfassungsrechtliche Schutzpflicht im Sinne des diplomatischen Schutzes abgestellt, die sich unmittelbar aus der Grundbeziehung der Staatsangehörigkeit ergibt.[1552] Voraussetzung ist somit die deutsche Staatsangehörigkeit des Bürgers und es wird ausdrücklich nur von einer Schutzplicht gegenüber Drittstaaten gesprochen.[1553] Eine ausdrückliche und übergreifende Anerkennung einer grundrechtlichen Schutzpflicht des Staates gegenüber Gefährdungen von Rechtsgütern sowohl der Deutschen- als auch der Jedermanngrundrechte durch ausländische Staaten lässt sich den Entscheidungen des Bundesverfassungsgerichts nicht entnehmen.[1554] Bei der Ausübung des diplomatischen Schutzrechts übt der Staat zudem ein eigenes Recht aus und nimmt nicht das Recht des Bürgers wahr.[1555] Insofern folgt aus der Anerkennung der verfassungsrechtlichen Schutzpflicht des Staates durch das Bundesverfassungsgericht eine objektiv-rechtliche Pflicht des Staates, aber kein grundrechtlich geschützter subjektiver Anspruch des Einzelnen auf Schutzgewährung.[1556]

Im Kontext des Asylrechts lässt das Bundesverfassungsgericht ausnahmsweise Handlungen von Privaten als „politische“ Verfolgung gelten, „wenn der fremde Staat Einzelne oder Gruppen zu Verfolgungsmaßnahmen anregt oder derartige Handlungen unterstützt, billigt oder tatenlos hinnimmt und damit den Betroffenen den erforderlichen Schutz versagt, weil er hierzu nicht willens oder nicht in der Lage ist"[1557]. Dieser Begründung lässt sich entnehmen, dass diese Schutzausprägung dahingehend zu verstehen ist, dass der deutsche Staat in dieser Situation für den ausländischen Staat einspringt, der seine völkerrechtlich begründete Pflicht zum Schutz vor Angriffen auf Leib, Leben oder Eigentum nicht erfüllt. Dem deutschen Staat obliegt in diesem Fall ebenfalls die völkerrechtliche Verpflichtung zur Schutzgewährleistung.[1558] Aus dieser besonderen Schutzkonstellation lässt sich ebenso wenig ableiten, dass das Bundesverfassungsgericht die grundrechtliche Schutzfunktion allgemein als Schutzpflicht gegenüber jeglichen Gefährdungen von Grundrechtsgütern durch ausländische Staaten oder ausländische Private versteht.

In den ergänzenden rechtsdogmatischen Ausführungen zur Schutzfunktion der Grundrechte wird regelmäßig auf die Problematik hingewiesen, dass der Schutz des Grundrechts des Opfers durch einfachgesetzliche Vorschriften zu einem Eingriff in die Grundrechte des Störers führen kann. Er macht darauf aufmerksam, dass die Komplexität des Dreiecksverhältnisses aufgrund der Grundrechtsgeltung für Opfer und Störer deutlich höher ist als bei Konstellationen, in denen der Störer kein Grundrechtsträger ist.

Die Schutzfunktion könnte zum einen in einem engen Sinne verstanden werden, als die Pflicht des Staates, Grundrechtskonflikten zwischen zwei Grundrechtsträgern vorzubeugen. Die Fähigkeit, Träger der Grundrechte zu sein, steht – ungeachtet der weiteren Differenzie-

---

1550 *Isensee*, in: ders./Kirchhof Bd. IX, 2012, § 191, Rn. 3, 146 ff; *Tian* 2012, 90.

1551 *BVerfGE* 6, 290 (299); 40, 141 (177 f.); 41, 126 (129); 55, 349 (364).

1552 *BVerfGE* 37, 217 (241) sowie *Szczekalla* 2002, 96 f. m.w.N:

1553 So auch *Isensee* 1983, 30.

1554 S. auch *Szczekalla* 2002, 97.

1555 *Randelzhofer*, in: Maunz/Dürig 2015, Art. 16 Abs. 1 GG, Rn. 36.

1556 S. die ausführliche Darstellung zu den verschiedenen Auffassungen in der Literatur zur Anerkennung eines subjektiven öffentlichen Rechts der deutschen Staatsangehörigen auf Schutzgewährung von *Randelzhofer*, in: Maunz/Dürig 2015, Art. 16 Abs. 1 GG, Rn. 61 ff.

1557 *BVerfGE* 54, 341 (358).

1558 S. *Verdross/Simma* 2010, 287 ff.; *Randelzhofer* 1980, 20.

rung in Jedermann- und Deutschengrundrechte – jeder natürlichen Person zu.[1559] Auch ausländische und staatenlose natürliche Personen besitzen grundsätzlich Grundrechtsfähigkeit.[1560] Dieser Grundrechtsschutz wird aktiviert, sofern sie sich im deutschen Staatsgebiet aufhalten. Inländische juristische Personen des Privatrechts sind unter den Voraussetzungen des Art. 19 Abs. 3 GG grundrechtsfähig.[1561] Einen Grundrechtskonflikt zwischen Grundrechtsträgern könnte es daher nur geben, wenn ein zusätzlicher nationaler Bezug zum Beispiel durch Aufenthalt oder Firmensitz im deutschen Staatsgebiet gegeben ist. Insofern wäre die Schutzfunktion nur in Bezug auf Grundrechtskonflikte auf nationaler Ebene zu verstehen.

Denkbar ist auch ein weites Verständnis der Schutzfunktion als Pflicht des Staates, Grundrechtsträger vor Grundrechtsbeeinträchtigungen durch jegliche Dritte zu schützen.[1562] Für den nationalen Bezug ist es grundsätzlich ausreichend, dass das Opfer Grundrechtsträger ist.[1563] Dritte können nicht nur alle inländischen, natürlichen und juristischen Personen des Privatrechts, sondern auch ausländische, natürliche und juristische Personen des Privatrechts und des öffentliches Rechts sowie Staatsorgane anderer Ländern sein, die alle selbst nicht Adressaten der Grundrechte sind.[1564]

Dogmatisch wurde die Schutzpflicht des Staates zunächst primär mit der objektivrechtlichen Wirkung der Grundrechte als freiheitlich demokratischer Grundordnung begründet.[1565] Diese ist als Friedensordnung zu verstehen, die unter anderem durch das alleinige Gewaltmonopol des Staates und daraus folgend dem Verbot privater Gewaltanwendung gewährleistet wird.[1566] Ein umfassender Grundrechtsschutz kann unter diesen Bedingungen nur realisiert werden, wenn der Staat, der dem Einzelnen das Recht auf Verteidigung seiner Rechtsgüter nimmt, die Grundrechte durch einen staatlichen Schutz sichert.[1567] Das Bundesverfassungsgericht hat die Schutzpflicht auch als subjektiv-rechtlichen Anspruch des Bürgers gegen den Staat anerkannt.[1568] Wenn die Schutzfunktion unmittelbar aus den Grundrechten und damit der Perspektive des Opfers abgeleitet wird, dann sind der Verfassung keine Argumente für eine Differenzierung nach dem Ursprung der Gefahrenquelle – ob sie aus dem In-

---

1559 *BVerfGE* 3, 383 (391); 21, 362 (369).

1560 *BVerfGE* 35, 382 (399); 49, 168 (180); 80, 81 (96) sowie *Di Fabio*, in: Maunz/Dürig 2015, Art. 2 GG, Rn. 10.

1561 S. auch zur Grundrechtsfähigkeit sonstiger juristischer Personen des Privatrechts und des öffentlichen Rechts s. *Remmert*, in: Maunz/Dürig 2015, Art. 19 Abs. 3, Rn. 42 ff.

1562 *Dietlein* 2005, 87 ff., 102 ff. begründet dieses Ergebnis in Abgrenzung der Abwehr- zu der Schutzfunktion der Grundrechte mit einer differenzierten Bestimmung der Gefahrenquelle in negativer und in positiver Hinsicht.

1563 Die darüber hinausgehende Frage, ob die Schutzfunktion der Grundrechte den Staat verpflichtet, Maßnahmen zu ergreifen, wenn ein Grundrechtsträger im Ausland durch ausländische Störer eine Grundrechtsbeeinträchtigung erfährt, wird hier unberücksichtigt gelassen. Allgemein zur Grundrechtsgeltung im Ausland s. *Elbing* 1992, 51 f., Fallgruppe 2 und Fallgruppe 4, 103 ff., *Krings* 2003, 195 ff. im Kontext des Verteidigungsauftrags *Schulte-Bunert* 2013, 43 ff. sowie in Bezug auf Entführungen *Kokew* 2012, 122 bis 153.

1564 So im Ergebnis wohl *Alexy* 1985, 410, der abstrakt von einem Schutz vor Eingriffen Dritter spricht sowie *Hesse* 1995, Rn. 349 f.; *Robbers* 1987, 124, der auch den Schutz vor Naturgewalten ausdrücklich einbezieht, *Klein*, NJW 1989, 1633; *Dietlein* 2005, 103; *Grimm*, JZ 2013, 587; *Hoffmann-Riem*, JZ 2014, 60; *Schmahl*, JZ 2014, 222. *Schliesky/Hoffmann/Luch/Schulz/Borchers* 2014, 68 ff. unterscheiden anscheinend zwischen den staatlichen Handlungspflichten gegenüber Handlungen ausländischer Staaten und von ausländischen Privaten. Während gegenüber den ausländischen Staaten die Schutzpflicht des Staates greifen soll, wird für ausländische Private die Konstruktion der mittelbaren Drittwirkung herangezogen. Es wird offengelassen, ob diese auch gegenüber ausländischen Privaten in dem Sinne zu bejahen ist, dass diese an die Einhaltung von Grundrechten gebunden sind.

1565 S. die Nachweise bei *Elbing* 1992, 98, Fn. 1.

1566 *Callies*, in: Merten/Papier Bd. II, 2006, § 44, Rn. 1 ff.; *Murswiek* 1985, 102.

1567 *Herzog*, JR 1969, 443 f.; *Alexy* 1985, 414 f.; *Murswiek* 1985, 104 ff.; *Elbing* 1992, 98 sowie umfassend im Kontext eines Grundrechts auf Sicherheit *Isensee* 1983, 3 ff.

1568 S. Kap. 4.5.

land oder aus dem Ausland droht – zu entnehmen und somit nicht mit dieser vereinbar.[1569] In der wissenschaftlichen Diskussion wird zwar nur sehr vereinzelt die Schutzfunktion ausdrücklich auf ausländische Störer bezogen, dies wird jedoch auf die faktischen Umstände zurückzuführen sein. Vor der Etablierung des Internet waren die Interaktionsmöglichkeiten zwischen Grundrechtsträgern und potentiellen ausländischen Störer eher eingeschränkt, so dass von dieser Seite deutlich seltener Grundrechtsbeeinträchtigungen als von inländischen Privaten drohten. In den Schutzumfang ist grundsätzlich jegliche Form der Beeinträchtigung der Grundrechte einzubeziehen,[1570] selbst wenn sie von außen durch ausländische Private oder ausländische Hoheitsträger droht.[1571] Die Bindung aller Staatsgewalten an die Grundrechte ergibt sich aus Art. 1 Abs. 3 GG. Insofern sind auch alle drei Gewalten aufgefordert, der Umsetzung der staatlichen Schutzpflichten zu dienen.[1572]

Dieses weite Verständnis der Schutzfunktionen ist nicht oder nur eingeschränkt erforderlich, wenn zugunsten des Grundrechtsträgers im internationalen Kontext ein vergleichbarer materieller und prozessualer Grundrechtsschutz besteht. Neben die nationalen verfassungsrechtlichen Garantien treten zusätzliche internationale Absicherungen im europäischen Rechtsraum und im darüber hinausgehenden internationalen Rechtsraum.[1573] Es wurde ein mehrschichtiges Schutzsystem aus nationalen, europäischen und internationalen Grund- und Menschenrechten begründet, durch das gegebenenfalls diese verfassungsrechtliche Wertungslücke geschlossen wird.

In der Europäischen Union, deren Mitglied Deutschland ist, wird der nationale Grundrechtsschutz durch die europäische Grundrechtecharta ergänzt. Diese enthält einen ausformulierten und umfangreichen Grundrechtskatalog. Die maßgebliche Norm für die Entscheidung, ob die festgestellte Wertungslücke durch die Grundrechtecharta geschlossen wird, ist Art. 51 GRC. Diese bestimmt ihren Anwendungsbereich, Grundrechtsverpflichtete und Grundrechtsträger. Gemäß Art. 51 Abs. 1 gilt die Grundrechtecharta für die Organe und Einrichtungen der Union unter Berücksichtigung des Subsidiaritätsprinzips und für die Mitgliedstaaten ausschließlich bei der Durchführung des Rechts der Union. Insgesamt unterliegt die gesamte Hoheitsgewalt der europäischen Union einschließlich der von ihr beherrschten, privatrechtlichen Einrichtungen bei sämtlichen Aktivitäten innerhalb des vorgegebenen Zuständigkeitsbereichs der Grundrechtsbindung.[1574] Neben den unionalen Stellen sind zudem alle Mitgliedstaaten der Union Grundrechtsverpflichtete im Anwendungs- und Umsetzungsbereich des Unionsrechts. Diese Einschränkung dient der Abgrenzung zwischen dem Geltungsbereich der Grundrechtecharta gegenüber dem jeweiligen nationalen Grundrechtsschutz. Die europäischen Grundrechte ergänzen die jeweiligen nationalen Grundrechte. Die Grenze zwischen den Geltungsbereichen verläuft jedoch nicht eindeutig.[1575] Aus der Rechtsprechung des Europäischen Gerichtshofs lassen sich immer stärkere Tendenzen zu einer Ausweitung des Anwendungsbereichs der Grundrechtecharta zulasten und damit einhergehend nicht der parallelen, sondern

1569 *Elbing* 1992, 103 sowie allgemein zu dieser Orientierung anhand der Gefahrenquelle *Dietlein* 2005, 102 f.

1570 Eine Beschränkung der Schutzpflichten besteht nur in Bezug auf Grundrechte, die ausschließlich staatsbezogen sind und deshalb nur von nationalen Hoheitsträgern verletzt werden können, wie insbesondere Art. 16 GG, s. *Tian* 2012, 92.

1571 *Pietzcker*, in: Maurer 1990, 346; *Denninger*, in: ders./Hoffmann-Riem/Schneider/Stein Bd. 1, 2001, vor Art. 1 GG, Rn. 33; *Krings* 2003, 199 ff.; Rn. 133 sowie *Elbing* 1992, 103, der mit Verweis auf *Gallwas* 1995 betont, dass die grundrechtlichen Schutzpflichten eine reale Absicherung grundrechtlich geschützter Güter hinsichtlich jeglicher Art von potentiellen Gefahrenquellen erfordere – insbesondere auch gegen Schädigungen durch natürliche Gefahren oder durch gefährdende Handlungen des Grundrechtsträgers.

1572 *BVerfGE* 49, 89 (141 f.).

1573 Zur Begründung der Notwendigkeit für einen die nationalen Grundrechte ergänzenden Schutz durch internationale Menschenrechte *Klein* 1997, 10 ff.

1574 *Jarass* 2013, Art. 51 GRC, Rn. 5 ff.

1575 Abgrenzungsschwierigkeiten ergeben sich insbesondere bezüglich nationaler Gesetze zur Umsetzung einer europäischen Richtlinie.

der ausschließenden Anwendbarkeit nationaler Grundrechte erkennen. Werden durch Maßnahmen der genannten Stellen deutsche Bürger in grundrechtlich geschützten Bereichen beeinträchtigt, gewährleisten nicht die nationalen, sondern die europäischen Grundrechte in ihrer Abwehrfunktion Schutz.

Die Grundrechtecharta enthält weitgehend eine Sammlung der nationalen Grundrechtstraditionen der Mitgliedstaaten der Europäischen Union.[1576] Sie normiert keine Mindeststandards in dem Sinne, dass sie lediglich ein Schutzniveau auf dem „kleinsten gemeinsamen Nenner" der Grundrechtskataloge aller Mitgliedstaaten enthält. Dagegen spricht zum einen das Interesse aller Mitgliedstaaten, dass die Union der eigenen nationalen Grundrechtsordnung nicht zuwiderhandelt.[1577] Zum anderen würde ein grundsätzlicher Konflikt zwischen europäischer und nationaler Rechtssetzung entstehen, wenn die Europäische Union grundsätzlich einen weiteren Handlungsspielraum hätte, als die an ihre Verfassungen gebundenen Mitgliedstaaten.[1578] Insofern ist grundsätzlich davon auszugehen, dass die Grundrechtecharta ein den nationalen Grundrechtskatalogen der Mitgliedstaten vergleichbar hohes Schutzniveau garantiert. Die Kapitel eins bis drei und fünf der Grundrechtecharta beinhalten Freiheits-, Gleichheits- und Unionsbürgerrechte, die einen dem Grundgesetz entsprechenden Grundrechtsschutz gewähren. Im vierten Teil der Grundrechtecharta sind unter der Überschrift Solidarität spezielle wirtschaftliche und soziale Gewährleistungen verankert, denen allerdings nicht dieselbe Verbindlichkeit und Durchsetzbarkeit wie den Grundrechten zukommt.[1579] Art. 47 GRC normiert ergänzend zum materiellen Grundrechtsschutz den justiziellen Rechtsschutz. Jeder Unionsbürger kann mit einer Klage vor dem Europäischen Gerichtshof eine Verletzung der Grundrechte aus der Grundrechtecharta durch die genannten Stellen prozessual geltend machen.

Sofern die Grundrechtecharta einen umfassenden Rechtsschutz deutscher Bürger bietet, ist es nicht erforderlich, die Schutzfunktion nationaler Grundrechte auf grundrechtsbeeinträchtigende Handlungen von Stellen der europäischen Union oder der europäischen Mitgliedstaaten auszuweiten. Die verfassungsrechtliche Wertungslücke wird grundsätzlich durch die europäische Grundrechtecharta geschlossen. Eine Schutzlücke kann allenfalls noch bestehen, wenn der Schutzumfang des europäischen Grundrechtekatalogs insbesondere in seiner Ausdeutung, die er durch den Europäischen Gerichtshof erfährt, hinter dem nationalen Schutzniveau zurückbleibt. Diese Erkenntnis kann nur im Rahmen einer detaillierten, rechtsvergleichenden Prüfung des jeweils betroffenen Grundrechts im Einzelfall erlangt werden. An dieser Stelle kann lediglich für die geprüften internetrelevanten Grundrechte, die sich unmittelbar aus dem Grundrechtstext ergeben, festgestellt werden, dass sie jeweils eine Entsprechung in der europäischen Grundrechtecharta aufweisen, auch wenn der Wortlaut nicht immer identisch ist.[1580]

1576 *Zuleeg*, EuGRZ 2000, 516; *Mayer*, EuR Beiheft 1/2009, 87; *Callies*, in: Calliess/Ruffert 2011, Art. 1 EU-GRCharta, Rn. 1.

1577 Dies gilt umso mehr vor dem Hintergrund des sog. Solange-II-Beschlusses des Bundesverfassungsgerichts. Danach genüge der Rechtsschutz durch die Organe der Europäischen Gemeinschaften, insbesondere durch den Europäischen Gerichtshof, den Maßstäben der deutschen Grundrechte, so dass das Bundesverfassungsgericht im Regelfall keine eigene Prüfung durchführt, *BVerfGE* 73, 339 (387).

1578 *Schiemann*, ZEW 200/2, 2013, 3.

1579 S. *Pache/Rösch*, EuZW 2008, 520.

1580 Die Meinungs- und Informationsfreiheit gemäß Art. 5 Abs. 1 Satz 1 GG findet sich in Art. 11 Abs. 1 GRC, die Presse-, Rundfunk- und Filmfreiheit gemäß Art. 5 Abs. 1 Satz 2 GG in Art. 11 Abs. 2 GRC als allgemeine Medienfreiheit formuliert, s. hierzu auch Kap. 9.2.4.3. Das Fernmeldegeheimnis gemäß Art. 10 Abs. 1 GG ist in Art. 7 GRC als Grundrecht auf Achtung der (vermittelten) Kommunikation geschützt, s. *Jarass* 2013, Art. 7 GRC, Rn. 43 ff. Das in Deutschland aus Art. 2 Abs. 1 i.V.m. Art. 1 Abs. 1 GG abgeleitete allgemeine Persönlichkeitsrecht ist in der Grundrechtecharta vornehmlich in Art. 7 GRC, dem Recht auf Privat- und Familienleben, enthalten und die nationale Ausprägung der informationelle Selbstbestimmung ist gesondert in Art. 8 GRC als Recht auf Schutz der die Person betreffenden Daten geregelt. Mit identischer Formulierung wie Art. 1 Satz 1 GG deklariert Art. 1 Satz 1 GRC die Menschenwürde als unantastbar. Im Unterschied zum nationalen Grundrechtsschutz kennt die Grundrechtecharta allerdings kein Grundrecht der allgemeinen Handlungsfreiheit, *Schmitz*, EuR 2004, 708; *Ludwig*, EuR 2011,

Die ungeschriebenen Grundrechtsausprägungen, die das Bundesverfassungsgericht durch Grundrechtsinterpretation und -konkretisierung entwickelt hat, finden sich mit Ausnahme der informationellen Selbstbestimmung nicht unmittelbar im Grundrechtskatalog der Grundrechtecharta wider. Dies bedeutet aber nicht zwangsläufig, dass der europäische Grundrechtsschutz in diesen Bereichen ein niedrigeres Schutzniveau aufweist als das Grundgesetz. Denn auch die europäischen Grundrechte können durch den Europäischen Gerichtshof in Form der Grundrechtsinterpretation und -konkretisierung weiterentwickelt werden.[1581]

Ein gegenüber der Europäischen Union weiterer europäischer Rechtsraum wird durch den Europarat gebildet. Dies ist die älteste politische Organisation Europas, dem mittlerweile fast alle Staaten in Europa angehören. Im Unterschied zur Europäischen Union zeichnet sich der Europarat nicht durch eine eigene Gesetzgebungskompetenz aus, in seinem Rahmen werden aber zwischenstaatliche, völkerrechtlich verbindliche Abkommen (Europarats-Konventionen) abgeschlossen. Zu den in diesem Kontext wichtigsten Abkommen zählen die Europäische Konvention zum Schutz der Menschenrechte und Grundfreiheiten (EMRK) und das Übereinkommen zum Schutz des Menschen bei der automatischen Verarbeitung personenbezogener Daten, sogenannte Europäische Datenschutzkonvention. In der Europäischen Menschenrechtskonvention werden in den Art. 2 bis 18 Rechte und Freiheiten normiert, die ein den deutschen Grundrechten vergleichbares Schutzniveau aufweisen, auch wenn sich Formulierungen, Aufbau und Reihenfolge unterscheiden. So gewährleistet zum Beispiel Art. 8 Abs. 1 EMRK ein Recht auf Achtung des Privat- und Familienlebens, das auch ganz allgemein die Korrespondenz erfasst. Diese Schutzbereiche werden im Grundgesetz kumulativ durch die Art. 2 Abs. 1, 10 Abs. 1 und 13 Abs. 1 GG abgedeckt. Da die Europäische Menschenrechtskonvention – wie auch das Grundgesetz – kein Recht auf informationelle Selbstbestimmung oder auf Datenschutz enthielt, wurde mit dem zunehmenden Aufkommen eines grenzüberschreitenden Datenverkehrs im Januar 1981 für einen ergänzenden Rechtsschutz die Europäische Datenschutzkonvention abgeschlossen. Durch dieses Übereinkommen wurden die unterzeichnenden Staaten verpflichtet, die Rechte und Grundfreiheiten – insbesondere die Persönlichkeitsrechte – der in ihrem Hoheitsgebiet lebenden Menschen bei der automatisierten Verarbeitung personenbezogener Daten zu schützen und zugleich den freien Datentransfer in andere Unterzeichnerstaaten grundsätzlich zu erlauben. Zur Einhaltung der durch diese Konventionen geschützten Rechte sind alle europäischen Staaten verpflichtet, die Verträge unterzeichnet und ratifiziert haben.[1582] Der Europäischen Menschenrechtskonvention kommt in Deutschland der Rang eines Bundesgesetzes zu.[1583] Art. 34 EMRK regelt das Instrument der Individualbeschwerde. Danach hat jede natürliche Person, nichtstaatliche Organisation oder Personengruppe, das Recht, vor dem Europäischen Gerichtshof für Menschenrechte in Straßburg Beschwerde mit der Behauptung zu erheben, durch einen Konventionsstaat in einem der in der Konvention oder den Protokollen dazu anerkannten Rechte verletzt zu sein.[1584]

733. Ein Recht auf Gewährleistung menschenwürdiger Existenzbedingungen ist in Art. 34 Abs. 3 GRC explizit geregelt.

1581 Bisher ist keine Entscheidung des Europäischen Gerichtshofs bekannt, in der er vergleichbar dem Bundesverfassungsgericht ein „neues" Grundrecht kreiert hat, wie das Recht auf informationelle Selbstbestimmung oder das Recht auf Gewährleistung der Vertraulichkeit und Integrität informationstechnischer Systeme. Dies mag aber schlicht dem Umstand geschuldet sein, dass die Grundrechtecharta deutlich jünger und vor einem anderen historischen Hintergrund entstanden ist.

1582 S. die Übersicht zur Unterzeichnung und Ratifikation der Konvention durch die europäischen Staaten http://conventions.coe.int/Treaty/Commun/ChercheSig.asp?NT=108&CM=2&CL=GER. Dem türkischen Parlament ist die Konvention im August 2014 zur Ratifizierung vorgelegt worden, obwohl die Türkei den Vertrag bereits 1981 unterzeichnet hatte, „Türkisches Parlament ratifiziert EU-Datenschutzkonvention", RDV Online vom 6.8.2014, s. http://www.rdv-online.com/aktuelles/tuerkisches-parlament-ratifiziert-eu-datenschutzkonvention.

1583 *BVerfGE* 111, 307 (315); *Streinz*, in: Sachs 2014, Art. 59 GG, Rn. 65a.

1584 S. ausführlich *Meyer-Ladewig* 2011, Art. 34 EMRK.

Die europäischen Konventionen bieten somit einen ergänzenden Rechtsschutz auch deutscher Bürger gegen Maßnahmen von Konventionsstaaten, die nicht Mitglied der Europäischen Union sind.

Die oberste Schicht des Schutzsystems bildet das Völkerrecht und insbesondere das internationale Menschenrechtsabkommen. Diese können grundsätzlich einen den Grundrechten vergleichbaren Schutz gegen beeinträchtigende Aktivitäten nicht europäischer Staaten – sogenannte Drittstaaten – gewähren. Menschenrechte sind ebenfalls als Abwehrrechte des Bürgers gegen den Staat konzipiert und ihnen kommt ergänzend die Schutzfunktion zu. Die Grundlage des internationalen Menschenrechtsschutzes sind die Menschenrechtsabkommen der Vereinten Nationen, als internationaler Zusammenschluss von 193 Staaten. Nach der allgemeinen Erklärung über die Menschenrechte der Generalversammlung der Vereinten Nationen im Jahr 1948 wurden zuerst die völkerrechtlich verbindlichen Menschenrechtspakte zu den wirtschaftlichen, sozialen und kulturellen Rechten (Sozialpakt)[1585] sowie zu den politischen und bürgerlichen Rechten (Zivilpakt) verabschiedet.[1586] Zusammen mit der Allgemeinen Erklärung der Menschenrechte bilden diese beiden Menschenrechtspakte die Internationale Charta der Menschenrechte. Der Zivilpakt garantiert die grundlegenden Menschenrechte der ersten Generation,[1587] sichert Gleichberechtigung und Diskriminierung zu und verbietet Hass- und Kriegspropaganda. Der Sozialpakt normiert insbesondere Rechte im Zusammenhang mit Arbeit und Beruf, angemessenen Lebensunterhalt und -standard, höchstmögliche körperliche und geistige Gesundheit sowie Bildung. Die Verletzung der Menschenrechte können Bürger durch eine Individualbeschwerde vor dem Menschenrechtsausschuss – einem Vertragsorgan der Vereinten Nationen – geltend machen. Der Ausschuss hat allerdings weder Anhörungs-, Untersuchungs- noch Rechtsdurchsetzungskompetenz. Er teilt dem Beschwerdegegner lediglich seine Entscheidung über die Menschenrechtsverletzung mit und lässt ihm, sofern sie bejaht wurde, drei Monate Zeit, der Verletzung abzuhelfen und den Menschenrechtsausschuss hierüber zu unterrichten.

Die Menschenrechtspakte gewährleisten ein gegenüber den Grundrechten geringeres Schutzniveau und umfassen nur bedingt die internetspezifischen Grundrechte. Ungeachtet einer detaillierten Einfallprüfung ist davon auszugehen, dass die genannten Menschenrechtspakte bereits materiell-rechtlich nicht alle Schutzlücken zu schließen geeignet sind. Auch prozessual bleiben sie hinter den Möglichkeiten der Verfassungsbeschwerde sowie den Klagen vor dem Europäischen Gerichtshof und dem Europäischen Gerichtshof für Menschenrechte zurück. Zudem erkennen nicht alle Drittstaaten diese Menschenrechtspakte an, so dass keine umfassende Rechtsbindung gegeben ist. Die festgestellte Wertungslücke bei freiheitsbeeinträchtigenden Maßnahmen durch Drittstaaten würde nur dann durch die internationalen Menschenrechtsabkommen geschlossen, wenn der betreffende Staat Mitglied der Vereinten Nationen ist und das maßgebliche Abkommen auch ratifiziert hat. Letztlich gewährleisten die völkerrechtlichen Verträge kein dem Grundrechtsschutz materiell- und prozessrechtlich vergleichbares Schutzniveau und es kann keine pauschale Aussage darüber getroffen werden, ob der Drittstaat aus den völkerrechtlichen Verträgen Verpflichteter ist. Die festgestellte verfassungsrechtliche Wertungslücke ist daher in Bezug auf Drittstaaten uneingeschränkt anzunehmen.

1585 Internationaler Pakt über wirtschaftliche, soziale und kulturelle Rechte vom 19. Dezember 1966, BGBl. 1976 II, 428. Der Sozialpakt wurde bisher von 160 Staaten und der Zivilpakt von 163 Staaten ratifiziert. Die Ratifizierung ist die Voraussetzung dafür, dass der den Vereinten Nationen zugehörige Staat zur Einhaltung der Pakte verpflichtet ist.

1586 Internationaler Pakt über bürgerliche und politische Rechte vom 19. Dezember 1966, BGBl. 1973 II 1553.

1587 Dies sind das Recht auf Leben, das Verbot der Sklaverei und Zwangsarbeit, das Recht auf persönliche Freiheit und Sicherheit, Gedanken-, Gewissens- und Religionsfreiheit sowie das Recht auf die Teilnahme an allgemeinen, gleichen und geheimen Wahlen.

Das dargestellte weite Verständnis der Schutzfunktion ist somit grundsätzlich geboten, um einen effektiven Grundrechtsschutz zu gewährleisten. Gegenüber Gefahrenquellen, die aus dem Ausland drohen, hat der Einzelne zudem faktisch wenige Möglichkeiten, individuelle Vorsorge- oder Abwehrmaßnahmen zu ergreifen, sondern ist auf staatlichen Schutz angewiesen. Insbesondere gegenüber anderen Hoheitsgewalten entspricht eine „Selbstverteidigung" des einzelnen zudem aufgrund diplomatischer und internationaler Verpflichtungen des Staates nicht dem gesamtgesellschaftlichen Interesse. Selbst der deutsche Staat hat nur begrenzte Möglichkeiten, gegen Grundrechtsverletzungen durch eine andere Hoheitsgewalt vorzugehen. Eine zwangsweise Rechtsdurchsetzung ist grundsätzlich nicht möglich,[1588] sondern der deutsche Staat hat sich der völkerrechtlich zulässigen Instrumente zu bedienen.[1589] Diese zielen darauf ab, die ausländische Hoheitsgewalt dazu zu bringen, ihre Handlungsweisen derart anzupassen, dass sie mit den deutschen Grundrechten vereinbar sind. Erfolgt die Grundrechtsbeeinträchtigung durch private natürliche oder juristische Personen aus dem Ausland, kann – solange es sich nicht um deutsche Staatsbürger handelt – ebenfalls nur mit diplomatischen Mitteln vorgegangen werden, die auf einen indirekten diplomatischen Schutz durch den Staat des Aufenthaltsorts des Störers abzielen.[1590]

Sowohl die Möglichkeiten als auch die Wirkungen von Verhinderungsmaßnahmen gegenüber Störern aus dem Ausland sind somit deutlich eingeschränkt und gegebenenfalls als unzureichende Erfüllung der Schutzpflichten zu werten. Ungeachtet der Tatsache, dass ein sehr weiter Ermessenspielraum des Staates hinsichtlich der konkreten Auswahl der Schutzmaßnahmen besteht,[1591] kann es geboten sein, dass der Staat ergänzend oder alternativ dem Bürger Selbstschutzmöglichkeiten zur Verfügung stellt oder – vor allem im technischen Kontext – deren Entwicklung gezielt fördert. Wie das Beispiel der NSA-Überwachung zeigt, konnten der Schutz des Fernmeldegeheimnisses und der informationellen Selbstbestimmung nicht durch diplomatische Vereinbarungen mit dem Ziel der Verhaltensbeeinflussung der USA erreicht werden. Das Schadensausmaß hätte aber vielleicht verringert werden können, wenn der Staat zusätzliche Schutzmaßnahmen im Inland getroffen hätte. Grundsätzlich können die Einwirkungsmöglichkeiten auf das Schutzgut aus dem Ausland reduziert werden. Bezogen auf den Schutz der informationellen Selbstbestimmung gegenüber den Überwachungsmaßnahmen der NSA wären zum Beispiel strengere Zulässigkeitstatbestände von Datenübermittlungen ins Ausland möglich gewesen.[1592] Ein weiterer Ansatz zielt auf die Stärkung der Selbstschutzmöglichkeiten der Betroffenen ab, indem der Bevölkerung mehr praktikable technische Instrumente zum Selbstdatenschutz bei der Internetnutzung, zum Beispiel zum anonymen Surfen, zur Verfügung gestellt werden. Bei ausländischen Störern kann der Ermessensspielraum der Auswahl der Schutzmaßnahmen aus Effektivitätsgründen eingeschränkt sein. Wenn Verhinderungsmaßnahmen gegenüber dem Störer nicht greifen, sind Schutzmaßnahmen zu ergreifen, die den Bürger einen (friedlichen) Selbstschutz ihrer grundrechtlich geschützten Rechtsgüter ermöglichen.[1593]

Die Schutzfunktion erschöpft sich grundsätzlich nicht darin, Übergriffe in das grundrechtlich geschützte Rechtsgut eines Dritten abzuwehren, sondern solchen auch vorzubeugen. In-

1588 Lediglich sehr vereinzelt und ohne detaillierte Begründung wird vertreten, dass als ultima ratio im Rahmen der Bestimmung der Satzung der Vereinten Nationen zur Durchsetzung der Grundrechte auch militärische Gewalt im Ausland verfassungsrechtlich zulässig sei, *Krings* 2003, 199. *Elbing* 1992, 115 ging gut zehn Jahre zuvor noch davon aus, dass diese Ansicht lediglich außerwissenschaftlich vertreten wird.

1589 S. die Auflistung bei *Elbing* 1992, 114 f.

1590 *Krings* 2003, 199; *Schliesky/Hoffmann/Luch/Schulz/Borchers* 2014, 68 f.

1591 *BVerfGE* 55, 349 (363 f.); *Dietlein* 2005, 123.

1592 S. hierzu ausführlich *Roßnagel/Jandt/Richter,* DuD 2014, 545.

1593 Die staatlich zu fördernden Selbstschutzmöglichkeiten dürfen nicht zu einer Aufweichung des Gewaltmonopols des Staates führen. Daher wäre z.B. die Aufhebung der rechtlichen Restriktionen des Verkaufs und des Umgangs mit Waffen nicht zur Erfüllung der Schutzfunktion der Grundrechte auf Leben und körperliche Unversehrtheit geeignet.

soweit kann der Staat über eine reine Gefahrenabwehr hinaus, zu einer Risikovorsorge verpflichtet sein.[1594] Bisher wurde diese Erweiterung der Schutzpflichten von der Bedeutung des grundrechtlichen Schutzguts und dem Grad der jeweiligen Gefährdung abhängig gemacht.[1595] Diese Kriterien sind bei Grundrechtsbeeinträchtigungen aus dem Ausland ebenfalls relevant, um die Aktivitätsschwelle zu bestimmen. Allerdings ist ergänzend die Wirksamkeit potentieller Verhinderungsmaßnahmen zu berücksichtigen. Umso geringere Erfolgsaussichten diese bei einer drohenden Gefahr haben, umso eher ist der Staat zu Vorsorgemaßnahmen verpflichtet, um die Schutzfunktion zu erfüllen.

Die internetspezifische, grundrechtsbezogene Risikoanalyse hat gezeigt, dass Grundrechtsbedrohungen – und zwar nicht für ein Grundrecht, sondern für zahlreiche Grundrechte – zunehmend aus dem Ausland drohen und zwar insbesondere durch Unternehmen, aber auch durch ausländische Hoheitsgewalten. Ein rein nationaler Grundrechtsschutz würde somit im Kontext des globalen soziotechnischen Systems Internet grundsätzlich zu normativen Wertungslücken in Bezug auf einen umfassenden und vor allem auch lückenlosen Grundrechtsschutz führen. Solange der dargelegte weite Umfang grundrechtlicher Schutzpflichten weder vom Gesetzgeber noch vom Bundesverfassungsgericht in seinen Entscheidungen explizit bestätigt worden ist, weist somit der Grundrechtsschutz eine normative Wertungslücke auf der Ebene der Grundrechtsfunktionen auf.

6.3 Zwischenergebnis

Die eine sehr umfassende Grundrechtsprüfung erfordernde Umsetzung der ersten Stufe der Methode technikadäquater Grundrechtsentwicklung kann in differenzierten Ergebnissen zusammengefasst werden. Teilweise ergaben die isolierten Grundrechtsprüfungen keine normativen Wertungslücken. Teilweise waren auf dieser Stufe – und nicht auf der folgenden zweiten Stufe – keine grundrechtlichen, sondern einfachgesetzliche Wertungslücken festzustellen. Dies ist immer dann anzunehmen, wenn das technikspezifische Risiko umfassend vom Grundrechtsschutz erfasst wird, es bisher aber an einfachgesetzlichen Schutzvorschriften fehlt.[1596] Schließlich konnten neun internetspezifische normative Wertungslücken im Grundrechtskatalog identifiziert werden.

Keine normativen Wertungslücken bestehen hinsichtlich

- der Vertraulichkeit der Internetkommunikation einschließlich mobiler Kommunikationsdienste (Applikationen für Smartphones und Tablets), da diese durch das Fernmeldegeheimnis gemäß Art. 10 Abs. 1 GG geschützt,
- der Internetnutzung – in jeglicher Form –, da diese durch die allgemeine Handlungsfreiheit gemäß Art. 2 Abs. 1 GG geschützt und
- der Existenz der für das soziotechnische System Internet erforderlichen Telekommunikationsinfrastruktur in Deutschland, da diese von der Gewährleistungspflicht des Art. 87f GG umfasst ist.
- Einfachgesetzliche Lücken bestehen hinsichtlich
- des Risikos der Profilbildung durch Suchmaschinen, um die Schutzfunktion der individuellen Selbstdarstellung zu erfüllen,
- des Risikos der potentiellen Herstellung eines Personenbezugs, um die Schutzfunktion der informationellen Selbstbestimmung zu erfüllen und

1594 *BVerfGE* 49, 89 (139).

1595 *Calliess*, in: Merten/Papier Bd. II, 2006, § 44 Rn. 25.

1596 Davon zu unterscheiden ist die auf der zweiten Stufe vorzunehmende Überprüfung, ob eine normative Wertungslücke auf Grundrechtsebene einen grundrechtlichen Regulierungsbedarf nach sich zieht. Nur wenn eine normative Wertungslücke besteht, ist eine normative Entscheidung über die Einordnung in der Regelungshierarchie vorzunehmen, die als Korrektiv zur Verhinderung der Ausuferung des Grundrechtsschutzes dient.

- aufgrund der Neuberechnungspflicht des im Rahmen staatlicher Leistungen zu gewährleistenden Existenzminimums, um die Gewährleistungspflicht auf ein menschenwürdiges Existenzminimum zu erfüllen.

Internetspezifische normative Wertungslücken bestehen hinsichtlich

- des Schutzes internettechnisch über das Web vermittelter Meinungen und Informationen,
- der Einordnung von Online-Informationsdiensten in den Grundrechtsschutz von Art. 5 Abs. 1 S. 2 GG,
- der grundrechtlichen Einordnung der besonderen Bedeutung von Suchmaschinen für die Informations- und Meinungsfreiheit ihrer Nutzer,
- der Sicherung der Inhaltsneutralität technisch vermittelter Internetkommunikation,
- des Schutzes der individuellen Selbstdarstellung des Einzelnen vor dem Risiko „das Internet vergisst nichts“ und der Funktion des Web als „kollektives Gedächtnis“,
- des Schutzes des Einzelnen vor prognostizierten auch verzerrten oder falschen Abbildern seiner Persönlichkeit,
- des Schutzes der kommunikativen Selbstbestimmung,
- des Schutzes der Vertraulichkeit und Integrität virtueller Speicher,
- des Umfangs der Schutzfunktion aller (internetrelevanten) Grundrechte.

7. Internetspezifischer normativer Regelungsbedarf

Eine technikadäquate Grundrechtsentwicklung ist nur dann geboten, wenn die konstatierten normativen Wertungslücken auf Verfassungsebene eine Regelungsbedürftigkeit von Grundrechten auslösen. Bei der Ermittlung der normativen Regelungslücken wurde bereits nach einfachem Recht und Verfassungsrecht differenziert. Nicht jede normative Regelungslücke war demnach dem Verfassungsrecht zuzuordnen, sondern teilweise wurde bereits in diesem Prüfungsschritt herausgearbeitet und begründet, dass ausschließlich eine Regelungsbedürftigkeit des einfachen Rechts besteht und eine Lückenschließung über das einfache Recht zu erfolgen hat.[1597] Auf der ersten methodischen Stufe wurde nur die Feststellung getroffen, dass ein internetspezifischer Aspekt bisher nicht von den Grundrechten erfasst wird und dem Verfassungsrecht keine normative Aussage entnommen werden kann. Die normative Bewertung, ob eine Ergänzung tatsächlich auf verfassungsrechtlicher Ebene erfolgen sollte, ist im Rahmen der Prüfung des internetspezifischen Regelungsbedarfs auf der zweiten Stufe der Methode technikadäquater Grundrechtsentwicklung vorzunehmen. Dieser methodische Prüfungsschritt kann ebenfalls zu dem Ergebnis führen, dass nur ein einfachgesetzlicher Regelungsbedarf besteht. Er dient somit als Korrektiv, um einer Banalisierung der Grundrechte entgegenzuwirken und nicht jeglichen technischen oder anwendungsbezogenen Aspekt das Regelungsbedürfnis auf Grundrechtsebene zuzusprechen. Dieses Vorgehen ergibt sich zwangsläufig aus der Anerkennung und dem Erhalt der Normenhierarchie.

Für die Entscheidung, ob ein grundrechtlicher Regelungsbedarf vorliegt, sind bei der methodischen Beschreibung die maßgeblichen Bewertungskriterien durch eine Auswertung der Entscheidungen des Bundesverfassungsgerichts hausgearbeitet und benannt worden.[1598] Bei einer systematischen Ordnung ergeben sich die folgenden Bewertungskriterien:

- Neuartige Gefährdungen durch wissenschaftlich-technischen Fortschritt und gewandelte Lebensverhältnisse
- Freiheitsbetätigungen in grundlegenden Bezügen des Menschen
- Lebensbereiche, die eines gesteigerten Schutzes bedürfen
- Gesteigerte Bedeutung und fundamentale Wertigkeit im Vergleich zu sonstigen Rechten
- Vergleichbare Relevanz zu anderen Grundrechten.

Im Folgenden wird die bisher vorgenommene grundrechtsspezifische Darstellung nicht fortgesetzt, sondern es erfolgt die strukturelle Gliederung nach Schutzbereich, differenziert nach Schutzgütern und Schutzzielen, sowie Grundrechtsfunktionen.[1599] Dieser Wechsel ist geboten, um eine vorzeitige Festlegung auf die zu wählende Form der Grundrechtsentwicklung zu verhindern. In diesem Schritt soll noch eine Ergebnisoffenheit hinsichtlich der konkreten Grundrechtsausgestaltung gewährleistet sein. Insbesondere die aus der Grundrechtsprüfung eines bestehenden Grundrechts abgeleitete Regelungslücke im Schutzbereich muss nicht zwangsläufig durch eine Grundrechtsinterpretation dieses Grundrechts geschlossen werden, sondern die Lösung kann ebenso durch eine Grundrechtskonkretisierung oder Grundrechtsänderung erfolgen.

[1597] S. das Zwischenergebnis zum normativen Regelungsbedarf in Kap. 6.3.

[1598] S. Kap. 4.8.2.

[1599] S. die Ausführungen zum zweiten Schritt auf der zweiten Stufe der Methode zur technikadäquaten Grundrechtsentwicklung in Kap. 4.8.2. Unmittelbare internetspezifische verfassungsrechtliche Wertungslücke bezüglich Grundrechtsschranken oder übergreifend der objektiven Wertordnung wurden in Kap. 6.2 nicht festgestellt, so dass sie hier zunächst nicht relevant sind.

7.1 Grundrechtliche Schutzgüter

Das Internet als soziotechnisches System hat in vielfältiger und vielschichtiger Weise zu einem sozialen Wandel in nahezu allen Lebensbereichen geführt. Aufgrund der mit diesen Veränderungen einhergehenden grundrechtsspezifischen Chancen und Risiken konnten verschiedene Gefährdungen des Einzelnen herausgearbeitet werden, die bisher nicht explizit den Schutzgütern bestehender Grundrechte zuzuordnen und als nicht unwesentlich für die freiheitliche Lebensgestaltung zu charakterisieren sind.

7.1.1 Schutzgut Internet

Das Internet als Infrastruktur ist verfassungsrechtlich als Fernkommunikationsmittel durch das Grundrecht in Art. 10 Abs. 1 GG und durch die Staatzielbestimmung der Universaldienstverpflichtung im Bereich Telekommunikation gemäß Art. 87f GG erfasst. Der grundrechtliche Vertraulichkeitsschutz gilt uneingeschränkt für jegliche Kommunikationsvorgänge über das Internet in Bezug auf den Inhalt und die Umstände der Kommunikation. Die Staatszielbestimmung verpflichtet den Staat, flächendeckend auf angemessene und ausreichende Dienstleistungen hinzuwirken.

Für die technisch vermittelte Kommunikation über das Internet und insbesondere für die Nutzung des Web bestehen technische Besonderheiten, die es dem Kommunikationsvermittler ermöglichen, auf den Kommunikationsvorgang, zum Beispiel hinsichtlich Teilnehmer, Dauer und Qualität, Einfluss zu nehmen oder ihn sogar gezielt zu steuern.[1600] Zu nennen sind hier insbesondere das Routing der Datenpakete, das letztlich jegliche Nutzung von Internetdiensten und Webanwendungen beeinflusst, und der DNS-Service. Ersteres betrifft die Frage des Zeitpunkts und der Geschwindigkeit der Kommunikationsvermittlung und letzteres den Zugang zu Domains, sei es, um Webseiten zu öffnen oder E-Mails zu übermitteln. Die Wirklichkeitsbedingungen für das Internet unterscheiden sich insofern von denen klassischer Fernkommunikationsmittel, als Steuerungsmaßnahmen dieser beiden Dienstleistungen technisch möglich sind sowie bereits vielfach diskutiert wurden und auch umgesetzt werden.[1601] Faktisch kann die Kommunikation über das Internet auf ganz unterschiedliche Weise beeinflusst werden und es wird vermutlich zukünftig noch weitere technische Entwicklungen für diese Zwecke geben. Von dem Normziel der Vertraulichkeit werden derartige Maßnahmen allenfalls mittelbar erfasst, sofern sie eine Kenntnisnahme der Kommunikationsinhalte erfordern.

Das Fernmeldegeheimnis dient übergeordnet der Zielsetzung, dass Fernmeldetechnik den freien Meinungs- und Informationsaustausch unterstützt. Es soll vermeiden, dass dieser mittels Fernmeldeanlagen deswegen unterbleiben oder nach Form und Inhalt verändert verlaufen, weil die Beteiligten damit rechnen müssen, dass staatliche Stellen sich in die Kommunikation einschalten und Kenntnisse über die Kommunikationsbeziehungen oder Kommunikationsinhalte gewinnen.[1602] Die aufgeführten internetspezifischen Risiken beziehen sich nicht primär auf die Kenntnisnahme von Kommunikationsbeziehungen und Kommunikationsinhalten, sondern sie verändern die Kommunikation nach Form und Inhalt. Dies führt ebenfalls dazu, dass die genannte übergeordnete Zielsetzung gefährdet wird. Wenn sich die Kommunikationsteilnehmer nicht sicher sein können, dass Zeitpunkt und Geschwindigkeit der Kommunikation allein von technischen Parametern bestimmt werden, die ihnen weitgehend bekannt

1600 Dies ist zwar grundsätzlich auch bei anderen Fernkommunikationsmitteln möglich, aber dort wird dies faktisch nicht umgesetzt. Dieses Risiko wird daher nicht als allgemeine Gefahr für den Normbereich technisch vermittelter Kommunikation angesehen.

1601 S. die Ausführungen zum Zugangserschwerungsgesetz in Kap. 6.1.1.4 und die Debatte um die Netzneutralität in Kap. 7.2.1.1.1.

1602 *BVerfGE* 100, 313 (359).

sind, wirkt sich dies auf die Geeignetheit der Fernmeldetechnik für die den Inhaltstransport aus.

Gegenüber diesen mit der Internetkommunikation verbundenen spezifischen Risiken bietet das Fernmeldegeheimnis keinen Schutz. Das Internet als technische Infrastruktur stellt kein neues Schutzgut dar, aber es ist zu untersuchen, ob der Einsatz von Fernkommunikationsmitteln durch weitere Schutzziele abzusichern ist.

7.1.2 Schutzgüter Webdienste und Online-Informationsdienste

Durch das soziotechnische System Internet hat sich die Medienwelt erheblich verändert. Nicht nur den klassischen Anbietern von Printmedien, TV- und Hörfunkprogrammen steht mit dem Web ein zusätzliches Verbreitungsmedium der Massenkommunikation zur Verfügung steht, sondern es haben sich zudem in Form von Internet- und Webdiensten ganz neue Medienangebote entwickelt. Beide technischen Innovationen zusammen haben zwei grundrechtsdogmatische Abgrenzungen aus dem Gleichgewicht gebracht: Erstens des Grundrechtsschutzes der Individualkommunikation, der durch Art. 5 Abs. 1 Satz 1 GG adressiert wird und für jeden gilt, in Abgrenzung zum durch Art. 5 Abs. 1 Satz 2 GG gewährten, spezifischen Grundrechtsschutz der Massenkommunikation, der auf Medienanbieter begrenzt ist. Zweitens die Differenzierung der drei benannten Schutzgüter der Medienfreiheiten. Web und Online-Informationsdienste sind Massenkommunikationsmittel, die jedem ohne wesentliche Eintrittshürden zur Verfügung stehen und nachweislich eine der Presse und dem Rundfunk vergleichbare Meinungsrelevanz aufweisen. Aufgrund dieser faktischen Eigenschaften lassen sie sich in die Schutzbereichsdogmatik von Art. 5 Abs. 1 GG nur insofern eindeutig einordnen, als deren Diensteanbieter – weitgehend[1603] – durch die Meinungs- und Informationsfreiheit geschützt werden. Ein verfassungsrechtlicher Regelungsbedarf wäre gegeben, wenn ihnen aufgrund einer normativen Bewertung ein zusätzlicher Grundrechtsschutz zukommen sollte.

Fraglich ist zunächst, ob dem Web als Massenkommunikationsmittel eine dem Rundfunk und der Presse vergleichbare Relevanz zuerkannt werden kann. Sowohl die Rundfunk- als auch die Pressefreiheit basieren auf Trägermedien für Kommunikationsinhalte, die eine Massenkommunikation erlauben. Bei der Presse wird ausdrücklich auf die Herstellungs- und Vervielfältigungsmethoden abgestellt, während beim Rundfunk die Übertragung mittels physikalischer, insbesondere elektronmagnetischer Wellen maßgeblich ist. Beiden Schutzgütern ist gemeinsam, dass sie nicht ergänzend über den Inhalt der Informationen oder der Kommunikation konkretisiert werden. Über das Web werden Kommunikationsinhalte als digitale Daten über Telekommunikationstechnik an eine grundsätzlich unbegrenzte Vielzahl von Personen übermittelt oder diesen zugänglich gemacht. Auf dieser rein definitorischen Ebene kann durchaus von einer Vergleichbarkeit ausgegangen werden.

Dennoch ist diese Betrachtung zu kurz gegriffen. Rundfunk und Presse waren aus unterschiedlichen Gründen aufgrund der jeweiligen technischen Eigenschaften faktisch begrenzt. Beide Massenkommunikationsmittel standen nicht jedermann zur Verbreitung von Meinungen und Informationen zur Verfügung. Das Nutzungspotential war eingeschränkt, so dass entsprechend auch der Adressatenkreis des Grundrechtsschutzes überschaubar war. Gleichzeitig ermöglichen nur Massenkommunikationsmittel, eine unbegrenzte Anzahl an Rezipienten zu erreichen. Diese Realitätsbedingungen waren Ursache und Voraussetzung für die normati-

---

1603 Durch die Meinungs- und Informationsfreiheit werden vornehmlich die Content-Provider geschützt, also diejenigen Diensteanbieter, die eigene Informationen präsentieren. Fraglich ist, ob auch Dienstanbieter, die vornehmlich eine Plattform für die Repräsentation von fremden Informationen oder Meinungen zur Verfügung stellen, wie z.B. Social Networks, Weblogs und Foren, diesen Grundrechtsschutz genießen. Das *OLG Stuttgart*, NJW-RR 2014, 423 (439) hat diese Frage explizit offen gelassen. Für Suchmaschinen wurde der Schutz der Meinungsfreiheit in der Rechtsprechung in früheren Entscheidungen abgelehnt, s. hierzu bereits Fn. 1467.

ve Entscheidung, den Grundrechtsschutz von dem Einsatz der Trägermedien abhängig zu machen. Das begrenzte Nutzungspotential dieser Trägermedien begründet jeweils auch ihr Risikopotential. Historisch bedingt steht das Risiko der staatlichen Einflussnahme auf Presseinhalte im Vordergrund, die grundsätzlich möglich ist, da die Anzahl der Presseunternehmen aufgrund der relativ hohen Kosten für die Herstellung und Verbreitung der Presse begrenzt ist. Bei der Rundfunkfreiheit besteht das Risiko der Informations- und Meinungsmonopolisierung, das sowohl durch einen rein staatlichen Rundfunk als auch durch ein Monopol eines privaten Rundfunkunternehmens droht. Diese Risiken begründen zwangsläufig für die Meinungs- und Informationsfreiheit des Einzelnen ein erhebliches Folgerisiko, da die insbesondere für die politische Meinungsbildung erforderliche Vielfalt an Meinungen und Informationen nicht gewährleistet wäre. Zwar haben sich diese Realitätsbedingungen für Presse und Rundfunk in der Vergangenheit schon mehrfach verändert, für die Presse zum Beispiel durch Personal Computer und Drucker, für den Rundfunk zum Beispiel durch Satellitenfernsehen, allerdings haben diese technischen Entwicklungen nicht zu einem so erheblichen Wandel der Medienwelt geführt, wie das Web.

Im Unterschied zu Presse und Rundfunk ist die Nutzbarkeit des Web nicht faktisch begrenzt. Drohende technische Kapazitätsgrenzen, die nur bedingt mit denjenigen bei Presse und Rundfunk vergleichbar sind, konnten bisher durch entsprechende Anpassungen aufgehoben werden, wie zum Beispiel die zahlenmäßige Begrenzung von IPv4-Adressen durch die Umstellung auf IPv6 oder von Internetdomains durch die Einführung weiterer generischer Top-Levels-Domains.[1604] Zudem droht im Web die Gefahr einer staatlich gesteuerten Informationsverbreitung oder einer Meinungsmonopolisierung nicht grundsätzlich. In der Vergangenheit hat der deutsche Staat allerdings vereinzelt Maßnahmen ergriffen, um den Zugang zu rechtswidrigen Inhalten im Web zu unterbinden.[1605] Diese Sperrungsmaßnahmen setzten bei spezifischen Dienstleistungen der Internet-Mediäre an, die dem Internetnutzer die Nutzung des Web erst ermöglichen, namentlich dem Webbrowser und dem DNS-Service. Der Webbrowser kann die Informationsverbreitung über das Web beeinflussen, indem bestimmte Webseiten nicht oder fehlerhaft angezeigt werden. Über den DNS-Service ist es möglich, dass bestimmte Internetadressen nicht in die jeweilige IP-Adresse umgewandelt oder einer anderen – frei wählbaren – IP-Adressen zugeordnet werden.[1606] In beiden Fällen bekommt der Internetnutzer nicht die Inhalte im Web angezeigt, die er aufrufen wollte.[1607]

Diesen Internet-Mediären kommt eine große Bedeutung bei der Bewertung des Risikos zu, ob der Staat tatsächlich durch derartige Maßnahmen eine effektive und gezielte Informationsverbreitung oder Meinungsmonopolisierung im Internet vornehmen kann. Aufgrund der faktischen Situation dieser Dienstleistungsangebote ist dieses Risiko in Deutschland als relativ gering einzuschätzen. Beide Dienstleistungen werden von mehreren nationalen und internationalen, überwiegend privatwirtschaftlichen Dienstleistern angeboten. Dies erschwert es zum einen dem deutschen Staat, eine derartige Beeinflussung vorzunehmen; zum anderen erleichtert es dem Nutzer, Internetsperren zu umgehen.

1604 Im Januar 2014 wurde z.B. durch die ICANN die Domain-Endung .berlin in den zentralen Root-Server eingetragen, s. *Lenz*, „Endlich – Die Hauptstadt-Domain .berlin ist online“, Pressemitteilung von .berlin vom 9.1.2014, http://www.dotberlin.de/de/pressemitteilung/endlich-%E2%80%93-die-hauptstadt-domain-berlin-ist-online.

1605 Insbesondere durch die sogenannten Düsseldorfer Sperrungsverfügungen, z.B. *VG Düsseldorf*, MMR 2005, 794; *Schnabel* 2002, 2 f., und das Zugangserschwerungsgesetz, s. Kap. 161.

1606 S. zu den möglichen Eingriffsmaßnahmen am DNS-Server, *Stadler*, MMR 2002, 345.

1607 Die Verhinderung des Zugriffs auf Webseiten über den DNS-Service wird in anderen Staaten, wie z.B. durch China, vorgenommen, s. *Biermann*, „Was hat ein Hundesalon in Miami mit Chinas Zensur zu tun?“, Zeit Online vom 19.2.2013, http://www.zeit.de/digital/internet/2013-02/china-firewall-dns-poisoning.

Weltweit verteilen sich die Marktanteile für Webbrowser auf fünf Anbieter, von denen jedoch einer – der Webbrowser Chrome – einen Marktanteil von ca. 43 % aufweist.[1608] In Deutschland ist dagegen „Firefox" mit einem Marktanteil von 42 % Marktführer, während „Chrome" mit 24 % den zweiten Platz belegt. Diese Zahlen und auch insgesamt die Entwicklung auf dem Webbrowsermarkt – einschließlich der sogenannten Browserkriege[1609] – zeigen, dass es zwar immer wieder zeitliche Phasen in der Geschichte des Internet gab, in denen ein Anbieter eines Webbrowsers quasi eine Monopolstellung einnahm. Allerdings hat bisher der Wettbewerbsdruck immer wieder zu einer Aufhebung dieser Monopole geführt. Die gegenwärtige Situation in Deutschland kann als grenzwertig bezeichnet werden. Eine marktbeherrschende Stellung wird gemäß § 18 Abs. 4 GWB in der Regel ab einem Marktanteil von mindestens 40 % vermutet. Solange mehrere privatwirtschaftliche Unternehmen Webbrowser anbieten, kann einer Monopolstellung mit einfachgesetzlichen wettbewerbsrechtlichen Maßnahmen begegnet werden. Faktisch hat sich zudem das Risiko der gezielten Informationsbeeinflussung durch Webbrowser noch nicht verwirklicht. Zwar setzen alle gängigen Webbrowser vor dem Öffnen einer Webseite Filter ein, allerdings nur um Schadsoftware oder auch betrügerische Webseiten, zum Beispiel mit Phishing, aufzufinden. Wird versucht, eine als schädlich indexierte Webseite über den Webbrowser zu öffnen, erhält der Internetnutzer einen Warnhinweis. Der Nutzer kann regelmäßig diesen Warnhinweis ignorieren und die Webseite trotzdem öffnen. Alternativ besteht die Möglichkeit, bereits die Sicherheitseinstellungen des Webbrowsers so zu konfigurieren, dass dieser Filter deaktiviert wird.

Die Situation beim DNS-Service stellt sich anders da. In der Regel werden die DNS-Server von den Access-Providern betrieben[1610] und mit der Einrichtung des Internetzugangs am Endgerät wird automatisch die Verwendung seines DNS eingestellt. Die fünf großen deutschen Access-Provider schlossen im April 2009 mit der Bundesregierung einen Vertrag ab, in dem sie sich freiwillig dazu verpflichten, Webseiten mit Dokumentationen von missbrauchten Kindern zu sperren.[1611] Die geheime Sperrliste wird vom Bundeskriminalamt erstellt und täglich aktualisiert. Internetnutzer in Deutschland, die die Dienstleistungen von einem dieser Access-Provider in Anspruch nehmen, werden demnach bereits vom Zugang zu einigen – wenn auch rechtswidrigen – Inhalten im Web ausgeschlossen.

Aufgrund der grundsätzlich wünschenswerten Zielsetzung der Vermeidung von SPAM-E-Mails wird das DNS-basierte Blacklisting beim E-Mail-Verkehr in der Praxis deutlich weniger diskutiert. Bei der Übermittlung einer E-Mail prüft der E-Mail-Provider im Rahmen der DNS-Anfrage, ob ein DNS-Server auf einer Blacklist steht. Eine Positivmeldung wird dem anfragenden E-Mail-Provider zusammen mit der zugehörigen IP-Adresse mitgeteilt und dieser entscheidet darüber, wie mit der E-Mail weiter zu verfahren ist. Entweder wird ihre Annahme verweigert, verzögert (Teergrube, Greylisting) oder die Mail wird für den Empfänger so markiert, dass sie ohne großen Aufwand von ihm gefiltert werden kann. Phasenweise ist es schon vorgekommen, dass insbesondere Firmenserver vermehrt vom Blacklisting betroffen

---

1608 Für den Zeitraum von Juni 2013 bis Juni 2014 wurde der Webbrowser „Chrome" des Unternehmens Google Inc. von 43 % der Internetnutzer zum Browsen im Web genutzt. Weitere gelistete Webbrowser sind „Internet-Explorer" von Microsoft mit 24 %, „Firefox" mit 19 % – freier Webbrowser des Mozilla-Projekts – „Safari" mit 9 % von Apple und „Opera" mit 1 % vom norwegischen Unternehmens Opera Software.

1609 S. hierzu ausführlich golem.de vom 1.5.2008, *Pakalski*, „15 Jahre Web: Die Browserkriege", golem vom 1.5.2008, http://www.golem.de/0805/59377.html; *Biermann*, „Microsoft verliert die Browserkriege", Zeit Online vom 6.10.2010, http://www.zeit.de/digital/internet/2010-10/internet-explorer-browserkrieg.

1610 *Stadler*, MMR 2002, 345. Entsprechend richteten sich die rechtlich umstrittenen Sperrungsverfügungen der Bezirksregierung Düsseldorf gegen Access-Provider, wie z.B. Deutsche Telekom oder AOL, s. z.B. *VG Düsseldorf*, MMR 2005, 794.

1611 Es handelt sich um Deutsche Telekom, Kabel Deutschland, O2, Arcor und Alice. S. *Patalong*, „Sperrlisten für Kinderpornografie: BKA filtert das Web", Spiegel Online vom 17.4.2009, http://www.spiegel.de/netzwelt/web/sperrlisten-fuer-kinderpornografie-bka-filtert-das-web-a-619509.html.

waren, obwohl keine SPAM-Mails versendet wurden.[1612] Es wird aber nicht die korrekte Zuordnung des Domain-Namens zur IP-Adresse verhindert, sondern nur vor E-Mails gewarnt, die von bestimmten Domains abgesendet wurden. Der DNS-Services nimmt insofern eine neutrale Zuordnung des Domain-Namens zur IP-Adresse vor und gibt lediglich das vom Ersteller der Blacklist mitgeteilte Ergebnis weiter. Ein unmittelbarer Einfluss auf die E-Mail-Kommunikation wird durch den DNS-Service nicht vorgenommen.

Jeder Internetnutzer hat mehrere Möglichkeiten, um modifizierenden Maßnahmen des DNS-Service auszuweichen. Erstens kann der beim Webbrowsen verwendete DNS-Server, der automatisch derjenige des eigenen Internet-Providers ist, lokal beliebig verändert werden, so dass die automatische Voreinstellung aufgehoben und ein „zensurfreier" DNS-Server vom Internet-Nutzer ausgewählt werden kann.[1613] Zweitens kann in die Adresszeile des Webbrowsers statt der Domain-Adresse direkt die IP-Adresse eingegeben werden, so dass die Funktion des DNS-Servers umgangen wird. Es ist kein wesentliches technisches Know-How erforderlich, um die IP-Adresse zu einer Domain-Adresse selbst herauszufinden.[1614] Schließlich kann und wird der Internetnutzer drittens den Access-Provider wechseln, wenn er mit dessen Dienstleistung nicht zufrieden ist. Im Unterschied zur Situation beim Routing kann der Internetnutzer diese Formen der Einflussnahme seines Access-Providers selbst mit geringem Aufwand verhindern. Der grundsätzliche Verzicht auf das Blacklisting ist bei E-Mails vermutlich keine Option, da keine effektiven Alternativen gegen SPAM-E-Mails existieren. Der Internetnutzer kann aber ebenfalls den DNS-Server, der die Blacklist führt, wechseln. Es existieren zahlreiche alternative DNS-Server,[1615] die nach eigenen Angaben keine Sperrung oder Filterung vornehmen. Aufgrund der großen Anzahl an DNS-Servern, der vom Internetnutzer grundsätzlich frei ausgewählt werden kann, ist eine Zensur auf diesem technischen Weg faktisch nicht realisierbar.

Grundsätzlich wirken die technischen Charakteristika des Internet, Dezentralität, Globalität, Zugangsoffenheit und Neutralität[1616] sowie das konkrete Angebot der Dienstleistungen für Webbrowser und DNS-Server dem Risiko der staatlichen Monopolisierung faktisch entgegen. Sofern sich diese Grundbedingungen für die Nutzung des Web nicht verändern, ist daher eine Presse und Rundfunk vergleichbare erhebliche Relevanz des Web und somit ein normativer Regelungsbedarf abzulehnen.

Ergebnis der internetspezifischen Prüfung der Medienfreiheiten war die Feststellung, dass von der Fülle bestehender Webanwendungen Online-Informationsdienste als Massenkommunikationsmittel anzusehen sind.[1617] Die begriffliche Einschränkung auf Informationsdienste leitet sich zunächst aus Art. 5 Abs. 1 Satz 1 GG ab. Des Weiteren ist sie der Versuch einer Gratwanderung. Selbst wenn der Grundrechtsschutz von Presse und Rundfunk gerade nicht von inhaltlichen Kriterien abhängig sein darf, um bereits eine Einflussnahme des Staates auf

---

1612 *Hochstätter*, „DNS-Blacklisting: E-Mail-Verbot für Unschuldige", ZDnet vom 23.1.2008, http://www.zdnet.de/39160890/dns-blacklisting-e-mail-verbot-fuer-unschuldige/ sowie *Ermert*, „IP-Blacklisting: Spamhaus-Projekt in der Kritik", heise online vom 10.6.2014, http://www.heise.de/ newsticker/meldung/IP-Blacklisting-Spamhaus-Projekt-in-der-Kritik-2218458.html.

1613 S. Kap. 7.1.1.

1614 Z.B. bietet Windows XP im Startmenü die Möglichkeit, mit einfachen Befehlen die eigene IP-Adresse oder fremde IP-Adressen in der Windows Eingabeaufforderung zu recherchieren, s. *Hoffmann*, „Eigene und fremde IP-Adressen ermitteln", CHIP vom 16.12.2014, http://praxistipps.chip.de/eigene-und-fremde-ip-adressen-ermitteln_2150.

1615 S. die Liste auf http://www.dns-liste.de/. Der 1987 gegründete Verein zur Förderung des öffentlichen bewegten und unbewegten Datenverkehrs e.V. (FoeBuD), der sich 2012 in Digitalcourage umbenannt hat, hat als Reaktion auf das Zugangserschwerungsgesetz, das die Möglichkeit von DNS-Sperrungen z.B. zur Verhinderung der Verbreitung von Kinderpornografie vorgesehen hat, eine zensurfreien DNS-Server zur Verfügung gestellt, https://www.foebud.org/aboutus/gegen-internetsperren-in-einer-freien-gesellschaft-foebud-richtet-anti-zensur-dns-server-ein/.

1616 S. Kap. 5.

1617 S. Kap. 6.1.1.2.2.2.

die Inhalte durch die Schutzbereichsfestlegung zu verhindern, ist nicht in Zweifel zu ziehen, dass nicht jeglicher Webanwendung die gleiche Relevanz im Grundrechtsgefüge zukommen kann. Presse- und Rundfunkfreiheit sind dienende Freiheiten für die Meinungs- und Informationsfreiheit als Voraussetzung der freiheitlich demokratischen Willensbildung.[1618] Zum Beispiel weisen Verkaufsplattformen für Waren und Dienstleitungen oder Webpräsenzen von Unternehmen[1619] diese Funktion nicht auf, sondern sie verfolgen rein wirtschaftliche Interessen. Die Begrenzung auf Online-Informationsdienste soll daher ohne eine inhaltliche Festlegung oder qualitative Bewertung darauf abzielen, nur meinungsrelevante Webanwendungen mit Presse und Rundfunk zu vergleichen. Dieser Begriff ist inhaltlich wertneutral und lässt noch sehr viel Spielraum. In Anlehnung an die Definitionen der Schutzbereiche der Rundfunk- und Pressefreiheit sind unter Online-Informationsdiensten nur solche Dienste zu verstehen, deren Funktion die Herstellung und Verbreitung von allgemeinen[1620] Informationen an eine unbegrenzte Anzahl von Personen ist. Diese weisen im Internetzeitalter eine Presse und Rundfunk vergleichbare Relevanz auf, so dass sie als Regelungsgegenstand in das Verfassungsrecht zu integrieren sind.

7.1.3 Schutzgut Suchmaschinen

Gesondert zu betrachten ist das Angebot der Internetsuchmaschinen. Sie weisen die Besonderheit auf, dass für ihre Bewertung als grundrechtliches Schutzgut zwei unterschiedliche Perspektiven in Betracht kommen. Erstens wurde Suchmaschinen eine hohe faktische Bedeutung für die Meinungs- und Informationsfreiheit ihrer Nutzer zuerkannt. Zweitens könnte eine grundrechtliche Schutzbedürftigkeit der Suchmaschinenbetreiber angezeigt sein. Sie nehmen vergleichbar den klassischen Medien eine Doppelfunktion im Grundrechtsgefüge ein.[1621]

Aufgrund der aktuellen, hierarchielosen Architektur des Web könnte ein Normziel die Existenz von Suchmaschinen sein, da die Allgemeinheit sonst nicht mehr die Möglichkeit hätte, auf die im Web verfügbaren Informationen zuzugreifen.[1622] Fraglich ist jedoch, ob diese Zielsetzung die Relevanz und Wertigkeit für eine Grundrechtsentwicklung aufweist. Dies könnte allenfalls anzunehmen sein, wenn Suchmaschinen eine dem Rundfunk vergleichbare Funktion zukämen. Für diesen konstatiert das Bundesverfassungsgericht, dass durch den öffentlichen Rundfunk eine Grundversorgung zu gewährleisten[1623] und der Bestand – bezogen auf 1985 – terrestrisch verbreiteter, öffentlich-rechtlicher Programme der unerlässlichen Grundversorgung zuzurechnen ist.[1624] Begründet wird dieses verfassungsrechtliche Ziel der „Existenz" des öffentlich-rechtlichen Rundfunks durch seine Bedeutung für die freie individuelle und öffentliche Meinungsbildung. Sofern Suchmaschinen eingesetzt werden, um Informationen zu gesellschaftlichen Themen zu finden, mögen sie ebenfalls diese Funktion übernehmen. Darüber hinaus haben Suchmaschinen aber auch jenseits dieses Bereichs eine wichtige wirtschaftliche Bedeutung, indem sie unterschiedslos alle Inhalte im Internet auffindbar und zugänglich machen, zum Beispiel rein kommerzielle Webseiten oder Webanwen-

---

1618 *BVerfGE* 57, 259 (319, 322 f.).

1619 Ausgenommen sind denjenigen der klassischen Rundfunk- und Presseanbietern.

1620 Eine Unternehmenshomepage, die nur Informationen über das Unternehmen und seine Produkte vorhält, ist kein Online-Informationsdienst.

1621 S. *Grzeszick,* AöR 123 (1998), 170, der von einer Doppelsinnigkeit der Grundrechte im Medienbereich spricht, da sie zugleich subjektive Abwehrrechte und objektive Voraussetzungen zur Konstituierung einer politischen Öffentlichkeit sind.

1622 S. das im Urteil des OLG Nürnbergs enthaltene Zitat des LG Nürnberg-Fürth aus dem Beschluss vom 6.5.2008, AZ 11 O 51/08, dass Suchmaschinenbetreiber einer „für die Internet-Kommunikation essenziell wichtigen Tätigkeit" nachkommen, *OLG Nürnberg,* ZUM 2009, 250.

1623 *BVerfGE* 73, 118 (157 ff.) sowie ausführlich zur Gewährleistung der Grundversorgung im Rahmen der Rundfunkfreiheit, *Starck,* NJW 1992, 3257.

1624 *BVerfGE* 83, 238 (298).

dungen, wie Sozial Networks, E-Mail-Angebote oder Cloud-Dienstleistungen. Ihre wesentliche Bedeutung liegt demnach nicht in ihrem Beitrag für den demokratischen Willensbildungsprozess, sondern in der Nutzbarkeit des Web für die Information und Kommunikation durch die Allgemeinheit. Suchmaschinen nehmen diesbezüglich eine Vermittlungsfunktion ein, ohne die die Chancen des Web für die Grundrechtsverwirklichung insgesamt nicht realisierbar wären und nicht nur die Chancen für den demokratischen Willensbildungsprozess.[1625] Die besondere Grundrechtsrelevanz, die der Existenz des öffentlich-rechtlichen Rundfunks zukommt, teilen Suchmaschinen demnach nicht.

Für die Internetnutzer ist die Existenz der Suchmaschinen maßgeblich, damit sie ihre Grundrechte der Meinungs- und Informationsfreiheit im Internetzeitalter faktisch realisieren können. Damit handelt es sich bei der Gewährleistung des Normziels der Existenz von Suchmaschinen um einen klassischen Fall des Grundrechtsvoraussetzungsschutzes.[1626] Vergleichbar wird durch den Schutz des Fernmeldegeheimnisses nicht die Gewährleistung der Möglichkeit der Fernkommunikation durch die Existenz der technischen Infrastruktur und entsprechende Dienstleitungsangebote umfasst. Diese faktischen Grundbedingungen des Fernmeldegeheimnisses werden aber über die Konstruktion des Grundrechtsvoraussetzungsschutzes in das Verfassungsrecht eingebunden. Das Normziel der Existenz von Suchmaschinen ist nur insofern durch eine Grundrechtskonkretisierung der Meinungs- und Informationsfreiheit umzusetzen, als die durch das Web veränderten Bedingungen der Wirklichkeit für diese Grundrechte und deren individuelle Wahrnehmung festzustellen sind.

Die Dienstleistung der Betreiber von Suchmaschinen ist nur bedingt mit derjenigen von Online-Informationsdiensten vergleichbar. Sie sind nicht Repräsentant von Meinungen und Informationen, sondern vermitteln den Zugang zu ihnen. Sie sind auch nicht als klassisches Medium der Massenkommunikation einzuordnen.[1627] Dennoch weisen sie eine sehr hohe Meinungsmacht und damit eine Presse und Rundfunk vergleichbare Bedeutung für die Meinungs- und Informationsvielfalt auf. Abgesehen von dem Problem der konkreten Einordnung der Suchmaschinen in die Dogmatik von Art. 5 Abs. 1 GG ist ein normativer Regelungsbedarf anzunehmen, wenn die Bedeutung zwar vergleichbar ist, aber unterschiedliche Chancen und Risiken bestehen.

Suchmaschinen erreichen die hohe Meinungsmacht auf einem anderen Weg als Presse- und Rundfunkmedien und üben sie auch anders aus. Sie stellen die Suchergebnisliste nicht als ihre eigene wertende Meinung der Relevanz von Webseiten in Bezug auf eine konkrete Suchanfrage in den Vordergrund. Im Gegenteil suggerieren sie, dies sei eine nach objektiven Kriterien ermittelte Auswahl, die gerade die Meinung der Internetnutzer wiedergibt. Die gleiche Argumentation wurde in Bezug auf die Autocomplete-Funktion bei der Eingabe des Suchworts verfolgt.[1628] Suchmaschinenbetreiber gestehen zwar zumindest teilweise ein, dass sie individuelle Veränderungen des algorithmisch ermittelten Suchergebnisses vornehmen. Sie verfolgen damit allerdings nach eigenen Angaben nicht das Ziel, eine bestimmte Meinung zu vertreten oder zu unterstützen, sondern der Suchoptimierung für die individuellen Suchanfragen. Die Nachvollziehbarkeit der vorgenommenen Individualisierungen und Personalisierungen bei der Suchmaschinennutzung ist allerdings aufgrund der geringen Transparenz kaum gegeben.

Umgekehrt wird der verfassungsrechtliche Schutz der Pressefreiheit gerade nicht an die Erwartung der Neutralität, sondern allenfalls einem gewissen Maß an Objektivität der Presse

---

1625 A.A. *Schulz*, CR 2008, 472 f. Er begründet den Grundrechtsschutz von Suchmaschinenbetreibern durch die Einbeziehung in die Medienfreiheiten des Art. 5 Abs. 1 Satz 2 GG und schließt reine Produktsuchen aus diesem Schutzbereich aus, da sie keinen Beitrag zur Meinungsbildung leisten.

1626 S. Kap. 4.4.

1627 S. Kap. 6.2.1.

1628 *BGHZ* 197, 213 (222 ff.).

geknüpft.[1629] Lange Zeit herrschten der Glaube – und auch das Vertrauen –, dass Suchmaschinen eine inhaltliche Neutralität der Suchergebnisse gewährleisten würden. Die Aufteilung der Suchergebnisseite in Bereiche mit organischen Hyperlinks[1630] und Sponsored Hyperlinks soll nach wie vor diesen Eindruck unterstützen, indem bei der Darstellung deutlich zwischen „neutralen" und werbefinanzierten – und damit nicht neutralen – Suchergebnissen differenziert wird.[1631] Aus der verfassungsrechtlichen Gleichstellung von Suchmaschinen mit Pressemedien könnte allenfalls eine Pflicht zur Objektivität begründet werden, nicht aber zur Neutralität. Somit könnte hierdurch keine risikoorientierte verfassungsrechtliche Einbindung der Suchmaschinen in Art. 5 Abs. 1 GG erreicht werden.

Die Breitenwirkung, die vom Bundesverfassungsgericht in Bezug auf Rundfunkmedien hervorgehoben wird, kommt Suchmaschinen generell zu. Es ist auf die Möglichkeit der Nutzung durch eine Vielzahl von Rezipienten abzustellen sowie auf die generelle Nutzung von Suchmaschinen durch die Bürger.[1632] Auf dem frei zugänglichen Markt bestehen zahlreiche Dienstleistungsangebote für Suchmaschinen, die grundsätzlich durch jeden Internetnutzer in Anspruch genommen werden können. In Deutschland ist die Sondersituation eingetreten, dass die tatsächliche Nutzung sich auf das Angebot einer Suchmaschine konzentriert. Diese beherrschende Marktstellung, die schon als Monopol bezeichnet werden kann, führt zu einer besonders ausgeprägten Breitenwirkung von Google. Dieses Problem der „Internetgiganten" tritt auch in anderen Dienstleistungssektoren von Webanwendungen auf, wie zum Beispiel Facebook für den Bereich der sozialen Netzwerke oder Amazon im Bereich des Online-Handels insbesondere mit elektronischen Medien. Es ist somit kein spezifisches Phänomen für Suchmaschinen. Dennoch kann dies verfassungsrechtlich unterschiedlich zu bewerten sein, weil Suchmaschinen gegenüber anderen Online-Informationsdiensten eine herausragende Bedeutung für die Meinungs- und Informationsfreiheit der Internetnutzer zukommt.

Des Weiteren begründet die Aktualität des Rundfunks dessen besondere Bedeutung. Dieses Merkmal ist für Suchmaschinen nur bedingt charakteristisch. Die Aktualität der indexierten Webseiten ist bei verschiedenen Arbeitsschritten relevant. Die Internet-Crawler durchsuchen in kurzen zeitlichen Abständen das Internet nach neuen Inhalten. Es werden funktionsbedingt Löschroutinen vorgenommen, damit keine Webseiten dauerhaft erfasst werden, deren Original nicht mehr identisch verfügbar ist und der Bestand indexierter Webseiten nicht ins Unermessliche wächst.[1633] Die Reihenfolge der Suchergebnisliste wird von der Aktualität der Webseite mitbestimmt, führt aber nicht zwangsläufig dazu, dass die aktuellste Interseite als erster Hyperlink der Suchergebnisliste angezeigt wird. Zudem kann von einer mittelbaren Aktualität der Suchmaschinen gesprochen werden. Nur wenn neue Webseiten online gestellt, von den Crawler erfasst und indexiert werden, erfolgt gegebenenfalls eine Aktualisierung der Suchergebnisliste. Es ist nicht das vorrangige Ziel von Suchmaschinen, nur aktuelle Informationen zu präsentieren. Zum Beispiel führt die Suche nach einem mehrere Jahre zu-

---

1629 Entsprechend werden Presse und Rundfunk rechtlich als Tendenzbetriebe gemäß § 118 Abs. 1 Nr. 2 BetrVG privilegiert, da sie den Zwecken der Berichterstattungen dienen.

1630 Als organische oder auch natürliche Hyperlinks werden die Suchergebnisse bezeichnet, die aufgrund von objektiven Kriterien ausgewählten und nach Relevanz sortiert werden.

1631 Zu dieser Kennzeichnungspflicht haben sich die größten deutschen Suchmaschinenanbieter im Februar 2005 in § 2 Nr. 2 des Verhaltenskodexes für Suchmaschinenanbieter der Freiwilligen Selbstkontrolle Multimedia-Diensteanbieter e.V. (FSM) (VK-S) verpflichtet. Eine vergleichbare Trennungs- und Kennzeichnungspflicht zwischen redaktionellen Inhalten und Werbung wird vom Presserat in Ziff. 7 des Pressekodexes – Richtlinien für die publizistische Arbeit nach den Empfehlungen des Deutschen Presserats empfohlen, http://www.presserat.de/fileadmin/user_upload/Downloads_Dateien/Pressekodex2013_big_web.pdf.

1632 *Schulz/Held/Laudien* 2005, 46.

1633 *Jandt/Kieselmann/Wacker*, DuD 2012, 237.

rückliegenden Ereignis regelmäßig auch zu den ursprünglichen Zeitschriftenartikeln.[1634] Diese werden zwar ebenso von den Rundfunk- und Presseunternehmen in den jeweiligen Archiven aufbewahrt, allerdings ist der Zugriff nicht jedem gestattet und praktisch nur mit einem sehr viel höheren Aufwand möglich. Der Unterschied hinsichtlich der Ansprüche an die Aktualität von Suchmaschinen im Vergleich zu Presse- und Rundfunkmedien zeigt sich zudem deutlich in dem häufig bemühten Ausspruch „Das Internet vergisst nicht“. Selbst wenn aktuellen Informationen im Internet von Suchmaschinen eine gewisse Priorität zuerkannt wird, kommt der Möglichkeit, nicht aktuelle Informationen auffinden zu können, ebenfalls eine hohe Bedeutung zu. Bei vielen Informationen ist die Aktualität zudem von einer geringeren Relevanz als die Richtigkeit. Suchmaschinen decken im Vergleich zu Rundfunk- und Pressemedien ein deutlich breiteres zeitliches Spektrum ab.

Drittens kann die besondere Suggestivkraft insbesondere des Fernsehens in Bezug auf die Pflicht des Staates, eine positive Rundfunkordnung zur Gewährleistung der Meinungs- und Informationsvielfalt zu gewährleisten, in Bezug auf Suchmaschinen nicht festgestellt werden.[1635] Die hohe Suggestivkraft wird insbesondere durch die kombinierte Darstellung eines Geschehens mit Bewegtbildern und Ton erreicht. Ergänzend wird eine umso höhere Suggestivkraft angenommen, je passiver der Mediennutzer sich als Konsument verhalten kann und je geringer somit seine eigene Interaktivität mit dem Medium ist.[1636] Informationen und Meinungen können über Webangebote grundsätzlich multimedial dargestellt werden, so dass allen gleichermaßen die Suggestivkraft zugesprochen werden müsste. Suchmaschinen verzichten – zumindest aktuell – regelmäßig auf Bewegtbilder auf der Suchergebnisseite. Die Suchergebnisse werden durch Text und Bild dargestellt. Die Nutzung einer Suchmaschine setzt zudem immer eine Aktivierung durch den Nutzer in Form der Sucheingabe voraus, so dass er eine entscheidende Vorentscheidung hinsichtlich der Suchergebnisliste trifft. Unter den angezeigten Hyperlinks mögen sich zwar auch solche befinden, die sein Interesse erst hervorrufen und ihn von seinem eigentlichen Suchpfad ablenken. Allerdings handelt sich praktisch häufig nur um kurze Umwege zum eigentlichen Suchziel und das Anklicken eines Suchlinks setzt eine deutlich stärkere Reflexion des Suchenden voraus, als sie bei einem reinen Konsum klassischer Medien gegeben ist.

Schließlich ist darauf hinzuweisen, dass bisher ein unbegrenztes Haftungsrisiko von Suchmaschinenbetreibern für den Verweis auf rechtswidrige Inhalte im Internet abgelehnt wurde. Dies wurde in der Vergangenheit regelmäßig durch die Begründung gestützt, dass anderenfalls das Geschäftsmodell der Suchmaschinen nahezu unmöglich werden würde.[1637] Dieses Argument beruht auf der Prämisse, dass die Dienstleistung der Suchmaschinen rechtspolitisch als unabdingbar eingeschätzt wird. Gleiches wird in Bezug auf die klassischen Medien angenommen.

Alle diese spezifischen Unterschiede zu Presse- und Rundfunkmedien zeigen, dass eine chancen- und risikoorientierte Regelung in der Verfassung nicht durch die Zuordnung zu den klassischen Mediengrundrechten erreicht werden kann. Daher ist für Suchmaschinen ein verfassungsrechtlicher Regelungsbedarf festzustellen, der von den verfassungsrechtlichen Vorgaben für andere Medien abweicht.

[1634] Z.B. wird bei einer Suche über Google mit den Begriffen „Transrapid“ und „Unglück“ auf Platz 6 der Ergebnisliste der Spiegel Online-Bericht vom Unglückstag am 22.9.2006 gelistet, während ein fünf Jahre später am 22.9.2011 veröffentlichter Online-Beitrag vom Handelsblatt erst auf Platz neun angezeigt wird.

[1635] Die Suggestivkraft in Bezug auf das Internet ablehnend, *Grzeszick*, AöR 123 (1998), 182.

[1636] *Landesmedienanstalten,* Drittes Strukturpapier zur Unterscheidung von Rundfunk und Mediendiensten, 10, http://www.lpr-hessen.de/files/3Strukturpapier.pdf.

[1637] *Volkmann* 2005, 164.

7.1.4 Schutzgüter der digitalen Persönlichkeit und der digitalen Identität

Die Gesamtbetrachtung einerseits der Konkretisierung der Schutzbereiche verschiedener Ausprägungen des allgemeinen Persönlichkeitsrechts und andererseits der geschilderten internetspezifischen Risiken lassen Raum für die Überlegung, ob ein neues Schutzgut der digitalen Identität oder der digitalen Persönlichkeit erforderlich sein könnte. Grundlage dieser Überlegungen ist das Ergebnis der Gesamtbetrachtung von informationeller Selbstbestimmung und Menschenwürde. Mit dem Verbot umfassender Persönlichkeitsbilder hat das Bundesverfassungsgericht keinen positiven Grundrechtsschutz formuliert, sondern ausgehend von der negativen Perspektive eine Grundrechtsverletzung bezeichnet.[1638] Aufgrund des prognostizierten Risikos, dass mit Hilfe des Internet und insbesondere durch die Unterstützung von Suchmaschinen und Big Data-Technologien ein verfassungswidriges Persönlichkeitsprofil entstehen kann, ist zu fragen, ob ein positiver Schutz des Einzelnen vor Abbildern seiner Persönlichkeit erforderlich ist und dies grundsätzlich unabhängig davon, ob dieses Abbild objektiv zutreffend ist oder nicht. Der grundrechtliche Schutz der individuellen Selbstdarstellung setzt nicht voraus, dass die selbstbestimmte Darstellung des persönlichen Lebens- und Charakterbildes in der Öffentlichkeit von Tatsachen getragen wird oder einer objektiven Einschätzung entspricht.[1639] Die individuelle Selbstdarstellung ist per se subjektiv und kreativ. Im Zusammenhang mit dem Recht auf informationelle Selbstbestimmung wird zudem betont, dass der Grundrechtsschutz das Recht des Einzelnen umfasst, eine eigene Rolleninterpretation in sozialen Zusammenhängen vorzunehmen[1640] sowie entsprechend kontextbezogen verschiedene Rollen einzunehmen und zu präsentieren. Gerade das soziotechnische System Internet bietet vielfältige Möglichkeiten, mehrere unterschiedliche digitale Identitäten anzunehmen. Dies kommt bereits durch die Anzahl von Anmeldedaten – häufig unter Verwendung eines Pseudonyms – einer internetaktiven Person zum Ausdruck.[1641] Die Wahl von unterschiedlichen „Nutzernamen" dient vornehmlich dazu, zu verhindern, dass die eine Person betreffenden Informationen aus unterschiedlichen Kontexten problemlos zusammengeführt werden können.

Die geschilderten internetspezifischen Risiken weisen eine neue Dimension der Persönlichkeitsgefährdung auf, die bisher keinem der bestehenden Grundrechte explizit zugeordnet werden konnte. Hier ist insbesondere das Risiko des Identitätsdiebstahls zu nennen, das im Zusammenhang mit dem Grundrecht auf Vertraulichkeit und Integrität informationstechnischer Systeme angesprochen wurde.[1642] Auch in der Ära vor dem Internet existierte bereits das Problem, dass sich jemand einer anderen Identität bedient. Erfolgt dies zur Täuschung im Rechtsverkehr, wird der Abschluss von Rechtsgeschäften unter Ausnutzung des Namens eines Anderen zivilrechtlich im Kontext der Stellvertretung als „Handeln unter fremden Namen" erfasst.[1643] Sofern mit dem Namen einer anderen Person unterschrieben wird, kann dies strafrechtlich den objektiven Straftatbestand der Urkundenfälschung gemäß § 267 StGB erfassen. Darüber hinaus stellt § 275 StGB es unter Strafe, wenn sich jemand mit Täuschungsabsicht falsche amtliche Ausweise verschafft. Das Risiko eines Identitätsmissbrauchs ist durch das Internet und insgesamt die Digitalisierung deutlich angestiegen, da im Web zahlreiche Daten einer Person, wie beispielsweise Geburtsdatum, Anschrift, Führerschein- oder Sozialversicherungsnummern, Bankkonto- oder Kreditkartennummern mit mehr oder weniger

---

1638 S. Kap. 6.1.3.3.

1639 S. Kap. 6.1.3.1.1.

1640 *Roßnagel/Pfitzmann/Garstka* 2001, 120.

1641 Statistische Zahlen wie viele Anmelde- (Login-)Daten ein Internetnutzer durchschnittlich hat, konnten nicht gefunden werden. Beispielhaft wird auf die folgenden anmeldepflichtigen Internetdienste verwiesen: E-Mail, Social Networks, Online-Medien, Online-Banking, Online-Shops, Online-Arbeitsmittel und Online-Speicher.

1642 S. Kap. 6.2.3.5.

1643 *Valenthin*, in: Bamberger/Roth 2015, § 177 BGB, Rn. 14.

Aufwand auffindbar sind und genutzt werden können, um die Vorspiegelung einer anderen Identität glaubhaft zu gestalten.[1644] Des Weiteren ist im Web selbst eine Vielzahl von Aktionen unter Ausnutzung der Identität eines anderen denkbar, da vornehmlich eine Identifizierung über die Eingabe digitaler Daten erfolgt. Ein sicherer Identitätsnachweis im Internet ist zwar insbesondere seit der Einführung des digitalen Personalausweises technisch möglich, wird aber praktisch kaum umgesetzt.

Es ist technisch möglich und zukünftig vorstellbar, dass unter Zuhilfenahme des soziotechnischen Systems Internet eine digitale Dokumentation des Lebens entsteht, die ebenfalls ein Abbild der Persönlichkeit des Einzelnen ist.[1645] Aufgrund des sehr großen Datenumfangs, der bei einer derartigen Dokumentation entsteht, ist davon auszugehen, dass sich der Einzelne zur technischen Realisierung spezifischer Diensteangebote bedienen wird, zum Beispiel der Speicherung mittels Cloud-Computing. Sofern der Grundrechtsträger selbst dieses Abbild seiner Persönlichkeit erstellt, ist zu fragen, ob dieses eines gesonderten Schutzes hinsichtlich des dauerhaften Bestands und der Integrität bedürfen.[1646]

Verbindendes Element all dieser Erwägungen ist die These, dass es eines Schutzes des digitalen Abbilds einer Person bedarf. In Bezug auf die verschiedenen Wurzeln der Ableitung ist näher zu analysieren, ob die digitale Identität oder die digitale Persönlichkeit zu adressieren ist.[1647] Stark vereinfacht ist im rechtlichen Kontext die Identität eine Aussage darüber, wer wir in Abgrenzung zu anderen Menschen sind,[1648] während die (individuelle) Persönlichkeit eine Beschreibung dessen liefert, wie wir sind, abgeleitet aus der Gesamtheit unserer Eigenschaften, Wesenszüge und Verhaltensweisen. Dem Schutz des allgemeinen Persönlichkeitsrechts wird der Personenname des Menschen als Ausdruck seine Identität und Individualität zugeordnet.[1649] Relevant wird dieses verfassungsrechtlich gewährleistete Namensführungsrecht vornehmlich bei Namensänderungen oder bei der Namensnennung in der Öffentlichkeit. Ein Schutz vor – jeglichen – Namensanmaßungen besteht nicht, sondern diese können nur zivilrechtlich geahndet werden, wenn sie missbräuchlich erfolgen, also unter bewusster Aus-

---

1644 Zum Nachweis der Identität werden im Rechtsverkehr grundsätzlich drei Gruppen von Merkmalen verwendet: Besitz, Wissen und Sein, s. *Hornung* 2005, 29 m.w.N. Durch das Internet und die Digitalisierung von Informationen werden – genauer gesagt – die Möglichkeiten, an identitätsnachweisendes Wissen zu gelangen, erheblich erweitert.

1645 Unterstützt wird dieses Szenario durch sogenannte Datenbrillen, wie z.B. „Google Glass", mit der grundsätzlich jederzeit und an jedem Ort Bilder und Videos aufgenommen und ad hoc ins Internet übertragen werden können. Seit dem Marktstart von Google Glas im Jahr 2012 in den USA wurden immer wieder erhebliche Bedenken gegen „Google Glass" geäußert, da hierdurch das Risiko insbesondere der Verletzung von Persönlichkeits- und Urheberrechten erheblich gestiegen ist, s. *Dingeldey,* „Datenschutzsoftware wirft Google Glass aus den Netzwerken", FAZ vom 7.6.2914, http://www.faz.net/aktuell/wirtschaft/netzwirtschaft/google/datenschutz-glasshole-sh-wirft-google-glass-aus-dem-wlan-12974584.html, *Meusers*, „Datenbrille: US-Kette verbannt Google Glass aus dem Kinosaal", Spiegel Online vom 11.6.214, http://www.spiegel.de/netzwelt/gadgets/google-glass-im-kino-us-kette-alamo-drafthouse-verbietet-datenbrille-a-974472.html. Im Januar 2015 wurde schließlich der Verkauf von Google Glas an Verbraucher zumindest vorerst eingestellt, „Google stoppt den Verkauf seiner Datenbrille", FAZ vom 15.1.2015, http://www.faz.net/aktuell/wirtschaft/netzwirtschaft/google/google-glass-neuanfang-fuer-die-datenbrille-13372678.html.

1646 Der grundsätzliche Geheimnisschutz einer solchen Dokumentation ergibt sich unmittelbar aus dem allgemeinen Persönlichkeitsrecht, s. *BVerfGE* 80, 367 (374 ff.).

1647 In der juristischen Literatur werden beide Bezeichnungen verwendet, s. als Beispiel für digitale Identität *Brunst,* DuD 2011, 618; von einer digitalen Persönlichkeit oder digitalen Identität sprechen *Luch/Schulz*, MMR 2013, 93; *Luch/Schulz/Kuhlmann*, EuR 2014, 712.

1648 *BVerfGE* 78, 38 (49); 97, 391 (389): die durch den Namen einer Person bestimmte Identität und Individualität wird durch das allgemeine Persönlichkeitsrecht geschützt.

1649 *Di Fabio*, in. Maunz/Dürig 2015, Art. 2 GG, Rn. 203.

nutzung der Verwechselungsgefahr.[1650] Zwar ist der Personenname Ausdruck der Identität und Individualität, allerdings umfasst der rechtliche Schutz nicht die Einmaligkeit des Namens, so dass bei Namensgleichheit die Identität durch zusätzliche persönliche Angaben, wie zum Beispiel Geburtsdatum und -ort, festgestellt werden muss. Der verfassungsrechtliche Identitätsschutz wird im dargestellten Umfang auch in der digitalen Welt gewährleistet, zum Beispiel bei der Anmeldung unter dem bürgerlichen Namen oder eines geschützten Pseudonyms bei einem Online-Dienst oder bei der Namensnennung in Online-Veröffentlichungen. Ebenso verstößt der durch das Internet deutlich erleichterte Identitätsmissbrauch gegen diese Ausprägung des allgemeinen Persönlichkeitsrechts. Im Unterschied dazu ist unter dem Schutz der Persönlichkeit der Aspekt der individuellen Selbstdarstellung in der Online-Welt zu fassen. Welche Bedeutung das Recht auf individuelle Selbstdarstellung im soziotechnischen System Internet entfaltet, wurde bereits umfassend dargestellt.[1651]

Beide Formen des Identitäts- und Persönlichkeitsschutzes basieren auf dem Schutz realer Personen und werden nicht hinsichtlich ihres Schutzgutes, sondern ihres Schutzumfangs in die digitale Welt ausgedehnt. Ein selbstständiges Schutzgut der digitalen Identität oder der digitalen Persönlichkeit ist bisher – soweit ersichtlich – nicht anerkannt. Dies wäre verfassungsadäquat, wenn das Schutzgut des allgemeinen Persönlichkeitsrechts selbst „digitalisiert“ werden müsste. Grundrechtsträger blieben selbstverständlich real existierende Personen. Dennoch müsste die Schutzbedürftigkeit einer digitalen Identität abgrenzbar von der realen Identität, die durch den Namen gekennzeichnet ist, angenommen werden können, obschon sie letztlich dieser dient. Gleichermaßen müsste die Schutzbedürftigkeit der digitalen Persönlichkeit abgrenzbar von der realen Persönlichkeit begründet werden können.

Die Nutzung der Internet- und Webdienste erfolgt teilweise unter Offenlegung des bürgerlichen Namens, teilweise unter Verwendung eines Pseudonyms und teilweise anonym. Es bestehen abgesehen von der telekommunikationsrechtlichen Identifizierungspflicht gegenüber dem Network-Provider keine zwingenden rechtlichen Vorgaben, die zu einer Offenlegung der Identität bei der Nutzung des Internet verpflichten. Die Preisgabe der realen Identität im Internet ist also freigestellt. Faktisch legen sich zwar einige Nutzer in unterschiedlichen Nutzungskontexten im Internet eine digitale Identität unter Verwendung eines Phantasienamens zu, zum Beispiel für Online-Spiele oder Diskussionsforen, allerdings ist ein diesbezüglicher Schutzbedarf nicht erkennbar. Im Unterschied zum identitätsstiftenden Schutz des bürgerlichen Namens begleitet dieser Phantasiename nicht die Lebensgeschichte seines Trägers.[1652] Es gibt keine Namensgebungspflicht zu einem bestimmten Zeitpunkt, der Name ist frei wählbar, er kann beliebig wieder aufgegeben und durch einen neuen Namen ersetzt werden. Im Rechtsverkehr hat der Phantasiename grundsätzlich keine identifizierende sowie keine Rechte und Pflichten begründende Wirkung.

Ein Schutzgut der digitalen Persönlichkeit ist dagegen nicht unabhängig von der realen Person zu beschreiben. Zutreffend ist, dass das Online-Verhalten eines Einzelnen identitätsstiftend ist.[1653] Allerdings wird hierdurch nicht bereits eine (eigenständige) digitale Persönlichkeit begründet, die ein grundrechtliches Schutzgut darstellen könnte. Denn diese ist immer untrennbar mit der realen Person verbunden.[1654] Selbst wenn eine Person im Internet in unterschiedlichen Kontexten unter verschiedenen Persönlichkeiten auftritt, spiegelt dies die verschiedenen Facetten ihrer realen Persönlichkeit wider und bringt gerade diese zum Ausdruck.

1650 In Betracht kommt sowohl ein Schadensersatzanspruch gemäß §§ 823 Abs. 1, 1004 BGB, *BGHZ* 30, 7 (10 f.); 35, 363 (365 ff.) sowie ein Herausgabeanspruch über § 812 Abs. 1 Satz 1 2. Alt. BGB, *BGHZ* 81, 75 (78 ff.).

1651 Kap. 6.1.3.1.2.

1652 *BVerfGE* 97, 391 (400).

1653 So *Luch/Schulz*, MMR 2013, 93.

1654 Auf diesen Zusammenhang weisen auch *Luch/Schulz*, MMR 2013, 93 zutreffend hin.

Persönlichkeitsprofile, die mit Hilfe der im Web auffindbaren Informationen erstellt werden, beziehen sich ausschließlich auf die reale Person.

Ist weder die digitale Persönlichkeit noch die digitale Identität als eigenständiges Schutzgut anzuerkennen, ist ergänzend zu überlegen, ob das digitale Persönlichkeitsprofil[1655] oder die digitale Dokumentation des Lebens als Schutzgüter in Betracht kommen. Parallelen lassen sich jeweils zum einen zu der grundrechtlichen Einordnung von Tagebüchern und zum anderen zum Recht am eigenen Wort und Bild ziehen. Tagebücher genießen nicht als eigenständiges Schutzgut Grundrechtsschutz, sondern das Führen eines Tagebuchs wird der freien Entfaltung der Persönlichkeit zugeordnet.[1656] Aus den weiteren Ausführungen des Bundesverfassungsgerichts ergibt sich, dass das Schutzziel nicht vorrangig die Autonomie in Bezug auf die Vornahme dieser Handlung, sondern die Vertraulichkeit ist, da die Tagebuchaufzeichnungen grundsätzlich nicht zur Kenntnisnahme durch Dritte gedacht sind. Insofern entspricht das Schutzziel demjenigen der informationellen Selbstbestimmung, auf das das Bundesverfassungsgericht ebenfalls ausdrücklich Bezug nimmt.[1657] Die verfassungsdogmatische Einordnung der Rechte am eigenen Bild und Wort ist nicht eindeutig. In dieser Arbeit wurden sie nicht als eigenständige Schutzgüter, sondern als Konkretisierungen des Schutzguts der individuellen Selbstdarstellung eingeordnet.[1658] Begründet wird die Hervorhebung dieser Rechte mit dem Argument, dass sie besonders geeignete Mittel zur Darstellung einer Persönlichkeit sind. Insofern ist es fraglich, ob das digital Persönlichkeitsprofil und die digitale Identität im Vergleich zu den genannten Rechten als eigenständiges Schutzgut in den Grundrechtsschutz einzubeziehen sind.

7.1.4.1 Schutzgut des digitalen Persönlichkeitsprofils

Für das digitale Persönlichkeitsprofil kann eine vergleichbare Relevanz mit den genannten Rechten und eine gesteigerte Wertigkeit gegenüber einfachgesetzlichen Rechten bejaht werden. Hierfür können die Ausführungen des Bundesverfassungsgerichts zu den Persönlichkeitsprofilen im Zusammenhang mit der informationellen Selbstbestimmung übertragen werden. Persönlichkeitsprofile werden durch die Zusammenführung einzelner Lebensdaten aus unterschiedlichen Lebensbereichen erstellt und sind geeignet, ein Abbild der Persönlichkeit zu geben. Indem das Bundesverfassungsgericht es für möglich hält, dass Teilabbilder mit der Menschenwürde unvereinbar sein können, wird ihnen eine erhebliche normative Wertigkeit zugesprochen. Vor diesem Hintergrund ist es erforderlich, digitale Persönlichkeitsprofile als eigenständiges grundrechtliches Schutzgut anzuerkennen.

Schutzziele des Rechts am eigenen Wort und Bild sind primär die Autonomie – in Bezug auf die Veröffentlichung – und die Integrität als Verfälschungsschutz. Der Schutz der Autonomie zielt auf die selbstbestimmte Entscheidung des Einzelnen, ob und wie er sich in der Öffentlichkeit darstellen will. Der Integritätsschutz begründet sich aus dem Risiko einer unrichtigen oder verfälschten Widergabe von Wort und Bild und damit aus dem Schutz einer realitätsgetreuen Selbstdarstellung. Zur Minimierung der Risiken, die in Bezug auf digitale Persönlichkeitsprofile ermittelt worden sind, können diese Schutzziele unmittelbar beitragen. Digitale Persönlichkeitsprofile können bei vielen Personen schon allein mit Hilfe von Suchmaschinen aus den im Internet veröffentlichten Informationen oder deren ergänzende Auswertung gewonnen werden, so dass sie ohne ihr Wissen erstellt und wiederum im Internet

---

1655 Aufgrund der risikoorientierten Ableitung dieses möglichen Schutzguts im Zusammenhang mit der individuellen Selbstdarstellung ist es von dem Verbot der Erstellung von Persönlichkeitsprofilen durch Dritte, das sich aus der informationellen Selbstbestimmung ergibt, streng zu unterscheiden.

1656 *BVerfGE* 80, 367 (372 f.).

1657 *BVerfGE* 80, 367 (372).

1658 S. Kap. 6.1.3.1.1.

veröffentlicht werden können. Dem kann durch das Schutzziel der Autonomie entgegengewirkt werden.

7.1.4.2 Schutzgut der digitalen Lebensdokumentation

Die vergleichbare Relevanz und gesteigerte Wertigkeit der digitalen Lebensdokumentation müssten ebenfalls argumentativ begründet werden, wenn sie als Schutzgut in die Grundrechte integriert werden soll. Die Digitalisierung und die „Allgegenwärtigkeit" von Geräten und Anwendungen zur Erzeugung von digitalen Textdokumenten, Bildern, Videos und sonstigen Datensätzen führen dazu, dass immer mehr Sequenzen des Lebens digital erfasst und gespeichert werden. Die Entwicklung wird vermutlich dazu führen, dass wichtige Dokumente, wie zum Beispiel Geburtsurkunde und Trauschein, Zeugnisse und Nachweise über die Sozialversicherung nicht mehr in Papierform, sondern ausschließlich als elektronische Dokumente ausgegeben werden.[1659] Es ist zwar grundsätzlich möglich, diese auszudrucken und in einer „Dokumentenmappe" zu sammeln. Viel wahrscheinlich ist es aber, dass die elektronischen Dokumente in digitalen Ordnern archiviert werden. Diese können sich sowohl auf der lokalen Festplatte des Einzelnen befinden als auch auf dem Server eines spezialisierten Dienstanbieters.[1660] Neben den Dokumenten werden vor allem Fotos und Videoaufnahmen gesammelt, die das eigene Leben in Sequenzen abbilden. Neben der Bedeutung der einzelnen Dateien ist für die Qualifizierung als digitale Lebensdokumentation maßgeblich, dass sie sich als Sammlung über eine gewisse Lebensphase erstreckt. Insofern unterschneidet sich der Normbereich der digitalen Lebensdokumentation von demjenigen des digitalen Persönlichkeitsprofils, das auch eine Momentaufnahme sein kann. Beiden ist aber gemeinsam, dass sie mehrere, verschiedene Lebensbereiche umfassen.

Mit den beschriebenen persönlichkeitsrelevanten Datensammlungen werden unterschiedliche Funktionen verfolgt. Die Sammlung der wichtigen Dokumente auf einem zentralen Speichermedium für eine digitale Lebensdokumentation kann für den einzelnen für seine Persönlichkeitsentfaltung relevant sein. Das Bundesamt für Bevölkerungsschutz und Katastrophenhilfe empfiehlt, alle wichtigen Dokumente zusammenzustellen und an einem Ort griffbereit und transportabel aufzubewahren, um sie bei einer häuslichen Notsituation, wie zum Beispiel einem Brand oder einer Evakuierung, mitnehmen und erhalten zu können.[1661] Es folgt eine detaillierte Auflistung der allgemein als wichtig erachteten Dokumente, wie zum Beispiel Familienurkunden, Finanzunterlagen, Qualifizierungsnachweise, Ausweise und Testamente. Diese können zum einen dazu dienen, seine Existenz und bestimmte Fakten zu seiner Person, zum Beispiel einen Schul- oder Ausbildungsabschluss, gegenüber anderen in sozialen oder familiären Bereichen nachzuweisen. In dieser Funktion kommt der digitalen Lebensdokumentation eine große Bedeutung zu. Allerdings in der Regel nicht in ihrer Gesamtheit, sondern jeweils durch einzelne Dokumente und als Mittel zur freien Entfaltung der Persönlichkeit. Zum anderen unterstützt die digitale Lebensdokumentation das eigene Erinnerungsvermögen und die Reflexion des eigenen Lebens.

1659 Zurzeit besteht gemäß § 109 Abs. 3 GewO und § 16 Abs. 1 Satz 2 BBiG noch die gesetzliche Pflicht des Arbeitsgebers, Arbeitszeugnisse schriftlich – also in Papierform auszustellen.

1660 Ein solcher Dienst sollte z.B. De-Safe sein, der im Zusammenhang mit der De-Mail entwickelt worden ist, s. § 8 De-Mail-Gesetz. Durch die Inanspruchnahme eines spezialisierten Dienstleisters sollen die Risiken minimiert werden, dass Dokumente, die viele Jahre aufbewahrt werden sollen, aufgrund wechselnder Hard- und Software, insbesondere auch Speichermedien, ihre Lesbarkeit verlieren oder sich ihr Beweiswert verringert. S. umfassend zu dieser Thematik und den daraus resultierenden Rechtsproblemen sowie Lösungsansätzen, *Roßnagel/Fischer-Dieskau/Jandt/Knopp* 2007.

1661 S. die Informationen des BBK für Notfälle, „Wichtige Dokumente griffbereit halten", http://www.bbk.bund.de/DE/Ratgeber/VorsorgefuerdenKat-fall/Pers-Notfallvorsorge/Dokumentensicherung/Dokumentensicherung.html.

Das Vernichtungs- und Verlustrisiko wichtiger Dokumente kann durch eine elektronische Archivierung verringert werden, da diese auch dezentral erfolgen kann und mehrfache Originale erstellt werden können.[1662] Bei Inanspruchnahme einer Archivierungsdienstleistung gibt der Inhaber der Dokumente jedoch die Kontrolle über diese aus der Hand und vertraut sie einem Dritten an.[1663] Sofern für die digitale Lebensdokumentation über das Internet verfügbare Dienstleistungen in Anspruch genommen werden,[1664] wie zum Beispiel externe Speicherdienste, kann ein Schutz vor faktischen Beeinflussungen Dritter geboten sein, die aufgrund der technischen Unterstützung möglich sind. Die Inhalte der digitalen Lebensdokumentation werden aufgrund ihrer Höchstpersönlichkeit vom Einzelnen bestimmt und es dürfen nachfolgend keine Veränderungen der Dateien von einem Dritten vorgenommen werde. Ihre Integrität muss während der Speicherung gewährleistet sein. Darüber hinaus ist ein wesentliches Merkmal der digitalen Lebensdokumentation die Langzeitsammlung und -archivierung von unterschiedlichen Dateien. Als „Lebensdokumentation" soll sie über sehr lange Zeiträume, entsprechend der aktuellen Lebenserwartung bis zu hundert Jahren, verfügbar sein. Die Verfügbarkeit digitaler Dateien umfasst die Lesbarkeit der Dokumente.[1665] Dies bedeutet, dass die gespeicherten Daten mittels Hard- und Software für den Menschen in Text- und Bilddarstellungen, Ton- und Videowiedergaben wahrnehmbar gemacht werden können. Sollen sie gegenüber Dritten als Nachweis zur Identität, Qualifizierung oder für bestimmte Sachverhalte verwendet werden, ist die Verkehrsfähigkeit der Dokumente ein weiteres Element der Verfügbarkeit.[1666] Aus dem zeitlichen Aspekt folgt, dass die digitale Lebensdokumentation Beständigkeit aufweisen muss. Diese liegt bei der Unterstützung durch entsprechende Softwareprodukte oder bei der Inanspruchnahme technischer Dienstleistungen nicht mehr primär in der Hand des Einzelnen, sondern hängt von dem jeweiligen Angebot ab. Bei Softwareprodukten besteht das Risiko, dass diese nicht weiterentwickelt werden und ab irgendeinem Zeitpunkt keine Kompatibilität gespeicherter Dateiformate, von Softwareprogrammen und Hardware mehr gegeben ist. Dienstleistungsangebote können aus welchen Gründen auch immer eingestellt werden. Dies darf keine Auswirkungen auf den grundsätzlichen Bestand der Lebensdokumentation des Nutzers haben.

Der digitalen Dokumentation des Lebens kann grundsätzlich eine Bedeutung für die freie Persönlichkeitsentfaltung zugesprochen werden und es bestehen faktische Risiken, die zu ihrer Beeinträchtigung führen können. Dennoch ist fraglich, ob ein grundrechtlicher, normativer Regelungsbedarf begründet werden kann. Dies setzt insbesondere voraus, dass der digitalen Lebensdokumentation eine gesteigerte Bedeutung und fundamentale Wertigkeit im Vergleich zu sonstigen Rechten und eine vergleichbare Relevanz zu anderen grundrechtlichen Schutzgüter zukommt.

Der Vergleich mit der grundrechtlichen Bewertung des Tagebuchs spricht dafür, die digitale Lebensdokumentation nicht selbst als Schutzgut eines Grundrechts einzustufen, sondern sie als Realitätsaspekt den übergeordneten Schutzausprägungen des allgemeinen Persönlichkeitsrechts zuzuordnen. Dagegen kann allerdings eingewandt werden, dass dem Tagebuch ein rein ideeller Wert zukommt und die digitale Lebensdokumentation zumindest auch der Repräsentation nach außen dient. Sie kann für den Einzelnen von essentieller Bedeutung in gemein-

---

1662 S. z.B. das Angebot eines virtuellen Dokumentensafes des Landes Baden-Württemberg, http://www.service-bw.de/zfinder-bw-web/welome.do;jsessionid=ccTFQs+ugHXQ6DoQVhC-XEau?residence=37083&showMsbwDetails=1.

1663 Diese Situation ist vergleichbar mit einem herkömmlichen Safe, z.B. bei einer Bank, für Dokumente und Wertgegenstände, von dem hohe Sicherheitsanforderungen erwartet werden.

1664 Nicht in den Normbereich einbezogen sind digitale Lebensdokumentationen, die der Nutzer auf eigenen lokalen Datenträgern sammelt und speichert.

1665 Um diese zu erhalten, müssen gespeicherte Dokumente oder auch sonstige Daten regelmäßig transformiert und dadurch an die Bedingungen neuer Soft- und Hardware angepasst werden. S. *Roßnagel/Fischer-Dieskau/Wilke*, CR 2005, 903.

1666 Zur Verkehrsfähigkeit s. *Roßnagel/Fischer-Dieskau/Jandt/Knopp* 2007, 48.

schaftsbezogenen und gemeinschaftsgebundenen Angelegenheiten sein. Ihr Verlust oder Veränderungen können dazu führen, dass der Einzelne seine gesellschaftliche Position einschließlich aller Rechte und Pflichten nur noch unter erschwerten Bedingungen nachweisen kann. Viele der wichtigen Dokumente werden zwar entweder als Original oder als Kopie an anderer Stelle vorhanden sein, insbesondere bei öffentlichen Einrichtungen und Ämtern wie dem Standesamt, Einwohnermeldeamt, Schulen und Universitäten oder den Unternehmen als Vertragspartner, wie Banken und Versicherungen. Es kann aber mit sehr hohem Aufwand und Kosten verbunden sein, alle Dokumente erneut zu beschaffen. Es besteht sowohl das Risiko, dass der Inhaber des Originals oder der Kopie die Unterstützung verweigert als auch schlicht, dass Dokumente vergessen werden. Die fehlende oder unvollständige digitale Lebensdokumentation könnte für den Einzelnen wesentliche Folgen für die Integrität seiner Person und seine Eingliederung in die Gesellschaft haben.

Des Weiteren ist ein Vergleich mit anderen Freiheitsbetätigungen möglich, die aufgrund ihrer Technisierung der Unterstützung durch Dritte bedürfen, wie dies bei der Fernkommunikation und bei informationstechnischen Systemen angenommen wird. Zur Fernkommunikation besteht insofern ein wesentlicher Unterschied, als es sich um eine technische Infrastruktur handelt, die aufgrund ihrer Alternativlosigkeit der Daseinsvorsorge zuzurechnen ist. Eine entsprechende Wertigkeit kann der digitalen Lebensdokumentation nicht zuerkannt werden. Sie erfordert weder eine komplexe technische Infrastruktur noch grundsätzlich die Einbeziehung spezifischer technischer Unterstützung durch Software oder externe Dienstleistungsangebote. Grundsätzlich kann die digitale Lebensdokumentation mit den eigenen technischen Mitteln und der eigenen Sorgfalt realisiert werden. Dazu steht nicht in Widerspruch, dass ein ausgewiesener Dienstleister für die Erstellung und Aufbewahrung digitaler Lebensdokumentationen rechtliche Anforderungen erfüllen müsste, durch die den genannten Risiken für die Vertraulichkeit, Integrität, Verfügbarkeit, Verkehrsfähigkeit und Beständigkeit begegnet wird. Ein derartiger Schutz des Einzelnen kann aber sowohl durch einfachgesetzliche Vorschriften oder durch eine entsprechende Vertragsgestaltung realisiert werden. Informationstechnische Systeme wurden als eigenständiges Schutzgut eingestuft, weil sie allgegenwärtig, vernetzt und für viele Bürger für die Lebensführung von zentraler Bedeutung sind sowie aufgrund ihrer Leistungsfähigkeit zu einer Vielzahl von Zwecken genutzt werden können.[1667] Hervorgehoben werden sowohl die individuelle als auch soziale Bedeutung, der Leistungs-, Funktions- und Nutzungsumfang sowie daraus resultierend die Relevanz für nahezu alle Lebensbereiche. Keiner dieser Begründungsansätze kann in vollem Umfang auf die digitale Lebensdokumentation übertragen werden. Inhaltlich kann sie zwar potentiell alle Lebensbereiche betreffen, ihre Funktion beschränkt sich aber auf konkrete Nutzungskontexte, in denen sie als Nachweis dienen soll. Dies ist auch ihr primärer und einziger Nutzungszweck. Dieser Vergleich spricht ebenfalls dafür, dass die digitale Lebensdokumentation nicht als grundrechtliches Schutzgut anzuerkennen ist.

Im Ergebnis lassen sich die digitale Identität, die digitale Persönlichkeit und die digitale Lebensdokumentation nicht als neue grundrechtliche Schutzgüter verfassungsrechtlich begründen. Denkbar ist aber eine Konkretisierung des bestehenden Grundrechtsschutzes zu einem Recht am eigenen digitalen Persönlichkeitsprofil. Ungeachtet dessen ist der Einzelne zum Schutz der Menschenwürde und des allgemeinen Persönlichkeitsrechts in den Ausprägungen der individuellen Selbstdarstellung und der informationellen Selbstbestimmung vor den Risiken durch Persönlichkeitsabbilder und Identitätsmissbrauch durch einfachgesetzliche Vorschriften zu bewahren. Um den einzelnen bei der Erstellung und Archivierung der digitalen Lebensdokumentation, die einen neuen Realitätsaspekt des allgemeinen Persönlichkeitsrechts darstellt, zu unterstützen, kann es geboten sein, entsprechende Softwaretechnik und Dienstleistungsangebote durch einfachgesetzliche Anforderungen abzusichern. Es sollte ge-

---

1667 *BVerfGE* 120, 274 (303).

währleistet sein, dass die digitale Lebensdokumentation funktions- und risikoorientiert die Kriterien der Vertraulichkeit, Integrität, Verfügbarkeit einschließlich Wahrnehmbarkeit und Verkehrsfähigkeit sowie Beständigkeit erfüllt.

7.1.5 Schutzgut der kommunikativen Selbstbestimmung

Der eigenständige Grundrechtsschutz der kommunikativen Selbstbestimmung ist von *Roßnagel* ausführlich hergeleitet, begründet und in seinen wesentlichen Aspekten beschrieben worden.[1668] Ebenfalls dargelegt wurde bereits die Bedeutung der kommunikativen Selbstbestimmung für das Internet.[1669] An dieser Stelle ist nur noch zu prüfen, ob die kommunikative Selbstbestimmung ein Schutzgut von Verfassungsrang darstellt.

Die kommunikative Selbstbestimmung war eine Reaktion auf das durch die ISDN-Technik ausgelöste Risiko, dass sie in die Kommunikation von Menschen eingreift und diese formt.[1670] Die Kommunikation als solche wird als konstitutive Bedingung für die freie Entfaltung der Persönlichkeit deklariert.[1671] Eine selbstbestimmte Kommunikation sei nur möglich, wenn der Grundrechtsschutz nicht nur die Entscheidung zu einer Kommunikation und über deren Inhalte, sondern darüber hinaus die freie Entscheidung über die Kommunikationspartner, den Kommunikationsort, die Kommunikationsart und das Kommunikationsmedium umfasse. Die kommunikative Selbstbestimmung zielt somit auf die Autonomie bezüglich der Umstände der Kommunikation, um eine vergleichbare Freiheitsgewährleistung wie bei der unmittelbaren Kommunikation ohne technisches Medium zu gewährleisten. Dieser grundrechtliche Schutz der Kommunikation kann nicht bereits durch die Gewährleistung der Autonomie hinsichtlich der beiden Aspekte erreicht werden, ob jemand und welche Inhalte er kommunizieren möchte. Diese Merkmale stehen in untrennbarem Zusammenhang zu den weiteren Umständen der Kommunikation – dem Gesprächspartner und der Gesprächssituation. Gerade für die individuelle Selbstdarstellung ist es entscheidend, wem gegenüber sowie zu welchem Zeitpunkt, an welchem Empfangsort und mit welchem Kommunikationsmedium Inhalte kommuniziert werden. Die Kommunikationswissenschaft als sozial- und geisteswissenschaftliche Forschungsdisziplin befasst sich ergänzend zur Inhaltsforschung ebenfalls mit den Umständen und Wirkungen von Kommunikation insbesondere der Medienanalyse-, Mediennutzungs- und Medienwirkungsforschung.[1672] Das Gebot diese Wertungslücke auf der verfassungsrechtlichen Ebene zu schließen, ergibt sich aus der Untrennbarkeit mit dem bereits anerkannten Schutzgut der Kommunikation im engeren Sinne.

Des Weiteren kann wiederum die Parallele zum Schutz des Fernmeldegeheimnisses gezogen wird. Sein primärer Schutzzweck ist der Inhalt der Kommunikation. Diese ist aber untrennbar mit den Umständen der Kommunikation verbunden, da diese Rückschlüsse auf den Inhalt zulassen. Außerdem entsteht die Gefährdung der Vertraulichkeit der Kommunikation durch das identische Risiko der technischen Vermittlung. Dieser Vergleich spricht ebenfalls für einen normativen Schutz auf Verfassungsebene.

7.1.6 Schutzgut individualisierter Online-Nutzungsbereiche

Die freie Entfaltung der Persönlichkeit wird vorrangig durch spezifische Freiheitsgarantien gewährleistet, die funktionsbezogen bestimmte Bereiche schützen, die eine konstituierende Bedeutung für die Entfaltung der Persönlichkeit haben.[1673] Neben dem expliziten Schutz der

---

1668 *Roßnagel*, KJ 1990, 267.
1669 Kap. 6.1.3.4.2.
1670 *Roßnagel*, KJ 1990, 277.
1671 *Roßnagel*, KJ 1990, 281.
1672 *Krotz*, in: *Karmasin/Rath/Thomaß* 2014, 26, 34.
1673 Vgl. *BVerfGE* 99, 185 (193); 114, 339 (346).

Wohnung als räumlichen Rückzugsraum, wird die Fernkommunikation als Bereich technisch vermittelter Kommunikation und die informationelle Selbstbestimmung im Kontext der digitalen Datenverarbeitung abgesichert.[1674] Zuletzt wurde dem mittlerweile allgegenwärtigen informationstechnischen System aufgrund seiner zentralen Bedeutung für die Lebensführung vieler Bürger als weiterem Bereich der Persönlichkeitsentfaltung Grundrechtsrelevanz zuerkannt.

Mit dem Schutzgut informationstechnischer Systeme wurde der Versuch unternommen, die freie Entfaltung der Persönlichkeit in der digitalen Welt durch eine gegenständliche Anknüpfung zu erfassen.[1675] Dies erfolgte vermutlich in der Absicht, eine relativ klare Definition des Schutzgutes zu ermöglichen. Die Ausführungen des Bundesverfassungsgerichts selbst und die wissenschaftliche Diskussion haben allerdings gezeigt, dass die angestrebte Klarheit des Schutzumfangs dieses Grundrechts durch die gegenständliche Beschreibung des Schutzgutes nur bedingt erreicht werden konnte.[1676] Die erforderliche Auseinandersetzung mit der Frage, wie die persönlichkeitsrelevante „digitale Sphäre" erfasst werden kann, wurde im Wesentlichen in die Diskussion der grundrechtstangierenden Eingriffstiefe verlagert. Diese Erwägungen des Bundesverfassungsgerichts können nach der vorgestellten Methode technikspezifischer Grundrechtsentwicklung als Begründung des normativen Regelungsbedarfs eingeordnet werden. Nur wenn die Nutzung des informationstechnischen Systems anderen Betätigungen in grundrechtlich geschützten Freiheitsräumen vergleichbar ist, ist von einem verfassungsrechtlichen Regelungsbedarf auszugehen. Die in diesem Zusammenhang vom Bundesverfassungsgericht dargelegten konkretisierenden Anforderungen an das informationstechnische System waren erforderlich, um dessen Qualifikation als Schutzgut eines Grundrechts zu begründen. Gleichzeitig haben sie gezeigt, dass die mit diesem Grundrecht adressierte Risikosituation nur ungenügend durch die gegenständliche Anknüpfung an das informationstechnische System erfasst wird.

Obwohl dieses Grundrecht erst wenige Jahre alt ist, hat sich zudem die Technik bereits derart weiterentwickelt, dass sich die persönlichkeitsrelevanten Daten nicht mehr primär in einem zentralen informationstechnischen System verorten lassen. Durch den Schutz dieses Nutzungsbereichs kann der vom Bundesverfassungsgericht angestrebte Grundrechtsschutz somit nur noch unvollständig gewährleistet werden. Durch externe Speicherdienste und insbesondere Cloud Computing dient immer weniger das eigene informationstechnische System, sondern dienen vielmehr „eigene" dezentrale informationstechnische Nutzungsbereiche der Persönlichkeitsentfaltung.[1677] Während das eigene informationstechnische System durch den Grundrechtsträger (wieder) allein beherrschbar wird, indem er die Internetverbindung trennt, führt der Abmeldevorgang aus den informationstechnischen Nutzungsbereichen nicht zum gleichen Effekt. Es kann hierdurch weder die Anmeldung eines Nichtberechtigten von einem beliebigen internetfähigen technischen System, noch der Zugriff des Diensteanbieters auf die

---

1674 S. zur Differenzierung des räumlichen und der sozialen Sphäre *Gusy/Worms*, Parl. Beilage 2009, Nr. 18-19, 30.

1675 S. Kap. 6.1.3.5.1. Zumindest der Datenspeicher muss nach der Vorstellung des Bundesverfassungsgericht wohl ein „eigener" sein, auch wenn seine Nutzung über ein informationstechnisches System erfolgen kann, dass sich in der Verfügungsgewalt anderer befindet, *BVerfGE* 120, 274 (14). *Wegener/Muth*, Jura 2010, 849 bezeichnen die Anknüpfung des Grundrechtsschutzes an ein Gerät als sinnlos, da die Speicherung personenbezogener Daten immer mehr „ins Netz" verschoben werde. *Hornung*, CR 2008, 302 stellt die These auf, dass der Terminus der Integrität dazu führen könnte, dass der Schutzbereich des Grundrechts in gewisser Weise „verdinglicht" werden könnte, ohne dies zu bewerten. *Britz*, DÖV 2008, 142 betont auch den gegenständlichen Charakter des „Systems" und zieht Parallelen zum Schutz der Wohnung. *Wehage* 2013, 26 geht davon aus, dass sich der Grundrechtsschutz gerade nicht in dieser „Verdinglichung" erschöpfe.

1676 S. Kap. 6.1.3.5.1.

1677 Es wird bewusst der Begriff Online-Nutzungsbereiche und nicht Online-Speicher verwendet, da die Assoziation mit einem gegenständlichen Speichermedium vermieden werden soll.

persönlichkeitsrelevanten Daten unterbunden werden. Soll zukünftig der vom Bundesverfassungsgericht beabsichtigte Schutz der freien Entfaltung der Persönlichkeit in der digitalen Welt gewährleistet werden, ist es daher geboten, die dezentralen informationstechnischen Nutzungsbereiche des Grundrechtsträgers zu schützen. Dies kann grundsätzlich durch die Benennung eines abstrakten Schutzguts individualisierter Online-Nutzungsbereiche erreicht werden. Ein derartiges Schutzgut wäre auch grundsätzlich geeignet, langfristig einen technikadäquaten Grundrechtsschutz zu gewährleisten.

Das Schutzziel der Vertraulichkeit informationstechnischer Systeme gewährleistet den Ausschluss der unberechtigten Kenntnisnahme durch einen Dritten.[1678] Unter Berücksichtigung des Schutzguts des Grundrechts sowie in Abgrenzung zur informationellen Selbstbestimmung und zum Fernmeldegeheimnis bezieht sich der Vertraulichkeitsschutz nicht (vorrangig) auf die in dem informationstechnischen System gespeicherten (personenbezogenen) Inhalte oder einzelne Kommunikationsvorgänge, sondern insgesamt auf seine Nutzung – wann, wie oft, wie lange und welche Anwendungen[1679] – und das daraus ableitbare Nutzungsverhalten. Dieser Vertraulichkeitsschutz ist vergleichbar dem durch Art. 13 Abs. 1 GG innerhalb einer Wohnung garantierten Schutz eines räumlichen Rückzugsraums, innerhalb dessen der Mensch das Recht hat, in Ruhe gelassen zu werden und unbeobachtet zu sein.[1680] Bei der Nutzung des vernetzten informationstechnischen Systems soll er ebenfalls unbeobachtet bleiben. Dieses Schutzziel ist grundsätzlich auch geeignet, die spezifischen Risiken für individualisierte Online-Nutzungsbereiche zu adressieren.

Das Schutzziel der Integrität informationstechnischer Systeme dient der Abwehr eines unberechtigten Zugriffs auf das System, um zu verhindern, dass dessen Leistungen, Funktionen und Speicherinhalte durch Dritte genutzt werden können. Hiermit wird das Risiko adressiert, dass eine technische Hürde für eine Ausspähung, Überwachung oder Manipulation des Systems genommen wird.[1681] Bezogen auf den weiteren Schutzbedarf dezentraler informationstechnischer Nutzungsbereiche tritt das Risiko hinzu, dass diese dem zugeordneten Nutzer grundsätzlich entzogen werden können, indem die Zugangsberechtigung annulliert oder das Dienstleistungsangebot, zum Beispiel des Cloud Computing, eingestellt wird. Diese Möglichkeiten werden grundsätzlich vom Schutzziel der Integrität umfasst, da der Bestand an sich mitgeschützt ist.

Der Integritätsschutz umfasst beim informationstechnischen System nicht nur die eigentliche Hardware, sondern alle gespeicherten Daten und gerade auch die Software. Nach Aussagen der Sachverständigen in der mündlichen Verhandlung vor dem Bundesverfassungsgericht zur Online-Durchsuchung gibt es keinen rein lesenden Zugriff auf ein informationstechnisches System bei einer Infiltration.[1682] Diese erfolgt immer durch eine Zugriffssoftware, durch die grundsätzlich auf dem Rechner befindliche Daten versehentlich oder gezielt verändert werden können. Die Software eines dezentralen informationstechnischen Nutzungsbereichs wird im Unterschied zum informationstechnischen System nicht unmittelbar vom Nutzungsberechtigten bestimmt, sondern vom Diensteanbieter bereitgestellt. Sie wird immer wieder von diesem im Laufe des Nutzungsverhältnisses geändert, zum Beispiel indem Updates durchgeführt werden. Weist das informationstechnische System eine Internetverbindung auf, werden auf diesem auch regelmäßig und häufig vom Nutzer unbemerkt Datenspeicherungen und Softwareänderungen vorgenommen, sei es durch das Setzen von Cookies oder Software-Updates. Das Bundesverfassungsgericht hat sich in seiner Entscheidung zu derartigen integritätsrelevanten Maßnahmen nicht explizit geäußert. Das Gefährdungsrisiko wird als Infiltration

1678 *BVerfGE* 120, 274 (313) sowie Kap. 6.1.3.5.1.

1679 Es sind in diesem Zusammenhang nicht die Telekommunikationsverbindungsdaten gemeint, sondern in Ergänzung hierzu die Nutzungsdaten von konkreten Online-Diensten.

1680 *BVerfGE* 32, 54 (75); 42, 212 (219); 51, 97 (110); 75, 318 (328); 109 279 (308).

1681 *BVerfGE* 120, 274 (313).

1682 *BVerfGE* 120, 274 (324).

bezeichnet und durch diese negative Begriffswahl mit der Zielsetzung verbunden, dass ein vom Systemnutzer ungewolltes und heimliches Eindringen in das System mit der Zielsetzung des Ausspähens, der Überwachung oder der Manipulation vorliegt. Software-Änderungen, die zwar automatisiert, aber grundsätzlich für den Nutzer transparent und nachvollziehbar sowie mit einer positiven Intention der Optimierung durchgeführt werden, stellen dagegen keine Gefährdung des Schutzziels der Integrität dar.

7.2 Grundrechtliche Schutzziele

Einige der festgestellten internetspezifischen Wertungslücken ergeben sich daraus, dass bezogen auf bestehende Schutzgüter bestimmte Schutzziele bisher nicht explizit in die Beschreibung des Schutzbereichs aufgenommen worden sind. Die Schutzziele der Grundrechte werden in den Formulierungen der Grundrechte gegenüber den Schutzgütern noch viel abstrakter und wenig facettenreich benannt. Die Beschreibung der Schutzziele der überprüften geschriebenen internetrelevanten Grundrechte beschränkt sich auf die Formulierungen „freie Entfaltung“, „frei und ungehindert“, „Freiheit“ und „Geheimnisschutz“. Die aus dem allgemeinen Persönlichkeitsrecht abgeleiteten Grundrechte benennen zudem die Schutzziele der Autonomie,[1683] Vertraulichkeit und Integrität. Die Schutzziele bedürfen daher in einem sehr starken Maße der Konkretisierung durch Rechtsprechung und Wissenschaft. Zudem wurde bisher lediglich im Ansatz versucht, einen Katalog grundrechtlicher Schutzziele zu erstellen.[1684] Die Ableitung von Schutzzielen folgt unmittelbar aus der technikbedingten Risikobeschreibung.

7.2.1 Schutzziel der Neutralität

Das Risiko der Beeinflussung der Internetnutzung wurde im Zusammenhang mit den Kommunikationsgrundrechten – insbesondere der Meinungs- und Informationsfreiheit[1685] als Ursache internetspezifischer Wertungslücken aufgedeckt. Die Erwartung, dass bestimmte Dienstleistungen im Internet inhaltsneutral erbracht werden, wird geprägt durch die lange Zeit vorhandene Faktizität. Diese bezog sich primär auf die technische Netzarchitektur. Aus der technischen Perspektive stellt die Neutralität auf den Vorgang der Datenübertragung im Internet ab und wird als Netzneutralität bezeichnet. Sie wird insbesondere in Europa[1686] und auch in Deutschland in Umsetzung der europäischen Vorgaben auf einfachgesetzlicher Ebene von gesetzlichen Regelungen adressiert.[1687] Sie ist damit gesetzlich verankert, allerdings wurde

---

1683 Dieses Schutzziel ist Kern der individuellen Selbstdarstellung und der informationellen Selbstbestimmung.

1684 S. Kap. 4.8.3.

1685 S. Kap. 6.2.1.

1686 In Europa finden sich diesbezügliche Bestimmungen in Art. 8 IV lit. g der Richtlinie 2002/21/EG des Europäischen Parlaments und des Rates vom 7.3.2002 über einen gemeinsamen Rechtsrahmen für elektronische Kommunikationsnetze und -dienste (Rahmenrichtlinie), ABl. EG Nr. L 108 vom 24.4.2002 und in Art. 20, 21 und 22 der Richtlinie 2002/22/EG des europäischen Parlaments und des Rates vom 7.3.2002 über den Universaldienst und Nutzerrechte bei elektronischen Kommunikationsnetzen und -diensten (Universaldienstrichtlinie), ABl. EG L 108/51 vom 24.4.2002. Am 27.10.2015 hat das Europäische Parlament den Vorschlag für eine Verordnung des Europäischen Parlaments und des Rates über Maßnahmen zum europäischen Binnenmarkt der elektronischen Kommunikation und zur Verwirklichung des vernetzten Kontinents und zur Änderung der Richtlinien 2002/20/EG, 2002/21/EG und 2002/22/EG und der Verordnungen (EG) Nr. 1211/2009 und (EU) Nr. 531/2012 mit erheblichen Änderungen für die legislative Erschließung beschlossen.

1687 § 41a TKG wurde durch die Telekommunikations-Novelle 2012 mit Wirksamkeit vom 10.5.2012 eingeführt und enthält nicht die Pflicht der Telekommunikationsdienstleister zur Netzneutralität, sondern die Ermächtigung zum Erlass weitergehender Regelungen im Wege einer Rechtsverordnung der Bundesregienoch keine abschließende gesetzliche Entscheidung getroffen. Unbeantwortet ist zudem bisher die Frage, ob die Neutralität des Internet – in welcher konkreten Ausgestaltung auch immer – Gegenstand der Grundrechtsschutzes ist. Von der Netzneutralität zu unterscheiden ist die Neutralität bezogen auf die Anwendungs- und Inhaltsebene des Internet insbesondere die Frage der Neutralität von Suchmaschinen.

Wird die Netzneutralität faktisch aufgehoben oder eingeschränkt, hat dies auch normative Auswirkungen auf die durchgeführte Grundrechtsanalyse. Denn, wie dargelegt, wurde in mehrfacher Hinsicht eine normative Wertungslücke mit dieser Faktizität abgelehnt. In diesem Kontext droht somit unmittelbar das das Verhältnis von Technik und Recht prägende Risiko, dass Fakten geschaffen werden, die die normativen Wertungen des Rechts unmittelbar leerlaufen lassen. Wenn die Neutralität bestimmter Internetdienstleistungen unmittelbare Wirkungen für die Grundrechtsbewertung hat, so ist es naheliegend, sie auch auf Grundrechtsebene durch die Einbeziehung in die Schutzziele zu gewährleisten.

7.2.1.1 Netzneutralität

Die Netzneutralität ist ein charakteristisches Architekturprinzip der Infrastruktur des Internet.[1688] Sie bedeutet, dass der zu übermittelnde Datensatz in einzelne Datenpakete zerlegt und alle Datenpakete nach dem Best Effort-Prinzip gleichberechtigt übertragen werden, so wie es aufgrund der technischen Bedingungen am schnellsten möglich ist. Faktisch sind die für die Internetnutzung erforderlichen Übertragungskapazitäten, insbesondere aufgrund neuer – teils multimedialer – Anwendungen wie Streaming, Internet-TV und Voice-over-IP sowie der durch Smartphones und Tablets möglichen mobilen Internetnutzung, stetig angestiegen,[1689] so dass zunehmend Übertragungsstörungen insbesondere Delay und Jitter auftreten.[1690] Unter dem Stichwort der Netzneutralität wird aktuell die politische Diskussion darüber geführt, welcher der beiden grundsätzlichen Wege zur Lösung dieses Problems eingeschlagen werden soll – entweder der Breitbandausbau des Netzwerks zu einem Hochleistungsnetz oder der Einsatz von Netzwerktechniken zur Steuerung des Datentransports und die Einführung von Quality of Services in Abweichung vom Best Effort-Prinzip.

Von der Diskussion um die Netzneutralität zu unterscheiden, sind kommunikationssteuernde Maßnahmen der E-Mail-Provider. Bei der E-Mail-Kommunikation greifen E-Mail-Provider spätestens seit dem Aufkommen von Spam-E-Mails regelmäßig aktiv in die E-Mail-Kommunikation ein. Als Spam- oder Junk[1691]-Mails werden unerwünschte, in der Regel auf elektronischem Weg übertragene Nachrichten bezeichnet, die dem Empfänger unverlangt zugestellt werden und häufig werbende Inhalte aufweisen oder mit denen Schadsoftware (Viren) verbreitet werden soll.[1692] Aufgrund der schieren Masse an Spam-Mails wird die E-Mail-Kommunikation stark beeinträchtigt. Abgesehen von den Risiken, dass der eigene Internetrechner mit einer Schadsoftware belastet wird und gewünschte E-Mails aufgrund der begrenzten Speicherkapazität des Postfachs nicht zugestellt werden, ist ein erheblicher Zeitaufwand erforderlich, um gewollte von ungewollten E-Mails zu trennen und letztere zu löschen. Außerdem ist es technisch möglich, dass die eigene E-Mail-Adresse als Versandadresse von Spam-Mails missbraucht wird, so dass eigene E-Mails möglicherweise als Spam angesehen

rung (Abs. 1) und in Form einer technischen Richtlinie der Bundesnetzagentur (Abs. 2), s. *Nolden*, in: Geppert/Schütz 2013, § 41a TKG, Rn. 2.

1688 S. Kap. 5.

1689 Zum Umfang des Datenaufkommens s. Fn. 759.

1690 Zu diesen Übertragungsstörungen s. Kap. 5.1.

1691 Englischer Begriff für Abfall oder Plunder.

1692 Teilweise erfolgt auch eine differenzierte Behandlung von Spam-Mails und E-Mails mit Viren, s. z.B. die diesbezüglichen Hinweise des IT-Service der Universität Kassel, http://www.uni-kassel.de/its-handbuch/kommunikation/mail-groupware/information-mailscanner.html.

werden. Um der Spam-Problematik Herr zu werden, setzen E-Mail-Provider unterschiedliche Spam-Filter ein, um Spam-Mails automatisch zu erkennen. Mit diesen wird dann im Folgenden unterschiedlich verfahren. Sie werden entweder mit einem entsprechenden Hinweis im Betreff an den E-Mail-Adressaten übermittelt oder die Mails werden in einem gesicherten Ordner auf dem Server des E-Mail-Providers abgelegt und der E-Mail-Adressat erhält nicht die E-Mail, sondern nur einen entsprechenden Hinweis.

Spam- und Virenfilter greifen allerdings nicht unmittelbar in die Datenübertragung ein, sondern werden in einer Zwischenphase als Software auf dem E-Mail-Server des Providers eingesetzt. Zieladresse des IP-Pakets einer E-Mail ist nicht der Rechner des E-Mail-Adressaten, sondern der Server des E-Mail-Providers. Die Datenübertragung ist damit zunächst abgeschlossen, sobald die E-Mail auf dessen Server eingegangen ist. Davon ist die anschließende Dienstleistung und Datenübertragung zu trennen, durch die E-Mails den jeweiligen Adressaten über eine entsprechende Software oder über ein Online-Portal zugänglich gemacht werden. Zwar wird von dem E-Mail-Provider erwartet, dass er die E-Mail-Kommunikation nicht willkürlich beeinflusst, diese Filtermaßnahmen haben aber keinen Einfluss auf die Datenübertragung nach dem Best Effort-Prinzip. Insofern stellen sie die Netzneutralität nicht in Frage.[1693]

7.2.1.1.1 Debatte der Netzneutralität

Seit einigen Jahren wird zwischen Politik, Wirtschaft – insbesondere Network-, Access-[1694] und Content-Provider[1695] – Wissenschaft und Internetaktivisten eine höchst strittige Diskussion um diese beiden Lösungsansätze zur technischen Bewältigung von Kapazitätsengpässen unter dem Schlagwort Netzneutralität geführt.[1696] Dabei wird deutlich, dass kein gesichertes Wissen darüber besteht, wie gravierend diese Kapazitätsengpässe überhaupt sind und in welchem Ausmaß eine Beeinträchtigung des Transports qualitätssensibler Anwendungen besteht.[1697] Des Weiteren zeigen die Argumente deutlich, dass mit dem Einsatz von Netzwerkmanagementtechniken nicht nur das Interesse der Optimierung der Datenübermittlung verfolgt wird. Schließlich besteht kein einheitliches Verständnis über den Begriff der Netzneutralität und damit seine konkreten Anforderungen.

Gegen den – alleinigen – Lösungsansatz des Netzausbaus werden als Argumente vor allem die hohen Kosten,[1698] der Zeitbedarf für die tatsächliche Umsetzung[1699] und die Rentabilität

---

[1693] E-Mail-Dienste werden entsprechend dem Access-Providing als Telekommunikationsdienst eingeordnet und ihre Hauptfunktion liegt in der technischen Dienstleistung der Übermittlung von Daten – das Senden und Empfangen von E-Mails, *Redeker*, in: Hoeren/Sieber/Holznagel 2014, Teil 12, Rn. 150, 163 ff.

[1694] Die Differenzierung zwischen Netzwerk- und Access-Provider ist rein funktional. Beide Dienstleistungen können aber von einem Unternehmen bzw. von mehreren Unternehmen innerhalb eines Konzerns erbracht werden. Im Folgenden wird für beide zusammen der Begriff Infrastrukturprovider verwendet.

[1695] An der Diskussion beteiligt sind auch die sehr erfolgreichen Internetdienstleister, und diejenigen, deren Webanwendungen die Übertragung hoher Datenvolumen bedürfen, s. *Wilkens*, „Google, Microsoft, Facebook und 100 weitere Unternehmen plädieren für Netzneutralität", heise online vom 8.5.2014, http://www.heise.de/newsticker/meldung/Google-Microsoft-Facebook-und-100-weitere-Unternehmen-plaedieren-fuer-Netzneutralitaet-2185391.html und *Kannenberg*, „US-Tech-Firmen demonstrieren für Netzneutralität", heise online vom 10.9.2014, http://www.heise.de/newsticker/meldung/US-Tech-Firmen-demonstrieren-fuer-Netzneutralitaet-2389496.html.

[1696] S. z.B. *Feld*, „Sorge vor Zweiklassensystem im Internet", tagesschau.de vom 3.4.2014, http://www.tagesschau.de/wirtschaft/netzneutralitaet114.html.

[1697] So auch *Meckel/Fieseler/Gerlach* 2013, 14. *Schlauri* 2010, 33 verweist z.B. darauf, dass Anbieter von Web-TV 43 bereits heute über normale Breitbandanschlüsse eine annehmbare TV-Übertragungsqualität liefern. Teilweise werden Qualitätsengpässe anscheinend auch generell bestritten, *Greve*, in: Kloepfer 2011, 13; *Müller-Terpitz*, K&R 2012, 479; *Holznagel*, AfP 2011, 533; *Körber*, MMR 2011, 219.

[1698] Nach einer Studie des TÜV Rheinland im Auftrag des BMWI vom August 2013 waren bis Ende 2012 bereits 55 % der Haushalte an das Internet mit einer Übertragungsrate von mindestens 50 Mbit/s angevorgebracht.[1700] Die Netzwerkbetreiber haben zwar den Ausbau des Glasfasernetzes schon weit vorangetrieben, allerdings überwiegend in urbanen Gebieten und vor allem überwiegend im Bereich der Backbone-Netze.[1701] Für die Leistungsfähigkeit der Internetverbindung sind aber gerade die Zugangsnetze und die letzte Meile entscheidend.[1702] Da es sich bei der Infrastruktur des Glasfasernetzes um ein natürliches Monopol handelt,[1703] könnte sein Ausbau Regulierungsmaßnahmen des Staates nach sich ziehen, so dass von einer hohen Investitionsunsicherheit auszugehen ist. Des Weiteren ist aufgrund des Dichtevorteils ein flächendeckender Breitbandausbau wirtschaftlich nicht sinnvoll und würde demnach nicht vollzogen werden.

Das Hauptargument der Infrastruktur-Provider für den Einsatz von Netzwerkmanagementtechniken ist, dass diese eine weniger kostenintensive ad hoc-Lösung für die Gewährleistung qualitativ hochwertiger Internetdienste unabhängig von deren Qualitätsanforderungen darstellen. Die Grundidee ist, qualitätssensible Dienstleistungen vorrangig und dadurch mit hoher Qualität zu übermitteln. Nicht qualitätssensible Dienstleistungen werden nachrangig übermittelt, weil bei ihnen die geringe Qualität in der Regel nicht zu Nutzungseinbußen führt. Es müssten entsprechende Regeln für die Datenübertragung eingeführt werden, durch die Prioritäten und Nachrangigkeiten von bestimmten Daten oder Diensten gegenüber anderen festgelegt werden. Ausgehend von der Zielsetzung, alle Internetdienste unter Berücksichtigung der für sie jeweils erforderlichen Qualitätsbedingungen bestmöglich zu realisieren, müssten anhand der technischen Leistungsmerkmale Latenzzeit, Jitter, Paketverlustrate, Durchsatz und Bandbreite Transportgruppen gebildet und für diese Prioritätsregeln festgelegt werden.[1704] Diese Regeln sind grundsätzlich als Ergänzung oder als Ablösung des Prinzips „First In – First Out" denkbar. Die praktische Umsetzung dieser Regeln erfordert eine Verkehrssteuerung, das sogenannte Access Tiering, die durch den Einsatz von Netzwerkmanagementtechniken umzusetzen ist. Durch sie kann eine differenzierte Übertragung der Dienste erreicht werden. Dies hätte den Vorteil, dass knappe Transportkapazitäten auch bei einem hohen Datenvolumen effizient genutzt werden könnten, ohne die physische Leistungskapazität der Netzinfrastruktur bis hin zu Überkapazitäten für Übertragungsspitzen erhöhen zu müssen.[1705] Durch derartige Maßnahmen der Übermittlungssteuerung könnten insbesondere temporäre Belastungsspitzen überwunden oder zumindest verringert werden.

---

schlossen. Die Kosten für den Ausbau des Netzes, um 100 % der Haushalte mit dieser Übertragungsleistung ans Internet anzuschließen, werden auf 20 Mrd. € beziffert. Für einen flächendeckenden Ausbau mit FTTH für 100 % der Haushalte wurden Kosten zwischen 85,5 und 93,8 Mrd. € ermittelt, http://www.bmwi.de/BMWi/Redaktion/PDF/Publikationen/Studien/kostenstudie-zum-breitbandausbau,property=pdf,bereich=bmwi2012,sprache=de,rwb=true.pdf. Gleichzeitig stellt das „Gremium Europäischer Regulierungsstellen für elektronische Kommunikation" (GEREK) in Bezug auf die Deutsche Telekom fest: „Im Unterschied zu dem, was von manchen ISPs in der Netzneutralitätsdebatte behauptet wird, gibt es keine Anhaltspunkte dafür, dass die Netzkosten der Betreiber nicht schon vollständig von der Wertschöpfungskette des Internet abgedeckt wären."

1699 Schätzungen zufolge soll es ca. 20 Jahre dauern, alle Haushalte an ein Glasfasernetz anzuschließen, s. *Bernau/Martin-Jung*, „Deutschland verliert den Anschluss", Süddeutsche Zeitung vom 28.11.2013, http://www.sueddeutsche.de/digital/ausbau-des-glasfasernetzes-in-deutschland-bitte-warten-1.1830902.

1700 Von den 20 Mrd. €, die für die Anschluss der 45 % Haushalte, die noch nicht mit einer Übertragungskapazität von 50 Mbit/s an das Internet angeschlossen sind, müssen 8 Mrd. € und damit 65 % der Gesamtkosten für die Erschließung der letzten 5 % der Haushalte in ländlichen Gebieten aufgewendet werden, so die genannte Studie des TÜV Rheinland.

1701 In Deutschland waren im Dezember 2012 weniger als 1 % der Haushalte mit FTTH oder FTTB versorgt, so dass Deutschland beim Glasfaserausbau im europäischen Vergleich weit abgeschlagen ist, s. „Glasfaseranschlüsse in Europa: Deutschland unter „ferner liefen"...", http://www.heise.de/newsticker/meldung/Glasfaseranschluesse-in-Europa-Deutschland-unter-ferner-liefen-1807096.html?view=zoom;zoom=1.

1702 S. Kap. 6.1.7.2.2.

1703 S. Kap. 5.4.

1704 *Gersdorf*, AfP 2011, 212; *Kruse* 2011, 7 f.

1705 *Schlauri* 2010, 32.

Aus dieser technisch-abstrakten Perspektive scheint das Access Tiering ein sinnvoller und zielführender Lösungsansatz für das Problem begrenzter Netzwerkkapazitäten zu sein. Es weist allerdings noch sehr viele weitere Facetten auf, die zu berücksichtigten sind. Zum einen spielen ökonomischen Aspekte eine wichtige Rolle, zum anderen verändert sich die Funktion der Infrastruktur-Provider sowie die Kommunikationsstruktur des Internet maßgeblich, indem die Trennung zwischen Inhalt, bezogen auf Internetdienst und Webanwendung, und Transport aufgehoben wird. Werden derartige Maßnahmen technisch implementiert, können sie für andere Interessen instrumentalisiert werden, so dass erhebliche Missbrauchsrisiken entstehen. Die Netzneutralität ist daher nicht nur eine technische Frage der Gestaltung der Infrastruktur.

Aus der ökonomischen Perspektive sind die arbeitsteiligen Dienstleistungs- und Wertschöpfungsketten im soziotechnischen System Internet zu berücksichtigen. Abweichend von dem bisher überwiegenden Geschäftsmodell des mit einem pauschalen Entgelt vermarkteten Internetzugangs, könnten sich Access-Provider über alternative Geschäftsmodelle finanzieren, bei denen die realen Übertragungskapazitäten für die Übertragung hochvolumiger Dienste als Zusatzkosten in die Tarifierung einbezogen werden.[1706]

Diese Geschäftsmodelle führen allerdings dazu, dass Infrastruktur-Provider durch den Einsatz von Netzwerkmanagementtechniken eine veränderte Funktion in Bezug auf die Kommunikationsströme im Internet einnehmen. Sie stellen nicht mehr nur entgeltlich die Infrastruktur für die Datenübertragung zur Verfügung, sondern sie lenken die Kommunikationsströme nach bestimmten Kriterien und Bewertungsmaßstäben. Die Priorisierung der Datenübermittlung für einzelne Dienste hat zwangsläufig die Posteriorisierung anderer Dienste zur Folge. Deshalb wird das Access Tiering auch als Datendiskriminierung bezeichnet [1707] Jegliche Differenzierung bei der Datenübermittlung löst die bisherige Inhaltsneutralität der Kommunikationsstruktur und des Datenaustauschs über das Internet auf. Auch wenn der Einsatz von Netzwerkmanagementtechniken der Lösung des Problems begrenzter Netzwerkkapazitäten dienen soll, eröffnet er jedoch sehr viel mehr Möglichkeiten, den Datenverkehr im Internet aus unterschiedlichsten Gründen zu steuern. Selbst von Vertretern der Sicherung absoluter Netzneutralität anerkannt sind die Steuerungsziele der Gewährleistung der Netzstabilität und die grundsätzliche Funktionsfähigkeit des Internet. Die genannten technischen Leistungsmerkmale für Internetdienste sind nur ein Ansatz der Bewertung und Priorisierung. Technisch realisierbar ist auch die differenzierte Datenübertragung anhand weiterer Steuerungskriterien, die auf den Inhalt der zu übertragenden Daten abstellen.

Neben diesen – mehr oder weniger – anerkannten Gründen für eine Steuerung der Datenübertragung auf Netzwerkebene, besteht ein hohes Missbrauchspotential. Es kann nicht ohne weiteres davon ausgegangen werden, dass Infrastruktur-Provider das Access Tiering allein mit dem Ziel der bestmöglichen Übermittlung aller Internetdienste umsetzen werden. In der Vergangenheit haben Infrastruktur-Provider die Netzneutralität schon mehrfach aus unterschiedlichen Gründen nicht beachtet. Häufig sind Infrastruktur-Provider gleichzeitig als Content-Provider tätig, sogenannte vertikal integrierte Infrastruktur-Provider.[1708] In dieser Situation besteht das Risiko, dass sie konkurrierende Content-Anbieter vom Transport durch ihre Netze ausschließen, deren Dienste gezielt langsamer übertragen, blockieren oder hohe Entgelte für eine qualitätsstabile Übermittlung erheben, mit dem Ziel die Kundenströme auf das eigene Dienstleistungsangebot umzulenken.[1709] Zum Beispiel blockierte der Mobilfunknetzbetreiber T-Mobile bei der Nutzung des iPhones den Internetdienst Skype, der die Internet-Telefonie ermöglicht.[1710] T-Mobile begründete die Maßnahme zwar mit dem Risiko des mo-

---

[1706] S. Kap. 5.4.

[1707] *Martini*, VerwArch 2011, 318.

[1708] *Bullinger*, Wissenschaftliche Dienste des Bundestages 2010, 5.

[1709] *Martini*, VerwArch 2011, 318.

[1710] S. *Kremp*, „Skype auf dem iPhone: T-Mobile blockiert Billigtelefonate", Spiegel Online vom 31.3.2009, http://www.spiegel.de/netzwelt/mobil/skype-auf-dem-iphone-t-mobile-blockiert-billigtelefonate-abilen Voice-over-IP für die Qualität sämtlicher Datenübertragungen. Es drängt sich aber der Verdacht auf, dass T-Mobile den Konkurrenten im Bereich Sprachtelefonie aus dem Mobilfunkbereich verdrängen wollte, damit das eigene Geschäftsmodell nicht gefährdet wird.[1711]

Umgekehrt berufen sich die Befürworter der Netzneutralität ebenfalls auf ökonomische Argumente. Die Netzneutralität sei eine zwingende Voraussetzung für die Freiheit und Offenheit des Internet, die wiederum eine Grundvoraussetzung für seine schnelle und kreative Entwicklung und insbesondere seiner Anwendungen seien.[1712] Quality of Services werden als Gefahr für das Internet als Innovationsmotor angesehen, weil sie dazu führen können, dass sich die Kosten für den Marktzutritt deutlich erhöhen. Die Chancen für und der Erfolg von Webanwendungen würde dann zunehmend von der bereits bestehenden Finanzkraft des Anbieters und nicht von der Innovationskraft der Anwendung abhängen. Es wird befürchtet, dass hiervon vor allem die auch schon unter den bisherigen technischen Bedingungen entstandenen Internetgiganten profitieren und in ihren jeweiligen Segmenten ihre teils schon vorhandene marktbeherrschende Stellung weiter verfestigen könnten.[1713] Der Rückgang der Innovationen hätte entsprechende wirtschaftliche Konsequenzen nicht nur für Internet- und Webdienste, sondern aufgrund des Abhängigkeitsverhältnisses auch für die technische Infrastruktur und deren Provider.

In der Diskussion um die Netzneutralität werden neben diesen technischen und ökonomischen Argumenten zudem normative und gesellschaftliche Argumente vorgetragen, allerdings überwiegend von den Befürwortern der Netzneutralität.[1714] Die Gegner der Netzneutralität berufen sich vor allem auf das gesellschaftsökonomische Argument, dass das Angebot von Quality of Service den Interessen und Präferenzen der Nutzer entspreche.[1715] Nur auf diesem Weg könnten die unterschiedlichen Anforderungen der Internetnutzer optimal bedient und die Verursacher des hohen Datenverkehrs für die Kosten herangezogen werden, so dass mehr ökonomische Gerechtigkeit gewahrt wird.

Die Befürworter der Netzneutralität beziehen die Offenheit und Freiheit des Internet nicht nur auf die Zugangsfreiheit, sondern sehen sie auch als grundlegende Bedingungen für das Internet als Kommunikationsinstrument. Der Einsatz von Netzwerkmanagementtechniken kann mit der Datendiskriminierung auch zu einer Meinungs- und Informationsdiskriminierung und im äußersten Fall zu einer Internetzensur führen.[1716] Die Datenübertragung soll nicht beobachtet, gefiltert sowie beschleunigt oder verzögert werden, sondern gegenüber den Inhalten der Datenpakete „blind“ erfolgen. Diese normativen, verfassungsrechtlichen Argumente für die Netzneutralität wurden bereits ausführlich dargestellt und sind der Anlass für die Diskussion der Netzneutralität als grundrechtliches Schutzziel insbesondere der Meinungs- und Informationsfreiheit.[1717] Zudem sei die Netzneutralität erforderlich, um wettbewerbsbeeinflussende und -behindernde Maßnahmen der Infrastruktur-Provider zu verhindern.[1718] Vertreter in der politischen Diskussion, die die Netzneutralität überwiegend auf diese Argumente stützen, sehen das Internet nicht als kommerzielle, sondern als gesellschaftliche Infrastruktur

---

616587.html. T-Mobile begründete die Blockierung mit dem Risiko des mobilen Voice-over-IP für die Qualität der Datenübertragung.

1711 S. auch *Görisch*, EuZW 2012, 494.

1712 Vgl. *Martini*, VerwArch 2011, 324.

1713 Wie bereits dargelegt, machen sich die Internetgiganten aber ebenfalls für die Netzneutralität stark, s. Fn. 1695.

1714 Dies sind vor allem die Netzgemeinde, Netzaktivisten und Verbraucherschützer, *Frevert*, MMR 2012, 511; *Schrey/Frevert*, MMR 2010, 597; Digitale Gesellschaft e.V. Kampagne „Echtes Netz“ http://echtesnetz.de/.

1715 Zu diesem Argument s. *Müller-Terpitz*, K&R 2012, 480, *Körber*, MMR 2011, 219; *Ufer*, K&R 2010, 384.

1716 *Frevert*, MMR 2012, 510; *Holznagel*, K&R 2010, 96 ff.; *Ufer*, K&R 2010, 384; ablehnend *Koenig/Fechtner*, K&R 2011, 75.

1717 S. Kap. 6.1.1.1.2.

1718 *Wimmer*, ZUM 2013, 643; *Frevert*, MMR 2012, 511.

an. Aus der gesellschaftlichen Perspektive wird befürchtet, dass sich das Internet zu einem Zwei- oder Mehrklassennetz entwickelt, bestehend aus einem Netzbereich, der weiterhin die Datenübertragung nach dem Best Effort-Prinzip vornimmt und dem zweiten Netzbereich, in dem bestimmte Daten oder Dienste bevorzugt und mit hoher Geschwindigkeit transportiert werden.[1719] Sowohl auf Anbieter- als auch auf Nutzerseite könnten Unternehmen oder Personen aus finanziellen Gründen von der Teilnahme am Internet ausgeschlossen werden, wenn für den Transport qualitätssensibler Dienste zusätzliche Kosten anfallen. Zudem wird auf die Gefahr hingewiesen, dass der gesellschaftlich und auch volkswirtschaftlich wünschenswerte Netzausbau von den privatwirtschaftlichen Infrastruktur-Providern nicht mehr vorgenommen, wenn ihnen durch die Erlaubnis des Einsatzes von Netzwerkmanagementtechniken der Anreiz hierfür genommen wird.[1720]

Selbst unter den Befürwortern der Netzneutralität gehen allerdings nur die wenigstens von ihrer Absolutheit aus, die jegliche Steuerungsmaßnahmen verbietet. Es wird danach unterschieden, zu welchem Zweck in die Datenübertragung entgegen den IP-Protokollvorgaben eingegriffen und sie beeinflusst wird. Es wird zwischen Maßnahmen der Netzwerksteuerung und dem Netzwerkmanagement differenziert.[1721] Als grundsätzlich zulässig werden Maßnahmen mit dem Ziel der Gewährleistung der Funktionsfähigkeit und Sicherheit des Netzes erachtet – sogenannte Netzwerksteuerung. Der wesentliche Unterschied besteht darin, dass beim Netzwerkmanagement die Einflussnahme auf die Datenübertragung anhand anwendungs- und inhaltsbezogener Kriterien erfolgt. Hieraus resultieren vor allem die verfassungsrechtlichen Bedenken bei einer Abkehr von der Netzneutralität. Zudem werden nicht nur einzelne Datenübertragungen beeinflusst, sondern durch die Priorisierung einzelner andere benachteiligt.

Zusammenfassend kann die sehr umfangreiche und vielfältige Diskussion um die Netzneutralität im Wesentlichen auf die folgenden ökonomischen, technischen, rechtlichen und gesellschaftlichen Argumente gegen und für die Netzneutralität reduziert werden.[1722]

Für das Netzwerkmanagement spricht, dass alle Internetdienste und Webanwendungen mit der für sie jeweils erforderlichen Qualität übertragen werden können und die Effizienz des Internet erhöht wird. Ökonomisch sprechen gegen die Netzneutralität die wirtschaftliche Freiheit der Infrastruktur-Provider und deren Interesse an einer angemessenen Beteiligung an der Wertschöpfungskette des Internet insbesondere zum Ausgleich der Kosten für den Einsatz von Netzwerkmanagementtechniken und den Netzwerkausbau. Für die Netzneutralität spricht technisch der Erhalt des Status quo, der Anreize für den Netzausbau bieten könnte. Es wird auf das ökonomische Argument der Gewährleistung der Innovationskraft[1723] und der Vielfaltssicherung[1724] bezogen auf das soziotechnische System Internet verwiesen. Die Hauptargumente für die Netzneutralität sind normativer und gesellschaftlicher Natur. Die Netzneutralität ist eine Bedingung für die freie und offene Internetkommunikation und stellt sicher, dass keine Internetzensur – staatlich oder durch private Unternehmen – erfolgt, indem die Verbreitung von Meinungen und der Zugang von Informationen erschwert, verzögert oder behindert werden.[1725] Des Weiteren verhindert die Netzneutralität wettbewerbsbeeinträchtigende Maß-

1719 S. *Brüggemann*, CR 2013, 565 ff.; *Frevert*, ZRP 2013, 166.

1720 *Martini*, VerwArch 2011, 325.

1721 Zu dieser begrifflichen Differenzierung s. *Bedner* 2009, 9 ff.

1722 S. auch die Zusammenfassung der Pro- und Contra-Argumente bei *Berger-Kögler/Kind*, N&R Beilage 4/2010, 1.

1723 *Müller-Terpitz*, K&R 2012, 479; *Holznagel*, NJW 2012, 1625; *Körber*, MMR 2011, 220; *Koenig/Fechtner*, K&R 2011, 74; *Berger-Kögler/Kind*, N&R Beilage 2010, 1; *Ufer*, CR 2010, 643; *Spies/Ufer*, MMR 2010, 14.

1724 *Wimmer*, ZUM 2013, 643; *Frevert*, ZRP 2013, 166 sowie die *Landesmedienanstalten*, „Netzneutralität", s. http://www.die-medienanstalten.de/themen/plattformen-netze/netzneutralitaet.html.

1725 *Holznagel*, K&R 2010, 96, 99 f.; *Ufer*, K&R 2010, 384.

nahmen der Infrastrukturanbieter gegenüber Mitbewerbern und die Entwicklung eines Zwei-Klassen-Netzes.

Diese Vielfalt der Argumente führt dazu, dass bereits kein einheitliches Begriffsverständnis der Netzneutralität besteht, wodurch die Diskussion zusätzlich erschwert wird.[1726] Die unterschiedlichen Definitionen der Netzneutralität ergeben sich erstens in Bezug auf die Bezugsobjekte der Neutralität, zum Beispiel Daten, Dienste und Anwendungen, zweitens dem Verständnis der Neutralität selbst, im Sinne der Gleichbehandlung, Diskriminierungsfreiheit oder Chancengleichheit und drittens den Bezugssubjekten der Neutralität, Content-Provider und Internetnutzer. Diese Definitionsbausteine variieren, je nachdem welche Zielsetzungen mit der Netzneutralität oder eben mit ihrer Aufgabe als absolutes Gestaltungsprinzip des Internet verfolgt werden.[1727]

Eine gesetzliche Definition der Netzneutralität existiert weder auf europäischer noch auf nationaler Ebene.[1728] Nach der Entschließung des EU-Parlaments wird Netzneutralität als grundsätzliche Gleichbehandlung und Diskriminierungsfreiheit bei der Durchleitung der Datenpakete, unabhängig von Inhalt, Dienst, Anwendung, Herkunft oder Ziel definiert.[1729] Durch die Formulierung der Durchleitung der Datenpakete wird deutlich, dass sich die Netzneutralität auf die technische Netzwerkebene bezieht. Die Aufzählung der Bezugsobjekte der Neutralität – Inhalt, Dienst, Anwendung, Herkunft und Ziel – führen zu einem weiten und absoluten Verständnis der Netzneutralität.[1730] Dem Wortlaut nach soll der Transport der Datenpakete durch das Internet ausschließlich nach dem Best Effort-Prinzip und unter Verzicht des Einsatzes jeglicher Netzwerkmanagementtechniken erfolgen, so dass diesbezügliche inhaltliche oder technische Differenzierungskriterien ausgeschlossen sind und dies aus jeglichen Gründen. Eine Einschränkung der Bezugsobjekte findet sich in der Definition der Netzneutralität der amerikanischen Federal Communications Commission (FCC). Danach ist die diskriminierungsfreie Datenübertragung nur in Bezug auf rechtmäßige Datenübertragungen – lawful traffic – zwingend vorgegeben.[1731] Teilweise wird die Anforderung der Netzneutralität

---

1726 Dies stellt auch eine zentrale Beobachtung dar von *Meckel/Fieseler/Gerlach* 2013, 5 f. S. zu unterschiedlichen Definitionsansätzen *Kruse* 2011, 4; *Koenig/Fechtner*, K&R 2011, 73; *Wimmer*, ZUM 2013, 642.

1727 Vereinzelt besteht zusätzlich ein unterschiedliches Verständnis darüber, wer Adressat der Gewährleistung der Netzneutralität ist. Teilweise wird das Gebot der Netzneutralität als Schutz vor staatlichen Eingriffen verstanden – die allerdings gesetzlich verpflichtend von den Netzbetreibern umzusetzen wären –, wie z.B. die Blockierung von Inhalten, wie sie in Deutschland durch das Zugangserschwerungsgesetz angedacht war. Im Kern beinhaltet diese Definition allerdings keine Erweiterung der Definition der Netzneutralität, sondern betrifft die Frage, ob und in welcher Form sie rechtlich verbindlich ist. Nur wenn die Netzneutralität verfassungsrechtlich vorgeschrieben wäre, könnten sich Netzbetreiber auf sie zur Abwehr staatlicher Verfügungen berufen.

1728 § 41a TKG wird zwar mit dem Begriff „Netzneutralität" betitelt, es erfolgt aber keine Legaldefinition. Die Vorschrift umschreibt die Netzneutralität durch die Zielsetzung dieser Verordnungsermächtigung, die es erlaubt, gegenüber Unternehmen, die Telekommunikationsnetze betreiben, die grundsätzlichen Anforderungen an eine diskriminierungsfreie Datenübermittlung und den diskriminierungsfreien Zugang zu Inhalten und Anwendungen festzulegen, um eine willkürliche Verschlechterung von Diensten und eine ungerechtfertigte Behinderung oder Verlangsamung des Datenverkehrs in den Netzen zu verhindern.

1729 S. *EU-Parlament*, Bericht über den Vorschlag für eine Verordnung des Europäischen Parlaments und des Rates über Maßnahmen zum europäischen Binnenmarkt der elektronischen Kommunikation und zur Verwirklichung des vernetzten Kontinents und zur Änderung der Richtlinien 2002/20/EG, 2002/21/EG und 2002/22/EG und der Verordnungen (EG) Nr. 1211/2009 und (EU) Nr. 531/2012 (COM(2013)0627 – C7-0267/2013 – 2013/0309(COD)) vom 20.3.214, Plenarsitzungsdokument A7-0190/2014, 308; *Bullinger*, Wissenschaftliche Dienste des Bundestages, Aktueller Begriff 015/10 Netzneutralität, http://www.bundestag.de/dokumente/analysen/2010/Netzneutralitaet.pdf.

1730 Diese Definition der Netzneutralität wird auch als strikt, eng oder blind bezeichnet, s. *Kruse* 2011, 2; *Koenig/Fechtner*, K&R 2011, 73. Kurz formuliert gelten hier die Aussagen, „a bit is a bit" oder „alle Daten sind gleich".

1731 *Federal Communications Commission* 2010, https://www.fcc.gov/rulemaking/09-191.

lediglich auf Diensteklasse bezogen.[1732] Eine Differenzierung anhand der technischen Qualitätsparameter in qualitätssensible und nicht qualitätssensible Dienste wird danach nicht als Verstoß gegen die Netzneutralität gewertet.

In der Literatur wird die Anforderung der Neutralität unterschiedlich definiert. Diese sei nicht als Differenzierungsfreiheit zu verstehen, sondern als Diskriminierungsfreiheit. Nicht jegliche Differenzierung ist ausgeschlossen, so wie es das Best Effort-Prinzip vorsieht, sondern eine Differenzierung beim Datentransport muss aus sachlichen Gründen gerechtfertigt sein.[1733] Ein noch moderateres Verständnis der Neutralität wird vor allen aus ökonomischen Gründen vertreten. Danach ist Netzneutralität als netzseitige Chancengleichheit des Wettbewerbs zwischen Inhalte- und Diensteanbieter zu verstehen.[1734] Diese Definition weist nicht nur ein wenig beschränkendes Verständnis des Neutralitätsbegriffes auf, sondern bezieht die Gewährleistung der Netzneutralität zudem subjektiv nur auf den Content-Anbieter. Priorisierungen sind nach diesem Verständnis auch in Verbindung mit Preisdifferenzierungen erlaubt, soweit sie auf sachlichen Kriterien beruhen und keine Mitbewerber vom Wettbewerb ausschließen. Entsprechende Differenzierungen auf Nutzerseite sind demnach zulässig. Schließlich wird noch die Auffassung vertreten, dass Netzneutralität gerade keine Diskriminierungsfreiheit im Internet gewährleistet, sondern im Gegenteil zu Diskriminierungen führt.[1735] Qualitätssensible Dienste würden nach dem Best Effort-Prinzip diskriminiert, da sie bei einem „Datenstau" aufgrund der Qualitätseinbußen im Unterschied zu nicht qualitätssensiblen Diensten nicht funktionsfähig seien. Daher läge eine willkürliche Gleichbehandlung von wesentlich Ungleichem vor. Diskriminierungsfreiheit könne nur durch die Zulassung unterschiedlicher Dienstklassen und deren priorisierter Datenübertragung gewährleistet werden.

Die in Umsetzung von § 41a TKG zu erlassende Netzneutralitätsverordnung (NNVO) liegt bisher als Entwurf vor und ist noch nicht verabschiedet worden.[1736] In § 1 Abs. 1 NNVO-E2 werden die Grundsätze der Netzneutralität zur Gewährleistung eines freien und offen zugänglichen Internet festgelegt. Gemäß Nr. 1 sind Daten im offenen Internet nach dem Best Effort-Prinzip zu übermitteln. Dies bedeutet, dass alle Datenpakete grundsätzlich gleich behandelt werden unabhängig von Inhalt, Dienst, Anwendung, Herkunft oder Ziel sowie mit Übertragungskapazitäten, die grundsätzlich die Nutzung aller über das Internet erbrachten Dienste, Inhalte und Anwendungen ermöglichen. Damit nimmt der Verordnungsentwurf die strenge Definition der Netzneutralität auf. Es bestehen aber insofern Abweichungen, als dass das Best Effort-Prinzip nur für das „offene" Internet und nur „grundsätzlich" vorgeschrieben wird. Ergänzend wird in § 1 Abs. 1 Nr. 3 NNVO-E2 festgelegt, dass Transportklassen im offenen Internet und Managed Services die Fortentwicklung des Best Effort-Internet im Sinne von Nr. 1 nicht behindern dürfen. Die Verordnung bezieht die Netzneutralität damit nur auf das offene Internet und erlaubt grundsätzlich proprietäre Netze für das Angebot und die Übertragung von Managed Services. Dies sind gemäß der Legaldefinition in § 1 Abs. 1 Nr. 2 Dienste, die in vom offenen Internet logisch getrennten Netzen mit Ende-zu-Ende-Kontrolle übertragen und dem Endnutzer als separates Angebot zum Internetzugang gegen gesondertes Entgelt angeboten werden. Mit diesen Regelungen legitimiert die Verordnung im Grunde ein „Zwei-

---

1732 *Wimmer*, ZUM 2013, 642 mit Verweis auf den Überblick über die verschiedenen Interessengruppen bei *Frevert*, MMR 2012, 510 ff.

1733 *Koreng*, CR 2009, 758; . *Schlauri* 2010, 33; *Paal*, AfP 2011, 522; *Körber*, MMR 2011, 219.

1734 *Vogelsang*, in: Klumpp/Kubicek/Roßnagel/Schulz 2010, 5.

1735 *Koenig/Fechtner*, K&R 2011, 75; *Berger-Kögler/Kind*, MMR-Aktuell 7/2010, 302773. *Hörauf*, HFR 7/2011, 70 ff. sieht in diesem Zusammenhang den Einsatz von Netzwerkmanagement, durch das die Transportanforderungen der unterschiedlichen Dienste berücksichtigt werden, sogar als effektiven Grundrechtsvoraussetzungsschutz an.

1736 Nach massiver Kritik am ersten Entwurf einer Netzneutralitätsverordnung des BMWI – Entwurf einer Netzneutralitätsverordnung nach § 41a TKG vom 17.6.2013, wurde ein zweiter Entwurf einer Netzneutralitätsverordnung nach § 41a TKG vom 31.7.2013 veröffentlicht, http://www.bmwi.de/BMWi/Redaktion/PDF/M-O/netzneutralitaet-zweiter-entwurf,property=pdf,bereich=bmwi2012,sprache=de,rwb=true.pdf.

Klassen-Internet“[1737] mit der Einschränkung, dass dies nicht zu Lasten des offenen Bereichs des Internet führen darf, in dem die Einhaltung der Netzneutralität zwingend ist.

Insofern ist in Deutschland zwar noch keine abschließende rechtspolitische Entscheidung getroffen worden, allerdings lässt sich dem Verordnungsentwurf und insbesondere auch seiner Begründung eine grundsätzliche Tendenz für ein durch die Netzneutralität gewährleistetes freies und offen zugängliches Internet entnehmen. Den ökonomischen Argumenten gegen die Netzneutralität wird durch die grundsätzliche Zulassung von Managed Services und entsprechenden Preisdifferenzierungen Rechnung getragen.

7.2.1.1.2 Verfassungsrechtlicher Regelungsbedarf

Die grundrechtliche Dimension des Internet ergibt sich aus der Perspektive des Internetnutzers aus zahlreichen verschiedenen Grundrechten. Es bietet sowohl Chancen für die Verwirklichung einzelner Grundrechte – insbesondere der Kommunikationsgrundrechte – als auch Risiken für deren Wahrnehmung. Chancen und Risiken beziehen sich jeweils auf die inhaltliche Seite der Internetdienste und Webanwendungen, allerdings liegen ihrer Analyse auch die technischen Bedingungen des Internet zugrunde, wie insbesondere die Netzneutralität. Solange diese Inhalte über das Internet ausschließlich nach dem Best Effort-Prinzip übermittelt werden, kommt es zu keiner gezielten Steuerung der Informations- und Kommunikationsströme. Wird vom Best Effort-Prinzip abgewichen und werden Netzwerkmanagementtechniken eingesetzt, hat dies automatisch Verzögerungen oder Blockierungen konkreter Inhalte zur Folge und es wird auch möglich, diese Maßnahmen gezielt auf zu übermittelnde Inhalte zu beziehen. Ändern sich somit diese technischen Bedingungen faktisch, bestehen aufgrund der auftretenden Risiken eventuell Lücken im Grundrechtsschutz, die risikoadäquat zu schließen sind. Fraglich ist, ob aus den Grundrechten eine Pflicht des Gesetzgebers zur Gewährleistung der Netzneutralität abzuleiten ist. Lässt sich die Netzneutralität nicht als für einen umfassenden Grundrechtsschutz erforderliches Schutzziel begründen, wäre es eine rechtspolitische Entscheidung, ob und in welchem Umfang die Netzneutralität einfachgesetzlich vorgeschrieben wird.

Sofern über das Internet Meinungen geäußert sowie Informationen bezogen oder Presse- und Rundfunkinhalte verbreitet werden, ist jegliche Verzögerung oder Blockierung der Datenübermittlung eine Grundrechtsbeeinträchtigung von Art. 5 Abs. 1 GG. Die Grundrechte wirken jedoch unmittelbar nur gegen staatliche Eingriffe. Wird dieser durch die privaten Infrastruktur-Provider vorgenommen, entfalten die Grundrechte eine mittelbare Drittwirkung. Allerdings wirken die Grundrechte auch als Elemente einer objektiven Wertordnung und die staatliche Schutzpflicht wird aktiviert. Diese verpflichtet den Gesetzgeber Schutzvorkehrungen zu treffen, die nicht völlig ungeeignet oder unzulänglich sind und eröffnet einen weiten Ermessensspielraum. Es sind demnach grundsätzlich gesetzgeberische Maßnahmen zu ergreifen, um eine derartige inhaltsbezogene Beeinflussung der Internetkommunikation zu verhindern. Die Wahl der Mittel obliegt jedoch dem Gesetzgeber und weist einen weiten Spielraum auf. Lediglich durch das Untermaßverbot wird ein einklagbarer Anspruch des Grundrechtsträgers begründet.[1738] Theoretisch würde eine inhaltsneutrale Steuerung der Datenübertragung mittels Netzwerkmanagementtechniken grundsätzlich keine Grundrechtsbeeinträchtigung darstellen. Insbesondere der Einsatz von Netzwerkmanagementtechniken zur Gewährleistung der fehlerfreien Übertragung qualitätssensibler Internetdienste und Webanwendungen wäre im Gegenteil in der Situation von Netzwerkengpässen sogar tendenziell grundrechtsfördernd.

1737 S. z.B. die Stellungnahme der Direktorenkonferenz der Landesmedienanstalten (DLM) zum zweiten Entwurf einer Netzneutralitätsverordnung (NNVO) vom 23.8.2013, 2 http://www.die-medienanstalten.de/fileadmin/Download/Publikationen/Positionen/Aktuell_ab_2008/Stellungnahme_ DLM_zum_zweiten_Entwurf_NNVO_23082013.pdf.

1738 S. Kap. 2.2.1.2.2.

Problematisch ist allerdings, dass jedes Abweichen vom Best Effort-Prinzip und die Optimierung der Datenübertragung mittels Netzwerkmanagementtechniken die Festlegung von Transportklassen und entsprechender Prioritäten erfordern. Selbst wenn es nur eine sehr grobe Unterscheidung gibt, zum Beispiel zwischen qualitätssensiblen, echtzeitbasierten Übertragungen, wie Voice-over-IP, Videochat, Audiostream oder Games, und weniger qualitätssensiblen Diensten, wie Web-Browsing und E-Mail, führt dies faktisch dazu, dass durch Art. 5 Abs. 1 GG geschützte Datenübertragungen verlangsamt oder blockiert werden. Denn sowohl qualitätssensible als auch qualitätsneutrale Internetdienste und Webanwendungen weisen grundrechtsrelevante Inhalte auf. Eine eindeutige Trennung zwischen der Technik der Datenübertragung im Internet und den übertragenen Inhalten ist nicht möglich. Umgekehrt zeigt die grundrechtliche – inhaltsbezogene – Bewertung der über das Internet übertragengen Daten gerade, dass diese verfassungsrechtlich nicht gleichgestellt sind. Insofern fordert der effektive Grundrechtsschutz insbesondere von Art. 5 Abs. 1 GG entsprechend keine Gleichbehandlung der Daten bei ihrer Übertragung, wie sie durch die absolute Netzneutralität erreicht wird, sondern eine inhaltsneutrale Übermittlung der Daten.[1739] Diese kann, muss aber nicht durch die ausschließliche Datenübermittlung nach dem Best Effort-Prinzip realisiert werden.

Diese Situation ist allerdings vergleichbar mit derjenigen des Schutzziels der Vertraulichkeit der Fernkommunikation. Dieses besteht losgelöst und unabhängig von den konkreten Kommunikationsinhalten. Die Kommunikationsinhalte können jeweils einen spezifischen Grundrechtsschutz genießen. Das Schutzziel der Vertraulichkeit der Fernkommunikation tritt aus mehreren Gründen ergänzend und übergreifend hinzu. Jegliche Differenzierung kann erstens bereits eine Beeinträchtigung spezifischer Grundrechte darstellen, da sie eine Kenntnisnahme des Inhalts voraussetzen würde. Zweitens ist die zwischenmenschliche Kommunikation als eigenständiger verfassungsrechtlicher Wert und als Grundvoraussetzung für die Wahrnehmung nahezu aller Freiheitsgrundrechte anerkannt. Die Fernkommunikation stellt eine bedeutende Erweiterung der menschlichen Kommunikationsmöglichkeiten dar. Es ist den Grundrechtsträgern faktisch nicht möglich, Fernkommunikation ohne die Inanspruchnahme eines Telekommunikationsdienstleisters zu nutzen. Während die Kommunikatoren bei der unmittelbaren Kommunikation selbst die Vertraulichkeit ihres Gesprächs gewährleisten können, ist ihnen dies bei der Fernkommunikation nicht möglich. Diese Argumente begründen den übergreifenden verfassungsrechtlichen Schutzbedarf. Sie gelten ohne Ausnahme auch für die Kommunikation über das Internet.

Ein lückenloser Grundrechtsschutz bei der Internetkommunikation fordert daher ein Schutzziel, das alle Kommunikationsinhalte gleichermaßen umfasst, indem der technische Kommunikationsvorgang inhaltsneutral umgesetzt wird. Grundrechtsdogmatisch kann dies durch das Schutzziel der Inhaltsneutralität bezogen auf den technischen Vorgang der Datenübertragung durch die Infrastrukturdienstleister gewährleistet werden. Das Schutzziel der Inhaltsneutralität ermöglicht einen weiteren technischen und auch gesetzgeberischen Gestaltungsspielraum. Die absolute Netzneutralität im Sinne der ausschließlichen Datenübertragung nach dem Best Effort-Standard ist nur eine mögliche technische Ausgestaltungsform, durch die die Inhaltsneutralität gewährleistet werden kann. Grundsätzlich sind aber auch alternative technische Gestaltungsansätze denkbar. Eine Verfassungspflicht zur Gewährleistung der absoluten Netzneutralität, die den Einsatz jeglicher Netzwerksteuerung ausschließt, kann somit aus den Grundrechten nicht begründet werden,[1740] wohl aber der Inhaltsneutralität.

[1739] Dies wird auch als diskriminierungsfreie Datenübertragung bezeichnet. Der Begriff der Diskriminierungsfreiheit entstammt den Gleichheitsgrundrechten des Art. 3 GG. Diese beziehen sich jedoch nur auf natürliche Personen. Um eine Verwechselung mit dem aus dem Gleichheitsgrundsatz abzuleitenden Diskriminierungsverbot zu vermeiden, wird hier weiterhin der Begriff der Neutralität verwendet.

[1740] *Koreng*, CR 2009, 759; *Holznagel*, K&R 2010, 99 f.; *Martini*, VerwArch 2011, 328; *Greve*, VR 2013, 111.

7.2.1.2 Neutralität weiterer Internet-Mediäre

In die Diskussion um die Neutralität des Internet sind weitere Dienstleistungen von Internet-Mediären einzubeziehen. Während von Network- und Access-Providern die inhaltsneutrale Übermittlung von Datenpaketen erwartet wird, übernehmen andere Internet-Mediäre weitere Funktionen für die Internetnutzung, die grundsätzlich inhaltsneutral erfolgen. Hier sind insbesondere die Betreiber der DNS-Server und der Suchmaschinen zu nennen.

DNS-Server wandeln den vom Nutzer des Web als Web-Adresse eingegebenen Domain-Namen in die diesem zugeordnete IP-Adresse um.[1741] In der aktuellen Neutralitätsdiskussion wird die nicht rein automatische, neutrale Beantwortung von DNS-Anfragen nicht erwähnt. Allerdings wurde diese Problematik bereits in der Vergangenheit thematisiert, in Bezug auf die Praxis einiger Infrastruktur-Provider DNS-Modifikationen vorzunehmen,[1742] im Zusammenhang mit dem Zugangserschwerungsgesetz[1743] und beim DNS basierten Blacklisting.[1744]

Grundsätzlich können Infrastrukturprovider und Betreiber von DNS-Servern bei der Umsetzung dieser Dienstleistung die inhaltliche Nutzung des Internet beeinflussen und manipulieren. Jeder Internet-Provider verwendet seinen eigenen DNS-Server[1745] und kann die DNS-Tabellen grundsätzlich beliebig verändern, so dass der Aufruf einer Homepage blockiert oder auf eine andere Homepage umgeleitet wird. Dieses Verfahren kann eingesetzt werden, um den Zugriff auf rechtswidrige Inhalte im Internet zu unterbinden. Denkbar ist aber auch eine Beeinträchtigung des Wettbewerbs, wenn der DNS-Service bei der Eingabe des Domain-Namens für den Webdienst eines Konkurrenten auf die Homepage mit seinem eigenen Webangebot umleitet. Meinungen und Informationen könnten gezielt unterdrückt oder gefördert werden, Presseunternehmen an der Verbreitung von Nachrichten gehindert und Unternehmen oder öffentliche Einrichtungen boykottiert werden.

Fehlerhafte Namensauflösungen werden vom Nutzer zumindest teilweise sehr schnell registriert. Die Umleitung auf eine Homepage, die nicht dem eingegebenen Domain-Namen entspricht, ist in der Regel ohne weiteres erkennbar, es sei denn, es handelt sich um eine Nachahmung der Originalseite, wie es zum Beispiel beim Phishing üblich ist. Wird eine Fehlermeldung mitgeteilt, obwohl die IP-Adresse zu dem angefragten Domain-Namen in der DNS-Liste eingetragen ist, kämen auch andere Ursachen, wie zum Beispiel die nicht Verfügbarkeit des angesprochenen Servers in Betracht. In beiden Fällen stehen dem Nutzer verschiedene technische Möglichkeiten zur Verfügung, die von ihm adressierte Webseite dennoch zu öffnen.[1746]

Selbst wenn aktuell nicht bekannt ist, dass Access-Provider DNS-Server, wie beschrieben, verändern und dem Internet-Nutzer technische Alternativen zur Verfügung stehen, ist ein verfassungsrechtlicher Schutz gegen derartige Maßnahmen aufgrund der dargestellten grundrechtsrelevanten Risiken geboten. Die Funktion der DNS-Server ist trotz der dargestellten Umgehungsmöglichkeit als eine technische Notwendigkeit bei der Nutzung der E-Maildienste und des Web anzusehen. Sie stellt eine technische Funktion der Infrastruktur dar, die keinen Inhaltsbezug aufweisen sollte. Im Gegenteil löst sie die inhaltsbezogenen Domain-Namen gerade in rein nummerische IP-Adressen auf. Sofern Grundrechtsträger für umfassende grundrechtliche Freiheitsbetätigungen auf technische Unterstützungsfunktionen Dritter angewiesen sind, ist durch das Schutzziel der Inhaltsneutralität ein umfassender Grundrechtsschutz gewährleistet.

1741 S. Kap. 5.2.1.

1742 S. Kap. 6.1.1.1.2.

1743 S. Kap. 6.1.1.4.

1744 S. Kap. 6.1.1.1.2 und 7.1.1.

1745 Eine Liste der von deutschen Internetprovidern verwendeten DNS-Server findet sich z.B. unter http://de.kioskea.net/faq/1431-dns-server-aller-deutschen-internetanbietern.

1746 S. Kap. 7.1.1.

Daneben haben Suchmaschinen eine Schlüsselfunktion bei der Nutzung des Web übernommen.[1747] Ursprünglich wurde davon ausgegangen, dass sich Suchmaschinen an dem Grundprinzip der Neutralität – oder auch Objektivität – orientierten. Diese „Suchneutralität" bezieht sich erstens auf die Tätigkeit der Webcrawler, die grundsätzlich alle Webseiten erfassen und nicht zum Beispiel bestimmte Domains ausschließen sollen. Darüber hinaus soll zweitens die Erstellung der Ergebnisliste ohne eine Einflussnahme der Homepagebetreiber bestimmt werden. Sofern davon ausgegangen wird, dass Suchergebnislisten ein Spiegel jeglicher realer Internetnutzung sind, sollten Suchmaschinen drittens hinsichtlich des die Suchanfrage stellenden Nutzers neutral sein, so dass die Suchergebnisliste nutzerunabhängig immer gleich ausfallen müsste. Von einer Suchneutralität der Suchmaschinen bezogen auf die Erstellung der Suchergebnisliste kann nur sehr bedingt gesprochen werden. Zum ersten Neutralitätsaspekt kann keine fundierte Aussage getroffen werden, da die Tätigkeit der Webcrawler nicht transparent ist. Der zweite Neutralitätsaspekt ist spätestens nach der Einführung von Sponsored Hyperlinks nur noch teilweise gegeben. Bei einer marktführenden Suchmaschine besteht lediglich ein geringer Anteil der Suchergebnisseite aus organischen Hyperlinks, die algorithmenbasiert ermittelt werden. Bei den übrigen angezeigten Ergebnislinks handelt es sich um Sponsored Hyperlinks. Bei diesen zahlen in der Regel Unternehmen ein Entgelt dafür, dass der Hyperlink auf ihre Homepage auf einer bestimmten Position einer Suchergebnisliste zu festgelegten Suchbegriffen angezeigt wird. Der Neutralitätsforderung kommen Suchmaschinen allenfalls noch insoweit nach, als immer ein, wenn auch geringer Anteil organischer Hyperlinks als Ergebnis einer Suche angezeigt wird und die verschiedenen Ergebnislisten jeweils gekennzeichnet sind. Der dritte Neutralitätsaspekt ist durch die Einführung individualisierter Suchoptimierungen nahezu verdrängt worden.[1748] Hierfür werden weitere, über den Nutzer bekannte Informationen ausgewertet, wie das Suchverhalten des Nutzers in der Vergangenheit, sein aufgrund der IP-Adresse bekannter Aufenthaltsort oder Informationen aus einem privaten Account bei dem Suchmaschinenbetreiber, und die Suchergebnisliste individuell angepasst. Dadurch wird das Suchergebnis zusätzlich von Prognosen über den Nutzer bestimmt, die zutreffend sein können, aber nicht müssen. Einem KFZ-Händler würden bei der Suche mit dem Begriff Jaguar eventuell primär Hyperlinks zu Webseiten über diese Automarke gelistet, einer Biologiestudentin würden dagegen Informationsseiten zu dem gleichnamigen Tier angezeigt werden. Teilweise wird die Suchoptimierung vorgenommen, um die Passgenauigkeit der Suchergebnisse individuell zu erhöhen, teilweise dient sie Marketingzwecken.

Selbst bei den organischen Hyperlinks werden die Suchergebnisse und ihre Reihenfolge in der Suchergebnisliste letztlich durch die von den Suchmaschinenbetreibern verwendeten Webcrawler und Algorithmen bestimmt. Dies kann per se nicht objektiv erfolgen. Sowohl die Formulierung der von den Algorithmen zu berücksichtigenden Annahmen als auch die Gewichtung der einzelnen Kriterien zueinander enthalten eine vom Suchmaschinenbetreiber vorgenommene Wertung. Die Manipulationsgefahr der Suchmaschine besteht aber weniger in der Art und Weise des Zustandekommens der Suchergebnisliste, als vielmehr in ihrer Wirkungsmacht. Zum einen sind Webseiten, die von Suchmaschinen nicht oder nur nachrangig in Suchergebnislisten angezeigt werden, allenfalls durch eine sehr geringe Anzahl von Internetnutzern auffindbar und aufrufbar. Zum anderen wird Suchmaschinennutzern suggeriert, dass die organische Suchergebnisliste vom Suchmaschinenbetreiber unbeeinflusst – neutral – erstellt wird und ein Kondensat der realen Internetnutzung aller darstellt. Ursprünglich wurde diese Annahme dadurch gestützt, dass die Nutzung von Suchmaschinen kostenlos ist. Ihre Betreiber schienen kein eigenes Interesse daran zu haben, wie häufig eine Webseite aufgerufen wird. Die organische Suchergebnisliste wird als „Meinung der Massen" verkauft und auf

[1747] S. Kap. 5.2.2.
[1748] S. Kap. 6.1.3.1.2 und 6.2.3.1.

dieser Suggestion beruht die Fehlvorstellung der Nutzer der Suchmaschine. Zwar ist mittlerweile immer mehr Nutzern bewusst, dass selbst die Ergebnisliste organischer Hyperlinks nicht „neutral“ oder „objektiv“ ist, aber bedenklich bleibt, dass weder alle Kriterien, die einbezogen werden, noch die für die Berechnung maßgeblichen Algorithmen bekannt sind.

Suchmaschinen bieten keine technisch neutrale Dienstleistung an, die losgelöst von der inhaltlichen Nutzung des Web erfolgt. Sie dient im Gegenteil gerade dem Zugriff auf Inhalte im Web, die durch die Eingabe von Suchworten durch die Nutzer klassifiziert werden. Sie ist eine Unterstützung, aber keine technisch zwingende Voraussetzung, um im Kommunikationsraum Web zu agieren. Die Qualität der Dienstleistung wird vom Nutzer danach bewertet, wie zielführend für ihn die Suchergebnisliste ist. Es besteht ein breites Angebot von Suchmaschinen, aus dem der Nutzer grundsätzlich ohne den geringsten Aufwand auswählen kann. Google ist im freien Wettbewerb zum Marktführer avanciert und hat in Deutschland eine Monopolstellung erreicht. Offensichtlich haben die von Google verwendeten Suchalgorithmen und Suchergebnisse die Nutzer überzeugt. Es kann den privaten Betreibern der Suchmaschine grundsätzlich nicht verwehrt werden, ihre Dienstleistung bestmöglich umzusetzen. Ein grundrechtliches Schutzziel der (Such-)Neutralität kann unter diesen Umständen für die Dienstleistung der Suchmaschinenbetreiber nicht gefordert werden, sondern nur, wie bereits festgestellt,[1749] eine Einbeziehung als grundrechtliches Schutzgut – mit noch zu bestimmenden Schutzzielen.

Das Manipulationsrisiko durch Suchmaschinen ist nicht auf Verfassungsebene anzusiedeln, sondern es ist den einfachgesetzlichen Rechtsvorschriften zuzuordnen. Schutz der Nutzer der Suchmaschinen ist insbesondere durch das Verbraucherschutzrecht zu gewährleisten. Die Content-Anbieter werden durch das Wettbewerbsrecht geschützt. Es ist demnach zu überprüfen, ob auf einfachgesetzlicher Ebene ein Regelungsbedarf besteht. Eine Manipulation durch die Suchmaschinenbetreiber setzt die Intransparenz des Zustandekommens der Suchergebnislisten voraus. Dieser Gefahr kann durch die Transparenz der Arbeitsweise einschließlich der Datenverarbeitungsvorgänge und der Geschäftsmodelle der Suchmaschinen begegnet werden.[1750] Manipulationsversuche der Reihenfolge der Hyperlinks in der organischen Suchergebnisliste werden zudem vorrangig von Homepagebetreibern oder auch deren Befürwortern vorgenommen. Von den Suchmaschinenbetreibern wird dies als Hauptgrund dafür angeführt, dass die Algorithmen nicht bekannt gemacht werden. Je mehr Wissen über die Funktionsweise von Suchmaschinen verfügbar ist, desto gezielter können Manipulationen ansetzen. Abgesehen davon sind die Suchalgorithmen wesentlich für den wirtschaftlichen Erfolg der Suchmaschine und damit als Geschäftsgeheimnis zu qualifizieren. Bei einer einfachgesetzlichen Transparenzvorschrift wären diese beiden Interessengegensätze in einen angemessenen Ausgleich zu bringen.

7.2.2 Schutzziel der Variabilität

Das Schutzgut der individuellen Selbstdarstellung wird bisher durch die Schutzziele der Autonomie und Integrität ergänzt. Während die Autonomie die erstmalige Entscheidungsfreiheit über die individuelle Selbstdarstellung in der Öffentlichkeit absichert, adressiert die Integrität den Schutz vor Veränderungen und Beeinträchtigungen durch Dritte. Diese Schutzziele gewährleisten bisher einen umfassenden Schutz der individuellen Selbstdarstellung in der positiven und in der negativen Ausprägung. Beide setzen voraus, dass der Einzelne seine öffentliche Selbstdarstellung verändern und kontinuierlich weiterentwickeln kann. Selbstdarstel-

---

[1749] S. Kap. 7.1.1.

[1750] S. Lobo, „S.P.O.N – Die Mensch-Maschine: Was Bettina Wulff mit Mettigeln verbindet“, Spiegel Online vom 11.9.2012, http://www.spiegel.de/netzwelt/netzpolitik/google-suchvorschlaege-was-bettina-wulff-mit-mettigeln-verbindet-a-855097.html.

lung ist als Entfaltungsvorgang zu verstehen, der dem Individuum die Möglichkeit gibt, zu eigenen und fremden Identitätsbildern immer wieder auf Distanz zu gehen und sich selbst neu zu wählen.[1751]

In der physischen Welt konnten diese Veränderungen realisiert werden, indem sich der Einzelne in der Öffentlichkeit immer wieder anders darstellt und neu definiert. Er kann zum Beispiel sein Äußeres, sein Auftreten oder seine Verhaltensweisen verändern. Ein derartiger Darstellungswandel kann ganz unterschiedlich ausfallen und von der Gesellschaft auch unterschiedlich wahrgenommen werden. Umso länger und intensiver persönliche Kontakte sind, umso eher wird die „alte" Person im Gedächtnis des anderen gespeichert bleiben. Ein Großteil persönlicher Kontakte ist jedoch oberflächlicher, so dass bei Veränderungen der Selbstpräsentation nach einer gewissen Zeit die Erinnerung aufgrund der menschlichen Eigenschaft des Vergessens verfliegt. Entscheidend für die Variabilität der individuellen Selbstdarstellung in der physischen Welt ist vor allem, dass bei erstmaligen menschlichen Begegnungen in der Regel kein Vorwissen des Gegenübers über alternative Selbstdarstellungen in der Vergangenheit und kein Identitätsbild über fremde Personen besteht. Eine Ausnahme bilden Personen des öffentlichen Lebens, die eine gewissen Medienpräsenz aufweisen.[1752] Grundsätzlich ist es daher möglich, sich selbst in neuen Kontexten und gegenüber neuen Kontakten spezifisch zu definieren und darzustellen.

Das Web verändert diese realen Bedingungen. Es stellt einen für jeden zugänglichen Informationspool dar. Aus diesem können zwar noch nicht über jede, aber über eine stetig zunehmende Zahl von Personen Daten zusammengetragen, ausgewertet und zu einem Persönlichkeitsbild zusammengefügt werden. Die Detailgenauigkeit des Persönlichkeitsbildes hängt von der Anzahl der im Web präsenten und aufzufindenden Daten ab. Diese können grundsätzlich beliebige zeitliche Lebensphasen und Lebenskontexte der gesuchten Person betreffen, die dann zusammengeführt werden. Das so entwickelte Persönlichkeitsbild kann, muss aber nicht der individuellen Selbstdarstellung der Person entsprechen. Das Recht auf individuelle Selbstdarstellung bietet vor allem einen Schutz vor falschen Persönlichkeitsbildern.[1753] Die gesuchte Person kann dieses Vorgehen nicht grundsätzlich verhindern. Es ist technisch nicht (zuverlässig) möglich, einmal im Internet veröffentlichte Daten zu löschen und so Einfluss auf die verfügbaren Informationen zu nehmen. Aufgrund der Bedeutung des Internet als Kommunikationsmedium wird es zudem immer unwahrscheinlicher, dass sich der Einzelne der Nutzung entziehen kann, damit über ihn keine Informationen im Web auffindbar sind. Zudem wäre es für eine umfassende grundrechtliche Freiheitsgewährleistung widersprüchlich, den Grundrechtsträger darauf zu verweisen, das Internet nicht als Medium der individuellen Selbstdarstellung zu nutzen. Denn gerade das Web bietet jedem bisher nicht dagewesene Chancen zur Selbstpräsentation als Grundrechtsausübung.

Ein umfassender Grundrechtsschutz der individuellen Selbstdarstellung kann unter den Umständen der durch das Internet veränderten Wirklichkeitsbedingungen durch die anerkannten Schutzziele nicht erreicht werden. Der Integritätsschutz verfolgt gerade die gegenteilige Schutzrichtung der Beständigkeit der einmal veröffentlichten Selbstdarstellung. Das Schutzziel der Autonomie könnte zwar dahingehend ausgelegt werden, dass es auch die Variabilität umfasst. Allerdings bezieht sich die Autonomie auf die Erstmaligkeit der Selbstdarstellung. Die Variabilität erweitert den Grundrechtsschutz dahingehend, dass ein Recht auf Veränderungen der individuellen Selbstdarstellung erfasst wird. Das Schutzziel der vor allem auch kontextbezogenen Variabilität bildet konsequent das Gegenstück zur Integrität und beide

1751 *Britz* 2007, 40.

1752 *BVerfGE* 101, 361 (383) allgemein zur Person des öffentlichen Lebens.

1753 *Britz* 2007, 57 ordnet „falsche" Fremdbilder dem Diskriminierungsschutz zu und „richtige" Fremdbilder dem Datenschutz.

Schutzziele sind zeitlich der Autonomie nachgelagert. Da sie auf der gleichen normativen Wertungsstufe anzusiedeln sind, besteht ein verfassungsrechtlicher Regelungsbedarf.

7.3 Grundrechtsfunktionen

Eine grundrechtsübergreifende Wertungslücke wurde aus der Globalität des soziotechnischen Systems Internet geschlossen. Grundrechtsbeeinträchtigungen drohen seit der internationalen Vernetzung vermehrt durch ausländische Staaten, Unternehmen oder Privatpersonen, die keine Adressaten der Grundrechte sind. Entsprechend gelangt zum Beispiel auch die Resolution der Parlamentarischen Versammlung des Europarats zur Sicherheit der Bürger im Netz zu dem Ergebnis, dass die Staaten verpflichtet seien, für einen „angemessenen Schutz gegen Ausspähung, Überwachung, Profiling und das Speichern von Nutzerdaten" zu sorgen.[1754] Die anerkannten Schutzfunktionen der Grundrechte greifen dieses Risiko nicht ausdrücklich und umfassend auf. Insofern ist ein Weg zu suchen, wie die inhaltlich allgemein anerkannte Forderung grundrechtsdogmatisch abgeleitet und begründet werden kann.

Grundrechtsfunktionen sind seltener Gegenstand von Verfassungsentwicklungen als Schutzbereiche der Grundrechte. Dennoch kann allein aus der Häufigkeit weder eine Aussage über deren Reichweite getroffen werden, noch darüber, ob dies insbesondere in Bezug auf Internetsachverhalte als Defizit zu bewerten ist.[1755] Grundrechtsentwicklungen stellen regelmäßig eine Reaktion auf veränderte Realitätsbedingungen und normative gesellschaftliche Wertvorstellungen dar. Diese sind einzelnen Schutzbereichen von Grundrechten zuzuordnen und führen zu deren Weiterentwicklung. Die allgemeinen Grundrechtsfunktionen wirken dagegen übergreifend für alle Grundrechte. Sie beschreiben ihre grundsätzliche Wirkungsdimension. Durch den Schutzbereich der Freiheitsgrundrechte wird der Gegenstand des Grundrechtschutzes bestimmt, der Freiheitsbereiche des individuellen und gesellschaftlichen Lebens beschreibt. Die Wirkungsdimension der Grundrechte orientiert sich an dem Grundverhältnis zwischen Bürger und Staat: Sie definiert Freiheitsräume des Bürgers und diszipliniert den Staat, indem ihm Handlungsgrenzen auferlegt werden. Ergänzend aktiviert sie staatliches Handeln zur Gewährleistung des Schutzes der Bürger.[1756] Abwehr- und Schutzfunktionen wirken sowohl in diesem bipolaren Verfassungsrechtsverhältnis als auch ergänzend in der mehrpoligen Konstellation Bürger – Staat – Bürger, wenn die Erfüllung staatlicher Schutzpflichten, zum Beispiel durch den Erlass von Verbotsvorschriften, gleichzeitig als Eingriff in ein Grundrecht wirkt und parallel die Abwehrfunktion aktiviert. Diese Grundkonstellationen von Verfassungsrechtsverhältnissen werden einerseits sehr viel seltener von den Realitätsveränderungen tangiert, andererseits haben Entwicklungen der Grundrechtsfunktionen Auswirkungen auf alle Grundrechte. Sofern die Wirkdimension der Grundrechte erweitert wird, müssen grundsätzlich die Konsequenzen für jegliches Grundrecht berücksichtigt werden. Das bedeutet, dass die Auswirkungen einer Grundrechtsentwicklung im Bereich der Grundrechtsfunktionen sehr viel weitreichender sind als bei schutzbereichsbezogenen Grundrechtsentwicklungen.

Abwehr- und Schutzfunktion der Grundrechte leiten sich aus den denkbaren Störfaktoren ab, von denen Grundrechtsbeeinträchtigungen drohen. Dies sind die Verfassungssubjekte Staat und Bürger sowie ergänzend die Natur insbesondere in ihren schädigen Auswirkungen

---

1754 Resolution der Parlamentarischen Versammlung des Europarats vom 9.4.2014, 1986 (2014), Improving user protection and security in cyberspace, http://www.assembly.coe.int/nw/xml/XRef/X2H-Xref-ViewPDF.asp?FileID=20791&lang=en.

1755 *Schliesky/Hoffmann/Luch/Schulz/Borchers* 2014, 19.

1756 S. *Callies*, in: Merten/Papier Bd. II, 2006, § 44 Rn. 1 ff.

als Naturkatastrophen.[1757] Anlass für eine Weiterentwicklung der Grundrechtsfunktionen kann insbesondere das Hinzutreten eines neuen Störfaktors sein oder die Erweiterung der Verantwortlichkeit oder Schadensabwendungspflicht des Staates für die Folgen eines Störfaktors. Die Wirkdimension der Grundrechte basiert in ihrem Ursprung auf den staatlichen Elementen Staatsgewalt, Staatsvolk und Staatsgebiet.[1758] Hieraus leiten sich zum einen der Staat als Adressat und der Bürger als Träger von Grundrechten ab, zum anderen die räumlichen Grenzen des Grundrechtsschutzes. Ein umfassender Grundrechtsschutz konnte zumeist gewährleistet werden, da Störfaktoren, die außerhalb dieser Begrenzung liegen, nur bedingt geeignet sind, Schädigungshandlungen vorzunehmen, die sich bei den im Staatsgebiet lebenden Bürgern auswirken. Derartige Grundrechtsbeeinträchtigungen deutscher Grundrechtsträger waren nur in wenigen Ausnahmefällen denkbar, wie der Geiselnahme oder Entführung eines deutschen Staatsbürgers im oder ins Ausland, Luftangriffen aus dem Ausland durch Terroristen oder andere Staaten oder Auswirkungen von Atomunfällen.

Eine mehrpolige Grundrechtskonstellation zwischen Bürger, Staat und Drittstaat kann den Verfassungsnormen nicht entnommen werden. Das Bundesverfassungsgericht benennt den Umfang der Schutzpflicht zwar als umfassend und bezogen auf rechtswidrige Eingriffe von Seiten anderer.[1759] Weder diesen noch weiteren Entscheidungen zur Schutzpflichtdimension der Grundrechte lagen aber Sachverhalte zugrunde, die Grundrechtbeeinträchtigungen durch andere Staaten betrafen.[1760] Einen Anspruch der deutschen Staatsbürger auf Schutz seitens der Bundesrepublik gegenüber dem Ausland, besonders auf diplomatischen Schutz und konsularische Betreuung durch die deutschen Auslandsvertretungen, erkannte das Bundesverfassungsgericht bereits vor der Schutzfunktion und damit unabhängig von dieser an.[1761] Somit fehlt es zumindest bisher an einer ausdrücklichen Entscheidung des Bundesverfassungsgerichts, in der die Schutzfunktion der Grundrechte gegenüber ausländischen Staaten zum Tragen kommt. Verfassungsrechtliche Aussagen in Bezug auf Drittstaaten lassen sich nur den Vorschriften zur internationalen Zusammenarbeit und zur Europäischen Integration ableiten.[1762] Diese weisen keinen Zusammenhang zum Grundrechtekatalog auf. Insofern finden sich in diesen Vorschriften weder Argumente für noch gegen eine Schutzpflicht des Staates gegenüber grundrechtsbeeinträchtigenden Maßnahmen ausländischer Stellen. Die Reichweite der Schutzfunktion muss aber ohnehin aus der Perspektive und dem Verhalten des Grundrechtsträgers bestimmt werden.[1763] Daher kann diese mehrpolige Grundrechtskonstellation grundrechtsdogmatisch ebenfalls mit den Schutzpflichten begründet werden.[1764] Gleiches gilt für die Grundrechtskonstellation Bürger, Staat und ausländische natürliche oder juristische Privatpersonen.

1757 Die staatliche Schutzpflicht vor Naturkatastrophen war zunächst umstritten, ist aber mittlerweile anerkannt, s. insbesondere *Klein*, DVBl 1994, 490; *Schulze-Fielitz*, in: Dreier Bd. I, 2013, Art. 2 II GG, Rn. 47.

1758 Die sogenannte Drei-Elemente-Lehre, *Jellinek* 1914, 394 ff. zum Staatsgebiet, 406 ff. zum Staatsvolk und 427 ff. zur Staatsgewalt.

1759 *BVerfGE* 39, 1 (40); 46, 160 (164); 56, 54 (73).

1760 S. die Aufzählung der entsprechenden Entscheidungen in Fn. 572.

1761 *BVerfGE* 37, 217 (241).

1762 Zu nennen sind hier insbesondere Art. 59 Abs. 2 und Art. 23 GG, s. *Kloepfer* 2011, § 32 Rn. 1.

1763 *Hoffmann-Riem*, JZ 2014, 56.

1764 *Hoffmann-Riem*, JZ 2014, 56 formuliert, dass es nicht ausgeschlossen sei, dass Schutzaufträge und -pflichten auch in den globalen/internationalen Raum hineinwirken und sich gegen Eingriffe durch Träger anderer Staatsgewalten aktivieren lasse. Schutzpflichten bestünden jedenfalls im Hinblick auf Gefährdungen von Grundrechten, die von fremden Staaten oder internationalen Organisationen ausgehen, *Hoffmann-Riem* 2014, 20.

Mindestvoraussetzungen für die Schutzpflicht ist eine Risikolage, die ein hinreichendes Gefährdungsniveau für Grundrechte aufweist.[1765] Die Differenzierung, durch welchen Störer diese Situation verursacht wird, ist nicht für die grundsätzliche Begründung der Schutzpflicht relevant, sondern für die Bestimmung ihrer jeweiligen Reichweite. Sofern ein Grundrechtsträger Störer ist, sind Schutz- und Abwehrdimension der Grundrechte gleichzeitig betroffen. Diese Interessenkollision ist durch eine mehrpolige Verhältnismäßigkeitsprüfung mit einem Schwerpunkt bei der Abwägung in Ausgleich zu bringen. Eine vergleichbare Situation tritt ein, wenn eine Naturkatastrophe als Störfaktor fungiert. Schutzmaßnahmen zu ihrer Verhinderung lösen zwar keine Grundrechtskollision aus, aber es ist grundsätzlich denkbar, dass diese im Widerspruch zur Staatszielbestimmung des Art. 20a GG stehen.[1766] Dem Staat obliegt aus dieser Verfassungsnorm unmittelbar ein allgemeiner Schutz- und Gestaltungsauftrag gegenüber den natürlichen Lebensgrundlagen und Tieren.[1767] Geht die Störung von ausländischen Staaten aus, werden die Grenzen der staatlichen Schutzpflicht durch die genannten Verfassungsnormen bestimmt. Es muss eine Interessenabwägung zwischen dem individuellen Grundrechtsschutz einerseits sowie den staatlichen und gesellschaftlichen Interessen der europäischen Integration und internationalen Zusammenarbeit andererseits getroffen werden.[1768] Werden die staatlichen Schutzpflichten schließlich durch eine von ausländischen natürlichen oder juristischen Personen des Privatrechts verursachten Gefahrensituation aktiviert, genießen diese ebenfalls keinen Grundrechtsschutz nach dem deutschen Grundgesetz. Im europäischen Kontext ist allerdings deren durch die europäische Grundrechtecharta und die Europäische Menschenrechtskonvention gewährleisteter Grundrechts- und Menschenrechtsschutz in der Abwägung zu berücksichtigen.[1769] Stammen die Störer aus Drittstaaten, ist Deutschland zur Beachtung der internationalen Menschenrechte verpflichtet.

7.4 Zwischenergebnis

Die Untersuchungen auf der zweiten Stufe der Methode zur risikoadäquaten Grundrechtsentwicklung haben bezogen auf das soziotechnische Systeme Internet zu negativen und positiven Feststellungen eines internetspezifischen normativen Regelungsbedarfs geführt. Das Internet als technische Infrastruktur wird als Schutzgut des Art. 10 Abs. 1 GG vollständig erfasst. Die Integration des Web, der digitalen Persönlichkeit, der digitalen Identität und der digitalen Dokumentation des Lebens in den Grundrechtskatalog sind als eigenständige grundrechtliche Schutzgüter abzulehnen. Die Existenz von Suchmaschinen ist dem Grundrechtsvoraussetzungsschutz zuzuordnen und gegebenenfalls durch einfachgesetzliche Maßnahmen abzusichern. Ein positiver normativer Regelungsbedarf hat sich für fünf andere grundrechtliche Schutzgüter und für zwei grundrechtliche Schutzziele ergeben. Im Einzelnen sind die Schutzgüter Online-Informationsdienste, Suchmaschinen, digitale Persönlichkeitsprofile, kommunikative Selbstbestimmung und individualisierte Online-Nutzungsbereiche sowie die Schutzziele der Neutralität und der Variabilität in den Grundrechtsschutz einzubeziehen. Hervorzuheben ist, dass das Schutzziel der Neutralität nicht bezogen auf das neue Schutzgut der Suchmaschinen anzuerkennen ist, sondern bezogen auf andere Schutzgüter.

1765 In Bezug auf das Umweltrecht *Gärditz,* in: v. Landmann/Rohmer Bd. I, 2014, Art. 20a GG, Rn. 83 f. Grundsätzlich zu den Begriffen Gefahr und Risiko sowie ihrer Abgrenzung zueinander *Murswiek* 1985, 83 ff.

1766 Z.B. bedingen Maßnahmen zum Hochwasser- und damit Eigentumsschutz teilweise, natürliche Lebensräume zu beseitigen.

1767 *Gärditz*, in: v. Landmann/Rohmer Bd. I, 2014, Art. 20a GG, Rn. 52 ff.

1768 *BVerfGE* 132, 195 (231); *Ewer/Thienel*, NJW 2014, 34 sprechen davon, dass dem Staat bei der Ausübung seiner Schutzpflichten im außenpolitischen Bereich ein „doppelter Einschätzungsspielraum" zukommt.

1769 *BVerfGE* 111, 307 (315 f.). S. zu den entsprechenden Ausführungen der umgekehrten Konstellation – deutscher Grundrechtsträger als Opfer und Drittstaat als Störer – Kap. 6.2.7

8. Internetspezifische normative Regelungsintention

Der Feststellung des internetspezifischen verfassungsrechtlichen Regelungsbedarfs folgt die Untersuchung, wie die Wertungslücken normativ zu schließen sind. Selbst wenn eine verfassungsrechtliche Reaktion auf die internetspezifischen Risiken geboten ist, bleibt grundsätzlich ein weiter normativer Entscheidungsspielraum. Auf der dritten Stufe der Methode technikadäquater Grundrechtsentwicklung sind normative Entscheidungen zu treffen, welche Lebensbereiche umfasst und welche normativen Ziele erreicht werden sollen, um die technikgetriebenen Veränderungen der Wirklichkeit so zu beeinflussen, dass sie verfassungs- und sozialverträglich sind. Die Bewertungskriterien sind der Verfassung zu entnehmen und es können ohne einen Anspruch auf eine abschließende Aufzählung zu stellen, insbesondere die Entscheidungs- und Handlungsfreiheit, die demokratische Teilhabe, die Machtbegrenzung, das Prinzip der Gleichbehandlung, die Existenzsicherheit, die innere und äußere Sicherheit, Umweltverträglichkeit. Im letzten methodischen Schritt der Herausarbeitung des normativen Regelungsbedarfs wurden hierfür bereits wichtige Vorarbeiten geleistet, indem abstrakt Schutzgüter und Schutzziele bestimmt worden sind. In diesem methodischen Schritt sind Normbereiche und Normziele für die Grundrechtsentwicklung zu benennen und zusammenzuführen.[1770] Welche konkreten Grundrechtsentwicklungen daraus abzuleiten sind, wird im nachfolgenden Kapitel dargelegt.

Die bisherige methodische Untersuchung hat gezeigt, dass die abgeleiteten potentiellen grundrechtlichen Schutzgüter, die einen normativen Regelungsbedarf begründen, nicht einem einheitlichen Normbereich zugeordnet werden können. Das soziotechnische System Internet löst gerade nicht in seiner Gesamtheit einen verfassungsrechtlichen Regelungsbedarf aus. Lediglich einzelne Elemente der technischen Infrastruktur, von Internetdiensten und Webanwendungen wurden als verfassungsrechtlich regelungsbedürftig eingestuft. In diesem Kapitel werden die Ausarbeitungen zu den internetspezifischen Schutzgüter und Schutzzielen aufgegriffen. Die Regelungsintention ist unmittelbar auf das soziotechnische System Internet selbst gerichtet. Im Folgenden werden die Normbereiche aus der Beschreibung des soziotechnischen Systems Internet definiert und die diesbezügliche jeweilige Regelungsintention beschrieben. Ergänzend führt das soziotechnische System Internet zu Auswirkungen in anderen – noch näher zu definierenden – Normbereichen, die selbst technikneutral sind. Hier sind die Schutzgüter der digitalen Identität, der kommunikativen Selbstbestimmung sowie das Schutzziel der Variabilität zu nennen.

8.1 Internet als technische Infrastruktur und Internetdienste

Das Internet als Infrastruktur ist verfassungsrechtlich als Fernkommunikationsmittel durch das Grundrecht in Art. 10 Abs. 1 GG und durch die Staatzielbestimmung der Universaldienstverpflichtung im Bereich Telekommunikation gemäß Art. 87f GG erfasst. Der sich aus diesen Verfassungsvorschriften ergebende übergeordnete Normbereich ist grundsätzlich die technisch vermittelte Kommunikation zwischen Personen. Es ist jeweils unerheblich, welche konkreten Übertragungstechniken eingesetzt werden. Bei Art. 10 Abs. 1 GG ist der Normbereich auf die Individualkommunikation begrenzt, während es bei der Universaldienstverpflichtung nicht darauf ankommt. Entscheidend für den Grundrechtsschutz ist, dass ein Dritter zur technischen Realisierung des Kommunikationsvorgangs zwischen Sender und Empfänger erforderlich ist, ohne selbst Kommunikationsteilnehmer zu sein. Durch die Universaldienstverpflichtung wird der Staat verpflichtet, dafür Sorge zu tragen, dass in Deutschland eine Telekommunikationsinfrastruktur flächendeckend, angemessen und ausreichend zur Ver-

[1770] Zu Normbereich und Normziel s. Kap. 4.8.3.

fügung steht. Beide verfassungsrechtlichen Gewährleistungen basieren letztlich auf der normativen Prämisse, dass Kommunikation allgemein und insbesondere die durch technische Unterstützung maßgeblich erweiterten Kommunikationsmöglichkeiten konstituierend für jegliche verfassungsrechtliche Freiheitsgewährleistung sind.

Das Internet ist eine weitere Möglichkeit technisch vermittelter Individualkommunikation.[1771] Der bereits in der Verfassung durch die Begriffe der Fernmeldetechnik und der Telekommunikation[1772] erfasst Normbereich technisch vermittelter Kommunikation wird somit durch die Datenübertragung über das Internet als hinzugetretenes Sachelement der Wirklichkeit erweitert. Über das Internet erfolgt die Fernkommunikation im Unterschied zur Telefonie nicht als direkte und flüchtige Kommunikation.[1773] Sender und Empfänger müssen nicht gleichzeitig online sein und auf der Ebene der Internetanwendungen stellen insbesondere E-Mail und Instant Messaging Formen indirekter Kommunikation dar.[1774] Dies bedingt, dass die Kommunikation nicht nur technisch vermittelt, sondern auch als digitale Daten perpetuiert und gespeichert wird. Der Normbereich technisch vermittelter Individualkommunikation ist insofern realitätsbezogen um die (daten-)paketbasierte Übermittlung zu erweitern.

Dem Normbereich der technisch vermittelten Individualkommunikation wird durch das genannte Grundrecht ausschließlich das Normziel des Ausschlusses der Kenntnisnahme durch die öffentliche Gewalt zugeordnet.[1775] Weder die Kommunikationsinhalte noch die Umstände der Kommunikation dürfen unbefugten Dritten zur Kenntnis gelangen. Abgeleitet wird dieses Normziel aus der Tatsache, dass Anbieter von Fernkommunikationsmitteln und über diese mittelbar die öffentliche Gewalt faktisch die Möglichkeit haben, die Inhalte der Kommunikation zur Kenntnis zu nehmen. Als Ergebnis der normativen Bewertung ist dies aber untersagt. Dieser Vertraulichkeitsschutz gilt uneingeschränkt auch für jegliche Kommunikation über das Internet.

Für diese und insbesondere für die Nutzung des Web bestehen weitere technische Besonderheiten, die es dem Kommunikationsvermittler ermöglichen, auf den Kommunikationsvorgang, zum Beispiel hinsichtlich Teilnehmer, Dauer und Qualität, Einfluss zu nehmen oder ihn sogar gezielt zu steuern.[1776] Bisher gab es für technisch vermittelte Kommunikation keine explizite normative Entscheidung darüber, inwieweit Kommunikationsvermittler oder der Staat jenseits des Vertraulichkeitsschutzes auf den Kommunikationsvorgang Einfluss nehmen dürfen. Bewertungsmaßstäbe für diese normative Entscheidung können dem Recht der kommunikativen Selbstbestimmung entnommen werden. Normbereich dieses Grundrechtsschutzes sind individuelle Kommunikationsvorgänge zwischen Personen, so dass dieser dem der technisch vermittelten Individualkommunikation übergeordnet ist. Normziel des Rechts auf

---

1771 Eine sinnvolle Unterscheidung zwischen Individual- und Massenkommunikation ist im soziotechnischen System Internet erst auf der Ebene der Internetdienste und der Webanwendungen möglich. Der technische Vorgang der Datenübertragung ist als Individualkommunikation im Sinne des Art. 10 Abs. 1 GG einzuordnen, da sie vergleichbar der Telefonie von einem Sender an einen Empfänger erfolgt, die durch die IP-Adresse eindeutig bestimmt werden. So auch *Frey/Rudolph/Oster*, MMR-Beil. 2012, 6 f. Beim Rundfunk handelt es sich dagegen auch auf der technischen Ebene um Massenkommunikation.

1772 In den Art. 10 Abs. 1, 18, 44 Abs. 2 und 130 Abs. 1 wird der Begriff „Fernmelde-"geheimnis oder -wesen und in den Art. 73 Abs. 1 Nr. 7, 80 Abs. 2 und 87f Abs. 1 GG der Begriff der Telekommunikation verwendet. Beide Begriffe werden synonym gebraucht.

1773 Die Begriffe Echtzeitkommunikation, synchrone und asynchrone Kommunikation werden bewusst vermieden, da sie auf technische Aspekte abstellen. Bei der direkten Kommunikation sind Sender und Empfänger gleichzeitig „anwesend" und können unmittelbar reagieren, so dass ein Gespräch im engeren Sinne möglich ist. Indirekte Kommunikation kann auch zeitversetzt erfolgen.

1774 Auch das Telefax ist eine indirekte Kommunikationsform, bei der allerdings bei der Analogtechnik keine Daten gespeichert wurden. Zudem hat das Telefax in der Praxis nur noch eine untergeordnete Bedeutung.

1775 S. Kap. 6.1.2.1

1776 S. Kap. 7.1.1. Dies ist zwar grundsätzlich auch bei anderen Fernkommunikationsmitteln möglich, aber dort wird dies faktisch nicht umgesetzt. Dieses Risiko wird daher nicht als allgemeine Gefahr für den Normbereich technisch vermittelter Kommunikation angesehen.

kommunikative Selbstbestimmung ist, dass der Einzelne über Kommunikationspartner und die Kommunikationssituation bestehend aus Kommunikationsort, Kommunikationsart sowie Kommunikationsmedien frei entscheidet und entsprechend handeln kann.[1777]

Übertragen auf das Internet und die genannten Risiken verbietet dieses Normziel, dass Anfragen an DNS-Server nicht entsprechend der korrekten Zuordnung beantwortet werden. Der Kommunikationspartner wird bei der Kommunikation über das Web durch die IP-Adresse bestimmt. Der Webnutzer gibt in den Webbrowser in der Regel nicht diese nummerische Zahl ein, sondern den Domain-Namen der Webseite, die er aufrufen möchte. Der DNS-Server hat lediglich die Aufgabe, den Domain-Namen in die eindeutig zugeordnet IP-Adresse umzuwandeln, da dies technisch für die Datenübertragung erforderlich ist. Gleiches gilt für die E-Mail-Kommunikation. Die E-Mail-Adressen von Absender und Empfänger enthalten jeweils die in der E-Mail-Adresse enthaltene Domain des E-Mail-Providers und werden nur durch die vollständige E-Mail-Adresse eindeutig bestimmt. Wird diese Dienstleistung nicht korrekt ausgeführt oder wird der Betreiber des DNS-Servers – in der Regel der Access-Provider – gesetzlich verpflichtet, bestimmte Zuordnungen nicht oder abweichend von der Zuordnungsliste vorzunehmen, bestimmt nicht der Webnutzer den Kommunikationspartner, sondern der Access-Provider oder der Staat.

Das für die kommunikative Selbstbestimmung beschriebene Normziel nennt den Kommunikationszeitpunkt und die Geschwindigkeit der Kommunikationsübertragung nicht explizit, obwohl sie als Aspekte der Kommunikationssituation eingeordnet werden können. Grundsätzlich kann der Einzelne frei darüber entscheiden, wann er kommunizieren möchte. Die Telekommunikation erweitert die Kommunikationsmöglichkeiten insofern, als keine gleichzeitige Anwesenheit der Kommunikationsteilnehmer an einem Ort erforderlich ist. Durch die Mobilkommunikation können sich die Kommunikationsteilnehmer im Rahmen der technischen Bedingungen sogar an jedem beliebigen Ort aufhalten. Diese Veränderungen der Wirklichkeit wirken sich positiv auf das Normziel der Entscheidungs- und Handlungsfreiheit über die Kommunikationssituation aus. Die Initiative für einen Kommunikationsvorgang geht von einem Kommunikationsteilnehmer aus. Technisch vermittelte Kommunikation ist aber immer auf die Unterstützungshandlung des Kommunikationsvermittlers angewiesen. Wann diese zeitlich in Bezug auf das Kommunikationsbegehren und mit welcher Geschwindigkeit sie erfolgt, wird primär durch technische Parameter festgelegt.

Die Inanspruchnahme von Fernkommunikationsmitteln insbesondere von Telefon und Fax erfolgt jeweils ad hoc, wenn der Telekommunikationsteilnehmer einen Kommunikationsvorgang durch die Wahl der entsprechenden Telefon- oder Faxnummer auslöst. Dauer der Kommunikation wird beim Fax durch den technischen Übermittlungsvorgang und beim Telefon durch die Telekommunikationsteilnehmer bestimmt. Eine Verzögerung des Übermittlungsvorgangs kommt praktisch sehr selten und – soweit bekannt – nur bei technischen Störungen vor. Für die Sprachtelefonie hat dies zur Folge, dass die Kommunikationsinhalte nicht oder nicht mehr vollständig von den Kommunikationsteilnehmern wahrgenommen werden können. Derartige Störungen verhindern unmittelbar die beabsichtigte Kommunikation, indem zum Beispiel der Telekommunikationsvorgang abgebrochen wird oder die Kommunikationsinhalte unverständlich sind. Sind diese Störungen nicht auf rein technische Umstände zurückzuführen, sondern werden gezielt vom Kommunikationsvermittler oder durch den Staat verursacht, erfolgt die Kommunikation fremdbestimmt.

Das Internet wird neben den direkten auch für indirekte Kommunikationsformen genutzt. Zudem bestehen vielfältige technische Steuerungsmöglichkeiten der Datenübertragung im Internet, die sich auf die jeweiligen Kommunikationsvorgänge auswirken. Im Rahmen der Debatte um die Netzneutralität wird argumentiert, dass gerade bei der Kommunikationsform E-Mail zeitliche Verzögerungen bei der Datenübertragung – Jitter – die Kommunikation nicht

---

1777 S. *Roßnagel*, KJ 1990, 281.

nachteilig beeinflussen, weil sie asynchron und indirekt ist. Wird die Übermittlung einer E-Mail durch technische Steuerungsmaßnahmen verzögert, wird zwar faktisch auf die Datenübertragung Einfluss genommen, dies wirkt sich aber auf den Kommunikationsvorgang nicht aus. Über das Internet werden aber auch synchrone Kommunikationsformen, wie Instant Messaging, Chats oder Voice-over-IP-Telefonie übermittelt, die direkt erfolgen können. Bei diesen wirkt sich eine zeitliche Verzögerung grundsätzlich auf den Kommunikationsvorgang aus, so dass für diese das für E-Mails genannte Argument nicht zutreffend ist. Die Bedeutung und Relevanz von Kommunikationsinhalten hängt häufig vom Zeitpunkt ihrer Wahrnehmung durch den Kommunikationspartner ab. Der Kommunikator wählt das Fernkommunikationsmittel zunächst nach Kenntnis der Kontaktdaten aus. Verfügt er über Festnetz-, Mobilfunknummer und E-Mailadresse, wird die Entscheidung für einen spezifischen Kommunikationsvorgang regelmäßig davon abhängen, ob er unmittelbar eine Antwort von seinem Kommunikationspartner erwartet oder diese auch zeitversetzt erfolgen kann. Diese Auswahlentscheidung basiert auf der durchschnittlichen Geschwindigkeit des Übertragungsvorgangs und der Empfangsbereitschaft des Kommunikationspartners. Auf beides hat der Kommunikator zwar grundsätzlich keine Einflussmöglichkeiten, aber der reine Übertragungsvorgang orientiert sich an den bekannten und – abgesehen von technischen Störungen – feststehenden technischen Parametern. Soll technisch vermittelte Kommunikation von dem Kommunikationsvermittler unbeeinflusst bleiben, muss dieses Normziel in Bezug auf die durch das Internet möglichen Kommunikationsformen Beginn und Geschwindigkeit der Datenübertragung umfassen. Diese Umstände der Kommunikation müssen vom Kommunikationsvermittler unbeeinflusst bleiben.

8.2 Webdienste

Die Ebene der Webdienste erfasst nahezu alle Lebensbereiche und weist eine so hohe Komplexität auf, dass sich die konkrete Benennung von Normbereichen entsprechend schwierig gestaltet. Bei der Benennung des internetspezifischen normativen Regelungsbedarfs kam den Webanwendungen Online-Informationsdiensten und Suchmaschinen eine besondere Relevanz zu. Erstere wurden als Schutzgut eingestuft. Das Betreiben der Suchmaschinen selbst wurde wegen ihrer Bedeutung für die Informations- und Meinungsfreiheit vergleichbar mit der Presse als schutzbedürftig qualifiziert.[1778] Umgekehrt wurde in Bezug auf die von Suchmaschinen ausgehenden Gefahren für die Informations- und Meinungsfreiheit das Schutzziel der Neutralität begründet.[1779]

8.2.1 Online-Informationsdienste

Bei der Ableitung des normativen Regelungsbedarfs für Online-Informationsdienste hat sich die Schwierigkeit gezeigt, diesen internetspezifischen Lebenssachverhalt zu umschreiben und begrifflich zu erfassen. Entsprechend problematisch ist die Beschreibung des Normbereichs. Online-Informationsdienste wurden als Dienste definiert, deren Funktion die Herstellung und Verbreitung von allgemeinen Informationen an eine unbegrenzte Anzahl von Personen ist. Im Unterschied zu Presse und Rundfunk kann der Normbereich nicht durch technische Merkmale beschrieben werden, da die technische Infrastruktur von zahlreichen weiteren Webanwendungen genutzt wird, die keine Presse und Rundfunk vergleichbare normative Bedeutung für die öffentliche Meinungsbildung haben. Zudem darf der Normbereich ebenso wenig wie bei den Medienfreiheiten qualitätsbezogene Kriterien zur Begrenzung der Medieninhalte aufnehmen. Die Beschreibung des Normbereichs, der mit der Bezeichnung

[1778] S. Kap. 7.1.1.
[1779] S. Kap. 7.2.1.2

Online-Informationsdienste erfasst werden soll, muss nicht nur eine positive Funktion erfüllen, sondern auch negativ geeignet sein, Lebenssachverhalte aus dem Normbereich auszugrenzen. Konkret soll er die Einteilung aller Webdienste in die Kategorien Online-Informationsdienst oder nicht Online-Informationsdienst – anderer Dienst – ermöglichen.

Aufgrund der funktionalen Begründung des verfassungsrechtlichen Regelungsbedarfs ist die Beschreibung des Normbereichs an denjenigen der anderen Mediengrundrechte zu orientieren. Demnach ist der Normbereich ausschließlich auf Massenkommunikation ausgerichtet. Das bedeutet, die Homepage im Internet muss grundsätzlich für eine unbegrenzte Anzahl von Personen abrufbar sein. Dem steht nicht entgegen, dass es sich um einen kosten- oder anmeldepflichtigen Dienst handeln kann.[1780] Der spezifische Öffentlichkeitsbezug begründet in Abgrenzung zur Kommunikation im privaten Kreis den besonderen Einfluss der Massenmedien auf die öffentliche Meinungsbildung.[1781] Die unbegrenzte Abrufbarkeit ist bei folgenden Ausschlusskriterien nicht gegeben:[1782]

- Die Webseite ist ausschließlich über die Eingabe der IP-Adresse erreichbar, weil dieser kein Domain-Name zugewiesen ist.
- Die Öffnung der Webseite erfordert die Kenntnis eines (privaten) Hyperlinks oder des Passwortes eines Dritten, wie dies zum Beispiel bei in einer Cloud gespeicherten Fotos der Fall ist. Damit sind insbesondere individualisierte Online-Nutzungsbereiche ausgenommen.
- Die Webseite kann über Suchmaschinen nicht aufgerufen werden.

Das Charakteristikum der allgemeinen Zugänglichkeit der Webseite knüpft an äußere Umstände an und lässt somit noch keine Kategorisierung von konkreten Webanwendungen zu. Daher führt es im Ergebnis nur bedingt zu einer Kontur des Normbereichs als Teil des Lebenssachverhalts Webdienste und ist durch weitere, den Normbereich charakterisierende Elemente zu ergänzen.

Eine inhaltsbezogene Beschreibung des Normbereichs wird durch die bereits begründete Funktion der Verbreitung allgemeiner Informationen erreicht.[1783] Während Telemedien als elektronische Informations- und Kommunikationsdienste definiert werden, umfasst dieser Normbereich die Informationsangebote, der zwar nicht jeglichen Rückkanal ausschließt, aber nicht im Schwerpunkt der Kommunikation dienen darf. Allgemeine Informationen meint, dass sich die Informationen auf gesellschaftliche Themen beziehen[1784] sowie eine Auswahl und Aufarbeitung der recherchierten Informationen aufweisen.[1785] Nicht dazu gehören Internetportale, die eine Plattform für eine Ratgeber- oder Auskunftscommunity mit dem Ziel zur Verfügung stellen, individuelle Fragen zu beantworten und Probleme zu lösen.[1786] Darüber hinaus müssen die Informationen geeignet sein, eine meinungsbildende Wirkung für die Allgemeinheit zu erzielen und damit einen Beitrag zur öffentlichen Kommunikation zu leisten.[1787] Nicht dem Normbereich zuzurechnen sind damit alle Webangebote mit Informationen, die sich ausschließlich auf den Geschäftsbereich des Content-Anbieters beziehen oder letztlich kommerziellen Zwecken dienen.

Positive Beispiele für Online-Informationsdienste, die von diesem Normbereich erfasst werden, sind Online-Angebote klassischer Presse- und Rundfunkmedien,[1788] Online-

---

[1780] S. auch *Lent,* ZUM 2013, 916 zum einfachgesetzlichen Begriff der Telemedien mit journalistisch-redaktionell gestalteten Angeboten.

[1781] *Wellenreuther* 2011, 40.

[1782] Intranetseiten dienen grundsätzlich nicht der Massenkommunikation.

[1783] S. Kap. 7.1.1.

[1784] Zu den gesellschaftlichen Themen gehören z.B. Soziales, Umwelt, Wirtschaft, Politik und Kultur.

[1785] In Anlehnung an *VGH Mannheim*, NJW 2014, 2668.

[1786] Z.B. http://www.gutefrage.net oder http://www.frag-mutti.de.

[1787] *VGH Mannheim*, NJW 2014, 2668.

[1788] Z.B. http://www.spiegel.de, http://www.heise online.de.

Zeitschriften,[1789] Weblogs oder Internetauftritte von Interessengruppen oder Vereinen zu aktuellen gesellschaftlichen Themen[1790] und Online-Enzyklopädien. Das Webangebot muss darauf ausgerichtet sein, Informationen zu verbreiten und nicht Informationen nur als Mittel für einen weiteren Zweck zu verwenden. Das Webangebot eines Anbieters besteht regelmäßig aus einer Startseite und zahlreichen Unterseiten, die ganz unterschiedliche Inhalte enthalten können. Die Einordnung in den beschriebenen Normbereich erfolgt nicht einheitlich für das gesamte Webangebot, sondern die einzelnen Bestandteile sind funktionsbezogen zu bewerten. So umfasst zum Beispiel das Webangebot von web.de ein Internetportal mit verschiedenen Informationsangeboten, eine Suchmaschine und einen E-Mail-Dienst. Die Startseite mit den Nachrichten und das web.de-Magazin[1791] sind als Online-Informationsdienst zu werten, während dies für den E-Mail-Dienst nicht zutrifft.

Fraglich ist, ob sich der Normbereich auf Online-Informationsdienste beschränken soll, bei denen die Herstellung und Aufbereitung der Informationen ausschließlich dem Verantwortungsbereich des Diensteanbieters zuzurechnen ist. Durch diese Spezifizierung würden viele Online-Informationsdienste des Web 2.0, wie zum Beispiel Wikipedia oder YouTube, aus der Definition herausfallen. Der persönliche Schutzbereich der Pressefreiheit und der Rundfunkfreiheit ist jeweils auf den Kommunikator ausgerichtet.[1792] Bei der Pressefreiheit umfasst er alle im Pressewesen tätigen Personen und Unternehmen. Die Rundfunkfreiheit steht allen natürlichen und juristischen Personen zu, die Rundfunkprogramme veranstalten oder veranstalten wollen und sich um die erforderliche Rundfunklizenz bewerben. Grundrechtsträger der Pressefreiheit ist jede Person, die die von Art. 5 Abs. 1 S. 2 GG geschützte Handlung vornimmt.[1793] Es ist insbesondere keine Zugehörigkeit zu einem Presseunternehmen erforderlich, noch eine berufsmäßige oder vorwiegende Betätigung im Pressewesen, sondern der Schutz knüpft allein an das Medium Presse an.[1794] Es muss lediglich eine publizistische Tätigkeit vorliegen, so dass auch der sogenannte Bürger- und Laienjournalismus geschützt ist.[1795] Ein in der Presse veröffentlichter Leserbrief fällt zwar in den sachlichen Schutzbereich der Pressefreiheit. Vom persönlichen Schutzbereich wird aber nur der Herausgeber des Druckwerks, nicht der Autor des Leserbriefs erfasst.[1796] Statt dem Kriterium der Programmhoheit könnte das vergleichbare Kriterium der „Themen- und Inhaltshoheit" zur Bestimmung des persönlichen Schutzbereichs herangezogen werden.

Übertragen auf Online-Informationsdienste müssen die allgemeinen Informationen entweder vom Anbieter der Homepage stammen oder er muss die Absicht verfolgen, auf die öffentliche Meinungsbildung einzuwirken. Es ist somit nicht grundsätzlich ausgeschlossen, dass es sich bei den Informationen um sogenannten User Generated Content handelt.[1797] Problematisch ist in diesem Zusammenhang, dass die bei Presse und Rundfunk mögliche Abgrenzung zwischen den Anbietern von Medien und den Rezipienten im Web nicht mit der gleichen Klarheit getroffen werden kann und die abrufbaren Informationen häufig von beiden Seiten stammen. In subjektiver Hinsicht umfasst der Normbereich nur die Hersteller des Informationsangebots. Anderenfalls wäre eine Abgrenzung zur Meinungsfreiheit kaum noch möglich und es lägen keine faktischen Umstände für die besondere Schutzbedürftigkeit entsprechend den sonstigen klassischen Medien vor. Die Herstellereigenschaft ist eindeutig gegeben, wenn

---

1789 Z.B. http://www.pegasus-onlinezeitschrift.de/, http://schattenblick.de/.

1790 Z.B. https://netzpolitik.org/, https://digitalegesellschaft.de/uber-uns/.

1791 Internetprotale im Magazinstil werden als E-Zines oder Webzines bezeichnet.

1792 S. Kap. 6.1.1.2.1.

1793 *BVerfGE* 95, 28 (34).

1794 *BVerfGE* 95, 28 (34).

1795 S. Kap. 6.1.1.2.2.2

1796 *BVerfGE* 85, 1 (11 f.). Das Verfassen eines Leserbriefs, der anschließend in einem Druckmedium veröffentlicht wird, fällt für den Autor ausschließlich in den Schutzbereich der Meinungsfreiheit.

1797 Das *LG Tübingen*, ZUM-RD 2013, 347 geht ohne nähere Begründung davon aus, dass sich der Betreiber von Wikipedia auf die Pressefreiheit berufen kann.

die Informationsinhalte ausschließlich von Seiten des Anbieters generiert werden. Sofern auch User Generated Content eingebunden ist, muss die Plattform als solche eine vom Anbieter beabsichtigte Bedeutung für die öffentliche Meinungsbildung haben und dem Betreiber muss zumindest die „Themen- und Inhaltshoheit" hinsichtlich veröffentlichter Beiträge obliegen. Es ist somit ebenso wie bei der Einordnung des Leserbriefes nicht auf den einzelnen Nutzerbeitrag abzustellen, sondern auf das Gesamterscheinungsbild des Online-Informationsdienstes. Hier sind der objektive und der subjektive Normbereich klar zu trennen.[1798]

Zusammenfassend ist der Normbereich durch objektive und ergänzend durch subjektive Elemente zu beschreiben. Von dem Wirklichkeitsbereich der Webangebote wird der folgende Ausschnitt umfasst: allgemein zugängliche Webseiten, auf denen allgemeine Informationen präsentiert werden, die entweder vom Anbieter selbst stammen oder von Dritten, sofern der Anbieter die Themen- und Inhaltshoheit über die Webseite ausübt.

Dem Normbereich der Kommunikationsgrundrechte ist das Normziel der freien und individuellen Meinungsbildung zugeordnet.[1799] Diese wird durch die komplementären Postulate der freien Berichterstattung und der Unabhängigkeit der Medien vom Staat sowie der Meinungsvielfalt konkretisiert. Bei den Mediengrundrechten steht die Vermittlungsfunktion der Medien zwischen Politik und Bürgern im Vordergrund. Durch die Medien soll Öffentlichkeit hergestellt und der öffentliche Informationsaustausch zur Unterstützung der Meinungsbildung gewährleistet werden. Es sollen ein möglichst großes Spektrum an Meinungen und Informationen durch die Medien verbreitet werden, so dass die Meinungen der verschiedenen gesellschaftlichen, politischen, kulturellen, weltanschaulichen und geistigen Strömungen transportiert werden. Zudem geben die Medien dem Einzelnen auch eine Orientierungshilfe, um die Fülle verfügbarer Informationen zu selektieren und die wichtigen von den unwichtigen Themen zu unterscheiden. Die medienspezifischen Normziele werden mit den genannten Funktionen der Medien begründet. Diese werden ebenfalls von Online-Informationsdiensten erfüllt, so dass die Normziele auf den beschriebenen neuen Normbereich zu übertragen sind. Diesem ist somit das Normziel der freien und individuellen Meinungsbildung zuzuordnen.

8.2.2 Suchmaschinen

Suchmaschinen sind ein Internetphänomen, für das kein Spiegelbild in der physischen Welt existiert. Für sie kann der Normbereich daher nicht in Anlehnung an einen bereits grundrechtlich adressierten Normbereich bestimmt werden. Bei der Ableitung des internetspezifischen normativen Regelungsbedarfs wurde festgestellt, dass Suchmaschinen nicht mit Medien gleichzustellen sind, da sie funktionsgemäß nicht auf die öffentliche Meinungsbildung abzielen. Gleichwohl weisen Suchmaschinen gegenüber anderen Webangeboten eine besondere übergeordnete Bedeutung für die Funktionsfähigkeit des Web und insbesondere für den Zugang zu Informationen auf. Diese beiden Aspekte sind durch den Normbereich zu erfassen.

Suchmaschinen stellen keine technische Vermittlung von Kommunikation dar, aber sie vermitteln den Zugang zu Informationen. Es ist unbestritten, dass ohne ihre Dienstleistung zwar theoretisch unzählige Informationen über das Web verfügbar, aber nicht bedarfsorientiert auffindbar wären. Die Besonderheit der Informationsverbreitung über das Web liegt gerade darin begründet, dass über die Suchmaschine Informationen von vernetzten Servern abgerufen werden können, ohne dass der Anfragende weiß, dass eine Webseite dieses Inhalts

---

1798 Der Rechtsstreit, der der Entscheidung des Landgerichts Tübingen zugrunde lag, richtete sich gegen den Betreiber der Online-Enzyklopädie Wikipedia und nicht gegen den Autoren des konkreten streitigen Beitrags, *LG Tübingen*, ZUM-RD 2013, 347.

1799 *BVerfGE* 35, 202 (222).

existiert und ohne die IP-Adresse oder die Domain des Servers zu kennen. Zwischen den Webseiten werden inhaltliche Verbindungen durch Hyperlinks hergestellt und diese Verknüpfungen machen sich Suchmaschinen unter anderem zu nutze.

Die Beschreibung des Normbereichs ist aus diesen Funktionen abzuleiten. Er kann als technische Unterstützung bei der Auffindung von und der Vermittlung des Zugangs zu öffentlich zugänglichen Informationen im Web umschrieben werden. Dieser Normbereich unterscheidet sich von demjenigen, der durch die Mediengrundrechte erfasst wird, indem er nicht auf die Generierung und Veröffentlichung der Informationen zielt und diese auch nicht einbezieht, sondern deren Bestehen voraussetzt. Das in die Beschreibung des Normbereichs aufgenommene Kriterium der öffentlich zugänglichen Informationen schränkt diesen ein und ist gleichzeitig erforderlich, um Grundrechtskonflikte zu vermeiden. Auch wenn die Tätigkeit der Suchmaschinen normativ abzusichern ist, gilt dies ausschließlich für Bereiche des Web, die von den Anbietern der Homepages selbst für die Öffentlichkeit zugänglich gemacht worden sind. Dieses Veröffentlichungsrecht wird nicht auf die Suchmaschinenbetreiber übertragen. Der Normbereich erfasst nicht jegliche im Web abrufbaren Informationen. Vom Normbereich werden die unterschiedlichen Kategorien von allgemeinen, themenspezifischen oder auf Dateitypen spezialisierte Suchmaschinen umfasst. Im Einzelnen sind zum Beispiel Job-, Branchen- oder Produktsuchmaschinen, Personensuchmaschinen, Bilder und Audiosuchmaschinen zu nennen.

Aufgrund der funktionalen Bedeutung der Suchmaschinen für die Meinungs- und Informationsfreiheit ihrer Nutzer ist zu überlegen, ob vergleichbar der Konkretisierung der Normziele der Mediengrundrechte die Staatsferne von Suchmaschinen und die Vielfalt von Suchmaschinen normativ erforderlich sind. Beide Ausprägungen sind gerade in Bezug auf die aktuelle Situation in Deutschland – der Monopolstellung von Google als allgemeine Suchmaschine – diskussionswürdig. Suchmaschinen haben vielfältige Möglichkeiten, den Zugang zu Informationen zu steuern, um auf die öffentliche Meinungsbildung und den freien Wettbewerb einzuwirken. Für den Normbereich der Medien wird die Staatsferne mit der Gewährleistung der freien politischen Willensbildung der Bürger begründet. Bestünde die Möglichkeit, dass die herrschende Regierung die Medien für ihren Wahlkampf instrumentalisieren könnte, hätten andere politische Kräfte nur noch sehr begrenzte Einwirkungsmöglichkeiten auf den Willensbildungsprozess. Die Freiheit der öffentlichen Meinungsbildung setzt voraus, dass alle bestehenden Meinungen die Chance haben, in die Öffentlichkeit transportiert zu werden. Im Unterschied zu den Medien dienen Suchmaschinen aber nicht primär als Vermittler zwischen Staat und Bürger, sondern als Vermittler zwischen jeglichen Internetnutzern. Der Staat agiert zwar auch im Web, allerdings kommt ihm in dieser Beziehung keine Sonderstellung zu, da das Normziel nicht primär auf die demokratische Willensbildung ausgerichtet ist. Im Gegenteil wäre grundsätzlich eine staatliche Suchmaschine denkbar, zum Beispiel vom Bundesamt für Sicherheit in der Informationstechnik (BSI) bereitgestellt, um insbesondere Wettbewerbsverzerrungen entgegenzuwirken.[1800] Das Normziel der Staatsferne hat zudem selbst bei den Mediengrundrechten an Bedeutung eingebüßt, nachdem national die Medienvielfalt aufgrund der erweiterten technischen Möglichkeiten stark angewachsen ist. Zudem ist das an den Bürger gerichtete Angebot längst nicht mehr auf nationale Medien beschränkt ist, sondern auch inter-

1800 In Deutschland scheiterte das 2007 gestartete und vom BMWI geförderte Forschungsprojekt „Theseus" zur Entwicklung einer nationalen Suchmaschine, s. *Bager*, Leuchtturm entschleiert – Das Forschungsprojekt Theseus geht an den Start, c't 17/07, http://www.heise.de/ct/artikel/Leuchtturm-entschleiert-291154.html. Die russische Regierung entwickelt die Suchmaschine „Sputnik", *Bidder*, „Google-Konkurrent „Sputnik": Kreml entwickelt eigene Suchmaschine", Spiegel Online vom 11.10.2013, http://www.spiegel.de/forum/netzwelt/google-konkurrent-sputnik-kreml-entwickelt-eigene-suchmaschine-thread-103040-1.html und in China gibt es seit Anfang 2011 die staatliche Suchmaschine Panguso, „China: Staatliche Suchmaschine Panguso geht an den Start", german.china.org.cn vom 23.2.2011, „http://german.china.org.cn/business/txt/2011-02/23/content_21987493.htm.

nationale Rundfunkprogramme empfangen und Pressemedien bezogen werden können – teilweise auch über das Internet. Die internationale Medienvielfalt verändert die faktischen Bedingungen für die Realisierung manipulierender staatlicher Medien und führt diesbezüglich zu einer deutlichen Risikominimierung. Die gesellschaftliche Funktion von Suchmaschinen geht weit über diejenige der klassischen Medien hinaus, indem sie als Vermittler zwischen allen Internetnutzern dienen und nicht nur zwischen Staat und Bürger. Das verfassungsrechtliche Normziel der Staatsferne ist demnach nicht auf Suchmaschinen zu übertragen.

Dennoch führen die Überlegungen zu einer staatlichen Suchmaschine – quasi als Antagonismus zum diskutierten Normziel der Staatsferne – zum Normziel der Vielfaltssicherung. Zum einen existiert in Deutschland derzeit faktisch ein Monopol einer US-amerikanischen Suchmaschine, zum anderen könnte das Normziel der Vielfaltssicherung geboten sein, falls nur noch eine nationale Suchmaschine zur Verfügung stünde. Dieses Szenario ist allerdings eher auszuschließen. Es ist nicht sehr wahrscheinlich, dass eine nationale Suchmaschine sich auf dem freien Wettbewerb zum Marktführer oder gar Monopolist etablieren, selbst wenn sie bessere Suchergebnisse als ihre Konkurrenten liefern würde. Die Monopolstellung von Google ist nicht allein mit der Qualität der Suchergebnisse zu begründen, sondern es spielen zahlreiche Aspekte wie Bedienbarkeit, Startposition, Gewohnheit der Nutzer und weitere, insbesondere verknüpfte Webanwendungen von Google eine Rolle.[1801] Eine Monopolstellung wäre allenfalls zu erreichen, wenn andere Suchmaschinen für Internetnutzer in Deutschland durch den Staat blockiert werden würden. Ein derartiges Vorgehen ist mit der verfassungsrechtlich garantierten freiheitlich demokratischen Grundordnung nicht vorstellbar. Das Normziel der Vielfaltssicherung ist aber auch in Bezug auf privatwirtschaftliche Monopole relevant.[1802] Davon ausgehend, dass Suchmaschinen tatsächlich die ihnen zugesprochene Gatekeeper-Funktion für den Informationsaustausch im Web zukommt,[1803] besteht ein gesellschaftliches Interesse, dass diese wichtige Position nicht nur von einem Monopolisten besetzt wird. Das Normziel der Vielfaltssicherung zielt darauf ab, dass faktisch mehrere Anbieter am Markt konkurrieren, unabhängig von der konkreten Nutzungsverteilung. Der Staat kann nicht erzwingen, dass sich die Bürger nicht einseitig informieren, doch die Politik muss nach den Vorgaben des Grundgesetzes eine Marktordnung gewährleisten, in der sich jeder frei und umfassend informieren kann. Eine bestimmte Anzahl von Anbietern kann nicht festgelegt werden. Bezogen auf Suchmaschinen führt das Normziel der Vielfaltssicherung dazu, dass der Staat über die wettbewerbsrechtliche Bewertung hinaus, eine Beobachtungs- und gegebenenfalls auch Handlungspflicht hat, um die Vielfaltssicherung der Dienstleistung von Suchmaschinen zu gewährleisten.

8.2.3 Individualisierte Online-Nutzungsbereiche

Der normative Regelungsbedarf für individualisierte Online-Nutzungsbereiche ist in Anlehnung an die Begründung des Bundesverfassungsgerichts für das Recht auf Gewährleistung der Vertraulichkeit und Integrität informationstechnischer Systeme abgeleitet worden. Es wurde auf die besondere Bedeutung der Nutzung der Informationstechnik für die Persönlichkeit und die freie Entfaltung des Einzelnen abgestellt, da diese aufgrund ihrer Allgegenwärtigkeit und ihrer Nutzung für die Lebensführung vieler Bürger zentral ist.[1804] Den Normbe-

---

1801 S. *Lewandowski*, „Warum wir einen freien Web-Index brauchen", cloudirigths info vom 12.5.2014, http://cloud.irights.info/artikel/warum-wir-einen-freien-web-index-brauchen/23017.

1802 Experten seien sich einig, dass es wünschenswert wäre, mehrere Suchmaschinen zu haben, so *Lewandowski*, „Warum wir einen freien Web-Index brauchen", cloudirigths info vom 12.5.2014, http://cloud.irights.info/artikel/warum-wir-einen-freien-web-index-brauchen/23017.

1803 Es liegen keine wissenschaftlichen Erkenntnisse darüber vor, ob durch Suchmaschinen die Informations- und Kommunikationsprozesse im Web tatsächlich wesentlich beeinflusst werden.

1804 *BVerfGE* 120, 284 (170 f.).

reich beschreibt das Bundesverfassungsgericht im Zusammenhang mit der Vernetzung informationstechnischer Systeme durch das Internet. Da es auf das eigene informationstechnische System abstellt und als Beispiele explizit nur Geräte einschließlich Speichermedien wie USB-Sticks anführt, entsteht der Eindruck, dass auf das Endgerät des Nutzers abgestellt wurde. Der technische Fortschritt der dezentralen Nutzung von Informationstechnik wurde nicht ausdrücklich angesprochen. Der Einzelne mag zwar nach wie vor zahlreiche Daten auf seinem eigenen informationstechnischen System gespeichert haben. Allein schon um den Zugriff auf Daten von unterschiedlichen, teils mobilen Endgeräten zu ermöglichen, werden Daten zunehmend (auch) auf dezentralen Servern – in der Cloud – gespeichert.[1805] Alternativ werden die Daten von vornherein in einer externen Anwendung – insbesondere Applikation oder Apps für mobile Endgeräte – erzeugt und dezentral beim Anbieter gespeichert.[1806] Für einen Zugriff auf diese Daten ist keine Infiltration des eigenen Systems des Nutzers erforderlich, sondern nur seines privaten Accounts.[1807]

Der Normbereich wird durch diese privaten Online-Nutzungsbereiche beschrieben. In Ergänzung zum Schutz des eigenen informationstechnischen Systems sollen die Online-Nutzungsbereiche einbezogen werden, die eine gleichwertige Bedeutung für die freie Persönlichkeitsentfaltung des Einzelnen haben. Der Datenbestand dieses Online-Nutzungsbereichs muss potentiell ein Ziel von Datenausspähungen sein, weil er vielfältige Rückschlüsse auf die Persönlichkeit des Nutzers zulässt. Dies setzt voraus, dass die in diesem Bereich typischerweise gespeicherten Daten nicht nur einen punktuellen Bezug zu einem bestimmten Lebensbereich des Nutzers aufweisen, sondern insgesamt die Lebensgestaltung betreffen.[1808] Daher ist es nicht ausreichend, wenn es sich um einen Nutzungsbereich handelt, aus dem lediglich Rückschlüsse für einen abgrenzbaren und eher geringfügigen Ausschnitt des Lebens möglich sind, wie dies zum Beispiel für den persönlichen Account bei einem Onlineshop anzunehmen ist.

Aufgrund des Zusammenhangs mit dem Persönlichkeitsschutz, muss es sich um einen individualisierten Online-Nutzungsbereich handeln. Ein Kriterium ist das individualisierte Einloggen des Nutzers, sofern dies nicht ausschließlich zum Nachweis der Berechtigung für den Zugang zum Webangebot dient, wie zum Beispiel bei kostenpflichtigen Webanwendungen. Ein weiteres Kriterium ist die Möglichkeit, dass spezifische Nutzereinstellung für die Anwendung getroffen werden können. Folge der Anmeldung bei dem privaten Account muss ein personalisiertes Webangebot sein, das auf individuelle Datenspeicherungen ausgerichtet ist. Gemeint sind damit Informationen, die allenfalls einen mittelbaren Zusammenhang zu der eigentlichen Dienstleistung aufweisen, wie zum Beispiel die Inhalte der von einem Mailprovider transportierten E-Mails, oder allein vom Nutzer bestimmt werden, zum Beispiel vom Nutzer bei einem Cloud-Speicherdienst hinterlegte Daten in Form von Dokumenten, Fotos, Musik oder Filmen. Vergleichbar der persönlichen Zuordnung des eigenen informationstechnischen Systems muss es sich um eigene Daten des Nutzers handeln, das heißt er muss die Verfügungsbefugnis über die Daten haben. Betreffen sie zum Beispiel die Geschäftsabwicklung zwischen dem Anbieter des Webdienstes und dem Nutzer, ist dieses Kriterium nicht erfüllt, da der Diensteanbieter ein eigenes Interesse an diesen Daten hat und sie ihm ebenso zuzurechnen sind, wie dem Nutzer. Nicht erforderlich ist es allerdings, dass die einzelnen Daten

---

1805 So auch *Wegener/Muth*, Jura 2010, 849.

1806 So sollen z.B. beim Einsatz von Google Glas mit der Brille generierte Daten an den Google-Server übertragen werden, sofern die Brille online ist, da die Brille „nur" mit einem Speicher von 16 Gigabyte ausgestattet ist. Von sogenannten Gesundheits-Apps werden die mit dem Smartphone des Nutzers generierten Daten ebenfalls für ihre weitere Verarbeitung häufig automatisch auf den Server des Anbieters übermittelt.

1807 S. Kap. 6.1.3.5.2.

1808 Vergleiche die Ausführungen des Bundesverfassungsgerichts zum grundrechtlichen Schutz informationstechnischer Systeme, *BVerfGE* 120, 274 (313).

einen Personenbezug aufweisen. Der Personenbezug ergibt sich in der Regel aus der Zuordnung des gesamten Online-Nutzungsbereichs zu einer individuellen Person, da dort „seine" Daten gespeichert sind. Daher werden jegliche Daten erfasst, die Schlussfolgerungen auf die Persönlichkeit des Nutzers zulassen, dem der Online-Nutzungsbereich zugeordnet ist. Dies können beispielsweise Fotos sein, auf denen zwar der Nutzer nicht selbst, aber Freunde und Familienmitglieder oder Urlaubsorte zu sehen sind, gespeicherte Musikdateien oder Hörbücher.

Dem Normbereich, der durch das eigene informationstechnische System erfasst wird, sind die Normziele der Integrität und Vertraulichkeit zugewiesen. Abgeleitet wurden diese beiden Normziele aus dem Risiko der Infiltration des Systems. Bei der Hardware kann der Nutzer grundsätzlich Schutzmaßnahmen ergreifen, um eine solche Infiltration zu verhindern. Bei individuellen Online-Nutzungsbereichen sind diese Möglichkeiten erstens beschränkt, da der Systemschutz allein dem Diensteanbieter möglich ist und ihm obliegt. Zweitens sind individuelle Online-Nutzungsbereiche gerade für den Zugriff von außen gedacht, so dass eine vollständige Abschottung ausgeschlossen ist. Als Sicherungsmechanismus dienen Zugangsschutzverfahren, wie zum Beispiel die Anmeldung mit Benutzername und Passwort oder mit biometrischen Merkmalen. Ein Unberechtigter benötigt dann nur diese Informationen, um sich den Zugriff auf den individuellen Online-Nutzungsbereich zu verschaffen. Es ist keine Infiltration des gesamten Systems des Diensteanbieters erforderlich, so dass die Hürde für den Datenzugriff gegenüber einem Systemzugriff als deutlich niedriger bewertet werden kann. Der Integritätsschutz bezieht sich auf die in dem individuellen Online-Nutzungsbereich gespeicherten – personenbezogenen und nicht personenbezogenen – Daten sowie individuelle Ordnerstrukturen und Nutzungseinstellungen und damit im Schwerpunkt auf die Unverfälschtheit von Funktionen und Leistungen informationstechnischer Systeme.[1809] Jegliche Veränderungen können entsprechend geeignet sein, die Nutzbarkeit für die Person zu beeinträchtigten. Der Vertraulichkeitsschutz ist ebenso weit zu fassen. Selbst wenn der Berechtigte seines individuellen Online-Nutzungsbereichs einzelnen Personen bezüglich einzelner Daten einen Zugriff ermöglicht, indem er sie mit ihnen „teilt",[1810] ist der Vertraulichkeitsschutz zu gewährleisten. Er zielt wie beim Fernmeldegeheimnis darauf ab, dass unberechtigte Dritte und insbesondere der Staat keine Kenntnis von den in dem individuellen Online-Nutzungsbereich gespeicherten Inhalten erlangen dürfen.

8.3 Digitale Persönlichkeitsprofile

Durch die Nutzung vernetzter Informations- und Kommunikationstechnik entstehen keine digitalen Persönlichkeiten, die unabhängig von der realen Person verfassungsrechtlich zu schützen wären.[1811] Es werden aber eine Unmenge digitaler Daten erzeugt, die sich größtenteils einer Person zuordnen lassen und potentiell geeignet sind, aus ihnen digitale Persönlichkeitsprofile im Sinne eines Persönlichkeitsabbilds zu erzeugen.[1812] Diesen kommt eine wesentliche Bedeutung für die freie Entfaltung der Persönlichkeit zu.[1813]

1809 Zur Abgrenzung des Integritätsschutzes zum Schutz durch die informationelle Selbstbestimmung s. Kap. 6.1.3.5.1.

1810 Beliebt ist z.B. das Teilen von Fotos, indem diese von einer Person, z.B. beim Webdienst Flickr, gespeichert werden und anderen Personen ein direkter Hyperlink zu diesem Ordner geschickt wird. Eine Anmeldung zu der Plattform kann, muss aber nicht ergänzend erforderlich sein.

1811 Der Schutz einer digitalen Persönlichkeit könnte eventuell erforderlich werden, wenn wie im Science-Fiction reale Personen einen Avatar hätten, der in der realen Welt für den Menschen agiert, so in dem amerikanischen Spielfilm „Surrogates" von 2009.

1812 *Tinnefeld*, ZD 2015, 24 verwendet die Bezeichnung „digitales double".

1813 S. Kap. 7.1.6 sowie *BVerfGE* 65, 1 (53); 27, 1 (6).

Basis für die Beschreibung des Normbereichs ist der Begriff des Persönlichkeitsprofils, wie er im Zusammenhang mit dem aus der informationellen Selbstbestimmung in Verbindung mit der Menschenwürde abgeleiteten Verbot der Profilbildung verwendet wird.[1814] Darunter ist grundsätzlich ein Datensatz über eine Person zu verstehen, der zumindest ein Teilabbild über seine Persönlichkeit gibt.[1815] Aufgrund des Zusammenhangs mit dem Persönlichkeitsschutz muss wie beim individualisierten Online-Nutzungsbereich durch das Profil ein wesentlicher Bereich des Lebens über mehrere Lebensbereiche erfasst werden. Allerdings ist ein Teilbereich ausreichend, so dass nicht nur ein alle Elemente der Persönlichkeit – sofern sich diese überhaupt konkret benennen ließen – erfassendes Profil in den Normbereich fällt.

Eine weitere Konkretisierung kann nicht über die Art der Daten vorgenommen werden, so dass grundsätzlich alle Datenarten abstrakt das Risiko der Profilbildung begründen können. Liegen zum Beispiel ausreichend Standortdaten zu einer Person vor, kann über diese ein Bewegungsprofil angefertigt werden, das automatisch unterschiedliche Lebensbereiche abdeckt. Das Profil kann sowohl durch die Person selbst oder durch einen Dritten erstellt werden. Bei der Nutzung vieler Webanwendungen, insbesondere sozialen Netzwerken, ist ein persönliches Profil anzulegen. Durch die Eingabemaske werden in der Regel zahlreiche Angaben zur Person abgefragt.[1816] Ob ein Profil im Sinne des beschriebenen Normbereichs vorliegt, hängt einerseits davon ab, wie viele Daten der Nutzer tatsächlich in diese Eingabemaske einträgt. Andererseits kann selbst bei Eingabe einer geringen Anzahl von Daten ein Profil entstehen, wenn diesem Datensatz weitere Daten aus der Nutzung der Anwendung hinzugefügt werden. Daneben führt die Internetnutzung zum einen dazu, dass bei den Nutzungsvorgängen automatisch weitere Daten benötigt oder generiert werden, zum Beispiel durch Cookies und Browser-Fingerprints oder beim mobilen Internet die Standortdaten, die zwar isoliert nicht unbedingt einen Personenbezug aufweisen, dieser ist aber häufig herstellbar. Zum anderen sind im Web immer mehr Daten über eine Person allgemein zugänglich und können mit Hilfe von Suchmaschinen mit einer Namenssuche ohne großen Aufwand zusammengeführt werden. Die Möglichkeiten Dritter, aus diesen Daten Persönlichkeitsprofile zu erstellen, sind enorm. Ergänzend werden Persönlichkeitsprofile von Dritten durch die Auswertung der vorhandenen Daten angereichert und vervollständigt. So werden zum Beispiel beim sogenannten Geoscoring aus der Kenntnis der genauen Postanschrift Rückschlüsse auf die Bonität der Person gezogen.[1817] Derartige Rückschlüsse, die insbesondere bei Big Data-Analysen auf Korrelationen und rein statistischen Vermutungen basieren, sind mit dem erhöhten Risiko verbunden, dass einzelne Daten des Persönlichkeitsprofils falsch sind und nicht mit der realen Persönlichkeit übereinstimmen. Dem Normbereich sind sowohl richtige als auch falsche Persönlichkeitsprofile zuzuordnen. Der Persönlichkeitsschutz zielt gerade darauf, wie die Person in der Öffentlichkeit subjektiv wahrgenommen wird – unabhängig davon, ob das Persönlichkeitsbild objektiv zutreffend ist oder nicht.

1814 Im Unterschied zum Schutz durch die informationelle Selbstbestimmung, die eine Zusammenführung einer großen Anzahl personenbezogener Daten zu einem Persönlichkeitsprofil ausschließt, da die umfassende Registrierung und Katalogisierung des Menschen gegen die durch Art. 1 Abs. 1 GG gewährleistete Menschenwürde verstößt, *BVerfGE* 27, 1 (5).

1815 Vgl. zu dieser und weitergehenden Definitionen: *Podlech*, DVR 1972/1973, 157; *Wittig*, RDV 2000, 59. Zum Begriff des Persönlichkeitsprofils s. auch *Bull*, Datenschutz oder die Angst vor dem Computer, 1984, 98 f., der zusätzlich die Verwendung technischer Mittel bei der Zusammenführung der Daten voraussetzt; *Roßnagel/Banzhaf/Grimm* 2003, 209. Allgemein zu Persönlichkeitsprofilen und neuen technischen Risiken s. *Jandt/Laue*, K&R 2006, 316 ff.

1816 Hierzu zählen allgemeine Informationen wie Name, Geburtsdatum und -ort, Wohnort, Schulbildung, beruflicher Werdegang, Hobbies, Freunde, Profilbild und vieles mehr.

1817 Ein reines Geoscoring, also die Berechnung des Wahrscheinlichkeitswerts eines zukünftigen Verhaltens einer Person ausschließlich auf Basis von Anschriftendaten, ist gemäß § 28b Nr. 3 BDSG datenschutzrechtlich grundsätzlich nicht zulässig, s. auch *Roßnagel*, NJW 2009, 2719; *Jandt*, K&R 2015, Beihefter zu Heft 6, 13.

Dieser Normbereich ist durch die Schutzziele Autonomie, Integrität und Variabilität abzusichern. Autonomie beschreibt das Normziel, dass jede Person grundsätzlich selbst darüber entscheiden können soll, ob und mit welchen Einzelangaben über sie ein digitales Persönlichkeitsprofil besteht und für welche Zwecke es genutzt werden darf. Vor allem vor dem Hintergrund, dass durch die Eingabe eines bürgerlichen Namens und eventuell noch ergänzender Attribute, wie zum Beispiel der Geburts- oder Wohnort, mit einer Suchmaschine unter Umständen mit einem Suchbefehl bereits so viele Informationen über eine Person zusammengeführt werden, dass dies einem Persönlichkeitsprofil entspricht. Sofern zum Beispiel auf diesem Weg ein Dritter das Persönlichkeitsprofil erstellt, ist dies bereits eine Beeinträchtigung der informationellen Selbstbestimmung, aber ein zusätzlicher Schutz wird über die Autonomie gewährt. Ebenso wie beim Recht am eigenen Wort, ist nicht auf den Moment der Veröffentlichung oder der Absicht hierzu abzustellen, sondern die Beeinträchtigung der Persönlichkeit liegt bereits vor, wenn Wort und Stimme des Menschen von ihm losgelöst und in einer verfügbaren Gestalt verselbständigt sind.[1818] Dies ist auch hinsichtlich des digitalen Persönlichkeitsprofils anzunehmen. Der Schutz durch die informationelle Selbstbestimmung und derjenige des zu entwickelnden Grundrechtsschutzes für das digitale Persönlichkeitsprofil überschneiden sich insofern. Zudem erfasst die Autonomie auch die Richtigkeit der Einzelangaben, aus denen das Profil zusammengesetzt ist. Dies schließt umgekehrt nicht aus, dass die Person bei der Erstellung ihres eigenen Profils bewusst falsche Einzelangaben verwendet. Die Bestimmung über den Verwendungszweck adressiert das Missbrauchspotential digitaler Persönlichkeitsprofile. Hat eine Person ein digitales Persönlichkeitsprofil von sich generiert, ist zudem ein Bestandsschutz geboten. Es darf nicht ohne weiteres von einem Dritten, zum Beispiel dem Anbieter eines sozialen Netzwerks gelöscht werden. Sollte der Nutzer zukünftig ein anderes soziales Netzwerk nutzen wollen oder darf er aus berechtigten Gründen von der weiteren Nutzung der Plattform ausgeschlossen werden, so ist ihm die Übernahme des digitalen Persönlichkeitsprofils zu ermöglichen. Umgekehrt ist es vom Schutzziel der Autonomie umfasst, wenn eine Person das von ihr selbst erstellte digitale Persönlichkeitsprofil löscht. Spiegelbildlich zum Integritätsschutz ist es eine Bedingung der freien Persönlichkeitsentwicklung des Einzelnen, dass er sich verändert und entsprechend nicht immer gleichbleibend in der Öffentlichkeit präsentiert. Dies muss sich auch in den digitalen Persönlichkeitsprofilen niederschlagen, die von Dritten erstellt werden. Die digitale Perpetuierung von Persönlichkeitsprofilen darf nicht dazu führen, dass dem Einzelnen die Variabilität der Darstellung seiner eigenen Person gegenüber anderen genommen wird.

Es ist darüber hinaus nicht normativ geboten, dem Normbereich digitaler Persönlichkeitsprofile das Normziel der Vertraulichkeit zuzuordnen.[1819] Ein digitales Persönlichkeitsprofil ist überwiegend auf die Öffentlichkeit ausgerichtet und ist ebenso wie das eigene Wort und Bild ein besonders geeignetes Mittel zur Darstellung der eigenen Person in der Öffentlichkeit. Es ist als ein weiterer wirklichkeitsbezogener Unterfall der Selbstdarstellung zu bewerten.

8.4 Reichweite der Schutzfunktion der Grundrechte

Die globale Vernetzung durch das Internet führt vermehrt zu globalen Risiken für die Grundrechtsverwirklichung eines jeden Einzelnen. Dies ist spätestens durch die Aufdeckung der NSA-Spionage sehr deutlich zu Tage getreten. Aber auch Angriffe über das Internet auf die Steuerung technischer Prozesse, insbesondere von Infrastruktureinrichtungen des öffentlichen Lebens, wie die Versorgung mit Strom, Wasser, Gas, Elektrizität oder Telekommunika-

---

[1818] *BVerfGE* 34, 238 (246).

[1819] Streng davon zu unterscheiden ist der aus der informationellen Selbstbestimmung abgeleitete Schutz von Persönlichkeitsprofilen als Sammlung personenbezogener Daten durch Dritte, der auch die Vertraulichkeit umfasst, sowie das Verbot der Bildung von Persönlichkeitsprofilen.

tion, können schwerwiegende Folgen haben.[1820] In Bezug auf das Internet sind zahlreiche weitere Szenarien denkbar, bei denen Maßnahmen ausländischer Stellen zu erheblichen Grundrechtsbeeinträchtigungen von Grundrechtsträgern führen können. Das geplante IT-Sicherheitsgesetz betont in der Problem- und Zielbeschreibung die wachsende Abhängigkeit von Staat, Wirtschaft, Gesellschaft und Individuen von informationstechnischen Systemen und dem Internet in allen Lebensbereichen. Daraus resultiert die besondere Bedeutung der Verfügbarkeit und Sicherheit der IT-Systeme sowie des Cyberraums.[1821] Entsprechend soll durch die gesetzlichen Normierung eine signifikante Verbesserung der IT-Sicherheit bezogen auf die Schutzziele der Verfügbarkeit, Integrität, Vertraulichkeit und Authentizität informationstechnischer Systeme erreicht werden, vor allem um die Funktionsfähigkeit und Resilienz kritischer Infrastrukturen zu gewährleisten.[1822] Kritische Infrastrukturen sind definiert als Organisationen und Einrichtungen mit wichtiger Bedeutung für das staatliche Gemeinwesen, bei deren Ausfall oder Beeinträchtigung erhebliche Versorgungsengpässe bis hin zu Störungen der öffentlichen Sicherheit oder andere dramatische Folgen eintreten können.[1823] Es werden neun kritische Sektoren differenziert, denen jeweils Branchen zuordnet sind, zum Beispiel der Branche Energie die Sektoren Elektrizität, Gas und Mineralöl. Ursprünglich wurden primär die klassischen Infrastrukturen der Daseinsvorsorge, insbesondere Energie, Gesundheit, Wasser, Ernährung und Verkehr als kritisch eingestuft. Innerhalb dieser Branchen sind dann Einrichtungen, Anlagen oder Teile davon als kritische Infrastruktur zu identifizieren. Telekommunikation und Informationstechnik bilden nach der Definition des Bundesinnenministeriums aus dem Jahr 2009 und dem IT-Sicherheitsgesetz einen eigenen Sektor kritischer Infrastrukturen. Der Schwerpunkt der Gefährdungsanalysen und entsprechend der Schutzmaßnahmen lag ursprünglich auch bezüglich der Informationstechnik bei der physischen Infrastruktur und ihrem realen Schutz,[1824] so dass „Cyberangriffe“ nicht adressiert waren. Besondere Bedeutung erlangt die Informations- und Kommunikationsinfrastruktur gegenüber den sonstigen Sektoren, da sie wie kein anderer Bereich eine Doppelfunktion erfüllt. Einerseits wird Informationstechnik und mittlerweile auch das Internet selbst als kritische Infrastruktur eingestuft.[1825] Andererseits ist die vernetzte Informations- und Kommunikationstechnik eine Funktionsbedingung anderer kritischer Infrastrukturen und übernimmt insofern zusätzlich eine Querschnittsfunktion.

1820 *Hobe*, in: Isensee/Kirchhof Bd. XI, § 231, Rn. 23. Zu einiger Berühmtheit hat es im Jahr 2010 der Computervirus Stuxnet geschafft, der über eine Windows-Lücke überwiegend Industrieanlagen infizieren konnte, s. *Kremp/Lischka*, „Computervirus Stuxnet: Der Wurm, der aus dem Nichts kam“, Spiegel Online vom 22.9.2010, http://www.spiegel.de/netzwelt/web/computervirus-stuxnet-der-wurm-der-aus-dem-nichts-kam-a-718927.html.

1821 Die Bundesregierung hat am 17.12.2014 den Gesetzentwurf der Bundesregierung für ein Gesetz zur Erhöhung der Sicherheit informationstechnischer Systeme (IT-Sicherheitsgesetz) beschlossen, s. Gesetzentwurf vom 29.12.2014, BR-Drs. 643/14, und das Gesetz ist am 25.7.2015 in Kraft getreten. Eine gesetzliche Definition „kritischer Infrastrukturen“ soll erstmals durch einen neuen § 2 Abs. 10 Satz 1 im BSIG normiert werden, BR-Drs. 643/14, 28. Allgemein zum Gesetzentwurf *Leisterer/Schneider*, CR 2014, 574; *Roth*, ZD 2015, 17; *Roos*, MMR 2014, 723.

1822 BR-Drs. 643/14, 1. f.

1823 S. Bundesministerium des Innern: Nationale Strategie zum Schutz Kritischer Infrastrukturen (KRITIS-Strategie) vom 17.6.2009, http://www.bmi.bund.de/SharedDocs/Downloads/DE/Broschue-ren/2009/ kritis.html.

1824 S. ausführlich zu dieser Entwicklung *König/Popescu-Zeletin/Schliesky* 2014, 7 ff.

1825 In der Literatur ist die Einordnung der Informations- und Kommunikationstechnik aufgrund ihrer Verletzlichkeit als kritische Infrastruktur bereits lange anerkannt, s. *Hammer* 1999, 112 ff.; *Hammer*, DuD 2003, 240; *Spindler*, in: Kloepfer 2010, 85; *Gaycken/Karger*, MMR 2011, 3. *De Maizière* 2012, 21 f. betont im Zusammenhang mit der Einordnung als kritische Infrastruktur, dass das Internet im Unterschied zu den klassischen Infrastrukturen ein sehr freiheitliches Medium sei und die weitreichenden Konsequenzen dieser Qualifizierung nicht unterschätzt werden dürften, so dass die Frage zu stellen sei, ob wir das wollen und uns mit der Abhängigkeit von privaten Betreibern abfinden. Im Ergebnis weist er dem Staat die Verantwortung für das Internet als grundlegende Infrastruktur zu.

Hintergründe, Historie und Begründung zum IT-Sicherheitsgesetz zeigen deutlich, dass der Gesetzgeber, wie es zuvor schon auf europäischer Ebene anerkannt worden ist, von einem hohen Schutzbedarf sowohl für das Internet als technische Infrastruktur als auch für Internetdienste und Webanwendungen ausgeht. Auch wenn im IT-Sicherheitsgesetz die kritischen Infrastrukturen und ihre Betreiber noch nicht detailliert festgelegt werden, so werden Betreiber öffentlicher Telekommunikationsnetze und öffentlich zugänglicher Telekommunikationsdienste sowie Telemedien als Adressaten des Gesetzes angesehen und ihnen wird ein Erfüllungsaufwand zur Umsetzung des Gesetzes zugeschrieben.[1826] Der Gesetzgeber begründet den Schutzbedarf für das Internet zwar nicht, indem er auf die Schutzfunktion einzelner Grundrechte abstellt. Die deklarierte gesellschaftliche Bedeutung spiegelt aber gerade den hier vertretenen Ansatz wider, dass das Internet als soziotechnisches System mit gesamtgesellschaftlichen Auswirkungen zu begreifen ist.

Die Notwendigkeit der Erweiterung der grundrechtlichen Schutzfunktion für Internetsachverhalte ergibt sich im Wesentlichen aus der Globalität des Internet selbst. Es erstreckt sich als Infrastruktur über alle Grenzen, ermöglicht grundsätzlich die Kommunikation zwischen allen Teilnehmern weltweit und die Rezeption von nationalen und internationalen Webdiensten. Dieses Merkmal und seine gleichzeitige Offenheit begründen sein internationales Missbrauchspotential. Die internetspezifische Regelungsintention ist somit die Sicherung des Grundrechtsschutzes gegenüber grundrechtsbeeinträchtigenden Maßnahmen ausländischer Staaten und Unternehmen. Diese Funktionserweiterung für die Grundrechte würde sich grundsätzlich auf alle Grundrechte auswirken. Insofern erfolgte zwar die Ableitung des Regelungsbedarfs internetspezifisch, die beschriebene Regelungsintention wäre aber auf der dogmatischen Ebene grundrechtsübergreifend.

An die Feststellung dieser besonderen Regelungsintention schließt sich die Fragestellung an, welche Konsequenzen eine solche Erweiterung der Schutzfunktion auf andere Grundrechte und andere Anwendungsbereiche hat. Es ist zunächst zu berücksichtigen, welche allgemeinen Grenzen das Bundesverfassungsgericht für das Bestehen und den Umfang staatlicher Schutzpflichten setzt. Denn aus der Erweiterung der Grundrechtsfunktion ergibt sich nicht unmittelbar der Umfang der Aufgabenerweiterung des Staates. Die grundgesetzliche Auslegung darf nicht zu einem uferlosen Aufgabenumfang des Staates führen, so dass die aus der Schutzfunktion abgeleitete Schutzpflicht weiter zu konkretisieren ist.

Die Schutzpflicht des Staates gebietet diesem, sich schützend und fördernd vor die Grundrechte zu stellen. Um dies zu gewährleisten, muss der Staat Vorkehrungen treffen, um Aushöhlungen der Freiheitsgrundrechte zu verhindern und dies nicht erst, nachdem sie sich bereits realisiert haben, sondern vorbeugend. Insofern folgen aus der Schutzpflicht zunächst der Beobachtungsauftrag und die Pflicht zur Vornahme von Gefährdungsanalysen an den Staat. Nur wenn eine Gefahr für Grundrechtsgewährleistungen prognostiziert werden konnte, schließen sich weitere Handlungspflichten des Staates an. Nicht aktiviert wird die weitergehende Schutzpflicht, wenn die Gefahr als allgemeines Lebensrisiko qualifiziert werden kann.[1827] Durch diesen – unbestimmten und vor allem im Haftungsrecht verwendeten – Rechtsbegriff, wird das Risiko des Zufalls als rechtlich nicht kompensierbar deklariert.[1828] Dem Staat wird bei der Risikoprognose ein weiter Einschätzungsspielraum gewährt. Die Handlungspflicht hängt von der Art, der Nähe und dem Ausmaß möglicher Risiken, der Art und dem Rang des verfassungsrechtlich geschützten Rechtsguts sowie von den schon vorhan-

1826 BR-Drs. 643/14, 4 f.

1827 Umfassend zu den Rechtsbegriffen des Risiko, Lebensrisiko und schließlich des allgemeinen Lebensrisikos, der aus dem Schadensersatzrecht stammt *Mädrich* 1980, 35 ff.

1828 Beispiele für allgemeine Lebensrisiken sind ein Bienenstich zu bestimmten Jahreszeiten, *LG Frankfurt am Main,* NJW-RR 2000, 786 f., mit unberechtigten Ansprüchen konfrontiert zu werden, *BGH*, NJW 2007, 1458 (1459) oder der natürliche Astbruch von Straßenbäumen selbst bei anfälligen Baumarten, *BGH*, NJW 2014, 1588. S. auch *VGH Mannheim*, GewArch 2012, 125 (128).

denen rechtlichen Schutzmaßnahmen ab.[1829] Dieser Abwägungsprozess eröffnet dem Staat einen Wertungsspielraum, bei dem grundsätzlich alle öffentlichen und privaten Interessen zu berücksichtigen sind. Insbesondere wenn ein Risiko der Grundrechtsbeeinträchtigung durch ausländische Staaten prognostiziert wurde, sind hier außenpolitische Interessen zu berücksichtigen. Sofern sich die materielle Schutzpflicht des Staates ergibt, Abwehrmaßnahmen zu ergreifen, besteht schließlich noch ein Gestaltungsspielraum hinsichtlich der konkreten Auswahl der zu treffenden Maßnahmen und der zu ergreifenden Mittel. Dieser wird allerdings bei außenpolitischen Maßnahmen neben den nationalen Vorgaben insbesondere des Grundgesetzes durch das Europarecht und Völkerrecht begrenzt.[1830]

Diese Anerkennung des weiten Einschätzungs-, Wertungs- und Gestaltungsspielraums führt dazu,[1831] dass die aus der Schutzfunktion resultierende Schutzpflicht des Staates in höchstem Maß flexibel ist. Um einen umfassenden Grundrechtsschutz zu gewährleisten, kann die Schutzfunktion daher grundrechtsübergreifend ausgeweitet werden, so dass sie grundrechtsbeeinträchtigende Maßnahmen ausländischer Staaten und Unternehmen sowie von Naturgewalten umfasst. Dem damit einhergehenden Risiko der unverhältnismäßigen Ausweitung staatlicher Schutzpflichten wird durch die genannten Spielräume ausreichend begegnet. Die Anerkennung einer weiten Schutzfunktion führt nur zur Erweiterung des Störerkreises, nicht aber automatisch zur Erweiterung des Umfangs staatlicher Schutzpflichten. Die Besonderheiten einzelner Grundrechte werden beim Wertungsspielraum ausreichend berücksichtigt und können dazu führen, dass bestimmte Risiken für einzelne Grundrechte keine Handlungspflichten nach sich ziehen.

8.5 Zwischenergebnis

Im dritten Schritt der Anwendung der Methode technikadäquater Grundrechtsentwicklung auf den Untersuchungsgegenstand soziotechnisches System Internet wurden für die als Ergebnis der vorherigen Stufe herausgearbeiteten fünf Schutzgüter jeweils der Normbereich und die Normziele zur internetspezifischen normativen Regelungsintention konkretisiert. Des Weiteren wurde die Reichweite der grundrechtlichen Schutzfunktion ergänzend beschrieben.

Die technische Infrastruktur und übermittlungsrelevante Internetdienste, wie dem DNS-Service, werden durch den Normbereich der technisch vermittelten und (daten-)paketbasiert übermittelten Individualkommunikation beschrieben, dem die Normziele der Vertraulichkeit und Selbstbestimmtheit zuzuordnen sind.

Der Normbereich der Online-Informationsdienste wird durch die Kriterien konkretisiert und eingeschränkt, dass sie allgemein zugänglich sind und auf ihnen allgemeine Informationen bereitstehen, die entweder von dem Plattformbetreiber stammen oder von Dritten, sofern dem Plattformbetreiber die Themen- und Inhaltshoheit obliegt. Diesem Normbereich sind die Normziele der freien und individuellen Meinungsbildung, der freien Berichterstattung und der Unabhängigkeit der Plattformbetreiber zugeordnet.

Suchmaschinen werden durch den Normbereich der technischen Unterstützung bei der Auffindung von und der Vermittlung des Zugangs zu öffentlich zugänglichen Informationen im Web erfasst, der durch die Normziele der Vielfalt und Medienfreiheit flankiert wird.

Individualisierte Online-Nutzungsbereiche bilden einen weiteren Normbereich, dem die Normziele der Integrität und Vertraulichkeit zugeordnet sind.

Digitale Persönlichkeitsprofile bilden einen wesentlichen Bereich des Lebens über mehrere Lebensbereiche ab und sind durch die Normziele Autonomie, Integrität und Variabilität abzusichern.

1829 *BVerfGE* 49, 89 (142).
1830 *BVerfGE* 55, 349 (365).
1831 *BVerfGE* 77, 170 (170, 229 f.).

Die Globalität des Internet erweitert die Schutzpflicht des deutschen Staates ausdrücklich um einen Schutz vor beeinträchtigenden Maßnahmen durch Drittstaaten.

9. Internetspezifische technikadäquate Grundrechtsausgestaltung

Mit der Festlegung internetspezifischer normativer Regelungsintentionen ist noch keine Feststellung darüber getroffen worden, wie diese dogmatisch und regelungstechnisch in den Grundrechtskatalog zu integrieren sind. Dies erfolgt im vierten und letzten methodischen Schritt der technikadäquaten Grundrechtsausgestaltung. Die Idee „neue Grundrechte" als Reaktion auf die Entwicklung des soziotechnischen Systems Internet zu entwickeln, ist nicht neu und in der Literatur mit unterschiedlichem Umfang und Tiefgang behandelt worden. Diese Ansätze für „neue internetspezifische Grundrechte" werden zunächst dargelegt, um sie gegebenenfalls in die hier vorzunehmende Grundrechtsausgestaltung einzubeziehen. Sofern sich daraus noch keine ausreichenden und umfassenden Lösungen für die festgestellten normativen Regelungsintentionen ableiten lassen, werden in einem zweiten Schritt eigene Ansätze für eine internetspezifische Grundrechtsausgestaltung entsprechend der vorgenommenen abstrakten Beschreibung dieses methodischen Schrittes entwickelt.[1832]

9.1 Ansätze für „neue Grundrechte"

Seit dem Erlass des Grundgesetzes lassen sich zahlreiche Beispiele für einen Wandel der Grundrechte anführen,[1833] sei es als Anpassung an das Fernsehen, die digital vermittelte Kommunikation, die kabellose Fernkommunikation, die friedliche Nutzung der Kernkraft zur Energieerzeugung oder die elektronische Datenverarbeitung.[1834] Ein eben solcher Anpassungsbedarf der Grundrechte wird auch in Bezug auf das Internet in der rechtswissenschaftlichen Literatur diskutiert. Soweit ersichtlich nahm diese Diskussion ihren Anfang bereits 1997[1835] und wird seitdem mit unterschiedlichen Schwerpunkten und Engagement fortgeführt. Davon ausgehend, dass das technische Phänomen „Internet" – teils mit divergierendem Verständnis seines Bedeutungsumfangs sowie ungleicher Gewichtung einzelner Aspekte – grundrechtlich erfasst sein müsse, werden sehr verschiedene Wege zur Lösung dieses Problems gewählt. Viele wissenschaftliche Auseinandersetzungen zu dieser Thematik setzen an der Einordnung der Internetdienste in den Kanon der Kommunikationsfreiheiten des Art. 5 Abs. 1 GG und insbesondere der Mediengrundrechte an.[1836] Des Weiteren wird die Anwendbarkeit des Fernmeldegeheimnisses gemäß Art. 10 Abs. 1 GG für den technischen Übertragungsvorgang der Datenübermittlung im Internet allgemein – und unproblematisch – anerkannt.[1837] Die wissenschaftliche Diskussion ist aber in Bezug auf Einzelprobleme, wie zum in Bezug auf moderne Providermaßnahmen zur gezielten Beeinflussung des Datenverkehrs[1838] oder die grundrechtliche Einbeziehung von Suchmaschinen, noch längst nicht abgeschlossen.

Gegenüber der inhaltlichen Diskussion wird die methodische Diskussion über die Möglichkeiten der verfassungsrechtlichen Einordnung mit deutlich weniger Enthusiasmus betrieben. Nur vereinzelt setzten sich die Autoren mit der Frage auseinander, welche Wege der „Erweiterung" der Grundrechte überhaupt dogmatisch denkbar sind.[1839] Folglich ist den wissenschaftlichen Beiträgen nicht immer eindeutig zu entnehmen, ob das Problem der verfas-

---

1832 S. Kap. 4.8.4.

1833 Zu den verschiedenen Möglichkeiten des Verfassungswandels s. Kap. 0.

1834 S. *Gusy/Worms*, Parl. Beilage 2009, Nr. 18-19, 26.

1835 *Mecklenburg*, ZUM 1997, 525

1836 *Mecklenburg*, ZUM 1997, 525; *Röger*, ZRP 1997, 205 f.; *v. Lewinski*, RW 2011, 84 ff.; *Degenhart*, CR 2011, 234 f.; *Holznagel/Schumacher*, in: Kloepfer 2011, 57 f.; *Holznagel/Schumacher*, ZRP 2011, 77; *Holznagel*, AfP 2011, 534 ff.; *Holznagel/Schumacher*, MIND 2011, 15 f.; *Jäkel*, AfP 2012, 224 ff.

1837 So bereits *Mecklenburg*, ZUM 1997, 525 mit Hinweis auf *Bullinger*, AfP 1996, 1 ff.

1838 Nach *Bedner*, CR 2010, 342 steht Deep Packet Inspection in Konflikt mit dem in Art. 10 Abs. 1 GG gewährleisteten Fernmeldegeheimnis.

1839 So z.B. *v. Lewinski*, RW 1022, 91 f.; *Jäkel*, AfP 2012, 228 ff.; *Holznagel/Schumacher*, MIND 2011, 18.

sungsrechtlichen Einordnung des „Internet" im Wege des Grundrechtswandels in den Formen der Grundrechtsinterpretation oder -konkretisierung oder sogar der Grundrechtsänderung zu lösen ist.[1840] Als Teilergebnisse dieser Diskussion wurden schon verschiedene internetspezifische „Grundrechte" und verfassungsrechtliche „Rechte auf" vorgeschlagen, die regelmäßig jeweils auf einzelne Aspekte internetspezifischer Freiheitsgefährdungen abstellen. Es ist zudem der jeweilige Entstehungszeitpunkt der Diskussionsbeiträge zu berücksichtigen, der aufgrund der stetigen und rasant schnellen Weiterentwicklung des soziotechnischen Systems Internet unterschiedliche Vorstellungen über den „Untersuchungsgegenstand" bedingt.

Diese Bestandsaufnahme soll als Basis für die Auswahl und Entscheidung über die konkrete Form der internetspezifischen Grundrechtsentwicklung dienen. Einerseits decken sich in diesen Ansätzen für neue Grundrechte viele Aspekte mit den bereits in dieser Ausarbeitung gefundenen Ergebnissen. Anderseits zeigen sie auch grundrechtsdogmatische Probleme und Inkonsistenzen auf.

9.1.1 Internetfreiheit

In einem sehr frühen Stadium der Entwicklung des Internet wurde die Internetfreiheit als Freiheit sui generis verstanden, um den neuen Lebensbereich „Internet" verfassungsrechtlich einzufangen.[1841] Diese Schlussfolgerung basiert erstens auf der Feststellung verschiedener technischer und soziologischer Eigenheiten des Internet.[1842] Zweitens wird seine grundrechtliche Relevanz für die Meinungsbildung herausgearbeitet und die Schlussfolgerung gezogen, dass das Internet eine rechtlich eigenständige Entität gegenüber der Presse und dem Rundfunk sowie der individuellen Kommunikation sei. Die Internetfreiheit wird daher als sechste Kommunikationsfreiheit vorgeschlagen.[1843] Dogmatisch begründet wird die „neue Freiheit" – sie wird nicht explizit als Grundrecht bezeichnet – als „mediale Konkretisierung beziehungsweise Ergänzung der Meinungs- und Informationsfreiheit",[1844] durch die eine zwischen der individuellen Meinungs- und Informationsfreiheit und der medienbezogenen Freiheit der Massenkommunikation bestehende Regelungslücke geschlossen werden soll.

Darüber hinausgehend wird der Schutzbereich der Internetfreiheit gefahrenorientiert durch vier Einzelaspekte konkretisiert. Die Internetfreiheit soll erstens sowohl dem Kommunikator als auch zweitens dem Rezipienten subjektive Ansprüche gewährleisten. Sie umfasse den Schutz der individuellen und der massenmedialen Berichterstattung gerade über das Medium Internet.[1845] Ein Lösungsvorschlag für die festgestellte Überschneidung mit der Meinungsäußerungsfreiheit wird nicht angeboten und es erfolgt auch keine Klarstellung, welches die speziellen Zugangsrechte der Massenmedien bezogen auf das Internet sein sollen. Der Schutz des Rezipienten wird mit der Überlegung begründet, dass das Internet eine allgemein zugängliche Quelle im Sinne des Art. 5 Abs. 1 Satz 1 GG sei.[1846] Dies ist sicher zutreffend, unklar bleibt allerdings die diesbezügliche Notwendigkeit der verfassungsrechtlichen Ergänzung um eine Internetfreiheit sui generis. Drittens sei auch die Beschaffung und Nutzung der erforderlichen technischen Anlagen durch die Internetfreiheit geschützt, während der Zugang zum vorhandenen Internet durch die Informationsfreiheit gegeben sei.[1847] Unklar bleibt bezüglich dieser Feststellung, welche Grundrechtsfunktion begründet werden soll. Der vorgenommene Ver-

---

1840 *S.* Kap. 0.

1841 S. ausführlich *Mecklenburg*, ZUM 1997, 525 ff., 532.

1842 *Mecklenburg*, ZUM 1997, 528 ff. Aufgrund des Alters des Beitrags wurden noch nicht alle Eigenarten erfasst, die heute bekannt sind.

1843 *Mecklenburg*, ZUM 1997, 525.

1844 *Mecklenburg*, ZUM 1997, 532.

1845 *Mecklenburg*, ZUM 1997, 536.

1846 *Mecklenburg*, ZUM 1997, 536.

1847 *Mecklenburg*, ZUM 1997, 536.

gleich mit dem Urteil des Bundesverfassungsgerichts zur Parabolantenne legt die Vermutung nahe, dass der Internetfreiheit zugunsten des Rezipienten vor allem eine Schutzfunktion des Staates gegenüber Beeinträchtigungen durch Dritte und somit die Ausstrahlungswirkung der Grundrechte in das Privatrecht zukommen solle.[1848] Schließlich soll viertens die Internetfreiheit grundsätzlich zur Unzulässigkeit informationell monopolistischer Subnetze (des Staates) führen, da dem normativen Selbstverständnis der freiheitlichen Demokratie der Grundsatz der Öffentlichkeit des staatlichen Bereichs zugrunde liege.[1849] Ein solches Verständnis einer Internetfreiheit würde weit über den Schutzbereich der Informationsfreiheit hinausgehen, die den Staat gerade nicht verpflichtet, Informationen zur Verfügung zu stellen oder allgemein zugängliche Informationsquellen zu schaffen.[1850] Außerdem ist die Ausgangsthese, dass Informationen im Internet „von der Natur der Sache her" frei zugänglich seien, da die Einschränkung des Empfängerkreises a posteriori zusätzliche technische Maßnahmen erfordere, nicht zutreffend. Die technische Infrastruktur des Internet ist frei zugänglich, nicht aber alle Webinhalte. Zahlreiche Informationen werden ausschließlich zum Beispiel verschlüsselt oder auf anmeldepflichtigen Internetplattformen im Web zur Verfügung gestellt.[1851]

Verfassungsdogmatisch konsequent wurden nicht nur die Konturen der Internetfreiheit näher bestimmt, sondern auch Einschränkungen differenziert nach Kommunikator und Rezipient spezifiziert.[1852] Allerdings sind die Ausführungen so allgemein gehalten und von technisch längst überholten Vorstellungen geprägt, dass auf sie nicht weiter eingegangen wird.

9.1.2 Internetdienstefreiheit

Ausgehend von dem ungelösten Problem der Einordnung der Internetdienste in die Grundrechte der Medienfreiheit wird seit 2011 verstärkt die Notwendigkeit der Gewährleistung einer Freiheit der Internetdienste proklamiert.[1853] Eine wie auch immer geartete Zuordnung der Internetdienste zu den klassischen Medienfreiheiten wird im Wesentlichen mit Verweis auf die bekannten rechtlichen[1854] und gefährdungsspezifischen Unterschiede[1855] abgelehnt. Der Schutzbereich der Internetdienstefreiheit soll die Herstellung und die Verbreitung von Kommunikationsinhalten über das Internet an einen unbestimmten Personenkreis umfassen.[1856] Es

---

[1848] Die Entscheidung des *BVerfG* 90, 27 betraf die vorangegangene die Entscheidung des LG Tübingen, die einen ausländischen Mieter dazu verurteilte, eine an der Hauswand installierte Parabolantenne wieder zu entfernen.

[1849] *Mecklenburg*, ZUM 1997, 537.

[1850] S. Kap. 6.1.1.1.1. Ein solcher Anspruch des Bürgers wäre schon aufgrund des entgegenstehenden Schutzes der informationellen Selbstbestimmung nicht haltbar. Im Ergebnis auch *Jäkel*, AfP 2012, 232.

[1851] S. die Ausführungen zur Bedeutung allgemein zugänglicher Informationen für das Internet in Kap. 6.1.1.1.2, die allerdings nicht dahingehend missverstanden werden dürfen, dass alle im Internet verfügbaren Informationen allgemein zugänglich sind, sondern nur, dass sie grundsätzlich allgemein zugänglich sein können.

[1852] *Mecklenburg*, ZUM 1997, 537.

[1853] S. *Holznagel/Schumacher*, MIND 2011, 18, die gleichzeitig, aber von der Internetdienstefreiheit abgegrenzt, die Internetzugangsfreiheit befürworten.

[1854] Gegen die Zuordnung der Internetdienste zur Rundfunkfreiheit wird vorgebracht, dass die Anwendbarkeit der positiven Rundfunkordnung zu starr sei, sich der verfassungsrechtliche und der einfachgesetzliche Rundfunkbegriff noch weiter voneinander entfernen würden und letztlich kein höheres Maß an Rechtsklarheit und -sicherheit erreicht werde. Gegen die Einordnung zur Presse spreche, dass es dann den Internetauftritten der öffentlich-rechtlichen Rundfunkanstalten an der verfassungsrechtlichen Legitimation fehle, da sie entgegen des für die Presse geltenden Gebots der Privatwirtschaftlichkeit mit öffentlich-rechtlichen Gebühren finanziert werden. S. *Holznagel/Schumacher*, MIND 2011, 15 f.

[1855] Die rechtliche Regulierung von Presse und Rundfunk schütze gegen die Gefährdungen der One-to-Many-Kommunikation, während die dezentrale und vernetzte Kommunikation über das Internet als Many-to-Many-Kommunikation zu charakterisieren sei und entsprechend andere, spezifische Gefährdungen aufweise, *Holznagel/Schumacher*, MIND 2011, 17.

[1856] *Holznagel/Schumacher*, MIND 2011, 19.

wird ausdrücklich betont, dass sich dieser aus Art. 5 Abs. 1 Satz 2 GG abgeleitet Schutz nicht auf die Daten bezieht. Von der Pressefreiheit wird die Internetfreiheit aufgrund der fehlenden Verkörperung elektronischer Verbreitungsformen über das Internet abgegrenzt. Die „elektronische Presse“ soll der Internetdienstefreiheit zuzuordnen sein. Ob der elektronischen Presse auch Pressewerke, die zusätzlich über das Internet veröffentlicht werden, zuzurechnen sind, bleibt unklar. Die Abgrenzung zur Rundfunkfreiheit erfolgt über das Merkmal der Linearität des Rundfunks, der nur den gleichzeitigen Empfang der Informationen umfasst, während alle nicht linearen Dienste als Internetdienste eingestuft werden.[1857] Folglich sollen Videodienste wie YouTube, Mediatheken oder Mischdienste (Video und Texte) von der Internetdienstefreiheit erfasst werden. Für das weitere Abgrenzungsproblem der Einordnung von Live-Streaming von Rundfunksendungen im Internet wird kein expliziter Lösungsansatz angeboten. Sofern auf die Linearität abgestellt wird, wäre das Live-Streaming von Rundfunksendungen dem Rundfunk zuzuordnen. Werden dieselben Rundfunksendungen über Podcast abgerufen, müsste der Anwendungsbereich der Internetdienstefreiheit einschlägig sein.

Diese Weiterentwicklung der Medienfreiheiten weist insbesondere verfassungsdogmatische Vorteile auf. In Anlehnung an die Auffassung, Art. 5 Abs. 1 Satz 1 GG beinhalte eine allgemeine Medienfreiheit, könnte die Internetdienstefreiheit als neue Teilfreiheit spezifiziert werden, ohne dass eine Verfassungsänderung erforderlich wäre. Zudem stehe sie im Einklang mit Art. 11 Abs. 2 GRCh, so dass die europarechtskonforme Auslegung von Art. 5 Abs. 1 Satz 2 GG eine weitere methodische Begründung biete.[1858] Dennoch erfährt der Vorschlag der Internetdienstefreiheit auch Widerspruch. Ihre Notwendigkeit wird zum Beispiel mit dem Hinweis abgelehnt, dass eine funktionale Betrachtung der Kommunikations- und insbesondere der Mediengrundrechte, die sich auf die mediale Wirkung des jeweiligen Formats beziehe, die Zuordnung der bestehenden Internetformate ermögliche.[1859] Ein Anwendungsbereich für die Internetdienstefreiheit verbliebe somit nicht. Des Weiteren wird ebenfalls festhaltend an der klassischen Konstruktion der Mediengrundrechte sowohl die Basis als auch der Gewinn eines derartigen neuen Mediengrundrechts als fraglich bezeichnet.[1860] Begründet wird diese Einschätzung mit dem Hinweis, dass Fragen zum grundrechtlichen Schutzbereich der Internetdienstefreiheit und des maßgeblichen Ordnungsrahmens nicht beantwortet würden.

Über die rein verfassungsrechtliche Problematik hinausgehend leiten *Holznagel* und *Schumacher* aus der Internetdienstefreiheit beispielhaft Schlussfolgerungen für die Netzpolitik ab.[1861] Sie orientieren sich dabei an unterschiedlichen internetspezifischen Risiken. Im Einzelnen setzen sie sich insbesondere für neutralen Transport von Kommunikationsinhalten und -diensten, Verlässlichkeit der Informationssuche, inhaltliche Qualität und Glaubwürdigkeit von Informationen im Internet, flächendeckenden Zugang zur Internetöffentlichkeit und gegebenenfalls eine institutionelle Neuordnung der medialen Aufsichtsstrukturen ein. Diese Aspekte seien als Grundlage rechtspolitischer Lösungskonzepte anzusehen.[1862] Dieser Hinweis zeigt sehr deutlich die eigentliche verfassungsrechtliche Problematik auf. Es ist um ein Vielfaches einfacher, eine neue Grundfreiheit zu benennen, als ihre verfassungsrechtliche Konkretisierung und funktionalen Grundrechtswirkungen auszuarbeiten. Die Überlegungen enthalten wertvolle verfassungsrechtliche und einfachgesetzliche Ansätze. Erstere werden bei der nachfolgenden Grundrechtsausgestaltung einbezogen.

1857 *Holznagel/Schumacher*, MIND 2011, 19.

1858 Diese beiden Argumente heben auch besonderes hervor, *Holznagel/Schumacher*, MIND 2011, 19; *Holznagel*, NordÖR 2011, 210 f.; *Holznagel/Schumacher*, ZRP 2011, 77; *Holznagel/Schumacher*, in: Kloepfer 2011, 58 ff.

1859 *Jäkel*, AfP 2012, 229 ff.

1860 *Degenhart*, CR 2011, 236.

1861 *Holznagel/Schumacher*, MIND 2011, 19 ff.

1862 *Holznagel/Schumacher*, MIND 2011, 22.

9.1.3 Freiheit der Online-Medien

Als Alternative zur Internetfreiheit und zur Internetdienstefreiheit wird zur Lösung des Problems der Einordnung von Online-Medien in die Systematik von Art. 5 Abs. 1 GG eine eigenständige Freiheit der Online-Medien vorgeschlagen.[1863] Der Grundrechtsschutz sei in Bezug auf Online-Medien ergänzungsbedürftig. Diese werden im Wesentlichen in Anlehnung an das einfachgesetzliche Medienrecht und medienwissenschaftliche Erkenntnisse definiert.[1864] Ausgehend von der Definition presseähnlicher Angebote gemäß § 2 Abs. 2 Nr. 20 RStV,[1865] die nicht nur elektronische Ausgaben von Printmedien erfasst, sondern alle journalistisch-redaktionell gestalteten Angebote, die nach Gestaltung und Inhalt Zeitungen oder Zeitschriften entsprechen, erfolgt eine Eingrenzung anhand der medienwissenschaftlichen Typenmerkmale Digitalität, Aktualität, Multimedialität, Interaktivität und Hypertextualität von Online-Medien. Daher seien nicht alle presseähnlichen Telemedien Online-Medien. Negativ definiert gehörten elektronische Ausgaben klassischer Verlagsprodukte und Rundfunkangebote, die lediglich über das Internet als zusätzlichen Distributionskanal verbreitet werden, nicht zu den Online-Medien. Im Ergebnis werden Online-Medien als eigenständige Mediengattung bezeichnet, die die genannten Typenmerkmale aufweisen.[1866] In Folge dieser Überlegungen sind also Online-Mediendienste alle journalistisch-redaktionell gestalteten Angebote, die nach Gestaltung und Inhalt Zeitungen oder Zeitschriften entsprechen und die Typenmerkmale der Digitalität, Aktualität, Multimedialität, Interaktivität und Hypertextualität aufweisen. Weitere Konkretisierungen des Schutzbereichs und der Grundrechtsfunktionen, die die Freiheit der Online-Medien gewährleisten sollen, werden nicht vorgenommen. Es folgt die Feststellung, dass sich diese Freiheit verfassungsdogmatisch entweder im Wege der erweiternden Auslegung von Art. 5 Abs. 1 Satz 2 GG oder durch eine Änderung des Verfassungstextes begründen ließe.[1867]

Dieser überzeugende Ansatz einer grundrechtlich geschützten Freiheit der Online-Medien enthält zahlreiche positive Aspekte sowohl zur Einordnung der Online-Medien in die Systematik von Art. 5 Abs. 1 Satz 2 GG als auch zur Eingrenzung des Schutzbereichs, die bei einer Grundrechtsentwicklung zu berücksichtigen sind. Die im Umfang eines Aufsatzes erfolgte systematische Untersuchung wird im Folgenden aufgegriffen und weitergedacht.

9.1.4 Internetzugangsfreiheit

Ergänzend zur und in Abgrenzung von der Internetdienstefreiheit wird eine Internetzugangsfreiheit statuiert, die einen (breitbandigen) Internetzugang für alle sichern soll.[1868] Die Internetzugangsfreiheit wird nicht als (neues) Grundrecht bezeichnet. Sie wird überwiegend aus der grundrechtlichen Garantie zur staatlichen Gewährleistung der Mittel abgeleitet, die zur Aufrechterhaltung eines menschenwürdigen Daseins unbedingt erforderlich sind.[1869] Die Bezeichnung als Internetzugangsfreiheit dient der Hervorhebung ihrer Existenz. Es wird aber betont, dass durch die Internetzugangsfreiheit nur generell der Zugang zum Internet verfas-

---

1863 *Wellenreuther* 2011, 69 ff.

1864 *Wellenreuther* 2011, 18 ff.

1865 Zitiert wird hier der Rundfunkstaatsvertrag in der Fassung des 15. RÄStV, während sich *Wellenreuther* 2011, 20 auf die gleichlautende Definition im Rundfunkstaatsvertrag in der Fassung des 12. RÄStV bezieht. Dieser Ansatz wird gewählt, da Gegenstand der Dissertation von *Wellenreuther* 2011 nicht insgesamt die verfassungsrechtliche Einordnung von Diensteangeboten im Internet ist, sondern ausschließlich die Einordnung presseähnlicher Telemediendienste.

1866 *Wellenreuther* 2011, 53.

1867 *Wellenreuther* 2011, 71.

1868 *Baer*, Blätter für deutsche und internationale Politik 2011, 95 ff.; zustimmend *Holznagel/Schumacher*, MIND 2011, 18.

1869 S. ausführlich Kap. 6.1.5 insbesondere Kap. 6.1.5.2.

sungsrechtlich abgesichert wird. Die Bestimmung des qualitativen Umfangs des Existenzbedarfs ist dem Gesetzgeber vorbehalten.[1870] Damit ist die Internetzugangsfreiheit insbesondere nicht dahingehend zu verstehen, dass sich aus ihr ein verfassungsrechtlicher Anspruch auf einen Internetzugang in der eigenen Wohnung oder einen breitbandigen Internetzugang begründen ließe.[1871] Ergänzend wird ausdrücklich der individuelle Zugang zum „virtuellen Raum“ als unabdingbare Entstehensvoraussetzung der Online-Grundrechte angesehen.[1872] Gemeint ist allerdings nicht die Gewährleistung der technischen Infrastruktur, sondern der grundsätzlichen Möglichkeit, einen entsprechenden Dienstleistungsvertrag mit einem (Access-)Provider über den Zugang zum Internet abschließen zu können.[1873]

9.1.5 Recht auf Internet

Als ein weiterer Ansatz wird das Recht auf Internet als ein rechtlicher Sammelbegriff für alle grundrechtlichen Gehalte in Bezug auf eine moderne (Kultur-)Technik verstanden.[1874] Bei dieser Untersuchungsperspektive steht weniger die dogmatische Einordnung in die Systematik der Grundrechte im Vordergrund als vielmehr die aus diesem (Verfassungs-)Recht ableitbaren Grundrechtsfunktionen. Es wird zwischen einem technischen und einem inhaltlichen Gehalt des Rechts auf Internet differenziert. Gegenstand des technischen Rechts auf Internet ist ein objektiver Grundsatz der Internetfreiheit sowie des freien Informationsflusses.[1875] Es wird gefolgert, dass der Staat grundsätzlich keine Handlungen vornehmen darf, die das Internet beschränken. Diese Abwehrfunktion bezogen auf den technischen Freiheitsgehalt ist vermutlich im Sinne einer Regulierungsfreiheit der technischen Infrastruktur zu verstehen, durch die auch der freie und unbeeinflusste Datenfluss entsprechend dem Best Effort-Prinzip abgesichert werden soll.[1876] Ergänzend soll dem Recht auf Internet auf der technischen Ebene eine Gewährleistungs- und Leistungsfunktion zukommen,[1877] die wohl insbesondere im Verhältnis zwischen Internetprovider und Internetnutzer zum Tragen kommen soll. Darüber hinaus soll sie die staatliche Pflicht zur Sicherstellung der technischen Infrastruktur – wenn auch durch private Anbieter – umfassen.[1878] Die technische Infrastruktur soll ausdrücklich sowohl die Netze als auch das Diensteangebot – „die Erbringung von Diensten auf den Netzen“[1879] – umfassen. Die inhaltliche Komponente des Rechts auf Internet soll – ohne nähere Konkretisierung – ihre besondere Bedeutung in der Abwehrfunktion aufweisen. Dies wird mit dem Verweis auf die ebenfalls im Internet geltenden – und anscheinend aus Art. 5 Abs. 1 GG abgeleiteten – Freiheit des Meinungskampfes und der Staatsfreiheit begründet.

Diese in den Grundzügen vorliegende Idee eines Rechts auf Internet enthält den zustimmungswürdigen Ansatz der grundrechtlichen Differenzierung einer technischen und einer inhaltlichen Ebene dieses Rechts mit unterschiedlichen Konsequenzen für die Grundrechtsfunktionen.[1880] Darüber hinaus sind die Lösungsansätze und Konkretisierungen noch relativ abstrakt, so dass eine abschließende Beurteilung dieser Idee nicht möglich ist.

1870 *Baer*, Blätter für deutsche und internationale Politik 2011, 97.

1871 S. Kap. 6.1.7.1.

1872 *Schulz*, in: Hill/Schliesky 2012, 279.

1873 *Schulz*, in: Hill/Schliesky 2012, 283.

1874 *V. Lewinski*, RW 2011, 90 ff.

1875 *V. Lewinski*, RW 2011, 91.

1876 Die faktische Entwicklung, dass das Best-Effort-Prinzip als ausschließliche Maxime der Steuerung der Datenübertragung im Internet aufgegeben werden soll, wird nicht angesprochen.

1877 *V. Lewinski*, RW 2011, 91.

1878 So ausdrücklich mit Bezug auf den von *v. Lewinski*, RW 2011, 91 hervorgehobenen technischen Aspekt des Rechts auf Internet, *Schulz*, in: Hill/Schliesky 2012, 276.

1879 *Schulz*, in: Hill/Schliesky 2012, 276.

1880 So ausdrücklich *v. Lewinski*, RW 2011, 91.

9.1.6 Grundrecht auf Selbstschutz

Die Notwendigkeit eines „Grundrechts auf Selbstschutz“ wird aufgrund der durch das Internet heraufbeschworenen informationstechnischen, „dauernden und situationsunabhängigen Gefährdungslage“ vorgeschlagen.[1881] Der Staat sei in diesem Bereich nicht in der Lage, individuelle Freiheiten durch rechtliche Garantien und Verfahren zu gewährleisten. Daher müsste den Bürgern rechtlich und technisch-faktisch ermöglicht werden, ihre Grundrechte selbst zu verteidigen und dies nicht nur im Sinne eines Rechts auf Selbstschutz,[1882] sondern darüber hinaus müsste gewährleistet sein, dass die hierfür erforderlichen technischen und organisatorischen Mittel zur Verfügung stehen. Konkretisierungen des Grundrechts auf Selbstschutz sollen ein Recht auf Verschlüsselung eigener Datenverarbeitung, die Möglichkeit der pseudonymen oder anonymen Nutzung von Systemen und ein Recht auf Nutzung digitaler Signaturen sein.[1883] Unklar bleibt allerdings, ob nicht zumindest einige dieser Konkretisierungen durch andere Grundrechte ausreichend abgedeckt werden, wie zum Beispiel das Recht auf anonyme und pseudonyme Nutzung als Ausprägung der informationellen Selbstbestimmung. Zwei dieser Konkretisierungen werden in der wissenschaftlichen Diskussion vertieft und erhalten inhaltliche Zustimmung. Dogmatisch werden sie allerdings uneinheitlich sowohl als Grundrecht als auch als Grundrechtskonkretisierung dargestellt.

9.1.6.1 Recht auf Anonymität

Eine im Internetzeitalter diskutierte Ausprägung des Grundrechts auf Selbstschutz ist das sogenannte Grundrecht oder auch (nur) Recht auf Anonymität.[1884] Es soll den Schutz der Anonymität insbesondere der sogenannten elektronischen Anonymität gewährleisten. Im Einzelnen erfolgten die verfassungsrechtliche Einordnung und Anerkennung der Anonymität sehr uneinheitlich. Es wird dogmatisch sowohl als Grundrecht auf Anonymität[1885] sowie als Recht auf Anonymität als eigenständiger Teilgehalt[1886] oder als besondere Schutzbereichsausprägung des allgemeinen Persönlichkeitsrechts spezifiziert.[1887] Teilweise wird ein umfassender Schutz der Anonymität in Bezug auf alle denkbaren sozialen Dimensionen deklariert.[1888] Mehrheitlich wird das Recht auf Anonymität explizit in Bezug auf und für den Kontext moderner Informations- und Kommunikationstechnik aufgrund des Risikos begründet, dass die Nutzung elektronischer Verfahren grundsätzlich elektronische Spuren hinterlasse.[1889] Ebenso wie alltägliche Aktivitäten der Information, Kommunikation und des Konsums in der physischen Welt anonym möglich seien, müsse dies auch für die Aktivitäten im Internet gelten, insbesondere in den beiden Ausprägungen des anonymen „Surfens“,[1890] zum Beispiel in Form der anonymen WLAN-Nutzung, sowie der anonymen elektronischen Kommunikation via E-

---

1881 *Däubler/Klebe/Wedde/Weichert* 2014, Einleitung Rn. 55.

1882 Das Recht der Selbsthilfe oder Selbstverteidigung wird auf das im Vorsorgerecht anerkannte Prinzip abgeleitet, derjenige mit seinen Wünschen nach staatlicher Hilfe zurücktreten muss, der sich aus eigener Kraft zu helfen in der Lage ist, *BVerfGE* 17, 38 (56).

1883 *Däubler/Klebe/Wedde/Weichert* 2014, Einleitung Rn. 55.

1884 *Heckmann*, NJW 2012, 2632; *Polenz*, in: Kilian/Heussen 2013, Teil 13 Rn. 58; *Gerhards* 2010, 182 f.; *Brunst* 2009, 280 f. S. zum Recht auf Anonymität auch *Luch* 2008, 132 f. m.w.N.

1885 Diese Formulierung findet sich bei *Heckmann*, NJW 2012, 2623; *Polenz*, in: Kilian/Heussen 2013, Teil 13 Rn. 58; *Däubler/Klebe/Wedde/Weichert* 2014, Einleitung, Rn. 53.

1886 *Gerhards* 2010, 183.

1887 *Brunst* 2009, 280 f.; *Däubler/Klebe/Wedde/Weichert* 2014, Einleitung, Rn. 53.

1888 *V. Mutius*, in: Bäumler/v. Mutius 2003, 15 mit Verweis auf die weiteren Beiträge in diesem Herausgeberwerk von *Denninger*, 41 ff.; *Bizer*, 78 ff.; *Dix*, 52 ff.; *Rössler*, 27 ff. und *Weichert*, 95 ff. S. auch *Brunst* 2009, 260.

1889 *Heckmann*, NJW 2012, 2632; *Gerhards* 2010, 183; *Däubler/Klebe/Wedde/Weichert* 2014, Einleitung, Rn. 53.

1890 Insbesondere *Heckmann*, NJW 2012, 2632; *Gerhards* 2010, 182.

Mail.[1891] Eine konkrete Abgrenzung des Rechts auf Anonymität vor allem zum Recht auf informationelle Selbstbestimmung und zum Fernmeldegeheimnis wird nur im Ansatz vorgenommen. Im Verhältnis zum Recht auf informationelle Selbstbestimmung gewährleiste das Recht auf Anonymität einen weiteren Schutz.[1892] Es sollen die Fälle abgedeckt werden, in denen das Erfassen der Daten durch den Betroffenen selbst angestoßen wird, indem er einen Internetdienst nutzt, ohne dass er sich der elektronischen Spuren bewusst ist, die er durch diesen Nutzungsvorgang hinterlässt. Da der Schutz der informationellen Selbstbestimmung unabhängig von dem Bewusstsein der Datenoffenbarung und der Initiierung der Entstehung der Daten durch den Betroffenen ist, würde der demgegenüber weiter gefasste Rechtsschutz durch die Anonymität voraussetzen, dass gerade auch nicht personenbezogene Spuren geschützt werden sollen. Dies lässt sich zum Beispiel aus der Begründung ableiten, dass ein Bedürfnis für das Recht auf Anonymität bestünde, da es dem Recht auf informationelle Selbstbestimmung vorgelagert sei und bereits vor der Identifizierung des betroffenen Individuums eingreife.[1893]

Mit diesem Begründungsansatz soll ein allgemeines Recht auf Anonymität als selbstständiges Teilrecht des allgemeine Persönlichkeitsrechts aus Art. 2 Abs. 1 in Verbindung mit Art. 1 Abs. 1 GG im Wege der richterlichen Rechtsfortbildung abgeleitet werden.[1894] Der Schutz durch das allgemeine Recht auf Anonymität sei in der Form grundsätzlich anzuerkennen, weil keine Begrenzung auf die unterschiedlichen Sphären der Intim-, Privat- und Sozialsphäre des Persönlichkeitsschutzes erfolgte.[1895] In seiner Funktion als Abwehrrecht soll das Recht auf Anonymität den einzelnen davor schützen, dass staatliche Stellen ohne Rechtfertigung die persönliche Identität des betroffenen Grundrechtsträgers von ihm verlangen, noch sich in anderer Weise verschaffen oder an Dritte weitergeben dürfen.[1896] Eine Schutzfunktion soll das Recht insofern entfalten, als der Staat verpflichtet sein soll, die Anonymität des Individuums in unterschiedlichen Rechtsrelationen auch gegenüber Privaten zu schützen.[1897] Diese Funktion sei insbesondere im Bereich der Informations- und Kommunikationstechnik relevant.

Die wissenschaftlichen Ausführungen zum Grundrecht oder Recht auf Anonymität unterscheiden sich im Grad der Konkretisierung maßgeblich. Die verfassungsdogmatische Begründung und die Konturen eines allgemeinen Rechts auf Anonymität als selbständiges Teilrecht des allgemeinen Persönlichkeitsrechts sind schon recht konkret dargelegt worden.[1898] Diesbezüglich fehlt bezogen auf die Anonymität im Internet allerdings eine deutliche Klarstellung, ob das allgemeine Recht auf Anonymität dort noch Relevanz entfaltet oder umfassend durch die informationelle Selbstbestimmung gewährleistet wird. Die Ausführung zu einem von vornherein auf Informations- und Kommunikationstechnik beschränkten Recht auf Anonymität können nicht als abschließend angesehen werden. Die deklarierten Schutzlücken werden nicht eindeutig dargelegt. Insbesondere bei der informationellen Selbstbestimmung weist die Anonymität eine große Relevanz auf, da ein optimaler Schutz der Kontrolle über Informationen zur eigenen Person durch ihre Anonymität gewährleistet werden kann.[1899] Daher ist zum Beispiel die in § 3a Satz 2 BDSG normierte Pflicht, personenbezogene Daten unter bestimmten Voraussetzungen zu anonymisieren, eine einfachgesetzliche Umsetzung zur Gewährleis-

---

1891 *Gerhards* 2010, 182.
1892 *Brunst* 2009, 260; *Däubler/Klebe/Wedde/Weichert* 2014, Einleitung, Rn. 54.
1893 *V. Mutius*, in: Bäumler/v. Mutius 2003, 14.
1894 *V. Mutius*, in: Bäumler/v. Mutius 2003, 17.
1895 *V. Mutius*, in: Bäumler/v. Mutius 2003, 21 f.
1896 *V. Mutius*, in: Bäumler/v. Mutius 2003, 22.
1897 *V. Mutius*, in: Bäumler/v. Mutius 2003, 23.
1898 Aus diesem Grund lehnt z.B. *Spindler* 2012, F 34 die Notwendigkeit eines eigenständigen Grundrechts auf Anonymität ab.
1899 S. z.B. *Roßnagel/Pfitzmann/Garstka* 2001, 146.

tung der informationellen Selbstbestimmung. Diese Vorschrift ist somit eine Folge der Schutzfunktion der informationellen Selbstbestimmung. In Bezug auf das Beispiel der anonymen WLAN-Nutzung mag diese zwar nicht durch das Fernmeldegeheimnis geschützt sein, da die Wahl der Kommunikationsmittel nicht vom Geheimnisschutz umfasst ist. Allerdings wird dieser Aspekt der kommunikativen Selbstbestimmung zugeordnet, die auch und gerade auf Internetsachverhalte anwendbar ist.[1900]

9.1.6.2 Recht auf Verschlüsselung

In einem engen Zusammenhang zum Recht auf Anonymität steht die Idee eines Grundrechts auf Verschlüsselung.[1901] Verschlüsselungstechniken können grundsätzlich zur Sicherung unterschiedlicher Ziele eingesetzt werden. In der Regel dienen sie der Gewährleistung der Integrität und Vertraulichkeit sowie der Anonymität und Authentifizierung.[1902] Insofern kann die Verschlüsselung eine technische Umsetzung des gegebenenfalls aus der Verfassung ableitbaren Rechts auf Anonymität sein.[1903] Auf dieser Basis wird das Recht auf Verschlüsselung als durch das allgemeine Persönlichkeitsrecht gewährleistet angesehen im Sinne eines Rechts, durch den Einsatz von Technik die eigene Persönlichkeit effektiv selbst zu schützen.[1904]

Dem Gedanken, dass der demokratische Rechtsstaat seine Bürger gegebenenfalls zum Selbstschutz seiner grundrechtlichen Freiheiten befähigen muss, ist vorbehaltlos zuzustimmen.[1905] Ob diese Überlegung allerdings dogmatisch zur Begründung eines verfassungsrechtlich geschützten Rechts auf Verschlüsselung führen sollte, ist fraglich. Zum einen bedürfte die Ansiedlung dieses Rechts auf der gleichen Ebene mit dem Recht auf Anonymität einer näheren Begründung. Soweit die Verschlüsselung das Ziel verfolgt, den Personenbezug von Daten zu verhindern und damit Anonymität zu gewährleisten, ist das Recht auf Verschlüsselung systematisch auf einer niedrigeren Ebene als das Recht der Anonymität anzusiedeln.[1906] Zum anderen wird die hier gemeinte technische Verschlüsselung zwar eine, aber zukünftig vermutlich nicht die einzige Maßnahme zur Gewährleistung von Anonymität sein. Im Verfassungsrecht dienen riskante Techniken zwar als Anknüpfungspunkt für die Entwicklung neuer Grundrechtsgewährleistungen, aber konkrete technische Lösungsansätze sind dogmatisch allenfalls auf einfachgesetzlicher Ebene sinnvoll.

[1900] S. Kap. 6.1.3.4.1.

[1901] S. zum Streit um die staatliche Regulierung von Verschlüsselungstechniken, *Grzeszick*, AöR 123 (1998, 190 f.; *Gerhards* 2010, 183 ff. S. auch *Grote*, KritV 1999, 41, der die Verschlüsselung der Datenübermittlung als Selbstschutzmöglichkeit dem Schutzbereich von Art. 10 Abs. 1 GG zuordnet, die ein staatliches Verbot der Übermittlungsverschlüsselung ausschließt. *Koch*, CR 1997, 106 ff. fragt zwar in der Überschrift seines Beitrags nach einem „Grundrecht auf Verschlüsselung?", argumentiert aber im Wesentlichen, dass ein einfachgesetzliches Verbot der Datenverschlüsselung zumindest gegen die allgemeine Handlungsfreiheit verstoßen würde. Ein in Großbritannien im November 2015 vorgestellter Entwurf für ein Netzüberwachungsgesetz sieht die Pflicht der Telekommunikations-Provider vor, von ihnen für die Internetkommunikation angebotene Verschlüsselungsmöglichkeiten, entschlüsseln zu können, s. Nr. 62 b Draft Investigatory Powers Bill, https://www.gov.uk/government/uploads/system/uploads/attachment_data/file/473770/Draft_Investigatory_Powers_Bill.pdf sowie *Borchers*, „Großbritannien: Entwurf für Netzüberwachungsgesetz vorgestellt", heise online vom 4.11.2015, http://www.heise.de/newsticker/meldung/Grossbritannien-Entwurf-fuer-Netzueberwachungsgesetz-vorgestellt-2877521.html.

[1902] Allgemein zu kryptologischen Verfahren und ihren rechtlichen Funktionen s. *Jandt* 2008, 255 f.

[1903] So *Gerhard* 2010, 183.

[1904] *Gerhards* 2010, 187.

[1905] Dieser Ansatz wurde allgemein im Kontext elektronischer Datenverarbeitung und -übermittlung von *Roßnagel*, ZRP 1997, 29 ff. geprägt.

[1906] Im Kontext der Methode KORA wird die Anonymität in der Regel als ein aus der informationellen Selbstbestimmung abgeleitetes Gestaltungsziel eingeordnet.

Die Verschlüsselung kann darüber hinaus der Vertraulichkeit technisch vermittelter Kommunikation dienen. Zu unterscheiden ist somit zwischen der Verschlüsselung der Daten, die, wie dargelegt, vorrangig in den Schutzbereich der informationellen Selbstbestimmung fällt und nicht internetspezifisch ist – und der Verschlüsselung der Datenübermittlung bei der Internetkommunikation. In dieser Funktion wird das „Recht auf Verschlüsselung" als vom Schutzbereich des Fernmeldegeheimnisses mit umfasst angesehen.[1907]

Diese unterschiedlichen Ansätze für ein Recht auf Verschlüsselung weisen auf die grundsätzliche Problematik des Verhältnisses zwischen Recht und Technik hin. Selbst wenn ein Recht auf Verschlüsselung von Verfassungsrang anzuerkennen wäre, wären seine Konturen bisher zumindest unvollständig beschrieben. Ursprünglich diente die Kryptografie der Codierung von textlich fixierten Informationen und wurde seitdem sowohl hinsichtlich konkreter kryptografischer Methoden als auch hinsichtlich des Einsatzbereichs und seiner Zielsetzungen weiterentwickelt. In Folge dessen weisen die faktisch eingesetzten Verschlüsselungsverfahren unterschiedliche Schutzobjekte auf, indem sie zum Schutz von Informationen und Daten – generell oder während des Übermittlungsvorgangs – oder der Persönlichkeit der Kommunikatoren eingesetzt werden. Zudem ist bei der Schutzrichtung zu unterscheiden, ob sie auf die Integrität, Authentizität und Vertraulichkeit von Informationen und Daten oder die Authentifizierung – nicht Identifizierung – und Anonymität der Kommunikatoren zielt. Beide Schutzrichtungen werden bereits von anerkannten Grundrechten umfasst.

9.1.6.3 Recht auf Verpixeln

Lediglich als Idee ohne Herleitung- und Begründungsansätze findet sich schließlich noch ein Recht auf Verpixeln.[1908] Die Zuordnung zum Verfassungsrecht ergibt sich zum einen aus dem textlichen Zusammenhang und zum anderen aus dem Hinweis, dass der Verfassungsgeber die Möglichkeit habe, ein solches zu formulieren. Das Recht auf Verpixeln wird als Folge der Widersprüche in Deutschland gegen die Abbildung bei dem Webdienst Google Street View bezeichnet. Unbeachtet bleibt, dass bisher kein Gericht in Deutschland ein Widerspruchsrecht in Deutschland anerkannt hat. Google Inc. ist vom Hamburgischen Datenschutzbeauftragten im Jahr 2009 dazu aufgefordert worden, die Kameraaufnahmen für den Webdienst Google Street View und dessen anschließende Umsetzung datenschutzkonform zu gestalten. Google hat sich daraufhin bereit erklärt, die Rohdaten einer den Aufnahmen widersprechenden Person endgültig zu löschen.[1909] Sind die Rohdaten gelöscht, erscheint die Ansicht der Aufnahme verpixelt. Unabhängig von Googles Selbstverpflichtung kann gegen die Speicherung der Rohdaten des Abbilds von Personen ein datenschutzrechtlicher Anspruch auf Löschung bestehen. Dieser einfachgesetzliche – und nicht verfassungsrechtliche – Anspruch ist auf das Grundrecht der informationellen Selbstbestimmung oder das allgemeine Persönlichkeitsrecht zurückzuführen.

9.1.7 Grundrecht auf Vergessenwerden

In der Literatur angedacht wird schon seit einigen Jahren ein verfassungsrechtliches Recht auf Vergessenwerden.[1910] Dieses ist nicht mit dem im ersten Entwurf von Art. 17 in der Da-

---

1907 Z.B. *Grote*, KritV 1999, 40 f.

1908 *Baer*, Blätter für deutsche und internationale Politik 2011, 93.

1909 S. „Google erteilt konkrete Löschungszusage der Rohdaten für Street View", Presseerklärung des Hamburgischen Datenschutzbeauftragten vom 17.6.2009, https://www.datenschutz-hamburg.de/uploads/media/pressemeldung-2009-06-17__Loeschungszusage_GoogleStreetView__01.pdf.

1910 *Spindler* 2012, F 35.

tenschutz-Grundverordnung (im Folgenden DS-GVO-E)[1911] titulierten Recht auf Vergessenwerden zu verwechseln.[1912] Vermutlich war aber der europäische Regelungsansatz Anlass für die erste Überlegung einer weiteren verfassungsrechtlichen Ableitung eines Rechts auf Vergessenwerden aus dem allgemeinen Persönlichkeitsrecht und der informationellen Selbstbestimmung. Inhaltlich soll es dem Risiko der Erstellung von Persönlichkeitsprofilen ferner lange nach der „Veröffentlichung“ von Daten im Internet entgegentreten, das vor allem aus der theoretisch zeitlich unbeschränkten Abrufbarkeit der Daten resultiert.[1913] Der Schutzbereich und die Schutzfunktionen dieses Rechts werden nicht weiter ausgeführt. Es folgen aber Überlegungen zur Begrenzung dieses Rechts und der in diesem Zusammenhang – wie grundsätzlich bei Grundrechtsbeschränkungen – erforderlichen Interessenabwägung.

Als Folge der Entscheidung des Europäischen Gerichtshofs zu den Löschungspflichten von Suchmaschinen[1914] wird nunmehr explizit ein europäisches Grundrecht auf Vergessenwerden als neues „Internet-Grundrecht“ proklamiert.[1915] Dies ist umso bemerkenswerter, als der Europäische Gerichtshof nicht ein einziges Mal selbst von einem wie auch immer gearteten Recht auf Vergessenwerden spricht. Lediglich bei der Wiedergabe der Vorlagefrage des spanischen Audiencia Nacional wird diese Formulierung in dem Urteil verwendet.[1916] Dennoch wird diese Entscheidung des Europäischen Gerichtshofs als diejenige zum Recht auf Vergessenwerden in die Geschichte eingehen, weil es sowohl in der allgemeinen Presse als auch in der Wissenschaft falsch verstanden wird. Zutreffend ist, dass diese Entscheidung des Europäischen Gerichtshofs mehrere neue und bedeutende Erkenntnisse enthält – aber zu anderen Fragestellungen.[1917]

Der Europäische Gerichtshof erhebt das von ihm als Pflicht zur Löschung von Informationen und Hyperlinks aus der Suchergebnisliste bezeichnete vermeintliche Recht auf Vergessenwerden, nicht selbst in den Status eines Grundrechts. Dennoch wird dieses aus dem Urteil abgeleitet, mit der vagen Begründung, es seien in dem Urteil Ansätze und grobe Konturen für ein Grundrecht entwickelt worden und die Entscheidung habe weit über den Einzelfall hinausgehende Bedeutung.[1918] Der Schutzbereich des Grundrechts auf Vergessenwerden soll durch personenbezogene Daten definiert sein. Er werde durch den Zeitablauf aktiviert. Eine Abgrenzung zum in Art. 8 GRC normierten Grundrecht auf Schutz personenbezogener Daten und zum in Art. 7 GRC Recht auf Achtung des Privatlebens wird nicht vorgenommen. Der Grundrechtsschutz soll anscheinend erst einsetzen, wenn die „Zeit des Vergessens“ eingetreten ist.[1919] Wann dieser Zeitpunkt ist, soll „im Einzelfall unter Berücksichtigung und Abwägung aller relevanten Umstände ermittelt werden“[1920]. Der Schutzbereich wird nicht allgemeingültig und abstrakt definiert, sondern es wird quasi eine Interessenabwägung einbezogen, obwohl diese grundrechtsdogmatisch den Schranken zuzuordnen ist. Des Weiteren wird festgestellt, dass dieses Grundrecht – wie nahezu alle anderen Grundrechte – im Europarecht nicht schrankenlos gewährleistet wird, sondern in Abwägung mit dem europäischen Gemeinwohl sowie den Rechten und Freiheiten Dritter eingeschränkt werden kann.

1911 Europäische Kommission, Vorschlag für eine Verordnung des Europäischen Parlaments und des Rates zum Schutz natürlicher Personen bei der Verarbeitung personenbezogener Daten und zum Schutz des freien Datenverkehrs (Datenschutz-Grundverordnung), KOM (2012) KOM Jahr 2012, 29. Vorgestellt am 25.1.2012.

1912 S. hierzu *Jandt/Kieselmann/Wacker*, DuD 2013, 235 ff.

1913 *Spindler* 2012, F 35.

1914 *EuGRZ* 2014, 320 ff., s. *Jandt*, MMR-Aktuell 2014, 358242.

1915 *Boehme-Neßler*, NVwZ 2014, 825.

1916 S. Vorlagefrage 3 *EuGRZ* 2014, 329 (Rn. 20.). In *EuGRZ* 2014, 320 (Rn. 89) wurde das Wort „vergessen“ sogar in Anführungszeichen gesetzt.

1917 S. *Jandt*, MMR-Aktuell 2014, 358242.

1918 *Boehme-Neßler*, NVwZ 2014, 827.

1919 *Boehme-Neßler*, NVwZ 2014, 828 f.

1920 *Boehme-Neßler*, NVwZ 2014, 828.

Insgesamt handelt es sich bei dem skizzierten Recht auf Vergessenwerden wohl eher um ein noch zu überprüfendes und gegebenenfalls zu konkretisierendes Gedankenexperiment und dies auf einfachgesetzlicher Ebene. Die Ausführungen zu einem europäischen Grundrecht sind zwar ausführlicher, aber insbesondere die Frage nach dem Bedürfnis für dieses Grundrecht – der normative Regelungsbedarf – ist nicht untersucht worden und auch nicht begründbar. Bereits das in der Literatur und vor allem in der allgemeinen Presse proklamierte einfachgesetzliche „Recht auf Vergessen" ist kein vom Europäischen Gerichtshof oder dem Entwurf der Datenschutzgrundverordnung entwickeltes neues Recht.[1921] Im ersten Entwurf der Datenschutzgrundverordnung war in Art. 17 Abs. 1 DS-GVO-E ein Recht auf Löschung von rechtswidrig oder nicht mehr rechtmäßig gespeicherten Daten und in Art. 17 Abs. 2 DS-GVO-E das „Recht auf Vergessen" für veröffentlichte Daten als Informationspflicht über die Löschung der verantwortlichen Stelle gegenüber Dritten, die die Daten ebenfalls verarbeiten, vorgesehen.[1922] Im Entwurf der Datenschutzgrundverordnung des Europäischen Parlaments wurde aus der Überschrift von Art. 17 DS-GVO-E das Recht „auf Vergessenwerden" rausgenommen und die beiden Regelungen wurden in Art. 17 Abs. 1 DS-GVO-E zusammengefasst. Schließlich schlägt der Europäischen Rat für Art. 17 DS-GVO-E die Überschrift „Recht auf Löschung und auf Vergessenwerden" vor, wobei der Begriff Vergessenwerden in Anführungszeichen gesetzt ist. Inhaltlich wird in Abs. 2a der Norm vorgesehen, dass ein zur Löschung verpflichteter Verantwortlicher vertretbare Schritte, auch technischer Art unternehmen muss, um weitere Verantwortliche darüber zu informieren, dass eine betroffene Person von ihnen die Löschung aller Querverweise auf diese personenbezogenen Daten oder von Kopien oder Replikationen dieser Daten verlangt hat. Es ist demnach offen, ob und in welcher Form das „Vergessenwerden" Eingang in die Datenschutzgrundverordnung finden wird. In der genannten Entscheidung des Europäischen Gerichtshofs verwendet den Begriff des Vergessens weder für ein Grundrecht noch für einen datenschutzrechtlichen Anspruch. Der Europäische Gerichtshof betont ausdrücklich, dass ein Löschungsanspruch erst entstehen kann, wenn ursprünglich rechtmäßige Datenverarbeitungen den ursprünglichen „Zwecken in Anbetracht der verstrichenen Zeit nicht entsprechen, dafür nicht oder nicht mehr erheblich sind oder darüber hinausgehen"[1923]. Zu einer ergänzenden Informationspflicht gegenüber Dritten hat sich der Europäische Gerichtshof nicht geäußert. Es gibt somit nach der Rechtsprechung des Europäischen Gerichtshofs schon kein „einfachgesetzliches" Recht auf Vergessen, sondern das Problem einer rechtswidrig gewordenen Datenverarbeitung wird ausschließlich über den datenschutzrechtlichen Löschungsanspruch gelöst. Begründet wird der Löschungsanspruch zudem aus dem Grundrechtsschutz durch Art. 7 und 8 GRC, also ausdrücklich als ein Recht unterhalb des Grundrechtsschutzes.[1924]

9.1.8 Grundrecht auf IT-Abwehr

Die Überlegungen zu einem Grundrecht auf IT-Abwehr wurden durch die immer weitere Verbreitung von E-Government in Verwaltung, Justiz und an Universitäten veranlasst.[1925] Während E-Government längst als „politischer Erfolg, ökonomische Verheißung und Durchbruch einer überfälligen Verwaltungsmodernisierung gefeiert" werde, sei die Frage berechtigt, ob sich Verwaltungs- und Universitätsbedienstete, Richter und Bürger als Adressaten des Verwaltungshandelns gegen ein aufgedrängtes E-Government wehren können müssten. Als aufgedrängt wäre es dann anzusehen, wenn faktisch keine Alternativen für die elektronische

1921 S. zur EuGH-Entscheidung *Jandt,* MMR-Aktuell 2014, 358242 sowie zum „Recht auf Vergessen" im ersten Entwurf der DS-GVO *Jandt/Kieselmann/Wacker*, DuD 2013, 237 f.

1922 S. *Roßnagel/Nebel/Richter*, ZD 2013, 107.

1923 *EuGRZ* 2014, 320 (Rn. 93).

1924 *EuGRZ* 2014, 320 (Rn. 97).

1925 S. *Heckmann*, MMR 2006, 3 ff. wohl auch *Kissel,* NJW 2006, 801 ff.

Kommunikation der Behörden und mit ihnen, insbesondere in Form von schriftlichen Eingaben, Telefonaten oder persönlichen Gesprächen, mehr zur Verfügung stünden. Der Ansatz für ein Grundrecht auf IT-Abwehr wird über die Prüfung einer korrespondierenden Pflicht zur Mitwirkung am E-Government entwickelt. Im Ergebnis werden am „ehesten" die Verwaltungsbediensteten als Produzenten elektronischer Dienstleistungen in der Pflicht gesehen, so dass ihnen ein grundrechtliches Abwehrrecht wohl nicht zu zuerkennen ist.[1926] Ein Abwehrrecht gegen neue Internetmedien wird dagegen Hochschullehrern und Richtern bereits aus dem Grundrecht des Art. 5 Abs. 3 GG beziehungsweise aus dem verfassungsrechtlichen Gebot der richterlichen Unabhängigkeit gemäß Art. 97 Abs. 1 GG insoweit zuerkannt, als durch E-University oder E-Justice eine inhaltliche Beeinflussung drohe.[1927] Insofern bestünde kein weiterer Bedarf für eine Grundrechtsentwicklung. Schließlich wird den Bürgern abgeleitet aus dem „Freiwilligkeitsprinzip" des § 3a VwVfG die grundsätzliche Freiheit zuerkannt, sich an E-Government-Verfahren zu beteiligen und diese zu nutzen.[1928] Anders sei die Situation allerdings für Unternehmen als „Kunden" des E-Government einzuschätzen, da diesen die elektronische Kommunikation mit den Behörden durchaus aufgezwungen werden könne.[1929] Abschließend werden Fragen formuliert, welche grundrechtlichen Folgen sich bei einer Streichung des § 3a VwVfG ergäben könnten und ob sich ein Bürgerrecht auf IT-Abwehr überhaupt mit den politischen Zielsetzungen oder Visionen ein Einklang bringen ließe.[1930] Dieses Fazit streicht selbst heraus, dass diese Überlegungen zu einem Grundrecht auf IT-Abwehr eher als Gedankenexperiment und als Frage an die Forschung zu verstehen sind, denn als konkreter Vorschlag für eine Grundrechtsentwicklung.

9.1.9 Grundrecht der „E- oder Online-Handlungsfreiheit"

Der wohl am weitesten gehende Ansatz für ein neues internetspezifisches Grundrecht ist derjenige des Grundrechts der „Online-Handlungsfreiheit".[1931] Diese soll sich grundsätzlich parallel zur allgemeinen Handlungsfreiheit unmittelbar aus Art. 2 Abs. 1 GG ableiten.[1932] Entsprechend der allgemeinen Handlungsfreiheit soll der Online-Handlungsfreiheit eine Auffangfunktion gegenüber speziellen Freiheitsverbürgungen zukommen. So seien grundrechtsgeschützte Handlungsweisen, die Ausdruck eines Freiheitsgrundrechts sind und online ausgeübt werden, bereits ausreichend durch die spezifischen Freiheitsgrundrechte geschützt. Explizit genannt werden in diesem Zusammenhang der Schutz von Online-Vereinigungen (Art. 9 Abs. 1 GG), Online-Meinungsäußerungen (Art. 5 Abs. 1 Satz 1 GG), Online-Demonstrationen (vermutlich Art. 8 Abs. 1 GG)[1933] und Online-Petitionen (Art. 17 GG). Zuzustimmen ist, dass der Schutzumfang spezifischer Freiheitsgrundrechte häufig – aber eben nicht immer

---

1926 *Heckmann*, MMR 2006, 3 f.

1927 *Heckmann*, MMR 2006, 4 f.

1928 *Heckmann*, MMR 2006, 5. Zu dem gleichen Ergebnis gelangt auch *Kissel*, NJW 2006, 801 ff., der den an den Bürger gerichteten Zwang zur Nutzung des Internet an dem Beispiel der Internet-Publikation von Gesetzen und Art. 82 GG diskutiert.[1929] *Heckmann*, MMR 2006, 5. Es ist allerdings anzumerken, dass als Begründung zwei einfachgesetzliche Beispiele aus dem Steuer- und dem Vergaberecht angeführt werden, durch die Unternehmen zur elektronischen Kommunikation mit der Verwaltung verpflichtet sind, ohne dass diese Vorschriften auf ihre Verfassungsmäßigkeit überprüft werden.

1929 *Heckmann*, MMR 2006, 5. Es ist allerdings anzumerken, dass als Begründung zwei einfachgesetzliche Beispiele aus dem Steuer- und dem Vergaberecht angeführt werden, durch die Unternehmen zur elektronischen Kommunikation mit der Verwaltung verpflichtet sind, ohne dass diese Vorschriften auf ihre Verfassungsmäßigkeit überprüft werden.

1930 *Heckmann*, MMR 2006, 7.

1931 *Luch/Schulz*, VM 2011, 104.

1932 *Luch/Schulz*, VM 2011, 106 f.

1933 Dabei ist es mehr als fraglich, ob eine virtuelle Versammlung tatsächlich durch Art. 8 Abs. 1 GG geschützt ist, s. hierzu *AG Frankfurt*, MMR 2005, 863 sowie ausführlich *Pötters/Werkmeister*, ZJS 2011, 222 ff.

– auch ihre Ausübung im oder mittels des Internet umfasst. Gleiches gilt freilich für die allgemeine Handlungsfreiheit, die alle Tätigkeiten schützt, die auch online realisiert werden können. Soweit die allgemeine Handlungsfreiheit zum Beispiel die Vertragsfreiheit gewährleistet, ist hiervon auch der Abschluss von Verträgen im Internet umfasst. Darüber hinaus ist nicht ersichtlich, warum die allgemeine Handlungsfreiheit nicht auch Tätigkeiten umfassen soll, die ausschließlich online zu verwirklichen sind und keine Entsprechung in der physischen Welt haben. Zu denken ist hier etwa an das Internetsurfen ohne Firewall oder Virenscanner, das berauschende Internetsurfen zur Befriedigung einer Internetsucht, die Verweigerung jeglicher Internetnutzung oder das Lesen von E-Mails. Gerade weil die allgemeine Handlungsfreiheit vom Bundesverfassungsgericht denkbar weit verstanden wird als ein Recht auf „jeder kann tun und lassen was er will“,[1934] ist die Notwendigkeit der Ableitung einer Online-Handlungsfreiheit aus Art. 2 Abs. 1 GG nicht ersichtlich. Sofern der Online-Handlungsfreiheit gegenüber der allgemeinen Handlungsfreiheit eine besondere Bedeutung zukommen sollte, müssten die Freiheiten voneinander abgrenzbar sein. Die Formulierung, dass zur Online-Handlungsfreiheit grundsätzlich sämtliche denkbaren Handlungsoptionen in der digitalen Welt zu zählen sind,[1935] hilft da wenig weiter. Denn wenn jedem aus der allgemeinen Handlungsfreiheit bereits das Recht zusteht, zu tun und zu lassen, was man will, dann greift dies unabhängig davon, ob es sich um ein Handeln in der physischen oder der virtuellen Welt handelt, zumal jedes „Handeln“ in der virtuellen Welt seinen Ausgangspunkt in der physischen Welt hat.

9.1.10 Zusammenfassung

Die dargelegten Ansätze für „neue Grundrechte“ spiegeln viele Aspekte wider, die bei dem bisherigen Versuch der Ableitung einer technikadäquaten Grundrechtsentwicklung bezogen auf das soziotechnische System Internet erarbeitet worden sind. Ihnen allen ist jedoch gemeinsam, dass sie nur punktuelle Bereiche und Risiken des soziotechnischen Systems untersuchen und jeweils isolierte Lösungsansätze entwickeln, die nicht immer oder nur teilweise dogmatisch in den Grundrechtskatalog eingegliedert werden. Die Vorschläge für „neue Grundrechte“ sind zudem teilweise eher diskussionswürdige rechtswissenschaftliche Ideen, da sie den für eine Grundrechtsentwicklung im rechtsdogmatischen Sinne erforderlichen Konkretisierung- und Präzisierungsgrad nicht erreichen. Bei einigen der vorgeschlagenen Ansätze für „neue Grundrechte“ konnte bereits die – vorauszusetzende – Regelungsbedürftigkeit nicht bestätigt werden.[1936] Daher ist keiner der in der rechtswissenschaftlichen Literatur vorgeschlagenen Ansätze für „neue Grundrechte“ geeignet, eine der abgeleiteten internetspezifischen normativen Regelungsintentionen unmittelbar in den Grundrechtskatalog zu integrieren. Die Überlegungen werden aber im Folgenden berücksichtigt.

9.2 Form und Ausgestaltung der Grundrechtsentwicklung

Die auszuwählende Form der Grundrechtsentwicklung kann nicht abstrakt bestimmt werden, sondern ist jeweils konkret für einen identifizierten Normbereich einschließlich seiner Normziele vorzunehmen. Die inhaltliche Beschreibung von Normbereich und Normziel ist entscheidend für die Bestimmung der Nähe zu einem bestehenden Grundrecht und für den Bedeutungsgehalt der Grundrechtsentwicklung in Bezug auf andere Grundrechte. Beides kann als Entscheidungskriterium für die Einordnung als Grundrechtsinterpretation oder Grundrechtskonkretisierung dienen.[1937] Grundrechtsinterpretationen setzen grundsätzlich eine große

[1934] *BVerfGE* 6, 32 (36); 80, 137 (152 ff.).
[1935] *Luch/Schulz*, VM 2011, 108.
[1936] S. z.B. Kap. 9.1.8.
[1937] *Hoffmann-Riem* 2002, 101 f.

Sachnähe zu einem bestehenden Grundrecht voraus und ihr Bedeutungsgehalt liegt vornehmlich darin, dass sie einen Teilaspekt eines Grundrechts darstellen. Des Weiteren können aus dem Bedeutungsgehalt Anhaltspunkte für die Entscheidung zwischen einer Grundrechtskonkretisierung und einer Grundrechtsänderung gewonnen werden. Grundrechtskonkretisierungen versuchen, die veränderte Wirklichkeit den bestehenden Grundrechten zuzuordnen, indem Parallelen zum Schutzgut oder auch zu den Schutzzielen gezogen werden. Eine Grundrechtsänderung setzt aufgrund der verfassungsrechtlichen Voraussetzungen eine wesentliche Bedeutung der normativen Regelungsintention und zudem eine hohe Steuerungsnotwendigkeit voraus. Diese ist insbesondere anzunehmen, wenn eine der normativen Wertung widersprechende Entwicklung der Faktizität droht.

Die faktische Bedeutung der technischen Entwicklung des Internet ist unbestritten und der identifizierte internetspezifische Regelungsbedarf belegt die erhebliche grundrechtliche Bedeutung. Die daraus abzuleitenden normativen Regelungsintentionen lassen sich jedoch nicht als einheitlicher Normbereich eines „Internetgrundrechts" zusammenfassen. Dies beruht zum einen darauf, dass gerade nicht nur die technische Infrastruktur normativ zu erfassen ist, sondern das soziotechnische System Internet mit ganz unterschiedlichen Facetten. Einzelne normative Aspekte des soziotechnischen Systems lassen sich zudem eindeutig den Normbereichen bestehender Grundrechte zuordnen, wie zum Beispiel der Fernkommunikation als technisch vermittelte Kommunikation, es sind aber ergänzende Normziele erforderlich. Identische Normbereiche in verschiedenen Grundrechten zu erfassen, würde zusätzliche Grundrechtskollisionen und Abgrenzungsprobleme auslösen und einen Bruch der Grundrechtsdogmatik darstellen.

Unabhängig von diesen inhaltlichen und systematischen Überlegungen sind bei der Auswahl der Form der Grundrechtsentwicklung die angestrebte Steuerungsintention und -wirkung für die Technikentwicklung einzubeziehen. Zwar wird davon ausgegangen, dass die entscheidenden Impulse für Grundrechtsentwicklungen aus der rechtswissenschaftlichen Forschungsdomäne stammen,[1938] die Wissenschaftler werden aber ausschließlich der Legislative oder Judikative unverbindliche Vorschläge empfehlen können. Rechtliche Wirkung können diese aus der Forschung stammenden Grundrechtsentwicklungen immer nur durch eine Normsetzung im Grundgesetz oder eine diese aufgreifende Entscheidung des Bundesverfassungsgerichts erlangen. Aufgrund der unterschiedlichen Steuerungswirkung dieser beiden Umsetzungsakte auf die Technikentwicklung sollte die Forschung ergänzend zum Vorschlag einer Grundrechtsentwicklung zu seiner konkreten Realisierungsform Stellung beziehen. Ein Grundrechtswandel ist durch die Judikative umzusetzen. Die Legislative kann solche Überlegungen allenfalls in Gesetzesmaterialien aufnehmen und die Anerkennung als Grundrechtsinhalte voraussetzen. Eine Grundrechtsänderung kann dagegen ausschließlich vom Gesetzgeber umgesetzt werden. Das Bundesverfassungsgericht könnte allenfalls den Weg über einen Grundrechtswandel nehmen. Hierbei besteht allerdings ein hohes Risiko, gegen die Grundrechtssystematik zu verstoßen und dadurch Rechtsunsicherheiten und gegebenenfalls sogar Verfassungswidersprüche hervorzurufen.

9.2.1 Selbstbestimmung technisch vermittelter Kommunikation

Für das Internet als technische Infrastruktur soll eine Grundrechtsentwicklung zur Gewährleistung der Selbstbestimmung bei der Nutzung technisch vermittelter und (daten-)paketbasiert übermittelter Kommunikation vorgenommen werden.

Die kommunikative Selbstbestimmung könnte zunächst als Grundrechtsinterpretation oder -konkretisierung der sogenannten Kommunikationsfreiheiten des Art. 5 Abs. 1 GG begründet werden. Der Schutzbereich von Art. 5 Abs. 1 Satz 1 GG wird allerdings nicht durch die

---

[1938] S. Kap. 4.6.2 .

Kommunikation im Sinne des Vorgangs des Austausches zwischen zwei Personen beschrieben, sondern entweder durch die freie Meinungsverbreitung durch den Kommunikator oder die Informationsfreiheit des Rezipienten. Geschützt wird nicht die Kommunikation als solche, sondern es wird auf die als Meinungen oder Informationen zu qualifizierenden Inhalte der Kommunikation abgestellt. Eine Begrenzung der inhaltsneutralen Datenübertragung auf Meinungen und Informationen im Sinne von Art. 5 Abs. 1 Satz 1 GG würde nicht der normativen Regelungsintention entsprechen. Zur Umsetzung einer derartigen Differenzierung wären die Kenntnisnahme des Inhalts der Kommunikation und damit ein Eingriff in das Fernmeldegeheimnis erforderlich. Zudem ist es nicht das Ziel der „Kommunikationsfreiheiten", vor den Risiken einer technischen Vermittlung zu schützen. Art. 5 Abs. 1 GG eignet sich somit grundrechtsdogmatisch nicht für die vorzunehmende Grundrechtsentwicklung.

Aufgrund der Zuordnung der Internetkommunikation zum Schutzbereich des Fernmeldegeheimnisses könnte Art. 10 Abs. 1 GG für eine Grundrechtsinterpretation oder Grundrechtskonkretisierung in Betracht kommen. Fraglich ist allerdings, ob das Schutzziel der Selbstbestimmung in den Grundrechtskanon integriert werden kann. Ein Grundrechtswandel muss sich innerhalb des Wortlauts der Norm bewegen und darf den Schutzbereich nicht darüber hinausgehend erweitern. Bei vielen Grundrechten werden im Normtext die Schutzziele nur durch den Begriff der „Freiheit" oder die Formulierung „sind frei" vorgegeben, so dass ein sehr weiter Spielraum für Grundrechtskonkretisierungen vorliegt. Unter diese Freiheitsgewährleistungen lassen sich verschiedene Schutzziele wie die Autonomie, Integrität und Selbstbestimmung zuordnen. Art. 10 Abs. 1 GG normiert explizit, dass das Fernmeldegeheimnis unverletzlich ist. Hieraus wird das Schutzgut technisch vermittelter Kommunikation und das Schutzziel der Vertraulichkeit abgeleitet. Ein Schutzziel der Selbstbestimmung über den technischen Übermittlungsvorgang ließe sich nur insoweit dem Fernmeldegeheimnis zuordnen, als dieses gleichzeitig eine Beeinträchtigung der Vertraulichkeit darstellt. Die normative Zielsetzung ist jedoch eine andere. Die Selbstbestimmung ist nicht aus dem Wortlaut des Grundrechts ableitbar. Obwohl das vom Fernmeldegeheimnis adressierte Schutzgut technisch vermittelter Kommunikation Gegenstand des normativen Regelungsziels ist, ist ein diesbezüglicher Grundrechtswandel dogmatisch nicht möglich. Daher ist zu untersuchen, welches andere Grundrecht als Basis für eine Grundrechtsentwicklung dienen kann.

Kommunikation ist nicht nur eine grundsätzliche Voraussetzung für jegliche Grundrechtsausübung. Sie ist auch ein prägendes Element der freien Entfaltung der Persönlichkeit. Durch die Kommunikation mit anderen wird der Prozess der Identitätsbildung des Einzelnen wesentlich mit beeinflusst und ist zugleich Ausdruck seiner Persönlichkeit. Die kommunikative Selbstbestimmung stellt somit vergleichbar den Rechten am eigenen Wort und Bild einen spezifischen Ausschnitt der Persönlichkeit dar, für den die freie Entfaltung zu gewährleisten ist. Ebenso wie das Fernmeldegeheimnis dient das Recht auf kommunikative Selbstbestimmung dem Schutz von Kommunikationsvorgängen. Ob es im Unterschied dazu auch Kommunikation erfasst, die nicht technisch vermittelt ist, muss hier nicht beantwortet werden. Entwickelt wurde die kommunikative Selbstbestimmung in Bezug auf Risiken, die durch eine spezifische Technik zur Kommunikationsvermittlung – der ISDN-Telefonie – hervorgerufen werden.[1939] Bei unmittelbaren Kommunikationsformen, wie einem mündlichen Gespräch unter Anwesenden, bestehen in der Regel keine vergleichbaren Risiken der Beeinflussung der Kommunikation und ihrer konkreten Kommunikationsumstände von außen. Das Recht auf kommunikative Selbstbestimmung ist aufgrund des zumindest teilweise identischen Schutzguts primär eine Ergänzung des Grundrechtsschutzes für technisch vermittelte Kommunikation.

Das durch die Bezeichnung des Rechts vorgegebene Schutzziel der Selbstbestimmung soll umfassend die Entscheidungsfreiheit über das Ob und das Wie der Kommunikation gewähr-

[1939] S .Kap. 6.1.3.3

leisten im Sinne einer auf den Kommunikationsprozess ausgerichteten Kommunikationsfreiheit. Die Kommunikationsumstände umfassen im Einzelnen Kommunikationspartner, Kommunikationsort, Kommunikationsart und Kommunikationsmedium. Nicht unmittelbar an der Kommunikation Beteiligte, insbesondere der Staat und Telekommunikationsdienstleister, sind grundsätzlich nicht berechtigt, die individuelle Kommunikation des Einzelnen zu beeinflussen oder zu verhindern. Die kommunikative Selbstbestimmung stellt somit eine weitere Grundrechtskonkretisierung des allgemeinen Persönlichkeitsrechts dar.

9.2.2 Inhaltsneutralität technisch vermittelter Kommunikation

Für das Internet als technische Infrastruktur soll eine Grundrechtsentwicklung zur Gewährleistung der inhaltsneutralen Übermittlung technisch vermittelter und (daten-)paketbasiert übermittelter Kommunikation vorgenommen werden. Grundsätzlich kommt aufgrund der Nähe des Schutzguts insbesondere zum Fernmeldegeheimnis die Grundrechtskonkretisierung eines spezifischen Grundrechts in Frage.

9.2.2.1 Grundrechtskonkretisierung des Fernmeldegeheimnisses

Das Internet im engen Sinne ist eine technische Kommunikationsinfrastruktur, die dem Einzelnen die Kommunikation mit anderen Personen über räumliche Distanz ermöglicht. Als solche ist sie dem Schutzgut der Fernkommunikation des Art. 10 Abs. 1 GG zuzuordnen. Dieses wird definiert als individuelle und ferntechnisch übertragene Kommunikation. Das Kriterium der technischen Vermittlung ist bewusst offen und technikneutral gehalten. Kommunikationstechniken, die es bei Erlass dieses Grundrechts noch nicht gab, können als neuer Sachverhalt unter den Schutzbereich des Grundrechts subsumiert werden. Fernkommunikation schließt auch die Kommunikation über die technische Infrastruktur des Internet ein.

Folge der Zuordnung in den Schutzbereich ist, dass der technische Übermittlungsvorgang von Daten über das Internet vom Vertraulichkeitsschutz des Art. 10 Abs. 1 GG umfasst wird. Es ist unbestritten, dass dies normativ geboten ist. Der Verwendung von Kommunikationstechnik ist das Risiko der Kenntnisnahme der Kommunikationsinhalte durch Dritte – sowohl den Staat als auch Private – immanent. Der Schutz der Vertraulichkeit verfolgt das Ziel, die Kenntnisnahme der Kommunikationsinhalte und ergänzend der Umstände der Kommunikation durch Dritte auszuschließen. Dieser inhaltsbezogene Schutz ist unabhängig von der konkret eingesetzten Kommunikationstechnik zu gewährleisten.

Die Kommunikation über das Internet ist darüber hinaus weiteren Risiken ausgesetzt, die bei anderen Fernkommunikationstechniken nicht bestehen oder bisher nicht festgestellt worden sind.[1940] Diese ergeben sich aus der technischen Besonderheit, dass die Kommunikation in Form von digitalen Daten erfolgt, die als einzelne Datenpakete IP-basiert auf unterschiedlichen Wegen durch das Internet übermittelt und beim Empfänger wieder zu einem Datensatz zusammengeführt werden. Dies hat den Vorteil, dass die Netzinfrastruktur optimal ausgelastet und ein Stau bei der Übermittlung der Daten vermieden werden kann. Verzögerungen und Störungen der Datenübertragung können zwar nicht völlig ausgeschlossen werden, aber sie drohen primär, wenn es insgesamt zu einer Kapazitätsüberlastung der technischen Infrastruktur kommt. Das hierbei von den Routern eingesetzte Steuerungsprinzip First-In-First-Out ist allerdings nicht technisch zwingend. Das Routing kann vielmehr grundsätzlich auch nach anderen Prinzipien erfolgen. In der Diskussion steht hier, wie ausführlich dargelegt,[1941] die

---

[1940] Denkbar wäre, dass z.B. Mobilfunkanbieter nur die Kommunikation innerhalb ihres eigenen Mobilfunknetzes ermöglichen, aber keine Gespräche in andere Mobilfunknetze oder das Festnetz realisieren oder dass der Anbieter für Festnetztelefonie nur Gespräch bis zu einer maximalen Dauer von 30 Minuten zulässt, um Kapazitätsengpässe von vorneherein zu verhindern.

[1941] S. Kap. 7.2.1.

Priorisierung von Datenpaketen oder Webanwendungen und Internetdiensten, die besondere Qualitätsbedingungen hinsichtlich bestimmter technischer Parameter der Datenübertragung benötigen. Ergebnis der normativen Bewertung war, dass der technische Übermittlungsvorgang inhaltsneutral erfolgen muss. Transportgeschwindigkeit, -qualität und Übermittlungszeitpunkt dürfen nicht anhand inhaltlicher Kriterien differenziert und vom Dienstleister oder vom Staat beeinflusst werden. Die technische Internetinfrastruktur muss ungeachtet der zu transportierenden Inhalte und Anwendungen die Übertragungsleistung und die universale Konnektivität zu allen anderen Partizipanten der Infrastruktur ermöglichen. Die Inhaltsneutralität verlangt eine Entkopplung der technischen Netzebene von der Anwendungs- und Inhaltsebene. Sofern Steuerungsregeln beim Routing keine Differenzierung anhand inhaltlicher Kriterien vornehmen, verstoßen sie nicht gegen diese normative Zielsetzung. Die bekannten Steuerungsmaßnahmen verfolgen zwar zumindest das behauptete Ziel, lediglich qualitätssensible Internetdienste und Webanwendungen zu priorisieren, ohne dass dies für nicht qualitätssensible Internetdienste und Webanwendungen zu Nachteilen führt. Allerdings können diese Dienste, soweit ersichtlich, nur anhand von inhaltlichen Kriterien unterschieden werden. Denn die bekannten Differenzierungsmaßnahmen knüpfen an die Art des Internetdienstes oder der Webanwendung an, indem zum Beispiel eine Priorisierung von Internet-TV als qualitätssensiblen Dienst vorgesehen wird. Wäre es technisch realisierbar, die Sensibilität der einzelnen Datenpakete hinsichtlich der Übertragungsparameter unabhängig von der Art des Internetdienstes oder der Webanwendung festzustellen, wären entsprechende Steuerungsmaßnahmen grundsätzlich denkbar.

Die Inhaltsneutralität schließt aber nicht nur eine Differenzierung anhand der Dienste- und Anwendungsebene aus. Bereits durch den Vertraulichkeitsschutz ausgeschlossen ist eine inhaltliche Differenzierung, zum Beispiel dahingehend, dass nur rechtmäßige Inhalte übermittelt werden. Theoretisch denkbar wäre beispielsweise, dass den Routern „Filter“ vorgeschaltet sind, die die Übermittlung „rechtswidriger“ Inhalte, seien es urheberrechtlich geschützte Werke, Kinderpornografie oder der Aufruf zur Bildung terroristischer Vereinigungen – von vornherein ausschließt. Dies würde immer eine Kenntnisnahme des Internetproviders von den kommunizierten Inhalten voraussetzen. Schließlich dürfen Sender und Empfänger nicht als Maßstab für eine unterschiedliche Dienstequalität herangezogen werden. Diese sind den Umständen der Kommunikation zuzurechnen, die Rückschlüsse auf den Inhalt der Kommunikation zulassen. Insbesondere ist ausgeschlossen, dass Geschäftsmodelle entwickelt werden, nach denen Internetdienste- und Webanwendungen von bestimmten Anbietern priorisiert übermittelt werden.

Fraglich ist allerdings, ob das Schutzziel der Inhaltsneutralität ebenfalls durch eine Grundrechtskonkretisierung in den Grundrechtskanon integriert werden kann. Grundrechtskonkretisierungen müssen sich innerhalb des Wortlauts der Norm bewegen und dürfen den Schutzbereich nicht darüber hinausgehend erweitern. Bei vielen Grundrechten werden im Normtext die Schutzziele nur durch den Begriff der „Freiheit“ oder die Formulierung „sind frei“ vorgegeben, so dass ein sehr weiter Spielraum für Grundrechtskonkretisierungen vorliegt. Unter diese Freiheitsgewährleistungen lassen sich verschiedene Schutzziele wie die Autonomie und Integrität zuordnen. Art. 10 Abs. 1 GG normiert explizit, dass das Fernmeldegeheimnis unverletzlich ist. Hieraus wird das Schutzgut technisch vermittelter Kommunikation und das Schutzziel der Vertraulichkeit abgeleitet. Ein Schutzziel der Inhaltsneutralität des technischen Übermittlungsvorgangs ließe sich nur insoweit dem Fernmeldegeheimnis zuordnen, als dieses gleichzeitig eine Beeinträchtigung der Vertraulichkeit darstellt. Die normative Zielsetzung geht jedoch weit darüber hinaus, so dass eine derartige Grundrechtskonkretisierung von Art. 10 Abs. 1 GG nicht ausreichend wäre. Die von dem Vertraulichkeitsschutz unabhängige Inhaltsneutralität ist jedoch nicht aus dem Wortlaut des Grundrechts – dem ausdrücklichen Geheimnisschutz – ableitbar. Obwohl somit das vom Fernmeldegeheimnis adressierte Schutzgut technisch vermittelter Kommunikation Gegenstand des normativen Regelungsziels ist, ist eine diesbezügliche Grundrechtskonkretisierung dogmatisch nicht möglich. Daher ist zu untersuchen, welches andere Grundrecht als Basis für eine Grundrechtsentwicklung dienen kann.

9.2.2.2 Grundrechtskonkretisierung der kommunikativen Selbstbestimmung

Die Grundrechtsentwicklung zur Gewährleistung der Inhaltsneutralität der Datenübertragung über das Internet könnte alternativ in Anlehnung an das Recht auf kommunikative Selbstbestimmung vorgenommen werden. Dieses ist dann wiederum die Basis für weitere Grundrechtsinterpretationen oder -konkretisierungen.

Die kommunikative Selbstbestimmung wird bisher definiert als Schutz der freien Entscheidung über Kommunikationspartner und Kommunikationssituation bestehend aus Kommunikationsort, Kommunikationsart sowie Kommunikationsmedien seiner individuellen Kommunikationsvorgänge. Die Aspekte des Zeitpunkts und der Geschwindigkeit der Kommunikation wurden bisher nicht explizit als zu schützender Kommunikationsumstand genannt. Beide können aber entweder als bestimmende Determinanten der Kommunikationssituation oder als durch die freie Wahl der Kommunikationsmedien intendierte tatsächliche Bedingungen aus der kommunikativen Selbstbestimmung abgeleitet werden.

Die Kommunikationssituation wird vom Kommunikator unter anderem durch die Wahl des Zeitpunkts der Kommunikation und insbesondere bei technisch vermittelter Kommunikation durch die einkalkulierte Übertragungsdauer des Kommunikationsinhalts sowie (bedingt) die Empfangsbereitschaft des Rezipienten bestimmt. Erfolgt die Übermittlung der Kommunikation nicht unmittelbar mit der vom Kommunikator vorgenommenen Initiierung der Datenübertragung durch das „Absenden" der Daten, sondern zu einem vom Internet-Provider bestimmten späteren Zeitpunkt, ist die daraus entstehende Kommunikationssituation fremdbestimmt. Das Gleiche gilt, wenn die Übertragungsdauer der Kommunikationsinhalte nicht allein durch die technischen Bedingungen der Infrastruktur bestimmt, sondern der Datenverkehr vom Internet-Provider gesteuert wird. Davon zu unterscheiden sind andere technische Ursachen, die die Geschwindigkeit der Datenübertragung im Internet beeinflussen, wie insbesondere allgemeine Kapazitätsengpässe, die zu Schwankungen führen. Die Entscheidungsfreiheit über die Kommunikationsmedien gewährleistet primär die Auswahlmöglichkeit zwischen den verschiedenen zur Verfügung stehenden Kommunikationstechniken. Ob davon bestimmte Qualitätsanforderungen an einzelne Kommunikationsmedien umfasst werden, wurde bisher nicht diskutiert. Insbesondere die Geschwindigkeit der Datenübertragung im Internet ist aufgrund der unterschiedlichen Übertragungsleitungen nicht konstant, so dass keine absolute Geschwindigkeit als konkreter Wert benannt werden kann. Allerdings bewegt sich die Spannbreite verfügbarer Übertragungsgeschwindigkeiten in Deutschland unter Normalbedingungen in einem Bereich, der grundsätzlich eine Echtzeitkommunikation über das Internet ermöglicht, zum Beispiel durch Voice-over-IP.[1942] Im Einzelnen ist dies allerdings wesentlich vom Umfang des zu übertragenden Datenvolumens abhängig. Abstrakt besteht insofern in Bezug auf das Kommunikationsmedium Internet allenfalls eine berechtigte Erwartung auf eine Mindestübertragungsleistung, die bei der Auswahl des Kommunikationsmediums zugrunde zu legen ist. Die kommunikative Selbstbestimmung ist in beiden Fällen nur im Rahmen der bestehenden technischen Bedingungen zu gewährleisten, so dass sie nicht von technischen Ursachen für eine von der Mindestübertragungsleistung abweichende Geschwindigkeit der Datenübertragung tangiert wird.

[1942] Die Echtzeit oder auf Englisch Real Time bezeichnet eine Systemeigenschaft, die eine Aussage über die Fähigkeit eines Systems trifft, innerhalb eines vorgegebenen Zeitrahmens auf ein Ereignis zu reagieren. Je nach konkreter Anwendung kann diese Reaktionszeit einige Sekunden bis hin zu Milli- oder sogar Mikrosekunden liegen. Bei den Reaktionszeiten von Computer-Programmen auf Eingaben durch Anwender mit über Tastatur, Maus oder Touchscreen sind $\leq$ 10 Millisekunden gefordert, um für den Menschen als sofort wahrgenommen zu werden.

Der Schutz der inhaltsneutralen Übermittlung technisch vermittelter Kommunikation kann als Grundrechtsinterpretation der kommunikativen Selbstbestimmung dogmatisch umgesetzt werden. Die kommunikative Selbstbestimmung selbst ist wiederum eine Grundrechtskonkretisierung des allgemeinen Persönlichkeitsrechts.[1943] Als besondere Ausprägung dieses Auffanggrundrechts ist es in seiner Anwendung gegenüber den spezifischen Freiheitsgewährleistungen subsidiär.

9.2.3 Inhaltsneutralität des DNS-Service

Der normative Regelungsbedarf für die Gewährleistung der Inhaltsneutralität des DNS-Service wurde explizit aus der kommunikativen Selbstbestimmung abgeleitet.[1944] Zwar ist die IP-Adresse als Umstand der Kommunikation auch dem Schutzgut des Fernmeldegeheimnisses zuzuordnen. Wie aber schon in Bezug auf die Inhaltsneutralität der Datenübertragung im Internet festgestellt,[1945] kann die Neutralität nicht als Schutzziel unter den von Art. 10 Abs. 1 GG formulierten Geheimnisschutz subsumiert werden. Daher ist zu untersuchen, ob die Inhaltsneutralität des DNS-Service als Grundrechtswandel der kommunikativen Selbstbestimmung umgesetzt werden kann.

Die kommunikative Selbstbestimmung gewährleistet sowohl die freie Entscheidung über die Kommunikationssituation als auch über die Kommunikationspartner. IP-Adresse und Domain-Name stellen jeweils Kontaktdaten zu einer Person, einem Unternehmen oder sonstigen Institution dar. Obwohl sie vordergründig einen Server bezeichnen, sind sie letztlich Menschen zugeordnet und sie dienen ihrer Interaktion miteinander. Die Aufsplittung in zwei unterschiedliche Datenarten ist allein notwendig, um die Diskrepanz zwischen menschlicher Nutzung und technischer Funktion des Internet zu überbrücken. Die nicht korrekte Zuordnung eines Domain-Namens zu einer IP-Adresse führt dazu, dass nicht der vom Nutzer beabsichtigte Server angesprochen und die auf ihm gespeicherten Inhalte aufgerufen werden. Die Kommunikation erfolgt somit nicht zwischen den adressierten Kommunikationspartnern, obwohl die freie Auswahl unmittelbar durch die kommunikative Selbstbestimmung geschützt ist. Diese Beeinträchtigung der selbstbestimmten Kommunikation ist wiederum durch das Schutzziel der Neutralität der Dienstleistung abzusichern.

Im Anschluss an diese sachliche Zuordnung zur kommunikativen Selbstbestimmung ist die dogmatische Umsetzung dieses Schutzaspekts zu konkretisieren. Im Unterschied zur Frage der Inhaltsneutralität ist es nicht erforderlich, eine Interpretation des Schutzguts der Kommunikationsumstände vorzunehmen, die bereits durch Kommunikationssituation und Kommunikationspartner charakterisiert sind. Gegenüber anderen Fernkommunikationsmitteln weist das Internet die Besonderheit auf, dass ein DNS-Service als Intermediär bei dem technischen Vorgang der Datenübermittlung einbezogen wird, sofern der menschliche Nutzer nicht die IP-Adresse, sondern den Domain-Namen verwendet. Beim Telefonieren ist dieser Prozess vorgelagert, da der Anrufende die zu wählende Telefonnummer, sofern er sie nicht weiß oder gespeichert hat, erst selbst in entsprechenden Verzeichnissen ermitteln muss. Insofern haben sich bei der Internetkommunikation die Bedingungen der Wirklichkeit verändert, die Auswirkungen auf das Schutzgut der Kommunikationspartner als Bestandteil der Kommunikationsumstände haben. Bei dieser Erweiterung des Schutzguts nicht auf der Normebene, sondern auf der Realitätsebene handelt es sich grundrechtsdogmatisch um eine Grundrechtskonkretisierung.

1943 S. Kap. 9.2.1.
1944 S. Kap. 8.1.
1945 S. Kap. 9.2.2.1.

9.2.4 Medienfreiheit von Online-Informationsdiensten

Das Internet hat eine zunehmende Konvergenz der Medien bewirkt und zahlreiche Webanwendungen sind selbst – teilweise von klassischen Medien unabhängige – Medien. Dadurch wurde das differenzierende Konzept der grundrechtlich in Art. 5 Abs. 1 Satz 2 GG geschützten Medienfreiheit grundlegend gestört. Gleichzeitig zeigt dies den engen Sachzusammenhang zu diesen Grundrechten. Folglich ist die Einbeziehung von Online-Informationsdiensten über eine Grundrechtsentwicklung von Art. 5 Abs. 1 Satz 2 GG naheliegend.

9.2.4.1 Grundrechtsinterpretation der Medienfreiheit

Die Versuche der Interpretation der Begriffe Presse und Rundfunk, um Webanwendungen unter diese zu subsumieren, führen nicht zu einer überzeugenden Kasuistik der Medienfreiheit.[1946] Die Interpretation von Art. 5 Abs. 1 Satz 2 GG als allgemeine Medienfreiheit steht im Widerspruch zum Wortlaut der Norm, der die Grenze verfassungskonformer Auslegung bildet.[1947] Denn entsprechend dem Grundsatz der Gewaltenteilung dürfen sich die Gerichte nicht aus der Rolle des Normanwenders in die der normsetzenden Instanz begeben.[1948] Dem Wortlaut nach handelt es sich um eine abschließende Aufzählung der zu schützenden Medien, da die Verbindung durch das Wort „und" erfolgt. Zudem fehlen vor oder nach der Aufzählung öffnende Zusätze wie „zum Beispiel", „insbesondere" oder „und andere". Gegen diese enge Orientierung am Wortlaut wird zwar eingewandt, dass Medien, die zur Zeit der Verfassungsgebung noch gar nicht existierten, selbstverständlich nicht in den Wortlaut der Norm aufgenommen werden konnten und bei der damals vorhandenen Medienwelt kein Bedürfnis für eine nicht abschließende Aufzählung bestand. Dem ist aber entgegenzuhalten, dass Grundrechte grundsätzlich abgeschlossene Aufzählungen enthalten. Sie stehen aufgrund ihrer besonderen Bedeutung innerhalb der Normenhierarchie gerade als Garant für positive, klare und vollständige Regelungen. Es existieren mehrere verfassungskonforme Möglichkeiten für Grundrechtsentwicklungen, um die bundesverfassungsgerichtliche Forderung eines lückenlosen Grundrechtsschutzes auch rechtsdogmatisch zulässig zu realisieren. Schließlich würde die Interpretation von Art. 5 Abs. 1 Satz 2 GG das durch die Medienkonvergenz ausgelöste Zuordnungsproblem der unterschiedlichen Medien nur auf die einfachgesetzliche Ebene verlagern.[1949] Insofern ist die Einbeziehung der Online-Informationsdienste in den Grundrechtsschutz über die Grundrechtsinterpretation von Art. 5 Abs. 1 Satz 2 GG abzulehnen.

9.2.4.2 Grundrechtsinterpretation der allgemeinen Handlungsfreiheit

Neben Art. 5 Abs. 1 Satz 2 GG weisen keine anderen spezifischen Freiheitsgrundrechte eine vergleichbare Sachnähe zu Online-Informationsdiensten auf und entsprechen nicht der aufgezeigten Regelungsintention. Grundsätzlich wäre es denkbar, den Schutz von Online-Informationsdiensten über eine Grundrechtskonkretisierung des Auffanggrundrechts der allgemeinen Handlungsfreiheit in den Grundrechtskatalog einzubeziehen. Systematisch würden – sofern keine explizite gegenteilige Aussage getroffen würde – die Schranken von Art. 2 Abs. 1 GG greifen.[1950] Die Freiheit der Online-Informationsdienste wäre dann insoweit ge-

---

1946 S. Kap. 6.1.1.2.2.2.

1947 *BVerfGE* 110, 226 (267); zuvor schon etwa *BVerfGE* 93, 37 (81); 90, 263 (275); 71, 81 (105); 101, 312 (329).

1948 *BVerfGE* 96, 375 (394); 109, 190 (252); *Robbers*, in: Kahl/Waldhoff/Walter Bd. 5, 2009, Art. 20 Abs. 1 GG, Rn. 2117; *Jarass*, in: Jarass/Pieroth 2014, Art. 20 GG, Rn. 42.

1949 S. Kap. 6.1.1.2.2.2.

1950 Für die allgemeine Handlungsfreiheit greift grundsätzlich die Schrankentrias von Art. 2 Abs. 1 GG, s. *Di Fabio*, in: Maunz/Dürig 2015, Art. 2 GG, Rn. 37. Für die Grundrechtskonkretisierungen des allgemeinen

währleistet, als sie nicht Rechte anderer verletzt und nicht gegen die verfassungsmäßige Ordnung oder das Sittengesetz verstößt. Es gibt zwar keine generelle Grundrechtshierarchie zwischen spezifischen und allgemeinen Freiheitsgrundrechten in dem Sinne, dass der Schutzbereich des einen, demjenigen des anderen grundsätzlich vorrangig wäre.[1951] Allerdings führt die differenzierte und abgestufte Schrankensystematik dazu, dass die Freiheitsgrundrechte in unterschiedlichem Maße einschränkbar sind.[1952] An Schranken für Grundrechte, die mit einem einfachen Gesetzesvorbehalt versehen sind, werden die niedrigsten Anforderungen gestellt. Dem Wortlaut nach schrankenlos gewährleistete Grundrechte können ausschließlich durch verfassungsunmittelbare Schranken und somit durch Gesetze zum Schutz von Rechtsgütern mit Verfassungsrang eingeschränkt werden. Durch die unterschiedlich hohen Hürden für die Einschränkung der jeweiligen Freiheitsgrundrechte ergibt sich auf dieser Ebene der Grundrechtsprüfung ein Hierarchivverhältnis der Grundrechte zueinander. Es steht zu befürchten, dass der Schutz der Online-Informationsdienste aufgrund dieser systematischen Ausgliederung und der daraus grundsätzlich resultierenden Schrankentrias gegenüber demjenigen der klassischen Medien als nachrangig angesehen werden könnte. Es bestünde die Gefahr, dass eine Interessenabwägung allein mit diesem formalen Argument zugunsten der klassischen Medien entschieden werden müsste. Grundsätzlich ist es normativ geboten, die unterschiedlichen Medienformen gleichzustellen. Die klassischen Medien mögen zwar noch einen höheren Anteil von Rezipienten haben. Es verbreiten sich aber immer mehr Nachrichten zuerst über die Online-Medien, da diese insbesondere den Vorteil der jederzeitigen Aktualisierbarkeit und Verbreitung haben. Daher weisen sie eine Presse und Rundfunk entsprechende, hohe Bedeutung für den freien demokratischen Willensbildungsprozess auf. Online-Informationsdienste über eine Grundrechtskonkretisierung der allgemeinen Handlungsfreiheit in den Grundrechtsschutz einzubeziehen, würde somit zu einer den Chancen und Risiken nicht gerecht werdenden normativen Ungleichbewertung im Vergleich zur Medienfreiheit gemäß Art. 5 Abs. 1 Satz 2 GG führen.

9.2.4.3 Grundrechtsänderung

Die für Online-Informationsdienste festgestellte Regelungsintention entspricht dem Schutzgedanken der in Art. 5 Abs. 1 Satz 2 GG normierten Presse-, Rundfunk- und Filmfreiheit.[1953] Die Einbeziehung im Wege der Grundrechtsinterpretation scheitert nur am Wortlaut des Grundrechts. Insofern ist es naheliegend, eine Grundrechtsänderung vorzunehmen, um der Bedeutung von Online-Diensten in der Medienlandschaft und der durch das Internet ausgelösten Konvergenz der Medien Rechnung zu tragen. Die wissenschaftliche Diskussion steht diesem Ansatz nicht grundsätzlich entgegen. Die Notwendigkeit der Grundrechtsentwicklung zum grundrechtlichen Schutz von (bestimmten) Online-Diensten wird allgemein bejaht. Ausführungen zu der konkreten dogmatischen Form finden sich in der rechtswissenschaftlichen Literatur selten. Sofern die Grundrechtsinterpretation von Art. 5 Abs. 1 Satz 2 GG vorgeschlagen wird, ist dies wohl vornehmlich der Tatsache geschuldet, dass es sich hierbei um eine Entwicklungsform handelt, die der Wissenschaft am nächsten steht. Eine Grundrechtsänderung kann immer nur ein an den Gesetzgeber gerichteter Vorschlag der Wissenschaft sein, der – wie die Geschichte des Grundgesetzes zeigt – zudem kaum Aussicht auf Realisierung hat. Es ist dagegen wahrscheinlicher, dass Vorschläge für einen Grundrechtswandel ins Recht

---

Persönlichkeitsrechts – und später auch für seine besonderen Ausprägungen der informationellen Selbstbestimmung und der Gewährleistung der Vertraulichkeit und Integrität informationstechnischer Systeme – hat das Bundesverfassungsgericht aber jeweils eigene Schranken entwickelt. S. Kap. 4.2.2.2.

1951 *Papier*, in: Merten/ders. Bd. III, 2009, § 64, Rn. 31 ff.; *Sachs*, in: ders. 2014, Vor Art. 1 GG, Rn. 123.

1952 S. zu den Grundrechtsschranken noch ausführlich das nachfolgende Kap. 9.3.

1953 S. Kap. 8.2.1.

aufgenommen werden, da sie die zusätzliche Chance haben, vom Bundesverfassungsgericht aufgegriffen und bestätigt zu werden.

Für eine Grundrechtsänderung von Art. 5 Abs. 1 Satz 2 GG spricht der Vergleich mit anderen Grundrechtskatalogen. Deutschland wäre nicht das erste Land, das im Normtext ausdrücklich eine Medienfreiheit normiert, die nicht nur die klassischen Medien Presse, Rundfunk und Film schützt, sondern entwicklungsoffen ist. Das Präsidium des europäischen Konvents hatte im ersten vollständigen Entwurf der Europäischen Grundrechtecharta, der Mitte 1999 vorgelegt wurde, in Art. 11 Abs. 2 GRC vorausschauend nicht die Formulierung Pressefreiheit gewählt. Entgegen den Empfehlungen der Konventsmitglieder wurde für die Beschreibung des Schutzguts auf den Begriff „Medien" zurückgegriffen.[1954] Es sollten neben der Pressefreiheit, die ausschließlich in früheren Entwürfen von Art. 11 Abs. 2 für die Grundrechtecharta genannt wurde, auch die Rundfunkfreiheit und ähnliche Kommunikationsfreiheiten erfasst werden. Medien in diesem Sinne sind die Massenmedien, die die Aufbereitung und Übermittlung von Inhalten an eine unbestimmte Personenmehrheit kennzeichnet.[1955] Die Grundrechtecharta ist zu einer Zeit entstanden, als die durch das Internet ausgelöste Konvergenz der Medien bereits prognostiziert wurde. Unter die gewählte Formulierung können ohne Begründungsnot sowohl die klassischen Medien als auch die sogenannten „neuen Medien", deren Verbreitung über das Internet erfolgt, subsumiert werden. Die Grundrechtsnorm minimiert die in Deutschland vorherrschenden Definitions- und Abgrenzungsprobleme[1956] und ermöglicht es, die neue und zukünftige mediale Weiterentwicklung einzubeziehen.[1957] Art. 11 Abs. 2 GRC geht damit deutlich über die Grundrechtsverbürgung von Art. 5 Abs. 1 Satz 2 GG hinaus.[1958]

Auch die Schweizer Bundesverfassung enthält in Art. 17 Abs. 1 BV ein mit der Überschrift „Medienfreiheiten" bezeichnetes Grundrecht. Die Bundesversammlung entschied sich im Juni 1987 zu einer Totalrevision der Bundesverfassung, um die durch Teilrevisionen entstandene Unübersichtlichkeit zu beseitigen und die Bundesverfassung der Verfassungswirklichkeit anzupassen. Die Verfassungsreform wurde schließlich 1999 beschlossen und führte unter anderem zur Aufnahme von Art. 17 in die Bundesverfassung. Mit der Formulierung wurde allerdings nicht auf jegliche Bezugnahme zu publizistischen Verbreitungsformen verzichtet, sondern es werden die „Pressefreiheit, die Freiheit der Berichterstattung durch Rundfunk, Film und durch andere Formen der öffentlichen fernmeldetechnischen Verbreitung" gewährleistet. Die bereits in Art. 55 der ersten Bundesverfassung von 1874 gewährleistete Pressefreiheit wurde durch die Verfassungsreform nicht nur um Rundfunk und Film, sondern auch um andere Formen der öffentlichen fernmeldetechnischen Verbreitung ergänzt. Diese Formulierung soll ausdrücklich über das Internet verbreitete Medien umfassen[1959] und führt trotz der vorgenommenen abgeschlossenen Aufzählung durch die allgemeine Formulierung zur Entwicklungsoffenheit.

Die Schweizer Bundesverfassung ist mit dem Jahrtausendwechsel in Kraft getreten und die Charta der Grundrechte wurde im Dezember 2000 zur Eröffnung der Regierungskonferenz von Nizza proklamiert.[1960] Die jeweilige Textfassung der Medienfreiheit stand nahezu zeitgleich fest und dies als sich die Nutzung des Internet bereits in der Bevölkerung ausbreitete. Beide Grundrechtskataloge wählten für die Normierung der Medienfreiheit Formulierungen,

---

[1954] So *Bernsdorff*, in: Meyer 2014, Art. 11 GRC, Rn. 10.

[1955] *Frenz* Bd. 4, 2009, § 3 Rn. 1973.

[1956] *Stern*, in: Tettinger/Stern 2006, Art. 11 GRC, Rn. 31.

[1957] *Kühling*, in: Heselhaus/Nowak 2006, § 24, Rn. 10; *Bernsdorff*, in: Meyer 2014, Art. 11 GRC, Rn. 17; *Schwarze*, AfP 2003, 210; *Szczekalla*, in: Rengeling/ders. 2004, § 18 Rn. 727; *Jarass* 2013, Art. 11 GRC, Rn. 33 f.

[1958] *Stern*, in: Tettinger/Stern 2006, Art. 11 GRC, Rn. 31, 46.

[1959] *Kley*, in: Zimmerli 1999, 190.

[1960] Die Grundrechtecharta erlangte jedoch erst am 1.12.2009 gemeinsam mit dem Inkrafttreten des Vertrags von Lissabon Rechtskraft.

die es unproblematisch ermöglichen, Webangebote im Internet einzubeziehen. Als das deutsche Grundgesetz 1949 erlassen wurde, war die Realität schlicht noch eine andere und diese technische Entwicklung keinesfalls absehbar. Die Grundrechtstexte sind drei jeweils vor einem anderen historischen Hintergrund entstanden. Die Regelungsintention von Art. 5 Abs. 1 Satz 2 GG, die die Zugangsoffenheit, Manipulationsresistenz und Angebotsvielfalt von Medien umfasst, ist nach wie vor normativ wünschenswert. Dagegen muss der Text des Grundrechts selbst als unzeitgemäß bezeichnet werden.[1961] Die abschließende Aufzählung publizistischer Verbreitungsformen entspricht nicht mehr modernen Informations- und Kommunikationstechniken sowie der sich daraus entwickelten Medienkultur und Öffentlichkeitsstruktur. Hätte es in Deutschland in den letzten zwanzig Jahren eine Verfassungsreform gegeben, was sich insbesondere im Zuge der deutschen Wiedervereinigung 1990 angeboten hat, ist zu vermuten, dass Art. 5 Abs. 1 GG ebenfalls neu und entwicklungsoffen formuliert worden wäre.

Die Ergänzung des Wortlauts von Art. 5 Abs. 1 Satz 2 GG zur Gewährleistung der Medienfreiheit von Online-Informationsdiensten hätte mehrere systematische Vorteile. Erstens könnte die bisherige Abgrenzung zwischen der durch Satz 1 erfassten Individualkommunikation zur in Satz 2 adressierten Massenkommunikation erhalten bleiben. Zweitens wäre durch die Einordnung in Satz 2 auch die Massenkommunikation als Definitionsmerkmal für die von der Norm erfassten Webangebote festgelegt, so dass nicht jede Datenübermittlung über das Internet dem besonderen Schutz der Medienfreiheit zugeordnet wird. Drittens wäre klargestellt, dass die Freiheit der Online-Informationsdienste der Presse- und Rundfunkfreiheit gleichgestellt ist. Viertens würden automatisch der qualifizierte Gesetzesvorbehalt des Art. 5 Abs. 2 GG und die in Abs. 1 Satz 3 GG normierte Schranken-Schranken für die neue Medienfreiheit gelten. Auf einfachgesetzlicher Ebene würde zudem der Vorteil entstehen, dass die Differenzierung in jeweils medienspezifische Gesetze – Pressegesetz und Telemediengesetz – beziehungsweise dem Rundfunk-Staatsvertrag aufrechterhalten werden könnte.[1962] Alle diese Vorteile wären insbesondere dann nicht gegeben, wenn eine von Art. 5 Abs. 1 GG losgelöste Regelung eines neuen Grundrechts angestrebt würde.

Einer Grundrechtsänderung von Art. 5 Abs. 1 Satz 2 GG stehen zudem keine formellen Anforderungen gemäß Art. 79 GG entgegen.[1963] Eine Grundrechtsänderung kann ausschließlich durch ein Gesetz erfolgen. Dieses muss ein formelles Gesetz sein, das in einem ordentlichen Gesetzgebungsverfahren nach den allgemeinen Vorschriften für die Bundesgesetzgebung zustande kommt. Es kann sowohl der Weg der Textänderung oder der Textergänzung von Art. 5 Abs. 1 GG gegangen werden, die beide eine ausdrückliche Änderung des Wortlauts des Grundgesetzes erfordern.[1964] Im Sinne der ersten Alternative könnte entsprechend Art. 11 Abs. 1 GRC die Aufzählung unterschiedlicher Medien ganz herausgenommen und stattdessen allgemein auf die Medien abgestellt werden. Abgrenzungsprobleme würden dadurch allerdings nur auf verfassungsrechtlicher, nicht aber auf einfachgesetzlicher Ebene aufgehoben werden, da dort die Differenzierung anhand unterschiedlicher Gesetze aufrecht erhalten werden wird. Aufgrund der bestehenden faktischen Unterschiede der Medien, gerade auch im Vergleich zu Webdiensten, sollten grundsätzlich weiterhin unterschiedliche Gesetze jeweils spezifische Medienordnungen regulieren. Ergänzend ist eine Medienregulierung zum einen für Online-Medien selbst erforderlich, zum Beispiel um eine Medienkonzentration zu

---

1961 *Grimm* 1991, 333 f.

1962 Es sollte dann zukünftig vermieden werden, medienspezifische Sonderregelungen für Telemedien im Rundfunkstaatsvertrag zu normieren, wie dies aktuell in den §§ 54 ff. RStV der Fall ist, da dies mit den Risiken der Rechtsunsicherheit und der Anwendungswidersprüche verhaftet ist, s. z.B. *Richter*, MMR 2014, 517 ff.

1963 Zu den einzelnen Voraussetzungen s. Kap. 4.2.3.

1964 *Dietlein*, in: Epping/Hillgruber 2015, Art. 79 GG, Rn. 5.

verhindern.[1965] Zum anderen erfordert die Konvergenzentwicklung neue Ansätze der Medienregulierung. Vergleichbar mit dem Grundrechtstext von Art. 17 BV könnte die zweite Alternative der Textänderung von Art. 79 Abs. 1 GG durch eine Ergänzung der Aufzählung in Art. 5 Abs. 1 Satz 2 GG umgesetzt werden. Als weitere formelle Anforderung und gleichzeitig als Ausnahme zu den allgemeinen Vorschriften zum Erlass von Bundesgesetzen bedarf ein verfassungsänderndes Gesetze gemäß Art. 79 Abs. 2 GG jeweils der Zustimmung von zwei Dritteln der Mitglieder des Bundestages und des Bundesrates. Diese Grundgesetzänderung hätte keine unmittelbaren Auswirkungen auf die Verteilung der Gesetzgebungskompetenz des Bundes für Telekommunikation und Telemedien und der Länder für den Rundfunk. Daher wäre nicht zu erwarten, dass die Mitglieder des Bundesrats aus diesem Grund eine Zustimmung von zwei Dritteln verweigern würden.

Ergänzend zu diesen formellen Anforderungen normiert Art. 79 Abs. 3 GG eine materielle Schranke für Verfassungsänderungen. Diese Unabänderlichkeitsklausel verbietet, dass die Gliederung des Bundes in Länder, die grundsätzliche Mitwirkung der Länder bei der Gesetzgebung oder die in den Artikeln 1 und 20 niedergelegten Grundsätze von der Verfassungsänderung berührt werden. Die Änderung von Art. 5 Abs. 1 Satz 2 GG kann allenfalls die dritte Variante der Ewigkeitsklausel berühren. Aus der Formulierung, dass die Grundsätze von Art. 1 und 20 GG nicht berührt werden dürfen, wird über Art. 1 Abs. 1 und 2 GG die Garantie und das Bekenntnis des Deutschen Volks zur Menschenwürde manifestiert. Über Art. 1 Abs. 3 GG wird abgeleitet, dass alle Grundrechte aktuell geltendes, unmittelbar verbindliches Recht vor allem gegenüber dem Gesetzgeber sind.[1966] Dadurch wird der Bestand von Grundrechten insgesamt gewährleistet. Es ist der Vorschrift darüber hinaus aber nicht zu entnehmen, dass sämtliche „nachfolgenden Grundrechte“ dem grundsätzlichen Unabänderbarkeitsschutz des Art. 79 Abs. 3 GG unterliegen.[1967]

Die konkrete Formulierung der Gesetzesänderung obliegt dem Gestaltungsspielraum des Gesetzgebers. Entscheidend ist, dass einerseits die Regelungsintention erreicht und andererseits weiterhin eine sinnvolle Abgrenzung zur Meinungs- und Informationsfreiheit ermöglicht wird. Bisher wurden bereits die beiden unterschiedlichen Formulierung in der Grundrechtecharta und in der Schweizer Bundesverfassung angesprochen. In der Literatur finden sich noch zwei weitere Formulierungen, wie die neuen Medien grundrechtlich erfasst werden könnten:

- „Die Freiheit der Presse, des Rundfunks, des Films sowie der sonstigen an die Allgemeinheit gerichteten Kommunikation wird gewährleistet.“[1968]
- „Die Pressefreiheit, die Freiheit der Internetdienste und die Freiheit der Berichterstattung durch Rundfunk und Film werden gewährleistet.“[1969]

Drei von vier der genannten Formulierungen – in der Grundrechtecharta, der Schweizer Bundesverfassung und die beiden Vorschläge aus der Literatur – regen die Ergänzung der Aufzählung von Art. 5 Abs. 1 Satz 2 GG durch die Zusätze „Freiheit der Berichterstattung [...] durch andere Formen der öffentlichen fernmeldetechnischen Verbreitung“, „Freiheit [...] der sonstigen an die Allgemeinheit gerichteten Kommunikation“ beziehungsweise „Freiheit der Internetdienste“ an. Diesen Formulierungen ist gemeinsam, dass sie das Grundkonzept der Aufzählung unterschiedlicher Verbreitungsformen beibehalten. Sie unterscheiden sich sprach-

---

1965 Siehe z.B. den Bericht des Ausschusses für Bildung, Forschung und Technikfolgenabschätzung (18. Ausschuss) gemäß § 56a der Geschäftsordnung Technikfolgenabschätzung (TA), Gesetzliche Regelungen für den Zugang zur Informationsgesellschaft, BT-Drs. 17/11959, 111.

1966 *BVerfGE* 30, 1 (40).

1967 *Dietlein*, in: Epping/Hillgruber 2015, Art. 79 GG, Rn. 30.

1968 Formulierungsvorschlag für die Grundrechtecharta, *Stock*, ZUM 2000, 536.

1969 Die vollständige Formulierung bei *Kall* 2011, 69 in Anlehnung an *Holznagel/Schumacher*, MIND 2011, 19. *Kall* 2011, 71 plädiert letztlich für die Einführung einer allgemeinen Medienfreiheit entsprechend der Formulierung von Art. 11 Abs. 1 GRC.

lich lediglich dahingehend, dass bei der ersten Formulierung die Freiheit der Berichterstattung – nicht nur Freiheit – gewährleistet werden soll. Dieser Zusatz findet sich desgleichen in der aktuellen Fassung von Art. 5 Abs. 1 Satz 2 GG, der einerseits die Pressefreiheit und andererseits die Freiheit der Berichterstattung durch Rundfunk und Film gewährleistet. Es besteht Einigkeit darüber, dass die unterschiedliche Formulierung insbesondere der Presse- und der Rundfunkfreiheit nicht zu einem unterschiedlichen Schutzumfang führt.[1970] Insofern hätte der Zusatz der Berichterstattung nach dem bisherigen Grundrechtsverständnis keine Auswirkungen auf den Schutzbereich der Online-Informationsdienste.

Die Rundfunkfreiheit wird allerdings anders als die Pressefreiheit als sogenannte dienende Freiheit bezeichnet.[1971] Vorrangiger Zweck des Grundrechts soll nach – wenn auch umstrittener – Auffassung des Bundesverfassungsgerichts nicht die Freiheit der Rundfunkveranstalter als Adressaten der Rundfunkfreiheit sein, sondern der freien individuellen und öffentlichen Meinungsbildung.[1972] Dieser Gewährleistungsauftrag schließe aus, dass der Rundfunk über die Staatsferne hinaus den gesellschaftlichen Kräften überlassen wird.[1973] Er enthalte einen Ausgestaltungsauftrag an den Gesetzgeber, der diesen zum Erlass einer Rundfunkordnung als öffentliche Aufgabe verpflichtet.[1974] Das Bundesverfassungsgericht ist zu dieser „Rundfunkverfassung“ insbesondere aufgrund der ursprünglich rein öffentlich-rechtliche Organisation des Rundfunkwesens, der Frequenzknappheit, der Eigenart der Rundfunkveranstaltung und der massenmediale Wirkung von Hörfunk und Fernsehen gelangt.[1975] In diesem Zusammenhang muss nicht diskutiert werden, ob die Auffassung der Rundfunkfreiheit als dienender Freiheit ein Relikt ist, das aufgrund der realen Veränderungen in der Medienwelt nicht mehr zeitgemäß und angemessen ist.[1976] Entscheidend wäre allenfalls, ob die Freiheit der Online-Informationsdienste als dienende Freiheit konzipiert werden sollte. Das Bundesverfassungsgericht leitet die dienende Funktion der Rundfunkfreiheit jedoch – wie dargelegt – gerade nicht aus dem Wortlaut des Grundrechts ab.[1977] Daher ist diese Einordnung für die Neuformulierung von Art. 5 Abs. 1 Satz 2 GG nicht zwingend.

Die Formulierung „sonstige, an die Allgemeinheit gerichtete Kommunikation“ hat den Vorteil, dass die Eigenschaft als Massenkommunikation explizit in die Grundrechtsnorm aufgenommen werden würde. Bei der Formulierung der Berichterstattung [...] durch andere Formen der öffentlichen fernmeldetechnischen Verbreitung besteht das Risiko, dass das Merkmal der Berichterstattung in Zukunft zur Interpretation anregt, um zu verhindern, dass diese Freiheit auf sämtliche Online-Dienste erstreckt wird. Aus Gründen der Einheitlichkeit des Grundrechtsverständnisses hätte dies gegebenenfalls Auswirkungen auf die Rundfunk- und Filmfreiheit, für die kein normativer Regelungsbedarf festgestellt werden konnte. Eine Freiheit der Internetdienste in Art. 5 Abs. 1 Satz 2 GG aufzunehmen, wäre mit dem gleichen Risiko der uneingeschränkten Anwendung auf alle Internetdienste und Webanwendungen

---

1970 S. Kap. 6.1.1.2.1 sowie *BVerfGE* 35, 202 (220).

1971 S. ausführlich *Roßnagel/Kleist/Scheuer* 2007, 96 ff.

1972 *BVerfGE* 57, 295 (319); 87, 181 (197); a.A. und teils sehr kritisch gegenüber der Auffassung des BVerfG *Hain* 1993, 22 ff., 30 ff.; *Schoch,* VVDStRL 57 (1998), 193; *Cornils,* DVBl 2006, 796; *Starck*, in: v. Mangoldt/Klein/Starck Bd. 1, 2010, Art. 5 Abs. 1, 2 GG, Rn. 108 ff. S. auch umfassend zu dieser Diskussion *Hain* 1993, 22 ff. sowie *Badura*, in: Jahrbuch Bitburger Gespräche 2007 I, 9.

1973 *BVerfGE* 57, 295 (320); 83, 238 (296); 87, 181 (198).

1974 *BVerfGE* 57, 295 (319).

1975 *BVerfGE* 12, 205 (250 ff.); 57, 295 (319 ff.); 73, 118 (152 ff.); 74, 297 (323 ff.); 83, 238 (295 f.); 87, 181 (197); 90, 60 (87 f.): 95, 220 (234); 97, 228 (256 ff.); 97, 298 (319); 141, 371 (387).

1976 Mit dieser Fragestellungen setzen sich *Badura*, in: Jahrbuch Bitburger Gespräche 2007 I, 9 und *Hain*, in: Jahrbuch Bitburger Gespräche 2007, I, 21 auseinander.

1977 *Kall* 2011, 69 begründet seine Formulierung ohne den Zusatz der Berichterstattung damit, dass die dienende Freiheit aus dieser abgeleitet wird. Hierfür finden sich allerdings in der Rechtsprechung des Bundesverfassungsgerichts und in der sonstigen Literatur keine Anhaltspunkte, s. die Ausführungen von *Hain* 1993, 34.

verbunden.[1978] Es ist, wie bereits dargelegt, ein differenziertes und technisch fundiertes Verständnis des soziotechnischen Systems Internet zugrunde zu legen.[1979] Demnach sind Internetdienste alle Dienste, die auf der technischen Netzinfrastruktur basieren und damit sowohl Dienste der Individualkommunikation, wie E-Mail- und Messenger-Dienste, als auch der Massenkommunikation, wie insbesondere das Web. In den Grundrechtsschutz einbezogen werden sollen nur bestimmte Dienstangebot des Web, so dass die Formulierung Internetdienste viel zu weit wäre und nicht der internetspezifischen Regelungsintention entspräche. Im Ergebnis sollte demnach der Formulierungsvorschlag für die Grundrechtecharta übernommen werden und Art. 5 Abs. 1 Satz 2 GG wie folgt formuliert werden: „Die Freiheit der Presse, des Rundfunks, des Films sowie der sonstigen an die Allgemeinheit gerichteten Kommunikation wird gewährleistet."

9.2.5 Vielfalt sowie Medienfreiheit von Suchmaschinen

Suchmaschinen sind eine Voraussetzung für die Nutzbarkeit des Web als Informations- und Kommunikationsmedium durch die Allgemeinheit. Die Anbieter dieser Dienstleistung bieten positiv die notwendige Unterstützung beim Auffinden von und der Vermittlung des Zugangs zu öffentlich zugänglichen Informationen im Web. Als negativ zu bewerten ist, die Möglichkeit mittels Suchmaschinen die öffentliche Kommunikation im Web maßgeblich zu beeinflussen. Aufgrund dieser Bedeutung für das Web wurde ein verfassungsrechtlicher normativer Regelungsbedarf festgestellt. Der zu entwickelnde Grundrechtsschutz muss sowohl die Chancen als auch die Risiken der Suchmaschinen adressieren. Entsprechend wurde aus der Vermittlerfunktion der Suchmaschinen das Normziel der Vielfaltssicherung des Angebots an Suchmaschinen festgestellt.

9.2.5.1 Grundrechtsentwicklung der Meinungs- und Informationsfreiheit

Der aus der Bedeutung von Suchmaschinen abgeleitete Normbereich der Unterstützung bei der Auffindung und Vermittlung des Zugangs zu öffentlich zugänglichen Informationen im Web könnte durch eine Konkretisierung von Art. 5 Abs. 1 Satz 1 GG in den Grundrechtsschutz integriert werden. Aus der Perspektive des Internetnutzers sind Suchmaschinen eine technische Notwendigkeit sowohl für die Verbreitung von Meinungen über das Web als auch insbesondere den Zugang zu Informationen im Web. Entscheidend ist die gesamte Dienstleistung der Suchmaschinen mit allen einzelnen Arbeitsschritten und nicht nur die Suchergebnisliste, die dem suchenden Internetnutzer angezeigt wird. Sofern die Suchmaschinenbetreiber ihre Dienstleistungen dazu einsetzen wollen, um den Meinungs- und Informationsmarkt im Internet gezielt zu manipulieren, ist dies im gesamten Dienstleistungsprozess realisierbar. Es ist zum Beispiel möglich, dass Webseiten mit bestimmten Meinungen und Information bereits durch die Webcrawler aussortiert und gar nicht in den Suchindex aufgenommen werden. Die Informationsverbreitung wird auf diese Weise ebenso verhindert, wie durch die Nichtanzeige in der Suchergebnisliste. Insofern kann es nicht darauf ankommen, ob die Suchergebnisliste in den persönlichen und sachlichen Schutzbereich der Meinungsfreiheit des Suchmaschinenbetreibers einbezogen werden kann oder nicht.

Für diesen Normbereich könnte das Normziel der Gewährleistung der Vielfalt von Suchmaschinen durch eine Grundrechtsentwicklung von Art. 5 Abs. 1 Satz 1 GG in den Grundrechtsschutz aufgenommen werden. Diese tangiert die Meinungs- und Informationsfreiheit, da das Web zur Ausübung dieser Grundrechte in Anspruch genommen wird und dabei faktisch eine immer weiter zunehmende Bedeutung hat. Für dieses Medium ist eine unmittelbare Be-

---

[1978] S. Kap. 7.1.1.
[1979] S. Kap. 5.

einträchtigung der Meinungs- und Informationsfreiheit der Nutzer von Suchmaschinen anzunehmen, sofern diese nach bestimmten Meinungen und Informationen gefilterte Suchergebnisse wiedergeben.[1980] Dies ist grundsätzlich unabhängig davon, ob die Suchmaschine vom Staat oder von einem privaten Unternehmen betrieben wird. Gegen derartige Maßnahmen gewährleistet das Schutzziel des selbstbestimmten Umgangs mit Meinungen und des freien Zugangs zu Informationen ein Abwehrrecht des Nutzers von Suchmaschinen. Diese Abwehrfunktion kann aber nicht die grundrechtliche Gewährleistung der Vielfaltssicherung von Suchmaschinen begründen. Dieses Schutzziel setzt deutlich früher an, indem es das – wenn auch aktuell hypothetische – Risiko der Herrschaft von Suchmaschinen über den Meinungs- und Informationsmarkt des Web adressiert. Die bereits festgestellte diesbezügliche Beobachtungs- und gegebenenfalls auch Handlungspflicht des Staates lässt sich aus der Schutzfunktion der Meinungs- und Informationsfreiheit ableiten.[1981]

Die Grundrechtsentwicklung in Form der Erweiterung von Art. 5 Abs. 1 Satz 1 GG um die Gewährleistung der Vielfalt von Suchmaschinen erfordert dogmatisch die Kombination der Grundrechtskonkretisierung mit der Grundrechtsinterpretation. Der Normbereich für die Meinungs- und Informationsfreiheit ist sowohl in Bezug auf die Nutzung des Mediums Web zur Ausübung dieser Grundrechte als auch der spezifischen Risiken durch die Vermittlungsfunktion der Suchmaschinen zu erweitern. Diese Grundrechtskonkretisierung bedarf darüber hinaus keiner ergänzenden Interpretation des Schutzbereichs, da dieser losgelöst von einem Medium definiert wird. Die spezifischen Risiken von Suchmaschinen erfordern zusätzlich eine Grundrechtsinterpretation von Art. 5 Abs. 1 Satz 1 GG. Die Schutzziele sind aufgrund der veränderten Wirklichkeitsbedingungen ergänzend auszulegen. Zur Gewährleistung des freien und selbstbestimmten Umgangs mit Meinungen und Informationen im Web ist das Schutzziel der Vielfaltssicherung, das aus dem Rundfunkrecht bekannt ist, neu in das Schutzprogramm von Art. 5 Abs. 1 Satz 1 GG aufzunehmen. Dieses Schutzziel bezieht sich allerdings nicht unmittelbar auf das Schutzgut der Meinungen und Informationen, sondern auf die Vermittlungsfunktion der Suchmaschinen. Nur wenn die Unmittelbarkeit der Verbreitung von Meinungen und des Zugangs zu Informationen nicht gegeben ist, ist die Meinungs- und Informationsfreiheit um dieses Schutzziel zu ergänzen. Diese Konstellation ist vergleichbar mit dem nur bei der technisch vermittelten Kommunikation erforderlichen grundrechtlichen Schutzziel der Vertraulichkeit, da diese ebenfalls nicht unmittelbar ist.

9.2.5.2 Grundrechtsinterpretation der Medienfreiheit

Die dargelegten suchmaschinenspezifischen Grundrechtsentwicklungen begründen sich ausschließlich aus der Perspektive der Nutzer von Suchmaschinen, sie führen nicht zu einem Grundrechtsschutz für ihre Betreiber. Bedient sich der Staat der Dienstleistung von Suchmaschinenbetreibern mit der Zielsetzung der Manipulation des Meinungs- und Informationsmarkts, zum Beispiel durch ein Verbot der Anzeige von Webseiten mit regierungskritischen Inhalten, werden zwar die Suchmaschinennutzer durch die Abwehrfunktion von Art. 5 Abs. 1 Satz 1 GG geschützt.[1982] Keinen unmittelbaren grundrechtlichen Abwehranspruch können

[1980] Dieses Risiko wird in der allgemeinen Presse als Gefahr der sogenannten „Filterbubble" bezeichnet, die zu einer eingeschränkten Weltsicht führen kann. Parallel wird dieses Phänomen in Bezug auf soziale Netzwerke diskutiert, in denen sich vor allem Menschen mit gleichen Ansichten und Einstellungen vernetzen. S. *Holland*, „Facebook-Studie soll Gefahr der „Filterbubble"" widerlegen", heise online vom 8.5.2015, http://www.heise.de/newsticker/meldung/Facebook-Studie-soll-Gefahr-der-Filterbubble-widerlegen-2639058.html?wt_mc=nl.ho.2015-05-09.

[1981] S. Kap. 8.2.2.

[1982] Die Betreiber der Webseiten mit staatskritischen Inhalten können sich nach dem Vorschlag der Grundrechtsentwicklung der Medienfreiheit für Online-Informationsdienste auf dieses Grundrecht oder nach gegenwärtiger Rechtslage in der Regel auf die Presse- oder Rundfunkfreiheit berufen.

aber die Suchmaschinenbetreiber gegen derartige Maßnahmen geltend machen.[1983] Selbst wenn sich das Bundesverfassungsgericht der Auffassung des Bundesgerichtshofs anschließe, dass die Suchergebnisliste in den sachlichen Schutzbereich der Meinungsfreiheit fällt,[1984] würde dies faktisch nicht zu einem effektiven Grundrechtsschutz des Suchmaschinenbetreibers führen. Die staatliche Maßnahme könnte schlicht an einem früheren Arbeitsschritt der Dienstleistung der Suchmaschinen ansetzen, der noch keine Meinungsrelevanz entfaltet.

Der Grundrechtsschutz der Suchmaschinenbetreiber könnte über Art. 5 Abs. 1 Satz 2 GG zu erreichen sein. Für diesen Ansatz spricht die festgestellte funktionale Vergleichbarkeit mit dem Rundfunk.[1985] Suchmaschinen kommt eine mittelbare „dienende“ Funktion für die individuelle und öffentliche Meinungsbildung zu, selbst wenn ihre Unterstützungshandlung insofern nicht spezifisch ist. Suchmaschinen können zwar darüber hinaus insbesondere auch den Wettbewerb oder insgesamt jeglichen sozialen Austausch über das Web beeinflussen. Allerdings entfalten nicht alle Beeinflussungsmaßnahmen Grundrechtsrelevanz, sondern nur diejenigen, die die dienende Funktion in Bezug auf die Meinungs- und Informationsfreiheit betreffen. Es ist gerade nicht verfassungsrechtlich geboten, jegliche Möglichkeiten der Einflussnahme von Suchmaschinen grundrechtlich einzubeziehen. Zum Beispiel besteht normativ kein Anlass, Sponsored Hyperlinks grundsätzlich zu verbieten, insbesondere nicht solange Suchmaschinen als Dienstleistung privatwirtschaftlicher Unternehmen angeboten werden.[1986] Können die Sponsored Hyperlinks nicht als solche erkannt werden, hat dies keine verfassungsrechtlichen Konsequenzen, sondern stellt einen Verstoß gegen die Lauterkeit des Wettbewerbsrechts dar.[1987] Daraus folgt, dass ein verfassungsrechtlicher Schutzbedarf der Betreiber von Suchmaschinen insbesondere hinsichtlich der dienenden Funktion für die Meinungs- und Informationsfreiheit besteht. Da sie selbst nicht Adressaten dieser Grundrechtsgewährleistungen sind, liegt die Einbindung in die Medienfreiheiten nahe. Dies gilt zumindest unter der Voraussetzung, dass Art. 5 Abs. 1 Satz 2 GG zuvor, wie vorgeschlagen,[1988] in Bezug auf das Medium Web ergänzt wird.

Aufgrund ihrer Vermittlerfunktion können die Betreiber von Suchmaschinen über eine Grundrechtsinterpretation in den Schutzbereich von Online-Informationsdiensten einbezogen werden, ohne selbst als solche eingeordnet werden zu müssen. Denn ohne „meinungs- und informationsneutrale“ Suchmaschinen wäre die Meinungs- und Informationsfreiheit auch in ihrer besonderen Bedeutung für die individuelle und öffentliche Meinungsbildung stark gefährdet. Für dieses spezifische Medium ist die Funktion der Suchmaschinen vergleichbar mit derjenigen von Presse-Grossos. Das Bundesverfassungsgericht hat die Tätigkeit der Presse-Grossisten aufgrund des engen organisatorischen und funktionalen Pressebezugs seiner Dienstleistung als auch der Auswirkung auf die Meinungsverbreitung in den Schutzbereich der Pressefreiheit einbezogen.[1989] Zwar besteht zwischen Online-Informationsdiensten und Suchmaschinen keine ähnlich gelagerte organisatorische Verbindung. Sie erbringen ihre Dienstleistung für jegliche Inhalte im Web und nicht spezifisch für Online-Informationsdienste. Umgekehrt haben diese keinen erheblichen Einfluss auf die Suchmaschinen, sondern sie können allenfalls ihren Status in bestimmten Suchergebnislisten durch die Inanspruch-

---

1983 S. Kap. 6.2.1.

1984 S. Kap. 6.1.1.1.2 mit den entsprechenden Nachweisen.

1985 S. Kap. 7.1.1.

1986 Es kann hier der Vergleich zu Werbeanzeigen in Zeitschriften gezogen werden, die in den Schutzbereich der Pressefreiheit fallen, *BVerfGE* 21, 271 (278 f.); 64, 108 (114); 102, 347 (359). Das Gebot der klaren Trennung von Werbung und redaktionellen Teil bei Veröffentlichungen ist in Ziff. 7 der Richtlinien für die publizistische Arbeit nach den Empfehlungen des Deutschen Presserates, Publizistische Grundsätze (Pressekodex), formuliert. Diese Vorgaben haben keinen Gesetzesrang, sondern sind Gegenstand der freiwilligen Selbstverpflichtung der Presse.

1987 *BVerfG*, NJW 2005, 3201.

1988 S. Kap. 9.2.4.3.

1989 *BVerfGE* 77, 346 (353 f.). Diesen Vergleich zieht auch *Schulz*, CR 2008, 471.

nahme des Geschäftsangebots der Sponsored Hyperlinks aufwerten. Dafür sind die funktionale Bedeutung und die Auswirkung auf die Grundrechte der Meinungs- und Informationsfreiheit umso gravierender. Zwar existieren einige wenige Online-Informationsdienste, deren Internet Domain bekannt ist, zum Beispiel die Informationsangebote klassischer Medien, so dass sie zumindest von einigen Internetnutzern direkt über den Webbrowser teils mit Unterstützung durch entsprechende Lesezeichen geöffnet werden. Auf die Mehrzahl der Informationsangebote im Internet wird aber über den Verweis durch eine Suchmaschine zugegriffen. Des Weiteren sind Suchmaschinen potentiell geeignet, die Meinungsverbreitung über das Internet gezielt zu verhindern, zu verzögern oder zu verfälschen. Umso mehr das Internet als Bezugsquelle für Informationen anstatt klassischer Medien herangezogen wird, desto größer sind die Auswirkungen auf die Meinungsverbreitung und -bildung.

Werden Suchmaschinen als notwendige Intermediäre für den Zugang zum Medienangebot im Web dem Normbereich der Medienfreiheit zugeordnet, ergibt sich hieraus das abstrakte Schutzziel der Freiheitsgewährleistung. Insbesondere aufgrund der historischen Erfahrungen wird diese bei Art. 5 Abs. 1 Satz 2 GG vornehmlich subjektiv-rechtlich als Freiheit der Grundrechtsträger von staatlichem Zwang im Sinne jedweder Störung oder Behinderung ihrer Tätigkeit insbesondere gegen störende Eingriffe in den Gewerbebetrieb der Presse verstanden.[1990] Übertragen auf die Betreiber der Suchmaschinen sind solche staatlichen Maßnahmen gemeint, die sich derart auf die Unterstützungshandlung von Suchmaschinen auswirken, dass sie die Meinungs- und Informationsverbreitung einschränken. Bezogen auf den Presse-Grossisten hat das Bundesverfassungsgericht festgestellt, dass ihm ein unmittelbarer Bezug zum Inhalt der von ihm vertriebenen Publikationen fehlt, um dessentwillen der Schutz der Pressefreiheit besteht.[1991] Dieser pressebezogenen Unterstützungshandlung wird demnach der materielle Aspekt der Pressefreiheit gerade nicht zuerkannt, der die aktive Betätigung der Presse durch freie Veröffentlichung und Verbreitung von Nachrichten und Meinungen und die aktive Mitwirkung bei der Bildung der öffentlichen Meinung umfasst.[1992] Diese Unterscheidung des Schutzumfangs der Medien einerseits und der Suchmaschinen anderseits entspricht der Beurteilung der Dienstleistung der Suchmaschinen, nicht als selbständiges Medium, sondern als Vermittler des Zugangs zu Medien. Die Einbeziehung der Suchmaschinen in den Schutz der Freiheit von Online-Informationsdiensten rechtfertigt sich nur aufgrund des funktionalen Zusammenhangs zu den Online-Medien und ist nur im entsprechenden Umfang zu gewährleisten. In den Schutzumfang des erweiterten Mediengrundrechts ist somit über dessen Interpretation auch die Dienstleistung von Betreibern von Suchmaschinen einzubeziehen.

9.2.6 Vertraulichkeit und Integrität individualisierter Online-Nutzungsbereiche

In der Literatur wird hervorgehoben, dass das Grundrecht auf Vertraulichkeit und Integrität informationstechnischer Systeme mit der Formulierung des Schutzguts bewusst einen weiten Terminus gewählt hat, um der derzeitigen und künftigen technischen Entwicklung Rechnung tragen zu können.[1993] Alle ausdrücklich in dem Urteil genannten Beispiele informationstechnischer Systeme sind jedoch Geräte und das Kriterium „eigenes“ scheint entsprechend auf diese gerichtet zu sein, da es zur Einschränkung des Schutzbereichs dient. Die in der Literatur vertretene Auffassung, dass virtuelle PCs, Netzwerkfestplatten und Cloud Computing-Dienste ebenfalls von dem durch das Bundesverfassungsgericht entwickelten Grundrecht umfasst sei-

[1990] *BVerfGE* 77, 346 (354) und ergänzend *Löffler* 1969, Kap. 5, Rn. 51.
[1991] *BVerfGE* 77, 346 (355).
[1992] *Löffler* 1969, Kap. 5, Rn. 24.
[1993] S. *Hornung*, CR 2008, 302 mit Verweis auf die Antworten des BMI auf den Fragenkatalog des BMJ https://netzpolitik.org/wp-upload/fragen-onlinedurchsuchung-BMJ.pdf sowie *Bäcker*, in: Rensen/Brink 2009, 126.

en,[1994] kann nach hier vertretener Auffassung nicht unmittelbar aus der Entscheidung abgeleitet werden. Es ist allerdings denkbar, jenseits der Entscheidung zur Online-Durchsuchung eine Erweiterung des Schutzbereichs vorzunehmen. Diese könnte grundsätzlich als Grundrechtsentwicklung in Form der Grundrechtsinterpretation vorzugenommen werden.

Das Grundrecht auf Gewährleistung der Vertraulichkeit und Integrität informationstechnischer Systeme ist vom Bundesverfassungsgericht aus dem allgemeinen Persönlichkeitsrecht entwickelt worden.[1995] Beide stellen somit dogmatisch eine Grundrechtskonkretisierung dar. Teilweise wird das eigene informationstechnische System bereits so verstanden, dass rein virtuelle Online-Datennutzungsbereiche mit umfasst sind, auf die über ein eigenes oder ein fremdes informationstechnisches System zugegriffen wird. Zu untersuchen ist, ob dieses „weite" Verständnis des Schutzbereichs über eine Grundrechtsinterpretation erreicht werden kann.

Das Bundesverfassungsgericht selbst hat grundsätzlich einen weiten Interpretationsspielraum eröffnet, indem es das eigene informationstechnische System nicht definiert.[1996] Aus den Ausführungen des Bundesverfassungsgerichts, das Internet sei ein elektronischer Verbund von Rechnernetzwerken und damit selbst als ein informationstechnisches System anzusehen,[1997] kann nicht geschlossen werden, ob Online-Nutzungsbereiche umfasst sind. Zum einen findet sich dieser Hinweis nicht im Zusammenhang mit den weiteren Ausführungen zum Schutzbereich des IT-Grundrechts. Das Bundesverfassungsgericht bezieht sich damit auf die diesen Begriff verwendende Vorschrift des § 5 Abs. 2 Nr. 11 VSG, die auf ihre Verfassungsmäßigkeit überprüft wird. Zum anderen wird anscheinend auf das Internet im technischen Sinne abgestellt, dass aus Hard- und Software besteht.

In der wissenschaftlichen Diskussion, die im Anschluss an das Urteil stattgefunden hat, wurden verschiedene Definitionen entwickelt. Das informationstechnische System soll jedes System sein, das elektronisch Daten verarbeitet.[1998] Daneben werden sehr viel ausführlichere Definitionen vertreten. Ein informationstechnisches System soll die „abgrenzbare Zusammenfassung zusammenwirkender technischer Komponenten [sein], welche die Fähigkeit zur Erzeugung, Verarbeitung und Speicherung von Daten besitzt und die Interaktion mit einem menschlichen Nutzer und mit weiteren technischen Komponenten zulässt".[1999] Es wird auch die Definition vorgeschlagen, „jede aus Hard- und Software bestehende Funktionseinheit, der allein oder aufgrund ihrer Vernetzung mit anderen Funktionseinheiten personenbezogene Daten anvertraut oder schon allein durch deren Nutzung zwangsläufig geliefert werden".[2000] Alle Definitionsansätze geben keine unmittelbare Auskunft darüber, ob Online-Nutzungsbereiche erfasst sind. Der Begriff des Systems, der zu einer Klarstellung führen könnte, wird nur bedingt festgelegt und kann in unterschiedlichen Sachzusammenhängen sowohl eine Gesamtheit von gegenständlichen also auch nichtgegenständlichen Elementen beschreiben. Die genannten

---

1994 *Bäcker*, in: Rensen/Brink 2009, 128 und für Cloud-Dienste *Drallé* 2010, 32; *Skistims* 2015, 107 wie bereits in Kap. 6.1.3.5.1 dargestellt.

1995 *BVerfGE* 120, 274 (303).

1996 *Hoffmann*-Riem, JZ 2008, 1012, Fn. 26, der als Berichterstatter an der Entscheidung des Bundesverfassungsgerichts zum Grundrecht auf Gewährleistung der Vertraulichkeit und Integrität beteiligt war, sieht die Umschreibung der rechtlich relevanten Strukturen des Begriffs des eigene informationstechnischen Systems als zukünftige, rechtsdogmatische Aufgabe an.

1997 *BVerfGE* 120, 274 (276).

1998 *Hornung*, CR 2008, 302; *Bäcker*, in: Rensen/Brink 2009, 126. Ähnlich *Wegener/Muth*, Jura 2010, 849 „solche Systeme, die personenbezogene Daten des Nutzers in einem signifikanten Umfang enthalten können". *Hoeren*, MMR 2008, 365 stellt die Frage, was mit dem informationstechnischen System gemeint sein könnte und stellt „Die Software, die Hardware, das Zusammenspiel?" als Möglichkeiten in den Raum. *Holznagel/Schumacher*, MMR 2009, 3 f. beschreiben den sachlichen Schutzbereich des Grundrechts ohne eine Definition zu nennen.

1999 Diese Definition wird von *Wehage* 2013, 30 bis 44 sehr umfassend und ausführlich entwickelt.

2000 *Hoffmann* 2012, 84 als Ergebnis umfassender Überlegungen.

Definitionen sind umgekehrt so weit gefasst, dass sie erlauben, Online-Datenspeicher zu subsumieren.[2001] Ein Online-Nutzungsbereich setzt ebenfalls Hardwarekomponenten, mindestens den Server einschließlich Netzwerkschnittstelle des Anbieters sowie mindestens die Softwarekomponenten, die die Vernetzung mit dem Internet und den Online-Zugriff des Nutzers ermöglichen, zum Beispiel über ein Webportal. Insofern kann der Begriff des informationstechnischen Systems dahingehend interpretiert werden, dass Online-Nutzungsbereiche umfasst sind.

Die Technik als beschreibendes Merkmal des sachlichen Schutzbereichs würde nach diesem Verständnis zu einem weiten Anwendungsbereich führen. Das Bundesverfassungsgericht hat das weitere Kriterium des „eigenen“ oder „eigengenutzten“[2002] Systems zur Einschränkung des Schutzbereichs ergänzt und dadurch gleichzeitig den Bezug zum individuellen Persönlichkeitsschutz hergestellt.[2003] Es wurde bereits ausgeführt,[2004] dass mit diesem Attribut die Verfügungsbefugnis über das informationstechnische System gemeint ist und nicht aus dem Sachenrecht abgeleitete Befugnisse aus dem Eigentum oder Besitz angesprochen sind. Zwar hat das Bundesverfassungsgericht die Notwendigkeit des Grundrechtsschutzes mit der besonderen Gefährdungssituation begründet, dass durch das breite Spektrum der Nutzung informationstechnischer Systeme und durch ihre Vernetzung eine Vielzahl und Vielfalt von Daten erzeugt, verarbeitet und gespeichert werden, aus denen weitgehende Kenntnisse über die Persönlichkeit des Nutzers gewonnen werden können.[2005] Als Schutzziele wurden aber die Vertraulichkeit und Integrität des informationstechnischen Systems selbst normiert, quasi um einen der informationellen Selbstbestimmung vorgelagerten Schutz zu erreichen. Insofern ist für die Einbeziehung von Online-Nutzungsbereichen ebenfalls ein ergänzendes, einschränkendes Merkmal erforderlich. Dies könnte ebenfalls der „eigengenutzte“ Online-Nutzungsbereich sein. Wie dieses Merkmal genau zu verstehen und zu definieren ist, ist bereits in Bezug auf das ursprüngliche Verständnis informationstechnischer Systeme nicht eindeutig durch das Bundesverfassungsgericht vorgegeben worden.

In der wissenschaftlichen Diskussion hat sich zwar herauskristallisiert, dass nicht die sachenrechtliche Verfügungsbefugnis gemeint ist. Darüber hinaus wurden aber nur wenige konkrete Ansätze für eine positive Definition geliefert. Teilweise wird auf die selbstbestimmte Nutzung abgestellt, die sich wiederum aus der Gesamtbetrachtung technischer, tatsächlicher, rechtlicher und im Einzelfall auch sozialer Kriterien ergeben soll.[2006] Übertragen auf die Online-Nutzungsbereiche muss der Verfügungsberechtigte, zum Beispiel der Cloud-Dienstleister oder der Arbeitgeber bezüglich des betrieblichen Servers, dem Nutzer einen bestimmten Online-Nutzungsbereich zur selbstbestimmten Nutzung zugewiesen haben. Dabei ist nicht auf eine rein rechtliche Nutzungsbefugnis abzustellen, wie sie zum Beispiel aus einem Vertragsschluss ableitbar ist. Dem Nutzer müssen ergänzend die tatsächlichen Mittel an die Hand gegeben werden, damit er diesen Nutzungsbereich faktisch vor der Einflussnahme durch Dritte schützen kann. Dies kann zum Beispiel die Erforderlichkeit der Authentifizierung für den Online-Nutzungsbereich sein, wenn diese gleichzeitig geeignet ist, andere Personen von der Nutzung auszuschließen. Ein wesentlicher Unterschied zwischen informationstechnischen Systemen und Online-Nutzungsbereichen ist darin zu sehen, dass der Nutzungsberechtigte nach der üblichen Konzeption der technischen Systeme nie der alleinige Nutzungsbefähigte sein wird. Regelmäßig kann neben dem Nutzungsberechtigten der Systemadministrator, der

2001 *Hoffmann* 2012, 85 stellt allerdings im Anschluss an die Definition anscheinend ausschließlich auf „Geräte“ und „Endgeräte“ ab und lässt an dieser Stelle offen, ob Dokumentensafes ein informationstechnisches System sind.

2002 So *Hoffmann-Riem*, JZ 2008, 1012, Fn. 26 als seines Erachtens bessere Formulierung.

2003 *Wehage* 2013, 108 ff. ordnet dieses Kriterium dem persönlichen Schutzbereich des Grundrechts zu.

2004 S. Kap. 6.1.3.5.1.

2005 *BVerfGE* 120, 274 (304).

2006 *Hoffmann* 2012, 103 f.; *Skistims* 2015, 112.

auch die Nutzungsbefugnisse zuordnet, den Online-Nutzungsbereich einsehen und auf ihn Einfluss nehmen. Selbst wenn es das Bundesverfassungsgericht ausdrücklich zulässt, dass der Grundrechtsträger allein oder zusammen mit anderen zur Nutzung berechtigten Personen über das IT-System verfügen kann, so schließt die für jeden Einzelnen geforderte Selbstbestimmtheit eine Berechtigungshierarchie wohl grundsätzlich aus. Der Systemadministrator hat gerade gegenüber dem einzelnen berechtigten Nutzer sehr viel weitgehendere Befugnisse, da er nicht nur als einziger einen Online-Nutzungsbereich einem Nutzer zuweisen, sondern ihn auch wieder entziehen kann. Umgekehrt führt die Einbindung des Systemadministrators gerade zu dem erhöhten Risiko für den Online-Nutzungsberechtigten, dass sein geschützter Bereich nicht ausreichend gegen Dritte abgeschirmt ist. Insofern birgt das enge Verständnis hinsichtlich der selbstbestimmten Verfügung bezogen auf den Online-Nutzungsbereich wiederum die Gefahr eines lückenhaften Grundrechtsschutzes.

Das Bundesverfassungsgericht fordert in Bezug auf das Schutzgut, dass dem Nutzer schutzwürdige „Erwartungen" hinsichtlich der Vertraulichkeit und Integrität des Systems zugesprochen werden können müssen.[2007] Zwischen dem Schutzgut und den Schutzzielen wird somit durch das Bundesverfassungsgericht ein direkter Zusammenhang hergestellt. Da die Schutzziele außerdem unmittelbar in die Bezeichnung des Grundrechts aufgenommen worden sind, müssen sie bei der Grundrechtskonkretisierung des Schutzguts berücksichtigt werden. Es ist derart zu bestimmen, dass bei einer entsprechenden risikoorientierten Betrachtung, Schutzgut und Schutzziel miteinander harmonieren. Wenn die Schutzziele des Grundrechts durch seinen Normtext – unabhängig davon, ob er in der Verfassung verschriftlicht worden ist oder nicht – festgelegt sind,[2008] ist eine Grundrechtskonkretisierung des Schutzguts nur insoweit systematisch begründbar, als die Schutzziele für einen lückenlosen Grundrechtsschutz erforderlich sind. Vor diesem Hintergrund können nur solche Online-Nutzungsbereiche in den Schutzbereich des Grundrechts einbezogen werden, bei denen der Nutzer eine berechtigte Erwartung der Vertraulichkeit und Integrität hat.

Die Erwartung der Vertraulichkeit des Online-Nutzungsbereichs kann nur bei Dienstleistungen gegeben sein, die gerade nicht primär auf den sozialen Austausch ausgerichtet sind, wie insbesondere Social Networks, sondern als Datenspeicher für den Nutzer fungieren. Nicht ausgeschlossen ist allerdings, dass diese auch die Funktionalität aufweisen, bestimmte Datensätze mit anderen zu teilen, indem ein begrenzter Zugriff auf den Online-Nutzungsbereich gewährt wird. Gegenüber dem Systemadministrator besteht insofern eine eingeschränkte Vertraulichkeitserwartung, als er zwar Kenntnis über die in dem Online-Nutzungsbereich vorgenommenen Aktivitäten haben kann, aber er insbesondere die gespeicherten Daten nicht selbstständig verwendet, verwertet oder gezielt Kenntnis von ihnen nimmt. Insofern können die vertraglichen Vereinbarungen von hoher Relevanz sein, als aus ihnen hervorgeht, ob sich der Diensteanbieter Verwertungsrechte zusichern lässt oder nicht.

Weitaus schwieriger ist die Bestimmung der Erwartung der Integrität bezogen auf Online-Nutzungsbereiche. Entscheidend ist, dass das IT-Grundrecht nur in sich schlüssig verstanden und nachvollziehbar zum Grundrecht auf informationelle Selbstbestimmung abgegrenzt werden kann, wenn sich die Integrität gerade nicht auf die im System gespeicherten personenbezogenen Daten,[2009] sondern auf den Online-Nutzungsbereich einschließlich individueller Nutzungsvorgaben selbst bezieht. Gerade kommerzielle Angebote werden regelmäßig weiterentwickelt und es werden Nutzungsfunktionen, Nutzungsoberfläche und Nutzungseinstellungen

---

2007 *BVerfGE* 120, 274 (306); s. auch *Wegener/Muth*, Jura 2010, 847 (849 f.).

2008 Vergleiche die Ausführungen zur Inhaltsneutralität technisch vermittelter Kommunikation in Kap. 9.2.2.1. Aufgrund des eindeutigen Wortlauts von Art. 10 Abs. 1 GG, der einen Geheimnisschutz gewährleistet, konnte das Schutzziel der Inhaltsneutralität trotz des identischen Schutzguts nicht durch eine Konkretisierung des Fernmeldegeheimnisses vorgenommen werden.

2009 Die Integrität personenbezogener Daten wird durch das Grundrecht auf informationelle Selbstbestimmung geschützt, s. *Starck*, in: v. Mangoldt/Klein/Starck Bd. 1, 2010, Art. 2 GG, Rn. 114 ff.

aktualisiert und verändert. Solange die Updates lediglich Erweiterungen des bisherigen Dienstleistungsangebots darstellen, besteht kein Erfordernis für den Integritätsschutz, da der Online-Nutzungsbereich in seinem bisherigen Bestand nicht angetastet wird. Für den einzelnen Nutzer kann es aber eine Beeinträchtigung seines Online-Nutzungsbereichs darstellen, wenn Änderungen vorgenommen werden, die die bisherige individuelle Gestaltung oder die vorhandenen Funktionalitäten des Online-Nutzungsbereichs aufheben. Dies ist zum Beispiel anzunehmen, wenn Datenschutzeinstellungen ersatzlos aufgehoben,[2010] bestimmte Dateitypen nicht mehr gespeichert oder angezeigt oder individuelle Ordnerstrukturen gelöscht werden.[2011] Der Entzug der Möglichkeit des Zugangs zum Online-Nutzungsbereich, zum Beispiel indem der Account gelöscht oder die Anmeldedaten vom Administrator eigenmächtig und heimlich geändert werden, wird ebenfalls durch das Schutzziel der Integrität adressiert.

Das Bundesverfassungsgericht nimmt einen Eingriff in die Integrität an, wenn so auf das System zugegriffen wird, dass dessen Leistungen, Funktionen und Speicherinhalte durch Dritte genutzt werden können.[2012] Bezogen auf die für Online-Nutzungsbereiche genannten Beispiele möglicher Integritätsbeeinträchtigungen, können daher nur diejenigen in den Schutzbereich einbezogen werden, bei denen ein Dritter die Möglichkeit der Nutzung des Online-Nutzungsbereichs erhält. Sofern durch die Änderung der Anmeldedaten der Nutzer ausgeschlossen wird, ansonsten aber allein der Administrator oder Diensteanbieter den Zugang zu dem Online-Nutzungsbereich hat, ist der Schutzbedarf nur gegeben, wenn dies gerade erfolgt, um unbemerkt vom Nutzer auf seinen Online-Nutzungsbereich zugreifen zu können. Da der Administrator ohnehin eine uneingeschränkte Zugriffsmöglichkeit auf den Online-Nutzungsbereich hat, ist diese zusätzliche Anforderung erforderlich, um ein Eingriffsverhalten zu konkretisieren. Manipuliert ein sonstiger Dritter die Anmeldedaten, um sich selbst den Zugriff auf den Online-Nutzungsbereich zu verschaffen, ist ebenfalls die Integrität betroffen. Entscheidend ist, dass die in dem Online-Nutzungsbereich gespeicherten Daten nicht angetastet werden müssen und auch nicht ihre Kenntnisnahme die Zielsetzung des Integritätsbruchs sein muss. Ausreichend ist es ferner, Leistungen und Funktionen des Online-Nutzungsbereichs zu beeinträchtigten. Das Bundesverfassungsgericht hat das grundrechtliche Schutzbedürfnis ausdrücklich mit der Bedeutung der Nutzung informationstechnischer Systeme für die Persönlichkeitsentfaltung und den aus dieser Nutzung resultierenden Persönlichkeitsgefährdungen begründet.[2013] Gleiches muss für Online-Nutzungsbereiche gelten. Sie sind in dem dargelegten Umfang durch die Interpretation des Rechts auf Vertraulichkeit und Integrität informationstechnischer Systeme in den Grundrechtsschutz einzubeziehen.

9.2.7 Autonomie, Integrität und Variabilität digitaler Persönlichkeitsprofile

Soziale Kontakte werden im Zeitalter des Internet immer mehr und immer häufiger rein online-basiert aufgebaut und gepflegt. Entsprechend erfolgt die Selbstdarstellung in der Öffentlichkeit nicht mehr überwiegend durch die körperliche Präsenz, sondern durch digitale Artefakte, die über das Internet kommuniziert oder im Web präsentiert werden. Die digitalen Spuren, die wir bei der Nutzung des soziotechnischen Systems Internet hinterlassen, befähigen Dritte, ein Abbild über unsere Persönlichkeit zu erstellen. Dadurch entsteht ein erhebli-

---

2010 Im Oktober 2013 ist in Deutschland bekannt geworden, dass Facebook z. B. die Privatsphäre-Einstellung „Wer kann deine Chronik über deinen Namen finden?“ entfernt hat, *Berger*, „Facebook-Suche: Kein Verstecken mehr möglich“, heise online vom 11.10.2013, http://www.heise.de/newsticker/meldung/Facebook-Suche-Kein-Verstecken-mehr-moeglich-1977284.html.

2011 Dies kann z.B. bei Dokumentensafes oder auch bei Mail-Servern die Nutzung maßgeblich beeinflussen, da Dokumente oder E-Mails gegebenenfalls nicht mehr oder nur mit einem sehr viel höheren Aufwand auffindbar sind.

2012 *BVerfGE* 120, 274 (313).

2013 *BVerfGE* 120, 274 (303).

ches Risiko für die autonome Entscheidung über die individuelle Selbstdarstellung in der Öffentlichkeit, das ohne das soziotechnische System Internet nicht bestand. Diesem Risiko soll durch den grundrechtlichen Schutz digitaler Persönlichkeitsprofile begegnet werden.

Die individuelle Selbstdarstellung wird als ein Schutzgut des allgemeinen Persönlichkeitsrechts bezeichnet und ist dogmatisch eine Grundrechtskonkretisierung. Da das allgemeine Persönlichkeitsrecht insgesamt in seinen Konturen sehr weit und unbestimmt ist, hat das Bundesverfassungsgericht die individuelle Selbstdarstellung selbst risikoorientiert zu einem Recht am eigenen Wort und Bild konkretisiert. Beide Ausprägungen wurden erforderlich, sobald die technischen Möglichkeiten für Ton- und Bildaufnahmen sowie deren Veröffentlichung bestanden. Die bereits aufgezeigte Vergleichbarkeit des digitalen Persönlichkeitsprofils zu diesen beiden Ausprägungen der individuellen Selbstdarstellung legt es nahe, diesen Grundrechtsschutz durch eine Konkretisierung der individuellen Selbstdarstellung umzusetzen.

Die individuelle Selbstdarstellung schützt das Persönlichkeitsbild in der Öffentlichkeit. Während dieser Schutz ursprünglich auf die freie Selbstdarstellung als vom Grundrechtsträger selbst vorgenommene Handlung abzielte, gewährleisten die Rechte am eigenen Wort und Bild primär Schutz vor der öffentlichen Persönlichkeitsdarstellung durch andere. Insbesondere das Web bietet in Verbindung mit dem Diensteangebot der Suchmaschinen für jeden die grundsätzliche Möglichkeit, ein Persönlichkeitsprofil über eine Person zu erstellen, von der er lediglich einen Namen weiß. Zwar weisen diese Persönlichkeitsprofile bisher einen sehr unterschiedlichen Detailierungsgrad auf, da – noch – nicht alle Menschen im gleichen Umfang im Web repräsentiert sind. Es ist aber von einem stetig steigenden Risiko feingranularer Profile unterstützt durch die Analysewerkzeuge für Big Data auszugehen. Unternehmen nutzen diese Techniken mittlerweile unter anderem für das Profiling ihrer Kunden oder potentieller Kunden, um zum Beispiel individualisierte Werbung platzieren zu können.[2014]

Dieses Wissen aus dem Internet über einen Menschen führt dazu, dass ohne eine bewusste eigene Selbstdarstellung einer Person ein Persönlichkeitsbild bestehen kann. Diesem Risiko ist das Schutzziel der Autonomie entgegenzusetzen im Sinne eines Rechts am eigenen digitalen Persönlichkeitsprofil. Selbst wenn der Einzelne zumindest einen Teil der personenbezogenen Daten über sich selbst im Internet veröffentlicht hat, kann dadurch nicht das Recht eines Dritten begründet werden, alle im Internet zu der Person veröffentlichten Daten zusammenzuführen, ergänzend auszuwerten und im Ergebnis ein Persönlichkeitsprofil zu erstellen. Dieses ist bereits in einer Art und Weise von der Person gelöst und verselbständigt, dass der Dritte nach Belieben darüber verfügen kann. Die individuelle Selbstdarstellung gewährleistet gerade das Recht des Einzelnen, sich in unterschiedlichen Kontexten mit verschiedenen Facetten seiner Persönlichkeit zu präsentieren. Dieses Recht wird durch das Zusammenführen aller verfügbaren Daten regelmäßig unterlaufen, da das Web potentiell für alle Lebensbereiche genutzt wird und entsprechend Daten zu unterschiedlichen Lebensbereichen vorhält.

Darüber hinaus generiert der Einzelne insbesondere bei der Nutzung von Social Media auch selbst durch die Eingabe von Daten und Aktivitäten, wie zum Beispiel das Anerkennen von Freundschaftsbeziehungen, ein digitales Persönlichkeitsprofil zu seiner Person und präsentiert sich durch dieses in der Öffentlichkeit. Dieses selbst erstellte digitale Persönlichkeitsprofil ist durch das Schutzziel der Integrität abzusichern. Es darf ohne Wissen des Einzelnen nicht durch einen Dritten, insbesondere nicht den Diensteanbieter, verändert, ergänzt oder gelöscht werden, da hierdurch seine Selbstdarstellung im Web mit Ausstrahlungswirkung in die physische Welt beeinträchtigt würde.

[2014] Eine Social-Media-Analyse im Web über eine Person wird bereits von der estländischen Firma Big Data Scoring als Ergänzung zum herkömmlichen Scoring angeboten, s. *Weitekamp*, „Startup „Big Data Scoring“: Was Facebook über deine Kreditwürdigkeit verrät [CeBIT 2014]“, t3n vom 10.3.2014, http://t3n.de/news/cebit-startup-big-data-scoring-533471/.

Schließlich stellt das Web und die ihm nachgesagte Eigenschaft, dass es nichts vergisst, ein Risiko für die Veränderbarkeit des digitalen Persönlichkeitsprofils dar, das das Schutzziel der Variabilität erforderlich macht. Erstellen Dritte digitale Persönlichkeitsprofile ist es nicht nur erforderlich, dass die Verwendung der Einzeldaten mit der informationellen Selbstbestimmung des Betroffenen konform geht, sondern sie müssen eine gewisse Aktualität aufweisen. Im Internet lassen sich zahlreiche Informationen auffinden, die bereits etliche Jahre zurückliegen. Es ist bisher nicht abzusehen, was zum Beispiel mit den Daten in den circa 28 Millionen deutschen Facebook-Accounts langfristig geschieht.[2015] Zwar ist eine Stagnation des Zuwachses der Nutzungszahlen zu beobachten, dennoch werden die wenigsten nicht aktiven Facebook-Nutzer ihren Facebook-Account löschen. Es steht zu befürchten, dass bei zahlreichen Stellen „Datenfriedhöfe" entstehen, deren weitere Verwendung völlig ungewiss ist.[2016] Die Bundesregierung hatte ursprünglich versucht, dieses Problem zumindest für Social Networks mit einem Gesetzentwurf aus dem Jahre 2011 zu lösen.[2017] Anbieter von Social Networks sollten verpflichtet werden, eine regelmäßige Löschroutine für inaktive Nutzerkontos durchzuführen.[2018] Eine derartige Löschroutine würde dazu beitragen, dass die Daten nicht „für die Ewigkeit" im Web oder bei den einzelnen Dienstanbietern verfügbar sind und der Nutzer nicht vergisst, welche Datensammlungen über ihn bestehen. Die Aktualität im Web verfügbarer Daten könnte durch verpflichtende Löschroutinen erhöht oder zumindest kontrolliert werden.

Die Grundrechtsausprägung der individuellen Selbstdarstellung ist, vergleichbar den Rechten am eigenen Wort und Bild, im Wege der Grundrechtskonkretisierung um ein weiteres Recht am eigenen digitalen Persönlichkeitsprofil zu ergänzen. Diese Gewährleistung umfasst die Schutzziele Autonomie, Integrität und Variabilität des digitalen Persönlichkeitsprofils.

9.2.8 Internationale Schutzpflicht des Staates

Eine Besonderheit im Rahmen der Grundrechtsentwicklung stellt die ausdrückliche Erweiterung der Schutzfunktion dar. Sie begründet die von der Gefahrenursache unabhängige Pflicht des Staates, sich schützend und fördernd vor die Grundrechte zu stellen. In rechtsdogmatischer Hinsicht führt das Bundesverfassungsgericht selbst aus, dass sich positive staatliche Schutz- und Handlungspflichten den Grundrechten nicht unmittelbar entnehmen lassen, sondern im Wege der Grundrechtsinterpretation aus den in den Grundrechten verkörperten Grundentscheidungen herzuleiten sind.[2019] Die Bestimmung der Funktionen der Grundrechte und ihrer Konkretisierung tragen dazu bei, den Sinn der Grundrechte zu entschlüsseln. Die Schutzfunktion der Freiheitsgrundrechte ergibt sich aus der Interpretation der Freiheit selbst. Diese soll gerade nicht nur als Freiheit vor Grundrechtsbeeinträchtigungen durch den Staat, sondern vor jeglichen Grundrechtsbeeinträchtigungen verstanden werden. Nur so kann die Forderung nach einem lückenlosen Grundrechtsschutz erfüllt werden. Der Staat tritt immer dann als Garant der Schutzfunktion der Grundrechte ein, wenn der Einzelne nicht über die Möglichkeiten verfügt, seine Grundrechte selbst zu verteidigen. Dabei ist kein absoluter

---

2015 Laut dem Statistik-Portal Statista gab es im Mai 2014 in Deutschland sogar 28 Millionen aktive Facebook-Nutzer, s. http://de.statista.com/statistik/daten/studie/70189/umfrage/nutzer-von-facebook-in-deutschland-seit-2009/. Laut Facebook liegt die Zahl der monatlich aktiven Nutzer im Januar 2015 weltweit bei 1,39 Milliarden, s. *Kuri*, „Facebook: 1,39 Milliarden Nutzer, 2,72 Milliarden US-Dollar Ausgaben", heise online vom 29.1.2015, http://www.heise.de/newsticker/meldung/Face-book-1-39-Milliarden-Nutzer-2-72-Milliarden-US-Dollar-Ausgaben-2531471.html.

2016 Dieser Gedanke wird wissenschaftlich unter dem Begriff des digitalen Nachlasses aufgegriffen, s. nur *Herzog,* NJW 2013, 3745.

2017 S. BT-Drs. 17/6765, 2. Eine Gesetzesänderung wurde jedoch nie beschlossen, so dass die Regelungsvorschläge nicht umgesetzt worden sind.

2018 S. ausführlich *Jandt/Roßnagel,* in: Schenk/Niemann/Reimann/Roßnagel 2012, 382.

2019 *BVerfGE* 56, 54 (80).

Grundrechtsschutz vor Beeinträchtigungen Dritter zu gewährleisten, sondern die Maxime bilden der Interessenausgleich mit anderen Verfassungsrechtsgütern durch den Grundsatz der Verhältnismäßigkeit, die Handlungsmöglichkeiten des Staates als faktische Grenzen sowie das Untermaßverbot als positive Grenze der Pflichterfüllung.

Die für einen internetspezifischen Grundrechtsschutz erforderliche Schutzpflicht des Staates gegenüber Beeinträchtigungen ausländischer Staaten, Unternehmen und Privatpersonen weist die Besonderheit auf, dass der Gestaltungsspielraum des deutschen Staates erheblich eingeschränkt ist. Erstens befinden sich die Störer außerhalb seiner Gesetzeshoheit, zweitens müssen die Vorgaben des Völker- und Europarechts beachtet werden[2020] und drittens sind außenpolitische Interessen zu berücksichtigen, die deutlich von den Individualinteressen der Grundrechtsträger abweichen können.

Die erste Besonderheit vermindert das Maßnahmeninstrumentarium des Staates erheblich. Insbesondere gesetzliche Ge- und Verbote entfalten keine Wirkmacht, wenn kein unmittelbarer Inlandsbezug der ausländischen Störer gegeben ist. Dies führt grundsätzlich dazu, dass Schutzmaßnahmen, die auf die Verhinderung der Störungshandlung abzielen, wenig erfolgversprechend sind. In diesem Bereich kann es daher zur Erfüllung der staatlichen Schutzpflicht erforderlich sein, dass der Staat Schutzmaßnahmen ergreift, die auf die Verhinderung des Erfolgseintritts abzielen und als Vorsorgemaßnahmen bezeichnet werden können. Diesen Weg verfolgt der deutsche Gesetzgeber zum Beispiel mit dem IT-Sicherheitsgesetzes. Aufgrund der aktuellen Bedrohungssituation im Cyberraum verfolgt das Gesetz das Ziel, die IT-Sicherheit in Deutschland zu stärken und die Bürger im Internet zu schützen.[2021] Der Gesetzentwurf enthält keine Regelungen, um bestimmte sicherheitsbeeinträchtigende Maßnahmen zu verbieten,[2022] sondern es sollen Vorschriften erlassen, die den Schutz der IT-Systeme verbessern und dadurch das Erfolgsrisiko einer möglichen Cyberattacke reduzieren. Adressaten dieser Schutzmaßnahmen sind gemäß § 8a IT-SiG-E die Betreiber kritischer Infrastrukturen. Sie sollen verpflichtet werden, angemessene organisatorische und technische Vorkehrungen zur Vermeidung von Störungen der Verfügbarkeit, Integrität, Authentizität und Vertraulichkeit ihrer informationstechnischen Systeme, Komponenten oder Prozesse zu treffen. Ergänzend wird eine Meldepflicht für erhebliche Störfälle der IT-Sicherheit an das Bundesamt für Sicherheit in der Informationstechnik (BSI) normiert. In dieser Konstellation sind insbesondere die Grundrechte derjenigen zu beachten, die vom Staat zur Umsetzung der ihm obliegenden Schutzpflicht in Anspruch genommen werden. Dies kann zwar grundsätzlich erforderlich sein, da der Staat faktisch nicht die Möglichkeit hat, die IT-Sicherheit in den Unternehmen umzusetzen. Dennoch werden den Betreibern kritischer Infrastrukturen eine Aufgabe und vor allem die damit verbundenen Kosten auferlegt, die der Staat grundrechtlich und im gesamtgesellschaftlichen Interesse zu gewährleisten verpflichtet ist. Der Staat hat bei dieser Form delegierter Vorsorgemaßnahmen verstärkt darauf zu achten, ob parallel Ausgleichsmaßnahmen erforderlich sind.

Die zweite Besonderheit der Berücksichtigung des Europa- und Völkerrechts unterscheidet sich nicht wesentlich von der Situation, dass die Schutzfunktion den Grundrechtsschutz gegenüber anderen Privaten in Deutschland aktiviert. In beiden Konstellationen ist bei der Umsetzung der staatlichen Schutzpflicht insbesondere in Form regulierender Vorschriften die gleichzeitig mögliche Verletzung von Grundrechten der Störer zu berücksichtigen. Schutzfunktion und Abwehrfunktion von Grundrechten können in einem grundsätzlichen Konkurrenzverhältnis stehen. Da der deutsche Staat sowohl zur Beachtung der europäischen Grundrechtecharta als auch der internationalen Menschenrechte verpflichtet ist, können diese

---

2020 S. Kap. 6.2.7.

2021 BR-Drs. 643/14, 1 f.

2022 Ein Verbotsgesetz wäre insbesondere gegen Maßnahmen ausländischer Staaten, wie sie z.B. mit den Ausspätaktionen der NSA erfolgt sind, wenig erfolgversprechend.

gegenüber ausländischen Störern zu Schranken von Verhinderungsmaßnahmen werden. Diese Konfliktsituation wird jedoch eher selten auftreten, da Vorsorgemaßnahmen deutlich effektiver sein werden und daher vorrangig umzusetzen sind.

Die Berücksichtigung der außenpolitischen Interessen ist gegenüber der Berücksichtigung des Grundrechts- oder Menschenrechtsschutzes des Störers deutlich komplexer. Hier lassen sich nur sehr bedingt Aussagen treffen, inwieweit diese Interessen dazu führen können, dass bei einer Grundrechtsbeeinträchtigung durch ausländische Störer eine staatliche Schutzpflicht gänzlich auszuschließen ist. In der Regel wird den außenpolitischen Interessen ein hohes Gewicht zukommen, wenn die Beeinträchtigung durch ausländische Staatsorgane erfolgt. Des Weiteren werden das völkerrechtliche Verhältnis zu dem ausländischen Staat und seine politische Macht maßgeblich sein. Schließlich ist noch maßgeblich, ob die gefährdeten Grundrechte gleichzeitig Gemeinschaftsrechte sind, da zu ihrer Einhaltung jeder Staat innerhalb der Staatengemeinschaft unmittelbar verpflichtet ist.[2023] Grundsätzlich können zwar diplomatische Maßnahmen ergriffen werden, aber sie werden eine noch geringere Effektivität aufweisen, als gesetzliche Verbote gegenüber ausländischen Unternehmen und Privatpersonen. Insofern reduziert diese dritte Besonderheit den Gestaltungsspielraum des Gesetzgebers auf gesetzlicher Ebene weitgehend auf Vorsorgevorschriften.

9.2.9 Internationale Regelungswirkungen

Eine Besonderheit der vorgeschlagenen Grundrechtsentwicklungen stellt die mit der ausdrücklichen Erweiterung der Schutzfunktion der Grundrechte angestrebte internationale Regelungswirkung dar. Ebenso wenig wie sich die anerkannten Funktionen der Grundrechte im Normtext wiederfinden, sollte diese Funktionserweiterung durch eine Grundrechtsänderung vorgenommen werden. Das Bundesverfassungsgericht hat die über die klassische Abwehrfunktion hinausgehenden Funktionen der Grundrechte jeweils in gerichtlichen Entscheidungen formuliert und sie anschließend ohne eine ausdrückliche Bestätigung des Gesetzgebers anerkanntermaßen vorausgesetzt.

Sowohl die rechtsverträgliche Technikgestaltung als auch die technikadäquate Verfassungsentwicklung verfolgen zwei übergeordnete Ziele. Beide Ansätze sind darauf ausgerichtet, den vorrangigen Geltungsanspruch des Rechts gegenüber den faktischen Veränderungen der Wirklichkeit durch die Technik sowie die Steuerungsfunktion des Rechts gegenüber technischen Entwicklungen zu erhalten. Das Internetzeitalter wird durch ein wesentliches zusätzliches Risiko für den vorrangigen Geltungsanspruch des nationalen Rechts geprägt. Die technischen Entwicklungen haben dazu geführt, dass die digitale Wirklichkeit des Internet von einigen wenigen, fast monopolartigen Unternehmen, die meist außerhalb Deutschlands und Europas niedergelassen sind, gestaltet und bestimmt wird.[2024] Von diesen Internetgiganten[2025] wird zwangsläufig das Informations- und Kommunikationsverhalten mit Auswirkungen in mittlerweile nahezu allen Lebensbereichen, allen Altersgruppen und sozialen Schichten der deutschen Bürger maßgeblich beeinflusst. Entsprechend erfolgt vielfach die technische Forschung und Entwicklung als Voraussetzung für die Entstehung dieser ausländischen Internetgiganten nicht in Deutschland, sondern im außereuropäischen Ausland. Der Geltungsbereich des Rechts endet grundsätzlich an den nationalen Grenzen und sein vorrangiger Geltungsanspruch ist ebenfalls auf das deutsche Staatsgebiet begrenzt.

Als wesentlicher Vorteil der rechtsverträglichen Technikgestaltung gegenüber der gesetzlichen Regulierung von Technik ist hervorzuheben, dass die technischen Gestaltungsvorgaben

2023 *Dahm,* in: Dahm/Delbrück/Wolfrum Bd. I/3, 2002, § 165, 779.

2024 S. *Schaar*, RDV 2013, 223.

2025 Den Begriff wählte *Roßnagel* in einem Vortrag mit dem Titel „Internetgiganten – Strategien und Probleme“ gehalten am 18.1.2013 in Mieders.

international umsetzbar und international wirksam sind. Rechtsverträgliche Technikgestaltung kann daher den wesentlichen Nachteil der nationalen Begrenztheit des Rechts kompensieren. Nichtsdestotrotz basiert die rechtsverträgliche Technikgestaltung auf nationalen rechtlichen Vorgaben[2026] und diese sind wiederum das Substrat der gesellschaftlichen Wertvorstellungen, die in den Grundrechten und ihrer Ausdeutung normativ erfasst werden. Solange diese Wertvollstellungen nicht ausschließlich eine überwiegende nationale, sondern auch internationale Akzeptanz erfahren, besteht eine hohe Wahrscheinlichkeit, dass auf ihnen basierende technische Gestaltungsvorgaben global beachtet und umgesetzt werden würden. Zum einem weichen aber bereits die von deutschen Anbietern auf dem Markt etablierte Technik und insbesondere angebotene Internetdienstleistungen – teils stark – von dieser Idealvorstellung der Beachtung des Rechts ab. Zum anderen zeigt sowohl der Vergleich mit den verfassungsrechtlichen Wertvorstellungen oder zumindest der Realität in andere Staaten, dass teils erhebliche Abweichungen zum nationalen Recht bestehen. Ein sehr plastisches Beispiel bietet der Persönlichkeits- und Datenschutz in den USA. Unabhängig von der Frage, ob die nahezu unbeschränkten Überwachungsmaßnahmen der NSA unter dem Deckmantel der Terrorabwehr zur Gewährleistung der nationalen Sicherheit mit dem amerikanischen Recht und der Verfassung der Vereinigten Staaten konform ist, zeigt sie deutlich, dass die Interessenabwägung zwischen Freiheit und Sicherheit in Amerika anders entschieden wird als in Deutschland. In den USA sind seit dem 11. September 2001 die Befugnisse der Sicherheitsbehörden, die technische Sicherheitsarchitektur und insgesamt die Überwachungs- und Kontrollmaßnahmen ohne wesentliche Proteste der Bevölkerung oder der Judikative immer mehr ausgeweitet worden. Es besteht letztlich sowohl eine umfassende private Datenmacht der Internetgiganten als auch eine öffentliche Datenmacht aufgrund der gesetzlichen Datenzugriffsbefugnisse und zusätzlichen eigenen Datenerfassungsmaßnahmen.

In Deutschland wurden in den letzten zehn Jahren durch die Terrorismusbekämpfungsgesetze in den Jahren 2002,[2027] 2006,[2028] 2007,[2029] 2008[2030] und 2011[2031] zahlreiche gesetzgeberische Maßnahmen als Folge der Terroranschläge auf das World Trade Center und weitere terroristischer Anschläge in Europa zur Gewährleistung der nationalen Sicherheit erlassen. Insbesondere wurden die Befugnisse von Polizei und Sicherheitsbehörden ausgeweitet, Rechtsgrundlagen für die Kooperation sowie Datenaus- und gemeinsame Datensammlungen geschaffen und insgesamt die Kompetenzabgrenzung zwischen dem Nachrichtendienst auf Bundesebene und der Polizei als Länderangelegenheit immer mehr verwischt.[2032] Auch in Deutschland ist durch immer weiter zunehmende Kooperationsformen die ursprünglich klare Trennung zwischen privater und öffentlicher Datenmacht weitgehend obsolet geworden. Im Unterschied zu den Entwicklungen in den USA gab es aber zumindest immer wieder erfolgreiche Proteste der Bevölkerung gegen Gesetzesvorhaben zur Erweiterung der staatlichen Überwachungsbefugnisse und Entscheidungen des Bundesverfassungsgerichts, durch die den gesetzgeberischen Maßnahmen eine Absage erteilt oder diese zumindest korrigiert wurden.[2033]

2026 S. Kap. 3.2.4.1.

2027 Gesetz zur Bekämpfung des internationalen Terrorismus (Terrorismusbekämpfungsgesetz) vom 9. Januar 2002, BGBl. I 361.

2028 Gesetz zur Errichtung gemeinsamer Dateien von Polizeibehörden und Nachrichtendiensten des Bundes und der Länder (Gemeinsame-Dateien-Gesetz) vom 22. Dezember 2006, BGBl. I 3409.

2029 Gesetz zur Ergänzung des Terrorismusbekämpfungsgesetzes vom 5. Januar 2007, BGBl. I 2.

2030 Gesetz zur Abwehr von Gefahren des internationalen Terrorismus durch das Bundeskriminalamt vom 25. Dezember 2008, BGBl. I 3083.

2031 Gesetz zur Änderung des Bundesverfassungsschutzgesetzes vom 7. Dezember 2011, BGBl. I 2576.

2032 S. *Schaar*, RDV 2013, 223.

2033 Z.B. die Entscheidungen des Bundesverfassungsgerichts zum Großen Lauschangriff *BVerfGE* 109, 279, die Entscheidung zur präventiven Telekommunikationsüberwachung *BVerfGE* 113, 348, zur Vorratsda-

9.3 Schranken der Grundrechtsentwicklungen

Die Textfassung von Grundrechten umfasst in den meisten Fällen neben dem Schutzbereich auch die Grundrechtsschranken. Insbesondere die Freiheitsgewährleistungen des Grundgesetzes begründen keinen unbegrenzten Freiheitsgebrauch, sondern sie finden ihre Grenzen in den Freiheitsgewährleistungen anderer Grundrechtsberechtigter oder den Gemeinwohlinteressen der Gesellschaft.[2034] Um Konflikte aufzulösen und einen Interessenausgleich zu erreichen, wird der Grundrechtsgebrauch beschränkt. Grundrechtsschranken beschreiben die grundsätzlichen Voraussetzungen für verfassungskonforme Eingriffe in die Grundrechte.

Neue Grundrechtsentwicklungen sind folglich nicht nur auf der Schutzbereichsebene in den vorhandenen Grundrechtekanon zu integrieren, sondern auch auf der Ebene der Grundrechtsbegrenzung. Bei den vorgestellten Ansätzen aus der Wissenschaft für die verschiedenen internetspezifischen „neuen" Grundrechte[2035] finden sich nur sehr wenige Ausführungen zu möglichen Schranken für die Vorschläge neuer Grundrechte.[2036] Sofern eine Internetdienstefreiheit oder eine Online-Medienfreiheit als Erweiterung von Art. 5 Abs. 1 Satz 2 GG – mit oder ohne Textänderung – vorgeschlagen wird, sind grundrechtsdogmatisch automatisch die Schranken von Art. 5 Abs. 2 GG auf diese Grundrechtsentwicklung anzuwenden. Es wird aber – soweit ersichtlich – offengelassen, ob dies bewusst und gewollt ist.

Die zuvor herausgearbeiteten Grundrechtsentwicklungen wurden teils als Grundrechtskonkretisierung und -interpretation, teils als Grundrechtsänderung – allerdings nur als Ergänzung eines bestehenden Grundrechts – klassifiziert. Die Grundrechtsänderung wurde für Art. 5 Abs. 1 Satz 2 GG vorgeschlagen[2037] und dessen Neufassung ist gleichzeitig die Grundlage einer weiteren Grundrechtsinterpretation.[2038] Die meisten Entwicklungsvorschläge sind grundrechtsdogmatisch als Grundrechtskonkretisierung des allgemeinen Persönlichkeitsrechts eingeordnet worden.[2039] Schließlich wurde noch eine Grundrechtsentwicklung als Interpretation des IT-Grundrechts vorgeschlagen, das selbst eine Konkretisierung des allgemeinen Persönlichkeitsrechts darstellt.

9.3.1 Schranken des Art. 5 Abs. 2 GG

Allein für die vorgeschlagene Grundrechtsänderung des Art. 5 Abs. 1 Satz 2 GG folgen die Grenzen unmittelbar aus der dogmatischen Einordnung in den Regelungskomplex der Kommunikationsfreiheiten. Diese finden gemäß Art. 5 Abs. 2 GG ihre Schranken in den Vorschriften der allgemeinen Gesetze, den gesetzlichen Bestimmungen zum Schutze der Jugend und in dem Recht der persönlichen Ehre.[2040] Das als Schranke wirkende Gesetz darf allerdings gemäß Art. 5 Abs. 1 Satz 3 GG nicht zu einer Zensur führen. Bereits aufgrund der festgestellten Bedeutung von Online-Informationsdiensten für die öffentliche Meinungsbildung

---

tenspeicherung *BVerfGE* 125, 260 und die Entscheidung zur Online-Durchsuchung *BVerfGE* 120, 274 und zum Antiterrordateigesetz *BVerfGE* 133, 277 sowie *Roßnagel*, in: Humanistische Union 2011, 40 ff.

2034 *Hillgruber*, in: Isensee/Kirchhof Bd. IX, 2011, § 201, Rn. 1.

2035 S. Kap. 9.1.

2036 *V. Lewinski*, RW 2011, 93 f. schlägt für „sein" Recht auf Internet vor, sich für die Schranken von der Garantie der Freizügigkeit in Art. 11 GG inspirieren zu lassen. *Boehme-Neßler*, NVwZ 2014, 828 weist vor allem darauf hin, dass für ein Grundrecht auf Vergessen die in Art. 52 GRC definierten Schranken aller EU-Grundrechte zu berücksichtigen seien, da er dieses nationale Grundrecht aus der Europäischen Grundrechte-Charta und der Rechtsprechung des Europäischen Gerichtshofs ableitet.

2037 S. Kap. 9.2.4.3.

2038 S. Kap. 9.2.5.2.

2039 S. Kap. 9.2.3 – hier aber eine Konkretisierung auf der Realitätsebene – sowie Kap. 9.2.7.

2040 S. Kap. 6.1.1.4.

ist es folgerichtig, dieser Erweiterung von Art. 5 Abs. 1 Satz 2 GG die gleichen Schranken zuzuordnen.

Die Übertragung dieser Schrankenregelung auf die Medienfreiheit von Online-Informations-diensten entspricht der vorgenommenen Ableitung und Begründung dieser Grundrechtsentwicklung in Anlehnung an die Presse- und Rundfunkfreiheit. Die Schranken des Art. 5 Abs. 2 GG stellen – trotz der spezifischen Formulierung – einen qualifizierten Gesetzesvorbehalt dar. Die Anforderung, dass das Gesetz allgemein sein muss, verbietet eine konkrete Zielsetzung des einschränkenden Gesetzes. Durch die Anforderungen zum Schutze der Jugend und dem Recht auf persönliche Ehre werden der Schranke dagegen konkrete regulative Ziele vorgeschrieben. Allgemein sind Gesetze, die nicht eine Meinung als solche verbieten, die sich nicht gegen die Äußerung der Meinung als solche richten, sondern dem Schutz eines schlechthin ohne Rücksicht auf eine bestimmte Meinung zu schützenden Rechtsguts dienen.[2041] Insbesondere diese zusätzliche Hürde für eine verfassungskonforme Grundrechtsbeschränkung spiegelt die besondere Bedeutung von Art. 5 Abs. 1 GG innerhalb des Grundrechtskatalogs wider. Jedes Sondergesetz, das sich gegen diese Grundfreiheiten richtet, ist unabhängig davon, welchem grundrechtlichen Schutzziel es dient, verfassungswidrig.[2042] Die im Rahmen der Schrankenprüfung zwingende Verhältnismäßigkeitsprüfung findet nur statt, wenn ein allgemeines, sich nicht gegen eine spezifische Meinung richtendes Gesetz vorliegt. Durch diese Anforderung wird ein über die Wesensgehaltsgarantie gemäß Art. 19 Abs. 2 GG[2043] hinausgehender Substanzschutz der Kommunikationsgrundrechte erreicht, indem eine inhaltliche Aushöhlung grundlegend verhindert und eine rechtsstaatliche Distanz gewahrt wird.

Die unselbständigen Schrankenvarianten des Jugend- und Ehrschutzes setzen desgleichen voraus, dass sie als allgemeines Gesetz abgefasst sind.[2044] Ergänzend legen sie zulässige inhaltliche Zielsetzungen für die Schranke fest. Sowohl dem Kinder- und Jugendschutz kommt über Art. 6 Abs. 2 Satz 2 GG als auch dem Schutz der Ehre über das allgemeine Persönlichkeitsrecht[2045] Verfassungsrang zu. Eine Gefahr für die Entwicklung der Jugend wird vor allem in Medienerzeugnissen gesehen, die Gewalttätigkeiten oder Verbrechen glorifizieren, Rassenhass provozieren, den Krieg verherrlichen oder sexuelle Vorgänge in grob schamverletzender Weise darstellen und zu erheblichen, schwer oder gar nicht korrigierbaren Fehlentwicklungen bei Minderjährigen führen können.[2046] Insofern sind allgemeine Gesetze zulässig, durch die der freie Zugang Kinder und Jugendlicher zu solchen Medien unterbunden wird. Die Kommunikationsfreiheiten stehen zwar zur persönlichen Ehre in einem generellen Grundrechtskonflikt, dennoch wird die zusätzliche Erwähnung als Schranke als bedeutungslos angesehen.[2047] Der individuelle Persönlichkeitsschutz insbesondere gegenüber den Medien wird bereits durch die Ehrschutzbestimmungen, wie zum Beispiel die ehrverletzenden Straftaten gemäß §§ 185 ff. StGB und gegebenenfalls den zivilrechtlichen Unterlassungsanspruch gemäß §§ 823 in Verbindung mit 1004 BGB erreicht, die als allgemeine Gesetze und als durch die erste Variante legitimierte Schranken zu qualifizieren sind.[2048]

Online-Informationsdienste erlangen eine stetig zunehmende Bedeutung in der Medienkultur und ihnen erwächst somit die gleiche Bedeutung für den freien, demokratischen Willensbildungsprozess der Bevölkerung zu wie den klassischen Medien. Entsprechend ist ein ebenso hoher Schutz vor Einschränkungen durch die Schrankenregelung des Art. 5 Abs. 2 GG und

---

2041 So die ständige Rspr. *BVerfGE* 7, 198 (209); 28, 282 (292); 71, 162 (175); 93, 266 (291).
2042 *Löffler* 1969, Kap. 5, Rn. 96.
2043 S. allgemein zur Wesensgehaltsgarantie *Rammert*, in: Maunz/Dürig 2015, Art. 19 Abs. 2 GG:
2044 *BVerfGE* 124, 300 (326 f.).
2045 *BVerfGE* 54, 148 (153 f.).
2046 *Schemmer*, in: Epping/Hillgruber 2015, Art. 5 GG, Rn. 108.
2047 Schon *Löffler* 1969, Kap. 5, Rn. 113 sowie *Schemmer*, in: Epping/Hillgruber 2015, Art. 5 GG, Rn. 111.
2048 *BVerfGE* 93, 266 (290 ff.).

insbesondere die Anforderung eines allgemeinen Gesetzes zu gewährleisten. Zudem bestehen identische Grundkonflikte mit dem Jugend- und Ehrschutz. Insbesondere im Web besteht aufgrund der möglichen Anonymität ein hohes Risikopotential für Rechtsverstöße durch rechtswidrige Handlungen, wie Marken-, Kennzeichen- und Urheberrechtsverstöße[2049] und die Übermittlung, Veröffentlichung und Verbreitung rechtswidriger, zum Beispiel nazistische, volksverhetzende, gewaltverherrlichende, kinderpornographische oder beleidigende, Inhalte.[2050] Ihre Rechtswidrigkeit dieser ergibt sich unabhängig davon, ob sie mittels des Internet und des Web begangen werden, aus den bestehenden Vorschriften, die als allgemeine Gesetze bereits die klassischen Medien beschränken. Durch das soziotechnische Systeme Internet haben sich lediglich neue und zusätzliche Verwirklichungsmöglichkeiten für diese Taten ergeben. Allerdings ist die Durchsetzbarkeit der Ansprüche gegen die genannten Rechtsverletzungen im Web häufig problematisch, weil der Verursacher nicht bekannt oder ermittelbar ist. Aufgrund dieses faktischen Schutzdefizits für den Betroffenen hat die Rechtsprechung das Rechtsinstitut der mittelbaren Störerhaftung von Internetprovidern entwickelt und leitet daraus spezifische Beseitigungs- und Unterlassungsansprüche für Internetsachverhalte ab.[2051]

Der Jugendmedienschutz-Staatsvertrag stellt ergänzend eine spezifische Schranke zum Schutz der Jugend im Medienkontext dar. Gemäß § 2 Abs. 1 JMStV gelten diese Vorschriften für elektronische Informations- und Kommunikationsmedien (Rundfunk und Telemedien) und mit § 11 JMStV besteht eine Sonderregelung für Telemedien. Diese trägt den technischen Besonderheiten im Web Rechnung, die teilweise zur Wirkungslosigkeit klassischer Maßnahmen des Jugendmedienschutzes führen, wie insbesondere die Sendezeitbeschränkung, und sieht als Alternativ den Einsatz von Jugendschutzprogrammen vor. Hierunter ist Software zu verstehen, die einen nach Altersstufen differenzierten Zugang zu Webseiten ermöglicht.[2052] Der Ehrschutz im Web ist ein sehr praxisrelevantes Thema, zu dessen Bewältigung es jedoch, wie bereits dargelegt,[2053] grundsätzlich keiner zusätzlichen spezifischen Vorschriften bedarf.

Ergänzend zu der Schrankenregelung für Online-Informationsdienste ist zu prüfen, ob auch die sogenannte Schranken-Schranke des Zensurverbots gemäß Art. 5 Abs. 3 GG Geltung erlangen soll. Mit dem Zugangserschwerungsgesetz, dem Three-Strike(-Out)-Verfahren und der Ausweitung der Providerhaftung durch die Rechtsprechung wurden bereits mehrere internetspezifische Beispiele genannt,[2054] bei denen ein Konflikt mit dem Zensurverbot möglich erscheint. Keine der genannten Vorgehensweisen kann als medienspezifisch bezeichnet werden, sondern sie sind jeweils gegen die Nutzung des Internet und insbesondere des Web zu rechtswidrigen Zwecken gerichtet. Hieraus ist zu schließen, dass wenn Maßnahmen, die potentiell geeignet sind, sich gegen die Meinungsfreiheit im Web auszuwirken, bereits als Zensurverbot diskutiert werden, dies erst recht der Fall wäre, wenn sich entsprechende Maßnahmen unmittelbar gegen die Online-Medien richten würden. Zudem ist sich der Gesetzgeber nicht zuletzt aufgrund der Rechtsprechung des Bundesverfassungsgerichts des besonderen verfassungsrechtlichen Wertes der Medienfreiheit in Deutschland sehr bewusst. Die Online-Medien einschränkende Maßnahmen würden nicht nur national, sondern auch in Europa und internatio-

---

2049 *Sobola/Kohl*, CR 2005, 446. Zu nennen sind hier beispielhaft Markenrechtsverletzungen durch das Angebot von Produktfälschungen auf Versteigerungsplattformen oder auf Online-Shops im Web, Kennzeichenzeichenrechtsverletzung durch die Blockade eines Domain-Namens für die Nutzung durch den am bekannten Kennzeichen Berechtigten (sogenanntes Domain-Grabbing, s. *Federrath/Pfitzmann,* in: Moritz/Dreier 2005, Teil A Rn. 26) und Urheberrechtsverletzungen durch den Up- und Download urheberechtlich geschützter Musikstücke, Videos, Kinofilme und Hörbücher über entsprechende Tauschplattformen.

2050 *Jandt*, in: Roßnagel 2013, § 10 TMG, Rn. 15 m.w.N.

2051 S. Kap. 6.1.1.4.

2052 S. die von der Kommission für Jugendmedienschutz der Landesmedienanstalten (kjm) anerkannten Jugendmedienschutzprogramme, http://www.kjm-online.de/telemedien/jugendschutzprogramme.html.

2053 S. Kap. 6.1.3.1.

2054 S. Kap. 6.1.1.4.

nal großes Aufsehen erregen und vermutlich scharf kritisiert werden. Dies bedeutet jedoch gerade nicht, dass die Freiheit der Berichterstattung durch Online-Informationsdienste insbesondere der Schranken-Schranke des Art. 5 Abs. 1 Satz 3 GG nicht bedürfen, sondern sie ist gerade notwendig, um diesen – momentan – dem Soll-Zustand entsprechenden Ist-Zustand normativ zu manifestieren.

Zu überprüfen ist allerdings, ob diese Ausführungen hinsichtlich der Einbeziehung der Suchmaschinenbetreiber in den Schutzbereich der Freiheit der Online-Informationsdienste zutreffend oder zumindest übertragbar sind. Dieser Vorschlag für eine Grundrechtsentwicklung beruht primär auf dem Bedürfnis, dem Suchmaschinenbetreiber ein Abwehrrecht gegen staatliche Maßnahmen zuzusprechen, die auf eine Beeinflussung der Dienstleistung der Suchmaschinen abzielen, um in den freien Meinungsmarkt einzugreifen.

Ebenso wie mit dem Zugangserschwerungsgesetz Providern gesetzlich dazu verpflichtet werden sollten, den Zugang zu Webseiten zu verhindern, könnte die Dienstleistung der Suchmaschinenbetreiber mit der gleichen Zielsetzung gesetzlich instrumentalisiert werden. Werden Webseiten und -inhalte bei einer passenden Stichwortsuche nicht in der Suchergebnisliste angezeigt, kann dies zu vergleichbaren Beeinträchtigungen auf den Zugang zu Informationen führen,[2055] wie zum Beispiel die diskutierten Domain-Name-Sperrungen. Die Informationen auf diesen Seiten werden dann nur noch aufgerufen, wenn ein Internetnutzer direkt den Domain-Namen, sofern er bekannt ist, in die Adresszeile des Webbrowsers eingibt oder über den Hyperlink von einer anderen Webseite weitergeleitet wird. Der Anteil der Webseiten, auf die auf diesen Wegen zugegriffen wird, dürfte aber aufgrund der Tatsache, dass ein Großteil von ihnen über eine Suchmaschine aufgerufen wird, sehr gering sein. Darüber hinaus kommt Suchmaschinen, wie vom Europäischen Gerichtshof festgestellt, eine besondere Funktion hinsichtlich des Zusammenführens von Informationen zu. Die Organisation und Aggregation der im Internet veröffentlichten Informationen wird von den Suchmaschinen mit dem Ziel durchgeführt, den Internetnutzern den Zugang zu den Informationen zu erleichtern.[2056] Die Suchergebnisliste liefert einen strukturierten Überblick über die zu einem Suchbegriff gefundenen Suchergebnisse, anhand dessen bei Personen ein mehr oder weniger detailliertes Profil und bei Sachthemen ein mehr oder weniger übergreifendes Informations- und Meinungsbild erstellt wird. Werden Suchmaschinen diese umfassenden und wesentlichen Funktionen für den Zugang zu Informationen im Web zugesprochen, kann umgekehrt durch ihre Veränderung und Beeinflussung der Zugang zu Informationen gesteuert oder sogar manipuliert werden. Der Schutz der Dienstleistung der Suchmaschinen vor einer staatlichen Zensur ist demnach Bedingung für die Gewährleistung der Medienfreiheit selbst, so dass die identischen Schranken greifen müssen.

9.3.2 Schranken des allgemeinen Persönlichkeitsrechts

Alle weiteren Grundrechtsentwicklungen wurden auf der Basis des allgemeinen Persönlichkeitsrechts gemäß Art. 2 Abs. 1 in Verbindung mit Art. 1 Abs. 1 GG vorgeschlagen. Teilweise wird die Auffassung vertreten, das allgemeine Persönlichkeitsrecht werde durch die Schrankentrias von Art. 2 Abs. 1 GG eingeschränkt.[2057] Das Bundesverfassungsgericht ver-

---

[2055] So auch *EuGH,* NJW 2014, 2259, Rn. 36: Suchmaschinen würden (personenbezogene) Daten – oder Informationen – jedem Internetnutzer zugänglich machen und zwar auch denjenigen, die die Webseite, auf der diese Daten veröffentlicht sind, sonst nicht gefunden hätten.

[2056] *EuGH,* NJW 2014, 2259, Rn. 37.

[2057] *Martini,* JA 2009, 842 f.; *Lang,* in: Epping/Hillgruber 2015, Art. 2 GG, Rn. 52 verweist beim allgemeinen Persönlichkeitsrecht auf die Ausführungen zu den Schranken der allgemeinen Handlungsfreiheit; *Murswiek,* in: Sachs 2014, Art. 2 GG, Rn. 103 allerdings mit der Einschränkung, dass „wegen des Inhalts des Rechts [des allgemeinen Persönlichkeitsrecht] Verstöße gegen das Sittengesetz und wohl auch gegen Rechte Dritter von vornherein ausgeschlossen" seien.

weist in ersten Entscheidungen auf die von ihm für die verfassungsrechtliche Zulässigkeit von Eingriffen in die körperliche Unversehrtheit entwickelten Grundsätze[2058] – namentlich die Verhältnismäßigkeit und die absolute Grenze des Wesensgehalts des Grundrechts.[2059] Sofern das Bundesverfassungsgericht auf der Grundlage des allgemeinen Persönlichkeitsrechts weitere spezielle Rechte oder Ausprägungen vorgenommen hat, wie zum Beispiel beim Grundrecht auf informationelle Selbstbestimmung oder beim Recht auf Gewährleistung der Vertraulichkeit und Integrität informationstechnischer Systeme, hat es ebenfalls nicht explizit auf die Schrankentrias verwiesen.[2060] Der Feststellung, dass die Ausprägungen des allgemeinen Persönlichkeitsrechts nicht schrankenlos gewährleistet sind, folgt eine Beschreibung des Rahmens der Einschränkbarkeit.[2061] „Das Grundgesetz hat, wie in der Rechtsprechung des Bundesverfassungsgerichts mehrfach hervorgehoben ist, die Spannung Individuum – Gemeinschaft im Sinne der Gemeinschaftsbezogenheit und Gemeinschaftsgebundenheit der Person entschieden.[2062] Grundsätzlich muss daher der Einzelne Einschränkungen seines Rechts auf informationelle Selbstbestimmung im überwiegenden Allgemeininteresse hinnehmen."[2063] In Anlehnung an Art. 2 Abs. 1 GG wird lediglich betont, dass diese Grenzen einer verfassungsmäßigen gesetzlichen Grundlage bedürfen, aus der sich die Voraussetzungen und der Umfang der Beschränkungen klar und für den Bürger erkennbar ergeben, damit sie dem rechtsstaatlichen Gebot der Normenklarheit entspricht.[2064] Das Bundesverfassungsgericht greift darüber hinaus in den Entscheidungen zum allgemeinen Persönlichkeitsrecht die Schrankenformulierung von Art. 2 Abs. 1 GG – Rechte anderer, verfassungsmäßige Ordnung oder das Sittengesetz – nicht auf. Das Bundesverfassungsgericht hat somit für das allgemeine Persönlichkeitsrecht eine Schranke eigener Art entwickelt. Diese ist zwar ebenso wenig wie die spezifischen Schutzausprägungen ausdrücklich dem Wortlaut der Grundrechte zu entnehmen, sie kann aufgrund der vom Bundesverfassungsgericht vorgenommenen Beschreibung dogmatisch als qualifizierter Gesetzesvorbehalt eingeordnet werden.

Mit der Rechtsprechung des Bundesverfassungsgerichts ist davon auszugehen, dass das allgemeine Persönlichkeitsrecht nicht mit der Schrankentrias von Art. 2 Abs. 1 GG kompatibel ist und nur durch ein verfassungsgemäßes Gesetz im überwiegenden Allgemeininteresse eingeschränkt werden kann.[2065] Die Verfassungsmäßigkeit erfordert die Berücksichtigung des rechtsstaatlichen Gebots der Normenklarheit und Bestimmtheit, der Verhältnismäßigkeit und des Wesensgehalts. Diese qualifizierte Schranke trägt zum einen der Tatsache Rechnung, dass das Bundesverfassungsgericht – bis auf die Menschenwürde – auch die schrankenlos gewährleisteten Grundrechte als durch kollidierendes Verfassungsrecht einschränkbar deklariert.[2066] Zum anderen wird der enge Zusammenhang des allgemeinen Persönlichkeitsrechts zur Men-

---

2058 *BVerfGE* 32, 373 (379); 34, 238 (246) sowie ausführlich *Jarass,* NJW 1989, 861.

2059 *BVerfGE* 16, 194 (201 f.); 17, 108 (117 f.); 27, 211 (219).

2060 So auch *Tiedemann,* DÖV 2003, 74.

2061 Art. 1 Abs. 1 GG kann somit „nur" als Auslegungsmaßstab fungieren, da anderenfalls von der Schrankenlosigkeit des allgemeinen Persönlichkeitsrechts ausgegangen werden müsste. S. auch *Hornung* 2015, 263.

2062 *BVerfGE* 4, 7 (15); 8, 274 (329); 27, 1 (7); 27, 344 (351 f.); 33, 303 (334); 50, 290 (353); 56, 37 (49).

2063 *BVerfGE* 65, 1 (44).

2064 *BVerfGE* 65, 1 (44) mit Verweis auf *BVerfGE* 45, 400 (420) m.w.N. sowie *BVerfGE* 120, 274 (315). S. *Kutscha*, NJW 2008, 1043; *Drallé* 2010, 104 ff. zum Erfordernis einer Ermächtigungsgrundlage für Eingriffe in das IT-Grundrecht. Diese Ergänzung übersieht zunächst *Tiedemann,* DÖV 2003, 74 f., der die These aufstellt, dass die Einschränkbarkeit nicht von einem Willensakt des demokratischen Gesetzgebers abhängt, sondern letztlich nach Gutdünken von den Gerichten, letztlich vom Bundesverfassungsgericht, vorgenommen werden kann. Anschließend widerlegt er diesen Ansatz und gelangt auch zu dem Ergebnis, dass die Schrankentrias nicht auf das allgemein Persönlichkeitsrecht anwendbar sei, *Tiedemann,* DÖV 2003, 76.

2065 *Murswiek*, in: Sachs 2014, Art. 2 GG, Rn. 107 zweifelt an, dass der Rechtsprechung des Bundesverfassungsgerichts ein Parlamentsvorbehalt zu entnehmen sei, da in verschiedenen Entscheidungen auf die Aufgabenbestimmung einer Behörde als Rechtfertigung abgestellt werde.

2066 *BVerfGE* 28, 234 (261).

schenwürde berücksichtigt, der sich aus der Ableitung aus Art. 2 Abs. 1 in Verbindung mit Art. 1 Abs. 1 GG ergibt.[2067] Da nach der Formulierung des Bundesverfassungsgerichts ein überwiegendes Allgemeininteresse erforderlich ist, dürfte im Umkehrschluss ein grundrechtlich geschütztes Individualinteresse als Schutzziel der Schranke nicht ausreichen.

Für das Recht auf informationelle Selbstbestimmung hat das Bundesverfassungsgericht im Zusammenhang mit der Überprüfung der Verhältnismäßigkeit der zwangsweisen Erhebung personenbezogener Daten weitere Kriterien aufgestellt, die durch das einschränkende Gesetz zu gewährleisten sind.[2068] Diese Kriterien, wie zum Beispiel Erforderlichkeit, Zweckbindung und Transparenz, gelten heute als allgemeine Datenschutzprinzipien,[2069] die sich in den allgemeinen Regeln des einfachgesetzlichen Datenschutzrechts widerspiegeln. Verfassungsrechtlich werden sie als spezifische Schrankendogmatik des Rechts auf informationelle Selbstbestimmung bewertet.[2070]

In der das Grundrecht auf Gewährleistung der Vertraulichkeit und Integrität informationstechnischer Systeme begründenden Entscheidung des Bundesverfassungsgerichts finden sich ebenfalls Ausführungen, die auf eine spezifische Schrankendogmatik schließen lassen.[2071] Neben den bereits für das allgemeine Persönlichkeitsrecht benannten Schrankenvoraussetzungen wird bezogen auf den zu entscheidenden Fall der Gefahrenabwehr die Anforderung formuliert, dass „bestimmte intensive Grundrechtseingriffe nur zum Schutz bestimmter Rechtsgüter und erst von bestimmten Verdachts- oder Gefahrenstufen an vorgesehen werden dürfen,“[2072] Eingriffsmaßnahmen unter den Richtervorbehalt zu stellen und Vorgaben zum Schutz des Kernbereichs privater Lebensgestaltung zu treffen sind.[2073] Die zuerst genannten Anforderungen legen einen spezifischen Wertungsmaßstab für die Verhältnismäßigkeit der Schranke fest, indem als legitimer Zweck nur der Schutz überragend wichtiger Rechtsgüter anerkannt ist, wie Leib, Leben und die Freiheit der Person sowie solcher Güter der Allgemeinheit, die für die Grundlagen oder den Bestand des Staates oder die Grundlagen der Existenz des Menschen Bedeutung haben.[2074] Die Anforderung der konkreten Gefahr für diese Rechtsgüter wird als Eingriffsschwelle bezeichnet,[2075] wodurch der Annahme Ausdruck verliehen wird, dass der Schutz dieser Rechtsgüter nur dann legitim sein kann, wenn diese nicht nur berührt, sondern konkret gefährdet sind.

Grundsätzlich ist die für das allgemeine Persönlichkeitsrecht entwickelte spezifische Schranke auf die vorgeschlagenen Grundrechtsentwicklungen zu übertragen. Die dargelegten Schrankenvoraussetzungen gewährleisten bei diesen die Austarierung zwischen den in den Grundrechten angelegten Spannungen zwischen Individuum und Gemeinschaft durch die Berücksichtigung der Gemeinschaftsbezogenheit und Gemeinschaftsgebundenheit der Person insbesondere im Rahmen der erforderlichen Abwägung. Dem steht nicht entgegen, dass vergleichbar der durch das Bundesverfassungsgericht für die Schranken der informationellen

---

2067 Dem widerspricht ausdrücklich *Tiedemann,* DÖV 2003, 76 ff., der letztlich zu dem Ergebnis kommt, dass das allgemeine Persönlichkeitsrecht solange es die enge Beziehung zur Menschenwürde aufweise nicht einschränkbar, allerdings würde sich z.B. die informationelle Selbstbestimmung nur aus Art. 2 Abs. 1 GG ableiten, so dass sie sehr wohl Schranken unterliege.

2068 *BVerfGE* 65, 1 (45 ff.).

2069 S. nur *Jandt* 2008, 103 ff. m.w.N.

2070 So etwa *Roßnagel/Pfitzmann/Garstka* 2001, 70 ff.; *Trute,* in: Roßnagel 2003, Kap. 2.5 Rn. 32 ff.; *Scholz* 2003, 135 ff.; *Hornung* 2005, 155 ff.; *Tinnefeld/Buchner/Petri* 2012, 237 ff.; *Simitis,* in: ders. 2014, Einl. Rn. 33 ff. jeweils m.w.N.

2071 Zur Beschränkung des Grundrechts s. allgemein *Kutscha,* NJW 2008, 1043; *Bäcker,* in: Uerpmann-Wittzak 2009, 14 ff.

2072 *BVerfGE* 120, 274 (326 f.).

2073 *BVerfGE* 120, 274, (331 ff., 335 ff.). In der Literatur wird darauf verwiesen, dass diese Schrankenanforderungen eine deutliche Nähe zu den Schranken des Art. 13 Abs. 4 GG aufweisen, *Hornung,* CR 2008, 303 f.; *Britz,* DÖV 2008, 412; *Spiecker gen. Döhmann,* in: Heckmann/Schenke/Sydow 2013, 814.

2074 *BVerfGE* 120, 274 (328 f.).

2075 S. *Hornung* 2015, 283.

Selbstbestimmung vorgenommenen Konkretisierung weitere Kriterien für grundrechtsspezifische Schranken benannt werden können. Sofern darüber hinaus die Gewährleistung der Vertraulichkeit und Integrität individualisiert Online-Nutzungsbereiche als Grundrechtsinterpretation aus dem spezifischen IT-Grundrecht abgeleitet worden ist, sind ergänzend die aufgezeigten spezifischen Schrankenanforderungen zu übernehmen, zumindest wenn es sich um staatliche Eingriffe legitimierende Schrankengesetze handelt.

9.4 Ergebnis

Die Anwendung der Methode technikadäquater Grundrechtsentwicklung auf das soziotechnische System Internet als Untersuchungsgegenstand führt im Ergebnis zu acht Vorschläge für konkrete Grundrechtsentwicklungen und einem Vorschlag für die Weiterentwicklung der Grundrechtsfunktionen. Im Einzelnen wird vorgeschlagen, die folgende Grundrechtsänderung vorzunehmen sowie die Grundrechtskonkretisierungen und Grundrechtsinterpretationen anzuerkennen:

Art. 5 Abs. 1 Satz 2 GG sollte wie folgt lauten:

„Die Freiheit der Presse, des Rundfunks, des Films sowie der sonstigen an die Allgemeinheit gerichteten Kommunikation wird gewährleistet."

Durch die Grundrechtskonkretisierung des allgemeinen Persönlichkeitsrechts ist das Recht auf kommunikative Selbstbestimmung zu begründen. In dessen Schutzgehalt wird durch die Grundrechtsinterpretation der Schutz der inhaltsneutralen Übermittlung technisch vermittelter Kommunikation einbezogen. Das Schutzziel der Inhaltsneutralität des DNS-Service ist als Grundrechtskonkretisierung aus der kommunikativen Selbstbestimmung abzuleiten.

Über eine Grundrechtsinterpretation des Änderungsvorschlags für Art. 5 Abs. 1 Satz 2 GG sind die Betreiber von Suchmaschinen über die Online-Informationsdienste in den Grundrechtsschutz einzubeziehen und für sie ist durch eine Grundrechtskonkretisierung das Schutzziel der Vielfalt von Suchmaschinen zu begründen.

Individualisierte Online-Nutzungsbereiche sind durch eine Grundrechtsinterpretation des Grundrechts auf Gewährleistung der Vertraulichkeit und Integrität informationstechnischer Systeme in den Schutzbereich einzubeziehen.

Die Schutzausprägung der individuellen Selbstdarstellung ist durch eine Grundrechtskonkretisierung um ein Recht am eigenen digitalen Persönlichkeitsprofil zu ergänzen, dem die Schutzziele Autonomie, Integrität und Variabilität zuzuordnen sind.

Die Schutzfunktion der Grundrechte sollte die Pflicht des Staates begründen, sich auch gegenüber Grundrechtsbeeinträchtigungen durch ausländische Staaten sowie ausländische Unternehmen und Privatpersonen schützend und fördernd vor die Grundrechte zu stellen.

10. Technikadäquate Rechts- und verfassungsverträgliche Technikgestaltung

Die Methode KORA für die verfassungsverträgliche Technikgestaltung ist in den neunziger Jahren als rechtswissenschaftliche und gleichzeitig interdisziplinäre Methode entwickelt worden. Sie wurde in dieser Arbeit zum einen aufgegriffen, um sowohl ihre theoretische und rechtsdogmatische Ableitung umfassend zu begründen als auch um weitere Hilfestellung bei der konkreten schrittweisen Anwendung zu geben. Die Erfahrungen bei der Anwendung der Methode KORA haben gezeigt, dass die bekannten verfassungsrechtlichen Vorgaben nicht immer ausreichend sind, um alle mit einer neuen Technik verbundenen Risiken einzufangen. Es wurde daher der Versuch unternommen, die bei der Methode KORA auftretende Lücke – verfassungsrechtlicher – Vorgaben durch einen neuen methodischen Ansatz der technikadäquaten Verfassungsgestaltung zu ergänzen. Nicht nur um die Voraussetzungen für eine umfassende verfassungsverträgliche Technikgestaltung zu schaffen, sondern vor allem, um die juristische Methodenlehre zu erweitern. Diese umfasst vorwiegend Methoden zur Anwendung positiven Rechts und zur Begründung rechtlicher Entscheidungen.[2076] Hier sind Auslegungstechniken zur Ermittlung der Bedeutung von Rechtsnormen und Rechtsgeschäften, die formallogische Subsumtionstechnik, juristische (Schreib-)Stile – Gutachtenstil und Urteilsstil –, verschiedene juristische Argumentationstechniken, wie zum Beispiel „argumentum a maiore ad minus" und die richterliche Rechtsfortbildung, zum Beispiel durch eine Analogie zu nennen.[2077]

Die der Rechtsanwendung vorgelagerte Rechtsentwicklung insbesondere durch den Gesetzgeber wurde als Wissenschaft der Gesetzgebungslehre umfassend aufgearbeitet.[2078] Es werden mittlerweile die sechs verschiedenen Subbereiche Gesetzestheorie, Gesetzgebungsanalyse, Gesetzgebungstaktik, Gesetzgebungsmethode, Gesetzgebungstechnik und Gesetzesevaluation unterschieden.[2079] Konkret finden sich methodische Ansätze zu grundsätzlichen Regelungskonzepten, wie zum Beispiel die Unterscheidung zwischen finalem und konditionalem Normprogramm,[2080] zur Gesetzessystematik,[2081] zu Regelungstechniken,[2082] eine Reihe von Begriffen und Kategorien[2083] und es können aus den bestehenden Gesetzen Rückschlüsse für abstrakte Regelungsinhalte gezogen werden.[2084] Alle diese verschiedenen und auch vielfältigen Elemente der Gesetzgebungslehre beziehen sich primär auf Parlamentsgesetz, Verordnung und Satzung, nicht aber explizit auf die Grundrechtsentwicklung. Aus ihnen können

2076 *Müller/Christensen* 2013, 35 beschreiben die juristische Methodik funktional als Entscheidungs- und Zurechnungstechnik, zur Bildung von Entscheidungsnormen für den Rechtsfall und ihre Zurückführung auf Rechtsnormen. S. insgesamt zur Methode der Rechtsgewinnung, die mit der Rechtsanwendung gleichzusetzen ist, bezogen auf Verfassungsnormen, z.B. *Kriele* 1976, 21 ff. sowie zur Subsumtion 47 ff.

2077 Zur Grundrechtsdogmatik bei der Rechtsanwendung *Volkmann*, JZ 2005, 261 ff.

2078 S. insbesondere *Noll* 1973; *Mertens* 2004; *Emmenegger* 2006.

2079 Ausführlich zur Entwicklung der Gesetzgebungslehre und jeweils m.w.N. zu den Subbereichen *Karpen*, ZRP 2007, 234.

2080 Zum Final- und Konditionalprogramm s. *Hoppe*, DVBl 1974, 642 ff.

2081 Ein Regelungsbereich wird häufig in einen vorgezogenen Komplex allgemeiner Vorschriften und einen weiteren mit besonderen Vorschriften differenziert, entweder in einem Gesetz, wie z.B. im BGB und StGB, oder in allgemeinen und spezifischen Gesetzen, wie das BDSG im Verhältnis zum TMG.

2082 Hier ist z.B. die Verweistechnik insbesondere mit Rechtsgrund- und Rechtsfolgenverweis sowie mit dynamischen und statischen Verweisen zu nennen, s. *Debus* 2008, 52 f., 59 ff.

2083 Ein Beispiel für Kategorien sind deskriptive und normative Tatbestandsmerkmale sowie im Verwaltungsrecht die Rechtsfolgearten Ermessen oder gebundene Entscheidung. Als Begriff ist z.B. der unbestimmte Rechtsbegriff zu nennen. S. *Hoppe*, DVBl 1974, 641.

2084 Gegenstand der Gesetzgebungstechnik sind Gliederung, Gestaltung und Sprache von Normen, Fragen der Entscheidungsformulierung und der optimalen Fassung des Regelungsgehalts eines Gesetzes, z.B. der Aufbau von Gesetzen mit Zielbestimmung, Anwendungsbereich, Definitionen, konkrete Regelungsinhalte und Rechtsfolgen bei Verstößen, s. *Müller* 1963.

einzelne Bausteine für die Grundrechtsentwicklung gewonnen, aber nur sehr bedingt eine konkrete methodische Vorgehensweise abgeleitet werden. Es kann nur vermutet werden, dass die rechtswissenschaftliche Literatur zum Thema Methoden der Grundrechtsentwicklung weitgehend schweigt, weil das Grundgesetz und erst recht der Abschnitt der Grundrechte hinsichtlich seines Umfangs einen geringen Sonderbereich der Rechtsordnung darstellen. Dies führt erstens zum Argument der fehlenden Zuständigkeit oder Normsetzungskompetenz anderer Stellen. Zweitens ist der mögliche Adressatenkreis für Überlegungen zur Rechtsentwicklung deutlich geringer als derjenige für methodische Ansätze der Rechtsanwendung oder der Entwicklung von Gesetzen, Verordnungen und Satzungen. Schließlich erfolgt drittens nur ein sehr geringer Anteil der Rechtsentwicklungen im Grundrechtsbereich im Vergleich zu denjenigen der genannten anderen Arten von Rechtsnormen. Allerdings zeigt die Rechtsprechung des Bundesverfassungsgerichts, dass gerade Verfassungsinnovationen häufig in der Wissenschaft umfassend vorbereitet worden sind und das Bundesverfassungsgericht seine Entscheidungen auf diese Erkenntnisse stützt. Wenn die Wissenschaft inhaltlich und dogmatisch an der Entwicklung von Grundrechten konstruktiv mitwirken kann, muss dies auch für eine übergeordnete Methode der Grundrechtsentwicklung gelten.

10.1 Methodische Zusammenführung

Der Methode technikadäquater Verfassungsentwicklung kommt eine Doppelfunktion zu, die sie gleichsam für die Rechtsentwicklung als auch für die Technikentwicklung nutzbar macht. Der angesprochene Nachteil des überschaubaren Adressatenkreises für eine Methode zur Rechtsentwicklung wird hierdurch weitgehend kompensiert. Die Methode zur Verfassungsentwicklung dient – wie ihre Bezeichnung schon sagt – erstens der systematischen Rechtsentwicklung, die erforderlich ist, solange sich die Wirklichkeit und häufig dadurch ausgelöst die gesellschaftlichen Normvorstellungen verändern. Die Methode kann von allen angewandt werden, die Recht weiterentwickeln. Diese Aufgabe übernimmt nicht allein der Gesetzgeber, sondern auch Gerichte – insbesondere das Bundesverfassungsgericht für das Verfassungsrecht – und Wissenschaftler leisten einen wesentlichen Beitrag.[2085] Selbst der Rechtsanwender kann die Methode nutzen, um insbesondere für bisher nicht aufgetretene Phänomene der Wirklichkeit risikoorientierte rechtliche Lösungsansätze aufzuzeigen. Die zweite Funktion ist der Einsatz der Methode technikadäquater Verfassungsentwicklung für die verfassungskonforme Technikgestaltung. In diesem Kontext dient sie als Ergänzung der Methode KORA. Wie die Beschreibung der einzelnen Arbeitsschritte von KORA aufzeigt,[2086] setzt die Methode KORA rechtliche Vorgaben voraus. Diese können zwar auch relativ konkreten einfachgesetzlichen Vorschriften entnommen werden. Weitaus häufiger ist es mangels spezifischer Gesetze für technische Innovationen erforderlich, auf die deutlich abstrakteren Grundrechte zurückzugreifen. Diesen können, wie die Rechtsprechung des Bundesverfassungsgerichts zeigt, nicht unmittelbar rechtliche Anforderungen entnommen werden. Die Grundrechte müssen technikspezifisch interpretiert und konkretisiert sowie gegebenenfalls weiterentwickelt werden. Genau dies kann systematisch mit der Methode der technikadäquaten Grundrechtsentwicklung realisiert werden. Die Methode der technikadäquaten Rechtsgestaltung schließt somit die Lücke bei der rechtsverträglichen Technikgestaltung, wenn normative Vorgaben der Grundrechte für das konkrete soziotechnische System fehlen. In diesem Fall sind vor der Konkretisierung rechtlicher Anforderungen zu technischen Gestaltungsvorschlägen normative Entscheidungen zu fällen, die anschließend als rechtliche Vorgaben für die verfassungskonforme Technikgestaltung herangezogen werden können.

2085 *Häberle*, JZ 1975, 297 spricht von der „offenen Gesellschaft der Verfassungsinterpreten."

2086 S. Kap. 3.2.4.

Die Methode der technikadäquaten Grundrechtsentwicklung geht zudem weit darüber hinaus. Dies verdeutlicht vor allem das vorgestellte Anwendungsbeispiel. Ein Vergleich der aufgezeigten Ergebnisse der Grundrechtsentwicklung für das soziotechnische System Internet mit Ergebnissen zu konkreten Beispielen der Technikgestaltung mit KORA deckt Parallelen zwischen Schutzzielen einerseits sowie Anforderungen und Kriterien anderseits auf. Einige der genannten Schutzziele, wie Integrität, Selbstbestimmung, Verfügbarkeit, Vertraulichkeit und Neutralität entsprechen Anforderungen[2087] oder Kriterien,[2088] die für die verfassungskonforme Gestaltung von Techniksystemen entwickelt worden sind. Die Parallelität tritt in der Regel auf, wenn die grundrechtlichen Schutzziele auf etwas „Gegenständliches" oder „Technisches" bezogen sind, wie zum Beispiel das informationstechnische System und der individualisierte Online-Nutzungsbereich beim IT-Grundrecht, die Fernkommunikation bei Art. 10 Abs. 1 GG, oder die digitale Lebensdokumentation als Ausprägung des allgemeinen Persönlichkeitsrechts. Die Ergebnisse der Methode technikadäquater Grundrechtsentwicklung stellen demnach nicht nur die rechtlichen Vorgaben als Ausgangsbasis für die verfassungskonforme Technikgestaltung zur Verfügung, sondern sie decken zumindest teilweise schon die Zwischenergebnisse auf den Stufen der Anforderungen und Kriterien ab. Aus diesen können unmittelbar technische Gestaltungsziele und Gestaltungsvorschläge abgeleitet werden. Die beiden Methoden verschmelzen derart miteinander, dass die insgesamt acht methodischen Stufen – für jede Methode vier Stufen – im Optimalfall bis auf sechs Stufen reduziert werden können.

Im Vergleich zur Methode KORA erfolgt der Ableitungsprozess bei der Methode technikadäquater Rechtsentwicklung auf Stufe drei und vier quasi in umgekehrter Reihenfolge. Bei der Methode KORA sind die abstrakten normativen Vorgaben der Grundrechte – ihr Normtext – die Ausgangsbasis. Diese müssen erst durch das Bundesverfassungsgericht oder auch die Wissenschaftler interpretiert und konkretisiert werden, um zu (konkreten) rechtlichen Anforderungen und Kriterien bezogen auf die Technik zu gelangen. Bei der Methode zur technikadäquaten Grundrechtsentwicklung ist das Grundrecht oder seine technikspezifische Ausprägung das Ergebnis. Diese normativen Vorgaben werden gewonnen, indem die konkrete normative Regelungsintention abstrahiert wird, um in den Grundrechtskatalog integriert werden zu können. Dennoch entsprechen diese Vorschläge für die Grundrechtsausgestaltung in ihrem Abstrahierungsgrad nicht dem Normtext von Grundrechten. Sie benennen über diesen hinaus Schutzgüter und Schutzziele, die konkret herausgearbeitet worden sind. Ergebnis der Methode zur technikadäquaten Grundrechtsentwicklung sind die aus einem Grundrecht durch Interpretation und Konkretisierung herauszukristallisierenden Schutzgüter, Schutzziele und Schutzfunktionen des Grundrechts. Der Ableitungsprozess entspricht in diesen beiden Schritten im Wesentlichen der Vorgehensweise des Bundesverfassungsgerichts, wenn es zur Entscheidung einer geltend gemachten Grundrechtsverletzung das Grundrecht fall- und wirklichkeitsbezogen deutet und normativ bewertet. Wird eine Grundrechtsentwicklung in Form einer Grundrechtsänderung vorgeschlagen, ist zusätzlich der Normtext im Sinne einer Formulierung für einen Artikel des Grundgesetzes vorzuschlagen,[2089]

2087 *Schulz* 2015, 387 f. benennt die unbeeinträchtigte Nutzungsmöglichkeit als Anforderung für autonom agierende Systeme.

2088 Zu den Kriterien der Vertraulichkeit *Schulz* 2015, 399 f.; *Bedner* 2013, 319, der Integrität *Bedner* 2013, 326, der Entscheidungsfreiheit *Schulz* 2015, 396 ff.; *Steidle* 2005, 325 f. sowie zur Autonomie, die der Selbstbestimmung entspricht *Bedner* 2013, 321 und der Verfügbarkeit *Bedner* 2013, 327. Zum Kriterium der Neutralität *Richter* 2012, 144.

2089 Eine solche Ausnahme stellt der Vorschlag zur Ergänzung von Art. 5 Abs. 1 Satz 2 GG um die Freiheit der Online-Informationsdienste dar, s. Kap. 9.2.4.3, weil ausnahmsweise die Änderung eines bestehenden Grundrechts vorgeschlagen wird.

Ergänzend lassen sich aus den Ergebnissen der technikadäquaten Grundrechtsentwicklung rechtliche Regelungsvorschläge für das einfache Recht ableiten.[2090] Umso konkreter die normativen Vorgaben der Grundrechte sind, umso geringer ist der Übersetzungsaufwand für die Entwicklung des grundrechtsgewährleistenden materiellen Rechts. Dabei ist jedoch zu berücksichtigen, dass nicht aus jeder Grundrechtsentwicklung ein unmittelbarer, einfachgesetzlicher Regelungsbedarf folgt. Ebenso wie auf der verfassungsrechtlichen Ebene muss ein an den Funktionen des Grundrechts orientierter Regelungsbedarf überprüft und festgestellt werden, für den allerdings nicht die verfassungsrechtlichen Maßstäbe gelten. Zudem können alternative Maßnahmen zu einer gesetzlichen Regelung ergriffen werden, wie insbesondere tatsächliche und politische Steuerungsmaßnahmen.[2091]

Die benannten Schutzziele entsprechen – zumindest teilweise – einfachgesetzlichen Regelungszielen und -ansätzen. Ein anschauliches Beispiel bietet hier die vom Bundesverfassungsgericht für das Recht auf informationelle Selbstbestimmung vorgenommene Konkretisierung für Schrankenregelungen.[2092] Demnach sind die informationelle Selbstbestimmung einschränkende Gesetze nur dann verfassungskonform, wenn sie unter anderen die Kriterien der Erforderlichkeit, Zweckbindung und Transparenz beachten und ausfüllen. Zahlreiche datenschutzrechtliche Erlaubnistatbestände enthalten das Tatbestandsmerkmal „erforderlich“[2093] und die jeweils zulässigen Zwecke des Datenumgangs werden in der Erlaubnisnorm explizit genannt.[2094] Einfachgesetzliche Regelungskonzepte zur Gewährleistung der Transparenz sind insbesondere der Grundsatz der Direkterhebung,[2095] Unterrichtungs-[2096] und Auskunftspflicht[2097] sowie eine Kennzeichnungspflicht.[2098] Die benannten Schutzgüter im Sinne der vom Grundrecht erfassten Lebenssachverhalte erlauben häufig eine Zuordnung zu konkreten Regelungskomplexen, zum Beispiel Fernkommunikation zum Telekommunikationsgesetz oder Online-Informationsdienste, DNS-Service und Suchmaschinen zum Telemediengesetz. Aus den jeweiligen Schutzgütern und Funktionen der Grundrechte lassen sich zudem Rückschlüsse über die Regelungsadressaten ziehen. Für Online-Informationsdienste kann zum Beispiel aus der Abwehrfunktion der Medienfreiheit ein Regelungsbedarf für einfachgesetzliche Vorschriften abgeleitet werden, die einen Schutz vor staatlichen Maßnahmen bieten. Eine konkrete Regelung könnte ein Zeugnisverweigerungsrecht für den Anbieter des Online-Informationsdienstes über seine Quellen sein.[2099] Aus der grundrechtlichen Schutzfunktion kann ein an die Anbieter adressiertes Gebot der Trennung von Werbung und Inhalt auf der Webseite resultieren, dass dieser sich gegebenenfalls als Selbstverpflichtung auferlegt. Für die Betreiber von Suchmaschinen könnte ein Trennungsgebot bezogen auf die Darstellung von Suchergebnissen differenziert in organische und Sponsored Hyperlinks normiert werden.[2100]

2090 Dies wird nicht als dritte „methodische“, sondern als ergänzende inhaltliche Funktion eingeordnet.

2091 Zu den Handlungsmöglichkeiten des Staates s. Kap. 2.2.2 und zu den normativen Gestaltungsmöglichkeiten s. Kap. 3.3.3.

2092 S. Kap. 9.3.2.

2093 S. z.B. §§ 13 Abs. 1; 14 Abs. 1; 28 Abs. 1 Nr. 1, Abs. 2; 28a Abs. 1 BDSG, §§ 14 Abs. 1; 15 Abs. 1 TMG.

2094 In § 13 Abs. 1 Satz 1 BDSG wird als Zweck die Erfüllung der Aufgaben der verantwortlichen öffentlichen Stelle genannt oder in § 28 Abs. 1 Satz 1 Nr. 1 BDSG die Begründung, Durchführung oder Beendigung eines rechtsgeschäftlichen oder rechtsgeschäftsähnlichen Schuldverhältnisses mit dem Betroffenen.

2095 Diesen Grundsatz normiert § 4 Abs. 2 Satz 1 BDSG.

2096 Die Pflicht der verantwortlichen Stelle zur Unterrichtung des Betroffenen regeln z.B. § 4 Abs. 3 Satz 1 BDSG und § 13 Abs. 1 TMG.

2097 Die Auskunftspflicht der verantwortlichen Stelle gegenüber dem Betroffenen ergibt sich aus § 4 Abs. 3 Satz 1 BDSG und § 34 BDSG.

2098 So z.B. für die Beobachtung mit optischen-elektronischen Einrichtungen – Videoüberwachung – gemäß § 6b Abs. 2 BDSG.

2099 Vergleiche § 53 Abs. 1 Satz 1 Nr. 5 und Satz 2 und 3 StPO.

2100 S. Kap. 7.1.1.

10.2 Rechtspolitische Entwicklungsvorschläge

Das soziotechnische System Internet ist keine Technik in der Entwicklungsphase, die durch normative Vorgaben komplett neu gestaltet werden könnte. Dennoch ist es möglich, einen rechtspolitischen Weg einzuschlagen, um ergänzende normative Vorgaben zu begründen, die als Basis für die weitere sozialverträgliche Rechts- und auch Technikgestaltungen dienen sollen. Insbesondere der Diskurs zur Netzneutralität zeigt deutlich, dass nach wie vor Richtungsentscheidungen notwendig sind, um auf die Technik einzuwirken. Wenn sich die Rechtspolitik jetzt entscheidet, weitere normative Vorgaben zu treffen, erzielen sie eine Rechtsverbindlichkeit, die zumindest derartige Grundsatzdiskussionen verhindern und den Handlungsspielraum technischer Entwickler begrenzen würde. Im Anschluss daran ist zu analysieren, mit welchen politischen, tatsächlichen oder einfachgesetzlichen Steuerungsmaßnahmen die normativen Vorgaben abzusichern sind.

Die methodische Betrachtung für das soziotechnische System Internet hat zu acht konkreten Vorschlägen für Grundrechtsentwicklungen geführt. Lediglich ein Vorschlag würde eine Grundrechtsänderung erfordern. Diese kann ausschließlich vom Gesetzgeber unter Berücksichtigung der formellen Voraussetzungen für eine Grundrechtsänderung umgesetzt werden. Alle weiteren Vorschläge wurden als Grundrechtskonkretisierungen oder Grundrechtsinterpretationen qualifiziert, die vor allem an die letztinstanzlichen Gerichte und das Bundesverfassungsgericht zu adressieren sind.[2101] Sie können unmittelbar in die weitere wissenschaftliche Diskussion einfließen, da der Entwicklungsprozess entsprechend der technischen Weiterentwicklung längst nicht als abgeschlossen bezeichnet werden kann. Die Einbindung der vorgeschlagenen Grundrechtsentwicklungen in den Grundrechtskatalog könnte einen Beitrag dazu leisten, den Rechtsfrieden und den Erhalt normativer, gesellschaftlicher Werte für die Zukunft zu sichern.

10.2.1 Grundgesetzänderung

- Medienfreiheit von Online-Informationsdiensten

Die Einbeziehung der Freiheit von Online-Informationsdiensten wurde als Grundgesetzänderung von Art. 5 Abs. 1 Satz 2 GG empfohlen. Schutzgut sind Online-Informationsdienste, die den klassischen Medien Presse, Rundfunk und Film gleichgestellt werden. Die Schutzziele entsprechen denjenigen, die bereits für Art. 5 Abs. 1 Satz 2 GG anerkannt sind, so dass insbesondere die Staatsferne zu nennen ist.

Es wird die folgende Formulierung für Art. 5 Abs. 1 Satz 2 GG vorgeschlagen:

„Die Freiheit der Presse, des Rundfunks, des Films sowie der sonstigen an die Allgemeinheit gerichteten Kommunikation wird gewährleistet.“[2102]

10.2.2 Grundrechtskonkretisierungen und Grundrechtsinterpretationen

- Kommunikative Selbstbestimmung

Als Grundrechtskonkretisierung des allgemeinen Persönlichkeitsrechts sollte die kommunikative Selbstbestimmung anerkannt werden.[2103] Ihr Schutzgut ist die Kommunikation als solche, nicht ausschließlich, aber insbesondere die Fernkommunikation. Schutzziel ist die Selbstbestimmung des Einzelnen hinsichtlich Kommunikationspartner und Kommunikations-

---

[2101] Es wird explizit nicht allein auf das Bundesverfassungsgericht abgestellt, da z.B. die Grundrechtsentwicklung des allgemeinen Persönlichkeitsrechts im Wesentlichen auf die Rechtsprechung des Bundesgerichtshofs zurückzuführen ist, die anschließend vom Bundesverfassungsgerichts aufgegriffen worden ist, s. Kap. 6.1.3.

[2102] S. Kap. 9.2.4.3.

[2103] Zur schrittweise methodischen Begründung s. Kap. 6.1.3.4.2, 6.2.3.4, 7.1.5, 8.1 und 9.2.1.

situation charakterisiert durch Kommunikationsort, Kommunikationsart und Kommunikationsmedium. Bezogen auf das Internet sind der Kommunikationszeitpunkt und die Kommunikationsgeschwindigkeit als zusätzliche Aspekte der Kommunikationssituation aufzunehmen.

- Inhaltsneutralität technisch vermittelter Kommunikation

Die Inhaltsneutralität technisch vermittelter Kommunikation sollte als Grundrechtskonkretisierung der kommunikativen Selbstbestimmung anerkannt werden.[2104] Das Schutzgut der technisch vermittelten Kommunikation kann in Anlehnung an Art. 10 Abs. 1 GG verkürzt als Telekommunikation bezeichnet werden. Für das Internet konkretisiertes Schutzziel ist die aus der Selbstbestimmung abgeleitete Inhaltsneutralität der technischen Übermittlung.

- Inhaltsneutralität des DNS-Systems

Ebenfalls als Grundrechtskonkretisierung der kommunikativen Selbstbestimmung sollte die Inhaltsneutralität des DNS-Systems bestätigt werden.[2105] Das Schutzgut ist die technisch unterstützte Web-Kommunikation.[2106] Bezogen auf das Web ist dies die Dienstleistung der Internet-Mediäre des DNS. Schutzziel ist wie bei der zuvor genannten Grundrechtskonkretisierung die aus der Selbstbestimmung abgeleitete Inhaltsneutralität der Dienstleistung des DNS.

- Vielfalt von Suchmaschinen

Durch eine Kombination von Grundrechtskonkretisierung und Grundrechtsinterpretation der Informations- und Meinungsfreiheit gemäß Art. 5 Abs. 1 Satz 1 GG ist der Normbereich für die Meinungs- und Informationsfreiheit sowohl in Bezug auf die Nutzung des Mediums Web zur Ausübung dieser Grundrechte als auch um die spezifischen Risiken durch die Vermittlungsfunktion der Suchmaschinen zu erweitern.[2107] Schutzgut ist die Nutzung von Suchmaschinen zur Vermittlung von Informationen und Meinungen im Web. Schutzziel ist die Vielfalt des Dienstleistungsangebots der Suchmaschine.

- Medienfreiheit von Suchmaschinen

Sofern die vorgeschlagene Grundrechtsänderung von Art. 5 Abs. 1 Satz 2 GG umgesetzt wird, knüpft an diese Erweiterung der Vorschlag für eine Grundrechtsinterpretation der Freiheit der Online-Informationsdienste an.[2108] Neben den Anbietern dieser Dienste sollten ergänzend die Dienstleister von Suchmaschinen als Adressaten in den Grundrechtsschutz einbezogen werden. Suchmaschinen gewährleisten die Kenntnisnahme von sowie den Zugang zu Online-Informationsdiensten und damit ihre Verbreitung, indem sie im Web eine wesentliche Vermittlungsfunktion übernehmen. Der Normbereich wird durch das Schutzgut der Dienstleistung der Suchmaschine und das Schutzziel der Freiheit allerdings nur im Sinne des negatorischen Abwehranspruchs gegenüber staatlichen Maßnahmen definiert.

- Vertraulichkeit und Integrität individualisierter Online-Nutzungsbereiche

Die in der Wissenschaft diskutierte Interpretation der Entscheidung des Bundesverfassungsverfassungsgerichts zum Schutzgut des Grundrechts auf Gewährleistung der Vertraulichkeit und Integrität informationstechnischer Systeme sollte von der Judikative aufgegriffen werden.[2109] Dieses Grundrecht ist im Wege der Grundrechtsinterpretation um das Schutzgut individualisierter Online-Nutzungsbereiche zu erweitern, dem die identischen Schutzziele zuzuordnen sind.

2104 Zur schrittweise methodischen Begründung s. Kap. 6.1.2.2, 6.1.3.4.2, 6.2.2, 6.2.3.4, 7.1.5, 7.2.1.1, 8.1 und 9.2.2.

2105 Zur schrittweise methodischen Begründung s. Kap. 6.1.1.1.2, 7.1.1, 7.2.1.2, 8.1 und 9.2.3.

2106 Die Formulierung „unterstützt" wurde gewählt, um zu verdeutlichen, dass es im Unterschied zum Angebot der Telekommunikationsdienstleistung für die Fernkommunikation keine zwingende, aber eine häufig notwendige Dienstleistung für die Web-Nutzung ist.

2107 Zur schrittweise methodischen Begründung s. Kap. 6.1.1.1.2, 6.2.1, 7.1.1, 7.2.2, 8.2.2 und 9.2.5.

2108 Zur schrittweise methodischen Begründung s. Kap. 6.1.1.2.2.2, 6.1.1.2.2.3, 6.2.1, 7.1.1, 7.2.2, 8.2.2 und 9.2.5.

2109 Zur schrittweise methodischen Begründung s. Kap. 6.1.3.5.2, 6.2.3.5, 7.1.6, 8.2.3 und 9.2.6.

- Recht am eigenen digitalen Persönlichkeitsprofil

Die spezifische Ausprägung der individuellen Selbstdarstellung des allgemeinen Persönlichkeitsrechts sollte durch eine Grundrechtskonkretisierung um das Recht am digitalen Persönlichkeitsprofil ergänzt werden.[2110] Dieses Schutzgut ist durch die Schutzziele der Autonomie, Integrität und Variabilität abzusichern.

10.2.3 Beobachtungs- und Entwicklungspflicht

Das soziotechnische System Internet ist eine technische Innovation, die wie kaum eine andere seit ihren Anfängen stetig weiterentwickelt wurde. Dieser Entwicklungsprozesse ist noch nicht abgeschlossen. Es kann sogar unterstellt werden, dass die Entwicklungsoffenheit eine charakterisierende Eigenschaft ist. Zum einen dadurch bedingt, dass der stetige Nutzungszuwachs die Weiterentwicklung auf der technischen Infrastrukturebene fordert, um den wachsenden Umfang an Datenübertragungen bewältigen zu können. Zum anderen können sich aufgrund der Offenheit und Globalität des Internet eine nahezu unbegrenzte Anzahl von Entwicklern vor allem auf Ebene der Internet- und Webdienste einbringen. Die Netzgemeinschaft und nicht nur einzelne Unternehmen ist die Avantgarde des technischen Fortschritts des Internet. Denn obwohl die Internetgiganten die Entwicklung maßgeblich beeinflussen, zeigen insbesondere die Übernahmen von Start-Ups und Konkurrenten zu beträchtlichen Verkaufswerten,[2111] dass Innovationen nach wie vor auch von Einzelpersonen sowie kleinen und mittelständischen Unternehmen ausgehen. Für den Staat folgt aus dieser Entwicklungsoffenheit des Internet, dass seine Gestaltungspflicht selbst dann nicht als erfüllt angesehen werden kann, sollten die Vorschläge zur Grundrechtsentwicklung umgesetzt und darauf aufbauend tatsächliche, rechtspolitische und gesetzgeberische Maßnahmen zu ihrer Gewährleistung ergriffen werden. Der Staat ist darüber hinaus zur Beobachtung der Weiterentwicklungen des Internet auf allen Ebenen verpflichtet. Sollten sich als Ergebnis der Beobachtung neue internetspezifische Risiken für den Grundrechtsschutz ergeben, würde die normative Entwicklungspflicht wieder aufleben.

In diesem Zusammenhang zeigt sich ein weiterer Vorteil der methodischen Vorgehensweise für die dargestellten Grundrechtsentwicklungen. Aufgrund der stufenweisen Beschreibung und Ableitung können die auf einer zukünftigen Weiterentwicklung des Internet basierenden Aspekte einer gegenüber der heutigen, veränderten Wirklichkeit unmittelbar an der systematisch passenden Stelle in den Stufenaufbau aufgenommen werden. Anschließend kann mit geringem Aufwand festgestellt werden, ob diese Änderung bereits bekannten Schutzgütern und Schutzzielen zugeordnet werden kann oder eine weitere Grundrechtsentwicklung erforderlich ist. Zukünftig wird es ausreichend sein, die jeweils hinzutretenden technisch bedingten Wirklichkeitsbedingungen normativ einzufangen.

10.2.4 Herausforderung der Internationalität

In der Europäischen Union zeigen sich vielfältige Schwierigkeiten, wenn für mehrere Staaten mit einer übergeordneten Gesetzgebungsinstanz einheitliche rechtliche Vorgaben erlassen werden. Die Einigungs- und Umsetzungsprozesse sind langwierig und zäh. Sie enden nicht

---

2110 Zur schrittweise methodischen Begründung s. Kap. 6.1.3.1.2, 6.2.3.1, 7.1.4.1, 8.38.3 und 9.2.7.

2111 Z.B. kaufte im Jahr 2014 Google Inc. das Startup-Unternehmen für künstliche Intelligenz DeepMind für rund 500 Millionen Dollar, s. „DeepMind: Google kauft Start-up für künstliche Intelligenz“, Spiegel Online vom 27.1.2014, http://www.spiegel.de/wirtschaft/unternehmen/google-kauft-start-up-deepmind-fuer-kuenstliche-intelligenz-a-945668.html und Facebook zahlte für den Konkurrenten WhatsApp 16 Milliarden Dollar, s. „Milliarden-Übernahme: Facebook kauft Konkurrenten WhatsApp“, Spiegel Online vom 19.2.2014, http://www.spiegel.de/netzwelt/netzpolitik/facebook-kauft-konkurrenten-whatsapp-fuer-milliardenbetrag-a-954546.html.

selten in unbefriedigenden Kompromissen oder in einer Nichtregulierung. Für die Europäische Union lässt sich dies immer wieder beobachten, obwohl sich die Mitgliedstaaten schon seit vielen Jahren zu einem Staatenbund zusammengeschlossen haben und die Kulturen in vielen Bereichen zumindest ähnlich sind.[2112] International ist der Einigungsprozess deutlich beschwerlicher, da zum einen kein völkerrechtlicher Zusammenschluss besteht, der als grundsätzliche Bereitschaft der einzelnen Staaten für eine staatenübergreifende Normierung gewertet werden könnte, und zum anderen die Interessendivergenz aufgrund struktureller, politischer und kultureller Unterschiede sowie Machtungleichgewichte deutlich stärker ausgeprägt ist. Die Instrumente zur Einführung normativer Vorgaben sind mit Konventionen, Abkommen, Verträgen und dem Völkergewohnheitsrecht, dem sogenannten Hard Law, zwar vorhanden, allerdings ist die Aushandlung von Konsensen sowie Streitbeilegungsmechanismen enorm zeitaufwändig und daher für die schnelle technologische Entwicklung des Internet und damit hervortretender Regulierungsfragen nahezu ungeeignet.[2113] Völkerrechtliche, insbesondere multilaterale Verträge, sollen zwar als „Weltordnungsverträge" die Funktion von Gesetzen der internationalen Gemeinschaft übernehmen,[2114] aber insbesondere die NSA-Affäre zeigt sehr deutlich, dass das Völkerrecht für derartige Grundrechtsbeeinträchtigungen keine wirksamen Gegenmittel vorhält. Ergänzend steht das sogenannte Soft Law mit Übereinkünften, Stellungnahmen, Absichtserklärungen oder Leitlinien als alternativer Regelungsmechanismus zur Verfügung, das zwar flexibler, aber ohne rechtliche Verbindlichkeit ist.

Umso weniger international Rechtssicherheit hinsichtlich des Verhaltens anderer Staaten erlangt werden kann, umso bedeutender werden die nationalen staatlichen Schutzpflichten. Damit die einfachgesetzlichen Vorschriften zu ihrer Umsetzung in internationalen Kontexten berücksichtigt werden müssen, also vor allem ausländische Rechtssubjekte zu Adressaten der normierten Verbote und Gebote werden, müssen ergänzende Kollisionsvorschriften – oder vielmehr Kollisionsvermeidungsvorschriften – erlassen werden.[2115] In diesen ist zur Gewährleistung des Grundrechtsschutzes in Deutschland im Zweifel festzulegen, dass bei grenzüberschreitenden Sachverhalten deutsches Recht zur Anwendung kommt. Eine für das soziotechnische System Internet bereits bestehende und sehr bedeutsame Kollisionsvorschrift ist beispielsweise§ 1 Abs. 5 BDSG.[2116] Gemäß § 1 Abs. 5 Satz 2 BDSG ist das deutsche Datenschutzrecht anzuwenden, wenn eine verantwortliche Stelle in einem Drittstaat belegen ist und personenbezogene Daten im Inland erhebt, verarbeitet oder nutzt. Dieser Regelungsansatz wird vom Europäischen Gerichtshof in dem Urteil gegen den Suchmaschinen-Betreiber Google bestätigt, das in Wissenschaft und Praxis eine hohe Aufmerksamkeit erlangte.[2117] Allerdings sind Kollisionsvorschriften problematisch, die im Inland erfolgende Handlungen oder in diesem gelegene Gegenstände zur Voraussetzung für ihre Anwendbarkeit und daran anschließend die Anwendbarkeit des deutschen Rechts machen.[2118] Gerade beim soziotechnischen System Internet sind die nationalen Anknüpfungspunkte für die Anwendbarkeit des nationalen Rechts häufig nicht gegeben. Daher müssten Kollisionsvorschriften vorrangig an den im Inland eintretenden Verletzungserfolg anknüpfen, um durch die einfachgesetzlichen Vorschriften einen effektiven Grundrechtsschutz im internationalen Kontext zu gewährleisten.

2112 S. als Beispiel nur die Entwicklungsgeschichte der europäischen Datenschutzgrundverordnung, die offiziell mit der Vorlage der Europäischen Kommission eines Vorschlags für eine Datenschutzgrundverordnung im Jahr 2011 begann, s. Fn. 1911, und deren Ende bisher nicht abzusehen ist, s. die Auflistung bei Beck-Online, http://gesetzgebung.beck.de/node/1029754.

2113 *Weber*, in: Hoeren/Sieber/Holznagel 2014, Teil 2, Rn. 68.

2114 *Peters* 2012, 139.

2115 S. im Kontext des Mobile Commerce, *Jandt* 2008, 310.

2116 S. ausführlich zu dieser Vorschrift, *Jandt* 2008, 218; *Voigt*, ZD 2014, 15 ff.

2117 *EuGH*, NJW 2014, 2259 sowie *Jandt*, MMR-Aktuell 2014, 358242; *Kühling*, EuZW 2014, 527 ff. lobt diese Entscheidung als Rückkehr des (Datenschutz-)Rechts bezogen auf das Internet.

2118 S. in Bezug auf § 1 Abs. 5 BDSG, *Jandt* 2008, 347 ff.

Ein alternativer völkerrechtlicher Ansatz ist die Überlegung, inwieweit das soziotechnische System Internet als internationales Schutzgut anerkannt und zu dessen Schutz die internationale Gemeinschaft verpflichtet ist.[2119] Vergleichbar den aus den Grundrechten abgeleiteten internetspezifischen Abwehrrechten und Schutzpflichten, können individualrechtliche Schutzansprüche aus den Menschenrechten abgeleitet werden.[2120] Ob sich aus diesem Individualrechtsschutz eine völkerrechtliche Verpflichtung der internationalen Gemeinschaft zum Schutz der technischen Infrastruktur Internet im Sinne der Existenz, Vertraulichkeit, Verfügbarkeit und Integrität ableiten lässt, ist jedoch sehr fraglich. Die internationale Charta der Grundrechte bindet jeden Einzelstaat, der die Ratifizierung vorgenommen hat. Aus ihr kann aber keine unmittelbare Pflicht zum Zusammenwirken der Staaten oder eine gemeinsame Verantwortung für die Einhaltung der Menschenrechte abgeleitet werden. Zudem würde eine Schutzpflicht für das Internet eine dem nationalen Grundrechtsvoraussetzungsschutz vergleichbare Funktion der Menschenrechte voraussetzen, da nicht die technische Infrastruktur, sondern ihre Nutzungsmöglichkeiten die Menschenrechte tangieren. Beides wäre nur zu begründen, wenn das Internet über das Individualrecht hinaus als internationales Schutzgut anerkannt wäre.[2121] Ob dies dogmatisch völkerrechtlich begründbar ist und welche völkerrechtlichen Konsequenzen daraus resultieren, kann hier nicht umfassend und abschließend geprüft werden. Auf der politischen Ebene scheint jedoch Einigkeit zu bestehen, dass zahlreiche Fragen des Internet nur international beantwortet werden können.

Insbesondere die Sicherheit des globalen soziotechnischen Systems Internet, aber auch seine konkrete Ausgestaltung können nicht durch einzelstaatliche Aktivitäten gewährleistet werden, sondern es ist eine internationale Kooperation erforderlich.[2122] Aus dieser Erkenntnis heraus wurde das Konzept der Internet Governance entwickelt.[2123] Zuerst wurde ein zweiphasiger Weltgipfel der Informationsgesellschaft (World Summit on the Information Society – WSIS) unter der Schirmherrschaft der Vereinten Nationen und auf Antrag der Internationale Fernmeldeunion ins Leben gerufen. Im Dezember 2003 wurden als Ergebnis des Gipfels in Genf die Genfer Prinzipienerklärung (Geneva Declaration of Principles)[2124] und der Genfer Aktionsplan (Geneva Plan of Action)[2125] verabschiedet. In diesen Dokumenten war der Begriff Internet Governance schon präsent und fand öffentliche Beachtung, ohne dass eine finale Definition existierte. Daher wurde vom damaligen Generalsekretär der Vereinten Nationen Kofi Annan eine Arbeitsgruppe zur Internet Governance (Working Group on Internet Governance – WGIG) eingerichtet und mit den Aufgaben betraut, erstens eine Definition des Begriffs zu erarbeiten, zweitens Sachfragen[2126] zu klären und drittens einen Bericht zu erstellen, in dem Empfehlungen für die politischen Entscheidungsträger des zweiten Teils des Weltgip-

---

2119 So im Ergebnis *Kettemann*, ZuöRV 2012, 469 ff.

2120 S. Kap. 6.2.7 sowie *Kettemann*, ZuöRV 2012, 471 ff.

2121 Die deutsche Rechtsordnung nennt in § 6 StGB international geschützte Rechtsgüter, s. im Einzelnen *Eser*, in: Schönke/Schröder 2014, § 6 StGB, Rn. 2 ff. *Kettemann*, ZuöRV 2012, 477 nennt als internationale Schutzgüter globale Ressourcen wie internationale Seen, internationalisierte Flüsse, die hohe See, die Antarktis, den Mond und andere Himmelskörper.

2122 *Hobe*, in: Isensee/Kirchhof Bd. XI, 2013, § 231, Rn. 25.

2123 S. zur Entstehungsgeschichte des Konzepts der Internet Governance *Weber*, in: Hoeren/Sieber/Holznagel 2014, Teil 2, Rn. 11.

2124 S. *ITU*, „Declaration of Principles – Geneva 2003", http://www.itu.int/net/wsis/outcome/booklet/declaration_A.html.

2125 S. http://www.itu.int/wsis/documents/doc_multi.asp?lang=en&id=1160|0.

2126 Die Sachfragen betrafen insbesondere die Verwaltung des „Root Zone Files" und des „Root Zone Systems", Kosten für die Verbindungsleitungen („Interconnection"), Stabilität des Internet, Sicherheit und Kriminalität im Netz (Cybercrime), Spam, die sinnvolle Beteiligung an der Entwicklung weltweiter Regelungen, Aufbau von Kapazitäten („capacity building"), Zuteilung von Domain-Namen, IP Adressierung, Urheberrechtsschutz, Meinungsfreiheit, Datenschutz und Schutz der Privatsphäre, Rechte der Verbraucher sowie die Mehrsprachenfähigkeit.

fels für die Informationsgesellschaft ausgesprochen werden.[2127] In dem Bericht der Arbeitsgruppe wird Internet Governance definiert als „the development and application by Governments, the private sector and civil society, in their respective roles, of shared principles, norms, rules, decision-making procedures, and programmes that shape the evolution and use of the Internet."[2128] Dieser Bericht fungierte als Verhandlungsgrundlage für die zweite Phase des Weltgipfels 2005 in Tunis. Obwohl es einige Differenzen gab, endete dieser Weltgipfel im November 2005 mit der Bestätigung der in Genf getroffenen Erklärungen und der einvernehmlichen Verabschiedung zweier weiterer Beschlüsse, der Tunis Verpflichtung (Tunis Commitment)[2129] und der Tunis Agenda für die Informationsgesellschaft (Tunis Agenda for the Information Society).[2130] Ein weiteres wichtiges Ergebnis des zweiten Weltgipfels ist der Beschluss eines Gremiums, das allen Interessengruppen zugänglich ist – dem internationalen Internet Governance Forum (IGF) – als Diskussionsplattform für allgemein-politische Aspekte rund um das Internet.

Eine der wesentlichen internationalen Fragestellungen, die Zuteilung von Domain-Namen, konnte trotz dieser internationalen Bemühungen bislang nicht abschließend geklärt werden. Diesbezüglich besteht ein grundsätzlicher Konflikt zwischen den USA und anderen Staaten, da die Verwaltung des DNS von der amerikanischen ICANN übernommen wird und den USA somit eine Aufsichtsfunktion auch über die Internutzung in anderen Staaten zukommt.[2131]

Neben dieser rechtlichen bieten sich vor allem politische und technische Lösungsstrategien an, um die Herausforderung eines wirksamen nationalen Grundrechtsschutzes im internationalen Internet zu meistern.

10.2.5 Internetpolitik

Die digitale Agenda 2014 bis 2017 der Bundesregierung führt deutlich die Vielschichtigkeit und Komplexität politischer Aufgaben im Zusammenhang mit dem Internet vor Augen.[2132] Zu den Grundanliegen der digitalen Agenda zählen die Infrastruktur mit dem Ziel der kontinuierlichen Steigerung der Leistungsfähigkeit der Netze, die Gewährleistung des Datenschutzes und des Rechts auf informationelle Selbstbestimmung, der Schutz des geistigen Eigentums, der Verbraucherschutz, der Jugendmedienschutz sowie der – technische – Schutz von Computern und Daten.[2133] Es sollen im Internet ein unverfälschter Wettbewerb und niedrige Marktzutrittschancen herrschen.[2134] Es sind Schutzmechanismen gegen Cyber-Kriminalität, Cyber-Spionage und Cyber-Angriffe zu finden[2135] und die Diskussion um die Vergabe und Koordinierung kritischer Internetressourcen, wie IP-Adressen und Domains, zu

---

2127 Für weitere Informationen zu dieser Arbeitsgruppe s. *Weber,* in: Hoeren/Sieber/Holznagel 2014, Teil 2, Rn. 14.

2128 S. Report of the Working Group of Internet Governance, 11, http://www.wgig.org/docs/WGIGREPORT.pdf. Deutsche Übersetzung: Internet Governance ist die Entwicklung und Anwendung durch Regierungen, den Privatsektor und die Zivilgesellschaft, in ihren jeweiligen Rollen, von gemeinsamen Prinzipien, Normen, Regeln, Vorgehensweisen zur Entscheidungsfindung und Programmen, die die Weiterentwicklung und die Nutzung des Internet beeinflussen.

2129 S. *ITU,* „Tunis Commitment", vom 18.11.2005, http://www.itu.int/net/wsis/docs2/tunis/off/7.html.

2130 S. *ITU,* „Tunis Agenda for the Information Society", vom 18.11.2005, http://www.itu.int/net/wsis/docs2/tunis/off/6rev1.html.

2131 Ausführlich zu den unterschiedlichen Standpunkten und Argumenten, *Weber,* in: Hoeren/Sieber/Holznagel 2014, Teil 2, Rn. 52 ff.

2132 S. *Die Bundesregierung,* „Digitale Agenda 2014-2017", vom August 2014, http://www.bmwi.de/BMWi/Redaktion/PDF/Publikationen/digitale-agenda-2014-2017,property=pdf,bereich=bmwi2012,sprache=de,rwb=true.pdf.

2133 S. *Die Bundesregierung,* „Digitale Agenda 2014-2017", 4.

2134 S. *Die Bundesregierung,* „Digitale Agenda 2014-2017", 4.

2135 S. *Die Bundesregierung,* „Digitale Agenda 2014-2017", 33.

führen.[2136] Auf europäischer Ebene wird die Linie der Internet Governance weiterverfolgt und selbst das „Völkerrecht des Netzes" findet sich in diesem Themenkatalog.[2137] Ähnlich vielfältig sind die Bezeichnungen, die für diesen politischen Themenkomplex verwendet werden und die jeweils einen anderen Schwerpunkt ausdrücken: Medien- und Internetpolitik, Netzpolitik oder Digitalpolitik.

Insbesondere die Überlegungen zu internetspezifischen normativen Regelungsintentionen haben gezeigt, dass noch zahlreiche Wertungsentscheidungen in Bezug auf das Internet auf der politischen Ebene zu fällen sind. Denn nicht nur auf grundrechtlicher Ebene sind diese Wertentscheidungen erforderlich, sondern ergänzend für eine rechtspolitische Umsetzungsstrategie.

Selbst wenn die Entwicklung auf ein Grundrecht der Inhaltsneutralität technisch vermittelter Kommunikation vorgeschlagen wird, besteht zur Erfüllung der aus diesem Grundrechtsschutz abzuleitenden Schutzpflicht des Staates ein weiter Handlungsspielraum. Es sind unterschiedliche Lösungsansätze und daraus abzuleiten unterschiedliche Lösungsstrategien denkbar, deren Effektivität zu prognostizieren und zu bewerten sind. Aus der Debatte zur Netzneutralität können grundsätzlich zwei Stellschrauben abgeleitet werden. Zum einen kann der Abbau von Kapazitätsengpässen angestrebt werden, die von den Telekommunikationsdienstleistern als Ursache und Argument für die Notwendigkeit der Priorisierung von bestimmten Daten- und Internet- oder Webdiensten vorgetragen werden. Schenkt man dieser Begründung weniger Glauben und wertet sie als Vorwand, kann die Auffassung vertreten werden, dass die Einführung von Quality of Services oder die gezielte Drosselung von Internetzugängen[2138] dem Gewinnstreben der Telekommunikationsdienstleister dient, wäre wohl die Priorisierung selbst zu verbieten.[2139] Es könnten schließlich beide Ansätze parallel verfolgt werden. Wird die politische Entscheidung für den Netzausbau getroffen, die sich mit weiteren Argumenten, wie zum Beispiel die Sicherung des Wirtschaftsstandorts Deutschland, stützen lässt, schließt sich die Grundsatzentscheidung an, wer die Kosten hierfür tragen soll. Wird den Telekommunikationsanbieter durch das Verbot von Quality of Services zum einen die Entscheidung überlassen, den Netzausbau vorzunehmen oder nicht, obliegt ihnen ohne flankierende gesetzgeberische Maßnahmen auch die Entscheidung darüber, wer die Kosten tragen wird. Es ist wahrscheinlich, dass sie mit welchem Geschäftsmodell auch immer, auf die Telekommunikationskunden abgewälzt werden.[2140] Dies wird wiederum Folgen für Wirtschaft und Gesellschaft haben. Dieser Weg wäre eine politische Entscheidung für den freien Wettbewerb und gegen hoheitliche Regulierung, wobei die aktuelle Situation auf dem deutschen Telekommunikationsmarkt nicht außer Acht gelassen werden darf. Denkbar wäre es auch, durch staatliche Fördermaßnahmen den Netzausbau finanziell zu unterstützen, sei es durch Zuschüsse, zinsgünstige Darlehen oder Steuerermäßigungen oder sonstige Anreize für

---

2136 S. *Die Bundesregierung,* „Digitale Agenda 2014-2017", 36.

2137 S. *Die Bundesregierung,* „Digitale Agenda 2014-2017", 35 f.

2138 Zu diesen Plänen der Deutschen Telekom s. *Bünder*, „Bundeskartellamt prüft Folgen der Telekom-Drossel", FAZ vom 12.6.2013, http://www.faz.net/aktuell/wirtschaft/netzwirtschaft/moegliche-marktzutrittsschranken-bundeskartellamt-prueft-folgen-der-telekom-drossel-12201640.html sowie „Telekom bestätigt: Drosselung wird auf 2 MBit/s abgemindert", Digital Fernsehen vom 12.6.2013, http://www.digitalfernsehen.de/Telekom-bestaetigt-Drosselung-wird-auf-2-MBit-s-abgemindert.103180.0.html; *Wimmer/Löw*, MMR 2013, 636.

2139 Vergleichbar ist in § 88 Abs. 2 und 3 TKG zur Gewährleistung der Vertraulichkeit der Telekommunikation die Pflicht des Telekommunikationsdienstleisters zur Geheimhaltung und das grundsätzliche Verbot der Kenntnisnahme des Inhalts der Telekommunikation normiert.

2140 Finanzierungsformen wären z.B. volumenabhängige Verträge mit anschließender Drosselung auf Nutzerseite, wie es beim mobilen Internet vielfach angeboten wird, oder das Angebot unterschiedlicher Verbindungsqualitäten für unterschiedliche Datenklassen an die Internet-Nutzer durch den Ausbau proprietärer Netze. *Kruse* 2011, 7 sieht letzteres als problematisch an, sofern Netzbetreiber diese proprietären Netzstrukturen nur für ihre eigenen Dienste, wie z.B. IPTV-Angebote nutzen, sie aber nicht anderen IPTV-Anbietern zugänglich machen.

den Netzausbau zu schaffen. Neben diesen Grundrichtungen gibt es zahlreiche Lösungsstrategien, um das Ziel die inhaltsneutrale Datenübertragung im Internet sicherzustellen.

Als weiteres Beispiel für die Verdeutlichung der politischen Entscheidungsbandbreite kann die Inhaltsneutralität von Suchmaschinen angeführt werden. Es besteht die besondere Herausforderung, dass der Monopolist in Deutschland auf diesem Marktsegment ein amerikanisches Unternehmen ist. Es könnte das Ziel verfolgt werden, die Marktsituation dahingehend zu beeinflussen, dass nationale Konkurrenz entsteht, die grundrechtlich mittelbar an den Grundsatz der Inhaltsneutralität gebunden ist und diesen einhält. Es stellen sich insbesondere die Fragen, ob Suchmaschinen als staatliche Dienstleistung angeboten werden sollten[2141] oder von privaten Unternehmen oder ob es alternative und rentable Geschäftsmodelle für eine Dienstleistung gibt, die bisher für ihre Nutzer kostenlos ist. Die reine Werbefinanzierung könnte unter gesetzliche Anforderungen gestellt werden, wie zum Beispiel ein Trennungsgebot finanzierter und organischer Hyperlinks,[2142] einen Mindestseitenbereich für die Darstellung organischer Hyperlinks oder ein Trennungsgebot zwischen der Dienstleistung der Suchmaschine und sonstiger Dienstleistungen, um Vielfalt zu gewährleisten.[2143] Parallel könnten entsprechende Maßnahmen zur Aufklärung der Suchmaschinennutzer ergriffen und die Suchmaschinenkompetenz bereits in der Schule gefördert werden, um über den funktionalen Aufbau von Suchmaschinen und das Zustandekommen von Suchergebnislisten zu informieren.[2144] Eine Alternative stellt die Idee eines freien Suchmaschinen-Index dar, der für jeden nach bestimmten Konditionen verfügbar ist.[2145] Dies wird als Möglichkeit gesehen, um Wettbewerb auf dem Suchmaschinenmarkt zu realisieren, da der Aufbau eines eigenen Suchmaschinen-Index aufgrund der damit verbundenen Kosten eine sehr hohe Markteintrittshürde darstellt.[2146]

Mit diesen beiden Beispielen sollen die Komplexität des Themas und die Bandbreite politischer Handlungsmaßnahmen aufgezeigt werden, ohne das Ziel zu verfolgen, Lösungen vorzuschlagen.[2147] Jede politische Entscheidung hat sich an den Vorgaben der Verfassung zu orientieren, so dass der Grundsatz der praktischen Konkordanz ein übergeordnetes Leitziel darstellt. Die bei all diesen internetspezifischen Fragestellungen vorliegenden grundrechtlichen Interessenkollisionen zwischen den Beteiligten des Internet und auch die gesellschaftlichen Interessen sind in einen angemessenen Ausgleich zu bringen. Diese Interessenabwägung wird die Politik vornehmen müssen. Es ist nicht auszuschließen, dass eine politische Maßnahme anschließend durch das Bundesverfassungsgericht überprüft wird und dieses gegebenenfalls zu einem abweichenden Ergebnis der Interessenabwägung gelangt. Dieses von der

---

2141 S. bereits Kap. 8.2.2.

2142 S. z.B. *Arzt*, NVwZ 2013, 1328 im Kontext der Antiterrordatei.

2143 Für die Aufspaltung der Dienstleistung der Suchmaschinen von anderen Geschäften hat sich das EU-Parlament in einer nicht bindenden Resolution vom 24.11.2014 ausdrücklich ausgesprochen, s. EU-Parlament, Motion for a Resolution, B8-0286/2014, http://www.europarl.europa.eu/sides/getDoc.do?pubRef=-//EP//TEXT+MOTION+B8-2014-0286+0+DOC+XML+V0//EN&language=en. Ohne seine weiteren „kostenpflichtige" Dienste hätte der Google Inc. Konzern nicht die heutige Marktmacht erreichen können,

2144 Die Mehrheit der Internetnutzer soll davon überzeugt sein, dass Suchmaschinen ausgewogene, unverzerrte Ergebnisse liefern – ohne das zwischen den verschiedenen Suchergebnislisten mit Sponsored Links und organischen Hyperlinks differenziert wird – und vertraue den erhaltenen Informationen, *Stark/Magin/Jürgens*, in: Stark/Dörr/Aufenanger 2014, 36.

2145 *Lewandowski*, „Warum wir einen freien Web-Index brauchen", cloudirigths info vom 12.5.2014, http://cloud.irights.info/artikel/warum-wir-einen-freien-web-index-brauchen/23017.

2146 Bei Google Inc. liegt der durchschnittliche Anteil für die Weiterentwicklung der Suchtechnologie an den Gesamtinvestitionen bei rund 70 Prozent, *Machill/Beiler/Zenker*, in: Machill/Beiler 2007, 23.

2147 Um diese Diskussion auf sachlicher Ebene zu führen und die Interessen der unterschiedlichen Beteiligten berücksichtigen zu können, hat das Bundesministerium für Wirtschaft und Energie unter anderem den Fachdialog Netzneutralität ins Leben gerufen, der am 3.7.2014 bereits zum fünften Mal geführt wurde, s. http://www.bmwi.de/DE/Service/veranstaltungen,did=641484.html.

Verfassung bewusst vorgesehene Korrektiv darf die Regierung jedoch nicht davon abhalten, sehr relevante Entscheidungen in der Internetpolitik zu treffen.

Welche politischen Wege Deutschland auch immer in diesen vielfältigen internetspezifischen Fragestellungen beschreiten wird, können keine rein nationalistischen Pläne verfolgt und eine enggefasste, einzelstaatliche Agenda umgesetzt werden. Es ist eine europäische und auch internationale Abstimmung erforderlich. Allerdings kann Deutschland die Initiative ergreifen und insbesondere in der Europäischen Union eine Führungsrolle einnehmen.[2148] Bei allen diesen Entscheidungen sollte das Ziel verfolgt werden, ein globales Informationsnetzwerk zu bewahren und zu fördern.

10.3 Verfassungskonforme Technikgestaltung

Neben rechtlichen und rechtspolitischen Lösungsstrategien auf nationaler, europäischer und internationaler Ebene bieten sich technische Lösungsstrategien an, um die Herausforderung eines wirksamen nationalen Grundrechtsschutzes im internationalen Internet zu meistern. Die Vorteile der Technikgestaltung gegenüber der reinen Rechtsgestaltung wurden bereits umfassend dargelegt.[2149] Zusammengefasst ergeben sich die Vorteile der unmittelbaren Steuerung der Technikentwicklung, der präventiven Umsetzung normativen Vorgaben, der grundsätzlich nicht erforderlichen Durchsetzungsmaßnahmen im Unterschied zu normativen Vorgaben, der Faktizität und der Globalität. Die Aufgabe der verfassungskonformen Technikgestaltung des soziotechnischen Systems Internet kann unmittelbar an die formulierten rechtlichen Vorgaben, Anforderungen und Kriterien anschließen. Die Gestaltung muss differenziert auf den unterschiedlichen Ebenen der technischen Infrastruktur, der Internet- und der Webdienste erfolgen. Während einige Kriterien, wie zum Beispiel die Inhaltsneutralität technisch vermittelter Kommunikation, nahezu ausschließlich Gestaltungsmaßnahmen der technischen Infrastruktur des Internet erfordern werden, entfaltet zum Beispiel die Medienfreiheit von Online-Informationsdiensten eine Querschnittswirkung und ist gegebenenfalls auf jeder der drei Ebenen durch Technikgestaltung einzubetten. Ob die Inhaltsneutralität technisch vermittelter Kommunikation zukünftig nach dem in der Internetarchitektur geltenden Best Effort-Prinzip realisiert wird oder alternative Gestaltungsansätze gefunden werden, durch die dieses normative Ziel ebenfalls verwirklicht werden kann, obliegt der Freiheit technischer Gestaltung. Entscheidend ist allerdings, dass die Methode KORA nicht nur für den Sprachwechsel von rechtlichen Anforderungen und Kriterien zu technischen Gestaltungszielen und -vorschläge den interdisziplinären Dialog zwischen Juristen und Technikern erfordert, sondern auch bei der Bewertung und – falls mehrere Alternativvorschläge bestehen – der Auswahl der konkreten technischen Gestaltung, die wiederum nicht allein technisch, sondern auch normativ vorzunehmen ist. Es ist ein zusätzlicher Rückkoppelungsmechanismus, bei dem die Frage, welche Technik normativ gewollt ist, nicht nur abstrakt, sondern anhand konkreter Technikalternativen beantwortet werden kann.

[2148] S. *Scott*, Programmier-Auftrag, Süddeutsche Zeitung vom 30.1.2014, 12.

[2149] S. Kap. 2.3.1.3 und 3.

11. Schlussbemerkung

Die Arbeit erhebt weder den Anspruch, jegliche verfassungsrechtliche Betroffenheit des soziotechnischen Systems Internet vollumfänglich erfasst, noch mit den Vorschlägen für Grundrechtsentwicklungen die jeweils normativ einzig „richtige" Entscheidung vorgenommen zu haben.[2150] Sie zeigt aber durch die Kombination von Überlegungen für eine technikbezogene Methode der Grundrechtsentwicklung und der Anwendung dieser Methode an dem konkreten und komplexen Beispiel des soziotechnischen Systems Internet auf, welche systematische Vorgehensweise erforderlich ist, um überhaupt zu konkreten und umfassenden Entwicklungsvorschlägen zu gelangen. Entwicklungsvorschläge, die verfassungsdogmatisch eingebunden und nachvollziehbar sind, Chancen und Risiken technischer Innovationen einbeziehen und sowohl für das einfache Recht als auch die Technik als normative Gestaltungsvorgaben geeignet sind. Es konnte gezeigt werden, dass es für ein normatives Gesamtkonzept nicht ausreichend sein kann, einzelne technische, individuelle oder gesellschaftliche Aspekte einer neuen Technikentwicklung zu betrachten. Aus diesen Überlegungen können zwar wertvolle Erkenntnisse für die hier entwickelte methodische Vorgehensweise gewonnen werden, sie sind aber für eine umfassende grundrechtliche Lückenschließung und Grundrechtsentwicklung nicht ausreichend. Dabei geht es weniger darum, die grundrechtlich geschützten Freiheiten stetig auszuweiten in dem Sinne, dass die Freiheit des Einzelnen immer umfassender und ausdifferenzierter gewährleistet wird. Es wird vielmehr dem Bestreben nach einer risikoadäquaten – insbesondere bezogen auf Techniken – Ausdeutung und Konkretisierung der Grundrechte gefolgt.

Ebenso wie der Dogmatik für die Rechtsanwendung kommt der Methodik für die Rechtsentwicklung eine Rationalisierungs- und Strukturierungsfunktion sowie Entlastungsfunktion zu.[2151] Der methodische Ansatz umfasst die verfassungsrechtliche Prüfung technischer Phänomene. Diese zeigt gerade nicht nur normative Wertungslücken auf, sondern auch bestehende Wertentscheidungen der Grundrechte für die Technik, und führt in systematischen und damit nachvollziehbaren Schritten zu grundrechtskonsistenten Entwicklungsvorschlägen. Ergebnis dieses methodischen Ansatzes kann vor allem auch die Feststellung sein, dass keineswegs alle technischen Anwendungszusammenhänge oder beabsichtigte und unbeabsichtigte Folgen einer verfassungsrechtlichen Erfassung und daraus abgeleitet hoheitlicher Regulierung bedürfen.[2152] Die Methode ersetzt nicht die Notwendigkeit, normative Entscheidungen zu treffen. Die Rechtswissenschaft ist insoweit noch sehr weit von einem binären oder maschinenlesbaren Modell entfernt.[2153]

Die Veränderungen der Wirklichkeit durch das Internet sowie Internet- und Webdienste werden sich noch weiter fortsetzen. Es sind einige Entwicklungen zu beobachten, die mit der vorliegenden Arbeit noch nicht abschließend behandelt worden sind. Da der Fokus primär auf der Entwicklung eines internetspezifischen Grundrechtsschutzes gelegt wurde, konnten eher diffuse und übergeordnete Realitätsbedingungen nicht umfassend einbezogen werden. Im Einzelnen sollen die folgenden Aspekte angesprochen werden, für die weiterhin die Beobachtungspflicht des Normgebers besteht.

Technische Vernetzung durch das Internet führt auch zur Vernetzung zuvor differenzierter Lebensbereiche, insbesondere das Berufs- und Privatleben, zur Einteilung von Medienschaffenden und -konsumenten, zur Verschmelzung der Grenzen öffentlich und privat. Das soziotechnische Internet ist im politischen mehr als ein „Empörungsbeschleuniger". Wie insbeson-

---

2150 *Höfling* 1987, 48 betont zu Recht das Grundproblem der Verfassungsinterpretation, dass gerade kein Vorverständnis im Sinne der „Richtigkeit kraft gemeinsamer gesellschaftlicher Wertvorstellungen" existiert.

2151 Zur Dogmatik s. *Volkmann*, JZ 2005, 262.

2152 *Hoffmann-Riem*, AöR 137 (2012), 520 bezogen auf öffentlich wirksame Kommunikation.

2153 *Spindler*, GRUR 2013, 1003.

dere der arabische Frühling gezeigt hat, kann es zu einem politischen Machtinstrument avancieren.[2154] Das Internet soll zur kollektiven Intelligenz verhelfen oder ist zumindest ein fruchtbares Instrument für kollektives Wissen. Wie genau ein „Leben im Schwarm" aussehen kann, wie es den Einzelnen, die Gesellschaft und das Zusammenleben verändern wird, ist noch nicht abzusehen. Aufgabe der rechtwissenschaftlichen Verfassungsentwicklung wird es auch zukünftig sein, die Weiterentwicklung dieses „schöpferisch-zerstörerischen Internet"[2155] zu begleiten, um seine Chancen zu fördern und Risiken einzudämmen.

2154 Der Machtumfang wird durch die Bezeichnung als „Internet-Tsunami" mit einer Naturgewalt verglichen, http://www.internet-tsunamis.de/3-3-arabischer-fruhling-in-agypten/.

2155 S. *Krempl*, „EU-Parlament stimmt gegen Roaming-Gebühren und für Netzneutralität", heise online vom 3.4.2014, http://www.heise.de/newsticker/meldung/EU-Parlament-stimmt-gegen-Roaming-Gebuehren-und-fuer-Netzneutralitaet-2162075.html?view=mail.

Literaturverzeichnis

Die im Literaturverzeichnis und im Text der Arbeit angegebenen Webseiten wurden im November 2015 letztmalig überprüft. Die Fußnoten enthalten eine Reihe von Nachrichten aus Newslettern und sonstige Webseiten, die nicht in das Literaturverzeichnis aufgenommen wurden.

Abel, R.: Sind IP-Adressen personenbezogene Daten? Aktuelle Rechtsprechung weckt neue Zweifel, DSB 2011, 14.

Ahrns, H.-J./Feser, H.-D.: Wirtschaftspolitik: Problemorientierte Einführung, 7. Aufl., München, Oldenburg 1997.

Alby, T./Karazaunikat, S.: Suchmaschinenoptimierung – Professionelles Website-Marketing für besseres Ranking, 2. Aufl., München 2007.

Alexy, R.: Theorie der Grundrechte, Baden-Baden 1985.

Alexy, R.: Begriff und Geltung des Rechts, 5. Aufl., Freiburg 2011.

Andelfinger, U./Pordesch, U./Roßnagel, A.: Gestaltungsanforderungen an die Text- und Datenkommunikation in ISDN-Anlagen, Arbeitspapier Nr. 47, provet, Darmstadt 1991.

Appel, I.: Staatliche Zukunfts- und Entwicklungsvorsorge – Zum Wandel der Dogmatik des Öffentlichen Rechts am Beispiel des Konzepts der nachhaltigen Entwicklung im Umweltrecht, Tübingen 2011.

Appel, I.: Grenzen des Risikorechts, in: Appel, I./Hermes, G./Schönberger, C. (Hrsg.), Öffentliches Recht im offenen Staat, Festschrift für Rainer Wahl zum 70. Geburtstag, Berlin 2011, 463.

Arnauld, von, A.: Rechtssicherheit – Perspektivische Annäherungen an eine idée directrice des Rechts, Tübingen 2006.

Art. 29-Datenschutzgruppe: Stellungnahme 1/2008 zu Datenschutzfragen im Zusammenhang mit Suchmaschinen, WP 148, 00737/DE, angenommen am 4. April 2008, abrufbar unter http://ec.europa.eu/justice/policies/privacy/docs/wpdocs/2008/wp148_de.pdf.

Arzt, C.: Antiterrordatei verfassungsgemäß – Trennungsgebot tot?, NVwZ 2013, 1328.

Augsberg, I.: Grundfälle zu Art. 2 II 1 GG, JuS 2011, 28.

Bacon, F.: Meditationes Sacrae (1597), in: Montagu, B. (Hrsg.), The Works of Francis Bacon: Lord Chancellor of England: with a life of the author, Volume 1, Philadelphia 1841, 67, abrufbar unter https://en.wikisource.org/wiki/Meditationes_sacrae#11.

Badura, P.: Rundfunkfreiheit als „dienende Freiheit" – ein Relikt?, in: Jahrbuch Bitburger Gespräche 2007 I, 48. Bitburger Gespräche: Die duale Organisation (Struktur) des Rundfunks in Deutschland – ein Auslaufmodell?, München 2007, 9.

Badura, P.: Staatsrecht: Systematische Erläuterung des Grundgesetzes für die Bundesrepublik Deutschland, 5. Aufl., München 2012.

Badura, P./von Danwitz, T./Herdegen, M./Sedemund, J./Stern, K.: Beck'scher PostG-Kommentar, 2. Aufl., München 2004.

Bäcker, M.: Die Vertraulichkeit der Internetkommunikation, in: Rensen, H./Brink, S. (Hrsg.), Linien der Rechtsprechung des Bundesverfassungsgerichts – erörtert von den wissenschaftlichen Mitarbeitern, Berlin 2009, 99.

Bäcker, M.: Das IT-Grundrecht: Funktion, Schutzgehalt, Auswirkungen auf staatliche Ermittlungen, in: Uerpmann-Wittzak, R. (Hrsg.), Das neue Computergrundrecht, Berlin 2009, 1.

Baer, S.: Braucht das Grundgesetz ein Update?, Blätter für deutsche und internationale Politik 2011, 90.

Bär, W.: Anmerkung zur Entscheidung des LG Hanau zur Beschlagnahme von zwischengespeicherten E-Mail-Daten vom 23.9.1999, MMR 2000, 176.

Bamberger, H. G./Roth, H.: Beck'scher Online-Kommentar BGB, Loseblatt Edition 34, München, Stand Februar 2015.

Baumgartner, U./Ewald, K.: Apps und Recht, München 2013.

Bäumler, H./von Mutius, A.: Anonymität im Internet, 1. Aufl., Braunschweig 2003.

Baum, G. R./Schantz, P.: Die Novelle des BKA-Gesetzes – Eine rechtspolitische und verfassungsrechtliche Kritik, ZRP 2008, 137.

Bechmann, G.: Sozialwissenschaftliche Forschung und Technikfolgenabschätzung, in: Lompe, K. (Hrsg.), Techniktheorie, Technikforschung, Technikgestaltung, Opladen 1987, 28.

Bedner, M.: Rechtmäßigkeit der Deep Packet Inspection, Kassel 2009, abrufbar unter http://kobra.bibliothek.uni-kassel.de/bitstream/urn:nbn:de:hebis:34200911303 1192/5/BednerDeep PacketInspection.pdf.

Bedner, M.: „Deep Packet Inspection" – Technologie und rechtliche Initiativen, CR 2010, 339.

Bedner, M.: Cloud Computing – Technik, Sicherheit und rechtliche Gestaltung, FORUM Wirtschaftsrecht, Bd. 14, Kassel 2013.

Beine, H.: Neuerungen bei der Regulierung für den Breitbandausbau – Maßgebliche Änderungen insbesondere für TK-Unternehmen, MMR 2013, 430.

Benda, E.: Verfassungsrechtliche Aspekte des Umweltschutzes, UPR 1982, 241.

Benda, E.: Die Verfassung vor den Herausforderungen moderner Technologien (am Beispiel der Rundfunkfreiheit), in: H.-P./Steinberg, R. (Hrsg.), Verfassungsrecht zwischen Wissenschaft und Richterkunst, Konrad Hesse zum 70. Geburtstag, Schneider, Heidelberg, 1992, 3.

Benda, E./Maihofer, W./Vogel, H.-J.: Handbuch des Verfassungsrechts der Bundesrepublik Deutschland, 2. Aufl., Berlin 1994.

Bender, B.: Gefahrenabwehr und Risikovorsorge als Gegenstand nukleartechnischen Sicherheitsrechts, NJW 1979, 1425.

Bense, M.: Technische Existenz, Stuttgart 1949.

Berger-Kögler, U./Kind, B.: Netzneutralität – juristisch und ökonomisch geboten?, MMR-Aktuell 2010, 302773.

Berger-Kögler, U./Kind, B.: Netzneutralität – eine juristische und ökonomische Analyse, N&R Beilage 4/2010, 1.

Biemann, J.: „Streifenfahrten" im Internet – Die verdachtsunabhängigen Ermittlungen der Polizei im virtuellen Raum, Stuttgart 2013.

Birnbacher, D. (Hrsg.): Ökologie und Ethik, Stuttgart 2001.

Bizer, J.: Strukturplan modernes Datenschutzrecht, DuD 2004, 6.

Blättel-Mink, B./Menez, R.: Kompendium der Innovationsforschung, 2. Aufl., Wiesbaden 2015.

Blankenagel, A.: Tradition und Verfassung – Neue Verfassung und alte Geschichte in der Rechtsprechung des Bundesverfassungsgerichts, Baden-Baden 1987.

Blankenagel, A./Spoerr, W.: Zur Verfassungswidrigkeit des Leistungsschutzrechts für Presseverleger, Gutachten zur Verfassungsmäßigkeit der §§ 87f Abs. 1, 87g Abs. 4 Satz 1 Reg-E UrhG (BT-Drs. 17/11479 vom 14.11.12), Februar 2013, abrufbar unter https://politik-recht.eco.de/wp-content/blogs.dir/20/files/20130221-lsr-gutachten-blankenagel-spoerr.pdf.

Böckenförde, E.-W.: Grundrechtstheorie und Grundrechtsinterpretation, NJW 1974, 1529.

Böckenförde, E.-W.: Die Methoden der Verfassungsinterpretation – Bestandsaufnahme und Kritik, NJW 1976, 2089.

Böckenförde, E.-W.: Anmerkungen zum Begriff Verfassungswandel, in: Badura, P./Scholz, R. (Hrsg.), Wege und Verfahren des Verfassungslebens, Festschrift für Peter Lerche zum 65. Geburtstag, München 1993, 3.

Böckenförde, E.-W.: Schutzbereich, Eingriff, verfassungsimmanente Schranken, Der Staat 42 (2003), 165.

Böckenförde, T.: Auf dem Weg zur elektronischen Privatsphäre, JZ 2008, 925.

Boehme-Neßler, V.: Unscharfes Recht – Überlegungen zur Relativierung des Rechts in der digitalisierten Welt, Berlin 2008.

Boehme-Neßler, V.: Wer formt den digitalen Code? Rechtsetzung in der digitalisierten Gesellschaft, ZG 2009, 74.

Boehme-Neßler, V.: Das Recht auf Vergessenwerden – Ein neues Internet-Grundrecht im Europäischen Recht, NVwZ 2014, 825.

Böhret, C.: Folgen – Entwurf für eine aktive Politik gegen schleichende Katastrophen, Opladen 1990.

Boos, C.: Technische Konvergenz im Hybrid-TV und divergenter Rechtsrahmen für Fernsehen und Internet, Forum Wirtschaftsrecht Band 13, Kassel 2012.

Bortnikov, V.: Netzneutralität und Bedingungen kommunikativer Selbstbestimmung – Pflichten des freiheitlichen Verfassungsstaates zur Gewährleistung der Neutralität des Internets im Lichte der grundrechtlichen Schutzpflichtenlehre, München 2013.

Brand, T.: Rundfunk im Sinne des Artikel 5 Abs. 1 Satz 2 GG, Berlin 2002.

Breuer, R.: Direkte und indirekte Rezeption technischer Regeln durch die Rechtsordnung, AöR 101 (1976), 46.

Breuer, R.: Gerichtliche Kontrolle der Technik, NVwZ 1988, 104.

Breuer, R.: Probalistische Risikoanalysen und Gentechnikrecht, NuR 1994, 157.

Britz, G.: Freie Entfaltung durch Selbstdarstellung, Tübingen 2007.

Britz, G.: Vertraulichkeit und Integrität informationstechnischer Systeme, DÖV 2008, 411.

Brüggemann, S.: Abkehr von der Netzneutralität – Fluch oder Segen – Managed Service: Ausweg aus dem Datenstau oder Einstieg in das Zwei-Klassen-Netz?, CR 2013, 565.

Bruns, J.-W.: Der Einfluss der Rundfunkfreiheit auf das Arbeitsrecht, RdA 2008, 137.

Brunst, P.: Anonymität im Internet – rechtliche und tatsächliche Rahmenbedingungen, Berlin 2009.

Buermeyer, U.: Die „Online-Durchsuchung“ – Verfassungsrechtliche Grenzen des verdeckten hoheitlichen Zugriffs auf Computersysteme, HRRS 2007, 392.

Buermeyer, U.: Die Online-Durchsuchung – Technischer Hintergrund und verfassungsrechtliche Grenzen, in: Taeger, J./Wiebe, A. (Hrsg.), Aktuelle Entwicklungen im Informationstechnologierecht, Tagungsband zur Herbstakademie 2007, Edewecht 2007, 259.

Bull, H. P.: Datenschutz oder die Angst vor dem Computer, München 1984.

Bull, H. P.: Netzpolitik: Freiheit und Rechtsschutz im Internet, Baden-Baden 2013.

Bullinger, G. M.: Netzneutralität – Pro und Contra der gesetzlichen Festschreibung, Wissenschaftliche Dienste des Deutschen Bundestages, WD 10 – 3000/065/10, 2010.

Bullinger M.: Der Rundfunkbegriff in der Differenzierung kommunikativer Dienste, AfP 1996, 1.

Bullinger, M./Mestmäcker, E.-J.: Multimediadienste – Struktur und staatliche Aufgaben nach deutschem und europäischem Recht, Baden-Baden 1997.

Burth, H.P./Görlitz, A. (Hrsg.): Politische Steuerung in Theorie und Praxis, Baden-Baden 2001.

Busch, J.-D.: Auswirkungen des Volkszählungsurteils des Bundesverfassungsgerichts, DVBl 1984, 385.

Bräutigam, P./Klindt, T.: Industrie 4.0, das Internet der Dinge und das Recht, NJW 2015, 1137.

Bräutigam, P./Leupold, A. (Hrsg.): Online-Handel, München 2003.

Braun-Thürmann, H.: Innovation, Bielefeld 2005.

Breitbach, M./Rühl, U.: Versammlungsrecht und Zensurverbot, NJW 1988, 8.

Bronsema, F.: Medienspezifischer Grundrechtsschutz der elektronischen Presse – Darstellung des Grundrechtsschutzes in der Europäischen Union und Entwicklung eines Lösungsansatzes für den Grundrechtsschutz aus Art. 5 Abs. 1 GG, Berlin 2008.

Brown, L. A.: Innovation Diffusion – A new Perspective, London 1981.

Brüggemann, S.: Abkehr von der Netzneutralität – Fluch oder Segen, CR 2013, 565.

Brunst, P. W.: Staatlicher Zugang zur digitalen Identität, DuD 2011, 618.

Bryde, B.-O.: Verfassungsentwicklung – Stabilität und Dynamik im Verfassungsrecht der Bundesrepublik Deutschland, Baden-Baden 1982.

Bydlinski, F.: Grundzüge der juristischen Methodenlehre, 2. Aufl., Wien 2012.

Calliess, C.: Rechtsstaat und Umweltstaat – Zugleich ein Beitrag zur Grundrechtsdogmatik im Rahmen mehrpoliger Verfassungsrechtsverhältnisse, Tübingen 2001.

Calliess, C./Ruffert, M. (Hrsg.): EUV/AEUV – Das Verfassungsrecht der Europäischen Union mit Europäischer Grundrechtecharta, 4. Aufl., München 2011 (zitiert: Bearbeiter, in: Callies/Ruffert 2011).

Canaris, C.-W.: Grundrechte und Privatrecht, AcP 184 (1984), 201.

Cannivé, K.: Infrastrukturgewährleistung in der Telekommunikation zwischen Staat und Markt – eine verfassungsrechtliche Analyse des Universaldienstkonzepts im TKG, Berlin 2001.

Ceulic, D.: Netzneutralität und Freiheit im Internet, in: Kloepfer, M. (Hrsg.), Netzneutralität in der Informationsgesellschaft, Berlin 2011, 19.

Coelln, von, C.: Garantie und Reichweite der Medienfreiheit in Deutschland, OstEuR 2011, Beilage zu Heft 1, 10.

Coing, H.: Das Grundrecht der Menschenwürde: Der strafrechtliche Schutz der Menschlichkeit und das Persönlichkeitsrecht des bürgerlichen Rechts, SJZ 1947, 642 (Abdruck der Erstveröffentlichung in: Brudermüller, G./Seelmann, K. (Hrsg.), Menschenwürde: Begründung, Konturen, Geschichte, 2. Aufl., Würzburg 2012, 167).

Cornils, M.: Rundfunk-Grundversorgung durch subventionierten Privatrundfunk, DVBl 2006, 789.

Cornils, M.: Staatliche Infrastrukturverantwortung und kontingente Marktvoraussetzungen – Unter besonderer Berücksichtigung des Universaldienstes für Telekommunikationsdienstleistungen, AöR 131 (2006), 378.

Däubler, W./Klebe, T./Wedde, P./Weichert, T.: Bundesdatenschutzgesetz: Kompaktkommentar zum BDSG, 4. Aufl., Frankfurt am Main 2014.

Dahm, G./Delbrück, J./Wolfrum, R. (Hrsg.): Völkerrecht Bd. I/3: Die Formen des völkerrechtlichen Handelns – Die inhaltliche Ordnung der internationalen Gemeinschaft, 2. Aufl., Berlin 2002.

Debus, A. G.: Verweisungen in deutschen Rechtsnormen, Berlin 2008.

Degele, N.: Technikgenese zwischen Steuerung und Evolution: Soziale Bedingungen der Technikentwicklung, in: Stübinger, E./Hanel, A. (Hrsg.) Technikgenese – zwischen Steuerung und Evolution, München 1999, 17.

Degenhart, C.: Verfassungsfragen neuer elektronischer Medien – Folgewirkungen auf Medienstruktur und Medienpolitik, BayVBl. 1986, 577.

Degenhart, C.: Die Bewältigung der wissenschaftlichen und technischen Entwicklungen durch das Verwaltungsrecht, NJW 1989, 2435.

Degenhart, C.: Das allgemeine Persönlichkeitsrecht, Art. 2 I in Verbindung mit Art. 1 I GG, JuS 1992, 361.

Degenhart, C.: Rundfunk und Internet, ZUM 1998, 333.

Degenhart, C.: Der Funktionsauftrag des öffentlich-rechtlichen Rundfunks in der „Digitalen Welt“, Heidelberg 2001.

Degenhart, C.: Funktionsauftrag und dritte Programmsäule des öffentlich-rechtlichen Rundfunks, K&R 2001, 329.

Degenhart, C.: Rundfunkordnung im Wandel, AfP-Sonderheft 2007, 26.

Degenhart, C.: Verfassungsfragen der Internet-Kommunikation – Wie die Rundfunkfreiheit in die Online-Welt hineinstrahlt, CR 2011, 231.

Dellmann, H.-J.: Zur Problematik eines „Grundrechts auf menschwürdige Umwelt", DÖV 1975, 588.

De Maizière, T.: Staatliches Handeln im Wandel der Zeit, Baden-Baden 2012.

Denninger, E./Hoffmann-Riem, W./Schneider, H.-P./Stein, E. (Hrsg.): Kommentar zum Grundgesetz für die Bundesrepublik Deutschland, Reihe: Alternativkommentare, 3. Aufl., Loseblatt in 3 Ordnern, Neuwied 2001 (zitiert: Bearbeiter, in: Denninger/Hoffmann-Riem/Schneider/Stein 2001).

Determann, L.: Kommunikationsfreiheit im Internet – Freiheitsrechte und gesetzliche Beschränkungen, Baden-Baden 1999.

Dewenter, R.: Netzneutralität – Diskussionspapier Nr. 74, Helmut-Schmidt-Universität – Universität der Bundeswehr Hamburg (Hrsg.), Hamburg 2007.

Deye, S.: „Netzneutralität in der Informationsgesellschaft" – Bericht zur wissenschaftlichen Fachtagung am 15.12.2010 in Berlin, MMR-Aktuell 2011, 314468.

Dieterich, T./Hanau, P./Schaub, G./Müller-Glöge, R./Preis, U. (Hrsg.): Erfurter Kommentar zum Arbeitsrecht, 15. Aufl., München 2015 (zitiert: Bearbeiter, in: Erfurter Kommentar).

Dietlein, J.: Die Lehre von den grundrechtlichen Schutzpflichten, 2. Aufl., Berlin 2005.

Disselkamp, M.: Innovationsmanagement – Instrumente und Methoden zur Umsetzung im Unternehmen, 2. Aufl., Wiesbaden 2012.

Dörr, D.: „Multimedia" und der Rundfunkbegriff, in: Dittmann, A./Fechner, F./Sander G. (Hrsg.), Der Rundfunkbegriff im Wandel der Medien, Symposium zum 65. Geburtstag von Professor Dr. iur. Dr. h.c. Thomas Oppermann, Berlin 1997, 121.

Dörr, D./Natt, A.: Suchmaschinen und Meinungsvielfalt – Ein Betrag zum Einfluss von Suchmaschinen auf die demokratische Willensbildung, ZUM 2014, 829.

Drallé, L.: Das Grundrecht auf Gewährleistung der Vertraulichkeit und Integrität informationstechnischer Systeme, Kiel 2010.

Dreier, H.: Dimensionen der Grundrechte – Von der Wertordnungsjudikatur zu den objektivrechtlichen Grundrechtsgehalten, Hannover 1993.

Dreier, H. (Hrsg.): Grundgesetz-Kommentar – Band I: Präambel, Artikel 1-19, 3. Aufl., Tübingen 2013 (zitiert: Bearbeiter, in: Dreier Bd. I, 2013).

Dreier, H. (Hrsg.): Grundgesetz-Kommentar – Band II: Artikel Art. 20-82, 2. Aufl., Tübingen 2007 (zitiert: Bearbeiter, in: Dreier Bd. II, 2007).

Drewes, D.: Das Internet – (k)eine rechtsfreie Spielwiese?, DRiZ 1997, 400.

Dürig, G.: Der Grundrechtssatz von der Menschenwürde, AöR 81 (1956), 117.

Dustmann, A.: Die privilegierten Provider – Haftungsbeschränkungen im Internet aus urheberrechtlicher Sicht, Baden-Baden 2001.

Dyson, F. J.: Die Sonne, das Gnom und das Internet – Wissenschaftliche Innovation und die Technologien der Zukunft, Frankfurt am Main 2002.

Eberle, C.-E.: Regulierung, Deregulierung oder Selbstregulierung?, in: Prinz, M./Peters, B. (Hrsg.), Medienrecht im Wandel, FS für Manfred Engelschall, Baden-Baden 1996, 153.

Eckhardt, J.: IP-Adresse als personenbezogenes Datum – neues Öl ins Feuer, CR 2011, 339.

Ehmann, H.: Zur Struktur des Allgemeinen Persönlichkeitsrechts, JuS 1997, 193.

Ehmke, H.: Prinzipien der Verfassungsinterpretation, VVDStRL 20 (1963), 53.

Eifert, M.: Grundversorgung mit Telekommunikationsleistungen im Gewährleistungsstaat, Baden-Baden 1998.

Eifert, M.: Informationelle Selbstbestimmung im Internet, NVwZ 2008, 521.

Eifert, M.: Innovationsverantwortung im Netz – Die rechtliche Konturierung angemessener Verhaltensstandards im Internet, in: Eifert, M./Hoffmann-Riem, W. (Hrsg.), Innovation, Recht und öffentliche Kommunikation, Berlin 2011, 255.

Eisenberg, U./Singelnstein, T.: Zur Unzulässigkeit der heimlichen Ortung per „stiller SMS", NStZ 2005, 62.

Elbing, G.: Zur Anwendbarkeit der Grundrechte bei Sachverhalten mit Auslandsbezug, Berlin 1992.

Elixmann, R.: Datenschutz und Suchmaschinen – Neue Impulse für einen Datenschutz im Internet, Berlin 2012.

Emmenegger, S.: Gesetzgebungskunst: gute Gesetzgebung als Gegenstand einer legislativen Methodenbewegung in der Rechtswissenschaft um 1900, Tübingen 2006.

Enneccerus, L./Lehmann, H.: Lehrbuch des Bürgerlichen Rechts, Zweiter Band: Recht der Schuldverhältnisse, 14. Aufl., Tübingen 1954.

Enneccerus, L./Nipperdey, H. C.: Allgemeiner Teil des bürgerlichen Rechts: Ein Lehrbuch, 15. Aufl., Tübingen 1960.

Epping, V./Hillgruber, C. (Hrsg.): Grundgesetz – Beck'scher Online-Kommentar, Kommentar, Edition 24, Stand 1.3.2015, München (zitiert: Bearbeiter, in: Epping/Hillgruber 2015).

Erdemir, M.: Filmzensur und Filmverbot – eine Untersuchung zu den verfassungsrechtlichen Anforderungen an die strafrechtliche Filmkontrolle im Erwachsenenbereich, Marburg 2000.

Erlhofer, S.: Suchmaschinen-Optimierung: das umfassende Handbuch, 7. Aufl., Bonn 2014.

Ewer, W./Thienel, T.: Völker-, unions- und verfassungsrechtliche Aspekte des NSA-Datenskandals, NJW 2014, 30.

Expertenkommission Innovation und Forschung (EFI): Gutachten zu Forschung, Innovation und technologischer Leistungsfähigkeit Deutschlands, 2011, abrufbar unter http://www.e-fi.de/fileadmin/Gutachten/2011_deu.pdf.

Fehling, M./Ruffert, M.: Regulierungsrecht, Tübingen 2010.

Feldhaus, G.: Bundes-Immissionsschutzgesetz, 2. Aufl., Baden-Baden 2014.

Fiedler, W.: Sozialer Wandel, Verfassungswandel, Rechtsprechung, Freiburg 1972.

Fiedler, C.: Technologieneutrale Pressefreiheit, AfP 2011, 15.

Fikentscher, W./Möllers T.: Die (negative) Informationsfreiheit als Grenze von Werbung und Kunstdarbietung, NJW 1998, 1340.

Fischer, U.: Rechtliche Qualifikationen von Verfassungsaufträgen, Sinzheim 2000.

Forsthoff, E.: Wehrbeitrag und Grundgesetz, in: Veröffentlichungen des Instituts für Staatslehre und Politik in Mainz (Hrsg.), Der Kampf um den Wehrbeitrag, Bd. 2, 2. Halbband, München 1953.

Forsthoff, E.: Rechtsstaat im Wandel – Verfassungsrechtliche Abhandlungen 1954 – 1973, 2. Aufl., München 1976.

Fox, D.: Realisierung, Grenzen und Risiken der Online-Durchsuchung, DuD 2007, 827.

Franzius, C.: Technikermöglichungsrecht – Wechselbeziehungen zwischen Technik und Recht am Beispiel der Kommunikationstechnik, Die Verwaltung 2001, 487.

Frenz, W.: Handbuch Europarecht, Bd. 4, Europäische Grundrechte, Berlin u.a. 2009.

Freund, M.: Infrastrukturgewährleistung in der Telekommunikation – Staatliche Gewährleistungsverantwortung, Universaldienst, Wegerechte, München 2002.

Freund, B./Schnabel, C.: Bedeutet IPv6 das Ende der Anonymität im Internet? – Technische Grundlagen und rechtliche Beurteilung des neuen Internet-Protokolls, MMR 2011, 495.

Frevert, T.: All bits are equal? – Zum Entwurf einer Netzneutralitätsverordnung, ZRP 2013, 166.

Frevert, T.: Netzneutralität 2012 – Aktueller Stand der Diskussion und Gesetzgebung, MMR 2012, 510.

Frey, D./Rudolph, M./Oster, J.: Internetsperren und der Schutz der Kommunikation im Internet, MMR-Beilage Heft 3, 2012, 1.

Friauf, K.-H./Höfling, W. (Hrsg.): Berliner Kommentar zum Grundgesetz, Loseblatt, Berlin 2014 (zitiert: Bearbeiter, in: Friauf/Höfling 2014).

Fritsch, M.: Marktversagen und Wirtschaftspolitik – Mikroökonomische Grundlagen staatlichen Handelns, 9. Aufl., München 2014.

Frowein, J. A.: Änderungen der Rechtsprechung des Bundesverfassungsgerichts als Rechtsproblem, DÖV 1971, 793.

Fuhrmann, H.: Vertrauen im Electronic Commerce – Rechtliche Gestaltungsmöglichkeiten unter besonderer Berücksichtigung verbindlicher Rechtsgeschäfte und des Datenschutzes, Baden-Baden 2001.

Funke, A./Papp, A.: Rechtsprobleme kommunaler Satzungen, JuS 2010, 395.

Gallwas, H.-U.: Grundrechte, 2. Aufl., Neuwied 1995.

Gausemeier, J./Fink, A./Schlake, O.: Szenariotechnik, Kap. 10, in: Graf von Westphalen, R. (Hrsg.), Technikfolgenabschätzung als politische Aufgabe, 3. Aufl., München, Wien 1997, 203.

Gaycken, S./Karger, M.: Entnetzung statt Vernetzung – Paradigmenwechsel bei der IT-Sicherheit, MMR 2011, 3.

Geis, I.: Internet und Datenschutzrecht, NJW 1997, 288.

Gellermann, M.: Grundrechte im einfachgesetzlichem Gewande, Tübingen 2000.

Geppert, M./Schütz, R. (Hrsg): Beck'scher TKG-Kommentar, 4. Aufl., München 2013 (zitiert: Bearbeiter, in: Geppert/Schütz 2013).

Gercke, M.: Heimliche Online-Durchsuchung: Anspruch und Wirklichkeit, CR 2007, 245.

Gerhards, J.: (Grund-)Recht auf Verschlüsselung?, Baden-Baden 2010.

Gerpott, T. J.: Erweiterung potentieller Universaldienstleistungen im neuen Telekommunikationsgesetz, CR 2011, 568.

Gersdorf, H.: Der verfassungsrechtliche Rundfunkbegriff im Lichte der Digitalisierung der Telekommunikation – Ein Rechtsgutachten im Auftrag der Hamburgischen Anstalt für neue Medien, Berlin 1995.

Gersdorf, H.: Verbot presseähnlicher Angebote des öffentlich-rechtlichen Rundfunks, AfP 2010, 421.

Gersdorf, H.: Netzneutralität: Juristische Analyse eines „heißen Eisens", AfP 2011, 209.

Gersdorf, H./Paal, B. P.: Informations- und Medienrecht – Beck'scher Online-Kommentar, Edition 7, Stand 1.2.2015, München (zitiert: Bearbeiter, in: Gersdorf/Paal 2015).

Giesberts, L./Reinhardt, M. (Hrsg.): Umweltrecht, Edition 34, Stand 1.1.2015, München 2015 (zitiert: Bearbeiter, in: Giesberts/Reinhardt 2015).

Gitter, R.: Softwareagenten im elektronischen Geschäftsverkehr – Rechtliche Vorgaben und Gestaltungsvorschläge, Baden-Baden 2007.

Glaser, A.: Grundrechtlicher Schutz der Ehre im Internetzeitalter, NVwZ 2012, 1432.

Görisch, C.: Netzneutralität – ein Grundsatz des europäischen Regulierungsrechts?, EuZW 2012, 494.

Goerlich, H./Meier, A.-K.: Selbstverpflichtungen und Autonomie am Beispiel des öffentlich-rechtlichen Rundfunks – Zugleich zur „Neuen Steuerung" und ihren Verfahren, ZUM 2007, 889.

Gottl-Ottlilienfeld, von, F.: Grundriss der Sozialökonomie, II. Abteilung: Die natürlichen und technischen Beziehungen der Wirtschaft, II. Teil: Wirtschaft und Technik, 2. Aufl., Tübingen 1923.

Gounalakis, G.: Konvergenz der Medien, München 2002.

Gounalakis, G./Klein, C.: Zulässigkeit von personenbezogenen Bewertungsplattformen – Die „Spickmich"-Entscheidung des BGH vom 23. 6. 2009, NJW 2010, 566.

Greve, H.: Technische Grundlagen und Aspekte der Netzneutralität – Bericht über den Vortrag von Constanze Kurz, in: Kloepfer, M. (Hrsg.), Netzneutralität in der Informationsgesellschaft, Beiträge zum Informationsrecht, Berlin 2011, 13.

Greve, H.: Netzneutralität als zwingendes Prinzip zur Gewährleistung eines digitalen Meinungsmarktes?, VR 2013, 109.

Grimm, D.: Verfassungsfunktion und Grundgesetzreform, AöR 97 (1972), 489.

Grimm, D.: Recht und Staat der bürgerlichen Gesellschaft, Frankfurt 1987.

Grimm, D.: Rückkehr zum liberalen Grundrechtsverständnis?, recht – Zeitschrift für juristische Weiterbildung und Praxis 1988, 41.

Grimm, D.: Die Zukunft der Verfassung, 1. Aufl., Frankfurt am Main 1991.

Grimm, D.: Verfassungsrecht und sozialer Wandel – Überlegungen zur Methode der Verfassungsinterpretation, Seoul Law Journal 42 (2001), 182, http://hdl.handle.net/10371/9047.

Grimm, D.: Der Datenschutz vor einer Neuorientierung, JZ 2013, 585.

Groß, T.: Die Schutzwirkung des Brief-, Post- und Fernmeldegeheimnisses nach der Privatisierung der Post, JZ 1999, 326.

Groß, T.: Welche Klimaschutzpflichten ergeben sich aus Art. 20a GG?, ZUR 2009, 364.

Grote, R.: Kommunikative Selbstbestimmung im Internet und Grundrechtsordnung, KritV 1999, 27.

Grupp, H.: Messung und Erklärung des Technischen Wandels – Grundzüge einer empirischen Innovationsökonomie, Berlin 1997.

Grzeszick, B.: Neue Medienfreiheiten zwischen staatlicher und gesellschaftlicher Ordnung – Das Beispiel des Internets, AöR 123 (1998), 173.

Gusy, C./Worms, C.: Grundgesetz und Internet, Parlamentarische Beilage 2009, Nr. 18-19, 26.

Habel, E.: Menschenwürde und natürliche Lebensgrundlagen, NuR 1995, 165.

Häberle, P.: Zeit und Verfassung – Prolegomena zu einem „zeit-gerechten" Verfassungsverständnis, ZfP 21 (1974), 111.

Häberle, P.: Die offene Gesellschaft der Verfassungsinterpreten, JZ 1975, 297.

Häberle, P.: Zeit und Verfassung – Prolegomena zu einem „zeit-gerechten“ Verfassungsverständnis, in: Dreier, R./Schwegmann, F. (Hrsg.), Probleme der Verfassungsinterpretation, Baden-Baden 1976, 293.

Häberle, P./Bachof, O./Brohm, W./Martens, W.: Grundrechte im Leistungsstaat, VVDStRL 30 (1972), 43.

Hadamek, R.: Art. 10 GG und die Privatisierung der Deutschen Bundespost, Berlin 2002.

Hahn, W./Vesting, T. (Hrsg.): Beck'scher Kommentar zum Rundfunkrecht, 2. Aufl., München 2008 (zitiert: Bearbeiter, in: Hahn/Vesting 2008).

Hain, K.-E.: Rundfunkfreiheit und Rundfunkordnung, Baden-Baden 1993.

Hain, K.-E.: Rundfunkfreiheit als „dienende Freiheit“ – ein Relikt?, in: Jahrbuch Bitburger Gespräche 2007 I, 48. Bitburger Gespräche: Die duale Organisation (Struktur) des Rundfunks in Deutschland – ein Auslaufmodell?, München 2007, 21.

Hain, K.-E.: Die zeitlichen und inhaltlichen Einschränkungen der Telemedienangebote von ARD, ZDF und Deutschlandradio nach dem 12. RÄndStV, Baden-Baden 2009.

Hain, K.-E.: Ist die Etablierung der Internetdienstefreiheit sinnvoll?, K&R 2012, 98.

Hammer, V.: Die 2. Dimension der IT-Sicherheit – Verletzlichkeitsreduzierende Technikgestaltung am Beispiel von Public Key Infrastrukturen, Braunschweig, Wiesbaden 1999.

Hammer, V.: Kritische IT-Infrastrukturen, DuD 2003, 240.

Hammer, V./Pordesch, U./Roßnagel, A.: Betriebliche Telefon- und ISDN-Anlagen rechtsgemäß gestalten, Berlin, Heidelberg, New York 1993.

Hammer, V./Pordesch, U./Roßnagel, A./Schneider, M. J.: Vorlaufende Gestaltung von Telekooperationstechnik – am Beispiel von Verzeichnisdiensten, Personal Digital Assistants und Erreichbarkeitsmanagement in der Dienstleistungsgesellschaft, GMD-Studie Nr. 235, Sankt Augustin, 1994.

Hasse, R./Wehner, J.: Vernetzte Kommunikation – Zum Wandel strukturierter Öffentlichkeit, in: Becker, B. (Hrsg.), Virtualisierung des Sozialen – die Informationsgesellschaft zwischen Fragmentierung und Globalisierung, Frankfurt am Main 1997, 53.

Hauschildt, J.: Facetten des Innovationsbegriffs, in: Hoffmann-Riem, W./Schneider, J.-P. (Hrsg.), Rechtswissenschaftliche Innovationsforschung: Grundlagen, Forschungsansätze, Gegenstandsbereiche, Baden-Baden 1998, 29.

Hauschildt, J./Salomo, S.: Innovationsmanagement, 5. Aufl., München 2011.

HVBG – Hauptverband der Gewerblichen Berufsgenossenschaften: CE-Kennzeichnung und GS-Zeichen, 3. Aufl., Sankt Augustin 1998.

Heckmann, D.: Grundrecht auf IT-Abwehr? – Freiheitsrechte als Abwehrrechte gegen aufgedrängtes E-Government, MMR 2006, 3.

Heckmann, D.: Staatliche Schutz- und Förderpflichten zur Gewährleistung von IT-Sicherheit – Erste Folgerungen aus dem Urteil des Bundesverfassungsgerichts zur „Online-Durchsuchung“, in: Rüßmann, H. (Hrsg.), Festschrift für Gerhard Käfer, Saarbrücken 2009, 129.

Heckmann, D.: Persönlichkeitsschutz im Internet, NJW 2012, 2632.

Heise, M.: Grundrecht auf Gewährleistung der Vertraulichkeit und Integrität informationstechnischer Systeme? – Zum Urteil des Bundesverfassungsgerichts vom 27. Februar 2008, 1 BvR 370/07, 1 BvR 595/07, RuP 2009, 94.

Helberg, A.: Normabwendende Selbstverpflichtungen als Instrumente des Umweltrechts – Verfassungs- und verwaltungsrechtliche Voraussetzungen und Grenzen, Sinzheim 1999.

Heller R.-O./Richter E.: Das Recht als erfolgskritischer und reformstrategischer Faktor im E-Government, DVBl 2010, 350.

Hellermann, J.: Die sogenannte negative Seite der Freiheitsrechte, Berlin 1993.

Heming, R.: Öffentlichkeit, Diskurs und Gesellschaft – Zum analytischen Potential und zur Kritik des Begriffs der Öffentlichkeit bei Habermas, Wiesbaden 1997.

Hennemann, M.: Urheberrechtsdurchsetzung und Internet, Baden-Baden 2011.

Hensel, D.: Die Vorratsdatenspeicherung aus datenschutzrechtlicher Sicht – Die Bildung von Persönlichkeitsprofilen und andere Probleme der Vorratsdatenspeicherung, DuD 2009, 527.

Heliosch, A.: Verfassungsrechtliche Anforderungen an Sperrmaßnahmen von kinderpornographischen Inhalten im Internet – Unter besonderer Berücksichtigung des Zugangserschwerungsgesetzes, Göttingen 2012.

Herrmann, C.: Das Grundrecht auf Gewährleistung der Vertraulichkeit und Integrität informationstechnischer Systeme – Entstehung und Perspektiven, Frankfurt am Main 2010.

Herrmann, G.: Fernsehen und Hörfunk in der Verfassung der Bundesrepublik Deutschland, zugleich ein Beitrag zu weiteren allgemeinen verfassungsrechtlichen und kommunikationsrechtlichen Fragen, Tübingen 1975.

Herzog, R.: Der Verfassungsauftrag zum Schutz des ungeborenen Lebens, JR 1969, 441.

Herzog, R.: Gesetzgebung und Einzelfallgerechtigkeit, NJW 1999, 25.

Herzog, S.: Der digitale Nachlass – ein bisher kaum gesehenes und häufig missverstandenes Problem, NJW 2013, 3745.

Heselhaus, S./Nowak, C (Hrsg.): Handbuch der Europäischen Grundrechte, München 2006.

Hesse, K.: Grenzen der Verfassungswandlung, in: Ehmke, H./Kaiser, J. H./Kewenig, W. A./Meesen, K. M./Rüfner, W. (Hrsg.), Festschrift für Ulrich Scheuner zum 70. Geburtstag, Berlin 1973, 123.

Hesse, K.: Bestand und Bedeutung der Grundrechte in der Bundesrepublik Deutschland, EuGRZ 1978, 427.

Hesse, K.: Grundzüge des Verfassungsrechts der Bundesrepublik Deutschland, 20. Aufl., Heidelberg 1995.

Hesse, K.: Verfassungsrechtsprechung im geschichtlichen Wandel, JZ 1995, 265.

Heun, S.: IT-Unternehmen als Telekommunikationsanbieter, CR 2008, 79.

Heußner, H.: Datenverarbeitung und die Rechtsprechung des Bundesverfassungsgerichts im Spannungsfeld zwischen Recht und Politik, ArbuR 1985, 309.

Hilbert, M./López, P.: The World's Technological Capacity to Store, Communicate, and Compute Information, Science 332 (2011), 60.

Hilgendorf, E.: Tatsachenaussagen und Werturteile im Strafrecht: entwickelt am Beispiel des Betruges und der Beleidigung, Berlin 1998.

Hillgruber, C.: Verfassungsrecht zwischen normativem Anspruch und politischer Wirklichkeit, VVDStRL 67 (2008), 7.

Hillgruber, C.: § 15 Verfassungsinterpretation, in: Depenheuer, O./Grabenwarter, C. (Hrsg.), Verfassungstheorie, Tübingen 2010, 505.

Hinderling, H. G.: Rechtsnorm und Verstehen – Die methodischen Folgen einer allgemeinen Hermeneutik für die Prinzipien der Verfassungsauslegung, Bern 1971.

Hirsch, B.: Das Grundrecht auf Gewährleistung der Vertraulichkeit und Integrität informationstechnischer Systeme – Zugleich Anmerkung zu BVerfG, NJW 2008, 822, NJOZ 2008, 1907.

Höfling, W.: Offene Grundrechtsinterpretation – Grundrechtsauslegung zwischen amtlichem Interpretationsmonopol und privater Konkretisierungskompetenz, Berlin 1987.

Hömig, D.: »Neues« Grundrecht, neue Fragen? – Zum Urteil des BVerfG zur Online-Durchsuchung, JURA 2009, 207.

Hoenike, M./Szodruch, A.: Rechtsrahmen innovativer Zahlungssysteme für Multimediadienste, MMR 2006, 519.

Hörauf, D.: Schutz der Grundrechte durch oder vor Netzneutralität? Netzmanagement als Vorbedingung effektiver Grundrechtsverwirklichung – eine Perspektivumkehr, HFR 7/2011, 70.

Hoeren, T.: Das Telemediengesetz, NJW 2007, 801.

Hoeren, T.: Was ist das „Grundrecht auf Integrität und Vertraulichkeit informationstechnischer Systeme"?, MMR 2008, 365.

Hoeren, T./Sieber, U./Holznagel, B. (Hrsg.): Handbuch Multimedia-Recht – Rechtsfragen des elektronischen Rechtsverkehrs, 39. Aufl., München 2014.

Hofmann, P.: Das letzte Gefecht der Kulturindustrie, FoR 2010, 5.

Hoffmann, C.: Die Gewährleistung der Vertraulichkeit und Integrität elektronischer Daten- und Dokumentensafes, Kiel 2012.

Hoffmann, H.: Zivilrechtliche Haftung im Internet, MMR 2002, 284.

Hoffmann-Riem, W.: Ermöglichung von Flexibilität und Innovationsoffenheit im Verwaltungsrecht, in: Hoffmann-Riem, W./Schmidt-Aßmann, E. (Hrsg.), Innovation und Flexibilität des Verwaltungshandelns, 1994, 9.

Hoffmann-Riem, W.: Pay-TV im öffentlich-rechtlichen Rundfunk: Eine verfassungsrechtliche Analyse auf der Grundlage der Rechtsprechung des Bundesverfassungsgerichts, Rechtsgutachten, vorgelegt im Auftrag der Landesregierungen der Bundesländer Hessen, Nordrhein-Westfalen, Schleswig-Holstein und Rheinland-Pfalz, Baden-Baden, Hamburg 1996.

Hoffmann-Riem, W.: Innovationen durch Recht und im Recht, in: Schulte, M. (Hrsg.), Technische Innovation und Recht – Antrieb oder Hemmnis?, Heidelberg 1997, 3.

Hoffmann-Riem, W.: Zur Notwendigkeit rechtswissenschaftlicher Innovationsforschung, in: Sauer, D./Lang, C. (Hrsg.), Paradoxien der Innovation – Perspektiven sozialwissenschaftlicher Innovationsforschung, Frankfurt am Main 1999, 229.

Hoffmann-Riem, W.: Telekommunikationsrecht als europäisiertes Verwaltungsrecht, DVBl 1999, 125.

Hoffmann-Riem, W.: Das Grundgesetz – zukunftsfähig?, DVBl 1999, 657.

Hoffmann-Riem, W.: Innovation und Telekommunikation – rechtliche Steuerung von Innovationsprozessen in der Telekommunikation, Baden-Baden 2000.

Hoffmann-Riem, W.: Rechtswissenschaftliche Innovationsforschung als Reaktion auf gesellschaftlichen Innovationsbedarf, in: Eifert, M./Hoffmann-Riem, W. (Hrsg.), Innovation und rechtliche Regulierung – Schlüsselbegriffe und Anwendungsbeispiele rechtswissenschaftlicher Innovationsforschung, Baden-Baden 2002, 26.

Hoffmann-Riem, W.: Kommunikationsfreiheiten – Kommentierungen zu Art. 5 Abs. 1 und 2 sowie Art. 8 GG, 1. Aufl., Baden-Baden 2002.

Hoffmann-Riem, W.: Grundrechtsanwendung und Rationalitätsanspruch, Der Staat 43 (2004), 203.

Hoffmann-Riem, W.: Innovationsoffenheit und Innovationsverantwortung durch Recht, AöR 131 (2006), 255.

Hoffmann-Riem, W.: Der grundrechtliche Schutz der Vertraulichkeit und Integrität informationstechnischer Systeme, JZ 2008, 1009.

Hoffmann-Riem, W.: Soziale Innovation – Eine Herausforderung für die Rechtswissenschaft, Der Staat 47 (2008), 588.

Hoffmann-Riem, W.: Grundrechts- und Funktionsschutz für elektronisch vernetzte Kommunikation, AöR 134 (2009), 513.

Hoffmann-Riem, W.: Kommunikations- und Medienfreiheit, in: ders. (Hrsg.), Offene Rechtswissenschaft – ausgewählte Schriften von Wolfgang Hoffmann-Riem mit begleitenden Analysen, Tübingen 2010, 659.

Hoffmann-Riem, W.: Innovation, Recht und öffentliche Kommunikation, Überarbeitete Fassung eines Vortrages aus Anlass der Überreichung der Universitätsmedaille am 19. Dezember 2000 in Hamburg, 2010, abrufbar unter http://www.jura.uni-hamburg.de/public/personen/hoffmann-riem/Innovation.pdf.

Hoffmann-Riem, W.: Regelungsstrukturen für öffentliche Kommunikation im Internet, AöR 137 (2012), 509.

Hoffmann-Riem, W.: Freiheitsschutz in den globalen Kommunikationsinfrastrukturen, JZ 2014, 53.

Hoffmann-Riem, W.: Stellungnahme zur Anhörung des NSA-Untersuchungsausschusses am 22. Mai 2014, abrufbar unter https://www.bundestag.de/blob/280846/04f34c512c86876b06f7c162e673f2db /mat_a_sv-2-1neu--pdf-data.pdf.

Hoffmann-Riem, W./Eifert, M.: Rechtliche Steuerung von Innovationsprozessen in der Telekommunikation, in: Hoffmann-Riem (Hrsg.), Innovation und Telekommunikation – Rechtliche Steuerung von Innovationsprozessen in der Telekommunikation, Baden-Baden 2000, 9.

Hoffmann-Riem, W./Fritzsche, S.: Innovationsverantwortung – zur Einleitung, in: Eifert, M./Hoffmann-Riem, W. (Hrsg.), Innovationsverantwortung – Innovation und Recht III, Berlin 2009, 11.

Hoffmann-Riem, W./Schmidt-Aßmann, E./Voßkuhle, A.: Grundlagen des Verwaltungsrechts: Band I: Methoden, Maßstäbe, Aufgaben, Organisation, 2. Aufl., München 2012.

Hoffmann-Riem, W./Schneider, J.-P. (Hrsg.): Rechtswissenschaftliche Innovationsforschung: Grundlagen, Forschungsansätze, Gegenstandsbereiche, Baden-Baden 1998.

Holznagel, B.: Rechtspolitische Leitlinien für die digitale Kommunikations- und Medienordnung, JZ 2001, 905.

Holznagel, B.: Netzneutralität als Aufgabe der Vielfaltssicherung, K&R 2010, 95.

Holznagel, B.: Internetdienstefreiheit und Netzneutralität, AfP 2011, 532.

Holznagel, B.: Die Zukunft der Mediengrundrechte in Zeiten der Konvergenz, MMR 2011, 1.

Holznagel, B.: Meinungsbildung im Internet, NordÖR 2011, 205.

Holznagel, B.: Das neue TKG: Im Mittelpunkt steht der Verbraucher, NJW 2012, 1622.

Holznagel, B./Nüssing, C.: Legal framework of net neutrality: USA vs. Europe, in: Spiecker gen. Döhmann, I./Krämer, J. (Hrsg.), Network Neutrality and Open Access 2011.

Holznagel, B./Schumacher, P.: Auswirkungen des Grundrechts auf Vertraulichkeit und Integrität informationstechnischer Systeme auf RFID-Chips, MMR 2009, 3.

Holznagel, B./Schumacher, P.: Die Freiheit der Internetdienste, in: Kleinwächter, W. (Hrsg.), Grundrecht Internetfreiheit, Co:llaboratory Discussion Papers Series No. 1, MIND 2011, 14.

Holznagel, B./Schumacher, P.: Kommunikationsfreiheiten und Netzneutralität, in: Kloepfer, M. (Hrsg.), Netzneutralität in der Informationsgesellschaft, Beiträge zum Informationsrecht, Berlin 2011, 47.

Holznagel, B./Schumacher, P.: Netzpolitik Reloaded, ZRP 2011, 74.

Honoré, P.: Es begann mit der Technik – Das technische Können der Steinzeitmenschen und wie es die moderne Vorgeschichtsforschung enträtselt, Stuttgart 1969.

Hoppe, W.: Zur Struktur von Normen des Planungsrechts, DVBl 1974, 641.

Hornung, G.: Zwei runde Geburtstage: Das Recht auf informationelle Selbstbestimmung und das WWW, MMR 2004, 3.

Hornung, G.: Die digitale Identität – Rechtsprobleme von Chipkartenausweisen: Digitaler Personalausweis, elektronische Gesundheitskarte, JobCard-Verfahren, Baden-Baden 2005.

Hornung, G.: Ermächtigungsgrundlage für die „Online-Durchsuchung“?, DuD 2007, 575.

Hornung, G.: Ein neues Grundrecht – Der verfassungsrechtliche Schutz der „Vertraulichkeit und Integrität informationstechnischer Systeme“, CR 2008, 299.

Hornung, G.: Grundrechtsinnovationen, Tübingen 2015.

Horvath, S.: Aktueller Begriff – Big Data, Wissenschaftliche Dienste des Deutschen Bundestages 2013, abrufbar unter http://www.bundestag.de/dokumente/analysen/2013/Big_Data.pdf.

Huber, B.: Trojaner mit Schlapphut – Heimliche „Online-Durchsuchung" nach dem Nordrhein-Westfälischen Verfassungsschutzgesetz, NVwZ 2007, 880.

Huber, H.: Rechtstheorie, Verfassungsrecht, Völkerrecht, in: Eichenberger, K./Bäumlin, R./Miller, J. P. (Hrsg.), Ausgewählte Aufsätze 1950-1970 zum 70. Geburtstag des Verfassers, Bern 1971.

Huber, H.: Über die Konkretisierung der Grundrechte, in: Saladin, P./Wildhaber, L. (Hrsg.), Der Staat als Aufgabe, Gedächtnisschrift für Max Imboden, Basel 1972, 191.

Hubmann, H.: Das Persönlichkeitsrecht, 1. Aufl., Beiträge zum Handels-, Wirtschafts- und Steuerrecht Heft 4, Münster, Köln 1953.

Hubmann, H.: Das Persönlichkeitsrecht, 2. veränderte und erweiterte Aufl., Köln 1967.

Hümmerich, K.: Zielvereinbarungen in der Praxis, NJW 2006, 2294.

Hufen, F.: Das Volkszählungsurteil des Bundesverfassungsgerichts und das Grundrecht auf informationelle Selbstbestimmung – eine juristische Antwort auf „1984"?, JZ 1984, 1072.

Hufen, F.: Entstehung und Entwicklung der Grundrechte, NJW 1999, 1504.

Hufen, F.: Staatsrecht II – Grundrechte, 4. Aufl., München 2014.

Idecke-Lux, S.: Der Einsatz von multimedialen Dokumenten bei der Genehmigung von neuen Anlagen nach dem Bundesimmissionsschutz-Gesetz, Baden-Baden 2000.

Ipsen, J.: Die Bewältigung der wissenschaftlichen und technischen Entwicklungen durch das Verwaltungsrecht, VVDStRL 48 (1990), 177.

Irrgang, B.: Von der Technikfolgenabschätzung zur Technologiegestaltung, JCSW 1996, 51.

Isensee, J.: Die staatsrechtliche Stellung der Ausländer in der Bundesrepublik Deutschland, VVDStRL 32 (1974), 40.

Isensee, J.: Das Grundrecht auf Sicherheit – Zu den Schutzpflichten des freiheitlichen Verfassungsstaates, Berlin 1983.

Isensee, J./Kirchhof, P.: Handbuch des Staatsrechts der Bundesrepublik Deutschland, Band V: Allgemeine Grundrechtslehren, 1. Aufl., Heidelberg 1992.

Isensee, J./Kirchhof, P.: Handbuch des Staatsrechts der Bundesrepublik Deutschland, Band I: Historische Grundlangen, 3. Aufl., Heidelberg 2003.

Isensee, J./Kirchhof, P.: Handbuch des Staatsrechts der Bundesrepublik Deutschland, Band II: Verfassungsstaat, 3. Aufl., Heidelberg 2004.

Isensee, J./Kirchhof, P.: Handbuch des Staatsrechts der Bundesrepublik Deutschland, Band IV: Aufgaben des Staates, 3. Aufl., Heidelberg 2006.

Isensee, J./Kirchhof, P.: Handbuch des Staatsrechts der Bundesrepublik Deutschland, Band VII: Freiheitsrechte, 3. Aufl., Heidelberg 2009.

Isensee, J./Kirchhof, P.: Handbuch des Staatsrechts der Bundesrepublik Deutschland, Band IX: Allgemeine Grundrechtslehren, 3. Aufl., Heidelberg 2011.

Isensee, J./Kirchhof, P.: Handbuch des Staatsrechts der Bundesrepublik Deutschland, Band XI: Internationale Bezüge, 3. Aufl., Heidelberg 2013.

Isensee, J./Kirchhof, P.: Handbuch des Staatsrechts der Bundesrepublik Deutschland, Band XII: Normativität und Schutz der Verfassung, 3. Aufl., Heidelberg 2014.

Jäger, M.: Das neue Telemediengesetz (Teil 1) – Grundlagen, jurisPR-ITR 4/2007 Anm. 4.

Jäkel, F.: Internetformate und Grundgesetz – Ist eine Internetfreiheit wirklich nötig?, AfP 2012, 224.

Jäkel, F.: Netzneutralität im Internet – Verfassungsrechtliche Aspekte und Sicherungsmechanismen, Frankfurt am Main 2013.

Jahn, M./Kudlich, H.: Die strafprozessuale Zulässigkeit der Online-Durchsuchung, JR 2007, 57.

Jandt, S.: Vertrauen im Mobile Commerce – Vorschläge zur rechtsverträglichen Gestaltung von Location Based Services, Baden-Baden 2008.

Jandt, S.: EuGH stärkt den Schutz der Persönlichkeitsrechte gegenüber Suchmaschinen, MMR-Aktuell 2014, 358242.

Jandt, S.: Big Data und die Zukunft des Scoring, K&R 2015, Beihefter zu Heft 6, 11.

Jandt, S./Kieselmann, O./Wacker, A.: Recht auf Vergessen im Internet – Diskrepanz zwischen rechtlicher Zielsetzung und technischer Realisierbarkeit, DuD 2013, 235-241.

Jandt, S./Laue, P.: Voraussetzungen und Grenzen der Profilbildung bei Location Based Services, K&R 2006, 316.

Jarass, H. D.: Die Freiheit der Massenmedien, Baden-Baden 1978.

Jarass, H. D.: Das allgemeine Persönlichkeitsrecht im Grundgesetz, NJW 1989, 857.

Jarass, H. D.: Bausteine einer umfassenden Grundrechtsdogmatik, AöR 120 (1995), 345.

Jarass, H. D.: Rundfunkbegriffe im Zeitalter des Internet, AfP 1998, 135.

Jarass, H. D.: Die verfassungsrechtliche Stellung der Post- und TK-Unternehmen, MMR 2009, 223.

Jarass, H. D.: Charta der Grundrechte der Europäischen Union, 2. Aufl., München 2013.

Jarass, H. D./Pieroth, B.: Grundgesetz für die Bundesrepublik Deutschland, Kommentar, 13. Aufl., München 2014 (zitiert: Bearbeiter, in: Jarass/Pieroth 2014).

Jellinek, G.: Verfassungsänderung und Verfassungswandlung – Eine staatsrechtlich-politische Abhandlung, Berlin 1906.

Jellinek, G.: Allgemeine Staatslehre, 3. Aufl. unter Verwertung des handschriftlichen Nachlasses durchgesehen und ergänzt von Walter Jellinek, Berlin 1920.

Jesch, D.: Gesetz und Verwaltung – Eine Problemstudie zum Wandel des Gesetzmäßigkeitsprinzipes, 2. Aufl., Tübingen 1968.

Jestaedt, M.: Verfassungsgerichtspositivismus – Die Ohnmacht des Verfassungsgesetzgebers im verfassungsgerichtlichen Jurisdiktionsstaat, in: Depenheuer, O./Heintzen, M./Jestaedt, M./Axer, P.

(Hrsg.), Nomos und Ethos – Hommage an Josef Isensee zum 65. Geburtstag von seinen Schülern, Berlin 2002, 183.

Kahl, J.: Die verfassungsrechtliche Zulässigkeit von Internet-Sperren, SächsVBl 2010, 180.

Kahl, W./Waldhoff, C./Walter, C. (Hrsg.): Bonner Kommentar zum Grundgesetz, Loseblatt in 20 Ordnern, Heidelberg seit 1991 (zitiert: Bearbeiter, in: Kahl/Waldhoff/Walter [Stand]).

Kall, M.: Internetfreiheit im deutschen und europäischen Verfassungsrecht – Die Gebotenheit einer Neufassung von Art. 5 Abs. 1 Satz 2 GG im Lichte von Art. 11 GRCh und Art. 10 EMRK, Schumacher, P. (Hrsg.), Digital Constitution Impulspapiere, 2/2011.

Karg, M.: IP-Adressen sind personenbezogene Verkehrsdaten, MMR-Aktuell 2011, 315811.

Karmasin, M./Rath, B./Thomaß, M.: Kommunikationswissenschaft als Integrationsdisziplin, Wiesbaden 2014.

Karpen, U.: 40 Jahre Gesetzgebungslehre in Deutschland und der Beitrag der ZRP, ZRP 2007, 234.

Karzauninkat, S./Alby, T.: Suchmaschinenoptimierung: professionelles Website-Marketing für besseres Ranking, 2. Aufl., München 2007.

Kellermann, G.: Verfassungsinterpretation – Das Grundgesetz als normative Ressource im gesellschaftlichen Wandel, Schwalbach 2011.

Kelsen, H.: Reine Rechtslehre, 2. Aufl., Wien 1960.

Kelsen, H.: Zum Begriff der Norm, in: Dietz, R./Hübner, H. (Hrsg.), Festschrift für Hans Carl Nipperdey zum 70. Geburtstag, 21. Januar 1965, Bd. I, München 1965, 57.

Kemper, M.: Anforderungen und Inhalt der Online-Durchsuchung bei der Verfolgung von Straftaten, ZRP 2007, 105.

Kenntner, M.: Grundgesetzwandel – Überlegungen zur Veränderung des Grundgesetzes und seines Bezugsrahmens, DÖV 1997, 450.

Kettemann, M. C.: Das Internet als internationales Schutzgut: Entwicklungsperspektiven des Internetvölkerrechts anlässlich des Arabischen Frühlings, ZaöRV 2012, 469.

Kilian, W./Heussen, B.: Computerrechts-Handbuch – Informationstechnologie in der Rechts- und Wirtschaftspraxis, Loseblatt, 32. Aufl., München 2013 (zitiert: Bearbeiter, in: Kilian/Heussen 2013).

Kimminich, O.: Die Freiheit, nicht zu hören, Der Staat 3 (1964), 61.

Kirchhof, P.: Kontrolle der Technik als staatliche und private Aufgabe, NVwZ 1988, 97.

Kisker, G.: Neue Aspekte im Streit um den Vorbehalt des Gesetzes, NJW 1977, 1313.

Kissel, O. R.: Internet für und gegen alle?, NJW 2006, 801.

Klar, M.: Der Rechtsrahmen des Datenschutzrechts für Visualisierungen des öffentlichen Raums – Ein taugliches Konzept zum Schutz der Betroffeneninteressen?, MMR 2012, 788.

Klein, E.: Grundrechtliche Schutzpflicht des Staates, NJW 1989, 1633.

Klein, E.: Menschenrechte – Stille Revolution des Völkerrechts und Auswirkungen auf die innerstaatliche Rechtsanwendung, Baden-Baden 1997.

Klein, H. H.: Ein Grundrecht auf saubere Umwelt?, in: Schneider, H./Götz, V. (Hrsg.), Im Dienst an Recht und Staat, Festschrift für Werner Weber zum 70. Geburtstag, Berlin 1974, 643.

Klein, H. H.: Staatsziele im Verfassungsgesetz – Empfiehlt es sich, ein Staatsziel Umweltschutz in das Grundgesetz aufzunehmen?, DVBl 1991, 729.

Klein, H. H.: Die grundrechtliche Schutzpflicht, DVBl 1994, 489.

Klein, O.: Offen und (deshalb) einfach – Zur Sicherstellung und Beschlagnahme von E-Mails beim Provider, NJW 2009, 2996.

Kley, A.: Die Medien im neuen Verfassungsrecht, in: Zimmerli, U. (Hrsg.), Die neue Bundesverfassung. Konsequenzen für Praxis und Wissenschaft, BTJP 1999, Bern 2000, 183.

Kloepfer, M.: Grundrechte als Entstehenssicherung und Bestandsschutz, München 1970.

Kloepfer, M.: Zum Grundrecht auf Umweltschutz, Schriftenreihe der Juristischen Gesellschaft e.V., Heft 56, Berlin 1978.

Kloepfer, M.: Staatsaufgabe Umweltschutz, DVBl 1979, 639.

Kloepfer, M.: Umweltschutz und Verfassungsrecht, DVBl 1988, 305.

Kloepfer, M.: Anthropozentrik versus Ökozentrik als Verfassungsproblem, in: Kloepfer, M. (Hrsg.), Anthropozentrik, Freiheit und Umweltschutz in rechtlicher Sicht, Bonn 1995, 1.

Kloepfer, M.: Technikentwicklung und Technikrechtsentwicklung – unter besonderer Berücksichtigung des Kommunikationsrechts, Berlin 2000.

Kloepfer, M.: Technik und Recht im wechselseitigem Werden, Berlin 2002.

Kloepfer, M.: Technikgestaltung durch Recht, in: Grunwald, A. (Hrsg.), Technikgestaltung – zwischen Wunsch und Wirklichkeit, Berlin 2003, 139.

Kloepfer, M.: Verfassungsrecht Band I – Grundlagen, Staatsorganisationsrecht, Bezüge zum Völker- und Europarecht, München 2011.

Kloepfer, M./Schärdel, F.: Grundrechte für die Informationsgesellschaft – Datenschutz und Informationszugangsfreiheit ins Grundgesetz, JZ 2009, 453.

Klug, U.: Rechtslücke und Rechtsgeltung, in: Dietz, R./Hübner, H. (Hrsg.), Festschrift für Hans Carl Nipperdey zum 70. Geburtstag, 21. Januar 1965, Bd. I, München 1965. 71.

Knebel, J./Wicke, L./Michael, G.: Selbstverpflichtungen und normersetzende Umweltverträge als Instrumente des Umweltschutzes – Rechtswissenschaftlicher Teil (Schlussbericht), UBA Forschungsbericht 98-123, Berlin 1999.

Knieps, G.: Netzökonomie: Grundlagen, Strategien, Wettbewerbspolitik, Wiesbaden 2007.

Knothe, M./Nowosadtko, V.: Sicherstellung von Rezeptionschancengleichheit, ZRP 2001, 33.

Koch, A.: Grundrecht auf Verschlüsselung?, CR 1997, 106.

Koch, A.: Zur Einordnung von Internet-Suchmaschinen nach dem EGG, K&R 2002, 120.

Köhntopp, M./Köhntopp, K.: Datenspuren im Internet, CR 2000, 248.

Koenig, C./Fechtner, S.: Netzneutralität – oder: Wer hat Angst vor dem schwarzen Netzbetreiber?, K&R 2011, 73.

König, W./Popescu-Zeletin, R./Schliesky, U.: IT und Internet als kritische Infrastruktur – vernetzte Sicherheit zum Schutz kritischer Infrastrukturen, Kiel 2014.

Koller, P.: Theorie des Rechts – Eine Einführung, 2. Aufl., Wien, Köln, Weimar 1997.

Konferenz der Datenschutzbeauftragten: Forum – Auswirkungen des Volkszählungsurteils, DÖV 1984, 504.

Körber, T.: TKG-Novelle 2011, Breitbandausbau im Spannungsfeld von Europäisierung, Regionalisierung und Netzneutralität, MMR 2011, 215.

Kokew, C. P.: Der Auslandsschutz deutscher Staatsangehöriger bei Entführungen, Frankfurt am Main 2012.

Koreng, A.: Meinungsmarkt und Netzneutralität – Kommunikationsgrundrechtliche Aspekte des Diskriminierungsfreien Netzzugangs, CR 2009, 758.

Koreng, A.: Zensur im Internet, 1. Aufl., Baden-Baden 2010.

Koreng, A.: Das Zensurverbot im Zeitalter der Digitalisierung, in: Goerlich, H. (Hrsg.), Rechtsfragen der Nutzung und Regulierung des Internet, Berlin 2010, 3.

Koppernock, M.: Das Grundrecht auf bioethische Selbstbestimmung – Zur Rekonstruktion des allgemeinen Persönlichkeitsrechts, Baden-Baden 1997.

Kosinski, M./Stillwell, D./Graepel, T.: Private traits and attributes are predictable from digital records of human behavior, PNAS 2013 110 (15), 5802.

Kowol, U.: Innovationsnetzwerke – Technikentwicklung zwischen Nutzungsvisionen und Verwendungspraxis, Wiesbaden 1998.

Kracht, S.: Das neue Steuerungsmodell im Hochschulbereich – Zielvereinbarungen im Spannungsverhältnis zwischen Konsens und hierarchischem Verwaltungsaufbau, Baden-Baden 2006.

Kranenpohl, U.: Hinter verschlossenen Türen: Beratungsgeheimnis des Bundesverfassungsgerichts, APuZ 2011, 23.

Krause, P.: Das Recht auf informationelle Selbstbestimmung – BVerfGE 65, 1, JuS 1984, 268.

Kriele, M.: Theorie der Rechtsgewinnung – entwickelt am Problem der Verfassungsinterpretation, 2. Aufl., Berlin 1976.

Krings, G.: Grund und Grenzen grundrechtlicher Schutzansprüche – Die subjektiv-rechtliche Rekonstruktion der grundrechtlichen Schutzpflichten und ihre Auswirkung auf die verfassungsrechtliche Fundierung des Verbrauchervertragsrechts, Berlin 2003.

Kröger, D.: Enge Auslegung von Schrankenbestimmungen – wie lange noch? – Zugang zu Informationen in digitalen Netzwerken, MMR 2002, 18.

Kröger, D./Kuner C.: Internet für Juristen: Zugang, Recherche, Informationsquellen, München 2001.

Krüger, H.: Verfassungswandlung und Verfassungsgerichtsbarkeit, in: Hesse, K./Reicke, S./Scheuner, U. (Hrsg.), Staatsverfassung und Kirchenordnung, Festgabe für Rudolf Smend zum 80. Geburtstag am 15. Januar 1962, Tübingen 1962, 151.

Krüger, H.: Verfassungsauslegung aus dem Willen des Verfassungsgebers, in: Dreier, R./Schwegmann, F. (Hrsg.), Probleme der Verfassungsinterpretation, Baden-Baden 1976, 142.

Krüger, S./Maucher, S.-A.: Ist die IP-Adresse wirklich ein personenbezogenes Datum? Ein falscher Trend mit großen Auswirkungen auf die Praxis, MMR 2011, 433.

Kruse, J.: Netzneutralität – Soll die Netzneutralität des Internet staatlich reguliert werden?, Diskussionspapierreihe – Working Paper Series, Helmut Schmidt Universität Hamburg, Hamburg 2011.

Kudlich, H.: Der heimliche Zugriff auf Daten einer Mailbox – ein Fall der Überwachung des Fernmeldeverkehrs? – Entscheidungsbesprechung, JuS 1998, 209.

Kudlich, H.: Zur Zulässigkeit strafprozessualer Online-Durchsuchung, HFR 2007, 202.

Kühling, J.: Sektorspezifische Regulierung in den Netzwirtschaften – Typologie, Wirtschaftsverwaltungsrecht, Wirtschaftsverfassungsrecht, München 2004.

Kühling, J.: Rückkehr des Rechts: Verpflichtung von „Google & Co." zu Datenschutz, EuZW 2014, 527.

Kühling, J./Biendl, M.: Zulässiger Universaldienstumfang im Zeitalter des Breitbandausbaus – Europa- und verfassungsrechtliche Grenzen staatlicher Fördermodelle, DÖV 2012, 409.

Kühling, J./Gauß, N.: Suchmaschinen – eine Gefahr für den Informationszugang und die Informationsvielfalt?, ZUM 2007, 881.

Kühling, J./Schall, T./Biendl, M.: Telekommunikationsrecht, 2. Aufl., Heidelberg 2014.

Kulwicki, C.: Verfassungswandel – Die Wechselwirkung zwischen Grundrechten und informationstechnischen Ermittlungsmethoden, Frankfurt am Main 2011.

Künast, R.: Am Anfang steht die Menschenwürde: Ein Grundgesetz für das 21. Jahrhundert, NJW 2009, 1723.

Kugelmann, D.: Zugang zu Netzen und Dienstleistungen der (Tele-)Kommunikation – Elektronische Kommunikation in der Konvergenzfalle, VerwArch 95 (2004), 515.

Kuri, J.: Störfunk fürs Gehirn – Mythos und Realität von Gesundheitsschäden durch elektronische Geräte, c't 14/2000, 218.

Kutscha, M.: Verdeckte „Online-Durchsuchung" und Unverletzlichkeit der Wohnung, NJW 2007, 1169.

Kutscha, M.: Mehr Schutz von Computerdaten durch ein neues Grundrecht?, NJW 2008, 1042.

Laband, P.: Die Wandlungen der deutschen Reichsverfassung, Dresden 1895.

Landmann, von, R./Rohmer, G. (Hrsg.): Umweltrecht – Kommentar, Band I, Loseblatt, München 2014 (zitiert: Bearbeiter, in: v. Landmann/Rohmer Bd. I, 2014).

Lang, C./Sauer, D. (Hrsg.): Paradoxien der Innovation, Mitteilungen Heft 19/1997 des Verbunds Sozialwissenschaftliche Technikforschung, München 1997.

Larenz, K.: Methodenlehre der Rechtswissenschaft, 6. Aufl., Berlin 1991.

Ladeur, K.-H.: Risikobewertung und Risikomanagement im Anlagensicherheitsrecht – Zur Weiterentwicklung der Dogmatik der Störfallvorsorge, UPR 1993, 121.

Ladeur, K.-H.: Grundrechtskonflikte in der „dualen Rundfunkordnung", AfP 1998, 141.

Ladeur, K.-H.: Die vertikale Integration von Film-, Fernseh- und Video-Wirtschaft als Herausforderung der Medienregulierung – Zur Notwendigkeit einer neuen Form der Regulierung von Vielfaltsanforderungen auf der Programmebene, RuF 1998, 5.

Ladeur, K.-H.: Der prozedurale Schutz der Medienfreiheit – Zur Bedeutung von Verfahren für den Schutz der öffentlichen Kommunikation, insbesondere im Internet, ZUM 2004, 1.

Ladeur, K.-H./Gostomzyk, T.: Der Gesetzesvorbehalt im Gewährleistungsstaat, Die Verwaltung 36 (2003), 141.

Laue, P.: Vorgangsbearbeitungssysteme in der öffentlichen Verwaltung – Rechtliche Rahmenbedingungen und Gestaltungsanforderungen, Kassel 2010.

Leder, M.: Innovationsmanagement – ein Überblick, ZfB Ergänzungsheft 1/1989, 1.

Leisterer, H./Schneider, F.: Der überarbeitete Entwurf für ein IT-Sicherheitsgesetz – Überblick und Problemfelder, CR 2014, 574.

Lent, W.: Elektronische Presse zwischen E-Zines, Blogs und Wikis, ZUM 2013, 914.

Lepsius, O.: Steuerungsdiskussion, Systemtheorie und Parlamentarismuskritik, Tübingen 1999.

Lepsius, O.: Das Computer-Grundrecht: Herleitung, Funktion, Überzeugungskraft, in: Roggan, F. (Hrsg.), Online-Dursuchungen – Rechtliche und tatsächliche Konsequenzen des BVerfG-Urteils vom 27. Februar 2008, Berlin 2008, 21.

Lerch, J.: Der Gegendarstellungsanspruch im Internet, CR 1997, 261.

Lerche, P.: Stiller Verfassungswandel als aktuelles Politikum, in: Spanner, H. (Hrsg.), Festgabe für Theodor Maunz zum 70. Geburtstag am 1. September 1971, München 1971.

Lewandowski, K. (Hrsg.): Handbuch Internet-Suchmaschinen, Teil 1: Nutzerorientierung in Wissenschaft und Praxis, Heidelberg 2009.

Lewandowski, K. (Hrsg.): Handbuch Internet-Suchmaschinen, Teil 3: Suchmaschinen zwischen Technik und Gesellschaft, Berlin 2013.

Lewandowski, K.: Suchmaschinen – Warum wir einen freien Webindex brauchen, 12.5.2014, abrufbar unter http://cloud.irights.info/artikel/warum-wir-einen-freien-web-index-brauchen/23017.

Lewandowski, K.: Suchmaschinen verstehen, Berlin, Heidelberg 2015.

Lewinski, von, K.: Recht auf Internet, RW 2011, 81.

Lilienthal, V./Weichert, S./Reineck, D./Sehl, A./Worm, S.: Digitaler Journalismus – Dynamik – Teilhabe – Technik, Zusammenfassung der LfM-Schriftenreihe Medienforschung, Band 74, 2014, abrufbar unter http://www.lfm-nrw.de/fileadmin/lfm-nrw/Forschung/Band-74_Digitaler-Journalismus_Kurzfassung-final.pdf.

Lindner, J. F.: Theorie der Grundrechtsdogmatik, Tübingen 2005.

Link, H.-C.: Staatszwecke im Verfassungsstaat – nach 40 Jahren Grundgesetz, VVDStRL 48 (1990), 7.

Listl, J.: Die Entscheidungsprärogative des Parlaments für die Errichtung von Kernkraftwerken, DVBl 1978, 10.

Löffler, M.: Das Zensurverbot der Verfassung, NJW 1969, 2225.

Löffler, M.: Presserecht, Band I: Allgemeine Presserecht, Allgemeine Grundlagen Verfassungs- und Bundesrecht, 2. Aufl., München 1969.

Löffler, M.: Presserecht, Kommentar, 5. Aufl., München 2006.

Lorenz, D.: Allgemeine Handlungsfreiheit und unbenannte Freiheitsrechte, in: Geis, M.-E./Lorenz, D. (Hrsg.), Staat, Kirche, Verwaltung, Festschrift für Hartmut Maurer zum 70. Geburtstag, München 2001, 213.

Luch, A. D.: Das Medienpersönlichkeitsrecht – Schranke der „vierten Gewalt“, Frankfurt am Main 2008.

Luch, A. D.: Das neue „IT-Grundrecht“ – Grundbedingung einer „Online-Handlungsfreiheit“, MMR 2011, 75.

Luch, A. D./Schulz, S. E.: Die Daseinsvorsorge als Grundlage der Online-Handlungsfreiheit und „Eintrittskarte“ zur Digitalen Agora, VM 2011, 104.

Luch, A. D./Schulz, S. E.: Die digitale Dimension der Grundrechte – Die Bedeutung der speziellen Grundrechte im Internet, MMR 2013, 88.

Luch, A. D./Schulz, S. E./Kuhlmann, F.: Ein Recht auf Vergessenwerden als Ausprägung einer selbstbestimmten digitalen Persönlichkeit – Anmerkung zum Urteil des EuGH v. 13.5.2014 (Google), Rs. C-131/12, EuR 2014, 698.

Ludwig, T. C.: Zum Verhältnis zwischen Grundrechtecharta und allgemeinen Grundsätzen – die Binnenstruktur des Art. 6 EUV n. F., EuR 2011, 715.

Lücke, J.: Das Grundrecht des einzelnen gegenüber dem Staat auf Umweltschutz – Zugleich ein Beitrag zu einigen Parallelen des deutschen und des amerikanischen Umweltrechts, DÖV 1976, 289.

Lührs, W.: Eingeschränkte Beschlagnahmemöglichkeiten von „Mailbox-Systemen" aufgrund des Fernmeldegeheimnisses?, wistra 1995, 19

Luhmann, N.: Das Recht der Gesellschaft, 1. Aufl., Frankfurt am Main 1995.

Lutz, L./Tang, T./Lienkamp, M.: Die rechtliche Situation von teleoperierten und autonomen Fahrzeugen, NZV 2013, 57.

Machill, M./Beiler, M.: Die Macht der Suchmaschinen – The Power of Search Engines, Köln 2007.

Machill, M./Welp, C. (Hrsg.): Wegweiser im Netz: Qualität und Nutzung von Suchmaschinen, Gütersloh 2003.

Mädrich, M.: Das allgemeine Lebensrisiko – Ein Beitrag zur Lehre von der Haftungsbegrenzung im Schadensersatzrecht, Berlin 1980.

Mahrenholz, E. G.: Probleme der Verfassungsauslegung – Verfassungsinterpretation aus praktischer Sicht, in: Schneider, H.-P./Steinberg, R. (Hrsg.), Verfassungsrecht zwischen Wissenschaft und Richterkunst – Konrad Hesse zum 70. Geburtstag, Heidelberg 1990, 53.

Maletzke, G.: Psychologie der Massenkommunikation – Theorie und Systematik, Hamburg 1963.

Maletzke, G.: Kommunikationswissenschaft im Überblick – Grundlagen, Probleme, Perspektiven, Opladen 1998.

Mangoldt von, H./Klein, F.: Das Bonner Grundgesetz, Kommentar, Bd. 2, 1. Aufl., Berlin 1957.

Mangoldt von, H./Klein, F./Starck, C.: Kommentar zum Grundgesetz, Bd. 1: Präambel, Artikel 1 bis 19, 6. Aufl., München 2010 (zitiert: Bearbeiter, in: Mangoldt/Klein/Starck Bd. 1, 2010).

Mangoldt von, H./Klein, F./Starck, C.: Kommentar zum Grundgesetz, Bd. 2: Artikel 20 bis 82 Präambel, 6. Aufl., München 2010 (zitiert: Bearbeiter, in: Mangoldt/Klein/Starck Bd. 2, 2010).

Mangoldt, von, H./Klein, F./Starck, C.: Kommentar zum Grundgesetz, Bd. 3: Artikel 83 bis 146, 6. Aufl., München 2010 (zitiert: Bearbeiter, in: v. Mangoldt/Klein/Starck Bd. 3, 2010).

Manssen, G.: Das „Grundrecht auf Vertraulichkeit und Integrität informationstechnischer Systeme“ – Ein gelungener Beitrag zur Findung unbenannter Freiheitsrechte?, in: Uerpmann-Wittzack, R. (Hrsg.), Das neue Computergrundrecht, Berlin 2009, 61.

Marcic, R.: Skizze einer Magna Charta der Presse, JBl 1955, 192.

Martens, W.: Öffentlich als Rechtsbegriff, Bad Homburg v. d. H., Berlin, Zürich 1969.

Martini, M.: Wie viel Gleichheit braucht das Internet? – Netzneutralität als Stellschraube für die Zukunft des Internet, Verwaltungsarchiv 2011, 315.

Martini, M.: Wie viel Gleichheit braucht das Internet? – Netzneutralität zwischen kommunikativer Chancengleichheit und Infrastruktureffizienz, Deutsche Hochschule für Verwaltungswissenschaften Speyer, Speyerer Vorträge, Heft Nr. 96, 2011.

Maunz, T./Dürig, G.: Grundgesetz Loseblatt-Kommentar, München 1958 (zitiert: Bearbeiter, in: Maunz/Dürig 1958).

Maunz, T./Dürig, G.: Grundgesetz Loseblatt-Kommentar, 74. Ergänzungslieferung, München 2015 (zitiert: Bearbeiter, in: Maunz/Dürig [Stand]).

Maurer, H.: Staatsrecht I – Grundlagen, Verfassungsorgane, Staatsfunktionen, 6. Aufl., München 2010.

Mayer, F. C.: Der Vertrag von Lissabon und die Grundrechte, EuR Beiheft 1/2009, 87.

Mayer-Schönberger, V.: Delete – Die Tugend des Vergessens in digitalen Zeiten, Berlin 2010.

Meckel, M./Fieseler, C./Gerlach, J.: Der Diskurs zur Netzneutralität, Deutsches Institut für Vertrauen und Sicherheit im Internet (Hrsg.), DIVSI Diskussionsbeiträge 04, Hamburg 2013.

Mecklenburg, W.: Internetfreiheit, ZUM 1997, 525.

Menzel, E.: Rechtsformen der formalen Verfassungsänderung, in: Klein, F. (Hrsg.), Festschrift für Friedrich Giese, dargebracht von Freunden, Schülern und Fachkollegen, Frankfurt am Main 1953, 153.

Menzenbach, S./Netterscheidt, A./Beckebanze, M./Kuhn, L.: Änderungen des Grundgesetzes seit 1949 – Inhalt, Datum, Abstimmungsergebnis und Textvergleich, Wissenschaftlicher Dienst des Deutschen Bundestages, WD 3 – 380/09, 2009, abrufbar unter http://www.bundestag.de/dokumente/analysen/2009/aenderungen_des_grundgesetzes_seit_1949.pdf.

Merten, D./Papier, H.-J.: Handbuch der Grundrechte in Deutschland und Europa, Band I: Entwicklungen und Grundlagen, Heidelberg 2004.

Merten, D./Papier, H.-J.: Handbuch der Grundrechte in Deutschland und Europa, Band II: Grundrechte in Deutschland: Allgemeine Lehren I, Heidelberg 2006.

Merten, D./Papier, H.-J.: Handbuch der Grundrechte in Deutschland und Europa, Band III: Grundrechte in Deutschland: Allgemeine Lehren II, Heidelberg 2009.

Merten, D./Papier, H.-J.: Handbuch der Grundrechte in Deutschland und Europa, Band. IV: Grundrechte in Deutschland : Einzelgrundrechte, Heidelberg 2011.

Mertens, B.: Gesetzgebungskunst im Zeitalter der Kodifikationen: Theorie und Praxis der Gesetzgebungstechnik aus historisch-vergleichender Sicht, Tübingen 2004.

Mertes, M.: Leben im Schwarm – Wie das Internet uns verändert, in: Schwartmann, R. (Hrsg.), Leben im Schwarm – Wie das Internet uns verändert, Frankfurt am Main 2011, 9.

Meyer, J.: Charta der Grundrechte der Europäischen Union, 4. Aufl., Baden-Baden 2014 (zitiert: Bearbeiter, in: Meyer 2014).

Meyerdierks, P.: Sind IP-Adressen personenbezogene Daten, MMR 2009, 8.

Meyer-Krahmer, F./Kuntze, U.: Bestandsaufnahme der Forschungs- und Technologiepolitik, in: Grimmer, K./Häusler, J./Kuhlmann, S./Simouis, G. (Hrsg.), Politische Techniksteuerung – Forschungsstand und Forschungsperspektiven, Opladen 1992, 95.

Meyer-Ladewig, J.: EMRK: Europäische Menschenrechtskonvention – Handkommentar, 3. Aufl., Baden-Baden 2011.

Michel, E.-M.: Rundfunk und Internet – Die Zulässigkeit von Internet-Aktivitäten der öffentlich-rechtlichen Rundfunkanstalten, ZUM 1998, 350.

Michel, L.: Staatszwecke, Staatsziele und Grundrechtsinterpretation unter besonderer Berücksichtigung der Positivierung des Umweltschutzes im Grundgesetz, Frankfurt am Main. Bern, New York 1986.

Michel, L.: Umweltschutz als Staatsziel? – Zur Problematik der Aufnahme einer Umweltstaatszielbestimmung in das Grundgesetz, NuR 1988, 272.

Mietzner, D.: Strategische Vorausschau und Szenarioanalysen – Methodenevaluation und neue Ansätze, Wiesbaden 2009.

Milstein, A.: Search Engine Bias als Rechtsproblem, CR 2013, 721.

Milstein, A./Lippold, M.: Suchmaschinenergebnisse im Lichte der Meinungsfreiheit der nationalen und europäischen Grund- und Menschenrechte, NVwZ 2013, 182.

Möhlen, C.: Das Recht auf Versammlungsfreiheit im Internet – Anwendbarkeit eines klassischen Menschenrechts auf neue digitale Kommunikations- und Protestformen, MMR 2013, 221.

Möllers, C.: Braucht das öffentliche Recht einen neuen Methoden- und Richtungsstreit?, VerwArch 90 (1999), 187.

Möllers, C.: Pressefreiheit im Internet, AfP 2008, 241.

Monse, K./Weyer, J.: Nutzerorientierung als Strategie der Kontextualisierung technischer Innovationen – Das Beispiel elektronischer Informationssysteme, in: Sauer, D./Lang, C. (Hrsg.), Paradoxien der Innovation. Perspektiven sozialwissenschaftlicher Innovationsforschung, Frankfurt a.M. 1999, 97.

Moritz, H.-W./Dreier, T. (Hrsg.): Rechts-Handbuch zum E-Commerce, 2. Aufl., Köln 2005.

Moser-Knierim, A.: Vorratsdatenspeicherung – Zwischen Überwachungsstaat und Terrorabwehr, Wiesbaden 2014.

Mückenberger, U.: Datenschutz als Verfassungsgebot – Das Volkszählungsurteil des Bundesverfassungsgerichtes, KJ 1984, 1.

Müller, F.: Einige Leitsätze zur Juristischen Methodik, in: Dreier, R./Schwegmann, F. (Hrsg.), Probleme der Verfassungsinterpretation, Baden-Baden 1976, 248.

Müller, F.: Strukturierende Rechtslehre, 2. Aufl., Berlin 1994.

Müller, F./Christensen, R.: Juristische Methodik, Band 1, Grundlegung für die Arbeitsmethoden der Rechtspraxis, 11. Aufl., Berlin 2013.

Müller, H.: Handbuch der Gesetzgebungstechnik, Köln 1963.

Müller, V./Schienstock, G.: Der Innovationsprozess in westeuropäischen Industrieländern, Band 1: Sozialwissenschaftliche Innovationstheorien, Berlin 1978.

Müller-Bromley, N.: Staatszielbestimmung Umweltschutz im Grundgesetz?, Rechtsfragen der Staatszielbestimmung als Regelungsform der Staatsaufgabe Umweltschutz, Berlin 1990.

Müller-Terpitz, R.: Reizthema Netzneutralität – nach der Novelle ist vor der Novelle, K&R 2012, 476.

Münker, S.: Emergenz digitaler Öffentlichkeiten – Die Sozialen Medien im Web 2.0, Frankfurt am Main 2009.

Münch, von, I./Kunig, P.: Grundgesetz-Kommentar: GG, Band 1: Präambel bis Art. 69, 6. Aufl., München 2012 (zitiert: Bearbeiter, in: v. Münch/Kunig Bd. 1, 2012).

Münch, von, I./Kunig, P.: Grundgesetz-Kommentar: GG, Band 2: Art. 70 bis Art. 146 und Gesamtregister, 6. Aufl., München 2012 (zitiert: Bearbeiter, in: v. Münch/Kunig Bd. 2, 2012).

Müßig, J. P.: Die Sicherung von Verbreitung und Zugang beim Satellitenrundfunk in Europa, Baden-Baden 2006.

Murswiek, D.: Die staatliche Verantwortung für die Risiken der Technik – Verfassungsrechtliche Grundlagen und immissionsschutzrechtliche Ausformungen, Berlin 1985.

Murswiek, D.: Umweltschutz – Staatszielbestimmung oder Grundsatznorm?, ZRP 1988, 14.

Murswiek, D.: Wissenschaftliche und technische Entwicklungen, VVDStRL 48 (1990), 207.

Murswiek, D.: Kap. 12: Technische Risiken als verfassungsrechtliches Problem, Die Rolle des Rechts im Prozess der Technikfolgenabschätzung, in: Graf von Westphalen, R. (Hrsg.), Technikfolgenabschätzung als politische Aufgabe, 3. Aufl., München, Wien 1997, 238.

Musielak, H.-J. (Hrsg.): Kommentar zur Zivilprozessordung mit Gerichtsverfassungsgesetz, 10. Aufl., München 2013 (zitiert: Bearbeiter, in: Musielak 2013).

Mutius, von, A.: Staatszielbestimmung „Umweltschutz" – Voraussetzungen und Folgen, WuV 1987, 51.

Nelson, R./Winter, S.: In Search Useful Theory of Innovation, Research Policy Bd. 6, Amsterdam 1977, 36.

Neuberger, C.: Medienrecht und Medienwandel aus kommunikationswissenschaftlicher Sicht, AfP 2009, 537.

Neuberger, C.: Internet, Journalismus und Öffentlichkeit, in: ders./Nuernbergk, C./Rischke, M. (Hrsg.), Journalismus im Internet: Profession – Partizipation – Technisierung, Wiesbaden 2009, 19.

Neuhoff, H.: Die Dynamik der Medienfreiheit am Beispiel von Presse und Rundfunk – Zur Operationalisierung des Verbots nichtsendungsbezogener presseähnlicher Telemedienangebote der Rundfunkanstalten, ZUM 2012, 371.

Neumann, R.: Die elektronischen Schlapphüte kommen – Was soll, was kann und wozu nützt eine Online-Durchsuchung, DRiZ 2007, 226.

Noll, P.: Gesetzgebungslehre, Reinbek bei Hamburg 1973,

Nolte, G.: Paperboy oder die Kunst den Informationsfluss zu regulieren – von Datenbanken, Links und Suchmaschinen, ZUM 2003, 540.

Ossenbühl, F.: Verwaltungsvorschriften und Grundgesetz, Bad Homburg 1968.

Ossenbühl, F.: Welche normativen Anforderungen stellt der Verfassungsgrundsatz des demokratischen Rechtsstaates an die planende staatliche Tätigkeit? – Dargestellt am Beispiel der Entwicklungsplanung, Deutscher Juristentag 50, Hamburg 1974, Band 1, 205.

Ossenbühl, F.: Die Bewertung technischer Risiken bei der Rechtssetzung, DÖV 1982, 833.

Ossenbühl, F.: Medienfreiheit und Persönlichkeitsschutz, ZUM 1999, 505.

Ossenbühl, F.: Die Not des Gesetzgebers im naturwissenschaftlich-technischen Zeitalter, Wiesbaden 2000.

Ortmann, G.: Innovation als Paradoxieentfaltung – Eine Schlussbemerkung, in: Sauer, D./Lang, C. (Hrsg.), Paradoxien der Innovation, Perspektiven sozialwissenschaftlicher Innovationsforschung, Frankfurt am Main 1999, 249.

Ory, S.: Rundfunk und Presse im Internet, AfP 2010, 20.

Ory, S.: Herausforderungen der Medienfreiheit – oder – Der Rundfunk als Endprodukt der Konvergenz?, AfP 2011, 19.

Ott, K.: Ökologie und Ethik – Ein Versuch praktischer Philosophie, 2. Aufl., Tübingen 1994.

Paal, B. P.: Netz- und Suchmaschinenneutralität im Wettbewerbsrecht, AfP 2011, 521.

Paal, B. P./Hennemann, M.: Schutz von Urheberrechten im Internet, MMR 2012, 288.

Pache, E./Rösch, F.: Europäischer Grundrechtsschutz nach Lissabon – Die Rolle der EMRK und der Grundrechtecharta in der EU, EuZW 2008, 519.

Pankoke, S.: Von der Presse- zur Providerhaftung, München 2000.

Papier, H.-J.: Gutachterliche Stellungnahme – Beweisbeschluss SV-2 des ersten Untersuchungsausschusses des Deutschen Bundestages der 18. Wahlperiode, München 2014, abrufbar unter https://www.bundestag.de/blob/280842/9f755b0c53866c7a95c38428e262ae98/mat_a_sv-2-2-pdf-data.pdf.

Papier, H.-J./Schröder, M.: Online-Angebote und Rundfunk – Rechtsgutachten über die Abgrenzung der Rundfunk- und Pressefreiheit zur Auslegung des Begriffs der „Presseähnlichkeit" und Anwendung des Verbots nicht sendungsbezogener presseähnlicher Angebote gemäß § 11d Abs. 2 Nr. 3 Hs. 3 RStV, erstattet im Auftrag der Konferenz der ARD-Gremienvorsitzenden, Funkkorrespondenz 32 (2010), 3 sowie http://digitale-grundversorgung.de/wp-content/uploads/2012/12/10-07_Papier_ARD-Gutachten_pressea%CC%88hnlich.pdf.

Paschen, H.: Technikfolgenabschätzung im parlamentarischen Prozeß: das Büro für Technikfolgenabschätzung beim Deutschen Bundestag, in: Böhret, C/Jann, W. (Hrsg.), Politik und Verwaltung auf dem Weg in die transindustrielle Gesellschaft, Carl Böhret zum 65. Geburtstag, Baden-Baden 1998, 603.

Pecher, M. C.: Verfassungsimmanente Schranken von Grundrechten, Hamburg 2002.

Peters, A.: Völkerrecht – Allgemeiner Teil, 3. Aufl., Zürich 2012.

Peters, H.: Öffentliche und staatliche Aufgaben, in: Dietz, R./Hübner, H. (Hrsg.), Festschrift für Hans Carl Nipperdey zum 70. Geburtstag, 21. Januar 1965, Bd. II, München 1965, 877.

Peters, H.-J.: Art. 20a GG – Die neue Staatszielbestimmung des Grundgesetzes, NVwZ 1995, 555.

Petri, T.: Wertewandel im Datenschutz und die Grundrechte, DuD 2010, 25.

Petermann, T.: Technikfolgen-Abschätzung und Diffusionsforschung – ein Diskussionsbeitrag –, TAB-Diskussionspapier Nr. 8, 2000, abrufbar unter http://www.tab-beim-bundestag.de/de/pdf/publikationen/berichte/TAB-Diskussionspapier-dp008.pdf.

Pfordten, von der, D.: Ökologische Ethik – Zur Rechtfertigung menschlichen Verhaltens gegenüber der Natur, Hamburg 1996.

Pichler, R.: Haftung des Host-Providers für Persönlichkeitsrechtsverletzungen vor und nach dem TDG, MMR 1998, 79.

Pieroth, B./Schlink, B./Kingreen, T./Poscher, R.: Grundrechte: Staatsrecht II, 30. Aufl., Heidelberg 2014.

Pietzcker, J.: Drittwirkung – Schutzpflicht – Eingriff, in: Maurer, H. (Hrsg.), Das akzeptierte Grundgesetz – Festschrift für Günter Dürig zum 70. Geburtstag, München 1990, 345.

Podlech, A.: Verfassungsrechtliche Probleme öffentlicher Informationssysteme, DVR 1972/1973, 149.

Podlech, A.: Datenschutz und Verfassungsrecht, in: Hoffmann, G. E./Tietze, B./Podlech, A. (Hrsg.), Nummerierte Bürger, Wuppertal 1975, 27.

Pöcker, M.: Fehlende Kommunikation und die Folgen – Das heutige Verhältnis dogmatischer Rechtswissenschaft zu rechtstheoretischer Innovationsforschung, Die Verwaltung 37 (2004), 509.

Pötters, S./Werkmeister, C.: Neue Problemkreise des Versammlungsrechts: Konturierung des Schutzbereichs des Art. 8 Abs. 1 GG, ZJS 2011, 222.

Pohl, H.: Zur Technik der heimlichen Online-Durchsuchung, DuD 2007, 684.

Pordesch, U.: Rechtliche Gestaltungsanforderungen an betriebliche Sprachspeichersysteme, DuD 1994, 614.

Pordesch, U.: Die elektronische Form und das Präsentationsproblem, Baden-Baden 2003.

Pordesch, U./Roßnagel, A.: Elektronische Signaturverfahren rechtsgemäß gestaltet, DuD 1994, 82.

Preis, U./Stoffels, M.: Kündigung wegen politischer Betätigung, RdA 1996, 210.

Rammert, W.: Technik aus soziologischer Perspektive – Forschungsstand, Theorieansätze, Fallbeispiele – Ein Überblick, Opladen 1993.

Randelzhofer, A.: Der Einfluss des Völker- und Europarechts auf das deutsche Ausländerrecht – Vortrag gehalten vor der Berliner Juristischen Gesellschaft am 10. Oktober 1979, Staatsrechtliche Abhandlungen verschiedener Autoren, Sammelband 15, Berlin 1980.

Ranke, J.: M-Commerce und seine rechtsadäquate Gestaltung – Vorschläge für vertrauenswürdige mobile Kommunikationsnetze und -dienste, Baden-Baden 2004.

Rapp, F./Mai, M. (Hrsg.): Institutionen der Technikbewertungen – Standpunkte aus Wissenschaft, Politik und Wirtschaft, Vorträge und Diskussionen, VDI-Reihe der Ingenieur in Beruf und Gesellschaft, Düsseldorf 1989.

Rath, M.: Suchmaschinen sind auch nicht mehr das, was sie einmal waren, WRP 2005, 826.

Rath, M.: Zur Haftung von Internet-Suchmaschinen, AfP 2005, 324.

Rath, M.: Das Recht der Internet-Suchmaschinen, Stuttgart 2005.

Rath-Glawitz, M.: Der Rechtsbegriff „Presse" – von den Anfängen bis ins digitale Zeitalter, in: Jacobs, R./Loschelder, M. (Hrsg.), Berufung als Beruf: Festschrift für Sigmar-Jürgen Samwer zum 70. Geburtstag, München 2008, 163.

Rauschning, D.: Staatsaufgabe Umweltschutz, DÖV 1979, 786.

Rauschning, D.: Aufnahme einer Staatszielbestimmung über Umweltschutz in das Grundgesetz?, DÖV 1986, 489.

Rehbinder, E.: Grundfragen des Umweltrechts, ZRP 1970, 250.

Rengeling H.-W./Szczekalla, P.: Grundrechte in der Europäischen Union – Charta der Grundrechte und Allgemeine Rechtsgrundsätze, Köln 2004.

Richter, P.: Wahlen im Internet rechtsgemäß gestalten, Baden-Baden 2012.

Richter, P.: Ein anonymes Impressum? – Profile in sozialen Netzwerken zwischen Anbieterkennzeichnung und Datenschutz, MMR 2014, 517.

Ricker, R.: Freiheit und Ordnung des Rundfunks nach dem dritten Rundfunkurteil des Bundesverfassungsgerichts, NJW 1981, 1925.

Ridder, H.: Meinungsfreiheit, in: Neumann, F./Nipperdey, H. C./Scheuner, U. (Hrsg.), Die Grundrechte – Handbuch der Theorie und Praxis der Grundrechte, Zweiter Band: Die Freiheitsrechte in Deutschland, 2. Aufl., Berlin 1968, 243.

Riedel, U.: Steuerung des technischen Wandels durch Recht und Politik, in: Kloepfer, M. (Hrsg.), Techniksteuerung als Rechtsproblem: Rechtsfragen der Einführung der Gentechnik und des Ausstiegs aus der Atomenergie, Berlin 2002, 21.

Robbers, G.: Sicherheit als Menschenrecht, Baden-Baden 1987.

Robert, R.: Umweltschutz und Grundgesetz – Zum Meinungsstreit der politischen Parteien über eine notwendige Verfassungsänderung, Münster, New York 1993.

Röger, R.: Internet und Verfassungsrecht – Materielles und kompetentielle Probleme eines neuen Mediums, ZRP 1997, 203.

Röhle, T.: Der Google Komplex – Über Macht im Zeitalter des Internets, Bielefeld 2010.

Rogers, E. M.: Diffusion of Innovations, 5 th Edition, New York 2003.

Ropohl, G.: Allgemeine Technologie: Eine Systemtheorie der Technik, 3. Aufl., Karlsruhe 2009.

Roos, P.: Der neue Entwurf eines IT-Sicherheitsgesetzes – Bewegung oder Stillstand, MMR 2014, 723.

Roßnagel, A.: Die Änderungen des Grundgesetzes – Eine Untersuchung der politischen Funktion von Verfassungsänderungen, Frankfurt am Main, 1981.

Roßnagel, A.: Energiepolitik und die Zukunft des Rechtsstaats, Scheidewege, Jahrgang 12, 1982, Heft 2, 251.

Roßnagel, A.: Verfassungsänderung und Verfassungswandel in der Verfassungspraxis, Der Staat 22 (1983), 551.

Roßnagel, A.: Die Verfassungsverträglichkeit von Energiesystemen, RuP 1983, 208.

Roßnagel, A.: Radioaktiver Zerfall der Grundrechte? Zur Verfassungsverträglichkeit der Kernenergie, München 1984.

Roßnagel, A.: Wie dynamisch ist der „dynamische Grundrechtsschutz" des Atomrechts?, NVwZ 1984, 137.

Roßnagel, A.: Auf der Suche nach einem zeitgemäßen Verhältnis von Technik und Recht, in: Roßnagel, A. (Hrsg.), Recht und Technik im Spannungsfeld einer Kernenergiekontroverse, Opladen 1984, 13.

Roßnagel, A.: Die rechtliche Fassung technischer Risiken, UPR 1986, 46.

Roßnagel, A.: Die Verfassungsverträglichkeit von Technik-Systemen – am Beispiel der Informations- und Kommunikationstechnik, RuP 1987, 4.

Roßnagel, A.: Möglichkeiten verfassungsverträglicher Technikgestaltung, in: Roßnagel, A. (Hrsg.), Freiheit im Griff, „Informationsgesellschaft" und Grundgesetz, Stuttgart, 1989, 177.

Roßnagel, A.: Technik und Recht – wer beeinflusst wen?, in: Roßnagel, A. (Hrsg.), Freiheit im Griff, „Informationsgesellschaft" und Grundgesetz, Stuttgart, 1989, 9.

Roßnagel, A.: Richtschnur Grundgesetz: Verfassungsverträglichkeit als Kriterium der Technikgestaltung, Wechselwirkung 44 (1990), 40.

Roßnagel, A.: Das Recht auf (tele-)kommunikative Selbstbestimmung, KJ 1990, 267.

Roßnagel, A.: Vom informationellen zum kommunikativen Selbstbestimmungsrecht, in: Kubicek, H. (Hrsg.), Telekommunikation und Gesellschaft, Karlsruhe 1991, 71.

Roßnagel, A.: Die parlamentarische Verantwortung für den technischen Fortschritt, ZRP 1992, 55.

Roßnagel, A.: Rechtswissenschaftliche Technikfolgenforschung – Umriss einer Forschungsdisziplin, Baden-Baden 1993.

Roßnagel, A.: Rechtspolitische Anforderungen an die verbandliche Techniksteuerung, in: Kubicek, H. (Hrsg.), Perspektive Techniksteuerung, Berlin 1993, 169.

Roßnagel, A.: Ansätze zu einer rechtlichen Steuerung des technischen Wandels, in: Breuer, R./Kloepfer, M./ Marburger, P./Schröder, M. (Hrsg.), Technische Normen im Europäischen Gemeinschaftsrecht, Umwelt- und Technikrecht Bd. 27, Düsseldorf 1994, 425 (zitiert: Roßnagel, UTR 27 (1994).

Roßnagel, A.: Verfassungsverträglichkeit – Ein Bewertungskonzept für Techniksysteme, in: Bechmann, G./Petermann, T. (Hrsg.), Interdisziplinäre Technikforschung – Genese, Folgen, Diskurs, Frankfurt am Main 1994, 185.

Roßnagel, A.: Rechtswissenschaftliche Technikfolgenforschung – am Beispiel der Informations- und Kommunikationstechniken, in: Schulte, M. (Hrsg.), Technische Innovation und Recht – Antrieb oder Hemmnis?, Heidelberg 1997, 139.

Roßnagel, A.: Kap. 11: Rechtswissenschaftliche Technikfolgenforschung, Die Rolle des Rechts im Prozess der Technikfolgenabschätzung und Kap. 13: Die Verfassungsverträglichkeit von Techniksystemen am Beispiel der Informations- und Kommunikationstechnik, in: Graf von Westphalen, R. (Hrsg.), Technikfolgenabschätzung als politische Aufgabe, 3. Aufl., München, Wien 1997, 222.

Roßnagel, A.: Globale Datennetze: Ohnmacht des Staates – Selbstschutz der Bürger – Thesen zur Änderung der Staatsaufgaben in einer „civil information society", ZRP 1997, 26.

Roßnagel, A.: Rechtliche Aspekte mobiler Kommunikation, in: Roßnagel, A./Haux, R./Herzog, W. (Hrsg.), Mobile und sichere Kommunikation im Gesundheitswesen, Braunschweig 1998, 189.

Roßnagel, A.: Das Neue regeln, bevor es Wirklichkeit geworden ist – Rechtliche Regelungen als Voraussetzung technischer Innovation, in: Sauer, D./Lang, C. (Hrsg.), Paradoxien der Innovation. Perspektiven sozialwissenschaftlicher Innovationsforschung, Frankfurt am Main 1999, 193.

Roßnagel, A.: Möglichkeiten für Transparenz und Öffentlichkeit im Verwaltungshandeln – unter besonderer Berücksichtigung des Internet als Instrument der Staatskommunikation, in: Hoffmann-Riem, W./Schmidt-Aßmann, E., (Hrsg.) Verwaltungsrecht in der Informationsgesellschaft, Baden-Baden 2000, 312.

Roßnagel, A.: Allianz von Medienrecht und Informationstechnik: Hoffnungen und Herausforderungen, in: Roßnagel, A. (Hrsg.), Allianz von Medienrecht und Informationstechnik? Ordnung in digitalen

Medien durch Gestaltung der Technik am Beispiel von Urheberschutz, Datenschutz, Jugendschutz und Vielfaltschutz, Baden-Baden 2001, 17.

Roßnagel, A.: Rechtswissenschaft, in: Ropohl, G. (Hrsg.), Erträge der Interdisziplinären Technikforschung, Eine Bilanz nach 20 Jahren, Berlin 2001, 195.

Roßnagel, A.: Recht und Technik in der globalen Informationsgesellschaft, in: Klumpp, D./Kubicek, H./Roßnagel, A. (Hrsg.), Next Generation Information Society? Notwendigkeit einer Neuorientierung, Mössingen-Talheim 2003, 423.

Roßnagel, A. (Hrsg.): Handbuch des Datenschutzrechts, München 2003.

Roßnagel, A.: Datenschutz im 21. Jahrhundert, Parl. Beilage 2006, Nr. 5-6, 9.

Roßnagel, A.: Verfassungspolitische und verfassungsrechtliche Fragen der Online-Durchsuchung, DRiZ 2007, 229.

Roßnagel, A.: Datenschutz in einem informatisierten Alltag, Berlin 2007.

Roßnagel, A.: Die Novellen zum Datenschutzrecht – Scoring und Adresshandel, NJW 2009, 2716.

Roßnagel, A.: „Technikneutrale" Regulierung – Möglichkeiten und Grenzen, in: Eifert, M./Hoffmann-Riem, W. (Hrsg.), Innovationsfördernde Regulierung, Innovation und Recht II, Berlin 2009, 323.

Roßnagel, A.: Die „Überwachungs-Gesamtrechnung" – Das BVerfG und die Vorratsdatenspeicherung, NJW 2010, 1238.

Roßnagel, A.: Datenschutz und innere Sicherheit, in: Humanistische Union (Hrsg.), Perspektiven des nationalen und europäischen Schutzes der Bürger- und Menschenrechte – Verfassungspolitischer Disput, Berlin 2011, 35.

Roßnagel, A. (Hrsg.): Beck'scher Kommentar zum Recht der Telemediendienste, München 2013.

Roßnagel, A.: Big Data – Small Privacy? Konzeptionelle Herausforderungen für das Datenschutzrecht, ZD 2013, 562.

Roßnagel, A.: Regulierung – was leistet unser Datenschutzrecht (nicht)?, in: Hill, H. (Hrsg.), E-Transformation – Veränderung der Verwaltung durch digitale Medien, Baden-Baden 2014, 79.

Roßnagel, A.: Neue Maßstäbe für den Datenschutz in Europa – Folgerungen aus dem EuGH-Urteil zur Vorratsdatenspeicherung, MMR 2014, 372.

Roßnagel, A.: Grundrechtsausgleich beim vernetzten Automobil, DuD 2015, 353.

Roßnagel, A./Banzhaf, J./Grimm, R.: Datenschutz im Electronic Commerce, Frankfurt 2003.

Roßnagel, A./Fischer-Dieskau, S./Jandt, S./Knopp, M.: Die langfristige Aufbewahrung elektronischer Dokumente – Anforderungen und Trends, Baden-Baden 2007.

Roßnagel, A./Fischer-Dieskau, S./Wilke, D.: Transformation von Dokumenten – Zur Notwendigkeit einer Technik- und Rechtsgestaltung, CR 2005, 903.

Roßnagel, A./Jandt, S.: Datenschutzfragen eines Energieinformationsnetzes, Rechtsgutachten im Auftrag der Alcatel-Lucent-Stiftung, Stiftungsreihe 88, Stuttgart 2010.

Roßnagel, A./Jandt, S./Geihs, K.: Socially Compatible Technology Design, in: David, K./Geihs, K./Leimeister, J. M./Roßnagel, A./Schmidt, L./Stumme, G./Wacker, A. (Hrsg.), Social-technical Design of Ubiquitous Computing Systems, Heidelberg 2014, 175 (zitiert: Roßnagel/Jandt/Geihs, in: David et al. 2014).

Roßnagel, A./Jandt, S./Müller, J./Gutscher, A./Heesen, J.: Datenschutzfragen mobiler kontextbezogener Systeme, Wiesbaden 2006.

Roßnagel, A./Jandt, S./Richter, P.: Die Zulässigkeit der Übertragung personenbezogener Daten in die USA im Kontext der NSA-Überwachung, DuD 2014, 545.

Roßnagel, A./Kleist, T./Scheuer, A.: Die Reform der Regulierung elektronischer Medien in Europa, Berlin 2007.

Roßnagel, A./Moser-Knierim, A./Schweda, S.: Interessenausgleich im Rahmen der Vorratsdatenspeicherung – Analysen und Empfehlungen, Baden-Baden 2013.

Roßnagel, A./Nebel, M./Richter, P.: Besserer Internetdatenschutz für Europa – Vorschläge zur Spezifizierung der DS-GVO, ZD 2013, 103.

Roßnagel, A./Pfitzmann, A./Garstka, H.: Modernisierung des Datenschutzrechts – Gutachten im Auftrag des Bundesministeriums des Inneren, Berlin 2001.

Roßnagel, A./Schnabel, C.: Das Grundrecht auf Gewährleistung der Vertraulichkeit und Integrität informationstechnischer Systeme und sein Einfluss auf das Privatrecht, NJW 2008, 3534.

Roßnagel, A./Schroeder, U.: Multimedia in immissionsschutzrechtlichen Genehmigungsverfahren, Köln 1999.

Roßnagel, A./Strothmann, P.: Die duale Rundfunkordnung in Europa – Gemeinschaftsrechtliche Rahmenbedingungen und aktuelle Ansätze zum dualen System in ausgewählten Mitgliedstaaten, Wien 2004.

Roßnagel, A./Wedde, P./Hammer, V./Pordesch, U.: Digitalisierung der Grundrechte? – Zur Verfassungsverträglichkeit der Informations- und Kommunikationstechnik, Opladen 1990a.

Roßnagel, A./Wedde, P./Hammer, V./Pordesch, U.: Die Verletzlichkeit der 'Informationsgesellschaft', 2. Aufl., Opladen 1990b.

Roth, H. P.: Neuer Referentenentwurf zum IT-Sicherheitsgesetz – Dringende Neuregelung der Netz- und Informations-Sicherheit, ZD 2015, 17.

Rühl, U. F. H.: Tatsachenbehauptungen und Wertungen, AfP 2000, 17.

Rumyantsev, A.: Journalistisch-redaktionelle Gestaltung: Eine verfassungswidrige Forderung? „Wiedergeburt" des wertbezogenen Medienbegriffes, ZUM 2008, 33.

Rupp, H. H.: Die verfassungsrechtliche Seite des Umweltschutzes, JZ 1971, 401.

Rupp, H. H.: Vom Wandel der Grundrechte, AöR 101 (1976), 161.

Rupp, H. H.: Gesetzliche Regelung der reformierten Oberstufe – Anmerkung zur Entscheidung des Hessischen Verwaltungsgerichtshofs vom 18.8.1976, AZ: VI TG 368/76, JZ 1977, 226.

Rupp, H. H.: Ergänzung des Grundgesetzes um eine Vorschrift über den Umweltschutz?, DVBl 1985, 990.

Rupp, H. H.: Grundfragen der heutigen Verwaltungsrechtslehre: Verwaltungsnorm und Verwaltungsrechtsverhältnis, 2. Aufl., Tübingen 1991.

Rux, J.: Ausforschung privater Rechner durch die Polizei- und Sicherheitsbehörden, JZ 2007, 285.

Rux, J./Niehues, N.: Schulrecht, 5. Aufl., München 2013.

Sachverständigenkommission „Staatszielbestimmungen/Gesetzgebungsaufträge": 34. Bericht, in: Der Bundesminister des Inneren/Der Bundesminister der Justiz (Hrsg.), Bonn 1983.

Sachs, M.: Das Grundgesetz in seinem sechsten Jahrzehnt, NJW 2009, 1441.

Sachs, M. (Hrsg.): Grundgesetz, Kommentar, 7. Aufl., München 2014 (zitiert: Bearbeiter, in: Sachs 2014).

Sajuntz, S.: Der rezipientenbezogene Schutz massenmedialer Kommunikation – Zum objektivrechtlichen Gehalt der Informationsfreiheit, zur Rezipientenbezogenheit der massenmedialen Freiheiten und zum massenmedialen Bezug der Telekommunikationsgewährleistung, Baden-Baden 2007.

Savigny, von., F. C.: System des heutigen Römischen Rechts, Erster Band, Berlin 1840.

Schaar, P.: Zwischen Big Data und Big Brother – zehn Jahre als Bundesbeauftragter für den Datenschutz und die Informationsfreiheit, RDV 2013, 223.

Schaar, P./Landwehr, S.: Anmerkung zum Beschluss des BGH vom 31.1.2007 – zur verdeckten Online-Durchsuchung, K&R 2007, 202.

Schenk, M./Niemann, J./Reinmann, G./Roßnagel, A.: Digitale Privatsphäre – Heranwachsende und Datenschutz auf Sozialen Netzwerkplattformen, Berlin 2012.

Scheuner, U.: Pressefreiheit, VVDStRL 22 (1965), 1.

Scheuner, U.: Staatszielbestimmungen, in: Schnur, R. (Hrsg.), Festschrift für Ernst Forsthoff zum 70. Geburtstag, 2. Aufl., München 1974, 325.

Scheuner, U.: Die Funktion der Verfassung für die politische Ordnung, in: Hennis, W./Kielmannsegg, P. G./Matz, U. (Hrsg.), Regierbarkeit, Band 2, Stuttgart 1979, 102.

Schiemann, K.: Das Zusammenspiel der Grundrechtsordnungen und ihre Interpreten, in: Zentrum für Europäisches Wirtschaftsrecht (Hrsg.), Grundfragen der Europäischen Union (Teil II): Das Zusammenspiel der Grundrechtsordnungen (EMRK, Grundrechte-Charta, Allgemeine Rechtsgrundsätze) und ihre Interpreten, ZEW 200/2, 2013, 1.

Schlauri, S.: Network Neutrality: Netzneutralität als neues Regulierungsprinzip des Telekommunikationsrechts, Baden-Baden 2010.

Schlese, M.: Technikgeneseforschung als Technikfolgenabschätzung: Nutzen und Grenzen, Karlsruhe: Forschungszentrum, Karlsruhe 1995, abrufbar: http://www.itas.fzk.de/deu/ITASLIT/schl95a.pdf.

Schliesky, U./Hoffmann, C./Luch, A./Schulz, S. E.: Schutzpflichten und Drittwirkung im Internet – Das Grundgesetz im digitalen Zeitalter, Baden-Baden 2014.

Schlink, B.: Das Recht auf informationelle Selbstbestimmung, Der Staat 25 (1986), 233.

Schmidt, W.: Ordnung des Rundfunks im Zeitalter des Satellitenfernsehens, NJW 1986, 1792.

Schmidt-Bleibtreu, B./Hofmann, H./Henneke, H.-G.: GG – Grundgesetzkommentar, 13. Aufl., Köln 2014.

Schmitz, T.: Die Grundrechtecharta als Teil der Verfassung der Europäischen Union, EuR 2004, 691.

Schnabel, C.: Sperrungsverfügungen gegen Access-Provider – Technische Möglichkeiten und rechtlichen Zulässigkeit anhand eines praktischen Beispiels, 2002, abrufbar unter http://www.eulisp.de/tl_files/eulisp%20abschlussarbeiten/schnabel_christoph.pdf.

Schnabel, C.: Das Zugangserschwerungsgesetz – Zum Access-Blocking als ultima ratio des Jugendschutzes, JZ 2009, 996.

Schnapp, F. E.: Grenzen der Grundrechte, JuS 1978, 729.

Schnapp, F. E.: Warum können juristische Laien Gesetze nicht „verstehen"? Jura 2011, 422.

Schneider, M.: Die datenschutzrechtliche Dimension von Smartphone-Messengern wie WhatsApp, in: Taeger, J. (Hrsg.), Law as a Service (LaaS) – Recht im Internet- und Cloud-Zeitalter, Tagungsband Herbstakademie 2013 (Band 1), Edewecht 2013, 89.

Schneider, P.: Prinzipien der Verfassungsinterpretation, VVDStRL 20 (1963), 1.

Schmahl, S.: Effektiver Rechtsschutz gegen Überwachungsmaßnahmen ausländischer Geheimdienste?, JZ 2014, 220.

Schmidl, M.: Aspekte des Rechts der IT-Sicherheit, NJW 2010, 476.

Schmidt-Aßmann, E.: Zur Reform des Allgemeinen Verwaltungsrechts – Reformansatz und Reformbedarf, in: Hoffmann-Riem, W./Schmidt-Aßmann, E./Schuppert, G. F. (Hrsg.), Schriften zur Reform des Verwaltungsrechts, Band 1: Reform des allgemeinen Verwaltungsrechts: Grundfragen, Baden-Baden 1993, 11.

Schmidt-Aßmann, E.: Das allgemeine Verwaltungsrecht als Ordnungsidee, Grundlagen und Aufgaben der verwaltungsrechtlichen Systembildung, 2. Aufl., Berlin 2006.

Schmidt-Preuß, M.: Verwaltung und Verwaltungsrecht zwischen gesellschaftlicher Selbstregulierung und staatlicher Steuerung, VVDStRL 56 (1997), 160.

Schnath. M.: Das neue Grundrecht auf Gewährleistung eines menschenwürdigen Existenzminimums – Ein rechtspolitischer Ausblick nach dem Urteil des Bundesverfassungsgerichts vom 9. 2. 2010 –, NZS 2010, 297.

Schoch, F.: Öffentlich-rechtliche Rahmenbedingungen einer Informationsordnung, VVDStRL 57 (1998), 158.

Schoch, F.: Konvergenz der Medien – Sollte das Recht der Medien harmonisiert werden?, JZ 2002, 798.

Schönke, A./Schröder, H.: Strafgesetzbuch – Kommentar, 29. Aufl., München 2014.

Scholz, P.: Datenschutz beim Internet-Einkauf: Gefährdungen – Anforderungen – Gestaltungen, Baden-Baden 2003.

Scholz, R.: Staatsziel Umweltschutz in das Grundgesetz? Eine Zwischenbilanz zur Verfassungsdiskussion, et 1983, 342.

Schrey, J./Frevert, T.: Muss die Bundesnetzagentur die Netzneutralität verteidigen? Eine Standortbestimmung zur Zulässigkeit des Bandbreitenmanagements, MMR 2010, 596.

Schriek, M.: Geschäftsmodelle im M-Commerce: eine kritische Analyse rechtlicher Transparenzerfordernisse, Münster 2006.

Schüle, A./Huber, H.: Persönlichkeitsschutz und Pressefreiheit – Zwei Rechtsgutachten von Dr. Adolf Schüle und Dr. Hans Huber, Tübingen 1961.

Schulte, M.: Techniksteuerung durch Technikrecht – rechtsrealistisch betrachtet, in: Vieweg, K. (Hrsg.), Techniksteuerung und Recht: Referate und Diskussionen eines Symposiums an der Universität Erlangen-Nürnberg, Köln 2000, 23.

Schulte, M.: Regulierung bekannter und unbekannter Techniken – Techniksteuerung durch Technikrecht, in: Kloepfer, M. (Hrsg.), Technikentwicklung und Technikrechtsentwicklung – Unter besonderer Berücksichtigung des Kommunikationsrechts, Berlin 2000, 59.

Schulte, M./Schröder, R. (Hrsg.): Handbuch des Technikrechts, 2. Aufl., Berlin 2011.

Schulte-Brunert, C.: Grundrechtsschutz und Verteidigungsauftrag, Berlin 2013.

Schulz, S. E.: Informations- und Kommunikationstechnologie als Grundversorgung, DuD 2010, 698.

Schulz, S. E.: Die „Datenautobahn" als Infrastruktur: Gewährleistungs- und Verkehrssicherungspflichten des Staates, in: Hill, H./Schliesky, U. (Hrsg.), Die Vermessung des virtuellen Raums, Baden-Baden 2012, 265.

Schulz, T.: Verantwortlichkeit autonom agierender Systeme, Baden-Baden 2015.

Schulz, T./Roßnagel, A./David, K.: Datenschutz bei kommunizierenden Assistenzsystemen, ZD 2012, 510.

Schulz, W.: Gewährleistung kommunikativer Chancengleichheit als Freiheitsverwirklichung, Baden-Baden 1998.

Schulz, W.: Von der Medienfreiheit zum Grundrechtsschutz für Intermediäre? – Überlegungen zur Entwicklung der Gewährleistungsgehalte von Art. 5 Abs. 1 GG am Beispiel von Suchmaschinen, CR 2008, 470.

Schulz, W./Held, T./Laudien, A.: Suchmaschinen als Gatekeeper in der öffentlichen Kommunikation. Rechtliche Anforderungen an Zugangsoffenheit und Transparenz bei Suchmaschinen im WWW, Düsseldorf, Berlin 2005.

Schulze-Fielitz, H.: Theorie und Praxis parlamentarischer Gesetzgebung, Berlin 1988.

Schulze-Fielitz, H.: Instrumente der Innovationssteuerung durch Öffentliches Recht – insbesondere im Umweltrecht –, in: Hoffmann-Riem, W./Schneider, J.-P. (Hrsg.), Rechtswissenschaftliche Innovationsforschung: Grundlagen, Forschungsansätze, Gegenstandsbereiche, Baden-Baden 1998, 291.

Schumacher, P.: Breitband-Universaldienst: Möglichkeiten und Grenzen deutscher Politik – Funktionales Internet endlich für alle?, MMR 2011, 711.

Schumpeter, J.: The Creative Response in Economic History, JEH 1947, 149.

Schuppert, G. F.: Verwaltungsrechtswissenschaft als Steuerungswissenschaft – Zur Steuerung des Verwaltungshandelns durch Verwaltungsrecht, in: Hoffmann-Riem, W./Schmidt-Aßmann, E. (Hrsg.), Reform des allgemeinen Verwaltungsrechts: Grundfragen, Baden-Baden 1993, 65.

Schuppert, G. F.: Das Gesetz als zentrales Steuerungsinstrument des Rechtsstaates, in: Schuppert, G. F. (Hrsg.), Das Gesetz als zentrales Steuerungsinstrument des Rechtsstaates – Symposion anlässlich des 60. Geburtstages von Christian Starck, Baden-Baden 1998, 105.

Schuppert, G. F.: Rigidität und Flexibilität von Verfassungsrecht Überlegungen zur Steuerungsfunktion von Verfassungsrecht in normalen wie in „schwierigen Zeiten", AöR 120 (1995), 32.

Schwabe, J.: Probleme der Grundrechtsdogmatik, 2. Aufl., Hamburg 1997.

Schwartmann, R.: Datenschutz im Schwarm – Rechtsfragen des Schutzes der Privatsphäre im Internet, RDV 2012, 1.

Schwarzer, J.: Die Medien in der europäischen Verfassungsreform, AfP 2003, 209.

Schweizer, S.: Politische Steuerung selbstorganisierter Netzwerke, Baden-Baden 2003.

Schwenke, M.: Individualisierung und Datenschutz – Rechtskonformer Umgang mit personenbezogenen Daten im Kontext der Individualisierung, Wiesbaden 2006.

Schwiderski-Grosche, S.: Proxy-Cache-Server, DuD 1999, 586.

Seibel, M.: Abgrenzung der „allgemein anerkannten Regeln der Technik“ vom „Stand der Technik“, NJW 2013, 3000.

Seyfarth, G.: Die Änderung der Rechtsprechung durch das Bundesverfassungsgericht, Berlin 1998.

Sieber, U.: Strafrechtliche Verantwortlichkeit für den Datenverkehr in internationalen Computernetzen, JZ 1996, 430.

Sieber, U./Nolde, M.: Sperrverfügungen im Internet – nationale Rechtsdurchsetzung im globalen Cyberspace?, Berlin 2008.

Sietmann, R.: Schmalspur – Der Kampf gegen die Netzneutralität zielt auf die Vereinnahmung des Internet, c/t, Heft 8 2011, 158.

Simitis, S.: Bundesdatenschutzgesetz, 8. Aufl., Baden-Baden 2014.

Simitis, S.: Die informationelle Selbstbestimmung – Grundbedingung einer verfassungskonformen Informationsordnung, NJW 1984, 398.

Simo, H.: Big Data: Opportunities and Privacy Challenges, in: Richter, P. (Hrsg.), Privatheit, Öffentlichkeit und demokratische Willensbildung in Zeiten von Big Data, Baden-Baden 2015, 13.

Skistims, H.: Smart Homes – Rechtsprobleme intelligenter Haussysteme unter besonderer Beachtung des Grundrechts auf Gewährleistung der Vertraulichkeit und Integrität informationstechnischer Systeme, Baden-Baden 2015, i.E.

Smend, R.: Verfassung und Verfassungsrecht, München Leipzig 1928.

Sobola, S./Kohl, K.: Haftung von Providern für fremde Inhalte – Haftungsprivilegierung nach § 11 TDG - Grundsatzanalyse und Tendenzen der Rechtsprechung, CR 2005, 443.

Sobota, K.: Staatsaufgaben, in: Engel, C./Morlok, M. (Hrsg.), Öffentliches Recht als ein Gegenstand ökonomischer Forschung – Die Begegnung der deutschen Staatsrechtslehre mit der Konstitutionellen Politischen Ökonomie, Tübingen 1998, 287.

Sodan, H.: Kontinuität und Wandel im Verfassungsrecht – Zum 60-jährigen Jubiläum des Grundgesetzes für die Bundesrepublik Deutschland, NVwZ 2009, 545.

Sommer, S.: Staatliche Gewährleistung im Verkehrs-, Post- und Telekommunikationsbereich – Zur Interpretation der Gewährleistungsnormen der Art. 87e IV und 87f I GG im System verfassungsrechtlicher Leistungspflichten, Berlin 2000.

Sosnitza, O.: Das Internet im Gravitationsfeld des Rechts – Zur rechtlichen Beurteilung so genannter Deep Links, CR 2001, 693.

Spiecker gen. Döhmann, I.: Die Online-Durchsuchung als Instrument der Sicherheitsgewährleistung, in: Heckmann, D./Schenke, R. P./Sydow, G. (Hrsg.), Verfassungsstaatlichkeit im Wandel, Festschrift Würtenberger zum 70. Geburtstag, Berlin 2013, 803.

Spies, A./Ufer, F.: Netzneutralität: Stichwort oder Unwort des Jahres?, MMR 2010, 13.

Spindler, G.: IT-Sicherheit und kritische Infrastrukturen – Öffentlich-rechtliche und zivilrechtliche Regulierungsmodelle, in: Kloepfer, M. (Hrsg.), Schutz kritischer Infrastrukturen – IT und Energie, Baden-Baden 2010, 85.

Spindler, G.: Persönlichkeitsschutz in Internet – Anforderungen und Grenzen einer Regulierung – Gutachten F zum 69. Juristentag, München 2012.

Spindler, G.: Datenschutz- und Persönlichkeitsrechte im Internet – der Rahmen für Forschungsaufgaben und Reformbedarf, GRUR 2013, 996.

Spindler, G./Schuster, F.: Recht der elektronischen Medien, Kommentar, 5. Aufl., München 2015.

Spindler, G./Volkmann, C.: Anmerkung zu OVG Münster: Sperrungsverfügung, MMR 2003, 353.

Staake, M.: Das Ziel der Auslegung, Jura 2011, 179.

Stadler, Thomas: Sperrungsverfügung gegen Access-Provider, MMR 2002, 343.

Stadler, Tobias: Mobiles Bezahlen – Die rechtsverträgliche Gestaltung mobiler Bezahlverfahren in Deutschland, Baden-Baden 2006.

Starck, C.: „Grundversorgung" und Rundfunkfreiheit, NJW 1992, 3257.

Stark, B./Dörr, D./Aufenanger, S.: Die Googleisierung der Informationssuche – Suchmaschinen zwischen Nutzung und Regulierung, Berlin 2014.

Steidle, R.: Multimedia-Assistenten im Betrieb: datenschutzrechtliche Anforderungen, rechtliche Regelungs- und technische Gestaltungsvorschläge für mobile Agentensysteme, Wiesbaden 2005.

Steinberg, R.: Verfassungspolitik und offene Verfassung, JZ 1980, 385.

Steinmüller, W.: Das Volkszählungsurteil des Bundesverfassungsgerichts, DuD 1984, 91.

Steinmüller, W.: Informationstechnologie und Gesellschaft, Darmstadt 1993.

Stern, K.: Das Staatsrecht der Bundesrepublik Deutschland, Band I: Grundbegriffe und Grundlagen des Staatsrechts: Strukturprinzipien der Verfassung, 2. Aufl., München 1984.

Stern, K.: Das Staatsrecht der Bundesrepublik Deutschland, Band IV/1: Die einzelnen Grundrechte, München 2006.

Stern, K.: Zur Aufnahme eines Umweltschutzzieles in das Grundgesetz, NWVBl. 1988, 1.

Stern, K.: Postreform zwischen Privatisierung und Infrastrukturgewährleistung, DVBl 1997, 309.

Stober, R.: Umweltschutzprinzip und Umweltgrundrecht – Zum gegenwärtigen Diskussionsstand auch aus ökonomischer Sicht, JZ 1988, 426.

Stock, M.: Eine Grundrechtscharta für die Europäische Union: Wie sollte die Medienfreiheit darin ausgestaltet werden?, ZUM 2000, 533.

Stoneman, P.: Introduction, in: Stoneman, P. (Hrsg.), Handbook of the Economics of Innovation and Technological Change, Oxford 1998, 1.

Strömer, T. H.: Online-Recht – Juristische Probleme der Internet-Praxis erkennen und vermeiden, 4. Aufl., Heidelberg 2006.

Szczekalla, P.: Die sogenannten grundrechtlichen Schutzpflichten im deutschen und europäischen Recht – Inhalt und Reichweite einer „gemeineuropäischen Grundrechtsfunktion", Berlin 2002.

Taeger, J.: Recht der digitalen Welt, KJ 2000, 506.

Tamm, M./Tonner, K.: Verbraucherrecht, 1. Aufl., Baden-Baden 2012.

Tanenbaum, A. S./Wetherall, D.J.: Computernetzwerke, 5. Aufl., München 2012.

Tettinger, P.: Schutz der Kommunikationsfreiheiten im deutschen Verfassungsrecht, JZ 1990, 846.

Tettinger, P./Stern, K. (Hrsg.): Kölner Gemeinschaftskommentar zur Europäischen Grundrechte-Charta, München 2006 (zitiert: Bearbeiter, in: Tettinger/Stern 2006).

Thiel, M.: Die „Entgrenzung" der Gefahrenabwehr, Tübingen 2011.

Tian, L.: Objektive Grundrechtsfunktionen im Vergleich, Berlin 2012.

Tiedemann, K.: Von den Schranken des allgemeinen Persönlichkeitsrechts, DÖV 2003, 74.

Tinnefeld, M.-T.: Meinungsfreiheit durch Datenschutz – Voraussetzung einer zivilen Rechtskultur, ZD 2015, 22.

Tinnefeld, M.-T./Buchner, B./Petri, T.: Einführung in das Datenschutzrecht – Datenschutz und Informationsfreiheit in europäischer Sicht, 5. Aufl., München 2012.

Tomuschat, C.: Verfassungsgewohnheitsrecht? – Eine Untersuchung zum Staatsrecht der Bundesrepublik Deutschland, Heidelberg 1972.

Trute, H.-H.: Öffentlich-rechtliche Rahmenbedingungen einer Informationsordnung, VVDStRL 57 (1998), 216.

Tuchel, K.: Herausforderungen der Technik – Gesellschaftliche Voraussetzungen und Wirkungen der technischen Entwicklung, Bremen 1967.

Tushman, M. L./Rosenkopf, L.: Organizational Determinants of Technological Change – Toward a Sociology of Technological Evolution, ROB 14, 1992, 311.

Tsai, T.-J.: Die verfassungsrechtliche Umweltschutzpflicht des Staates, Berlin 1996.

Tschentscher, A.: Grundprinzipien des Rechts, Bern 2003.

Ufer, F.: Netzneutralität im Spannungsfeld zwischen Wettbewerb und Regulierung, CR 2010, 634.

Ufer, F.: Der Kampf um die Netzneutralität oder die Frage, warum ein Netz neutral sein muss, K&R 2010, 383.

Umbach, D. C./Clemens, T.: Grundgesetz Kommentar in zwei Bänden, Band I: Art. 1 – 37 GG, Band II: Art. 37 – 146 GG, Heidelberg 2002 (zitiert: Bearbeiter, in: Umbach/Clemens).

Verdross, A./Simma, B.: Universelles Völkerrecht – Theorie und Praxis, Nachdruck der 3. Aufl., Berlin 2010.

VDI (Hrsg.): Technikbewertung: Begriffe und Grundlagen – Erläuterungen und Hinweise zur VDI-Richtlinie 3780, Düsseldorf 1991.

Vesting, T.: Grundlagen einer neuen Medienpolitik – Das Universalmedium Internet macht das alte Regulierungsmodell hinfällig, Funkkorrespondenz 37 (2008), 3.

Vieweg, K.: Zur Einführung: Technik und Recht, JuS 1993, 894.

Voigt, P.: Internationale Anwendbarkeit des deutschen Datenschutzrechts – Eine Darstellung anhand verschiedener Fallgruppen, ZD 2014, 15.

Völker, R./Sauer, S./Simon, M.: Wissensmanagement im Innovationsprozess, Heidelberg 2007.

Vogelgesang, K.: Grundrecht auf informationelle Selbstbestimmung?, Baden-Baden 1987.

Vogelsang, I.: Die Debatte um Netzneutralität und Quality of Service, in: Klumpp, D./Kubicek, H./Roßnagel, A./Schulz, W. (Hrsg.), W., Netzwerk – Wege, Werte, Wandel, Berlin, Heidelberg 2010, 5.

Volkmann, C.: Der Störer im Internet – zur Verantwortlichkeit der Internet-Provider im allgemeinen Zivil-, Wettbewerbs-, Marken- und öffentlichen Recht, München 2005.

Volkmann, U.: Anmerkung zum Urteil des BVerfG vom 27.2.2008, 1 BvR 370/07 und 1 BvR 595/07, DVBl 2008, 590.

Voßkuhle, A.: Die Reform des Verwaltungsrechts als Projekt der Wissenschaft, Die Verwaltung 32 (1999), 545.

Voßkuhle, A.: Gibt es und wozu nutzt einer Lehre vom Verfassungswandel?, Der Staat 43 (2004), 450.

Wahl, R.: Forschungs- und Anwendungskontrolle technischen Fortschritts als Staatsaufgabe? – dargestellt am Beispiel der Gentechnik, in: Breuer, R./Kloepfer, M./ Marburger, P./Schröder, M. (Hrsg.), Gentechnikrecht und Umwelt – 6. Trierer Kolloquium zum Umwelt- und Technikrecht vom 26. bis 28. September 1990, Umwelt- und Technikrecht (UTR) Band 14, Düsseldorf 1991, 7 (zitiert: Wahl, UTR 14 (1991).

Wahl, R. (Hrsg.): Verfassungsänderung, Verfassungswandel, Verfassungsinterpretation, Berlin 2008.

Walter, C.: Hüter oder Wandler der Verfassung? Zur Rolle des Bundesverfassungsgerichts im Prozess des Verfassungswandels, AöR 125 (2000), 517.

Warntjen, M.: Die verfassungsrechtlichen Anforderungen an eine gesetzliche Regelung der Online-Durchsuchung, Jura 2007, 581.

Weber, W.: Umweltschutz im Verfassungs- und Verwaltungsrecht, DVBl 1971, 806.

Wegener B. W./Muth, S.: Das „neue Grundrecht“ auf Gewährleistung der Vertraulichkeit und Integrität informationstechnischer Systeme, Jura 2010, 847.

Wehage, J.-C.: Das Grundrecht auf Gewährleistung der Vertraulichkeit und Integrität informationstechnischer Systeme und seine Auswirkungen auf das Bürgerliche Recht, Göttingen 2013.

Weichert, T.: Die Meinungsfreiheit des Algorithmus, in: Roggan, F./Busch, D. (Hrsg.), Das Recht in guter Verfassung – Festschrift für Martin Kutscha, Baden-Baden 2013, 147.

Weiß, H. T.: Die rechtliche Gewährleistung der Produktsicherheit, Baden-Baden 2008.

Welp, J.: Die strafprozessuale Überwachung des Post- und Fernmeldeverkehrs, Heidelberg 1974.

Wellenreuther, M.: Presseähnliche Telemedien öffentlich-rechtlicher Rundfunkanstalten, Berlin 2011.

Wenning, R.: Das Internet – ein rechtsfreier Raum?, JurPC 1995, 3321.

Wienholtz, E.: Arbeit, Kultur und Umwelt als Gegenstände verfassungsrechtlicher Staatszielbestimmungen, AöR 109 (1984), 532.

Wienstroth, H.: Internetregulierung im Lichte des Zensurverbots, BLJ 2009, 98.

Willke, H.: Supervision des Staates, Frankfurt am Main 1997.

Wimmer, N.: Netzneutralität – Eine Bestandsaufnahme, ZUM 2013, 641.

Wimmer, N./Löw, F.: Die gescheiterte Netzneutralitätsverordnung 2013 – Zum Entwurf des BMWi vom 17.6.2013, MMR 2013, 636.

Windthorst, K.: Der Universaldienst im Bereich der Telekommunikation – Eine öffentlich-rechtliche Betrachtung unter Einbezug des amerikanischen Rechts, Berlin 2000.

Winkler, H.: Suchmaschinen: Metamedien im Internet?, in: Becker, B./Paetau, M. (Hrsg.), Virtualisierung des Sozialen – Die Informationsgesellschaft zwischen Fragmentierung und Globalisierung, Frankfurt am Main, New York 1997, 185.

Winter, G.: Gentechnik als Rechtsproblem, DVBl 1986, 585.

Wischmann, T.: Rechtsnatur des Access-Providing, MMR 2000, 461.

Wittig, P.: Die datenschutzrechtliche Problematik der Anfertigung von Persönlichkeitsprofilen zu Marketingzwecken, RDV 2000, 59.

Wittinger, M.: Das Grundgesetz im Wandel: zum Wandel der Verfassung mittels Auslegung, UBWV 2011, 441.

Wolff, H. A.: Ungeschriebenes Verfassungsrecht unter dem Grundgesetz, Tübingen 2000.

Worms, C.: Das Internet und die Grundrechte – Neue Gewährleistungspflichten als Ausdruck von Verfassungswandel, RuP 2009, 138.

Würtenberger, T.: Verfassungsänderung und Verfassungswandel: Von der nationalen zu einer globalen Perspektive, in: Kirchhof, F./Papier, H.-J./Schäffer, H. (Hrsg.), Rechtsstaat und Grundrechte, Festschrift für Detlef Merten zum 70. Geburtstag, Heidelberg 2007, 77.

Zaltman, G./Duncan, R./Holbeck, J.: Innovations & Organizations, Malabar 1984.

Ziebarth, W.: Grundrechtskonforme Gestaltung der Vorratsdatenspeicherung – Überlegungen zu einer europa-, verfassungs- und datenschutzrechtskonformen Umsetzung, DuD 2009, 25.

Zippelius, R.: Das Wesen des Rechts: Eine Einführung in die Rechtstheorie, 6. Aufl., Stuttgart 2012.

Zuleeg, M.: Zum Verhältnis nationaler und europäischer Grundrechte – Funktionen einer Grundrechtecharta, EuGRZ 2000, 511.

Abbildungsverzeichnis

Abkürzungsverzeichnis

a.A.	andere Ansicht
Abs.	Absatz
ABl.	Amtsblatt
Abt.	Abteilung
AcP	Archiv für die civilistische Praxis (Zeitschrift)
a.F.	alte Fassung
AfP	Zeitschrift für Medien- und Kommunikationsrecht (Zeitschrift hervorgegangen aus dem Archiv für Presserecht)
AG	Amtsgericht
AöR	Archiv des öffentlichen Rechts (Zeitschrift)
ARPANET	Advanced Research Projects Agency Network
APuZ	Aus Politik und Zeitgeschichte (Zeitschrift)
ArbuR	Arbeit und Recht (Zeitschrift)
Art.	Artikel
AtG	Atomgesetz
Aufl.	Auflage
AZ	Aktenzeichen
BayVBl.	Bayerisches Verwaltungsblatt (Zeitschrift)
BBiG	Berufsbildungsgesetz
Bcc	Blind Carbon Copy
Bd.	Band
BDSG	Bundesdatenschutzgesetz
BetrVG	Betriebsverfassungsgesetz
BGB	Bürgerliches Gesetzbuch
BGBl.	Bundesgesetzblatt
BGH	Bundesgerichtshof
BGHZ	Entscheidungen des Bundesgerichtshof in Zivilsachen
BImSchG	Bundesimmissionsschutzgesetz
BKA	Bundeskriminalamt
BLJ	Bucerius Law Journal (Zeitschrift)
BLM	Bayerische Landeszentrale für neue Medien
BMI	Bundesministerium des Innern
BMJ	Bundesministerium der Justiz
BMWI	Bundesministerium für Wirtschaft und Energie
BNetzA	Bundesnetzagentur
BR-Drs.	Bundesrats-Drucksache
BSGE	Bundessozialgericht Entscheidungssammlung
BSI	Bundesamt für Sicherheit in der Informationstechnik
BT	Bundestag
BT-Drs.	Bundestags-Drucksache
BTJP	Berner Tage für die juristische Praxis
BVerfGE	Bundesverfassungsgerichtsentscheidung
BVerwGE	Bundesverwaltungsgerichtsentscheidung
bzw.	Beziehungsweise
ca.	circa
CC	Carbon Copy
CD	Compact Disc
CDU	Christlich Demokratische Union Deutschlands
CR	Computer und Recht (Zeitschrift)
CSU	Christlich Soziale Union
C't	Magazin für Computertechnik (Zeitschrift)

DENIC	Deutsches Network Information Center eG
ders.	derselbe
d.h.	das heißt
DLM	Direktorenkonferenz der Landesmedienanstalten
DNS	Domain Name System
DoD-(Schichtenmodell)	Department-of-Defense-Schichtenmodell
DÖV	Die Öffentliche Verwaltung (Zeitschrift)
DPI	Deep Packet Inspection
DRiZ	Deutsche Richterzeitschrift (Zeitschrift)
DSB	Datenschutzberater (Zeitschrift)
DS-GVO-E	Datenschutzgrundverordnung Entwurf
DSL	Digital Subscriber Line
DuD	Datenschutz und Datensicherheit (Zeitschrift)
DVBl	Deutsches Verwaltungsblatt (Zeitschrift)
DVD	Digital Versatile Disc
DVR	Datenverarbeitung im Recht (Zeitschrift)
ECRL	Electronic Commerce Richtlinie – Richtlinie des Europäischen Parlaments und des Rates vom 8.6.2002 über bestimmte rechtliche Aspekte der Dienste der Informationsgesellschaft, insbesondere des elektronischen Geschäftsverkehrs, im Binnenmarkt („Richtlinie über den elektronischen Geschäftsverkehr“, 2000/31/EG), ABl. EG 2000, L178, 2 vom 17.1.2000.
EDV	Elektronische Datenverarbeitung
EFI	Expertenkommission Innovation und Forschung
eG	eingetragene Genossenschaft
EG	Europäische Gemeinschaft
Einl.	Einleitung
EMRK	Europäische Menschenrechtskonvention
ENUM	E.164 NUmber Mapping (Anwendung zur Übersetzung von Telefonnummer in IP-Adressen)
ET	Energiewirtschaftliche Tagesfragen (Zeitschrift)
et al.	et alii oder et aliae
EU	Europäische Union
EuGH	Europäischer Gerichtshof
EuR	Zeitschrift Europarecht (Zeitschrift)
EuGRZ	Europäische Grundrechte-Zeitschrift (Zeitschrift)
EUV	Vertrag über die Europäische Union
EuZW	Europäische Zeitschrift für Wirtschaftsrecht (Zeitschrift)
e.V.	eingetragener Verein
f./ff.	folgende
FCC	Federal Communications Commission
FDP	Freie Demokratische Partei
Fn.	Fußnote
FoeBuD	Verein zur Förderung des öffentlichen bewegten und unbewegten Datenverkehrs e.V.
FoR	Forum Recht (Zeitschrift)
FS	Festschrift
FSM	Freiwillige Selbstkontrolle Multimedia-Diensteanbieter e.V.
FTP	File Transfer Protocol
FTTB	Fibre to the building oder basement
FTTC	Fibre to the curb
FTTH	Fibre to the home
FTTN	Fibre to the node

GBit/s	Giga Bit/s
GCHQ	Government Communications Headquarters
gen.	genannt
GEREK	Gremium Europäischer Regulierungsstellen für elektronische Kommunikation
GewArch	Das Gewerbearchiv (Zeitschrift)
GewO	Gewerbeordnung
GG	Grundgesetz
GRC	Grundrechte Charta
GRUR	Gewerblicher Rechtschutz und Urheberrecht (Zeitschrift)
GSM	Global System for Mobile Communications
GWB	Gesetz gegen Wettbewerbsbeschränkungen
HFR	Humboldt Forum Recht (Internet-Zeitschrift)
h.M.	herrschende Meinung
HRRS	Zeitschrift für Höchstrichterliche Rechtsprechung im Strafrecht (Zeitschrift)
Hrsg.	Herausgeber
Html	Hypertext Markup Language
HTTP	Hypertext Transfer Protocol (Hypertext-Übertragungsprotokoll)
HVBG	Hauptverband der Gewerblichen Berufsgenossenschaften
IANA	Internet Assigned Numbers Authority
ICANN	Internet Corporation for Assigned Names and Numbers
IGF	Internet Governance Forum
Inc.	Incorporated
IP	Internet Protocol oder Internetprotokoll
ISDN	Integrated Services Digital Network (Internationaler Standard für ein digitales Telekommunikationsnetz)
ISP	Internet Service Provider
ISO	Internationale Organisation für Normung
IT	Informationssysteme
IT-SiG-E	Referentenentwurf zum IT-Sicherheitsgesetz
ITU	Internationale Fernmeldeunion
i.V.m.	in Verbindung mit
JBl	Juristische Blätter (Zeitschrift)
JCSW	Journal of Comparative Social Work
JEH	The Journal of Economic History
JR	Juristische Rundschau (Zeitschrift)
JURA	Juristische Ausbildung (Zeitschrift)
JurPC	Internet-Zeitschrift für Rechtsinformatik und Informationsrecht (Internet-Zeitschrift)
JuS	Juristische Schulung (Zeitschrift)
JZ	Juristische Zeitung (Zeitschrift)
Kap.	Kapitel
KJ	Kritische Justiz (Zeitschrift)
kjm	Kommission für Jugendmedienschutz der Landesmedienanstalten
K&R	Kommunikation und Recht (Zeitschrift)
KORA	Konkretisierung rechtlicher Anforderungen (wissenschaftliche Methode zur rechtskonformen Technikgestaltung)
KritV	Kritische Vierteljahresschrift für Gesetzgebung und Rechtswissenschaft (Zeitschrift)
KunstUrhG	Kunsturhebergesetz

LAN	Location Area Networks
LG	Landgericht
lit.	Littera
LTE	Long Term Evolution
MAN	Metropolitan Area Network
MBit/s	Mega Bit/s
MMR	MultiMedia und Recht (Zeitschrift)
Mrd.	Milliarde
m.w.N.	mit weiterem Nachweis
NIC	Network Information Center
NJW	Neue Juristische Wochenschrift (Zeitschrift)
NJW-RR	Neue Juristische Wochenschrift-Rechtsprechungs-Report (Zeitschrift)
NNVO	Netzneutralitätsverordnung
N&R	Netzwirtschaften & Recht (Zeitschrift)
NordÖR	Zeitschrift für Öffentliches Recht in Norddeutschland (Zeitschrift)
Nr.	Nummer
NSA	National Security Agency
NStZ	Neue Zeitschrift für Strafrecht (Zeitschrift)
NTZ	Nachrichtentechnische Zeitschrift (Zeitschrift)
NuR	Natur und Recht (Zeitschrift)
NWVBl.	Nordrhein-Westfälische Verwaltungsblätter (Zeitschrift)
NWVerfSchG	Nordrhein-Westfälisches-Verfassungsschutzgesetz
NVwZ	Neue Zeitschrift für Verwaltungsrecht (Zeitschrift)
NZS	Neue Zeitschrift für Sozialrecht (Zeitschrift)
OLG	Oberlandesgericht
OSI-(Schichtenmodell)	Open Systems Interconnection-Schichtenmodel
OstEuR	Zeitschrift Osteuroparecht (Zeitschrift)
OVG	Oberverwaltungsgericht
Parl.	Parlamentarisch
PC	Personal Computer
PDA	Personal Digital Assistent
QoS	Quality of Service
RÄStV	Rundfunkänderungsstaatsvertrag
RdA	Recht der Arbeit (Zeitschrift)
RDV	Recht der Datenverarbeitung (Zeitschrift)
RIPE	Réseaux IP Européens
RIR	Regular Internet Registry
Rn.	Randnummer
ROB	Research in Organizational Behavior (Zeitschrift)
RSA	Rivest, Shamir und Adleman(-Verfahren) (Asymmetrisches kryptografisches Verschlüsselungsverfahren)
Rspr.	Rechtsprechung
RStV	Rundfunkstaatsvertrag
RuF	Rundfunk und Fernsehen (Zeitschrift – seit 1/2000 unbenannt in Medien & Kommunikationswissenschaft – M&K)
RuP	Recht und Politik (Zeitschrift)
RW	Rechtswissenschaft (Zeitschrift)

s.	siehe
SachsAnhVerf.	Verfassung des Landes Sachsen-Anhalt
SächsVBl	Sächsische Verwaltungsblätter (Zeitschrift)
SigG	Signaturgesetz
SIP	Session Initiation Protocol
SJZ	Schweizerische Juristen-Zeitung (Zeitschrift)
SGB IV	Sozialgesetzbuch IV
SLD	Second Level Domain
SMS	Short Massage Service
SMTP	Simple Mail Transfer Protocol
SPD	Sozialdemokratische Partei Deutschlands
SSL	Secure Sockets Layer
StGB	Strafgesetzbuch
StPO	Strafprozessordnung
StVÜb	Straßenverkehrsübereinkommen
TAB	Büro für Technikfolgen-Abschätzung beim Deutschen Bundestag
TCP-(Referenzmodell)	Transmission Control Protocol / Internet Protocol- (Referenzmodell)
TKG	Telekommunikationsgesetz
TLD	Top Level Domain
TLS	Transport Layer Security
TMG	Telemediengesetz
TÜV	Technischer Überwachungsverein
TV	Tarifvertrag
u.a.	unter anderem
UBWV	Unterrichtsblätter für die Bundeswehrverwaltung
UMTS	Universal Mobile Telecommunications System
UPR	Umwelt- und Planungsrecht (Zeitschrift)
URL	Uniform Resource Locator
USA	United Staats of America
USB	Universal Serial Bus
UTR	Umwelt- und Technikrecht (Zeitschrift)
VDI	Verein Deutscher Ingenieure
VDSL	Very High Speed Digital Subscriber Line
VerwArch	Verwaltungsarchiv (Zeitschrift)
VG	Verwaltungsgericht
VGH	Verwaltungsgerichtshof
VK-S	Verhaltenskodexes für Suchmaschinenanbieter der Freiwillige Selbstkontrolle Multimedia-Diensteanbieter e.V.
VM	Verwaltung und Management (Zeitschrift)
VoIP	Voice over Internet-Protokoll
Vorb.	Vorbemerkung
VR	Verwaltungsrundschau (Zeitschrift)
VVDStRL	Veröffentlichungen der Vereinigung der Deutschen Staatsrechtslehrer
VwGH	Verwaltungsgerichtshof
WAN	Wide Area Network
WD	Wissenschaftlicher Dienst des Bundestages
WGIG	Working Group on Internet Governance
wistra	Zeitschrift für Wirtschafts- und Steuerstrafrecht (Zeitschrift)
WLAN	Wireless Local Area Network
WuV	Werben & Verkaufen (Zeitschrift)

WRP	Wettbewerb in Recht und Praxis (Zeitschrift)
WRV	Weimarer Reichsverfassung (Offizielle Bezeichnung: Die Verfassung des Deutschen Reichs)
WSIS	World Summit on the Information Society
WWW	World Wide Web
z.B.	zum Beispiel
ZD	Zeitschrift für Datenschutz (Zeitschrift)
ZEW	Zentrum für Europäisches Wirtschaftsrecht (Schriftenreihe)
ZfB	Zeitschrift für Betriebswirtschaft (Zeitschrift)
ZfP	Zeitschrift für Personalforschung (Zeitschrift)
ZG	Zeitschrift für Gesetzgebung (Zeitschrift)
ZJS	Zeitschrift für das Juristische Studium (Zeitschrift)
ZPO	Zivilprozessordnung
ZRP	Zeitschrift für Rechtspolitik (Zeitschrift)
ZugErschwG	Zugangserschwerungsgesetz
ZUM	Zeitschrift für Urheber- und Medienrecht (Zeitschrift)
ZUM-RD	Zeitschrift für Urheber- und Medienrecht –Rechtsprechungsdienst (Zeitschrift)
ZaöRV	Zeitschrift für ausländisches öffentliches Recht und Völkerrecht (Zeitschrift)
ZUR	Zeitschrift für Umweltrecht (Zeitschrift)

FSC
www.fsc.org
MIX
Papier | Fördert gute Waldnutzung
FSC® C083411

Kolibri 360 GmbH
Ferdinand-Jühlke-Straße 7
99095 Erfurt, Deutschland
produktsicherheit@kolibri360.de